启蒙与书籍

苏格兰启蒙运动中的出版业

〔美〕理查德·B. 谢尔　著　　启蒙编译所　译

商务印书馆
创于1897　The Commercial Press

The Enlightenment and the Book: Scottish Authors and Their Publishers in Eighteenth-Century Britain, Ireland and America

by Richard B. Sher

Licensed by The University of Chicago Press, Chicago, Illinois, U.S.A.

本书中文版据芝加哥大学出版社 2006 年英文版译出

商务印书馆（上海）有限公司 出品
The Commercial Press（Shanghai）Co.Ltd

献给多丽丝

平装版序言

　　《启蒙与书籍》一书问世后，广受欢迎和好评，令人非常高兴。与此同时，也发现了书中存在的许多错误，促使我虚心反省。我十分感谢朋友、同事和读者的评论，让我注意到这些错误，也感谢编辑允许我在平装版前面添加一段序言。

　　威廉·博思威克·约翰斯通（William Borthwick Johnstone）绘制过一幅詹姆斯·希巴德（James Sibbald）流通租借图书馆内部的虚构图画（现在保存于爱丁堡作家博物馆），看上去仿佛再现了18世纪80年代的情景，以至于我没有怀疑那些识别画中人物的标志就将它复制到了书中。可是伊安·辛普森·罗斯（Ian Simpson Ross）提醒我，背景里左起第二个人物（就像书的封面上复制的那样）实际上是亚当·斯密（与詹姆斯·塔西〔James Tassie〕为他绘制的著名圆形肖像画一模一样），画面底部的小字却把他标注成了蒙博多（Monboddo）勋爵；其实画面最右边的人物才是蒙博多，而不是亚当·弗格森（Adam Ferguson）。伊恩·戈登·布朗（Iain Gordon Brown）也证实了这个说法，参见他在《出版季刊》第25期（2008年9月，第333—335页）中对我的书的评论。经过查证之后，我得出了相同的结论。因此，应该用同为苏格兰启蒙运动人物的亚当（斯密）代替另一个亚当（弗格森）。

　　在作者说明的章节中，关于货币和汇率的内容我主要采用了约翰·麦卡斯克（John McCusker）的数据，他是18世纪英国与美国的货币兑换方面的著名权威学者。这次为了出版平装本，他帮助修正了本书中出现的几个货币汇率数据。如第 xxv 页①，1791 年时的一个标准英镑在美国相当于 4.44 美元，而不是 4.55 美元。本书出版的 2006 年，一个标准英镑的购买力应该相当于 1746—1770 年间的 105 英镑或 192 美元，在 18 世纪七八十年代相当于 85 英镑或 154 美元。在作者说明的末尾，提到约翰·霍姆（John Home）的剧本《阿尔弗雷德：一部悲剧》（*Alfred: A Tragedy*）的例子时说，原价的一个半先令大约相当于 2006 年 的 6 英镑，这个地方应该更正为 6.4 英镑。当然，尝试将 18 世纪的英镑转换成 20 世纪末至 21 世纪初的货币等价物时，只是根据当代的购买力进行粗略估算，因而随着判断标准的不同会有相当大的变化；举例来说，在描写约翰·亨特（John Hunter）的作品《外科医生》（*The Knife Man*，2005）中，温迪·穆尔（Wendy Moore）使用了英格兰银行的零售价格指数作为转换标准，结果得出了明显更低的兑换比率。

推出了精装版本之后，我才注意到遗漏了表一中的作者的一些作品，本来应该把它们加入表二即苏格兰启蒙运动作品的数据库（两个表格都出现在索引中）。其中包括乔治·查默斯（George Chalmers）的两部关于美洲殖民地的未完成作品：《当前联合殖民地的政治记录，从定居至 1763 年的和平时期》第一册（伦敦，1780 年出版）和《殖民地解放史导论》第一卷（伦敦，1782 年出版）。有一部作品本来可能作为托马斯·布莱克洛克（Thomas Blacklock）的遗作入选：《劝勉，或从自然及揭示出的宗教信仰演绎的安慰》。两篇专题论文：其一的作者据推测是西塞罗，现已译成英文，其二是托马斯·布莱克洛克神学荣誉博士的原作（爱丁堡，1767 年出版）。该书的题词是献给詹姆斯·贝蒂（James Beattie）的，在讨论作者之间互相交换题词时（第 141—142 页），原本可以引用这段内容。另一部值得加入的作品是《慈善事业：以期刊论文的方式》（伦敦，1797 年出版），那是一部匿名作品，根据 1798 年 6 月 2 日威廉·理查森（William Richardson）写给安德鲁·斯特拉恩（Andrew Strahan）的信件（保存于约翰·尼科尔斯［John Nichols］档案馆，感谢朱利安·普利［Julian Pooley］提醒我注意到它），现在可以确认其作者是理查森。该书里面包含了进一步的证据，表明理查森热衷于匿名出版（如本书第

---

① 即本书中译本第 XVII 页（"作者说明"部分）。本段提及的数据问题，中译本已据此修正。——译者注

135—136 页讨论的），还有一个有趣的段落谈到了作者的"各种伪装"。相反，安德鲁·阿什菲尔德（Andrew Ashfield）告诉我，《自然与艺术作品之美的基本原理探究》（表二中的编号 347，在第 381 页引用）一书不应该被加入作品数据库，因为版权页上显示的作者威廉·汤姆森（William Thomson）不是表一中的那位苏格兰的多面手作家（英文短标题目录是这样记载的），而是同名同姓的都柏林艺术家，其生卒年份为 1726—1798 年，而不是 1746—1817 年。这个错误告诫研究出版历史的学者，必须去核查书籍的原文。由于数据库里的个别作品极其稀有，我未能做到全部查对，不过这个错误是找不到借口的，因为只要稍微看一下该书前面的传记性回忆录，就可以识别出作者的正确身份。

本书第 12 页[①]评论说，1934 年普里泽夫德·史密斯（Preserved Smith）的一部作品"可能是第一本在书名中使用'启蒙运动'这一术语的著作"。但是詹姆斯·施密特（James Schmidt）向我指出，这个先驱的荣誉实际上属于约翰·格里尔·希本（John Grier Hibben）1910 年的作品《启蒙运动的哲学》。我在第 167 页[②]叙述，根据我的数据库，在作品卷首使用作者肖像画的例子最早出现于 1763 年，那是托比亚斯·斯摩莱特（Tobias Smollett）的《续英格兰全史》（表二，编号 67）推出第二版时，由弗朗索瓦·阿利亚梅（François Aliamet）雕版制成的卷首插画肖像。在我能够查明的范围内，这个结论在作者、作品标题和画家方面都是正确的，但是根据詹姆斯·梅（James May）的记录，1760 年斯摩莱特的《续英格兰全史》首次出版时，已经使用了这幅卷首插画肖像。类似地，罗伯特·弗格森的诗集在 1799 年出版时含有一幅卷首插画肖像（如第 191 页[③]的记述和第 171 条注释），但是罗伯特·莫里森（Robert Morison）和珀思（Perth）的儿子在 1788—1789 年出版该书时已经使用过这幅肖像，而且质量要好得多。

关于《启蒙与书籍》的印刷错误，我已经在网站上（http://longl8th. wordpress.com/，2009 年 11 月 15 日）揭载了更正的内容，用于回应戴维·马

---

① 即本书中译本第 10 页。——译者注
② 即本书中译本第 147 页。——译者注
③ 即本书中译本第 164 页。——译者注

泽拉（David Mazella）和埃莉诺·谢夫林（Eleanor Shevlin）在 2009 年 10 月整理的电子版"辅助读物"。各位读者如果发现其他错误，可以在我在网站上发布的文章后面以评论的形式提出，我将十分感谢。

读者们对《启蒙与书籍》的热烈反响鼓励我相信，对于研究书籍出版、启蒙运动以及 18 世纪后半叶大西洋两岸英语国家历史的学生和学者，本书都是有价值的参考资料。我希望，平装版本可以让更多的读者接触到这部作品，让他们通过独特的表述方式，体会到苏格兰启蒙运动作品的创作和传播过程是"建立在物质基础上的最早和最好的人类历史"。本书强调在启蒙运动思想和价值观的产生和传播过程中，出版文化发挥了重要作用，并试图将苏格兰启蒙运动的作品理解为作者与出版业工作者之间复杂的相互作用的产物，不仅在苏格兰，而且在英格兰、爱尔兰和美国同样如此。

理查德·B. 谢尔，2010 年 1 月

缩　略　语

AUL ＝阿伯丁大学图书馆（Aberdeen University Library）

BL ＝伦敦大英图书馆（British Library, London）

BLJ ＝《博斯韦尔的约翰逊传》（*Boswell's Life of Johnson*），乔治·波克维克·希尔（George Birkbeck Hill）编；L. F. 鲍威尔（L. F. Powell）将其修订为六卷，在第五卷（牛津，1934—1964）中收入《与塞缪尔·约翰逊共游赫布里底岛的日记》（*Journal of a Tour to the Hebrides with Samuel Johnson*）。

ECL ＝爱丁堡中心图书馆（Edinburgh Central Library）

EEC ＝《爱丁堡晚报》（*Edinburgh Evening Courant*）

ESTC ＝英文短标题分类目录（English Short-Title Catalogue）

EUL ＝爱丁堡大学图书馆（Edinburgh University Library）

HL ＝哈佛大学霍顿图书馆（Houghton Library, Harvard University）

HSP ＝费城宾夕法尼亚历史学会（Historical Society of Pennsylvania, Philadelphia）

LDH ＝《大卫·休谟书信集》（*The Letters of David Hume*），J. Y. T. 格里格（J. Y. T. Greig）编，两卷（牛津，1932）。

NLS ＝爱丁堡苏格兰国家图书馆（National Library of Scotland, Edinburgh）

NPG ＝伦敦国家美术馆（National Portrait Gallery, London, www.npg.org. uk）

ODNB ＝《牛津国家人物传记辞典》（*Oxford Dictionary of National Biography*，牛津，2004）

RSE ＝爱丁堡皇家学会（Royal Society of Edinburgh）

RSL ＝伦敦皇家学会（Royal Society of London）

SA ＝"斯特拉恩档案"（Strahan Archive），大英图书馆，Add. MSS 48800 — 48918（也参考了已出版的缩微胶片版）。

WCL ＝"威廉·克里奇书信集"（William Creech Letterbooks），阿德布莱尔档案室（Ardblair Muniments）的布莱尔·奥利芬特（Blair Oliphant），NRAS 1915；缩微胶片副本，苏格兰国家档案馆，RH4/26/1 — 3

WYP ＝"威廉·扬论文集"（William Young Papers），密歇根大学威廉·L.克莱门特图书馆（William L. Clements Library, University of Michigan）

前　言

关于"出版"（publish）一词的定义，我最欣赏塞缪尔·约翰逊（Samuel Johnson）在 1755 年编写的那部著名词典中的解释："向世间推广一本书。"当然，在这里使用"书"这个词可能有些局限性，因为杂志、报纸、手册同样也是印刷出版物。不过我们要谈论的刚好就是书籍的出版，约翰逊的定义吸引我们注意到出版这一媒介在 18 世纪所起的重大作用。它还暗示了书籍出版具有扩张性，出版就是一种生产和传播行为。依照上述观点，"出版者"（publisher）就是某种全球传播者，约翰逊为"出版者"这个词下了一个与"出版"相对应的定义——"将一本书推介给世间的人"。众所周知，每本新书都需要一位作者（author），因此约翰逊在词典中将作者定义为"任何作品的第一位书写者"（与译者或编者相对）或者"一般意义上的作家"。也恰恰是因为约翰逊本人是职业作家，在伦敦印刷文化的实践中浸淫已久，所以他明白，从作者或文本到成书是一个十分复杂、富有创造性又充满各种可能的过程，在这个过程中，图书业，尤其是出版者，扮演了重要的角色。

在 18 世纪后半叶，苏格兰启蒙运动的书籍是怎样被推广到全世界的？这正是本书要探讨的主题。虽然本书篇幅较长，偶尔会涉及技术层面的探讨，但它是为一般读者而写的，因此也包含一部分书籍史和苏格兰启蒙运动方面的基础知识，希望相关领域的专家能够体谅。在前作《苏格兰启蒙运动时期的教会和大学》（*Church and University in the Scottish Enlightenment*）里，我将苏格兰启蒙运动的制度与思想核心锁定在了爱丁堡的一群温和长老派牧师和学者身上。如该书所言，在苏格兰古都爱丁堡一群杰出教士和学者的领导下，苏格兰建立起温和的国教和一所出类拔萃的大学，它们营造了非常有利于苏格兰启蒙思想与文化的氛围，促进智力活动领域产出卓越的成就，甚至在那些"温和文人"（Moderate literati）并未亲身做出重要贡献的领域（如科学、医学和法律）也是如此。还有一些因素也刺激了爱丁堡及苏格兰的其他城镇的知识与文化生活，包括充满活力的俱乐部和学术团体、不断增加的资助以及丰富的知识遗产。苏格兰启蒙运动的主角们因此深受鼓舞，他们认识到自己作为教师、传道者、法学家、医生或者实验科学家大有用武之地。然而，不管这些因素多么有价值，最重要的还是当他们作为个体在印刷品尤其是书籍中表达自我的时候，他们有望为自己和祖国赢得国际声誉。因此在苏格兰启蒙运动中，出版的作用不可或缺。

在本书的全部研究和写作过程中，我受益于许多友人和同行的协助。首先要感谢的是比尔·扎克斯（Bill Zachs），他提供了很多有价值的指导，还让我借阅他的图书馆中的藏书和手稿。沃伦·麦克杜格尔（Warren McDougall）和斯蒂芬·布朗（Stephen Brown）也给了我极大的帮助。杰夫·斯密顿（Jeff Smitten），尤其是保罗·伍德（Paul Wood）给整部书稿提出了有用的意见。在多丽丝·谢尔（Doris Sher）的协助下，这部书稿的最终版本得以确定。亚当·巴德（Adam Budd）对第一和第二部分、詹姆斯·雷文（James Raven）对第四和第五部分提供了有价值的批评。此外，戴维·艾伦（David Allan）、休·艾默里（Hugh Amory）、芭芭拉·本尼迪克特（Barbara Benedict）、马克·博克斯（Mark Box）、斯蒂芬·布朗、詹姆斯·格林（James Green）、瑞安·汉利（Ryan Hanley）、安德鲁·胡克（Andrew Hook）、玛丽·肯尼迪（Máire Kennedy）、萨拉·诺特（Sarah Knott）和菲奥娜·斯塔福德（Fiona Stafford）也阅读和评论了一些特定的章节和部分。费城图书馆的吉姆·格林（Jim Green）在早期美国图书文化方面是我最主要的导师，我很感激他和罗莎琳德·雷默（Rosalind Remer）的帮助。很多人为这本书的写作提供了资料，如鲍勃·阿纳（Bob Arner）、奈杰尔·阿斯顿（Nigel Aston）、麦克·巴富特（Mike Barfoot）、汤姆·邦内尔（Tom Bonnell）、斯基普·布拉克（Skip Brack）、菲利普·卡特（Philip Carter）、凯瑟琳·迪尔（Catherine Dille）、罗杰·埃默森（Roger Emerson）、简·法格（Jane Fagg）、唐纳德·法伦（Donald Farren）、亨利·福尔顿（Henry Fulton）、凯瑟琳·琼斯（Catherine Jones）、弗兰克·卡夫卡尔（Frank Kafker）、托尼·刘易斯（Tony Lewis）、凯特·马斯特斯（Kate Marsters）、哈米什·马西森（Hamish Mathison）、伊恩·马克斯特（Ian Maxted）、卡罗尔·麦吉尔克（Carol McGuirk）、马丁·穆尼（Martin Moonie）、玛丽·凯瑟琳·莫兰（Mary Catherine Moran）、约翰·莫里斯（John Morris）、戴维·费特·诺顿（David Fate Norton）、约翰·罗伯逊（John Robertson）、菲利普·勒斯纳（Philipp Roessner）、西尔维娅·塞巴斯蒂亚妮（Silvia Sebastiani）、杰夫·斯密顿、马克·斯潘塞（Mark Spencer）、珊迪·斯图尔特（Sandy Stewart），还有伊安·怀特（Iain Whyte），在此一并致谢。也许有人会说，在英语世界，书籍史作为一门成熟的历史学科始于 1979 年几乎同时出版的罗伯特·达恩顿（Robert Darnton）所著的《启蒙运动的生意》（*The Business of Enlightenment*）与伊丽莎白·L. 艾森斯坦（Elizabeth L. Eisenstein）所著的《作为变革动因的印刷机》（*The Printing Press as an Agent of Change*），我的确非常珍视从这两位知名学者身上获得的亲切鼓励。

xvii

　　有些学者和朋友为本书的写作出过力，却在它完成之前不幸去世了，现在特别用一整段来献给他们，这并不是一个令人愉快的工作。在书商安德鲁·米勒（Andrew Millar）的研究上，我与休·艾默里的合作非常密切，论起贡献来我们都分不清楚应该谁先谁后，不过我可以肯定地说，我是受益最多的那个。由已故的彼得·艾萨克（Peter Isaac）（和现在还活跃着的巴里·麦凯 [Barry McKay]）每年组织的英国图书贸易研讨会（Seminars on the British Book Trade），让我有机会呈现并在后来出版我对米勒和威廉·巴肯（William Buchan）的研究成果，并且扩展了我对广义的英国背景下的作者和出版者的看法。感谢科林·马修（Colin Matthew），让我有机会作为作者兼助理编辑为那部伟大的《牛津国家人物传记辞典》（*Oxford Dictionary of National Biography*）服务了几年。这项工作让我获得了在本书中具有重要地位的作者和出版者的许多珍贵传记资料。罗杰·罗宾逊（Roger Robinson）是研究詹姆斯·贝蒂的生平和诗作的首席专家，对本书有关贝蒂与其出版者关系的研究提供了巨大帮助。文森特·基纳宁（Vincent Kinane）提醒我，都柏林圣三一学院存有格莱斯伯利（Graisberry）的分类账目，在那里我发现了鉴别都柏林书商行会（Dublin Company of Booksellers）成员的方法。玛丽（·保罗）·波拉德（Mary［Paul］Pollard）鼓舞了许多爱尔兰书籍史的研究者，我也不例外。我和她于 1999 年 7 月第一次在大主教图书馆（Marsh's Library）的会面，是我在都柏林的调研经历中最精彩的片段之一。在造访韦尔康医学史研究所（Wellcome Institute for the History of Medicine）的时候，我有幸和罗伊·波特（Roy Porter）讨论了我工作的部分内容，真希望我们还能在这里一起讨论我们对启蒙运动的分歧，分享他关于 18 世纪的广博学识。

虽然我在 20 世纪 90 年代初就开始了本书的工作，但正式的调研是在 1994—1995 年我从约翰·西蒙·古根海姆纪念基金会（John Simon Guggenheim Memorial Foundation）得到一笔奖金之后才开始的，非常感谢他们。在 2001—2002 年的第二个公休假期间，这项工作有了重大的进展。1998—1999 年，我幸运地从斯宾塞基金会（Spencer Foundation）得到了一笔研究津贴，得以在那两年中集中进行调研和写作。我还要感谢：美国国家人文基金会（National Endowment for the Humanities）在 1994 年提供的夏季奖学金；霍华德·加斯基尔（Howard Gaskill）1998 年安排我作为访问学者在爱丁堡大学度过了一个夏天；1999 年 7 月，安德鲁·卡彭特（Andrew Carpenter）安排我在都柏林大学做了一个夏天的访问学者；2000 年 7 月，比尔·贝尔（Bill Bell）安排我在爱丁堡大学书籍史研究中心（University of Edinburgh's Centre for the History of the Book）做了一个月的研究员。

很多作者都要依靠图书馆、档案馆，通过一些人接触到相关学者，我对这些资源的依赖尤其明显，因为本书的内容极其依赖珍本和未出版手稿。本书主要涉及四座城市，我绝大部分时间自然都在这些城市的图书馆和档案馆里进行研究。我很幸运能在大英图书馆的新馆和旧馆度过三个关键的夏天，还造访了伦敦出版业公会（Stationers' Hall）和韦尔康医学史研究所的图书馆。在爱丁堡，无与伦比的苏格兰国家图书馆（National Library of Scotland）是我调研活动的基石。不过，爱丁堡大学图书馆、苏格兰国家档案馆、爱丁堡城市档案馆、爱丁堡皇家医学院图书馆、苏格兰谱系学会以及爱丁堡中央图书馆那绝妙的爱丁堡资料室也让我获益良多。在都柏林，我经常待在爱尔兰国家图书馆、都柏林圣三一学院图书馆和都柏林大学图书馆，在爱尔兰皇家科学院（Royal Irish Academy）、爱尔兰皇家内科医学院（Royal College of Physicians in Ireland）和爱尔兰皇家外科医学院（Royal College of Surgeons in Ireland）的图书馆以及大主教图书馆和都柏林公共图书馆（Dublin Public Library）中度过的时间也让我收获颇丰。在费城，我还到美国哲学学会（American Philosophical Society）、宾夕法尼亚历史学会（Historical Society of Pennsylvania）和费城图书馆公司（Library Company of Philadelphia）的图书馆做了多次有价值的拜访。

2001 年，在多伦多大学的托马斯·费希尔珍本图书馆（Thomas Fisher Rare Book Library），我很高兴能与保罗·伍德还有其他同事合作，组织了一场题为"苏格兰启蒙运动中的出版文化"（The Culture of the Book in the Scottish Enlightenment）的展览。对 18 世纪不列颠书籍的研究者来说，那里是全球最好的图书馆之一，给了我极大的帮助。非常感谢耶鲁大学拜内克图书馆（Beinecke Library at Yale University）的斯蒂芬·帕克斯（Stephen Parks）以及耶鲁大学博斯韦尔办公室（Boswell Office）的戈登·特恩布尔（Gordon Turnbull）、吉姆·考德尔（Jim Caudle）等人。在哈佛大学的霍顿图书馆，在我工作的关键阶段，刘易斯·莫里斯（Leslie Morris）和里克·斯泰勒（Rick Stattler）放下自己的工作帮我查阅查尔斯·海德·埃克尔斯和玛丽·海德·埃克尔斯（Charles Hyde and Mary Hyde Eccles）未完成的 18 世纪手稿集。为写作本书，我还造访了其他许多图书馆，我很乐意在这里提及它们。我访问过的图书馆，在英格兰有雷丁大学图书馆（University of Reading Library）、牛津大学博德利图书馆（Bodleian Library at Oxford University）、约翰·莱兰德图书馆（John Rylands Library）、纽卡斯尔文学哲学学会（Literary and Philosophical Society of Newcastle）的图书馆；苏格兰有格拉斯哥大学图书馆（Library of Congress）、米切尔图书馆（Mitchell Library）、圣安德鲁斯大学图书馆（St. Andrews University Library）以及阿伯丁大学（University of Aberdeen）的图书馆；美国有国会图书馆、皮尔彭特·莫根图书馆（Pierpont Morgan Library）和国家医学图书馆（National Library of Medicine）；加拿大有蒙特利尔麦吉尔大学（McGill University）的图书馆。在我家周边的地区，我有数不清的日子是在纽约公共图书馆（New York Public Library）、普林斯顿大学的燧石图书馆（Firestone Library）和罗格斯大学的亚历山大图书馆（Alexander Library）度过的。新泽西理工学院范荷顿图书馆（Van Houten Library at New Jersey Institute of Technology）的馆际互借处对我持续不断的调阅异地生僻资料的请求，始终都能高效地予以回应。

对本书提到的拥有手稿资源和珍本的图书馆及其职员，在此一并表示感谢。有些图书馆我无法前去造访，他们就为我提供了手稿资料的复印件，其中密歇根大学的威廉·L. 克莱门特图书馆（William L. Clements Library）提供的"威廉·扬论文集"（William Young Papers）作用最大。威廉·扬手稿的缩微胶片借自马萨诸塞州沃彻斯特的美国文物研究学会（American Antiquarian Society）；扬的家族史出自特拉华州的历史学会；"托马斯·卡德尔论文集"（Thomas Cadell Papers）来自杜克大学图书馆（Duke University Library）。在个人收藏家中，我要感谢阿德布莱尔家族的布莱尔·奥利芬特（Blair Oliphant）允许我引用威廉·克里奇（William Creech）的书信集，我是通过苏格兰国家档案馆保存的缩微胶片副本查阅它的。感谢弗吉妮亚·默里（Virginia Murray）允许我引用"约翰·默里档案"（John Murray Archive，曾经为伦敦的约翰·默里有限公司所有，现存于苏格兰国家图书馆）中的信件，比尔·扎克斯和沃伦·麦克杜格尔有时为我提供一些信件的副本。感谢查尔斯·麦科诺基·维尔伍德（Charles Maconochie Welwood）允许我引用米多班克勋爵（Lord Meadowbank）艾伦·麦科诺基（Allan Maconochie）的书信，我使用了爱丁堡大学图书馆特别藏品部的缩微胶片副本。我很感谢耶鲁版"詹姆斯·博斯韦尔杂记"（Private Papers of James Boswell）的主编戈登·特恩布尔和编委会允许我引用耶鲁大学的"鲍斯韦尔论文集"（Boswell Papers）。感谢戴维·柯里（David Currie）允许我查阅共济会爱丁堡卡农门基尔维宁第二分会（Canongate Kilwinning Lodge No. 2）的原始点名册，还有约翰·基伦（John Killen）允许我查找贝尔法斯特的亚麻厅图书馆（Linen Hall Library）收藏的 18 世纪书籍。

xx　　　在本书写作的过程中，我多次上网查询了必不可少的英文短标题分类目录（English Short-Title Catalogue，ESTC），感谢罗格斯大学提供的条件，如果没有它本书就无法完成。本书的附录等部分要归功于罗格斯大学纽瓦克校区（Rutgers–Newark）的联合历史学部（Federated History Department）和新泽西理工学院。我尤其要感谢参与这个项目的众多优秀学生，他们上过我开设的不同的研究生课程：启蒙运动比较、英国知识和文化历史以及传播和技术的社会历史。在那些学生中，我特别要感谢斯蒂芬·帕特诺德（Stephen Patnode），他在本书研究的早期调研期间提供了非常有益的帮助。新泽西理工学院的乔伊斯·戴维斯（Joyce Davis）和埃琳·博里（Erin Borry）也提供了有价值的协助。

　　本书还随文附有大量插图，包括书中出现的一些作者和出版者的肖像，书店、流通图书馆（circulating libraries）等相关机构的场景，其中大多数从未在现代出版的图书中出现过。在这些帮助我得到插图的人中，我要感谢维里蒂·安德鲁斯（Verity Andrews）、伊恩·戈登·布朗、洛伊丝·丹斯基－沃尔夫（Lois Densky-Wolff）、凯文·古米尼（Kevin Gum ienny）、帕特里斯·卡奈（Patrice Kane）、苏·基洛兰（Sue Killoran）、默里·利布（Murray Lieb）、凯特·马斯特斯、罗宾·迈尔斯（Robin Myers）、安东尼亚·里夫（Antonia Reeve）、艾利森·罗西（Alison Rosie）、菲利普·维莫斯科奇（Philip Weimerskirch），尤其要感谢多伦多大学托马斯·费希尔珍本图书馆的菲利普·奥德菲尔德（Philip Oldfield），他提供的插图数量是最多的。特别感谢爱丁堡书商协会（Edinburgh Booksellers' Society）的 W. F. 鲍尔迈斯特（W. F. Bauermeister）允许我复制威廉·博思威克·约翰斯通为詹姆斯·希巴德的流通图书馆所画的精美画作。

　　在芝加哥大学出版社，传奇人物道格拉斯·米切尔（Douglas Mitchell）立刻就理解了我在做的事情，鼓励我继续写作。道格拉斯的继任者罗伯特·德文斯（Robert Devens）和蒂姆·麦戈文（Tim McGovern）也为本书出了力，而本书的进一步完善要归功于文字编辑凯瑟琳·戈尔（Kathryn Gohl）。本书篇幅长，内容复杂，完成它需要相当多的投入，对于新泽西理工学院文理学院院长法蒂·迪科（Fadi Deek）的慷慨相助，我深表感激。

　　在过去 20 年间，18 世纪苏格兰研究协会（Eighteenth-Century Scottish Studies Society，ECSSS）一直是我的职业生涯的中心。即使我在这项事业上的投入导致本书的出版推迟了数年，我也不觉得遗憾。本书中的许多故事最初都是我在 ECSSS 的会议上听到的，与协会成员们的友情和交往让我得以持续为本书补充新材料。这里特别要感谢协会的历任主席——罗杰·埃默森、安德鲁·胡克、内德·兰兹曼（Ned Landsman）、苏珊·曼宁（Susan Manning）、詹姆斯·穆尔（James Moore）、尼古拉斯·菲利普森（Nicholas Phillipson）、简·伦德尔（Jane Rendall）、约翰·罗伯逊、伊安·辛普森·罗斯和 M. A. 斯图尔特（M. A. Stewart），他们以各自的方式支持了本书的写作和我的生活。

最后，也是最重要的，我要把本书献给陪伴我 30 多年的妻子多丽丝，她是我的挚爱，也是我最好的朋友。

作者说明

结　构

　　读者如果对本书的主题只有一般的兴趣，可能希望读正文的时候不必查阅书后的资料。另一些读者——特别是学生和研究书籍史、启蒙运动和18世纪思想文化的学者——可能希望阅读正文时能随时参考相关的资料。也有一些读者想把本书当作工具书来用，把注意力放在数据资料上，而只是选择性地阅读正文。

　　本书在结构上做了一些安排，为后两类读者提供了便利的切入点，同时尽量减少第一类读者的困扰。如同在第一章中解释的，本书的实证基础是一个包含115位苏格兰作家信息的数据库（表一），这些作家在1746—1800年间出版了360本著作（表二）。正文中带括号的标记，如"（编号131）"或"（编号17和162）"，对应表二所列书名的序号。这些标记便于读者快速找到正文中讨论的书籍的更多信息，不过，非专业读者可以选择忽略它们。想查阅表二资料的读者，可以通过表一列出的作者姓名后的序号（如果起点是某位作者的话），或者表二附录的出版者索引中的出版者姓名后的序号（如果起点是某位出版者的话）得到想要的信息。

术　语

　　"出版者"（publisher）这个词在18世纪有时指称筹划和资助书籍出版的

人，但是"书商"（bookseller）一词要更为普遍。这两个词都会出现在本书中（有时甚至用"书商－出版者"），不过总体而言我比较喜欢使用"出版者"，因为这个词更清晰地体现了书籍出版者和销售者的职能区别，而且包含了印刷商威廉·斯特拉恩和安德鲁·斯特拉恩（William and Andrew Strahan），他们不是书商，却是当时出版者的重要代表。

按照当代的习惯，"版税"（copy money，通常以连字符连接）这个术语可以指购买一份版权的价格，但是更一般的含义是指出版者为作品支付给作者的酬劳，无论买下版权还是另有他用。本书采用第二种释义。

"重印"（reprint）这个术语是指一本书在前一版次之后，重新按照原来的模版印刷。"再版"（reissue）这个术语是指一本书使用上一版未售出的印张，通常会用新的书名页，有时会补充新内容或对旧内容进行修订。

拼写和标点符号

在出自 18 世纪未出版手稿的引文中，当时的标准缩写和缩略语，就像"&"代表"and"一样，已经被广泛使用，例如"wt."代表"with"，"wh."代表"which"，"Edinr."代表"Edinburgh"。但是出自正式出版物的引文并没有沿袭这种做法。

为了避免在诸如"Andrew Strahan and Cadell & Davies"这样的短语中产生混乱，"&"用于连接正式合作关系（如"卡德尔 & 戴维斯"）中的名字。

货　币

到 18 世纪时，英国的记账货币已经建立了标准的兑换比率：

1 先令（1s.）= 12 便士（12d.）

1 镑（£1）= 20 先令（20s.）

1 几尼 = 21 先令（21s. 或 £1.1s.）

　　不过，在英格兰、苏格兰和爱尔兰，"镑"的实际价值是不同的。苏格兰 xxv
镑的价值只是英镑（英国标准货币）的数分之一，在 1707 年英格兰和苏格
兰的议会合并（parliamentary union）之后，苏格兰镑正式隐退。不过，在 18
世纪，苏格兰镑依旧被用于苏格兰的租金、工资和农业生产的结算。爱尔兰
则继续使用一种爱尔兰镑，其价值大约是标准英镑的 92%（格思里 1788 年
版的《地理、历史与商业新语法》[Geography] 中的一张货币表给出的是爱
尔兰的 18 先令 5.5 便士可以兑换标准货币 1 英镑，这个兑换比率得到了麦卡
斯克 [McCusker] 的《欧洲和美洲的货币与汇率》[Money and Exchange，第
31—41 页] 中的数据的支持 ）。不过在本书中，不列颠和爱尔兰的书价给出
的是出版地公布的价格，没有考虑币值之间的差异。

　　美洲的英国殖民者也使用"镑"作为记账货币，但是，每个殖民地都对
当地的货币设定了不同的兑换比率。在费城殖民地，宾夕法尼亚先令的价值
大约是英国先令的 60%（宾夕法尼亚的 1 镑等于英国标准货币 12 先令 ）。1
美元相当于八分之一个西班牙银币，是殖民地时代的标准英镑的 22.5%（差
不多是英国标准货币 7 先令 6 便士、宾夕法尼亚货币 4 先令 6 便士），并且
在美国独立战争之后继续保持了这个比率。例如，在 1791 年，4.44 美元等
于英国标准货币 1 英镑。更详细的信息可以参考经济史服务网（http://www.
eh.net/ ）和麦卡斯克的著作《真实价值知多少？》(How Much Is That in Real
Money?)。

　　使用经济史服务网提供的零售价格指数计算器（http://www.eh.net/hmit），
我们可以将 18 世纪英国的和美国的货币购买力转换成 21 世纪早期的货币价
格来表示。举一个简单的例子，以 2006 年 7 月作为转换点，在 1746—1770 年，
英国标准货币 1 英镑的购买力大约等于现在的 105 英镑或者 192 美元；在 18
世纪 70 年代和 80 年代，英国标准货币 1 英镑的价值是现在的 85 英镑或者
154 美元；18 世纪 90 年代的英国标准货币 1 英镑相当于现在的 69 英镑或者
126 美元。因此，在 18 世纪 70 年代，一册标准的 8 开本书的发行价格是 6
先令，例如凯姆斯勋爵（Lord Kames）的《乡绅》(The Gentleman Farmer)，
或者休·布莱尔（Hugh Blair）的《传道书》(Sermons) 第一卷；或者一册两
卷合订的 12 开本小说，例如亨利·麦肯齐（Henry Mackenzie）所著的《朱

莉娅·德·奥比妮》（*Julia de Roubigné*）（也是 6 先令），大约相当于 2006 年时的 25 英镑或者 46 美元。在同一时期，一册昂贵的 4 开本书，如威廉·罗伯逊（William Robertson）的《美洲史》（*History of America*）或者亚当·斯密（Adam Smith）的《国富论》（*Wealth of Nations*）（两者都是两卷合订本，价格都是 2 几尼），如果换算成 2006 年的价格，相当于每卷 89 英镑或者 162 美元，也即每套 178 英镑或者 324 美元。同一时期出版的剧本，如约翰·霍姆的《阿尔弗雷德：一部悲剧》，价格是一个半先令，大约相当于 2006 年的 6.4 英镑或者 11.6 美元。感谢约翰·麦卡斯克帮助估算这些数据。

目　录

导　论

苏格兰启蒙运动中的书籍史

关于启蒙运动出版的问题

"真正关心社会和自己国家福祉的人，一定会很乐意对知识和文明的飞速进步和全面传播进行反思。当下的英国，就处在这样一个知识和文明飞速进步和全面传播的时代。"威廉·格思里（William Guthrie）先生的《地理、历史与商业新语法 & 当今世界几个王国的现状》①一书的序言是这样开头的。该书 1770 年在伦敦第一次出版，是 18 世纪后期最受欢迎的著作之一。该书的序言比较了英国政治文化状况和充满"狭隘的偏见"的"欧洲其他几个王国"的政治文化状况，然后得出结论："在我们这里，知识不再被局限在哲学家的学院或伟人的宫廷里，而是和所有上天赐予人类的最伟大的优势一样惠及每一个人。"英国不仅在知识的"飞速进步"上走在前列，在知识的传播上也是如此，因为只有在英国，"知识的全面普及"使"多数人"得以共享知识。发生这种现象，一方面是因为"英国人民生活富裕，有强大的影响力，自然会要求一定程度的关注"——也就是说，他们构成了"公众"。另一方面，英国的"书籍已经去掉了充满学院气息的术语，不再只有富人才负担得起，也不再只满足学者的嗜好，而适应了更多家境一般的人的需要，这些人过去为其

---

① 标题原文：*A New Geographical, Historical, and Commercial Grammar; and Present State of the Several Kingdoms of the World*。后文简称《地理》。——译者注

他事务所累，没有闲暇获取知识"。通俗读物对知识传播的推动甚至超过了"我们的培根、洛克和牛顿这类大人物的作品"。通过这种途径，"我们的大多数国民"比其他国家的人获得了"更好的提升"。

格思里的《地理》序言中描述的现象，已经为启蒙运动和 18 世纪英国文化的学习者所熟悉。已故的罗伊·波特对英国启蒙运动有一句著名的论述："事实证明，印刷是传播启蒙思想和价值观的巨大发动机。"波特用了不同的词来形容这一时期印刷业的发展："印刷爆炸""印刷繁荣""印刷资本主义""文学成为能以各种形状和尺寸流通的商品"，以及"英国淹没在印刷品中"。随着书籍供应端的发展，消费结构的变化也如期而至，"阅读成为英国大部分地区民众的第二天性"[1]。类似地，约翰·布鲁尔（John Brewer）对 18 世纪英国发生的"印刷革命"的评价极具洞察力，认为这场"革命"不仅包括"英国出版行业的巨变"（他有时称之为"出版革命"或者"出版物革命"）以及阅读群体的数量扩张和类型多样化，还包括为人们提供阅读便利的各种机构，比如书店、各种图书馆（例如会员制图书馆、流通图书馆、教会图书馆、咖啡馆图书馆）、读书俱乐部以及私人藏书机构。与波特以及格思里《地理》序言的作者一样，布鲁尔认为这些进步和"现代商业与文明"的发展有着密切的联系。学术上的发现、知识的普及、开明的态度、经济上的富裕、文明开化以及广泛和高度商业化的公共文化事业的兴起，这一切与布鲁尔不止一次提到的"书籍无所不在"的现象是密不可分的。[2]

尽管《地理》序言中弥漫着英国例外论的观点，但是许多评论者在更广阔的地域背景下分析 18 世纪文化，也得出了类似的结论。以尤尔根·哈贝马斯（Jürgen Habermas）的著名理论为基础，詹姆斯·范霍恩·梅尔顿（James Van Horn Melton）认为英国得益于比其他欧洲国家更早建立了一个大众文化圈，不过，等到他评述 18 世纪后半叶的时候，法国、德国也和英国一样进入了"18 世纪印刷爆炸"[3]。至少从 1969 年开始，类似观点就已在启蒙时代社会文化史中成为定论。当时，彼得·盖伊（Peter Gay）在自己影响深远的著作的第二卷中讨论了一系列现象：一个更广泛的读者群体的兴起以及借阅图书馆和咖啡馆的出现，出版业的发展代替了贵族赞助，启蒙运动的作者们收入日益增加，审查制度和言论限制放松。盖伊将这些现象视为文学界的重要特征。[4] 在 1982 年出版的一份对欧洲的综述中，伊塞·沃洛克（Isser Woloch）称"出版业的扩张和阅读群体的成长……构成了 18 世纪文化发展的关键要素"[5]。更近地，托马斯·芒克（Thomas Munck）认为，"有阅读能力的人获得印刷品的机会取得了史无前例的增长"对启蒙思想的表达和传播至关重要。T. C. W. 布兰宁（T. C. W. Blanning）对"旧制度"文化进行了哈贝马斯式的明确阐述，他强调"书籍的生产发生了革命性的变化"，阅读的特点和场所也发生了相应的改变。[6] 米歇尔·福柯（Michel Foucault）等人转而将这种发展与对作者和书籍进行分类管理的现代制度结构联系起来。卡拉·赫西（Carla Hesse）做了简洁的概括：18 世纪欧洲形成的现代文学体系可以被视为"书籍的文明化"，意味着"书面文化逐渐稳定下来，形成一套让文本合法化的准则，作者从此成了创作者，书籍成为资产，读者则是有选择权的公众"[7]。

当时，并不只有英国形成了一种无处不在的、与支持和宣传启蒙运动密切相关的书籍文化，在某种程度上，这是整个欧洲启蒙运动的共有特征。但是没人能够否认，英国在 18 世纪是启蒙运动的先锋。格思里《地理》序言的作者及其同时代的人意识到，与欧洲大陆相比，英国的印刷和出版业受到的约束较少，由此产生了意义重大的结果。欧洲大陆各种形式的审查制度和限制性规定——比如"旧制度"时期的巴黎规定，印刷业主的数量不得超过 36 人——在英国都不存在，因此伦敦乃至整个英国的印刷所和书店的数量增加极快，可接触到的阅读材料（包括书籍、期刊和报纸在内）也迅速增多。与法国和其他欧洲国家不同，在英国，启蒙书籍交易不必在地下或国外进行；在 17 世纪的英国，学术书籍的生产者还要承担高度的不稳定和不确定性，受制于许可证制度，到 18 世纪这些风险基本不存在了。[8] 尽管在版权的确切性质和有效期方面存在分歧，18 世纪的英国已经普遍接受了版权这一原则本身。1710 年生效的版权法案《安妮法令》允许版权期限延续 14 年（如果作者还在世，可以延长到 28 年）。1774 年，《安妮法令》经上议院批准成为国家法律。这一时期还出现了一类辅助性期刊，如《每月评论》（*Monthly Review*）和《批评评论》（*Critical Review*），指导公众选择最优质的新书。在物质消费和商业文明迅速发展的时期里，书籍在英国社会生活中的地位远远超过了其他国家。[9]

这一切我们再熟悉不过了。我们倾向于认为 18 世纪的英国印刷业繁荣发

4

展，但对实际情形的了解却远远不够。我们有许多概括性观点，但是对复杂的历史进程缺少具体的理解，对将书籍贸易和启蒙运动联系起来的那些人物的相互作用也知之甚少。罗伯特·达恩顿开创性的《百科全书》（Encyclopédie）出版史研究奠定了书籍史作为启蒙运动研究的关键组成部分的学术地位。[10]此后又有几项优秀的研究问世，它们着眼于启蒙运动中的单个出版者及其与作者的关系[11]，书籍史研究开始兴起，并成长为一门学科。尽管学者们的研究各有不同，但他们普遍同意，所有研究方法的起点都是相信书籍确实存在历史，能像书信一样呈现生活的面貌，因此我们应该认真对待书籍呈现的每一种形式，包括：作为作者书写和读者阅读的文本载体，作为由熟练和非熟练工使用特定的技术制作出来的实体人造物，作为在市场上流通的商品，作为传播知识和价值观的工具，作为大型图书馆和大众消遣的素材，作为政府管理和审查的对象，作为文化的象征，诸如此类。[12]几乎所有研究书籍史的学者都承认，这些表面上不同的形式必定是互相关联的，因此不能孤立地研究某个方面，或者脱离它们发生的具体历史背景。启蒙运动的书籍史，尤其是英语世界的启蒙运动的书籍史，仍是一个需要我们进一步探究的学术领域。

18世纪后半叶，作者和出版者的关系特别有趣。这段时期预示着现代意义上的作者概念作为一种商业范畴开始出现，也标志着出版者进入了一个关键的过渡时期。在这段时期里，英国出现了很多出版社，当然，它们还不是后来那种大型的、非个人的专业化实体。当时的出版还是从事图书贸易者的副业——他们的主业通常是售书（这就解释了当时存在的一个事实：多数时候出版者仍然被叫作"书商"［bookseller］），不过有时也负责印刷甚至装订。出版者有时会与他们出版的书保持密切的关联，与大出版社合作的作者也经常与出版社的负责人有着直接而独立的联系。"我和卡德尔正准备出《致命的谎言》（Fatal Falsehood）的第二版，"汉娜·莫尔（Hannah More）1780年写信给她的妹妹，"我们详细讨论了一切事务。他给了我一些很好的建议。"[13]出版者与作者之间的这种交流并不罕见，即便托马斯·卡德尔（Thomas Cadell）当时掌管着英国——即使不是全世界——最大和最有声望的出版企业。

一本书要取得成功，许多方面都要依赖出版者。在新书出版的过程中，出版者必须做出关键的决断——是否出版，何时出版，开本多少，还有怎样推销已经出版的书，定价多少，要付给作者多少稿酬，等等。当然，我们说18世纪的出版者做重要的选择，并不是说他们能够按照自己的意愿自由行事。有各种层面的限制因素——技术的、经济的、制度的、法律的、文化的、智力的、思想的——引导他们做出选择。但是这些因素并不总是指向同一个结果，因此多数时候出版者都有很大程度的行动自由。

出版者的行为并不完全是由外部力量决定的。这些外部力量包括印刷的经济或技术"逻辑"，或者艾尔文·克南（Alvin Kernan）支持的"印刷资本主义"（print capitalism），或者同样僵硬的垄断理论，威廉·圣克莱尔（William St. Clair）用这个理论来解释1710—1774年的图书生产。[14] 但出版者也不像有些人声称或暗示的那样，完全不受技术和其他物质条件的限制。在与伊丽莎白·艾森斯坦讨论早期现代印刷的状况的时候，阿德里安·琼斯（Adrian Johns）问了这样一个问题："究竟是印刷制约了历史，还是历史制约了印刷？"琼斯给出的答案是"后者"。然而，对这个问题的最好回答或许是抛开这种非此即彼的假设，代之以琼斯本人的另一种表述："印刷既受历史的制约，也制约着历史。"[15] 虽然可以脱离历史去考量印刷，但是印刷和历史的关系与任何技术和历史的关系一样，是复杂而辩证的；任何一方都不是完全由另一方造成或受另一方制约的。印刷这样的技术并不会影响或者决定历史进程，但是它们时常能创造出某些条件、机遇或者限制因素，影响文化建构，就像文化因素塑造技术的社会结构一样。[16] 因为众所周知，18世纪的英国印刷业不受技术革新的影响，并且牢固地植根于一个可靠的商业系统，所以启蒙运动时期的出版者的经营环境相对稳定，在这种环境下，几个世纪以来印刷的社会结构的形成就是理所当然的事了。

出版的过程非常复杂，无法套用任何单一的公式来说明。我们既不能把启蒙运动时期的书籍出版简单归结为作者创造力的不受限制的爆发（思想史家经常这样假设），也不能认为它只是商业上的努力——对受市场欢迎的商品的生产和分配（书籍史家有时会做此暗示）。在18世纪后半叶，新书的出版几乎总是一种合作行为，或者说是在作者和出版者的共同参与下完成的。这种合作关系一般是融洽而礼貌的，双方关系有时非常亲密，有时也会很紧张，甚至剑拔弩张。可以想见，这个时候牵涉的通常不仅仅是钱的问题，还有地位和文化权威方面的利益。[17]总而言之，启蒙运动时期的书籍出版是在当时的经济、技术、法律和智力背景下发生的，既有协商合作，又时常伴有对抗的行为。

　　我们越是认为启蒙运动时期的书籍文化是作者和从事书籍贸易的人员相互作用的产物，在很大程度上取决于出版者在特定的技术和社会环境中做出的决定，有关出版者和作者的角色定位、双方的关系以及他们与那个从18世纪到现在一直都很神秘、抽象的实体——"公众"间的关系等问题就显得愈发重要。出版者在做书籍的出版和营销决策的时候，自然会密切关注自身的经济利益，但是其他动机也经常起作用。从某种程度上说，这些动机属于个人的、思想性的，当然，还是知识性的，它们与出版者常常试图展现出的商人形象形成了对比，这种对比在出版者与作者打交道的时候尤其明显。作者也有复杂的日程，因此不应该认为他们是不食人间烟火的知识分子，对名利和文本之外的其他事物不感兴趣。约翰·布鲁尔评论道："书商和作者都在追求金钱收益和知识兴趣上做到了平衡，给18世纪的出版注入了极大的活力。"[18]

　　在将作者的文本制作成实物的过程中，作为印刷工、书店业主和装订工的管理者，出版者负有主要责任。因此他们的作用相当重要，不仅要帮助决定出版何种书籍，而且要决定书籍的外观。出版者处在文本和书籍之间的中心位置，其影响力也延伸到公共领域。福柯著名的"作者功能"概念恰当地引起了人们对作者姓名的关注，使作者姓名成为书籍分类的首要方式。[19]不过，使用"出版者功能"似乎也是恰当的，因为像现在一样，在18世纪晚期，出版者的名字可能和作者的名字同等重要，它给公众提供了一种书籍整理和分类的途径。

　　除了作者和出版者之间的互动外，另外两个与启蒙运动时期书籍史有关的方法论问题分别是物理位置的范围以及研究类别或主题的范围。阿德里安·琼斯在他的《书的本质》(*The Nature of the Book*)等著作中，对17世纪英格兰的科学书籍的生产和接受进行了权威论述，他提倡采取"聚焦本地"作为研究"印刷与知识"的历史联系的最佳方式。[20]"一般而言……印刷牵涉的不是一种，而是多种文化"，他写道，并且"这些书籍文化本身具有地方特性"。[21] 在琼斯探讨的那个时代，学术性英语书籍的"印刷和销售几乎全集中在伦敦，而那里像是一个巨大的社会泥沼"，不同地区的学术著作的出版者之间交流极为不畅。这些情况或许有助于我们理解他为什么会把注意力集中在制度结构和职业关系上，而制度结构和职业关系正是这个英语世界的大都会——伦敦的学术出版特色。但是，18 世纪晚期，英国和英语文化圈已不止伦敦一个学术出版和印刷中心，在这种情况下，这种地方的、聚焦于大都会的研究方法究竟在多大程度上经得起检验？琼斯给出的，到底是通向"书的本质"的普适答案，还是仅仅是就特定时代、特定地域的某种类型的书籍的制作，讲述一段丰富的历史？

　　毫无疑问，伦敦在 18 世纪晚期仍然是英语书籍贸易无可争议的首都。琼斯认为有必要对书籍文化的背景性质，对伦敦及其他图书出版和接受地的地方环境进行实证调研，这一点当然是正确的。但是，启蒙运动书籍文化的发展和传播不可能用这种地方的甚至是比较的模式来解释，更不用说那种仅仅局限于特定时间、单一知识类别的模式了。罗伯特·达恩顿一针见血地指出，"恰恰是从书籍的本质出发……书籍史的研究视野必然是国际性的"[22]。从 15 世纪中期以来，书籍贸易活动在整个欧洲表现出许多相似性，印刷书籍成为"国际贸易商品，因此读者也是国际性的"[23]。因此我们可以说，"印刷与知识"的关系总是需要一种超越地方性、聚焦于大都会的研究方式。当然，到 18 世纪中叶，书籍文化的各个据点，无论在英国国内还是国外，彼此的联系都已经太过紧密，无法单独进行研究。这一判断不仅适用于书籍贸易，也适用于书籍生产者之间普遍具有的关系：法国的作者与阿姆斯特丹、纳沙泰尔、日内瓦的出版者商谈，就像苏格兰的作者和伦敦的出版者打交道一样普遍，并且出版者也与印刷商、书商和书店店主有着类似的广泛合作关系。在这样的环境下，要理解印刷和知识的关系，关键不在于任何特定的地方背景，而在于各地的作者、出版者以及书籍贸易的其他参与者之间复杂多样的相互作用。我们必须站在一个广阔的地理视角上来认识启蒙运动时期的书籍史。

　　吕西安·费弗尔（Lucien Febvre）和亨利 - 让·马丁（Henri-Jean Martin）的《书籍的诞生》（*The Coming of the Book*，1958 年第一次出版，书

名是 *L'apparition du livre*）是书籍史领域的奠基作品，该书采用了广阔的地理视角，虽然主要谈论欧洲，但对美洲也有所关注。然而到了 20 世纪 60 年代晚期，大多数对 18 世纪书籍史的严肃学术研究的关注点又回到了单个国家或地区 [24]，一直到现在都少有例外。在本书行将付印的时候，在构成本书主题的四个地理区域中，每个区域都出现了重要的多作者合著的关于 18 世纪书籍史的作品。[25] 这些出版物各自代表了英格兰、苏格兰、爱尔兰和北美书籍史的里程碑，但是我们也应该把它们看成是该领域的研究向更加综合和国际性的方向发展的必经之路。

同样，启蒙运动时期的书籍史的主题必须包含多种学科，因为我们需要考虑书籍的不同类型，以便了解某种特定的出版形式究竟是有代表性的还是特殊的，是可以作为研究的样本还是存在偏差。琼斯主张"盗版书和抄袭的作品对读者的吸引力几乎和正规出版物一样大"（第 30 页），这一点对 17 世纪伦敦的科学类书籍来说也许是对的，但是同一时代和地点的哲学书、法律书或者小说就未必如此了。琼斯的分析局限于科学类书籍领域，因而无法建立起对书籍史而言具有普遍意义的模式。至于他对 18 世纪英国的看法，我们现在已经没有接受它的基础了。他认为，那时人们大体上将印刷文化——尤其是与科学有关的印刷文化——当成是"对文明的破坏和威胁"，而不是一种"理性的"力量（第 28 页）。

英国书籍史中主要的类型偏见并不是针对科学，而是英语文学。文学批评家强烈的文本倾向性鼓励了文本和书籍的二元论，这种二元论将文学视作精神，将书籍视作实体。在 2006 年 1 月号《美国现代语言学会会刊》（*PMLA*）的专题"书籍史与文学思想"的导论中，利娅·普赖斯（Leah Price）认为现代文学批评中书籍的不可见现象源于缺乏对物质文化的分析训练，以及"作为常识的笛卡尔主义，［后者］教我们要忽略印刷书页的外观、感觉和气味"[26]。结果，众多文学批评都忽略了书籍史，而将重点放在文学和文本上。再者，小说、诗歌、戏剧和文学批评等文学体裁往往比其他体裁地位更高。在伦敦，写作那些体裁的权威作家经常被视为印刷时代的新文化英雄；专职的文学作者成为现代性的模范受人颂扬；判断图书业的从业者有没有价值，依据就是他们对这些作者及其作品的贡献。由于这种文学上的偏见，塞缪尔·约翰逊、罗伯特·多兹利（Robert Dodsley）和其他伦敦文学家在 18 世纪印刷文化中的地位才会越来越被夸大。[27] 若将写作体裁扩大到历史、政治、经济、哲学、医学以及其他形式的纯文学或知识，情况就会变得非常不同了。结果甚至可能是，"现代"作者这一范式，不是在除了为出书而写作外不再占据其他职位的意义上的独立，而是在融入了恰当的职业和专业机构的意义上的独立。

这些观察结果表明，我们需要一种书籍史，它能够认真对待 18 世纪作者和出版者的价值观、志向、行动和相互作用，并从多种类型以及地方的、全国的和国际的背景出发对其进行充分的探索，并且不会将考察对象局限于精神领域或经济领域任何一方。本书提供的就是这样的历史，它以启蒙运动的一个部分为论述的中心，但是在方法论的意义上可能会超越这个中心。通过首先聚焦于作者和出版者，其次是他们的作品的重印者，本书揭示了 18 世纪出版业的发展对苏格兰启蒙运动的贡献，也揭示了苏格兰启蒙运动对出版领域的作用。这种表述方式暗示，苏格兰启蒙运动和出版是共生关系。新的启蒙运动文本的苏格兰作者为英格兰出版者提供最有声望、有赚钱潜力的原材料用来制作书籍，而出版者则为苏格兰作者和潜在的作者提供获取国际性的名声、荣誉和财富的机会。

从启蒙运动到苏格兰启蒙运动

2006 年 1 月出版的期刊《美国行为科学家》（*American Behavioral Scientist*）专门讨论了"启蒙运动的终结？"这个问题。按照这个短语通常的意义，人们可能会以为，这个问题是在讨论 18 世纪末启蒙运动的结束。[28] 然而事实并非如此。这里讨论的是，启蒙运动的存在本身受到了质疑。参与讨论的作者之一格雷姆·加勒德（Graeme Garrard）谈到了反启蒙运动思潮的历史，"包括各种指控，比如坚持无神论、道德虚无主义和盲目乐观；妨碍理性并由此导致毁灭性的后果；盲目信仰科学，认为科学是完全有益的；不能容忍不同的意见"[29]。其中有些指控连同其他一些指控可以追溯到 18 世纪后半叶和法国大革命刚刚结束之时"反启蒙运动"思想的发端，但是更多的指控都是在过去 75 年中才被底气十足地提出来的。[30]

现代反启蒙运动思潮始于 1931 年，标志是卡尔·贝克尔（Carl Becker）的《18 世纪哲学家的天城》（*The Heavenly City of the Eighteenth-Century Philosophers*）一书的出版。3 年之后，贝克尔在康奈尔大学的同事普里泽夫德·史密斯在自己的书中对贝克尔的论点进行了阐释，进一步扩大了《18 世纪哲学家的天城》的影响，而史密斯的这本书可能是第一本在书名中使用"启蒙运动"这一术语的著作①。"启蒙运动就像是一个新宗教，"史密斯写道，"理性是上帝，牛顿的《自然哲学的数学原理》是圣经，伏尔泰是先知。"[31] 彼得·盖伊对贝克尔著作的反驳令人信服，他对启蒙运动的诠释过于世俗和反宗教，很大程度上是出于对贝克尔观点的反感。尽管如此，耶鲁大学出版社 2003 年还是重新出版了贝克尔的书，并且，由于预见到了后现代对启蒙运动的攻击，该书现在被誉为有着"难以置信的先见之明"。[32]

如果说贝克尔的文章预见到了一些主流的后现代观点，霍克海默（Horkheimer）和阿多诺（Adorno）1947 年的著作也做到了这一点。该书 20 世纪 60 年代从德文译成英文，名为《启蒙辩证法》（*Dialectic of Enlightenment*），2002 年由斯坦福大学出版社再版。该书认为，启蒙运动的"计划"（program）是一种理性的独裁，这种理性独裁的基础是一种促进"缺乏自我意识的科学工具"和对"世界的祛魅"的倾向。[33] 以该书和其他反启蒙运动作品为基础，后现代主义者坚持认为启蒙运动的思想家基本上是狭隘和不宽容的，因为他们提倡在理性或者科学的基础上建立一个单一的、普遍适用的计划——约翰·格雷（John Gray）称之为"启蒙运动的全球文化大一统计划"[34]。启蒙运动在"现代性"的创造过程中起了决定性作用，这常常是人们颂扬它的理由，现在又变成人们贬低它的理由，因为"现代性"的创造要为现代世界的种种弊病——从种族主义、性别歧视，到殖民压迫、种族灭绝和无政府主义——负责。霍克海默和阿多诺的论述是反启蒙主义思潮的开端，但这一思潮最极端的形式由众多后现代主义者更清楚地表达出来，他们相信"启蒙运动直接导致了奥斯维辛集中营的出现，正如它直接导致了法国大革命期间的恐怖"[35]。

① 第一部书名中带"启蒙运动"这一术语的著作是约翰·格里尔·希本 1910 年的作品《启蒙运动的哲学》，参见本书"平装版序言"第 III 页。——译者注

　　从贝克尔到霍克海默和阿多诺再到格雷，绝大多数启蒙运动的现代和后现代批评者对启蒙运动的理解都浮于表面，他们的作品更多的是对自己创造的抽象概念进行辩论式的攻击，而不是对启蒙思想家的作品做仔细的文本分析。[36] 在这些辩论中，他们频繁引用某一个著名思想家——最常见的是伏尔泰或康德——的观点，来贬低一大批思想家，一场在很大程度上以努力追求宽容为理想的运动强行被他们变成了它的对立面。尽管如此，与这些空洞的评论文章争辩却是在损害对启蒙运动的研究，让它日益衰弱。

　　面对这些外部挑战和内部数十年来关于领域划分的争论，研究启蒙运动的学者做出了不同的回应。有些人试图与后现代主义批评者展开思想对话。[37] 本着同样的精神，有些人编写启蒙运动的文集，将很大一部分篇幅留给近期关于启蒙运动的评论，却牺牲掉了启蒙运动时期的作家以及那些不用辩论的方式分析启蒙思想的现代作家。[38] 其他人对后现代主义批评的关键方面进行大量的反驳，例如桑卡·穆图（Sankar Muthu）在其关于法德启蒙思想里蕴含反帝国主义观点的专著中所做的。[39] 当然，还有一些人起身反击，为启蒙运动辩护，认为启蒙运动本身就是一场激进的政治运动。[40]

　　在众多方法中，穆图采取了另一种策略，就是将启蒙运动多元化，并且确定相应的参考基准。约翰·波科克（John Pocock）写道，我们喜欢说“英语、阿米尼乌斯派信徒①、巴黎人”和“苏格兰启蒙运动”这样的词，却不“特指”启蒙运动，因为启蒙运动“有太多形式，无法为单一的定义或历史所涵盖”。[41] 类似地，多琳达·乌特勒姆（Dorinda Outram）认为，20 世纪 70 年代亨利·梅（Henry May）和 A. 欧文·奥尔德里奇（A. Owen Aldridge）关于美国启蒙运动的著作，“让我们不再可能将启蒙运动看作一个统一的现象”。乌特勒姆等人试图将启蒙运动重新定义成“一系列相关联，有时还存在冲突的问题和争论”[42]，一种强调了制度背景的方法。那些争论都发生在这些制度背景中，并且强调了启蒙运动在一定程度上是一个过程，而不是一套共同的信念或价值观。

_____

　　① 欧洲宗教改革时期一个“异端”教派，其领袖雅各布斯·阿米尼乌斯（Jacobus Arminius，1560—1609）为荷兰新教神学家，反对加尔文的“预定论”，提出“条件选择说”。——译者注

　　最后，有些评论者试图重拾启蒙运动的统一论，他们使用的方法被其支持者罗伯特·达恩顿戏称为"通货紧缩"[43]。按照这种观点，由于启蒙运动的多义性，启蒙运动"产业"已变得包罗万象，各个领域都热衷于创造和推进自己的启蒙运动：俄罗斯的、罗马尼亚的、巴西的、约瑟芬式的（Josephinian）、虔信派的、犹太人的、音乐的、宗教的、激进的、保守的，还有儒家的。达恩顿用这些说明"启蒙运动开始成为一切，也因此什么都不是"（第3—4页）。对达恩顿而言，"阐释启蒙运动"意味着回到原点，重新关注"精英分子、伏尔泰主义者和堕落的巴黎人的"启蒙运动。这个启蒙运动由"一个自觉的知识分子团体"构成，成员全部是男性，打算"说服、宣传和改造世界"（第5—6页）。其他地方的文人也很快加入了论战，不过在与巴黎启蒙哲人的争论中，这些启蒙哲人的思想和价值观随后也在他们中间"传播开来"（第7页）。尽管约翰·罗伯逊界定这个问题的方式与达恩顿相同，在自己的一些文章里也使用了同样的短语作为标题，他的"启蒙运动"作为一种欧洲现象保持了广阔的地理视野，但是其内容却局限在人性科学、政治经济学和人类社会历史发展等主题中。[44]

　　若说这些研究方法有共通之处，那就是它们都对启蒙运动持防御态度。与时下流行的紧缩策略相反，我认为应当把启蒙运动看作一场规模非常庞大的运动，因而需要有在地理、知识和社会领域涵盖更广的概念与之相应。启蒙运动可以被当成一部带有多重变奏的宏伟交响乐。这种方式可能不会如有些人期望的那样产生一个界限严格的概念。但是，退回到狭义的启蒙运动概念，或者众多彼此独立、无法统一的启蒙运动概念，也不会有更好的结果。因为对于哪个思想家或哪本书属于哪个概念所描述的范围，总有不确定性。

　　虽然没有人会怀疑巴黎作为启蒙运动之都的地位，但是源自巴黎的传播论模式将一个复杂的进程过分简单化了。部分原因在于，巴黎并不总是主宰着18世纪的知识生活，另一部分原因是文人（有时也包括女性）越来越多地参与到复杂的、国际性的思想与信息交流中，这些思想和信息并不总是由一个地方发端，也不会只沿着一个方向传播。同理，如果将启蒙运动的内容限制在政治经济和人文社会科学的范围内，那么为了一个知识连贯性的特别理想，我们得牺牲掉太多丰富而且重要的启蒙知识探究领域。[45]将启蒙运动分割为大量互不相关的部分，就夸大了地域和知识流派的差异，牺牲掉了它们潜在的相似性。格雷姆·加勒德指出，将启蒙运动多元化的趋势"是对语言表达方式无法避免的模糊性的过激反应，本身就带来了许多问题"[46]。虽然亚洲这个地域的边界是不确定的，亚洲这个词也有多种定义，但是我们不会因此就放弃使用"亚洲人"这个词。总有模棱两可的情况，但是这种情况不应该左右我们对那些确实有益于理解历史的概念的认识。"启蒙哲人缺乏彻底的统一性并不必然意味着'启蒙运动'这个词的使用是无效的，"加勒德补充说，"启蒙哲人尽管存在着分歧，在许多方面都有不同看法，他们的主张却有一个共同的核心。"（第 668 页）

在我看来，这个共同的核心并不存在于一个固定的学说，也不存在于一个普适的改革方案或者某种制度结构、某个特定领域、某个思想流派，而是存在于启蒙运动的拥护者所坚持的一套普遍的价值观念。西至美国，东到俄罗斯，从北方的苏格兰到南方的那不勒斯，我们都能在文人身上发现这些共同的价值观，尽管由于民族和地域背景、思想流派以及特定个体的差异，这些价值观会有不同的表现形式。这些价值观包括：道德或者精神和物质的提升，或者是对人的生存状态改善的承诺，它们有时具有地方性或民族性，有时具有人类全体的视野；人道主义和世界主义感情，或者是对其他人类的同情感和同胞之情，以及对酷刑、奴役和其他被判定为不人道的行为的抵制；社会性，或者是对于人性和人类社会的社会特征的认识和偏好；容忍那些在宗教和其他事务上持有不同信仰的人，相应地，坚持信仰、言论、书面交流等基本自由权利（即使在自由的限度的问题上仍然存在分歧）；理智主义，或者致力于锻炼理智的力量，以增进对人性、社会和自然世界的理解，按照康德关于启蒙运动的名言，就是"敢于认识"（Dare to know），以及相信知识作为实现进步的手段的力量；还有唯美主义，或者是艺术（包括绘画、音乐、诗歌和幻想文学）鉴赏力。

上述的列举并不是封闭的，它具有足够的普遍性，能够容纳启蒙运动不同的民族、地域和主题表现，以及欧美大部分地区的沙龙、学院、俱乐部和地方分会普遍存在的分歧和论争。[47]坚持这种普遍的价值观模式的人，不仅有现世主义者（包括一些无神论者，不过更多的是自然神论者），还有各种温和或理性的制度化宗教的虔诚信徒；既有开明专制主义的拥护者，也有认为应该限制统治者权力的人；既有既存秩序的激进批评者，也有社会和政治上的保守派。一些个人或团体常常自觉地推广这些核心价值观，而他们的思想和行动往往流传与影响甚广，足以奠定时代的基调。尽管如此，这些价值观不是"一切，也因此一无所是"，因为不宽容、残暴、不公、愚昧、歧视、宗教狂热、盲信、反智主义、狭隘、自私、不道德、宗派主义、好战、腐败以及对他人的冷漠仍继续存在，有时还会泛滥。

此类启蒙运动概念带着刻意的开放性。就好比亚洲这个概念，它足够广大，可以经受边界的争论。我们也许会发现，某些个人和团体，甚至地区和国家，似乎一部分属于启蒙运动，一部分不属于启蒙运动。评论者也许会发现启蒙价值观内在的张力，甚至彼此矛盾。[48] 尽管如此，只要"启蒙运动"这个词抓住了与之相关的哲人或文人的主流趋势和总体倾向，那么这个带着定冠词的完整术语就仍然是有用的。不仅如此，启蒙运动这个概念还指明了一条道路，带我们走出现有启蒙运动研究的困境，鼓励我们对启蒙思想和实践进行跨国和跨学科的调查。它为我们在一个更大的整体模式中进行多种形式的比较史研究提供了一个框架。

18　　　苏格兰启蒙运动是启蒙运动的众多形式之一。尽管苏格兰启蒙运动的研究者对这个研究领域的性质和边界还存在意见分歧[49]，但是一般来说，他们还未曾招致现代和后现代评论家的愤怒。苏格兰启蒙运动关于"启蒙运动的终结"的讨论聚焦的是一个不同的问题，由通俗史学中的两种相反的趋势界定。一种方法主要与阿瑟·赫尔曼（Arthur Herman）的一本畅销书相关，他在书中断言，"苏格兰启蒙运动创造了现代性的基本思想"，这意味着，18 世纪的苏格兰产生了"作为现代世界的特征的基本制度、思想、态度和思维习惯"。[50] 当然，现代性在这里完全是正面意义上的，不包含任何现代世界中应当被谴责的特点。"作为第一个现代国家和文化，"赫尔曼写道，"大体上说，苏格兰人使世界变得更美好了。"[51] 赫尔曼正确地指出了苏格兰人和苏格兰启蒙运动的巨大影响——其成就远远超出人们对苏格兰这样一个小国的预期，也超过了苏格兰之前在文学领域的成就。苏格兰的影响力在广度上遍及全世界，在深度上也非常深远。不过，苏格兰启蒙运动只是另一场规模更大的运动的一部分。从某种程度上说，现代世界的某些值得赞扬的方面正是由启蒙思想家们塑造成形的。我们必须将牛顿和洛克、伏尔泰和卢梭、康德和贝卡里亚①、富兰克林和杰斐逊、休谟和斯密以及其他无数人物的功绩考虑进去。我们也必须牢记，苏格兰对现代世界的贡献并非每个方面都是值得赞扬的。[52] 实际上，赫尔曼这种夸大其词的方式可能不利于人们正确认识苏格兰思想和文化贡献的重要性，因为过度的夸耀容易让人误以为启蒙运动是编造出来的故事而对之不予理会。伊恩·兰金（Ian Rankin）笔下有一个不苟言笑的爱丁堡侦探约翰·雷博思（John Rebus）。在一座地方图书馆偶然看到赫尔曼的书时，雷博思的反应就是："雷博思从书架上抽出一本书，内容好像在说苏格兰人创造了现代世界。他看了看四周，确定这里不是小说区。"[53] 一些比雷博思更加熟悉苏格兰启蒙运动的学者也有类似的体验。

　　罗伊·波特和格特鲁德·希梅尔法布（Gertrude Himmelfarb）最近提出了另一种观点。他们走向了相反的极端，主张苏格兰启蒙运动从未存在过。波特和希梅尔法布没有否认大卫·休谟、亚当·斯密和其他 18 世纪苏格兰思想家的重要性，但是他们坚持认为，这些人的贡献应该被纳入到一个更大的实体框架——英国启蒙运动中，认为英国启蒙运动是现代性（这里现代性的定义又一次指称现代世界最值得称赞的特征）的主要来源。他们将苏格兰启蒙运动的概念追溯成狭隘的民族主义或地方性观点。波特主张"对英格兰和苏格兰启蒙传统进行严格区分是不合时宜的，主要是因为这种描述仅仅反映了后来的民族主义"[54]。仅凭屈指可数的几个所谓苏格兰人英国化的例子，如休谟、斯密和其他文人（包括错误地声称"这些哲学家中的许多人都选择认同自己是英国北方人，而不是苏格兰人"），希梅尔法布就判定苏格兰启蒙运动的概念应当被根除，并且得出结论说，"因此，苏格兰启蒙运动并非如人们所想的那样带有苏格兰的地方性和排他性"[55]。波特和希梅尔法布都乐意承认，启蒙运动在不同的国家背景下有不同的形式[56]，并且都主张英国启蒙运动相对于在法国和其他地方发生的启蒙运动具有特殊性和重要性。但是在涉及苏格兰时，他们却突然不愿意承认启蒙运动在不同国家的独特性了。

19

---

　　① 即切萨雷·贝卡里亚（Cesare Beccaria, 1738—1794），意大利刑法学家，著有《论犯罪与刑罚》。——译者注

20 　赫尔曼说苏格兰启蒙运动几乎就是一切，反过来说苏格兰启蒙运动一无是处，其实跟赫尔曼的说法一样，都是不可能被证实的。本书的读者可以看到，苏格兰启蒙运动的确作为一个可辨认的实体存在着，虽然它没有精确的或严格限定的意义。在这里，我对苏格兰启蒙运动下了一个宽泛的定义，意思是苏格兰的作家们在18世纪那场国际性运动中产生了一流的、在道德和智力上具有启示意义的文学作品和知识，其作品都带有先前讨论过的启蒙运动的普遍价值观。它是一种文化和智力现象，不能被简化成任何单一的思想分支、流派或模式，它包括（叙述的或"推测的"）历史、自然科学、医学、常识哲学（或一般的道德哲学）、修辞学和纯文学、幻想文学或政治经济学，以及我们现在所谓的社会科学。[57] 在上述智力活动领域，当然还包括其他未列举出的领域，我们有充分的理由将18世纪苏格兰思想家列入那个时代最具创新精神、最杰出和最有影响力的作者群体中。18世纪苏格兰的书籍在许多地区都有非常大的影响力，而且显著地促进了现代学科和学术领域的形成，这些学科涵盖从英语文学、政治经济学和社会学到科学和医学的不同分支。[58] 另一个同样引人注目的事实是，创作出这么多文学作品的个体作者交往密切，专业上彼此沟通，有时在苏格兰的中心城市，有时也在伦敦，而且他们的创作很容易就从一种启蒙运动类型转到另一种类型。这种社会、智力和文化意义上的融合与凝聚赋予苏格兰启蒙运动一种与众不同的特性，使之独立于英格兰的启蒙运动。

　　在将近半个世纪之前，弗朗哥·文丘里（Franco Venturi）在一篇随笔中这样描述欧洲启蒙运动："英格兰的知识分子……并不构成一派或形成一个特定的趋势，而是呈现了一种自由和多样化的公共舆论的所有细微差别。只有在苏格兰，专家、学者和知识分子拥有共通的思想，事实证明，他们的统一行动是必需的，这里的启蒙运动天生就与法国的启蒙运动有强烈的相似性。"按照文丘里的观点，苏格兰文人集团的这种统一感，体现在他们著名的俱乐部中，体现在他们努力把"一个贫穷的、偏远的、被鄙视的和叛逆的国家"
21 这种民族形象消解掉。这种统一感与苏格兰成长为"欧洲启蒙运动前途最光明的中心之一"，诞生了"一批只有巴黎才有的杰出作家"有密切关系。[59] 社会环境和智力成就是不可分离的，欧洲启蒙作家的两大国家群体——法国启蒙哲人和苏格兰文人——展示出高度的社会凝聚力和个人互动性，这不是偶然的巧合。

　　文丘里将苏格兰和英格兰的启蒙运动区分开来，并声称社会和智力领域之间存在深层联系。为了反驳文丘里，波特主张，按照卡尔·曼海姆（Karl Mannheim）一个"自由的"（或自由流动的）知识阶层的概念去理解，应当把 18 世纪英国的作家理解为"自主的个体"。也就是说，他们与机构和赞助人之间不存在主要联系，"除了自己、购买作品或订阅演讲的民众以及出版者这类文化中间人之外，不需要对任何人负责"。因此，"曼海姆的说法比文丘里更好地阐明了不列颠的情况"[60]。这种方式符合波特的观点，他坚持将苏格兰启蒙运动归入"不列颠的"（或者在语言学上说成"英语的"）启蒙运动，包括 18 世纪生活在不列颠的所有作者和用英文写作启蒙主题的作者，而不考虑他们的个人交往、与机构间的联系、见解和身份（第 xviii—xix 页）。如果仔细考量这些因素，就会认为它们无关紧要，因为"英格兰和苏格兰的思想家始终都保持着对话"（第 243 页）。

　　当然，这种方式掩盖的问题比它澄清的问题更多。虽然 18 世纪苏格兰和英格兰的知识分子经常进行有意义的互动，正如他们与别处的文人互动一样，但是苏格兰的文人群体中存在着强大而截然不同的国家传统、思维方式和社会关系，经常与英格兰知识分子的那一套存在差异。我们应当看到，通过学术和文学作品的出版，18 世纪的苏格兰文人群体自觉地尝试去美化和改良苏格兰民族。即使是居住在伦敦的苏格兰作者和出版者，也经常因民族纽带联系在一起，充满了强烈的苏格兰人身份认同感和民族自豪感。

　　在文丘里看来，苏格兰文人群体中盛行的紧密社会互动，根本的意义在于它收获了作者：产生了"一批只有巴黎才有的杰出作家"。即使是对启蒙知识的社会性质和苏格兰启蒙运动的独特性有着深刻理解的学者，也并不总是充分意识到苏格兰人在这方面的成就。让·戈林斯基（Jan Golinski）对 18 世纪晚期英国的"公共"科学——化学进行了精彩的研究，他主张，相比于英格兰学术界，"在苏格兰学术界获得信任和名誉，更多是依靠教学成就，而不是做一个成功的作者"。苏格兰的明星学者、化学家威廉·卡伦（William Cullen）和约瑟夫·布莱克（Joseph Black）"不擅长用印刷文字"，而他们的英格兰同行约瑟夫·普里斯特利（Joseph Priestley）却做到了。[61] 如果将范围限定在化学领域，戈林斯基的主张也许是有充分根据的。然而，要作为关于苏格兰和英格兰启蒙运动的性质的论据，它们就完全不符合要求了。苏格兰的教授要获得信任和名誉，写作上的成功至少与教学上的成功同等重要，卡伦自己就精通学术出版——他的主要出版领域是医学。"英格兰启蒙运动"这个术语在自然科学和实用艺术的论题中使用时，出现的问题最少，这些论题非常吸引参加了各种古典知识社团的普里斯特利等英格兰人。[62] 更普遍的情况是，英格兰产生了大量鉴赏家和业余爱好者、古文物研究者和艺术品爱好者、演员和收藏家；似乎可以说他们赋予了 18 世纪的英国文化与众不同的特色，而 1759 年 1 月向公众开放的大英博物馆就是伦敦最能体现启蒙知识的机构。[63] 但是作为启蒙运动书籍的作者，苏格兰人远远优于他们的南方邻居。简言之，文丘里是正确的。

23 从这个角度出发，本书的内容是关于启蒙运动的书籍文化中影响尤其大的一个方面——苏格兰书籍文化，以及书籍贸易对培养这种书籍文化做出的巨大贡献。本书调查了欧洲最小和最贫穷的一个国家怎样成为启蒙运动书籍的来源地。这并不意味着书籍出版是描述苏格兰启蒙运动的唯一或首要因素，但它无疑是一个被人们忽略了的重要因素。因此，苏格兰启蒙运动通过书籍的力量和影响得到的发展和国际扩张是本书研究的基本主题。

我们会看到，苏格兰启蒙运动的新书出版是伦敦和爱丁堡的出版者之间互动与协作的结果，他们与居住在各地的苏格兰作者签订出版合同。但是，苏格兰启蒙运动的成功也得益于苏格兰书籍在远离英格兰和苏格兰首府的地方的普及。为了全面论述这个主题，我们需要研究苏格兰启蒙运动的书籍在欧洲大陆的大规模传播，其中最重要的是它们在法国和德国的传播，苏格兰作者的作品在这两个国家有大量译本，而且经常附有重要的新介绍、前言以及编者和译者的评注。[64] 这种传播使苏格兰启蒙运动深刻影响了欧洲的思想和文化，这种影响一直延续到 19 世纪，例如德国的浪漫主义运动和法国的纯理论哲学都颇为受益。这些重要的主题需要认真审视，但是它们牵涉各种各样的方法论问题和调查技巧。[65] 因此，当前的研究只局限于 18 世纪晚期苏格兰启蒙运动书籍在使用英语的大西洋国家的传播，尤其是在都柏林和费城的重印带来的影响。在这个传播过程中，书籍的作者最终淡出视野，而对那些选择在爱尔兰和美国重印苏格兰启蒙运动书籍的人仍然起到重要作用的是商业、技术、文化、人口、法律、意识形态以及个人等因素。

　　为了解释这些事件，我们再次需要一种动态的、综合的、地理上涵盖更广的方法——涵盖所有的纯文学类型，并且不只是将大西洋视为一个巨大的液体障壁，分隔出如此多的地方性印刷文化。大西洋研究已经成了时髦，最近有个评论者打趣道："我们现在都是大西洋学者了——它大概来自历史学家突然爆发的一种兴趣，他们纷纷选择将大西洋和大西洋世界作为研究的主题。"[66] 但是大西洋研究有着许多不同的意义，有人也注意到，"标题中含有'大西洋'的书籍或文章很少将与大西洋接壤的不同大陆联系起来；在更多情况下，它们只是展示了那个大洋的一部分"[67]。这种批评特别适用于早期美国史学科，这门学科当前重视大西洋化，但没有用一种既精密又综合的方法贯彻始终，并且认为旧世界（Old World）不只是新世界的背景。研究 18 世纪苏格兰的历史学家在最近出版的著作中，通常把美国当作苏格兰帝国建立过程中的一个地点，而不是错综复杂的大西洋互动的一部分。[68] 因为美国的早期历史体现了移民、传播、交易以及侵占等内容，包含了广泛的历史形态，从物质方面到思想方面，而书籍的历史代表了一种重构大西洋世界概念的途径，超越了不列颠－北美二分法。[69] 依照这一主题，本书末尾的章节考察了苏格兰启蒙运动怎样在 18 世纪晚期由书商输入美国并在美国重印；尤其是费城的苏格兰人书商，他们效仿都柏林的前辈们，并且常常与之展开竞争。本书的目标既是揭示格思里《地理》的序言所赞扬的"知识的普遍传播"的物质基础，也是为了阐明构成美国出版文化的复杂的、交互的方式。

设计与免责声明

版权与阅读

　　说完本书的写作意图，现在我要稍稍提一下两个重要却很少有人谈到的主题：版权管理和书籍的接受与阅读。与近期的众多研究不同，本书并不将版权法的变化作为 18 世纪英国书籍史的中心主题。我们不难理解，为什么版权议题能吸引那么多学者的关注。因为这一议题牵涉实际的法律案例和纸上论战，学者们有数量庞大的法律文件和小册子可以查阅。[70] 知识产权永远是一个充满生机的议题，与当今社会的关联性比 18 世纪的许多其他主题都要强：人们普遍认为，《安妮法令》及其于 1774 年 2 月在英国议会上议院获得批准，是现代版权法的起点。

　　尽管如此，过分强调版权问题，也会导致对 18 世纪英国书籍文化的夸大和误读。[71] 因为关于这个主题的研究经常带有作者的偏见，容易把版权历史等同于作者产权的历史，即便那些权利并不总是与议员和法官们的想法相同。[72] 上议院决定支持《安妮法令》无疑影响了作者，但是作者的地位是模糊不明的，而且我们还不完全清楚上议院的决定是怎样影响他们的。尽管书商－出版者——致力于确立永久性版权在法律上的正当性——尽可能让作者符合他们的利益，吓唬作者称，如果版权的有效时间受到法令的约束，预期的版税会大幅度下降，但他们的付出所取得的成果还是很有限的。大卫·休谟同意伦敦的出版者公开使用他的名字，但是在私下里他对其中一人说，就算取消了永久版权，也不可能发生"像你所说的这些糟糕后果"（*LDH*，2：288）。大致来说，休谟是正确的。在 1774 年废止永久版权之后，出版者为新作品版权支付给作者的报酬并没有减少，甚至比以前更多。这可能是因为在各个因素中，版权管理的确定性（certainty）比版权有效期的持续性（duration）更为重要。[73]

　　片面关注与版权相关的问题，导致人们把精力集中到对已故作者的旧书的重印，却不重视在新书的出版过程中更富创新精神，同时也更具合作性的图书业活动。这样也会夸大与图书业有关的法律的作用。实际上，法律并不总是具有决定性的因素，这不仅是因为出版者有时会通过未授权出版或者盗版的手段来规避相关法律，可能更重要的原因是伦敦图书业的顶层人士与他们的同胞一样，依照惯例绕过法律制度，自行制定和实施业内规范。这就是在 1774 年永久版权失效之后，伦敦出版者中的精英分子遵循的原则。正如詹姆斯·博斯韦尔在 1791 年所言，"名义版权"在他们中间继续盛行，通过"共同协议"而不是法律来进行管理（*BLJ*，3：370）。他们以"章节咖啡馆"（Chapter

Coffee House）^① 为根据地，参与的书商都保存着一份私人版权登记簿（不幸的是现已散佚），目的是尽量减少竞争和冲突。⁷⁴ 在这层意义上，版权意识只是社团秩序意识的一个组成部分。此外，作者和出版者还订有若干出版协议，出版前的版权销售只是其中之一。由于上述这些原因，明智的做法似乎是，既要弄清楚法律是怎样管理版权的，也要弄清楚出版过程的实际运作方式。因此在本书中，米勒（Millar）和唐纳森（Donaldson）这样的名字代表的不仅是真实的书商，更是真实的人，而不仅仅是著名的版权诉讼中的当事人。

　　这一点直接带来了另一个后果。夸大版权法的重要性会让人曲解出版者的利益、动机和作用。18世纪，管理版权的规章制度有时关系到英国图书业的切身利益，尤其是在18世纪70年代早期立法问题到了紧要关头的时候。但是关于启蒙运动书籍出版者的议题有很多，版权只是其中之一，并且应该得到恰当的对待。本书更多地依赖私人信件而不是版权小册子，将注意力集中在新书的出版上（也包括它们的重印），试图呈现引起苏格兰启蒙运动书籍的作者和出版者兴趣的议题全貌。

　　威廉·圣克莱尔广受好评的著作《浪漫主义时期的阅读民族》（*The Reading Nation in the Romantic Period*）标志着这个趋势的顶点，将1774年确立为18世纪英国书籍史最重要的转折点。圣克莱尔的兴趣主要是19世纪早期阅读的发展，但他论证的基础则是18世纪的出版和营销实践。圣克莱尔给出的理由是，因为读者数量取决于印刷品的获取，而印刷品的获取取决于价格，价格又取决于以图书业与政府的关系为基础的知识产权的管理（第42页），因此，版权法是18世纪晚期和19世纪早期英格兰阅读发展的关键。基于这个公式，圣克莱尔描绘了一幅18世纪最后25年伦敦出版业的惨淡景象。根据他的记述，图书业拒绝接受限制版权有效期开启了一个新时期，书被人为地做大做贵，供应给一小部分富有的购书者，"经济史上最完美的私人垄断也不过如此"（第101页）。这种垄断的存在必然造成图书定价过高，几乎不考虑生产和销售成本（第28—29页），随着高端市场逐渐饱和，这些书在重印时就会使用更小的尺寸。⁷⁵ 尽管圣克莱尔承认，这一时期，各个领域（第99页）

27

---

　　① 1710年左右开办，是18世纪伦敦最知名的咖啡馆之一。——译者注

都"出版了一系列具有革新精神的文本，令人印象深刻"，一些作者的版税收入也增加了，但是他们相信，这些进步与一般的大众读者没什么关系。为了限制人们获得已出版的书籍，伦敦图书业使用了一系列令人印象深刻的策略，包括"垄断性联盟、秘密合约、价格管制、掠夺性定价、寻租［即'利用法律漏洞，以非生产性的方式加强和保持垄断'（第 93 页）］、重复而无根据的诉讼、进入壁垒、市场划分、信用修复、集体拒绝交易、排外性合资、转售价格限制、捆绑销售和纵向非价格约束等"（第 100—101 页）。在圣克莱尔的分析中,这个不幸的垄断时代的终结以及将英格兰转变为"阅读国家"的"阅读爆炸"发生的直接原因，正是 1774 年英国议会上议院通过了限制知识产权有效期的决议。"自从 300 年前印刷术传入以来，这是英格兰阅读史中最具有决定性的事件。"（第 109 页）圣克莱尔在别处写道，由于这个规定，"图书价格陡降，产量大增，更加容易获取了"[76]。

　　本书支持的是另一种不同的解释。这个解释指出，在 1774 年之前很久的时候，英国就开始成为"阅读民族"了，不应该夸大上议院的版权决议带来的影响。当时的一些人——如格思里《地理》序言的作者——认为，从书籍的生产和传播的角度看，1774 年前的数十年是富有活力和革新精神的，我们不应该草率地摒弃他们的观点。在这个时期，的确有许多学术书起初是昂贵的 4 开本，如果事实证明这些书受欢迎，之后重印就会用更小、更实惠的开本。但是圣克莱尔对这一事实做出的消极解释是没有根据的。18 世纪的出版者经常向普通读者推销他们的书，甚至学术书，这些书大部分都在精英读者群中取得了商业上的成功，不仅在英国，在海外也拥有广泛的读者群。对于 1774 年之前出版的书，强调"影响力、价格、稳定性"是一种误导（第 100 页），因为最迟在 18 世纪中期以前，体积庞大的对开本已经被简化成了一种新版式；4 开本只被用于某些特定种类的书，与较小开本的书相比，它们阅读起来更容易（在依靠烛光阅读且没有精密眼镜的时代,这个因素是很重要的）；大多数购书者可以承受 8 开本的价格，那时的 8 开本大小与今天的绝大多数平装本图书相差无几。由于各类图书馆在英国全境迅速发展起来，无论新书的版式和价格如何，大量的读者越来越容易接触到新书了。[77]

　　如果出版者无论如何都要在几年内缩小他们流行的 4 开本书的尺寸，那

么拥有 14 年的版权还是永久版权，结果会有什么不同呢？毕竟，不管版权期
限是多长，有限制的版权就是有限制的垄断权。在 1774 年上议院的决议以后，   29
大多数种类的新书的出版和销售方式几乎没有变化，原因可能就在于此。在
我们这个时代，学术书经常首先面向图书馆出版昂贵的精装本，经过一段适
当的时间间隔以后，再出版价格比较便宜的平装本。但是这些精装本和平装
本的价格差异通常与版本的内容或者生产成本很少或几乎没有关系。在 18 世
纪，4 开图书的初版和 8 开本书的第二版实物（总是在纸质和类型上，通常
还在内容上）差别非常大，它们各自的价格与生产成本的差异有一定的联系。

　　首先，我们必须使用严格的历史学方法来研究图书业。既然在都柏林和
费城这类不受版权法令影响的地区也发生了相同的现象，我们凭什么以为，
18 世纪末图书生产量的猛增就是 1774 年上议院裁决造成的结果呢？类似地，
由于通货膨胀，版式经过了比较和调整，那么英国的新书价格在 1774 年之后
真的直线下跌了吗？这个问题需要更多的实证研究。但是值得注意的是，在
18 世纪 80 年代和 90 年代，当时的人如约翰·尼科尔斯抱怨书越来越"奢侈"，
购书费用越来越高。[78] 只要比较一下 18 世纪最后 25 年的图书价格，任何人
都可以理解其中的缘由。再者，有什么证据能够证明，在 1751—1775 年，伦
敦的图书业是"完全的"垄断经营，又在 1774 年上议院的法令颁布之后结束
了垄断？圣克莱尔列出了一些排他性的商业行为，将其归因于 1774 年之前
的伦敦行会，这更像是在经济学教科书中讨论垄断，而不像是在考察图书业
的实际活动。无论版权法的状况如何，也不管伦敦主要出版者如何希望垄断
市场，他们都不可能在 1751—1775 年做到完全垄断，因为教科书中的垄断
模式没有考虑现实生活的复杂性——包括廉价的苏格兰和爱尔兰重印书，一
直在进行的立法争议，其他伦敦出版者的竞争以及公众行为的不确定性。出
版者出版高价书必然伴随着巨大的风险，他们对版权的控制——无论有期限
的还是永久的——并不能保证在任何价格上都能获取利润。所有拥有版权的   30
出版者都必须在定价时计算版权费用，为了应对竞争和满足市场需求，他们
还必须准备生产开本更小、更廉价的版本。而且，1774 年后，伦敦主要的书
商 - 出版者还继续坚持他们已经不存在的永久版权，手段就是在图书业强制
推行"名义版权"原则，某种程度上来说，他们有能力这样做。因此，上议

院 1774 年的决议并不像圣克莱尔和其他人认为的那样是一个关键性的转折点，而且"阅读国家"也不是在那一年产生的。

圣克莱尔的另一个主张有更坚实的基础。他认为，18 世纪后半叶的畅销书作者中的中坚力量形成了一个"老经典作家"群体，他们直到维多利亚时代仍然很受欢迎。他提到的这个群体中的作者很大一部分是苏格兰人，例如詹姆斯·贝蒂、休·布莱尔、威廉·巴肯、大卫·休谟、威廉·罗伯逊、亚当·斯密和托比亚斯·斯摩莱特等人。如果单靠版权法的变化，无法解释"老经典作家"为什么长期受到欢迎，以及苏格兰人为何在其中表现得如此抢眼，我们又该如何解释这些发展？这个问题虽然太过宏大，无法在这里得到回答，但是相当重要。在罗伯特·达恩顿描述的"在作者、出版者……印刷者、承运商、书商和读者之间运行的一个交流环路"中，出版与阅读、生产与消费都是必不可少的组成部分。[79] 为了理解启蒙运动的交流环路，我们需要对启蒙运动书籍的实际获取途径进行细致的历史研究。

至于苏格兰启蒙运动，这类实证研究才刚刚开始出现。在一系列文章和一本即将出版的书中，戴维·艾伦调查了苏格兰启蒙运动作者——例如圣克莱尔的"老经典作家"——的著作对 18 世纪晚期到 19 世纪早期的英语读者的吸引力，他既使用一些个体反馈（来源是未发表的旁注、备忘录等类似材料），也使用各种统计模式（通过图书馆的详细目录、销售清单等类似资源来确定）。[80] 艾伦清楚地意识到，要把这两类数据整合成一种对于阅读和接受的清晰连贯的分析是困难的，这个困难将回应詹姆斯·雷文的主张。詹姆斯·雷文提倡"一种接近阅读史的方式，这种方式在方法论和研究对象上足够多样化，以便确定和探究整体社会变革与个体经验互动的不同方式，这些互动方式常常是彼此冲突和矛盾的"[81]。不过，类似的成果正在为我们理解为何苏格兰启蒙运动会对几代英语读者产生吸引力提供实证基础。

本书关于出版的重点可以用其他方式来证明。受到后现代主义及其分支"读者反应理论"（reader-response theory）的影响，最近的学术研究完全偏向阅读和读者的接受而忽视了生产，有必要对这种状况进行纠正。"抛开作者，转换文本，重新定向读者"——这是波利娜·玛丽·罗斯诺（Pauline Marie Rosenau）的书中某一章节的标题，它表达了由作者转向读者的后现代转向，作者的意图和关注点被最小化，读者——可以是独立的个体，也可以是斯坦利·菲什（Stanley Fish）所说的"诠释社群"（interpretative communities）的一部分——获得了创造文本外的意义的权利。[82] 后现代主义对作者的忽视也连带着忽视了出版者和图书生产的整个过程。罗杰·夏蒂埃（Roger Chartier）所谓的"强加和占用的辩证关系"（第 viii 页），也即图书的制造和阅读之间的辩证关系，已经被曲解成了对生产者的损害，也为我们理解出版史带来了不幸的后果。

从根本上说，出版比阅读和读者的接受重要，因为在 18 世纪（不像现代的电子信息世界），文本不能以纸质书的形式广泛传播，自然也不可能有大量读者。关于早期现代英格兰和美国的手抄本的文献支持如下论点：无论这些作品曾经为某些女士、精英家族、殖民开拓者和其他人提供了什么社会作用，它们通常只供少数精英分子使用，它们在 18 世纪（尤其是 18 世纪晚期）的流行程度远远不如过去的两百年。[83] 我们必须认识到，图书的制作和营销过程以及图书本身的性质都是影响阅读和接受的决定性要素。我所指的不仅仅是书的尺寸和外观、印刷样式以及其他直接影响阅读过程的物理属性；这些特征对文本的意义产生了影响，洞察力强的目录学家和书籍史学者已经开始关注这一点。[84] 图书价格、印刷数量、宣传和推销方式，甚至还有作者与出版者之间或联合出版者之间的合同安排，必须得到重视，因为这些供给方的因素会通过各种方式影响读者的接受（reception）。就如罗伯特·达恩顿在略微不同的背景下所写的："某种程度上，我们关于生产和传播的知识可以弥补我们关于读者接受的知识的局限。"[85]

为了说明达恩顿所言不虚，我们来看下面这段文字，摘自苏格兰长老会牧师休·布莱尔的一篇讲道，题为《论感性》：

> 在现代，我们值得自豪的首要进步是人性（sense of humanity）。尽管自私自利仍然盛行，人性仍是这个时代最受喜爱也最为显著的优点。它已经对一般行为和几个社会部门产生了相当大的影响。它减轻了迫害行为，甚至缓和了战争的恐惧；与过去的时代相比，人们更懂得羞愧，知道不应该野蛮地对待他人。因此，感性（sensibility）成为一种值得尊

32

敬的品质，以至于在现实存在不足的时候，人们常常期待它的出现。我们不应该误以为态度上的温和就是真正的感性。感性倾向于产生礼貌的行为；当这种行为生发自天然的感情时，它是珍贵而和善的。但是单单外在行为或许可在世上的学校里学到，而它经常（太经常了）成了一种伪装，用来掩盖无情的铁石心肠。[86]

33 　　这段文字陈述了启蒙运动的基本价值观，即使没有任何书籍史的知识做参考，我们也可以顺利地阅读。随着人性或感性的传播，现代德行（modern manners）和作为一个整体的社会的概念发生了转变，成为启蒙运动世界观的核心内涵。文明就是这种属性滋养的心灵软化的产物，布莱尔认为它是植根于基督教的。布莱尔还在传道书的其他地方陈述道，没有感性或人道，"人会成为一大群野蛮人，不停地互相骚扰"（第 27 页）。真正的人道主义和虚伪的人道的区别是这段文章的另一个重要部分，虚伪的言行，或者虽然行为正确但是态度不适当或不可信，这类问题一直都存在，启蒙运动要不断地努力克服它们。布莱尔的目的不仅是促使人们关注社会和政治行为的进步，包括减少"信仰迫害"和战争的残忍性，而且要通过将作为善良行为源头的情操内在化，鼓励他的读者成为真正品德高尚的人。

　　现在我们可以考虑，怎样利用关于出版和传播状况的附加资料，从新的维度看这段文字的时代意义。《论感性》是布莱尔已出版的著作《传道书》第三卷中的第二篇布道。这卷书在 1790 年问世时，布莱尔已经成名，拿他的一位出版者在 18 世纪 80 年代首次出版的一本小册子中的话说，他写出了"现有出版物中最受欢迎的传道书"并且"取得了同类作品中的最高定价"。[87] 1807 年，《批评评论》宣称，除了《旁观者》（Spectator，11：170）杂志以外，这个完整的五卷本系列是"最受欢迎的英语著作"。有关印刷和出版的版本数量的目录学证据证实，该书的流通规模极大。[88] 这本书跨越了教派之别，被翻译成法语、德语、荷兰语和其他欧洲语言，并被广泛摘录、重印、盗版和编成选集。人们在家庭祈祷时大声诵读《传道书》，许多教士借阅它。布莱尔意识到他的地位的变化，在第三卷前加上了给女王的献词，理由是"公众以赞许的态度接受了前两卷书"。

　　考虑到这些条件，我们可以将引用的这段文字解释成对启蒙运动原则的一个自觉的宣言。它的作者意识到，他牢牢地把握了欧洲文化的脉搏，它不是面向教堂里的信众，而是面向遍布欧洲和美国的广大读者群。尽管我们不可能确切地知道，在 18 世纪晚期，每一个阅读或听到这些言语的人是如何理解它们的，出版和传播的状况却允许我们对读者的接受做出推论，该书的影响力要超过个人读者记述的程度。布莱尔关于人道的说教看上去可能是一个极端的案例，因为这部作品在出版和读者接受过程中所处的环境是特殊的。尽管如此，我用它说明的方法论原则却是具有普遍意义的：出版和传播的状况能帮助我们找回已经出版的书籍在当时的意义。

　　通过这些方法，我希望本书关于出版和重印的研究能够帮助同代人和后来者对苏格兰启蒙运动书籍的阅读和读者的接受进行更深入的研究。也许我可以修改罗斯诺对后现代公式的表述，阅读呈现为一个过程，反映而不是颠覆作者和出版者的工作。新的标语或许是这样的："恢复作者和出版者的地位，让文本回到书中，重新定位读者。"

预　　告

　　本书将关注的焦点集中于苏格兰启蒙运动的书籍及其制作者。第一部分的重点是书的作者，第二部分的重点转入最初出版这些书的英国出版者，第三部分的重点是这些书的爱尔兰和美国重印者。第一部分首先关注了 18 世纪 50 年代成熟的苏格兰启蒙运动的出现，与之相关的是一种新的自我意识，即对于作者身份及其与苏格兰民族认同的关系的觉醒。这部分内容重点是弗朗西斯·哈奇森（Francis Hutcheson）的《道德哲学体系》（*A System of Moral Philosophy*），1755—1756 年的第一期《爱丁堡评论》（*Edinburgh Review*）的前言，尤其是启蒙运动的领导人物最为忽略的书：大卫·休谟的《杂文与论文若干》（*Essays and Treatises on Several Subjects*）。对许多苏格兰作者，同样还有一些关键的苏格兰出版者来说，我们现在所说的这个苏格兰启蒙运动是与民族自豪感紧密联系在一起的。苏格兰和英格兰的文人群体之间的竞争，苏格兰人对意大利学者卡洛·德尼纳（Carlo Denina）的授勋仪式的热情回应，同时代的作家托比亚斯·斯摩莱特、威廉·克里奇、罗伯特·阿尔维斯（Robert Alves）的作品中出现的著名苏格兰作者的名单，这些都是再明显不过的证据。

35　这三位作家列出了 50 位苏格兰作者，为了扩大代表性，我又另外添加了 65 人，他们都与这三位评论者列出的作者类型相同，这样名单就由 115 人组成，这些作者的 360 种主要作品构成了本书的实证数据库（参见表一和表二）。我在第一章中对这些书的第一版进行了分析，考察了大量的可变因素，包括版式、题材、印数和流行度。

　　第二章以揭示当时的代表性作者及其背景与所属的社会组织开头，探讨苏格兰启蒙运动中作者所处的社会和文化环境。这里讨论了主要的城市环境和这些作者多样化的个人背景，他们来自苏格兰各地，既有地位牢固的爱丁堡专业精英，也有住在伦敦的更加边缘化的"格拉布街苏格兰人"（Grub Street Scots）。本章的第二部分强调了苏格兰作家中普遍存在的团结精神，虽然他们也有许多差别。他们有时会在作品的献词中赞美这种多样中的统一（unity-amid-diversity）的感觉，它来源于血缘与婚姻、朋友关系、师生关系、思想流派等因素形成的广泛联系，还有各种各样的职业和社会纽带。他们共同的苏格兰性加强了这种感觉，尤其是在面临与英格兰的态度、机构和人发生联系（有时是对抗）时。本章结尾考察了苏格兰作者向读者吹捧自己的一些方式，他们借此宣告自己的真实性和作为作者的权威性。作者们使用的方式主要是在作品的扉页上签下自己的姓名，经常还附加相关资料，说明他们的学位和职业地位以及社会关系。少数作者还用线刻或点刻制作卷首肖像版画，让读者不仅能把作者的姓名和面孔联系起来，还能联系到作者的姿态。

　　第三章考察苏格兰作者的写作活动获得赞助和报酬的方式。有时，据说在 18 世纪，传统的由贵族资助的作者转而从书商 – 出版者那里获得赞助，或者（在另一些说法中）由公众赞助。本章的第一部分提出了一种不同的解释，这种解释承认贵族和政府的赞助仍然是重要的，但是认为它是以新的方式在起作用。这种新的赞助方式使很多作者变得自给自足，不再需要额外的赞助，这就带来了出人意料的效果。无论赞助、继承收入还是在职

36　业上取得成功，结果是许多苏格兰作者在经济上获得了独立，这种独立偶尔会使他们对作者身份采取一种贵族式的态度，写作一些超出个人利益目

的的作品。不过，更普遍的情况是，作者们希望靠出书尽可能多赚钱，他们在这方面越来越成功，又会刺激其他人拿起笔写作。第三章的最后一个部分是与本章主题相关的许多苏格兰作者的故事。每个故事都有一个共同的叙述框架，受到可能性和习惯性的约束，尽管如此，每个故事都是独特的。有些作者向书商出卖纸质书稿致富，或者预先出售书籍的版权，或者出售某一个特定版本的版权，或者与书商共享收益，或者自己承担风险出版（至少最初如此），有时还通过认购的方式出版。就算使用同样的方法，有的作者也会遭遇失败和失望。不过整体而言，我们应当看到，苏格兰启蒙运动的作者让写作事业获得了新的商业成功。

　　本书的第二部分集中关注出版者，因为有了他们，苏格兰作者才可能享有如此决定性的经济上的成功。第四章介绍苏格兰启蒙运动书籍在伦敦和爱丁堡的主要出版者，他们都是苏格兰人或者是在首都以外的地方出生的居民（或者是他们的下一代——在伦敦出生的孩子）。第四章的第二部分追溯了苏格兰启蒙出版中的伦敦－爱丁堡轴心的起源，这个轴心源自五个苏格兰出版者，他们是 1710 前后六年内出生的一代人。18 世纪 40 年代末、50 年代和 60 年代，在他们的帮助下，苏格兰启蒙运动变成了一个在文学界尽人皆知的运动。这五个人分别是：安德鲁·米勒、威廉·斯特拉恩、加文·汉密尔顿（Gavin Hamilton）、约翰·鲍尔弗（John Balfour）和亚历山大·金凯德（Alexander Kincaid）。米勒是其中最重要的一位，18 世纪 20 年代末，在前任东家詹姆斯·麦克尤恩（James M'Euen）的斯特兰德街书店里，米勒学有所成，然后利用主要由苏格兰人构成的一大帮作者、书商、顾问和朋友——包括威廉·斯特拉恩在伦敦新创办的印刷公司——建立起一个庞大的新苏格兰写作群体。作为外来者，米勒和斯特拉恩都必须应对苏格兰人身份带来的问题。同时，汉密尔顿、鲍尔弗和亚历山大·金凯德在爱丁堡的公司也开始出版苏格兰文学和学术新作。1748 年，米勒和金凯德联合出版了大卫·休谟的著作，从这时起，他们便经常在一些出版项目上开展合作。这类合作在很大程度上依靠他们早年在爱丁堡结下的友情和信任。但是他们的下一代并不一定会继承这种纽带。第四章的结尾会讲述米勒和金凯德的公司之间围绕一本特别的新书——亚当·弗格森的《文明社会史论》（*An Essay on the History of*

Civil Society）渐渐产生的分歧。他们产生分歧的原因不是年长的合伙人之间的差异，而是他们各自的年轻合伙人——托马斯·卡德尔和约翰·贝尔（John Bell）——在出版方针上的分歧和个性上的冲突。

第五章探讨了苏格兰启蒙运动出版最鼎盛的时期，即 18 世纪 60 年代晚期到 90 年代。1768 年安德鲁·米勒去世之后，威廉·斯特拉恩和米勒的门生兼继承人托马斯·卡德尔以及他们在爱丁堡的生意伙伴——尤其是金凯德的最后一个合伙人兼继承人威廉·克里奇——一起将苏格兰启蒙运动书籍的出版带入了黄金时代。在某种程度上，他们的后代——安德鲁·斯特拉恩和小托马斯·卡德尔（与威廉·戴维斯［William Davies］合伙经营，称"卡德尔&戴维斯"）——传承了他们的经营策略，直到 19 世纪以后还继续合作，出版尤其是重印苏格兰启蒙运动的书籍。不过，维持斯特拉恩－卡德尔出版帝国的统治并不容易。威廉·斯特拉恩留存下来的与克里奇的通信显示，他们担忧许多问题，例如令人不满的经济状况、作者对稿酬要求的提高、爱尔兰重印者的入局、苏格兰文学顾问的偏见以及版权的不确定状态。鲍尔弗和克里奇结成联盟的尝试以失败告终。此外，还有其他英国出版者的竞争，例如伦敦的约翰·默里（John Murray）、约瑟夫·约翰逊（Joseph Johnson）、迪利兄弟（Dilly brothers）和乔治·罗宾逊（George Robinson），爱丁堡的查尔斯·艾略特（Charles Elliot）和约翰·贝尔，他们也试图得到有价值的苏格兰作者，与伦敦－爱丁堡出版轴心一起出版这些作者的书。

第六章探索了斯特拉恩和卡德尔在爱丁堡最重要的出版合伙人威廉·克里奇的职业生涯。克里奇被 19 世纪早期苏格兰的批评家无情地妖魔化了，实际上，他是一个比我们通常认为的更复杂，也更重要的人物。本章第一部分调查了他的出版经历，记录了他与苏格兰启蒙运动作者的有益纽带，还有他与亚历山大·金凯德的密切关系。克里奇是金凯德收养的孤儿，最终成为他的合伙人和继任者。克里奇与金凯德的老朋友威廉·斯特拉恩的关系也很重要。在苏格兰启蒙运动书籍的出版上，斯特拉恩是克里奇的导师，并且和托马斯·卡德尔一起成为克里奇在伦敦的主要合作者。本章第二部分回顾了阿奇博尔德·康斯特布尔（Archibald Constable）以及他的 19 世纪早期批评家圈子对克里奇的严厉指责，证明无论关于克里奇与他的伦敦伙伴的关系，还是他作为启蒙出版者的贡献的重要程度，他们的描述都是不公平的，他们的描述还歪曲了康斯特布尔本人的记录。

在第四章到第六章中提到的那些伦敦和爱丁堡的出版者，倘若只提到是他们生产了苏格兰启蒙运动的大多数重要新书，还继续出版了那些销路好到值得重印的旧书的新版本，这个故事其实是不完整的。在 18 世纪后半叶，苏格兰启蒙运动能成为一个国际性现象，在很大程度上要归功于图书贸易。第三部分探讨的这个主题与大西洋世界英语圈的精神文化（intellectual culture），特别是苏格兰启蒙书籍在都柏林和费城的重印有关。对这些城市的关注反映了它们的地位，在大不列颠本土之外，它们是 18 世纪晚期英语世界排在前列的出版中心。都柏林不受版权法律的管辖，因此书商们能够重印流行的不列颠新文学和学术新作，速度极快且具有持续性。这些重印书的开本通常更小，价格也几乎总是比原版书低很多。正如第七章中说明的，苏格兰的启蒙运动著作对爱尔兰重印者们来说是"优质饲料"（prime fodder），他们成功地将自己的出版活动协调在都柏林书商行会的旗帜下。被伦敦的图书业领导者判定为盗版行为的都柏林重印活动，对苏格兰启蒙运动的国际传播做出了突出的贡献，从爱尔兰国内的立场上看，重印活动对本国印刷文化也产生了重要影响。

都柏林重印活动的影响一直延伸到大西洋的另一边。费城的一个苏格兰流亡者罗伯特·贝尔（Robert Bell）放弃了都柏林的重印事业，转而在美洲殖民地开始大量重印和推销苏格兰启蒙运动书籍。在介绍性地讨论了美国图书业及其外部联系之后，第八章记述了贝尔从 18 世纪 60 年代晚期抵达费城到 1784 年去世这段时期的事业和不同寻常的行为。在北美，正是贝尔率先推动了启蒙运动书籍重印事业，其中大部分书都是他的家乡的作者所写。另一个苏格兰书商罗伯特·艾特肯（Robert Aitken）在殖民时期来到费城，与贝尔一起从事启蒙运动书籍的重印。但是艾特肯是苏格兰长老会的反对者中最为激进的教派之一"反市民分离者"（the antiburgher seceders）的虔诚会员，因此在出版工作中，他不得不努力去协调宗教和世俗之间的矛盾。

第九章考察了四个人对出版行业的贡献。在 18 世纪的最后 15 年里，他们在费城书籍重印业中表现杰出，这四个人分别是：苏格兰人托马斯·多布森（Thomas Dobson）、威廉·扬（William Young）、罗伯特·坎贝尔（Robert Campbell）和爱尔兰人马修·凯里（Mathew Carey）。此外还有其他几个爱尔兰人和苏格兰 - 爱尔兰混血儿，尤其是苏格兰流亡者，如坎贝尔在纽约的兄弟塞缪尔（Samuel）和托马斯·艾伦（Thomas Allen）。18世纪晚期，这些人注意到，除了英国和爱尔兰版本持续供应外，苏格兰启蒙运动书籍的美国版本在他们的新国家也供应充足。在这里，贝尔和艾特肯这些人的重印活动被认为是文化挪用（cultural appropriation）行为，即将外国文本转换成本土书籍。在18世纪晚期和19世纪早期的美国精神文明中，苏格兰启蒙运动起到了重要作用，这可能在很大程度上要归功于他们的努力，就像美国大学和苏格兰大学之间更有名的纽带起到的作用一样。

苏格兰启蒙书籍在美国的重印贯穿了整个19世纪，为美国的文学和科学传统奠定了基础。然而正如本书论证的，到18世纪末，这些传统的发源地苏格兰进入了衰退状态。为了解释这个现象，出版环境的变化是必须考虑的因素之一。尽管当时在托马斯·卡德尔和与他几乎同辈的安德鲁·斯特拉恩的领导下，那些优秀的出版社仍然强大、兴盛，可是当卡德尔在1793年退休并于1802年去世以后，这种稳定的合作关系就失去了基础。卡德尔的儿子小托马斯和经理人威廉·戴维斯组成了卡德尔&戴维斯公司，继续一起出版明星作者的作品以及苏格兰启蒙运动鼎盛时期的畅销作品，但是牢固的个人与民族纽带变得越来越松了——这个纽带曾经将苏格兰作者与伦敦的主要出版者以及他们的爱丁堡合作者们联结起来。再回到爱丁堡，威廉·克里奇被他过去的伦敦出版盟友离弃，阿奇博尔德·康斯特布尔取代他成为最主要的苏格兰出版者。沃尔特·司各特爵士（Sir Walter Scott）和《爱丁堡评论》的时代开始了，可是苏格兰启蒙运动却渐渐落幕。

＊＊＊

启蒙运动时期的书籍出版是一个复杂的、多面的现象。若将研究领域局限在某一类知识或者某个地域，或者将注意力过分集中于某个单一的问题——例如版权，我们就不可能充分地理解这个现象。约翰·布鲁尔曾经说过，"我们最好把18世纪的出版世界理解成一个扩展开的迷宫"[89]。他的说法针对的是对文学和科学书籍的作者以及潜在作者的看法，这些作者试图引导他们的手稿避开出版过程中（尤其是在伦敦）的"风险、陷阱和死路"。然而，迷宫的比喻也可以用来描述 18 世纪文学和科学书籍出版的各个方面，包括出版者和作者之间、他们与图书业的参与者及书籍的购买和阅读者之间互相联系的途径，不仅适用于伦敦，还适用于整个不列颠、爱尔兰、欧洲大陆、美国和世界其他地方。以这种方式来看，18 世纪书籍文化的迷宫在我们现代人眼中就显得错综复杂、辽阔无边、令人生畏，其程度不亚于它带给 1750 年或 1785 年的作者、出版者和读者的感觉。我们必须像他们那样自问，如何以最佳方式理解这个迷宫，以便从中找到自己的出路。这是本书要解答的根本问题。

第一部分

书籍世界中的苏格兰作者

第一章　苏格兰启蒙运动的构成

印刷带来的进步

作家大卫·休谟

"当今这个国家产生了如此众多的天才人物，真是令人赞叹。"1757年7月，大卫·休谟在给他的同胞吉尔伯特·艾略特（Gilbert Elliot）的信中写道。"不觉得奇怪吗，"他继续说，"在这个时代，我们失去了自己的王公、议会、独立的政府，甚至主要的贵族阶层。我们对自己的口音和发音方式不满意，讲着一种我们所用的那个语言的糟糕透顶的方言；这不令人奇怪吗，我的意思是，在这种情况下，我们真的能成为欧洲文学界最著名的民族吗？"（LDH, 1: 255）在这段广为人知的文字中，休谟清楚地表达了苏格兰启蒙运动的核心悖论：一个贫穷弱小、地处欧洲边缘的国家，曾经是独立的王国，但是在不久前失去了自己的君主政体（因为1603年的王权合并），失去了自己的议会（因为1707年的《联合法案》并入大不列颠）和许多大贵族（他们正在享受伦敦的奢侈生活），那里的文人用来写作的语言（正式英语）不同于绝大多数人说话的语言（苏格兰语，或者一般说的带有浓重苏格兰口音的英语）——这样一个已经不能被称为民族国家的国家，如何能够成为文学界的领导力量？但是休谟的陈述也带有夸张成分。他是否真的相信，苏格兰人在1757年是"欧洲文学界最著名的民族"？在这封信中，休谟只举出两个例子来支持他的主张：一个是威廉·威尔基（William Wilkie）不久前出版的一部叙事诗《厄皮戈诺伊德》(*The Epigoniad*)，它并不像休谟认为的那样达到了《荷马史诗》的水平；还有威廉·罗伯逊的《苏格兰史》(*The History of Scotland*)，该书两年后才正式出版。

44　　　这种吹嘘或许可以帮助我们解决这个悖论。休谟并不仅仅是自己所描述的现象的观察者，他也是主要推动者。他的话可以被解读成一种愿望，甚至是一种自我满足的预言，以及对他本人和很多文人同伴的行为的解释。面对民族接连遭受损失和挫折，还有与英格兰在政治、社会和文化上合并的可能性，休谟的苏格兰文人圈子自发地尝试通过他们在智力上的成就来给自己和苏格兰民族带来名声和荣誉。即便休谟有所夸张，他仍然描述了一个当时正在顺利进行的过程。而且，他的吹嘘激起了雄心壮志，并有助于确定计划，好让这种抱负有的放矢。智力活动，尤其是科学和文学图书的生产，充满文化和民族的意义，苏格兰民族身份便可以根据它来重新定义。休谟和他的文人同伴愿意接受其他方面的损失，但是在这个领域他们决心取得成功，不仅仅是作为英国人，而且是作为苏格兰人。

　　书是实现这个梦想的关键，因为只有书才能为个人和民族赢得广泛声誉。不过这种结果并不会自动出现。休谟的三卷本《人性论》(*A Treatise of Human Nature*)在现代被我们奉为经典的哲学文献，可是据作者在临终时记述，1739—1740 年该书在伦敦出版的时候，"一出版即夭折"。另一位苏格兰哲学家乔治·特恩布尔(George Turnbull，1698—1748)1740 年在伦敦出版的两部作品——两卷本的《道德与基督教哲学原理》(*Principles of Moral and Christian Philosophy*)和对开本的《古代油画论》(*A Treatise on Ancient Painting*)——也遭遇了类似的命运。正是因为作品极少获得商业上的成功，特恩布尔从人们的视野中消失了，直到 1875 年詹姆斯·麦科什(James McCosh)重新发现了他。麦科什略带夸张地指出，他可能是一百年来第一个阅读特恩布尔作品的人。[1] 18 世纪 20 年代，特恩布尔的聪明才智可能对阿伯丁的马修学院(Marischal College)产生过影响[2]，但是他在苏格兰的教师生涯很短暂，加之他的作品不受欢迎，这就决定了他的个人影响是暂时的，而且具有地方性。与特恩布尔不同，休谟从他的第一本书的失败中吸取了宝贵的教训，他接下来出版的书采用了简短的哲学文章的形式，与《人性论》相比，多卷本的英格兰史更容易为读者理解和接受。不过，我们必须知道，休谟的成功不仅是由于《人性论》之后的作品更易读，也与他对作者这份职业的细心打理和经营密不可分。休谟经常参与到出版过程的每一个方面。他的现存信件里充满了他对自己的书的详细意见和要求，涉及版式、出版时机、纸张、印数、印刷、出版、销售以及文本内容等方面。

休谟的《杂文与论文若干》的创作和改进可以说明这一点。[3] 1741 年，休谟开始和爱丁堡书商亚历山大·金凯德合作出版他的随笔。1748 年，伦敦书商安德鲁·米勒与金凯德合作参与随笔的出版。金凯德和米勒发行了各种各样的休谟作品，其中既有各自独立发行的，也有合作出版的，范围涵盖了关于德行、文学、文化批评和政治经济学的不太深奥的短篇文集，包括《道德和政治论文集》(*Essays, Moral and Political*，1741—1742)、《道德与政治三论》(*Three Essays, Moral and Political*，1748) 和《政治论》(*Political Discourses*，1752)。也有篇幅更长和排版更密的改编作品，例如《人性论》被改编成《人类理智哲学论集》(*Philosophical Essays concerning Human Understanding*，后来改名为《人类理智研究》[*An Enquiry concerning Human Understanding*]) 于 1748 年重新出版，后来又被改编为《道德原则研究》(*An Enquiry concerning the Principles of Morals*) 于 1751 年重新出版。当时还不能立刻弄清楚这些作品是否是以有意义的方式组合到一起。不过，在 1753 年春天，米勒在伦敦、金凯德和他的晚辈合伙人亚历山大·唐纳森（Alexander Donaldson）在爱丁堡将这些作品集合再版，一套共有四卷，用了统一的标题《杂文与论文若干》。第一卷包括《道德和政治论文集》，第二卷是《人类理智哲学论集》，第三卷是《道德原则研究》，第四卷是《政治论》。实际上，休谟和他的出版者利用现有的关于各种主题的互不相关的作品，打造出了一个独立、价格实惠、主题广泛的作品集。为了推广休谟非常具有怀疑主义色彩的哲学随笔，他们还制作了一个传播载体，在第一卷和第四卷中以一些更容易理解的随笔作为框架，将那些哲学随笔穿插其中。在去世前不久写的自传短文中，休谟这样评论《人类理智研究》，"我人生中第一次取得了比《人性论》更大的成功"，而《道德原则研究》"问世时无人问津"（*LDH*，1: 3—4）。这些话表明，他知道，想让这些作品避免重蹈《人性论》的覆辙，就必

须做些事情。事实上，休谟似乎早在 1742 年 6 月 13 日就预见到了这种情况，

46　当时他对亨利·霍姆（Henry Home，后来的凯姆斯勋爵）说，他的随笔在商业上取得成功"或许证明了，就像是在粪肥里撒上草木灰一样，它使我的哲学的其余部分更容易为人接受，而这部分在本质上更持久、更牢固和难以动摇"（*LDH*，1：43）。

　　遗憾的是，休谟在《杂文与论文若干》成书期间写给出版者的信没有保存下来。休谟似乎积极地参与了这个过程，可是我们不能确定。不过休谟无疑参加了出版程序的下一个部分，这部分有较为详细的记录。决定性的段落出现在 1756 年 12 月 4 日休谟寄给米勒的一封信中，他正在为出版社准备米勒要在 1757 年初出版的另一卷随笔《论文四篇》（*Four Dissertations*）。在这封信里，休谟详细叙述了前一天与金凯德和唐纳森的会面，他们酝酿了一个把《杂文与论文若干》（将《论文四篇》中的文章也纳入其中）单独做成 4 开本出版的计划。休谟宣称他"非常渴望"有一个这样的 4 开本。为了实现这个目标，他积极充当爱丁堡和伦敦的联合出版者的中间人。他呼吁爱丁堡的出版者优先考虑较小的 12 开本，以便清理掉伦敦出版者足够的库存，只有这样，出版 4 开本在经济上才行得通。休谟用市场营销语言来叙述他的计划，认为《英格兰史》（米勒也参与了该书的出版过程）预期的成功会刺激《杂文与论文若干》的销售，"将这些分散的文章整合成一卷书本身会加速销售；每一个新版本天生就有那种效果"（*LDH*，1：236）。

　　休谟所做的不仅是帮助出版者更有效地推销他的作品。他还将自己的作者身份重新包装，有意识地提高他的统一性和在读者与评论家眼中的地位。他的统一性来自将"分散的文章"集合到一个标题下和一卷书中，按照主题而不是年代重新排序的过程，他的地位则是源于 4 开本的规格。我们在本章接下来的内容中会看到，4 开本是给富人和学者提供的大尺寸书。《英格兰史》最初以 4 开本的形式出版；于是富有的消费者现在能购买同样开本的《杂文与论文若干》，与他们书架上的《英格兰史》相配套。此外，推出 4 开本的《杂文与论文若干》不仅赋予作者与众不同的形象，而且能够凸显该书包含的有争议的思想。它赋予休谟的怀疑主义哲学一道体面的光环——虽然有些人想

47　要否认这一点。1776 年 3 月，詹姆斯·博斯韦尔和塞缪尔·约翰逊造访了牛

津的彭布罗克学院（Pembroke College），博斯韦尔在威廉·亚当斯（William Adams）的书房里发现一部"4 开本的"《杂文与论文若干》，封面用气派的摩洛哥羊皮装帧，他在日记里记录了自己当时的惊愕。[4]博斯韦尔的反对是因为他认为一个"异教徒"作家不应该享有这样的待遇，这种"教养和尊敬"的标志是属于上流社会的学术辩论对手的。如果亚当斯有一本 12 开平装版的《杂文与论文若干》，博斯韦尔对此可能就不会那么在意了。正是 4 开本的版式和昂贵的装帧让他感到不舒服，因为这些特征象征了休谟及其哲学的地位。

于是，休谟"极度渴望"看到他的《杂文与论文若干》以单卷 4 开本的形式出版就很合理了，而且他的出版者也热情地接受了这个计划。这是一本大部头的书，厚达 547 页，排字紧密，定价为合理的 15 先令，印数是 750 册（SA 48800, fol. 113; *EEC*, 1759 年 3 月 1 日）。休谟认为米勒给他的稿酬是"慷慨的"，威廉·斯特拉恩所做的印刷和校对"非常细致"，以至作者本人宣布"极为满意"，送给他的承印者一部赠阅本以表示感谢（*LDH*, 1: 247，251，267）。虽然印刷工作在 1757 年 10 月已经完成，出版时间却一直延期到 1758 年的春天，此举可能是为了避免影响当时库存的《论文四篇》和《杂文与论文若干》的 12 开本的销路。显然，出版者的目的是要制作一本持久的、灵活的书，并且与作者建立起长期的有效工作关系。他们的策略是成功的。所有 4 开本不仅在数年之中顺利售出，而且在休谟生前直到他去世以后很久，他的随笔和短篇哲学作品继续以"随笔和论文集"为书名，以不同的版式和规格得到出版。版权页上标有米勒和金凯德&唐纳森两家出版者名字的版本在 1760 年有 4 种 12 开本，在 1764 年和 1767 年有 2 种 8 开本。1768 年初，他们还出版了一套两卷本的精装 4 开本，比 1758 年的 4 开本更大，排版更宽松，标题页还带有作者的肖像（图 1.1）。随后，在 1770 年，该书出版了一套四卷本的较小的 8 开本，又分别在 1772 年和 1777 年出版了一套两卷本的 8 开本，这样一直持续了整个世纪。杰尔姆·克里斯坦森（Jerome Christensen）敏锐地把《杂文与论文若干》的最初两个版本描述为"渐进的缩写运动"[5]，但是更准确地说，这部作品在 18 世纪的所有版本都应该被描述成一个渐进的变异运动。

图 1.2 可以帮助我们了解这些变异。图中展示了该书在 1758 年和 1768 年出版的 4 开本以及 1764 年和 1770 年出版的 8 开本的书脊，为了起到对照

50

图 1.1　1768 年出版的大卫·休谟《杂文与论文若干》的两卷 4 开本带有一幅卷首肖像版画，帮助提升了休谟作为作者的地位，这幅肖像画由西蒙·弗朗索瓦·拉弗内根据约翰·唐纳森的画作雕版印制而成。（多伦多大学托马斯·费希尔珍本图书馆）

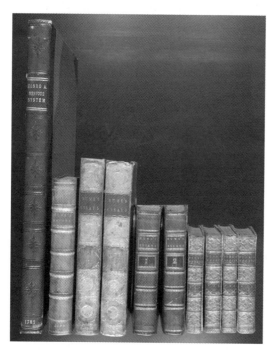

图 1.2　为了适应不同读者的需求，休谟的《杂文与论文若干》以几种不同的规格出版。从右到左分别是：1770 年的四卷小 8 开本，该版本有时作为 12 开本销售；1764 年的两卷 8 开本；1768 年的两卷 4 开本，包含拉弗内雕刻制作的卷首肖像版画（图 1.1）；1758 年的单卷 4 开本，该版本第一次在一本书里收录了休谟的短篇文章，并且用了体面的 4 开本版式。尽管 4 开本会使 8 开本和 12 开本相形见绌，大的对开本——比如亚历山大·门罗的《论神经系统的结构与功能》（图中最左侧，1783 年出版，使用 19 世纪的装订方式）——的高度有时是 4 开本的两倍。（多伦多大学托马斯·费希尔珍本图书馆）

的作用，与旁边另一位作者的巨大的皇家对开本书相对照。如图所示，因为开本的专业术语"对开本""4开本""8开本""12开本"指的是每一张纸对折交叠的次数，同一种开本的书的尺寸随纸张尺寸的不同而存在变化。[6] 因此，1758年和1768年出版的4开本《杂文与论文若干》在高度上并不完全相同，1764年和1770年出版的两种8开本高度也不相同。有时一本书的同一个版本在尺寸和价格上会有差别，因为有的是用比过去大的纸张印刷而成。[7] 不过，在一般的用语中，前面没有加"大"或"小"、"王冠"或"皇家"这类词的时候，"对开本""4开本""8开本""12开本"这些术语所指的书籍尺寸和外形是可以预知的。[8] 1764年出版的《杂文与论文若干》严格说来是小8开本，出版者宣传时却说它是12开本，原因就在于此。

在《杂文与论文若干》以不同的样式和尺寸面世的同时，休谟也在继续对文本进行修订，直到1776年去世（在他去世之后的1777年出版的8开本包含了最后修订的内容）。完成于1761年的《英格兰史》经历了一个类似的过程，出版了各种版式的修订本和再版版本，使用了不同等级和规格的纸张，还改掉了最初的书名《大不列颠史》（*History of Great Britain*）。休谟通过时常修订这两部关键的作品，使它们的最新版本的价值不断超越较早的版本。1771年7月，休谟对他的印刷商说："一个作者只要还活着，就能修订他的作品，这是印刷术带来的一大益处。"在另一封信里，他更进一步称，从作者的立场来看，这是印刷术的"首要的益处"（*LDH*, 2: 247, 239；参照1: 38）。 52

当然，修订过程有一部分是关于实际内容的，但是也有修辞和文体方面的修订。[9] 在文体方面，特别令苏格兰作者困扰的一个问题是英语是否地道。休谟的信件表明他对这个问题充满忧虑，他在1752年列出了一个"苏格兰方言"的词汇表，作为在爱丁堡出版的第一版《政治论》的附录。[10] 本章开头引用的休谟写给吉尔伯特·艾略特的信件片段清楚地表明，说一种他认为是"令人不快"和"漏洞百出"的英语方言让他感到不安。在与米勒安排出版第一版4开本《杂文与论文若干》的计划的信中也含有类似的表述，休谟恳求他的出版者"尽全力"从大卫·马利特（David Mallet）那里弄到苏格兰方言的词汇表，当时马利特正在为出版社校对《英格兰史》。为了根除文章中的苏格兰方言，休谟（原名霍姆［Home］）试图像马利特（原名马洛赫［Malloch］）

和威廉·斯特拉恩（原名斯特罗恩［Strachan］；*LDH*，1：369，2：247，250）那样变成英格兰化的苏格兰人，他们和休谟一样改了自己的名字，以适应英语的发音方式。[11] 但是他们的帮助是不够的。"虽然我不怀疑现在你已经不会再听到任何带有苏格兰乡音的单词，"休谟 1753 年写信给苏格兰人约翰·克里芬尼（John Clephane）说，"但是仍不要掉以轻心，请询问一下任何与你常有来往的英格兰朋友，让我知道他们的意见。"（*LDH*，1：182）其他苏格兰作者也担心这个问题，他们注意到自己不精通英语的语言习惯，如果想让自己的英语作品在国际市场上取得成功，他们就必须先克服这个严重的障碍。詹姆斯·贝蒂在 1787 年出版了一本题为《苏格兰语研究》（*Scoticisms*）的书，他在书中写道，对于苏格兰人来说，"习得英语写作精髓的最大困难，就是要给我们所写的英语找一个方言对照表……总而言之，我们处理英语，就像一个不会击剑的人拿剑一样，总是害怕会伤到自己，或者在挥舞剑时脱手，或者做出一些笨拙的动作，暴露我们对英语的无知"[12]。通过威廉·罗伯逊、托马斯·里德（Thomas Reid）等人的书，休谟尽力消除苏格兰方言的影响，不过最重要的是，他为自己作品的风格耗费的精力，鼓舞了更年轻的苏格兰作者的信心，促使他们为精通作为一门出版语言的英语而努力奋斗。

　　休谟留下的两篇自传性文章透露了他为自身作者形象的塑造所做的努力。两篇文章包含了休谟对出版的特别指示。第一篇是他在 1775 年 10 月 26 日寄给斯特拉恩的"简短广告"，这篇广告旋即被加在了《杂文与论文若干》第二卷的前面（*LDH*，2：301）。在 1777 年休谟去世之后出版的《杂文与论文若干》第二卷的书名页和目录之间，首次出现了这段广告。休谟在其中不认可《人性论》是自己的作品，并不指名地严厉谴责了一些批评者（根据休谟写给斯特拉恩的信可以确定这些批评者是托马斯·里德和"那个有偏见的笨家伙贝蒂"），这些批评者以一种"与一切正直公平的规则背道而驰的"方式"把所有矛头指向了一部自己根本未予承认的幼稚作品"。意味深长的是，这篇广告并没有否认《人性论》是休谟的作品，也没有驳斥它的主旨，只是将它定性为一部"幼稚的"作品，"作者在离开大学以前就有了这本书的写作计划，并在此后不久就写作和出版了"。休谟承认唯一的失策是"过早出版了这部作品"。不管怎样，这是自传性的文字，有为自己的行为辩解的成分，不完全是哲学上的辩论。这篇广告性文章的真实意图是划定该书作者与大卫·休谟的界限。休谟认为，真正合法的、能代表他的作者本质的作品是他自己认可的作品，而不是他实际写作或出版的作品。[13] 总之，这篇广告是可以追溯到的他对自我进行塑造的一次尝试。

第二篇自传性文章在休谟生前最后一年公开，名为《我的人生》("My Own Life")。这是他在后代面前塑造自己完美作者形象的另一次尝试。它讲述了一个"对于其他一切抱有一种不可抑制的反感，唯独嗜好哲学和一般学问"的男人的故事（*LDH*，1：1）。这个男人热衷于写书，这些书出版时获得过成功，更多地遭遇过挫折，但是他都保持着斯多葛派的超然，他的人生处于平静、富有和满足的状态。《我的人生》很少涉及休谟著作的实际内容，却很仔细地记录了每一本书的市场反应。通过这种做法，文章将读者的注意力引向作为一种自我事件的图书出版，在这个自我事件中，"作者的人生……获得了比作品更大的价值"[14]。读者对休谟的书的接受和休谟对读者接受的处理，都被刻画成休谟人生的焦点。下面的句子表达了这篇自传的主题："即使我热衷文学名声，这个主要的志趣也从未使我丧失幽默，尽管我还是时常感到失望。"（*LDH*，1：7）如一位评论家所言，"周期性出现的失望主题"平衡了休谟对文学的热情和乐观的性格，赋予这篇自传一种叙事结构，为休谟的人生提供了一种个人认同感。[15]

54

休谟对待《英格兰史》的态度最清楚地证明了这个观点。《我的人生》像往常一样强调了这部作品的一些部分在读者中的反响有多么糟糕。关于斯图亚特王朝早期历史的第一卷在 1754 年第一次出版时，"似乎石沉大海"。关于斯图亚特王朝晚期历史的第二卷在 1757 年出版时，反响稍微好一些，但是两年之后，叙述都铎王朝历史的第三卷和第四卷问世时，引起的"喧闹……不亚于叙述斯图亚特最初两朝历史的作品出版时的状况"。关于古代和中世纪英格兰历史的最后两卷后来在 1761 年（书上印的是 1762 年）出版时，取得了"还算过得去的成功，不过也仅仅是过得去而已"。但是休谟对这些事件没有表现出担忧。《我的人生》给人的印象是，作者"对别有用心者的歪曲"表现超脱，"对愚蠢公众的看法处之泰然"（*LDH*，1：4—5）。在一个弥漫着党派情绪的世界，休谟将自己扮成了一个诚实的人和不偏不倚的真理探索者。

从头至尾，《我的人生》都只说出了部分事实。[16] 它从未提及休谟的主要出版物《杂文与论文若干》。这部著作和《英格兰史》一样，最能精确地解释休谟身为作者的人格面貌，它们创造的条件让他能以一个富有、著名、满足的作者的身份死去。休谟如果要提《杂文与论文若干》，就必须在自传中展现他某一部分自我，而这部分恰恰是他的概述打算隐瞒或者至少尽可能弱化的东西：一个精明的、急切的、争强好胜的作者，为了实现他公开声明的"主要志趣"和"对文学名声的热爱"而进行各种谋划。因此，休谟需要符合他经常在朋友面前展现出的有野心、喜欢奢华生活的形象，以及呈现在世人面前的一个平静、满足的哲学家的形象。只要读过休谟与他的出版者之间那些煞费苦心、忧心忡忡、时有非难的信件，没有人会相信这两种人格形象是完全准确的。

和《我的人生》的作者本人一样，大多数理智的历史学家和哲学家在研究休谟时都认为《杂文与论文若干》是文献学上的一个麻烦，不是把它从脚注里迅速去掉，就是完全忽视它。除了一个重要的例外 [17]，《杂文与论文若干》几乎一直被视而不见，因为研究休谟的学者将注意力集中在文本和它们的思想内容，而不是书籍和它们的文化意义上。然而，如果我们没有理解休谟这样的作者与他们的出版者制作书籍的方式，以及由此引起的变化，我们怎么能充分认识休谟这个人或休谟这个作者呢？

1776 年 4 月，休谟的身体日渐衰弱，这个时候，他写了《我的人生》这篇自传文章。6 月 8 日，他告诉威廉·斯特拉恩这件事，并希望"它可以加在这一版的前面"（*LDH*, 2: 322—323）。这一版显然是指与之相配的 8 开本《英格兰史》和《杂文与论文若干》，休谟对这两本书做了最后的修订，斯特拉恩正在为出版它们做准备。两个月以后，休谟为自己的遗嘱口授了一个新的附加声明，把《我的人生》留给斯特拉恩，并明确指示，要把它加在他死后最先出版的作品前面，"很可能就是目前在出版社的那一本"（*LDH*, 2: 453）。他还安排他的朋友亚当·斯密写一个"小小的附记"，与《我的人生》一起出版 [18]，他非常清楚，斯密的记述会给他的名声增添光彩。

然而，对于应该怎样经营休谟的作者形象，斯特拉恩有他自己的想法。他违反了休谟遗嘱中的明确条款，招致休谟的哥哥约翰·霍姆的谴责。[19] 在

1777 年 1 月发行的《苏格兰人杂志》(*Scots Magazine*) 上，斯特拉恩发表了《我的人生》，然后又在 3 月将这篇自传作为单独的小册子《大卫·休谟自传》(*The Life of David Hume, Esq. Written by Himself*) 出版。由于预期会有相当多的公众对此感兴趣，斯特拉恩印刷了 2000 册，很快又根据需要重印 1000 册 (SA 48815，第 21 页)。小册子以一个简短的序言对休谟自传的梗概进行了介绍，随后是那篇原本由休谟委托亚当·斯密写的文章，形式上是斯密写给斯特拉恩的一封长信。众所周知，斯密在颂扬信的结尾形容他的朋友"可能在人类天性的弱点允许的范围内，非常近似于一个智慧且品德高尚的完人"[20]，它产生的效果是巩固和具体化了休谟对他的人生的回忆，维护了他作为人的卓越性。《我的人生》和斯密的信展示了当时苏格兰文人之间盛行的友情，在那个时代，如果一个作家的作品常常被看作对道德和社会有害，这个作家的朋友就会将他人性化和美化。小册子的另外两个附录进一步增强了这种效果：一份休谟两部主要出版物的可以得到的版本的列表，还有一幅"精致的版画头像"。[21] 通过用这些方式擅自变动遗嘱附录的要求，斯特拉恩故意修改了休谟自己试图在死后向世人展示的作者形象。[22] 除去自己用过的策略，这位出版者本来也可以添加一些休谟的私人信件，使小册子扩展成"一卷小书"，但是斯密说服斯特拉恩，他这样做是"非常不合适的"。[23] 此外，斯特拉恩决定在 1778 年版的《英格兰史》中收录《我的人生》(与斯密的信一起)，而不是在 1777 年版的《杂文与论文若干》里，这显然违背了休谟在遗嘱附录中的要求。在斯特拉恩和卡德尔版的《英格兰史》中，它以这种形式长期保留下来，1782 年的版本增加了作者的卷首页肖像。

　　这一切的结果是塑造了 18 世纪后半叶及以后的读者们所知道的那个大卫·休谟。只要看看休谟的出版者们发行的其中一份目录，我们就能感觉到这个作者的出版物在某个特定历史时期的购书群体眼里是怎样的形象。1781 年版的《斯特兰德街的 W. 斯特拉恩和 T. 卡德尔出版的书》(*Books Printed for W. Strahan, and T. Cadell in the Strand*) 显示，当时《杂文与论文若干》有 3 种开本：我们知道的 1768 年出版的一套两卷的 4 开本(如图 1.1 和 1.2 所示)，价格是 1 英镑 16 先令；一套两卷的 8 开本，无疑是 1777 年的版本，价格是 12 先令，正好等于 4 开本的价格的三分之一；最后是一套四卷的 12 开本，"使用

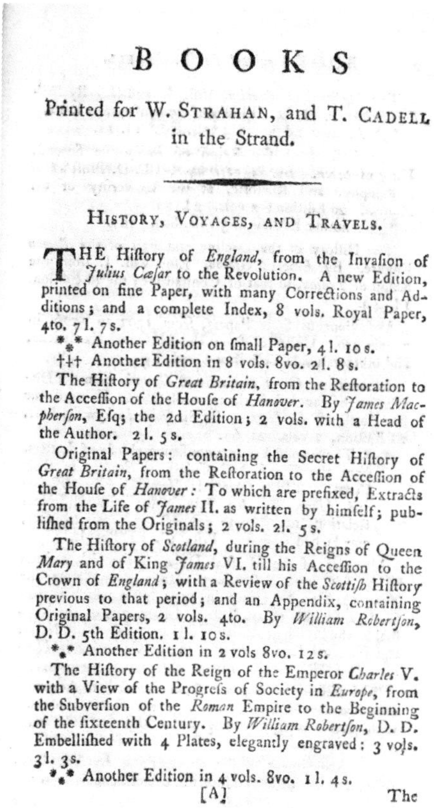

BOOKS

Printed for W. STRAHAN, and T. CADELL in the Strand.

HISTORY, VOYAGES, AND TRAVELS.

THE Hiſtory of *England*, from the Invaſion of *Julius Cæſar* to the Revolution. A new Edition, printed on fine Paper, with many Corrections and Additions; and a complete Index, 8 vols. Royal Paper, 4to. 7 l. 7 s.

*** Another Edition on ſmall Paper, 4 l. 10 s.

††† Another Edition in 8 vols. 8vo. 2 l. 8 s.

The Hiſtory of *Great Britain*, from the Reſtoration to the Acceſſion of the Houſe of *Hanover*. By *James Macpherſon*, Eſq; the 2d Edition; 2 vols. with a Head of the Author. 2 l. 5 s.

Original Papers: containing the Secret Hiſtory of *Great Britain*, from the Reſtoration to the Acceſſion of the Houſe of *Hanover*: To which are prefixed, Extracts from the Life of *James* II. as written by himſelf; publiſhed from the Originals; 2 vols. 2 l. 5 s.

The Hiſtory of *Scotland*, during the Reigns of Queen *Mary* and of King *James* VI. till his Acceſſion to the Crown of *England*; with a Review of the *Scottiſh* Hiſtory previous to that period; and an Appendix, containing Original Papers, 2 vols. 4to. By *William Robertſon*, D. D. 5th Edition. 1 l. 10 s.

*** Another Edition in 2 vols 8vo. 12 s.

The Hiſtory of the Reign of the Emperor *Charles* V. with a View of the Progreſs of Society in *Europe*, from the Subverſion of the *Roman* Empire to the Beginning of the ſixteenth Century. By *William Robertſon*, D. D. Embelliſhed with 4 Plates, elegantly engraved: 3 vols. 3 l. 3 s.

*** Another Edition in 4 vols. 8vo. 1 l. 4 s.

[A] The

图 1.3　18 世纪 80 年代早期，斯特拉恩和卡德尔为他们的书做宣传，发行了一份 16 页的 8 开本的图书目录，图中就是它的其中一页，排序是按照主题类别，而不是按作者的姓名。（多伦多大学托马斯·费希尔珍本图书馆）

优良书写纸”，价格是 14 先令，实际上就是 1770 年版的小 8 开本（如图 1.2 所示）。[24] 类似地，《英格兰史》也有一套八卷的 4 开本，用尺寸较大的皇家纸印刷，价格是 7 英镑 7 先令，用“小纸张”印刷的价格是 4 英镑 1 先令；还有一套八卷的 8 开本，价格是 2 英镑 8 先令，或者每卷 6 先令（图 1.3）。
58 因此在 18 世纪 80 年代早期，一位“绅士”最多需要 9 英镑 3 先令，就可以购买休谟哲学和历史著作的 4 开本的十卷书，更多中等收入的人最少只要花 3 英镑 2 先令，就可以拥有十卷 8 开本的同样内容的书，而不必依靠盗版或者二手书。

通过这种方式，作者休谟的人格形象在 18 世纪被有意识地建构起来，他们使用的方法可以证明米歇尔·福柯在那篇影响深远的随笔《作者是什么？》

（"What Is an Author?"）中所定义的模式。在介绍他的"作者功能"概念时，福柯主张，刻画作者和他们作品的过程包含了一种"分类功能"（classificatory function），"作者的名字体现了某一话语的背景，指出了该话语在一个社会、一种文化中的地位"。在这种意义上，"作者"是评论家和读者进行"作者建构"的产物；"作者是思想意识的产物"，或者"意义增殖中的节俭原则"，因为正是这个概念构建和限定了我们对文学作品性质的看法。[25] 建立在一个作者的真正"作品"的概念的基础上，作者功能提供一种有系统的原则，使我们面对一大堆出版物时有能力去分辨理解，而不会不知所措。因此，作者功能是组成现代西方印刷文化的关键。

　　福柯的解释若想产生实用性，还需要至少两个方面的限制性条件。福柯将"作者建构"视为一种主要由评论家和读者进行的活动，而在休谟的案例中，大部分的作者建构是由作者本人及其出版者完成的。福柯的"作者建构"概念取决于文本（texts）的分类，但是在休谟的例子中我们看到，将作为书籍（as books）的文本重新编排也是同等重要的。通过包装和重新包装《杂文与论文若干》与《英格兰史》，以及制作不同开本和版本，使定价匹配不同的预算，休谟和他的出版者不仅刺激了市场需求，而且大体上将休谟这个作者定义为一个复杂且具有内在一致性的实体，这个实体被人们普遍接受并产生了广泛的影响力。休谟作为作者的成功，很大程度上是依靠他和他的出版者的机巧，他们善于进行自我归类和重新包装，提升了"大卫·休谟"这个名字的辨识度，使其不仅是有序的、可辨认的话语主体，还是为这种话语主体量身定制的物理实体。

　　因此，我们有必要对福柯的"作者建构"概念做些补充，引入热拉尔·热奈特（Gérard Genette）的"类文本"概念，它的定义是"在书里（peritext，文本之内）和书外（epitext，文本之上）协调书籍和读者之间关系的阈界手段和惯例"[26]。类文本包括"标题和副标题、笔名、前言、题献、引言、序言、小标题、注释、跋、后记"等，它们是构成作品的"框架要素"（framing elements）。这些类文本通常由作者构想，不过也可以由出版者设计，或者由作者和出版者共同合作，甚至指定给第三方来做（第8—9页）。它们的形式经常表现为"文本（textual）或者至少是词语"（例如，内文本中的序言和后

59

记,外文本中的目录列表和书评),但是它们也可能是"图形"(例如插图)、"材料"(例如封面、印刷样式、版式及其他构成"出版者的内文本"特质的特征)或者"事实"(例如与作者生活有关的信息)(第 7、16 页)。当然,类文本影响着公众对作者和书籍的接受或者公众对作者的认知,但是要准确地了解这种影响的程度是困难的。然而,作者大卫·休谟的例子提示我们,类文本至关重要,通过操纵类文本材料,斯特拉恩这样的出版者对于塑造休谟的形象起了很大的作用,特别是在休谟去世以后。

对于类文本对休谟作者形象的塑造,有些读者反应激烈,詹姆斯·博斯韦尔就是其中之一。他的《与塞缪尔·约翰逊共游赫布里底岛的日记》(*Journal of a Tour to the Hebrides with Samuel Johnson*,1785)里面有一段对休谟的评论,他没有提《我的人生》,而是对亚当·斯密声称休谟的智慧和品德接近完美这件事颇有怨言。尤其让他不舒服的是,承载斯密这段评论的文本"不是写给朋友的私人信件,而是一封形式规范的公开信"(*BLJ*, 5: 30—31)。博斯韦尔完全明白,斯密的公开信是连接休谟的自传和读者的媒介,就像自传本身是休谟的哲学和历史著作的媒介一样。公开发行的类文本共同塑造了作者的形象。

在 18 世纪的英国作者中,休谟是第一个试图把握自己作品的出版命运的人。其他人也有类似的尝试,其中最明显的是亚历山大·蒲柏(Alexander Pope)。在作者生涯的早期,蒲柏和伦敦书商伯纳德·林托特(Bernard Lintot)一起工作,出版了《伊利亚特》(*Iliad*,1715—1720)和《奥德赛》(*Odyssey*,1725—1726)的译本,同时出版的还有他自己的《作品集》(*Works*,1717)的一个版本。所有这些书都有不同样式的版本,售价有高有低,各不相同。《作品集》内有作者的一篇序言和一幅特大号的卷首肖像版画。这幅画是乔治·弗图(George Vertue)根据蒲柏的朋友查尔斯·杰维斯(Charles Jervas)的画作雕刻而成的。序言和卷首版画是一种精心修饰过的、混合着才情与世故的表达,自负得近乎傲慢(NPGD14071)。詹姆斯·麦克莱弗蒂(James McLaverty)这样评价《作品集》:"在该书中,蒲柏确定了一个标准,公开他作为一个人和作家的形象,塑造他和读者的关系,通过插图和注解来引导读者对个人诗作的诠释。"[27]麦克莱弗蒂认为,《作品集》背后的首要推动者是蒲柏本人，梅纳德·麦克（Maynard Mack）则认为是林托特[28]，不过无论真相如何，其效果是相同的。麦克称之为"虚荣的纪念碑"，麦克莱弗蒂更进一步，认为它是"作者身份历史的转折点：作者的个性、人格和责任从此以后变成了引发公众兴趣的题材"[29]。蒲柏利用荷马的译本收获了数千英镑，从而能够继续更加紧密地控制他的出版物和公众形象。并且，他从未停止过向后代读者传达自己的这种公众形象。[30]

休谟十分清楚蒲柏作为作者的成就。他把自己的第一部主要作品《人性论》赠送给这位诗人作为礼物，并借用诗人生动的短语"一出版即夭折"来描述该书的命运。[31] 在《人性论》遇到失败以后，他甚至可能在随后的出版生涯中模仿了蒲柏的新方法。不过，休谟和蒲柏作为作者仍然有着意义重大的区别，他们象征着从英格兰的奥古斯都时代① 到苏格兰启蒙运动成熟时期这段时间作者－出版者关系模式的变化。奥古斯都时代的文学世界只是狭隘地集中于伦敦和想象文学，诗歌骄傲地享受着它的地位。蒲柏的财产不是来自他自己的作品，而是来自翻译荷马的诗作，那些作品的订购者组成一个富有的精英团体，他们所起的作用更像是传统的赞助人。[32] 虽然蒲柏也资助其他作者，但对于出版他的作品的书商们来说，他的忠诚是极为短暂的，甚至林托特也要长时间忍受他的愤怒。相比之下，休谟和趋向成熟的苏格兰启蒙运动世界拓宽了地理范围，地方之间合作加强，特别是在伦敦和爱丁堡。这个世界包容了范围更广的学术和文学领域，作者们可以靠自己的作品赢得名声和财富。它有一个更加现代化和商业化的出版系统，依靠传统赞助和贵族捐款的出版重要性减弱，而且大致来说，作者和出版者之间是更加稳定和互相支持的关系。要想维持文学的发展并做出与之相关的决定，作者和出版者就得依赖数量相当大的阅读和购书人群。不过，这时的许多作者和出版者也更具民族意识，他们敏锐地意识到他们的苏格兰性，他们有机会——甚至有责任——通过出版来转变苏格兰的民族身份。

对休谟和他的出版物的评价也适用于 18 世纪的其他许多作者和他们的作品，同时也适用于整个苏格兰启蒙运动。休谟和他的苏格兰作者同行们试

61

_____

① 即 18 世纪上半叶。——译者注

图通过书的力量在国际上获得个人的和集体的荣誉，与他们有共同见解的出版者则充当了帮手。近来的大量研究指出，早期现代苏格兰不是一块智力荒地，苏格兰启蒙运动与其他历史现象一样，并不是从 18 世纪中期的稀薄空气中突然迸发出来的。不过，在那个时代，有一种前所未有的东西开始出现在苏格兰的精神生活中。其特征是对于文学与科学合作的新态度，还有苏格兰学者和文人的坚定自信，对苏格兰过去、现在和未来在文学界的地位的自觉，对苏格兰作为首要知识中心得到越来越多荣耀的信心。正是在这个时刻，苏格兰启蒙运动进入了它的成熟期，或者说是一项思想运动的高级阶段。因为，就在这个时候，苏格兰启蒙运动的实践者开始将自身视作一个统一的知识分子群体，背负着一项民族使命。

文人和苏格兰文学群体

在休谟写本章开头引用的那封信之前 1 个月，他的苏格兰朋友、从教士转做剧作家的约翰·霍姆也给吉尔伯特·艾略特爵士写了一封信。在信中，霍姆顺便提到了"文人（literati）在这个地方构成了一类人"[33]。在我所知道的例子中，这是苏格兰文人第一次用"literati"这个词来指代自己，并且接近共同体的意义，类似于法国的"启蒙哲人"（philosophes），后者有时被用来描述法国的文人群体。当时，霍姆的悲剧作品《道格拉斯》（*Douglas*）引发了一场公开论战，休谟和其他苏格兰文人联合起来支持他，他们的热情就是这种态度的一个实例。[34] 另一个例子是爱丁堡的一个辩论俱乐部"精英协会"（1754—1764），作为一个排他性的机构，它象征着自觉的文人身份认同，致力于进步，并与这个国家的社会精英保持紧密联系。[35] 它催生了另外两个成员来源面更广的爱丁堡俱乐部，它们一方面致力于技术和经济发展（苏格兰的爱丁堡艺术、科学、制造业和农业促进协会），另一方面致力于语言的进步（苏格兰英语阅读和口语推进协会）。[36] 另外两个例子与这里的论证更加有关，因为它们是以印刷出版物的形式出现的：1755 年弗朗西斯·哈奇森的《道德哲学体系》和 1755—1756 年的短命期刊《爱丁堡评论》。

人们有时认为阿尔斯特人弗朗西斯·哈奇森（1694—1746）是苏格兰启

蒙运动之父，因为在 1725—1750 年这段形成期，他在苏格兰知识生活的发展中是最重要的力量。通过关于"道德感官"（moral sense）的两部论著和 18 世纪 20 年代出版的其他哲学作品，哈奇森确立了自己的国际声誉，当时他正在都柏林的一所学院任教。[37] 1730 年在格拉斯哥大学担任道德哲学教授以后，哈奇森专注于教学活动，包括用拉丁语和英语写作廉价的学生摘要。[38] 都柏林的论著和格拉斯哥的摘要，再加上富有魅力的课堂风格，巩固了哈奇森在苏格兰作为一个有影响力的辉格党 – 长老派道德家的声誉，尽管他是一个高度的折中主义者。哈奇森显然希望将他的道德哲学演讲写成一本伟大的书，却从来没有实现。1741 年，他告诉一个在贝尔法斯特的朋友，"为了回顾我关于几个主题的课堂演讲的内容，我正在把有价值的话语都胡乱塞到一本杂乱无章的书里，简直是个大杂烩（Farrago）"[39]。1746 年 8 月哈奇森去世时，那个"大杂烩"的手稿仍然留在他的书桌上。

1755 年，哈奇森的儿子弗朗西斯出版了他的遗稿，标题是《道德哲学体系》。这本书是一套两卷的 4 开本书，价格 1 几尼，精当地陈述了哈奇森和他努力宣传的苏格兰纯理论哲学（academic philosophy）。书中有一个让人印象深刻的名单，列出了 400 多位签过名的订购者，其中包括亚当·斯密、凯姆斯勋爵、威廉·卡伦、亚当·弗格森和其他众多资深以及新兴的苏格兰学者。这本书在格拉斯哥由哈奇森的门生罗伯特和安德鲁·福尔斯（Andrew Foulis）出版，虽然出版者似乎一直是伦敦的书商安德鲁·米勒和托马斯·朗曼（Thomas Longman），版权在伦敦出版业公会登记在他们名下。该书第一卷的前言是一篇关于哈奇森的生活和工作的随笔，由作者最重要的门徒威廉·利奇曼（William Leechman）撰写，内容丰富。当时，利奇曼任格拉斯哥大学神学教授，很快又当上了校长。利奇曼强调了哈奇森作为道德教师和传道者的激励作用。哈奇森首先致力于"激发德性带来的快乐"（第 xxxi—xxxiii 页）；他教育学生们"用最热心的态度"，"为一切感到欣喜，这种快乐源自对宇宙的上帝的坚定信仰，这个上帝是无限的智慧与善的化身，热爱他的所有造物，不会厌恶自己制造的任何东西"（第 xxxiv 页）；他"反复教导世俗与宗教的自由对于人类幸福的重要性"（第 xxxv 页）；哈奇森还以一种植根于"观察和体验"的实证方法作为研究人类的基础（第 xiii 页）。利奇曼的这篇随笔充满了目的论的视角，它将哈奇森成为格拉斯哥大学道德哲学教授的任命归因于"无所不知的上帝的沉默的无形之手"（第 xii 页）。[40]

　　哈奇森的《道德哲学体系》是出版业的一个里程碑。这本书与哈奇森的家族、福尔斯兄弟、苏格兰的大学、数百位知名订购者和利奇曼的联系，还有与利奇曼在赞美性的序言中强调的辉格党－长老派的说教和牛顿科学的原理的联系——这一切都呈现在两卷美观的 4 开本书中——传达了一种强有力的思想信息。[41] 关于这套书，唯一不值得注意的东西或许就是哈奇森的文本，

64　按照作者自己的说法，它们非常像"大杂烩"。这些文字鲜活而有吸引力，涉及哈奇森的道德哲学课程中的不同主题，但是论据和观点也存在显而易见的矛盾。而且以 18 世纪中期开始在苏格兰流行的优雅散文的标准来看，它的风格显得粗糙，未经打磨。杜格尔德·斯图尔特（Dugald Stewart）在《道德哲学体系》出版之前两年出生，他在 18 世纪的最后 10 年写了哈奇森的学生亚当·斯密的传记。他在这部传记中评论了斯密赞同的哈奇森"渊博和雄辩"的演讲中的观点，但是也加了一个注释表明他自己的困惑。斯图尔特把《道德哲学体系》当作哲学文本去阅读，因而不能理解为什么要那样小题大做，尽管他正确地暗示了《道德哲学体系》的真正重要性在别的地方：它是对一个人的献礼，而这个人的道德哲学启迪了"18 世纪的某些最有价值的产品"。[42]当然，斯图尔特的"产品"指的是书。

　　1755 年秋天，新期刊《爱丁堡评论》的第一期发评论赞赏哈奇森的《道德哲学体系》（尽管对它"草率和疏忽的"文风有些批评）。爱丁堡年轻一代的教士、律师和其他人把哈奇森看作那个时代的精神导师，其中包括休·布莱尔（《道德哲学体系》的评论作者）、威廉·罗伯逊、亚当·斯密和亚历山大·韦德伯恩（Alexander Wedderburn）。在卷首语的开场白中，《爱丁堡评论》定下了一个明确的爱国目标："本刊旨在观察这个国家的学术的进步状况，并且不时向公众提供有关于此的看法。"[43] 卷首语中指出，在 16 世纪的乔治·布坎南（George Buchanan）的时代，苏格兰文学的"进步"是"非常迅速和引人注目的"；但是到了 17 世纪，公众精神衰退，人们逐渐对苏格兰在英国的状况的改善变得漠不关心，"暴力和内部分歧"的增长阻碍了苏

65　格兰民族"在文学世界获得显赫地位的希望"。"面对这个时代的全部阴霾"，

有个别人"维持了科学遗产的活力，保护天才的火苗免于全部熄灭"，但是只有在 1688 年革命和 1707 年苏格兰与英格兰的合并之后，自由、商业、贸易、工业、法律的公正执行、良好的道德、好的政府、公众精神以及"对每一种改善的要求"才很大程度上进一步觉醒。按照这种观点，与英格兰合并不仅对苏格兰自身是个决定性的发展，而且是政治、经济、宗教和文化的现代化连续进程的一部分："1688 年革命开启了这个进程，苏格兰和英格兰的合并使它更趋于完善。"

在智力领域，所谓"每一种改善"尤其和《爱丁堡评论》的卷首语的一位或几位作者有关。他们处理这个题目的方式与苏格兰的历史相关，因而很明显，他们的目标不是像卷首语所说的那样，声称"我们古老国家的记忆"应当被"彻底抹去"，而是告知人们，如果没有受到阻碍，苏格兰在文学和科学方面可以与其他国家媲美。这种对比不仅存在于令人忧郁的 17 世纪和给人希望的 18 世纪之间，也存在于令人忧郁的 17 世纪和此前有希望的时代之间。卷首语以一个理论为基础，即有害的环境对文学和学问产生有害的影响："知识的进步更多地依靠天才和勤奋，而不是依靠任何外部环境；只要在一个地方没有受到压制，它们就会自己发展起来。"因此，优秀的教育系统与"在这个国家获得知识的完备方法"应该能让苏格兰"文名远扬"。

那么，为什么在 1688 年革命和 1707 年的合并之后，苏格兰没有凭其文人群体取得国际声誉，从而缓解 17 世纪那最压抑的环境呢？卷首语将其归因为"两个相当大的障碍"：第一，"在一个连基本的语言规范都不存在的国家，做出恰当的表达是困难的，或者说几乎是不可能的事"；第二，印刷业发展缓慢，因为"在交流手段有缺陷的地方，文学是不可能深入发展的"。不过，这些障碍终于开始失去力量。首先，苏格兰作家们（休谟无疑在精神上是他们的一员）通过少许的努力证明了，"一个出生在特威德北部的人"可以使用"一种文体正确甚至优美"的英语来写作。卷首语同样评论说——无疑首先是指福尔斯兄弟——印刷业发展不充分引起的障碍"后来已经全部被排除了；苏格兰出版界的名声不再仅仅限于国内了"。

苏格兰由布坎南开始在文学界获得盛名，随后却一直走下坡路，这时得益于优美的英语和印刷业的发展，苏格兰已经准备好重新提升自己在文学界的地位。在这一点上，卷首语给出了最后一击："一些绅士突然想到，在这段时期，比较大的困难都已经被克服；有追求的人会发现，科学的逐渐进步会成为激励他们更加热切地追求知识、使自己扬名和为国家赢得荣誉的一种方法。如此看来，我们正在从事的正是这种事业。"这段意向声明给卷首语开头明确表达的观点增加了一个新维度。这段话的目的不仅仅是展示"这个国家的学术的进步"，而是要激发苏格兰知识界的活力。他们希望以此做出示范，引人效仿，从而在文学和学术领域给国家带来荣誉。

事实上，《爱丁堡评论》的目的就是要激起一场国民的启蒙运动。18 世纪 50 年代中期，除了哈奇森的《道德哲学体系》之外，几乎没有重要的苏格兰书籍可供该期刊评论。由于虔诚的加尔文派信徒和其他受到该期刊批评的人的强烈反对，《爱丁堡评论》只发行了两期（分别于 1755 年 8 月 25 日和 1756 年 3 月 30 日出版），因此回想起来，这场冒险似乎注定会夭折。然而在 18 世纪中期的爱丁堡，作为一群年轻知识分子的公开宣言，可以认为它体现了苏格兰人的民族自觉精神，为苏格兰在文学界的地位提供了自我实现预言的作用，这些与我们在 1757 年 7 月休谟致吉尔伯特·艾略特爵士的自我吹嘘的信中所发现的东西如出一辙，与当代人对霍姆的《道格拉斯》作为民族悲剧、威尔基的《厄皮戈诺伊德》（在随后 10 年的早期是詹姆斯·麦克弗森［James Macpherson］的《芬格尔》［Fingal］和《帖莫拉》［Temora］）作为民族史诗的天才的言过其实的赞誉大同小异。和哈奇森死后出版的《道德哲学体系》一样，原来的《爱丁堡评论》代表着一种建构苏格兰作者身份的尝试，它的重大意义远远超过作为个体的苏格兰作者。《爱丁堡评论》同时要求和刺激杰出文学和学术作品的生产，试图塑造苏格兰的集体身份。作为一本文学期刊，《爱丁堡评论》的作用有限，可能没为实现这个目标做多少事，它只是自觉、公开地声明了一个普遍原则，即确定苏格兰在文化方面做出更大事业的民族志向，我们现在把这项事业与苏格兰启蒙运动联系了起来。

18 世纪中期和晚期的苏格兰文人的态度是很明确的，有个评论者轻蔑地将其描述为"让人窒息的必胜信念"[44]。不难明白为什么他们的民族自尊心会引起这样一种反应，不过我们应该很清楚，文人相信的东西正是他们的胜利所必需的。它不仅仅是以未来现代化的苏格兰的名义战胜过去原始的苏格

兰的一种表达。作为苏格兰的过去的一部分，乔治·布坎南的时代被看成应
当赶超的模范。在一定程度上，文人需要的胜利是克服压抑的环境，克服在
过去时代阻止苏格兰完全发挥它的文学和科学潜力的"障碍"。这个构想不是
否定苏格兰知识分子过去的成就，而是坚持认为，如果文人群体得以从疲于
应付的不利环境中解放出来，苏格兰民族就有能力而且定会实现他们的目标。
这其中包含的一个现实是，在政治、经济、文化、语言和技术方面，苏格兰
文人给有教养的出版文化付款的条件终于成熟了。

　　这个故事给人印象最深刻的部分是，休谟和《爱丁堡评论》的作家们完
全实现了他们设置的目标。他们需要克服恐惧和对自己的民族身份的自我怀
疑，很大程度上就是在这种需要的驱使下，他们引导苏格兰成为 18 世纪后
半叶国际知名的著述业和学术中心。这种现象不是某本书或某个作者的功劳，
但早在 18 世纪 60 年代，英国和欧洲的观察者们就开始清楚地看到了这种普
遍的模式。1761 年 9 月，伦敦的一份报纸《圣詹姆斯纪事报》（*St. James's
Chronicle*）刊登了一封 8 月 31 日的信件。这封信据称是来自爱丁堡，信中说
爱尔兰演说家托马斯·谢里登（Thomas Sheridan）在那里举行的公开演讲获
得了"极大"成功，并在结尾说了下面这句话："你或许很快就可以期待在苏
格兰发现演说艺术和英语发音的规范：当不列颠成为欧洲的希腊的时候，苏
格兰将成为不列颠的雅典。"《爱丁堡晚报》在 9 月 23 日转载了这篇文章，并
声明引自《圣詹姆斯纪事报》。苏格兰出版社还出版了伏尔泰对凯姆斯勋爵
1762 年的作品《批判原理》（*Elements of Criticism*）的评论的一个译本，而《批
判原理》这本书大胆地批评了伏尔泰在爱丁堡出版的一部作品。伏尔泰俏皮
地说："今天我们从苏格兰受到的影响，遍及从叙事诗到园艺的所有艺术的品
位规则，这些都是人类精神的进步带来的绝妙结果。"[45] 且不论他们的冷嘲或
者傲慢的腔调，这样的宣言证明，外国人也渐渐意识到，苏格兰作者开始在
文学和学术上发挥主导作用。

68

　　在 1762 年的另一个出版物中，英国人威廉·赖德（William Rider）并没
有表现出嘲讽或者高高在上的姿态，尤其是在谈到大卫·休谟时。他在书中
写道："为了苏格兰的名誉，我们必须承认，当今这个时代产生了更多知名人
物，他们在文学上获得的成就超过大不列颠或爱尔兰的作家。"[46] 第二年，都

灵大学的卡洛·德尼纳教授在《话语上的文学史》（*Discorso sopra le vicende della letteratura*）这本书中提到了文学界的显著变化，更加有力地提出了与赖德相同的论点。"在今天，一个无可争辩的事实是，"德尼纳写道，"无论在过去时代为英国文学增光添彩的，还是现在为英国文学增添荣誉的主要作者，都是在苏格兰出生和接受的教育。"[47] 为了阐明他的论点，德尼纳列举了一些名字：弗朗西斯·哈奇森、詹姆斯·汤姆森（James Thomson）、大卫·马利特、约翰·霍姆、威廉·威尔基、大卫·休谟、托比亚斯·斯摩莱特、威廉·罗伯逊、罗伯特·西姆森（Robert Simson）、科林·麦克劳林（Colin Maclaurin）、詹姆斯·弗格森（James Ferguson）、威廉·卡伦，还加上了"等等"，以表明这些人只是一个更大规模的作者运动团体的代表，还可以举出更多的例子。德尼纳特别单独提到了哈奇森，因为他"在整个国家传播了对哲学和文学研究的一种愉快爱好，他播下的那些多产的种子结出了如此丰硕、富有营养的果实"。

为了说明"主要的"英国作者现在都是苏格兰人，德尼纳还间接地评论了一些作者相对较差的表现，这其中有 17 世纪和 18 世纪早期的苏格兰作者，也有 18 世纪中期的英格兰作者。"在安妮女王治下的大不列颠，涌现了众多的知名作家，"他写道，"可是我们几乎不能认为其中有苏格兰本地人。"（第 466 页）至于之后与英格兰的对比，德尼纳指出，"英格兰的天才人物和文学的明显衰退"并没有得到注意，因为许多欧洲人不重视英格兰和苏格兰作者的区别。

69　　苏格兰人尽管在公开的言论中很少提及与英格兰的文学竞争，但在私人场合有时会暴露出心中的想法。1768 年，休谟对罗伯逊说，英格兰的文学"仍然处于有些原始的状态"。仅仅在 4 年后，他确定了几个可能续写他的《英格兰史》的苏格兰作者，又补充说："至于英格兰人，那个民族堕落到了如此愚蠢、野蛮和分裂的程度，我们倒不如考虑去拉普兰德① 找一位作者。"（*LDH*, 2：194，269）[48] 1776 年，当爱德华·吉本（Edward Gibbon）创作了一部第一流的历史作品的时候，休谟用吉本的成就来诋毁英格兰作者，他在 4 月 1 日写

---

① 拉普兰德是芬兰的属地，靠近北极圈，属蛮荒之地。休谟此处讽刺英格兰人连拉普兰德人都不如。——译者注

信给亚当·斯密说："我从来不会期待一个英格兰人能写出这样一部杰作。一想起这个国家的文学在我们的时代堕落到了何种地步，我就觉得可悲。"他在3月给吉本的信中也写了同样的内容，还向斯密吐露说，他希望那位历史学家"没有因这种民族看法生气"（*LDH*，2：309—312）。其他苏格兰文人可能更不友好。1786年5月10日，汉娜·莫尔写信给她的姐妹提到了她和其他几个英格兰人与蒙博多勋爵（Lord Monboddo）之间发生的"一次让人难忘的口角"，争吵的内容是关于莎士比亚和约翰·霍姆的剧本创作技巧。面对莫尔和伊丽莎白·蒙塔古（Elizabeth Montagu）的惊愕，蒙博多坚持认为霍姆的《道格拉斯》"比莎士比亚能写出的任何戏剧都好"。随着"有偏见的苏格兰批评家"的主张逐步升级，一向很有礼貌的莫尔开始"愤怒"，并且"无法克制自己，难以保持公正"。她讽刺地补充道，蒙博多对古人的偏爱是出了名的，"我猜想，在过去的某个场合，当他断言没有现代的作品能扭转我们这个时代堕落的风气时，他是有意要将苏格兰作者排除在外的"[49]。

　　一种似乎合理的解释是，18世纪的英格兰弥漫着紧张的反苏格兰气氛，苏格兰在文学上的自夸是对这种气氛的反应（或者说是过火的反应）。[50]"你无法想象在我们周围流行的妒忌，"1758年初，托比亚斯·斯摩莱特对约翰·穆尔（John Moore）这样讲，"话说回来，被妒忌总比被鄙视好。"[51] 不过不久之后，在伦敦的苏格兰人就既被妒忌又被鄙视了。约翰·威尔克斯（John Wilkes）表现出反苏格兰的态度，恶毒地抨击了比特勋爵（Lord Bute）；塞缪尔·约翰逊经常贬低苏格兰和威廉·罗伯逊这样的苏格兰作者，听任博斯韦尔做出站不住脚的声明，声明称他的朋友关于这个话题的发言不是他的真实本意，只是"为了在争辩中获胜"（*BLJ*，2：238）。尽管博斯韦尔说，"可能在全人类中也找不出两个"比约翰逊和威尔克斯更加与众不同的人来，在1776年5月和1781年5月迪利兄弟举办的两次晚宴上，那两人可以说是十分和谐了。他们嘲笑苏格兰是贫穷和不毛之地，组成了"一个联合同盟"，他们拿苏格兰做笑料，"一起放肆地嘲笑和讽刺"。在第一场宴会上，当有人说"可怜的老英格兰输掉了"，约翰逊则断言，"先生，老英格兰的失败不是那么悲伤的事情，因为是苏格兰人发现了这一点"。在第二场宴会上，威尔克斯说起"有一大群苏格兰人涌向［伦敦］，然后再也没有回到苏格兰"，约翰逊回答说，

"所有的苏格兰人都一个样"（*BLJ*，3：64，77—78，4：101—102）。这些都是还算有趣的娱乐。约翰逊"看上去喜欢博斯韦尔"，爱尔兰人托马斯·坎贝尔（Thomas Campbell）在 1775 年 4 月 8 日的日记中写道，"他总是在博斯韦尔面前讲笑话贬低苏格兰人"[52]。

　　然而，在这种"开玩笑"的表象下面隐藏着某种东西，约翰·布鲁尔将其描述为"一种真实而深切的恐惧"，英格兰人担心苏格兰人企图"将所有优秀的英格兰人从拥有权力和有利可图的职位上排挤出去，代之以贫穷的苏格兰人"；用琳达·科利（Linda Colley）的话来说，这"残酷地证明了苏格兰人正在获得权力，在大不列颠的影响力达到了前所未有的程度"。[53] 在英格兰的文人群体中，不满的情绪正在渐渐滋长，因为他们的苏格兰对手突然开始猛攻，有盖过他们自己的成就和民族传统的危险。有一次迪利兄弟举办聚会，博斯韦尔没有出席，约翰逊发言诋毁苏格兰文学，说他们没有丝毫幽默感，没有资格使用英语写作。他宣称自己很满意托马斯·坎贝尔对于中世纪爱尔兰学者的成就的自夸，"因为他们不是苏格兰人"[54]。爱尔兰人显示了"苍蝇般的粗鲁无礼"，而约翰逊对爱尔兰人阿瑟·墨菲（Arthur Murphy）说，"苏格兰人就像蚂蟥一样顽固，他们会牢牢叮住你，然后吸你的血"[55]。据说，约翰逊曾在 1775 年 4 月 29—5 月 2 日出版的《伦敦纪事报》（*London Chronicle*）的一则逸事中评论道："我并不憎恨苏格兰人。""先生，我不会憎恨青蛙，如果它们待在水里的话，可是我得承认，我不喜欢它们在我的卧室里蹦来蹦去。"

　　霍勒斯·沃波尔（Horace Walpole）是民族偏见的一个特别有趣的例证，因为他的态度随着时间的推移而转变，这提醒我们，英格兰文人的反苏格兰的恐惧不是只存在于 18 世纪 60 年代早期的比特时代的短暂插曲。在 1758 年第一次出版的《英格兰王族和贵族作家名录》（*A Catalogue of the Royal and Noble Authors of England*）中，沃波尔有点出人意料地正式宣布，苏格兰人是"欧洲最多才多艺的民族，如果哪个国家天生具有优秀的悟性，我会首先考虑苏格兰"[56]。尽管我们不能确定这段评论的确切含义，但可以确定的是，沃波尔是在对苏格兰人做出一种友好的姿态。相应地，威尔克斯在《北不列颠人》（*North Briton*）各期的文章里对沃波尔进行了批评，例如他在第二期（1762年 6 月 12 日）的文章中借一个喜欢自夸的苏格兰人之口说出了沃波尔的评论，此人在比特被任命为财政部第一财政大臣的庆典上，宣称莪相（Ossian）的成就超过了莎士比亚。

但不久之后，沃波尔采用了威尔克斯的反苏格兰言辞。有时，他的态度表现为英格兰人中常见的忧虑，担心进取心强或者善于钻营的苏格兰人侵入英格兰并窃取本属于英格兰人的利益。例如，1780年，他讽刺地评论说，帕特里克·布赖登（Patrick Brydone）"耍滑头"挤进了诺思勋爵（Lord North）的一个社交聚会："我料想他很快会当上公使，就像许多其他苏格兰人一样。"[57]沃波尔对苏格兰人的反感变得越来越强烈了。甚至威尔克斯所写的东西都无法超过沃波尔1781年2月5日那封非同寻常的信，这封信是他写给诗人威廉·梅森（William Mason）的，其中引用了《批评评论》杂志对休谟《英格兰史》中的"一段粗俗的傻瓜注释"的评论，据说这段评论称"洛克、阿尔杰农·西德尼（Algernon Sidney）和霍德利主教（Bishop Hoadly）是可鄙的作家"。沃波尔补充道："我相信不久以后，苏格兰人就会把英格兰人叫作虱子了！"这句话是针对苏格兰人的传统英语社团① 所说的。"那个'善人'亨特（Goody Hunter，指苏格兰医学讲师威廉·亨特［William Hunter］）会在解剖课上谈起这个主张。"信中继续写道：

　　他们破坏了我们的帝国，让我们失去了美洲，被欧洲人轻视，使我们的国家地位降低、蒙受耻辱，可是苏格兰人还不满足，他们想要彻底消灭我们的爱国者、烈士、英雄和天才们。他们诽谤和贬低阿尔杰农·西德尼、拉塞尔勋爵（Lord Russell）、威廉国王（King William）、马尔伯勒公爵（Duke of Marlborough）和洛克。约翰逊是苏格兰人的同伙，一边装作鄙视他们，一边暗中帮助他们。有了约翰逊的帮助，弥尔顿（Milton）、艾迪生（Addison）、普赖尔（Prior）和格雷（Gray）等人对莪相的枯燥无味的伪作表示支持，这样的人还有戴维和约翰尼·霍姆、凯姆斯勋爵、蒙博多勋爵和亚当·斯密——噢！如果你的血管里还有一滴英格兰人的血，醒来为你的国家复仇吧！不要堕落，不要让拉普兰德

72

―――――――――――

① 英文中的"痒"（tickle）发音与虱子（tick）相近。——译者注

人和皮奥蒂亚人那样的笨蛋诋毁我们的所有美德、天赋、理性和品位，他们中间未产生任何一个具有独创性的诗人或散文作家。[58]

　　根据沃波尔（以及威尔克斯）的激烈看法，他们与苏格兰人的文学战斗是英格兰与苏格兰之间的一场规模更大的战争的一部分，战争的焦点是国际上关于国家的伟大的认知，这种伟大涉及诸多领域——不仅仅是"天才"，还有"爱国者、烈士、英雄"。这是为了民族荣誉进行的斗争，沃波尔相信，苏格兰人的胜利不是基于他们在文学方面的真正价值，而是像我相的论战那样，得益于被塞缪尔·约翰逊称为"民族谎言中的苏格兰阴谋"的东西（*BLJ*，2：297）。和休谟一样，沃波尔也把敌人比作"拉普兰德人"，这个词意味着没有文学才能的原始人。在他看来，这件事的利害关系太大了，一点都不能让步：甚至塞缪尔·约翰逊都被认为是有危险的，因为虽然他朝苏格兰人和他们的文学资格"吐唾沫"，但是他的文学批评文章也暴露出了伟大的英格兰诗人的弱点。沃波尔在文章结尾发出了热情的战斗号召，不过，我们并不清楚梅森是想通过创作出那种足以显示当代英格兰文学之伟大的杰出诗歌，还是想通过对那些错误地玷污英格兰民族形象和不公平地颂扬苏格兰形象的人进行有力的回击，来达到复仇目的。然而，如果沃波尔不清楚具体应该做什么才可以把事情处理好，那么他的信无疑只是在发泄愤怒，或者表达对流行看法的失望。当时普遍的看法是，苏格兰人正在占据过去一直由英格兰作者占据和理所当然享有的文化关注。

　　在这样紧张的气氛中，苏格兰文人群体担心英格兰的批评家是否会公正地评判他们的文学成就。威廉·朱利叶斯·米克尔（William Julius Mickle）翻译了路易斯·德·卡蒙斯（Luís de Camões）16 世纪的葡萄牙语史诗《卢济塔尼亚人之歌》（*The Lusiad*，1776），米克尔准备出版这部不完全按照原作翻译的译本时，采取了一些预防措施。他已经移居到英格兰，把自己的姓从梅克尔（Meikle）改成米克尔，以便更符合标准英语的发音[59]，并且采用了中间名朱利叶斯，他还小心注意只让牛津和伦敦这两个地名在出版者信息中出现。不过，在 1775 年的某个时候，米克尔写信给《爱丁堡杂志和评论》（*Edinburgh Magazine and Review*）的主要出版者威廉·克里奇，又提出了一个他觉得必要的保护措施：

> 由于你们的杂志在英格兰有很多读者（至少我经常看到它出现在不同的地方），在给《卢济塔尼亚人之歌》润色的时候，我请求你们不要坚持说它的译者是个苏格兰人，因为根据我在这个国家的见闻，那样做只会捅到马蜂窝——一般被叫作批评家。虽然一本有真正价值的书离开这些批评家也能存在，然而他们有力量去损害一本新书的销路，你知道，对一个作者来说，销量就是他的面包，名声只是不能入口的宝石。（WCL）

第二年，托马斯·布莱克洛克发表了一篇未署名的文章，评论了"译者的价值，根据我们的判断，他的表现为不列颠文学争得了荣誉"[60]。

苏格兰启蒙运动作者和书籍数据库的建立

作者、出版者和书籍

18 世纪后半叶，苏格兰作者发现他们处于左右为难的境地。米克尔神经过敏地尝试掩盖他的苏格兰人身份，是应对这种处境的一种方式。相反的策略是在出版物中赞扬他们的智力成就，不仅承认他们的苏格兰特性，而且要以此为傲。对卡洛·德尼纳的书的回应就用了这种形式。有一个 8 页的 4 开本小册子摘录了德尼纳作品中与苏格兰有关的部分，在 1763 年的暮春或者初夏时出版，每页都有意大利文和英文分栏对照。署名"我们苏格兰人"的序言（日期为 1763 年 4 月 16 日）评论说，有学问的外国人注意到并赞美苏格兰作者的成就，"反映了我们的同胞由于天才和进步得到的荣誉，这对激发高尚的竞争精神以及鼓励追求文学名声也许会有些作用"。文章还注意到，德尼纳没有提到的其他苏格兰作品，例如凯姆斯勋爵的《批判原理》和莪相风格的史诗《芬格尔》，它们也吸引了国际的关注。8 月 16 日的《苏格兰信使报》（*Caledonian Mercury*）在首页刊登了该文章的英文版摘要，"献给热爱他们国家的人"[61]。12 月初，福尔斯兄弟在格拉斯哥出版了德尼纳的书的"第二版"，使用意大利语原文，并附有一封新的作者来信。1764 年 9 月发行的《苏格兰人杂志》将德尼纳关于苏格兰作者的评论放在首页，它在开头谈到，一位"卓越的"欧洲教授"终于给了苏格兰象征胜利的棕榈叶，甚至优先于英格兰，虽然英格兰在学术和艺术方面长期被尊为世界一流国家……每个苏格兰人，只要他们的胸中尚存一星半点的爱国火苗，都会从这样的决定中得到最高的满足"（第 465 页）。文章还说，德尼纳"不费吹灰之力就能在他的名录上加上许多（其他）在各个科学领域都很杰出的名字"（第 468 页注释）。最后，托马斯·卡德尔和其他伦敦书商出版了由约翰·默多克（John Murdoch）翻译的德尼纳的书的完整版本。[62]

托比亚斯·斯摩莱特曾经放弃自己在格拉斯哥的医生职业，到伦敦从事文学写作；在默多克的译本出现的同一年，斯摩莱特写了他的最后一部小说《汉弗莱·克林克历险记》（*Humphry Clinker*），其中的一个段落使他的一些同乡的名声永垂不朽，人们引用最多的是它有名的开场白：

> 爱丁堡是天才人物的摇篮。我的运气很好，得以结识许多第一流的作者，例如休谟兄弟、罗伯逊、斯密、华莱士（Wallace）、布莱尔、弗格森、威尔基等等，我发现与他们交谈令人愉快，就像他们的作品给人带来教益和欢乐一样。我能够和他们相识，应当感谢卡莱尔博士的友情，他不求回报，只希望我在余下的文章中提起他们。[63]

按斯摩莱特的说法，书的作用是教育和娱乐，而私人联系仅仅是让"令人愉快的"交谈成为可能。斯摩莱特没有将他的好朋友亚历山大·卡莱尔（Alexander Carlyle）列入天才人物的名单，因为他不是一位很有名的作者。斯摩莱特知道，在此之前，卡莱尔出版过 6 本或 7 本书，不过它们都是偶尔的讲道文章或者不署名的辩论小册子。一个人有资格被称为天才人物，并不在于其作者身份本身，而在于作者身份是"第一流的"。除了华莱士可能是个例外——他的作品是匿名出版的，斯摩莱特挑选的那些名字都是广为人知的，他们出版过哲学、历史、戏剧、诗歌、文学评论和社会理论各方面的主要著作。在斯摩莱特眼中，他们的伟大体现在他们的书的高超境界，还有他们享有的名望，那是广大读者和评论家喝彩的结果。斯摩莱特之所以能对他的苏格兰朋友进行这种近乎"无耻"的赞扬，是因为他的小说的大多数读者都熟悉这些作者的名字。

我们可以认为，斯摩莱特的文章是福柯所说的"作者建构"的分类过程的一种集体或民族变体。斯摩莱特把作者身份本身（或者至少是"第一流的"作者身份）与"天才人物"联系到一起，从而使它显得高贵。然后他把特定作者的名字与一个特定的地点——爱丁堡——联系在一起。这样做的时候，他就依据地理和民族原则将他提到的那些作家进行了分类。斯摩莱特诱导读者将 8 个互不相关的个体归类成一个统一的作家团体，他们一起生活在一个有活力的城市，苏格兰是他们的背景。这些个体是在一个特定的地理语境中愉快地联合起来的知名作者，这种本能的意象让人忘记去分析和寻找证据，以证明他们的确是天才人物。和德尼纳的作品一样，斯摩莱特在名单的末尾使用了插入语"等等"，强调了他的主要论点：这些苏格兰作者的名字只是一场与某个地方相联系的更大规模运动的简略代表。斯摩莱特没有使用"苏格兰启蒙运动"这个术语——他本来有理由那样做。通过将作者身份建构成一个民族现象，从而创造出意识形态的含义，他的行为更像是我们这个时代的评论员，把苏格兰文人当成了一个集体的存在。

类似的事也发生在一本关于 18 世纪后半叶爱丁堡崛起的小册子中。书商威廉·克里奇在 1783 年 12 月第一次出版了一本题为《关于 1763 年和 1783 年的爱丁堡之比较的信件》（*Letters containing a Comparative View of Edinburgh in the Years 1763 and 1783*）的小册子。他使用了"狄奥弗拉斯特"（Theophrastus）的笔名，并在其后的 10 年里继续修订和重印（使用不同的标题）这本小册子 6 次以上。克里奇断言，在 1763 年之前，"苏格兰人作为作家在文学方面没有做出过非常突出的成绩，尤其是在历史和纯文学领域"，但是 20 年后，"苏格兰人以一种非同寻常的方式在众多文学领域扬名立万了"。事实上，克里奇所断言的那个起点，正是德尼纳正式宣布苏格兰文学和学术水平发生引人注目的飞跃的那一年。克里奇的看法可能反映了他对 1763 年之前的苏格兰作者身份一无所知，或者表明，从那时起苏格兰的发展进程可能戏剧性地加快了。无论如何，克里奇用一个"知名作者"的名单来阐明他的论点，他们遍布苏格兰，从一大群作者中被挑选出来，"数量太多而无法一一提及"。[64] 对克里奇来说，后面这句话起到了与斯摩莱特（和德尼纳）的"等等"相同的作用：它告诉读者，他的著名苏格兰作者的名单只是一场更大规模的思想运动的代表。随着时间的推移，克里奇的"知名作者"的名单从 33 人增加到 42 人，他又补充了亚历山大·亚当（Alexander Adam）、约瑟夫·布莱克、戴维爵士（Sir David）和约翰·达尔林普尔爵士（Sir John Dalrymple）、安德鲁·邓肯（Andrew Duncan）、约翰·辛克莱爵士（Sir John Sinclair）、威廉·斯梅利（William Smellie）、杜格尔德·斯图尔特和亚历山大·弗雷泽·泰特勒（Alexander Fraser Tytler）这些作家。根据克里奇或者我们（例如罗伯特·奥姆［Robert Orme］）这个时代的标准，这份名单选择的一两个人物看上去很奇怪，而且它排除了几个当时的著名苏格兰作者。但是这些偶尔的不合常规并不会削弱克里奇的断言的集体或者民族要旨。克里奇运用作者身份和分类实现意识形态的意图，以便显示爱丁堡已经成为文学和科学天才的领导中心。只是列出作者的姓就足以保证他们的卓越，而作者们的卓越进一步证明了苏格兰及其首都的伟大。

　　1794 年，苏格兰语言教师罗伯特·阿尔维斯去世，当时他正在着手出版《文学史纲要》（*Sketches of a History of Literature*），该书有一部分描述了苏格兰的"学术天才"。阿尔维斯主要关注他自己感兴趣的文学领域——诗歌——以及三个学术领域。根据他的判断，当时苏格兰最"出类拔萃"的三个领域是历史、哲学和医学。他列举的 8 位历史学家和 8 位哲学家都在克里奇的后一个名单中，除了一个例外：托比亚斯·斯摩莱特被分在历史这一类里。不过，阿尔维斯的医生名单与克里奇的有一些差别，这份名单列举了两个新名字：罗伯特·怀特（Robert Whytt）和查尔斯·奥尔斯顿（Charles Alston）。最后，关于活跃在 18 世纪后半叶的著名苏格兰诗人，阿尔维斯与克里奇都选择了约翰·霍姆和詹姆斯·贝蒂，与斯摩莱特相同的是选择了霍姆和威廉·威尔基；但是阿尔维斯也增添了 3 个新人物：约翰·奥格尔维（John Ogilvie）、托马斯·布莱克洛克和威廉·理查森。

　　斯摩莱特、克里奇和阿尔维斯制定的苏格兰著名作者名单在两个重要的
方面进行了作者身份的社会建构：一方面是每个个体作者，他们的名字以福

柯表明的方式代表了他的一系列作品；另一方面是作者的民族集合体，人们认为他们给苏格兰民族带来了荣誉。三位作家都把名单中的人限定于各种体裁的严肃文学和学术书籍的作者，比如历史、哲学、科学、医学、法律、政治经济学、修辞学和纯文学、游记和探险以及诗歌和小说。三份名单都包括了一些长老派的牧师，其中一些人由于他们的讲道文章和宗教作品而知名，但是名单所列出的每一位教士同时也是作者，写过至少一部严肃文学或者学术方面的重要著作。

　　如果把斯摩莱特、克里奇和阿尔维斯选择的名字合到一块，结果会得到一个包含 50 位"知名作者"的名单，其中包括许多文人，他们大部分都生活在 18 世纪后半叶苏格兰启蒙运动的全盛时期。关于苏格兰启蒙运动的著名作者的标准，我们可以认为，他们代表了那个时代的人的一种看法。本书在表一中用星号标记了这 50 位作者的名字，并附有生卒年以及对他们的职业或谋生手段的简短概述。不过就如我们已经看到的，斯摩莱特、克里奇和阿尔维斯三个人提到的只是有代表性的一群人，这些人被认为是苏格兰作者中前途最光明的。为了放宽代表作家的范围，我扩充了表一，另外加入 65 位苏格兰作者，他们在 1746—1800 年创作了新的严肃文学或学术作品。斯摩莱特、克里奇和阿尔维斯的名单遗漏了其中的一些作者，可能是因为他们的主要作品早出现了数十年（例如弗朗西斯·哈奇森和科林·麦克劳林），或者出现得太晚而没被考虑（例如詹姆斯·赫顿［James Hutton］和乔安娜·贝利［Joanna Baillie］）。其他一些人可能是由于被认为太通俗了（例如威廉·巴肯、詹姆斯·弗格森和詹姆斯·福代斯［James Fordyce］）或者价值太低（例如沃尔特·安德森［Walter Anderson］和詹姆斯·格兰特［James Grant］）；还有一些人可能是由于作品不够高雅（例如苏格兰诗人罗伯特·彭斯［Robert Burns］和罗伯特·弗格森［Robert Fergusson］），或者不够受人尊敬（例如格拉布街的作家罗伯特·赫伦［Robert Heron］）而没有被列入名单。在补充表一名单的时候，我试图避免这类偏见，使名单涉及的苏格兰作者的范围尽可能全面。他们的作品涵盖各种严肃文学和学术题材，包括一些对重要文人的批评文章，例如休谟在哲学上的敌手、皮里格的詹姆斯·鲍尔弗（James Balfour）。由此，本书涉及了一些通常并不被认为十分重要的苏格兰作家，从而扩展了苏格兰启蒙运动作者的范围。

78　　　　表二显示的是在 1746—1800 年表一中的 115 位作者在不列颠出版的 360 种书籍；这些书按照第一版出版的时间先后顺序来排列。表一的左边一栏中，每个名字后面的数字与表二中列出的每个作者的作品的编号相对应。表二的标题栏也记录了每本书的最初版式（即对开或 2°、4 开或 4°、8 开或 8°、12 开或 12°）、卷数（如果是一卷以上）、价格（如果已知）、主题类别和受欢迎的程度。受欢迎的程度主要以 18 世纪和 19 世纪早期的英语版本的数量为基础进行推断。接下去的三个栏目提供了这些作家的书籍的第一个不列颠版本的出版信息，也分别列出了 18 世纪出现在爱尔兰和美国的第一版重印书的信息（爱尔兰和美国的重印书的栏目将在第七章到第九章讨论）。我把每本书分配到单一的主题类别之下作为一种粗略的指南，威廉·扎克斯（William Zachs）给约翰·默里出版的书编写过一个清单，我使用和他相同的 20 个主题类别。[65] 这种分类过程必然是主观的：分类是不精确的，许多书被归到一个以上的类别下面。在指定流行级别的时候也存在不可避免的不精确性，涵盖从频繁重印的畅销书（即 bs，best sellers）到只印一次的滞销书（即 ps，poor sellers），但是累计的结果有助于概括苏格兰启蒙书籍的传播情况。

　　　在决定表二要包括哪些作品时，我排除了一些论战小册子、个人的讲道集、课程讲义（相对于数量更多的课程提纲）、大学论文和其他少于 100 页的 8 开本出版物，同样不包括所有非英语版本。不过，我也收录单独出版的剧本和诗歌以及其他质量达到一定水平的短篇作品，例如休·布莱尔的《莪相诗歌评鉴》（A Critical Dissertation on the Poems of Ossian），因为这些作品有第一个翻译、编辑或改编的英语版本，它们被认为在学术上凭自己的实力做出了重大的贡献（例如威廉·邓肯［William Duncan］版本的《恺撒评传》［The Commentaries of Caesar］，罗伯特·西姆森和约翰·普莱费尔［John Playfair］版本的《欧几里得几何原本》，威廉·朱利叶斯·米克尔翻译的《卢济塔尼亚人之歌》，威廉·斯梅利版本的布封（Buffon）的《自然史》［Natural History］，《不列颠百科全书》［Encyclopaedia Britannica］，约翰·吉利斯（John Gillies）版本的《亚里士多德的伦理学和政治学》［Aristotle's Ethics and Politics］，乔治·坎贝尔（George Campbell）翻译的《福音书》）。

此外，表中还收录了期刊、学术团体的会刊以及第一次部分或者成册地出现 79 的作品，条件是它们必须也以书籍的形式出版过（例如詹姆斯·安德森［James Anderson］的《农业、自然史、艺术和各种文学中的娱乐》［*Recreations in Agriculture, Natural-History, Arts, and Miscellaneous Literature*］，安德鲁·邓肯 的《医学和哲学评论》［*Medical and Philosophical Commentaries*］，亨利·麦 肯齐的期刊《镜子》［*Mirror*］和《闲人》［*Lounger*］，《不列颠百科全书》以 及《爱丁堡皇家学会会报》［*Transactions of the Royal Society of Edinburgh*］）。 由多卷组成的作品，当每个分卷在不同年份出版的时候，表中通常只会登记 一次，虽然也可能把每个分卷看作各自独立的作品，比方说休·布莱尔的 《传道书》或者罗伯特·亨利（Robert Henry）的《大不列颠史》［*History of Great Britain*］就是很好的实例。大卫·休谟的《英格兰史》和其他作品属 于例外，由于它们特别重要，本书将优先处理它们。

选择 1746—1800 年这段时期，是因为在苏格兰启蒙运动书籍史中，这段 时期极为重要和引人关注，从 1745 年到 1746 年詹姆斯二世党人（Jacobite） 的最后一次较大暴动结束开始，一直延续到新世纪的开端。就如我在别的地 方提过的，1900 年威廉·罗伯特·斯科特（William Robert Scott）在弗朗西 斯·哈奇森的传记中创造了"苏格兰启蒙运动这个术语，以表明苏格兰哲学 思想的传播，以及在［哈奇森的］下一代文化人中兴起的对思考的爱好"[66]。 尽管斯科特的措辞如今听起来显得古老，但他关于苏格兰启蒙运动的基本观 点涉及苏格兰文人群体中的智力和文化活动的一个繁荣和扩张时期，他们在 后哈奇森时代达到成熟，在一个多世纪以后仍然引人注目。1746 年，哈奇森 去世，另一位在 1725—1750 年非常重要的苏格兰知识分子科林·麦克劳林也 在同一年去世，这些事实促使我选择 1746 年作为苏格兰思想史及政治史上 的一个象征性转折点。在 1746 年之后的 10 年中，苏格兰在思想、文化、社 会和经济方面经历了一个前所未有的发展时期，苏格兰作为出版文化的一个 主要国际生产者崭露头角，也是这一广泛转变的一部分。[67] 如前面引用过的， 杜格尔德·斯图尔特在他关于哈奇森的《道德哲学体系》的脚注中认可了这 个观点，他在别处也间接提到，"在一个外国人看来，1745 年的叛乱之后， 众多天才人物在这个国家如雨后春笋一般快速涌现，简直像是变魔术"[68]。

80　这场发生在世纪中期的思想觉醒并没有那么突然或者意外。哈奇森和麦克劳林都出现在表一中，因为他们的重要的新书都是在他们去世以后 10 年间出版的。还有许多文人在 18 世纪 20 年代、30 年代和 40 年代开始出书，例如休谟、凯姆斯和亚历山大·门罗一世（Alexander Monro *primus*），他们在随后的 10 年间仍然活跃，从而确保了苏格兰启蒙运动的持续性。但是，苏格兰思想活动在 18 世纪中期的繁荣的根源在于此前的时代，正如它在一些方面也延续到 19 世纪的最初几十年一样，这个事实不会削弱这场运动的力量和意义。当我们回顾这段时期，苏格兰作为文学和学术的一个国际中心，它达到的繁荣程度让后代惊奇，并且至今仍然让我们为之惊叹。

对于 18 世纪后半叶苏格兰启蒙书籍的出版，我相信表二提供了一个理解这段历史的可靠基础。表二构成了本书的实证基石，我在文中经常提到它。可是我的意思不是说，表二包含的资料就能概括作为整体的苏格兰启蒙运动。首先，尽管我试图在一个特别广泛的范围内收录相关作者和书籍，但我注意到，许多作者和书籍还是被遗漏了。这种遗漏是无法避免的，因为所有现存的界限都是人们主观划定的，因此"苏格兰""启蒙运动""书籍"这样的分类范畴必定是模糊不清的，在这类解释性的任务中永远不可能实现穷举。将作者的数量限制在 115 人是一种选择，这个数字本来也可以是 100 或者 175。于是关键的问题就不在于表一和表二是否包括了一切，因为它们本来就没有，而是它们是否有足够的综合性，从而能够有意义地归纳苏格兰启蒙运动成熟时期的作者和书籍。我相信它们能够达到这一目的，即使是一个修饰词或短语，比如斯摩莱特的"等等"或者克里奇的"数量太多而无法一一提及"，我也必须常常牢记于心。

其次，表二没有从整体上覆盖苏格兰启蒙运动，因为许多做出贡献的个人甚至连一本书都没有写过。有的人写过促进启蒙事业的小册子、书评、期刊文章或者其他短篇作品。有的人在学术社团提交论文，在学院课程上发言，绘画，作曲，设计建筑或者进行科学实验。还有一些人成为俱乐部和社团成员，或者作为读者阅读、讨论和吸收启蒙书籍中包含的思想。正如伏尔泰在《百81　科全书》中所写的，"有很多不是作者的人也是文人群体中的成员"[69]，更不用说作者了。我不打算仅仅基于上述理由就把他们排除在启蒙运动之外。

　　我在本书的导论和其他地方谈到过，苏格兰启蒙运动与作为整体的启蒙运动一样，是一种文化和思想运动。这项运动是由文人或启蒙哲人开启的，他们共有一种普世价值观，包括进步、世界主义、人道、社会性、宽容和对文学与学术的献身精神——尽管对于应该怎样解释和传播这些价值观，他们之间有时存在分歧。[70] 一本书自身并不必然具有启发性；实际上，在 18 世纪的苏格兰产生过大量信神的作品，它们不接受，有时还直言不讳地奚落或排斥启蒙的价值观念。约翰·威瑟斯庞（John Witherspoon）1753 年出版的《教会的特性》（*Ecclesiastical Characteristics*）一书很受欢迎，该书是反启蒙思想的范例，作者在书中讥讽了他在苏格兰长老会的一些教友，因为这些人自诩为古典教育和文化的代言人。相比较而言，表二所列书籍都体现了作者对于严肃文学和学术承担的启蒙义务，其中的大部分书籍也是启蒙运动的其他关键价值的例证。因此，虽然这些书不能构成完整的苏格兰启蒙运动，却仍是启蒙运动最实在和最有影响的代表，从总体上看，它们是启蒙出版文化的苏格兰表现的主要媒介，构成了本书最重要的主题。

规格、主题和印数

　　18 世纪的书有一系列规格，其中大多数书都是采用标准尺寸的 8 开本（8° 或 8mo），或者袖珍尺寸的 12 开本（12° 或 12mo）。一般只有一些学术书才有 4 开本（4° 或 4mo），代表某种特征和地位。4 开本的尺寸和费用使它们与绅士和大学学者的精英身份联系在一起。然而与特大号的、笨重的对开本书相比，4 开本还是很容易获得的，在这个时代，通常只有参考书或者法律、医学和美术的新颖作品才使用对开本。下面的例子可以解释这一点：亚历山大·门罗的《论神经系统的结构与功能》（*Observations on the Structure and Functions of the Nervous System*，表二，编号 234）是对开本，它的巨大尺寸使图 1.2 中的其他书——甚至休谟的 4 开本《杂文与论文若干》——相形见绌。到 18 世纪末的时候，詹姆斯·博斯韦尔谈起出版他的塞缪尔·约翰逊传记的事，想用一卷对开本代替两卷的 4 开本，他的朋友埃德蒙·马隆（Edmond Malone）立刻让他打消这个念头，断言说他"还不如把它扔到泰晤士河里去，现在没人会读对开本"[71]。以 4 开本出版是一种特殊地位的标志，不过也是一种商业上可行的选择，由于这个和其他的原因，爱好虚荣的作者们都很积极地投入到 4 开本书的出版中。就像 1791 年，威廉·罗伯逊给他的一位伦敦出版者写信，安排他的最后一部历史作品（编号 299）的出版细节时说道："这不是一部大作，但是我不能不顾身为 4 开本作者的尊严，堕落到卑微的 8 开本行列中去。我提议用 4 开本印刷这部书，与我的其他作品的类型相同。"[72] 类似地，8 开本书的作者一般不会喜欢他们的书籍尺寸和价格被缩减，变成更小的 12 开本。休·布莱尔写信给他的一个出版者，提及他的流行作品《传道书》时说："我希望不要把它缩小成小型尺寸……而是保留以前的 8 开本形式。"[73]

出版者也和作者一样认为 4 开本是可取的形式，因为它们与更小开本的书相比更加有利可图，至少是有获利的可能性。尽管生产 4 开本的费用更昂贵——因此需要更多资金，并且被较小和较便宜的版本盗版的风险也更大——但是它的价格定得较高，因为 4 开本的读者对象是比较富有的人，他们可以支付更多的钱，从而产生更大的利润空间。表二中的书籍价格的快速指南显示了这种区别：4 开本书每卷的成本高达 1 几尼，而厚的 8 开本每卷的价格通常是 6 先令或 7 先令，比较薄的 8 开本的价格有时是厚的 8 开本的一半。我们将在第三章中更完整地看到，作者们会期待，有时会要求靠他们的 4 开本书获得数百甚至数千英镑报酬，特别是当作品以多卷形式出版的时候。但是以 8 开本出版的书预付稿费一般达不到这么大的金额。

我们只需要看一下 18 世纪 70 年代中期，斯特拉恩和他的合伙人愿意为凯姆斯勋爵的两本书支付多少版税，就可以说明这一点。1774 年，斯特拉恩、卡德尔和克里奇出版了凯姆斯的《人类历史纲要》（*Sketches of the History of Man*，编号 164），使用两卷大 4 开本规格，付给作者的酬金多达 1000 英镑。生产这部作品成本高昂，但精装硬皮书的零售价格是 2 几尼一套，出版者很有希望收回生产成本。在 1778 年，他们推出了一套四卷 4 开本的第二个版本，价格比较便宜，而且 10 年以后又出了 8 开本的版本。这套书虽然不是畅销书，却也有相当不错的表现，我们有充分的理由相信，出版者从中获得了一笔可观的收益。可是当克里奇向斯特拉恩转达凯姆斯的要求，要他们为他的下一本书《乡绅》（编号 176）的第一版支付 300 几尼（315 英镑）版税的时候，斯特拉恩很愤怒，在 1776 年 7 月 23 日回复说（WCL）："关于畜牧业的单卷 8vo.［即 8 开本］就要 300 几尼！多么荒谬！我要售出多少册才能收回这么高的成本啊。"他还补充了一个详细的计算，我把它复制到了第五章里面。计算显示，一个版次的 1000 册不可能带来足够的利润，即使所有的 1000 册都销售出去，也无法抵销支付给作者的大笔报酬。

从"关于畜牧业的单卷 8 开本"这个说法来看，斯特拉恩的轻视似乎等分为两个方面：一方面是对于单卷 8 开本的规格，一方面是对于书的主题。虽然畜牧业这样的主题没有什么应该被谴责的地方，但社会的习惯要求这种类型的书不应该超过 8 开本，而且考虑到它的尺寸，价格不应该高于每卷 6 先令（斯特拉恩估计，平均值是每册 3 先令 8 便士，这可能是批发的价格）。可以支付给作者的版税的数额必然要与上述条件相一致。假如《乡绅》这样的单卷 8 开本书印刷 1000 册，预期会有 183 英镑 6 先令 8 便士的毛利润（就如斯特拉恩估计的），而《人类历史纲要》这样的两卷 4 开本书印 1000 册带来的收益可能是《乡绅》的 7 倍，这种差异对于出版者的利润和作者的收入都有重大的影响。在试图为一个苏格兰同伴的 4 开本历史书要求更多稿费而进行协商的时候，约翰·道格拉斯（John Douglas）主教写道："我告诉斯特拉恩和卡德尔，假如每卷定价 1 几尼的一部书还不值得 300 英镑的稿费，那么它就一文不值。"[74]

装订也是必须考虑的条件。虽然有时书籍也会以未装订成册或散页的形式批发给书商，但一般大众很少会直接看到那种样子的书。[75] 绝大多数的书在零售时都包上了叫作"纸板"的硬皮厚纸封面，或者用羊皮或牛皮制成的皮革完全包裹装订起来。开本再一次显得很重要：与 8 开本或 12 开本相比，4 开本的书更多地使用硬纸板封面，以便购买它们的个人随后可以根据需要装订、书写，甚至加上适合自己趣味的装饰。摩洛哥皮是一种用山羊皮制成的优质皮革，通常被染成红色（虽然有时也有绿色、蓝色或黑色），是最昂贵的封面材料之一。博斯韦尔发现，威廉·亚当斯出版的休谟的 4 开本《杂文与论文若干》使用了摩洛哥皮装订，这无疑是令他感到苦恼的原因之一。因为考虑到期刊以及分部或分册出版的书会在出售之后再合订起来，有些书，尤其 12 开本和薄的 8 开本是用线缝合或用纸质的封套装订的。例如，4 开本的《不列颠百科全书》在 3 年中陆续出版，直到 1771 年才出完最后一卷。

因此，规格、主题内容、篇幅、价格、装帧和酬金都是不可分离地联系在一起的。这并不一定表示出版者起初以 4 开本的形式出版书籍，在根本上是只打算为精英读者服务。如果取得成功，他们很快会用更小和更便宜的 8 开本重印这些书，来吸引更多的读者。我们会在第七章看到，都柏林出版行会（Dublin book trade）持续给不列颠的出版者施加压力，使他们在许多新书初版之后很快就以更小的开本重印。由于这个原因以及其他原因，当高端市场的需求潜力耗尽的时候，不列颠新书的出版者们会敏锐地觉察到这一点，立刻把他们清单上那些最受大众欢迎的文学和学术作品缩小尺寸重新出版，作者们也是一样。如果《人类历史纲要》最初不以 4 开本形式出版，凯姆斯勋爵可能会觉得受到了侮辱，但是在该书出版两年后，他极力劝说他在爱丁堡的出版者尽快推出 8 开本，部分原因是他担心盗版书会影响其销路。[76]

表三将表二中列出的 360 种作品依照主题类别组织到一起，并使每个主题与书籍规格挂钩。由表三得出的第一个结论是，苏格兰启蒙运动的书籍涵盖的主题范围非常广泛，实际上包含了严肃文学和学术的所有方面。当然，某些种类的书比其他的更加常见。仅历史（包括各种类型的历史作品和文物研究）和医学这两个类别的书籍，就占到了资料库的 36%。但是主题的范围之广和体裁之多仍然是引人注目的。

将出现在表二和表三中的主题类别与数据库里的作者联系起来时，我们就可以清楚地看到，这些书的广泛主题源自个体作者广博多样的兴趣，而不仅仅是对不同领域拥有狭窄的技术专长的作者的罗列。115 位作者中的 55 位，即数据库中大约 48% 的作者，都至少出版过两种不同主题类别的书籍。其中7 位作者出版过 3 种不同类别的书（博斯韦尔、D. 福代斯、杰勒德［Gerard］、格思里、F. 霍姆、汤姆森和达夫［Duff］），6 位作者写过 4 种不同类别的书（洛根［Logan］、麦肯齐、穆尔、J. 奥格尔维、平克顿［Pinkerton］和斯摩莱特），两位作者写过 5 种不同类别的书（贝蒂和辛克莱），另外还有一位作者凯姆斯写过 6 种不同类别的作品。

表三按照主题类别的顺序排列，指出了表二中的书第一次出版时所用的

85

开本。数据库中仅有 2% 的书首次出版时用了巨大而昂贵的对开本。另一方面，只有 38 部作品，即数据库中只有不到 11% 的书，在最初出版时使用了 12 开本或者更小的开本，而且其中有将近三分之二的书都是属于两个主题类别的：第一种是小说，因为小说通常以便宜的袖珍本形式出版；第二种是哲学，因为学生的教科书选用的是 12 开本，例如弗朗西斯·哈奇森的《道德哲学入门》（*Short Introduction to Moral Philosophy*，编号 3），亚当·弗格森的《道德哲学原理》（*Institutes of Moral Philosophy*，编号 117）和约翰·布鲁斯（John Bruce）的《哲学的第一原则》（*First Principles of Philosophy*，编号 205）。在 18 世纪末，尤其是在 19 世纪初，甚至更小的开本也变得流行起来，在畅销书或者多卷的系列作品再版便宜版本的时候使用得特别多。例如《库克口袋版不列颠诗人作品精选》（*Cooke's Pocket Edition of Select British Poets*），它在街头巷尾流行，卖点就是廉价、一致性和它作为"娱乐"作品（"科学作品"被容许使用更大的开本）的适配性。[77] 不过，表二里，只有一本书（编号 37）是以比 12 开本更小的开本首次出现的。

因此，几乎 90%（如果不算小说，将高达 91%）的苏格兰启蒙运动书籍初版都是 4 开本或者 8 开本。其中 8 开本的数量更多，与 4 开本的比例是 2：1，但是在不同的主题类别之间，它们分布的比例并不均等。以 4 开本的形式问世的历史作品数量大致是 8 开本的 2 倍，上流社会的读者对这种区别很敏感：大卫·达尔林普尔爵士（海斯勋爵）有一次谈到，他的妻子"无法想象［8 开本的书］可以匹配历史学的尊贵"[78]。此外，在政治经济学和诗歌（尤其是史诗）这两个类别中，4 开本的书也比较常见，例如詹姆斯·麦克弗森的两部主要的莪相风格作品《芬格尔》（编号 71）和《帖莫拉》（编号 83），米克尔的译作《卢济塔尼亚人之歌》（编号 175）。相对极端地说，表二中列出的所有散文小说、戏剧和政治作品都不是 4 开本，绝大多数其他体裁的书也不是 4 开本。例如在宗教方面，传道书通常以 8 开本或者偶尔以 12 开本的形式出版，可是从来没有 4 开本。数据显示，只有一部宗教作品在初版的时候用了 4 开本，这本书就是乔治·坎贝尔的《四福音书》（*The Four Gospels*）。它有资格以 4 开本的形式出版，是以其巨大的篇幅和雄心勃勃的特征为基础的，作为学院派作品，它的主要目标是学者和绅士的书房。

　　每本书的印数随着几个因素的不同而变化，这些因素包括规格、主题内容、文本长度、价格、作者知名度、对市场需求的估计以及出版者承担风险的意愿。传记作者们也记录过，18世纪时，在正常的情况下，由于技术和经济条件的限制，印数倾向于被限定在最少500册和最多2000册之间。[79] 表二中的作品证实了这个论断。我已经查清了124本书的第一版的印数，它们构成了数据库中总印量的三分之一以上，其中只有12本书的印数不在500册到2000册这个范围。除去其中一本，另外11本书的印数都超过了2000册，它们的初版印数多得很不寻常，而且几乎都出版了很多种版本。[80] 其余112本书的印数在500册到2000册之间，它们可以划分成如下几类：2000册，6本；1750册，1本；1500册，11本；1250册，4本；1000册，39本；750册，32本；500册，19本。[81] 以上数据表明，表二中几乎有四分之三的书的第一版印数是500册到1000册，其中大多数接近最大值的一端（750册或1000册）。[82] 当然，一本书的地位一旦确立之后，这些数字往往会变得更高。因此，1771年威廉·斯特拉恩在和大卫·休谟谈论推出《英格兰史》新版本的时候说："我的想法是印1500册，不能更多，我觉得这是最恰当的一个数量。"[83] 所谓最恰当的数量，实际上是指最接近某个版本的潜在市场需求的印数，没有其他依据能决定这个数量，只能估算。例如博斯韦尔出版《约翰逊传》4开本的第一版的时候，1750册的印数其实是一场巨大的冒险，他极度怀疑是否真的有足够多的人愿意为这套书支付2几尼；然而在该书出版两年后，他说道："如果当初印得再多一点，这部书还可以卖出更多册。"[84]

书籍的流行度

　　在表二标题栏中出现的两个字母的流行级别标记，其主要根据是1810年以前在英格兰和苏格兰出版过的次数，或者如果该书的初版是在18世纪90年代的，就以1820年以前的出版次数为依据。我给每本书都指定了一个分类级别，一共有6级：bs代表畅销书，这里的定义为，在指定的时间段至少在不列颠出版过10种不同的版本；ss代表热销书，意思是出版过7种到9种不列颠版本的书；gs表示销量良好，是指出版过4种到6种不列颠版本的书；

ms 表示销量一般，指出版过 2 种到 3 种不列颠版本的书；ps 表示滞销书，指在讨论的时期内从来没有在不列颠被重印过的书；此外，n/a 是不适当的意思，用以指代表二里那些后来与其他的书一起重印的作品。大卫·休谟的作品主要有 9 部属于畅销书，如《杂文与论文若干》或者《英格兰史》的一部分，威廉·罗伯逊的英属美洲史遗作（编号 341），该书立即被并入他的畅销书《美洲史》（History of America）中。n/a 这个标记也指代 4 个学术协会已出版的会报，理由是这类作品一般不会被重印。

通过计算版次来确定书籍流行度的方法也需要考虑其他一些条件。第一，我们必须考虑印数的变化，因为一本在初版时印量很大的书即使从出版次数来看显得不成功，实际上售出的册数却可能要超过另一本很快推出第二版的书，因为后者的初版印数要少得多。1758 年，安德鲁·米勒为约翰·霍姆继《道格拉斯》之后所写的第一部剧本《阿吉斯》（Agis，编号 51）下了印刷 4500 册的订单，两年后，他又为霍姆的下一部悲剧《围攻阿奎利亚》（The Siege of Aquileia，编号 63）定下了 4000 册的印数。不出所料，这两部剧本都没有再推出过单独的版本，尽管如此，由于初版的印数非常巨大，它们总的销量可能相当于标准版次的数倍。在其他情况下，我们在测定一本书的流行度的时候也必须考虑它的篇幅、开本和成本。1768—1771 年，《不列颠百科全书》（编号 139）在爱丁堡问世的时候用了 100 个星期来分期出版，每期都由 24 页 4 开纸组成；1771 年，它们被装订成三大卷书（1773 年和 1775 年在伦敦重印），后来在 1778—1783 年推出第二版，扩展为十卷，1788—1797 年推出的第三版扩展到十八卷，这些版本都有很多插图，在数年中出版而且时间间隔越来越长。[85] 即使该书在 18 世纪只出过三个版次，如果不把它归类到畅销书显然是错误的。

我们也需要区分真正的再版和伪造的再版。为了让公众高估一本书的流行度，18 世纪的出版者有时会采取欺骗性的策略，我们必须小心不要被他们的伎俩蒙蔽。在一个特殊的事例中，威廉·斯特拉恩告诉詹姆斯·贝蒂，他和托马斯·卡德尔更改了威廉·罗伯逊的《苏格兰史》的出版日期，让它们的销量看起来不如实际上的那么多，以免大卫·休谟的感情因为对比而受到伤害。[86] 更加常见的手法是再版滞销的书，使用新的书名页，可能会加上

89

"第二版"的标记。例如，1757 年，爱德华·迪利（Edward Dilly）用这种方法再版了托马斯·布莱克韦尔（Thomas Blackwell）的《关于神话学的书信》（*Letters concerning Mythology*，编号 4）。1783 年，约翰·默里也以同样的方式再版了吉尔伯特·斯图亚特（Gilbert Stuart）的《欧洲社会概览》（*A View of Society in Europe*，编号 195）。默里偶尔会给假称的第二版做广告，以便吸引顾客光顾，然后卖给他们第一版。[87] 出版者还有一种计谋，他们有时跳过一个版次的编号，这样原来应该是第二版的就会以某本书的第三版的名义出现。默里似乎出版过威廉·理查森的《论莎士比亚的戏剧人物》（*Essays on Shakespeare's Dramatic Characters*，编号 247）的第二版和第四版，却从来没有推出过第三版。尽管这些手法有时很难被发现，我已经尽可能找出并排除了可疑的版本和重新发行的版本。

我们也需要考虑缩写本、选集和未授权的版本，还有表二里其他可供选择的简明易懂的重印书。篇幅冗长的书有时会被缩写，并且经常改用新的标题，在一两个实例中，例如詹姆斯·布鲁斯（James Bruce）的《尼罗河源头的发现之旅》（*Travels to Discover the Source of the Nile*，编号 288）经常被缩略成《有趣的叙述：詹姆斯·布鲁斯先生的游记》（*An Interesting Narrative, of the Travels of James Bruce, Esq.*）。因为缩写本非常受欢迎，我把它提升到畅销书的类别中。有些书不仅单独出版过，而且作为其他作品的一部分被大量地重印，表二里威廉·邓肯的《逻辑原理》（*The Elements of Logic*，编号 5）和大卫·福代斯的《道德哲学原理》（*The Elements of Moral Philosophy*，编号 7）就是这样的例子。在本书使用的定级体系中，二者都被归入畅销书这一类（而不是分别被归类为热销书和销量一般的书），因为在罗伯特·多兹利的选集《导师》（*The Preceptor*）中，它们继续被重印；此外，在《不列颠百科全书》中，它们还被改编和收录为"逻辑"和"道德哲学"类的文章。类似地，休·布莱尔的《莪相诗歌评鉴》（编号 80）作为单独的出版物最多只出到第二版，但是我把它归入畅销书这一类，因为在 1765—1809 年，至少有 11 种不列颠版本的《莪相集》（*Works of Ossian*）或者《莪相诗篇》（*Poems of Ossian*）包含这部作品。最后，在本书讨论的时期内，尽管表二列出的书籍很少有未经授权的版本违反版权法令在不列颠出版，但有些版本似乎侵犯了伦敦书商的名义或默许版权（即基于惯例而不是法令的版权）的观念，我也把这些版本完全计算在内，因为它们合情合理地显示了一本书的流行度。

　　表二中的流行级别反映出我针对上面提到的问题所做的调整。我在统计印数时将已知的极端变化计算在内，在处理如《不列颠百科全书》这样的大型作品时也考虑到其特殊的条件。我还试图将英国出版的图书的所有真实版本囊括进来，包括那些缩写的、选编的，或者有些部分被认为是侵权的书，除去所有的幽灵（即不存在的）版本。外国的重印本也是被排除在外的，本书最后三章将讨论它们中的一些书。

　　表四列出了这些流行级别的统计结果。在 18 世纪晚期或 19 世纪早期，表二中的 360 种书有三分之一以上从来没有在英国重印过，而且有几乎三分之一的书在同一时期只被重印过一到两次。这些滞销和销量一般的书里面有少数在刚出版的时候销量不多，却在 19 世纪更受欢迎。例如乔治·坎贝尔的《修辞哲学》（*Philosophy of Rhetoric*，编号 174）和亚当·弗格森的《论历史的进步和罗马共和国的终结》（*History of the Progress and Termination of the Roman Republic*，编号 232）就是如此。其他一些书籍在不列颠一直反应冷淡，却在别的地方成为畅销书，尤其是在北美，威廉·斯梅利的《自然史哲学》（*Philosophy of Natural History*，编号 292）就是一个典型的实例。该书起初于 1790 年和 1799 年在爱丁堡出版了两卷本，在 19 世纪的不列颠它被忽视了，然而在北美它却成为标准的大学教科书，在 1824—1900 年（作为一卷的缩写本）被重印或再版了 30 次以上，它的出版地主要是波士顿，不过也在多佛、新罕布什尔、哈利法克斯和新斯科舍等地出版。但这种事例是很罕见的。表二中的滞销书绝大多数从来没有受到过广泛的欢迎，大多数销量一般的书也是如此。从商业观点来看，我们可以设想，大多数销量一般的书已经为它们的出版者创造了一些利润，尤其是那些已出版过 3 次，又不需要支出大量成本的书。不过，多数滞销书可能浪费了资金。从作者的立场来看，这些类别里面很少有书能够带给作者持久的名声，尽管也有少数经过时间的检验流传了下来，比如凯姆斯的《人类历史纲要》就是一个例外。

　　销量位于前面 3 个级别的书情况就不同了。它们中多数是销量良好的书，数量占到整个数据库的 17%，在本书指定的时间段里出版过 4 个到 6 个版本。

这些书通常利润丰厚，并且在一定程度上为它们的作者确立了当时的声望，即使随着时间流逝，它们经常下降到较低的水平。我们会在本书的结论章节看到，这些书中有许多在国外被重印，随着时间推移，还有少数的书变得更受欢迎。在 63 种销量良好的书中间，不乏一些有名的作品，例如约翰·米勒（John Millar）的《论社会阶层的差异》（*Observations concerning the Distinction of Ranks in Society*）、亚当·弗格森的《文明社会史论》、阿奇博尔德·艾利森（Archibald Alison）的《论趣味的本质和原理》（*Essays on the Nature and Principles of Taste*，另一部晚熟的作品）、乔治·坎贝尔的《论奇迹》（*A Dissertation on Miracles*）、亨利·麦肯齐的《闲人》、杜格尔德·斯图尔特的《人类心灵哲学原理》（*Elements of the Philosophy of the Human Mind*），还有罗伯特·亨利的《大不列颠史》，所有这些书在初次出版以后，其流行程度和影响力都持续了若干年。

处在流行度等级最顶端的是 51 本热销书和畅销书。前一个级别，将那些在本书指定的时间段里出版过 7 个到 9 个版本的书也算在内，只有 5 部，占整个数据库的大约 1%。这个类别的书的数量如此少的原因还不清楚。有一种可能性是，一部书的出版次数一旦达到 7 次，就越过了流行度的某种关口，通常会继续前进，成为畅销书。在热销书的类别中，有一些书实际上应该算是畅销书。例如，凯姆斯勋爵的《批判原理》（编号 73）在 1824 年出了英语的第十版，在 1839 年出了第十一版（还加上 19 世纪在美国出版的大量版本）。另外一个例子是本杰明·贝尔（Benjamin Bell）的《外科系统》（*A System of Surgery*，编号 240），它由六卷组成，在全套书完成的 1788—1801 年，不列颠一共出版过至少 7 个甚至是 8 个版本，这个事实给人留下了深刻的印象。这个类别的另外 3 部作品约翰·普林格尔爵士（Sir John Pringle）的《军中疾病观察》（*Observations on the Diseases of the Army*，编号 20）、托马斯·里德的《按常识原理探究人类心灵》（*An Inquiry into the Human Mind, on the Principles of Common Sense*，编号 88）和约翰·穆尔的《意大利社会和风貌概览》（*A View of Society and Manners in Italy*，编号 219）也是 18 世纪晚期受欢迎的书，19 世纪早期仍然在重印。

最后，有 46 本书被归类为畅销书，在表二的 360 本书中所占的比例约为 13%，它们的标题用粗体字显示。这些书中的 32 本由 15 位作者所写（除了一本是被编写），这 15 位作者都是斯摩莱特、克里奇和阿尔维斯提出的 50 位苏格兰著名作者名单里的人。他们中最受欢迎的是斯摩莱特本人，他的作品有 7 本是畅销书:《罗德里克·蓝登历险记》(Roderick Random)、《佩里格林·皮克尔历险记》(Peregrine Pickle)、《斐迪南伯爵的冒险》(Ferdinand Count Fathom)、《英格兰全史》(A Complete History of England)、《续英格兰全史》(Continuation of the Complete History of England)、《兰斯洛特·格里弗斯爵士历险记》(The Adventures of Sir Launcelot Greaves) 以及《汉弗莱·克林克历险记》。威廉·罗伯逊排在斯摩莱特之后，有 4 本畅销书:《苏格兰史》、《查理五世统治史》(History of Charles V)、《美洲史》和《关于古人对印度的了解的历史探究》(Disquisition on India)。休·布莱尔的畅销作品有 3 本:《莪相诗歌评鉴》、《传道书》和《修辞与纯文学讲稿》(Lectures on Rhetoric and Belles Lettres)。接下来的 6 位作者每人有 2 本畅销的作品，他们是詹姆斯·贝蒂（《论真理的本质与永恒性》[Essay on Truth] 和《吟游诗人》[The Minstrel]）、约翰·格雷戈里（John Gregory）(《对人的状态和机能的比较观察》[Comparative View] 和《一个父亲给女儿们的遗产》[A Father's Legacy to His Daughters]）、大卫·休谟（《杂文与论文若干》和《英格兰史》）、亨利·麦肯齐（《多情男人》[The Man of Feeling] 和《镜子》）、詹姆斯·麦克弗森（《芬格尔》和《帖莫拉》) 以及亚当·斯密（《道德情操论》[The Theory of Moral Sentiments] 和《国富论》）。在这群核心作者中还有 6 位作者每人有 1 部畅销作品，他们是亚历山大·亚当（《罗马古事记》[Roman Antiquities]）、帕特里克·布赖登（《西西里和马耳他之旅》[A Tour through Sicily and Malta]）、威廉·卡伦（《医学实践的首要原则》[First Lines of the practice of Physic]）、约翰·霍姆（《道格拉斯》）、约翰·穆尔（《法国、瑞士和德国社会与风貌概览》[View of France, Switzerland, and Germany]）和威廉·斯梅利（《不列颠百科全书》的编者）。余下的 14 本畅销书由 13 位作者所写，他们的名字没有被斯摩莱特、克里奇或阿尔维斯提到: 威廉·巴肯（《家用医疗》[Domestic Medicine]）、詹姆斯·博斯韦尔（《约翰逊传》）、詹姆斯·布鲁斯（《尼罗河源头的发现之旅》）、罗伯特·彭斯（《苏格兰方言诗集》[Poems]）、威廉·邓肯（《逻辑原理》）、詹姆斯·弗格森（《依据艾萨克·牛顿爵士的原理解释的天文学》[*Astronomy Explained*]和《关于机械学、流体静力学、空气动力学、光学和天文学的选题讲座》[*Lectures on Select Subjects*]）、罗伯特·弗格森（《诗集》[*Poems*]）、大卫·福代斯（《道德哲学原理》）、詹姆斯·福代斯（《给年轻女性的传道书》[*Sermons to Young Women*]）、威廉·格思里（《地理》）、芒戈·帕克（Mungo Park）（《非洲内陆之旅》[*Travels in the Interior Districts of Africa*]）、罗伯特·西姆森（《欧几里得几何原本》[*Elements of Euclid*]）及医学博士威廉·斯梅利（《论助产理论及其实践》[*Treatise on Midwifery*]）。

这些畅销书的样式没有明显的共同点。在规格方面，有 10 本书以 12 开本的形式问世，18 本是 8 开本，18 本是 4 开本，没有对开本。我们已经知道，相对而言，苏格兰启蒙书籍的第一版较少使用 12 开本，可是从总体数量来看，销量达到畅销级别的 12 开本书所占的比例是最高的：有超过 25% 的 12 开本书成为畅销书，相对地，4 开本书成为畅销书的只有 17%，8 开本书只有 9%。有两个因素可以解释这个结果：12 开本的书价格较低，而且其中很多都是娱乐性质的幻想文学，或者是中学和大学学生需要的通用教科书。属于前一种类型的有斯摩莱特的 5 部小说和麦肯齐的 1 部小说，还有麦肯齐的期刊《镜子》（以道德小说为特色）和罗伯特·弗格森的《诗集》；属于后一种类型的有威廉·邓肯的《逻辑原理》和亚历山大·亚当的《罗马古事记》。有些 4 开本的书在推出第一版（或者偶尔是第二版）之后缩小为 8 开本，从而成为畅销书，或者通过推出缩写版、选集或与更大规模的作品合并这些我们已经知道的途径，进入畅销书的行列。类似地，一些 8 开本的畅销书缩小尺寸变成更便宜的 12 开本，不过这种情况不如缩小 4 开本那样常见，因为 8 开本的价格很多购书者已经能够付得起了；也因为厚的一卷 8 开本书，例如巴肯的《家用医疗》和格思里的《地理》，如果不拆分成两卷或者更多的卷数，便无法以 12 开本再版。到 18 世纪末的时候，这样的畅销书有时拥有不止一种规格。

畅销书的主题范围是非常广泛的。虽然名单中历史类书籍的数量最多，一共有 8 本，但是数据库中历史类书籍数量巨大，从它占总数的比例来看，这个数字就不是那么高了。小说类书籍有 6 种，处于第二位，在畅销书名单中，还有 11 个不同的主题类别下面拥有 1 本到 5 本作品：哲学 5 本、诗歌 5 本、混合类 5 本、游记 4 本、医学 3 本、科学 3 本、文学 2 本、宗教 2 本、传记 1 本、戏剧 1 本、经济学 1 本。我们已经看到，医学类书籍在总体上是最大的两个主题类别之一，然而医学书成为畅销书的概率并不大：表二里的医学类书籍仅有不到 5% 获得了这个荣誉——这个比例在所有类别中是最低的。有些书籍的主题内容被划分到"混合类"，它们成为畅销书的机会最大，例如威廉·格思里内容广泛的《地理》，约翰·格雷戈里兼收并蓄的《对人的状态和机能的比较观察》（综合了科学、医学、文学、美术、哲学和行为文学的多种内容），格雷戈里给年轻女性提供建议的一本小书《一个父亲给女儿们的遗产》，亨利·麦肯齐的期刊《镜子》，以及综合性作品《不列颠百科全书》。

如果说上述统计再一次显示了苏格兰启蒙运动书籍具有不同寻常的广度和范围，那么它也表明了预测哪类书有可能畅销是何等困难。一本便宜的 12 开本小说或者一本昂贵的 4 开本历史书可能在 10 年中一直保有市场，但是同样规格和题材的作品也有可能完全遭遇失败。出版者们相信，那些已有畅销作品的作者是未来图书市场的最佳风向标，他们的名字（或者他们与以前的作品的关联，在作品匿名的情况下就是与同一个作者的较早作品的关联）会给他们后来的作品带来超过其他人的优势。"书商在购买版权时依据的是市场需求的可能性，"约翰·默里告诉他的一个作者，"他们喜欢已经获得成功、为公众所熟悉的作者，会牢牢抓住这些人的手稿，而不会选择一个还没有成名的作者所写的作品，即使它可能更好。"[88] 这种想法背后潜藏着一种意识，认为公众倾向于根据作者的名字，像商标一样来给书籍分类，大概和福柯的"作者功能"概念告诉我们的东西差不多。

*** *** ***

本章的开头，大卫·休谟夸口说苏格兰人已经成为"欧洲文学界最著名的民族"。如果说在休谟做出声明的 1757 年，这句话还是夸大其词，不久以后它就会成为现实。在 1745—1746 年詹姆斯二世党人的最后一次暴动发生之后的半个世纪，休谟和他的同乡们出版了数百部作品，包括各种各样的规格，并且实际上涉及了严肃文学和学术的所有主题类别和体裁。很多书不管当时还是以后都没有产生影响，但是应该把它们统计在内，有几十本书成了畅销书，不仅在大不列颠一次又一次地出版，而且经常被编成选集、节录本和缩

94

写本，还在国外重印。

　　用卡洛·德尼纳的话来说，这是一项非同寻常的成就，一场文学界的革命。当它发生的时候，霍勒斯·沃波尔和塞缪尔·约翰逊这样的英格兰文人的反应中混杂了尊敬、拒绝、傲慢、生气和愤慨等各种情绪。很多苏格兰人也对此感到困惑，不知道该采取什么行动。有些人试图隐瞒自己的身份，以便保护自己免遭怀有敌意的英格兰批评家的攻击，威廉·朱利叶斯·米克尔就是其中之一。其他人使用出版媒介，尽可能大声地宣传苏格兰作为文学和学术中心的新地位，抓住一切机会向谢里登和德尼纳这样的外国崇拜者宣扬苏格兰。因此，苏格兰启蒙运动的书籍具有民族的、政治的和意识形态上的意义。

　　为了调查这个现象，我们需要更深刻地认识那些书写苏格兰启蒙运动书籍的作者。我们必须关注他们的个人背景和职业生涯，他们彼此之间以及与赞助者和出版者之间的关系，他们的动机和报酬，还有他们作为作者的身份认同。这些就是本书随后两章讨论的话题。

第二章　苏格兰作者的身份认同和多样性

就其本质而言，写书通常是一种私人活动，并且是孤独的。然而，社会性，以及对超越自我的共同体和世界的责任感，都是启蒙运动的核心价值观，这在苏格兰至少与在其他任何地方都是一样的。为了平衡个体与集体、私人与社会的互相对立的需求，不同的作者想出了不同的策略。举例来说，威廉·罗伯逊通过调控自己私人生活的时间，得以在从事个人学术研究的同时还积极参与爱丁堡启蒙运动的文化生活。"我清楚地记得他不变的习惯，他总是在正餐和下午茶之后离开休息室，然后关上门留在藏书室里。"他的外甥亨利·布鲁厄姆（Henry Brougham）回忆。[1] 在家庭生活之外，社会性在很大程度上取决于构成公共领域的正式和非正式的机构的可用性。我们将在本章看到，苏格兰启蒙运动书籍受到其作者的社会互动的影响，反过来投射出作者作为诸如朋友、同事和文人群体的成员的形象。

作者身份的社会语境

年代、背景和社会组织

表一中作者的出生年代跨越了 100 年里的大部分时间，最早的是 1683 年出生的查尔斯·奥尔斯顿，最晚的是 1771 年出生的芒戈·帕克。在 113 位出生年代已知的作者中，1729 年是他们的出生年份的中间值。根据出生年份可以将表中作者大致划分成三代，他们大致上符合彼得·盖伊定义的欧洲和

美国启蒙思想家的"部分重合、密切联系的三代"[2]。其中 14 人（12%）在 1680—1709 年出生，与伏尔泰和孟德斯鸠是同一代人。这一代人里有一些人写作的学术作品在 18 世纪的前半叶出版，尤其是在 1745 年暴动之前的 20 年里。例如弗朗西斯·哈奇森的《论美与德性观念的根源》（*An Inquiry into the Original of our Ideas of Beauty and Virtue*，1725）、亚历山大·门罗一世的《人体骨骼解剖学》（*The Anatomy of the Human Bones*，1726）、托马斯·布莱克韦尔的《荷马生平和著述研究》（*An Enquiry into the Life and Writings of Homer*，1735）、科林·麦克劳林的《微分论》（*Treatise on Fluxions*，1742），还有安德鲁·巴克斯特（Andrew Baxter，1686/1687—1750）、乔治·切恩（George Cheyne，1671/1672—1743）、乔治·特恩布尔（1698—1748）以及其他在表一中没有出现的苏格兰作家的作品。这些作品标志着这是一个在苏格兰启蒙运动书籍史中有重要影响的时期，即使它不如 1745 年之后的时代那样具有爆炸性的特征。在 18 世纪后半叶，这代人中还有几个继续以作者的身份活跃着，但是其中只有 5 个人——查尔斯·奥尔斯顿、凯姆斯勋爵、亚历山大·门罗一世、詹姆斯·奥斯瓦德（James Oswald）和罗伯特·华莱士（Robert Wallace）——被斯摩莱特、克里奇和阿尔维斯当成知名作者挑了出来。

在 1680—1709 年出生的苏格兰启蒙运动作者可以被看作同一代人，随后在 1710—1739 年出生的作者可以被称为主要的一代，他们与法国的狄德罗、达朗贝尔和卢梭是同代人。表一已知出生年份的作者里有 62 人出生在这段时期，占已知出生年份作者人数的 55%。这 62 人中有 34 人在斯摩莱特、克里奇和阿尔维斯列出的 50 位著名作者的名单中。他们包括以下杰出人物：威廉·卡伦、托马斯·里德、大卫·休谟、蒙博多勋爵、罗伯特·怀特、罗伯特·亨利、乔治·坎贝尔和弗朗西斯·霍姆（Francis Home），他们在 18 世纪最初 10 年出生；威廉·罗伯逊、托比亚斯·斯摩莱特、亚当·弗格森、亚当·斯密、约翰·格雷戈里、海斯勋爵、詹姆斯·赫顿、约瑟夫·布莱克、亚历山大·杰勒德（Alexander Gerard）、约翰·亨特、威廉·巴肯和约翰·穆尔，他们在 18 世纪 20 年代出生；亚历山大·门罗二世（Alexander Monro *secundus*）、詹姆斯·贝蒂、约翰·米勒、詹姆斯·麦克弗森和詹姆斯·安德森，他们在 18 世纪 30 年代出生。这一代作者在 18 世纪 50 年代、

60 年代和 70 年代达到了其全盛时期，与前代的少数人物一起，代表了苏格兰启蒙运动的成熟时期的"起点"。直到 18 世纪的最后 10 年，他们中很多人仍然作为作者在活动。

　　最后是 37 位出生在 1740—1771 年的作者，数量占已知出生年份作者的 33%（但是其中只有 11 人在斯摩莱特、克里奇和阿尔维斯的作者名单里出现），他们构成了苏格兰启蒙运动作者的年轻一代。其中有很多人出生于 18 世纪 40 年代，包括表一中的 22 位作者，如詹姆斯·博斯韦尔、威廉·斯梅利、吉尔伯特·斯图亚特、安德鲁·邓肯、亨利·麦肯齐、约翰·吉利斯和约翰·普莱费尔。与较早的第二代苏格兰作者相比，这一代作者中有更多的人对他们的职业和在苏格兰的前途感到烦恼，有时觉得不满意。我们会看到，其中有几个人流落到伦敦的格拉布街。出生在 18 世纪 50 年代、60 年代和 70 年代初的作者的数量（有 14 个人，其中只有 3 人在斯摩莱特、克里奇和阿尔维斯的 50 位作者的名单里）出现显著的下降，在总数上大致与 1680—1709 年出生的作者人数相当。然而，他们中包括一些重要人物，例如詹姆斯·格雷戈里（James Gregory）、杜格尔德·斯图尔特、约翰·辛克莱爵士和罗伯特·彭斯，只有彭斯出生于 18 世纪 50 年代，此外还有表格中仅有的两位女性作者伊丽莎白·汉密尔顿（Elizabeth Hamilton）和乔安娜·贝利。当然，在统计这一数据的时候，出生于 18 世纪后半叶的人有一个劣势，因为这项研究的截止点是 1800 年，在此之前他们没有足够的时间让自己成为著名作者。其中一些人的主要作品是在 19 世纪的前 25 年里出版的。不过，即使允许弥补这种时间上的不平衡，也难以避免留下智力地位下降的印象了，这种印象在当时已经得到普遍认同。多年以后，科伯恩勋爵（Lord Cockburn，生于 1779 年）在描述早年经历时说，那时的爱丁堡有罗伯逊、弗格森、布莱克、亨利和他们的同辈，"我们如此了解他们，以致开始担心短时间内恐怕不会再出现这样的一群人了，他们经过时间的考验，彼此友好又热爱学问，所有的人态度都那么和蔼，品格都那么无瑕，能够再次带给苏格兰高贵的荣耀"[3]。

　　表一中的 115 位作者几乎没有人属于有爵位的精英。只有巴肯伯爵（Earl of Buchan）是个例外，因为他是贵族出身。另外 4 个人（海斯、凯姆斯、蒙

99

博多和伍德豪斯利［Woodhouselee］）是因其作为高等民事法院法官的才能被授予勋爵的荣誉头衔。有 3 个人（戴维爵士、约翰·达尔林普尔爵士、詹姆斯·斯图亚特爵士［Sir James Steuart］）继承了准男爵身份，还有两个出身类似的人（约翰·普林格尔爵士和约翰·辛克莱爵士），基于他们的成就受封为准男爵，此外还有一个人（詹姆斯·麦金托什爵士［Sir James Mackintosh］）以他在孟买做法官的才能获得了爵士头衔。表一的 105 位作者的父亲的职业大多是可以确认的，根据 18 世纪苏格兰的标准，他们大多数人来自相对比较富裕的家庭。其中数量最多的是牧师的儿子（或者在乔安娜·贝利的例子中是女儿），共有 28 人，占总数的近 27%，他们的父亲是长老会牧师；还有一个人（威廉·格思里）是一个苏格兰圣公会教士的儿子。20 人（包括贵族和男爵）是地主家庭的儿子，虽然某些家庭的地产并不算多；另外 6 个人是律师或者法官的儿子，他们通常也是地主，比如奥金莱克的博斯韦尔。[4] 有 12 个人的父亲从事农业，其中既有生活小康的农场主，也有生计维艰的佃农。其他人的父亲是商人或官员（13 人，包括爱丁堡和阿伯丁的市长）、内科医生或者外科医生（9 人，包括两个军医或在国外任职的医生）、工匠和体力劳动者（6 人，其中至少两人也从事一些农牧业）、办事员、经纪人和文职人员（4人）、建筑师（2 人）、学校教师（2 人）、军人（1 人，同时也是拥有土地的绅士）以及教授（1 人，此外还有 6 个人是大学教师，不过他们已经被算到教士或医生的类别里面）。

　　他们的出生地在地域上的分布也非常广泛。已知出生地的作者有 109 位，其中有 30 人（占 27% 以上）出生在爱丁堡及其周围的洛锡安区。13 人出生在大格拉斯哥地区（包括拉纳克郡、邓巴顿郡和伦弗鲁郡），9 人出生在苏格兰边区（包括贝里克郡、罗克斯堡郡和塞尔扣克郡），6 人出生在西南部（艾尔郡、邓弗里斯郡和柯尔库布里郡），3 人出生在斯特灵郡，还有 6 人出生在法夫郡。来自北部和西部的人数也很可观。8 人出生在安格斯郡和珀斯郡，14 人出生在东北部的阿伯丁郡和金卡丁郡，6 人出生在马里郡的马里湾区域、班夫郡和奈恩郡，8 人出生在苏格兰高地和群岛地区，1 人出生在奥克尼群岛。实际上，出生在苏格兰高地的人数还要更多，因为有些人来自珀斯郡（例如亚当·弗格森）和奈恩郡（例如约翰·贝休恩［John Bethune］），也可以算是属于苏格兰高地区域。因此，虽然苏格兰启蒙运动主要是一种在低地发生的现象，其作者却遍及苏格兰全部地区。此外，表一中有 5 个人出生在苏格兰之外的地方，其中两人（弗朗西斯·哈奇森和伊丽莎白·汉密尔顿）来自阿尔斯特的苏格兰人家庭，另外 3 个人分别出生于伦敦（亚历山大·门罗一世，尽管在他还是孩童时全家就回到了苏格兰）、波尔多（约瑟夫·布莱克，他是一个来自贝尔法斯特的苏格兰人的儿子）和印度（罗伯特·奥姆，他是东印度公司的外科医生的儿子）。

他们中绝大多数人都在当地的教区学校和文法学校或高中学习英文读写和基础数学，也学习拉丁文。一些出身高贵的年轻人，例如博斯韦尔和约翰·辛克莱，有私人家庭教师（辛克莱的家庭教师是表一中的另一个人物约翰·洛根［John Logan］），有 3 个人在有声望的英国学校学习（詹姆斯·布鲁斯和罗伯特·奥姆在哈罗公学，大卫·达尔林普尔爵士在伊顿公学）。有少数人受过经商（例如亚历山大·道［Alexander Dow］）或者某种手艺的训练（例如，大卫·洛赫［David Loch］做过水手；威廉·拉塞尔［William Russell］和威廉·斯梅利做过书店的学徒，他们在做学徒的同时还在爱丁堡大学听课）。只有詹姆斯·弗格森与众不同，他实际上完全没有接受过正规的教育。

数据库中仅收录了两位女性，一个是贝尔法斯特出生的小说家兼多面手作家伊丽莎白·汉密尔顿，一个是剧作家兼诗人乔安娜·贝利，连她们也分别在斯特灵和格拉斯哥受过数年正规的学校教育。虽然苏格兰的女性有时候能有机会参加公开的讲课或者科学演示，但是她们没有机会得到成为作者的基本训练——进入文法学校和大学，也不能参加俱乐部和社团。在 19 世纪早期，通向文学工作的性别壁垒开始渐渐被打破，汉密尔顿和贝利创作出了她们的主要作品。1818 年，伊丽莎白·本杰（Elizabeth Benger）谈到她的朋友汉密尔顿 14 年前搬家到爱丁堡的事情时说："即便在那个时代，一位女性文学家在苏格兰也算是一种特例。尽管大多数苏格兰女性能够阅读，拥有一般的常识和良好的品位，不比她们南方的邻居低等，但也极少有人敢于冒险去争取作者身份这个危险的荣誉。"[5]

本杰在这段话中使用了"危险的"这个词，意味深长，暗示了苏格兰女性公开发表自己的作品要比 18 世纪晚期的英格兰女性作家更严重地冒犯传

102　统。基于这个理由，贝利和汉密尔顿都很幸运，她们的兄弟事业有成并且支持她们，分别于1784年和1788年把她们带到伦敦，并资助她们的生活。不过，汉密尔顿的兄弟在1792年去世了，她不得不搬到伦敦城外居住，为最后于1804年搬回爱丁堡做准备。18世纪，英格兰作者中女性也只占一小部分，不过数量比较可观，尤其是在文学体裁方面。[6]巴黎的女性作者相对很少，有少数女性通过做沙龙的管理人，在开明的社团里发挥决定性的作用。[7]相比较而言，苏格兰社会仍然是守旧的，女性不仅缺少参与苏格兰主流智力生活机构的机会，而且很难培植起提供同样功能的其他机构。艾利森·科伯恩（Alison Cockburn）可能吸引了爱丁堡的一些文人来到她的客厅[8]，但是直到19世纪早期为止，仍然很少有法国或英格兰意义上的沙龙生活。尽管许多男性作者鼓励女性大胆加入他们的行列，可是看起来很少有人做过尝试。[9]

103　从约翰·格雷戈里的畅销书《一个父亲给女儿们的遗产》（编号163）中的表述可以看出，对于女性参与智力活动，当时盛行的观点仍然是谨慎的："如果你正巧掌握了某种知识，就把它作为秘密深藏起来。"[10]

　　表一中收录的113位男性作者至少有105人，也即93%，是受过教育的，他们中至少有一部分在苏格兰的至少一所大学里学习过。在这些人中，可以确定具体的大学或者学院名称的有97例，其中有三分之二的人专门在爱丁堡大学学习或者还在其他的教育机构学习过，这个人数超过了进入其他4所苏格兰学院的人数总和。[11]受过完整教育的学生大多在13岁到14岁左右进入苏格兰的大学。他们通常首先学习基础的文科课程，包括拉丁文、希腊文、数学、逻辑学、自然哲学和道德哲学。已知这些作者中至少有25%的人获得过文学硕士学位（相当于正式的学士学位），虽然对于接受高等职业训练的学生来说，这样做的必要性越来越小。这些学生继续学习法律、医学或者神学的课程，尽管他们的前途是声望比较低的法律职业（即文书，而不是辩护律师），而且医疗职业（即外科医生，而不是内科医生）一般要跟执业医生做学徒，而不是（或者在某些情况下是先于）进修高级课程和撰写正式的论文或者参加考试。这些作者中至少有21人（将近19%）在苏格兰以外的地方接受了进一步的教育。其中大多数是内科医生和律师，大约有一半人去过荷兰的莱顿，还有人在伦敦和巴黎学习医学，去其他欧洲城市如柏林、乌得勒支、

格罗宁根的人比较少。尽管表一中的作者有 6 人曾经在牛津、有 1 人曾经在剑桥学习过，但是与苏格兰或者欧洲大陆的大学相比，英格兰的大学不是非常有吸引力的选择。除了医学博士以外，没有其他可以获得的博士学位，不过英国的大学会定期给教士授予神学荣誉博士学位，给平信徒授予法学荣誉博士学位作为名义上的奖励，这通常是为了奖励他们的成就，也有利用关系或花钱购买学位的情况。表一中非医学类的作者至少有 30 人靠这种方式得到过博士称号，另外还有 20 多人凭借医学博士学位获得过同样的称号。

有一种观点认为，专业人士在苏格兰启蒙运动中占据首要地位，他们很好地融入了基层的社会机构，表一中的作者为此提供了强有力的支持。表一的作者中有三分之二以上（79 人）接受过某种职业训练，包括神职人员（33人，大约占 29%）、医学（27 人，占 23%）或法律（19 人，占 17%，詹姆斯·麦金托什爵士也计算在内，他是一个律师，既有医学的也有法律方面的资格）。第四种主要职业是教育，它与其他职业有重叠的部分。在不同的时期，表一中的作者至少有 42 人（37%）曾经在苏格兰的 5 所高等教育机构里担任教授或者校长：爱丁堡大学、格拉斯哥大学和圣安德鲁斯大学，还有阿伯丁的王家学院和马修学院，这两所学院后来合并成了阿伯丁大学。在这 42 位学者中，有 14 人是苏格兰长老会的牧师，有 12 人是内科或外科医生，3 人是辩护律师，还有 13 人从事另外的职业。他们教授的课程涵盖当时的学术科目的全部领域，包括道德哲学、自然哲学、逻辑学、数学、化学、拉丁文和希腊文、历史、修辞学和纯文学、神学、法律以及医学的各种不同分支。有 5 人升任学院院长或大学校长，在各自的机构对于学术问题拥有相当大的权威。除了上述人物以外，还有爱丁堡高等学校的校长亚历山大·亚当、巡回科学讲师詹姆斯·弗格森、从事青年女性教育的伊丽莎白·汉密尔顿、赫特福德东印度学院法学教授詹姆斯·麦金托什爵士；很多人做过私人家庭教师或者学校教师，有几位内科医生曾经在苏格兰的大学以外做过关于解剖学、产科学和其他主题的讲学。这些信息开始让人觉得，教育在这些苏格兰作者的职业生涯中扮演着重要角色。即便将教育工作者的分类限定在苏格兰的正式大学职位上，男性作者中也有大约 92 人（占 81%）能够以某种方式被归类到教会、医学、法律和教育这 4 种主要的职业类型中。[12] 这些总数不包括数据库中其他职业的人，例如建筑师罗伯特·亚当（Robert Adam），公务人员和行政官员有约翰·辛克莱爵士、帕特里克·布赖登、亚历山大·道、詹姆斯·麦克弗森和罗伯特·奥姆。甚至平民诗人罗伯特·彭斯也在税务机关得到过一个低级职位。

观察这些作者占主导地位的职业特征，能帮助我们确定苏格兰启蒙运动的基调：稳定的、学术性的和社会性的。这么多的苏格兰作者和苏格兰的大学有关系，使他们的出版物经常带有一种教导的和专业性的色彩。表一中的一些书是出版的大学讲稿，例如休·布莱尔的《修辞与纯文学讲稿》（编号230）、查尔斯·奥尔斯顿的《药物学讲义》（*Lectures on the Materia Medica*，编号122）、约翰·格雷戈里的《关于医生的职责和资格的演讲》（*Lectures on the Duties and Qualifications of a Physician*，编号129，使用了该书已授权的标题）、威廉·卡伦的《药物学讲义》（*Lectures on Materia Medica*，编号145）、亚当·弗格森的《道德与政治科学原理》（*Principles of Moral and Political Science*，编号303），还有乔治·坎贝尔的《教会史讲义》（*Lectures on Ecclesiastical History*，编号355）。其他书，例如亚当·斯密的《道德情操论》和《国富论》，内容取自课堂演讲，不过经过了改写。詹姆斯·贝蒂将他关于语言、记忆力和想象力的学术演讲稿"以它们最初形成时的面貌"放进了1776年出版的《随笔集》（*Essays*，编号173），然后在1790—1793年出版了一个两卷的"缩写本"，长度超过1000页，包括了他的全部道德哲学课程，标题是《伦理学原理》（*Elements of Moral Science*，编号291，在第一卷的前面引用了上述广告）。

一些教授为了方便学生上课，将自己达到书籍体量的课程纲要出版，这些作品的影响力有时远远超出了课堂。这样的例子有亚当·弗格森的《道德哲学原理》（编号117）、约翰·安德森（John Anderson）的《物理学要义》（*Institutes of Physics*，编号257）、约翰·沃克（John Walker）的《自然历史概要》（*Institutes of Natural History*，编号310）以及杜格尔德·斯图尔特的《道德哲学纲要》（*Outlines of Moral Philosophy*，编号320）。在《物理学要义》第一版（1777）的前言里，安德森解释说，这些纲要具有重要的教学功能，能给年轻学生提供充分指导，"防止他们陷入误区"；但是又没有足够详细的信息，不会妨碍学生们"做笔记，通过做笔记，他们的注意力和独创性不断得到锻炼；实验和讲课的内容就能变成他们自己的知识"[13]。还有大学之外的作者出版的讲稿，例如《关于机械学、流体静力学、空气动力学、光学和天文学的选题讲座》（编号 61），詹姆斯·弗格森于 1760 年将其作为他的科学普及报告的指南推出；威廉·亨特的遗作《两篇解剖学入门讲义》（*Two Introductory Lectures*，编号 243）选自亨特在伦敦的解剖学校所做的演讲；约翰·洛根的《历史哲学原理，第一部分》（*Elements of the Philosophy of History, Part First*，编号 215）在 1781 年出版，其中包含并且宣传了他为获得大学教授的职位在爱丁堡所做的个人讲座课程。

　　苏格兰启蒙运动作者之间有着密切的社交往来，这种社交活动在各种各样的地方发生，从正式的社交聚会到非正式的文化交流场所，包括酒馆、咖啡馆和私人住宅。首先，正式的场合有专业人士的团体，例如苏格兰律师公会（Faculty of Advocates）、律师协会（the Society of Writers to the Signet）、爱丁堡皇家内科医学院和爱丁堡皇家外科医学院。与其他的组织相比，这些职业团体常常为智力生活做贡献，它们运营的图书馆可以供整个文人群体使用。在正式的苏格兰学术团体中，爱丁堡皇家学会（RSE）的声望最为卓著，它是在 1783 年由爱丁堡哲学学会（Philosophical Society of Edinburgh）演变而来的。[14] 尽管在一些方面模仿了不列颠最著名的自然科学研究组织伦敦皇家学会（RSL），爱丁堡皇家学会从一开始就与伦敦皇家学会不同，它涵盖了所有古典知识领域。在爱丁堡皇家学会成立的时候，表一中的作者有 86 人在世，其中至少有 51 人是学会的"文学"或"物理学"门类的会员（包括几个非定居的会员），占到总数的 59%。这 51 个爱丁堡皇家学会会员里面有 16 人也是伦敦皇家学会的会员，表一中还有 12 人虽然是伦敦皇家学会的会员，却不是爱丁堡皇家学会的会员。此外，表一出现的作者中有 16 人（包括 4 个不隶属于伦敦皇家学会或爱丁堡皇家学会的人）是另一个正式学术团体——苏格兰文物研究学会（Society of Antiquaries of Scotland）的成员，这个学会在 18 世纪的最后 20 年成立（1780 年成立，1783 年获得皇家特许状）。另外有 6 个人是爱丁堡哲学学会的成员，不过在它变成爱丁堡皇家学会之前去世了，他们既不是伦敦皇家学会也不是文物研究学会的成员，如果再加上他们，

表一列出的 113 位男性作者，就有 73 人至少属于这些精英学术团体中的一个。

格拉斯哥和阿伯丁的大学是非正式的学术团体的根据地：格拉斯哥文学学会（Glasgow Literary Society，表一中有 17 位作者是其成员）和阿伯丁哲学学会（Aberdeen Philosophical Society）或智者俱乐部（Wise Club，表一中有 7 位作者是其成员）。尽管这两个协会的名称暗示它们的主题内容具有比较狭窄的专业性，实际上它们涉及了古典知识的全部领域。苏格兰也存在改进的社团，例如精英协会（表一中有 20 位作者是其成员）和它的两个实际分支——苏格兰爱丁堡艺术、科学、制造业和农业促进协会（Edinburgh Society for the Encouragement of Arts, Sciences, Manufactures, and Agriculture in Scotland），以及苏格兰英语阅读和口语推进协会（Society for Promoting the Reading and Speaking of the English Language in Scotland）——还有苏格兰高地协会（Highland Society of Scotland，表一中至少有 9 位作者是其会员），它们的根据地也是爱丁堡。[15]

这些组织与苏格兰出版文化的生产有直接联系。有几个学术团体出版了数卷提交到它们的会议上的论文（例如，编号 34、279、353），其成员将以前提交过的论文扩展成自己的专著也是常有的事。表二中的例子包括全部或者部分由阿伯丁哲学学会的论文构成的书籍，这些书的作者有托马斯·里德（编号 88、255、275）、约翰·格雷戈里（编号 90）、詹姆斯·贝蒂（编号 123、173，以及其他作品的一部分）、乔治·坎贝尔（编号 174）和詹姆斯·邓巴（James Dunbar，编号 206）；由格拉斯哥文学学会的论文构成的书，作者有詹姆斯·穆尔（James Moor，编号 57）、托马斯·里德（编号 255、275）和约翰·米勒（编号 271）；由爱丁堡哲学学会或者皇家学会的论文构成的书籍，作者有罗伯特·怀特（编号 21、110）、罗伯特·华莱士（编号 28）、詹姆斯·林德（James Lind，编号 82）、威廉·亚历山大（编号 103）、约瑟夫·布莱克（编号 180）、詹姆斯·格雷戈里（编号 304）和詹姆斯·赫顿（编号 332）；还有来源于伦敦皇家学会的论文的书，作者有威廉·亚历山大（编号 103）、罗伯特·怀特（编号 110）、约翰·普林格尔爵士（编号 236）和约翰·亨特（编号 265）。亚历山大·杰勒德（编号 53 和 162）和亚当·迪克森（Adam Dickson，编号 79）至少有 3 部作品是为了回应苏格兰爱丁堡艺术、科学、制造业和农业促进协会提供的奖励而作。1755 年 2 月，该协会在为亚麻纤维造纸工艺改良颁布 5 个奖项之前，宣布奖励 "印刷最精美、校勘最精确的书" 一笔奖金。[16]

这些社团的成员听取口述或者私下阅读初期草稿之后做出评论和批评，作者在此基础上对这些书进行修订并出版，由此看来，苏格兰俱乐部的社交活动对于图书文化具有极其重要的意义。[17] 知识的传授被认为是辩证的和渐进的，一方面是因为口头表达和印刷的相互作用，另一方面也因为进一步的研究会促使作者修订和扩充著作。1763 年，詹姆斯·林德在出版他的《关于发热和传染的两篇论文》（*Two Papers on Fevers and Infection*，编号 82）时，将第二篇论文寄给了爱丁堡哲学学会的同事们，不过加上了一段附言："这些论文我在协会宣读过，然后修订和扩充了它们，我坚持不懈地关注这个课题，结合我对发热病症的三年观察，作为对第一篇论文的相关补充，我已经拥有充分的依据来证明其内容。"（第 114 页）

共济会在这里也值得一提，作为一个世界性兄弟会组织，它促进和传播启蒙原则，为苏格兰文人群体提供了另一种同性之间社交的环境。[18] 表一中的作者至少有 24 人是共济会的成员（很可能更多），至少有 16 人属于爱丁堡卡农门基尔维宁第二分会。重要的是，他们之中有医生、法官、教授和绅士，例如约翰和詹姆斯·格雷戈里、亚历山大·门罗二世、约翰·布朗（John Brown）、詹姆斯·布鲁斯、威廉·巴肯、蒙博多勋爵、海斯勋爵、亨利·麦肯齐、约翰·米勒、安德鲁·邓肯、詹姆斯·博斯韦尔、约翰·辛克莱爵士和贵族巴肯伯爵，同样也有职业地位比较低微的人，例如罗伯特·彭斯和印刷业者威廉·斯梅利，甚至偶尔还有长老会牧师，例如马修·斯图尔特（Matthew Stewart）。[19] 共济会会所还为作者们提供机会与亚历山大·金凯德、亚历山大·唐纳森和威廉·克里奇等书商结交。尽管通常很难将共济会与具体的启蒙书籍出版联系在一起，但我们应当看到，罗伯特·彭斯爱丁堡版的《苏格兰方言诗集》就符合这个模式。[20]

还有一些不那么正式、更具娱乐性质的组织，包括旨在鼓动苏格兰成立民兵组织而建立的爱丁堡扑克俱乐部（Poker Club in Edinburgh，表一中有 9 位作者是其成员）、爱丁堡牡蛎俱乐部（Oyster Club in Edinburgh，有 11 位作者是其成员），在格拉斯哥有罗伯特·西姆森的星期五俱乐部（Friday Club）或者安德斯顿俱乐部（Anderston Club，至少有 8 位作者是其成员），还有爱丁堡热闹嘈杂的科卡兰·凡西伯俱乐部（Crochallan Fencibles Club）①，彭斯、斯梅利和斯图亚特都是其成员。尽管与更加正式的学术团体相比，这些带有休闲性质的俱乐部总体上与苏格兰启蒙运动书籍并没有直接的关系，但是也有例外。例如镜子俱乐部（Mirror Club），它是爱丁堡的一个休闲和慈善团体，该组织在主要成员亨利·麦肯齐的指导下出版了《镜子》（编号 217）和《闲人》（编号 270）两份期刊。[21] 即使这些组织和书籍出版之间的关系没有这么直接，苏格兰的休闲型俱乐部形成了一种随和友善的氛围，这也常常有助于文学和学术的交流。

　　牡蛎俱乐部是一个很好的例子。它的创办者是爱丁堡文人群体中的三位杰出成员——亚当·斯密、约瑟夫·布莱克和詹姆斯·赫顿，后来又增加了许多成员：罗伯特·亚当、休·布莱尔、威廉·卡伦、亚当·弗格森、亨利·麦肯齐、约翰·普莱费尔、威廉·罗伯逊和杜格尔德·斯图尔特。普莱费尔在他的赫顿传记中写道："我们的交谈总是自由的，常常带着科学性，却从来不会有学究气的说教或争辩。"经常有"外地人造访爱丁堡，为了某个艺术或者科学目标"参加会议 [22]，因此成员们能够定期在一个休闲场所进行自由、开放的信息和思想交流。按照威廉·斯梅利的说法，正是这种学术世界主义的氛围让爱丁堡的智力生活区别于欧洲其他文化中心的：

　　　　在伦敦、巴黎和欧洲其他大城市也有很多文人，可是要接近他们是困难的；即使在见到他们之后，交谈有时也显得拘谨、受限。在爱丁堡，不仅接触这些人是容易的，而且他们立刻会以最大限度的慷慨对待有智慧的拜访者，与他们对话，交流关于知识的见解。苏格兰的哲学家不会故弄玄虚。他们只说出他们懂得的东西，提出意见时不带伪装，也不会有所保留。[23]

---

　　① "Crochallan" 这个词来自盖尔语的一首歌的歌名，即 "Crodh Chailein"（"Colin's Cattle"）；"Fencible" 是 18 世纪为保卫大不列颠而设立的驻军兵团的名字。——译者注

聚会通常在小酒馆里举行，红葡萄酒是必备的饮料。饮酒在这些气
氛欢快的组织中是重要部分，不过食物也很重要。和一群文人在晚餐时
间散步时，一位爱丁堡的女士开玩笑说："也许叫他们'Iterati'（饕餮之
徒）① 更合适。"²⁴

在 1750—1775 年，有一个英格兰人游览了爱丁堡，他将这座城市智力
生活的独一无二归因于旧城区的城市拥堵。"现在我站着的地方被称为爱丁堡
的十字路口，"他惊奇地说，"几分钟之内，我就可以抓到 50 个从这里经过的
天才和学者。"²⁵ 这段话因为被斯梅利引用过而很有名。为了弄清楚这段话的
意思，斯梅利的传记作者罗伯特·克尔（Robert Kerr）解释说，在下午 1 点
到 3 点之间，爱丁堡"可敬的居民们"按照惯例聚集在高街的十字路口参加
社交活动，"讨论当日的话题"。他补充道："因为所有的咖啡馆和书店，那些
通常用来打发文学闲散时光的场所，当时都在那个十字路口周围，这更进一
步让他们养成了这种习惯。"克尔使用了过去时态，因为在 1811 年这篇记述
出版以前，这个城市在物理上的扩张改变了原有的亲密社交形式："咖啡馆和
书店现在分布于很多地方，随着时间的改变，文人们如今已不再像以前那样
规规矩矩地聚集在路口附近了。"

那些充满活力的文化场所滋养了爱丁堡的启蒙思想，想象它们的最好方
法可能是以圣吉尔斯大教堂为中心画一个圆圈。教堂的一侧是高街，从西边
的爱丁堡城堡延伸到东边的荷里路德宫。克尔提及的十字路口距离圣吉尔斯
大教堂的东边不远，是高街上一个小型八角形建筑（图 2.1）。虽然为了方便
城市的交通，十字路口的建筑本身在 1756 年被拆毁了，人们继续在每天下午
1 点到 3 点之间聚集到它原来坐落的地方，"谈论新闻、生意，或者和熟人见
面"²⁶。卢肯布斯（图 2.1）是一个破旧不堪的 4 层楼的商业建筑，毗邻圣吉
尔斯大教堂，它朝高街突出，看上去比十字路口更加碍眼，后来在 1817 年
被拆毁了。书商詹姆斯·麦克尤恩、亚历山大·金凯德和威廉·克里奇相继
使用过位于卢肯布斯东端的朝向十字路口的黄金位置。在同一个区域，很多
其他书店和印刷所坐落在高街或者离高街不远的同一区域，不远处就是大学。

---

① "饕餮之徒"的英文"Eaterati"与"Literati"（文人）去掉首字母后的"Iterati"谐音。——
译者注

图 2.1　这幅爱丁堡高街的版画作者是 W. 福里斯特。作为
18 世纪中期爱丁堡的社会生活的中心，八边形的路口被放
在突出的位置，商业建筑卢肯布斯出现在顶部，然后是圣
吉尔斯大教堂。三卷本《艾伦·拉姆齐作品集》(London
and Edinburgh: A. Fullarton & Co., 1848) 的第二卷的卷首
插图。(作者的收藏品)

圣吉尔斯大教堂的南面与议会广场交界，标志是查理二世的一座骑马雕像
(图 2.2)。尽管雕像和广场还在原处，那些曾让这个空间成为热闹的商业和
文化中心的商店和摊位却早已不复存在。18 世纪晚期，广场南边排列着卖书
的摊位，正对着苏格兰议会在 1707 年合并之前一直在用的建筑物。苏格兰和
英格兰合并以后，法院和法律界的相关成员进驻了那些建筑，图 2.2 包括那
座宏伟的律师图书馆 (苏格兰国家图书馆的前身), 18 世纪 50 年代，大卫·休
谟和亚当·弗格森相继在那里担任管理员，还有很多苏格兰启蒙运动的人物
在那里为他们的著作进行调研。[27]沿着议会广场东边, 有一家特别重要的书店,

112

查尔斯·艾略特直到去世之前一直是这家店的店主，在 1791 年以后，店主换　113
成了贝尔和布拉德福特（图 2.2 最右边的两人）。

　　旧爱丁堡书籍文化在威廉·博思威克·约翰斯通 18 世纪中期所画的詹姆
斯·希巴德的流通图书馆内景油画中得到了生动体现，画中显示的时期似乎
是 1786 年末或者 1787 年初（图 2.3）。这幅画应该代表了苏格兰文学史上的
一个历史性瞬间，年轻的沃尔特·司各特（最右侧）将视线投向罗伯特·彭
斯，后者的《苏格兰方言诗集》（*Poems, Chiefly in the Scottish Dialect*，编号
260）在爱丁堡引起了轰动。画面中，彭斯正在与当时苏格兰文学界两位头
牌作者休·布莱尔和亨利·麦肯齐交谈。两个艺术家在单独进行交谈，他们

图 2.2　这是一幅混合了蚀刻画和腐蚀凹版画技法的画作，作于 19 世纪中叶，
作者是约翰·勒孔特（John Le Conte）和托马斯·多比（Thomas Dobbie）。
他们创作该画依据的是一幅由大卫·威尔基爵士（Sir David Wilkie）、亚历
山大·内史密斯（Alexander Nasmyth）和其他人（人物由约翰·凯［John
Kay］所画）集体创作的油画。画中显示了 18 世纪末爱丁堡议会广场上可
能出现过的热闹景象。沿着广场东边，可以看到贝尔和布拉德福特的书店（以
前的主人是查尔斯·艾略特），挨着约翰的咖啡馆。（苏格兰国家美术馆）

是亚历山大·内史密斯（他给彭斯画的全身肖像很有名，为约翰斯通描绘这幅油画中的诗人提供了依据）和戴维·艾伦（他在此后不久为彭斯的一些诗歌绘制了插图）。在背景中的是这间流通图书馆的主人詹姆斯·希巴德，他在 1786 年 10 月的《爱丁堡杂志》上发表了一篇评论，第一个让公众注意到彭斯基尔马诺克版的诗集的优点。画中，他正在为詹姆斯·伯内特（James Burnett）——也就是蒙博多勋爵①，从书架上拿一本书。亚当·弗格森②正在通过放大镜专注地阅读，非洲探索者詹姆斯·布鲁斯的视线越过其余的人，看上去好像对蒙博多的女儿伊丽莎更感兴趣——彭斯在他的《苏格兰方言诗集》第二版的增补过程中，在《献给爱丁堡》这首诗里称呼她为"公正的伯内特"，让这个名字流传后世。

114

当然，没有证据表明，这些特定的人物曾经以这种方式聚集在希巴德的

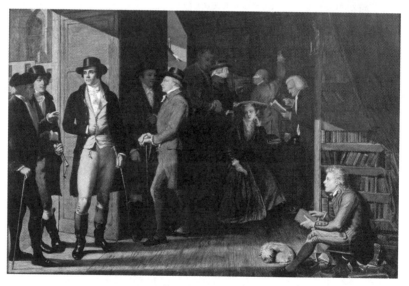

图 2.3　詹姆斯·希巴德流通图书馆（1856），作者是威廉·博思威克·约翰斯通。图中从左到右依次是：休·布莱尔、亨利·麦肯齐、罗伯特·彭斯、亚历山大·内史密斯、戴维年轻的沃尔特·司各特。这幅油画悬挂在爱丁堡作家博物馆。（爱丁堡书商协会）

---

①　此处是亚当·斯密，参见本书"平装版序言"第 I 页。——译者注
②　此处是蒙博多勋爵，参见本书"平装版序言"第 I 页。——译者注

书店。不过这幅油画传达的精神是真实的。1786—1787 年，当彭斯造访爱丁堡的时候，约翰斯通笔下的大多数人物和他有广泛的交往，斯科特后来谈到，他曾经在希巴德那里"远远地看到"彭斯和其他"文学界人物"在一起。[28] 希巴德的流通图书馆坐落于议会广场的东面，紧邻艾略特的书店和约翰的咖啡馆，是 18 世纪晚期爱丁堡图书文化的标志之一，拥有 2 万册图书，涵盖数种欧洲语言，还有音乐和美术出版物。[29] 小说、诗歌、哲学、历史、文学评论、传道书、游记和其他主题的书籍的作者（以及未来的作者）和艺术家们在这里阅读、浏览、谈话和社交。这些形式的互动发生在一个亲密空间中，男女老少都有，年长者如 70 多岁的蒙博多、60 多岁的布莱尔和弗格森，年轻者有 20 多岁的彭斯和 10 多岁的斯科特。

"真正属于文学之士的场所"

苏格兰的作者对正式和非正式的组织的热情参与，还有苏格兰由酒馆、咖啡馆、专业和流通图书馆以及书店构成的社交文化，这些都反映了苏格兰启蒙运动的基本的城市特征。大卫·休谟在《我的人生》(*LDH*, 1: 3)中写道："1751 年，我从乡下搬到城里；那里是真正属于文学之士的场所。"休谟移居爱丁堡为整个苏格兰启蒙运动提供了一种隐喻。除去很少的例外，比如有几个教士居住在乡村的教区，罗伯特·彭斯和其他人有一段时间试图经营农场，还有两三个人主要在不列颠之外的地方工作（例如奥姆和帕克），苏格兰启蒙运动的作者倾向于居住在城镇或者非常靠近城镇的地方，爱丁堡是其中的首选之地。有一半以上的作者（至少有 62 人，很可能更多）在爱丁堡度过了他们重要的成年时期，其中有 20 位是大学教授。

我们可以从很多方面判定爱丁堡对文人产生的向心力。那里是苏格兰图书贸易的根据地，文人们将其视为他们的首都。一些来自格拉斯哥或阿伯丁的苏格兰教授由于学术任命被吸引到爱丁堡（例如布莱克、卡伦、格雷戈里和麦克劳林），不过爱丁堡的向心力远不止是大学教席的诱惑。最重要的俱乐部和社团绝大部分都在爱丁堡，而且在 18 世纪的苏格兰城镇中，只有爱丁堡拥有足够的规模和多样性，可以维持一场远远超出当地的大学及其辅助机构

115

承载力的城市启蒙运动。有抱负的教士们试图在那里获得教区的管理权，成功人士的成功往往在很大程度上靠他们的作者声望获得。如果有可能，医生和科学家们会被吸引到那里，辩护律师、律师和法官们也是如此。拥有大量土地的绅士能够并且通常在他们乡间的庄园和爱丁堡两地之间生活，而且没有在伦敦生活产生的那么多麻烦和开销。

　　社交性、城市性、易接近性、专业性和作者身份结合在一起，赋予了爱丁堡"北方的雅典"或者"不列颠的雅典"的声望，托马斯·谢里登在18世纪60年代早期曾这样称呼爱丁堡。和斯摩莱特的"天才的温床"一样，这个短语或者一些类似表达从爱丁堡文人作为学术和文学书籍的作者获得的成就中得到了证明。1785年，《不列颠帝国概览》（*A View of the British Empire*，编号244）一书推出了"大大扩充过的"第三版，约翰·诺克斯（John Knox）在其中谈道："在文明、科学和文学方面，这座城市被视为现代的雅典。各处的人们都在阅读和称赞这里的教授、神职人员和律师的作品。"[30] 诺克斯讨论了爱丁堡的优秀资源和"向男性和女性都开放的体面的学校；一所有名的大学，老师用简单的术语教授艺术、科学、哲学和文学的所有分支的课程；还有学院、文学团体、一个繁盛的植物园、一个天文台、公共图书馆以及各种时尚娱乐活动"（第583页）。但是，如果没有那么多受到普遍赞赏的作者的存在，这些属性还不能让爱丁堡有资格成为一座享有国际性盛名的城市。上流社会的文化和出版文化是构建"现代雅典"遗产的两个密不可分的支柱。

　　如果说爱丁堡是苏格兰启蒙运动的首都，那么格拉斯哥和阿伯丁也是重要的文化中心。尽管阿伯丁的面积较小，位于东北海岸向海中突出的位置，可是它拥有两所学院和以专业学者为基础的哲学协会，从而能在苏格兰的智力生活中发挥与其规模不相称的巨大影响力。[31] 在王家学院和马修学院，至少有11位教授——詹姆斯·贝蒂、托马斯·布莱克韦尔、乔治·坎贝尔、詹姆斯·邓巴、威廉·邓肯、大卫·福代斯、亚历山大·杰勒德、约翰·格雷戈里、科林·麦克劳林、威廉·奥格尔维（William Ogilvie）和托马斯·里德——作为作者成名，他们的作品包含道德哲学、历史、宗教、逻辑、医学、文学评论、数学、音乐和其他知识领域的内容。虽然其中有几个人是长老会牧师，但是圣公会的影响是阿伯丁人的文化生活的显著特征，在苏格兰其他地区盛行的加尔文教的强烈态度在这里得到缓和。① 在更大的苏格兰城镇，人们与荷兰的和欧洲大陆的其他加尔文教徒有联系，可是在阿伯丁，部分由于圣公会的影响，也因为缺乏和加尔文教的联系，人们经常和英格兰有更密切的关系。[32] 阿伯丁有不少人移居伦敦，其中一些人，例如詹姆斯·福代斯和威廉·格思里在那里作为作者成名。不过还有一些不是学者的阿伯丁作者留在苏格兰，例如诗人约翰·奥格尔维（阿伯丁郡米德马教区的牧师）和农业技术的改进者詹姆斯·安德森。

格拉斯哥与此形成了明显的对照。[33] 在苏格兰的城镇中，阿伯丁的圣公会教徒最多、加尔文教徒最少，格拉斯哥恰好相反。1764 年，托马斯·里德从阿伯丁搬家到格拉斯哥的时候，对那里"普通人"的"令人沮丧的狂热表现"大为吃惊。[34] 格拉斯哥面向西方，与爱尔兰和美国有着紧密的联系，发展出特别令人印象深刻的商业和工业，最初以烟草产业，后来以棉花产业为基础。在整个 18 世纪,格拉斯哥大学（有自己的学校俱乐部——格拉斯哥文学学会）的特色是涌现了一大批卓越的教师和作者，包括自然哲学领域的约翰·安德森，道德哲学领域的弗朗西斯·哈奇森、亚当·斯密和托马斯·里德，神学领域的威廉·利奇曼，法学领域的约翰·米勒，希腊语领域的詹姆斯·穆尔，文学评论领域的威廉·理查森，数学领域的罗伯特·西姆森，以及（在转去爱丁堡大学之前）教授医学和化学的约瑟夫·布莱克和威廉·卡伦。格拉斯哥大学特别注重一种跨越学科边界的古典主义的招牌，不过也培养了一种注重实际和应用的学风。格拉斯哥大学在对艺术（arts）的强调上，古典和现实这两个特点都表现得十分明显，"arts"这个词不仅被理解为经典的、美学的意义（美术），而且具有实际行动和技术的意义（应用或者机械技艺），后者经常利用科学为商业和工业服务。罗伯特和安德鲁·福尔斯兄弟于 1753 年创办了一所学校，同时教授这两种形式的艺术，他们训练年轻人依照美学原理绘画，同样也学习雕版印刷和棉布印花这样的实用技艺。[35] 福尔斯兄弟本身既是大学出版者，又是格拉斯哥文学学会的成员，他们出版了一系列著名的

¹¹⁷

---

① 在宗教改革运动中,英格兰自上而下确立安立甘宗（或圣公会）为国教,苏格兰追随加尔文宗建立长老会。两者同属新教，但差异很大。——译者注

拉丁语和希腊语经典教科书，由大学全体教职人员进行编辑，其中既包含了古典主义的原理，也有精湛的技艺。

18 世纪晚期，阿伯丁、格拉斯哥和爱丁堡一起构成了一个强有力的城市三重奏组合。每个城市都代表一种不同的文化气质，而且都拥有优秀的大学、社团和其他机构，培育了格外富饶的智力环境。这三个城市都是苏格兰启蒙运动的关键组成部分。苏格兰的另一座大学城——圣安德鲁斯也起到了一些作用。然而在整个苏格兰，只有爱丁堡的图书贸易具有足够的规模和多样性来维持这种从智力活动转换成出版物的持续过程。来自全苏格兰的作者们聚集到所有的大学城，不过如我们将在第四章看到的，苏格兰启蒙运动新书的出版主要集中于爱丁堡。

除了阿伯丁、格拉斯哥和爱丁堡以外，伦敦是启蒙运动的第四个主要中心城市，很多苏格兰启蒙运动作者称伦敦为家。表一里的作者至少有 28 人（占总数的 24%）成年时期在伦敦生活过一年或更长时间，至少还有两个人有一段时间在英格兰的其他地区生活过。不过，在这 30 人里面，只有 7 个人（休谟、约翰·亨特、詹姆斯·麦克弗森、米克尔、穆尔、斯摩莱特和斯图亚特）被克里奇、斯摩莱特和阿尔维斯在夸耀苏格兰作者的成就时提到。在最近关于"英国启蒙运动"（British Enlightenment）的研究中，罗伊·波特认为，伦敦"肯定吸引了苏格兰的文人"，因为伦敦不像苏格兰的市镇那样狭隘和局限。在断定伦敦优越性的基础上，波特明确区分了"生机勃勃的英格兰和暮气沉沉的苏格兰"[36]。当然，伦敦这个城市在 18 世纪中期拥有 65 万或者更多的人口，18 世纪末伦敦的人口接近 100 万——爱丁堡、格拉斯哥和阿伯丁这样的城镇很难与之相比，在 18 世纪中期，它们的人口数分别只有 5 万、3 万和 1.5 万。毫无疑问，伦敦是不列颠和大英帝国的政治、经济和文化中心，也是英国书籍贸易的轴心。第一次造访伦敦的苏格兰人总是惊讶于它的庞大规模，它为几乎所有种类的娱乐和活动提供了机会。这里有沃克斯豪尔（Vauxhall）和拉内勒夫（Ranelagh）这样的大型游乐园，德鲁里街和科文特花园的剧院，斯特兰德街的商店，帕尔摩街的散步道，丰富多彩的咖啡馆和存货充足的书店，大英博物馆的珍贵藏品——简直没有其他地方可以与它比拟。由此预计，一些苏格兰文人会希望定居在伦敦。波特引用罗伯特·亚当和大卫·休谟

的话来证明伦敦以及英格兰整体的吸引力，在博斯韦尔的日记、蒙博多的
信件和其他许多资料中也可以找出这类证据。[37] "我越来越确信，一个已经
习惯伦敦的人不能适应在别的地方生活，"约翰·普林格尔爵士从巴思写信给
另一个苏格兰人说，他已经把伦敦当作了自己的家，"我现在渴望喝到一杯好
咖啡。"[38]

　　然而，这样的证据并不能支持波特对于伦敦和爱丁堡、英格兰和苏格兰、
苏格兰启蒙运动和不列颠（或者英格兰）启蒙运动的笼统归纳。尽管波特承
认，休谟有时会对"居住在泰晤士河岸边的野蛮人"进行尖锐的抨击[39]，可
是他没有说的是，他用来证明苏格兰文人偏爱伦敦和英格兰的那两个人——
大卫·休谟和罗伯特·亚当，晚年都决定返回爱丁堡。他们这样做不是因为
苏格兰"暮气沉沉"，理由正好相反：对于文人们而言，苏格兰，特别是爱丁
堡的智力生活，显得充满活力，令人激动，其程度是伦敦不能匹敌的。罗伯
特·亚当回到爱丁堡以后，对苏格兰启蒙运动做出了若干贡献，于1789年拟
订了重建大学的计划，在新城区设计出壮丽的新古典主义建筑和场所，例如
夏洛特广场。[40] 时间再提早25年，休谟那时已经在伦敦居住了好些年，足够
富有，可以在任何自己喜欢的地方生活了。当休谟开始考虑要在哪里度过自
己的余生时，他从巴黎写信给休·布莱尔，直言不讳地说道："如果一个人不
幸地在［伦敦］……依靠写作为生，即使他是成功的，我不知道他要和什么
人一起生活，也不知道他要怎样在一个合适的社团里打发时间。那里只有极
少的群体值得交流，而且要么是冷漠不爱交际，要么只在小派系和小集团内
有热情。"（LDH，1：497—498）相比之下，在巴黎，"一个人只要依靠文字
成了名，就立刻会受到尊敬和关注"。因此，休谟在"巴黎和爱丁堡之间"感
到"非常犹豫和难以选择"，他认为这两个城市是最适宜文人的，不过"我从
没有把伦敦列入考虑范围"（LDH，1：527）。尽管这种评价很刺耳，但并不
是只有休谟一个人这样说过。1767年，英国圣公会的教士威廉·约翰逊·坦
普尔（William Johnson Temple）写信给詹姆斯·博斯韦尔，也有类似的看法，
他将那些亲切、有教益、有教养和"高尚的"爱丁堡文人与他们"没有教养"
和书呆子气的英格兰邻居进行了对比。[41] "这里没有情感，"16年后，坦普尔
造访首都时在日记中写道，"每个人都对别人漠不关心。无论文学还是任何事

119

物都显得不重要。"[42]

　　18 世纪，伦敦的大学和机构很少具备条件，可以让坦普尔这样博学的人与别的文人站在对等的立场上进行交流。有造诣的科学家有资格加入伦敦皇家学会；文物收藏者、业余爱好者和艺术家们有他们专门的社团和学会，任何人都可以参观大英博物馆。但是，整个启蒙运动并不总是得到优质的服务。用爱德华·吉本引人注目的话说，伦敦皇家学会确实有"一大群明星般闪亮的杰出英国人物"[43]：它的创立者有约书亚·雷诺兹爵士（Sir Joshua Reynolds）、塞缪尔·约翰逊、奥利弗·戈德史密斯（Oliver Goldsmith）和埃德蒙·伯克（Edmund Burke），成员最终包括了爱德华·吉本、托马斯·珀西（Thomas Percy）、约瑟夫·班克斯爵士（Sir Joseph Banks）和其他几位著名的学者，在表一里可以找到其中三位苏格兰文人（亚当·斯密、乔治·福代斯［George Fordyce］和詹姆斯·博斯韦尔）。但是这个学会比起学术或者文学社团，更加像是雷诺兹圈子里的人专用的夜总会（和随后的宴会），他们在一起聊天，有时用约翰逊的方式开玩笑，大多数成员并不经常参加聚会。[44]

　　除了休谟和亚当，表一中列出的其他作者在伦敦或者其他地方赚到金钱、获得名声以后，也回到了苏格兰。作为书商和出版者在斯特兰德街积累了财富之后，约翰·诺克斯晚年致力于促进苏格兰经济的发展，尤其是在苏格兰高地地区。约翰·辛克莱爵士在 1780 年以后担任议会议员，所以有一部分时间不得不留在伦敦，不过从 80 年代中期开始，他在爱丁堡安了家，把大家庭安置在那里。[45]詹姆斯·布鲁斯结束他在非洲的非凡冒险后，回到了他在斯特灵郡金奈尔德的庄园。其他人——例如威廉·邓肯和约翰·格雷戈里——一旦接到学校的教职任命，就立刻从伦敦赶回苏格兰，或者以别的契机回去。甚至还有人虽然有机会在伦敦工作却推辞了聘请，就像亨利·麦肯齐所解释的那样，某些时候，比起"地位和财富"的可能性，宁可慎重地选择"舒适和满意"，因此他决定在年轻的时候回到爱丁堡，虽然法律界的同行朋友们"极力劝说我留在伦敦"。[46]18 世纪 60 年代早期，比特勋爵曾经恳求威廉·罗伯逊搬家到伦敦去，在伯爵的资助下写作一部英格兰的历史，却被罗伯逊拒绝了；60 年代晚期和 80 年代早期，威廉·斯梅利放弃了掌管斯特拉恩在伦敦的印刷厂的机会。[47]1774 年，詹姆斯·贝蒂婉拒了两个在英格兰教会任职的机会，其中一个职位的报酬远远多于他当时的收入。[48] 这些看法表明，了解伦敦的苏格兰文人普遍更喜欢苏格兰。[49]

121

曾经有大量苏格兰作者奔向南方，并且时间不短。这些人可以分成两个主要类别：医务人员以及在苏格兰遇到挫折的人。苏格兰的外科和内科医生涌入伦敦的时间早，并且在那里享有从事其他学术职业的苏格兰人享受不到的机会。[50] 那些聚集到城市中心，并且常常大获成功的人，包括医生亚历山大·贝利、福代斯、约翰和威廉·亨特、唐纳德·门罗（Donald Monro）、普林格尔和斯梅利。威廉·亨特就是这种过程的典型例子，他是一个家道中落的拉纳克郡地主的幼子，在苏格兰受到了威廉·卡伦和亚历山大·门罗的训练，后来又在伦敦受到威廉·斯梅利和另一个苏格兰人医生詹姆斯·道格拉斯的培养。亨特在伦敦设立了他自己的解剖学讲堂，对他的学生们宣布："你们不仅有能力去选择，而且可以获得成功，你们的能力决定你们在世界上的地位。"[51] 他践行了自己的话，通过做男性助产士、讲授解剖学和金融投机赚到了钱，然后以贵族鉴赏家和赞助人的方式花钱，收集了数量庞大的珍本书籍、原稿、油画、标本、钱币和其他手工艺品，并在他 1783 年去世时捐赠给格拉斯哥大学，用以帮助学生和公共事业的进步。[52] 亨特的外甥兼继承人马修·贝利（Matthew Baillie）是苏格兰长老会牧师的儿子，18 世纪末，他在伦敦开设了一家内科诊所，据说每年能赚到 1 万英镑。[53]

其他人去伦敦主要是因为他们在苏格兰无法谋生，至少是不能实现志向。内科医生约翰·布朗曾在爱丁堡大学谋求医学教授职位，也申请过加入爱丁堡哲学学会，结果都以失败告终，于是他开始怨恨前辈导师威廉·卡伦，认为后者妨碍了他的前程。最后，布朗来到伦敦，痛苦地度过了人生的最后两年。威廉·巴肯曾经试图在爱丁堡大学获得教授职位，或者医学挂名闲职，以便留在苏格兰，因此也与卡伦发生过冲突。结果，他在苏格兰的计划全部失败，也去了伦敦。约翰·穆尔几次尝试在格拉斯哥大学申请医学教授的职位未果，在 1772 年接受了一项待遇优厚的工作，带汉密尔顿公爵环欧旅行，从而得到了充足的金钱报酬，在 45 岁左右把自己改造为一个伦敦文人。[54] 穆尔跟随——在某些方面也是在模仿——他的表兄托比亚斯·斯摩莱特，斯摩莱特也放弃了医学，在伦敦改行以写作为生。在表一列出的律师中，即使是

122

那么热爱伦敦的詹姆斯·博斯韦尔，如果能够像他的父亲奥金莱克勋爵（Lord Auchinleck）那样得到一个法官职位，他无疑也会留在苏格兰。在生命的最后 10 年中，他作为英国大律师的短期供职事后证明是一次最糟糕的职业改变。

有些苏格兰作者没能在苏格兰闯出令人满意的事业，转而到伦敦做雇佣文人。虽然在英格兰文学的研究中，"格拉布街现象"受到了很多关注 55，苏格兰作者的巨大贡献却几乎没有被注意过。表一的作者中，最早的格拉布街作家是威廉·格思里，他是一个来自东北部的中学教师，似乎因为性丑闻，加上可能对詹姆斯二世党人抱有同情，被迫离开了苏格兰。他在 1730 年左右抵达伦敦，通过热心地写作为政府服务，获得了一笔每年 200 英镑的养老金。1767 年，他称自己为"英国最老的专职作者"56。不过格思里也书写和编撰了许多见于表二的文学和学术著作，另外他还有大量英格兰历史作品，我的数据中没有收录，仅仅是因为它开始出版的时间比本书研究的起点年份早了两年。57

斯摩莱特出生于 1721 年，比格思里晚 13 年，在格拉布街的苏格兰人中，他大概是最成功的一个。从 18 世纪 40 年代到 50 年代早期，他试图在伦敦开业行医，同时也创作小说和进行翻译，不过在 33 岁以后，他把时间主要投入到文学工作中，包括写作小说和其他种类的书，编辑《批评评论》这样的期刊，为书商编撰各种各样的大型纲要和选集以及做翻译。尽管取得了成功，斯摩莱特在私下却说，他本来更加喜欢生活在苏格兰文人中间，而不是在英格兰，因为他和休谟一样，认为英格兰这个地方"浪费天才，低估学问，连品位也一起消失了"58。

表一中的另一位格拉布街作家比格思里和斯摩莱特都年轻，他就是吉尔伯特·斯图亚特。斯图亚特可能是他们这些人中最有才华的，却由于花天酒地和莽撞，没有得到他觊觎的苏格兰学术职位。随后他转而针对威廉·罗伯逊，把自己的厄运归咎于罗伯逊及其代表的爱丁堡文化。"我极度憎恶和讨厌这个地方，还有这里的每一个人，"1774 年 6 月 17 日，斯图亚特写信给苏格兰书商约翰·默里，他在信中这样描述爱丁堡，"从来没有一个这样的城市，有那么多人自命不凡，却几乎没人真正有学问。苏格兰文人隆重的花花公子做派和显而易见的愚蠢让我完全不能忍受。"59 他更适应伦敦的格拉布街，在那里

写作和编辑书籍、小册子和评论，与默里过从甚密。教士约翰·洛根也试图在爱丁堡赢得一个学术教席，同样以失败告终，最后由于不正当的男女关系被迫放弃了他在利斯教区的管理职位。[60] 斯图亚特和洛根都嗜酒，他们带着愤恨和失意在年轻时就去世了。

和洛根相似，威廉·汤姆森是苏格兰长老会的一个教士，出生于 1740 年。如一位同时代的传记作者所言，事情越来越清楚，他的"浮华的性格"对他在珀斯郡的教区牧师事业并无益处，于是他来到格拉布街打算干一番事业。[61] 来伦敦之后，汤姆森"夜以继日……坚持不懈地"工作，"准备好写作任何题目，为任何认可其才能的人服务"。退休以后，汤姆森在肯辛顿度过了晚年，"经济状况还不错，但是无论如何都不能算富足"[62]，最后在 71 岁时去世。和他同代的苏格兰人格拉布街作家大多早逝，从这一点上看，汤姆森是一个独特的例子。汤姆森定期为约翰·默里写作，并在默里死后的短暂时期负责管理《英国评论》（*English Review*）期刊。不过，至少有一次他惹怒了默里，那是在 1785 年 6 月，因为他狂饮作乐喝醉酒，结果错过了截稿的最后期限。因为没能按照默里的期望完成任务，第二年他被解雇了。[63]

124

另一个被雇用的作家威廉·拉塞尔 1741 年出生于塞尔扣克郡，在爱丁堡的马丁＆沃瑟斯庞（Martin & Wotherspoon）的公司做了五年印刷工学徒。18 世纪 60 年代，他在伦敦作为一个多面手作者初试身手，也到威廉·斯特拉恩和布朗＆奥尔德雷德的印刷工厂做校对人员的定量工作。在格拉布街做了 20 年苦差事以后，他于 1787 年结婚，将家搬到了邓弗里斯郡兰厄姆附近的一个农场。然而，现存的他从 1787 年到 1793 年写给伦敦出版者乔治·罗宾逊的信表明，他几乎是一门心思想着怎样通过写作赚到足够的钱来养家糊口。在 1790 年 9 月 20 日的一封信的附言中，拉塞尔考虑他的《古代欧洲历史》（*History of Ancient Europe*，编号 318）要在 3 年后以两卷 8 开本形式出版（虽然从未完成），这表明他在苏格兰的乡村也过着格拉布街作者般的生活：

> 附言：除去担心欠下的债务之外，我必须构想《古代欧洲历史》的结尾，在我的精神安定的首要时期，这件事也动摇着我的干劲。如果您能同意把这本书分部出版，并且先付给我 300 镑作为前两卷的酬金，我

工作起来就重获动力，也将使您获益。当一个人发现自己沦落到要破产的时候，他是无法用心写作的。

在拉塞尔写给罗宾逊的信中，已知最晚的一封信日期是 1793 年 1 月 2 日，以一场激烈的争吵结束，拉塞尔不顾一切地试图打破对罗宾逊的承诺，不再继续写他的成功的《近代欧洲历史》（*History of Modern Europe*，编号 203），因为卡德尔给出了更高的价格，约他续写休谟的《英格兰史》。[64] 不过创作的压力是巨大的，在 1793 年底前，他死于中风，终年 52 岁。[65]

125　相比之下，威廉·朱利叶斯·米克尔的文学生涯则要愉快得多。他是一名苏格兰长老会牧师的儿子，却放弃了教区的管理职位到爱丁堡当酿酒师，以求赚到更多的钱。米克尔在一个家庭酿酒厂工作了 10 多年或者更长，最后还成了该酒厂的所有者，但是酒厂在 1763 年破产了。那一年他还不满 30 岁，为了逃避苏格兰的债主，他到伦敦从事文字职业，随后来到牛津，在 1765—1772 年在牛津大学出版部印刷所（Clarendon Press）① 做校对工作。他在英格兰的文学生活就是不断地寻找赞助和职位的过程，改动自己的名字（如第一章中讨论过的）也是其中的一部分。最后，由于得到清闲的美差，加上入赘于一个富有的英国商人家庭，他得以在人生的最后 6 年在比较富足的生活环境下写作诗歌。然而 1788 年，他在刚过 53 岁时就突然去世。[66]

约翰·平克顿（John Pinkerton）是苏格兰启蒙运动作者中另一个较为年轻的作家，他放弃了在爱丁堡的专业职位之后，试图在伦敦作为独立文人成就一番事业。平克顿是一个苏格兰商人的儿子，他的父亲在萨默塞特靠销售动物皮毛致富，然后回到苏格兰，在拉纳克郡购买了一个庄园。平克顿在文法学校和爱丁堡的私立学校接受教育以后，跟随一个爱丁堡的律师做学徒。他的父亲于 1780 年去世，他的哥哥继承了家里的庄园，不过约翰也得到了一笔不多不少的遗产，"对于一个生活有节制的人来说，这是一笔充足的收入"[67]。第二年，也就是平克顿 23 岁的时候，他放弃了在爱丁堡的法律职业来到伦敦，以自己的一本诗集（编号 221）和另一部试图冒充苏格兰旧歌谣集的作品开

---

① 原属于克拉伦敦伯爵。——译者注

始了文人生涯。[68] 此后，他的漫长文学生涯如此多变而独特，很难在这里叙述。他有稳定、独立的收入（虽然不多），又娶了索尔兹伯里主教的一个妹妹，这一切使他有别于普通的格拉布街作家；对收集各种不同类型的苏格兰文物的嗜好，让他在朋友和通信者巴肯伯爵的辉格党贵族传统中表现出一种文物学者的姿态。然而，平克顿还干过没有点明的"不正当行为"，结果很快导致他的婚姻破裂，并且失去了社会地位。他到处给杂志写文章（尤其是《批评评论》，他有一段时间做过编辑），发表一些匿名的和使用笔名的稿子，它们似乎产生了收益（例如两卷本的《智力宝库》[*Treasury of Wit*]，在 1786 年使用文学硕士 H. 本尼特 [H. Bennet, M. A.] 的笔名出版）。为了向出版者争取酬金，他采用的办法是暗示自己入不敷出，已经很难维持生活——这些都是典型的格拉布街文人的手法，而不是已经被他抛在脑后的爱丁堡律师界的作风。[69] 平克顿在晚年暂时回到爱丁堡住了一段时间，然后又去巴黎生活，直到 1826 年去世。

爱丁堡的出版者威廉·斯梅利既有一些格拉布街作家的特征，同时也属于年轻一代苏格兰启蒙作者中的一员[70]，除了他之外，表一的爱丁堡作者中只有一个人与格思里、斯图亚特、洛根、汤姆森、拉塞尔、米克尔和平克顿地位相当。这个人就是不幸的罗伯特·赫伦，他在爱丁堡大学学习神学，同时靠给苏格兰书商翻译、编撰、写作和编辑书籍来维持生活。他按时获得了宣讲福音书的资格，短暂担任过他一直非常尊敬的休·布莱尔牧师的副手。然而一段时间之后，赫伦奢侈的生活方式加上不稳定的个性毁掉了他的教士前程，致使他被关进债务人监狱，据推测，他的《新苏格兰通史》（*A New General History of Scotland*，编号 330）大部分都是在那里写就的。[71] 1799 年，他搬到伦敦。后来，他宣称自己在那里出版了"一大批不定期小作品，比我知道的任何一位作者写得都多"，此外，他还创作了主题广泛的匿名书籍和文章，以及至少十几部法语翻译作品。[72] 不过，他又因为债务被关进监狱，后来又转到医院，42 岁时在那里去世。沃尔特·司各特爵士回想起赫伦时严厉地说，他"只是一个醉鬼和野兽"，"最后死于饥饿"。[73]

赫伦和其他的格拉布街苏格兰人书写或者编译了数量可观的表二中的书，以及许多其他知名的出版物，可能还有许多未被识别出来归于他们名下

126

127

的作品；他们死后被看作"天才人物"，他们不合常规的习惯和古怪行为被认为是写作太多和太快引起的压力造成的，阻碍了他们在文学界发挥潜能。[74] 1756年，斯摩莱特在一篇尖刻的书评里从作家的视角描述了他们的命运（当时在某种程度上也包括他自己），这篇书评谈到"一个作家必须付出无止境的辛劳和不懈的坚持"来完成一部多卷作品的各个部分，为了赶上唯利是图的书商设定的紧迫截稿期限而努力工作，"书商不会去分辨作者们的功劳，即使他们能够，也不会有感觉和心情去支付与作者的天才和能力相应的报酬"。在这种环境里，"可怜的作者必须履行他的日常任务，不顾痉挛、急性腹痛、抑郁或者眩晕，不顾头痛、心痛和智慧之神的皱眉，否则就会失去他的名誉和生计，就像一个害怕无法按时完成主顾的生日套装的裁缝"[75]。40年后，在罗伯特·彭斯的第一部传记中，罗伯特·赫伦写道："如果他能老老实实地做一个正直、博学和智慧的人，而不是轻薄放荡之人，可能也不至于无法提升品格和才能，让人生大放异彩。"[76] 赫伦的这段话多半是在描述他自己和格拉布街的作者同行。

格拉布街苏格兰人为生存而奋斗的经历突显了专业职位对大多数苏格兰启蒙运动作者的重要性。我们将在下一章更完整地看到，对他们来说，通过写书从出版者那里获得的报酬一般只是他们的常规收入的补充。我们在比较这两种类型的作者时很容易会发现，上层启蒙运动的成功人物与粗俗和心怀愤恨的"底层文人"之间存在着不可逾越的鸿沟，这与罗伯特·达恩顿声称在18世纪法国发现的情况如出一辙。[77] 尽管伦敦的格拉布街苏格兰作家在很多方面距离苏格兰启蒙运动的中心都很远，我们还是不应该夸大他们的边缘性。即使是与众人最疏远的吉尔伯特·斯图亚特，他也投入了大部分精力去写作历史作品，这些作品在学术水准和关键假设上不输他在爱丁堡文人中的主要对手威廉·罗伯逊和罗伯特·亨利。他还与人联合创办并编辑了短命的苏格兰文学杂志《爱丁堡杂志和评论》（1773年11月到1776年8月），该杂志在很大程度上想依靠苏格兰文人来促进苏格兰的文学发展。[78] 其他格拉布街的苏格兰人普遍地尊敬那些更有名的苏格兰同胞，经常对他们的支持表达感谢。斯图亚特、汤姆森和拉塞尔都因为文学成就被苏格兰的大学授予过法学博士学位（1770年爱丁堡大学授予斯图亚特法学博士学位，1783年格拉斯哥大学授予汤姆森法学博士学位，1792 年圣安德鲁斯大学授予拉塞尔法学博士学位），这个事实也表明，格拉布街的苏格兰人属于这场范畴更大的运动。

　　我们也不能忘记，如果生活在 18 世纪中期和晚期的伦敦，那些苏格兰作者即使已经功成名就，通常也无法完全地融入英格兰社会。对于世界性的苏格兰人来说，连成一体的"不列颠"文化这个概念非常有吸引力，却往往不可能实现。在这段时期的大部分时候，伦敦都笼罩着有时甚至堪称恶毒的反苏格兰的氛围。苏格兰文人群体为了保护自己，常常显出一种排外性，这种排外性反过来又给针对他们的偏见火上浇油。他们无论如何努力融入，说话的口音还是表明他们是外来者：在暴乱期间，曾有人警告他们不要吭声[79]，有些作者一生的大部分时间都在伦敦生活，例如约翰·亨特、约翰·穆尔和约翰·平克顿，可是连他们也保留着明显的苏格兰口音。咖啡馆文化由于在职业、族群或者其他特征方面的隔离而声名狼藉。苏格兰人围绕一家名字适中的"不列颠咖啡馆"（British Coffee House）确立了自己的身份认同，它坐落在考克斯珀街的中心地带，邻近查令十字街，从斯特兰德街的书店开始只要步行短短一段距离就能到达。至少从 1714 年开始，当约翰·麦基（John Macky）注意到"苏格兰人通常会去不列颠"[80]，它就成了苏格兰文化在伦敦的物理和社会中心。大量苏格兰人在伦敦定居，参加各种苏格兰人的俱乐部，在不列颠咖啡馆会面，苏格兰游客在那里接收邮件也是常有的事。[81]18 世纪50 年代到 70 年代期间，这间咖啡馆有 20 年以上是由海伦·安德森（Helen Anderson）——苏格兰圣公会教士、后来的索尔兹伯里主教约翰·道格拉斯的姐妹——经营（还当过短时间的主人）的，她是一个极有能力的沙龙女主人（salonnière）。[82]

　　对于敌视苏格兰的人而言，不列颠咖啡馆就是一个方便的攻击对象。例如，1764 年，匿名作者威尔克（Wilkite）在一首诗中描写到，一个愚蠢无礼的苏格兰人到了那里，错把自己的镜中影像当成敌人，兴奋地大声狂呼着砸碎玻璃企图杀死它，吓坏了"可怜的道格拉斯夫人"[83]。这首诗无情地嘲弄了伦敦的苏格兰人，指责他们根据民族和血缘关系结成一帮，想方设法"践踏英格兰人和英格兰法律"。我们已经在第一章中看到，这种恐惧并不仅限于比特和威尔克斯的时代，还延伸到各行各业，包括文人群体。不列颠咖啡馆是这种受到威胁的感觉的首要物质载体。

1770 年，苏格兰的首席建筑师罗伯特·亚当对不列颠咖啡馆进行了大刀阔斧的重新设计，由于上述原因，设计被赋予了文化上的重大意义，对新设计的广告宣传也是如此。不管在罗马还是在伦敦，亚当总是更喜欢和一帮苏格兰同事——被他称为苏格兰人俱乐部（Caledonian Club）——待在一起。[84] 18 世纪 70 年代末，在《罗伯特·亚当和詹姆斯·亚当的建筑作品》（*The Works in Architecture of Robert and James Adam*，编号 197）一书的第二卷关于公共建筑的章节中，他和弟弟詹姆斯展示了他们家族公司的手工制品。就像罗伯特·布莱思（Robert Blyth）的版画展示的，亚当兄弟对不列颠咖啡馆的呈现，实现了他们让"新颖和变化"渗透到"美丽的古代精神"中的主张，描绘出优雅、多层、新古典主义的建筑外观（图 2.4）。[85] 在建筑内部，营业

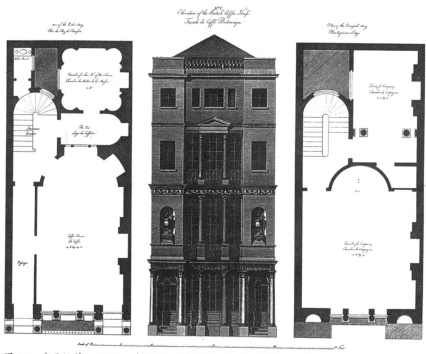

图 2.4 《罗伯特·亚当和詹姆斯·亚当的建筑作品》（1779）的第二卷展示了罗伯特·亚当在 1770 年重新设计的不列颠咖啡馆（1886 年被拆毁），在 18 世纪晚期的伦敦，它是苏格兰文化和社会生活的中心。第一层又名"会客层"（图左），包括位于前方的一个大"咖啡室"、柜台、位于后面的主人房间，还有一间盥洗室。楼上是"主层"（图右），有大大小小的房间供客人进行社交聚会。（私人收藏品）

区域包括一个小型的咖啡吧和一个大型的咖啡室，还有咖啡馆主人（或女主人）的房间。楼上的主层有两个以上为客人准备的房间，其中一个十分宽敞，可以举办特别的活动，例如俱乐部的聚会。在大都市文化成就方面，不列颠咖啡馆的经典新设计和亚当兄弟精美的对开本方案图的出版，都显示了苏格兰人对大都会文化成就的民族自豪感的维护。

合并与代表

结合的模式

伦敦的苏格兰文人群体结成宗派，一部分是他们增加亲近感以应对身在英格兰的异乡感——不同的语言、态度和礼仪，还有一部分是其他性质的纽带造成的结果。宗教就是一种重要的纽带。大量苏格兰启蒙运动的作者是苏格兰长老会教徒，这种环境使塞缪尔·约翰逊很烦恼——他称赞休·布莱尔的《传道书》，"虽然这家伙是苏格兰人和长老会教徒，并且每一样讨厌的特质他都占了"（*BLJ*，4：98）。但这不仅给苏格兰作者之间以及他们和伦敦的苏格兰长老会教徒之间提供了一个共同的联系基础，也让他们和其他英格兰新教徒（English Dissenters）① 有了共同的交往基础。詹姆斯·福代斯在蒙克维尔街的一个礼拜堂为长老会教徒服务，托马斯·萨默维尔（Thomas Somerville）和其他苏格兰人在伦敦时，习惯到那里去听他讲道。威廉·利奇曼和其他苏格兰人牧师与英格兰新教徒建立了牢固的联系。在同一个时代，一个苏格兰人受命于英国圣公会，后来成为著名的主教，而他的姐妹主管着不列颠咖啡馆，这个事实提醒我们，有少数苏格兰文人是圣公会或者主教派的信徒，其中来自阿伯丁和东北部的人特别多。苏格兰文人的世界主义精神使得各种各样有教养的苏格兰基督徒能够团结在一起，他们身上并没有约翰逊所说的狭隘的乡土观念。

---

① "English Dissenters"意即"不同意者"，他们在16世纪、17世纪和18世纪从英格兰教会分离出来，反对国家干预宗教事务，转而创建自己的教会、教育机构和社团，因而也被称为分离派（English Separatists）。——译者注

　　无论在英格兰还是苏格兰，对于文人来说，家族纽带都是重要的黏合剂。表一中的 115 位作者有 5 对是父子：格雷戈里家族、门罗家族、斯图尔特家族、泰特勒家族和华莱士家族，表中有门罗家族 2 个儿子的名字（亚历山大二世和唐纳德）。除了门罗之外，表一还包括另外 3 对兄弟：贝蒂兄弟、福代斯兄弟（大卫和詹姆斯）和亨特兄弟。其中也出现了其他种类的血缘关系。福代斯兄弟的母亲是托马斯·布莱克韦尔的姐妹，乔治·福代斯是他们的侄子。亨特兄弟的一个姐妹多萝西娅（Dorothea）是乔安娜和马修的母亲，马修是威廉·亨特唯一的继承人；乔安娜与她的另一个舅舅约翰·亨特和舅母安妮·霍姆（Anne Home，她自己就是诗人）特别亲近。詹姆斯·斯图亚特爵士是巴肯伯爵的母亲的兄弟，也就是伯爵的舅舅。托马斯·里德是格雷戈里家族的远亲，约翰·格雷戈里的女儿多萝西娅（詹姆斯·格雷戈里的姐妹）嫁给了阿奇博尔德·艾利森；艾利森的女儿又嫁给了亚历山大·杰勒德的孙子。亚当·迪克森是托马斯·萨默维尔（数学家玛丽·萨默维尔的叔叔和养父）的姑父兼私人教师。威廉·卡伦是约翰·米勒的母亲的嫡亲堂兄弟，他的女儿罗比娜（Robina）嫁给了米勒的儿子约翰。威廉·罗伯逊是罗伯特·亚当的嫡亲表兄弟。詹姆斯·贝蒂和约翰·贝休恩、博斯韦尔和詹姆斯·布鲁斯、休·布莱尔和罗伯特·沃森（Robert Watson）、詹姆斯·麦金托什爵士和亚历山大·弗雷泽·泰特勒、威廉·巴肯和约翰·普林格尔爵士、亨利·麦肯齐和蒙博多勋爵、大卫·达尔林普尔爵士（海斯勋爵）和约翰·达尔林普尔爵士、约翰·穆尔和托比亚斯·斯摩莱特，还有两个威廉·斯梅利，每对之间都有亲戚关系。皮里格的詹姆斯·鲍尔弗的一个姐妹布丽姬特（Bridget）嫁给了威廉·利奇曼，另一个姐妹路易莎（Louisa）嫁给了罗伯特·怀特，第三个姐妹嫁给了爱丁堡的自然哲学家詹姆斯·拉塞尔（James Russell），而詹姆斯是约瑟夫·布莱克的嫡亲表兄弟。亚当·弗格森的母亲是乔治·坎贝尔的妻子的叔祖母，也是约瑟夫·布莱克的舅母，弗格森娶的是布莱克的侄女。约翰·穆尔与有争议的格拉斯哥大学神学教授约翰·西姆森（John Simson）的一个女儿结了婚，凭借这层关系，他与数学家罗伯特·西姆森成了亲戚，因为罗伯特·西姆森是他的妻子的嫡亲堂兄弟。科林·麦克劳林的外甥女是艾格尼丝·克雷格·麦克霍斯（Agnes Craig M'acLehose）——罗伯特·彭斯爱慕的"克拉琳达"（Clarinda）——的母亲。

　　各种师生、师徒关系以及亲密朋友也结成了不同的纽带。表一中的作者有很多人与其他人一起在苏格兰的大学学习，或者依靠他们的赞助，或者受到他们思想的影响，如果在这里一一提及，就会显得单调乏味，不过本书会提到少数特殊的关系。在第一代苏格兰启蒙运动作者中，弗朗西斯·哈奇森、科林·麦克劳林、凯姆斯勋爵和亚历山大·门罗一世因为对后继者产生了主要影响而脱颖而出。哈奇森与罗伯特·西姆森关系密切，并深刻影响了他的众多学生，这些学生后来也成为格拉斯哥大学的教职人员，其中包括詹姆斯·穆尔（他翻译了马可·奥勒留［Marcus Aurelius］的《沉思录》［*Meditations*］，1742 年出版）、亚当·斯密（后来称他的老师为"永远不会被遗忘的哈奇森"）和威廉·利奇曼（哈奇森最重要的门生）。1745 年暴动以前在爱丁堡大学学习的一代学生都崇敬麦克劳林。与哈奇森和麦克劳林不同，凯姆斯没有担任过学校教职，不过他积极地鼓励学术研究并且帮助决定教师的任命。很多年代较晚的文人都感激他的支持，包括约翰·达尔林普尔爵士、托马斯·里德、约翰·米勒、约翰·沃克、亚历山大·弗雷泽·泰特勒和威廉·斯梅利。在医学方面，不管是在爱丁堡还是在伦敦，赞助和支持的国际网络都特别广泛，亚历山大·门罗一世是在他之后几个人的导师。

　　由于苏格兰文人之间的密切关系，他们常常为彼此的出版计划提供帮助，有时则进行直接的合作。威廉·卡伦给约瑟夫·布莱克 1777 年出版的《关于白镁氧、生石灰等碱性物质的实验》（*Experiments*，编号 180）撰写了一篇关于蒸发液体制冷的文章。1752 年詹姆斯·福代斯为出版社编辑了他的兄弟大卫的遗稿《希罗多德：关于讲演艺术的谈话》（*Theodorus*，编号 18），他在这部书中增添了一篇讲道文章。罗伯特·赫伦受雇于约翰·辛克莱爵士，监督伟大的《苏格兰统计报告》（*The Statistical Account of Scotland*，编号 301）的编撰工作。18 世纪 50 年代早期，托比亚斯·斯摩莱特编辑了威廉·斯梅利的《论助产理论及其实践》（*A Treatise on the Theory and Practice of Midwifery*，编号 22）的头两卷。詹姆斯·弗格森给威廉·格思里的《地理》（编号 130）的第二版（1771）增添了一个有关"天文地理学"的介绍性章节，他的名字出现在第三版（也在 1771 年出版）以后版本的扉页上（图 2.5）。[86]

A NEW

Geographical, Historical, and Commercial

GRAMMAR;

AND

PRESENT STATE

OF THE SEVERAL

KINGDOMS OF THE WORLD.

CONTAINING,

I. The Figures, Motions, and Distances of the Planets, according to the Newtonian System, and the latest Observations.
II. A general View of the Earth considered as a Planet; with several useful Geographical Definitions and Problems.
III. The grand Divisions of the Globe into Land and Water, Continents and Islands.
IV. The Situation and Extent of Empires, Kingdoms, States, Provinces, and Colonies.
V. Their Climate, Air, Soil, vegetable Productions, Metals, Minerals, natural Curiosities, Seas, Rivers, Bays, Capes, Promontories, and Lakes.
VI. The Birds and Beasts peculiar to each Country.

VII. Observations on the Changes that have been any where observed upon the Face of Nature, since the most early Periods of History.
VIII. The History and Origin of Nations: their Forms of Government, Religion, Laws, Revenues, Taxes, naval and military Strength, Orders of Knighthood, &c.
IX. The Genius, Manners, Customs, Habits of the People.
X. Their Language, Learning, Arts, Sciences, Manufactures, and Commerce.
XI. The chief Cities, Structures, Ruins, and artificial Curiosities.
XII. The Longitude, Latitude, Bearings, and Distances of principal Places from London.

TO WHICH ARE ADDED,

I. A GEOGRAPHICAL INDEX, with the Names of Places alphabetically arranged. II. A TABLE of the COINS of all Nations, and their Value in ENGLISH MONEY. III. A CHRONOLOGICAL TABLE of remarkable Events from the Creation to the present Time.

BY WILLIAM GUTHRIE, Esq.
The Astronomical Part by JAMES FERGUSON, F.R.S.

ILLUSTRATED WITH
A CORRECT SET OF MAPS,
Engraved by Mr. KITCHIN, Geographer.

The ELEVENTH EDITION, Corrected.

LONDON,
Printed for CHARLES DILLY, in the Poultry; and G. G. J. and J. ROBINSON, in Pater-noster Row.
1788.

图 2.5　威廉·格思里的《地理》（1770）是当时最受欢迎的书籍之一，但是其主要编者不是格思里，而是最早一版的出版者约翰·诺克斯。到1788年该书推出第十一版的时候，诺克斯已经把版权转让给了查尔斯·迪利和罗宾逊兄弟。（作者的收藏品）

根据《牛津国家人物传记辞典》（ *ODNB* ）的记述，1760年威廉·邓肯英年早逝的时候，正在续写托马斯·布莱克韦尔的《奥古斯都宫廷回忆录》（ *Memoirs of the Court of Augustus*，编号29）。

135　　　作者们投入许多精力编辑、修订和重印彼此的作品。当威廉·汤姆森显然无法在苏格兰成功担任教区牧师时，休·布莱尔和威廉·罗伯逊就安排他编辑和补完罗伯特·沃森的遗作《菲利普三世史》（ *History of Philip III*，编号239），这是汤姆森在伦敦的文学职业的发端。以同样的方式，马修·贝利补完了威廉·亨特的解剖学著作（编号326）；马尔科姆·莱恩（Malcolm Laing）编辑并补全了罗伯特·亨利的《大不列颠史》（编号144）的最后一卷；詹姆斯·麦克弗森参与修订和编辑了约翰·麦克弗森（John Macpherson）的遗作《论古代苏格兰人》（*Critical Dissertations on the Ancient Caledonians*，编号 108）①。威廉·罗伯逊帮助他的表兄弟罗伯特·亚当编辑他的《戴克里先皇帝在达尔马提亚斯普利特的宫殿废墟》（*Ruins of the Palace of the Emperor Diocletian at Spalatro*，编号 85），并替他代写导论，为此得到了十箱红葡萄酒。约瑟夫·布莱克和詹姆斯·赫顿将他们已故的朋友亚当·斯密的论文编成《哲学论文集》（*Essays on Philosophical Subjects*，编号 336）。休·布莱尔为约翰·洛根提供过同样的帮助，出版了洛根的遗作《传道书》（编号 290）。[87] 威廉·斯梅利帮助编辑他自己印刷的书，包括威廉·巴肯的《家用医疗》（编号 115）和表二列出的其他作品。[88] 作为第一版《不列颠百科全书》的编者，斯梅利着重利用其他苏格兰文人已出版的作品，例如大卫·福代斯的《道德哲学原理》（编号 7）被改编成"道德哲学"词条，产科医生威廉·斯梅利的《论助产理论及其实践》（编号 22）被用在"产科学"词条，威廉·邓肯的《逻辑原理》（编号 5）被用来填充"逻辑学"词条，詹姆斯·斯图亚特爵士的《政治经济学原理研究》（*Principles of Political Oeconomy*，编号 101）被引述到"商业"和"财富"词条，詹姆斯·弗格森的《依据艾萨克·牛顿爵士的原理解释的天文学》（编号 39）构成了"天文学"词条的要点，他的《关于机械学、流体静力学、空气动力学、光学和天文学的选题讲座》（编号 61）是其他几个词条的基础。[89] 自 18 世纪 50 年代中期以来，原版的《爱丁堡评论》只发行过两期。1816 年，詹姆斯·麦金托什爵士重印了该期刊，并在新的卷首语中评注说，亚当·斯密和威廉·罗伯逊的最早出版物在该刊物上出现，足以证明此举是正确的。[90]

136

　　年长的、已经成名的作家会对值得帮助的年轻作家伸出援手。在给罗伯特·彭斯的一封信中，休·布莱尔写道："就我所知，上了年纪的文人能对世间做出最大贡献的途径，就是成为后起天才的助力，或者使不知名的佳作摆

---

①　完整书名为《论古代苏格兰人、他们的后代皮克特人、不列颠和爱尔兰的苏格兰人的起源、文物、语言、政体、习俗和宗教》（*Critical Dissertations on the Origins, Antiquities, Language, Government, Manners, and Religion of the Ancient Caledonians, Their Posterity the Picts, and the British and Irish Scots*）。——译者注

脱默默无闻的状态。"[91] 布莱尔明确提到，他改善了彭斯的职业生涯，鼓励詹姆斯·麦克弗森"翻译"和出版莪相的诗歌，它们是苏格兰文人集体进行文学赞助的两个重要例子。[92] 在这两个事例中，提携者都会订购被提携者的作品，以促进这些贫穷作者的事业。图 2.6 显示了订购清单的两页样本，它们被收录在彭斯《苏格兰方言诗集》的爱丁堡版本中，其中包括五名表一中的作者（巴肯伯爵、托马斯·布莱克洛克、约瑟夫·布莱克、本杰明·贝尔和布莱尔），还有蒙博多勋爵的女儿伊丽莎白（或伊丽莎）·伯内特。布莱尔也赞助了非洲旅行家詹姆斯·布鲁斯和苏格兰长老会的年轻教士，包括约翰·洛根和威廉·汤姆森。[93] 威廉·罗伯逊教年轻的历史学家（例如托马斯·萨默

(x)

Mr John Adamfon, Edinburgh
Robert Aird, Efq; Corsflate
Mr Robert Allan, Catrine
Mr John Alfton, 2 copies
Mr John Aufton, Glafgow
Mr John Aufton, ditto
Mr Campbell Adie writer, Edinburgh
Mr Alexander Anderfon merchant, Edinburgh
Mr Thomas Adair, Edinburgh
Mr George Anderfon, Glafgow
Mr Robert Ainflie writer, Edinburgh, 2 copies
Mr Alexander Allafon, 2 copies
Mr William Anderfon
Mr Henry Arnot, Buckingham-ftreet, London
Mr Peter Athton, Briflo ftreet, Edinburgh
Mr William Alexander, Edinburgh
Mr Robert Aiken, Ayr
Mr Andrew Aiken, Ayr
Mr John Auchterlonie dyer, Edinburgh
Mr Robert Arthur, Pafley
Mr William Armftrong merchant, Edinburgh
Mr James Alexander, Irvine
Mr John Andrew furgeon, Linlithgow
Mr Robert Alexander, Peebles
Mr Robert Alexander manufacturer, Paifley, 2 copies
Mr James Aikman jun. Houfe of Muir
Mr David Auchinvote, at Cordale
Mr Robert Allan, at Row
Mr William Aiken merchant, Glafgow

B

The Duke of Buccleugh
The Duchefs of Buccleugh
The Earl of Buchan, 6 copies
The Countefs of Buchan, 2 copies
Lord Balgonie
Lord Blantyre
Lord Braxfeld
Mifs Burnet, Monboddo
Mrs Baird of Newbyth, 4 copies
Hon. George Baillie
Rev. Dr Blair, Edinburgh

(xi)

Thomas Blacklock, D. D. 7 copies
Dr Jofeph Black, profeffor of chemiftry, Edinburgh
——— Brougham of Brougham-hall, Efq;
——— Borthby, Efq; 4 copies
Captain William Braban, 38th regiment
Peter Brydon, Efq; 6 copies
Robert Blair, Efq; advocate
Robert Brown, Efq; advocate
Rev. Mr George Baird, 5 copies
Archibald Bogle, Efq;
Alexander Buchannan, Efq; of Cambufmore
John Brown, Efq; of Newton
Rev. Mr William Bennet, Duddingfton
Rev. Mr Burnfide, Dumfries
William Bertram, Efq; of Kerfwell
James Buchannan, Efq; of Croy
Mr Charles Bell, Leith
John Ballantyne, Efq; Ayr
Captain William Bell, Ayr
Mr Anthony Barclay writer to the fignet
Alexander Baillie, Efq; 4 copies
Dr Blaw, Edinburgh
Mr James Burnet
Mr Alexander Brown, Advocates Library, Edinburgh
Mr John Brown
Mr James Buchan writer to the fignet
Mr James Brown flaymaker, Edinburgh
Mr Benjamin Bell furgeon, Edinburgh
Mr John Bertram writer, Edinburgh
Mr Robert Bell, Manchefter, 2 copies
Mrs Bell, Edinburgh
Mr James Bell, Pafley
Mr John Barbour, Pafley
Mr Arthur Bifhop, Edinburgh
Mr David Burns, Port Glafgow, 2 copies
Mr Andrew Boyd
Mr Edmond Butterworth, Edinburgh
Mr William Begbie, Potter-row, Edinburgh
Mr William Beatfon, Parliament-fquare, Edinburgh
Mr Bowles, Edinburgh
Mr A. Brodie, 4 copies
Mr Thomas Burns writer, Edinburgh

图 2.6 彭斯《苏格兰方言诗集》的第二版（也即爱丁堡版本）出版于 1787 年，书中包含一份认购者的名单，大约有 1500 个名字，每册支付 5 先令。在图片所示的两页样本中，可以看到本书表一列出的 5 位作者的名字，还有一个作者的妻子（巴肯伯爵夫人）、一个作者的女儿伊丽莎白·伯内特、一个主要赞助人（亚当·斯密的恩主巴克卢公爵和他的妻子）。（多伦多大学托马斯·费希尔珍本图书馆）

维尔）怎样把作品分成几个部分，使用比较实惠的分期形式出版。同时，在其他人的作品发表之前，罗伯逊和布莱尔终其一生都保持阅读和评论每份原稿的习惯。阿伯丁的乔治·坎贝尔也为他的朋友詹姆斯·贝蒂提供过类似的帮助。[94] 为了回报他的恩惠，贝蒂为坎贝尔的利益积极与书商谈判。为鼓励苏格兰文人伙伴出版作品，亨利·麦肯齐也付出过很多努力。我们将在下一章看到，苏格兰文人之间流行互相给对方的作品做宣传的习惯，这种做法有时会损害他们的信用。

他们的书一旦出版，文人们常常互相写赞扬性的评论。主要期刊和报纸 [137] 上的评论并不总是像他们自己宣称的那样做到不偏不倚的高标准要求，作者们有时会对他们的参与性质抱有疑问。当乔治·坎贝尔的出版者问他，怎样才能增加他的《修辞哲学》（编号 174）的可怜销量时，他回答说，赞扬性的评论"也许可以起一些作用……不过那样做如果导致评判者的正直名誉受到损害，我会感到很抱歉"[95]。不过，其他人没有这种不安。在爱丁堡的出版 [138] 社，詹姆斯·贝蒂请托马斯·布莱克洛克给他即将推出的《论真理的本质与永恒性》（编号 123）添加一段赞扬性的描述，他接着说："在这种场合总是需要吹捧，如果省略这种推介，就好像表示这部作品要么完全不关心公众的认可，要么根本得不到支持或作者没有朋友。"[96] 1790 年，休·布莱尔把《传道书》的第三卷赠送给阿奇博尔德·艾利森，并在说明的附函中写道："您是如此乐于助人，因此我冒昧请求您过目后在力所能及的范围内做一些评述，您可以将评论寄给您在伦敦的友人，以便在某个期刊上发表。"[97] 1797 年，查尔斯·迪利（Charles Dilly）准备出版约翰·平克顿的《斯图亚特王朝至玛丽女王时代的苏格兰史》（*History of Scotland*，编号 345）的时候，他提醒作家，"从你与约翰·吉利斯博士在我的会客厅进行的交谈来看"，吉利斯可能要在《月刊》（*Monthly*）上评论该书，同时《批评评论》"准备好接受可能来自您本人或者一个朋友的评论"，因为平克顿以前和那家期刊有过来往。[98]

如果亚当·斯密的藏书室算是当时的典型的话，那么可以说很多苏格兰文人都拥有彼此的作品，或者是通过购买，或者是通过赠送。表二列出的书中有 287 本书在斯密 1790 年去世以前出版（除去他自己的作品），其中至少有 84 本书（占 29%）的某个版本在斯密的藏书室中出现过，包括凯姆斯勋爵、休谟、哈奇森、麦肯齐、里德、罗伯逊、詹姆斯·弗格森、亚当·弗格森、罗伯特·华莱士、约翰·布鲁斯等多名作者的两种以上的作品。这个数字还不包括同一部作品的多种不同版本（例如斯密拥有休谟的《杂文与论文若干》的三个不同版本），表二中有些作品表现为单部的书籍，实际上却由分开出版的几卷组成，它们可能是通过几次谨慎的购买或者赠送而得到的（例如斯密拥有罗伯特·亨利的《大不列颠史》的一卷到三卷，它们分别于1771年、1774年和1777年出版）。除去已经标示出的书籍，斯密的藏书室里似乎还有许多表二列出的作品。遗憾的是，在斯密的时代，赠送的副本通常由出版者直接寄送，因此我们无法确切了解苏格兰作者的书是怎样变成斯密的藏书的。不过水田洋（Hiroshi Mizuta）仍然查明，斯密的藏书中有几种是其他作者的礼物，特别是来自约翰·布鲁斯、乔治·查默斯、亨利·麦肯齐、威廉·汤姆森以及乔治·华莱士（George Wallace）这样的年轻作者。[99]

年轻的作家们也常常在出版物中向前辈作家表示自己的尊敬和感激。我们在上一章中已经看到，威廉·利奇曼在为1755年出版的哈奇森的遗作《道德哲学体系》（编号36）撰写的传记性的前言中称颂了弗朗西斯·哈奇森的事业。马修·斯图尔特在他的《物理和数学手册》（*Tracts, Physical and Mathematical*，编号69）的序言结尾赞美了罗伯特·西姆森："他已经在学术界声名卓著，只要人们理解和重视真正的几何学，他的名声将继续不朽。"18世纪90年代，詹姆斯·安德森在他的期刊《蜜蜂》（*The Bee*）上刊登了对亚当·斯密、威廉·卡伦和詹姆斯·斯图亚特爵士的颂词（其中最后一篇文章的作者是斯图亚特爵士的外甥巴肯勋爵），还有芒戈·帕克的一首诗《关于医学博士威廉·卡伦之死》。[100]杜格尔德·斯图尔特在爱丁堡皇家学会介绍了斯密（在1793年1月和3月宣读）、罗伯逊（在1796年3月宣读）和里德（在1802年的一些会议上宣读）的生平，后来它们相继以各种各样的规格出版，成为这三位作者的标准传记记述。约翰·普莱费尔同样宣读了马修·斯图尔特和詹姆斯·赫顿的传记，还在自己颇有影响的作品《赫顿地球理论说明》（*Illustrations of the Huttonian Theory of the Earth*，1802）中普及赫顿的地质发现。[101]1781年，安德鲁·邓肯发表他的《医疗病例》（*Medical Cases*，编号190）的第二版时，添加了一篇亚历山大·门罗一世生平的简短记述，并且将其单独出版。1812 年，亨利·麦肯齐在爱丁堡皇家学会宣读了约翰·霍姆的生平，在某些方面，它是对霍姆的爱丁堡文人圈子的整体记述；10 年后它被单独出版，也收录于新版的霍姆《作品集》（*Works*）的第一卷。[102] 在《镜子》期刊的一篇虚构文章《拉·罗什的故事》（"The Story of La Roche"）中，麦肯齐将休谟的生平理想化，1793 年他还在布莱克洛克的一版诗集中对托马斯·布莱克洛克的一生进行了梳理。[103]1800 年，威廉·斯梅利的儿子亚历山大出版了父亲的一部遗作，包含了斯梅利在大约 40 年前所写的约翰·格雷戈里、凯姆斯勋爵、休谟和斯密的传记（编号 360）。但是斯梅利有过一个规模更大的未完成的传记写作计划，这本书只是其中的一部分，如果他在有生之年能够完成那个计划，至少会包括表一中 15 位作者的生平。[104] 对于博斯韦尔来说，凯姆斯勋爵是个有影响力的父亲般的人物，因此他认真地打算写作凯姆斯的生平[105]，还曾经玩笑地动过写作休谟生平的念头。1807 年，亚历山大·弗雷泽·泰特勒（伍德豪斯利勋爵）创作了凯姆斯勋爵的长篇传记，和麦肯齐的霍姆传记类似，他拓展了传记的主题，加入了"凯姆斯在世时苏格兰各个方面的进步，不管智力方面还是政治方面"[106]。阿奇博尔德·艾利森转而在 1818 年的《爱丁堡皇家学会会报》上发表了一篇伍德豪斯利勋爵的传记性记述。约翰·辛克莱爵士在两卷精心修饰过的信件和回忆录的第一卷中，添进了对"著名的布莱尔博士"、亚当·斯密（"真正的伟人"）、威廉·罗伯逊（"真正伟大的精神"）、约瑟夫·布莱克（"不仅是一位伟大的哲学家，还是位高尚的人"）、约翰·普莱费尔（"爱丁堡大学最伟大的荣耀之一"）、杜格尔德·斯图尔特（"那个时代最著名的人物之一"）以及其他数名 18 世纪苏格兰作者的赞颂之词。[107]

　　一般而言，后代的作者都尽其所能地提升父辈作者的名望。1771 年，乔治·华莱士在《苏格兰人杂志》上发表了一则他父亲罗伯特的简短讣告。1781 年，亚历山大·门罗二世以 4 开本的规格出版他父亲的遗作，附有唐纳德·门罗所写的传记性介绍（编号 218）。7 年以后，詹姆斯·格雷戈里同样以 4 开本的规格出版已经去世的父亲的《作品集》，附有亚历山大·弗雷泽·泰特勒所写的传记。表一中那些同时代的作者里面，约翰·穆尔写了斯摩莱特的传记，亚当·弗格森写了布莱克的传记，罗伯特·赫伦写了彭斯的传记，

140

141

而詹姆斯·福代斯在大卫·福代斯的《希罗多德：关于讲演艺术的谈话》（编号 18）前面加了一则简短的传记式广告赞扬他的兄弟。[108] 我们已经看到，在休谟死后出版的《英格兰史》的大多数版本中，都附有亚当·斯密纪念休谟的颂扬信件和休谟的简短自传。

表二列出的有些书的献词，也从另一个方面证明了苏格兰启蒙运动作者之间存在的同志友谊。表二中的很多书没有献词，少量书有献给国王的题词——通常是 4 开本的历史作品和其他被认为主题足够高贵的作品，例如威廉·罗伯逊的《查理五世统治史》（编号 119）、约翰·吉利斯的《古希腊及其殖民征服史》（*The History of Ancient Greece*，编号 263）、詹姆斯·布鲁斯的《尼罗河源头的发现之旅》（编号 288）、托马斯·罗伯逊（Thomas Robertson）的《苏格兰玛丽女王的历史》（*The History of Mary Queen of Scots*，编号 317）、托马斯·萨默维尔的《安妮女王时代的大不列颠历史》（*The History of Great Britain during the Reign of Queen Anne*，编号 346）和凯姆斯勋爵不寻常（因为它是 8 开本）的《批判原理》（编号 73）。数量更庞大的作品都被献给了其他性质的赞助人，尤其是贵族——这种做法提醒我们，贵族的赞助仍然是十分重要的。

表二中另外还有一些书被题献给了作者的苏格兰文人同伴，这些公开表达的谢意和感情在这里值得专门提及。约翰·达尔林普尔把《大不列颠封建所有制通史概论》（*An Essay towards a General History of Feudal Property*，编号 43）献给了凯姆斯勋爵，"本书的思想由阁下指导"；罗伯特·赫伦把他的《新苏格兰通史》（编号 330）献给了约翰·辛克莱爵士，此举强调了通过技能和文字促进民族进步的主旨（他还把自己在 1789 年编的詹姆斯·汤姆森的《四季歌》[*The Seasons*]献给了休·布莱尔）。詹姆斯·安德森的《农业和乡村事务随笔》（*Essays Relating to Agriculture and Rural Affairs*，编号 172）于 1777 年推出第二版，基于同样的精神，作者将书献给了他学习的对象威廉·卡伦；该书的第一版没有正式的献词，不过包含一则广告，把"已故的天才约翰·格雷戈里博士"认作该书的有见识的目标背后的灵感来源："将人类的注意力转向对可靠而且有用的技艺和科学的追求。"在医学书籍中，亚历山大·汉密尔顿（Alexander Hamilton）的《产科学理论和实践概述》（*Outlines of the Theory and Practice of Midwifery*，编号 242）献给了卡伦，本杰明·贝尔的《外科系统》（编号 240）献给了亚历山大·门罗二世。威廉·巴肯的《家用医疗》（编号 115）第二版、约翰·格雷戈里的《关于医生的职责和资格的演讲》（编号 129）和凯姆斯勋爵的《乡绅》（编号 176）都献给了伦敦皇家学会的会长约翰·普林格尔爵士。1773 年 1 月 12 日，安德鲁·邓肯使用"一个爱丁堡协会"的名义将他的《医学和哲学评论》的第一卷献给爱丁堡大学的校长威廉·罗伯逊，对罗伯逊为大学的"有名的医学院"所做出的努力表示"诚挚的感谢"。阿奇博尔德·艾利森将《论趣味的本质和原理》（编号 287）第二版献给了他的格拉斯哥大学同学、学生时代以来的同伴杜格尔德·斯图尔特。

这些苏格兰文人作品的"内部"献词中，有四个最引人注目，因为在文人间应有的关系方面，它们表达了启蒙运动的基本理想。大卫·休谟 1757 年的《论文四篇》（编号 45）献给了约翰·霍姆，"《道格拉斯》（悲剧）的作者"——这是休谟写过的仅有的献词，它既是对私人朋友的表态，也是对文明和世界主义的支持。当时霍姆和他在苏格兰长老会的温和派同伴们正受到更严格的苏格兰教会成员的攻击，因为他们认为教士写作和参与舞台剧是不妥当的。休谟没有直接提起这场公开论战，而是在献词里试图消解它，指向一个理想化的古典世界，在那里"文人"即使各自有不同的意见，在"思想自由"原则的指导下，也能保持"彼此的友谊和互相尊重"。对于这些古代的长者，"辩论的主题经常是科学，从来没有敌意"。这段题词最初发表之后，一些朋友担心这种做法弊大于利，在他们的压力下，休谟发现有必要撤回这段献词，可是它已经在出版界广泛流传了。意味深长的是，休谟私下给一个在苏格兰的关系密切的朋友写信时，使用激烈的措辞为自己的行为辩护："我肯定，在我做过的事情里面，没有比它措辞更文雅，或者意图更宽容的了。"（*LDH*，1：242）[109] 可能曾经有人认为这段献词是不妥当的，不过它准确地反映了休谟和他的朋友的启蒙信念。

18 世纪后期，托马斯·里德在《论人的理智能力》（*Essays on the Intellectual Powers of Man*，编号 255）中献给杜格尔德·斯图尔特和詹姆斯·格雷戈里的冗长颂词《致我亲爱的朋友们》表达了对类似原则的支持，不过场景从古代世界转换到了现代的雅典及其郊区（参见图 9.3）。这篇颂词的落款是"1785 年 6 月 1 日，格拉斯哥大学"，当时作者接近 75 岁高龄。里德的献词为 18 世纪的苏格兰描绘了一个理想化的图景，在那里文人们以平静而愉快的态度讨论思想，虽然有时会发生分歧，却总是能在"友好"和互相尊重的气氛中，使用互谅互让的哲学话语来辩明并改进他们的原则。里德将书题献给两个哲学家朋友，这是不同寻常的；更加不同寻常的是，这两位哲学家实际上都比作者年轻 43 岁。在献词的开头，里德记录了他们之间巨大的年龄差距，也提到其中一人（斯图尔特）曾是他的学生。接着，他进一步援引了一位具有启发意义的苏格兰文人的名字——已故的亨利·霍姆（凯姆斯勋爵），霍姆比里德年长，而且寿命很长，参与了与斯图尔特和格雷戈里的哲学交流，因"热心地鼓励和推动每一件可能改善他的国家的事情，如法律、文学、商业、制造业和农业"而享有盛名。"在一些论点上我们有不同的看法，"关于凯姆斯对他的哲学研究的支持，里德评论说，"通过谈话和许多信件，我们会激烈地辩论，却丝毫不会削减他的感情，也不会减少他对作品的继续进行和出版的热忱。"要是没有凯姆斯、斯图尔特和格雷戈里这样的人的鼓励，里德甚至可能无法出版这本书，因为他"没有社会交往，甚至没有特别喜爱的思考材料"[110]。因此，看过这篇献词的读者就能明白，里德认为他的作品是一个连续时期的智力话语和社会互动的产物，这种互动涉及几代苏格兰文人，遍布苏格兰的各所大学。[111]

144　　　7 年以后，杜格尔德·斯图尔特和詹姆斯·格雷戈里把他们的书献给了里德。斯图尔特的《人类心灵哲学原理》（编号 309）包含了一个简短的声明，"证明作者的敬意和热爱"。虽然格雷戈里的《哲学和文学随笔》（*Philosophical and Literary Essays*，编号 304）出版者信息上标注的出版日期是 1792 年，作者在献词中的落款却是"1790 年 1 月 1 日"。那是一封 8 页的公开信，写给一位年迈的导师，其中的精神与休谟和里德的献词十分相似。它承认"关于某些哲学观点"的分歧是存在的，但是来源于里德著作的"快乐和指导"以及"我从您的哲学的优点学到的高度判断力"超越了分歧。斯图尔特认为"那些作者通过他们的劳动做出贡献，使人们变得更加聪明或者更加善良"——或者两者皆有，里德就是这些人中的一员。献词的最后一个词是"再见"，单独放在一行，示意读者联想起哲学的世代兴衰。里德于 1796 年去世，格雷戈里和斯图尔特一直活到了 19 世纪 20 年代。

休谟、里德、斯图尔特和格雷戈里的这些献词的特点在于，作者们都具有认同合作和世界主义的精神，表二里的很多著作也具有同样的精神。在出版苏格兰的旅行纪事书籍的时候，苏格兰作者通常都会吹嘘他们在主要城镇的文人同伴。我们已经提到过约翰·诺克斯在他的《不列颠帝国概览》中赞美了爱丁堡的作者们，类似的例子还有斯摩莱特对《汉弗莱·克林克历险记》所做的评论。博斯韦尔的《与塞缪尔·约翰逊共游赫布里底岛的日记》(1785 年，编号 250)涉及的范围更广泛。1773 年 8 月，博斯韦尔和约翰逊造访爱丁堡，与威廉·罗伯逊、亚当·弗格森、威廉·卡伦、托马斯·布莱克洛克、海斯勋爵以及詹姆斯·格雷戈里都有过交往。在圣安德鲁斯，主要是罗伯特·沃森招待了他们，沃森是 "一个见多识广的人，态度非常和蔼"。在阿伯丁的两所学院，他们见到了乔治·坎贝尔、亚历山大·杰勒德和詹姆斯·邓巴这些教授。在苏格兰高地的短途旅行之后，10 月他们在格拉斯哥与托马斯·里德、约翰·安德森和威廉·利奇曼进行过交谈。在旅程的结尾，11 月，他们回到了爱丁堡，与罗伯逊和休·布莱尔（约翰逊称他们是 "好人和有智慧的人" ）一起度过了一段时间，此外还有海斯勋爵、布莱克洛克、约翰·达尔林普尔爵士和威廉·泰特勒(William Tytler)与他的儿子亚历山大·弗雷泽·泰特勒。《与塞缪尔·约翰逊共游赫布里底岛的日记》全书都在谈论大卫·休谟、詹姆斯·贝蒂、亚当·斯密、凯姆斯勋爵，当然还有詹姆斯·麦克弗森和他的有争议的裁相风格诗歌。无论约翰逊和苏格兰文人在某个特定的问题上可能有过什么样的分歧，也不管他和博斯韦尔争吵时可能有多么怀疑他们身为作者的价值，他们对苏格兰文人的总体印象是世界主义和有教养的地方居民。在这个方面，博斯韦尔的《日记》宣传并时常称赞苏格兰启蒙运动的作者，在苏格兰的大学城镇中，将他们放到适当的地理语境之下。

伦敦的苏格兰格拉布街作家也效仿诺克斯和博斯韦尔的做法。1788 年，威廉·汤姆森以 "一个英国绅士" 的名义，发表了一篇 3 年前去苏格兰的短途旅行的游记(编号 277)，又在 1791 年使用 "德文郡的托马斯·纽特(Thomas Newte)先生" 的笔名，将这篇文章扩写和重新出版。第二年，巴肯伯爵在

145

他的《论索尔顿的弗莱彻与诗人汤姆森的生平和作品》（*Essays on the Lives and Writings of Fletcher of Saltoun and the Poet Thomson*，编号 302）的引言中列举了"纽特上尉令人赞赏的苏格兰游历"。这种策略表示，作者试图利用中产阶级化的英国人身份，使苏格兰格拉布街文人的自我吹嘘和互相吹捧得到合法地位。"纽特"的路线向北，要经过牛津和剑桥，他宣称它们是"受人敬佩的古老时代的纪念碑"。相对地，他在格拉斯哥发现"这里的教授研究领域涵盖各门学科，其中很多人在文学界享有盛名，例如西姆森、哈奇森、斯密、缪尔（Muir）[穆尔（Moor）]、米勒和里德"。文章用很长一个段落称赞了大卫·洛赫的作品，并广泛地讨论了爱丁堡大学，文中有这样的句子："斯密、罗伯逊、布莱克、弗格森、卡伦、门罗、格雷戈里和其他爱丁堡学者（Edinburgenses）由于他们的著作而声名远扬，他们的名字广为人知。"另外两位教授杜格尔德·斯图尔特①和约翰·普莱费尔也被单独提出，因为他们在不久以后就成为知名的作者了。在谈论阿伯丁的时候，汤姆森没有提到特定的名字，而是指出那里"盛行着自由和积极的精神"，这主要应当归功于两个学院的影响。[112] 罗伯特·赫伦的《苏格兰西部郡县的旅行观察》（*Observations Made in a Journey through the Western Counties of Scotland*，1793 年，编号 314）是格拉布街的苏格兰人在苏格兰的游历的另一个例子，他记叙的故事包含了一段很长的颂扬爱丁堡学院文人的讨论，文中提到了布莱尔、罗伯逊、弗格森、斯图尔特、普莱费尔和医学教授们。通过这样做，赫伦复述了我们现在已经熟知的故事，即"[爱丁堡的]教授们的科学和文学声望"是怎样由于他们的出版物而"传遍英格兰和欧洲大陆的"（2：480）。

哲学著作也经常带有类似的信息。约翰·贝休恩的匿名作品《人类生命和幸福散论》（*Essays and Dissertations on Various Subjects*，1770 年，编号 125）赞美亚当·弗格森和亚当·斯密是"这个哲学时代最理性和最敏锐的哲学家之一"（2：348）。在其中一篇随笔的脚注里，贝休恩戏谑地谈论了阿伯丁人贝蒂、杰勒德、坎贝尔和里德对休谟关于自我本质的怀疑主义论点的反驳。他正确地指出，那些阿伯丁人和休谟的关系"更像是一段对话而不像

---

　　①　威廉·汤姆森在文中用的是 Steward，作者在此做了标注，用的是汤姆森的拼写。——译者注

是简单的反驳"[113]，这个观点也适用于其他很多苏格兰启蒙运动的作者。除了贝休恩提到的那些阿伯丁人所写的作品之外，表二中的许多哲学著作都对休谟怀疑主义持反对态度，包括詹姆斯·鲍尔弗的全部作品（编号 23、104 和 222）、詹姆斯·奥斯瓦德的《为了宗教的利益诉诸常识》(*An Appeal to Common Sense in Behalf of Religion*，编号 97)、蒙博多勋爵的《古代形而上学》(*Antient Metaphysics*，编号 204)、约翰·奥格尔维的《当代的不忠实和不可知论的起因研究》(*Inquiry into the Causes of the Infidelity and Scepticism of the Times*，编号 235)、威廉·拉塞尔的《近代欧洲历史》(编号 203)，还有威廉·朱利叶斯·米克尔的匿名作品《暗藏的伏尔泰》(*Voltaire in the Shades*，编号 131)，该书中一个名叫"多疑者"（Sceptic [H——e]）的角色和伏尔泰、卢梭、苏格拉底及其他人一起参加辩论。尽管这类主题激发了强烈的情绪，但这些作品大部分都显示出开明的态度，符合苏格兰文人即使意见不合也不带敌意的世界主义理念。例如，贝休恩在声明了休谟的怀疑主义哲学的终结之后，又谈到休谟的"天赋和性格"(1：131)令人愉悦；拉塞尔指责了休谟的不忠实，但仍然赞扬他是个"伟大的人"。[114] 当贝蒂在他的《论真理的本质与永恒性》(编号 123) 中采用了更刺耳的说法时，对于他是否超出了礼貌所允许的界限，曾经发生过公开论战。[115]

就像对休谟怀疑主义的反对所表明的那样，我们不应该得出结论说，苏格兰文人之间的这些联系和纽带就能促使他们在所有重要的问题上达成广泛的一致意见。彼得·盖伊的"团结并不意味着全体一致"的陈述仍然是正确的，他将启蒙运动哲学家比作一个不时争吵的家庭也是正确的。[116] 在威廉·亨特的《医学评论》(*Medical Commentaries*，编号 76) 中，亨特兄弟野蛮地攻击其他医生，例如亚历山大·门罗二世，此例证明不是亲戚的苏格兰人同伴之间的关系可能有时会很紧张；1780 年以后，这对兄弟彼此间的关系也变得恶劣起来，这又表明即使亲情也不能总是保证亲密且相互支持的关系。文人之间存在思想上的争论、意识形态的分歧和个人的竞争。保守的辉格党多数派和比较激进的辉格党少数派之间存在着政治分歧，一些托利党（保守党）和詹姆斯二世党人之间也是如此。[117]

然而，起决定作用的一点是，苏格兰文人身处的大环境遮盖了他们之间的差别和分歧：在这种环境下，他们互相支持，拥有共同的事业，即促进经济和道德的改善、古典教育和文学、世界主义以及其他启蒙价值观。在这样的背景下，甚至竞争和分歧也能够刺激而不是抑制启蒙书籍文化的发展。可以这样说，苏格兰启蒙运动牢固地建立在它的主要实践者们的个人关系的基础上。它靠大量彼此重叠的城市社团发挥作用，这些社团由杰出学者和文学人物通过各种共同纽带组建起来，包括民族、亲属关系、宗教信仰、职业、教育、赞助、友谊和世界观等。苏格兰性绝不是众多纽带中的一个无关紧要的构成要素，更不是后世的民族主义学者强加给 18 世纪知识分子的过时建构，它是将表一列出的作者，包括那些居住在伦敦的作者，团结在一起的基本要素之一。

148   作者的名字

　　作者的公开身份主要取决于他们决定是否要在书中公开自己。一种极端的做法是完全隐藏自己的身份，另一个极端是完全公开作者的名字，有时还得到附加的传记信息的支持。不过，大量的实例都处在两极之间。表二的作者栏透露了一些细微的差别。当作者的名字没有在扉页、前辅文或者该书的至少前三个版本的正文中出现的时候，我给这些作者的名字加了方括号，用来表示"真正的匿名"。如果符合这些条件，但是作者使用了假名，我就给名字加上加尖括号。把带有方括号和尖括号的书籍算在一起，我们会看到，表二的 360 本书中有 58 本（占 16%）是在真正匿名的情况下出版的。

　　这个数字最初看上去好像很多，然而实际上并非如此，因为根据从书籍之外得到的信息，匿名出版的书的作者是谁，经常是一个公开的秘密，甚至根本不是秘密。1739 年 1 月，在出版了《人性论》的前两卷以后，休谟告诉哈奇森说，他决心"隐姓埋名一段时间"，但是在 1740 年 3 月中旬之前，他就承认他已经"在那一点上失败了"（LDH，1∶38）。尽管休谟的作者身份是通过口头走漏出去的，这类消息传播的途径却并非只有一种。论述休谟哲学的一部作品《为了宗教的利益诉诸常识》（编号 97）也是匿名出版的，但是报纸上的一则介绍该书的广告表明，该书的作者是神学荣誉博士、梅思文的福音牧师詹姆斯·奥斯瓦德（*EEC*，1766 年 11 月 24 日）。有人声称，《多情男人》（编号 135）、《世故的男人》（*The Man of the World*，编号 155）和《朱莉娅·德·奥比妮》（编号 183）这三部小说的作者是一个已故的英格兰教士，因此亨利·麦肯齐被迫在 1777 年公开了他的作者身份。[118] 1769 年，大卫·加里克（David Garrick）精心策划了一个方案，以隐瞒约翰·霍姆是《致命发现》（*The Fatal Discovery*，编号 118）的作者的事实，因为霍姆与受人憎恨的比特勋爵关系密切，他们害怕英格兰人的偏见会损害到对一个苏格兰人所写的剧本的接受。但是这个计策的效果没能维持很长时间，人们很快发现了真正的作者。[119] 就像亨利·霍姆的有争议的作品《论道德原则和自然宗教》（*Essays on the Principles of Morality and Natural Religion*，编号 14）的情况那样，在这种情况下，匿名就是一种诡计，伏尔泰和其他法国启蒙哲人也常常利用这类花招，以便在他们想要出版可能被官方认为不适当的作品时，规避审查制度和法院的起诉。但是苏格兰启蒙运动的作者极少有必要与这种法律限制斗争，他们只有在担心受到攻击的时候，才偶尔感到需要隐瞒自己的作者身份。他们匿名出版作品的最常见理由是谦虚和面对公众的揭露和批评的不安，至少要等他们发现自己的作品会收到怎样的反响之后，这种不安才会消失。[120]

在某种程度上，匿名出版与年龄、地位和作品的体裁相关。一些年龄较长的作家总是匿名出版，例如弗朗西斯·哈奇森和罗伯特·华莱士。威廉·汤姆森这样的格拉布街作家也更可能隐瞒自己的作者身份，但是已经成名的自由作家很少这样做。不过，最重要的因素还是主题和体裁。如果我们排除《不列颠百科全书》这样的多作者作品和学术团体出版的论文集，那么表二中真正匿名出版的作品，几乎有一半是小说和冒险故事（18 本）之类的虚构散文或者戏剧剧本（10 本）。或者，用另一种方式来看，表二的小说作品有 86%（21 本中的 18 本）、戏剧作品有 83%（12 本里有 10 本）是匿名出版的。[121] 然而，在其他体裁的作品中，只有不到 10% 是真正匿名的，并且在一些领域，匿名的情况实际上是不知道作者是谁。

这些数字令人特别感兴趣。按照福柯的判断，在 17 世纪，文学和科学作品得到信任的方式经历了很大的逆转。福柯主张，在那个时代之前，文学作品在匿名出版的时候能够独立自主，而科学作品为了获得认可，需要有一个权威的著名作者；然而在这种转变发生之后，科学作品中"作者功能逐渐消退了"，现在的科学作品通过显示出自身包含着"可以再验证的真理"来得到信任，而"文学话语只有被赋予了作者功能时才会被接受"，人们开始变得无法容忍文学匿名，除非它披上了"奥秘的伪装"。[122] 表二显示的证据与福柯的断言相反，因为文学作品倾向于匿名，而科学和医学作品以这种方式出版的可能性最小。实际上在表二的 91 本科学、数学和医学作品中，仅有两本是真正匿名出版的。

　　然而，这里并不是否定福柯关于文学作品出版中的作者功能的重要性这个更重要的主张。[123] 至少从 18 世纪 40 年代以来，不列颠的小说家们就有一个普遍的惯例，不是通过固有的名字把一批小说联系在一起，而是通过同一个作者的较早的小说作品来联系其他作品。因此，1762 年，托比亚斯·斯摩莱特的《兰斯洛特·格里弗斯爵士历险记》(编号 78) 的扉页上有这样的短语："《罗德里克·蓝登历险记》的作者所著。"1777 年，亨利·麦肯齐的小说《朱莉娅·德·奥比妮》的扉页证实，该书的作者就是数年前的两部小说《多情男人》(编号 135) 和《世故的男人》(编号 155) 的作者。1800 年，约翰·穆尔的小说《莫多特》(*Mordaunt*，编号 359) 的扉页既没有说起作者的姓名，也没有提到他写过的其他非小说类文学作品，却将作者与两部较早的小说《泽卢科》(*Zeluco*，编号 284) 和《爱德华》(*Edward*，编号 340) 联系起来。威廉·格思里 1759 年匿名出版的小说《母亲》(*The Mother*，编号 54) 的扉页上声明，该书的作者就是五年前匿名出版的《朋友们》(*The Friends*，编号 32) 的作者；而威廉·汤姆森的《猛犸》(*Mammuth*，1789 年，编号 286) 的扉页告诉读者，该书是由"月亮上的人"写的——这是一种暗示，令人回想起汤普森在 1783 年推出的同名作品 (编号 237)。成名作者在报纸上为匿名书籍做的广告也起到了同样的作用 (参见图 5.6)。在这些事例中，作者功能显然是将一些匿名的书归到单一作者名下的一种手段，从而让购书群体能理解和分辨它们，即使作者的名字从未被说出来。

　　关于文学匿名披上"奥秘的伪装"时具有的吸引力，福柯的观点在亨利·麦肯齐的期刊《镜子》(编号 217) 中得到了清楚的阐释。1779 年 1 月 30 日出版的《镜子》第二期的全部篇幅都在讨论这个问题。麦肯齐将匿名比作童话中的魔法帽子和戒指赋予人们的"隐形"力量，隐去名字的作者造访书籍出版者威廉·克里奇的店铺，以便听听人们对他的身份有着怎样的说法。店里已经设好了圈套，主人故意把几册第一版的图书放到桌子上，另将订阅报纸挂在前门附近，让顾客偶然听到这样那样的猜测，说作者是一位教士、一位教授、一位演员、一位律师、一位法官、一位贵族、一位绅士或者财政署男爵，或者海关税务专员。有人认为，报纸的目的是宣扬休谟的怀疑主义体系，另一个人相信它是为了推广宗教教义，第三个人则认为其意图是追求一项政治议程。有的人说它是"非常有讽刺意味的"，而别的人觉得它"非常愚蠢"，诸如此类。在听过所有这些议论之后，作者发现他自己"有段时间也开始疑惑，我是不是应该向世间公开宣布我的名字，好让这些问题立刻停止"。最后，"某种羞怯不安"占了上风，他决定不要脱去那件隐形的斗篷，让自己满足于从第一期开始重述计划的要点："我打算向世间展示它是什么，有时也会竭力指出它应该是什么。"作品的标题与这个反映现实的目标毫不隐讳地联系在了一起。然而，第二期的大部分篇幅都利用了一个不同的、含蓄不明的镜像概念，暗示那些都是魔术把戏造出的虚幻影像：现在你以为你看到了作者，而你并没有看到。在克里奇的店铺这样一个"真实的"和可识别的环境中，通过设置活动情境，欺骗的效果得到增强。

在考察的范围从隐藏的身份转到公开的身份时，我给表二的一些作者名字加上了波形括号，用来标识我所说的"部分匿名"和"暂时匿名"。在部分匿名的情况下，作者的姓名在扉页上不出现，不过可以通过书中的其他信息确定作者身份，这类信息通常来自前辅文。举例来说，亨利·霍姆（凯姆斯勋爵）在发表作品的第一版的时候从来不把名字放在扉页上，不过读者通常可以知道他的身份，因为他会在前言或者导论（编号62、176、182和214）或者献词（编号73）后签下自己的名字。部分匿名以其他形式出现时，读者不得不多付出一点努力才能发现作者的名字，不过只要他们希望解开这个谜题，就可以得到答案。休谟的《人类理智哲学论集》（编号8）在1748年4月出版，没有标明作者是谁，不过说了它是"由《道德和政治论文集》的作者写的"。《道德和政治论文集》在同年较晚的时候重印了一个新版本（图4.1），扉页上有休谟的名字。在《论医生的职责和工作》（*Observations on the Duties and Offices of a Physician*，编号 129）的扉页上没有出现约翰·格雷戈里的名字，但是正文提到了作者在爱丁堡大学医学院的"博学和天才的同事们"，"特别是卡伦博士和门罗博士"（第 165—166 页），作者是谁也就毫无悬念了。另一个例子是《物理和文学观察论集》（*Essays and Observations, Physical and Literary*，编号 34），它的题词是献给"一个爱丁堡的协会"，任何了解情况的读者都知道，那是指爱丁堡哲学学会。

　　表二中作者名字上的波形括号也用来表示"暂时匿名"，在本书中是指作者在第一版的时候完全隐藏了身份，却在推出第三版之前把身份曝光的情况。数据中大约有 20 本书属于这一类。1757 年，威廉·威尔基的叙事诗《厄皮戈诺伊德》首次在爱丁堡匿名出版的时候没能达到支持者们的高度期望，该书经过改写和增加补充材料，两年后在伦敦而不是爱丁堡再次出版，此次扉页上有了作者的名字。1763 年，休·布莱尔匿名出版了他的《莪相诗歌评鉴》，尽管在文学圈子里他的作者身份已广为人知。1765 年，布莱尔将内容大大扩展之后推出了第二版，在扉页上出现了他的名字。暂时匿名的第三个实例是詹姆斯·贝蒂的诗歌《吟游诗人》。贝蒂 1771 年匿名发表的第一册《吟游诗人》获得了巨大成功，从 1772 年的第三版开始，作者在此后推出的各个版本的扉页上都留下了名字，包括第一册和 1774 年首次出版的第二册以及完整的两卷本诗集。根据玛格丽特·福布斯（Margaret Forbes）的说法，最初贝蒂去掉自己的名字是因为他"不希望让一部未完成的作品挂上自己的名字"[124]，不过也可能仅仅是因为他起初太过小心了，直到诗集显然取得成功以后，他才在推出第三版时加上了自己的名字。这种例子还有詹姆斯·福代斯的《给年轻女性的传道书》（编号 93）、约翰·穆尔的《法国、瑞士和德国社会与风貌概览》（编号 201）和伊丽莎白·汉密尔顿的《现代哲学家回忆录》（*Memoirs of Modern Philosophers*，编号 357），它们在首次出版时都是匿名的，但是在第一版获得成功以后，随后版本的扉页上便加上了作者的名字。

　　同样地，托马斯·里德鼓励威廉·奥格尔维在《论土地产权》（*Essay on the Right of Property in Land*，编号 220）的扉页上加上他的名字，并说了解他的人"（包括我在内）都看不出有任何理由让这部作品像个弃儿一样，问世的时候没有父亲的名字"[125]。里德的措辞很有趣，因为按照惯常的理解，匿名是与无私的高尚——与骄傲自大相反——联系在一起的，而里德除去了这种联系，用父亲的遗弃和私生子这种带有轻蔑的比喻取而代之。如果该书有必要再出另一个版本，可能奥格尔维就会听从里德的建议。这种情况提醒我们，如果作者有机会出版另一个版本，很多匿名出版的销量一般和滞销的书就可能成为暂时匿名的实例。

表二中，部分匿名和暂时匿名这两个种类的书合计起来总共有 38 本，占到书目总数的将近 11%。这些书里有一小部分既部分匿名又暂时匿名。1747年，亨利·霍姆（凯姆斯勋爵）在爱丁堡匿名出版了《几个不列颠考古问题的论文汇编》（*Essays upon Several Subjects concerning British Antiquities*，编号 2），可是两年以后在伦敦出版第二版的时候，他又在引言后面署了名字。1779 年，凯姆斯在《论道德原则和自然宗教》（编号 14）第三版序言后面署了名字，尽管他的作者身份早就为人所知了。[126] 1779 年，威廉·拉塞尔匿名出版了《近代欧洲历史》（编号 203）的第一部分，但是第二部分 1784 年出版时附有献给贝德福德公爵（Duke of Bedford）的签名献词。1813 年，亚历山大·弗雷泽·泰特勒准备推出他的匿名作品《论翻译的原则》（*Essay on the Principles of Translation*，编号 300）的第三版时，告诉他的出版者说："我已经把我的名字放入了题词，因为人们都很清楚我是这本书的作者，如果再用匿名的形式发表，就会显得是在故弄玄虚。"[127]

威廉·理查森的文学生涯很好地说明了匿名现象的复杂程度。1773 年9 月 7 日，理查森写信给威廉·克里奇，谈到出版他的第一部作品《莎士比亚的一些奇特戏剧角色的哲学分析和阐释》（*A Philosophical Analysis and Illustration of Some of Shakespeare's Remarkable Characters*，1774 年，编号 166）以及另一部小说的手稿的可能性，他对于公开自己的作者身份的前景感到紧张和害怕。"在看到它们获得成功之前，我无法说服自己在这些书上署名，"他说道，"因此，我请求您，不要让别人知道作者的名字。"（WCL）他表达忧虑的方式支持了这一假设，即暂时匿名经常是作者在推出第一版时用来投石问路的一种手段：如果反应冷淡，就可使作者的身份免于暴露；如果作品受到高度好评，销路很好能够再版，那么作者就可以自信地在后续版本的扉页上加上自己的名字。然而在上面这个事例中，作者在几个月以后改变了主意。

12月12日，理查森写信给克里奇说："我决定在书上署名了，不过既不是在扉页也不是在广告里，而是在献给卡思卡特勋爵（Lord Cathcart）的一段简短题词的结尾。"（WCL）他这样做了，不过1784年该书推出第三版的时候，理查森的名字就出现在了扉页上。

18世纪70年代中期，理查森计划出版第二部作品时，他与克里奇的通信透露了隐瞒作者身份的另一种动机，与部分或暂时匿名的形式相比，那种情况更符合真正的匿名。理查森最初把自己的诗集给了伦敦的出版者约翰·默里，然后默里把它转交给了克里奇，理查森在1773年11月23日就这本诗集写信对克里奇说："我请求您不要把它们给任何人看，我不想由于写了一个悲剧而被格拉斯哥的善人们要求承担责任。"（WCL）理查森害怕在舞台剧的剧本上署名，因为在那个时代，苏格兰——尤其是格拉斯哥——很多虔诚的长老会教徒认为剧院是不道德的；这种情况说明，对于受到攻击的担忧可能会影响作者表明身份的方式。1774年，理查森出版《乡村诗集》（*Poems, Chiefly Rural*，编号167）的时候没有收录那部戏剧，从而解决了这个问题。即使如此，他还是避免让自己的名字出现在作品扉页上，然而他在写给卡思卡特勋爵的另一段题词后签了名，并没有做到真正的匿名。他在同一年晚些时候推出的第二版的扉页上加上了自己的名字。1790年，他终于以匿名方式出版了自己的悲剧《印第安人》（*The Indians*，编号289）。理查森的《俄罗斯帝国逸闻》（*Anecdotes of the Russian Empire*，编号246）在1784年出版的时候，扉页上也没有作者的名字，但是在献给卡思卡特勋爵的题词后面有署名。由此可见，尽管由于谦逊，理查森在其大部分作品推出第一版的时候都在扉页上隐去了名字，但是他很少试图隐瞒自己的作者身份。

大多数苏格兰启蒙运动的作者都不会尝试任何形式的隐瞒。表二中的书籍大约有四分之三在第一版的扉页上署了作者的名字，如果不把小说和戏剧作品计算在内，这个数字会上升到接近90%。基于前面讨论过的各种理由，名义上的匿名作品往往没有严格地隐瞒作者的身份。这个事实让我们立刻就能明白，除了特定类型的文学作品——小说、某些戏剧和文学期刊以外，匿名的作品实际只占很小的比例。公开作者身份的最大理由是，苏格兰启蒙运动的作者写作就是为了让自己被读者了解。这一结论与当代学者对作者身份信息的研究是相反的，他们一直认为，在 20 世纪以前匿名出版"至少与署名 155 一样是正常行为"[128]。有一种基于福柯的"作者功能"概念的看法认为，苏格兰启蒙运动成熟时期的书籍文化以对作者的认知以及与此相关的属性为特征，包括作者身份塑造、作者归类和作者评论，列表中的数据支持了这种看法。

　　作者功能的力量可能会引起一些奇怪的扭曲。《地理》（编号 130）是 18 世纪最受欢迎的地理学书籍，也是那个时代所有体裁的书中销量最大的作品之一，它的扉页上一直标识的作者是"威廉·格思里先生"（图 2.5）。人们一般认为该书的大部分内容是由格思里写的，然而事实并非完全如此，格思里在 1770 年 3 月 9 日去世，而该书在 6 个月之后出版。在一定程度上，我们必须注意苏格兰人约翰·诺克斯，他是在斯特兰德街拥有一家店铺的书商，在表二列出的人里，只有他兼具作者和出版者两种身份。诺克斯的《不列颠帝国概览》（编号 244）的第一版的扉页上标明，它的作者是"格思里的地理书的最初编者"。1789 年《不列颠帝国概览》推出第四版时，诺克斯在前言的一个脚注里做了详尽的说明：

　　　　我察觉到地理书籍极少考虑到苏格兰，因此制订了一个计划，出版一套更加精确和完整的地理和历史等方面的作品，这项任务比我预料的需要更多的时间和毅力。我千辛万苦致力于这项工作 12 个月以上，然后认真地请求威廉·格思里先生帮助撰写这部作品的必要部分，同时还请他允许我在扉页上使用他的名字。

　　那么，诺克斯的意思就是他雇用了格思里为一项写作计划服务，这部书实质上是他自己的作品，却在扉页放了格思里的名字，以便依靠作者的名声获利。有一个匿名的期刊作家对此做了更详尽的解释，他声称"一部已经出版的地理书使用了［格思里的］名字，但是众所周知，他对该书的创作没有 156 贡献"[129]。这并不意味着诺克斯是比格思里更加重要的"作者"。他可能撰写了该书的许多内容，但是他把自己的身份称作"编者"，这可能表示他的工作是委托、组织、编集和改写素材，甚至可能从其他已出版的书籍中摘抄材料。[130] 罗伯特·梅休（Robert Mayhew）主张，18 世纪的地理书籍中，信息来源存在问题的特别多，"在这一类作品中，文本侵权和违规抄袭是常态"[131]。唯一可以确定的是，诺克斯认识到，将格思里的名字放到并保留在扉页上能够带来利益，其他人也是如此。在本书研究的第三部分我们会看到，在18世纪末期，爱尔兰和美国的书商是怎样为了自己的目的盗用这部作品，粗暴地篡改书的内容，却从来不敢替换或增补格思里这个指定的作者名字。

　　作者的身份证明比作者的名字更重要。虽然只看英文短标题分类目录（ESTC）无法了解这一点，但表二列出的大多数作品的扉页上，在作者的名字后面都有附加的传记性资料。这些身份证明的标签可以极为直白。有些作者的名字后面加上了敬称"先生"，例如罗伯特·亚当、大卫·休谟、威廉·格思里、詹姆斯·麦克弗森、詹姆斯·鲍尔弗和詹姆斯·博斯韦尔，即使是这个相对无害的后缀也告诉我们，这些作者希望被认作绅士。从苏格兰的大学获得过文学硕士学位的作者有时会在名字后面加上学位的标记（例如"文学硕士 W. 达夫所作"，编号126），但是拥有医学、神学和法学博士学位的作者通常都会标记学位，因为它们的威信更大。除了学位之外，作者们有时会直接写明他们的职业，例如"辩护律师乔治·华莱士先生"（编号238）或"爱丁堡外科医生威廉·亚历山大"（编号103）。如果在学院或者其他重要的机构拥有职位，作者通常也会和学位一起完整地列出他们的头衔。教士的典型自称是某个特定教区的牧师。

157　如果是伦敦皇家学会或者爱丁堡皇家学会的会员，作者一般都会记录这个信息，使用全称或者缩写成 F. R. S. 和 F. R. S. E.，其他学术团体的会员如果拥有某种受尊敬的清闲职位，也会把这些头衔加在名字后面。

　　这些少量的自传性信息并不相互排斥；当作者们得到新的学位、身份和荣誉时，它们会或多或少地积累起来。《安妮女王时代的大不列颠历史》（编号346）的扉页上标明，作者是"托马斯·萨默维尔，神学博士、F. R. S. E.、国王陛下的一个常任本堂牧师、杰德堡的牧师"。于是这个后缀就包括了一个荣誉性的神学博士学位、一个学术团体的成员身份、一个基督教会的清闲差事和一个苏格兰长老会的教区牧师职位。在1783年出版的《外科系统》（编号240）第一卷的扉页上，本杰明·贝尔的身份被标示为"爱丁堡皇家外科医学院的研究员、城市皇家医院外科医生"。第二年该书的第二版出版之前，贝尔在头衔中加上了"爱丁堡皇家学会成员"这一条。1793年贝尔的下一部作品（编号 312）出版的时候，他还另外补充提到他是爱尔兰皇家外科医学院研究员。罗伯特·怀特的《脑水肿研究》（*Observations on the Dropsy in the Brain*，编号 110）将作者的身份标示为"医学博士、陛下新晋的内科医生、爱丁堡皇家内科医学院校长、爱丁堡大学医学教授、F. R. S."。在安德鲁·邓肯的《医疗病例》（编号 190）中，作者的名字后面写着"医学博士，爱丁堡皇家内科医学院研究员，医学讲师，爱丁堡公共诊所内科医生，巴黎、哥本哈根、爱丁堡等地的皇家医药学会成员"。1789 年在《药物学专论》（*A Treatise of the Materia Medica*，编号 281）出版的时候，这种修饰作者身份的形式达到了顶峰，该书的扉页上写了作者威廉·卡伦的名字，然后用了 84 个单词列出了他的医学博士学位、爱丁堡大学的教授头衔、苏格兰国王首席内科医生的闲职，还有他在不列颠、欧洲和美国的 10 个学术团体中的研究职位或者会员身份（图 2.7）。[132]

A

TREATISE

OF THE

MATERIA MEDICA,

By WILLIAM CULLEN, M. D.

PROFESSOR OF THE PRACTICE OF PHYSIC IN THE UNIVERSITY OF EDINBURGH;
FIRST PHYSICIAN TO HIS MAJESTY FOR SCOTLAND;
FELLOW OF THE ROYAL COLLEGE OF PHYSICIANS OF EDINBURGH;
OF THE ROYAL SOCIETIES OF LONDON AND OF EDINBURGH;
OF THE ROYAL SOCIETY OF MEDICINE OF PARIS,
OF THE ROYAL COLLEGE OF PHYSICIANS OF MADRID,
OF THE AMERICAN PHILOSOPHICAL SOCIETY OF PHILADELPHIA,
OF THE MEDICAL SOCIETY OF COPENHAGEN,
OF THE MEDICAL SOCIETY OF DUBLIN,
OF THE ROYAL MEDICAL, AND OF THE ROYAL PHYSICO-MEDICAL, SOCIETIES
OF EDINBURGH.

IN TWO VOLUMES.

VOL. I.

EDINBURGH:
Printed for CHARLES ELLIOT,
AND FOR
C. ELLIOT & T. KAY, opposite Somerset Place, Strand, LONDON.
M,D,CC,LXXXIX.

图 2.7　苏格兰启蒙运动书籍的扉页上经常用学位、头衔和职位来标示作者，不过威廉·卡伦的《药物学专论》（1789）将这种惯例推向了极致。（多伦多大学托马斯·费希尔珍本图书馆）

扉页上关于作者的附加信息有四个方面的重要意义。首先，它显示出作者对自己的看法，或者说得更准确一些，是他们希望读者对自己有怎样的认识。举例来说，卡伦选择列出那么多荣誉称号，这表现出他的一部分性格，有一个评论者曾经这样描述他："雄心勃勃，充满自信，对诸多领域的课题都感兴趣并且理解力强，既慷慨又精明。"[133] 有证据表明，大多数作者在扉页上的身份信息的措辞都是经过深思熟虑的。亚当·弗格森的《论历史的进步和罗马共和国的终结》（编号 232）的第一版于 1783 年出版，关于作者信息，扉页上只是简单地写了"亚当·弗格森，法学博士、爱丁堡大学道德哲学教授"。到 1799 年该书推出第二版的时候，弗格森添加了他的爱丁堡皇家学会会员的身份以及四个欧洲大陆的学会的研究员身份，不过他在私下里说，他担心自己"太过详细地写出了在外国的荣誉称号，不知道这是否正确"[134]。威廉·罗伯逊有过很多国际性的荣誉和头衔，但是他在作品扉页上省略了它们，只写"威廉·罗伯逊，神学博士、爱丁堡大学校长、苏格兰国王陛下的历史编纂者"。然而，1791 年 5 月 9 日，在准备出版最后一部作品时，罗伯逊问他的一个出版者安德鲁·斯特拉恩，他是否应该在原先的描述后面再加上"圣彼得堡皇家科学院会员、马德里皇家历史研究院会员"，并且不确信地补充说，"我想还是省略它们比较好"（SA 48901，第 44—45 页）。斯特拉恩表示同意，于是罗伯逊的《关于古人对印度的了解的历史探究》（编号 299）的扉页上，对作者身份的叙述还是保持原样。

除了告诉我们作者希望展示的自我形象，以及他们有时对这种形象的担忧之外，这种表现方式还进一步支持了福柯关于作者功能的重要性的论点。实际上，安德鲁·斯特拉恩在回答罗伯逊的疑问时使用的思考方式，也可以被解读成对作者功能概念的强有力的证明。"我们的想法和你一样，"斯特拉恩代表卡德尔和他自己写道，"在扉页上和广告里还是省略那些额外的头衔比较好，因为增加头衔的数量会影响人们注意到更加重要的信息，而我们希望维持那个公众已经非常熟悉的罗伯逊博士的形象。"[135] 作为个体的作者，如果要和其作品一起形成一个统一的、可以被立刻识别出来的整体，他的公众形象的一致性和真实性就比大量头衔和荣誉称号更加重要。购书群体能够通过作者的名字将数量庞大的作品联系在一起，因此他们并不愿意改变识别一个知名作者（如罗伯逊）的方式。作为出版者，斯特拉恩和卡德尔对这个事实很敏感。与福柯一样，他们认识到作者的身份证明和作者的商品化已经不可分割地联系在一起了。

第三，把头衔、官职、职业、学位和荣誉放在扉页上的做法能提高作者的权威。最充分地修饰作者身份的情况往往发生在医学类著作中，贝尔和卡伦的书就说明了这一点。外科和内科医生与疾病和健康、生命和死亡打交道，是最前途难料的，而且在 18 世纪，他们始终有被当作庸医和骗子的危险。[136] 为了让读者相信作者是国际医学和科学团体的权威专家，有一种做法是，作者不仅要在他的故乡和本国，而且要在别的地方向读者显示他的声望和可靠性。同样的原则也适用于其他学问领域。弗格森在他的罗马历史作品的第二版中增加了四个"外国的荣誉称号"，那四个研究会和学术团体中有三个属于他的作品所研究的国家（皇家研究院在佛罗伦萨，伊特鲁里亚文物研究协会在科尔托纳，阿卡迪亚在罗马），这是有特别用意的。在 1775 年的一个关于贸易、商业和制造业的小册子上，大卫·洛赫的身份在扉页上只是被简单地标成"爱丁堡的商人"，但是该作品经过大大地扩写，作为《论苏格兰的贸易、商业、制造业和渔业》（*Essays on the Trade, Commerce, Manufactures, and Fisheries of Scotland*，1778—1779 年，编号 196）推出的时候，"商人和苏格兰渔业总监"这个称号增加了作者的权威。甚至在写到一些看上去没有关联的主题时，作者们有时也会炫耀他们的学位和头衔。斯摩莱特是一个拥有医疗从业资格的作者，这个事实可能无助于提高他写作英国历史的能力，但是在他出版的历史作品的扉页上，仍然出现了"托比亚斯·斯摩莱特，医学博士"这样的称号。相反地，与其他作者相比，一些格拉布街作家在发表非小说类文学作品时，很可能经常会隐瞒他们的作者身份，因为很多人没有权威的头衔和荣誉。

最后，这个身份证明的模式有着重要意义，因为它不仅显示了苏格兰启蒙运动的作者对自我的认知，还反映了读者将这些作者与苏格兰及其机构联系起来的程度。与苏格兰的大学的联系尤其重要。罗伯逊、里德、斯图尔特、卡伦、布莱克、杰勒德、坎贝尔、弗格森、布莱尔以及其他许多作者都是苏格兰的大学的教授或者校长。当读者遇到他们的书时，根据扉页上作者名字后面的称号，立刻就知道他们是在阅读一位苏格兰专业学者的作品。读者对作品的评价不仅影响了他们对作者的认识，也影响了对该作者所属机构和国家的看法。1766 年 2 月，大卫·休谟向休·布莱尔指出，如果出版者允许亚当·弗格森的《文明社会史论》按照当时（他认为）有缺陷的状态付印，那么"任何的失败……除了伴随着参与它的羞辱和经营失败之外，还会败坏他所属的群体的名声"（*LDH*，2：12）；为了替这份手稿辩护，布莱尔更进一步强化了这种观点，他承认"有很多东西依赖这部作品的成功，弗格森的名声、他所属的群体，甚至我们整个学院的声望"[137]。和今天的大学的名声类似，在 18世纪，一所大学的国际声誉的基础主要是它的教职人员的出版物获得的反响，而一个作为其教职人员的作者的直接身份证明，是这个过程的关键部分。

　　这个观点也适用于大学以外的其他苏格兰学术机构。这类机构有爱丁堡皇家内科医学院（成员包括查尔斯·奥尔斯顿、威廉·巴肯、安德鲁·邓肯、弗朗西斯·霍姆、詹姆斯·林德、亚历山大·门罗一世和二世、罗伯特·怀特以及其他内科医生）、爱丁堡皇家外科医学院（成员有本杰明·贝尔和亚历山大·汉密尔顿）、爱丁堡皇家学会（成员有贝尔、萨默维尔、托马斯·罗伯逊、约翰·布鲁斯、普莱费尔、洛根等人），或者某个特定的苏格兰教区（有萨默维尔、迪克森、布莱尔、约翰·麦克弗森、托马斯·罗伯逊和其他牧师），作者们在扉页上写出他们在那些机构的研究员或成员身份，通过这种方式让读者知道他们是苏格兰人，并且促使他们认识到苏格兰——特别是爱丁堡——确实是一个"天才人物的温床"。即使那些机构是用来标明匿名作者的身份的，也明确无疑地显示出这些作品来源于苏格兰，并与那里的文人集体联系在一起，例如《不列颠百科全书》"由苏格兰的一个绅士团体编著"，安德鲁·邓肯的《医学和哲学评论》的作者在有些卷中被写成"爱丁堡的一个协会"，在有些卷中被写成"爱丁堡的一个内科医生协会"。

　　作为最后一个例子，我们来考虑一下亚当·斯密的《道德情操论》（编号59）和《国富论》（编号 177）在不同时期的版本对作者名字的修改。[138]《道德情操论》的第一版和第二版（1759 年和 1761 年）中，斯密名字的后缀是"格拉斯哥大学道德哲学教授"。在准备推出第三版时，斯密给威廉·斯特拉恩送去了明确的指示："直接称我为亚当·斯密即可，不要添加任何前缀或后缀。"[139] 然而在 1767 年的第三版、1774 年的第四版和 1781 年的第五版中，斯密的名字后面还是加上了 "L. L. D." 的称号——这个法学博士学位是格拉斯哥大学在 1762 年 10 月授予斯密的。[140] 在此期间，《国富论》第一版（1776）的扉页上将斯密的身份定为 "L. L. D. 和 F. R. S., 格拉斯哥大学前道德哲学教授"，1784 年推出的第四版进一步扩展了这个描述，补充了新成立的爱丁堡皇家学会的会员和 "国王陛下的一位苏格兰海关专员" 两个身份。1790 年，斯密去世前不久出版的《道德情操论》第六版的扉页上就使用了这个形式非常完整的身份标识，而且它还漂洋过海出现在爱尔兰和美国版《国富论》扉页上。因此，在读者眼里，斯密的荣誉学位、在不列颠的两个最有声望的学术团体的研究员职位、现在和以前的教授职称，以及他的祖国，都与他的名字联系在一起，虽然斯密曾经对这种情况表达过疑虑。通过这种方式，出现在作品扉页上的亚当·斯密这个名字在读者心中树立了一个作者形象，他是身份前后一致的、可靠的、能被认可的个体，一部有特色的著作的创造者，一组令人印象深刻的——可辨识出苏格兰身份的——学位、头衔和官职支持着他的权威。

作者肖像

罗杰·夏蒂埃注意到，在作品中用肖像来代表作者的做法有着悠久的历史，可以追溯到中世纪晚期手稿里的微型人像画。不管作者的图像是写实的还是象征性的，"作者肖像的功能强化了写作是一种个人特征的表达的感觉，从而赋予作品可靠性"[141]。作者被描绘成有血有肉的存在，作为一个独一无二的人类，他的面容，可能还有身体，能够与某一本书或者一组书联系起来，这种方式与这些书与作者的名字联系在一起的方式相同。不过，夏蒂埃对可靠性的强调只是故事的一部分。一幅作者肖像也可能意味着某种类型的权威，这取决于该书的体裁以及预期的总体效果。从这方面来说，重要的不仅是主题的表现形式，还有肖像存在的背景，修饰画中人物的方式，以及书页上描绘的各种物体和配饰陈设的性质和布局。

18 世纪的作者肖像画中，男性假发是一个特别重要的配饰。在性别和社会等级的意义上，假发都意味着作者权威。有学问的男性通常展示出文雅尊贵的形象，而这种尊贵的形象通常与绅士的假发联系在一起，借助适当的正装和其他切题的配饰得到增强。不过这种表现形式未必在每个时代都同等地适用于每位作者和每种体裁。虽然假发象征着教养和男性权威，它们也与女人气和虚伪造作联系在一起，因而被马西娅·波因顿（Marcia Pointon）称为"用于修补的糊弄人的道具"[142]。在提高有学问的作者权威的同时，假发也可能被用来质疑他们作为男人的可靠性。于是 1746 年，在受到一个蛮横的伦敦暴徒恐吓的时候，斯摩莱特、卡莱尔和他们的朋友"很高兴地进入一个狭窄的入口，把我们的假发放进口袋里，从腰带上取下剑，拿在手中前行"[143]，用一个意义不会被误解的配饰代替另一个会引起歧义的配饰。时间渐渐接近 18 世纪末的时候，出现在卷首插画上的作者们开始不再使用假发，虽然有时会在头发上搽粉，以致看上去像是假发（与模仿那些它们正在挑战的事物的新技术趋势一致），但是有时则没有任何修饰。尽管人们普遍将这种发展视为一种从做作向自然的简单转变，但是这种解释太过于天真了。所有卷首的作者肖像插画都是为了产生某种可见的效果，以便提升作者的形象，一切都经过了小心的安排。

　　艺术品复制技术的变化也改变了我们对 18 世纪作者的直观认知。今天，人们不仅可以通过分布广泛的公共设施接触到作者的彩色肖像画，其中许多肖像都悬挂在专门陈列肖像画的博物馆中，而且 18 世纪作者的原版肖像画也会在传记作品等图书以及互联网上被原样复制。然而，在 18 世纪，很少有人能有机会接触原版肖像，它们几乎总是印制成版画，不管是在书中出版还是单独出售，读者只有通过这种方式才能看到作者的直观形象。[144] 结果，有些具有代表性的作者肖像虽然在我们的时代广为人知，在他们的时代却没有成为印刷画像的底本。举例来说，只有相对很少的同时代人看到过艾伦·拉姆齐（Allan Ramsay）所画的第一幅大卫·休谟的肖像（1754）。而其他相似的画像，虽然在现代不是那么有名，18 世纪晚期的阅读群体却很熟悉它们，例如当时的人根据约翰·唐纳森的图样绘制的休谟肖像（现在已经找不到了）。关于一个作者的长相，即使是在同一幅画像的基础上形成的概念，18 世纪的人与 21 世纪的人也可能有不同的认识，因为我们更习惯于看油画的复制品，而不是以那些油画为模本的印刷品。复制美术品的所有方式都会产生对原版的偏离。版画复制过程肯定会产生相当大的变异度，因为这种过程依靠艺术家的技巧，艺术家要使用一种媒介对另一种媒介中的艺术作品进行转换。有一个戏剧性的实例，大卫·休谟请艾伦·拉姆齐给卢梭画了一幅肖像，卢梭原先高度赞扬了那幅画，可是后来他显然看到拉姆齐的助手大卫·马丁（David Martin）据此所作的版画，它与原版相似，但美观效果却低得多，结果卢梭开始认为那是休谟的阴谋，企图让他显得丑陋。[145] 从根本上说，在确定作者在 18 世纪公众心目中的直观形象时，雕版制作者和画家所起的作用至少是同等的。

将作者的画像添加到书中是劳动密集型的、耗费时间和金钱的过程，而且结果从来都没有保证。在 18 世纪晚期，虽然人们使用了各种各样的办法去制作印刷画像，将图像复制到书中的最常见的技术还是线刻和点刻，尤其是前者——本章所讨论的画像只使用了这两种技术。[146] 这两种方法都需要高超的技巧，并涉及印刷和出版之前的几个阶段。第一步是给作者画一幅肖像画，在此过程中作者一般要坐上一段时间，画师通常会在已完成的图稿的左下角签名（例如 "D. 马丁作"，或者 "S. 约书亚·雷诺兹 Eq. pinx.①"）。第二步，绘图员会根据要求的尺寸制作一幅图样。使用线刻法（图 2.8）时，雕刻师将图样放置在一块打过一层薄蜡的光亮铜板上，把图样描画或打磨出来，然后用雕刻刀或冰凿仔细地在铜的表面雕刻。完成之后把蜡移走，留下雕刻好的铜版，将其修饰、着墨、擦拭干净（只在刻过的地方保留墨迹），然后就可以使用一种特殊的铜版滚筒印刷机来印刷到纸张上了。点刻（图 2.9）过程的最初步骤是相同的，只不过刻在铜上的印记主要是由钝角的工具刻出的多个圆点，而不是由尖角的雕刻刀刻出的线条组成的。这种技术的优势是，它能够比线刻更加有效地赋予图案明暗相间的色度，还可以利用蚀刻，或者用刻刀刻短线，或者快速敲击，使图案变得更加丰富。线刻和点刻的雕刻师通常都在版画的右下角署名（例如 "由 J. 考德沃尔雕刻"［Engraved by J. Caldwall］，或者 "J. K. 舍温雕刻"［J. K. Sherwin sculp.］），因而大多数卷首肖像版画都

①　拉丁语，意为"由……所画"。——译者注

图 2.8 和 2.9　实际上，苏格兰启蒙运动书籍中的所有卷首肖像都使用了线刻或点刻技术。图 2.8（上图）显示了休·布莱尔的线刻肖像（参见图 2.16），出自詹姆斯·考德沃尔之手。同时，图 2.9（下图）显示了罗伯特·彭斯（参见图 2.20）的点刻肖像细部，为约翰·伯戈 1787 年所作。（考德沃尔的版画：福特汉姆大学图书馆特别收藏品；伯戈的版画：多伦多大学托马斯·费希尔珍本书图书馆）

可以立刻与三个完全不同的个人联系起来，了解情况的读者就能知道他们的身份：表现对象（他的名字通常出现在这一页的显眼位置上）、绘制油画或者肖像原稿的艺术家以及雕刻师。

对作者和书籍制作者来说，添加卷首肖像版画的过程充满了种种困难。首要障碍是费用。在雕刻过程中，铜的柔软度令人非常满意，可是从长远看代价高昂，因为铜板磨损很快，一段时间之后就必须进行修改或者替换——使用耐磨的钢板的技术直到 19 世纪才开始出现。短期来看更棘手的是，原版的肖像以及据此印制而成的图画都需要很高的费用。18 世纪 60 年代晚期，艾伦·拉姆齐画一幅半身肖像（在卷首肖像版画中使用的标准样式）的收费是 20 几尼（21 英镑）；1777 年，约书亚·雷诺兹爵士将绘制同样的半身肖

167

像的价格增加到 35 几尼（36 英镑 15 先令）。[147] 10 年后，詹姆斯·考德沃尔（James Caldwall）为威廉·利奇曼制作一幅线刻卷首肖像版画时收费 30 英镑。考德沃尔的定价不仅大致相当于那个时代最著名和最昂贵的肖像画家绘制一幅半身肖像的价格，而且在印刷 1250 册带有这幅卷首肖像版画的两卷本作品（编号 283）的成本中占了将近 40%，剩下的 60% 则包括了铅字、排字工人和印刷工人许多天的劳动、额外校正费用以及除了纸张以外的所有其他生产成本（SA 48815，第 126 页，其中显示印刷的总计费用为 76 英镑 8 先令）。愿意且有能力制作精确的肖像版画的雕刻师总是十分短缺的，在这样的供求关系下，版画必然价格高昂。出于同样的理由，最受欢迎的雕刻师们会按照他们自己的进度来工作，为了等待他们完工，带有卷首肖像版画的书有时会延迟几个月出版。

因此，在苏格兰启蒙运动时期，作者的卷首肖像相对而言并不常见。那些作者仍在世的书通常不会在作品第一版第一卷就加上作者肖像，而是在一部作品取得决定性的和商业上的成功以后才将肖像添加上去，可能是因为这样做比较容易证明，增加作者肖像是对公众兴趣的一种回应。在我能够查明的范围内，表二列出的书中，最早使用肖像画的例子出现于 1763 年①，托比亚斯·斯摩莱特的《续英格兰全史》（编号 67）推出"新"版本（即第二版）时，第一卷里有一幅作者的上半身肖像，该肖像是由弗朗索瓦·阿利亚梅（François Aliamet）根据约书亚·雷诺兹爵士的画作雕刻而成的。几年以后，大卫·休谟得到了同样的荣誉。坚持要求添加卷首肖像的不是休谟本人，而是他的出版者安德鲁·米勒。"如果出版时不附上肖像，我会高兴许多，" 1766 年 10 月休谟告诉米勒，"我其实不喜欢加上作者的画像，那好像有自大的味道。"（LDH, 2: 97—98）不管有没有自大，休谟最终勉强同意了让他的朋友艾伦·拉姆齐选择一个适当的雕刻师，当时艾伦·拉姆齐恰好是第二次画他的肖像，他穿上了一件华丽的由鲜红和金色组合的大衣，可是拉姆齐告诉他说，在苏格兰不可能有任何人"有能力做一个还过得去的头像"（LDH, 2: 97）。[148] 当一年之后这个问题再次出现时，米勒希望休谟再做一次弗格森的模特，在休

168

---

① 应是 1760 年，当时托比亚斯·斯摩莱特的《续英格兰全史》推出第一版第一卷，参见本书"平装版序言"第 III 页。——译者注

谟作为科学讲师和作者获得成功之前，詹姆斯·弗格森曾经为他制作过栩栩如生的微型肖像画。但是休谟推荐了一幅约翰·唐纳森所绘的现成肖像，"包括我自己在内，所有人都认为……在我的肖像里面这一幅是最像我的，同时也是最好的肖像"（*LDH*，2: 169）。

　　有两幅休谟的版画是依照唐纳森所绘的那幅画像制作的。其中一张版画由爱尔兰人帕特里克·哈尔彭（Patrick Halpen，或哈尔平［Halpin］）制作，休谟的脸朝向左侧，在 1767 年再版的 8 开本《英格兰史》中使用。另一幅由西蒙·弗朗索瓦·拉弗内（Simon François Ravenet）制作，休谟的脸朝向右侧（图 1.1），被用在 1768 年出版的 4 开本《杂文与论文若干》中。如我们在上一章中所见，这个版本的《杂文与论文若干》很重要，他代表了将休谟重新包装成著名哲学作者的过程中的一个关键性时刻，增加一幅新肖像画是这个过程的重要组成部分。肖像中的休谟显得肥胖而受人尊敬，戴着搽了白粉的假发，被放置在椭圆形的相框中间，相框靠在一面砖砌的墙上，墙下部的突出部分上刻着"大卫·休谟先生"字样。在那些字和肖像之间，有两支被部分遮住的羽毛笔和两册装订精美的书。其中一册书打开着，一边的书页上显示着"历史和"的字样，另一边的书页上是"哲学"的字样。这种布置不仅传达了一种知性的永恒感，而且显示了作者是一位博学多才的文人，精通两种不同类型的学问。

　　之后推出的《杂文与论文若干》版本没有休谟的画像，但是 18 世纪最晚一版的《英格兰史》加入了一张唐纳森所绘的卷首肖像。1782 年之后，这样的卷首肖像连同休谟的自传性概述《我的人生》以及亚当·斯密在休谟死后不久写的颂扬信一起，创造了强大的类文本效应。读者遇到的休谟是一个独一无二的个体，直观形象则增强了文本的描述和作者的自我描述。休谟《英格兰史》的结束点是 1688 年，随着销量的增加，该书的主要出版者、米勒的继承人托马斯·卡德尔开始寻找方法，试图扩展它的覆盖范围。经过几次错误的尝试，卡德尔与理查德·鲍德温（Richard Baldwin）联合出版了托比亚斯·斯摩莱特的《英格兰史》。卡德尔在 1785 年达成了目标，这本书成了畅销书，虽然卡德尔稍微用了一点手段，将该书称为休谟的"续作"。[149] 经过深思熟虑，卡德尔和鲍德温在印刷斯摩莱特的《英格兰史》时使用了与休谟的作品相同的字体和开本，"以便任何拥有该书的绅士都可以从休谟中断的地方开始继续阅读大革命之后的历史，在这部斯摩莱特撰写的完整历史中找到有规律的联系"[150]。1788年，大概是为了纪念光荣革命100周年，由于约翰·唐纳森所绘的休谟画像已经很陈旧了，小约瑟夫·科利尔（Joseph Collyer）将其重新雕版制作并放到更加复杂的背景中，画面中显示了一个全副武装的不列颠尼亚（Britannia）[①]，以赞同的态度望着肖像下方的一个缪斯女神，女神正在写休谟的名字（图2.10）。休谟《英格兰史》的一个8开本新版本的第一卷使用了这个图版作为卷首插画，扉页上的出版日期为1789年，该书还收录了其他一些历史人物和事件的版画。随后一年，斯摩莱特的《英格兰史》推出8开本的新版本时，也使用了类似的版画，包括一幅由科利尔雕版制作的作者的新肖像，以便与休谟的画像相配（图2.11）。斯摩莱特原作的《续英格兰全史》是他自己的《英格兰全史》的续作，该书1763年的一个"新"版本中出现过一幅阿利亚梅制作的椭圆形肖像。科利尔细致地复制了那幅肖像画，不过他把背景设置成神话景象，人物是掌管历史的缪斯女神克利俄（Clio），她一只手拿着一册4开本书，另一只手拿着一支羽毛笔。这部二合一的《英格兰史》受到大众的热烈欢迎，特别是它十三卷的结构、带插图的8开本设置（其中八卷由休谟所著，五卷由斯摩莱特所著）。意味深长的是，伦敦、苏格兰甚至美国的竞争对手都发现，如果在当时重印该书，收录卷首作者肖像以及历史人物和事件的版画是明智的选择。

在描写乔治二世统治时期的"英国"文化生活时，斯摩莱特的《英格兰史》称赞了"休谟的创造力、敏锐的洞察力和综合性，无论作为历史学家还是哲学家，我们都将他视作这个时代的第一流作家"[151]。该书还赞扬了一个更年轻的苏格兰历史学家，当时他只出版过一本书，斯摩莱特就称他为"博学而优雅的罗伯逊"。1769年，威廉·罗伯逊的第二部作品《查理五世统治史》以三卷4开本的形式推出第一版，当时没有插图。但是当第一版成功之后，出版者在1772年推出8开本的第二版时加入了4幅版画，包括一幅卷首作者肖像。在两次出版之间的间歇，约书亚·雷诺兹爵士在伦敦画了一幅

170

172

[①]　一个手持三叉戟头戴钢盔的女战士，是大不列颠的拟人化象征。——译者注

图 2.10 和 2.11　托马斯·卡德尔和他的合伙人找到一个办法来扩展大卫·休谟的《英格兰史》，将斯摩莱特两部作品中关于该主题的部分与该书合并起来，之后由小约瑟夫·科利尔雕版制作了休谟（根据约翰·唐纳森的画作）和斯摩莱特（根据约书亚·雷诺兹爵士的画作）的肖像，作为与新版本相配的卷首肖像版画。休谟的肖像印刷时间始于 1788 年，但是这里显示的是 1790—1791 年版的《英格兰史》（左图）卷首肖像版画，涉及的时期一直延伸到 1688 年的光荣革命。斯摩莱特的画像印刷时间始于 1790 年，这里显示的是 1791 年版的《英格兰史》卷首肖像版画，涉及的时期从光荣革命到 1760 年（右图）。（多伦多大学托马斯·费希尔珍本图书馆）

罗伯逊的肖像（图 2.12）。1771 年夏末，他向伦敦的出版者斯特拉恩和卡德尔施加压力，要求以这幅画像为基础"忠实地复制成一幅版画"，并且优美地雕刻出来。[152] 在制作插画肖像的时候，他们确保画的尺寸既适用于 8 开本的第二版，也适用于 4 开本的第一版，增加版画之后，书的价格似乎从两个半几尼涨到了三个几尼。[153] 罗伯逊的卷首画像由约翰·霍尔（John Hall）雕刻制作而成，画像中作者穿着他的教士礼服，戴着假发，用以衬托《查理五世统治史》的高水平，该书使作者得到了有史以来最高的新作品版权费（图 2.13）。

这幅版画将罗伯逊放置在气派的背景中，缓和了他的面部特征，雷诺兹的画作原稿中令人难忘的书写工具和使作者看上去有些狡猾的细微表情，在该图中也都被去掉了。

休谟和罗伯逊成为其他苏格兰历史学家效仿的标杆，而在昂贵的 4 开本作品中使用卷首肖像有时也成为这种竞相仿效过程的一部分。18 世纪 70 年代出版的两本名为《大不列颠史》的 4 开本历史著作就是例子。其中一本书的作者是詹姆斯·麦克弗森（编号 170），他的《大不列颠史》在时间范围上覆盖了休谟《英格兰史》的最后部分，然后从 1688 年光荣革命继续写到 1714 年乔治一世即位。1775 年，斯特拉恩和卡德尔推出了麦克弗森的《大不列颠史》第一版，其中没有卷首肖像，但是与罗伯逊的《查理五世统治史》类似，1776 年该书出版第二版的时候包含了一幅根据约书亚·雷诺兹爵士

图 2.12 和 2.13　威廉·罗伯逊的《查理五世统治史》的 4 开本第一版于 1769 年推出，3 年之后在伦敦推出了第一个 8 开本的版本，其间罗伯逊让约书亚·雷诺兹爵士在伦敦绘制了他的肖像（左图）。约翰·霍尔根据雷诺兹画的肖像制作了线刻版画（右图），它在该书第二版的第一卷中出现，也被加到了第一版没有售出的副本中。（雷诺兹肖像：苏格兰国家美术馆；霍尔的版画：福特汉姆大学图书馆特别收藏品）

图 2.14　约翰·凯泽·舍温制作的线刻版画，画中的詹姆斯·麦克弗森睡眼惺忪，而约书亚·雷诺兹爵士的油画原作（1772）中的作家眼神更加迷离。麦克弗森的《大不列颠史》于 1776 年推出第二版的时候，这幅版画成为第一卷的卷首肖像插画。（森林湖学院图书馆特别收藏品）

的油画（NPG 983）雕版制作的卷首肖像。雷诺兹的这幅肖像画绘制于 1772 年，当时的麦克弗森很明显正在考虑翻译我相的诗歌，画中的作者表现出一种诗人的姿态，眼神显得心不在焉，头发好像是真的而不是假发，拿着一份更像是我相的诗歌而不是历史文献的手稿。[154] 不管是有意还是无意，约翰·凯泽·舍温（John Keyse Sherwin）的线刻版画轻微地改变了麦克弗森的表情，让那种神情恍惚的印象减少了一些，但是画像看上去还是更适合于一部诗集，而不是历史作品（图 2.14）。

　　表二中另一部《大不列颠史》（编号 144）的作者是罗伯特·亨利，由斯特拉恩出版，它有意识地仿效了罗伯逊的 4 开本历史作品。亨利的一幅卷首肖像完善了这种效果，不过它在 1771 年出版的第一卷中没有出现，而是在 10 年后出版的第四卷中才出现。[155] 这幅肖像是由伦敦艺术家詹姆斯·考德沃尔（或考德威尔 [Caldwell]）根据大卫·马丁的油画雕刻而成的，与罗伯逊的肖像类似，画中的亨利佩戴着教士的硬白领和搽了粉的假发——这是苏格兰长老会教士作家的标准行头（图 2.15）。亨利的书和罗伯逊不同的一个方面

在于,版画的大小是按照4开本页面的完全尺寸制作的。这在当时看起来很好,可是,当斯特拉恩和卡德尔在1788年推出第二版的时候,这幅肖像就成了一个棘手的问题,为了适应比较小的8开本版式,肖像不得不被笨拙地裁小。

除了历史学家以外,爱丁堡的教士作家中还有其他设法将自己的肖像印制成版画的人。表一的作者里面,以友善和虚荣闻名的休·布莱尔,在1783年成为第一个在自己活着的时候在第一版作品里放上卷首肖像的作家。1780年5月5日,在一封写给威廉·斯特拉恩的信的附言中,布莱尔就暗示了他的意图:"[大卫·]马丁正在为我制作一幅画像,他绘画的速度非常快并且相当有名气,估计成品会相当不错。我提这件事的意思是说,如果你觉得可以用它制成一幅版画,也许能为你的书[即布莱尔的《传道书》]的出版带来一些好处。"[156] 斯特拉恩欣然接受了这个想法,并建议在爱丁堡制作这个画像,但是布莱尔在8月5日的回信中提出了不同的方案,并且推荐了一个合适的新地方来雕刻这幅肖像:

176

在这里找不到能干的工匠制作我的版画肖像。因此克里奇先生提议,

图2.15 这幅罗伯特·亨利的线刻版画肖像是詹姆斯·考德沃尔根据大卫·马丁的油画原作制作而成的,1781年亨利自己出版的《大不列颠史》的第四卷使用了这幅肖像作为卷首肖像版画。(多伦多大学托马斯·费希尔珍本图书馆)

应该把这件事转交给你。我会把画像装进盒子里，用第一班船寄过去，由你负责管理。我知道你能够成功地雇用最优秀的雕刻师，做出好的成品：因为没价值的版画是非常难看的东西，会丑化一本书。对此我没有什么指示，只不过希望你能够嘱咐一下，让制作者在 8 开本规格能够容许的范围内，尽可能地放大画像的尺寸，这样或许也可以用在 4 开本的书上；因为我已经在考虑，在一两年以后用 4 开本出版我的演讲文章。

布莱尔的计划得到了书商的赞同，但是实行起来耗费了很多时间。1781 年 11 月 12 日，在给斯特拉恩的一封信中，作者感到烦躁，因为雕刻师詹姆斯·考德沃尔拿到画稿后已经过去一年了，他不明白为什么会拖这么长时间。结果布莱尔没有在《传道书》中放入卷首肖像，不过在他的《修辞与纯文学讲稿》（编号 230）中出现了他的一幅肖像画。在该书 1783 年出版的 4 开本中，布莱尔的肖像戴着假发，穿着教士的正装，右手放在左胸前（图 2.16），它精确地复制了马丁的油画原作中的形象。但是 1785 年该书发行 8 开本的第二版时，使用了一幅考德沃尔的新版画，它的背景没有变化，只是将布莱尔的手从胸口移开，使肖像给人一种更自然的印象。《修辞与纯文学讲稿》随后出版的授权版本再现了这个姿势，但是制作工艺明显变差了。到 1796 年的第六版，画像里的人物看上去完全不像同时代的马丁和亨利·雷本爵士（Sir Henry Raeburn）所画的布莱尔，尽管版画仍然是由考德沃尔制作的（图 2.17）。布莱尔的《修辞与纯文学讲稿》获得商业上的成功之后，随着图版一个接一个地磨损，委托制作新的肖像画给出版者造成了沉重的负担。

前面已经说过，诗人的肖像与学术作品作者的肖像不同，没有受到形式上的限制。长老会牧师詹姆斯·福代斯的《诗集》（Poems，编号 262）中的画像就可以说明这一点，该书的第一版（也是唯一的版本）有一幅卷首肖像，由托马斯·特罗特（Thomas Trotter）根据约翰·弗拉克斯曼（John Flaxman）的原作雕刻而成（图 2.18）。图中，福代斯穿着一件古罗马人的宽外袍，以侧面形象出现，以便突出他的显眼的"罗马人"鼻子。18 世纪的肖像画很少使用完整的侧面像，原因之一据说是很多中年男性和女性通常都是坐着画肖像画，他们没有牙齿，当时的牙科医生无法掩饰他们不讨人喜欢的下颌；不过，

图 2.16 和 2.17　休·布莱尔的《修辞与纯文学讲稿》第一版（1783）是 4 开本，特色是第一卷中的卷首肖像版画，这幅精致的线刻版画由詹姆斯·考德沃尔根据大卫·马丁的油画原作制作（左图），画中布莱尔的右手放在胸前。在所有后来出版的 8 开本中，这个姿势改变了，而在 1796 年的第六版中（右图），版画的雕刻技术显得较为低劣，虽然它仍然出自考德沃尔之手。（多伦多大学托马斯·费希尔珍本图书馆）

图 2.18　詹姆斯·福代斯的《诗集》（1786）的卷首肖像版画，这幅完整的侧面肖像是托马斯·特罗特根据约翰·弗拉克斯曼的原作制成的点刻版画，它给人的感觉更接近于一个古罗马人，而不是一个现代的长老会牧师。（多伦多大学托马斯·费希尔珍本图书馆）

还有一个原因是绅士们的假发很容易盖住他们的面孔。[157] 福代斯不用担心后一个问题，因为他在这幅画里是谢顶的——在其他环境中，这种呈现方式对绅士来说近似于赤身裸体[158]，但是作为一卷诗集的卷首肖像画，它的罗马风格显然是可以接受的。

181　　《苏格兰方言诗集》（编号 260）的第二版（在爱丁堡出版）中，罗伯特·彭斯的画像代表了另一种诗意的选择，有别于尊贵的、沉闷的学术作品作者的肖像。1786 年早些时候，该书以读者订购的方式在艾尔郡的基尔马诺克出版了第一版。这一年晚些时候，彭斯来到爱丁堡准备出第二版时，该书第一版已经开始引起轰动。1787 年初，爱丁堡版本名义上的出版者威廉·克里奇声称，他利用当地的共济会组织网络，安排亚历山大·内史密斯绘制彭斯的肖像，然后让约翰·伯戈（John Beugo）根据内史密斯那幅未完成的画像制作点刻版画，作为新版本的卷首肖像。[159] 经过前后 6 次临摹，内史密斯把彭斯描绘成了一个漂亮的少年，他的脸朝向右侧，展示出他长长的黑发，头部的侧面是树木、山峦和一片广阔的天空（图 2.19）。伯戈对内史密斯的作品似乎不是非常满意，因而采取了非同寻常的措施，在 1787 年 2 月让彭斯为他的版画做模特。"一个知名的雕刻师正在制作我的脸，"在版画制作期间，彭斯给他的一个朋友写信说，"如果它能及时完成，我会在我的书上出现，望着扉页，就像其他的傻瓜们那样。"[160] 版画确实及时完成了，但是肖像里的彭斯是从扉页望向远方，而不是面朝着扉页的。伯戈的画像保留了内史密斯画作中的姿势和背景，不过他描绘的彭斯看上去面部更加丰满和强健——轮廓粗犷而英俊，代替了之前的优雅和浪漫（图 2.20）。这幅画像被认为是"对彭斯外貌最好、最可信和最接近事实的描画"[161]，尽管内史密斯的那幅更加柔和精致的肖像在今天要有名得多，但在作者所属的时代，这幅版画形象被广泛接受。而且，由于爱丁堡版本产生的效果，彭斯的《苏格兰方言诗集》在当时的版本加入卷首肖像已经成为标准惯例。因此 8 年后，彭斯会开玩笑说"我的脸 *sae kenspeckle*"（即"我的脸那么面熟"），甚至一个工匠的学徒看到肖像就能立刻认出诗人。[162] 这些卷首肖像给人一种自然状态的错觉，凸显了作者农民

182　出身的形象，蓄意掩盖了诗人自觉的有创造力的人格，实际上，他精通英语和苏格兰文学。[163]

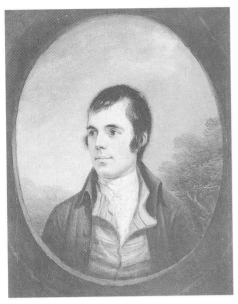

图 2.19 和 2.20　时至今日，人们最熟悉的罗伯特·彭斯的画像是亚历山大·内史密斯的那幅未完工的画像（左图），但是与彭斯同时代的人更熟悉的是约翰·伯戈根据内史密斯的原作制成的点刻版画，作者的形象看上去比较强健（也可能更加准确），作为卷首肖像版画（右图），它在彭斯的《苏格兰方言诗集》的爱丁堡版本（1787）中首次出现。（内史密斯的肖像：苏格兰国家美术馆；伯戈的版画：多伦多大学托马斯·费希尔珍本图书馆。）

　　詹姆斯·弗格森的《力学习题精选》（*Select Mechanical Exercises*，编号153）的第二版也加了卷首肖像，尽管第二版是在作者死后才出版的。在该书第一版前面，弗格森加了一段简短的自传，记述了他非同寻常的人生旅程。他是一个苏格兰北部劳工的儿子，没有受过学校教育，最后却成为受人尊敬的伦敦皇家学会的成员。作者去世两年后，该书于 1778 年重印，出版者斯特拉恩和卡德尔添加了一幅卷首肖像，这幅弗格森的肖像是由托马斯·库克（Thomas Cook）根据约翰·汤曾德（John Townshend）的原画制作而成的[164]，画中的作者有一张睿智、干瘦的面孔，显得讲究实际，一身绅士装扮，戴着搽了粉的假发。但是在汤曾德的人物画像中，仅有的外部道具是一个地球仪的一小部分，人物的手放在地球仪上；而卷首肖像在弗格森的人像周围放置了一系列科学和学术的人工制品，包括一个地球仪的主要部分、一支望远镜、一支温度计、两卷装订起来的书和一个卷轴（图 2.21）。如果说画像本身和自传一起，确立了弗格森作为独一无二的个体的可靠性，那么周围的物体则提高了他作为科学家和作家的权威。

配饰的选择和视觉上的联系并非总是显而易见的。爱丁堡的外科医生本杰明·贝尔的热销书《外科系统》第五版的第一卷（1791）中有一幅作者卷首肖像，该肖像由 W. & J. 沃克根据亨利·雷本爵士的油画刻制而成，人物的背景不是外科手术工具和器械，而是作家的书房（图 2.22）。画中的贝尔坐在一把舒适的绒椅子上，衣饰讲究，戴着假发，可以看到写字台上放着书、羽毛笔和墨水瓶。贝尔深思熟虑地选择以这种方式出现，从而将他的形象界定成一个文人，而不是一个靠技能工作的外科医生。他这样做一定程度上也许是为了强调自己身为作者和绅士的可靠资格[165]，但是传统上人们总是不信任外科医生的社会和智力地位，在与内科医生相比时更是如此，这个事实可能也影响了他的判断。

图 2.21 《力学习题精选》的第二版（1778）在詹姆斯·弗格森死后出版，其特色是一幅线刻卷首肖像插画，该画作由托马斯·库克根据约翰·汤曾德的原画制作，添加了各种各样的科学用品。（宾夕法尼亚历史学会）

图 2.22　爱丁堡外科医生本杰明·贝尔肖像，W. & J. 沃克根据亨利·雷本爵士的油画制作的线刻版画，被用作《外科系统》的第五版第一卷（1791）的卷首肖像版画。该画作描绘的贝尔更像是正在读书的作者，而不是一个执业行医的外科医生。（新泽西医科和牙科大学图书馆特别收藏品）

约翰·平克顿的《斯图亚特王朝至玛丽女王时代的苏格兰史》（编号 345；图 2.23）于 1797 年第一次出版 4 开本，该书的第一卷有一幅作者的卷首肖像，它是由威廉·纳尔逊·加德纳（William Nelson Gardiner）根据西尔维斯特·哈丁（Silvester Harding）的油画制作的点刻版画。其中的平克顿也是在他的书房里，手上紧紧抓着一本书，服装和姿势都显得很小心。画像的背景精确地解释了它的主旨：人物的右边是羽毛笔和墨水瓶，面前是稿纸，左边是学术书籍，从底部厚重的对开本一直到上方的 4 开本和 8 开本，它们把作者围在中间。作者戴着一副眼镜，专注地凝视着阅读者，在这里眼镜是重要的道具，它代替假发成为起决定作用的面部装饰。平克顿用这些学术装备把自己武装起来，宣告了身为历史学家的权威，同时呼吁读者认清，他是一个真诚可信的文人。

芒戈·帕克的《非洲内陆之旅》（编号 350）是一部畅销作品，该书 1799 年的第一版中也有一幅作者卷首肖像。由于本书内容涉及的主要是不知名的国土和文化，它的可靠性与帕克本人密切地联系在一起。不到 10 年之前，詹

图 2.23　这幅线刻版画肖像由威廉·纳尔逊·加德纳根据西尔维斯特·哈丁的油画制作而成。作为卷首肖像版画，它在约翰·平克顿的《斯图亚特王朝至玛丽女王时代的苏格兰史》（1797）第一卷中出现，画中作者戴着的眼镜，是一种显示学者风度的配饰。（多伦多大学托马斯·费希尔珍本图书馆）

姆斯·布鲁斯的《尼罗河源头的发现之旅》（编号 288）还得不到人们的信任，主要原因在于作者违背了同时代人的品味标准，讲述了一些奇异的故事：吃狮子肉和从活牛身上割下来的肉，在埃塞俄比亚后宫为裸体女人放血，通过奋勇作战赢得埃塞俄比亚皇室的赏识。尽管现在的学者们相信这些故事大多数都是真实的，在同时代人的眼里，布鲁斯却显得自吹自擂和不可信任。《非洲内陆之旅》的销路很好，特别是它的缩写版本，虽然原因不一定是人们认为它的记述是可靠的。关于帕克如何解决让布鲁斯感到困扰的可靠性问题，凯特·弗格森·马斯特斯（Kate Ferguson Marsters）讲述了他使用的各种方式，包括肖像采取普通人的外表；如果在同时代的不列颠读者看来，有些资料可能显得夸张或者耸人听闻，就不把这些资料写进书里（或者只作为传闻）；保持他在前言中宣称过的方式——他的作品是"一个坦白的、质朴的故事；没有任何形式的自负，唯一的例外是觉得有必要在某种程度上扩大非洲地理的圈子"[166]。帕克拥有外科医生资质，得到了总部设在伦敦的非洲社团的赞助，还有詹姆斯·伦内尔上校（Major James Rennell）撰写的附录，这些都提升了《非洲内陆之旅》的可靠性。此外，帕克的作品与布鲁斯的作品的不同之处在于，它包含了一幅令人印象深刻的作者卷首肖像（图 2.24）。这幅卷首肖像是 T. 迪金森（T. Dickinson）根据亨利·埃德里奇（Henry Edridge）的画像雕刻制作而成的，画中的帕克是个 20 来岁的青年，看上去英俊潇洒、聪明伶俐，没有戴假发（也可能戴了看上去自然的假发），目光敏锐，表明他是一个有洞察力的世界观察者。还有人根据同一幅原稿另外绘制了水彩画的微型复制品（NPG 1104），把它和版画相对照，就可以看到，艺术品从一种媒介转换到另一种媒介时很容易发生改变：迪金森的描绘显得比较认真，不那么富有感情，因此更加适合于画像的主要用途。托马斯·罗兰森（Thomas Rowlandson）1805 年的一幅讽刺画把帕克描绘成了一个秃头的傲慢的人（NPG 4924），将它和迪金森的版画放在一起进行比较，也可以估量出迪金森的版画的效果。1799 年 6 月，《欧洲人杂志和伦敦书评》（*European Magazine, and London Review*）在头版评论里热烈地赞扬《非洲内陆之旅》，并且也使用了迪金森的版画做说明，这幅版画有助于确立帕克的人格面貌，将他塑造成一个可信的，甚至英雄式的人物，让人们能够相信他在遥远大陆的冒险故事。

在作者死后出版的作品中，还有另外一种类型的卷首肖像，这种画像经

图 2.24　这是 T. 迪金森根据亨利·埃德里奇的原画制作的卷首肖像版画，这幅精神抖擞的肖像为芒戈·帕克的《非洲内陆之旅》（1799）赢得了可靠性。（宾夕法尼亚州立大学图书馆特别收藏品图书馆）

187

过特别的修改，用来巩固或者改变公众对于刚亡故的作者的认识。约翰·布朗医生是布朗氏医学系统的创始人，1780 年他的《医学原理》(*Elements of Medicine*) 用拉丁文第一次出版，6 年后又通过约瑟夫·约翰逊出版了作者自己翻译的英文版本（编号 273）。但该书的出版并没为作者赢得多大声誉。与詹姆斯·弗格森一样，布朗出身贫寒，后来得到了国际性的声誉；而与弗格森不同的是，他陷入了公开论战的泥潭。由于他不擅长交际和政治活动，而且个性不肯妥协，难以与人相处（明显的药物成瘾和嗜酒行为加剧了这种个性），加上坚持不懈地挑战他的导师威廉·卡伦的权威医学理论，这一切造成了他不幸的命运。1788 年，贫病交加的布朗在伦敦去世。7 年以后，为了作者亲属的利益，约瑟夫·约翰逊出版了布朗的遗作《医学原理》的新版本。在"献给善于创造、坦率和仁慈"的献词中，编辑托马斯·贝多斯 (Thomas Beddoes) 将布朗当作一个"不幸的天才"的典型实例，把他的故事介绍给读者。[167] 故事中说，布朗拥有耀眼的才能，却未能通过他的智慧得到益处。在"对该书的起源和内容的介绍"中，贝多斯谈到，布朗甚至没能把他自己的拉丁文原稿充分地翻译成英文，使编辑必须"重新修整"文体（1：ix）。该书增加了一幅卷首肖像，由威廉·布莱克 (William Blake) 根据约翰·唐纳森的微型人像画雕刻制作而成，它支持了贝多斯对布朗的介绍（图 2.25）。画中的布朗虽然打扮得像一个绅士，却莫名显得与这么华丽的装饰格格不入，好像心烦意乱或者情绪低落。他的表情中带着一丝滑稽，这强化了贝多斯在传记性前言中对他的形容："一个好笑的人物……不亚于桑丘·潘沙①。"（1：lxix）他试图微笑，可是他的眼睛流露出深深的忧愁——或者是畏惧？詹姆斯·考德沃尔在 4 年后也根据同一幅画雕刻制作了另一幅肖像（图 2.26），就没有将这种感觉呈现出来。布莱克所描绘的正是贝多斯形容的那个可怜的或者"不幸的"天才，而考德沃尔笔下的布朗正如画像的说明文字所言，是一个"有创造力的天才"，一种得意自满的表情取代了敏感脆弱、滑稽可笑和不幸的印象。由于现在无法找到唐纳森的微型人像画[168]，我们已经不可能知道，这两幅版画哪一幅更逼真地再现了原画的面貌。

---

① 塞万提斯名著《堂吉诃德》中的人物。——译者注

图 2.25 和 2.26　布朗医生的线刻版画肖像（左图），由威廉·布莱克根据约翰·唐纳森的微型人像原画制作，布朗死后出版的 1795 年伦敦版《医学原理》使用它作为卷首肖像版画，效果很理想，因为它抓住了作者既滑稽可笑又带着忧愁的特征，契合该版本试图传达的作者形象。作为对照，詹姆斯·考德沃尔几乎在同一时期也根据同一幅原画制作了版画肖像，他描绘的布朗神情更加积极，像是一个"有创造力的"而非"不幸的""天才"（右图）。（布莱克的版画：多伦多大学托马斯·费希尔珍本图书馆；考德沃尔的版画：KBOOKS 有限公司）

　　与布朗的《医学原理》1795 年的版本相似，我们可以将威廉·利奇曼的《传道书》看作作者去世后的形象建构的一个例子，包括词语和图像在内的类文本材料都是这种建构的手段。在利奇曼的例子中，《传道书》的编者、詹姆斯·伍德罗牧师（Rev. James Wodrow）是利奇曼的门徒和姻亲，他毫不掩饰地将这部书比作圣徒传式的作品。[169] 该书的开头是伍德罗的一段很长的赞词，将利奇曼描述为一个完美的、虔诚的长老会牧师，还补充了作者的卷首肖像，画中的作者戴着假发，身穿牧师服装，带着恰到好处的严肃。从现存的伍德罗和他的朋友塞缪尔·肯里克（Samuel Kenrick）的通信来看，我们知道伍德罗让利奇曼夫人把威廉·米勒（William Millar）的利奇曼画像送到伦敦，以便请人根据它雕刻版画（图 2.27），但是途中遇到了一些困难。雕版费用总共是 30 英镑，经过中间人的调停，在艰难的谈判之后，主要出版者斯特拉恩和卡德尔才同意先支付一半酬金。版画再次由詹姆斯·考德沃尔制作（图 2.28），除了花费金钱之外，这项工作还比预计耗费了更多时间，导致出版的整体进度被延迟了三个月。最糟糕的是，当版画终于完成的时候，伍德罗表达了不满，因为他认为"我以为肖像的表情应该是和蔼和令人愉快的，这个面容太沉重、太严肃了"[170]。无论读者是否赞同他的抱怨，事实的重点在于，伍德罗的意见证明了将作者画像放入书中这件事的危险性：要付多少酬金最终完全由雕刻师决定，而在耗费了这么多时间和金钱之后，雕刻师笔下的作者形象却可能与作为模本的原画和他们打算达成的目的相去甚远。

如果把所有在 18 世纪出版的不列颠版本都计算在内，在表一的 115 位作者中，至少有 24 人（占 21%）在 18 世纪至少提供过一幅卷首肖像。[171]

191　但是如果只统计作者在世时出版的作品，表二的 360 本书中，只有 5 本在第一版的第一卷（或唯一的一卷）里就加入了作者的肖像（布莱尔的《修辞与纯文学讲稿》、福代斯的《诗集》、平克顿的《斯图亚特王朝至玛丽女王时代的苏格兰史》、帕克的《非洲内陆之旅》和吉尔伯特·斯图亚特的《苏格兰宗教改革史》[*History of the Establishment of the Reformation in Scotland*]），只占数据库中书籍总数的大约 1%。这种作者肖像画稀少的主要原因无疑是，请画家绘制肖像然后雕刻制作并印刷到书籍上的过程需要大量的时间和金钱。当然，在有些场合，作者不愿意抛头露面或者不想显得自负也可能是其中一个因素。使用卷首肖像通常是为了证明个人作者身份的可靠性，并象征他们在自己领域的作者权威。实现这些目标的具体手段是多种多样的，它们与作者和特定目标作品的性质保持一致。历史、哲学、科学或者医学类作品中的作者肖像可能外表适当显得沉郁和有学者风度，人物周围放上恰当的物件和人工制品，包括假发、教士服装或者流行的衣服、科学仪器、眼镜、书

图 2.27 和 2.28　威廉·利奇曼是詹姆斯·伍德罗的导师兼姻亲，在准备出版利奇曼的遗作《传道书》（1789）的时候，伍德罗坚持要增加一幅卷首肖像版画，这幅版画肖像根据威廉·米勒的油画原作（左图）雕版制作而成。但是等待詹姆斯·考德沃尔制作线刻版画（右图）耽搁了出版，并且完成品太严肃，结果让伍德罗很失望。（米勒的油画：格拉斯哥大学亨特利安美术馆；考德沃尔的版画：牛津大学哈里斯曼彻斯特学院图书馆）

本和写作用具之类。然而某些类型的作者不同，例如诗人和探险家，画中人物会被赋予年轻英俊的外貌，穿着便服，不戴假发，发型随意而自然。至少在彭斯的例子中，他的肖像背景给人一种有乡村特色的错觉。一个作者可能被描绘成焦虑的天才或者虔诚的教士，也可以被描绘成古老的罗马人或者有教养的绅士，这些都取决于特定的个人和环境。每种直观表现形式的意图都是在读者心中塑造某种类型的作者形象，鼓励读者不仅将一个作者的名字与他的面孔联系起来，而且要将作者的名字与他们对文学和学术的观点联系到一起。正如埃德加·温德（Edgar Wind）在 20 世纪 30 年代所主张的，雷诺兹或者拉姆齐的每幅肖像画都抓住了与作者表情一致的"社会情境"，在这层意义上，他们的画作是"用画笔来诠释作者"[172]，卷首肖像的雕刻和印刷同样代表着理解作者的特定方式。

***

194 　　对苏格兰启蒙运动书籍的描述同样也适用于苏格兰启蒙运动的作者：他们极度多样化，然而他们呈现的模式和联系又表明了他们的团结和凝聚力。我们已经看到，苏格兰启蒙运动的作者实际上来自苏格兰各地，其中来自苏格兰高地的作者格外多。他们的个人背景多种多样，既有打短工的体力劳动者的子孙和贫穷的农民，也有拥有大量土地的乡绅的后裔，到 18 世纪末，女性作者也开始出现。不过绝大多数作者都是男性，出身于社会的中层或者上层（但是贵族非常少）阶级，在苏格兰的大学受教育，大多数从事自由职业。他们被吸引到城市文化中心，尤其是爱丁堡，不过也包括格拉斯哥、阿伯丁和不列颠的首都伦敦。无论生活在苏格兰还是英格兰，他们常常基于宗教、血缘、婚姻以及学校和社会关系，表现出团结互助的模式。他们的苏格兰纽带使他们具有强烈的集体身份意识。在圈外人看来，他们有时带有排外性和宗派主义，特别是在伦敦。

　　这些联系的模式在各个方面影响了书籍的生产和接受。苏格兰作者有合作出版的习惯，公开或者在幕后支持彼此的作品，在发表的作品里互相提及——有时带有批评，不过态度通常是友好的和同志式的，即使他们在实际问题上意见不一致。他们通常在作品扉页上使用自己的真名，并在后面加上传记性资料，以增强公众对他们与苏格兰的机构以及他们彼此之间的联系的认知。他们偶尔也会使用卷首肖像，配合适当的表情和辅助物品，以便达到期望的效果。

　　于是，在不列颠和海外，阅读群体都是通过民族视角来看待苏格兰作者的。读者普遍根据名字认识个体作者，并把他们与已经出版的一系列个人作品联系在一起。此外，传记性叙述、书评、报纸上的文章和广告、游记作品以及作品扉页上的资料常常会显示作者与苏格兰的大学、学术团体以及其他机构的从属关系，读者也能通过这些信息了解大多数作者的身份地位。对于作者的个人名声和国家的声誉而言，这种文本和类文本的结合都是十分关键的。他们作为可靠的个体赢得了读者的信任，使读者认可他们是各自智力领域的专家；与此同时，他们确立了苏格兰作者的集体身份，并使苏格兰成为文学和学术作品的源泉。

第三章　作者身份的报酬

赞助者、出版者和职位

作为赞助者的出版者

在《约翰逊传》的一个著名段落中，詹姆斯·博斯韦尔叙述了一件令他痛心的事，那部不朽巨著《约翰逊辞典》（*Dictionary of the English Language*）只让约翰逊得到了 1575 英镑的稿酬，而且其中包括他必须支付给工作人员的工资，那些编写助手们支持了他将近 10 年。"我也感到很难过，"约翰逊回答说，"不过这样很好。书商们是慷慨大度思想开明的人。"接着，博斯韦尔详细说明了约翰逊关于书商的观点："在所有的场合，约翰逊对书商的评价都足够公正。他认为，书商是文学的赞助人；虽然那部字典最终让他们获利颇丰，但是我们能冒着巨大的风险从事这项工作并坚持完成，实际上要归功于书商，他们也不能确定出版这部字典一定不会亏本。"（*BLJ*，1：304—305）在那个赞助经常拥有决定力量的时代，博斯韦尔对约翰逊之所以认为书商是"文学的赞助人"的解释具有重要意义。这种意见主张，出版者构成了严肃写作背后的推动力量——在这个特定的事例中，约翰逊自己的作家职业就是这种主张的一个证明，他经常回应来自书商的写作委托。

这段文字出现在《约翰逊传》中讲述《约翰逊辞典》编写工作的一个长章节的末尾，我们必须将它放在那个背景中进行理解。1755 年 2 月 7 日，约翰逊曾经给切斯特菲尔德勋爵（Lord Chesterfield）写过一封挖苦信，在该章节的开头，博斯韦尔引用了这封信。信中，约翰逊一口拒绝了伯爵在出版前提出的赞助要求，并指出，在他正努力完成工作、急需支持的时候，他预料的赞助人却从来没有提供过"哪怕一次帮助、一句鼓励的言语或一个赞同的微笑。我没有指望过这种待遇，因为我从来就没有过赞助人"（*BLJ*，1：261—262）。在几页之后，博斯韦尔又引用了一封 1755 年 4 月 8 日约翰逊写给查尔斯·伯尼（Charles Burney）的信，这封信将那些希望购买新出版的《约翰逊辞典》的人指"给多兹利先生，因为靠了他的推荐我才能从事这项工作"（*BLJ*，1：286）。随后博斯韦尔直接转移了话题，开始讨论安德鲁·米勒和威廉·斯特拉恩，这两位苏格兰出版者"是约翰逊文学作品的主要合作者"（*BLJ*，1：287）。这一节的结尾引述了约翰逊对米勒的称赞，约翰逊称米勒"提升了文学作品的价格"，博斯韦尔也给了斯特拉恩和巴黎的夏尔－约瑟夫·庞库克（Charles-Joseph Panckoucke）同样的赞誉（*BLJ*，1：288）。

因此，当读者在几页后看到"文学的赞助人"的段落时，他们已经能够理解，表面上的或者虚假的贵族赞助者与真正的书商赞助者之间存在着鲜明对比。紧接其后的段落使读者回想起这种对比，并为下文做了铺垫："皇室和贵族的赞助人不可能慷慨地伸出援手让作家独立自主，虽然正是这些作家为稳定他们国家的语言做出了贡献。"（*BLJ*，1：304）"我们或许感到愤慨，竟然会有这么卑鄙的忽视。"博斯韦尔补充说。不过，随后他又给出了一个正面的解释，认为这种忽视使约翰逊能够战胜"天生懒散"的心理素质，得以创作出他的"极有价值的作品"。当博斯韦尔为约翰逊的劳动只得到少得可怜的报酬而感到悲哀时，读者已经对约翰逊的温和反应有了心理准备。与切斯特菲尔德勋爵这个有名无实的赞助人相比，多兹利、米勒和斯特拉恩可算是文学的新英雄。

从整体上看，博斯韦尔对《约翰逊辞典》的讨论暗示了 18 世纪的一个普遍趋势：赞助者从贵族变为书商，或者更确切地说，应该是出版者。这种观点在现代已经毫不奇怪了，阿诺德·豪泽尔（Arnold Hauser）在他的《艺术与文学社会史》（*Social History of Art and Literature*，1951）中详尽地扩充了这个观点，10 年之后，尤尔根·哈贝马斯借鉴了豪泽尔的作品，他评论道："一个有兴趣的公众阶层开始认真地阅读书籍……这种现象只有在 18 世纪的最初 10 年才出现，出版者取代赞助者成为作者的委托人，并且组织文学作品的商业传播。"[1] 在哈贝马斯和其他人看来，这些发展标志着书籍贸易的组织形式由贵族的模式转变为"资产阶级的"或者现代的商业形式，而在一些方面，也标志着社会本身的转变。艾尔文·克南就此给出过类似的表述：一种新的文学秩序开始显现，它以印刷技术为特征，出现了一个更大规模的读者群体，图书贸易由市场经济调控，作者主要为了金钱写作，约翰逊就是如此。[2] 克南所描述的作者得到了如此完满的自由，他们看上去好像彻底摆脱了赞助的束缚，成为完全的职业文人，需要依靠的只有公众的鉴赏力，虽然实际上只是一种赞助人取代了另一种赞助人。事实上，这也差不多就是约翰逊本人看待这个问题的方式，博斯韦尔在《与塞缪尔·约翰逊共游赫布里底岛的日记》（1785）中记录了一段 1773 年 8 月 19 日的谈话，他们觉得跟"大众"的判断相比，"大人物"对文学的赞助与书商对文学的赞助并没有太大的差别（*BLJ*, 5: 59）。早在 10 年前，奥利弗·戈德史密斯至少在有关英国诗人的方面就持有相同的观点，认为他们"不再依靠大人物谋生，他们唯一的顾客就是公众"[3]。在这些公式化的表述背后，出版者和书商在幕后继续扮演着决定性的角色，用罗伊·波特的说法就是"文化中间人"，他们充当了作者与公众之间的媒介。[4]

　　这些言论究竟包含了多少真相？在 18 世纪，作者职业化和文学商业化的发展无疑是令人瞩目的。可是人们对这一过程的细节和动态仍然不是十分了解，书商和出版者——或者他们所代表的公众——取代了传统的赞助人，研究者只是一再重复这种公式化的表述，却缺乏支持这一论点的有力证据，也没有提供可以解释其原因的分析。出版者是通过什么样的方法成为"文学的赞助人"和作家的赞助者的（两者有时不是同一回事）？这个问题的答案是否能够推论出传统的赞助人已经被出版者取代？

　　出版者成为文学赞助人这件事最明显的意义或许在于版税——作者总是希望从作品上获得版税，我们会在这一章最后一个部分更完整地讨论这个主题。在解释约翰逊的"文学赞助人"这个说法的意思时，博斯韦尔强调了一个相当不同的企业家版的出版者赞助概念。他指出，书商有时要承担长期经济风险，出版可能赚不到钱甚至赔本的作品。出版者承担的企业使命包括委托《约翰逊辞典》这样的大型工作，如果没有他们，这种工程就无法进行。在博斯韦尔的《约翰逊传》问世之前三年，约翰·平克顿在《绅士杂志》（*Gentleman's Magazine*）上将伦敦的书商和欧洲大陆的书商的作用进行比较，得出了同样的观点。他这样评论"我们的书商"：

> 如果没有他们的帮助，我们现在将会处于怎样的位置？由于他们的事业，在传记、地理系统、百科全书和字典方面我们都受益。在法国和意大利，这类作品由文人学士制订规划并且付诸实施，受到国王或者贵族的赞助支持，书商与此毫无瓜葛，直到他们拿到书稿为止。在我们这里情况恰好相反，书商制订作品的规划并雇用作者。在这个国家，他们实际上是唯一的文学赞助人。[5]

平克顿有一个致力于培养不列颠的"民族历史"创作的大规模出版计划，他赞扬出版者是为了激起他们对他的计划的兴趣。尽管有自己个人的目的，在 18 世纪晚期，他的看法还是清楚地表达了作者对伟大的伦敦出版者的真心赞赏。

作为文学赞助人，出版者在文学事业上的第三种作用在于他们向作者和文人提供一系列服务。出版者常常在自己的商店和住宅为作者提供食宿招待。根据博斯韦尔的记述，18 世纪 60 年代早期，亚历山大·唐纳森在爱丁堡受到了"王子一般的"款待。[6]在 18 世纪后半叶，威廉·克里奇的书店和楼上的房间是著名的文人集会场所，苏格兰文人定期在那里聚会、互相结交。1763 年 5 月，博斯韦尔和约翰逊在伦敦第一次相见，见面地点就在托马斯·戴维斯（Thomas Davies）的书店的里屋，他们讨论的内容刚好是文学。从事印刷业的威廉·斯特拉恩没有书店，但是他为文人提供的服务范围十分广泛，包括为约翰逊提供资金和帮助来自苏格兰的年轻文人。詹姆斯·福代斯的《给年轻女性的传道书》（编号 93）中的一个角色的原型是斯特拉恩的女儿蕾切尔（Rachel）。这个事实可能反映了斯特拉恩的殷勤好客，因为斯特拉恩曾经说过，在 1765 年 11 月蕾切尔早逝之前，福代斯已经和她"非常熟悉"了。[7]

书商常常在私人宅邸举办晚宴和社交聚会，这是伦敦文学生活的普遍特征。1791 年，托马斯·萨默维尔在一次造访伦敦后描述，安德鲁·斯特拉恩和他的合伙人托马斯·卡德尔对他的"款待是我见过的最优雅和大方的"[8]。同时代的伦敦书商乔治·罗宾逊曾经评论卡德尔："他对作者的慷慨大方十分有名，这个时代的文人总是在他的住宅进行公共聚会，无论他们选择在何时到来，都会受到热情的欢迎，总是能享用准备好的晚餐。"[9]朗曼兄弟和迪利兄弟也用类似的方式款待作者，一个美国游客曾经这样描述迪利兄弟在家禽街的住所："就像为作者服务的咖啡馆。"[10]约瑟夫·约翰逊在自己的住所整合了所有这些功能，他在楼上的房间为作者举办每周一次的宴会，用一个现代评论者的话来说，约翰逊充当了他们的"银行家、邮政投递员和包装者、文学经纪人和编辑、社交主持人和心理医生"，有时还给作者供应伙食和住宿。[11]在巴思和其他流行的温泉疗养地，安德鲁·米勒赞助他的作者詹姆斯·弗格森主办了科学讲座，米勒本人晚年也时常光顾那些地方；米勒的继承人卡德尔被任命为弗格森的遗嘱执行人，而在 1776 年 11 月 23 日弗格森的葬礼上，威廉·斯特拉恩是 6 个护柩者之一。[12]总之，过去由贵族赞助人承担为作者提供社会支撑体系的职责，现在，这个职责由富裕的出版者承担起来。

现在来看詹姆斯·博斯韦尔在日记里记录的他与伦敦出版者查尔斯和爱德华·迪利之间的关系。[13]1767 年 8 月，迪利兄弟给博斯韦尔的第一部主要作品《科西嘉岛游记》（*Account of Corsica*，编号 105）支付了 100 几尼的版税。而比版税更加重要的是迪利兄弟与博斯韦尔的私人关系。1768 年 3 月 23 日，也就是该书出版一个月后，他们在伦敦首次见面，迪利兄弟对博斯韦尔的照顾简直到了无微不至的地步：精致的食物、啤酒和波尔图葡萄酒，盛大的宴会，友好到近乎恭敬的待遇。1769 年 9 月，博斯韦尔应迪利兄弟的邀请去他们家住，在那里他受到女管家和"近乎奉承的"男仆的精心照顾；甚至连他的亚麻衣服"都有洗衣工清洗和准备"（1769 年 9 月 17 日）。1772 年，博斯韦尔再次到伦敦旅游的时候，还是首先去拜访他的出版者，受到他们的"热诚欢迎"，在他们家里有自己的房间，"如果我在市镇边界待得迟了，随时都可以去"（1772 年 3 月 19 日）。从那以后，博斯韦尔每次去伦敦都会习惯性地先造访迪利兄弟（1773 年 4 月 2 日）。博斯韦尔在日记里揭示了他受到迪利兄弟慷

200

慨款待的原因，其根源在于"作者和书商之间的重要联系"（1768 年 3 月 23 日）。"我乐意看到身为作者的效果，"1769 年 9 月 1 日的日记如此记述，"由于那种力量，有两个书商唯恐不能待我更好。"那对兄弟中仍然健在的查尔斯·迪利不止一次借钱给博斯韦尔，以至于作者心怀感激，把这件事写进了《查尔斯·迪利先生颂歌》。[14] 最后，经过多年的款待和资助，迪利得到的报偿是有权在博斯韦尔的两部作品的扉页署上自己的名字，即 1785 年出版的《与塞缪尔·约翰逊共游赫布里底岛的日记》和 1791 年出版的《约翰逊传》。但是迪利兄弟对博斯韦尔如此热情地敞开家门和心胸，目的并非仅仅是获得这些不确定的奖赏。实际上，博斯韦尔提出共享《与塞缪尔·约翰逊共游赫布里底岛的日记》的收益的时候，迪利礼貌地推辞了[15]，以避免因为在该书和《约翰逊传》的版权页加上他自己的名字（"亨利·鲍德温［Henry Baldwin］为查尔斯·迪利印刷"）而蒙受自费出版的污名；我们将会看到，关于《约翰逊传》的出版条款，他甚至提出了有悖于自己经济利益的意见。

201　　　出版者担任文学赞助人还有另外一层意义，这关系到他们给"公众"（the public）架起的桥梁。18 世纪的不列颠，出版界的公众大致可以分成三个类别。第一类是作为读者的公众，我们也许可以称他们为读者群体。第二类是作为消费者的公众，他们的意义是书籍的购买者或者图书市场。第三类是作为社会舆论的公众，在书籍的含义、价值和品质方面，他们代表读者和购买者的普遍共识。这三种类别经常是难以区分的，正因为如此，作者和书商通常使用"公众"这个故意模糊不清、包罗万象的术语，这个词往往同时隐含了所有这些含义。

　　我们举三个有关苏格兰作者的例子来说明这个问题的复杂性。在《约翰逊传》中，博斯韦尔记录了威廉·罗伯逊在 1778 年 4 月 29 日的一段谈话："在出售作者的第一部作品的时候，不管书商会给出什么样的价钱，作者都应该接受，直到他表现出身为作者的价值，或者显示出他的作品能取悦公众，在定价时也遵循同样的原则。"（BLJ，3：334）在这段叙述中，我们很难将公众的审美功能和经济作用分离开来；取悦公众、文学价值与书籍的销量和利润都被同等地看待，它们依次产生或者决定了支付给作者的"购买费用"的数额。此外值得注意的是，罗伯逊认为作为出版者的书商担当着一种主要的角色，即在预计公众的接受时，他们的判断优先于作者的判断。书商的赞助人身份在这里得到了证实。

10 年前，罗伯逊正好由于他的第二部作品《查理五世统治史》得到了金额前所未有的版税，大卫·休谟写信给艾贝·莫雷莱（Abbé Morellet）评论道："叙阿尔（Suard）先生会告诉您，文学在英格兰得到了多么高贵的鼓励，没有大人物的介入，只依靠书商的力量，也就是，依靠公众。"（LDH，2：203）休谟的评论再一次暗示了从贵族赞助到书商赞助的转变。焦点不在罗伯逊个人身上，而在罗伯逊的财务安排的普遍意义上，它给了文学界"高贵的鼓励"——这个短语强调了真正的高贵行为和文学赞助从贵族阶层向书商的转变。然而休谟的叙述中最有趣的方面还是在结尾，他将书商－出版者与公众本身等同看待。尽管休谟的确切意思还远远不够清楚，他似乎是说，书商具有出版者和文学贩子的双重身份，能够切实地把握住公众的脉搏，因而能代表公众的兴趣和愿望。

有一篇非同寻常的文章说出了关于作者、出版者和公众之间联系的第三种看法，它的标题是《职业作者历史》（"On the History of Authors by Profession"），分段发表在詹姆斯·安德森的《蜜蜂》杂志早期的 4 期上——博斯韦尔的《约翰逊传》是在 1791 年 5 月中旬出版的，时间正好介于这 4 期杂志的前两期和后两期之间。这篇文章认为，作者的谋生方法一直是"要么是个人慷慨给予的对象，要么为公众的娱乐服务。前者是指接受赞助，后者指责作者屈服于大众庸俗的趣味"[16]。从古代到现代，私人赞助和公众支持之间一直存在着这种基本的紧张状态，但是印刷技术的出现为作者和公众之间引入了中间人——书商，这篇文章用批评的语气描写了书商的兴起和支配作者的过程：

> 印刷技术扩展了图书贸易的领域，提升了印刷业者的作用和重要性；他们很快变成了作者，有钱的资本家变成了图书制造者。在过去简单的时代，制造者和作者分销他们各自的产品；但是随着社会的进步，由于劳动分工，出现了专门从事分销的职业：批发商和书商。与原来的生产者相比，他们所处的环境更有利于财富的增加，对资本的掌控很快赋予

202

了他们高于原有生产者的优越地位，并且不是成为代理人，而是成为雇主和控制者。正是这种环境使得我们现在的作者身份已经达不到古时候的标准了。现在，作者和公众之间加入了一种媒介。当文人们受制于一种新的依赖关系时，文学得到的益处就减少了。（3：88—89）

我们可以把这篇文章看成一种煞费苦心的历史辩护，站在作者的立场上反对贪婪的书商。但是紧接着上面引用的段落，文章出乎意料地反转，主张作者和公众的利益

实际上是对立的：作者的目标是提高其作品的价值，而公众的意图是以尽可能小的代价取得作品。印刷工艺和书商这一职业为文学产品的传播提供了便利。而与此相应，它们可能也拉低了知识的市场门槛，并且在一定程度上使信息在人群中更加广泛地传播，并因此使作者的重要性被削弱。（3：89）

这篇文章的作者将学问与知识的传播区分开来，一方是作者，另一方是出版者、书商和公众，然后断言文学的利益与作家的利益不可能完全等同。让我们回想一下博斯韦尔的记述，约翰逊把书商称为文学的赞助人，而不必然是作者的赞助人。对于作者个人来说，这两种利益似乎难分难解，混合在一起，而且事实上常常就是如此。在这一章后面我们会看到，作者有时也会怀疑书商或出版者，猜想他们总是倾向于剥削作者，或者至少是在某些条件下有能力这么做。不过，罗伯逊、休谟和《蜜蜂》杂志那篇文章的作者等洞察力强的批评家们认识到，事情并非总是如此，出版者们有时比作者更能代表公众的利益，作者有时会由于个人私利扭曲他们的观点。

传统赞助的改变

在 18 世纪，即使出版者有时是文学和作者的赞助人，这并不意味着来自贵族和文化精英的传统赞助在商业出版文化世界中不再发挥作用。罗杰·夏

蒂埃注意到，自文艺复兴时期以来，"传统的赞助体制远远没有随着印刷书籍的散布被废弃，而是发生了改变以适应文本复制的新技术和它确立的市场逻辑"[17]。与此类似，达斯廷·格里芬（Dustin Griffin）指出，不管是作者摆脱贵族赞助人的"解放神话"，还是与其相反的强调腐败和欺骗增长的神话，都不是 18 世纪文学世界的准确写照。[18] 在写到英国诗人时，格里芬主张，在 18 世纪，贵族赞助一直都以并不总是被充分欣赏的方式持续存在着，那个时代的特征应该是"赞助和市场相结合的体制"[19]。这个说法同样适用于苏格兰启蒙运动的作者。

很多苏格兰启蒙运动的作者拥有专门职位，享受定期、稳定而且往往数量可观的收入，还有来自政府或者其他知名机构的津贴和闲职收入，这个事实影响了他们身为作者的地位。有些作者的收入主要来源于他们作为教授、内科医生、律师和教士的工作，有些作者家境富裕在经济上独立，很明显这些人不会完全依靠图书业的资助。如果我们回想前一步的分析，问问这么多苏格兰启蒙运动的作者是怎样得到专门职位从而维护他们的独立性的，我们就会明白，在 18 世纪晚期的出版过程中，赞助人仍然继续发挥着重要的作用，即使他们的角色与几个世纪前相比通常都发生了改变。尽管贵族赞助人不太可能让作者住在自己家里，也不太会为他们的学问研究和作品出版直接供给资金，他们却主要提供另一种方式的赞助。这种赞助形式涉及给予学术职位、教会职务和其他公职，让作者能够拥有舒适的、有时是富裕的写作环境。实际上，所有担任教授、法官、教区牧师以及拥有津贴和闲职的苏格兰人都应该感谢有权势的赞助人的任命，那些赞助人有效地利用权力帮助了他们。这类任命通常不附带外部的限制。除非发生丑闻、完全失去工作能力、未经许可旷工超过一定的时间或者自愿退休，否则苏格兰大学的教授是终身任职的，法官和教区牧师也是如此。

因此，很多事情都取决于有权势的人物的能力，看他们能否识别有价值的学术和文学成就或者有前途的人，以及他们根据自己的最佳判断分配赞助的意愿。苏格兰启蒙运动的出版文化很大程度上受惠于大量的赞助人，他们为值得帮助的文人提供重要的任命，其中第三代阿盖尔公爵（Duke of Argyll）和他的外甥第三代比特伯爵（Earl of Bute）尤其值得注意。[20] 在 1761 年去世

205 之前的 20 年间，阿盖尔公爵做出过或者影响过许多赞助任命，此后数年间，比特也做出过或者影响过一些任命，这些任命加起来几乎囊括了苏格兰值得拥有的全部职位（在比特的例子中还包括英格兰）。他们不仅让表一中的很多作者得到全职的谋生职位或者有补充收入的职位，而且确立了一种鼓励和奖赏作者成就的标准。只有少数 4 开本畅销书的作者能够得到巨额版税，相比较而言，很少有文人会期待依靠出版拿到那么多钱，更多的人渴望通过这类方式获得间接报酬。

约翰·霍姆的职业生涯说明了贵族文学赞助的性质的转变。1756—1757年，他的悲剧《道格拉斯》在不列颠引发了激烈的争议，激起了正统的加尔文教徒的敌意——他们认为剧院天生是产生罪恶的地方。霍姆被迫辞去了苏格兰长老会教区牧师的职务，然后去伦敦担任比特勋爵的私人秘书或者个人助手。当时，比特的支持者威廉·皮特（William Pitt）已经帮忙说服大卫·加里克在科文特花园剧院上演《道格拉斯》，不过比特本人变成了霍姆的戏剧创作的主要赞助人，霍姆即将发表和上演的第二部戏剧《阿吉斯》与伯爵密切相关，人们普遍把它视为比特在莱斯特府（Leicester House）的社交聚会的一种手段。[21] 这些都是旧体制下贵族和文人之间的赞助关系。但是苏格兰文人不再愿意接受这种关系，他们积极地发起运动，为霍姆争取独立自主的生活方式。"每个有价值的人都应该有一个可以立足的坚实基础，无论这个立足点有多小，"1760 年，亚当·弗格森在给比特社交圈子里的政治家吉尔伯特·艾略特的信中写道，"因此我最诚挚地希望霍姆能稳定地得到一些适度合理甚至微不足道的生活保障，在那之前，我想其他对他表示友谊的行动都无济于事。"[22] 弗格森是来自珀斯郡的一个牧师的儿子，前一年刚刚得到他自己的"坚实基础"，他的政治赞助人（包括比特和阿盖尔的代理人弥尔顿勋爵 [Lord Milton]，弗格森曾在弥尔顿的家里做私人教师）说服爱丁堡市议会给他一个自然哲学教授的职位，虽然实际上他在那个领域没有专门知

206 识。现在他正在给一些政治家讲课，让他们知道分配赞助的正确方法。此外，部分出于民族的理由，弗格森呼吁说，采取正确的方法帮助他的朋友要"比你们在这 12 个月里实行的一半公共措施更有意义，因为你们做的事情有一大半的最终结果是让'约翰牛'（John Bull）得到更多的粮食，而我连一个

子儿都不想要"。最终，文人如愿以偿：霍姆收到了一笔每年 300 英镑的政府津贴，接着在比特从政府部门卸任之前得到了一个额外的闲职，年工资也是 300 英镑；于是，反比特、反苏格兰人的评论家们又有了一个讽刺和辱骂得宠的苏格兰人的新攻击对象。比特的行动几乎没有受到霍姆的朋友的赞誉，他们反而认为比特早就应该那样做，他拖延了太长时间。这个事实最能清楚地表明对于文学赞助者的新态度的胜利。[23]

威廉·理查森的职业生涯提供了另一个实例。他与弗格森一样，是一个来自珀斯郡的长老会牧师的儿子，自己也以从事教职为目标。然而，当理查森有机会担任卡思卡特勋爵的儿子的家庭教师时，便离开了格拉斯哥的神学学校，到伊顿公学照管了他们两年。1768 年，随着卡思卡特被任命为驻俄大使，理查森陪同他们一家到了圣彼得堡，在那里待了 4 年，兼任家庭教师和卡思卡特的秘书。随行人员回到苏格兰之后不久，卡思卡特利用他作为格拉斯哥大学名誉校长的影响力，使理查森得到了人文学科（拉丁文）教授职位的任命——从 1773 年秋天直到 1814 年去世，理查森一直是一名出色和称职的教授。只花了很少的时间，理查森就完成了从仆人向绅士的转变。1773 年 11 月 25 日，他告诉伦敦的书商约翰·默里，他写作仅仅是为了娱乐，而不是为了金钱利益，虽然他的《莎士比亚的一些奇特戏剧角色的哲学分析和阐释》（编号 166）有利可图，却没有收取酬金。[24] 与此同时，他仍然与卡思卡特保持密切的关系，经常在勋爵的庄园居住，并一直留心在自己作品的献词里感谢勋爵的帮助。

理查森这样的旅行家庭教师可以利用在国外的时间收集写作素材，促进他们在不列颠的写作事业。《俄罗斯帝国逸闻》（编号 246）就是理查森在圣彼得堡的卡思卡特家里居住期间的产物。与此类似，约翰·吉利斯陪同霍普顿伯爵（Earl of Hopetoun）的儿子们做过两次环游欧洲大陆的旅行，由此他不仅得到了一笔固定的终身年金，还写出了普鲁士的腓特烈大帝的传记（编号 282）。理查森和吉利斯在做家庭教师的时候，没有其他就业手段。不过，随着苏格兰文人获得了自己的独立职业，贵族赞助人为了给儿子们寻找最有经验和专业素质的家庭教师，不得不向需要雇用的人提供长期资助，以便说服他们放弃已有的临时或者永久性职位。当贵族的目的是找人陪伴子女进行遍游欧洲大陆的教育旅行时，这个问题尤其严重。亚当·弗格森、亚当·斯密和约翰·穆尔都受到这种前景的吸引，辞去了在爱丁堡或者格拉斯哥的专门职位，在这几个事例中，贵族雇主付给这些教师每年 200 英镑到 300 英镑的终身年金，换取他们陪伴一年到两年的欧洲大陆旅行。[25] 有了终身年金，这些文人就可以花更多的时间写作，而不必继续为他们的赞助人服务。

我们也必须将政府的赞助考虑进来。事实上，在 18 世纪的不列颠，贵族赞助和政府赞助的界限经常是模糊不清的。文人越来越多地从政府那里获得津贴、教会公职、钦定教席和其他学术教授职位、行政机构职务以及各种各样的清闲差事。越来越多的文人得到这些机会，不是因其撰写政治小册子或为政府政策和官员提供服务（这长期是文人获得优待的途径），而是作为其对文学和学术的重大贡献的奖励。1763 年发生的一件事清晰地反映了这种区别。当时，塞缪尔·约翰逊为他的独立自主感到自豪，通过亚历山大·韦德伯恩的推荐，他领取了比特管辖的机构提供的每年 300 英镑的政府津贴，津贴发放的依据仅仅是他身为作家和词典编纂者的成就。在这个时候，比特强调，提供这笔津贴"不是因为你通过写作介入派系斗争，也不打算让你完成什么计划"；"不是为了你以后会做出什么事而设，而是奖励你已经取得的成就"。[26]

　　然而我们不能只看这句话的表面意义，因为赞助往往不直接对赞助对象规定义务，而是引起微妙的压力和忠诚。就像格里芬所说的，"赞助制度总是与政治相关"[27]。1771 年，在与伦敦治安官的辩论中，约翰逊愿意写一个为政府辩护的小册子，斯特拉恩这样对一个政府官员解释其原因："真相就是，约翰逊博士的心灵和精神都是支持政府的，如果他的笔能够通过及时、适当和有效的形式帮助到他的资助者，他就会非常高兴。"[28] 对于比特当时正利用他的权力提拔的苏格兰文人和继续对他保持忠诚的苏格兰人，例如约翰·霍姆和詹姆斯·麦克弗森，为某个派别服务与独立的文学成就之间的区别并不是那么清楚。比特勋爵对威廉·罗伯逊的政府赞助包括爱丁堡大学校长和苏格兰皇家历史学者的职位任命，以及与职位任命相关联的写作一部当代英格兰历史的学术委托。[29] 只是当约翰逊的任命最终如愿以偿的时候，比特清楚地表述了政府优待的模式。到 18 世纪结束的时候，作者愈加期望政府给予某种优待作为对自己过去文学劳动的奖励，对未来确切的帮助（无论是政治上还是文学上的）则不抱什么期待。表一中的许多作者都得到过这种政府优待。

因此，虽然有些观点认为，传统形式的赞助被来自书商的赞助取代了，或者仅仅是面临现代市场的压力而消失了，我认为更准确的说法是，传统形式的赞助转变成了一种新现象，通常以间接而非直接的方式支持作者，其结果之一就是提升了很多文人的社会名望，使他们获得经济独立。在苏格兰，与法国和欧洲的其他地方一样，对于所有仅靠出版过着体面生活的作者来说，他们中许多人仅仅将从写作中获得的收益当作补充收入。[30] 作者们的主要收入通常来源于某种赞助，这种赞助完全不同于家仆为领主和主人提供服务或担任某个派别的雇佣文人来赚取报酬的传统模式。这种新的赞助形式帮助作家确立了职业自主权，职业自主权又使大多数苏格兰启蒙运动作者能够按照他们的个人动机和目标参与图书业，处于强势而不是弱势地位。

209

版税及其用途

作者写作的理由错综复杂，我们不太可能穷尽这些理由。对学问的热爱、对名声和荣誉的渴求、对地位或者晋升的强烈渴望、对传播一套特定的价值观念或者发展某种流派的思想的期待、有功于社会的意图、与其他作者的个人竞争，当然，还有经济利益——谁能够说得清所有这些因素各自占多少分量？可能大多数 18 世纪的作者施行写作计划，主要还是因为他们认为需要说出一些有意义的内容，而我无意低估这些智力动机的重要性。但是随着不列颠文学商业化的渐渐发展，在这种背景下，考虑物质因素的作用也是必要的。这一章余下的部分将会讨论，苏格兰启蒙运动的作者是怎样通过各种方式处理这个问题的。

贵族的变体

作者创作中的一个极端是，许多作者对于通过作品得到收益没多大兴趣或者完全没有兴趣。有些人追求的是绅士作者的贵族式理想，他们的写作职业不依赖赞助或者任何种类的收益，因为他们已经有了独立的收入来源。苏格兰启蒙运动的作者中，只有很少一部分人出生在这种环境，很多人实际上是凭借其专业地位和职业经历逐渐成为自立的作者。一旦在经济上独立了，只要他们愿意，就有条件采取绅士作者的姿态。

210 　　这类行为在拥有大量土地的绅士中最普遍，他们写书仅仅是为了学术，不太可能赚钱。举例来说，《论自然哲学的不同课题》（*Dissertations on Different Subjects in Natural Philosophy*，编号 306）是由詹姆斯·赫顿自费印刷的，尽管它是一部 4 开本的巨著。赫顿把印刷好的纸张提供给斯特拉恩和卡德尔，由他们在伦敦出版该书。在替赫顿订出版协议的时候，亨利·麦肯齐告诉卡德尔："我可以直率地说，他的目标不是金钱，而是想让这本书在世界上拥有崇高的声望。"[31] 这种观点再一次证明，作为一种分类和厘清各种书籍模式的出版者——"出版者功能"——所具有的公共重要性。读者不会知道赫顿安排出版的细节，不过他们立刻就会发现，赫顿的书问世的时候得到了不列颠最有声望的联合出版者的认可。

　　蒙博多勋爵的《古代形而上学》（编号 204）也属于这种类型。蒙博多在该书第一卷（1779）的前言中表达了对于平庸和"追逐流行的"读者的轻蔑。为了专门吸引有学问的读者，蒙博多蓄意鄙视严肃出版中的商业气质："即使我愿意出售该书，大不列颠的任何一个书商恐怕也不会愿意支付哪怕一个先令，让他们的名字出现在版权页上。"[32] 为了保持这种精英的姿态，蒙博多自己提供资金来出版这本书，它的印数只有 300 册（SA 48815，第 63 页）。1784 年，当《古代形而上学》的第三卷出版的时候，蒙博多写信给他的主要出版者托马斯·卡德尔说："我非常清楚，出售我的书没有让你得到很多利润，因为这本书不是通俗读物，但是你得到的益处是没有风险并且确定无疑的，为此我期望你能够对相关的事情给予适当的关注，至少要回复我写给你的信。"[33] 这封信傲慢的语气部分地反映了作者的性格，与此同时也提醒卡德尔，一位绅士作者与书商或出版者之间存在着社会距离。巴肯伯爵讲话也带有类似的态度，有的人"为书商……而写作"，也就是说为了利润，有的人带

211 着高尚的和爱国的动机做出义务的行动，投稿给显示和鼓舞民族知识进步的学术会刊或者学报，巴肯将他们进行了对比。[34] 巴肯撰写约翰·纳皮尔（John

Napier，编号 191)、索尔顿的弗莱彻(Fletcher of Saltoun)和詹姆斯·汤姆森(编号 302) 等人的传记的时候，公开声明他的意图是"记录每一个对苏格兰有用的人，以免人们遗忘他们"[35]。当然，巴肯是一个富有的贵族，他可以追求这种理想主义的目标而不计较任何物质报酬。

在绅士作者典范的另一个变体中，作者们有时试图从出版者那里得到尽可能多的版税，但不是为了他们自己。这类事业中最令人钦佩的例子是约翰·辛克莱爵士长达二十一卷的《苏格兰统计报告》(编号 301)，他筹钱是打算供给苏格兰的教士子女救济团。我们会在第六章看到，这个目标没有实现，但是从来没有人怀疑辛克莱的动机的真实性。慈善出版中比较成功的例子是《镜子》杂志 (编号 217)，它是亨利·麦肯齐主办的文学期刊，由他和朋友们在 1779—1780 年第一次发行。有众多读者希望《镜子》能以单行本形式出版，当威廉·克里奇明白这一点时，主动提出支付 100 英镑的版权费，可是麦肯齐轻蔑地回绝了，因为他担负的责任是"受托执行慈善事业，在这个职位上我必须尽可能达成有利的协议"[36]。克里奇似乎回复说，只要斯特拉恩和卡德尔赞同，他愿意接受任何协议。于是麦肯齐动身去伦敦，5月 17 日他向克里奇报告了谈判的结果："我发现和他们做交易有点困难，我是第一次参与商谈，有些固执己见，因为我讨价还价不是为了自己，而是为了穷人。最后我们终于解决了问题，我拿到了 180 英镑，如果能够出到第四版 (也就是说，比现在印刷的再多一版)，那么他们会额外给我 20 英镑。"(第115 页) 由于麦肯齐在谈判中的坚持，结果镜子俱乐部能够捐赠 100 英镑给爱丁堡孤儿医院，还给俱乐部购置了大量红葡萄酒储备品。剩下的版税可能也已用于其他慈善事业的捐赠。在协商下一部书《闲人》(编号 270) 的版权的时候，麦肯齐做得更好，从中得到了 300 英镑，据推测也用在了慈善上 (SA 48814A，第 14 页)。

几年后，麦肯齐编辑的《苏格兰高地协会的获奖论文和汇报》(*Prize Essays and Transactions*，编号 353) 推出第一版时，克里奇与合伙人卡德尔&戴维斯同意购买它的版权，版税金额相当于苏格兰高地协会印刷 750 册该书的费用。他们与麦肯齐商定的协议还包括未来出版的书籍，克里奇同意在1799 年年中"付给协会这样一笔钱，你自己应该会觉得合理"(第 212 页)。

212

安德鲁·邓肯的《医疗病例：选自爱丁堡公共诊所档案》(*Medical Cases, Selected from the Records of the Public Dispensary at Edinburgh*，编号 190) 也是一部慈善性质的作品，该书的出版是为了支持邓肯的宠物计划。

　　这种慈善理想还存在另外一种形式：当作者的遗产涉及出版协议时，会为作者的家族或继承人带来收入。麦肯齐曾告知卡德尔，对于通过作品得到财务上的收益，赫顿不是特别有兴趣。在同一封信中，麦肯齐还说到，他在为亚当·斯密的遗作《哲学论文集》进行谈判时，采取了更加积极进取的姿态，因为斯密的侄子和继承人需要这笔钱。[37] 他成功地得到了第一版（结果也是唯一一版）的 300 英镑版税，而且约定好如果出版第二版，还能得到 200 英镑。另外，科林·麦克劳林的《艾萨克·牛顿爵士的哲学发现》(*An Account of Sir Isaac Newton's Philosophical Discoveries*，编号 10) 在作者死后通过读者订购的方式出版，目的是为作者的子女筹集资金。

来自书籍的收益

　　不管为了利润还是为了慈善目的的写作，绝大多数苏格兰启蒙运动作者都不会对此表达轻蔑。相反，他们与出版者谈判时都试图定下最有利的协议。但是应该定什么种类的协议，又与哪个出版者或书商签合同？谁是可以信任的？签订协议的过程中有什么样的"危险、陷阱和死胡同"在等待着捕捉毫无戒心的作者？[38] 他们怎样才能避开这些风险？

　　为了找到这些问题的答案，伦敦的一个年轻的阿伯丁人西尔维斯特·道格拉斯 (Sylvester Douglas)，也就是后来的格林伯夫勋爵 (Lord Glenbervie)，1775 年就应该怎样与书商谈判征询詹姆斯·贝蒂的意见。贝蒂在回复他时评论说："我的经验……（虽然很少）告诉我，他们很少有人愿意看到作者通过他们的影响变得富裕起来，年轻作者就自己的第一部作品与他们讨价还价，这种情况一点不令人羡慕。"贝蒂说，威廉·斯特拉恩是书商中的佼佼者，他能"立刻评判作者的价值，并且是心胸开阔的鼓励者"；爱德华·迪利也很厉害，不过"与他达成协议非常慢；因为他完全依靠身边人的意见来做决定，他在开口说出条件之前，必须阅读手稿并反复掂量"。[39]

亨利·麦肯齐在 1770 年 4 月 19 日的一封信中也表达过类似的怀疑，当时他正准备出版第一部作品《多情男人》（编号 135）："到目前为止，我在创作中只感受到愉快。现在我将开始体验到身为作者的困扰：书商、剧院经理，所有这些生意人都是靠不住的。"[40] 3 年之后，他的作品已经赢得了超出预期的成功，他又给同一个通信者写信，称他为"我尊敬的朋友和书商斯特拉恩先生"，终其一生，他提到斯特拉恩时都是这种态度。[41] 但是没有迹象显示他对图书行业的整体看法有所改变。麦肯齐也许和贝蒂相似，认为斯特拉恩是众多商人中最好的一个，不过他们对作为整体的书商仍然有猜疑，他们认为是书商将他们与自己的作品分隔开来的。

由于书商承担着出版其文字的责任，作者们通常只在彼此之间表达这类猜疑，他们不想破坏与书商的关系。在与出版者直接交谈或通信，或者公开写到出版者的时候，作者们的语调通常很有礼貌，有时很恭敬。詹姆斯·福代斯的《诗集》（编号 262）开篇就是《献给书商卡德尔先生：一首颂歌》，在这篇诗歌中，卡德尔面对一个不满的作者的指责，为自己做了辩解：

> 等等，朋友；写这本书的不是我，
> 我也没有时间去看它。

出版者好比助产士，他的责任不是

> 生出一个孩子，而只是帮助孩子出生。
> 以合理的谨慎引导孩子的诞生：
> 一项必备技艺！
> 这种技艺是属于你的，坦率地说，
> 是你承诺你要完成的。

如果福代斯的书"被证明胎死腹中"（事实上的确如此），那么过错不在于出版者，而在于作者。这种宣言隐含的意思是，理想的书商－出版者是完美的专家，他们关于作品的判断是不容置疑的。

214

与之形成鲜明对比的是，贝蒂给西尔维斯特·道格拉斯写信时提到了与书商打交道的细节，带着作者与作者之间交流的怀疑性语气：

> 如果条件规定报酬和书籍的销量成正比，我建议你不要订下这样的协议。你一定想不到，当书商根据那种契约结账时，他们会给作者开出非常庞杂的支出及扣减费用清单……我想你最好还是立刻放弃这种协议，卖出你的原稿换取一笔钱比较好。

在预先出售版权给书商时，贝蒂表示自己比较喜欢固定酬金，18 世纪的作者普遍如此。对他们来说，主要的替代选项过于依赖书商的诚实，书商可以轻易地欺骗作者说没有赚到利润，或者如果书是"为作者"印刷的，可以说出版物的推销失败了，没能得到经济利益。

当时身价最高的苏格兰作者威廉·罗伯逊通过预售版权得到过一大笔钱，这件事无疑是真实的。1759 年，通过出售两卷本的《苏格兰史》（编号 58）的版权，罗伯逊收到了 600 英镑。接下来的三部历史作品的每卷 4 开本书，他都可以从中拿到 1000 英镑以上的报酬：一套三卷本的《查理五世统治史》（编号 119）是 4000 英镑（包括第二版的 500 英镑），一套两卷本的《美洲史》（编号 185）是 2667 英镑，单卷本的《关于古人对印度的了解的历史探究》（编号 299）是 1111 英镑。[42] 用 21 世纪初的价格来计算，这些金额总计相当于 70 多万英镑或者超过 100 万美元。然而，问题并不像贝蒂说的那么简单。很多其他作者通过"有条件的"出版协议拿到了比较多的钱，如果他们预先出售版权，反而不会卖出那么好的价钱。出版协议的具体情况十分复杂，协议过程有许多偶然因素，所以明智的做法是考察大量个别事例，然后按照合同协议的主要类别分类分析。我们会看到，没有两个事例是完全相同的。在与作者打交道的时候，出版者可能非常狡猾，也可能慷慨大方，书与书之间的各种出版条件差别极大，有时每一卷、每个版本都不同。总之，在苏格兰启蒙运动书籍的交易中，作者赚钱或亏损取决于多种因素。

根据印张或者工作量支付报酬

像格拉布街的雇佣文人那样接受出版者的委托而写作的作者，他们得到的报酬一般通过印张来计算。我们在前一章中已经看到，这类作者－出版者关系有时会让作者陷入困境甚至绝望——他们要拼命赶在紧迫的截稿期限前完成任务。还有一些格拉布街作者把文章卖给书商，从而过上还算体面的生活。1799 年，罗伯特·赫伦移居到伦敦成为格拉布街作家以后，据称每年能赚到 300 英镑，尽管他每天不得不工作 16 个小时，而且不可能长期保持这种创作速度。

在半个世纪以前，威廉·邓肯和托比亚斯·斯摩莱特都与出版者订下过有利可图的计件工资协议。邓肯是熟练的拉丁语学者，在 1744 年 10 月与罗伯特·多兹利签订契约，翻译尤利乌斯·恺撒对高卢战争的记述，以对开页形式做英文和拉丁文对照，并附上学术性注释。[43] 邓肯可能也翻译和编辑过霍勒斯的讽刺作品，契约规定，新书要与 1743 年出版的那部 8 开本的霍勒斯的讽刺作品使用"同样的字体和文字"。如果印数不超过 1000 册，邓肯可以从新书第一版的每个印张中得到一个半几尼；如果可以推出第二版，他还能额外拿到每个印张半个几尼的报酬。版权将属于多兹利，邓肯必须同意不与其他人合作出版任何类似的作品。1753 年，该书终于问世，是一部巨大的插图对开本（编号 24），邓肯在前面加了一篇有关罗马人战争艺术的学术论文。两年后，该书又推出了一套两卷 8 开本，邓肯从这两个版本中赚到了好几百英镑。

托比亚斯·斯摩莱特通过《英格兰全史》（编号 49）赚的钱还要多上许多。詹姆斯·里文顿（James Rivington）是该书的出版者之一，他的破产档案显示，在 1757—1758 年该书首次出版时，斯摩莱特得到了每个印张 3 几尼的大量报酬，这卷 4 开本书一共有 333 个印张，因此酬金总计多达 999 几尼，即 1048 英镑 19 先令。[44] 该书销路很好，于是出版者又另外付给作者 500 英镑，216请他做一些"更改和补充"，这些"补充"中含有大量的自夸和吹嘘，它们既是文本也是类文本，目的是为了宣传推销第二版和第三版。[45] 在 3 年里，斯摩莱特从这部作品中总共获得了 1549 英镑的报酬，这是一个非同寻常的例子，它让斯摩莱特发现了经济独立的新意义。[46]

　　有时，出版者给文人的佣金不是按印张，而是按工作量来计算的。18 世纪最著名的例子是约翰逊的《约翰逊辞典》和《诗人传》(*Lives of the Poets*，由几篇传记性序言组成，1777 年伦敦的书商与他接洽委托事宜的时候，约翰逊表示愿意只收 200 几尼的稿费，这件事很有名)。此外还有很多事例，《不列颠百科全书》(编号 139) 就属于这类。印刷者科林·麦克法夸尔 (Colin Macfarquhar) 和雕刻师安德鲁·贝尔 (Andrew Bell) 最初构想了《不列颠百科全书》的计划，他们很精明地请到多才多艺的印刷者兼作家威廉·斯梅利帮忙创作 15 篇科学文章，并"从整体上帮助筹备该书的出版工作"，酬金总共只有 200 英镑。斯梅利过去经常说，他的创作只需要一把剪刀，因为他的文章的大部分内容是从其他书刊里收集来的，但是不管怎么计算，相对于这项工程的庞大规模，他拿到的报酬仍然是明显偏低的。更不幸的是，后来出版者又聘请斯梅利继续做第二版的编辑，分配给他三分之一的工作量，而斯梅利拒绝了。《不列颠百科全书》获得了成功，贝尔和麦克法夸尔变得很富有 (据说他们仅仅从第三版中赚到的纯利润就有 42000 英镑)，而斯梅利要继续为养活一大家人而埋头苦干。[47]

自费出版

　　一些文人通过出售 (按印张或工作量计酬) 他们创作或者编辑的作品，设法过上了体面的生活，但是他们不能或者很少能控制书籍的出版。然而，如果作者自己出版作品，就可以得到控制权，他们通常付给书商佣金，从而掌管书籍的生产和销售。有几位苏格兰作者选择这种方法并获得了成功。芒戈·帕克的《非洲内陆之旅》(编号 350) 就带有"由作者出版"的标记，该书在 1799 年春天推出第一版之后非常受欢迎，作者从中得到了 1000 几尼 (1050 英镑) 的收益。到 1800 年 1 月开始的时候，帕克告诉他的妻子，他从三个版本中获得的收益已经达到"大约 2000 英镑"，而且还会得到更多。[48]詹姆斯·弗格森是自学成才的科学讲师，1756 年他在伦敦出版了第一部代表作《依据艾萨克·牛顿爵士的原理解释的天文学》(*Astronomy Explained upon*

Sir Isaac Newton's Principles，编号 39）。该书是一卷以订购方式出版的 4 开本图书，其特色是根据作者本人绘制的图样制作的版画，向大众传播难懂的科学概念。虽然带有一种大胆的试验性质，该书还是立刻获得了成功。第二年，作者推出了经过扩写的第二版，也是 4 开本，同样有"由作者出版和销售"的标记。作者经销自己的作品是罕见的，但当时弗格森在斯特兰德街拥有一家店铺，在那里出售自己制作的地球仪，所以能够自主出版。

通过《依据艾萨克·牛顿爵士的原理解释的天文学》的前两个版本，弗格森肯定赚到了数百英镑，但是自费出版是一种结果不确定并且耗费时间的活动。作者必须准备好应对出版过程的方方面面，就像约翰·亨特在出版《论性病》（*A Treatise on the Venereal Disease*，编号 264）和《论动物经济的某些部分》（*Observations on Certain Parts of the Animal Oeconomy*，编号 265）时所做的那样，若非如此，在自费出版的作品成功之后，把版权卖给从事图书贸易的专业人士才是比较明智的做法。[49] 1757 年，弗格森放弃了他的制造品生意，关掉了以地球仪为招牌的店铺。第二年，他以 300 英镑的价格出售了《依据艾萨克·牛顿爵士的原理解释的天文学》的版权，买主是他以前在斯特兰德街的邻居安德鲁·米勒。1764 年，米勒在该书第三版的版权页上加上了自己的名字。随后，他的继任者卡德尔与斯特拉恩合伙，共同出版了弗格森的全部主要作品。通过版税和讲课，弗格森收入颇丰，到去世时存款累计已经达到 6000 英镑。[50]

在最初由作者出版的书中，罗伯特·亨利的《大不列颠史》（编号 144）是另一个成功的例子。[51] 编写这部书是一项庞大的工程，亨利的计划是用一套按时间编排的多卷本——从古罗马时代直到当代——处理固定的主题序列。1770 年，阅读过该书第一卷的原稿之后，休谟给了斯特拉恩一个褒贬参半的评论：作者的学问是令人赞赏的，但是这项计划的研究范围太大，亨利要全部完成它恐怕是不可能的（*LDH*，2：230—231，234）——这是一个正确的评估。结果正如休谟所说，该书前五卷的内容仅仅写到 1485 年，第六卷在亨利死后出版，其部分内容是由马尔科姆·莱恩续写的，涉及的时间到 1547 年终止。我们不知道亨利这部书对版权的要价是多少，不过那必定是一大笔钱，就是在这种背景下，威廉·罗伯逊做出了前文引用过的声明，认为作者们在发表

第一部作品时拒绝接受书商提出的价格是不正确的。然而，休谟也承认，罗伯逊的《查理五世统治史》预先签订了 4000 英镑的酬金合同，这件事影响了之后的所有作品。他对斯特拉恩说："我希望罗伯逊博士的成功不会导致作者对金钱收入的估计过于乐观。"（*LDH*，2：230—231，234）

　　亨利没有放弃，决定自己出版这部书。但自费出版不仅要冒经济风险，还会极大地消耗作者的时间和精力。1771 年，斯特拉恩在伦敦印刷了第一卷的 1000 册，后来由卡德尔担任销售代理商，该书在作者生前一共出版了五卷。从 1774 年出版的第二卷以降，亨利亲自监督在爱丁堡的印刷工作，并安排把书运送到伦敦，给伦敦的报纸撰写广告，就出版的时间和地点提供详细指示，敦促卡德尔做年度销售报表，还在爱丁堡的报纸上发布通知说读者可以到作者位于波特罗街的住宅购买这部书——对于一个爱丁堡的牧师而言，这是一个与众不同的行为。[52] 亨利私下里表示过担忧，觉得卡德尔和他的同事们没有尽力在英格兰推销这部作品，因为"它不是他们的资产"。[53] 不过，《大不列颠史》4 开的版本销路相当好，到 1786 年为止，亨利赚了 1600 英镑的利润，于是他把未售出的 140 套转卖给了安德鲁·斯特拉恩和托马斯·卡德尔，总价 455 英镑（每套五卷，3 英镑 5 先令）。作为协议的一部分，斯特拉恩和卡德尔还支付给作者 1000 英镑，买下了前五卷的版权，想出一套不太昂贵的 8 开本。[54] 由此，亨利得到的收益总数已多达 3055 英镑。不过，在 1787 年 5 月 2 日的一封信中亨利对托马斯·珀西说，这个数额再加上一笔每年 100 英镑的政府津贴（他认为这是这部作品的收益的一部分），"就是我这些作品挣得的全部报酬"（*BLJ*，3：526）——听起来好像他认为《大不列颠史》带来的收入并没有达到预期。[55] 苏格兰作者对于版税的期望值正在上升，这件事就是最好的证明。

　　威廉·巴肯的《家用医疗》（编号 115）是那个时代数一数二的畅销书，这本书最初也是由作者出版的。[56] 在一场积极活跃的认购活动和苏格兰报纸大量广告宣传的助力下，1769 年该书问世不久即售出 5000 册以上，这个数据显然还不包括有待进入的规模巨大的英格兰市场。我们不知道巴肯从第一版中赚到了多少利润。这部书是厚厚的 8 开本，定价仅为 5 先令（其中 20% 归订购代理商），因此其利润回报不可能比得上亨利的多卷 4 开本作品，《大不列颠史》的零售价格是每卷 1 几尼。不过巴肯的书销量巨大，可以部分弥补单价低造成的不足。

出版者同盟——伦敦的斯特拉恩和卡德尔、爱丁堡的克里奇[①]和鲍尔弗——看准了巴肯作品的商业潜力。1770 年 10 月，他们花 500 英镑购买了该书的版权。不过这个协议是有限定条件的，其中明确规定，他为出版社每准备一个新的版本，都将得到额外的金钱补偿（50 英镑）或者实物补偿（该书的 100 册样书）。这些条款再加上看似无法满足的公众需求，促使出版者印刷大尺寸的版本，将印数从 1772 年第二版时的 3500 册，增加到了 1784 年第八版时的 6000 册（SA 48801，第 65 页；SA 48815，第 43 页）。即使如此，该书每隔两三年就要推出新版本。为了给版权续期，1803 年斯特拉恩和卡德尔另外支付给巴肯 300 英镑的酬金。巴肯生前通过《家用医疗》赚到的钱总计可能有 1500 英镑。[57]

詹姆斯·博斯韦尔的《约翰逊传》（编号 295）是另一部自费出版的畅销作品，围绕着该书发生的戏剧性事件表明，作者们有时对于出版条件感到高度的不安。在为出版做准备的几年里，博斯韦尔一直担心该书的反响，资金问题又加深了这种忧虑，而出版条件是最让他烦恼的事情。他有两个选择，一个是自己出版这部书，出版者信息上写他的朋友查尔斯·迪利的名字，并付给迪利 7.5% 的佣金。在出版《与塞缪尔·约翰逊共游赫布里底岛的日记》（编号 250）时，这个解决办法产生了相当好的效果。[58]这种方式让博斯韦尔可以继续拥有版权，并得到全部利润，但是他也必须承担所有的生产和销售费用，而且如果销量很少，还要冒亏本的风险。第二种选择是把版权卖给出版者，收取固定数额的酬金。1790 年 4 月，在出版之前一年多一点，作者信任的编辑埃德蒙·马隆告诉他，有一个没有透露姓名的书商愿意支付 1000 英镑购买版权，博斯韦尔由此开始考虑卖掉版权。

在其后的 11 个月中，博斯韦尔在选择最佳的出版方式上，经历了三个截然不同的阶段。第一阶段从 1790 年 4 月延续到 11 月，他对自费出版的前景抱有越来越强的信心。他曾经拒绝了马隆和书商约翰·尼科尔斯提出的"千

---

① 应为"金凯德 & 克里奇"。——译者注

磅巨款"，这个事实点燃了他的希望——"这部杰作……将会成为有史以来最
有趣的书"，他对一个朋友戏谑地说。[59] 这段时期，博斯韦尔让他的作品"不
可避免地"从一卷 4 开本扩大到两卷 4 开本，定下每套 2 几尼的价格，并大
胆决定印刷 1750 册。在 10 月 11 日的一封信中，他夸口说"现在即使给我
1500 英镑，我也不会卖掉这部书了"，因为马隆告诉他，他可以拿到 1500 英镑，
但是应该拒绝。[60] 几天以后，他还自信满满地向人借钱，以虚高的价格购买
诺克伦恩的庄园，那里挨着他自己位于艾尔郡奥金莱克的庄园。

然而幻想的泡沫突然破灭了。11 月初，为了抵销高额的生产成本，博
斯韦尔被迫将艾尔郡庄园的地租和即将出版的书的"版权和利润"转给迪利
和他的印刷者亨利·鲍德温，用来换取 1000 英镑的契据。[61] 逐渐增加的经
济压力和完成作品面临的问题困扰着他，他变得消沉起来，陷入"怯懦"和
优柔寡断的状态。1791 年 1 月 29 日，他告诉马隆说，"我十分迷惑，不知
道该怎么做"，开始认真考虑是否应该接受报价，（就像他正在日记里叙述
的）以"1000 几尼"的价格卖掉版权。[62] 1791 年 2 月底一个特别阴郁的时刻，
由于有人接触到手稿后发言抨击，该书价值遭到贬低。获悉此事之后，迪利
建议博斯韦尔以 1000 英镑的价格把版权卖给乔治·罗宾逊（这表明此人就
是曾经对该书感兴趣的书商），不过如果博斯韦尔这样做的话，迪利就拿不
到佣金。[63] 几天以后，博斯韦尔告诉马隆，他"现在痛苦又困惑，不知道该
怎样决定书的版权"，他"甚至"愿意接受"500 英镑"的价格。[64] 他对迪利
的忠诚加重了这种困惑，因为作为一个作者，"长期以来我的名字都和他联
系在一起"[65]。

222　　　在心情落到谷底之后，博斯韦尔在最初的过分乐观与随后极度悲观沮丧
的心情之间找到了平衡状态。1791 年 3 月 5 日，马隆解释说，罗宾逊原来以
为该书会是一卷的 4 开本，所以觉得版权值 1000 英镑，既然现在这本书的篇
幅是原来的两倍，那么版权的价格不低于 1200 英镑才是合理的。4 天以后，
博斯韦尔宣告说，考虑到《约翰逊传》应有的价值，迪利和鲍德温都同意额
外借给他 200 英镑，再加上一笔在苏格兰的 600 英镑的贷款，这些钱足以让
他买下诺克伦恩的庄园了。随着经济压力减轻，博斯韦尔恢复理智。"现在我
下定决心，要保留我的杰作（*Magnum Opus*）的所有权，"他告诉马隆，"我

给自己鼓劲说，我不会后悔。"[66] 在 3 月 18 日的日记里，他补充道，考虑到要与罗宾逊打交道之后，"我决心承担起公众的公平选择"[67]。虽然这个决定至少部分是因为他担心如果直接与罗宾逊联络而被回绝，自己会蒙羞，但重要的是他终于做出了选择。距离出版还剩下两个月，在此期间，博斯韦尔再也没有纠结是自己出版还是把版权卖给书商的问题。

　　1791 年 5 月 16 日，《约翰逊传》终于出版，飞快的销售速度证实了博斯韦尔的决定是正确的。印好的书在头两个星期就卖出了将近一半，作者的心情彻底放松了，他在 9 月底告诉一个朋友，"收益将超过我曾经拒绝的报价"[68]。1792 年 11 月 24 日，他与迪利和鲍德温共进一顿"丰盛的早餐"，当时全部的编辑工作都已完成，博斯韦尔得知他有权得到的利润是 1555 英镑 18 先令 2 便士，他认为这个数额"对我这个作者来说是非常适当的"。博斯韦尔还欠了印刷者和书商以及其他人相当多的债，扣除掉这些，剩下给作者的只有 608 英镑。[69] 但是那些债务大多数无论如何都是要偿还的，如果博斯韦尔接受了罗宾逊的报价，他得到的报酬就会少得多。再者，由于博斯韦尔还没有卖掉版权，他还可以独享 1793 年推出的三卷 8 开本的第二版带来的利润——据说高达 950 英镑。[70] 他把版权遗赠给了他的 4 个最小的孩子。在他去世以后，1799 年推出的四卷 8 开本的第三版是迪利的最后一个版本，它给作者的子女们带来了收益，然后卡德尔 & 戴维斯才用 300 英镑买下了该书的版权。这个事例证明，自费出版对博斯韦尔和他的继承人而言要比预售版权更为可取，不过作者也要承担相当大的精神压力。

　　迪利和鲍德温是如何确定博斯韦尔从第一版《约翰逊传》获得的利润是 1555 英镑 18 先令 2 便士的呢？耶鲁大学的博斯韦尔论文集包含了一些鲜为人知的记载，可以回答这个问题，并揭示了有关 18 世纪晚期自费出版的资金运作的大量内容。[71] 计算的第一步是确定该版本的总销售收入。该书虽然一共印刷了 1750 册，但其中 52 册归作者私人使用（绝大多数是赠阅本），还有 9 册要送到伦敦出版业公会登记注册，剩下的 1689 册的收入按每册 32 先令的统一标准计算，大概是精装本的批发价（在这个事例中，确切地说是零售价格的三分之二），总收入为 2702 英镑 8 先令。迪利用这个数字计算出，他的 7.5% 的佣金就是 202 英镑 13 先令 6 便士。这是迪利的出版利润。与此相对，

223

零售价格是 2 英镑 8 先令，他（或者任何其他书商）每卖出一整套书，就可以赚到 16 先令的利润。有一个单独的账目列出了其他费用，包括使用 502.5 令纸花了 552 英镑 15 先令，支付给鲍德温 47 英镑 5 先令的印刷费用，支付给詹姆斯·希思（James Heath）14 英镑 8 先令请他雕版制作约翰逊的卷首肖像画，在伦敦和爱丁堡的报纸上刊登广告。还有很多列出清单的各种开销，从装帧 49 册用于赠送的样书（4 英镑 18 先令），到在伦敦出版业公会登记注册该书所需的费用（6 便士，再加上登记包含摘录资料的两个小册子，也是 6 便士），不一而足。这就是令人恐惧的"书商给作者开出的非常庞杂的支出及扣减费用清单"，贝蒂在信中提醒过西尔维斯特·道格拉斯，这种"有条件的"协议是有风险的——而自费出版是最受条件制约的一种协议形式。但是博斯韦尔信任迪利和鲍德温，总收入是 2702 英镑 8 先令，扣除掉 1146 英镑 9 先令 10 便士的开销（所有费用再加上迪利的佣金），所得余额是 1555 英镑 18 先令 2 便士，这让作者情绪高涨。然而我们能够充分理解博斯韦尔所冒的风险，因为如果在享受那顿"丰盛的早餐"期间（当时正在进行核算），《约翰逊传》第一版的销量是 600 册，那么作者仍然会处于严重的赤字状态。大规模的自费出版不适合怯懦的人。

　　当然，大多数自费出版的作品并没有博斯韦尔的《约翰逊传》或者亨利的《大不列颠史》那么大的篇幅。1746 年，托马斯·布莱克洛克在格拉斯哥"由作者出版"了《应景诗集》(Poems on Several Occasions)，这个薄薄的小册子是他的诗人生涯的开端。8 年后，他在爱丁堡以同样的标题出版了内容更加充实的版本（编号 31），出版者信息显示，汉密尔顿、鲍尔弗和尼尔（Neill）是印刷者，但是没有标示出版者是谁。大卫·休谟的一封信证实该版本为自费出版，而且方式不同寻常。由于休谟称为"一般方法"的方式会导致"大部分利润"流向"书商"，为资助一位试图克服贫穷和失明双重困境的苏格兰诗人，休谟和朋友决定"买下成品，在熟人中间传播［也就是卖掉］这本书"（LDH，1：184）。该书 1754 年爱丁堡版本的单价是 3 先令，布莱克洛克由此赚到了"大约 100 几尼"（LDH，1：203）。同样重要的是，那个版本在英格兰激起了人们对布莱克洛克的兴趣，1756 年推出的 4 开本"第二版"（附有牛津大学的约瑟夫·斯彭斯［Joseph Spence］撰写的传记性引言）获得了更多的利润。这个版本由多兹利兄弟（Dodsley brothers）"为作者出版"，并靠读者认购的方式得到了资金。[72]

认购出版

前文提到《蜜蜂》杂志上有一篇关于"职业作者历史"的文章，将18世纪早期英格兰安妮女王统治的时期归结为一个由"贵族赞助人"推动的"认购的时代"，赞助者"人数很少，也很少有赞助者能够通过个人的游说或者影响力来传播普及作品"。根据这种观点，认购出版最初是"赞助的残余"，随着18世纪"公众"发展壮大而渐渐衰落，因为公众的选择"让文人只受惠于那些从其作品的传播中得到利润的人"——也就是说，只受惠于图书业。[73]用一个现代评论家的话来说，认购出版就像是"从个人赞助走向商业化的作者身份的中转站"[74]。今天人们已经熟知这种观点，但是实际上它只适用于一种特定类型的读者认购出版，这种类型可以被描述成传统的或者精英的出版。读者认购出版的书通常是4开本甚至对开本，价格往往虚高，而且几乎都有认购者的名单，排在前列的认购者往往是杰出的贵族成员。这类书的目的通常是照顾值得帮助的（往往是贫困的）作者，作者从中获得收益，认购名单本身则代表一种明显的支持。1756年推出的布莱克洛克的《应景诗集》第二版就是这种表现的范例，因为它既有标准的4开本，又有"大开本"的发行物，每个大开本的认购者名字旁边都加了一个星号。因此读者一眼就可以看出，坎特伯雷大主教和纽卡斯尔公爵（Duke of Newcastle）都认购了两册大开本的异形版本，而很多不那么显赫的人物每人认购了一册标准尺寸的版本。我没有找到任何关于这个版本的认购建议，但是如果认购者为一本4开本诗集支付的钱远远低于1几尼，那将令人惊讶，4开本只比1754年的定价3先令的8开本稍微大一点。

表二里只有5部作品的第一版属于这种传统的由精英认购的出版模式。其中2部是在作者死后出版的，用于纪念弗朗西斯·哈奇森和科林·麦克劳林（编号10和36）。另外3部是罗伯特·亚当的《戴克里先皇帝在达尔马提亚斯普利特的宫殿废墟》（编号85）、詹姆斯·贝蒂《随笔集》的4开本（编

号 173），还有威廉·朱利叶斯·米克尔翻译的路易斯·德·卡蒙斯的叙事诗《卢济塔尼亚人之歌》（编号 175），内容是葡萄牙人在印度的探险旅行。罗伯特·亚当的作品是带有插图的豪华对开本，由富有的认购者提供出版资金——只要支付 3 几尼，认购者就享有名列赞助者名单的特权。即使定价很高，该书可能仍然亏本了，因为 500 册的正文和插画的印刷成本已经很高，还要再加上 1000 册认购建议和在报纸上刊登广告的费用，亚当还必须支付报酬给大批的绘图员和艺术家（最著名的是夏尔-路易·克莱里索［Charles-Louis Clérisseau］）、雕刻师、设计师、顾问和代理人。生产成本一定非常巨大，斯特拉恩等了三年才收到报酬。[75] 不过，即时的经济收益并不是作者从出版物中获得的唯一回报。就像伊恩·戈登·布朗解释过的，《戴克里先皇帝在达尔马提亚斯普利特的宫殿废墟》实际上相当于"一次公共关系演习，目的是给潜在的顾客留下深刻印象"，认购名单的作用是显示一批精英读者对该书感兴趣，这些精英是时尚并且有鉴赏力的"赞助人和艺术的行家"。[76] 规格做成对开本，题词献给国王，标明认购者中关键的贵族成员，贬低克莱里索对创作图画的贡献以证明亚当本人绘制了大部分图样，甚至为了提升古人的品位而偶尔改动历史记录——这本书的所有要素都旨在实现这些目的：它是一部贵族的展示品，目的是在作者职业生涯的关键时期，提高他作为建筑师-作家的声望。

米克尔和贝蒂获得了更加实际的报酬。据说米克尔通过认购出版《卢济塔尼亚人之歌》赚了将近 1000 英镑（*ODNB*），不过我未能找到关于出版协议的任何细节记录。我们知道贝蒂通过认购出版《随笔集》（*Essays*）获利更多，它是贝蒂的作品中最有利可图的。该书是一卷厚厚的 4 开本书，收录了《论真理的本质与永恒性》的第六版和先前未出版过的 3 篇随笔——内容是关于诗歌和音乐、笑话和幽默作品以及古典教育的效用。英国女学者伊丽莎白·蒙塔古认为，该书意图明确，就是要让作者得到收益[77]，我们也可以将这个版本看作对贝蒂主张——使英国免受休谟怀疑主义的影响，免受传统教育体系的挑战——的公开支持。硬纸板装订本的书每卷为 1 几尼，有 476 个人认购了 732 册，据说扣除出版费用后，作者从中获利大约 400 几尼。这部作品的出版协议很独特。克里奇和迪利兄弟已经拥有《论真理的本质与永

恒性》的版权，贝蒂将 3 篇新随笔的版权转让给他们，用以交换从 4 开本认
购版本中得到的利润。[78] 那 3 篇新随笔也以 8 开本的形式单独出版过，价格
适中，在书店的售价是 7 先令一本。贝蒂故意将 4 开本的印数限定在 800 册，
他能够限制订购者的数量，是因为认购建议只在挑选出来的一群崇拜者（主
要是英格兰人）中私下传播，一般公众从未见到过。[79] 不过，1777 年 2 月，
当该书终于出版的时候，通知认购者领取的广告是刊登在报纸上的，人人都
可以看见。[80]

　　从某种角度看，贝蒂的行为似乎是自相矛盾的。既然这个版本是为了作
者自己的利益出版的，为什么他要故意限制印数呢？在 1776 年 12 月 7 日的
一封信中，贝蒂对蒙塔古夫人讲述了这个问题。其中一个原因与克里奇和迪
利兄弟有关，他"认为印刷超过绝对需要的数量是不公平的，他们宽容地迁
就我，我应该避免影响 8 开本的销量，那是他们得到的仅有补偿（除了 3 篇
增加的随笔的版权之外）"。但是还有另外一个理由：从一开始，贝蒂"就决
心不给敌手任何指责我贪婪的根据"[81]。正是由于这个原因，他的朋友们在
初期就极力劝说他终止这个计划。[82] 正如谢里尔·特纳（Cheryl Turner）对弗
朗西丝·伯尼（Frances Burney）——其 1796 年的小说《卡米拉》（*Camilla*）
是一次有利可图的认购投机——等女性作者做出的评论所说的那样，"认购
出版由于商业主义而变质了，为了得到利润就要舍弃作者的尊严去招揽认购
者"[83]。贝蒂和伯尼依靠朋友和崇拜者——大多数是英国上层社会的女性——
的关系网络来处理认购过程中的业务细节，使作者本人能够保持独立的姿
态。但是这种做法并不足以洗刷和这种认购出版联系在一起的贪婪的污名，
尤其是对已经成名的作者而言。贝蒂限制自己的利润，希望其数额可以被认
为是适度和有尊严的。与之类似，伯尼在采取这种"令人不快和不合意的"
出版方式时，为了证明自己的决定是合理的，宣称预期的利润是为了她年幼
的儿子。[84]

　　处理这个问题的另一种方法是加以掩盖。表二里总共有 7 部作品的第一
版是有认购名单的，数量相当于所有收录作品的 2%。[85] 表二的其他书籍有些
也包含认购的因素，却没有认购名单或者其他任何认购出版的迹象。前面已
经提到过，詹姆斯·弗格森的《依据艾萨克·牛顿爵士的原理解释的天文学》

和威廉·巴肯的《家用医疗》就是重要的例子。这些著作都是作者的明确商业活动，没有显示出任何精英认购者的赞助迹象，书的定价也低于业界平均水平而不是偏高。至少在巴肯的作品的例子中，认购作品的销售过程是商业化的，要提供给经销商 20% 的佣金。这样的书对认购者有吸引力，因为他们有机会以低价获得中意的新书，而不需要为特定的作者捧场，也不用看到自己的名字被印到书上。对有志于出书却还没有发表过作品的作者来说，这个出版模式代表着一种相对不引人注目的途径，可以让他们控制出书过程，并实现利润最大化，同时避开旧式认购出版中的精英标志。它与《蜜蜂》杂志的那位匿名作家想的认购模式非常不同，现代研究者对认购出版的探讨忽略了这种形式，通常只局限于附有认购者名单的书籍。

在传统的和商业的认购出版之间，我划分的界线并不是固定不变的，因为认购可能有很多变种和组合形式。威廉·斯梅利最初打算用认购的方式出版他的《自然史哲学》（编号 292）第一卷，但是最终以 1000 几尼（即 1050 英镑）的价格将版权预售给了查尔斯·艾略特，他显然将已经获得的相当多的认购当作了版税的担保。[86] 在有些例子中，例如亚当·迪克森的遗作《古代农牧业》（*The Husbandry of the Ancients*，编号 274）和托马斯·布莱克韦尔的《奥古斯都宫廷回忆录》（编号 29）的前两卷，认购建议已经生效，但是出版并不必然按照条款进行。[87] 与此相反，就我们所知，约翰·贝休恩的《人类生命和幸福散论》（编号 125）和威廉·达夫（William Duff）的《多种场合的传道书》（*Sermons on Several Occasions*，编号 261）都没有发现有认购建议生效，但是有外部的证据证实，这两部作品实际上都是以认购的方式出版的。关于达夫的例子，詹姆斯·贝蒂的日记账中有一条 1788 年 4 月 2 日的记录——"为 W. 达夫先生的传道书支付我的认购费"，并且醒目地记录了一笔 1 英镑的支出款项。在贝休恩的例子中，有一封未发表的贝蒂的信显示，1770 年贝休恩收到了 500 册书"用于供给他的认购者"，在印刷厂的剩下的 500 册书用于零售，留给爱丁堡和伦敦的联合出版者，使用不同的出版者信息，以便掩盖"出版成本"和出版者的利润。[88] 此外，还有一种图书属于认购出版的一个特殊类别，如威廉·格思里的《自大执政以来的英国贵族全史》（*English Peerage*，编号 81）和《苏格兰通史》（*A General History of Scotland*，编号 102）以及威廉·拉塞尔的《美国史》（编号 194），它们被称为分期或者分册书籍，通常是以便宜的每周或者每两周分期付款的方式出版。[89] 18 世纪 50 年代晚期，斯摩莱特的《英格兰全史》（编号 49）未完成的第三版将这种发行方式带到了大规模销售的阶段，在出版者破产造成项目终止之前，它一共发行了 36 期，每期的印数达到 11000 册到 13000 册。[90] 随后的《不列颠百科全书》（编号 139）也以这种方式获利丰厚，这样的出版几乎总是由出版者发起和支配，而不是作者。

230

　　在 18 世纪的苏格兰作者中，罗伯特·彭斯显得引人注目，认购出版对于他的文学生涯的影响最清楚也最彻底。[91] 首先，凭借手抄本传播和口头传诵在当地积累的名气，认购出版给彭斯提供了一个进入出版业的方式——"同乡们知道我是一个写诗的人"，1787 年 8 月 2 日，在一封写给约翰·穆尔的重要的自传性书信中，他这样描述自己出书前的身份。日期标注为 1786 年 4 月 14 日的认购建议上说，彭斯的"苏格兰诗歌"的 8 开本将装订好出版，定价是每册 3 先令。[92] 7 月中旬，艾尔郡基尔马诺克的约翰·威尔逊（John Wilson）开始印刷该版本，印数刚刚超过 600 册。7 月底，《苏格兰方言诗集》（编号 260）正式出版。该书没有列出认购者名单，不过作者在前言中感谢了认购者，并在前面刚提到的那封信里告诉约翰·穆尔，通过预先认购已经售出了"大约 350 册"。威尔逊的记录显示，仅仅 7 名个人就认购了超过 400 册：罗伯特·艾肯（Robert Aiken，145 册）、罗伯特·缪尔（Robert Muir，72 册）、彭斯的兄弟吉尔伯特（70 册）、詹姆斯·史密斯（James Smith，41 册）、加文·汉密尔顿（40 册）、莱特的洛根（Logan of Laight，20 册）和戴维·麦克温尼（David McWhinnie，20 册）。[93] 于是彭斯在基尔马诺克仿效了布莱克洛克在爱丁堡的出版模式，也许可以称之为分配认购：朋友和好心人买下大量的书，通过口头宣传在当地销售。作者只有在书籍定价非常低的时候才会运用这种认购方式，这样分销商大量购买，再以适中的价格转卖给别人。

　　尽管认购建议中说"作者在出版时不以营利为唯一目的"，实际上彭斯计划为移民牙买加筹钱。他在给穆尔的自传性书信中说，除掉基尔马诺克版的花费，他收到了"将近 20 英镑"，不过他赚到的钱很可能是这个数额的两倍以上。[94] 在彭斯可以永远离开苏格兰的关键时刻，他看到了托马斯·布莱

231

克洛克在 1786 年 9 月 4 日写给劳登的乔治·劳里牧师（Rev. George Lawrie）
一封表示赞美的信。布莱克洛克在信中声称，"我对该书的欣赏无法用语言形
容"，并暗示说，经过扩写的第二版将会"在全世界更加广泛地传播，超过我
能想到的任何同类出版物"。[95] 彭斯在写给穆尔的自传性书信中叙述，布莱克
洛克的信"激起了我写诗的抱负"，使他移民的"所有计划都终止了"。[96] 他
的第一个想法是在基尔马诺克印刷 1000 册的第二版，不过 10 月 8 日前后，
他在一封信中告诉艾肯，由于威尔逊在"另一天"的坚持，他打消了这个念
头，因为作者必须要预付 27 英镑的纸张费用。接着，詹姆斯·希巴德的《爱
丁堡杂志》的 10 月号（11 月 3 日发行）上刊登了一篇匿名评论（有时被认
为出自罗伯特·安德森之手），宣称彭斯"是本土天才的一个引人瞩目的榜样，
克服了默默无闻的贫穷和艰难生活的障碍而大放异彩"[97]。11 月底，诗人带
着自信踏上了去爱丁堡的旅程，相信能够在那里出版诗集的第二版。

在爱丁堡，彭斯很快得到了第十四代格伦凯恩伯爵（Earl of Glencairn）
的帮助，伯爵号召他的贵族俱乐部"古苏格兰猎人"中的朋友共同支持
诗人。[98] 格伦凯恩还把彭斯介绍给他的童年朋友、书商威廉·克里奇，克里
奇同意为作者的利益推出一个认购版本。由于彭斯很受爱丁堡文人的欢迎，
认购建议在 1786 年 12 月中旬拟定。这个艾尔郡的农民即将完成从地方诗人
到国民——和国际——诗人的转变。他的故事再现了布莱克洛克的经历：布
232 莱克洛克的诗集在爱丁堡发行的便宜版本为在伦敦出版引人注目和昂贵得多
的版本开拓了道路，同样，彭斯的诗集在基尔马诺克的版本也为略微昂贵、
更加惹眼的爱丁堡版本开拓了道路。这两位作者都被视为与众不同的人物——
一个是由于失明，另一个是由于他的乡村特色。随着认购者的地域分布越来
越广，这些因素增加了他们的吸引力。

彭斯的《苏格兰方言诗集》1787 年的爱丁堡版本是以一种混合模式出版
的。彭斯在出版之前签订了两种不同的协议，一份是爱丁堡版本的认购协议，
一份是版权出售协议。根据前者，彭斯将得到该版本的全部利润，但是也必
须按照自费出版的标准方法，承担全部开销。该书于 4 月的第三个星期问世，
出版者信息中相应地显示"由作者印刷，由威廉·克里奇销售"。由于出版认
购名单上有大约 1500 人，认购 2876 册，每册价格是 5 先令，彭斯知道他能

够得到数百英镑。克里奇本人按照正常价格认购了 500 册，在他的书店里以每册 6 先令的较高零售价格转卖。[99] 每本 1 先令的差价就是这个版本带给"克里奇的利润"。1787 年 5 月 17 日，彭斯在一封写给亚历山大·帕蒂森（Alexander Pattison）的信中说，利润总额不超过 25 英镑。克里奇设法在书店外面负责认购事宜（对于这种规模的项目来说，这是一件不小的任务），购买纸张，与合伙人威廉·斯梅利一起安排 3000 册诗集的印刷及随后的印张装订和包装工作，并处理广告和宣传事宜。我们在第二章已经看到，他还请人给彭斯绘制肖像并雕刻成版画，用作卷首插图。

1787 年 4 月 17 日，距离诗集出版还有 4 天，克里奇与彭斯在亨利·麦肯齐的家中会面，他们签署了一个备忘录作为认购出版协议的补充，以 100 几尼的价格购买该书的版权。克里奇希望卡德尔（可能与安德鲁·斯特拉恩一起）买下版权的一半。有证据表明，他的计划成功了：1787 年 7 月，斯特拉恩重印了 1500 册的爱丁堡版本（SA 48815，第 115 页），在伦敦版本中，出版者信息显示斯特拉恩、卡德尔和克里奇是联合出版者，但在伦敦出版业公会 1787 年 5 月 8 日注册登记的版权人只有克里奇和卡德尔。然而，克里奇当时在爱丁堡没有收到卡德尔的任何消息，他于 4 月 23 日独自与彭斯签署了版权协议。[100]

书出版以后，作者和出版者的关系逐渐恶化。彭斯极其迫切地想拿到钱，而克里奇却不急于做最终结算。在一个版本全部售出之后才进行结算，就有条件的出版协议而言这种情况并不少见（我们已经看到，博斯韦尔的《约翰逊传》在出版了一年半以后才进行结算），无论如何，克里奇总是不太舍得掏钱。不过在这个例子中，似乎有特殊情况。爱丁堡版本刚刚出版，克里奇就出发去伦敦做了一次长时间的旅行，我们将会在第五章中看到，这次旅行对他在苏格兰启蒙运动中的出版生涯具有关键的意义。他离开之后，他的代理商在认购书籍款项的征收上存在一些误解，而且很明显斯梅利对自己合伙人的财务管理不善。[101] 克里奇回到爱丁堡后，给了彭斯一张 100 几尼的版权费借据，日期为 1787 年 10 月 23 日，但是实际上直到 1788 年 5 月 30 日他才支付这笔钱。在这中间的几个月里，彭斯一直处在恐慌状态，因为有谣言说克里奇快要破产了。直到 1789 年 2 月，克里奇才终于统计账目，结清了从爱

233

丁堡版本中得到的利润，尽管很久以前彭斯就已经从他那里零星地收到了钱。

在彭斯尝试拿到收益的时候，1788 年 3 月 19 日，他给艾格尼丝·麦克霍斯夫人（他的情人"克拉琳达"）写过一封信，在信中把出版者称为"无赖克里奇"。1789 年 1 月 4 日，他告诉约翰·穆尔，"我不认为受到了克里奇先生坦率公正的对待"。1 月 20 日，他送给杜格尔德·斯图尔特一篇诗歌梗概，开头这样描写他的书商："有点老实，有点冒失，有点苛刻，会犯错，自我欣赏是他最重要的快乐。"不过在 2 月 20 日，他告诉琼·阿穆尔（Jean Armour），"我已经解决了问题，我对克里奇先生非常满意"，尽管他仍然认为克里奇没有给他所有"应该得到的东西"。一个星期之后，连这个不满也解决了，他拿到了一笔 18 英镑 5 先令的最终款项。[102] 3 月 23 日，彭斯又写信给穆尔，收回了他先前对克里奇的批评，承认"最终他对我还是友好公平的"。两天以后他写信给邓洛普夫人（Mrs. Dunlop）时表达了类似的想法，称"我收到 440 英镑或 450 英镑"。就这本相对便宜的首部诗集的第二版而言，这是一笔数额可观的版税，而且我们有理由猜测，彭斯从这部作品中获得的报酬总数要更多。《不列颠百科全书》第三版（1799 年首次出版）的补遗中有一篇匿名的彭斯传记的梗概，其中称作者得到了"至少 700 英镑的净利润"。克里奇告诉罗伯特·赫伦，扣除出版的费用后，彭斯一共得到了将近 1100 英镑，如果这个数字是正确的或者接近实际的话，那么匿名作者的断言似乎就是真的。[103] 该书单价是 5 先令，不算开销，2876 册总共只卖得 719 英镑，但是 1787 年 5 月 17 日，彭斯在写给帕蒂森的信中谈及，印刷出来的名单"错误非常多"，需要补充可能遗漏的一些认购者的名字。不过克里奇提到的增加的钱大多来自伦敦版本的销售，伦敦版本于 1787 年的晚些时候问世，前面加上了爱丁堡版本的认购名单。

彭斯的诗集的爱丁堡版本说明，认购出版为 18 世纪的作者们提供了一种灵活多变的出版模式，它可以与其他出版方式——例如自费出版和完全出售版权——结合起来。认购出版可以让"古苏格兰猎人俱乐部的贵族和绅士"——彭斯的书就是献给他们的——这样的知名赞助人更积极地参与出版的过程，每册 5 先令的适中价格也为成百上千的普通人敞开了大门，让他们可以购买一个值得帮助的贫穷年轻诗人的作品。在这个意义上，用保罗·柯辛（Paul

Korshin）的话来说，18 世纪的认购出版"使文学赞助民主化"，彭斯的诗集的爱丁堡版本就是一个例子。[104] 人们对这部作品感兴趣还有另外一个原因，在出版过程中，彭斯对克里奇的态度不断变化，包含了作者在与出版者打交道时可能体验到的所有感情：早期是密切的个人友谊和钦佩；当彭斯认为自己受到欺骗时是紧张的敌意；财务问题终于解决，作者感到满意之后，态度变得更加平静和客观。

　　最主要的是，彭斯最初的出版尝试证明了在 18 世纪晚期的不列颠，认购出版是多变和复杂的，因此作者们的选择余地要比我们通常以为的大得多。如我们所见，只有将目光转向那些认购清单之外的书，利用外部证据找出表面看上去不像是认购出版的书，才能完全领会这一点。不过，即使完成了这步工作，从表二的所有作品的第一版中挑选出认购起过作用的版本（7 部有认购者名单，11 部没有），总数也仅仅占到所有收录书籍的 5%。像布莱克洛克和彭斯做过的那样，在第二版时采用认购出版的方式甚至更加罕见。因此，尽管认购出版对于彭斯和另外几个作者很重要，在不列颠的苏格兰启蒙运动书籍出版中，这种方式并不是在数量上占优势的主要形式。虽然有时会出现一些鲁莽的断言，声称认购出版模式曾经在启蒙时代盛行，但事实上它并不是苏格兰作者的共同经历。[105]

利润分配

　　詹姆斯·贝蒂建议西尔维斯特·道格拉斯避免与书商签订有条件的合约时，他考虑的主要是利润分配问题。根据这类协议，出版者要支付生产和推销的全部或者部分费用，然后与作者分享利润。对于作者而言，利润分成协议相比自费出版（包括通过认购的自费出版）有三个主要优势：这种协议能够消除或者大幅度降低出版的风险以及伴随的担忧，作者不需要亲自承担管理生产和销售的责任，还能避免出版者信息中的"由作者出资印刷"这种讨厌的说法或者类似意思的词语。因此，当作品通过利润分成协议出版时，作者既能够保留版权，又可以避免自费出版的污名。

　　在通过利润分成协议出版的作品中，亚当·斯密的《国富论》（编号

177）是一部似乎不太可能畅销的书。[106] 与博斯韦尔的《约翰逊传》相似，《国富论》的第一版是一套两卷的 4 开本大部头书，硬纸板封面每套价格是 1 英镑 16 先令，封面装订好的版本价格是 2 英镑 2 先令。有详细的证据表明，斯特拉恩和卡德尔是根据共同负担成本和分享利润的方式出版该书的。10 年前，这两个出版者及其顾问安德鲁·米勒做过一项类似的工作，他们用 500 英镑预先购买了詹姆斯·斯图亚特爵士的《政治经济学原理研究》（编号 101）的版权，结果受到了打击。而在斯密的例子中，结果非常不一样。《国富论》的第一版销量非常令人满意，出版之后 8 个月，作者就收到了 300 英镑的报酬，而且很可能只是第一版利润的一部分。1778 年推出的第二版又是一套两卷的 4 开本，出版的方式看来也是斯密与出版者分享利润，只不过全部成本由出版者负担。经过斯密的准备和修订，1784 年该书推出了一套三卷的第三版。这个版本第一次使用了不太昂贵的 8 开本规格，印刷了 1000 册，不到两年就全部销售一空。据推测，斯密从中赚到了相当可观的利润。第四版于 1786 年推出，在此之前，卡德尔和安德鲁·斯特拉恩提出预先支付给斯密 200 英镑，用来代替利润分成，斯密接受了这个提议。最后，出版者们意识到这部作品的市场仍在持续扩大，于是在 1788 年用 300 英镑完全买下了版权（追溯到 1776 年 3 月的最初出版日期），1790 年 4 月斯密去世时，斯特拉恩和卡德尔支付给他同样数额的酬金，用来给版权续期 14 年。因此，据我们所知，斯密通过《国富论》至少得到了 1100 英镑的收益，这个数额还不包括他从第二版和第三版中得到的利润分成，以及他可能从第一版得到的额外收入。我估计，从作品出版到作者去世的 14 年间，出版者支付给作者的版税总数在 1500 英镑到 1800 英镑之间。对出版者和作者双方来说，这部作品都是一个巨大的商业成功，其程度要远远大于近来的修正主义学者根据当时读者的接受所做出的推断。[107]

　　爱丁堡高等学校校长亚历山大·亚当的《罗马古事记》（编号 293）是另一部畅销书，这本书最初也是以利润分成的方式出版的。1791 年，斯特拉恩、卡德尔和克里奇以 12 开本推出了《罗马古事记》的第一版，印数为适中的 750 册。之后不久，亚当写信给卡德尔，请他继续支持"大约两年前"就已同意过的计划。既然这部作品已经出版并被推荐到英格兰几家最好的公立学校，亚当无意让事情到此为止。"我感觉到，它仍然是一部不完美的作品，"他声称，"但是如果要完善它，我这方面没有什么必须要做的努力了。我不得不告诉您，它只是我制订的一个伟大计划的一部分。我的目标是将它打造成一把阐释所有经典的真正的钥匙。"他的意图是润色有关古代神话和希腊古迹的现存文本，最终增加新的说明和章节，组成"一部对古代和现代地理和历史的总结"。

随后亚当提到了需要小心处理的补偿金问题：

> 与写出有益作品的愿望相比，我并不计较金钱。但是假如要给我的作品定一个价格，我希望它是说得过去的。就这部作品目前的状况而言，我感觉我对克里奇先生提的金额似乎有些偏高了，但不是因为我想这样……让这部作品有益才是我最大的愿望。即使拿到那笔我提到过的金额，考虑到我付出的艰辛劳动，那也不会是过高的报酬。我的意思是，目前支付给我一部分即可，余下的可以根据任何您认为适当的限制条件，视该书的成功情况而决定。不过如果您愿意选择现在支付较少的金额，随后每次出版增补和更改的版本时，按照印数支付较多的报酬，我也没有反对的理由。[108]

让我们注意亚当是怎样拐弯抹角地提起版税话题的。他用了两次"有益"这个词，声称那才是他的首要兴趣，与之相比，"金钱并不是目标"。然后他又对克里奇开出了一个较高的作品价格。对于推出修订本时怎样分配报酬的问题，他愿意表现得灵活变通和有耐心，但是没有放弃要求高额酬金。我们不知道亚当通过《罗马古事记》的第一版得到了多少钱，也不知道他为计划的修订本向克里奇提出的价格是多少，但是我们可以肯定，到写这封信为止，他还没有卖掉版权，版权是他为后来的版本谈判时的筹码。

亚当的追求回报丰厚。1792 年出版的"扩充相当多的"第二版升级成了8 开本，分别在爱丁堡和伦敦印刷，在伦敦的印数是 2000 册（SA 48817，第18 页）。按照在写给卡德尔的信中安排的方案，亚当继续修改和扩写该书。1794 年 6 月 30 日，斯特拉恩、卡德尔和克里奇用 600 英镑完全买下了版权，并附带一项规定，每出一次 8 开本的修订版，亚当就要得到 50 册"装帧精美的"样书（参见图 3.1）。[109] 在不列颠和美国，该书继续保持极好的销售势头，还成为哈佛和其他大学的教科书。[110] 到 1807 年推出第六版的时候，印数已经增长到了 4000 册。[111] 此外，亚当的《古代和现代地理历史概要》（*A Summary of Geography and History*，编号 321）于 1794 年单独出版，显然又为他带来了总额 800 英镑的版权收入（SA 48814A，第 44 页）。

乔治·坎贝尔的《四福音书》（编号 280）于 1789 年面世，作为有条件协议的出版物，它教给了我们一个非常不同的经验。出版之前两年，坎贝尔正在为出版社准备文稿，他的朋友詹姆斯·贝蒂通知威廉·克里奇说，"坎贝尔博士的伟大著作毫无疑问是苏格兰有史以来最伟大和最有益的宗教作品"，为此他应该得到一笔可观的版税。[112] 然而卡德尔和斯特拉恩没有同意，他们似乎以利润分成的方式出版了该书。[113] 因为没能从出版者那里得到满意的销售信息，忧虑的作者转而向约翰·道格拉斯求助。道格拉斯是苏格兰圣公会的主教，也是作者和书商的中间人，贝蒂和坎贝尔曾经在斯特兰德街的卡德尔的"后屋"谈判出版条件，当时他就在场。在 1790 年 3 月 11 日的一封信中，坎贝尔表示，他担心该书的价格——两卷硬纸板封面的大型 4 开本，每套 2 几尼——"对一部宗教作品而言太高了，一开始我就怀疑这一点，不过我认为在这类问题上，书商更有资格做决定"。他希望第二版是三卷的 8 开本，每套 1 几尼"或者更便宜些"。4 个月后，《每月评论》的 6 月号上刊登了一则对作者有利的通告，坎贝尔非常高兴和感激，再一次燃起了出版不太昂贵的第二版的希望。然而到了 9 月，坎贝尔看到了《每月评论》上令人失望的结论，斯特拉恩和卡德尔让他明白，出第二版是不太可能了，因为一次印刷的 750 册还剩下 400 册没有售出。坎贝尔感到沮丧和怀疑，他告诉道格拉斯，卡德尔以批发价格卖给他一打用来赠送的书，他原以为那些书是免费的，这种对待让他对"这个人产生了一些看法"。在糟糕的心境下，坎贝尔开始将写作本身看成一种不可靠的职业："书商、评论者，等等，他们都是给作者带来烦恼愤懑的人，还常常向公众传达关于作者作品的失实信息，想起这些我就觉得惊讶，一个人竟有可能下决心发表任何东西。"[114]

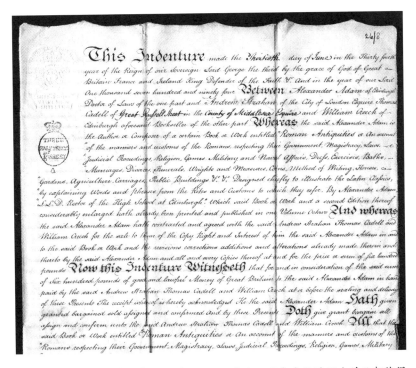

图 3.1　在《罗马古事记》（1791）以 12 开本和 8 开本出版过两次并且都获得
了成功之后，1794 年 6 月，亚历山大·亚当签署了一份合同（它的开头部分
如图所示），以 600 英镑的价格把版权卖给安德鲁·斯特拉恩、托马斯·卡德
尔和威廉·克里奇，每次推出 8 开本的修订版时，还要附加 50 册装订好的样
书。（雷丁大学图书馆朗曼档案馆）

单一版次版权的出售

　　如果作者想保留版权，同时又要避开让坎贝尔如此沮丧的有条件协议出
版的不确定性，那么另外一种方法是预先售卖某个版次的版权，拿一笔数目
固定的报酬。在谈到凯姆斯勋爵的《乡绅》和亚当·斯密的《国富论》的第
四版时，我们已经遇到过这种协议。其他例子还有罗伯特·沃森的《菲利普
二世史》（*History of Philip II* [①]，编号 186，第一版得到 800 英镑）和约翰·吉

---

① 完整书名是《西班牙国王菲利普二世统治史》（*The History of the Reign of Philip the Second King of Spain*）。——译者注

利斯版本的《亚里士多德的伦理学和政治学》（编号 343，第一版得到 400 英镑），这两部作品的后续版本都给作者带来了更多的额外收入。

大卫·休谟利用出售单一版次版权的方法获利很多。出版第一部作品《人性论》（1739）的前两卷的时候，年轻的休谟从伦敦书商约翰·努恩（John Noon）那里拿到了 50 几尼。很快他就意识到自己做了"一个草率的交易"（*LDH*，1：38），因为合同中规定，只有从努恩那里以批发价回购所有未售出的第一版之后，他才可以出版第二版。后来，他就更加有效地运用了单一版次版权的规则。休谟在他临终前所写的自传中说："书商给我的版税之高，在英格兰是前所未闻的；我不仅变得独立自主，而且变得富有了。"（*LDH*，1：5）

241这些版税的大部分都出自他最受欢迎的作品《英格兰史》。关于斯图亚特王朝早期的第一卷（编号 33）的第一版推出以后，休谟从汉密尔顿、鲍尔弗和尼尔那里得到了 400 英镑的版权费，关于斯图亚特王朝晚期的第二卷（编号 46）的第一版似乎让作者从安德鲁·米勒那里得到了 700 英镑的版权费。通过只出售第一卷书的第一版的版权，休谟能够重新选择第二卷的出版者。同样重要的是，由于他仍然拥有版权，而且没有同意在出版《人性论》时与努恩签下的那种保证条款，这样他就能够提出，如果再追加 800 几尼（840 英镑），他就把那两卷书的"完整版权"卖给米勒，而无须为了第一卷第一版的任何未售出的存货赔偿汉密尔顿、鲍尔弗和尼尔。《英格兰史》的下一卷是描写都铎王朝的部分（编号 56），为此休谟要求米勒付给他与斯图亚特王朝的第二卷同样数额的报酬。然而，当关于都铎王朝历史的部分扩展成了两卷的时候，作者实际的收入很可能更多。最后，在 1759 年，休谟将计划中的从古罗马时代到都铎王朝时期的两卷（编号 74）的版权以 1400 英镑的价格卖给了米勒。在给亚当·斯密的一封信中，休谟写道，这是他第一次与"书商……预先订下协议"——在写作之前出售版权（*LDH*，1：193，244，266，314）。休谟通过《英格兰史》得到的收入总计肯定超过了 4000 英镑，而且根据威廉·克里奇在 1783 年的公开言论，非常有可能超过了 5000 英镑。[115]

威廉·卡伦以 100 英镑的价格将《医学实践的首要原则》（1777 年，编号 187）第一卷第一版的版权出售给了约翰·默里。该书的尺寸和规格与凯姆斯的《乡绅》大致相同，而且印数（1000 册）和单价（6 先令）也一样。

因此毫不令人惊讶，按照斯特拉恩的计算（在第一章提到过，在第五章会介绍更多细节），默里认为作者开出的条件太苛刻了，即使他售出了全部图书，也无法获得任何利润。[116]该书的第二卷和第三卷分别于1779年和1783年推出，第一卷和第二卷后来也再版过，我们不知道卡伦通过那些版本得到了多少收益，只是1784年第四卷和最终卷出版的时候，查尔斯·艾略特同意用1200英镑买下全套作品的版权。4年后，艾略特告诉作者，他仍然没能收回成本，尽管当时该书已经出到了第五版。[117]《医学实践的首要原则》一直是8开本，零售价是每卷7先令，全套的价格不够高，仅仅能抵偿生产成本和支付给作者的巨额酬金。卡伦是个不肯妥协的谈判者，坚持要完全控制出版的每个阶段，由于他阻碍第四卷的单独销售，造成默里无法卖出前几卷的存货，前几卷的购买者也无法收齐整套书，结果引发了巨大的骚动。

242

单一版次的协议存在一个有趣的变体，有时作者自己负担生产费用，将印好的书全部卖给书商，出版者信息中的出版者显示为书商的名字。在这一章的前面，我们看到詹姆斯·赫顿在出版《论自然哲学的不同课题》（编号306）时使用了这种方法。詹姆斯·布鲁斯也这样做了，《尼罗河源头的发现之旅》（编号288）在作者自己制作书籍方面也是一次特别有胆量的冒险。在两个例子中，对印刷的控制都是一个关键因素，赫顿对利润并不重视，他利用这个方法最大限度地提升其作品的声望。布鲁斯则采取了另一种做法。布鲁斯根据自己在18世纪60年代末到70年代初在非洲的冒险经历创作完一部结构有些散乱却很迷人的长篇著作之后，就自费在爱丁堡印刷了这部作品。该书是一套五卷大型4开本，采用皇家纸印刷，还配有地图和版画，这是一项极为昂贵的项目。不过布鲁斯既有钱又有决心，他知道只要以这种方式进行下去，就不仅能够控制生产，而且能在一定程度上支配国内和国外的重印版本的销售。如果该书的零售价是每套4几尼（4英镑4先令），伦敦书商乔治·罗宾逊愿意为1500套书支付给作者4000英镑；如果零售价是5几尼（5英镑5先令），他愿意支付5000英镑。[118]最终，该书印刷了2000套，零售价每套5几尼，罗宾逊支付给作者的总额多达惊人的6666英镑。[119]1790年春天，这部作品在书店中出现，出版者信息显示出版者是G. G. J. & J.罗宾逊，但没有提到作者在出版过程中所起的作用。布鲁斯似乎与巴黎的夏

243

尔－约瑟夫·庞库克和莱比锡的菲利普·伊拉斯谟·赖希（Philip Erasmus Reich）分别签订了国外销售协议。1794 年 3 月，卡德尔 & 戴维斯希望作者提供 2000 册新的不列颠版本，并愿意支付 2500 英镑。[120] 然而一个月后，布鲁斯意外跌倒，失去了行动能力，于同年去世，导致他们的协商意外地终止了。尽管布鲁斯通过作品的第一版赚到了大量的金钱，但制作过程耗费巨大，生产成本肯定很高，以致他的净利润很可能比不上威廉·罗伯逊的《查理五世统治史》的版权收入。[121] 如果布鲁斯能活得更久一些，《尼罗河源头的发现之旅》给他带来的收益可能会超过 18 世纪任何单部作品带给作者的收入。

与自费出版和利润分成的方式相似，出售单一版本的权利之后作者可以继续拥有版权。从伦敦出版业公会的注册记录可以看出，明显有很多苏格兰作者认真考虑过这个问题。[122] 由于当时登记注册的时候必须在出版业公会存放 9 册样书，存放的书籍的价值可能是相当大的，尤其是《国富论》和《约翰逊传》这样的多卷 4 开本书。此外，人们认为登记注册是维护版权所有者权利的重要手段，而且一本书要想得到《安妮法令》条款的保护，就必须在出版业公会登记。表二的 360 本书中，有 40% 至少在出版业公会登记过一次，而其中有将近三分之一（至少 43 本，或整个数据的 12%）的书第一版使用作者或者编者的名字注册，而不是出版者的名字。这些作品大部分在前面三个章节中已经讨论论过：休谟的《英格兰史》的第一卷（登记于 1754 年 11 月 11 日）、巴肯的《家用医疗》（1769 年 7 月 17 日）、亨利的《大不列颠史》的前两卷（1771 年 3 月 29 日和 1774 年 1 月 26 日）、凯姆斯勋爵的《乡绅》（1776 年 1 月 18 日）、斯密的《国富论》（1776 年 3 月 7 日）、沃森的《菲利普二世史》（1776 年 12 月 12 日）、卡伦的《医学实践的首要原则》的第二至第四卷（1784 年 6 月 10 日）、亚当的《罗马古事记》（1791 年 3 月 15 日）以及博斯韦尔的《约翰逊传》（1791 年 5 月 11 日）。这些书在市场上证明自己以后，购买了版权的出版者有时会用他们自己的名字重新注册。[123] 但是直到那时为止，作者还是拥有作品的所有权，可以任意处理它们。

244

出版前预售版权

如果说在伦敦出版业公会注册的版权显示，很多苏格兰作者了解他们的权利，但他们很少有人愿意过多地参与出版生意的过程也是事实。即便休谟等作者知道怎样通过作品获利，他们也逐渐厌倦了每出一个版本就要和出版者交涉。1757年，休谟提议把已出版的前两卷《英格兰史》的版权卖掉，在解释原因时，他告诉斯特拉恩："我希望立刻交割所有的权利，主要是为了避免以后可能遇到的麻烦和混乱。"（*LDH*，1：244）我们已经多次看到，那些在出版之后出售版权的畅销书的作者常常通过最大限度地扩大自己的影响力来增加收益。但是作者们事先并不知道他们的作品是否会受到欢迎，这样的情况加上对书商的猜疑，不断协商条件的过程伴随着的"麻烦和混乱"，使得很多作者愿意在出版前放弃作品的所有权利，以换取一笔数额固定的补偿金。

约翰·穆尔在18世纪80年代的经历说明，即使是预售版权，有时也包含让作者警惕的灰色区域或偶然因素。穆尔把《法国、瑞士和德国社会与风貌概览》（编号201）的版权出售给斯特拉恩和卡德尔时，书面契约规定第一版会印制1000册，作者可以得到100英镑，随后每出一个数量相同的版次，作者可以得到50英镑。不过穆尔认为他们也有一个口头上的非正式约定，如果销量有保证，每个新版本的报酬将会增加。该书于1780年首次出版，并于同年推出了第三版，出版者默默地将酬金加倍，让作者很是感激。[124] 然而，18世纪80年代末，穆尔认为卡德尔欺骗了他，使他在出版前放弃了小说《泽卢科》（编号284）的版权，付给他的报酬却低于作品的真正价值。这种做法使他勃然大怒，要求得到契约条款以外的追加补偿金：

先生您一定已经察觉到，您从我的作品中赢得的利润已经远远超过了我所得到的。既然我得以摆脱用我自己的名义出版它们的麻烦，我乐意看到这种情况继续下去。但是在《泽卢科》这件事上，我认为报酬的不公平非常严重，并且确信这也是所有人的看法。卡德尔先生曾经劝我立刻降低要价，以远远低于我认为公平的价格签订条款。现在很明显，他这么做是没有正当理由的。我毫不怀疑，您在此事上的这种行为将让

245

我没有理由为自己在这桩生意中的行为感到懊悔。[125]

安德鲁·斯特拉恩的分类账显示，1789 年 7 月，穆尔收到了《泽卢科》的第一笔报酬 250 英镑，12 月又收到了第二笔报酬 250 英镑（SA 48814A，第 8 页）。第一笔报酬可能是购买版权的金额，第二笔也许是回应穆尔的抗议。此外，《泽卢科》的成功和作者就补偿金问题表达的不满可能影响了安德鲁·斯特拉恩和卡德尔&戴维斯，他们承诺付给穆尔一笔 800 英镑的可观金额，作为下一部小说《爱德华》（编号 340）的版权费，该书的初版印数为 3000 册（SA 48814A，第 17、40 页）。

休·布莱尔总是在出版之前预售版权，不过售卖版权本身并不总是故事的结局。1776 年末，布莱尔以 100 英镑的价格将《传道书》（编号 188）第一卷的版权卖给了亚历山大·金凯德，此后他的朋友威廉·罗伯逊似乎劝说斯特拉恩和卡德尔，在看过该书之前购买它的部分权利。斯特拉恩最初不想参与这个计划[126]，在阅读了一些克里奇（金凯德于 1777 年 1 月去世后由克里奇接任管理）送给他的印张之后，他对该书印象平淡。但是塞缪尔·约翰逊应斯特拉恩的请求读了其中一篇，之后热情地称赞，这就打消了斯特拉恩的疑虑（BLJ, 3: 97）。[127] 1777 年 2 月该书在爱丁堡问世，是一卷 8 开本的版本，印数较少，可能有 500 册，由此可见出版者的预期并不高。然而，《传道书》出版后迅速成为抢手的畅销作品。

尽管布莱尔出版《传道书》的目的肯定不是赚取大量金钱，但在其后的 20 年间，他给出版社准备后续几卷时，不可能忽视收益的问题。1780 年，在查尔斯·迪利以博斯韦尔为中间人向作者提出 300 英镑的报价之后，克里奇、斯特拉恩和卡德尔愿意为第二卷支付的版权费用增加到了 500 英镑。[128] 随后的两卷书（于 1790 年和 1794 年出版）各自让布莱尔得到了 600 英镑，1801 年在作者死后出版的第五卷也为布莱尔的遗产赚得了相同的金额。

布莱尔很清楚，作为传道的作品，这样的稿酬是前所未有的，可是相对于该书创造的利润，这些金额还是较少的。他告诉一位亲戚说，他的出版者"丝毫没有犹豫"就同意用 600 英镑买下第三卷的版权，然后又补充道，"他们或许很清楚从前两卷的 15 个版次中赚到了多少利润"[129]。不过布莱尔也知道，作为在合同中规定的版税的补充，他可以期待出版者不时送给他现金，用作对他们从重印版本中得到的利润的答谢。迄今为止，我们已经能发现三次与第一卷相关的 50 英镑礼物，两次与第二卷相关的 50 英镑礼物，还有一次与第四卷相关的 100 几尼（105 英镑）礼物。[130] 因此，通过五卷传道书，布莱尔的财产增加了至少 2765 英镑，实际的总数可能更高，因为关于作者从出版者那里得到的现金礼物，我们没有完整的记录。这类礼物代表了协议之外的一种途径，在实际情况中，作者与出版者之间看似简单的合法协议有时也会复杂化。

在《修辞与纯文学讲稿》（编号 230）出版之前，斯特拉恩、卡德尔和克里奇也与布莱尔签订过合同，以 1500 英镑买下版权。该书是两卷的 4 开本，于 1783 年出版后成为又一部有利可图的畅销作品。与罗伯逊相似，布莱尔拥有学校和教会的职位，每年能拿到几百英镑的可观薪水，由于他的《传道书》，1780 年政府还给予他每年 200 英镑的津贴。他成为苏格兰长老会最富有的牧师之一，拥有自己的四轮马车，在爱丁堡的阿盖尔广场买下了一所豪宅，附带一个很好的藏书室，在利斯附近获得了第二所住宅，并留下了大约 4000 英镑的证券。[131] 出版带来的补充收入让布莱尔变得富裕。于是，布莱尔晚年告诉自己的出版者，他向另一个作者詹姆斯·布鲁斯提过建议，在为出版社准备作品时要信任书商："我建议他要和有信誉的书商进行交易，在约定好支付给他的价钱以后，把所有质量不那么好的文章交给书商，书商会妥善予以处理的；我告诉他，这是我一直遵循的办法。"[132]

如果说布莱尔出版的五卷传道书是由于它们惊人的流行程度而受到关注，那么詹姆斯·伍德罗在威廉·利奇曼去世后出版的《传道书》（编号 283）是由于不同的原因而引人注目：伍德罗在安排出版条款时给他的朋友塞缪尔·肯里克写的信，提供了关于版权预售协商的非常有价值的信息。[133] 1788 年 9 月，伍德罗旅行到伦敦，带着数本利奇曼的传道书和一长篇作者传记梗概，还有一封写给托马斯·卡德尔的介绍信，那封信的作者是继利奇曼之后担任格拉斯哥大学校长的阿奇博尔德·戴维森（Archibald Davidson）——戴维森还和安德鲁·米勒有亲戚关系。[134] 伍德罗获悉卡德尔不在伦敦，于是通过苏格兰人托马斯·克里斯蒂（Thomas Christie，1788 年

247

9月16日的信件）的朋友关系结识了另一个书商约瑟夫·约翰逊。9月27日，伍德罗描述了他和约翰逊第一次会面的情况："他向我提出了两种选择，或者他自己完全承担印刷1000册书的风险并分配利润，或者给我200册。我觉得后者是最好的提议，尽管我也说不清理由。"伍德罗认为第二种选择更合意，可能是因为那样做可以保证作者通过销售成品得到一些收益，而只有当出版收入越过出版者的盈亏平衡点之后，第一种方案提出的利润分成才会开始产生收益。我们在前一章中讨论过，约翰逊为了说服作者，同意出钱制作卷首肖像，根据从格拉斯哥送来的油画原作在伦敦雕刻肖像版画。

约翰逊提出的价格低于作者的期望，因此伍德罗没有仓促同意，而是表示还要和卡德尔会面商谈。伍德罗很清楚地记得，约翰逊"十分有礼貌和坦率地"回复说，"对于他或者别的任何书商而言，我提出的申请非但没有任何冒犯，反而符合他的希望。这是我应当采取的做法，也是我的朋友们会期望的做法。如果他们的出价比他的更有利，那自然最好。如果不是，他会等待我的决定"。卡德尔刚从欧洲大陆回到英国，就到肯特郡的坦布里奇韦尔斯泡温泉，那里有另一个中间人交给他一封关于伍德罗的手稿的信，还附有戴维森的介绍信。1788年10月15日，伍德罗告诉肯里克，卡德尔来信说他觉得"很荣幸成为出版作品的人选"。可是10月底之前卡德尔不会回伦敦，于是伍德罗受邀或者等待和他会面，或者"和斯特拉恩先生商讨交易事项"。不幸的是，安德鲁·斯特拉恩也不在城里，不过10月初斯特拉恩一回到伦敦就立刻与伍德罗会面，并且表现得"礼貌周到"。伍德罗在给肯里克的信中记述了商谈的情况：

　　第一次会面时，我为那两卷书的版权提出100英镑和100册样本的报价，并在随后的两次谈话中继续坚持这个立场。斯特拉恩先生打算几天后与卡德尔先生碰面，因此他当时回绝了按照这样的条件订立协议。不过依照斯特拉恩先生的计算（与约翰逊先生的相同），他让我的报价稍微降低了一些，然后想以较低的条件达成协议，但是我没有同意，同时告诉他，那是我的最低报价，我不会让步。不过我期待他在和卡德尔先生会面商议此事之后，能够由于他们的信誉和慷慨带来更好的消息。在此基础上我和他在星期六那天告别［10 月 11 日］，他星期天离开了城里。然而，与此同时，他已经在我不知情的情况下写信给卡德尔先生，将我的第一个报价通知了他。结果星期一我收到卡德尔先生的信，他接受了我原先提出的 100 英镑和 100 册书的报价，我立刻回信同意了。

在伦敦经过一个多月的努力商谈，伍德罗终于按照他自己的条件，为他编的利奇曼的《传道书》签订了出版协议。他收到 100 英镑和 100 册书的补偿。这个数额可能看上去不起眼，但是对于一本在作者死后出版的新传道书而言，已经比较巨大了，况且利奇曼在苏格兰以外只是一个名气一般的作者。结果证明，伍德罗得到的报酬可能确实超过了版权的价值，因为该书再也没有推出过第二版。伍德罗并不富裕，他是艾尔郡的斯蒂文斯顿的教区牧师，生计的全部收入（包括"田地"，也就是分配给牧师的小块土地）只有每年 96 英镑，主要由粮食构成[135]，据说他好像从来没有拿到过 100 英镑的现金。然而作者享受金钱胜利的时间很短暂。伍德罗忘记了商谈卷首肖像的费用，1788 年圣诞节，他从苏格兰向肯里克报告说："卡德尔先生和斯特拉恩先生返回伦敦，从酬金中扣除了雕版的所有费用，他们说成本是 30 英镑。"尽管另一个中间人最终说服他们与伍德罗平摊这笔费用，伍德罗还是感到生气。"我把这件事归咎于斯特拉恩先生，"他告诉肯里克，"他知道如果全部交给他的话，就能够以较低的条件决定交易，他觉得我的要价太高，看到我的信里稍微有点不严密，就抓住这个机会压低价格。"对此，肯里克在 1789 年 1 月 16 日的信中回答说："归根结底，斯特拉恩先生对你耍了一个书商的花招。"

有很多种形式会令作者们感到失望，不过最坏的情况总是根源于期待和现实之间越来越大的差距。威廉·罗伯逊在出版之前将 4 开本历史作品预售给出版者，得到了高额报酬，于是其他人就想知道自己是否也能这样做。"据说，现在就算拔光所有奥克尼郡的塘鹅的毛，几乎都不够装饰用来写历史作品的羽毛笔了。"1771 年，在讨论"伟大的 4 开本历史学者们"从他们的作品中赚到的巨额利润时，詹姆斯·贝蒂俏皮地说。约翰·达尔林普尔爵士通过他的"做作的"和"无趣的"《大不列颠与爱尔兰回忆录》（*Memoirs of Great Britain and Ireland*）赚到了很多钱，贝蒂的《论真理的本质与永恒性》

却获利不多，出于同样的心情，贝蒂解释了其中的原因："总之，历史就是福音。我们这些小小的 8 开本哲学作家千万不能假装与伟大的 4 开本历史学者们竞争。"[136] 4 开本历史作品对苏格兰长老会的牧师们的打击特别严重。"苏格兰文人们对这种写作类型好像很愤怒，"在评论沃尔特·安德森牧师的《法兰西史》（*The History of France*，编号 121）第三卷时，吉尔伯特·斯图亚特写道，"他通过天赐的杰出才能，努力取得了应有的名声，这可能吸引了太多的人去效仿他。"[137] 1777 年 5 月，报纸上有一篇未署名的文章引起了博斯韦尔的共鸣，他在文章中发现，"我们有几位苏格兰教士很喜欢在各方面效仿罗伯逊，认为他们也许可以像他那样，通过文学创作获得一些报酬"。基于这个理由，公众们不断受到"苏格兰教士的历史学作品的困扰"，然而那些作者缺乏罗伯逊的能力，无法找到通过"错综复杂的历史迷宫的路径"。[138]

托马斯·萨默维尔遭遇挫折的文学生涯就是这种趋势及其潜在后果的例证。萨默维尔是杰德堡的一个长老会牧师，收入适中，他在自传中公开承认，"最初是经济拮据……让我有了成为作者的念头"[139]。毫不意外地，按照他的自述，他决定要写作获利最多的历史题材作品。萨默维尔讲述了威廉·罗伯逊如何以一种非常不同和不经意的方式增加了他对自己的手稿——一部关于威廉三世时代的英国政治的历史作品（编号 308）——的期望值。罗伯逊曾经说过，无论书商提出什么样的价格，刚出道的作者都有义务接受，这段谈话让后来的作者有所期待。"他问我期望从书商那里拿到多少酬金，"萨默维尔回忆说，"我提出 300 英镑，他说那是很保守的数额，我应当以 500 英镑为基准，他几乎可以确信，我能够从斯特拉恩先生和卡德尔先生那里得到这笔钱。在一封与布莱尔博士的联名信中，他推荐了那两位出版者，关于作品的价值，布莱尔博士的意见与他一致。"（第 244 页）

于是，萨默维尔去了伦敦，将他的作品介绍的副本送给安德鲁·斯特拉恩和托马斯·卡德尔，又应邀与他们会面，把手稿已经完成的部分交给他们评估。他继续写道：

　　　　他们的顾问过目之后，我的原稿通过了这场关键性调查的严峻考验。总而言之，在愉快的气氛中，我与斯特拉恩先生和卡德尔先生达成了交

易。他们说这是一个不知名作者的作品，我提出的 500 英镑数目太大，
罗伯逊博士的第一部作品得到的报酬也没有这么多，不过如果按照下面
这些条件，他们可以同意我的要求：第一版出版时支付 300 英镑，印数
为 700 册，第二版出版时再支付 200 英镑。（第 245 页）

不知道是因为作者的回忆有误，还是由于理解错误或者其他因素，萨默
维尔的作品印数是 1000 册（SA 48817，第 17 页），并且再也没有出过第二版。
实际上，1798 年作者询问推出第二版的可能性时，出版者直言不讳地告诉他：
"我们目前没有任何重印该书的意向，我们可以向您保证，过去 12 个月卖出
的书还不到一打，手上还有将近一半印好的书。"[140]

在自传中萨默维尔认为，他第一部作品的可怜表现要归因于"出版时遇
上了法国大革命的恐怖状况"（第 256 页）。他仍然以历史为主题，继续写作
安妮女王时代的政治制度，但"因为书商希望把它限制为篇幅一卷的 4 开本，
当达到了一定页数的时候"（第 291 页），他就中止了写作。1795 年 8 月，安
德鲁·斯特拉恩和小托马斯·卡德尔"提出以 300 英镑购买版权，这个价格
远远低于我的期望，因此我冒失地谢绝了进一步的商谈"（第 291 页）。然而
两年后，当该书准备好出版时，与法国的战事不断发展造成了"公共事务扰
乱人心的状态"，"同时导致了所有文学资产的贬值"（第 293 页）。1798 年，
斯特拉恩和卡德尔 & 戴维斯出版了《安妮女王时代的大不列颠历史》（编号
346），"出版的条款不如他们原先提出的条件有利"（第 293 页）。事件过去之
后 15 年，萨默维尔在自传中使用这种外交辞令式的说法描述了他的失望。不
过当时的信件表明，他曾经陷入过绝望的状况，因为作者最后收到了 200 册
书作为补偿（可能还附加了 150 英镑现金），他希望通过它们赚到一些利润，
结果却很难卖出去。有几次他几乎要指责出版者欺骗了他，没有用心推销这本
书，此举激起卡德尔 & 戴维斯愤怒的回复，然后作者不好意思地道歉了。[141] 通
过他的学术性和（特别是带有）政治性的作品，萨默维尔收到过一些间接形
式的报酬。1793 年他被任命为礼拜堂牧师，薪水每年 50 英镑，1800 年又增
加了一笔每年 100 英镑的政府津贴。但是他与出版者的关系却总是充满了挫
折失意，他试图仿效自己的榜样威廉·罗伯逊在金钱上获得成功，却未能取

得任何最微小的进步。与此同时，萨默维尔像他之前的伍德罗那样，得到了第二部作品的全部或部分补偿，这个事实提醒我们，即使作者在出版之前预售了版权，也并不总是完全脱离有条件出版的范畴。

　　对于有野心的4开本历史书作者来说，亚当·弗格森出版《论历史的进步和罗马共和国的终结》（编号232）的故事是值得记取和让人警醒的教训。当时，爱德华·吉本的《罗马帝国衰亡史》的第一卷出版后销量猛增，证明古代罗马题材的历史作品有着惊人的市场需求。1776年7月，斯特拉恩、卡德尔和克里奇提出要用1000英镑购买版权[142]，而弗格森开出的价格是其2倍。由于该书从两卷4开本扩展成了三卷，加上作者的苏格兰朋友们坚持不懈地对书商施加压力，弗格森最后如愿以偿。[143] 但是合同里包含了一个决定性的保险或者限制条款，如果该书在出版之后18个月还没有全部卖完，作者或其继承人就要以每套2英镑的批发价回购未售出的存货。[144] 该书的印数为1500册，弗格森签下这样的合同等于是进行一场巨大的赌博，他很快就后悔了。1783年3月，该书终于出版，结果却一直滞销。对此作者的朋友们归咎于各种因素，从嫉妒的批评家对作者的私人偏见，到作者没有"遵循吉本将叙事仅仅作为抨击国家宗教的一种手段的创作方法"[145]。1784年，弗格森不得不花一大笔钱回购所有未售出的书，为此还从威廉·普尔特尼（William Pulteney）那里借款，3年以后才用销售其他作品的收入偿还。数年间，弗格森设法卖掉过剩的书，直到1790年才以一次付清的方式把剩下的书卖给了伦敦的书商约翰·斯托克代尔（John Stockdale），并同意在此后5年以内不出版新版本。[146]

　　即使弗格森通过这种途径挽回了一些损失，此事对他来说也是一次丢脸的经历。在1791年8月8日的《爱丁堡晚报》上，斯托克代尔说他从作者那里购买了该书"剩下的少量存货"。为了激起读者的兴趣，他说"本书从最早的时代开始讲述罗马的历史，到吉本先生作品的开端为止，这两部作品合起来构成了罗马帝国的完整历史"。唯一让弗格森感到安慰的是，当斯特拉恩和卡德尔启动保险条款的时候，他重新赢得了这部作品的版权，从而能够安排出版修订版本。于是，1799年，伦敦的罗宾逊兄弟和爱丁堡的贝尔&布拉德福特联合出版了该书五卷8开本的修订本。具有讽刺意味的是，在19世纪前半叶，该书却变得极为流行。不过由于在预售版权时要价太高，作者已经付出了高昂的代价。但是很明显，作者和原来的出版者之间的感情并没有因此变坏，因为弗格森的下一部作品《道德与政治科学原理》（编号303）出版之前，安德鲁·斯特拉恩、卡德尔和克里奇用800英镑预购了版权，我们将会在第五章谈到这件事。

表二中另外还有很多作品，它们的作者在出版前就以相当高的价格把版权卖给了出版者，例如帕特里克·布赖登广受欢迎的《西西里和马耳他之旅》（编号150）在1773年卖了500英镑；凯姆斯勋爵的两卷4开本的《人类历史纲要》（编号164）在1774年卖了1000英镑（尽管这个协议情况比较复杂）；[147]威廉·卡伦的两卷4开本的《药物学专论》（编号281）在1789年卖了1500英镑；杜格尔德·斯图尔特的单卷4开本《人类心灵哲学原理》（编号309）在1792年卖了500英镑。按照惯例，小说的作者得到的报酬相对比较少，不过在某些条件下，即使是小说也能成为值钱的资产，比如约翰·穆尔的《泽卢科》和《爱德华》。

当然，有些作者在预售版权时拿到的报酬较少。在小说家里面，亨利·麦肯齐出售自己的畅销书《多情男人》（编号135）时只得到50几尼（52英镑10先令）稿酬，即使在该作品大获成功之后，他接下来的两部小说《世故的男人》（编号155）和《朱莉娅·德·奥比妮》（编号183）也只分别得到了100几尼的稿酬。亚历山大·杰勒德出售《论天才》（*An Essay on Genius*，编号162）的版权得到了50英镑版权费；詹姆斯·麦金托什回应埃德蒙·伯克关于法国革命观点的作品《为高卢人辩护》（*Vindiciae Gallicae*，编号298）从乔治·罗宾逊那里只得到了30英镑版权费，不过该书销量很好，据信罗宾逊和作者分享了一些利润。[148]

即使4开本历史作品的版权是众多苏格兰作者的致富之源，有些历史著作有时也会在出版之前以相对适中的价格预售，例如亚当·弗格森的《文明社会史论》（编号99）售价是200英镑，约翰·米勒的《论社会阶层的差异》（编号137）是100几尼（105英镑），大卫·达尔林普尔爵士（海斯勋爵）出售《苏格兰年鉴》（*Annals of Scotland*，编号178）得到了130几尼（136英镑10先令），吉尔伯特·斯图亚特的多种历史作品得到的报酬通常在60到

100 英镑之间。1766 年，约翰·麦克弗森（后来的约翰爵士）为了出版去世不久的父亲的遗作《论古代苏格兰人》（编号 108），向伦敦出版者托马斯·贝克特（Thomas Becket）提出了 100 英镑的版权最终报价，他认为这个价格"不高"，而且有一个未透露姓名的"苏格兰书商"愿意支付 120 英镑购买版权，"对我来说，这部书的声誉比它带来的微薄利润更重要"。但是贝克特仍然拒绝了这个价格，我们不知道他和他的合伙人（伦敦的德洪特［de Hondt］和爱丁堡的约翰·鲍尔弗）两年以后最终以什么样的条件联合出版了这部作品。[149]

　　按照詹姆斯·贝蒂对西尔维斯特·道格拉斯的建议，詹姆斯·贝蒂通常在出版之前预售他的作品版权：《道德批判论文集》（*Dissertations, Moral and Critical*，编号 229）是 200 英镑，《基督教信仰的证据》（*Evidences of the Christian Religion*，编号 258）是 60 几尼（63 英镑），《伦理学原理》（编号 291）是 200 几尼（210 英镑）。贝蒂的第一部散文作品（并且是畅销书）《论真理的本质与永恒性》（编号 123）是一个更加有趣的实例。作者最初收到了 50 几尼（52 英镑 10 先令），他以为这笔钱来自爱丁堡的出版者金凯德＆贝尔。实际上，贝蒂的朋友和代理人威廉·福布斯爵士（Sir William Forbes）和罗伯特·阿巴思诺特（Robert Arbuthnot）秘密地为出版提供了资金，包括支付给作者的版税，因为金凯德＆贝尔希望作者自费出版这部书，而福布斯他们确信贝蒂"永远不会同意"[150]。当时，公众正希望有人能迅速回应休谟的怀疑主义，在这种情况下，这部有争议的作品立刻出人意料地成了畅销书，在 18 世纪 70 年代被多次重印。第一版取得成功之后，贝蒂以 100 几尼的价格把版权卖给了金凯德＆贝尔。1773 年该书推出第四版的时候，他可能又从克里奇和迪利兄弟（他们从金凯德手中购买了一半版权）那里收到了 50 几尼，于是他从这部作品得到的收益总数达到了大约 200 几尼[151]——如前文讨论过的，还要加上从该作品的 4 开本认购版本中得到的大约 400 几尼。在贝蒂的职业生涯中，他通过各种诗歌、评论文章和哲学作品赚到的报酬总计超过 1200 英镑。作为一个每年薪水 140 英镑的教授，这是一笔相当可观的金额，虽然与其他作者的写作收益相比，这无疑不是最高的报酬。作为写作的奖赏，1773 年贝蒂得到一笔略少于每年 200 英镑的皇家津贴，再加上学校教授的收入，足够"让他独立自主"，一个同时代的熟人如此判断。[152]

***

这一部分呈现的证据显示，苏格兰作者与出版者之间的协议类型是形式多样的，他们通过出版物得到的版税数额也有很大差别。作者可以受雇于出版者写作或编辑书籍，报酬按照印张或工作量计算，也可以雇用书商或印刷者生产自己的书籍，付给他们佣金；可以组织一场读者认购，也可以与出版者分享利润（有时候也分担出版费用）；可以把作品的某一个版本的版权卖给出版者，收取固定报酬，或者在出版之前预售版权（报酬通常是现金，不过有时是书籍成品，或者是现金与书组合的形式），为后来的版本收取固定酬金，出版者有时会自愿提供属于额外收入的"礼物"。有时一部作品的出版会涉及好几种出版形式，它们或者部分地重叠，或者先后发生。尽管存在某些可变因素，例如版式和体裁会对出版有限制，在出版条款的协商和执行过程中，仍然存在大量的谈判空间，也因此存在各种意外、冲突与合作。

出版协议的复杂性和多样性，是对同时代人无穷尽的吸引力的来源。1781 年 6 月的一天，博斯韦尔和约翰逊在路上散步消磨时间时，谈到了"作者和书商从事文学出版时利润的不确定性"（*BLJ*，4：121）。作者的收益存在不确定性，不仅是由于没人能够事先确知某本书受欢迎的程度，也是因为利润在很大程度上取决于出版条款。如果说托马斯·萨默维尔为自己的历史作品的版权没能卖出 500 英镑而愤愤不平，威廉·巴肯必定会后悔当时以同样的价格卖掉了那部非凡的畅销作品《家用医疗》的版权。结果他的出版者们由此致富，巴肯却只能从每个修订版中得到 50 英镑，让他余生感到苦涩不已。

有些历史学家在描述书商和出版者时，倾向于将作者看成本质上是被利益驱动的人。虽然很少有人像托马斯·萨默维尔那样，对写作和出版的金钱动机直言不讳，但是的确有人承认金钱是一个重要的动因。"我并不想迎合公众的口味，"亚历山大·杰勒德牧师在威廉·斯特拉恩似乎是拒绝了他的一部讲道书出版计划之后，写信给后者说，"与此同时，您应该知道，我拿着少得可怜的牧师薪俸，需要养活 6 个孩子，如果它碰巧能够出版，我愿意抓住任何有利的机会。"[153] 当然这样的机会一般不会只是"碰巧"的。有志于写作的人如果想寻求经济上的报偿，就必须在市场上冒险，准备好一份原稿或者至少是作品的构想，然后制定报价，为争取最有利的条件和出版者谈判。杰

256

257 勒德又尝试和查尔斯·迪利商谈，这次他成功了，虽然我们不知道出版协议的细节，也不知道杰勒德的《传道书》（编号 211）使他"少得可怜的牧师薪俸"增加了多少收益。

"如果不是为了钱，只有傻瓜才会写作"，"只有迫切的需要才会激发一个人写作"，据说，这些言论出自塞缪尔·约翰逊。[154] 然而，约翰逊本人写过很多没有报酬的东西，有时收取的报酬远远低于作品的实际价值。与此形成对照的是，大卫·休谟经常与他的出版者极力讨价还价，特别是为了他的《英格兰史》，但是他显然认为，金钱不能给作者提供充分的动因去写作优质的作品。在罗伯特·亨利拒绝按照伦敦出版者的条件出售他的作品后，威廉·斯特拉恩写信对休谟说："您的普遍定律是优秀的作品从来不会以金钱为目的，如果您推荐亨利的作品的理由充分，那么他的作品是否算是您的理论的一个例外呢？"[155] 休谟的"普遍定律"暗示，作者之间是有极大差异的，他们等级的高低不是由他们得到的版税数额，而是由写作的理由决定的。对休谟来说，作者通过他们的出版物变得富有是可以接受的，甚至可以为此自夸，后来他在自己的自传里面也那样做了；然而按照他的观点，主要以金钱为目标而写作的人是无法创作出"优秀"作品的。其他人也表达过类似的看法，例如《蜜蜂》杂志的那位匿名作家指出，斯摩莱特"通常仅仅为了工资写作，按照常理判断，在这种情况下只能写出平庸的作品"[156]。不过，爱尔兰作者菲利普·斯凯尔顿（Philip Skelton）主张，"苏格兰教授们"取得文学成就的主要原因是苏格兰的穷困和土地的贫瘠，因为"饥饿是刺激天才人物最强有力的因素"[157]。然而总体来说，我们可以将这些争议的观点搁置一边，承认经济利益是苏格兰的启蒙运动作者写书的重要理由之一，其作品的质量或者在市场中的成功与作者的真实动机（在我们可以知道的范围内）并不具有直接的相关性。

无论写作动机是什么，从整体上说，苏格兰作者在经济领域做得极为出色。表二中有 93 本书，我能够发现关于它们的版税的至少一部分信息。在这 93 本书中，有 47 本的作者赚到的纯利润在 450 英镑以上，包括作者生前
258 出版的全部卷数和版次带来的已知收益（但是不包括津贴、晋升和职位带来的收入，作者经常由于作品被赠予这类报酬，也不包括戏剧剧本的演出带来

的收入）。[158] 版税超过 1000 英镑的实例至少有 27 个，涉及 22 名不同的作者。对于 93 部作品的样本，这样的价格结果可能是偏低的，因为我们不可能知道作者获得的每件礼物和全部的额外报酬。在另一方面，数据中的一些比较次要的书和只在爱丁堡出版的书，还有从 18 世纪 40 年代晚期到 60 年代早期（当时的稿费报酬比后来的低）出版的书，如果能找到它们的更多版税数据，上述数字看起来可能印象就不那么深刻了。

但是，即使存在这些限制条件，也不应该由此削弱这些发现的影响力。在 18 世纪后半叶，苏格兰作者可得到的金钱报酬增长速度之快，远远超出任何人过去的经验或者预料，作者进入了一个地位和财富迅速提升的新时代。许多作者变得富裕起来，还有很多人过上了舒适安稳的生活。即使一些相对较低的报酬，在那个时代也相当可观。举例来说，托马斯·里德的《按常识原理探究人类心灵》1764 年出版时得到了 50 英镑报酬，其购买力相当于 21 世纪初的 4500 多标准英镑或者大约 8000 美元。研究 18 世纪出版历史的学者们以英国小说家为基础——那些"只拿到了微不足道的金额的作者"是少数例外——得出的关于这些问题的传统观点看来并不适用。有一种基本看法认为，1774 年 2 月英国议会上议院废除了永久版权，从根本上改变了图书贸易和作者地位。[159] 这种也不正确，因为在此之前作者得到的版税数额就已经激增，并且似乎没有受到上议院的决议的影响。苏格兰启蒙运动作者们是这场运动的先驱者，他们在开创新秩序的过程中起到的作用是相当重要的。受过教育的苏格兰人得到了激励，与同胞中最成功的作者们交流和竞争，因此确保了苏格兰文人的复兴。这场复兴从 1725—1750 年开始，在大卫·休谟的领导下于 18 世纪中期达到高潮，并持续了一段时间。一些英格兰作者同样受到了影响。爱德华·吉本后来在自传中写道，他年轻时在认真考虑是否从事文学职业的时候，威廉·罗伯逊的历史散文"点燃了我雄心勃勃的希望，也许有一天我能够追随他的脚步"，正如他阅读了休谟的《英格兰史》有关斯图亚特王朝的两卷之后，心里充满了"欢乐和绝望混杂的感情"。[160] 吉本以罗伯逊和休谟为自己的榜样并且取得了成功，在此过程中他获得的名声不亚于那两位作者——而且通过出版作品赚到了更多的钱。[161]

259

　　然而吉本在很多方面都属于特例。尽管在 18 世纪后半叶，还有一些英格兰作家享受到作者身份的大量利益，但是其数量似乎要比苏格兰作家少得多，如果我们考虑到人口统计学的因素，并且将注意力放到启蒙文学的全部体裁范围（而不是仅仅关注诗歌、小说和戏剧），成功的英格兰作家的比例就会更少。[162] 威廉·罗伯逊对一个朋友说，他把《苏格兰史》的版权卖给了安德鲁·米勒，"价格之高是前所未有的，除了大卫·休谟的作品以外"，并且评论说，"你无法想象，伦敦的作者们有多么震惊"。[163] 10 年后，有传言说，罗伯逊的下一部作品将会卖出几千英镑的价格，比《苏格兰史》更高，伦敦文学界再次表示难以置信。[164] 面对这种不平衡的趋势，以及参与这个过程的许多出版者和赞助者本身都是苏格兰人这个事实，英格兰作者们的一般反应或者是赞美苏格兰作者，试图模仿他们的成功——吉本的做法就是如此，或者是将他们的成功归因于民族的阴谋诡计，而不是文学上的功绩。休谟、罗伯逊和吉本是幸运的，有许多人想要分享那些新财富，无论他们的民族群体是什么，那些广受欢迎的作者使他们产生了过高的期待，结果他们却失败了，他们感到的可能更多的是挫折沮丧，从而怨恨他们的经历。此外，我们将在第五章中更完整地看到，苏格兰作者身份的盈利情况发生了转变，出版者在很大程度上需要对此承担责任，他们对自己感到疑惑，有时甚至会怀疑，自己是否创造出了一种极度饥渴而且无法控制的新型怪物。

＊＊＊

　　对于 18 世纪后半叶的苏格兰人来说，学术和文学的作者身份的物质报酬在几个方面同时增加了。很多苏格兰作者都希望得到贵族和政府授予的专业职位、清闲差事或者津贴，从而在财务上拥有更大的自主权。在这个意义上，开明的赞助者会帮助作者独立，让他们不再需要进一步的资助。与此同时，爱丁堡，尤其是伦敦的重要出版者开始承担起更多的责任，向作者提供个人服务，包括食宿招待和社交支持这些以前由传统的赞助者给予的资助。他们还参与赞助有风险的大规模出版计划，例如多卷本的字典和百科全书，以及通过各种各样的方式调节作者与公众之间的关系。

　　苏格兰作者也有望通过作品得到更高的收入——其数额可能比我们所知道的多。1770 年初，当不断刷新的版权交易金额的消息传到欧洲大陆时，伏尔泰写信给他的一个法国作者同伴（拉阿尔普［La Harpe］）说，也许你们写的每行字都能得到罗伯逊那样的报酬。另一个法国观察者评论说，如果付给作者的稿酬比得上《查理五世统治史》带给罗伯逊的收入的八分之一，巴黎的书商就会觉得自己"非常慷慨"了。[165] 罗伯逊这样的作者通过预售版权得到了大量金钱，于是很多同时代的人推测，购买那些版权的出版者就是作者的新赞助人。在其他事例中，作者的出版带有偶然性，按照博斯韦尔的说法就是，"让公众公平选择"，似乎连出版者也是不必要的，"公众"已经成为值得支持的作者的真正赞助人。虽然所有表述都包含了一部分真相，但我们需要将全部选项——贵族赞助者、政府、出版者、"公众"——都纳入考虑范围，才能理解苏格兰启蒙运动中蓬勃发展的出版文化以及其世俗化成功中包含的无穷潜力。

第二部分

**伦敦与爱丁堡的
苏格兰启蒙运动出版**

第四章 伦敦-爱丁堡出版业轴心的形成

不论在今天还是在 18 世纪，书的读者与购买者往往对出版地与出版者都有所了解。这些信息不仅会影响他们的购买与阅读，还会影响他们内心对该书的归类。出版者的图书目录和印刷广告（如今还有网页）向读者提供了一种图书与其制作者的联系，从而加深了这些影响。与作者的名字类似，出版者的名字也起到了品牌名称的作用，并深深地影响到消费者对该"产品"的认知和消费模式。举个例子，迈克尔·苏亚雷斯（Michael Suarez）曾经夸张地问："一本吉卜赛莱恩出版社（Gypsy Lane Press）出版的书，有可能与维京－企鹅出版社出版和销售的著作得到一样的反响吗？"[1]

在考察"出版者功能"与"作者功能"的联系时，我们必须考虑时间对于我们理解印刷文字造成的影响。随着时间的流逝，出版者通常会在读者的意识中慢慢淡化，只留下作者作为作品分类的唯一标准。《英国人物传记辞典》（*Dictionary of National Biography*）对于苏格兰启蒙运动作者的描述，是维多利亚时代对不列颠历史上个人功绩与荣誉的认知的典型记录。《英国人物传记辞典》包含了表一中的全部 115 名苏格兰作家，但是在表二制作书籍的那么多人中，只有 16 人在《英国人物传记辞典》中有单独词条，而且其中几个人被收录的理由是他们在出版之外的贡献（例如约翰·诺克斯以"慈善家"的身份出现）。伦敦的老约翰·默里（the first John Murray）、安德鲁·斯特拉恩与小托马斯·卡德尔都只在他们的儿子或父亲的传记中被简单提及。而乔治·罗宾逊在一个象征性的词条中仅仅拥有 100 余字的描述。至于居住在苏格兰的作家和出版者，差异就更加显著。其中只有两位——威廉·克里奇（他本身也是一个作家）和罗伯特·福尔斯（他主要由于出版古典文学及创办美术学院而受人尊敬）——在《英国人物传记辞典》中拥有单独的词条。像加文·汉密尔顿、约翰·鲍尔弗、亚历山大·金凯德、亚历山大·唐纳森、查尔斯·艾略特和约翰·贝尔这样的重要人物都未被《英国人物传记辞典》收录。

尽管最新版的《英国人物传记辞典》——《牛津国家人物传记辞典》增加了很多对 18 世纪书商和出版者的描述，上述作者的偏见却并不局限于维多利亚时代。我怀疑，当前研究 18 世纪思想的各学科专家很少能够说出他们所研究的 18 世纪书籍的出版者和销售商。专家们有什么必要记住出版者和销售商的名字呢？除了目录学者和书籍史学家，可能还有那些要说明作家是如何出版作品的传记作者，学者们对古书分类时，往往只参照作者，很少或根本不关注出版信息。当 18 世纪的文本在现代再版的时候——这是它们与现代读者见面的主要方式——当年的出版细节往往被去掉了，最多只是附带提及。即使是那些专门研究 18 世纪图书业的目录学者和书籍史学家，也很少花精力关注出版者、出版条件以及作者与作品之间的联系。

本书的主要任务之一就是重建上述这种联系。要重建这种联系，就有必要改变人们对图书业及其文化角色的认知方式。如果我们执意要撇开出版者出版的图书去认识他们，仅仅从最狭隘的意义上去了解商人为个人利益而占用了后来为我们所知的"知识产权"，我们成功的可能性就很小。前三章对图书作者给予了很多关注，本章和接下来的两章将对苏格兰启蒙运动的出版者给予同样程度的关注。和作者一样，出版者也有他们的同盟者和竞争对手，并在那个商业化不断加剧、英格兰与苏格兰关系日益紧张的时代努力确立自身的地位。和作者们一样，他们也被吸引到英格兰和苏格兰的大都市——伦敦和爱丁堡。这两座城市后来成为苏格兰启蒙运动出版业的两座重镇。

267

合作出版的框架

乍看之下，靠近表二中间的一栏显得比较混乱，该栏列出的是不列颠书刊初版的地点和出版者。每本书的作者栏通常只包括一个名字，和作者栏不同，出版者栏则由一系列复杂的地点和名称构成，按照乍看之下令人困惑的组合与顺序排列。出版者信息显示，一些书由某个地方的一家公司单独出版，而更多的书由同一城市的两家或两家以上的公司共同出版，或者如表格中的斜线分隔符（ / ）所表示的，由不同城市的多家公司共同出版。用来指明出版者的标准用语是"由……出版"——这个用语在书籍中十分常见，以至于除非另有说明，它已经成了一种固定模式——有些书只指明销售代理商（"由……销售"）或印刷者("由……印刷"，而不是"由……出版")。当"由……出版"的字眼未出现时，印刷者有可能充当了出版者，或者可能是作者支付了出版费用。在某些情形中，"由作者出版"（表格中仅表述为"作者"）这一短语的出现清楚地说明，作者承担了即使不是全部，也是大部分的风险，虽然仅凭出版者信息还不能够确定作者与书籍印刷或是销售公司之间签订的协议的确切性质。最后，随着个人书商退休、去世，或者与他们的合伙人组成新的联盟和合作关系，出版者信息中标明的出版公司的名称会发生变化。

　　为了解所有这些情况，我们必须集中关注几个必要方面。首先，根据印刷和出版的地点[2]，我们发现苏格兰启蒙运动新书的生产在地理分布上高度集中。表二中只有两部书的出版者信息显示它们是在伦敦以外的英格兰城市出版的：伊丽莎白·汉密尔顿的《现代哲学家回忆录》（编号 357），该书是以一家伦敦公司的名义印刷的，但出版者信息却显示出版地点是巴思；威廉·朱利叶斯·米克尔翻译的《卢济塔尼亚人之歌》（编号 175）以认购方式出版，出版者信息显示出版地点是牛津，它的主要销售代理商却是许多著名的伦敦书商。罗伯特·彭斯的《苏格兰方言诗集》（编号 260）的基尔马诺克版本是表二中仅有的出版者来自一个居民不到 1 万人的苏格兰城镇的例子，可是次年该书在爱丁堡和伦敦重印之后，该书及其作者获得了巨大的名声。人们也许会预期，一些更大的苏格兰城市——如珀斯、阿伯丁尤其是格拉斯哥——可以成为苏格兰启蒙运动新书出版的重要中心。但是表二中的内容并不支持这一猜测。尽管阿伯丁有高水平的学术活动，但是在 18 世纪，这座城市对于出版业的贡献可以说是微乎其微的。[3] 数据库中只有一部 12 开本传道书的出版地标记为阿伯丁，它是在 1786 年由一家不知名的公司（编号 261）为作者威廉·达夫牧师出版的。在珀斯，罗伯特·莫里森和他的儿子经营着一家效益良好的印刷出版公司，然而这家公司主营的是重印业务。除了一本出版地标记为爱丁堡的罗伯特·赫伦的书之外（编号 339），数据库中由莫里森公司出版的新书只有巴肯伯爵的约翰·纳皮尔传记 ①（编号 191）以及罗伯特·赫伦的另两部作品（编号 314 和 330）。这三本书在说明页上显示的都是伦敦的联合出版者。

格拉斯哥的情况要更加复杂。18 世纪后半叶，格拉斯哥的英文出版在英语出版地中排名第六，位于伦敦、都柏林、爱丁堡、费城和波士顿之后。[4] 此外，格拉斯哥是著名的福尔斯兄弟——罗伯特与安德鲁的故乡。18 世纪 40 年代至 50 年代，他们成功地出版了拉丁文与希腊文的经典著作，使苏格兰的出版工业得以闻名，他们还继续重印古代经典著作的原文和英文译本。福尔斯兄弟于 18 世纪 70 年代中期去世，在此之前，他们还重印了弥尔顿、德莱顿（Dryden）、艾迪生、蒲柏和格雷等人的现代英语经典著作。福尔斯兄弟的出版社称得上是格拉斯哥启蒙运动中出版业的中坚力量。[5] 该公司是根据弗朗西斯·哈奇森的设想创办的，哈奇森是他们出版事业背后的灵魂人物，很可能也是他们的经济支柱。作为格拉斯哥大学的指定承印商，福尔斯兄弟为格拉斯哥的教授们印制教科书（拉丁文和英文）和课程大纲，比如哈奇森的道德哲学课（编号 3）、詹姆斯·穆尔的希腊文课、约翰·米勒的法律课、约翰·安德森的自然哲学课、威廉·怀特（William Wight）的教会史课，还有数学教授罗伯特·西姆森的拉丁文和英文版的欧几里得几何（编号 42）、穆尔在大学文学社团中所读一部散文集（编号 57）以及人文学科（拉丁文）教授威廉·理查森的一本诗集（编号 166）。[6] 福尔斯兄弟偶尔会受托出版一些其他的书籍，我们可以在表二中看到这些书，比如哈奇森的《道德哲学体系》（编号 36）和詹姆斯·博斯韦尔的《科西嘉岛游记》（编号 105）。

然而，当苏格兰文人——包括格拉斯哥大学的教授，如米勒、理查森和亚当·斯密在内——想要大规模出版自己的作品时，几乎从未想到过委托福尔斯兄弟。不知道是因为格拉斯哥缺乏推广主要文学和科学作品的资源，还是因为福尔斯兄弟对他们的再版事业、学术成果印刷以及人文学科教育更感

---

① 该书名为《论默奇斯顿的约翰·纳皮尔的生平、写作和发明》（*An Account of the Life, Writings, and Inventions of John Napier, of Merchiston*）。——译者注

兴趣，这家公司在苏格兰启蒙运动的新书出版中作用相对较小。其他格拉斯哥书商和印刷者们做出的贡献则更小。除了福尔斯兄弟出版的作品，表二中只有两部书的出版地标记为格拉斯哥，一本是大卫·达尔林普尔爵士（海斯勋爵）《基督教教堂古迹研究》(*Disquisitions concerning the Antiquities of the Christian Church*，编号 231），该书由罗伯特·福尔斯的儿子安德鲁出版；另一本是约翰·安德森的《物理学要义》增订的第四版（编号 257），该书曾经作为课程大纲由福尔斯兄弟承担一部分发行业务，但是首次完整印刷是由查普曼和邓肯（Chapman and Duncan）进行的，且很可能是为作者本人印刷的。18 世纪的格拉斯哥也是罗伯特·尤里（Robert Urie）的生长地，他出版了伏尔泰、卢梭等众多经典作家的英文版著作。在福音传道书和其他宗教作品的出版和重印方面，格拉斯哥也欣欣向荣，尤其突出的是出版者兼反市民分离者约翰·布赖斯（John Bryce）。[7] 但是尤里和布赖斯都与表二中书籍的初版毫无关系。在启蒙运动的重印业中，格拉斯哥具有一定的影响力，并且与阿伯丁一样，在学术和社团生活方面与爱丁堡相互竞争，成就了许多文人，他们后来都成为启蒙运动的作者。但是无论格拉斯哥还是阿伯丁，几乎都没有出版过苏格兰启蒙运动中的新文学、哲学及科学书籍。

表二中一共有 15 本书出版于上文所提及的城市，仅占全部作品的 4%——其中 8 本来自格拉斯哥，3 本来自珀斯，阿伯丁、巴思、基尔马诺克和牛津各出版了 1 本。其余 345 本书，即数据总量的 96%，出版地要么位于伦敦（218 本，占数据总量的 61%），要么位于爱丁堡（127 本，占数据总量的 35%）。这些数字证明了苏格兰启蒙运动印刷与出版地理的一个基本事实：就新书而言，只有伦敦与爱丁堡至关重要。

这两座城市的出版联系非常密切。表二里伦敦出版的作品大约有四分之一与爱丁堡有联系，这些书的出版者信息中至少标注有一个来自爱丁堡的合作出版者或销售代理商。而爱丁堡出版的图书中约有三分之二与伦敦有着同样的联系。在这些例子中，关于利润分配、书籍的印刷地点与出版费用，包括纸张、印刷、支付给作者的稿费，大多数参与的销售代理商都能够根据他们各自的股份达成一致。图书一出版，二线城市的出版者就会装运与版权中的股份相对应的数量的图书，在他们的书店中以零售价出售并且批发给当地或者本地区的同行。广告通常是由各地区的合作出版社操作的。另一种合作方式则允许二线城市的出版者以低价购入一定数量的图书，并不要求他们实际拥有股份或均摊生产费用。[8] 有时候，爱丁堡和伦敦的出版者会将其他城市的书商以销售代理的身份添加到出版者信息中，或者是出于礼貌，或者为换取对方以同样方式对待自己。在另一些情况下，爱丁堡出版的书，出版者信息上出版者的名字却是伦敦书商，因为出版者在爱丁堡没有地位相当的合作人；这一类作品要么是以伦敦书商的名义在爱丁堡印刷的（如编号 26 和 238），要么是以作者的名义在爱丁堡印好之后再卖给伦敦出版者的（如编号 288 和 328）。

因此，根据书籍扉页上的信息，我们能发现伦敦与爱丁堡的图书业同行之间的合作是非常广泛且形式多样的。这种合作出版具有几种功能。从最基本的层面来说，合作有利于两家或多家公司分担支出资金和出版新书的风险，也有利于建立行业秩序。在伦敦，这样的合作很常见，那里旧出版业的"大佬们"构成了图书业的版权法人制度的根基。[9] 为了防止他们的书籍在别的地方被重印，伦敦的出版者付出过很多努力，由此可以看出这个巨大的城际合作出版网络不仅是新型的，而且是非凡的。从经济上来说，这种合作好处多多。在某个出版者自己所在的城市合作出版新书很可能会干扰书商的本地贸易，城际合作则具有相反的效果。伦敦是英格兰的书籍集散中心[10]，爱丁堡则是苏格兰的书籍集散中心。有时候，英格兰北部和美国部分地区的销售会发生重叠和冲突，但是一般来说协议都能够保证书籍销售工作的合理分配。不管是在 1774 年上议院做出关于版权问题的关键决定之前还是之后，伦敦主要的出版者都认为在苏格兰的重印是盗版行为，伦敦和爱丁堡的合作出版缓解了这种紧张状态。同时，合作也为出版者提供了机会，有利于选择最佳的印刷条件和纸张供应，有时还能满足作者们想就近印刷图书的需求——这样便于作品的校正和修订。

此外，交通和运输条件的改善使伦敦和爱丁堡的合作出版变得更加可行。对于大批货物的装运而言，来往于伦敦和福斯湾的爱丁堡码头之间的利斯班船相当可靠、便宜且较为迅速，甚至在冬季也是如此。陆路运输线则在 18 世纪后半叶经历了巨大的转变。正如威廉·克里奇在他的爱丁堡宣传手册上所夸耀的，伦敦到爱丁堡之间的驿车从 1763 年的每月 1 班、旅程 2 周，变成了 20 年后的 1 周 15 班、旅程 2 天半到 4 天。[11] 由于这些方面的进步，私人信件、合同、校样以及图书本身都以前所未有的速度来往于这两座城市之间。

伦敦和爱丁堡有众多的出版者，在将伦敦－爱丁堡打造成苏格兰启蒙运动新书的重要出版轴心的过程中，有 12 家公司的作用特别突出。表二列出的 360 本书的第一版中，有 291 本（81%）书是由这 12 家主要公司中的一家或多家出版、印刷或销售的，它们的代理人在表二的英国出版者一栏中用黑体标明。在大多数情况下，这 12 家公司中至少有一家是这些书的主要出版者。表格中还收录了其他几十位不列颠出版者的名字，但是他们中很少有人在 2 本或 3 本以上作品的出版者信息中出现过，还有些人仅仅是作为"为作者出版"的书籍的印刷商或销售商出现。

表五列出了 12 家主要的苏格兰启蒙运动的出版公司和它们的主要经营者，以及各个公司推出的表二中的书籍第一版的数量，按出现时间顺序排列。其中有 5 家公司——多兹利兄弟、迪利兄弟、约瑟夫·约翰逊、托马斯·贝克特与荷兰人彼得·亚伯拉罕·德洪特（Peter Abraham de Hondt）位于伦敦的合资公司以及查尔斯·艾略特在爱丁堡的公司——参与了数据库中的 9 部到 16 部书的出版。此外，这 5 家公司还是其他一些书的销售代理商。从表二中可以看出，剩下的 7 家公司每家至少出现在 30 本书的扉页上。当时，安德鲁·米勒在伦敦创立的公司是最大的，米勒去世之后，这家公司由托马斯·卡德尔接管，并传给了他的儿子小托马斯和威廉·戴维斯，以卡德尔＆戴维斯的名义经营。在表二中，这家公司的名字以出版者的身份出现在 140 部作品的出版者信息中，还是另外 14 部作品的销售代理商。卡德尔＆戴维斯公司最大的竞争对手是一家由亚历山大·金凯德创建，由威廉·克里奇继承的爱丁堡公司。这家公司是 89 部作品的出版者和 8 部作品的销售代理商，其中大部分业务是在克里奇的任期内完成的。紧随其后的是由威廉·斯特拉恩创建，并由他的儿子安德鲁继承的伦敦印刷公司，该公司是 56 部作品的出版者，也是这几十家主要出版公司中唯一不做销售代理商的。实际上，这家公司的贡献远远大于表格所显示的，不仅因为有时斯特拉恩家族是不出面的出版合伙人，也因为他们印刷了表二中列出的许多书，尽管这些书并不

272

是他们公司出版的。爱丁堡书商约翰·贝尔单独或是与约翰·布拉德福特（John Bradfute）合作，以贝尔&布拉德福特的名义出版过 22 部作品，还是另外两部作品的销售代理商。此外，在做金凯德的初级合伙人期间，贝尔参与出版和销售的书籍数量几乎与此相同。伦敦书商乔治·罗宾逊单独或是与不同的合作伙伴一起出版过 37 部作品，还是另外 4 部作品的销售代理商。爱丁堡的汉密尔顿&鲍尔弗公司最初经营的是出版业务，后来加入了印刷者帕特里克·尼尔（Patrick Neill），随后以当时在世的约翰·鲍尔弗的名义，继而又以他的儿子埃尔芬斯顿（Elphingston 或 Elphinston）的名义进行出版活动，他们是 32 部作品的出版者或印刷者[12]，以及另外 3 部作品的销售商。最后，伦敦的约翰·默里公司是 29 本书的出版者，也是另外 4 本书的销售代理商。

尽管表五中列出的数字完全基于出版者信息中所包含的信息，然而幕后合作的例子还是大量存在，那些方式我们单凭出版者信息无法推测出来。这些例子中有一些通过表二中的出版者名字旁的方括号来标明。例如，经私人信件和报纸广告证实，威廉·克里奇要么是约翰·米勒（编号 137）、亚当·斯密（编号 177）、托马斯·罗伯逊（编号 248）以及詹姆斯·博斯韦尔（编号 250）等人作品的合作出版者，要么是这些作品的经销商，尽管这些作品中并未出现他的名字。威廉·斯特拉恩作为不过问业务的合作出版者，至少与表二里的 5 部作品相关，实际上可能还多得多。而贝尔&布拉德福特公司以同样的形式与约翰·穆尔的一部作品（编号 315）的出版有关。[13] 即使我们能够指出表二中所有隐名出版的例子，仍然不能涵盖伦敦与爱丁堡主要的出版者之间出版合作的全部范围，因为表二只记录了在不列颠出版的作品的第一版。如果一部最初由小公司出版或者"为作者"出版的作品销售势头十分强劲，12 家主要公司中的一家或多家往往会买下该书的版权。例如斯摩莱特的《续英格兰全史》（编号 67）以及多数小说、威廉·斯梅利的《论助产理论及其实践》（编号 22）、詹姆斯·弗格森的《依据艾萨克·牛顿爵士的原理解释的天文学》（编号 39）、威廉·巴肯的《家用医疗》（编号 115）、威廉·格思里的《地理》（编号 130）和罗伯特·彭斯的《苏格兰方言诗集》（编号 260），它们在被苏格兰启蒙运动的 12 家主要出版者中的一家或多家取得版权并不断重印后，都成了畅销书。有的书最初在爱丁堡出版，从第二版以降就由伦敦和爱丁堡的杰出书商定期联合出版，巴肯的《家用医疗》和麦肯齐的《闲人》（编号 270）就是典型的例子。总之，不管伦敦－爱丁堡的合作出版还是表五中的 12 家主要公司的出版，其规模都比我们仅仅根据第一版的出版者信息做出的推测要大得多。

　　表五中的 12 家主要公司都在一定程度上参与了伦敦－爱丁堡的联合出版文化，表二则列出了联合出版的成果：以卡德尔和艾略特的名义出版的书、以默里和艾略特的名义出版的书、以罗宾逊和艾略特的名义出版的书、以默里和贝尔的名义出版的书、以克里奇和迪利兄弟的名义出版的书、以罗宾逊和贝尔的名义出版的书，诸如此类。然而，伦敦－爱丁堡出版轴心以及苏格兰启蒙运动的出版业，基本上都被一个强大的出版辛迪加所控制。这个辛迪加的核心是由两家伦敦企业的苏格兰创办者共同组成的联盟，这两家伦敦企业即安德鲁·米勒创立的图书销售公司和威廉·斯特拉恩开办的印刷公司，它们成为各自行业的龙头企业。从 18 世纪 40 年代晚期开始，这个伦敦辛迪加与亚历山大·金凯德创办并由威廉·克里奇继承的爱丁堡公司进行了广泛的合作。有时，他们也会与经营爱丁堡的出版公司的汉密尔顿&鲍尔弗联手，尤其是在鲍尔弗接管公司之后。

　　18 世纪中期，伦敦与爱丁堡的出版者常常在版权问题上发生争执，两地的出版者关系紧张，互不信任。考虑到这种情况，两地出版者联合出版苏格兰作者新书的传统是如何产生的呢？前面提到的有关出版的经济因素以及交通运输条件改善的情况暗示，两座城市的出版者之间进行合作的条件已经成熟，但是仅仅是条件合适并不能解释这种新发展。那么，这种合作究竟为何会发生呢？

　　本章余下的部分将通过对 5 位伦敦－爱丁堡出版业轴心的创立者的职业生涯进行考察，设法回答上述问题。这 5 位创立者分别是：加文·汉密尔顿（1704—1767）、安德鲁·米勒（1705—1768）、亚历山大·金凯德（1710—1777）、约翰·鲍尔弗（1715—1795）和威廉·斯特拉恩（1715—1785）。他们都出生于 1710 年前后 6 年之间，是具有开创意义的一代苏格兰启蒙运动出版者，与威廉·卡伦、大卫·休谟和托马斯·里德等作家属于同一时代。除

275　了组成一个同代人群体之外，他们全都出生在苏格兰，尽管有两位在伦敦创办了公司。这种时间和空间的并列非常关键。他们从孩童时期或青少年时期就相互认识，自那时建立的友谊有时减弱了个体竞争和区域竞争，并为后来的合作铺平了道路。与很多由他们出版过作品的苏格兰作者类似，他们在私下或是在工作上都有联系，这种私人联系产生了丰富的成果。到 18 世纪 50 年代末，当休谟吹嘘苏格兰在文学界崛起时，伦敦 – 爱丁堡出版业轴心在苏格兰启蒙运动书籍文化传播中的地位已经很稳固了。

创始出版者和他们的公司

斯特兰德街的苏格兰人：安德鲁·米勒的故事

　　不论以哪种标准来衡量，苏格兰启蒙运动出版业的故事都开始于安德鲁·米勒，他是 18 世纪中期最伟大的书商和出版者。然而人们对米勒的职业生涯仍然了解不足。伦敦的同时代人对他早年的生活几乎一无所知，只知道他来自苏格兰，用约翰·尼科尔斯的话来说，他们相信米勒这个人"毫不夸张地说，是自己命运的创造者"，现在的评论者们通常从字面上来理解这句话。[14] 已故的休·艾默里和我最初分别独立对米勒进行研究，随后我们开展了合作，在这些研究的基础上，我试图找到一条完全不同的思路。我们只有了解米勒的苏格兰出身背景，才能解释他作为伦敦书商和出版者的职业生涯，因为他的苏格兰出身背景从很多方面塑造了他的未来。[15]

　　安德鲁·米勒的父亲和祖父都是苏格兰西部的长老会教士，而苏格兰西部是新教加尔文宗教徒的根据地。米勒的父亲罗伯特（1672—1752）毕业于格拉斯哥大学，1690 年革命协议通过后，长老会得以重新在苏格兰教会掌权，罗伯特也开始了他的教士生涯。[16] 1705 年 10 月 16 日，安德鲁出生于格拉斯哥港，他的父亲当时是那里的牧师。4 年后，罗伯特·米勒搬到佩斯利的阿贝修道院，并在那里度过了他的一生。

　　罗伯特·米勒是一位小有名气的基督教史学家，1723 年出版了他最著名的作品《传扬基督教及推翻异教的历史》（*The History of the Propagation of*

Christianity, and the Overthrow of Paganism），现在人们认为它是苏格兰的福音 276
教义的经典之一。[17]该书充分体现了知识、虔诚和对福音的坚定信仰，它在
爱丁堡出版，附有15页的认购者名单，其中有许多苏格兰长老会教士和教授，
包括小弗朗西斯·哈奇森（当时他是一名"都柏林传教士"）和爱丁堡的神学
教授威廉·汉密尔顿（William Hamilton）。罗伯特·米勒意识到印刷术的历
史意义，印刷术始于中国，而后传到欧洲，"使世界各地的书籍和知识更加容
易传播。买一本印刷的书远比去图书馆抄写一本手稿便宜和简单得多"。米勒
相信，印刷术与从15世纪开始的"艺术与科学、知识与学术的复兴"密切相关，
这是"天意"，是神用来击溃"不信神和崇拜偶像的异教徒"的手段。[18]1730年，
米勒再次以认购的形式出版了一本书，不过不是8开本而是对开本，他在书
中追溯了基督教在古代犹太世界的传播过程，并附加了一篇"劝说犹太人皈
依基督教的论文"。[19]

米勒家族中有许多成员是苏格兰长老会教士。从1728年直到1738年早
逝之前，安德鲁的长兄约翰都在邓巴顿郡的旧基尔帕特里克担任牧师。从
1737—1771年去世之前，弟弟亨利都在佩斯利南部5英里处一个叫尼尔斯顿
的教区担任牧师。他的姐妹们都嫁给了当地的牧师：安娜·米勒嫁给了一名
助理牧师彼得·斯科特（Peter Scott），后来他成了佩斯利的莱西教堂的专职
牧师，并一直从1740年任职到1753年去世；而伊丽莎白·米勒嫁给了詹姆
斯·汉密尔顿，罗伯特·米勒在1751—1753年担任佩斯利的阿贝教堂的副职
牧师（second minister）时，詹姆斯·汉密尔顿是他的同事，后来还接替了他
的工作，直到1782年去世。米勒家族和亲属们深深扎根于格拉斯哥以西的伦
弗鲁郡的牧师住宅区，尤其是该郡最大的城镇佩斯利。

佩斯利是18世纪末苏格兰的工业化中心之一。虔诚的手工织布机纺织工、
其他在农舍与小作坊里劳作的生意人，以及在水力驱动的乡下或郊区工厂里
工作的工人是该镇的特色。1789年，12开本的《文学硕士罗伯特·米勒牧师 277
全集》（*The Whole Works of the Reverend Robert Millar, A. M.*）在佩斯利出版，
该书共有八卷，从所附的认购者名单中，我们能够找到许多当地居民的名字。
名单上的名字有1000多个，他们大多数人是工匠和商人，其中还包括350多
名来自格拉斯哥、伦弗鲁郡和艾尔郡的纺织工人。安德鲁·米勒在伦敦获得

了财富与名望之后，仍然与他在伦弗鲁郡的亲戚保持着密切的联系。他在爱丁堡和伦敦给父亲的书出了多个版本，并于 1767 年在佩斯利建了一座美观的纪念碑来纪念他的父母，碑上用拉丁语铭刻着"一位杰出的、睿智的、不知疲倦的、无可挑剔的牧师"[20]。安德鲁·米勒和他的妻子不时造访佩斯利，还在遗嘱中给他在伦弗鲁郡的亲戚留下了一笔可观的财富。米勒去世后，妻子改嫁给一个更有钱的苏格兰人，而他的兄弟亨利似乎继承了他的遗产，用这些钱在尼尔斯顿投资建造了一个织带（亚麻带）制造厂。[21] 其他三个兄弟纷纷出国寻找机会：罗伯特成了一名外科医生兼植物学家，有一次安德鲁试图推荐他去格拉斯哥大学当教授却没有成功；[22] 阿奇博尔德成了一名海军上校；威廉则成了一名安提瓜岛的内科医生，后来他作为安德鲁的遗嘱执行人回国，并根据遗嘱得到了佩斯利附近的沃金森庄园。

278　　　安德鲁·米勒生于一个传统家庭，从事专门的职业是家族惯例，如果他小时候没有去过文法学校（或是拉丁文学校）就读，那将是令人惊异的。对于一个书商来说，懂得拉丁文和人文科学并拥有高雅的文学品位是一种优势。虽然没有确切证据能够证明安德鲁接受过正规教育，但他后来发行了拉丁文的书籍目录，又用拉丁文书写的碑铭来纪念他的父母，这些事实无疑表明他通晓这门语言。然而，当时的民间文学作品几乎毫无例外地把他描绘成一个毫无学识的人，缺乏辨别文学价值的才能，不得不依靠别人的判断。这些评价看起来有些夸张——很可能的确是夸张了，但是米勒无疑拥有一流的商业头脑，这可以弥补他在教育和学问上的不足。他在伦敦做书商和出版者时年仅 22 岁。对于伦敦这座城市和城市里的机构——包括伦敦出版同业公会，他在伦敦建立自己的事业整整 10 年以后才成为它的会员——而言，他是一个外来者，他的年轻加上他作为外来者的背景，使人们对他的成功之路感到非常惊奇。

　　这个奥秘的关键在于米勒与他的师傅詹姆斯·麦克尤恩的关系。18 世纪头 20 年，麦克尤恩是爱丁堡图书业的领袖人物。1718 年，麦克尤恩与合作伙伴共同创立并成功发行了苏格兰的第一份报纸《爱丁堡晚报》。1720 年，他出版了一本重要的地方诗歌合集《爱丁堡杂集》（*Edinburgh Miscellany*），其中收录了詹姆斯·汤姆森和大卫·马利特早年发表的诗作。他经常为拍卖好的藏品和学术书编制目录发行，还以自己公司的名义出版过很多书籍，尤其是敦提的约翰·威利森（John Willison）那样的长老会牧师所著的布道和辩论作品。麦克尤恩与长老会的牧师有密切的联系，来自伦弗鲁郡伊斯特伍德的杰出教会史学家罗伯特·伍德罗（Robert Wodrow）就是他的朋友之一，伍德罗在写给美国的科顿·马瑟（Cotton Mather）的信中称赞了罗伯特·米勒的第一本书，称他为"我尊敬的、博学的邻居和亲爱的兄弟"[23]。1720年，米勒和麦克尤恩达成协议，次子安德鲁·米勒成为麦克尤恩的学徒，在教会方面的联系很可能促成了这一师徒关系，当时安德鲁年仅十四五岁，契约酬金为40英镑。[24] 如我们所见，罗伯特·米勒欣赏印刷文字传播知识和宗教教义的力量，而麦克尤恩显然是博学和虔诚的书商的典范。

279

生意上的成功使麦克尤恩经历了史无前例的扩张。到1722年时，他出版的一些图书——例如威利森的《论安息日的神圣化》（*A Treatise concerning the Sanctifying the Lord's Day*）第二版——的出版者信息中提到"他在伦敦、爱丁堡和格拉斯哥的书店"。麦克尤恩在1723年春天和来年冬天发行的目录显示，那时他正在拍卖拉丁文和英文的学术书籍，有的"是从苏格兰和英格兰的私人藏书室收集而来"。这些目录上印着他的伦敦书店地址："斯特兰德街，正对圣克莱门特教堂大门，标志为布坎南（Buchanan或Buchannan）的头像。"在18世纪20年代早期，对于一个苏格兰书商来说，在斯特兰德街开店，而且使用16世纪苏格兰爱国者和长老会人道主义者乔治·布坎南的头像作为书店的标志，无疑是个大胆的举动。在做学徒期间，安德鲁·米勒曾在斯特兰德街的书店工作过。他肯定一直在那里待到1727年学徒期结束，当时他在一个盗版案件的审理中为麦克尤恩出庭，似乎在此之前数年，他就已经开始在伦敦工作了。

1728年1月，米勒接手了麦克尤恩在伦敦的书店。我们不知道过渡的细节，看起来似乎是以前的徒弟顺利继承了师傅的店面。米勒不仅保留了布坎南的头像作为书店的标志，还获得了麦克尤恩的库存书籍，这一点通过比较《日报》（*Daily Journal*）上1727年11月（使用麦克尤恩的名字）和1728年1月（使用米勒的名字）的报纸广告可以看出来。这些库存书主要是苏格兰

作家的书，包括罗伯特·米勒的《传扬基督教及推翻异教的历史》第二版（1726
年在伦敦由"斯特兰德的 J. 麦克尤恩"和其他人出版）、罗伯特·伍德罗的《长
老派教会蒙难史，从复辟到革命》（ *History of the Sufferings of the Church of
Scotland, from the Restauration to the Revolution*，1721—1722 ）、詹姆斯·安德
森的《与苏格兰玛丽女王历史相关的收藏》（ *Collections Relating to the History
of Mary Queen of Scotland*，1727—1728 ）以及"著名的艾伦·拉姆齐"的《茶
桌杂集》（ *The Tea-Table Miscellany* ）。拉姆齐与麦克尤恩联系密切。米勒也
模仿麦克尤恩在伦敦廉价出售学术藏书，但是他的做法是在书籍正面标上折
扣价格，而不是通过拍卖来销售它们。1728 年 5 月，米勒发行了一本 72 页
的小册子《全部图书目录，学习技能和语言工具的综合文库：最近亡故的一
位知名内科医生兼内殿律师公会的绅士的藏书》（ *Librorum, In Omnibus ferè
Facultatibus & Linguis, Catalogus: Being the Libraries of an Eminent Physician,
and of a Gentleman of the Inner-Temple, Both Lately Deceased* ）。第二年春天，
他印刷了一份类似的目录，长度是前者的两倍：《全部图书目录，最优秀的艺
术和科学的综合文库：或博学和明智的詹姆斯·安德森先生藏书目录；著名
文物收藏家、最近去世的苏格兰邮政局长的藏书目录》（ *Catalogus Librorum
Praestantissimorum in omnibus ferè Artibus & Scientiis: or, a Catalogue of the
Libraries of the Learned and Judicious James Anderson, Esq; Famous Antiquary,
and Late Post-Master-General of Scotland* ）。

　　然而，安德鲁·米勒的志向并不仅限于销售新书或者二手书，他立刻开
始着手开创自己在伦敦的出版事业。米勒早期出版的很多书实质上是麦克尤
恩以前已出版过的图书。例如，米勒在 1729 年出版的拉姆齐的《茶桌杂集》
第五版。詹姆斯·安德森的《与苏格兰玛丽女王历史相关的收藏》的"第二
版"（也是 1729 年出版）实际上是麦克尤恩推出过的第一版的重印，只是更
换了新的书名页。他还在 1731 年以自己作为出版者出版了他父亲的《传扬基
督教及推翻异教的历史》的第三版。他的其他出版物有很大一部分是苏格兰
作者的作品或者主题与苏格兰相关的作品。米勒与苏格兰长老会仍然有非常
紧密的联系，特别是与同时代的牧师罗伯特·华莱士和威廉·威沙特（William
Wishart ），他们是爱丁堡大学的威廉·汉密尔顿的门徒，并与米勒的主要承

印者威廉·斯特拉恩关系密切。[25] 18 世纪 30 年代至 40 年代初，米勒也开始以出版者的身份出现，但他更常见的身份是苏格兰作者的哲学作品在伦敦的销售代理商，这些作者包括安德鲁·巴克斯特、大卫·休谟和乔治·特恩布尔。1735 年，他出版了大卫·马利特的第一部戏剧《欧律狄刻》（Eurydice）。到 1742 年 9 月时，米勒已经成为一名足够优秀的出版者和书商，可以从以"布坎南的头像"为标志的店铺搬迁到斯特兰德街上另一个更有威信的地方，这个公司直到 19 世纪仍然在那里留存了相当长的时间。[26] 他也开始出版英格兰作者的重要新著作，例如亨利·菲尔丁（Henry Fielding）和塞缪尔·约翰逊的作品。不过，他的出版者身份的基础始终都是苏格兰的，深深植根于与他的父亲和师傅相联系的作者和书籍。

在这些苏格兰作者中，有一个人显得特别突出，他是米勒整个出版事业的基石。米勒第一次与诗人詹姆斯·汤姆森相识很可能是在 18 世纪 20 年代的爱丁堡，当时米勒是麦克尤恩（他是最早将汤姆森的诗歌付诸印刷的人）的徒弟，汤姆森（比米勒年长 5 岁）正跟随威廉·汉密尔顿学习神学，与威廉·威沙特、罗伯特·华莱士和乔治·特恩布尔做学生的时期部分重叠。[27] 米勒在伦敦出版业公会注册登记的第一本书是汤姆森的《春天》（Spring，1728 年 1 月 23 日注册，1728 年 6 月 5 日出版），该书最初以作者名义出版，不过米勒随后购买了版权，重印了该书。[28] 1729 年 3 月 11 日米勒在出版业公会注册了汤姆森的剧本《索芬妮斯芭的悲剧》（The Tragedy of Sophonisba），第二年该书问世之后引起了很大反响，对米勒和汤姆森两人来说，它可能是第一部畅销作品。米勒为这两部作品支付了如今看来几乎是巨额的酬金——总额 137 英镑 10 先令。这次以后，他也尽可能购买了汤姆森每部作品的版权，包括几部已经被伦敦的苏格兰书商约翰·米兰（John Millan，原名麦克米兰）买下的作品。[29] 在后来的职业生涯中，米勒在伦敦出版业公会注册的汤姆森作品至少有 15 种，汤姆森的作品有将近 100 个版本的出版者信息里有米勒的名字，包括《四季歌》的 25 个版本，它是 18 世纪最流行、引起诉讼最多的诗歌作品，此外还有《作品集》的 12 个以上的版本。

汤姆森和米勒都是苏格兰牧师子弟，都居住在克佑格林的别墅附近，他们的友谊持续了一生。1748 年汤姆森去世之前几个月，在一封信中提到了

"和善的乐于助人的米勒"[30]。汤姆森去世之后，米勒的忠诚仍然持续了很长时间。1762 年，米勒出版了汤姆森的《作品集》，那是一套两卷精装 4 开本，附有令人印象深刻的认购者名单，开头就是年轻的国王乔治三世（贡献了 100 英镑），还有他的首席大臣比特伯爵，还附有帕特里克·默多克写的称赞作者的传记，默多克在其中感谢书商给予"他最喜欢的作者和宝贵的朋友"的慷慨礼物。[31] 米勒利用这个版本的收益，在威斯敏斯特大教堂为汤姆森精心建造了一座由罗伯特·亚当设计的古典纪念碑。托比亚斯·斯摩莱特公开称赞米勒"放弃了版权的有利条件，牺牲了自己的利益，促成了这样慷慨的设计"[32]。与此同时，建造纪念碑是苏格兰人的爱国主义（patriotism）行为，因为如字面意思一样，它把一个苏格兰人推进了英国诗人的先贤祠（pantheon），在威斯敏斯特大教堂被众人纪念，位于莎士比亚和尼古拉斯·罗（Nicholas Rowe）之间。[33] 认购者包括许多杰出的苏格兰人，以及 3 家苏格兰图书销售公司：汉密尔顿&鲍尔弗（2 套）、金凯德&贝尔（6 套）和亚历山大·唐纳森。

米勒与汤姆森的关系充分表现出米勒作为成功商人的一些优秀品质，这些特质使米勒作为出版者的名声确立了起来。米勒不仅慷慨大方，而且真诚地关心他的作者，他能赚到很多钱，却不会剥削那些给他带来财富的人。塞缪尔·约翰逊称他为"这个时代的文学资助使者"，"提升了文学作品的价格"（*BLJ*，1：288，287n3），这个评价让米勒的这个形象名垂千古。米勒的方法之一是给出高于其他书商的价格，威廉·罗伯逊的《苏格兰史》（编号 58）就是这样：1758 年加文·汉密尔顿出价 500 英镑之后，米勒出价 600 英镑买下了该书。米勒的另一种策略是，如果书籍畅销，就付给作者额外的金钱红利。按照合同，菲尔丁出版《汤姆·琼斯》（*Tom Jones*）已经收到 600 英镑的可观金额，据推测，1749 年他又获得了 100 英镑的礼物作为补充。[34] 这类慷慨行为引来作者们的关注（我们从霍勒斯·沃波尔的一封信中知道了这一点），强化了米勒作为可供选择的伦敦出版者的形象。塞缪尔·肯里克直接从米勒本人和他的朋友、亲戚那里听说过这种赠予礼物的策略："他自己告诉我，他的出版物中，亏损的远远多于赢利的。如果得到的利润超过预期，他就准备让作者或他们的继承人分享收益。"[35] 还有一个故事说，米勒额外付给谢里登夫人 100 英镑，明显是出于对作者的同情，因为那部喜剧销量很少，米勒却告诉作者说他的剧本"非常伟大"（*BLJ*, 1: 287n3）。甚至在去世时，米勒的做法也在作者们的心目中树立起一个令人感激的朋友形象：他遗赠 200 英镑给大卫·休谟，250 英镑给他的另一个畅销书作者理查德·伯恩（Richard Burn），250 英镑给帕特里克·默多克，还给了菲尔丁穷困的儿子们每人 200 英镑。[36]

将选择作品付诸出版的整个过程专业化，这是米勒能提升文学作品价格的主要原因。约翰·尼科尔斯评述说，米勒"几乎没有评判作品的能力，不过他对人的了解很透彻，在文学顾问的挑选上有着很好的判断力"[37]。博斯韦尔写道，"尽管米勒自己不是一个伟大的文学鉴赏家"，他"有足够好的见识，在购买版权的时候，让那些能干的朋友给他提建议"，从而积累了"一笔非常庞大的财富"（*BLJ*, 1: 287）。根据肯里克的说法，"我的老朋友……平生从来不读书，但是他付钱请别人代他看书，并遵循他们的判断"[38]。在出版之前，这类意见使米勒能够对作者给出具体的建议，例如，他曾经建议詹姆斯·斯图亚特爵士删掉即将出版的《政治经济学原理研究》（编号 101）中一个关于金钱和货币制度的章节。[39]

这些被书商称为"文学顾问"或者"评判者"，应他们的要求在出版前评判手稿的人是谁呢？[40] 米勒比较喜欢苏格兰的作者和朋友们，例如休谟、马利特、约翰·普林格尔爵士、威廉·罗斯（William Rose）、约翰·布莱尔（John Blair）、约翰·道格拉斯和帕特里克·默多克。[41] 安德鲁·米切尔爵士（Sir Andrew Mitchell）、威廉·鲁埃（William Rouet）、乔治·斯科特和约翰·阿姆斯特朗博士（Dr. John Armstrong）可能也做过这类工作。米勒款待他的苏格兰评判者们，有时还让他们参与出版事务。举例来说，1764 年 5 月 4 日，米勒写信给欧洲大陆的米切尔，讲到他与阿姆斯特朗、约翰·福布斯（邓肯·福布斯的儿子）和"我依赖更多的普林格尔博士"一起进餐。[42] 1759 年威廉·罗伯逊的《苏格兰史》出版的时候，他收到的一封内容丰富的信表明，有关出版事宜的决定有时是由米勒的一帮苏格兰朋友在米勒家里会面，喝过几瓶红葡萄酒或者波尔图酒之后做出的：

283

284

　　你的朋友休谟先生昨晚来访，他、鲁埃、G. 斯科特、默多克、道格拉斯还有马利特和我在一起度过了整个晚上，我们谈到了你的健康状况和作品的成就，我们一致同意在 3 月 20 日之前不出版休谟 [的关于都铎王朝历史] 的作品，这样就能为你赢得整整两个月时间，休谟本人也同意了。防止他们的介入不仅是为了你的利益，也符合我的利益。[43]

米勒也有一些优秀的英格兰朋友和文学顾问，例如托马斯·伯奇（Thomas Birch）、汉斯·斯隆和书商托马斯·朗曼，朗曼是米勒指定的遗嘱执行人。不过，公平地说，米勒在伦敦的社交和文化圈子主要还是由盎格鲁-苏格兰人构成的。[44]

1707 年苏格兰和英格兰合并以后，大批有专门职业的苏格兰人到伦敦定居，并在那里赢得了荣誉，汤姆森和米勒就是最早一批加入这波迁徙浪潮的人。对于后辈苏格兰出版者和文人来说，这两个人以及他们圈子里的其他一些成员是模范榜样。然而，米勒的成功在某种程度上使一条特定的追求文学声望的道路（像汤普森这样旅居国外的作者所遵循的）越来越没有吸引力。米勒这样的爱国出版者一旦在伦敦确立了自己的地位，就会热切地支持苏格兰作者，付给他们丰厚的报酬，许多作者因此不需要离开苏格兰：他们可以留在家乡，靠书籍在伦敦的出版和传播获得回报，始终在他们选定的职业体制内继续发展自己。米勒能圆满地解决问题，就如书商在写给罗伯逊的信中叙述的，一方面是因为这样做符合他个人的经济利益，另一方面是因为他发自内心地想为故乡争取最大利益，这一点众所周知。亚历山大·卡莱尔把米勒描述为"苏格兰作者的慷慨赞助人"，就巧妙地抓住了这个观点，既体现出约翰逊强调的书商是文学的新赞助人——米勒就是那种特别慷慨的赞助者，又表达了对米勒偏爱同胞的欣赏。[45] 1758 年 6 月 12 日，大卫·休谟听闻米勒病重，从爱丁堡写信给威廉·斯特拉恩，信的内容也代表了许多苏格兰作者的心声："对于这个国家，失去米勒将会是一个无比巨大的损失，尤其是对这个国家的年轻文人而言。"（LDH, 1: 281）多年以后，塞缪尔·肯里克回忆道："他亲切地对待年轻同胞并为他们服务，他在这方面承担的巨大责任就我所知没有人能比得上。"[46] 苏格兰启蒙运动的存在很大程度上要归功于这种进步，就像我们在第二章中看到的，在 18 世纪后半叶的伦敦，对于拥有成功职业的苏格兰专业人士来说，被迫返回故乡通常并不是一种容易接受的选择。

　　大约从 18 世纪中期开始，米勒在出版苏格兰作者的重要新作品时开始与苏格兰的伙伴合作。第一次尝试合作是 1748 年，米勒与金凯德联合出版了大卫·休谟的《道德与政治三论》（编号 9）和"第三"版《道德和政治论文集》（图 4.1），后者收录了前者里面的 3 篇新随笔。同一年，米勒和金凯德（还有爱丁堡的汉密尔顿＆鲍尔弗以及伦敦、格拉斯哥、都柏林的另外 3 位书商）参与出版了科林·麦克劳林的遗作《艾萨克·牛顿爵士的哲学发现》（编号 10），该书由米勒首席文学助理帕特里克·默多克编辑。米勒还于 1753 年推出了一套四卷 12 开本的《杂文与论文若干》（编号 25）——如我在第一章里的观点，《杂文与论文若干》是休谟写作生涯中被人们忽略的里程碑式作品，

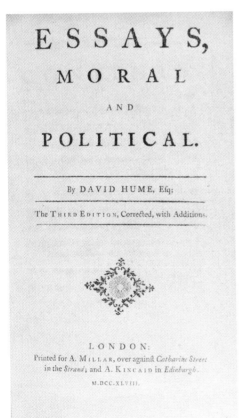

图 4.1　安德鲁·米勒和亚历山大·金凯德都是爱丁堡的詹姆斯·麦克尤恩的徒弟。1748 年他们联合出版了大卫·休谟的《道德与政治三论》和《道德和政治论文集》新版本，标志着伦敦和爱丁堡书商开始进行大规模的合作，联手出版苏格兰启蒙运动的新书。（多伦多大学托马斯·费希尔珍本图书馆）

这次伦敦的米勒与爱丁堡的金凯德&唐纳森之间的合作对于今后的发展也有重要意义。米勒和金凯德之间的纽带似乎是在他们与詹姆斯·麦克尤恩的共同师徒关系的基础上建立起来的，金凯德接手了麦克尤恩在爱丁堡的店铺，而米勒继承了麦克尤恩在伦敦的店铺。

　　到 18 世纪 50 年代末，这种与爱丁堡的出版者合作的趋势演变成了一种重要的出版模式，特别表现在米勒与金凯德及其年轻合伙人约翰·贝尔的联合上。1757 年，米勒与金凯德&唐纳森联合出版了詹姆斯·林德的《论维护皇家海军海员健康的最佳方法》(*Essay on the Health of Seamen*，编号 47)。第二年凯姆斯勋爵的《论历史法律》(*Historical Law-Tracts*，编号 50)出版，该书的出版者信息显示："爱丁堡：A. 米勒(伦敦)、A. 金凯德和 J. 贝尔(爱丁堡)印刷，1758 年。"联合出版的书籍接下来还有亚历山大·杰勒德的《论趣味》(*An Essay on Taste*，编号 53)、弗朗西斯·霍姆的《医学事实和实验》(*Medical Facts and Experiments*，编号 55)和亚当·斯密的《道德情操论》(编号 59)，它们都在 1759 年出版，出版地为伦敦。这几位出版者也一起出版过其他书，包括 1760 年凯姆斯勋爵的《公平原则》(*Principles of Equity*，编号 62)的对开本、1761 年马修·斯图尔特的《物理和数学手册》(编号 69，合作者还有伦敦的诺斯[Nourse]和爱丁堡的桑兹[Sands])、1762 年凯姆斯的《批判原理》(编号 73)和乔治·坎贝尔的《论奇迹》(编号 72，由米勒和其他人销售)、1763 年马修·斯图尔特的《物理和数学手册》的增订本(编号 69)、1764 年托马斯·里德的《按常识原理探究人类心灵》(编号 88)、1766 年亚历山大·杰勒德的《论基督教真谛》(*Dissertations on the Genius of Christianity*，编号 94)。在米勒开始培养托马斯·卡德尔做他的初级合伙人和继承者以后，米勒&卡德尔与金凯德&贝尔在 1767 年联手出版了亚当·弗格森的《文明社会史论》(编号 99)。这是一段非同寻常的时期，也许可以说，苏格兰启蒙运动的书籍史已经进入成熟阶段。伦敦和爱丁堡的书商第一次在常规的基础上合作生产苏格兰作者的重要新作，苏格兰作者越来越多，他们的作品涵盖多种体裁，他们的出生日期跨度超过 30 年——从 1696 年出生的凯姆斯，到 1728 年出生的杰勒德。

　　与此同时，米勒继续单独以自己公司的名义出版苏格兰作者的书籍，其中包括休谟的《人类理智哲学论集》（编号 8）、休谟的《英格兰史》第二卷以下的全部各卷（编号 46、56 和 74）、罗伯逊的《苏格兰史》（编号 58）、他的老朋友罗伯特·华莱士的两本书（编号 52 和 70）、约翰·霍姆的几部戏剧作品（编号 44、51 和 63，其中第一部也由汉密尔顿＆鲍尔弗单独出版过）、詹姆斯·弗格森的《关于机械学、流体静力学、空气动力学、光学和天文学的选题讲座》（编号 61）、约翰·达尔林普尔的《大不列颠封建所有制通史概论》（编号 43）、詹姆斯·斯图亚特爵士的《政治经济学原理研究》（编号 101，与卡德尔合作，斯特拉恩也是隐名出版者）。

　　米勒于 1768 年去世，此前的 20 年间，他参与过列表中 40 部以上作品的出版，目前为止，他是苏格兰启蒙运动中最多产和最有影响力的出版者。我们现在只能推测他的出版方针对苏格兰启蒙运动的全部影响，因为我们永远不知道有多少苏格兰人受到过他的鼓舞而成为作者，也不知道有多少原稿由于他的参与而成为流行和赢利的巨著，如果没有米勒，它们可能默默无闻或者作为地方出版物被埋没。米勒去世以后，他开创的出版方针仍然得以延续，他的继承人托马斯·卡德尔和主要印刷者威廉·斯特拉恩以及他们在爱丁堡的同事延续了他的遗业。

　　然而，除了是伟大的出版者之外，安德鲁·米勒还有一个不那么值得赞扬的特性。他的盎格鲁－苏格兰人圈子里的一个成员描述他是"和善的男人，不是个让人讨厌的伙伴，不过他对生意有点太抠门了；书商的缺点在他身上也有体现"[47]。在哈罗盖特① 居民的眼中，米勒的形象显得滑稽可笑，他每天早上都去当地时尚的公司，带着他奢华的"城里妻子"（简·约翰斯顿［Jane Johnston］，一个伦敦版画复制匠的女儿，他们在 1729 年结婚），穿着"一套破旧的衣服"，看上去"十分可笑"，以致其他客人叫他"彼得·小册子"。[48] 根据一个熟悉他的人的说法，人们一般都说米勒没教养没文化，甚至是"目不识丁的文盲"[49]，当然，这个判断肯定太严厉了。

　　如果仅仅是穿着不体面和文化水平不高，米勒给人的印象可能只是有些古怪，也许古怪里还透着可爱。但是事情并没有这么简单。在与其他书商和

① 哈罗盖特，英国北约克郡的一个的小城市。——译者注

288

印刷者打交道的时候，他有时显得冷酷无情，甚至有一次和一个他自己资助的作者打交道时也如此。塞缪尔·约翰逊私下说："A. 米勒做生意得到了 6 万英镑，他经常喝醉，斯特拉恩 20 年来都没碰过酒精。"[50] 可能与酒精的影响有关，米勒处理生意时常常咄咄逼人，甚至做出丢脸的行为。伦敦书商亨利·德尔（Henry Dell）在 1766 年写过一份讽刺书商的调查，其中嘲弄了米勒的苏格兰性——在伦敦住了大约 40 年后，这仍然是他的一个显著特性——和他的"吝啬"：

> 接着是一个苏格兰人，缪斯出场查看；
> 他吝啬小气，眼中只有金钱：
> 缪斯也不能让他做出大度的行为；
> 酒精是他忠实的伙伴，他总是满足地打出酒嗝——呃。[51]

关于他的不礼貌举动的例子有很多。沃尔特·司各特爵士讲过一个故事，米勒为保护他在菲尔丁的《阿梅丽娅》（*Amelia*，1751）上的巨额投资（作者因此获得 1000 英镑），在其他书商间引发了一场不正当竞争。[52] 正是因为他对最好的作者慷慨大方，有时在不知道一本书是否有市场的情况下就先支付高额版权费。米勒坚决要保护他的所有权，他领导伦敦出版者对苏格兰书商提起一系列诉讼，后者重印了他们声称合法拥有的书，即使法定的版权已经过期了。米勒尤其不打算让苏格兰书商能够不受限制地重印詹姆斯·汤姆森的有利可图的诗集；他想要保卫自己对《四季歌》的无限制所有权，然而具有讽刺意味的是，正是他的这种热情最终导致 1774 年议会上议院在唐纳森的呼吁下废除了永久版权原则。他急于起诉亚历山大·金凯德等人，声称他们侵犯了他的版权，与此同时，他又与金凯德一起出版苏格兰作者的新作品，生意兴隆。

有的作者也有理由抱怨。托马斯·霍利斯（Thomas Hollis）声称（尽管米勒否认这件事），米勒同意了他负责编辑的两本书——其中一本是洛克的《宗教宽容书简》（*Letters on Toleration*），另一本是弥尔顿的散文作品——的出版条件，后来却在两本书上都违背了承诺。在 1767 年 5 月 14 日的信中，米勒拒绝了霍利斯对其所编弥尔顿作品的所有权的要求，据说霍利斯被这种背叛行为激怒，把那封信扔到火里烧掉了。[53] 博斯韦尔讲述过一件有名的逸事，约翰逊的巨著《约翰逊辞典》完成时，信差把最后一个印张送交米勒，并转达了米勒对约翰逊的回复："感谢上帝我终于摆脱他了。"不过，人们通常只注意约翰逊的巧妙反驳（"我很高兴……能有什么事让他感谢上帝"），而没有注意米勒不恰当和不礼貌的言辞。汤姆森《作品集》的纪念版本是米勒为了给诗人的纪念碑筹钱而出版的，即使是这本书也引发了人们的质疑：在赞美汤姆森的同时，米勒也宣扬了自己作为栽培汤姆森的书商-赞助者的名声。

米勒与大卫·休谟的关系也有不少问题。米勒帮助了休谟致富和成名，当事情顺利的时候，休谟为自己能成为这位出版者的朋友而自豪（LDH，1：466）。然而事情并非总是顺利。休谟希望把两篇有争议的随笔压下来不要发表，米勒答应烧掉它们，实际上却让这些随笔的一些副本流传开来。[54] 1757年1月，米勒似乎给大卫·加里克看了一封休谟的信，信中批评小心眼的剧院经理拒绝了约翰·霍姆的悲剧《道格拉斯》，此举导致加里克委托约翰·霍克斯沃思（John Hawkesworth）写作一个匿名的小册子来攻击休谟。[55] 随后的5月，休谟愤怒地指责米勒把他的私人信件给约翰·布朗看，造成布朗在公开的攻击中引用它们（LDH，1：249—250）。5个月后，休谟给斯特拉恩写了一封秘密信件，就米勒企图放肆地违背下一部作品的预订条件征求斯特拉恩的意见，"他还要勒索一个更低的价格，这种行事方法太无礼了，我简直无法相信，和他做交易会让我十分气馁"（LDH，1：269—270）。1764年5月23日，休谟从巴黎斥责米勒"没有和我商议"就出版了他的部分历史作品的新版本（LDH，1：443）。1768年，休谟偶然发现斯特拉恩谎报了1763年出版的《英格兰史》第一个8开本的印数，斯特拉恩承认自己参与了这件事，但坚持声称他"只是替另一个人传话，对于向你隐瞒印数，他后来感到抱歉"[56]。所谓另一个人，就是安德鲁·米勒。他高估了市场需求，在1763年4月印刷了5000册（SA 48800，第141页），然后因为印得太多，许多都没有卖出去。为了隐瞒这个事实（LDH，2：360），他在1767年重印该书，装作它们是新的版本。[57] 由于这段插曲，在米勒去世两年后，休谟仍然对"米勒先生的贪婪"

290

耿耿于怀（*LDH*, 2: 228）。

因此，我们在米勒身上看到了两种对立的形象：一方面是贪得无厌的书商，只为了自己的私利行动；一方面是慷慨大方的书商，受作者们爱戴。1791 年 6 月的《蜜蜂》杂志上，有两篇文章分别描述了米勒这两方面的人格。在前一篇文章中，署名"奥森提克斯"（Authenticus[①]）的作者明确区分了书籍两方面的作用：一种是产生利润的力量，一种是它们"内在的价值，我的意思是指沟通认识、指导判断或者提升读者精神高度的力量"[58]。这位作者主张，测定书籍的"内在价值"是立法者、道德家和神学家理应承担的任务，而不是书商的义务：

> 书商的恰当本分是依靠他的职业去赚钱；对他来说，其他所有问题都是无关紧要的；当然，这些梅赛纳斯们[②]所培育出的书籍制作技艺，目的仅在于刺激顾客们的胃口，他们会给自己推出的"菜肴"加上很有刺激性的调料，同时尽量避免让顾客考虑这些"菜肴"以后会对自己的身体造成何种影响。他们只关心让口袋里装满钱。——在这个方面，他们难道不是和其他所有职业的人遵循着相同的准则吗？（第 128 页）

291　这篇文章的写作时间与博斯韦尔的《约翰逊传》的出版时间大致相同。在传记中，约翰逊称米勒为"这个时代的文学资助者"（*BLJ*, 1: 288），但是奥森提克斯开玩笑地援引了那个类比。最后一个句子表明，文章作者的目标不仅是显示书商完全以自利动机行事，而且是要证实他们与我们其余的人没有不同。米勒是书商的典型，进一步说，书商是人类的典型。

为了证明他对于书商动机的悲观诠释，奥森提克斯详细叙述了米勒早年的一件有趣的逸事。他写道，米勒开始在斯特兰德街做生意的时候，"只有勉强够用的存货"，他最早的 10 部或 12 部出版物是"很好的哲学、历史和道德书籍，倾向于扩展认识，改善心灵"，但是它们销路不佳。他的"现金储备几乎用光了"，这时，一个老于世故的朋友建议他出版一部通俗作品的译本，那

---

① 来源于拉丁文，有"真实"的意思。——译者注
② 梅赛纳斯，古罗马政治家、文学资助者，这里借指书商。——译者注

本书很"低俗"，讲述的是卡特琳·卡迪耶尔（Catherine Cadière）和吉拉德神父（Father Girard）的臭名昭著的案例，那是法国的一个耶稣会会士被控告强奸由他照顾的一个女孩的丑闻。[59]"米勒先生良心上的不安开始减轻"，奥森提克斯说，他支付 20 英镑请人翻译了这本书，之后出版。然而，他的妻子"用非常清楚明白的措辞表示不赞成这项工作"（第 129 页）。米勒默默地承受了她的恶言（"因为安德鲁先生是个天性温顺而且隐忍的人"），一个月内推出 3 个版本，从中赚到了 700 几尼（735 英镑）。一天晚上吃过晚饭之后，他把这些钱撒到桌子上，他的妻子起初十分惊讶，得知钱的来源以后，她宣称"谢天谢地，我们有了这么幸运的发现；如果能找到 20 本这样的书，我们就发大财了"（第 130 页）。

　　我们是应该按字面意思去理解这个故事，还是仅仅把它看成一个道德（或者不道德）的寓言？我们不能确定。1732 年，米勒好像参与出版过一些有关吉拉德神父的丑闻的小册子[60]，休谟提到米勒的妻子简时，说她"奢侈"且"固执地贪婪"（*LDH*，1：311，2：226）。另一方面，我们看到米勒本人的形象不是单向度的，不是只对怎样使利润最大化感兴趣。为了阐明这个观点，《蜜蜂》的编辑詹姆斯·安德森给吉拉德的逸事附加了一个简短的注释，后面还有一篇他自己的文章。安德森没有去争论那个故事的真实性，而是质疑了奥森提克斯对书商米勒以及人类全体的悲观诠释。在介绍自己的逸事短文时，奥森提克斯用讽刺的口吻谈到了安德森，把他形容为一个理想主义的道德家："编辑先生，我强烈地怀疑，您没有深入了解书商这个行业的奥秘。"（第 127—128 页）安德森的回复是，他将继续以道德教化为写作目的，只有当这种类型的读者不再存在，他才会停止发表作品。安德森还叙述了一件非常不同的逸事，以显示米勒"从来没有全部抛弃那些古老的原则，虽然很多同行现在可能会嘲笑他的不合时宜和荒谬；尽管有这些愚蠢行为，米勒仍然是正直的，就我所知，他最终赚到的钱超过了任何一个同行"[61]。

　　安德森所举的事例与理查德·伯恩有关，此人是《治安法官和教区长官》（*The Justice of the Peace, and Parish Officer*）的作者，该书最初在 1755 年由米勒出版过一套两卷的 8 开本。根据安德森的说法，伯恩带着手稿来到伦敦，另一个出版者给他出价 20 英镑。于是他试着去找米勒，米勒的全部举止

292

都显得谦恭有礼，包括在保管原稿期间，每天和作者一起进餐。米勒"在处理这类事情时，不依靠自己的判断"（第 132 页），他把原稿送到惯常的法律问题顾问那里，顾问告诉他可以签订 200 英镑的交易协议，因为该书写得很好，有希望畅销。第二天，米勒付给伯恩整整 200 英镑，他们喝了一瓶"上等波尔图酒"来庆祝协议达成。结果该书成为他最赚钱的作品之一，"米勒先生拥有坦率和宽容大方的精神，他的同行并非都是如此，他一生中每次推出一个新版本时，都坦诚地送给作者 100 几尼；这样的事发生过许多次：就此程度而言，仅仅通过销售这本书，他就净赚至少 1.1 万英镑"（第 132—133页）。虽然我们无法确认安德森的记述的准确性，但是我们知道米勒一生中出版过伯恩的书的 10 个版本，包括一个 4 开本（1764）和两个对开本（1756、1758）。该书继续为米勒的继任人托马斯·卡德尔带来利益，据说卡德尔的四轮马车的"4 个轮子"能够转动，是依靠最畅销的"4 个 B"作家：布莱克斯通（Blackstone）、布莱尔、巴肯和伯恩。[62]

293 根据安德森的说法，米勒不仅在每出一个新版本时付给作者 100 几尼（尽管这样做不是法律规定的义务），而且每年给作者买一罐或者一大桶伦敦最好的波尔图酒，还安排他的后辈继续沿袭这个惯例。（我们还看到，米勒在遗嘱中留给伯恩 250 英镑，虽然安德森没有提及这件事。）对安德森来说，这个故事的教育意义在于，米勒的财富的主要来源是诚实和慷慨，而不是贪婪：

> 在这个和其他类似的事例中，正是由于米勒先生坦率的态度，他才能够拥有那么庞大的财富；在他的一生中，如果有人写作了一本好书，并想靠此获利，他们都会直接去找米勒先生。作者们很少就条件讨价还价，因为他们知道，如果销售量足够多，米勒就会毫不犹豫地支付额外的补贴。因此他的收益在很大程度上是有十足把握的。通过这种方式，他经历了其他许多人的命运，那种诚实虽然看来似乎不是通向财富的最直接的路径，最终却是最好的策略。
>
> 愿那些有见识和有精神的人效仿他的榜样而从中获益。（第 133 页）

《蜜蜂》杂志上有关米勒逸事的文章里，关于米勒本人的内容比较少，关于出版特性的比较多，更多的是关于商业领域中的正式关系的本质。奥森提克斯和詹姆斯·安德森都认为，大量的利润是出版者合情合理的目标；争论的要点在于出版者应该怎样实现那个目标。奥森提克斯认为，这个过程本质上是肮脏的，因为人类根本上是自私的生物。安德森认为，一个好的书商是改进社会的爱国者，诚实和慷慨是他们主要的特征，道德和繁荣是携手共进的。[63] 值得一提的是，如果米勒"提升文学作品价格"的方法仅仅是付给作者超过任何其他书商的报酬，安德森这样的道德家就不会认为他如此值得赞扬。除了同意按照契约付给作者报酬之外，他还给予作者数量可观的礼物，正是这个事实将米勒与那个时代的其他出版者区分开来，使他成为既合乎道德又成功的商人的象征。

费城的内科医生本杰明·拉什（Benjamin Rush）写给詹姆斯·麦迪逊（James Madison）的一封信显示了米勒的国际声誉——信的时间是 1790 年，就在其后一年，奥森提克斯和安德森的文章在《蜜蜂》杂志上偶然并列，在博斯韦尔写的传记中约翰逊赞扬了米勒。为了证明美国国会在一个特殊问题上采取的行动过程是正确的，拉什谈到安德鲁·米勒从威廉·罗伯逊的《苏格兰史》赚到了很多钱，"后来他每年都送给罗伯逊一罐玛德拉白葡萄酒。这是自然正义"[64]。无论这个故事是否真实，它再次说明，相隔数十年以后，米勒对作者的慷慨在商业事务中化身为一种道德行为的理想，象征着一种"自然的"合理性，因为它超越了法律文字，行使道德上的公正。

安德鲁·米勒究竟是一个贪婪、酗酒的伪君子，完全只受逐利欲望的驱使，还是一个慷慨的施主，时常放弃个人利益去做好事，帮助那些值得帮助的作者，尤其是来自苏格兰的作者？对于这个问题有大量谜一样的回答，因为它牵涉出版苏格兰启蒙运动作品的基本动机这个议题。面对诸多相反的证据，不能否认这两方面的性质在米勒的个性和职业生涯中都有所体现。罗伯特·达恩顿曾经提议把每个出版者分成两面，一面是寻求金钱利益的商人，一面是私下可能拥有其他高尚动机的市民，这样也无助于解决问题。[65] 应该说，我们需要认识到，出版者和作者一样是复杂的个体，不能用单一的动机去轻易地划分或者简化他们的行为。米勒出版书籍无疑是为了利润，他去世时已经非常富有，在帕尔摩街拥有一座由罗伯特·亚当设计的富丽堂皇的住宅。但

294

是他也希望被视为文学、学术和作者（特别是来自他的故乡的作者）的赞助人。正是这样的复杂性产生出了苏格兰启蒙运动的书籍。

从斯特罗恩到斯特拉恩：疏离感与身份认同

与安德鲁·米勒相似，威廉·斯特拉恩——他在苏格兰叫作斯特罗恩——也在 20 岁出头的时候移居到伦敦，并在那里致富。1715 年 3 月 24 日，斯特拉恩出生在爱丁堡，因为他的父亲是爱丁堡大学的毕业生，在成为海关办事员之前从事过法律实践，威廉享有普通程度的教养，在文法（或拉丁文）学校学习过，可能是有名的爱丁堡中学。[66] 他的社会关系优越，是权势显赫的威沙特家族的亲戚，该家族创办了这个时期在爱丁堡最重要的两所大学。威廉·威沙特一世和二世，加上后者的兄弟乔治，三人合起来被称为"苏格兰传道者中的艾迪生"。[67] 几乎可以肯定，斯特拉恩就是那个出现在亚当·瓦特（Adam Watt）的人文课程（拉丁文）1729—1730 年度的入学考试名册上的威廉·斯特拉恩——同期的学生还有约翰·鲍尔弗和加文·汉密尔顿[68]，但是斯特拉恩从未有机会完成大学教育。大约从这段时期开始（如果不是更早的话），斯特拉恩在一家爱丁堡的印刷公司做学徒。这个事件界定了他一生的自我形象，因为他总是贬低他在苏格兰享有的有利条件，把自己描述成一个完全白手起家的人。1777 年 2 月 21 到 22 日，他写信给威廉·克里奇时说道："像你我这样的人，出身几乎没有任何优势，在职业生涯的早期必须花时间勤奋经营生意。一般而言，除非发生意外的灾祸，这种勤奋会让我们拥有体面和独立自主的地位，这是我们在工作中付出艰辛努力和经受焦虑后所能得到的丰厚回报。"（WCL）他曾经谈到，他年轻的时候如果在爱丁堡每年能挣到 100 英镑，就绝不会搬到伦敦去。[69] 发表在《闲人》杂志上的斯特拉恩讣告评论说，有的人倾向于指责他夸示自己卑微的出身，认为那是"他太软弱而不能放纵自己的一种炫耀"。[70]

人们通常认为，斯特拉恩是约翰·莫斯曼（John Mosman）和威廉·布朗（William Brown）的学徒。然而支持这个主张的证据仅有 1743 年 1 月 17 日斯特拉恩写给宾夕法尼亚州的詹姆斯·里德（James Read）的一封信，里德在信中把戴维·霍尔（David Hall，在爱丁堡行会的记录中，他从 1729 年起是莫斯曼和布朗的徒弟）称作"我的学徒同伴"。[71] 由于霍尔出生于 1714 年，比斯特拉恩大一岁，他们确实在同一时期在爱丁堡做学徒，但是那封信里实际上并没有说他们在同一家公司做学徒。1756 年 9 月，霍尔已经在费城舒适地定居下来，斯特拉恩告诉他，他们从前在苏格兰的熟人大多数"逐渐消失了"，接着还列出了 10 个人的名单，他们似乎与斯特拉恩和霍尔一起结成过一个紧密的"印刷者组合"。其中只有两个人的师傅身份是能识别的，他们是沃尔特·皮尔逊（Walter Pearson，他从 1721 年起是詹姆斯·沃森［James Watson］的徒弟）和彼得·马西（Peter Mathie，他从 1722 年起是约翰·蒙克尔［John Moncur］的徒弟）。斯特拉恩可能把这群年轻的印刷者称为"学徒同伴"，但是他们并不一定是莫斯曼和布朗的徒弟。[72]

与金凯德和米勒相似，斯特拉恩比较有可能是詹姆斯·麦克尤恩的徒弟。1815 年，罗伯特·弗莱明（Robert Fleming）出版过一部威廉·克里奇的匿名传记，其中一个脚注声称，克里奇的师傅金凯德继承了"詹姆斯·麦克尤恩……麦克尤恩是一个相当著名的书商，他在伦敦有自己的事业。威廉·斯特拉恩先生、安德鲁·米勒先生（他们都早年就在伦敦定居）和金凯德先生都是麦克尤恩先生的学徒，这些知名人物之间的密切联系无疑是建立在这种背景的基础上的"[73]。有充分详细的证据能够支持弗莱明的断言的可信性。莫斯曼、布朗和麦克尤恩曾经在 1718 年一起做生意，如果说在随后一年，莫斯曼和布朗的徒弟仍与麦克尤恩的徒弟保持密切交往，那是完全有可能的。因为麦克尤恩既是书商又是印刷者，这两种行业的成员都可以跟他做学徒。安德鲁·米勒比斯特拉恩年长 8 岁，不过这两个人在伦敦交往密切，如果他们共有麦克尤恩这层关系，那么就有助于解释他们之间关系的起源，即使他们做学徒的时期并没有重合。

斯特拉恩只比金凯德小 5 岁，金凯德去世数天以后，1777 年 1 月 30 日，他在给克里奇的信中充满深情地追忆道："金凯德先生是我在世上结识最久的朋友，我们半个世纪以前就相熟；在最好的一部分时间里是亲密的朋友，直到我离开苏格兰。那段时期以来，如你所知，考虑到我们间隔的距离，我们之间的通信相当频繁。"（WCL）这段叙述与弗莱明的主张一致，即他们的亲密友情起源于他们与麦克尤恩的师徒关系。在米勒这方面，与麦克尤恩的联系也有助于解释为什么斯特拉恩最初开始在伦敦创业，这可能是在他学徒生涯的后半段发生的。另一个连接点是康希尔（Cornhill）的乔治·斯特拉恩（George Strahan），他可能是斯特拉恩的亲戚，1692—1702 年在伦敦做学徒（用乔治·斯特拉钦［Strachin］的名字）。他是麦克尤恩的伦敦书籍目录的销售商之一，与麦克尤恩联合出版过罗伯特·米勒的《传扬基督教及推翻异教的历史》的第二版，在斯特拉恩档案中可以看到，麦克尤恩的名字出现在他的第一本书的出版者信息说明中。

无论威廉·斯特拉恩通向伦敦的路径的确切性质是什么，安德鲁·米勒都是他成功的关键，这是毫无疑问的。从 1736 年 5 月到 1738 年 2 月，斯特拉恩在威廉·鲍耶（William Bowyer）的公司做排字工人，然后于 1738 年在伦敦自立门户做了印刷者[74]，或许还短暂地当过托马斯·哈特的合伙人。1739 年米勒第一次起用斯特拉恩印刷一份刊物，随后在 1740 年初雇他印刷几本苏格兰的书籍，包括在冬天印了 750 册乔治·特恩布尔的《道德哲学原理》，在春天印了 2000 册艾伦·拉姆齐的《茶桌杂集》（SA 48800，第 3 页）。此后，米勒定期让斯特拉恩参与大型任务和重要书籍的出版，例如 1743 年菲尔丁的《约瑟夫·安德鲁斯和他的朋友亚伯拉罕·亚当先生的冒险史》（*Joseph Andrews*）和《杂集》（*Miscellanies*），1747 年的《世界通史》，1748 年休谟的《道德和政治论文集》和麦克劳林的《艾萨克·牛顿爵士的哲学发现》。有人统计过，从 1751 年到米勒退休为止，斯特拉恩通过与米勒合作出版大约赚到了 9000 英镑。[75] 他们的关系建立起来之后，从 18 世纪 50 年代到 60 年代，米勒在伦敦出版或联合出版苏格兰作者的主要作品时，一般都交给斯特拉恩印刷。米勒偶尔会安排另一个伦敦印刷者承印苏格兰的书籍，比如 1759 年 4 月，米勒让威廉·鲍耶印刷亚历山大·杰勒德的《论趣味》（编号 53）[76]；其他伦敦书商有时也会雇斯特拉恩印刷苏格兰的书籍，例如贝克特 & 德洪特出版詹姆斯·麦克弗森的我相叙事诗（编号 71 和 83）时就这样做过。然而在总体上，用塞缪尔·肯里克的话来说，在 30 年的大半时间里，斯特拉恩是"向 A. 米勒摇尾奉承的谦恭仆人"，那是指 1760 年前后的时期。[77]

斯特拉恩在伦敦稳固地创建了自己的书籍印刷事业，他的家庭也与生意

一起成长起来。尽管他自己是长老会教徒，1738 年 7 月，他与爱丁堡的一
个主教派牧师的女儿玛格丽特·埃尔芬斯顿（Margaret Elphingston）结婚。
1740 年起，他们的孩子有 5 个存活下来，再加上公司的发展，因此需要更大
的房子。18 世纪 40 年代，斯特拉恩住在葡萄酒销售管理处大院，1748 年他
搬迁到小新街 10 号更大的院子里，在数年中把那里扩充成有 17 个房间的住
宅，同时也扩大了商店的建筑物。他私下认为它"毋庸置疑是英国最大和最
好的印刷所"[78]。搬迁以及随后的扩张，在很大程度上是出于技术上和经济
上的考虑：他的生意十分兴旺，需要更多空间去容纳更多的印刷机。他对霍
尔这样说过，他和霍尔一起逐步建立了横跨大西洋的有利可图的交易。[79] 更
新改造工程完成后，他拥有了 9 台可操作的印刷机（1753 年时是 11 台），虽
然 18 世纪 50 年代早期他在写给霍尔的信里表示，他担心自己是否有能力维
持全部机器的运转。无论我们是否用艾尔文·克南的观点，将这种发展解释
成获得更多印刷品的技术动力，对于我们的叙述而言它无疑是很重要的。18
世纪 50 年代早期和中期，正值苏格兰启蒙运动中开始出现大规模出版项目
的时期，斯特拉恩建设了技术上的基础设施，由此能够印刷米勒和其他出版
者交给他的大量文稿。与此同时，他承担了越来越多的职责，当上报纸和期
刊的印刷者兼部分所有人，这将成为推销他印刷的作品及其作者的有利工具。
扩充印刷设备之后，他就有条件从法定印刷局（1762）和国家印刷局（1767
年作为皇家印刷局，于 1770 年生效）购买赚钱的专利产品；这些专利品产生
了更多利润，对印刷机的需要随之增长。到 1770 年，全部印刷机的数量超过
了 24 台，此后还在继续增加。[80] 我们将在下一章讨论，斯特拉恩与托马斯·卡
德尔联合，成为启蒙书籍的主要出版者，使这个技术性扩张和资本积累的过
程达到了顶点。

在斯特拉恩的出版生涯中，他的个人和民族身份意识具有相当重要的意
义。斯特拉恩改换姓氏，表明 18 世纪试图在伦敦重塑自己的苏格兰人在身份
认同上存在矛盾。他从"Strachan"这个姓里面删掉字母 c，以便消除刺耳的
发音，因为它没有相应的标准英语单词，在伦敦似乎会让人联想起野蛮的异
族人团体。在一些方面，我们可以把斯特拉恩的整个职业生涯看成他本人英
国化的成功适应过程。1738 年他把妻子带到伦敦，其后 11 年再也没有踏足

298

299

苏格兰，余生中一直装出一种局外人的态度看待苏格兰。作为印刷者，他早年的偶像是伦敦人塞缪尔·理查森（Samuel Richardson），他们的关系至少保持到 1758 年，直到理查森因为怀疑他有不道德行为而与他反目成仇。[81] 斯特拉恩在伦敦出版同业公会逐步晋升，1738 年 10 月 3 日通过出钱赎买获得了自由经营的资格，1742 年穿上了同业公会的制服，1774 年成为公会的主管，还从财产中拿出 1000 英镑捐给出版业公会。当他的儿子乔治接受英国圣公会圣职时，一种完全不同的英格兰制度就渗入了他的家庭，斯特拉恩本人是长老会教徒，却和先去世的米勒一样，埋葬在圣公会的一个教堂里。[82] 伦敦出版者与苏格兰重印书籍的书商和印刷者斗争，因为伦敦人认为那些书是他们的永久资产。斯特拉恩也跟随米勒积极参与了他们的斗争。1774 年议会上议院通过《安妮法令》，否决了他们保留版权的要求。在这之后，他们试图即使不能在法律上保留，也要以惯例的形式保留永久版权，斯特拉恩在这一过程中扮演了关键角色。[83] 他极其注意消除苏格兰方言的语风，努力净化他的英语散文，最后在英语文体和词汇方面，他在同胞中间成为公认的仲裁者，这些同胞甚至包括过分挑剔的大卫·休谟（LDH, 2: 259）。我们将会看到，他有时严厉地批评苏格兰作者的排外作风。最终，他加入了议会，是威尔特郡的马姆斯伯里（1774—1780）和伍顿巴西特（1780—1784）的议会成员，在美国战争期间热烈地支持诺思勋爵。[84]

在把自己改造成英格兰人的同时，斯特拉恩仍然逃脱不了故乡的吸引。苏格兰性仍旧占据着他的思想。1749 年，他在定居伦敦之后第一次回苏格兰旅行，在一系列信件里，他对敬爱的导师塞缪尔·理查森坦陈了自己的心情。[85] 他承认"我现在几乎成了这个国家的陌生人"（8 月 24 日，1: 139—142），这激发他去体验苏格兰的古老和"奇妙的"面貌。他出发去旅行，最初造访了爱丁堡的荷里路德宫，并在 20 多年中继续这种旅程。他必须承认，在他离开的时间里，苏格兰本身经历了广泛的变化，再加上从外部重新发现苏格兰的精神创伤，这些认识使他的体验复杂化，促使他反省"人类事件的易变性"（8 月 17 日，1: 137）。格拉斯哥给他留下的印象特别深刻，与 18 世纪的大多数旅行者相似，他看到这个城镇"自从我上一次来到这里，商业的发展大大改变了这里的面貌"（9 月 2 日，1: 143）；佩斯利附近同样如此，他在那里发现，即使与安德鲁·米勒前一年造访时相比，经济状况也有进步。在夏天结束之前，斯特拉恩好像对看到的几乎所有事物都肃然起敬了（"在一个小小岛屿上发生了多么令人惊异的变化"［9月21日，1：154］），然后他的语气变得伤感起来，提到"与亲爱的朋友们离别，其中有一些人我肯定再也不会见到了"（10月1日，1：156）。"如果我的文笔还过得去，"他继续写道，"我就能告诉你，故乡的景色在我眼中是何等美妙和令人快乐；还有我是多么容易、多么自然、多么热诚地回想起从前的友谊……我可以向你描绘这种短途旅行和人生的旅程之间的相似之处。"（1：156—157）

　　后来，斯特拉恩至少又去苏格兰做过7次短途旅行。1749年与理查森的通信中，他没有对此留下同类的记述，但是偶尔写的信记录了好客与友谊中持续存在的疏远感。举例来说，1751年他第二次游览苏格兰的时候，写信对戴维·霍尔说："除了几个格德（Ged）和弗里班（Freebairn）家的人之外，我认识的你的朋友都去世了；对你我而言，这里确实会变成一个陌生的地方，尽管我认识好多这里的人。"[86] 不管是否感到陌生，斯特拉恩都非常挂念苏格兰。1756年，他承认自己梦想着与老朋友一起去那里旅行："我们不能一起去苏格兰旅行吗？看看自你离开以后，'老雾都'① 发生的诸多变化？上帝，如果你现在站在十字路口，你会感到多么惊讶！相信我的话，这样的游览带来的欢乐将超出你的想象。我可以肯定，我们将成为这个国家最快乐的两个人。"[87] 1780年，斯特拉恩在《镜子》期刊上（1780年4月1日）发表了一封匿名信，主题大部分都是专门谈论故乡的变化和疏离感。在伦敦定居之后再返回苏格兰时，他写道，"我发现自己在故乡成了彻头彻尾的陌生人"。这个见证他青年时代的城市发生了很多变化，他对此感到不安。带着同样的心情，他在写给理查森的信中猜测，如果是30多年以前，这些变化可能会让我们不快，因为它们提醒我们想起自身的无常。一些新的进步使他觉得高兴，例如在近期苏格兰制造业的发展中，他察觉到的"工业精神"，至少在一个议题上——要求改善爱丁堡大学的"简朴、破旧、未经装饰的建筑物"——他充满激情地呼吁采取行动。但是在《镜子》上的文章里，他主要还是以忧郁

301

————————

　　① "老雾都"（Auld Reekie）即爱丁堡。——译者注

的语调谈起苏格兰不断变化的面貌——这种态度深深地植根于斯特拉恩对故
乡的疏离感或者被遗弃的感觉。

　　在 1751 年、1759 年、1766 年、1768 年、1773 年和 1777 年，斯特拉恩
游览苏格兰时也写了旅行日记，概述了他的活动及与人会面的情况。[88] 这些
日记显示，他始终在寻找，想要体验家乡最有趣和最不平常的特征，还说
明他持续关心着苏格兰的社会问题，例如卫生保健、贫困、农业的改进和经
济的变化。1768 年那次游览的最后，提到农业、制造业和建筑业的时候，他
在日记里评论道："整个苏格兰呈现出完全不同的新面貌，如果人们记得半个
世纪前的苏格兰，他们可以看到引人注目的证据，这里生活中的一切都转瞬
即逝，这个世界流行的事物很快又成过眼云烟。"去苏格兰游览使斯特拉恩有
机会逃避在首都做生意的压力，走访亲戚，恢复与老朋友的联系，并与书商
和作者讨论出版计划。他在苏格兰造访的人绝大多数都属于这三个类别。

　　在家族方面，根据斯特拉恩的记录，他探望了自己的母亲和姻亲埃尔芬
斯顿，还时常遇到威廉和乔治·威沙特（George Wishart）。在斯特拉恩看来，
这两个人一直既是朋友又是亲属，与威沙特家的关联表明，亲戚、朋友和作
者这三个类别是紧密联系在一起的，有时还包括牧师。[89] 斯特拉恩表现尊敬
有两种方式，即在爱丁堡听他们讲道以及印刷或出版他们的布道作品。几乎
在出版生涯的开端，安德鲁·米勒就开始出版威沙特兄弟的传道书籍；斯特
拉恩在伦敦开办店铺时，不止一次地为米勒印刷他们的作品，并且至少还有
一次可能是自己出版的。[90] 乔治·威沙特一直是他最亲密的朋友之一，他们
二人在同一年去世，斯特拉恩遗赠给威沙特的儿子每人 50 英镑。[91]

　　斯特拉恩与苏格兰长老会牧师的联系并非只有威沙特兄弟。他去苏格兰
游览时定期造访佩斯利，"米勒先生的父亲在那里做牧师，他是一位受人尊
敬的老人"[92]。1752 年罗伯特·米勒去世以后，他继续拜访米勒家，还重点
拜访了安德鲁的兄弟、尼尔斯顿的牧师亨利和沃金森的威廉。[93] 此外斯特拉
恩与罗伯特·华莱士牧师关系密切，米勒出版过、斯特拉恩印刷过他的作品，
他们也是既有私人关系又有职业关系。斯特拉恩游览苏格兰时还与华莱士有
交往（例如 1759 年 8 月 30 日），后来与华莱士协商出版他的一部作品。在
1768 年 3 月 7 日的一封信中，斯特拉恩讨论了出版的细节，然后转换到私人

模式，谈到"明年夏天（去苏格兰时）我会去探望你"[94]。接着他又恭维华莱士夫人和他们的儿子乔治，后来乔治也是与斯特拉恩保持密切的私人和职业关系的一个作者，尽管他们有一些分歧。[95] 这年夏天，斯特拉恩真的造访了苏格兰，他在日志中记录了与罗伯特·华莱士的几次见面（于 1768 年 8 月 5 日、6 日、25 日和 27 日）。前面已经说过，华莱士和威沙特兄弟都是温和派的长老会教徒，都是爱丁堡神学教授威廉·汉密尔顿的朋友和门徒，威廉是斯特拉恩的朋友、爱丁堡书商加文·汉密尔顿的父亲。1775 年在一封写给休谟的信中，斯特拉恩回忆说，汉密尔顿教授的神学课"在早年给了我莫大的帮助"。[96]

斯特拉恩非常愿意支持有志于文学事业的年轻苏格兰人，特别是长老会的牧师。和米勒相似，斯特拉恩资助过历史学家威廉·罗伯逊，是罗伯逊的主要作品的联合出版者。他也是罗伯逊的朋友，在伦敦招待罗伯逊，在游览苏格兰时经常与罗伯逊见面。他在伦敦对苏格兰作者的赞助与安德鲁·米勒对苏格兰作者的赞助一样著名，"在伦敦，每个苏格兰人都可以轻易地被引见到他的餐桌旁。"《闲人》杂志上斯特拉恩讣告的匿名作者这样写道。[97] 1781 年，约翰·洛根牧师试图在伦敦出版一卷诗集（编号 216），他发现斯特拉恩善于接纳，给家乡写信时说，"斯特拉恩先生不仅乐于助人，而且偏向他的同胞。我认为把你看过的诗集交给他出版将是有利的"[98]。

托马斯·萨默维尔也是一个教士作家，1769 年造访伦敦时，他通过乔治·威沙特结识了斯特拉恩。他时常在斯特拉恩家吃饭，斯特拉恩讨好他，邀请他参加一个文学聚会，客人包括休谟、约翰·普林格尔爵士和本杰明·富兰克林（Benjamin Franklin）。萨默维尔是来自苏格兰边区的小教区明托（Minto）的一个年轻牧师，他的新朋友建议他在伦敦从事文学职业："有一天我和斯特拉恩先生私下交谈，他对苏格兰教士得到的供给不足感到惋惜，然后热情地建议我构想一些在伦敦的文学就业计划，向我保证他会以非常友好的条件提供资助，他真诚而亲切的关注让我完全相信那些计划有可能获得成功，也给我留下了深刻的印象。"[99] 萨默维尔没有听从这个意见，而是选择效仿罗伯逊，在继续担任教区牧师的同时从事学者的职业。我们已经看到，他最后还是转向斯特拉恩的儿子安德鲁及其合伙人，让他们出版了他的两部 4

304

开本历史作品（编号 308 和 346）。许多年轻的苏格兰外行人曾经在伦敦受益于斯特拉恩的食宿招待，詹姆斯·贝蒂就在 1773 年受过斯特拉恩招待。1775 年在一次早餐讨论中，斯特拉恩鼓励詹姆斯·博斯韦尔从事英格兰法律职业。1779 年造访斯特拉恩时，博斯韦尔十分欣赏东道主的"富态和充沛的精力"，虽然在另一个场合，他同意加里克的评价，说斯特拉恩是个"迟钝的人"。[100]

　　斯特拉恩造访苏格兰时经常与他的作者们见面，特别是那些生活在爱丁堡附近的作者。他在旅行日志里提到的人包括大卫·休谟、亨利·麦肯齐、约翰·格雷戈里、凯姆斯勋爵、亚当·弗格森、威廉·卡伦和（在格拉斯哥和爱丁堡）亚当·斯密。关于这些会面的性质，他的日记通常没有提供太多信息，不过有时其他的资料来源能够提供一些补充。例如 1773 年 8 月 6 日，亨利·麦肯齐告诉一个通信者说："我可敬的朋友和书商斯特拉恩先生来到镇上……在逗留期间占据了我一小部分闲暇时间。"[101] 在爱丁堡逗留期间，斯特拉恩也时常见到他在出版行业中关系最亲近的同辈同事——亚历山大·金凯德和约翰·鲍尔弗（虽然从来没有同时见面）。再说一次，我们不知道具体发生过什么，不过我们能够小心地推测，他们在一起度过的时间里既谈了生意，也有娱乐。终生的私人和职业交往是斯特拉恩与同行合作的基础，他们的联合出版协议通常是在互相信任的气氛中达成的。在苏格兰，斯特拉恩把余下的时间都用来参观、去教堂、远足和游览观光胜地，使他对苏格兰的认识和体验的范围不断增加。

　　苏格兰的吸引力是强烈的，但是他选择寄居的城市的吸引力更强。1777 年，斯特拉恩告诉卡德尔说，"如果有人离开伦敦，不管多长时间，他一定会感到懊悔，或者希望再次回来"；对他而言，伦敦"在每个方面都是最合意的［地方］，与这个世界的任何地方相比可能都是如此"。[102] 不管在伦敦还是在爱丁堡，斯特拉恩总是意识到苏格兰与英格兰之间不稳定的关系。他的态度随着环境的变化而波动。作为一个在伦敦获得成功的苏格兰人，他对自己的成就有时是自豪的，甚至自吹自擂。他向霍尔断言，通过成为伦敦出版同业公会的助理法庭的固定成员，米勒和他是最早融入这一组织的核心圈子的苏格兰人。[103] 在 1769—1770 年"威尔克斯与自由"歇斯底里的骚乱期间，他试图说服大卫·休谟到伦敦来，作为温和的调和派，他希望他的朋友能"与约翰牛先生和解，从本质上说，我希望，他是非常正直和明理的家伙；虽然他有时会突然剧烈发作，还持续相当长的时间，几乎到了疯狂的地步"[104]。在其他时候，他也对休谟对英格兰的愤恨表达过同感。1772 年，他对休谟谈到，想要在同一期《伦敦纪事报》中提升安德鲁·斯图亚特（Andrew Stuart）和亚当·弗格森的地位是困难的，因为"在苏格兰人出版的论文里，如果一次赞扬两个苏格兰人，英格兰人一定不会忘记批评的"[105]。在其他场合，他也采取过英格兰人的立场，批评他的苏格兰朋友不公正地偏爱他们的同胞。

威廉·斯特拉恩对他的故乡和居处的矛盾态度，实际上反映出在 18 世纪的英格兰，苏格兰移民具有的根本性的焦虑和自我意识。他们亲身参与了被同时代人称为"联合王国最终形成"的历史进程，他们努力寻找自己的位置——这个过程有时是痛苦的，但通常还是能得到回报的。爱国的出版增强了苏格兰人的联系，为提升苏格兰的天才和荣誉提供了机会。爱国的出版有一部分是斯特拉恩以及米勒的一种尝试，用来解决他们对于民族和个人身份的复杂情结。苏格兰作者和苏格兰启蒙运动都受惠于这种矛盾造成的张力。

306

汉密尔顿＆鲍尔弗、金凯德与爱丁堡出版业

直到 18 世纪中期前后，爱丁堡一直都缺乏决定性的书商群体，无法像伦敦同行那样合作生产学术和文学的新作品。印刷技术从 1507 年开始就已在爱丁堡出现，阿拉斯泰尔·F. 曼（Alastair F. Mann）所谓的一种独特的"苏格兰书籍文化传统"在随后的两个世纪中逐渐显现，强调有限制的"版权"形式，即政府授予出版者固定时期内的图书版权。在 18 世纪的最初 25 年里，爱丁堡大约有 20 个到 40 个印刷者和 30 个到 55 个书商、装订商以及书店店主，用曼的话来说，爱丁堡成了"不列颠诸岛北部的图书业中心"[106]。托马斯·拉迪曼（Thomas Ruddiman）是 18 世纪早期的一个有学问的印刷者、好争论的詹姆斯二世党人，他出版了大量学术书籍，主要是拉丁文的书籍。在表二出现的一部作品（编号 323）中，乔治·查默斯详细叙述了他的功绩。[107] 我们也已经看到，在这个时期学术书籍的印刷、出版、拍卖中，詹姆斯·麦克尤恩起到了积极作用。

不过，在 18 世纪早期的数十年里，爱丁堡的图书业规模仍旧很小。我们在第一章中看到，最初的《爱丁堡评论》的卷首语声称，在 18 世纪中期，印刷工业的落后状况大大阻碍了苏格兰人在文坛的崛起，但是最近这种情况得到了补救。到 1781 年的时候，爱丁堡的印刷者威廉·斯梅利向斯特拉恩抱怨说，他们行业的从业人员之间的竞争达到了危急的程度，因为 18 世纪 30 年代后期斯特拉恩移居到伦敦的时候，爱丁堡印刷所的数量还"不超过 6 家"，现在已经增加到"将近 30 家"。[108] 此外，爱丁堡书籍贸易的发展延伸到了业界各个方面，包括苏格兰作者新书的出版。和伦敦一样，有很多个人参与了这个过程，不过我们在这里只讨论 18 世纪中期对以后发展有重大影响的两家公司：汉密尔顿 & 鲍尔弗和亚历山大·金凯德及其早期合伙人。

我们现在所知道的关于汉密尔顿 & 鲍尔弗的许多情况，主要应该感谢沃伦·麦克杜格尔的研究。[109] 1733 年前后，约翰·鲍尔弗加入加文·汉密尔顿的公司做职员，根据第一个印有他们共同名字的出版者信息的日期判断，他们在 1739 年成了合伙人。在我们讨论的这段时期，该公司增加了一个负责印刷的合伙人，从 1750 年开始，出版者信息上的名字增加为汉密尔顿、鲍尔弗 & 尼尔，尽管随后的出版者信息并非都带有帕特里克·尼尔的名字。第二个印刷合伙人约翰·里德（John Reid）的加入引发了一场纠纷，另一场纠纷则与冒险参与出版一份不成功的报纸《爱丁堡编年史》（*Edinburgh Chronicle*）有关，这两场纠纷导致公司在 1762 年倒闭。[110] 4 年多之后，加文·汉密尔顿在 1767 年元旦去世。不过，直到 18 世纪 80 年代，约翰·鲍尔弗仍然是爱丁堡书籍销售的一股重要势力，这时他的经营更加稳健，在出版新书时不那么冒险了。[111] 从 1766 年到 1782 年，他与博学的印刷者威廉·斯梅利（在表一和表二里他以作者身份出现）是合作关系，并且在其中一段时期与另一个印刷者威廉·奥尔德（William Auld）合作。[112] 后来鲍尔弗与他的两个儿子埃尔芬斯顿和约翰联合组成约翰·鲍尔弗公司（*EEC*，1777 年 7 月 5 日）和约翰·鲍尔弗父子公司（*EEC*，1784 年 11 月 27 日）。

通过几次策略性扩张，汉密尔顿 & 鲍尔弗公司巩固了他们作为爱丁堡主要出版者的地位。首先是前面提到的印刷合伙，尤其是与帕特里克·尼尔的合伙。书籍销售 – 印刷的合作在爱丁堡特别有优势，因为图书业的这两个基本分支之间的劳动分工在爱丁堡不明显，不像在伦敦那样被界定得十分清晰。[113] 除了尼尔单独管理的一家印刷厂外，汉密尔顿＆鲍尔弗还在科林顿附近建了一家造纸厂。由于自己拥有制造纸张和印刷的设备，在 10 年多一点的时间里，他们得以生产几百部出版物，包括很多苏格兰启蒙运动作品。[114] 在分销方面，该公司在文人聚集的高街开了一家书店。他们还管理着一个仓库和一家大拍卖行，在爱丁堡以外积极地推销书籍，包括主要通过苏格兰在美国的网络广泛地进行销售。[115] 在联合印刷、纸张制造、出版、仓库储存、书籍销售、拍卖和推销的过程中，该公司依照垂直统一管理的现代原则进行运营，或者说协调控制了书籍生产和传播的所有关键部分。这项一体化实验随着公司的解散而结束，此后汉密尔顿得到了造纸厂，鲍尔弗接管了书籍销售业务，鲍尔弗和尼尔得到了印刷厂。但是 1770 年，鲍尔弗从汉密尔顿的继承人那里买下了造纸厂，他的儿子约翰重建了它。[116] 此后多年，鲍尔弗家族继续按照以前汉密尔顿＆鲍尔弗公司的惯例，使用公司的纸张和印刷厂生产出版物，那些书完全或者部分以他们的名义出版，储存在他们的仓库里，在他们 1774 年拥有的两家爱丁堡书店里销售（*EEC*，1774 年11 月 12 日）。

汉密尔顿＆鲍尔弗公司采取垂直统一的基本管理模式，与该公司的另一个显著特征有关：一种强烈的苏格兰民族感情和自豪感。1755—1756 年的《爱丁堡评论》就是他们的产品，它的卷首语自夸说苏格兰由于伟大的文学成就而崛起。他们的出版物还有约翰·霍姆的悲剧《道格拉斯》（编号 44）、威廉·威尔基的《厄皮戈诺伊德》（编号 48）——人们猜想那是苏格兰人写的第一部现代史诗，以及引领了莪相诗歌时尚的詹姆斯·麦克弗森的《古代诗歌片段》（编号 64）。甚至在这些作品问世以前，该公司已经在冒险尝试一个雄心勃勃的苏格兰民族出版项目：在 1754 年出版休谟的《英格兰史》第一卷（编号 33，后来续作的标题为《大不列颠史》）。在写信给他的老朋友和伦敦代理商威廉·斯特拉恩的时候，加文·汉密尔顿亲切地把休谟称为"我们的苏格兰作者"，对收信人的称呼是"我亲爱的威利"。这封信叙述了这项出版计划的财务方面的细节，说它是"非常大胆的"甚至"鲁莽的"计划。该公司印刷了 2000 册第一卷 4 开本，付给休谟 400 英镑的版税。[117] 一项如此规模的出版计划必须保证在伦敦有大量的市场需求，但是汉密尔顿自己也没有把握，即使他为此特意在伦敦开了一家临时店铺。[118] 在一封 1755 年 5 月 3 日写给斯特拉恩的信中，休谟本人将汉密尔顿的失败原因部分地归结于英格兰读者的反感，他们厌恶书中有争议的政治和宗教观点；还有一部分归咎于伦敦“书商的阴谋”，他猜想，那些书商希望给爱丁堡出版行业一个教训，让他们明白追求独立出版的策略是愚蠢的（LDH，1：222）。[119] 绝大多数现代评论家都把关注焦点放在所谓的阴谋上，暗示安德鲁·米勒是幕后黑手——他从汉密尔顿那里购买了未售出的存货，后来通过这本书获利不少。[120] 然而麦克杜格尔坚决主张，问题主要在于该书内容有争议性，米勒不但没有暗中破坏伦敦的销售，而且支持他们与他后来所说的“歧视”做斗争。[121] 不过，这件事给苏格兰作者和书商们传递了一个清楚的信息，即伦敦和爱丁堡的出版者之间需要合作。

汉密尔顿&鲍尔弗的公司也说明，18 世纪爱丁堡的社会具有亲密的、家族式的性质，苏格兰启蒙运动与图书业之间存在紧密的私人联系。汉密尔顿和鲍尔弗是双重的亲戚，因为他们既是第一代表兄弟又是姻亲兄弟（汉密尔顿娶了鲍尔弗的姐妹海伦），起初正是这种个人的亲属关系使他们合伙做生意，尽管他们的性格存在重要的差异，有时会发生冲突。[122] 他们都见多识广，受过良好的教育：1754 年汉密尔顿写信给家里说，他去观看了伦敦的威斯敏斯特中学上演的拉丁戏剧；鲍尔弗与夏尔－约瑟夫·庞库克这样的法国书商打起交道来很轻松，并且“始终保持通信联系”。[123] 长老会学者和拥有土地的绅士阶层构成了苏格兰启蒙运动的基础，汉密尔顿和鲍尔弗的家族深深地扎根在这个强有力的关系网络里。汉密尔顿的父亲威廉是神学教授，还短暂地当过爱丁堡大学的校长，他启发了一代思想开明的神学家，其中有 3 位作者在表一中出现：威廉·利奇曼、詹姆斯·奥斯瓦德和罗伯特·华莱士。加文的两个兄弟是教士，其中之一罗伯特继承父亲的事业当上了爱丁堡大学的神学教授。加文的姐妹简嫁给了威廉·克莱格霍恩（William Cleghorn），此人后来在 1745 年打败大卫·休谟，得到了爱丁堡的道德哲学教席，这在很大程度上应该感谢汉密尔顿。[124]

表一中出现的作者、哲学家詹姆斯·鲍尔弗是约翰·鲍尔弗的长兄，因

此他继承了家族在皮里格的地产。1753 年，他与汉密尔顿、鲍尔弗 & 尼尔一起出版了他的第一部作品（编号 23），1768 年单独与约翰·鲍尔弗合作出版了第二部作品（编号 104），1782 年又与约翰 & 埃尔芬斯顿·鲍尔弗和托马斯·卡德尔一起出版了第三部作品（编号 222）。埃尔芬斯顿·鲍尔弗（Elphingston Balfour，似乎是根据威廉·斯特拉恩的妻子的姓取名的）娶了威廉·罗伯逊的外甥女玛格丽特·布鲁斯（Margaret Bruce）。罗伯逊的历史作品《查理五世统治史》和《美洲史》（编号 119 和 185）由约翰·鲍尔弗联合出版，应罗伯逊的个人要求，他的最后一部主要历史作品（编号 299）由埃尔芬斯顿本人联合出版。[125] 如我们在第二章看到的，詹姆斯·鲍尔弗和约翰·鲍尔弗的两个姐妹嫁给了表一中另外两个作者：威廉·利奇曼和罗伯特·怀特，他们出版的医学作品（编号 17、21 和 38）带有汉密尔顿、鲍尔弗 & 尼尔的出版标记。

政治纽带进一步增强了家族的联系。18 世纪 30 年代到 40 年代，加文·汉密尔顿作为资深的地方法官和高级市政官员，入选了爱丁堡市议会，由于议会拥有管辖大学的权限，他在议员职位上对大学发挥了一些影响。约翰·鲍尔弗也在 1754 年担任过市议会的商人议员，他在政治上的影响力肯定对汉密尔顿 & 鲍尔弗公司获得爱丁堡市以及大学的承印商的资格起了作用。麦克杜格尔的文章显示，加文·汉密尔顿也积极参与城市的改进，他担任过皇家医院的财务主管、苏格兰基督教知识传播协会的负责人、舞蹈集会的组织者，以及爱丁堡艺术、科学、制造业和农业促进协会的管理人。这些职位显示，汉密尔顿和鲍尔弗具有强烈的公共精神和使命感，致力于改善爱丁堡、苏格兰乃至全世界的进步。

在 18 世纪的爱丁堡，对以后发展有重大影响的第二家出版公司的创办者是另一个具有公民意识的书商亚历山大·金凯德。[126] 与汉密尔顿一样，金凯德也以高级市政官员和地方法官的身份进入了爱丁堡市议会，在 1738—1751 年分别当选过 6 次（1772 年再次当选，但是他辞谢了）。在 1745 年詹姆斯二世党人暴动期间及之后，他的"热忱的"汉诺威派态度无疑有助于他的政治生涯，使他取得了接近第三代阿盖尔公爵的机会。[127] 1769 年 12 月 5 日，他成为共济会的卡农门基尔维宁第二分会会员，1775 年 11 月 3 日加入了当地

311

的民兵队长协会（the Society of Captains of the Trained Bands）。1776 年，他当选爱丁堡市长。显然在此以前很久，他就已经享受到所有象征财富的东西，包括"位于考盖特的一幢宽敞舒适的住宅"，附带马车房和容纳 6 匹马的马厩（*EEC*，1778 年 1 月 14 日）。[128] 1777 年 1 月 21 日，他在办公室突然死亡，当时他葬礼上的游行队列是爱丁堡近现代历史上最气派的仪仗队之一（*EEC*，1777 年 1 月 29 日）。根据他的亲密朋友威廉·斯特拉恩的说法，他的性格特点是脾气温顺，像绅士一样有礼，行事正派。他私下广泛捐助慈善团体，去世时"受到所有认识他的人的崇敬、热爱和尊重"[129]。

1734 年 3 月，金凯德结束了跟随詹姆斯·麦克尤恩的学徒期之后，正式开始了作为书商的职业生涯。与米勒类似，他看来已经从师傅那里学到了出版技能，也培养了与苏格兰文人的某些关系。举例来说，1732 年亨利·霍姆（后来的凯姆斯勋爵）出版第一部作品《谈法律的一些课题》（*Essays upon Several Subjects in Law*）时，出版者信息显示麦克尤恩是销售代理商。15 年后，霍姆出版下一部作品《几个不列颠考古问题的论文汇编》（编号 2）时，金凯德就成了唯一的出版者。金凯德接手了位于卢肯布斯的著名书店，这可能是麦克尤恩给他的最厚重的礼物。[130] 书店所在的位置很容易让人想到艾伦·拉姆齐和金凯德的继任者威廉·克里奇。18 世纪 20 年代，拉姆齐在同一座建筑里经营苏格兰的第一家流通图书馆。当然，它对金凯德肯定也很有用。除了这间书店，金凯德还在皮尔逊巷经营一家印刷所，正好与卢肯布斯隔高街对立。他与麦克尤恩一样，也积极地拍卖好书。

1735 年，金凯德（与罗伯特·弗莱明一起）联合出版、印刷了报纸《爱丁堡晚报》——麦克尤恩是联合创办人，并且取得了成功。1741 年 7 月，金凯德出版了大卫·休谟的《道德和政治论文集》第一卷，1742 年出版了第二卷。8 年后，金凯德迈出了决定性的一步，获得了苏格兰皇家承印商和文具商的资格。从 1757 年 7 月 6 日算起，金凯德和他的继承人能够拥有这项特许权 41 年。他由此获得在苏格兰印刷《圣经》的垄断权，就像斯特拉恩后来获得在英格兰印刷《圣经》的垄断权那样，这项业务给他带来丰厚的利润。[131] 1759 年，金凯德与卡罗琳·克尔（Caroline Kerr 或 Ker）结婚，卡罗琳是一个有贵族血统和良好修养的女人，根据斯特拉恩本人写的讣告，她拥有"所有和蔼可亲的美德，达到杰出的程度"，这段婚姻进一步提升了金凯德的身份地位。[132] 卡罗琳的藏书给人留下了深刻的印象，1778 年冬天在爱丁堡流传的销售目录中，她的书足够单独列一份广告（*EEC*，1778 年 2 月 28 日和 3 月 6 日）。

除了结婚之外，亚历山大·金凯德还在 1751 年与他人进行了第二次联合，他有了一个名叫亚历山大·唐纳森（1727—1794）的初级合伙人。[133] 唐纳森是一个富有的纺织品制造商的儿子，据说继承了 1 万英镑的遗产，很有派头地进入了图书业。1750 年，唐纳森借助他的父亲，从一名图书业的学徒摇身一变，当上了爱丁堡市议员。第二年他和一个商人的女儿结婚，新娘似乎给他带来相当可观的嫁妆。[134] 所有迹象都说明，他的合伙人身份是用钱换来的，金凯德的生意立刻有了起色。在 18 世纪 40 年代，除了休谟和霍姆的《随笔》之外，金凯德没有出版过新的学术作品，但是金凯德－唐纳森的合作更加有野心。金凯德 & 唐纳森联合的第一年，公司出版了两部苏格兰人的新书：弗朗西斯·霍姆的《论"顿斯－斯帕"矿水的成分和性质》（*An Essay on the Contents and Virtues of Dunse-Spaw*，编号 13）和亨利·霍姆带有争议的《论道德原则和自然宗教》（编号 14）。第二年，他们出版了休谟的《政治论》（编号 19），也是这部著作的唯一出版者。詹姆斯·林德的《坏血病专论》（*A Treatise of the Scurvy*，编号 26）是金凯德 & 唐纳森在 1753 年的又一部出版物，这标志着公司正在开拓实用医学作品的领域。1753 年，他们还冒险出版了一套八卷的 12 开本《莎士比亚作品集》（*Works of Shakespear*），这部作品似乎确定了唐纳森的真正的职业路线——成为英国经典作品的重印者。

正如麦克杜格尔说明过的，1751 年苏格兰高等民事法院做出的决议使苏格兰的书商有理由相信，他们已经挫败了伦敦书商对于永久版权的要求，得到了确定的权利，可以重印任何不再受到《安妮法令》保护的作品。[135] 实际上要说胜利还为时过早：伦敦出版者在版权问题上继续抗争了 25 年，先是在 1759 年发起恐吓运动，反对英格兰图书销售商出售苏格兰的重印书籍，然后针对苏格兰重印者（特别是亚历山大·唐纳森）发起密集的诉讼攻势，直到 1774 年议会上议院最终解决了这个问题。[136] 但是在 18 世纪 50 年代初期，苏格兰书商已经有足够的信心生产伦敦版书籍的多卷本重印书，包括一些英格兰经典作品。出于自觉的爱国意识，1745 年他们推出了《旁观者》杂志的一套八卷苏格兰版本。[137] 随后是斯威夫特（Swift）（1752、1756）、莎士比亚（1753）、弥尔顿（1755）等人作品的大量苏格兰重印版本，它们的出版者里面通常都有汉密尔顿&鲍尔弗和金凯德&唐纳森。

314

1758 年，苏格兰的出版业走到了一个十字路口，而金凯德和唐纳森反映了两个不同的方向。金凯德代表的一条路径是走向出版苏格兰启蒙运动的新书。唐纳森选取的另一条路径则指向重印那些依据《安妮法令》不再受到版权保护的英格兰经典作品。1758 年，两人之间的合作关系瓦解，其原因一直没有定论，但是可以推测与他们的出版理念的差异有关。之后唐纳森在爱丁堡开办了自己的书店，培养了聚集在那里的年轻文人，比如詹姆斯·博斯韦尔与他的朋友安德鲁·厄斯金（Andrew Erskine）。他还在爱丁堡的城堡山开设了一家印刷厂，工厂最后由他的儿子詹姆斯经营。尽管唐纳森仍然不时出版新作品，例如"苏格兰绅士"所著的两卷本《原创诗歌集》（Collection of Original Poems，1760—1762），其中的作者包括博斯韦尔、托马斯·布莱克洛克和约翰·霍姆，但是他离开金凯德之后，基本上就不再参与出版苏格兰启蒙运动的新书了。

唐纳森专注于重印，特别是文学书籍的重印。他发现，他的产品能够比伦敦书商能或者愿意做到的更加廉价。还在与金凯德合作的时期，他就已经开始重印弥尔顿和斯威夫特的作品，后来这两人的作品依旧是他业务的重心，只是增加了其他作家的作品，如德莱顿、笛福（Defoe）、蒲柏、詹姆斯·汤姆森、爱德华·扬（Edward Young）、约翰·洛克（John Locke），大多数都是英格兰作家。唐纳森要解决的问题是销售：他怎样才能找到足够多的买主，从而证明他追求的大批量、低利润的出版形式是正确的呢？解决办法是和他的兄弟约翰一起在伦敦的斯特兰德街开办一家书店，其明确的意图就是在伦敦以低于市场价的价格出售书籍。1763 年 5 月，博斯韦尔在他的《伦敦日记》（London Journal）里提到的"廉价书店"就是这家书店。[138] 唐纳森肯定知道，由于他入侵了伦敦书商的文学和地理领土，他们必定会将他的活动视为战斗的信号；此后 11 年里，伦敦书商一直猛烈地攻击他，在法庭上控告他违法重印，因为他们自认为拥有那些书的永久版权。但是唐纳森进行了反击，并最终在上议院打败了他们，由此成为苏

格兰的民族英雄，让苏格兰出版业摆脱了伦敦书商试图强加于它的盗版污　315
名（*ODNB*）。

　　唐纳森或他的律师和朋友们有时叙述或暗示，在很大程度上，他的动机
始终是意识形态的：他想要打破伦敦书商的垄断，为了公众和苏格兰的利益
降低书籍价格。1763 年 7 月 20 日，在与塞缪尔·约翰逊辩论的时候，苏格兰
议会议员乔治·登普斯特（George Dempster）就是这样描述唐纳森的，引得
约翰逊大声说，那么唐纳森"不比罗宾汉更好"（*BLJ*，1: 438—439）。虽然
这种理想主义的动机不一定能解释整个事件，我们也不应该就此臆断，那只
是一个贪婪的书商为了将自己的行动正当化而找的理由。毕竟我们无法肯定，
仅仅为了赚更多的钱，一个在爱丁堡已经十分富有的书商就会积极采取行动，
使自己陷入辱骂攻击的狂潮。1764 年 1 月，唐纳森创办了一份成功的报纸《爱
丁堡宣传者》（*Edinburgh Advertiser*），它的出现也是复杂动机的结果。报纸
的名称暗示了它打算吸引的收益来源，它的额外功能是作为另一种宣传手段，
用来销售唐纳森的印刷厂大量生产的便宜重印书。另一方面，报纸第一期的
开头有一段编辑写给"公众"的信息，唐纳森在其中倾泻了爱国的雄辩言辞，
说报纸优待"本国作品"超过"外国"（即英格兰）作品，郑重地宣告编辑在
所有事情上都是"公众的仆人"。与其单向度地把唐纳森看成追逐利润的人，
聪明地利用了公众服务的虚夸言辞，把民族感情当成幌子，或者认为他是一
个爱国的利他主义者，几乎从不关心赚钱，不如把他看成一个有复杂动机的人，
既有经济的又有意识形态上的目的。

　　无论他的动机是什么，唐纳森通过做重印生意赚到了大笔财富。托马
斯·萨默维尔后来回忆，1769 年唐纳森曾经托付给他一个箱子，里面装着打
算存入苏格兰银行的钱，大概有 8000 几尼到 1 万几尼，这让贫穷的牧师在
坐着驿站马车北上去伦敦的时候"受到抢劫和暗杀的噩梦折磨"。[139] 1786 年，
唐纳森买下了爱丁堡附近的布劳顿庄园，1789 年左右从图书业退休以后，他
一直在那里居住。他的儿子詹姆斯继承的遗产价值达到 10 万英镑，其中包括
那所房子。对亚历山大·唐纳森来说，重印的事业得到了回报。

　　一般来说，以伦敦为中心的 18 世纪英格兰作品的出版以及重印才是苏
格兰图书业的精华，有时人们把唐纳森描述成"爱丁堡出版业的领导人"[140]。　316

但是唐纳森从未占据过那个地位，重印并不是苏格兰书商唯一可以选择的方式。实际上，如果爱丁堡图书业的所有同事都像唐纳森那样把重点放在重印英格兰经典作品上，那么苏格兰启蒙运动即使不会变得面目全非，也会逊色许多。1758 年，金凯德&唐纳森的合伙人分道扬镳，之后金凯德选择了约翰·贝尔（1735—1806）做他的新搭档。[141] 贝尔从 1754 年起做金凯德和唐纳森的学徒，22 岁就得到机会，开始管理爱丁堡最大和最有声望的两家售书公司之一。他的影响立刻显现了出来。在他 13 年的学徒生涯中，该公司偶尔生产过英格兰经典作品，不过在出版苏格兰作者的新书方面起到的作用要积极得多，而且经常是和伦敦的公司合作，例如与爱德华&查尔斯·迪利公司合作，特别是与安德鲁·米勒以及他的合伙人兼继承者托马斯·卡德尔合作。在 1741—1758 年的出版生涯中，金凯德最初是一个人，然后与唐纳森一起出版过表二里列出的 10 部新作品，它们几乎都是由 3 位作者写的，这 3 位作者有着几乎相同的姓氏：大卫·休谟、亨利·霍姆（1751 年之后是凯姆斯勋爵）和弗朗西斯·霍姆。从苏格兰传出的新作品中，更年轻的作者的重要性逐渐增加，正是在这个时刻，金凯德和约翰·贝尔的合作关系开始了。他们的公司的定位完全是和米勒联合出版年轻作者的新书，同时继续发行成名作者的新书和重印书。与此同时，公司与长老会中的温和派政党结交，他们正在努力推进自己的开明文化构想，反对大众派或者正统派对手的虔诚和严苛的观点。1762 年 12 月左右的一幅政治版画对金凯德&贝尔的书店进行了描绘，它讽刺了温和派在这种冲突中使用的高压手段，暗示书店为温和派的阴谋家提供会议场所（图 4.2）。[142]

317　　　前文已经提到过金凯德&贝尔与米勒从 1758 年到 1767 年进行联合出版的非凡记录。1769 年，詹姆斯·贝蒂写过一封关于《论真理的本质与永恒性》（编号 123）出版协议的信，我们可以从中感受到这种联合出版对于苏格兰作者的影响。贝蒂先解释说，他比较愿意在爱丁堡印刷这本书，主要是由于"这样印张出来的时候我便于修改"，接着他又补充道：

　　　　我希望能有一个伦敦书商参与出版，否则就不可能让这本书在英格兰传播。在出版苏格兰人的书的时候，英格兰和苏格兰书商的共同合作

图 4.2　从 1758 年到 1771 年，在苏格兰启蒙运动出版业的发展中，亚历山大·金凯德与约翰·贝尔的爱丁堡合伙关系起到了决定性的作用，其中包括经常与安德鲁·米勒的伦敦公司进行的合作。图中描绘了他们位于高街的卢肯布斯东端的书店，这幅政治漫画的日期可能是 1762 年 12 月，日期的后面一位数字好像被涂黑了。（爱丁堡室，爱丁堡中心图书馆，爱丁堡城市图书馆）

是十分常见的。斯密的《道德情操论》是由金凯德和贝尔在爱丁堡、米勒在伦敦出版的，杰勒德的《基督教专论》、里德的《按常识原理探究人类心灵》、坎贝尔的《论奇迹》的情况也都是如此。我希望用同样的方式分配我的书的版权。[143]

贝蒂看到了这种趋势，想要加入其中。我们可以猜测，其他苏格兰作者　318
也有同样的想法。

虽然贝蒂列举出的那些作品全都是由金凯德&贝尔在爱丁堡、安德鲁·米勒在伦敦联合出版的，但他出版《论真理的本质与永恒性》的时候，伦敦的合作者却变成了迪利兄弟。贝蒂这样做的原因之一是米勒于 1768 年去世，因此他这次雇了迪利兄弟而不是米勒没有经验的继任者托马斯·卡德尔。还有可能是因为卡德尔不打算联合出版这部作品，因为该书严厉地批评他的一个主要作者大卫·休谟。不过，在损害合作的因素之中，我最想强调的是米勒和金凯德的公司的关键人物不和。他们之间逐渐加剧的紧张关系可以追溯到米勒在世的时候。米勒在他 1767 年 2 月 5 日写给卡德尔的一封信中指责贝尔把他们在爱丁堡印刷并联合出版的书籍供应给伦敦的书商，违反了共同出版时的销售惯例。"贝尔总是在我之前把书供应给［伦敦］市场，这真的像抢劫一样恶劣，"他写道，"特别是那本《公平原则》［编号 62］，它本来应该更适合在爱丁堡销售。"[144] 这次，这两家公司的主要运营者是它们各自的年轻合伙人贝尔和卡德尔[145]，合作的可能性取决于他们之间的关系。我们现在应该看到，在如此不可靠的基础上，不可能稳固地建立起伦敦－爱丁堡的出版辛迪加。

贝尔、卡德尔以及围绕弗格森的《文明社会史论》发生的危机

319 现存的贝尔 1764—1771 年的书信透露了约翰·贝尔与托马斯·卡德尔之间的不和。[146] 在弗格森的《文明社会史论》（图 4.3）的出版上，这两个晚辈合伙人的争执特别严重。该书最初是在爱丁堡印刷的一卷 4 开本，1767 年 2 月底由他们的公司联合出版。如果详细地考察这场争执，主要从贝尔的视角

320 来看，它可以传达出一些信息，让我们看到性格、个人关系以及地区环境是如何影响以伦敦－爱丁堡为轴心的联合出版的。

市场状况是这个问题的一个决定性部分。《文明社会史论》的 4 开本 1767 年问世，批发价格是 12 先令（有时会打折降到 10 先令 6 便士），零售价格是 15 先令，而 1768 年的 8 开本第三版的批发价格是 3 先令 9 便士，零售价格是 6 先令（1769 年 4 月 8 日，C20，第 124—125 页）。因此对于联合出版者和零售书商来说，4 开本的利润率要高很多。在伦敦，即使是比这本书更加昂贵的 4 开本书，有时也能卖出许多，经济上的强烈刺激驱使书商最大限度地提高 4 开本的销量，《文明社会史论》第一版最初的热卖让卡德尔相信有必要推出第二版。然而 1767—1768 年的冬天，金凯德 & 贝尔在爱丁堡先于他行动，拿到了第一版的大量成品，因此他们打算在推出第二版时使用不太昂贵的 8 开本版式，而不是 4 开本（1767 年 3 月初，C20，第 29 页）。[147]

图 4.3　亚当·弗格森的《文明社会史论》的第二版和第三版在样式和出版时机上的冲突让米勒和金凯德的出版机构之间的关系产生了裂痕，使威廉·克里奇得以取代约翰·贝尔当上了金凯德的年轻合伙人。（多伦多大学托马斯·费希尔珍本图书馆）

过了一些时候，在 1767 年春天或夏天，贝尔写道，"既然米勒先生和您都主张采用 4 开本是比较合适的，那么我们就只好服从"，但是他要求新版本应该延期，直到他们处理掉现有的第一版的 120 册存货。他可能打算只用两三个月就卖完。他还提议，8 开本第三版的 1000 册由他和金凯德印刷，并且要确保它们不会受到剩余的 4 开本的干扰，因为 4 开本对于苏格兰市场来说太昂贵了（没有日期，第 46—47 页）。

卡德尔没有回信，结果贝尔在 8 月中旬再次写信，援引了弗格森本人的意见。弗格森赞成爱丁堡书商印刷 1000 册 8 开本的计划，"作者十分盼望这个小开本可以在他的［道德哲学课的］班级里出售"（1767 年 8 月 15 日，C20，第 55 页）。9 月底，贝尔扬言要把他公司拥有的《文明社会史论》的一半版权卖给一个没透露姓名的伦敦书商——可能是威廉·约翰斯顿（William Johnston）（1767 年 9 月 30 日，C20，第 66 页）。卡德尔似乎劝过他不要采取这个策略，不过在 11 月初爱丁堡的新学期开始的时候，贝尔报告说弗格森"迫切盼望他的书的 8 开本在这里完成，以便立刻在他的课堂上使用"（1767 年 11 月 3 日，C20，第 67 页）。卡德尔先是耽搁了贝尔坚持要求出版的（4 开）第二版，接着又延误了（8 开）第三版的出版，尽管它对于作者和爱丁堡的合作者很重要。

　　《文明社会史论》的第二版最终在 1767 年 12 月由斯特拉恩印刷（SA 48800，第 158 页），并于 1768 年初在伦敦面世。贝尔在 1768 年 2 月 13 日写给威廉·约翰斯顿的信中谈到了这本书的出版——"我看到卡德尔先生已经出版了弗格森先生的书"（C20，第 71—72 页），从他的表达方式判断，出版的消息好像不是由他的伦敦合作者通知他的。到了 1768 年夏天，因为卡德尔阻碍他出版已授权的《文明社会史论》的 8 开本，贝尔感到非常愤怒，以致采取了激烈的措施："希望你能告诉我们……弗格森的《[文明]社会史论》是否快要完成，因为我们急需 8 开本。鲍尔弗先生已经从爱尔兰进口了质量极高的 8 开本，这种情况下你会怎么做？我要立刻开始起诉他……你也许愿意把罗伯逊博士的新历史作品提供给我们。"（1768 年 7 月 11 日，C20，第 97 页）贝尔指责爱丁堡的竞争对手约翰·鲍尔弗违法进口《文明社会史论》的 8 开本，那是博尔特·格里尔森（Boulter Grierson）1767 年在都柏林重印的。他的指责虽然合理，但是仍然没有事实根据，不过这恰恰反映出贝尔的虑事不周和焦虑不安的精神状态。作为联合出版者，贝尔应该已经在 8 开本的销售中享有优势。然而当他的伦敦合伙人忽略了苏格兰市场的特殊需要时，他被迫眼睁睁地看着自己和作者丧失了一个 8 开本，陷入了对盗版书束手无策的处境。《文明社会史论》的第一版在爱丁堡出版，最初取得了成功，但是伦敦的出版者随后掌控了一切，他们与作者达成了改进和修订版本的协议。[148] 米勒＆卡德尔和他们的印刷合伙人斯特拉恩与斯特拉恩的老朋友约翰·鲍尔弗定下协议，联合出版威廉·罗伯逊的《查理五世统治史》——这项任务规模庞大，令金凯德＆贝尔与伦敦的所有合作项目都相形见绌，这个事实让贝尔更加沮丧。如果贝尔得知（或者他可能真的知道）1768 年 3 月斯特拉恩就已经印刷了 1000 册《文明社会史论》的（8 开）第三版（SA 48801，第 27 页），他还会更愤怒，在等待卡德尔处理（4 开）第二版的存货的时候，这些书正存放在伦敦的一个仓库里。

1768 年年末，《文明社会史论》的（8 开）第三版终于出版，然而贝尔与伦敦出版者的争论不但没有平息，反而逐步升级了。一些事情激怒了贝尔，其中之一是卡德尔在 8 开本出版之后，把（4 开）第二版没有售出的书抛售给他（1768 年 12 月 30 日，C20，第 118—119 页）。关于该书的账目结算的争吵持续了几年。由于意见不一致，1769 年 8 月，贝尔拒绝支付卡德尔已经授权给另一个书商威廉·查普曼（William Chapman）向金凯德 & 贝尔公司索要的费用（C20，第 151—152 页）。1770 年 5 月 24 日，在回答卡德尔 12 天前直接寄给金凯德的一封信的时候，贝尔提醒卡德尔，他本来可以把卡德尔占有的《文明社会史论》的份额卖给另一个伦敦书商，但是在卡德尔的要求下没有那样做，可是拿到卡德尔发给他的账单时，根据他的估计，却发现自己被欺骗了。"不用说，我被利用了。"（第 33—35 页）他在信中说道。

在《文明社会史论》项目上的不愉快波及了其他合作项目。1769 年春天，金凯德造访伦敦的时候，卡德尔认为金凯德和贝尔已经同意联合出版吉尔伯特·斯图亚特《英国古代宪法的历史研究》（*English Constitution*，编号 109）的第二版。然而在 8 月 7 日，贝尔写道：

> 在金凯德先生来访的时候，我已经跟他提到，我不希望参与出版斯图尔特① 先生关于英格兰宪法的书。我们现在不是合伙人，因为金凯德先生不同意投资，如果作者理解我们，他会注意在第一版售完之前不推出新的版本，我不知道你和他有什么协定。（C20，第 151—152 页）

这段强硬的陈述激起了卡德尔尖锐的回复，他直接写信给金凯德说：

> 我从贝尔先生那里收到一封信，他告诉我说，你拒绝对斯图尔特先生关于英格兰宪法的书投资，他完全肯定地宣称，他不会与之有任何关联。你知道当你在伦敦的时候，我告诉你已经购买了该书的版权，你同意均摊一半的份额，结果我回绝了迪利兄弟和其他人的合作请求。（1769

323

---

① 斯图尔特（Stewart）是斯图亚特（Stuart）的另一种拼写。——译者注

年 8 月 15 日，C20，第 152—153 页）

　　卡德尔越过贝尔行动，满意地看到他的竞争对手蒙受了羞辱：1770 年 1 月，斯图亚特的书的第二版问世，该书的出版者信息写着"伦敦：为米勒先生的继任者 T. 卡德尔以及爱丁堡的 A. 金凯德和 J. 贝尔印刷"[149]。贝尔则在 1770 年 8 月斥责卡德尔不公正地对待他，甚至没有通知他就出版了里德的《按常识原理探究人类心灵》（编号 88）和休谟的《杂文与论文若干》（编号 25）的伦敦新版本："这些细小的事情总是引起猜忌和不信任，本来是应该避免的。"（1770 年 8 月 17 日，C21，第 44—45 页）[150]

　　然而《文明社会史论》仍旧是两人不和的焦点。贝尔曾经通过卡德尔卖给威廉·约翰斯顿 50 册《文明社会史论》，1770 年 9 月贝尔试图安抚约翰斯顿的怒气，对他说："我们压根没想到，卡德尔先生刚给 4 开本做过宣传，就立刻出版了 8 开本。"（C21，第 51—52 页）贝尔指出，卡德尔没有取得金凯德 & 贝尔的同意或许可就采取行动，而且"大大地违背了我们的利益"，因为"我们手里有大约 100 册 4 开本。这种行为比我现在跟你说的严重，它引起了我们之间的争吵，这场争吵来得真不是时候。"比较便宜的 8 开本第三版一旦面世，贝尔就无法售出剩余的 4 开本，因此他满心愤恨，认为卡德尔用专横的方式对待他。直到 25 年之后，他仍然在为该书未售完的 4 开本第二版做广告，而且单价还是原来的 15 先令，尽管在这段时期，已经有数个 8 开本上市和退场。[151] 甚至晚至 1815 年，威廉·克里奇手里还有第二版的 11 册存货。[152]

324　　在《文明社会史论》的争端达到顶点的时候，贝尔突然说出了他的愤恨的另一个缘由。贝尔在 1768 年 2 月 13 日的一封信中问卡德尔："你为什么不能时不时地订购一点我们的书，或者任何在爱丁堡印刷的书呢？"他还列出了他认为卡德尔应该购买的书，包括凯姆斯勋爵、詹姆斯·奥斯瓦德和亚当·迪克森的作品，"你能否帮帮忙，订购一些书？"（C20，第 72—73 页）书信中有证据证明，卡德尔确实买了一些金凯德 & 贝尔出版的苏格兰书籍，举例来说，依照贝尔在 1769 年准备的会计报表，1766 年 10 月到 1768 年 2 月之间，卡德尔数次订购了奥斯瓦德的《为了宗教的利益诉诸常识》，数量依次是 50 册、27 册、20 册和 12 册（C20，第 127—128 页）。然而一般情况下，只要苏格兰作者的作品很适合在伦敦市场销售，卡德尔或者其他伦敦书商从一开始就会抓住机会出版或联合出版它们。如果一部苏格兰作品的表现超过预期，或者看上去在伦敦有市场潜力，卡德尔总是会与人合作出版后续的卷数，比如 1772 年奥斯瓦德的《为了宗教的利益诉诸常识》的第二卷，或者推出新的版本，比如 1775 年凯姆斯的《思维的艺术导论》（*Introduction to the Art of Thinking*，编号 68）的第三版，还有 1770 年亚当·迪克森的《论农业》（*A Treatise of Agriculture*，编号 79）的"新"版本。

如果我们仔细研究约翰·贝尔与金凯德合伙的最后几年中的书信，就会看到一幅画面：这个好斗的年轻苏格兰书商不愿意听任伦敦同事的摆布。在同比自己公司大很多的伦敦公司打交道时，他总是有话直说，有时显得无礼、鲁莽，甚至公开对抗。当时贝尔已经 30 岁出头，有近 10 年的合伙人经验，大部分时间都用在了公司的经营上。卡德尔比他年轻 7 岁，在贝尔与金凯德合伙的最初 7 年里仅仅是一个学徒。在那段时间里，金凯德 & 贝尔出版过凯姆斯、斯密、里德和其他苏格兰作者的那么多主要作品，因此对于被迫服从卡德尔，也许贝尔的确有理由感到愤怒。巧的是，卡德尔的到来发生在《文明社会史论》刚刚出版之后：在斯特拉恩的印刷分类账里，该书的第二版是卡德尔第一次主管的重要作品，而不是米勒的。无论其原因是什么，毫无疑问，贝尔对卡德尔对待自己的方式是非常恼火的。

325

伦敦和爱丁堡市场环境的差异引起了两地出版者之间的紧张关系，而个性的冲突使这种情况愈加恶化。伦敦书商约翰·默里有时与贝尔合作，他私下里称贝尔"性情奇特"，"是个难以相处的人"[153]。当然，也有别的人觉得他是和善且值得尊敬的，阿奇博尔德·康斯特布尔是贝尔的外甥兼合伙人约翰·布拉德福特的密友，他把贝尔称为"这个时代爱丁堡出版行业中十足的绅士……拥有最杰出的才能，与同胞交往时亲切和善，性情颇具幽默感，天生喜欢开玩笑，特别是在晚会上与朋友在一起的时候"[154]。贝尔是一个自愿担任神职的长老会牧师的儿子，在文法学校和大学里受过教育。他喜好交际，有公德心，在爱丁堡的书商同伴中间很受欢迎。1758 年学徒生涯一结束，他就加入了共济会的卡农门基尔维宁第二分会。1792 年 12 月，他当选为重新组建的爱丁堡书商协会的第一任主席。我们将在下一章讨论，从 18 世纪 80

年代中期开始，贝尔与乔治·罗宾逊的公司联手，成功打造出了属于他自己的伦敦－爱丁堡出版联盟。

问题不在于贝尔的性格或者个人背景中固有的短处，而是在于贝尔与卡德尔之间恶劣的个人关系和敌意。围绕亚当·弗格森的《文明社会史论》的前三个版本发生的危机证明，伦敦与爱丁堡的书商合作致力于出版是种棘手的方式。一代苏格兰出版者打造了跨城市联合出版苏格兰作者的主要新书的传统，这种传统建立在友谊和信任的基础上，它们足够坚强，可以经受版权诉讼案件和其他各种分歧的考验。然而创立者们的晚辈合伙人并不一定拥有其前辈那样的个人关系，合作出版的同盟在下一代可能会轻易瓦解。假如贝尔和卡德尔在伦敦和爱丁堡继承了他们各自的年长合伙人的事业，那么几乎可以确定会发生什么事情。我们将在后面两章中看到，金凯德的继任者不是贝尔，而是另外一个晚辈合伙人威廉·克里奇，与卡德尔相似，他获得了金凯德在伦敦的老朋友斯特拉恩的支持。在米勒去世以后的数十年中，米勒－卡德尔与斯特拉恩的伦敦的公司和爱丁堡的附属企业之间的关系没有瓦解，反而变得更紧密了，伦敦－爱丁堡联合出版了更多产品。互相竞争是无可避免的，但是程度比较轻微。卡德尔和斯特拉恩追求的合作出版策略形式相似，以他们为首的出版辛迪加将使苏格兰启蒙运动的书籍生产达到最高水平。

326

第五章　苏格兰启蒙运动出版业最繁荣的时代

斯特拉恩和卡德尔出版社

出版帝国的梦想

1785 年 3 月 15 日，托马斯·卡德尔向一个调查从爱尔兰非法进口书籍的议会委员会报告说："在 18 年间，斯特拉恩和卡德尔出版社向作者支付的版权费用超过了 3.9 万英镑。"[1] 斯特拉恩于 7 月 9 日去世，距此不到 4 个月，关于威廉·斯特拉恩（图 5.1）与托马斯·卡德尔（图 5.2）的合作出版事业的经营规模，这段声明提供了一个重要尺度（不过只是一种尺度，因为我们已经看到，出版者并不总是购买版权）。这个成绩相当壮观，考虑到所讨论的这些书籍包括了那个时代重要作家的那么多主要作品时，就更加如此。虽然最著名的作者里有几个是英格兰人，比如爱德华·吉本、塞缪尔·约翰逊和威廉·布莱克斯通爵士（Sir William Blackstone），但是苏格兰人在作家总数中占据的比例高得惊人。斯特拉恩和卡德尔出版社是苏格兰启蒙运动的卓越出版者。

严格说起来，它并不是一家"出版社"，因为就已知的材料来看，托马斯·卡德尔从安德鲁·米勒那里接管的售书生意与斯特拉恩创办的印刷公司之间不存在法律上的合作关系。把他们联结在一起的是彼此共通的观念、共有的利益、合作以及通过几十次个别订立出版协议培养起来的信任。核心是合理的劳动分工：斯特拉恩负责印刷，卡德尔负责销售。[2] 但这种关系很快有了更进

图 5.1 和 5.2　印刷者威廉·斯特拉恩（左图，作者不明）与书商托马斯·卡德尔（右图，由亨利·梅耶［Henry Meyer］根据 W. 埃文斯［W. Evans］的图样雕刻，肖像画的原作者是威廉·比奇爵士，出现在图 5.8），他们的出版合作关系支配着伦敦的出版业，从 18 世纪 60 年代晚期开始，直到 1785 年斯特拉恩去世。（斯特拉恩的画像：大英图书馆，Add. MSS 38730, fol. 180v；卡德尔的画像：普罗维登斯公共图书馆）

328　　一步的发展，形成深厚的家族友谊和平等有效的出版合作关系。他们将卡德尔在斯特兰德街的书店地址作为图书的出版地址。1769 年 5 月 14 日，斯特拉恩写信对休谟说，"您可以完全信任他，就像相信我一样"，力求让卡德尔与苏格兰作者之间建立起彼此信任的关系，"他是您的非常谦卑的仆人"。[3] "当您要谈交易的时候，写信给卡德尔或我无疑都是一样的。" 1776 年 6 月斯特拉恩告诉亚当·斯密。[4] 这年 12 月，在给威廉·克里奇写信时，他也说了类似的话："关于生意上的事情，我们的想法和利益一致，所以一个人的意见就是两个人的共同意见。"[5] 斯特拉恩 1779 年 10 月 4 日给克里奇写了一封信，内

329　容是与苏格兰作者的各种合作出版计划，卡德尔在后面加了一段附言，评论说他对斯特拉恩的记述 "无法增加或修改任何一个字"，因为斯特拉恩 "和每次一样，确切地写出了我的全部意见"。总之，早在 1785 年卡德尔参加议会听证会很久以前，我们就可以将他们的出版生意看作一个整体的、统一的事业。

表二中有 32 部作品的第一版的出版者信息中同时包含斯特拉恩和卡德尔的名字，这个数字只不过是他们的共同贡献的故事的起点。斯特拉恩为卡德尔印刷过大量新书，就像他以前为安德鲁·米勒做过的那样。除此之外，两个人还联合出版了一些流行书籍的较晚版本，它们最初是由别人生产的，例如威廉·巴肯的《家用医疗》（编号 115），还有 7 本书的第一版，虽然扉页上没有显示出他们的合作。举例来说，亨利·麦肯齐的《多情男人》（编号 135）扉页上出版者的名字只有卡德尔，虽然斯特拉恩拥有一半的版权（第二版的出版者信息里添加了他的名字）。类似地，大卫·休谟的历史和哲学著作的出版者信息中只出现了卡德尔的名字，但是休谟的通信集清楚地说明，斯特拉恩是这些作品的合作出版者，这在他们的共同目录《斯特兰德街的 W. 斯特拉恩和 T. 卡德尔出版的书》里面有记录。

1776 年斯特拉恩把休谟的自传《我的人生》的一半版权分给卡德尔，回报了他的恩惠。"尽管是"来自作者的"一个礼物"，这次他写信对卡德尔说，"我认为我对你有道义上的责任，这与我们共识的目的和精神一致，我希望我们两个人都永远不会想到违背它"[6]。在斯特拉恩看来，他们两人的"共识"是值得维护的，因为它构成了长期支配优质新书出版的一种手段。斯特拉恩使他的朋友确信，他们将是一个有利可图的联盟，但他们的利润会保持在恰当的界限内：

> 我确实清楚地看到，我们在行业内已经拥有了相当大的优势，其余的同行只能对我们造成微不足道的妨碍，所以对于我们赚取的利润，我们都应该感到足够满意，除非欲望变得无限、人贪得无厌，我希望上帝保佑我们两个不会变成那样；尽管每年看到我们的财富增加一些的时候是最令人愉快的，当那个"一些"成为一个庞大数额的时候，它对于我们的幸福就绝对不是必需品了。

这个共识反映了一种梦想，即根据荣誉与合作的原则，通过启蒙出版，公平和适度地获取财富。　330

18 世纪 60 年代后期，斯特拉恩和卡德尔都真正从安德鲁·米勒的"影子"中走了出来。1758 年 3 月 7 日，父亲以 105 英镑作为酬金，送 15 岁的卡德尔给米勒做学徒，卡德尔从此进入了图书业。[7] 卡德尔出生于 1742 年 10 月 27 日[8]，与斯特拉恩自己的孩子（出生于 1740 年和 1750 年之间）年龄大致相同。在他们的关系中，斯特拉恩似乎扮演了父亲的角色。对于卡德尔真正的父亲和母亲威廉和玛丽的情况，我们几乎一无所知，只知道他们居住在布里斯托尔的葡萄酒街，卡德尔就出生在这条街上。他父亲的兄弟也叫托马斯，是葡萄酒街的一个杰出书商，由于他的辉格党－长老会的同情心而闻名。[9] 年轻的托马斯与伦敦图书业取得联系，最有可能是凭借他的影响。尽管他的家庭可能是从苏格兰移居到布里斯托尔的，卡德尔与斯特拉恩的孩子一样，出生在英格兰。但是除了他的姓氏之外，我们还可以通过各种方式发现他的苏格兰性，有些写给苏格兰作者的信件就泄露了实情，他在信中提到他的出版合伙人的时候，使用了苏格兰的拼写方式"Strachan"。[10] 霍勒斯·沃波尔认为卡德尔是苏格兰出版者的可怕阴谋的一部分，这些苏格兰出版者总表现出对同胞的偏袒。他充满怨恨地提到斯特拉恩和卡德尔："对于他们没有参与的出版物，我们的苏格兰人阿尔达斯和埃尔塞维尔① 就压制它们。"[11]

卡德尔的能力必定特别出众，因为 1765 年 4 月 2 日结束学徒生涯之后，他就与师傅结成了合伙关系。[12] 卡德尔的运气很好，米勒希望把更多时间花在伦敦之外的地方，尤其是巴思和坦布里奇韦尔斯的温泉疗养地。他在那里除了做别的事之外，就是赞助受大众欢迎的科学讲座，主讲人是苏格兰作者詹姆斯·弗格森，米勒出版了他的作品。[13] 由于米勒没有在世的儿子或者其他亲属可以接手他的事业，也没有其他雇员提出继承的要求，于是卡德尔没有竞争对手。无论如何，他都是幸运的，米勒的助手、都柏林人罗宾·劳利斯（Robin Lawless）也支持他继承米勒的事业，卡德尔后来把劳利斯的肖像挂到自己位于布卢姆斯伯里广场的住宅的客厅里，由这个事实可以估量劳利斯的重要性。

到 1766 年夏天，米勒开始进入半退休状态：这年 8 月 28 日，他告诉朋友安德鲁·米切尔，自仲夏以来，他已经把事情交托给"卡德尔先生处理，

① 阿尔达斯（Alduse）是 15 世纪维也纳著名出版者，埃尔塞维尔（Elzevir）是 17 世纪荷兰著名出版者。此处作者用这两个名字指代出版者。——译者注

他在各个方面都值得信赖"。米勒每个星期只到斯特兰德街的书店去一两次，"去看看，露个面"，"我从没有对这个决定感到懊悔，它也没有在哪个时刻成为我的沉重负担"。那时他在克佑格林的住宅生活，但是计划 11 月到巴思去，在那里一直待到 1 月底，于是又留下卡德尔掌管生意。这样，卡德尔在 23 岁的时候，就已经在经营不列颠最大的图书销售和出版企业，并且在相当长的一段时间里是处理日常事务的。不久以后，在米勒出版或者与其他书商联合出版的一些新书里面，开始出现"以 A. 米勒和 T. 卡德尔的名义出版"这样的短语，比如 1767 年亚当·弗格森的《文明社会史论》（编号 99）。就在这一年，米勒退休了，把事业传给了他的门生，根据他的意愿，卡德尔还是他的遗嘱执行人之一。有一个同时代的人指出，迟至 1767 年，卡德尔还"非常依赖"米勒，有证据证明，米勒退休以后仍继续在出版中发挥作用。[14] 然而 1768 年 6 月 8 日米勒去世时，托马斯·卡德尔发现自己在 25 岁时成了这家公司的全权负责人。

斯特拉恩当时 50 岁出头，正渴望在出版方面担当主要角色。这些年来，米勒把印刷工作都抛给了斯特拉恩，却从不鼓励他涉足出版活动。即使有时米勒许可斯特拉恩购买新出版物的版权份额，也没人能从扉页上看出来。举例来说，1758 年他们二人一起参与出版罗伯特·华莱士的《大不列颠政治现状的特点》（*Characteristics of the Present Political State of Great Britain*，编号 52）[15]，但是出版者信息上只标明"斯特兰德街的 A. 米勒出版"。尽管缺少米勒的鼓励，斯特拉恩还是利用与斯摩莱特以及由他印刷过作品的其他作者的友谊，还有欠他债的书商（比如约翰·纳普顿 [John Knapton]），通过他们购买了很多版权份额。[16] 不过在这些场合（例如编号 22 和 27 的书），他通常仍旧是不具名的所有者，在苏格兰启蒙运动的出版中，只要米勒还活跃，他就不可能成为主要角色。詹姆斯·斯图亚特爵士的《政治经济学原理研究》（1767，编号 101）出版时，改变的契机到来了，米勒邀请斯特拉恩和卡德尔接收四分之一的版权份额（米勒自己占一半）。[17] 该书是米勒在伦敦出版业公会注册登记的最后一部主要作品，也是他允许斯特拉恩联合出版的第一部主要作品，尽管和往常一样，该书的出版者信息中并没有写上斯特拉恩的名字。

332

接管米勒的公司数年之后，卡德尔在出版者信息中将自己的身份标明为米勒的继任者。最初他沿用师傅的惯例，没有提到斯特拉恩的出版者角色，比如 1769 年 2 月出版的沃尔特·安德森的《法兰西史》前两卷（编号 121），虽然斯特拉恩拥有该书的一半版权，出版者信息却是"斯特兰德街的 T. 卡德尔（米勒先生的继任者）出版"。然而几个星期以后，威廉·罗伯逊的《查理五世统治史》出版的时候，斯特拉恩的名字不仅和卡德尔的名字一起出现，还作为出版者之一出现在卡德尔的前面，据推测是由于斯特拉恩比较年长。斯特拉恩与卡德尔之间的联合出版"共识"可能是从这次开始的。一直到 1785 年斯特拉恩去世，许多书的出版者信息出现了"斯特兰德街的 W. 斯特拉恩和 T. 卡德尔出版"的字样，通常这两个人拥有同等的版权份额或者出版利润。

卡德尔在生活和职业的每个方面都取得了成功。1769 年 4 月 1 日，他在 26 岁的时候娶了圣公会牧师托马斯·琼斯（Thomas Jones）的女儿。他的婚姻不仅说明他自信有能力维持他的出版事业，而且标志着他向融入伦敦习俗迈出了一步。后来，卡德尔唯一的女儿嫁给了乔治三世的王宫附属教堂牧师查尔斯·卢卡斯·埃尔德里奇（Charles Lucas Eldridge）。尤其是在 1793 年退休以后，卡德尔在伦敦承担了许多公民责任和专业职责，包括在 1795 年担任育婴堂医院的理事，在 1799 年成为伦敦出版同业公会的主管。1798 年，他当选为沃尔布鲁克区的市议员，两年后又当选为伦敦和米德尔赛克斯郡的郡长。1802 年 12 月 27 日，他由于哮喘病发作去世，当时有传闻说，他有条件成为伦敦市长。

卡德尔的好运气不是从一开始就有保证的。在他结婚两个月的时候，1769 年 6 月 13 日，王后酒馆举行了一次交易会，这次交易会上将拍卖安德鲁·米勒的很多版权份额，于是卡德尔得到机会来表现他有怎样程度的企业家梦想。斯特拉恩和卡德尔购入了大量书籍版权，过去 10 年由米勒出版或联合出版的一些苏格兰作品的拍卖过程中，他们成为唯一或者主要的版权所有者，其中包括斯密的《道德情操论》、凯姆斯的《批判原理》、里德的《按常识原理探究人类心灵》以及詹姆斯·弗格森的几部作品。[18] 这些著作补充了米勒其他没有出现在拍卖目录里的版权，那些著作之所以没有出现，可能是因为它们是单独出售的，也可能是因为米勒在去世之前已经把它们转交给了卡德尔，有时米勒还允许斯特拉恩购买少量的份额。[19] 总而言之，斯特拉恩和卡德尔每人都购买了将近 36% 的所谓"米勒存货"。[20] 几乎与此同时，这对搭档开始出版新书，新书的作者既有米勒合作过的一些苏格兰作家，也有许多英格兰作家。

斯特拉恩在 1771 年 6 月 15 日给戴维·霍尔写信自夸道，他是"200 本以上"书籍的版权所有者或股东。[21] 他解释了自己从印刷者到出版者的转型是怎样令他的伦敦同行们大为吃惊的："他们做梦也没有想过打破老一套规矩"，"教他们从书商束缚他们的奴隶制度中解放出来"（第 118 页）。如果他把自己的作用局限为"仅仅替书商印刷"，或许可以取得过得去的成就，然而他走上了自己的路并获得了巨大成功。他自豪地告诉霍尔，"过去从来没有"哪个印刷者把他的生意"扩展到像我这么大的规模"（第 117 页）。不过，在斯特拉恩之前，已经有别的伦敦印刷者拥有过版权资产，小威廉·鲍耶（William Bowyer the younger）早年曾经在伦敦雇用斯特拉恩做排字工人，在长期的职业生涯中，他拥有过 160 多本书的股份。[22] 斯特拉恩本人也在职业生涯的早期就开始购买版权份额，实际上这种过程已经持续了很长时间。而且迟至他写信向霍尔自夸的时候，他仍旧认真地考虑"卖掉我的所有版权资产，把全部注意力都集中在印刷方面"（第 117 页）。尽管有这些制约条件，1771 年斯特拉恩真的为 18 世纪不列颠印刷者开辟了一条新道路。它独一无二的性质不仅在于拥有版权，而且在于出版了那个时代最重要的文学和学术新著作。

安德鲁·米勒为斯特拉恩和卡德尔的成功打下了基础。给予苏格兰作者特别的鼓舞；重视古典教育的作品；在第一版时经常使用昂贵的 4 开本版式，吸引最杰出的购书公众；在购买出版权利时，付给作者比其他公司更多的报酬，因而能够首先选择最可取的新书；如果书籍的销量超过预期，愿意送给作者现金礼物；与爱丁堡的书商合作出版的传统；在伦敦出版业公会登记注册很多主要的新书，以便让它们受到 1710 年的版权条例的法定保护；决心将版权份额的所有权认作永久资产，对察觉的版权侵害都采取强硬路线，不管来自苏格兰、爱尔兰或其他任何地方——所有这些都是从米勒那里继承的做法。斯特拉恩和卡德尔出版社的卓越之处是经营的规模：更多的印刷机、更

334

多的出版物、付给作者的更多酬金和利润、更大的名声和荣誉。个人的和机构的因素转而使这些发展变得可能，它们大大地扩张了米勒经营的企业。

现存的斯特拉恩分类账里，有一页记录了从 1777 年 11 月到 1778 年 4 月卡德尔委托的所有印刷工作，这些数据能让我们对这家企业有一个大致的了
336 解（图 5.3）。仅仅在 5 个月的时间里，斯特拉恩为出版合作者印刷的书籍有：亚当·斯密的《国富论》（编号 177）第二版 500 册、亨利·麦肯齐的《朱莉娅·德·奥比妮》（编号 183）第二版 750 册、詹姆斯·弗格森的《力学习题精选》（编号 153）第一版 1000 册、麦肯齐的《多情男人》（编号 135）第六版 1000 册、罗伯特·沃森的《菲利普二世史》（编号 186）第二版 500 册、詹姆斯·弗格森的《透视绘画法》（*Art of Drawing in Perspective*，编号 168）第二版 1000 册、大卫·休谟的一套八卷 8 开本《英格兰史》（编号 75）1500 册以及威廉·罗伯逊的《美洲史》（编号 185）第二版 1500 册。我们可

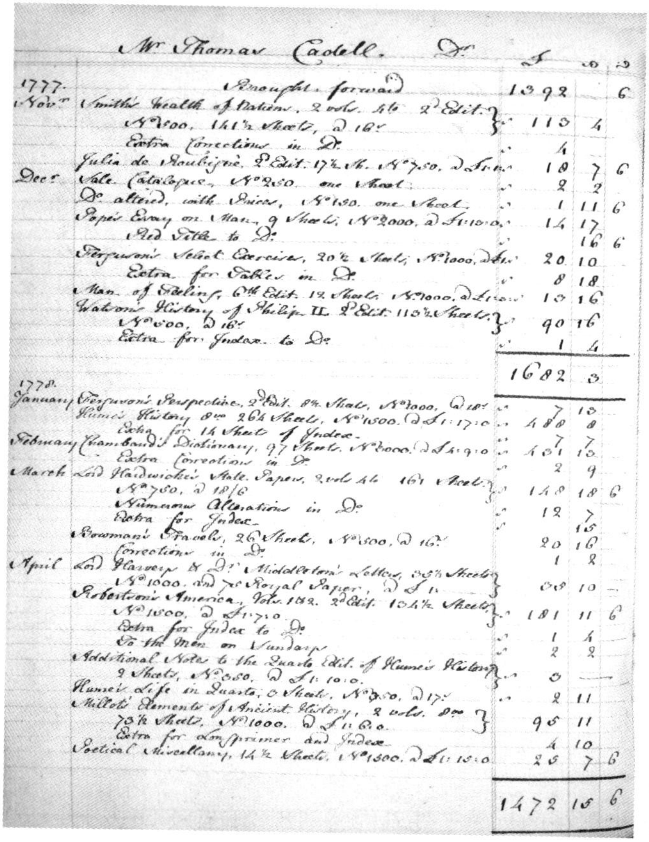

Mr Thomas Cadell. Dr

		£	s	d
1777.	Brought forward	1392		6
Novr	Smith's Wealth of Nations, 2 vols. 4to 2d Edit. Nº500, 141½ Sheets, @ 16s	113	4	
	Extra Corrections in Do	4		
	Julia de Roubigné, 2d Edit. 17½ Sh. Nº750, @ £1:1:0	18	7	6
Decr	Sale Catalogue, Nº250 one Sheet	2	2	
	Do altered, with Prices, Nº130. one Sheet	1	11	6
	Pope's Essay on Man, 9 Sheets, Nº2000, @ £1:13:0	14	17	
	Red Title to Do		16	6
	Ferguson's Select Exercises, 20½ Sheets, Nº1000, @ £1:0	20	10	
	Extra for Tables in Do	8	18	
	Man of Feeling, 6th Edit. 12 Sheets. Nº1000. @ £1:3:0	13	16	
	Watson's History of Philip II. 2d Edit. 113½ Sheets. Nº500, @ 16s	90	16	
	Extra for Index to Do	1	4	
		1682	3	
1778. January	Ferguson's Perspective, 2d Edit. 8½ Sheets, Nº1000, @ 18s	7	13	
	Hume's History 8vo 264 Sheets, Nº1500. @ £1:17:0	488	8	
	Extra for 1½ Sheet of Index	7	7	
February	Chambaud's Dictionary, 97 Sheets. Nº2000. @ £4:9:0	431	13	
	Extra Corrections in Do	2	9	
March	Lord Hardwicke's State Papers, 2 vols 4to 161 Sheets. Nº750, @ 18/6	148	18	6
	Numerous Alterations in Do	12	7	
	Extra for Index		15	
	Bowman's Travels, 26 Sheets, Nº500, @ 16s	20	16	
	Corrections in Do	1	2	
April	Lord Harvey & Dr Middleton's Letters, 35½ Sheets Nº1000. and 75 Royal Paper, @ £1	38	10	
	Robertson's America, Vols. 1&2. 2d Edit. 134½ Sheets Nº1500, @ £1:7:0	181	11	6
	Extra for Index to Do	1	4	
	To the Men on Sundays	2	2	
	Additional Notes to the Quarto Edit. of Hume's History 2 Sheets, Nº350, @ £1:10:0	3		
	Hume's Life in Quarto, 3 Sheets, Nº350, @ 17s	2	11	
	Millot's Elements of Ancient History, 2 vols. 8vo 73½ Sheets, Nº1000. @ £1:6:0	95	11	
	Extra for Longprimer and Index	4	10	
	Poetical Miscellany, 14½ Sheets. Nº1500. @ £1:15:0	25	7	6
		1472	15	6

图 5.3　关于 18 世纪的书籍生产，斯特拉恩分类账是一个信息宝库。这张图片显示了从 1777 年 11 月到 1778 年 4 月卡德尔委托给斯特拉恩印刷的书，其中包括斯特拉恩和卡德尔联合出版的苏格兰启蒙运动书籍的各种版本。（大英图书馆，Add. MSS 48816，fol. 21v.）

以看到，在此期间斯特拉恩还为合作者印刷了其他书籍，从亚历山大·蒲柏的《人论》（*Essay on Man*，1777）这样的便宜重印书，到路易·尚博（Louis Chambaud）的法英词典这样的两卷 4 开本书（1778 年，与彼得·埃尔姆斯利［Peter Elmsley］联合出版）。不过，苏格兰作者的文学和学术作品构成了他们的出版项目的核心。每年年底，斯特拉恩都会统计印刷账单和应该结算的账目。这些数额是相当可观的：1777 年是 1682 英镑 3 先令，1778 年只是前 4 个月就有 1472 英镑 15 先令 6 便士。然而出版的书籍带来的收益远远超过这些印刷成本，产生了大量的利润。

　　除了斯特拉恩与卡德尔之间的基本共识之外，培养与爱丁堡图书业更紧密的联系，也维持了他们的出版合作关系。在这个方面，卡德尔的关系网好像比斯特拉恩的范围要更加广泛一点，他特别乐意与爱丁堡出版界的后起之秀查尔斯·艾略特合作。不过伦敦－爱丁堡轴心的钥匙还是掌握在爱丁堡的斯特拉恩的老朋友们手里。我们已经看到，斯特拉恩定期去苏格兰短途旅行的时候，他的很多时间是花在亚历山大·金凯德和约翰·鲍尔弗的公司里，他们是斯特拉恩的同龄人，在 1750—1775 年的大部分时间里，经营着苏格兰首屈一指的售书和出版公司。1768 年 6 月 26 日，斯特拉恩去苏格兰做了最重要的一次夏季旅行，米勒去世不到三个星期，给苏格兰作者的新书出版增加了不确定性，但同时也给斯特拉恩带来了机遇。这次在苏格兰旅行期间，斯特拉恩与金凯德和鲍尔弗常常会面。斯特拉恩在 8 月 1 日的日志里有一条代表性的记录："在家里设宴请客，邀请了金凯德先生、罗伯逊博士、洛锡安侯爵夫人（Marchioness of Lothian）等人，在鲍尔弗先生那里吃晚饭。"

　　那时斯特拉恩正准备与鲍尔弗联合出版威廉·罗伯逊的《查理五世统治史》。我们知道，他与鲍尔弗和罗伯逊的几次会面是为了商定这个宏大计划的细节。这次访问期间，斯特拉恩好像也会见了鲍尔弗的儿子约翰，后来小约翰在 1771—1778 年在伦敦做他的徒弟，然后回到苏格兰管理爱丁堡附近的鲍尔弗的造纸厂。我们已经看到，从在爱丁堡的童年时代开始，斯特拉恩和鲍尔弗就是朋友了。斯特拉恩定期去爱丁堡游览的时候会造访鲍尔弗，同样，鲍尔弗有时也会带着看望朋友的明确目的去伦敦旅行。[23] 对于不列颠的对外政策和美国事务，这两人持类似的保守意见。[24] 鲍尔弗非常敬重他的老朋友，

1780 年时甚至向斯特拉恩透露在苏格兰建造一家火药厂的前景，还说斯特拉恩的意见对于促使他做决定"大有帮助"。[25] 他们之间的另一个纽带是爱丁堡的印刷者兼学者威廉·斯梅利，他在 18 世纪 60 年代是鲍尔弗的合伙人，并且深得斯特拉恩喜爱。由于这些原因，与鲍尔弗的关系构成了支撑斯特拉恩 - 卡德尔出版大厦的爱丁堡支柱之一。

爱丁堡联系的另一根支柱是亚历山大·金凯德经营的售书公司，前一章已经谈到了他与斯特拉恩的长期友谊。1768 年夏天，他们也许讨论过一个比任何特定的联合出版项目意义都要重大的计划，斯特拉恩试图制定一套出版苏格兰作者新作品的综合战略。返回伦敦两个星期之后，在 9 月 19 日的一封信中，斯特拉恩对克里奇（斯特拉恩夏天去苏格兰的时候他不在城里）解释说，为了克里奇的事业，他已经"做了非常大胆的举动"来影响金凯德。随后他在写给克里奇的信中引用了他写给金凯德的信中的一段话，这段话证明他之前说的话是认真的："我想和你共同采取一些措施（在米勒先生逝世的这个关键时刻），让你、卡德尔先生和我可以获得我们国家的任何值得关注的作者——无论他住在爱丁堡还是住在伦敦——的作品的版权；我肯定我们可以非常容易地做到这一点。"在其后的一个段落中（它更充分地考虑了克里奇的职业，将会在第六章被更完整地引用），斯特拉恩试图说服金凯德"赶快与贝尔先生分开"，让克里奇代替他。

斯特拉恩以这种方式让金凯德明白，他希望在后米勒时代建立起一个可靠的伦敦 - 爱丁堡出版辛迪加，从而垄断现在被我们称为苏格兰启蒙运动的出版市场，他为克里奇的利益所做的努力正是受这个愿望驱使。他知道金凯德在出版方面已经不再是一股会构成威胁的力量，而他的晚辈合伙人约翰·贝尔与卡德尔关系不和。因此他想要金凯德选择一个更年轻的合伙人，那个人应该是斯特拉恩和卡德尔在爱丁堡的重要伙伴。斯特拉恩很清楚，干预他的老朋友的生意，背着金凯德与克里奇通信不是光彩的行为，但是他有理由期望金凯德不会见怪。"我有把握相信我们之间长期和亲密的友谊，"在 9 月 19 日的信中斯特拉恩向克里奇吐露，"我介入这件事情，如果换成不如他那么天性和善的人，也许会倾向于动怒，不过他不会生气的。"之后 3 年中，斯特拉恩继续就这件事情向金凯德施加压力，他依靠克里奇的内部情报得知了爱丁堡出版界正在发生的事情。"让我知道可能令你激动的任何消息，"1768 年 12月 22 日他写信说，"特别是图书业的消息。"

1771 年，克里奇终于正式当上了金凯德的合伙人和继任者，斯特拉恩立即提出了他的出版战略。"我非常乐于参与你和卡德尔先生的任何工作，"1772年 1 月 4 日他告诉克里奇，"我的意思是指任何重要的工作，因为费力给不重要的书的少量出版权记账是不值得的，尤其是我手头已经有大量不同书籍的账目需要调整和保存了。不过如果是大部头或者有高报酬的作品，那么我就没有理由拒绝与你和卡德尔先生一起合作。"在这个原则指导下的头两部苏格兰人的原稿是蒙博多勋爵的《语言的起源与发展》（*Of the Origin and Progress of Language*，编号 160）和凯姆斯勋爵的《人类历史纲要》（编号 164），它们都在 1773 年末被送到斯特拉恩那里估价。11 月 13 日，斯特拉恩遗憾地拒绝联合出版蒙博多的原稿，理由是"它不太可能成为流行书"（但是后来卡德尔参与了该书的出版）；不过在 1774 年 1 月 17 日的信件中，他称赞了凯姆斯的作品（"我浏览过的每一页都包含一些有趣或有教益的东西［即想法］，或是两种兼有"），并宣布"卡德尔先生和我……很高兴地接受您的出价，并愿意尽我们所能将它介绍给公众，利用全部的有利条件，尽量提高销量"。

339

蒙博多的作品证明，虽然斯特拉恩告诉克里奇，他和卡德尔会很高兴合作出版任何重要的新书，但他的本意并非字面上的那样。斯特拉恩与米勒不同，他总是亲自阅读，或者至少是"浏览"所有递交给他的原稿，而且他对自己的判断非常有信心。他与克里奇的通信充满了驳回准备联合出版的原稿的内容，后来其中一些作品由其他书商出版或者联合出版了，例如约翰·默里、查尔斯·艾略特还有克里奇本人。斯特拉恩也并非每次都会遵循他的策略，拒绝合作出版"小规模的书"。在斯特拉恩、卡德尔和克里奇开始联合出版苏格兰作者的作品之后不久，在 1774 年 1 月 17 日的一封信中，斯特拉恩告诉克里奇，小詹姆斯·格雷戈里（young James Gregory）提供给他一份很短的手稿，作者是他的父亲、已故的爱丁堡大学的约翰·格雷戈里博士，"只有 50 页"。这年春天，三人联合出版了这部作品，标题是《一个父亲给女儿们的遗产》（编号 163）。这本小书的零售价格很低（只有 2 先令），限制了每个版本的利润，但是它立即获得了巨大成功，成为女性的社交举止和道德价值观念的指南。因此，尽管存在许多未经授权的版本的竞争，它还是给出版者带来了利润。斯特拉恩、卡德尔和克里奇最初是根据有条件的契约出版《一个父亲给女儿们的遗产》的，随后斯特拉恩敦促克里奇去争取版权。可喜的是，这年夏末，克里奇以有利的条款买下了版权。[26]

　　斯特拉恩、卡德尔和克里奇的合作成就中，给人印象最深刻的是从18世纪70年代到80年代初他们联合出版的大量苏格兰作者的主要作品。约翰·达尔林普尔爵士的《大不列颠与爱尔兰回忆录》第二卷（编号143）于1773年出版，它是最后一部在出版者信息中包含金凯德名字（与卡德尔一起）的主要新书，除此以外，这个三人组的联合出版物还有：1774年亚历山大·杰勒德的《论天才》（编号162）、格雷戈里的《一个父亲给女儿们的遗产》、凯姆斯的《人类历史纲要》，1776年乔治·坎贝尔的《修辞哲学》（编号174），1777年罗伯特·沃森的《菲利普二世史》（编号186）、亨利·麦肯齐的《朱莉娅·德·奥比妮》（编号183）、休·布莱尔的《传道书》（编号188）第一卷，1780年斯梅利编的布封《自然史》的多卷本译著（编号212）的大部分，1781年《镜子》的单行本版本（编号217），1783年亚当·弗格森的《论历史的进步和罗马共和国的终结》（编号232）、休·布莱尔的《修辞与纯文学讲稿》（编号230）以及詹姆斯·贝蒂的《道德批判论文集》（编号229）。实际上，他们合作的范围要更广，因为联合出版的作品的出版者信息中不一定总会出现他们三个人的名字。举例来说，1776年克里奇在爱丁堡的报纸上为亚当·斯密的《国富论》（编号177）做广告，好像他是出版者一样，但是出版者信息中只有斯特拉恩和卡德尔的名字，但是有其他证据可以证实克里奇也有参与。[27]苏格兰作者的有些作品由斯特拉恩和卡德尔二人出版，或者由克里奇和卡德尔二人出版，或者由斯特拉恩、卡德尔与鲍尔弗一起出版——威廉·罗伯逊的历史作品的情况就是如此。从整体上看，由斯特拉恩和卡德尔领导的伦敦-爱丁堡出版辛迪加站在了行业的顶峰。

　　将这个辛迪加组织统合在一起有时并不容易。我们会在第六章看到，每当斯特拉恩认为克里奇的行为不正确的时候，就会责备和训导这个年轻人。他从来没有放松，即使是祝福语，也一定会添加上教育式的格言，比如1773年11月13日的信的结尾："我希望你一切顺利，你的成长能有益于全人类。

严守时间、规则性和精确性正是商业的生活方式。我希望你不会欠缺其中任何一项。"合作初期，克里奇在信中向斯特拉恩抱怨卡德尔不守时，1774 年 3 月 18 日斯特拉恩回复说，"这一定是纯属偶然"，因为卡德尔"本质上具有真正的商业精神，你会日益相信这一点的"。如果接下来斯特拉恩在与卡德尔（我们必须记得，他只比克里奇年长两岁半）通信时向他强调了严守时间的重要性，那一点都不奇怪，因为这个问题好像再也没有出现过。

事实证明，斯特拉恩建立出版帝国梦想的最后一个目标最难实现。斯特拉恩希望看到，他的两个爱丁堡出版者约翰·鲍尔弗和威廉·克里奇（在金凯德退休之后）能够联手协作——并最终与斯特拉恩和卡德尔合作，他在 1774 年 2 月 21—22 日给克里奇的信中写道："希望在购买版权方面与你结成同盟。"这个计划始于 1772 年的一个引人注目的联合出版项目，当时斯特拉恩、卡德尔、鲍尔弗和金凯德 & 克里奇联手出版了威廉·巴肯的《家用医疗》修订后的第二版，该书起初是在 1769 年由鲍尔弗的公司以作者的名义印刷的（那时的印刷者包括斯梅利和奥尔德）。我们已经看到，随后巴肯的书变成了 18 世纪最畅销的作品之一，斯特拉恩、卡德尔、鲍尔弗和克里奇的公司名称自始至终都出现在该书的出版者信息里（图 5.4）。基于这次联合出版的成功，斯特拉恩继续试图让合作出版成为一种常规模式，但是他从来都未能达成目标。例如，1773 年 11 月 10 日他写信给克里奇询问鲍尔弗是否有意参与出版凯姆斯的《人类历史纲要》，接着他说：

341

　　　　我觉得，你和他都应该培养彼此的密切关系和亲密友谊，他真的是一个全面理解出版业的人，特别是在售书方面极其优秀……为了同盟，只要你提议，我和卡德尔先生都乐意加入任何相关的约定，我的意思是只与你和鲍尔弗先生一起合作，因为我们不会与其他人联合。我确信我们之间不会发生任何误解，除非我错得离谱。

342

但是斯特拉恩的确弄错了，因为克里奇与鲍尔弗很难就任何事情达成一致。

起初，斯特拉恩还保持乐观。尽管克里奇告诉斯特拉恩，他应该成为《人

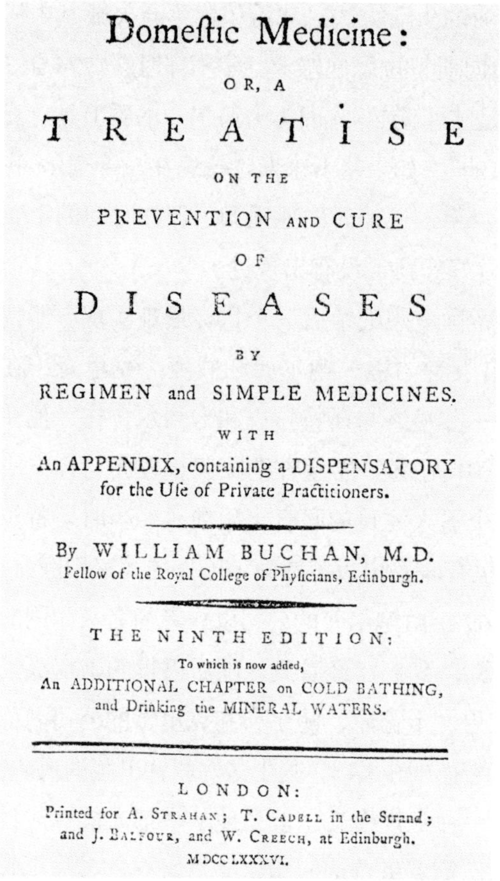

Domestic Medicine:

OR, A

TREATISE

ON THE

PREVENTION AND CURE

OF

DISEASES

BY

REGIMEN and SIMPLE MEDICINES.

WITH

An APPENDIX, containing a DISPENSATORY
for the Use of Private Practitioners.

By WILLIAM BUCHAN, M.D.
Fellow of the Royal College of Physicians, Edinburgh.

THE NINTH EDITION:
To which is now added,
An ADDITIONAL CHAPTER on COLD BATHING,
and Drinking the MINERAL WATERS.

LONDON:
Printed for A. STRAHAN; T. CADELL in the Strand;
and J. BALFOUR, and W. CREECH, at Edinburgh.
MDCCLXXXVI.

图 5.4　威廉·巴肯起初在 1769 年通过认购方式出版了他的流行医学指导书《家用医疗》，不过从 1772 年的第二版开始，该书由伦敦的斯特拉恩和卡德尔，加上爱丁堡的鲍尔弗和金凯德 & 克里奇联合出版——这是难以控制的合作关系，不可能长期维持。1786 年的第九版最早包含了一个关于矿泉水的医学效用的章节。（多伦多大学托马斯·费希尔珍本图书馆）

类历史纲要》唯一的爱丁堡联合出版者，他想确立自己作为年轻书商的名声。但克里奇也同意与鲍尔弗做某种联合。克里奇与鲍尔弗可能合作的前景使斯特拉恩在 1774 年 1 月 17 日的信中宣布："如果你们在态度和利益上牢固地团结一致，将会形成一个堡垒，在苏格兰打败所有对手。"2 月份的时候，两人都向斯特拉恩报告了他们在爱丁堡进行的"商谈"的结果，2 月 21—22 日，斯特拉恩就这个结果给两人回了一封信，信

当着彼此的面打开。这封信包含了我对书面协议概要的意见，我希望你们加入进来，如果你们赞成，就依照你们现在各自的意愿去解

决手头的工作任务，不要互相指摘猜疑。我料想你们很快就会感受到
彻底的信任和协议带来的良好效果，从今以后我就再也不需要提及这
个问题。

然而在同一封信里，他提到"过去双方都存在不满，不管真实的还是假
想出来的"，事实证明，这些障碍显然是难以克服的。在 1774 年 3 月 18 日写
给克里奇的信中，斯特拉恩仍旧在积极地争取让克里奇与鲍尔弗达成一个协
议，其基础是他按次序开列出来的三条原则：

　　1. 你与鲍尔弗先生的同盟将对彼此都有利。

　　2. 为了有效和持久，协议应当采取书面形式。

　　3. 为了保证友好，协议的第一条应当是：过去的所有嫌隙——不管
真实的还是假想出来的——都要一笔勾销。

斯特拉恩再次提议以中间人的身份促成这样一个同盟，它具有"一些非 343
常平易和简单的规则，如果遵循它们，将会永久地防止你们之间可能发生的
任何误解"。

就在克里奇-鲍尔弗的联盟摇摇欲坠的时候，斯特拉恩在 1774 年 7 月
12 日的信中变换了一种新办法向克里奇施加压力：要克里奇作为合伙人参加
"勤劳能干而且明智的［威廉·］斯梅利"的印刷生意，随后就能"很快地达
成与鲍尔弗先生的圆满同盟"。8 月 25 日，斯特拉恩把他的希望告诉了克里奇，
"你现在是斯梅利的印刷社的合伙人，我非常尊敬他；鲍尔弗先生将和你牢固
地团结在一起，这对你们俩都是好事。假如你们同意，没有人会妨碍，实际
上也没有人能够妨碍你们"。然而谈判还是陷入了僵局，克里奇给斯梅利三分
之一的股份开价 150 英镑，鲍尔弗不同意，要价 200 英镑。斯特拉恩不得不
在 1774 年 12 月 27 日写信给克里奇，劝他为了更大的利益做出妥协。我们缺
乏有关斯梅利事件的进一步细节，不过这个计划似乎在 1775 年最终失败了。
同盟计划在其他方面的进展也不顺利。1776 年 1 月 29 日，斯特拉恩向克里
奇承认，鲍尔弗近来的行为变得"莫名其妙地吝啬，不过看他其余的行为还

是情有可原的"。不久，鲍尔弗和克里奇都向斯特拉恩抱怨对方的无礼举动，在1776年7月4日和23日写给克里奇的信中，斯特拉恩同意，鲍尔弗试图从克里奇那里以每本2先令6便士的低价购买巴肯的《家用医疗》，这种做法很糟糕，要知道，克里奇把该书卖给其他爱丁堡书商的时候单价至少是4先令8便士。在爱丁堡出版朱斯塔蒙（Justamond）翻译的雷纳尔（Raynal）的西印度群岛历史作品时，他们又闹翻了。查尔斯·艾略特写信给卡德尔说："鲍尔弗先生与克里奇先生发生了好多次争吵。"[28] 不管与斯梅利的印刷合作还是全面的出版"同盟"，所有的谈判都终止了。斯特拉恩在他7月4日的信中表示，他希望克里奇和鲍尔弗为了他们共同的利益，"仍将达成更好的谅解"。然而他们最终也没有和解。1781年，克里奇与鲍尔弗的儿子埃尔芬斯顿激烈地争夺苏格兰文物研究学会的书商地位，令他们的对抗达到了顶点，最后克里奇获胜。

344　　18世纪70年代早期到中期，斯特拉恩如此用心地在他的两个爱丁堡同事之间打造一个同盟的理由是什么呢？下面是斯特拉恩1774年4月9日写给克里奇的一封信中的段落，这段话里出现了两个答案：

> 　　我仍然真诚地希望你与鲍尔弗先生可以结成牢固和持久的同盟。因为就像我清楚地知道自己的存在一样，我很清楚这种合作将给你们带来共同的利益……在未来的版权购买中，同盟将会有巨大的作用，最近的作者倾向于开出极高的价格，同盟可以防止他们随意提高要求。不过，现在我们与作者达成的版权协议暂时还能防止版权费的飙升，无论是在伦敦还是在爱丁堡。除此之外，如果鲍尔弗先生印刷和销售纸张的价格和别人一样便宜——我不怀疑他会这样做，那么你也许可以在印刷和纸张销售方面给鲍尔弗先生提供特定的帮助。简而言之，你们应该团结一心，像兄弟一样生活，那样你们必定能够克服一切障碍。

　　首先来看其中的第二个理由。我们看到，斯特拉恩预料，假如克里奇能够利用与鲍尔弗和斯梅利的印刷伙伴关系的有利条件，加上位于科林顿的鲍尔弗的造纸厂，他们的合作将是对彼此有利的。只要有联合出版物在苏格兰印刷，这样的安排也应该是对斯特拉恩和卡德尔有利的。即使在克里奇－鲍尔弗联盟失败之后，斯特拉恩和卡德尔有时仍受益于鲍尔弗家族公司的垂直统一管理——它是来自汉密尔顿＆鲍尔弗时代的遗产。斯特拉恩期望，鲍尔弗与克里奇之间强有力的同盟可以提供额外的机会，通过鲍尔弗－斯梅利的关系能够节约印刷和纸张成本，从而进行廉价和高效率的联合出版。

　　"最近的作者倾向于开出极高的价格，同盟可以防止他们随意提高要求"——斯特拉恩列举的另一个理由开启了一个重大话题，本书第三章从作者的视角讨论过这个话题。出版者们看问题的角度自然是不同的。斯特拉恩和卡德尔与爱丁堡的合伙人一起继续执行米勒的策略，给他们最好的作者支付巨额报酬。有时他们认识到这种高额稿酬的象征性意义，甚至公开吹嘘这一点。1785 年在议会作证的时候，卡德尔就这样做过，提到了自从米勒去世以来自己的出版社支付给作者的巨额版税。在《关于 1763 年和 1783 年的爱丁堡之比较的信件》中，克里奇相当夸张地宣称，1763 年时"在苏格兰几乎没有人了解文学资产或通过写作赚钱的作者的价值"。然而 20 年以后，克里奇抱怨道，"苏格兰人将文学资产的价值抬高到超出所有人认知的地步"[29]。斯特拉恩毫不掩饰地赞同克里奇的小册子中的看法，并在 1784 年 1 月 26 日的一封信中评论说："克里奇说的都是大实话。"

　　威廉·斯特拉恩与克里奇的私人通信也透露出他对版权费激增的不满。对这些出版者而言，支付给作者的版税好像失去了控制。斯特拉恩希望与卡德尔、克里奇和鲍尔弗结成四方同盟，通过减少伦敦和爱丁堡的大出版者们的竞争，使作者的要求降低。斯特拉恩和他的同事们私下里始终对苏格兰作者们的过分要求表示不满。在 1776 年 7 月 15 日和 18 日的信中，克里奇一定发了这样的牢骚，因为斯特拉恩在 7 月 23 日的回信中写道："你十分生动并且公正地描绘了现代作者的过分要求。他们确实完全难以信任。"这段话的直接背景是凯姆斯要求为他的《乡绅》（编号 176）的第一版支付 300 几尼的版权费，该书是大部头的带插图的 8 开本，页数超过 400 页。斯特拉恩开列了一份推算出来的完整账单，以便向克里奇说明，假如把凯姆斯要求的报酬全额支付给他，即使出版者能按照 3 先令 8 便士的预估批发价格把印刷的 1000 册全部销售出去，也将承受超过 240 英镑的损失。下面是他的计算结果：

345

印刷 30 个印张，1000 册 @ £1:1:0　　£31:10:0

60 令纸张 @ 16 先令　　　　　　　　48:0:0

雕刻 6 个图版，假定费用　　　　　　6:6:0

纸张和打印同上，假定费用　　　　　10:10:0

广告宣传和偶发事件，假定费用　　　13:14:0

［总计支出费用］　　　　　　　　　110:0:0

1000 册书 @ 3 先令 8 便士 1 先令　　183:6:8

扣除费用　　　　　　　　　　　　　110:0:0

剩余［利润］　　　　　　　　　　　73:6:8

　　斯特拉恩拒绝再与凯姆斯做任何的商谈，在 1779 年 3 月 12 日写给克里奇的信中说凯姆斯"在做交易的时候完全是个犹太人"。

　　在要求版税的苏格兰作者中，凯姆斯并不是唯一一个让斯特拉恩烦恼的人。有一次克里奇向他报告，对于《论历史的进步和罗马共和国的终结》（编号 232）不久前的报价，亚当·弗格森反应不佳。斯特拉恩在 1776 年 7 月 23 日的信中惊呼："弗格森博士竟然对 1000 英镑的报价不屑一顾！直到最近为止，这笔金额还是一个苏格兰教授或者甚至是任何一个教授从来没有拥有过的。我和卡德尔先生都因为作者的过分要求而深受其苦，我向你保证，我们在今后的所有商谈中会更加谨慎小心。"罗伯特·沃森为他的《菲利普二世史》（编号 186）要求 2000 英镑的报酬，斯特拉恩被惹恼了："10 年或 20 年前我告诉过他，如果能拿到几百英镑他就会很高兴了。"由于给罗伯逊的《查理五世统治史》支付那么多稿费之后提升了作者的期望，即使发现其他苏格兰文人尽力试图赶上罗伯逊的成绩，可能斯特拉恩也不应该这么惊讶。尽管斯特拉恩和他的同事们通过出版苏格兰书籍获得了地位和大量财富，对于大幅度提高支付给作者的版税的标准负有个人责任（并公开地为此自豪），但是他们在自己创造出来的版权费飙升的"新世界"中并非总是感到舒心。

　　有时斯特拉恩认为，苏格兰作者是个阴谋小集团，一个劲儿地抬高手稿的价格。已经成名的作者会提升年轻人的期望，即使他们还没有用文字证明自己的能力，这种现象尤其令斯特拉恩感到愤怒。"经历了重重困难，我最后终于与布赖登上尉（Captain Bryden）达成一致。"1773 年 1 月 25 日，斯特拉恩写信给大卫·休谟时这样提及帕特里克·布赖登的《西西里和马耳他之旅》（编号 150）。接着他责怪休谟"让他的期望提升得太高了，远远超过了这本书的真实价值……事实上，在这本书的尺寸和质量可以允许的最大限度内，他的版税要求不可能得到满足。你宠坏了所有年轻作者，引导他们期待过高的价格，那应该是经验丰富的文学家和已经成名的人才能得到的"[30]。《西西里和马耳他之旅》成了畅销作品[31]，在现存的通信中，我们没有发现斯特拉恩再抱怨这件事。

斯特拉恩认为，苏格兰文人参与了一个专横的阴谋，企图提升版税价格，这种想法并非没有根据。第二章和第三章中讨论过，苏格兰作者倾向于通过各种方式结合在一起，支持彼此的作品。除了这个事实之外，由于作者们不理解图书业，经常对图书业的从业者采取居高临下的傲慢态度，有时对版税抱有不切实际的期望。这种形容肯定适用于蒙博多勋爵，他曾经根据空想推断书商应该得到多少利润才是合理的，像教皇一样傲慢地决定他的书在伦敦和爱丁堡的恰当价格。[32] 1800 年，克里奇告诉卡德尔&戴维斯，为了让他们联合出版的某一本书产生适当的利润，硬纸板封面版本的单价要增加到 6 先令，虽然作者坚决要求单价不能超过 5 先令。他补充道："作者们认为他们的每部作品都让我们赚到大笔的钱，他们必须打消这种念头。"[33]

在协商出版罗伯特·华莱士的手稿《论趣味》的时候，也有类似情绪浮现出来。1774 年 4 月，华莱士的儿子乔治得到大卫·休谟的支持，向斯特拉恩和卡德尔要求 500 英镑的稿酬（*LDH*，2：289—290）。不幸的是，前一年刚发生过一个令人为难的事件，斯特拉恩和卡德尔付给约翰·霍克斯沃思 6000 英镑，请他编辑一套三卷的库克船长等人的航海故事，但是霍克斯沃思实际上只在原稿上做了少许改动，这件事让他们仍处于易怒的状态。[34] 在讨论华莱士的要求的时候，斯特拉恩告诉休谟，假如霍克斯沃思事件"没有治好作者们"对于版税的"妄想症"，"我肯定［它］让书商们头脑更清醒了"。[35]尽管华莱士的手稿他还一个字都没有看过，而且这位已故作者曾是他的亲密朋友，斯特拉恩的反应几乎跟后来听到凯姆斯为《乡绅》提出的要求时同样激烈：对于一部不确定是否能成功的通俗作品而言，这些酬金实在太高了，尤其是对于一个"生平从未写出过一部被公众如此接受的作品，从而以任何方式证明它值得高达 500 英镑的价格"的作者。[36] 他认为必须以 1 几尼的单价销售掉 2000 册，这种交易才是合理的，而且他实在不相信会发生那种情况。和往常一样，他把问题归咎于卖主要求的高额酬金。"最近的作品提出的稿酬要求以及实际支付的价格已经对现在的作者产生了一种非常奇怪的影响，"他指出，"明摆着每个人都倾向于把他自己的价值与同时代的人相比较，而这种比较不可能是客观的。"最后，斯特拉恩同意印刷罗伯特·华莱士的作品，由出版者承担费用，与作者的儿子分享利润。但是乔治·华莱士也许认为这个出价有失身份，他选择不出版《论趣味》，于是它至今也未出版。[37]

为了对抗作者们渐渐增长的需求，出版者们使用了几种策略，斯特拉恩向华莱士提出的利润分成建议就是最流行的方法之一。1781 年 1 月，在商谈联合出版凯姆斯勋爵的《教育漫谈》（Loose Hints upon Education，编号 214）的可能性的时候，约翰·贝尔计划按照凯姆斯提出的报价购买版权，但是查尔斯·迪利提出异议，因为"面对作者对版权价格的过分要求，书商如果屈服就错了。按照作品的真实销售量付给作者报酬才是最可靠的方式。我在购买新书的时候已经看到过太多这样的例子"[38]。迪利喜欢尽量减少出版者所冒的纸张和印刷的风险，并与作者分享利润，就像斯特拉恩对华莱士的《论趣味》提议的那样。不过我们在第三章中看到，作者们经常怀疑这种出版模式，凯姆斯肯定也是如此。迪利拒绝按照凯姆斯的条件联合出版之后，最终贝尔从作者那里购买了该书的版权，与伦敦的约翰·默里联合出版了该书。[39]

出版者的另一种策略是购买版权时加入附加条件。我们已经在第三章看到，斯特拉恩、卡德尔和克里奇采取的方式是，利用一个保险或者约束条款，以 2000 英镑买下亚当·弗格森的《论历史的进步和罗马共和国的终结》（编号 232）的版权，却不需要冒任何风险。还有一种不那么严苛的附加条款，就是付给作者或继承人的版权费少于他们所要求的，但是附加一个限制条款，假如作品能够推出第二版，就支付额外的报酬。凯姆斯的《人类历史纲要》（编号 164）出版时就使用了这种保险条款，休谟为华莱士的《论趣味》也推荐了类似的安排。[40] 在第三章里我们看到，18 世纪 90 年代至少有过两次事件，在出版托马斯·萨默维尔（编号 308）和亚当·斯密（编号 336）的作品时，通过制定这种 300 英镑外加 200 英镑的协议，安德鲁·斯特拉恩和卡德尔节省了几百英镑，因为那些书从未推出过第二版。1796 年查尔斯·迪利做了同样的事情，他购买约翰·平克顿的《斯图亚特王朝至玛丽女王时代的苏格兰史》（编号 345）的版权时出价 400 英镑，附加额外的 200 英镑，条件是第一版的 1000 册在两年之内全部售完，并且作者在出第二版时做修订和校正。[41]

　　有时这种协议会有修改，允许往后每次推出修订版本的时候，作者可以得到额外的报酬，形式或是现金或是书本身。在出版亚历山大·亚当的《罗马古事记》和威廉·巴肯的《家用医疗》的时候，斯特拉恩和卡德尔与他们的爱丁堡合伙人就采用了这种策略。法律规定的版权期限是 28 年，而修订本是延长版权期限的主要手段之一，由于能够鼓励作者推出修订本，这种选择对出版者更有吸引力。此外，像巴肯的作品这样特别畅销的书重印时印数可以非常大，甚至多达每版几千册，由此减轻出版者由于再版而必须付给作者酬金所带来的资金压力。巴肯的例子也可以用来说明出版者的另外一种特别精明的手法。1781 年，斯特拉恩和卡德尔同意为他打算写的一本新书支付500 英镑，拟定的标题是《预防医学》（*Preventive Medicine*），他们给他 100英镑作为预付款，"纯粹是为了预防他把书交给任何同行"。在 1781 年 8 月23 日的信中，斯特拉恩告诉克里奇："在那种情况下他也许会受到诱惑，把我们的书［即《家用医疗》］最有价值的部分插入到那本书中，那样极大地损害了它的销售量。"[42] 新契约只不过是让巴肯继续与斯特拉恩－卡德尔合作的一种手段。

　　还有另一种变体，出版者只为第一版支付固定数额的版权费，出版者和作者都可以根据其后事态的发展保留自由选择的权利。我们在第三章中看到，休谟和卡伦这样有头脑的作者为自己的利益采用过这种策略，不过在某些情况下，它对出版者也是有吸引力的。前面提到过，罗伯特·沃森为他的《菲利普二世史》要求 2000 英镑报酬，斯特拉恩对此的答复就是一个恰当的例子。在 1776 年 7 月 23 日的信中，斯特拉恩告诉克里奇："我连他要求的一半数目都不想给，也不会同意除 1000 册印数以外的其他条款，依照这个印数也几乎不会有多少收入，不过也不会有什么损失，如果这本书能有任何销量的话。"
因此，1777 年初，斯特拉恩和卡德尔与爱丁堡的克里奇和鲍尔弗一起付给了
沃森 800 英镑，推出了该书第一版的 1000 册。在这个例子中，这部作品成功
了，然后出版者与作者议定了新的契约，为 1778 年出版的 4 开本第二版的 500
册支付 400 英镑，为 1779 年出版的 8 开本第三版支付 100 英镑。[43] 出版者没有
版权，因此 1785 年推出第四版的时候，不得不付给作者的继承人额外的酬金，
但是由于最初没有向作者的要求妥协，他们已经节约了一笔钱。最重要的是，
万一该书遭遇商业失败，这种协议能保护他们免受惨重的损失。

　　除了提高稿酬的问题之外，在地位、职业权威和民族身份方面，斯特拉
恩这样的出版者与苏格兰作者之间也存在分歧。18 世纪 80 年代早期，就亚
当·弗格森的《论历史的进步和罗马共和国的终结》的版税进行谈判的时候，
斯特拉恩告诉一个熟人，弗格森仅仅把他当作一个"技工"（mechanick），这
让他很生气。[44] 他的用词选择是意味深长的：大约 10 年之前，在阿伯丁的一
个宴会上，亚历山大·杰勒德说斯特拉恩"与［威廉·］沃伯顿（William
Warburton）关系十分亲密"，结果受到塞缪尔·约翰逊的指责，因为在约翰
逊看来，"那种亲密就好比在场的一个教授与在大学做修理的木匠之间的关
系"（BLJ，5：92）。这种傲慢的态度使他的自尊心受到了伤害，而且斯特拉
恩期望作者尊重他的公平交易的名声，并遵从他对出版的专业判断。

　　这种期望有时会变成争论的要点，文人们认为斯特拉恩和他的同事们应
该按照他们的主张，连续不断地出版苏格兰作者的书。如果按照苏格兰作者
的建议出版书籍却失败了，斯特拉恩每次都不忘提醒他们自己原先的意见
是正确的。他在 1774 年 9 月 9 日的信中告诉克里奇，亲自阅读过原稿之后，
他决定拒绝出版约翰·吉利斯编写的吕西亚斯和伊索克拉底的演说稿（编
号 192），尽管他对这个苏格兰文人有肯定的评价："［吉利斯］告诉我，休谟
先生、罗伯逊博士和布莱尔博士都表示赞成，我怀疑那不是真的；但是不管
他们对年轻作者的作品有什么评价，这些评价都是不能信赖的。不管是偶然
还是蓄意，他们倾向于做出赞同的报告，为此我已经不止一次蒙受损失；安
德森的法国历史和卡斯泰尔斯（Carstairs）的文集就是例证。"米勒去世以
后，斯特拉恩和卡德尔出版的第一部主要的苏格兰作品是沃尔特·安德森牧

师的《法兰西史》（1769 年，编号 121），这段时间正是他们职业生涯上的脆弱时期，该书的出版是一个代价高昂的错误，直到 5 年以后，斯特拉恩仍然在为威廉·罗伯逊及其朋友向他推销那部作品而生气。[45]他提到的"卡斯泰尔斯的文集"暗指《致威廉·卡斯泰尔斯的文集和信件》（*State-Papers and Letters, Addressed to William Carstares*，1774），它是斯特拉恩和卡德尔与约翰·鲍尔弗在此前不久联合出版的一卷 4 开本作品，后来再也没有出版过其他版本。该书的编者是威廉·罗伯逊的亲近伙伴、温和派牧师约瑟夫·麦考密克（Joseph MacCormick），他写的卡斯泰尔斯生平梗概可以被看作温和派的政党宣传；罗伯逊本人还组织活动，在一个爱丁堡出版者出价 200 英镑之后，以 300 英镑的价格把原稿卖给了一个伦敦出版者。[46]

　　在出版休·布莱尔的《传道书》（编号 188）的时候，斯特拉恩的恼怒到达了顶点。斯特拉恩在 1776 年 9 月写信给卡德尔表示，他们不应该参与出版布莱尔的《传道书》，"不管罗伯逊博士说得多么天花乱坠"，原因不仅是他预计英国的市场需求很小，而且是因为"假如参加这些微不足道的项目（完全不值得我们花时间），他们就会以为自己有资格参与大型作品的出版，而我们并不需要他们"。[47]3 个月后，在一封写给罗伯逊本人的非同寻常的指责信中，斯特拉恩更加有力地表达了自己的想法。信中，斯特拉恩指责对方在这次和其他场合都表现得"极不公正地偏袒你的朋友"。[48]这一次的争论点不是金钱，因为 3 个联合出版者分摊了付给布莱尔的 100 英镑版税，这笔费用并不多。在一定程度上，这次的问题在于作者和出版者在出版过程中的权威之争，而且不只如此，斯特拉恩还担心苏格兰作者在引导他走上民族偏见的道路，而他却要努力重塑自己的伦敦人身份。但是在布莱尔作品的事情上，正是偏见使斯特拉恩失去了关键的判断能力，他始终怀疑罗伯逊有意误导他出版苏格兰长老会牧师的劣质作品。在这种先入为主的观念的影响下，他没能（直到塞缪尔·约翰逊让他打消了疑虑）认识到布莱尔作品决定性的商业潜力，事实证明，该书成为那个时代最流行的作品之一。在 1777 年 11 月 18 日写给克里奇的信中，斯特拉恩认为，布莱尔的《传道书》取得了"出乎意料的成功"，然而即使如此，他还是更加信任自己对原稿的评价，而不是来自罗伯逊或布莱尔的任何判断。举例来说，在 1779 年秋天写给克里奇的两封信中，斯特拉恩拒绝出版约翰·史密斯（John Smith）牧师的手稿（在第二年由查尔斯·艾略特出版，标题是《盖尔古迹》[*Galic Antiquities*]），因为他相信"公众"对于这类盖尔语诗歌的主题"已经不再好奇了"（10 月 15 日），"无论布莱尔博士对这部作品有怎样的评价"（11 月 19 日）。对于罗伯特·沃森的遗作《菲利普三世史》（编号 239），他也没有听从布莱尔的意见支付 400 英镑购买其版权[49]，该书随后被有竞争关系的出版者买走了。

　　出版者面临的问题并非仅限于和作者的关系。斯特拉恩与克里奇的通信里充满了对各种其他因素的抱怨，他们认为是那些因素导致了对出版计划怀有敌意的环境。有时候问题只不过是错误的投资。克里奇询问巴肯计划要写的新书的价格时，斯特拉恩在 1776 年 5 月 20 日的信中回复说："由于用太高的价钱购买黄金，近来卡德尔先生和我已经吃过很多苦头，所以今后给任何作品支付巨额报酬的时候我们都必须非常谨慎，无论是还不清楚其价值的，还是主题流行的作品。"他们经常为经济的总体状况发出悲叹。1780 年 12 月11 日，在说到有关《论历史的进步和罗马共和国的终结》的谈判特别困难时，斯特拉恩声称："我越来越确信我的这个看法——给任何种类的新书支付巨额报酬都是既愚蠢又危险的，在这种艰难时期，整个文学环境都对我们不利。"他们常常列举银根紧缩、破产和类似的问题。

　　1774 年 4 月 9 日，斯特拉恩在写给克里奇的信中说，"我们现在持有每种文学资产的时间期限都不稳定"，使不利的经济状况更加恶化。他害怕1774 年议会上议院针对永久版权做出的裁定会造成出版业的灾难性竞争，从而压低伦敦书商合法购买并在彼此之间转售的版权的价格。其后果就是出版者将不得不冒险推出昂贵的出版物，作者通过作品得到的酬金将会更少。1781 年 10 月 18 日他写信给克里奇说："在当前文学资产的不安全状态中，冒险为任何书支付大量金钱都是彻底的疯狂行动。"然而，斯特拉恩自身的经历反驳了他的逻辑：1774 年以后，不管出版者们还在抱怨、预测和图谋什么，支付给作者的版税仍在继续增长。

　　虽然对经济的总体状况无能为力，但是在其他方面，斯特拉恩的辛迪加却取得了进展。他们为了永久版权带头努力地宣传，最后在 1774 年 2 月结束，还试图通过制定新的法律来缓和伦敦的版权持有人的困境，但最终没能成功。

353

18 世纪后半叶，在发展和维持名义的或者默认的版权体系的过程中，斯特拉恩和卡德尔起到了重要作用。[50] 通过书商之间非正式的协议，而不是法律上的决议或立法的行动，这种约定使文学资产的价格保持不下降。为了这个目的，他们尝试组建一个"全体协会"。[51] 虽然在 1774 年 8 月 25 日的信件中，斯特拉恩对克里奇说，除了"极少数无足轻重的个人"之外，他相信能得到所有人的支持，但这个计划似乎没有实施。在没有排除对议会立法进行另一次尝试的可能性的时候，12 月 27 日斯特拉恩告诉克里奇："我们最好的保护措施在于我们自己的力量；我的意思是只要有人侵犯我们，我们就应该立刻削价竞争［即以低于市价和对手的价格抛售］。"

斯特拉恩在不止一封信中向克里奇强调，他们保卫永久版权的动机不是个人利益，而是为了"从世界性的毁灭中拯救整个图书业"（1774 年 3 月 18 日，参照 1773 年 1 月 1 日和 1774 年 4 月 9 日的信）。他们认为，如果每个书商和印刷者都能自由地出版任何不受法定版权保护的作品，就会发生骚动和混乱，所以他们的目的是维持行业的秩序和稳定。他们自己购买的作品版权大都属于相对比较新的书，受到法定版权的保护，但是出版行业有一些"同行把他们的全部资产都投到不属于《安妮法令》保护的作品上了"，所以斯特拉恩和卡德尔争取永久版权的努力主要是为了这些同行的利益。无论我们接受这个冠冕堂皇的理由，还是仅仅把它看成经济私利正当化而找的借口，可以确定的是，斯特拉恩和卡德尔决心即使不再受到法律保护，也要保卫他们的版权。1792 年 3 月，卡德尔写信给爱丁堡的书商贝尔 & 布拉德福特的时候，谈到近期爱丁堡的两部不再受到法定版权保护的重印作品——休谟的《英格兰史》和麦克弗森的假相诗歌（包含《芬格尔》和《帖莫拉》），他表达了对保护版权政策的支持："我相信一定会有一天，苏格兰和英格兰的书商都能明白，不侵犯对方的资产——无论版权是否受到法规的保护——才符合彼此的利益。在我这边，我保证按这种条件进行交易，从而促使他们不印我的书，我也会尽最大的努力反对一切侵犯。"[52]

保护名义版权意味着找出策略阻止书商和印刷者，不让他们违反斯特拉恩、卡德尔及其同事们制定的出版和重印规则。在伦敦，所谓的盗版一开始是被排除或者被避免了，但是事实证明，从长远来看，拉拢才是更好的策略。18 世纪末，包括弗诺 & 胡德（Vernor & Hood）的托马斯·胡德（Thomas Hood）（他是名义版权最激烈的反对者之一）和著名的"廉价"书籍销售商詹姆斯·拉金顿（James Lackington）在内，一大群反对保护名义版权的出版者组织成立了一个独立的团体，名为联合书商协会（Associated Booksellers）。[53] 尽管如此，托马斯·弗诺（Thomas Vernor）从 1787 年开始购买在伦敦交易的书籍的部分版权，拉金顿 1796 年也开始这样做，尽管他小心地培养了自己的叛徒名声。[54] 1805 年 12 月，伦敦图书业"经过挑选的成员"可以买到斯特拉恩和卡德尔拥有的许多重要的苏格兰启蒙作品的部分版权，于是弗诺 & 胡德与乔治·拉金顿（他的叔叔詹姆斯的继承人）各自购买了格雷戈里的《一个父亲给女儿们的遗产》的部分版权，该书的版权已经过期了 17 年。在这次销售会上，弗诺 & 胡德还买到了其他"名义上的"版权，例如休谟的《英格兰史》、弗格森的《依据艾萨克·牛顿爵士的原理解释的天文学》和麦克弗森的《莪相诗篇》。这两家公司也购买了只有较晚的修订版本受到法律保护的作品的版权，例如巴肯的《家用医疗》（拉金顿）以及罗伯逊的《苏格兰史》和《查理五世统治史》（弗诺）。[55]

355 　　监管爱丁堡的图书业是一项更加艰巨的任务。在 1773 年 1 月 1 日的信中，斯特拉恩向克里奇抱怨，"你那里的大约 10 个印刷者"正在肆无忌惮地破坏出版行业，"他们印刷一切作品，现在开始互相印刷"。克里奇遵照斯特拉恩的指挥，从 1776 年开始尝试在爱丁堡建立一个书商协会。[56] 在 1776 年 5 月 20 日的一封信中，斯特拉恩称赞了克里奇建立新协会的提议，就是让爱丁堡书商积极地采取行动，禁止违规买卖受到《安妮法令》保护的书籍，同样禁止爱丁堡的印刷者不加选择地重印那些法定版权已经期满的书籍。

　　然而，克里奇的提议从来没有实施过。爱丁堡的书商没有法定的权力去控制爱丁堡的印刷者，而且伦敦的书商有时直接委托爱丁堡的印刷者，这个事实阻碍了他们凭借行会的权力达到目的。"这个夏天，有很多伦敦的书商来到这里。"1785 年 8 月克里奇不经意地告诉卡德尔。[57] 我们知道，克里奇的意思不是说他们只是来度假的。伦敦的出版者来此寻找新书和老作品的廉价重印版，只要有他们存在，爱丁堡的同行就很难做到自我监管。而且包括克里奇和鲍尔弗在内，爱丁堡的重要书商们并非总是准备遵守名义版权的惯例，即使在他们中间侵犯法定版权的行为相对比较罕见。克里奇和鲍尔弗只有一次共同参与过违反名义版权的出版项目，联合出版一套便宜的四十四卷《不列颠诗人》（*The British Poets*, 1773—1776）。这个事实相当具有讽刺意味，甚至到了 1774 年之后，此事仍然让斯特拉恩痛心疾首，因为它显然代表了对名义版权的恶劣侵害。[58] 1774 年 4 月 8 日，约翰·默里对克里奇说："你们似乎与［伦敦的书商们］抱怨的最坏的盗版者一样了。"他肯定是想到了鲍尔弗 - 克里奇版本的《不列颠诗人》。[59]

爱尔兰重印书的问题更加让斯特拉恩感到苦恼，因为这个特有的问题牵涉新书，它们受到法律而不是名义版权的管辖。1780 年 10 月 17 日，在就亚当·弗格森的古罗马历史作品进行谈判的过程中，斯特拉恩告诫克里奇，"首先"，除了"时代背景，对一般意义上的天才之作非常不利"外，出版者必须考虑的一个事实是：爱尔兰人会立刻出版重印本，"使用次等的［就是更小的］尺寸，价格会更低。由于议会在前不久的许可，每次新书一旦在这里出版，他们就会把它们出口到美国去"。第二年（1781 年 10 月 4 日）他还说，廉价的爱尔兰重印书（像弗格森的书那样）不仅让爱尔兰人能够"占据整个美国图书市场，甚至还能把它们输入到不列颠的全部西海岸地区而不受惩罚"。在第七章我们将从爱尔兰图书业的立场讨论这些指控。

每当发生侵害法定版权的情况，斯特拉恩总是遵循不妥协的方针，就如他在 1774 年 8 月 25 日的信中向克里奇转述的："如果他们侵犯了仍受《安妮法令》保护的书籍……只要能找出罪犯，我们就必须起诉他们。""找出罪犯"并不容易，不过通过在伦敦出版业公会登记注册、提高警惕性、私下酬谢举报侵权的顾客检查员等手段，斯特拉恩、卡德尔和克里奇设法起诉了一些进口非法的爱尔兰重印书的苏格兰人，比如声名狼藉的斯特灵的威廉·安德森（William Anderson）。[60] 虽然声誉好的苏格兰书商大多数时候似乎不会参与非法的爱尔兰图书交易，但是也有重要的例外——查尔斯·艾略特，他是爱丁堡图书业的主要书商，也是爱丁堡书商协会的主要成员。艾略特定期秘密地与安德森合作，也直接与爱尔兰的书商做交易。我们已经看到，由于从都柏林进口亚当·弗格森《文明社会史论》的 8 开版本，约翰·鲍尔弗本人曾经受到指责，当时该书在不列颠只有昂贵的 4 开版本。

　　因此从 18 世纪 70 年代到 80 年代早期，斯特拉恩寄给克里奇的信把出版业描述成一个内外交困的行业。经济状况好像总是很糟糕，作者们的稿酬要求不断增加，用不合理的方式推销彼此的作品。通过不加选择地重印不再受到版权法令保护的书籍，爱丁堡的印刷者正在破坏出版业。而且，爱丁堡的书商没有能力或者不愿意抑制他们，甚至不能自我约束。爱尔兰的重印者和
357　他们的苏格兰同伴使危机变得更加严重，特别是在新书方面，他们把受法律保护的新书的廉价都柏林版本违法地出口到不列颠。出版行业如同战场，有名望的出版者陷入了敌人的包围。1780 年初，斯特拉恩从他的老朋友约翰·鲍尔弗那里收到一封信，其中总结了在他们圈子里盛行的态度："书籍销售达到了这样低的程度，以致我有时……想要放弃它。现在做生意很费力又没有任何利润，它的修订本是让我能够继续的唯一希望。"[61] 几年以后，克里奇还为另一个问题向卡德尔抱怨，"[约翰·]默里令人愤慨地"出版他们公司书籍的"缩写本"。"如果允许发生这种事情，"他继续说，"那么作品版权算是什么？除了可以被缩写的书之外，几乎就没有别的书了，书商要怎样才能负担得起给作者的钱！"[62] 由于斯特拉恩、卡德尔和克里奇麾下有大批畅销书作者，这种非法出版行为使他们最容易受害，默里并不是唯一有罪的人（图 5.5）。

　　这些抱怨既反映了严酷的现实，也有自利的夸张成分。即便如此，斯特拉恩和他的朋友们还是坚持认为有必要反击一切侵犯版权的行为，他们使用的手段包括：侵略性的谈判、降价抛售、诉讼、广告宣传、摆出强硬姿态和建立组织，等等。他们认为，必须在伦敦书商中间强制实行名义版权，并在"章节咖啡馆"保存一份印刷分类账，从而让他们联合在一起。他们还鼓励爱丁堡的书商进行类似的计划。[63] 在斯特拉恩自己的出版辛迪加内部，一切努力都在于维护牵涉伦敦－爱丁堡轴心的合作关系与规则，这个轴心的理想模式是克里奇与鲍尔弗结成联盟，加上他们的伦敦合伙人斯特拉恩与卡德尔。克里奇与鲍尔弗之间的分歧导致这个理想无法实现，于是斯特拉恩退而求其次——与卡德尔和年轻而且雄心勃勃的克里奇的公司同盟，外加与鲍尔弗的单独的、次要的同盟。

　　面临争吵和抱怨，斯特拉恩一般总是能够成功地执行他预先设想的计划。斯特拉恩－卡德尔辛迪加出版的苏格兰作者的重要新书的出货量之大令人瞩

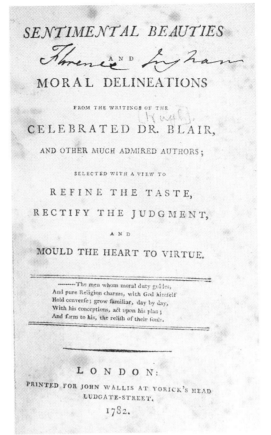

图 5.5 廉价的缩写本和杂集（如图所示）考验了原先的出版者的忍耐力，但是关于它们是否严重地削弱了英国内部市场对于已授权书籍的需求，还存在疑问。（多伦多大学托马斯·费希尔珍本图书馆）

目，由此可以认为他的计划取得了成功。1776 年 4 月，休谟对斯特拉恩确定地说："现在伦敦出版的有名气的书……无一不是出自你和卡德尔先生之手。"此前不久，他们出版了斯密的《国富论》和吉本的《罗马帝国衰亡史》（LDH，2：518）。休谟的话有些夸张，但是并没有太过分。这些出版物给出版者带来了巨大的财富，这也是衡量他的成功的一个标志。"现在爱丁堡最有利可图的行业似乎是做个书商。"1776 年爱德华·托珀姆（Edward Topham）写道，他想到的显然主要是克里奇和鲍尔弗。[64] 鲍尔弗、克里奇、艾略特和贝尔每个人都有成千上万英镑的财产。如果说苏格兰启蒙运动的爱丁堡出版者变得富裕起来了，那么他们的伦敦同事就更加富裕了。乔治·罗宾逊

359　　1801 年 6 月去世之后，仅拿出来拍卖的库存书就价值 5.4 万英镑。[65] 斯特拉恩留下的遗产估价超过 10 万英镑，卡德尔去世时财产超过 15 万英镑。[66] 然而，利润并不是一切。斯特拉恩和卡德尔曾经订下合同，为休·布莱尔的《修辞与纯文学讲稿》（编号 230）支付 1500 英镑，克里奇为此感到惊慌不安，然后他在 1782 年 6 月 13 日收到的答复打消了他的疑虑。斯特拉恩在信中解释说，与作者们做交易牵涉更多的事情，而不是只要尽可能多赚钱就可以了："我们尽力制定最好的协议；如果遇到机会，不妨稍微慷慨大方一些，希望我们由此得到一些名声，它们将来可能对我们有益处。"尽管持保留意见，克里奇一定接受了斯特拉恩的建议，后来他联合出版了布莱尔的作品。

　　凯姆斯的《乡绅》提供了另一种不同的例证。我们已经看到，由于作者对版税的过分要求，斯特拉恩不想与该书有任何关联，但是他意识到克里奇所处的立场更加微妙，因为凯姆斯是苏格兰高等民事法院有权势的法官，爱丁堡文学界的元老，还是克里奇的老顾客、朋友兼赞助人。[67] 在 1776 年 7 月 23 日写给克里奇的信中，斯特拉恩建议不要出版该书，又补充说："假如你没有什么充分的理由（我是指除非你能从中得到点什么）反对。"他甚至说，如果克里奇认为他必须出版这本书，那么他会乐意在该书的出版者信息中添加"卡德尔先生或者我的名字"，以便增加销量，"我愿意代卡德尔先生回答，他将尽全力推销这本书，就好像它是他自己的资产一样"。在这个段落中，斯特拉恩直言不讳地承认，他赞同书商有时候为了金钱利益以外的理由出版书籍。在当前的事例中，斯特拉恩提议在出版者信息中加上卡德尔的名字，克里奇利用了这一点，1777 年 2 月《乡绅》出版的时候同时把克里奇和卡德尔列为出版者（日期为 1776 年）。

360　　驱使米勒－斯特拉恩－卡德尔辛迪加联合出版苏格兰作品的各种动机从来都不存在剧烈的冲突。当然，利润动机是最基本的，出版者要是没钱可赚就不能继续做生意，获得财富是个有诱惑力的目标。但是如果从这个不可否认的前提直接跳跃得出罗伯特·达恩顿的结论，那就错了。达恩顿认为在 18 世纪的法国，书商们和出版者们"都好像依据出版行业的至高准则而生活：赚钱。正是利润动机——'一切事物最根本的推动力'，使他们在扮演文化中间人的角色时保持公平中立"[68]。与此相反，伟大的苏格兰启蒙运动的出版

者们在担任文化中间人的角色的时候远远不能算中立，我们必须考虑到他们
对个人名声、威望和地位的渴望，他们的苏格兰民族自豪感，他们与一些作
者的私人关系（他们常常是真心的朋友），还有他们作为重要思想的传播者和
优秀作品的生产者的责任感。

　　有丰富的证据支持这种看法。1771 年，在与休谟谈论他日渐红火的事业
时，斯特拉恩把自己的行为放到更加广阔的社会福祉的背景中："在人的一生
中，有一种重要的快乐，这种快乐就是做对他人有用的事情。"[69] 有一次，他
的出版合伙人托马斯·卡德尔评论道，对于一个前景无法确定但他认为"极
为出色"的出版项目，他"更加渴望得到参与出版这部宏伟著作的荣誉，而
不考虑任何眼前的收益"[70]。尽管由于索要过分的稿酬和对图书业的无知，
作者有时会被出版者妖魔化，他们还是会得到出版者的重视。1787 年，卡德
尔完成了爱德华·吉本的《罗马帝国衰亡史》的出版协议，他认为订立协议
的方式"在作者和书商的历史记录上"都是没有先例的，接着又说，"对我来说，
我宁可冒险把财产投到吉本先生、罗伯逊博士、休谟先生这样的少数作者身
上，而不是出版 100 部枯燥乏味的出版物"[71]。"在这个世界上，我最敬佩和
尊重您，也最希望满足您的需求。"安德鲁·米勒去世之后的第二个月，斯特
拉恩对总是持怀疑态度的休谟这样说，当时他与卡德尔开始组织一群苏格兰
作家为他们写作，因此急于将休谟留在其中。听说休谟去世以后，斯特拉恩
写信对卡德尔说："我们确实失去了一个非常好的朋友。"[72] 假如他们认为利
润是职业生活中唯一的决定因素，或者不愿意扮演忠诚的文化中间人的角色，
他们就不会这样说了。不管是这种理想主义的基调，还是在斯特拉恩写给克
里奇的一些信中注重现实利益的话，我们都不能断言那就是这些出版者的"真
实"心声，我们必须将这两种声音同等地视为领导苏格兰启蒙运动出版项目
的出版者们的合理特征。

宣传工具：
广告、书摘、评论文章和目录

　　无论我们怎样估计这些出版者的动机，也不管他们彼此之间或与作者之

间有时存在什么样的冲突，一旦他们决定生产一本新书，关注的焦点就转到了合作本身，以便在口碑和商业方面都尽可能提高作品的成就。大体上来说，如果一本书在伦敦生产，斯特拉恩的工作就是保证书籍的印刷质量。在这个职位上，斯特拉恩作为一个精通地道英语的苏格兰人的名声是让苏格兰作者们安心的来源，让他们可以依赖他的帮助而不觉得尴尬。"我已经尽可能避免苏格兰的方言，"威廉·理查森写道，当时斯特拉恩正在准备印刷他的《俄罗斯帝国逸闻》（编号 246），"不过如果有人能够指出或改正任何我可能有疏漏的地方，我会非常感激。"[73] 卡德尔的基本职责是在批发和零售的过程中确保书籍广泛传播。在与作者商谈条款和讨论出版计划的时候，这两个人都有权做出最终的决定。对用于增加新书销量的 3 种主要推销技术——报纸和期刊上的广告和摘要、书评、已出版书籍目录，他们两个人都有贡献。

斯特拉恩－卡德尔辛迪加在出版重要新书的时候，他们通常在伦敦和爱丁堡两地的报纸上刊登广告——常常是在每座城市的一家以上的报纸，在有些情况下，他们还会在别的地方的报纸上刊登广告。他们通常在新书出版前的几个星期开始做广告宣传，通过指明书籍预定上市的时间，尽量提升读者的期待值。随着"……在这一天出版了"的广告，宣传运动达到高潮，在实际出版日过后的一段时间里，这个广告一般会继续出现。举例来说，1777 年 1 月 15 日，星期三，《爱丁堡晚报》第一次为休·布莱尔的《传道书》（编号 188）刊登了广告，介绍词是"正在印刷，很快将由威廉·克里奇出版"。正好三个星期之后，《爱丁堡晚报》又刊登了另一则广告，把出版日期写成"星期六上午"。在星期六那天，即 2 月 8 日，这份报纸上出现了一则"在这一天出版"的广告，指出了该书的尺寸（一卷 8 开本）但是没有说明价格。最后，2 月 15 日（星期六）的报纸上刊登了另一个"在这一天出版"的广告，这次加上了该书价格的细节，硬纸板封面的是 5 先令 3 便士，用牛皮装订和嵌字的版本单价是 6 先令。

由于这种广告的费用很高，尤其当广告在不同的报纸和不同的城市反复刊登的时候，推出新书的成本是很昂贵的。[74] 我们在前面看到过，在预先估算凯姆斯的《乡绅》的账单的时候，斯特拉恩计算的"广告宣传和偶发事件"的费用是 13 英镑 14 先令，而与之形成对照，这样一部巨著印 1000 册，印刷费用只有 31 英镑 10 先令。尽管印刷和广告费用加起来也比不上纸张的巨额花费（在这个例子中是 48 英镑），但是对于一本零售价仅为 6 先令的书来说，广告成本看起来仍然很高。斯特拉恩计算的广告宣传和偶发事件的成本大约是纸张和印刷成本的 17%。为了斯摩莱特的《汉弗莱·克林克历险记》（编号 140）的第一版，威廉·约翰斯顿和本杰明·科林斯（Benjamin Collins）用在广告上的钱是纸张和印刷成本的 10%。[75] 在这段时期出版的书籍中，约翰·默里用于广告的费用占到生产成本的 15% 到 30%。[76] 当然，如果是昂贵的书籍，广告预算占生产成本的百分比通常都比这低得多。举例来说，博斯韦尔给《约翰逊传》支付的广告费用总数是 14 英镑 7 先令，只占纸张和印刷的全部成本的不到 2%。[77] 不过，14 英镑或 15 英镑仍然是一笔可观的花费。

　　1757 年 1 月 1 日，《伦敦纪事报》首次问世，斯特拉恩从那时起就负责这份报纸的印刷，后来又（与罗伯特·多兹利一起）成为它的主要所有人之一，这对他的出版辛迪加颇有帮助。[78] 据说《伦敦纪事报》的发行量超过了它的所有竞争对手，成为"当时在某种意义上的文学试验场"[79]，这份报纸成为书籍广告的首要传播媒介，尤以苏格兰启蒙运动书籍为最。选自这份报纸的 1777 年 3 月 22—25 日的一部分版面内容就是一个恰当的例子（图 5.6）。它包括约翰·默里为安德鲁·邓肯的《医学和哲学评论》最新一卷所做的广告，还面向医学教授和学生们附带推销邓肯的《治疗学原理》（Elements of Therapeutics）和威廉·卡伦的一本小册子；斯特拉恩－卡德尔为亨利·麦肯齐的匿名小说《朱莉娅·德·奥比妮》所做的广告（提及了以前"由同一位作者所著的"两部小说）；卡德尔－克里奇为凯姆斯勋爵的《乡绅》所做的广告（提及了凯姆斯的另外 3 部作品）；还有斯特拉恩－卡德尔为詹姆斯·麦克弗森的《大不列颠史》第二版所做的广告（提及了麦克弗森的另一部历史作品）。这些广告中都加入了大量表二没有收录的其他苏格兰作品和小册子。它们记录了作品的详细信息，包含卷数、规格、价格、装订状态（例如线装、纸板书面或精装）、插图、出版日期以及作品出版者的姓名和地址等。

　　与广告同等重要的是，《伦敦纪事报》有时刊登新书摘录，其中当然包括安德鲁·米勒与斯特拉恩－卡德尔辛迪加出版的新作。休谟的《英格兰史》的摘录从一开始就登上了这份报纸的版面[80]，确定了以后多年刊登新书摘录的模式。举例来说，1779 年 2 月 23 日，斯特拉恩和卡德尔出版了约翰·穆尔的《法国、瑞士和德国社会与风貌概览》（编号 201），印数 1000 册。3 月
365 6 日和 14 日，《伦敦纪事报》在头版的第一栏刊登了这部作品关于腓特烈二

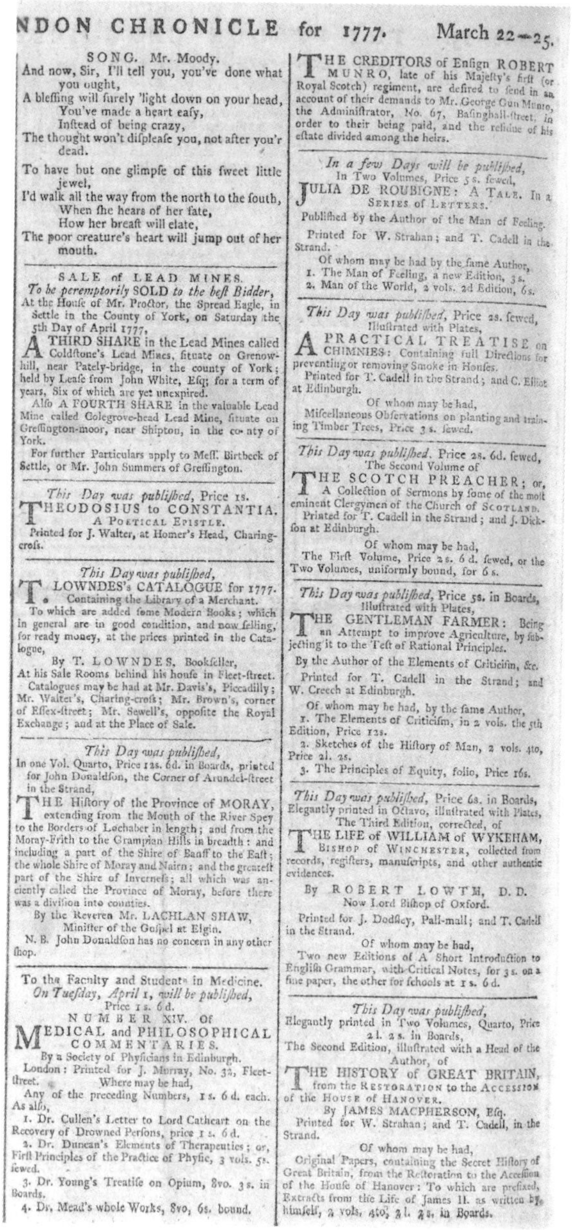

NDON CHRONICLE for 1777. March 22—25.

SONG. Mr. Moody.
And now, Sir, I'll tell you, you've done what you ought,
A bleſſing will ſurely 'light down on your head,
You've made a heart eaſy,
Inſtead of being crazy,
The thought won't diſpleaſe you, not after you'r dead.

To have but one glimpſe of this ſweet little jewel,
I'd walk all the way from the north to the ſouth,
When ſhe hears of her fate,
How her breaſt will elate,
The poor creature's heart will jump out of her mouth.

SALE of LEAD MINES.
To be peremptorily SOLD *to the beſt Bidder*,
At the Houſe of Mr. Proctor, the Spread Eagle, in Settle in the County of York, on Saturday the 5th Day of April 1777,

A THIRD SHARE in the Lead Mines called Coldſtone's Lead Mines, ſituate on Grenow-hill, near Pately-bridge, in the county of York; held by Leaſe from John White, Eſq; for a term of years, Six of which are yet unexpired.

Alſo A FOURTH SHARE in the valuable Lead Mine called Colegrove-head Lead Mine, ſituate on Greſſington-moor, near Shipton, in the co nty of York.

For further Particulars apply to Meſſ. Birtbeck of Settle, or Mr. John Summers of Greſſington.

This Day was publiſhed, Price 1s.
THEODOSIUS to CONSTANTIA.
A POETICAL EPISTLE.
Printed for J. Walter, at Homer's Head, Charing-croſs.

This Day was publiſhed,
T. LOWNDES's CATALOGUE for 1777.
Containing the Library of a Merchant.
To which are added ſome Modern Books; which in general are in good condition, and now ſelling, for ready money, at the prices printed in the Catalogue,
By T. LOWNDES, Bookſeller,
At his Sale Rooms behind his houſe in Fleet-ſtreet.
Catalogues may be had at Mr. Davis's, Piccadilly; Mr. Walter's, Charing-croſs; Mr. Brown's, corner of Eſſex-ſtreet; Mr. Sewell's, oppoſite the Royal Exchange; and at the Place of Sale.

This Day was publiſhed,
In one Vol. Quarto, Price 12s. 6d. in Boards, printed for John Donaldſon, the Corner of Arundel-ſtreet in the Strand,

THE Hiſtory of the Province of MORAY, extending from the Mouth of the River Spey to the Borders of Lochaber in length; and from the Moray-Frith to the Grampian Hills in breadth: and including a part of the Shire of Banff to the Eaſt; the whole Shire of Moray and Nairn; and the greateſt part of the Shire of Inverneſs; all which was anciently called the Province of Moray, before there was a diviſion into counties.
By the Reveren Mr. LACHLAN SHAW,
Miniſter of the Goſpel at Elgin.
N. B. John Donaldſon has no concern in any other ſhop.

To the Faculty and Students in Medicine.
On Tueſday, April 1, will be publiſhed,
Price 1 s. 6 d.
NUMBER XIV. Of
MEDICAL and PHILOSOPHICAL COMMENTARIES.
By a Society of Phyſicians in Edinburgh.
London: Printed for J. Murray, No. 32, Fleet-ſtreet. Where may be had,
Any of the preceding Numbers, 1 s. 6 d. each. As alſo,
1. Dr. Cullen's Letter to Lord Cathcart on the Recovery of Drowned Perſons, price 1 s. 6 d.
2. Dr. Duncan's Elements of Therapeutics; or, Firſt Principles of the Practice of Phyſic, 3 vols. 5s. ſewed.
3. Dr. Young's Treatiſe on Opium, 8vo. 3 s. in Boards.
4. Dr. Mead's whole Works, 8vo, 6s. bound.

THE CREDITORS of Enſign ROBERT MUNRO, late of his Majeſty's firſt (or Royal Scotch) regiment, are deſired to ſend in an account of their demands to Mr. George Gun Munro, the Adminiſtrator, No. 67, Baſinghall-ſtreet, in order to their being paid, and the reſidue of his eſtate divided among the heirs.

In a few Days will be publiſhed,
In Two Volumes, Price 5 s. ſewed,
JULIA DE ROUBIGNE: A TALE. In a SERIES of LETTERS.
Publiſhed by the Author of the Man of Feeling.
Printed for W. Strahan; and T. Cadell in the Strand.
Of whom may be had by the ſame Author,
1. The Man of Feeling, a new Edition, 3 s.
2. Man of the World, 2 vols. 2d Edition, 6 s.

This Day was publiſhed, Price 2s. ſewed,
Illuſtrated with Plates,
A PRACTICAL TREATISE on CHIMNIES: Containing full Directions for preventing or removing Smoke in Houſes.
Printed for T. Cadell in the Strand; and C. Elliot at Edinburgh.
Of whom may be had,
Miſcellaneous Obſervations on planting and training Timber Trees, Price 3 s. ſewed.

This Day was publiſhed, Price 2s. 6d. ſewed,
The Second Volume of
THE SCOTCH PREACHER; or, A Collection of Sermons by ſome of the moſt eminent Clergymen of the Church of SCOTLAND.
Printed for T. Cadell in the Strand; and J. Dickſon at Edinburgh.
Of whom may be had,
The Firſt Volume, Price 2 s. 6 d. ſewed, or the Two Volumes, uniformly bound, for 6 s.

This Day was publiſhed, Price 5s. in Boards,
Illuſtrated with Plates,
THE GENTLEMAN FARMER: Being an Attempt to improve Agriculture, by ſubjecting it to the Teſt of Rational Principles.
By the Author of the Elements of Criticiſm, &c.
Printed for T. Cadell in the Strand; and W. Creech at Edinburgh.
Of whom may be had, by the ſame Author,
1. The Elements of Criticiſm, in 2 vols. the 5th Edition, Price 12s.
2. Sketches of the Hiſtory of Man, 2 vols. 4to, Price 2l. 2s.
3. The Principles of Equity, folio, Price 16s.

This Day was publiſhed, Price 6s. in Boards,
Elegantly printed in Octavo, illuſtrated with Plates,
The Third Edition, corrected, of
THE LIFE of WILLIAM of WYKEHAM, BISHOP of WINCHESTER, collected from records, regiſters, manuſcripts, and other authentic evidences.
By ROBERT LOWTH, D.D.
Now Lord Biſhop of Oxford.
Printed for J. Dodſley, Pall-mall; and T. Cadell in the Strand.
Of whom may be had,
Two new Editions of A Short Introduction to Engliſh Grammar, with Critical Notes, for 3 s. on a fine paper, the other for ſchools at 1 s. 6 d.

This Day was publiſhed,
Elegantly printed in Two Volumes, Quarto, Price 2 l. 2 s. in Boards,
The Second Edition, illuſtrated with a Head of the Author, of
THE HISTORY of GREAT BRITAIN, from the RESTORATION to the ACCESSION of the HOUSE of HANOVER.
By JAMES MACPHERSON, Eſq.
Printed for W. Strahan; and T. Cadell, in the Strand.
Of whom may be had,
Original Papers, containing the Secret Hiſtory of Great Britain, from the Reſtoration to the Acceſſion of the Houſe of Hanover: To which are prefixed, Extracts from the Life of James II. as written by himſelf, 2 vols. 4to, 2 l. 2 s. in Boards.

图 5.6 这是选自斯特拉恩的《伦敦纪事报》1777 年 3 月 22—25 日的两个栏目，包含了各种为苏格兰启蒙运动书籍所做的广告。注意怎样为匿名作品做广告，比如亨利·麦肯齐的《朱莉娅·德·奥比妮》（顶部右侧）和凯姆斯勋爵的《乡绅》（中间右侧），都与同一个作者的先前的出版物联系在一起。（哈佛大学霍顿图书馆）

世和伏尔泰的内容摘录，并在 3 月 22 日、4 月 3 日和 4 月 8 日的几期报纸的内页上继续连载。到了夏天，穆尔的书就需要推出 1000 册第二版，它顺利走上了畅销书之路。[81] 与此类似，《镜子》和《闲人》问世的时候，《伦敦纪事报》也刊登了它们的摘录，并把 1785 年 6 月 30—7 月 2 日的刊物的全部头版都专门用于《闲人》的第 17 期，还附有一段前言，其开头写道："这有些非同寻常，在短短数年间，苏格兰的首都就产生了两份期刊，其中之一就是现在介绍的《闲人》，另一份是我们之前向读者介绍过一些摘要的《镜子》；而伦敦虽然在期刊的规模、种类、流行度和奢侈方面拥有明显优势，但是从《鉴赏家》之后却没有出现过任何重要刊物。"考虑到斯特拉恩是《镜子》和《闲人》的联合出版者，这种刊物是带有明显的自利性的。当报纸的出版者们感到压力增加，要把更多的空间用于带来收益的广告的时候，那种做法实际上是免费的广告宣传。[82] 不过，在宣传自己的商品的同时，斯特拉恩也宣传了他的故乡和国家的文学成就。

　　当时的主要评论性期刊是《批评评论》和《每月评论》，斯特拉恩总能通过关系让这两份杂志定期介绍自己出版的新书。1756 年 3 月，苏格兰印刷者阿奇博尔德·汉密尔顿（Archibald Hamilton）和另一个苏格兰人托比亚斯·斯摩莱特创办了《批评评论》，前者以前管理过斯特拉恩的印刷生意，后者在职业上的成就应当归功于斯特拉恩，并且其程度要超过人们通常的认识。[83] 威廉·罗伯逊的圈子里有一群"苏格兰朋友"，斯摩莱特呼吁他们给苏格兰的新书提供评论，因此只要斯摩莱特还与这个期刊有关系，苏格兰作者的出版物就拥有明显的优势。[84] 汉密尔顿是由于某些不愉快的条件离开斯特拉恩的，因此他们的关系比较冷淡，不过期刊与苏格兰人的纽带仍然是强有力的。从 1774 年起，《批评评论》由乔治·罗宾逊出版，他越来越多地参与到苏格兰启蒙运动的出版事业中。《每月评论》与斯特拉恩的联系更加直接，从 1749 年创刊开始它就由斯特拉恩印刷，它的编者兼出版者拉尔夫·格里菲思（Ralph Griffiths）欠他的债务，斯特拉恩利用格里菲思的债务在 1761 年购买了《每月评论》四分之一的所有权。[85] 虽然格里菲思和斯摩莱特交恶，斯特拉恩好像在他们之间扮演了调停的角色，并与这两个人都保持了良好的关系。[86]

因此，出版行业中的少数有势力的人物支配着出版系统，不列颠首要的评论性期刊与这个系统有着密切的关联，而苏格兰的印刷者、书商和文人在两者里面都占据重要地位。我们从其他一些评论性期刊也可以发现类似的模式，例如《英国评论》（约翰·默里所有）和《爱丁堡杂志和评论》（默里和克里奇共同拥有）。[87] 毫不奇怪，这些期刊会经常受到各方面的影响。约翰·默里与他的朋友吉尔伯特·斯图亚特的通信显示，他总是尽量为斯图亚特的作品安排有利的评论，给斯图亚特公开声明的敌人——罗伯特·亨利和威廉·罗伯逊——的作品安排不利的评论。但是要揭穿罗伯逊是困难的，默里告诉斯图亚特，因为罗伯逊的出版者斯特拉恩和卡德尔很有势力，他们会从反面施加影响力。[88] 值得赞扬的是，斯特拉恩好像没有滥用他对期刊的影响力，虽然他本来有可能那样做。1781 年，克里奇抱怨《每月评论》对《镜子》的评价有失公允。8 月 23 日，斯特拉恩回信强调他对这种问题无能为力："就像你注意到的，《每月评论》对《镜子》的报道相当冷淡；不过从总体上说，还算是过得去的。然而，更糟糕的是，我没有办法补救，除非与 G［格里菲思］先生友好地谈一次话，说服他缓和文章的语调，而我已经这样做了。除此之外，我想不出其他办法，G 先生对这份杂志拥有完全和不受约束的管理权。"[89] 然而，即使是在试图说明他与《每月评论》的评论文章并没有直接关联的时候，斯特拉恩仍然透露出，可以使用（在这个事例中的确被使用了）友好的话语"缓和"刺耳的评价。斯特拉恩没有正式控制《每月评论》，这个事实并不妨碍他利用形式微妙的影响力，促进他与他的生意伙伴的书籍销售。

古典学者和历史学家约翰·吉利斯的成名过程就证明了这一点。前面提到过，斯特拉恩曾经拒绝出版吉利斯的第一部作品《吕西亚斯和伊索克拉底的演说稿》（*The Orations of Lysias and Isocrates*，编号 192）。1778 年，默里代替他出版了该书。但是斯特拉恩印刷了这本书，很快吉利斯就用实际行动来回报斯特拉恩，包括在《每月评论》上写书评称赞斯特拉恩和卡德尔出版的新书。约翰·穆尔的《法国、瑞士和德国社会与风貌概览》能获得成功，可能有一部分要归功于在 1779 年 6 月的《每月评论》上出现的一篇对该书最早和最热情的评论——其作者就是吉利斯。[90] 吉利斯充当了可怕的吉尔伯特·斯图亚特的解毒剂，如果斯图亚特有机会和意愿，他就有可能毁掉穆尔这样的作品。就像斯图亚特为约翰·默里提供的各种服务一样，我们发现，当斯特拉恩和卡德尔打算出版《国家敕令》的第二卷，为此哈德威克伯爵（Earl of Hardwicke）需要一个编辑的时候，卡德尔引导哈德威克伯爵不用威廉·汤姆森，而是选择"吉利斯博士……一个杰出的人"[91]。1786年，吉利斯得到了他的报酬——如果这样称呼它是公正的话，斯特拉恩和卡德尔出版了他的第二部作品《古希腊及其殖民征服史》（编号263），那是两卷体面的4开本。该书获得了巨大成功，使吉利斯在威廉·罗伯逊去世的1793年被任命为苏格兰皇家历史学者。

在伦敦地区，学校教师兼文学评论家威廉·罗斯是另一个与斯特拉恩和卡德尔有密切关系的苏格兰人，他和自己的连襟格里菲思一起创办了《每月评论》，积极地推销同胞们的书。[92]罗斯在《每月评论》上评论过表二列出的30多部作品，即使以18世纪的标准来看，他的做法有时也有不正当推销的嫌疑。我们以罗斯对休·布莱尔的作品的评论为例来考察这个问题。[93]布莱尔的《传道书》第一卷正在印刷的时候，可能是由于斯特拉恩的要求，罗斯提前阅读了该书，送给了斯特拉恩一篇热情赞扬的评述。斯特拉恩把罗斯的信件转寄给威廉·罗伯逊，而后者拿给作者看了。1777年1月20日，布莱尔了解到罗斯将在《每月评论》上发表一篇赞美性的预告（参见《每月评论》，56：278），就通过斯特拉恩向罗斯表达了感谢。3年后，《传道书》第二卷准备出版的时候，布莱尔在寄给斯特拉恩的信（日期为1780年2月15日）中附上了一封写给罗斯的信，他在信中对斯特拉恩说："我请他在《每月评论》上为该书写一篇报道，在前一次的评论中他口吻非常友好，值得称赞。"考虑过这个计划的可行性之后，5月5日布莱尔写信感谢斯特拉恩送给他罗斯的赞美评论（《每月评论》，62：293）的样本。在1783年3月10日和4月15日写给斯特拉恩的信中，布莱尔为他的《修辞与纯文学讲稿》提出了几乎相同的行动方案，于是罗斯再次回应作者的特定要求，在《每月评论》上发表了非常友好（也很长）的评论文章（《每月评论》，68：489，69：186和70：173）。

斯特拉恩和卡德尔使用的第四种主要经销手段是发布辛迪加出版物的印

刷目录。几乎在刚刚接手安德鲁·米勒的事业的时候，托马斯·卡德尔就开始发行他的新出版物的清单，不过他对这种手段的使用似乎比较保守，而且规模也很小。[94] 1774 年，他在亚当·斯密的《道德情操论》第四版的后面放上了两页广告，宣传"斯特兰德街的 T. 卡德尔出版的"16 本书。值得注意的是，清单开头的 6 本书属于昂贵的 4 开本，作者都是苏格兰人：罗伯逊的《苏格兰史》和《查理五世统治史》、休谟的《英格兰史》和《杂文与论文若干》、达尔林普尔的《大不列颠与爱尔兰回忆录》以及弗格森的《文明社会史论》。麦克弗森的《大不列颠史》第二版（1776）的后面有一个同样标题的清单，内容限定于 14 种昂贵的 4 开本书。1779 年的一个出版物附带了另一个 25 本书的清单，题目是"T. 卡德尔出版和销售的书"，不过到那时为止，已经有更大量的新书书目定期出现，标题是《斯特兰德街的 W. 斯特拉恩和 T. 卡德尔出版的书》。从 18 世纪 70 年代晚期到 80 年代早期，至少有 4 个版本的同名出版书目留存下来，有些还用了不止一种规格印刷，而且所有书目都有超过 100 本书。这些书目的印数很大，尤其是以 8 开本印刷的清单，它们与附加在斯特拉恩和卡德尔的图书后面的广告一样，显然是免费分发的。举例来说，根据卡德尔的账目，1780 年 8 月斯特拉恩收费 6 英镑 3 先令（不包括 6000 张纸张的费用）用来更新"图书目录"，它们是用下述规格印刷的：12 开本的 1000 份（24 页），4 开本的 1000 份（8 页），8 开本的 4000 份（16 页）。一年以后，他们又使用这三种规格印刷了 5500 份，不算纸张的费用一共是 5 英镑 9 先令（SA 48816，第 61—62 页）。此时，斯特拉恩－卡德尔辛迪加已成为主要出版公司，在英语世界无人可以匹敌，这些单册发行的图书目录就证明了这种地位。尽管印刷、分发和更新这些图书目录的相关成本并非无关紧要，但是这种方式可以推销他们的书籍并提升他们作为行业领袖的地位，显然斯特拉恩和卡德尔认为这是值得的。

关于出版图书目录，斯特拉恩和卡德尔面临的基本问题是目录的结构：在目录中怎样排列和介绍书籍才是最好的方式。许多 18 世纪的印刷图书目录都是用于拍卖或邮购销售。目录中的图书一般是按照书籍放置在私人藏书室的次序排列，以便于书籍拍卖或在书店里销售。也就是说，目录中的图书是根据尺寸大小排列，开头是昂贵的大型对开本和 4 开本，后面是比较便宜

的小型 8 开本和 12 开本。举例来说，卡德尔在 1774 年的广告里面就是这样
安排他的出版物目录的。有时条目的编号是连续的，有迹象表明，购买者会
根据编号索要大型图书目录中特定的书。直到 18 世纪末，严格按照标题或
作者姓名的字母顺序排列的书目还很少见，不过有按照主题内容来组织的例
子。在 18 世纪 70 年代晚期开始出现的联合出版物目录里面，斯特拉恩和卡
德尔根据共同的主题把不同规格的作品混在一起，并使用 7 个基本的主题分
类。在 18 世纪的最后 20 年中，这些主题的名字和先后次序始终保持不变：（1）
历史、航海和游记；（2）神学；（3）混合类、娱乐书籍、诗歌等；（4）法律；（5）
医学；（6）哲学［即科学］、数学、机械学等；（7）农业、植物学、园艺等。

　　在每一种类别中，书籍大致按照子主题排列，标题后面用细斜体字写上
作者姓名。有些作者的名字有时难以辨别，他们的作品经常出现在不同的类
别中，或是在特定类别的不同领域中，这种组织方式的效果淡化了作者个人
的重要性。因此休谟的《英格兰史》（十分奇怪，在书目中它总是匿名的）被
放在历史部分，而他的《杂文与论文若干》则出现在混合类。亚当·斯密
的《国富论》与政治经济学作品一起被放在混合类，而他的《道德情操论》
则在同一个类别的后面部分被找到，与哲学作品在一起。这些目录有意避免
突出个体作者和打破个体作者的统一性，让读者去关注出版者在最主要的高
雅作品出版上起到的作用。出版者成为某种品牌及书籍分类的基本方式，而
作品本身的类别和作者姓名则以进一步细分的方式出现。在这个意义上，斯
特拉恩－卡德尔的出版物目录是出版者功能的典型体现。

　　在斯特拉恩和卡德尔的出版物目录里面，尽管大多数书籍的作者不是苏
格兰人，目录还是有着强烈的苏格兰特征。这在目录开头一页就表现得很明
显（参见图 1.3），这一页所有作品的作者都是苏格兰人——大卫·休谟、詹
姆斯·麦克弗森（两部作品，其中一部没有他的名字）和威廉·罗伯逊（两
部作品）；第二页继续以这种形式列出了罗伯逊的第三部作品和罗伯特·沃森
的一部作品，直到一部英格兰作者的作品终于出现——爱德华·吉本的《罗
马帝国衰亡史》。目录中的前 7 部作品不仅是苏格兰人写的，而且都是昂贵的
4 开本，在大多数情况下，这些作品是比较便宜的 8 开本。在这个分类的后
面出现了约翰·达尔林普尔爵士的《大不列颠与爱尔兰回忆录》、凯姆斯勋爵

的《人类历史纲要》、威廉·斯梅利翻译的一套九卷的布封的《自然史》，还有帕特里克·布赖登与约翰·穆尔的三部游记作品。神学类别里有休·布莱尔的流行作品《传道书》（当时是两卷本的第八版）、詹姆斯·福代斯的《给年轻女性的传道书》和《对青年的讲话》（*Addresses to Young Men*）、约翰·法夸尔（John Farquhar）的《传道书》。

题为"混合类、娱乐书籍、诗歌等"的类别开头列出的作者是博林布罗克（Bolingbroke）和培根，然后就转到了苏格兰模式，随后的 11 部作品中有 6 部是苏格兰作者的：亚当·斯密的《国富论》、詹姆斯·斯图亚特爵士的《政治经济学原理研究》、休谟的《杂文与论文若干》（有 3 种不同的规格）、亚当·弗格森的《文明社会史论》、詹姆斯·邓巴的《野蛮与文明时代的人类历史随笔》（*Essays on the History of Mankind*）以及斯密的《道德情操论》。除了 18 世纪前期的詹姆斯·汤姆森以外，书目中诗歌类出版物的作者都不是苏格兰人，不过在这个分类快结束的地方，我们能找到约翰·格雷戈里的《一个父亲给女儿们的遗产》《镜子》，以及亨利·麦肯齐的三部小说（《多情男人》《世故的男人》《朱莉娅·德·奥比妮》）和托比亚斯·斯摩莱特的小说《佩里格林·皮克尔历险记》。在医学或医药学类别中，第一个条目总是威廉·巴肯的《家用医疗》，对它的描述比其他作品的更加完整，另外还列出了约翰·格雷戈里、威廉·福代斯、威廉·亨特和威廉·斯梅利的作品。题为"哲学、数学、机械学等"分类下的 6 部作品几乎全部出自苏格兰作者詹姆斯·弗格森。

报纸广告、书籍摘要、书评和出版物目录都是被热拉尔·热奈特称作"外文本"或者类文本材料的实际例子，它们不属于书籍文本，但是在某种意义上，作为书籍文本的延伸发挥作用。[95] 广告、摘要和目录一般都是由出版者和书商设计制作的，书评文章也经常受到他们的安排和影响。这些材料，加上其他外文本，比如植入到杂志里面用于宣传书籍的文章和图像 [96]，使得出版者不仅宣传了他们的书，还能影响公众的反应。在很大程度上，外文本取决于出版者花钱制作广告和目录的意愿，不过能够影响或控制各种纸媒——例如报纸和杂志——以及印刷机本身的出版者，相对于不能控制这些媒介的出版者拥有巨大的优势。在所有这些方面，斯特拉恩和卡德尔出版社都站在了行业的顶端。

***

1785 年 3 月，托马斯·卡德尔在议会作证说，斯特拉恩和卡德尔出版社在业内处于无可争议的卓越地位。它旗下的两家公司构成了伦敦最大的印刷和售书机构，在全世界可能也首屈一指。它们的经营者获得了极高的地位和巨大的财富：其中之一成为议会议员和伦敦出版同业公会的主管，而在此后的 10 年中，另一个人也会当上出版同业公会的主管，并逐步成为伦敦的城市和政治生活中的重要人物。这家出版社的作者和出版物名录是无敌的。他们与爱丁堡的鲍尔弗经营的公司，特别是与克里奇之间，有着稳固的出版合作关系。这个辛迪加还与英国的主要报纸《伦敦纪事报》和著名的文学期刊《每月评论》有关联。它将出版者的图书目录发展成为一种营销手段，不仅用来推销出版物，也用来推销它自己。当然，还有很多让他们不满的事情：贪心和排外的作者、关于文学资产的不利的法律决议、紧缩的银根、错误的投资、爱尔兰的盗版书、未经授权的缩写本。但是，与这个出版辛迪加的巨大成功相比，这些都是比较次要的。

然而，卡德尔在国会作证后没过几个月，斯特拉恩－卡德尔的出版合伙事业就遭受了一次毁灭性打击。威廉·斯特拉恩于 1785 年 7 月 9 日去世，他们在安德鲁·米勒奠定的基础上建立的这个出版帝国忽然变得前途未卜起来。与之前的米勒和之后的卡德尔一样，斯特拉恩去世后，人们纷纷向这个将功绩和勤勉原则身体力行的人表示哀悼。"令人痛心，这样有价值的人物被召回了 / 所有了解斯特拉恩价值的人一定会为他哭泣！"一个智者写道。[97] 斯特拉恩和卡德尔的出版社能否承受失去它的年长政治家这样的打击？它还能保持作为苏格兰启蒙运动的出版者那种卓越吗？

继承人和竞争对手

373

出版帝国的子孙们

威廉·斯特拉恩去世的直接后果之一是，斯特拉恩－卡德尔辛迪加能不能持久，主要取决于斯特拉恩的继承人的生存能力。除了在婴儿期早夭的以外，斯特拉恩有三个儿子，先后出生于 18 世纪 40 年代到 50 年代。在出版生意兴旺的时候，斯特拉恩曾经计划让他的儿子进入出版行业的不同部门，"以便他们可以彼此保持联系，而又不互相妨碍"[98]。长子威廉或比利（William or Billy，1740—1781）[①] 要做印刷商，为此他在 1754—1761 年做过父亲的徒弟，在阿奇博尔德·汉密尔顿离开公司以后，他在这个过程中成为斯特拉恩的主要印刷厂的管理人（也被称作"私有的"部门，与"法律的"和"国王的"部门相区别，后两者是斯特拉恩通过专利权掌握的）。次子名叫乔治（George，1744—1824），为了帮助乔治开始自己的书商事业，斯特拉恩在 1758—1761 年亲自训练他，然后把他送到托马斯·德拉姆（Thomas Durham）那里，后者是斯特兰德街的一家售书公司的合伙人。实际上，是斯特拉恩把德拉姆从苏格兰带到伦敦的，他可能起初就有这个意图。1761 年 7 月 15 日，斯特拉恩向他的朋友戴维·霍尔解释过这个计划，一旦乔治的学徒生涯结束，他就要让乔治承担自己与德拉姆的合作关系中的份额。最小的儿子名叫安德鲁（Andrew，1750—1831），他要成为书店店主。这三个少年的关系极其密切。迟至 1768 年，一个朋友造访他们家，而斯特拉恩本人正在苏格兰，这个朋友称他们是"勇敢三人执政"，展现出他所见过的"最真挚的亲情"[99]。

　　假如斯特拉恩的方案能够成功，那么他的公司就可能成为一个垂直统一管理的家族企业，三个儿子分别掌管印刷、售书和出版相关的业务。然而，他的方案从未实现过。乔治是第一个退出的。1763 年，为了进入牛津大学，他不再做书商的学徒，接受了英国圣公会的教士任命。1772 年，斯特拉恩尽责地帮他取得了伊斯灵顿的教区牧师职位，乔治在那儿的圣玛丽教堂一直生活到 1824 年去世。小威廉留在了父亲指定的行业，但是不是以斯特拉恩计划的方式。1767 年他开始做公司的合伙人，1769 年 3 月威廉·罗伯逊的《查理五世统治史》出版的时候，他和父亲一同出现在该书的出版者信息上（由 W. 和 W. 斯特拉恩印刷）。他也为斯特拉恩 - 卡德尔的出版网络担任学徒的监督人，那些学徒是重要关系户的儿子，包括 1762 年的安德鲁·威尔逊（Andrew Wilson，铅字创造者、格拉斯哥大学教授亚历山大·威尔逊［Alexander

---

　　① Billy 是 William 的昵称。——译者注

Wilson］的儿子）和 1765 年的安德鲁·贝克特（Andrew Becket，斯特兰德
街的书商托马斯·贝克特的儿子）——更不要说还有 1763 年他自己的兄弟安
德鲁。[100] 但是 1769 年 10 月，小威廉·斯特拉恩决定自己做生意，从父亲那
里拿到了 2000 英镑的创业资金。[101] 作为独立印刷者，他度过了平庸的职业
生涯，然后在 1781 年 4 月过早地去世了。

　　于是，威廉·斯特拉恩的继承人只剩下了安德鲁，"一个精力充沛的小
调皮蛋"，他 6 岁的时候父亲曾经如此描述他。[102] 父亲用他的教父安德鲁·米
勒的名字为他取名，米勒曾遗赠给他 100 英镑。[103] 安德鲁·斯特拉恩在一所
寄宿学校学习过一段时间。然后，与原来的计划相反，1763 年 10 月 4 日，
13 岁的安德鲁开始做哥哥威廉的印刷商学徒，乔治也是在这一年离开的。
1770 年 11 月 6 日，他的学徒期结束，不久就开始管理私人印刷厂，像小威
廉做的那样。1777 年 1 月，他再次追随哥哥威廉的足迹，成为公司合伙人。
随后的几年里，他在公司里低调而辛勤地工作，他的父亲成为国会议员和
行业的杰出领导者，安德鲁则管理公司的日常运作。18 世纪 60 年代晚期
和 70 年代早期，在卡德尔和克里奇远远未满 30 岁的时候，他们就已经走
出了各自的年长合伙人——米勒和金凯德的阴影。安德鲁·斯特拉恩仅仅
比卡德尔年轻 8 岁，比克里奇年轻 5 岁，但是直到他的父亲 1785 年去世，
也就是他 35 岁的时候，才在出版行业获得了主导地位。在此期间，老斯特
拉恩尽其所能地巩固他的主要出版合伙人与继承人之间的关系。举例来说，
1777 年 7 月 25 日，他从斯卡布罗写信给卡德尔说："我希望你每星期至少有
3 次到 4 次与安德鲁一起吃饭，在我们离开期间帮他振作精神。"[104] 安德鲁和
卡德尔被指名做斯特拉恩的联合遗嘱执行人。卡德尔得到了 500 英镑的礼物，
安德鲁继承了父亲的大部分印刷和出版资产，并在 1786 年 8 月买下了父亲
遗产中的一些其他的作品版权。[105] 威廉·斯特拉恩的私人地产，包括家庭
住宅和乡下的农场遗赠给了他的妻子玛格丽特，但是她在丈夫去世之后几个
星期也死了，这使安德鲁在家族公司之外又拥有了家族的财产。

375

　　1785 年 7 月 12 日，安德鲁·斯特拉恩给爱丁堡的威廉·克里奇寄去一
封不寻常的信件，向克里奇解释他的父亲 3 天之前的死亡将如何影响苏格兰
作者的新书出版。

　　若干年前，我的父亲和卡德尔先生曾经达成一个协议，他们共同拥有的作品产权［即版权］在他们去世之后不应该被分割，不过如果他们的儿子经过培养可以继承事业，就应该移交给儿子们。我幸运地得到了这个分支机构，这特别令我满意，因为（与生意没有任何关联）我把卡德尔先生视为我最稳定和亲密的朋友之一。由此我认为有必要给罗伯逊博士和布莱尔等人写信，通知他们这个情况，并请求继续保持他们的友谊以及他们的朋友的兴趣；让他们确信，我会用和以往相同的精神和专注从事父亲的这个分支机构的事业。我自认为你会觉得我是正确的，这样做是为了避免让人猜想我会放弃这个事业；如果你能想到任何可以采纳的进一步的措施并给我一些建议，我将十分感谢。

　　无论你什么时候到这个地区来，我都会很高兴见到你，希望你能发现这家出版社还是它惯常的样子。

　　与 1768 年安德鲁·米勒去世时不同，威廉·斯特拉恩生前拥有的版权没有被出售。出版事业也没有被放弃。在一定程度上，"出版社"仍然和从前一样，无论在物质的、个人的还是专业的业务方面。前面的信件提到了安德鲁与卡德尔的亲密友谊，"与生意没有任何关联"这句话可以让读者回忆起，斯特拉恩－卡德尔的出版帝国的核心是那两个伦敦家庭之间的关系，其基础是
376　深厚的个人纽带，它包含但超越了对利益的追求。安德鲁谈到了自己写信给威廉·罗伯逊和休·布莱尔等人，征求他们和"他们的朋友"的支持。这些句子尤其表明，安德鲁·斯特拉恩和托马斯·卡德尔决心继续将他们的苏格兰作者团队结合在一起，正如他们打算与他们在爱丁堡图书业最重要的同盟者威廉·克里奇保持联盟一样。

　　事情的结果差不多就是这样的。1786 年 10 月，克里奇写信给詹姆斯·贝蒂，谈到他的《基督教信仰的证据》（编号 258）的出版协议，"与老斯特拉恩先生在世的时候一样，小斯特拉恩先生、卡德尔先生和我继续合作出版苏格兰人的文学资产。结果斯特拉恩先生得到这部作品三分之一的版权，卡德尔先生也是三分之一"，另外加上克里奇自己的三分之一。[106] 第二年春天和夏天，

克里奇去伦敦造访了安德鲁·斯特拉恩和卡德尔。正如我们在第三章看到的，当时罗伯特·彭斯正在与书商商谈他的《苏格兰方言诗集》的爱丁堡版本，此时克里奇的缺席给他的爱丁堡生意带来了一些麻烦，他在爱丁堡的合伙人威廉·斯梅利的管理不善让他的生意蒙受了损失。但是，为了维持和确保他与"小斯特拉恩先生"和卡德尔的出版合作关系，克里奇有必要去一次伦敦。在另一边，安德鲁·斯特拉恩像他父亲以前做过的那样，不时地去北方旅行。例如，我们知道他在 1796 年去过爱丁堡，因为这年年底休·布莱尔写道："得知在这里的游览对你如此适宜，当你回忆起来的时候表现得那么愉快，我感到非常满足。"[107] 两年后的另一封信显示，斯特拉恩曾和布莱尔一起在克里奇家吃晚饭。[108] 他们通过这种方式维持了出版合作关系，也巩固了伦敦 – 爱丁堡出版轴心。对于多年来属于米勒、斯特拉恩和卡德尔的企业旗下的苏格兰作者来说，这是一个好消息。

1798 年，弗朗西丝·伯尼把安德鲁·斯特拉恩描述成一个"外表非常可敬的、明智的、谦逊的人，有良好的教养，善良的性格"[109]。威廉·欧文（William Owen）所画的肖像里的斯特拉恩显然已经年迈，在画中可以看到上述这些特征的细微迹象（图 5.7）。这幅肖像被挂在伦敦出版业公会的储藏室里，而他的搭档托马斯·卡德尔的肖像被挂在陈列室里，其画框也同样优美，作画者是威廉·比奇爵士（Sir William Beechey，图 5.8）。理查德·卢茨（Richard Lutes）的文章是目前唯一可以找到的全面研究安德鲁·斯特拉恩的商业活动的文献资料，其中显示他"做了他父亲做过的全部事情，而且规模更大"[110]。1788 年，他扩大了他的企业的私人部门的印刷规模，印刷机从 11 台增加到 15 台，有 54 个排字框架。1800 年，他新建了一栋两层楼的印刷事务所，不久又添了 8 台印刷机和 20 个排字框架（第 29—30 页）。在 1819 年退休之前，安德鲁·斯特拉恩和他的合伙人将他们的木制印刷机更换成了铁制印刷机，从而赶上了印刷技术的新进步（第 30—31 页）。1785 年他的父亲去世的时候，公司的工资总支出是 2940 英镑，到 1800 年这个数字猛增了大约一倍，在 1818 年时达到了将近 1 万英镑（第 35 页）。利润显然也在继续顺利地增长。从 1796 年到 1820 年，安德鲁像父亲那样担任各个英国行政区的议员，在大多数场合都支持政府。1802 年，他成为育婴堂医院的理事。[111] 他终生都是

377

378

图5.7和5.8 安德鲁·斯特拉恩（左图，作者是威廉·欧文）和托马斯·卡德尔（右图，作者是威廉·比奇爵士，1798）差不多是同龄人，安德鲁的父亲威廉悉心地培养了他们的亲密友谊和出版合作关系。这两幅给人留下深刻印象的带画框的肖像画各自悬挂在伦敦出版业公会的储藏室（斯特拉恩）和陈列室（卡德尔）中。卡德尔的肖像绘制于他55岁前后，当时他正担任伦敦市议员，5年前他从出版行业退休了。斯特拉恩的肖像的绘制年代不明，不过似乎是来自他的晚年，可能接近他1831年去世（81岁）的时候，几乎可以肯定是在他1819年退休之后很久。（可敬的出版同业公会的主管和监察员）

单身，没有家庭需要供养，因而他在1831年去世的时候已经变得惊人地富有，拥有的财产超过100万英镑。[112]

　　安德鲁·斯特拉恩与卡德尔一直保持着良好的合作关系。根据卢茨的计算，在安德鲁·斯特拉恩运营家族公司的最初10年中，卡德尔的公司和安德鲁·斯特拉恩合作的印刷工作比威廉·斯特拉恩去世前20年中的业务量还多：1767—1786年是18780英镑，1787—1796年是20584英镑。卡德尔于1793年退休，把公司交给了他很尊敬的经理人威廉·戴维斯（1820年去世）和他的儿子小托马斯·卡德尔（1773—1836），他们使用卡德尔&戴维斯公司的标志。尽管存在严重的短处，在此后数十年里，这对新的合作伙伴仍然是不列颠图书业的主要人物。1794年，安德鲁·斯特拉恩与他们一起建造了一座新的大型仓库（第89页），代替了卡德尔在斯特兰德街的仓库。按照1785—1788年的一位常客的说法，"在那里存放的未装订的书要用好几百辆运货马车装载"[113]。

　　表二中大约有20部作品的出版者信息中出现了安德鲁·斯特拉恩的名字，它们的出版日期都是在1786—1798年。并且，所有作品都是与托马斯·卡德尔或卡德尔&戴维斯公司（1796年以后）合作的。其中有9部是与爱丁堡的克里奇联合出版（偶尔与贝尔或者鲍尔弗一起），还有一部是单独与鲍尔弗联合出版的。表二中还有4部作品的出版者信息中只出现了克里奇和卡德尔&戴维斯公司的名字，此外贝尔和鲍尔弗各自单独与卡德尔&戴维斯公司合作过一次。他们的出版物的作家名单继续包含众多苏格兰启蒙运动的明星人物，还有吉本、布莱克斯通以及其他著名的英格兰作者。由于这些原因，在威廉·斯特拉恩刚刚去世的数年中，我们有时很难察觉斯特拉恩–卡德尔辛迪加的产量和业内地位出现过明显的下降。

379

　　安德鲁·斯特拉恩与卡德尔以及后来的卡德尔&戴维斯之所以能给人这样的印象，是因为他们开始重新发行大量的出版物目录。18世纪80年代中期，有几年我们找不到这种目录。但是接近80年代末时，出现了《以下有价值的书籍由斯特兰德街的A.斯特拉恩和T.卡德尔出版，1788年》（*The Following Valuable Books Are Printed for A. Strahan and T. Cadell, in the Strand. 1788*）这份图书目录。我们知道，在1790—1793年这几年也有类似标题的目录，它们通常被附在斯特拉恩和卡德尔出版的书籍后面。这些目录发行的时候，与威廉·斯特拉恩和托马斯·卡德尔在18世纪70年代晚期和80年代早期制作的目录没有什么不同，除了出版日期和包括了大量的新作品和新版本以外。这些目录与早期的目录相似，使用不同规格印刷在一张纸上。1788年的目录现存有12开本、8开本和4开本三种副本。1793年卡德尔退休以后，这一系列出版物目录好像暂停了一段时间，不过在1796年再次出现了，而且其形式基本没有变化，标题是《以下有价值的书籍由斯特兰德街的小T.卡德尔和W.戴维斯（卡德尔先生的两位继承人）出版，1796年》（*The Following Valuable Books Are Printed for T. Cadell, Jun. and W. Davies* [*Successors to Mr. Cadell*] *in the Strand, 1796*）；从这次起，卡德尔&戴维斯制作了各种书籍清单和目录，只是标题里再也没有安德鲁·斯特拉恩的名字，尽管他通常还是共同拥有版权的合伙人。

我们将在本书的结语中看到，作为新书的出版者，成功出版者的下一代最终都未能达到父辈那样的高水准。然而，出版辛迪加的衰落是一个缓慢的过程，他们大量重印威廉·斯特拉恩和托马斯·卡德尔的黄金时代留下的最畅销的书籍，还出版那个时代的作者的一些新作品，这种连续性有时掩饰了企业的衰落。斯特拉恩和卡德尔的出版社得益于与爱丁堡的威廉·克里奇继续联合，在一段时期内仍然是文学和学术新作品的主要出版力量，直到 18 世纪 90 年代开始走下坡路。

斯特拉恩和卡德尔的出版社遇到挑战

即使在生意达到顶峰的时候，斯特拉恩－卡德尔辛迪加也没有垄断苏格兰启蒙运动书籍的出版。它不是一个完全统一的实体，组成它的公司经常与其他出版者合作。卡德尔有时不是与斯特拉恩，而是与辛迪加以外的爱丁堡同行联合出版书籍，正如克里奇有时与伦敦的同行合作，而不是与斯特拉恩和卡德尔合作一样。当辛迪加中的一个成员向其他成员提议出版某部作品，但是斯特拉恩、卡德尔或克里奇拒绝参与的时候，或者出版的倡议来自他们的团体之外的时候，就会发生这种事情。因此情况是容易变化的，而不是一成不变的。

此外，一些独立经营的著名书商也出版苏格兰作者的很多新书，他们与斯特拉恩－卡德尔辛迪加没有关联。1785 年 7 月威廉·斯特拉恩去世的时候，查尔斯·迪利（与他的兄弟爱德华合伙，当时只有他还活着）、约瑟夫·约翰逊、约翰·默里和乔治·罗宾逊在伦敦都很活跃，爱丁堡的查尔斯·艾略特和约翰·贝尔也是如此。表五中出现的这些书商是苏格兰启蒙运动书籍的重要出版者，其中绝大多数人都大规模地从事联合出版。这个部分探讨他们作为苏格兰启蒙运动出版者的成就，以及是什么因素阻碍了他们对斯特拉恩－卡德尔辛迪加的优势地位构成真正的挑战。

从大城市居民的角度来看，这些主要出版者都是"外来者"。"外来者"

这一称谓不仅适用于出版者中的苏格兰人，也适用于英格兰人——他们之中没有人来自伦敦或附近地区，他们的宗教和政治观点也使他们处于权力机构之外。举例来说，爱德华·迪利（1732—1779）和查尔斯·迪利（1739—1807）两兄弟都是单身汉，住在伦敦的家禽街，是与美国联系紧密的清教徒。[114] 就像我们在第三章看到的，博斯韦尔与他们的关系特别密切，他的传记作者称他为"迪利兄弟的首要作者"[115]。但是迪利兄弟也与爱丁堡的书商联合出版过詹姆斯·贝蒂的 3 部作品，包括畅销的《论真理的本质与永恒性》（编号123）和《吟游诗人》（编号 141）。除此以外，他们出版的苏格兰启蒙运动书籍中很少有重要的作品。原因可能是，尽管迪利兄弟向作者们提供食宿招待，一般却不会付给他们很多版权费；而他们的一些主要出版物上虽然列出了迪利兄弟的名字，实际上却是由作者出资印刷的，比如博斯韦尔的《约翰逊传》就是如此。

与迪利兄弟相比，圣保罗教堂庭院（St. Paul's Churchyard）的约瑟夫·约翰逊（1738—1809）与激进主义和新教徒（特别是唯一神教派）关系更为紧密。18 世纪末，因为发行有争议的小册子，他被监禁了 6 个月。[116] 与他熟悉的英格兰作者们——比如约瑟夫·普里斯特利、伊拉斯谟·达尔文（Erasmus Darwin）、威廉·柯珀（William Cowper）、玛丽·沃斯通克拉夫特（Mary Wollstonecraft）和盎格鲁－爱尔兰混血的小说家玛丽亚·埃奇沃思（Maria Edgeworth）——都知道约翰逊是不列颠出版界令人惊叹的人物。对于苏格兰作者的新出版物，他专门从事科学和医学方面的作品出版。表二中有 15 部作品的主要出版者是约翰逊，其中只有两部正好出版于 18 世纪末的作品不是与科学和医学相关的，即威廉·汤姆森的《美的基本原理探究》（*Enquiry into the Elementary Principles of Beauty*，编号 347）和乔治·坎贝尔的《教会史讲义》（编号 355）。其余由约翰逊出版的苏格兰书籍的作者大多数是定居在伦敦的苏格兰内科医生，比如乔治·福代斯（他的《医学实践基础》[*Elements of the Practice of Physic*，编号 113] 和《农学和植物学原理》[*Elements of Agriculture and Vegetation*，编号 134] 都是约翰逊的最流行的科学出版物）、约翰·亨特、威廉·亨特和马修·贝利。根据 1809 年 12 月约翰·艾肯（John Aiken）在《绅士杂志》上刊登的讣告，约翰逊"给作者们的鼓励并不引人注目"，但是"当作品的成功超过他的预期时"，他会自愿与作者分享利润。[117] 约翰逊私下指责苏格兰书商无视出版中的不当行为，"当受到利益驱使的时候"，他们就会找借口这么做[118]，可能是因为抱有这种疑心，他不太乐意与苏格兰的书商联合出版书籍，尽管其他主要伦敦书商都倾向于这么做。然而即使只是偶尔为之，他还是与苏格兰书商合作出版了亚历山大·门罗二世的两部医学新作品（编号 234 和 344）。

382

表二书籍的出版者信息中，约翰·默里（1737—1793）的名字出现的次数比迪利兄弟和约翰逊的次数加起来还要多。进入伦敦图书业的时候，他在多个方面都是圈外人。他是一个爱丁堡辩护律师（相当于英格兰的初级律师）的儿子，在爱丁堡大学只待了一年就去当了水手。[119] 在七年战争期间和之后，他短暂地当过海军上尉，1768 年领半薪退役，购买了舰队街上的书店，还用 1000 英镑买下了威廉·桑比（William Sandby）的库存图书。刚进入伦敦出版业时，他把自己的姓从麦克默里（McMurray）缩短成默里。这个改动象征着他打算在 31 岁时成为首都一个成功的出版者。我相和比特勋爵执政的 10 年间，伦敦存在着强烈的反苏格兰人情绪，他的行为可能也是对这种情绪的反应。默里一直保持与苏格兰的密切联系。据说他时常造访爱丁堡，还把他的儿子兼继承人送到爱丁堡的高等学校待过一年。[120] 许多苏格兰作者以及苏格兰图书业的成员也与他培养了亲密的关系。

在主要的伦敦书商互相之间购买和出售版权份额的时候，默里由于不是在伦敦的图书业成长起来的，总是被排除在外。他坚定不移地与那些排斥他的人做斗争。1774 年版权危机期间，他在议会下议院作证反对伦敦书商的精英分子。在这个意义上，他更加认同爱丁堡的同行，而不是伦敦出版界的同事。1774 年 3 月，默里向克里奇和鲍尔弗表达了愤怒，因为在版权的议题上他们未能坚决地对抗主要的伦敦书商；他指责他们是"可鄙的人"，因为他们"隔岸观火，而不加入公众对伦敦书商的抵制"[121]。他认为，上议院在 2 月做出的关于版权的决议会成为"苏格兰书商们的……《大宪章》"，并指责克里奇虚伪，一边支持"恢复［伦敦书商们］侵占作品的权利"的方案，同时又自己重印相关的作品，从而利用决议获利。[122] 在此期间，默里向诸如约翰·贝尔这样与他有同样感受的爱丁堡书商保证，"我非常期望与亚历山大·唐纳森先生合作"[123]。1774 年的争执逐渐平息之后，默里为伦敦出版界所接纳，他的行为似乎与其他著名的伦敦书商一样，在"章节咖啡馆"买进卖出版权份额和制定协议。然而，他总是显得有些难以捉摸和不合群，即使不是直白地好斗，因此伦敦出版界的一些重要成员从来没有完全信任过他。举例来说，1779 年 3 月 18 日，威廉·斯特拉恩写信给克里奇时说，默里仍是"我们不愿意以任何形式与他打交道的人"。

383

　　在出版苏格兰作者的新书的时候，默里一般与爱丁堡的书商合作，特别是贝尔、克里奇和艾略特。表二里有 33 部作品的出版者信息中出现了他的名字，或者是出版者或者是销售代理商，其中只在 8 部作品里他的名字是单独出现的。那些作品中的第一部《论社会阶层的差异》（编号 137）让约翰·米勒得到了 100 几尼酬金，就默里自己筹划的作品而言，这是数额很大的版税了。他的通信显示，他奋力地想收回成本。他说服都柏林的一个书商托马斯·尤因（Thomas Ewing）用 15 几尼买下了爱尔兰版本的版权，这迫使他给不列颠的版本定了一个他认为超出适当范围的高价，尽管该书的篇幅比预期的短。[124] 较高的零售价格以及其他伦敦书商的倾销导致该书在苏格兰的销售比预计的要慢，这时默里有理由怀疑自己在购买版权时是否过于冒险了。"对于米勒的书的售价我觉得很抱歉，"他写信给在爱丁堡处理这本书的金凯德&克里奇，"这是购买版权时出价太高的后果。"[125] 尽管 4 开本的第一版存在问题，米勒的书在出版之后还是有一些生命力的。默里在 1773 年重印了"增加了内容的" 8 开本第二版，又在 1779 年推出了增加了更多内容（而且改了书名）的 8 开本第三版（并在 1781 年再版），由此获得了一些收益。当米勒要出版他的下一部作品《对英国政府的历史概观》（*An Historical View of the English Government*，编号 271）的时候，他仍保持了对米勒的忠诚。

　　然而，就像扎克斯所表明的，默里是一个小心谨慎的商人，由于"缺乏资本和害怕失败"，在出版时通常避免冒太大的风险。[126] 在为《苏格兰年鉴》（编号 178）的版权与大卫·达尔林普尔爵士（海斯勋爵）进行商谈的时候，他的意图好像更多的是为作者争取声誉而不是预期的利润，他在谈判中更加强调提供优质的服务，而不是大量的版税。[127] 默里付给作者的版税很少超过 100 几尼，与爱丁堡书商的联合出版常常有助于降低他的成本。他联合出版

384

的书籍有一些是苏格兰的内科或外科医生的医学作品，例如安德鲁·邓肯（编号 190，与艾略特合作）、威廉·卡伦（编号 187，与克里奇合作）、弗朗西斯·霍姆（编号 207，与克里奇合作）和本杰明·贝尔（编号 312，与沃森和米迪［Mudie］合作；编号 322，与贝尔&布拉德福特和罗宾逊兄弟合作）。历史题材也对他有吸引力，默里参与联合出版的这类作品的作者有：约翰·吉利斯（编号 192，与约翰·贝尔合作）、雨果·阿诺特（Hugo Arnot，编号 199，与克里奇合作）、约翰·米勒（编号 271，与 A. 斯特拉恩和卡德尔合作），最重要的还是他的朋友吉尔伯特·斯图亚特（编号 195，与约翰·贝尔合作；编号 202，与克里奇合作；编号 210，与贝尔合作；编号 226，与贝尔合作）。

由于默里不能或者不愿意提供更多的版权费，通常只有在比默里规模更大、更爱冒险的竞争对手拒绝他们的原稿之后，作者才会来到默里这里。举例来说，托马斯·卡德尔似乎一开始拒绝了米勒的《论社会阶层的差异》。[128] 在 1774 年 9 月 9 日写给克里奇的信中，威廉·斯特拉恩断然拒绝了"奥格尔维先生的诗集"（可能是指《罗娜》［Rona］，默里于 1777 年出版了该书［编号 184］），他断言说"除非是十分优秀的诗歌，否则诗集毫无用处，诗歌作品的收入很少能抵消纸张和印刷的费用"。在同一封信中，斯特拉恩以更委婉的方式拒绝了约翰·吉利斯的《吕西亚斯和伊索克拉底的演说稿》（编号 192），虽然他把这个年轻作者视为朋友，耐心地向他评论了原稿。得知默里用 100 英镑买下了该书的版权之后，10 月 29 日斯特拉恩再次写信时明显变得轻松了。在其他例子中，默里出版过次要作者（比如威廉·汤姆森）的作品，或者主要作者的次要作品，例如凯姆斯勋爵的《教育漫谈》（编号 214）。表二里由默里出版或联合出版的作品中，有 80% 以上都是销量较差和一般的。唯一的畅销书是卡伦的《医学实践的首要原则》（编号 187），而默里却没能得到这部书的版权，同样被他错过的还有邓肯的一部有价值的作品——默里在最后一卷问世之前放弃了它。[129]

吉尔伯特·斯图亚特是默里最主要的作者，不管在出版者还是作者方面，他的职业生涯都揭示了不同程度的成功者之间的巨大差距。1777 年，斯图亚特没能得到爱丁堡大学的教授职位，责怪威廉·罗伯逊妨碍了他的任命。于是他针对罗伯逊的论点提出异议，试图通过创作体面的 4 开本历史作品与之竞争，有时还刺耳地抨击罗伯逊本人。[130] 1777—1782 年，斯图亚特写了 4 部历史作品，由默里及爱丁堡的合作者贝尔和克里奇出版。实际上，斯图亚特从中赚到的钱只有几百英镑。相比之下，罗伯逊因《查理五世统治史》和《美洲史》从斯特拉恩、卡德尔和鲍尔弗那里拿到的报酬有数千英镑。报酬的情况同样也适用于销量：斯图亚特的历史作品的每个版本的典型销量是几百册，而罗伯逊的历史作品每次都要印刷和销售几千册。

　　默里有时把这种悬殊的差别归咎于竞争对手的恶意活动，私下指责他们故意操纵新闻界对斯图亚特的评论，拒绝在卡德尔的书店储存和销售斯图亚特的作品，还广泛利用他们的"利益"影响公众舆论对这些作品的观点。[131]"在关心或者努力维护自己的利益方面，不可能有人胜过我现在谈到的这几个出版者。"1779 年 3 月 11 日，默里这样告诉斯图亚特。1776 年 5 月 24 日写信给克里奇时，他的说法稍微宽厚一些，但还是充满嫉妒："总体来说，出版是一件碰运气的事，而大多数奖金……都落到了我们的朋友卡德尔的钱袋里。"无论真实的原因是恶意的行为、运气还是其他因素，默里都正确地估计到，他与更加成功的竞争者之间存在相当大的差距。威廉·斯特拉恩的去世好像没有对默里的出版方式产生过任何影响，虽然他有可能在 1786 年把约翰·米勒的《对英国政府的历史概观》的四分之一版权份额卖给了年轻的安德鲁·斯特拉恩和托马斯·卡德尔，而且在出版者信息中把他们的名字放在了自己的名字前面。[132] 此举估计是在版权合作上的和解，但老斯特拉恩还活着的时候，默里与他们几乎没有任何联系。

　　1793 年默里去世的时候，他拥有的现货价值大约 9000 英镑，此外还有其他财产。[133] 他的儿子约翰·默里二世（1778—1843）继承了父亲的事业，与拜伦勋爵（Lord Byron）、沃尔特·司各特和简·奥斯汀（Jane Austen）这些作家合作，在 19 世纪初成为重要的文学出版者。查尔斯·艾略特（1748—1790）是经常与老约翰·默里合作的爱丁堡主要出版者，1807 年小默里与艾略特的女儿安妮·艾略特（Anne Elliot）结婚，由于这段婚姻，艾略特的文件最后保存在默里档案馆。

　　通过分析查尔斯·艾略特未公开的通信和出版信息，沃伦·麦克杜格尔发现，艾略特具有独立自主的企业家精神，这在爱丁堡出版行业是前所未有的。[134] 在艾略特去世 30 多年之后，阿奇博尔德·康斯特布尔称他为那个时代的"爱丁堡书商中最卓越的人"，"第一位给苏格兰的文学资产投资大量金钱的书商"。[135] 艾略特出生在苏格兰边区的明托，凭借与那里的艾略特家族的关系[136]，他受到了与苏格兰文人圈有紧密联系的有钱有势的赞助人的青睐。他在法夫郡的柯克卡迪以及爱丁堡学习做出版生意。1771 年 5 月，他才 23 岁，就从刚刚亡故不久的爱丁堡书商威廉·桑兹（William Sands）那里得到了房屋地产和库存——正是在同一个月，他在爱丁堡的首要竞争对手威廉·克里奇成为亚历山大·金凯德公司的合伙人。在作为独立的爱丁堡书商出道之后的 20 年中，艾略特积极地购买版权，特别是在医学领域，还与默里、罗宾逊和卡德尔这样的伦敦书商联合出版，利用这种手段确保他的书籍广泛地传播，而不用放弃任何版权份额。[137] 至少在三个事例中——卡伦的《医学实践的首要原则》（编号 187）和《药物学专论》（编号 281），还有威廉·斯梅利的《自然史哲学》（编号 292）第一卷——为了多卷本的科学或医学著作，艾略特支付给作者 1000 几尼或更多的版权费，18 世纪很少有其他书商在自己出版的时候考虑过这样做。

1776 年 5 月，艾略特重新整修了他在议会广场的房屋。第二年，他向约翰·默里自夸说，他拥有"一家可以媲美舰队街的任何店铺的商店"[138]。但是艾略特并不满足于成为爱丁堡最重要的书商。1787 年，他在伦敦的斯特兰德街开了一家书店，由他的妹夫托马斯·凯（Thomas Kay）经营，书店的标志采用他最著名的作者威廉·卡伦的头像。自从 18 世纪 60 年代早期亚历山大·唐纳森的"廉价书店"开张以来，这是爱丁堡的主要书商第一次侵入伦敦。不过，唐纳森的伦敦书店的首要用途只是廉价重印书的一个散播出口，主要销售"英格兰"经典作品，而艾略特想要传播他的苏格兰医学新书，据说这是伦敦的书商密谋反对的。卡伦的《药物学专论》的两卷 4 开本的出版者信息是"爱丁堡的查尔斯·艾略特，伦敦的 C. 艾略特和 T. 凯出版，1789 年"，这清楚地预示了将来的模式：把已成名的伦敦书商排除在出版者之外。在销售书籍和医药补品方面，艾略特也与纽卡斯尔的书商联手过。此外，他还涉足爱尔兰和苏格兰的盗版行为，大规模发行图书目录。他还在美国进行巨额投资，主要通过托马斯·多布森进行。多布森是他以前的一个学徒，在费城开创了自己的事业。[139]

　　尽管艾略特野心勃勃，干劲十足，但他要对自己的垮台承担很大的责任。他的伦敦书店和在美国的冒险活动都说明他缺乏商业判断。事实证明，凯是一个不称职的管理人，而由于艾略特从来没有把他和多布森的协议条款正规化或者详细说明，使多布森得以将偿还期限拖延很多年。[140] 最终，艾略特的财产价值超过 3 万英镑。但是，1789 年 9 月，艾略特因为中风瘫痪，这时他遇到了现金周转的问题。他在 4 个月后去世，年仅 41 岁。由于错误的商业决定加上糟糕的健康状态，他作为苏格兰启蒙运动出版者的贡献只局限于一段相对短暂的时期，而且集中在医学和科学方面。

　　对斯特拉恩－卡德尔出版辛迪加最严重的挑战始于 18 世纪 80 年代中期左右。当时，乔治·罗宾逊把他在伦敦的售书生意扩大成一个大规模的家族公司，并与爱丁堡的约翰·贝尔（1735—1806）结成了非正式的合伙关系。1771 年金凯德用克里奇代替了贝尔之后，贝尔开办了自己的书店，以艾迪生的头像为标志。他的特色产品是法律书籍，并且继续在苏格兰启蒙运动书籍重印领域占据重要地位，举例来说，凯姆斯勋爵的每部作品几乎都是由他印刷的。不过那是在贝尔重新开始出版苏格兰作者的新作品之前的事了：作为一个独立出版者，他的名字没有出现在 1778 年以前表二中任何作品的第一版的出版者信息里。然而从那以后，他开始更频繁地与伦敦的书商（比如约翰·默里）合作，特别是出版吉尔伯特·斯图亚特的新作品（编号 195、210 和 226）。[141] 同样是在 1778 年，贝尔把他的书店搬到了议会广场的一个新地点。随着生意规模的扩大，贝尔与他的外甥和过去的徒弟约翰·布拉德福特（生于 1763 年）合伙，从 1788 年 11 月开始使用贝尔＆布拉德福特的标志。1790 年初，查尔斯·艾略特去世，随后贝尔的公司从其遗产中购买了他位于议会广场东边的漂亮书店（参见图 2.2）。贝尔＆布拉德福特发行了大量图书目录，让顾客能根据数字编号订购。[142] 1806 年贝尔去世的时候，把公司的一半存货遗赠给了他的合伙人，价值 4155 英镑。

　　贝尔的生意规模激增跟他与伦敦的乔治·罗宾逊的联合脱不开关系。许多现存的贝尔本人以及贝尔＆布拉德福特的商业文件中，都记载了他们飞速发展的生意。同时代的一个赞赏罗宾逊的书商威廉·韦斯特（William West）

388

回忆说，出版界的人普遍都知道罗宾逊是"书商之王，老乔治·罗宾逊"，这样称呼他一部分是由于他"高尚的外表和礼貌"，一部分是为了将他与他不那么引人注目的儿子小乔治区分开来，还有一部分原因是他经营的"出版和书籍批发机构可能是……欧洲规模最大的"[143]。根据韦斯特的说法，"罗宾逊先生的趣事妙语……可以写成一本书了"（第 133 页）。他"酒量大得惊人"（第 85 页），有讲故事和交际的天赋，"非常风趣和快活"（第 156 页），因为他"对作家、艺术家、印刷者和书商们热情好客又慷慨大方，甚至对距离最远的英格兰、爱尔兰和苏格兰的通信者也是如此，或许我们把他看作帕特诺斯特街的骄傲也是恰当的"（第 132 页）。韦斯特反复提到罗宾逊"喜好交际"以及"与他的爱尔兰和苏格兰朋友们的关系"（第 133 页），暗示直到晚年罗宾逊还常常去爱尔兰和苏格兰旅行（第 156 页），他在那里得到了热情的接待。韦斯特没有指明罗宾逊的苏格兰朋友有谁（虽然我们可以肯定有一个是约翰·贝尔），不过他列举了都柏林的朋友的名字——约翰·阿彻（John Archer）、帕特里克·伯恩（Patrick Byrne）、小约翰·埃克肖（John Exshaw the younger）、约翰·琼斯（John Jones）、威廉·琼斯（William Jones）、詹姆斯·穆尔、彼得·穆尔（Peter Moore）、约翰·赖斯（John Rice）、卢克·怀特（Luke White）（第 85、133 页）——其中既有新教徒也有罗马天主教徒，有几个人是 18 世纪晚期爱尔兰最积极的苏格兰启蒙运动图书重印者。与他的私人朋友和近邻约瑟夫·约翰逊一样，罗宾逊也是新教徒，这个事实可能也让他更轻松地与英格兰之外的同仁交往。

1736 年 12 月，罗宾逊出生在英格兰西北端的卡莱尔附近一个叫达尔斯顿的村庄。[144] 他缺乏正规的教育，但是韦斯特称他具有"精明、敏锐"的才智，"富有各种各样的经验"（第 156 页）。他在 18 世纪 50 年代中期（大约 18 岁的时候）来到伦敦，我们不知道此前他受过什么训练，不过他很快就融入了伦敦出版界；再考虑到他的宗教信仰，还有他与格拉斯哥及苏格兰同行的联系，他很可能在苏格兰做过学徒。他在伦敦先后为约翰·里文顿（John Rivington）和威廉·约翰斯顿工作过，然后在 1764 年与约翰·罗伯茨（John Roberts）合伙在帕特诺斯特街 25 号以艾迪生头像为标志开了一家店铺。它位于"狭窄、拥挤、有限"的书籍贸易区域的中心地带，罗宾逊在这里度过了他的余生。[145] 表二中在这段时期出版的书籍里面，有 3 部书的出版者信息有罗宾逊 & 罗伯茨的记号：威廉·格思里的十卷本《苏格兰通史》（编号 102）是由他们为作者代销的；托比亚斯·斯摩莱特的八卷本《各国现状》（*Present State of All Nations*，编号 112）是由他们和另外三个伦敦书商联合出版的（其中包括威廉·约翰斯顿）；斯摩莱特的匿名作品《一个原子的经历和奇遇》（*The History and Adventures of an Atom*，编号 120）是由他们独立出版的。甚至在参与出版这些作品之前，罗宾逊就已是苏格兰知名人士，广受尊敬。1766 年 7 月 7 日，格拉斯哥的地方法官授予他在那个城市的自由公民权（*EEC*，1766 年 7 月 9 日），至于他是做了什么贡献而得到这个荣誉的，则不得而知。

390

　　1776 年罗伯茨去世之后，罗宾逊独自经营以艾迪生头像为标志的公司。他继续不时地参与出版苏格兰作者的新书，特别是需要支出大量资金的 4 开本和多卷本著作。1781 年，他与查尔斯·艾略特合作出版了体量巨大的 4 开本《亚历山大·门罗作品集》（编号 218）。两年后，他与另外两个伦敦书商联合出版罗伯特·沃森的遗作《菲利普三世史》（编号 239），也是 4 开本。由于沃森未能完成原稿，罗宾逊不得不雇用威廉·汤姆森写完最后的两卷，这使事情变得复杂化了。同样在 1783 年，罗宾逊还与查尔斯·艾略特联手出版了本杰明·贝尔的《外科系统》（编号 240），该书一共六卷，花了 5 年才完成。其中第三卷（1785 年）包含了一则广告，宣传"由爱丁堡的 C. 艾略特和伦敦的 G. 罗宾逊印刷和销售"的 27 部医学作品。

　　如果说在从业的最初 20 年，乔治·罗宾逊的苏格兰出版成绩给人的感觉是前途光明的，在 18 世纪的最后 15 年恐怕更是如此。以 18 世纪 80 年代中期为标记，他成为苏格兰启蒙运动最重要的出版者。从商业观点来看，1784 年他与弟弟约翰（1753—1813）和儿子乔治（逝于 1811 年）形成的牢固合作关系是决定性的。在 18 世纪剩下的时间中，有几十部作品的出版者信息中都有"G. G. J. & J. 罗宾逊"的标记（或者一些变体，比如"G. G. & J. 罗宾逊"），其中在表二出现的作品有 24 部以上。1796 年出版的詹姆斯·安德森的《农业和乡村事务随笔》第三卷（编号 172）就是其中之一，该书的出版者信息只是简单地把这家公司标成"罗宾逊家族"，说明当时他们已经十分著名了。

差不多正在乔治·罗宾逊依据家系改组公司的时候，威廉·斯特拉恩于 1785 年 7 月去世。斯特拉恩的去世似乎给苏格兰出版业制造出一些机会。这一年，罗宾逊的公司出版或联合出版（与艾略特或贝尔合作）了至少 4 部苏格兰启蒙运动的新作品（编号 249、252、253 和 255）。在这期间，罗宾逊至少亲自造访过爱丁堡一次，与约翰·贝尔会面。据推测，他还见过查尔斯·艾略特和其他爱丁堡书商。[146]

391　　　罗宾逊的大规模经营和伦敦的大量资金供应、贝尔作为爱丁堡出版者和书商的长期经验以及与众多苏格兰作者的良好关系，这些条件结合起来，使作为苏格兰启蒙运动出版者的贝尔和罗宾逊的合作越来越密切。他们的合伙关系中的关键作品是托马斯·里德的《论人的理智能力》。1764 年，在贝尔还是亚历山大·金凯德的初级合伙人的时候，他们联合出版了里德的第一部作品《按常识原理探究人类心灵》（编号 88），在那个职位上他监督过帕特里克·尼尔的印刷。[147]《按常识原理探究人类心灵》尽管是适中的 8 开本，却最终成为热销书。人们普遍认为，它是苏格兰哲学常识学派出现时期的首要作品，里德经常与这个学派联系在一起。《按常识原理探究人类心灵》出版后的 20 年间，通过在格拉斯哥大学的道德哲学课程以及在格拉斯哥文学学会的演讲，里德进一步发展了他的哲学思想。他手上还有其他文稿，它们来自他早年在阿伯丁哲学学会所做的演讲。到了 1784 年，他已经积累了足够多的文章，可以组成一卷大容量的书，而且经过这么长时间的中断，他显然想让这部作品以最有利的条件出版。这本书将由谁来出版呢？

　　考虑到斯特拉恩和卡德尔的声望，看来他们可能是出版里德的新书的明显人选。此外，托马斯·卡德尔是安德鲁·米勒的继承人，1769 年他曾经参与出版《按常识原理探究人类心灵》的第三版，并预定在 1785 年参与出版该书的第四版。不过，约翰·贝尔也是那些版本的联合出版者，而里德与卡德尔好像没有私人交情。由于里德居住在格拉斯哥，不方便与任何伦敦或爱丁堡的书商协商交易，因此他把出版协议的事情委托给威廉·罗斯，授权罗斯在伦敦代替他进行商谈。1784 年 3 月 14 日，里德写信给詹姆斯·格雷戈里报告了协商的成果："奇西克的罗斯博士——你知道，他在《每月评论》始终拥有主要股权——帮我定下了一个非常大方的出价，如果我愿意把手稿交给他，他不但会亲自给这本书写评论文章，而且会与一个书商一起讨论这本书的销售。"[148] 罗斯是里德在阿伯丁时的老相识，里德在王家学院开始任教的时候，罗斯在马修学院学习。罗斯的儿子塞缪尔把里德的原稿带给了他，当时塞缪尔正在格拉斯哥里德任教的大学学习。此外，威廉·罗斯曾经在 1764 年 5 月的《每月评论》上发表过赞许《按常识原理探究人类心灵》的评论，导致 1775 年在《伦敦书评》(*London Review*) 上出现一篇文章，声称那个评价是由"作者的一个朋友和同胞"不择手段地安插在《每月评论》中的。[149] 在这样的情况下，也许有人会猜想，罗斯的插手增加了由斯特拉恩和卡德尔出版这部作品的可能性，因为我们已经知道，罗斯与那两个人有着密切的私人友谊，并与《每月评论》有长期的交往。

392

那么，乔治·罗宾逊和贝尔是怎样得到这部有声望的作品的呢？ 1784 年 8 月 13 日，贝尔写信给罗宾逊，告诉他罗斯正在负责谈判，有必要迅速采取行动。8 天后罗宾逊一读到贝尔的信，就回复说他已经离开，不过会在第二天去见罗斯，"与他商议你提到的原稿，几天内就这件事写信给你"[150]。两个星期之后，罗宾逊又写了一封信：

伦敦　1784 年 9 月 6 日

先生：

奇西克的罗斯博士负责处理里德博士的原稿。今晚罗斯写信给里德，向他通告了卡德尔先生的答复，即他们愿意付出 200 英镑，印刷 1000 册 4 开本，重印时再付 100 英镑。我已委托罗斯先生写信给里德博士，说我和你愿意支付全额的 300 英镑。现在关于这个问题至少会有进一步的通信联系，我希望你收到此信即刻写信给里德博士并取得他的最后答复。如果里德博士要求给他时间再次写信到伦敦向卡德尔做进一步试探，我将不再参与。无疑博士会给付款留出时间，从指定的出版日期开始计算一般是 12 个月。无论如何，请尽你的最大努力，我将负责其中的三分之二。

你谦恭的仆人

乔治·罗宾逊

收到里德博士的答复之后，请将他要求的付款时限告诉我。

从里德 9 月 12 日的答复可以知道，贝尔在 9 月 11 日直接给作者写了信。里德解释说，他已经全权授予罗斯决定谈判结果，还暗示说他愿意让贝尔加入任何协议，只要满足他的 300 英镑的最低价格。[151] 其间罗斯在 9 月 9 日写信给里德说，（用里德的说法）有一个未透露姓名的"有名望的伦敦书商"（指罗宾逊）拜访过他，提出"他愿意与贝尔先生均摊版权，并为版权支付 300 英镑"，而卡德尔不愿意那样做。这个时候罗斯让里德自己做出决定，里德告诉贝尔，他"十分乐意"定下 300 英镑的协议，但他希望能得到 12 本免费样书，如果有必要，就再以批发价提供"略多一些"的样本。[152] 据推测，他们就是按照这些条件决定了交易。

这桩生意的经济状况好像已经足够清楚了：罗宾逊和贝尔得到了里德的作品，因为他们给作者出价 300 英镑，而卡德尔的出价不超过 200 英镑，加上承诺推出第二版时另外再付 100 英镑。但是与结果同样重要的是这个谈判过程展开的方式，以及它包含的对于苏格兰启蒙运动出版的意义。在寻求威廉·罗斯的帮助，操纵谈判以便达成对自己有利的协议方面，罗宾逊都比卡德尔更加积极。他迅速而果断的行动能力是成功的关键，同样关键的还有他利用伦敦－爱丁堡联合出版来为获得版权增资的技巧：罗宾逊要付给作者 200 英镑，剩下的显然具有决定性的 100 英镑由贝尔支付。[153] 作为代理人，罗斯为他的"委托人"的最大利益而行动，没有让他与斯特拉恩和卡德尔的友谊动摇他的判断。在 1784 年 9 月 12 日写给贝尔的信中，里德隐藏在代理人身后，显然试图进一步抬高价位，这差不多就是罗宾逊预感到的。不过，由于聪明的策略和坚定不移的立场，罗宾逊最后获得了胜利。

里德的《论人的理智能力》在爱丁堡印刷，由议会广场的约翰·贝尔和伦敦的 G. G. J. & J. 罗宾逊公司联合出版，于 1785 年 7 月的第三周问世。该书是一卷 766 页的又厚又重的 4 开本，硬纸板封面的版本售价是 1 英镑 5 先令，装订版本的售价是 1 英镑 8 先令。里德在世期间从来没有出现过有授权的第二版，因此从版税的观点来看，作者正确地选择了出版者（当然，前提是即使该书由斯特拉恩和卡德尔出版，也不能保证更高的销量和更多的版本）。3 年后，同样的伦敦－爱丁堡组合共同出版了里德的第二部大型随笔集，493 页的 4 开本《论人的行动能力》（*Essays on the Active Powers of Man*,

编号 275），这个事实表明，作者和出版者都对协议很满意。[154] 与以往一样，除了涉及金钱利益的动机，我们还必须考虑到有关声望和地位的动机。从这方面来看，在第一次短暂尝试出版苏格兰作者的哲学书籍时，罗宾逊和贝尔好像做得相当不错。就像后面将要讨论的，个人的敌对可能也是因素之一，也许还有思想意识上的。在里德的《论人的行动能力》出版之前不到两个星期，威廉·斯特拉恩去世了，这可能也促进了这对合伙人的雄心勃勃的新事业。

罗宾逊和贝尔的出版合作关系似乎是对斯特拉恩和卡德尔的长期挑战，而不仅仅是着眼于一两本新书的短期利润。1788 年，里德的《论人的行动能力》开始慢慢售出的时候，罗宾逊满怀希望地期待它能有稳定而长远的进步。他再三向他的合伙人保证："销售情况有所改善，毫无疑问，这本书迟早会畅销的。"[155] 这年的晚些时候，贝尔的公司改组成贝尔 & 布拉德福特公司，巩固了这对爱丁堡－伦敦出版合伙人的关系。不久，他们又订下合同出版 4 开本的哲学新作品，即苏格兰作者阿奇博尔德·艾利森的《论趣味的本质和原理》（编号 287）。在 1789 年 5 月 14 日的信中，罗宾逊与贝尔讨论了出版艾利森的作品的条件。他提议继续沿用里德的两卷作品的出版形式：在爱丁堡印刷高档的 4 开本，那样相对比较便宜，主要由罗宾逊负责销售，计划长期售卖，取得小额利润，选择适中的印数，以便减轻风险。"我认为艾利森先生的书应该使用里德博士作品的出版方式，以 4 开的样式印刷 750 册，这样能产生一些利润，而不用冒太大的风险判断该书的特点；如果你的看法与我相同，我会立刻进行印刷；你拥有［其中的］三分之一股份。"[156] 7 个月后，贝 395 尔在爱丁堡的印刷工作结束了，罗宾逊承担起销售该书的主要职责，他再次强调要继续沿用出版里德的两卷作品时的方法："按照我们的三分之二股份，我们已经付给你纸张和印刷的款项，我们将在下个月初出版这本书，并准备以 16 先令的价格销售硬纸板封面的版本。你可以看到，我们把它和里德的两部 4 开本放在一起宣传。"[157] 艾利森得到了 200 英镑，出第二版时将外加 50 英镑。[158] 但是艾利森的作品最初销量也不多，因此第二版也没有推出，直到 1811 年才由贝尔 & 布拉德福特公司和阿奇博尔德·康斯特布尔出版。

18 世纪 90 年代，乔治·罗宾逊和约翰·贝尔的非正式出版合作关系继续保持运作。表二中由他们联合出版的作品包括：约翰·洛根的两卷流行的遗作、1790—1791 年问世的传道书（编号 290）；1793 年出版的托马斯·罗伯逊所作关于苏格兰的玛丽女王的 4 开本历史作品（编号 317）；1796 年出版的詹姆斯·安德森的《农业和乡村事务随笔》第三卷（编号 172）；1794 年出版的本杰明·贝尔的数学和医学著作（编号 322，与约翰·默里合作），1795 年的约翰·普莱费尔的数学和医学著作（编号 334），1797 年的亚历山大·门罗二世的数学和医学著作（编号 344，与约瑟夫·约翰逊合作）。此外，在 18 世纪 90 年代，罗宾逊的公司是表二中一些书籍的唯一出版者，它们的作者包括詹姆斯·布鲁斯（编号 288）、詹姆斯·麦金托什（编号 298）、约翰·穆尔（编号 315、333 和 359）、伊丽莎白·汉密尔顿（编号 338 和 357）。[159]

396　　　然而，从 18 世纪 80 年代晚期到 90 年代，考虑到他们在这个领域本有可能占据支配地位，以及艾略特退出了竞争，罗宾逊和贝尔的成绩也许不如最初希望的那么好。继里德和艾利森之后，他们生产的苏格兰作品很少有主要作者的重要作品。在 18 世纪 90 年代，威廉·罗伯逊、亚当·弗格森、杜格尔德·斯图尔特、詹姆斯·格雷戈里、詹姆斯·赫顿和托马斯·萨默维尔都把他们的 4 开本新作交给安德鲁·斯特拉恩和托马斯·卡德尔（或是后者的继任者卡德尔&戴维斯）出版。其间，罗宾逊和贝尔能与他们竞争的只有比较次要的书，例如托马斯·罗伯逊的《苏格兰玛丽女王的历史》，这个教士作者的姓氏、职业、作品的主题和昂贵的 4 开本规格都和威廉·罗伯逊的一样，但托马斯·罗伯逊试图用美化玛丽女王的办法来取代威廉·罗伯逊客观文风，这种尝试以失败告终。表二里面，罗宾逊出版的唯一的畅销书是詹姆斯·布鲁斯的《尼罗河源头的发现之旅》（编号 288），起初斯特拉恩和卡德尔拒绝了这部作品，作者便把完成的作品卖给了罗宾逊，用他的名义推销。后来由他人出版的该书的缩写版本成了畅销作品。

　　从 18 世纪 80 年代晚期到 90 年代，罗宾逊和贝尔未能控制苏格兰启蒙运动的出版业，其中好像有三个最主要的原因。首先，如我们所见，在安德鲁·斯特拉恩和（较小程度的）卡德尔&戴维斯的经营下，斯特拉恩和卡德尔的出版合作显示出令人惊讶的适应力。其次，18 世纪 90 年代的英法战争使文学资产贬值，并使新书的需求量减少。"目前的时代对作者和书商不利，很少有人看书。"1793年，罗宾逊和贝尔的一本滞销书的作者写道。[160]当然，这种环境对所有出版者都有影响，但是斯特拉恩和卡德尔的公司拥有大量仍然忠诚于他们的苏格兰作者，而罗宾逊和贝尔不得不在这种不走运的时期发掘新作者。再次，罗宾逊和贝尔在政治上都是激进主义者，这给他们的出版合作者增加了一重财政和心理压力，而且在18世纪90年代，激进主义可能削弱他们吸引主要苏格兰作者（除非是激进派）的意愿和能力。

罗宾逊和贝尔的思想意识必须被一点一点汇集起来。贝尔肯定是有公益精神的，18世纪80年代早期他担任过爱丁堡公共诊所的管理人，这个诊所靠辉格党激进派的亨利·厄斯金（Henry Erskine）的资助创办，目的是为穷人提供医疗和配药的服务，这个职位体现出贝尔的一些看法（*EEC*，1783年1月29日）。可能是巧合，法国大革命之前的数年中，贝尔和罗宾逊联合出版了里德的两部作品，而在主要的苏格兰启蒙运动作者里面，里德的政治观点是最自由的。然而，1791年4月，罗宾逊出版了詹姆斯·麦金托什回应埃德蒙·伯克的《反思法国大革命》（*Reflections on the French Revolution*）的流行作品《为高卢人辩护》（编号298），这种做法肯定不是偶然的。随后，他出版、联合出版或代理销售了各种各样的激进派的作品，其中最著名的是威廉·戈德温（William Godwin）的《论政治正义及其对道德和幸福的影响》（*An Enquiry Concerning Political Justice*，1793），在戈德温写作期间，如果不是贝尔赞助他，这部作品可能就无法完成。[161]1793年11月，由于向同行批发销售托马斯·潘恩（Thomas Paine）的《人的权利》（*Rights of Man*），罗宾逊和他的伦敦公司被宣判有罪，并被处以巨额罚款。[162]贝尔方面似乎是负责把潘恩的书提供给后来入籍美国的苏格兰激进派人士詹姆斯·汤姆森·卡伦德（James Thomson Callender），因为1792年3月5日，卡伦德在信末的附言中对贝尔说："我已经吩咐雇员去查询，潘恩的书应该在这天送到。"[163]

格拉斯哥的约翰·米勒教授以激进的政治观点闻名，他的儿子写过一本关于保险的书，贝尔试图鼓动他的合伙人联合出版该书的新版本，却没能成功。在1794年7月24日的信中，罗宾逊这样答复贝尔："尽管我更喜欢与民主主义者而不是贵族打交道，但是我不想参与他的作品。我毫不怀疑他的能力，可是从这本书的性质来看，它必定会滞销，在这样的时期，不能再增加已经过于沉重的负担了。这儿的生意非常萧条，没有人会花 1 几尼买书。"[164]在同一封信的后面，罗宾逊表示不能与贝尔一起去爱尔兰——贝尔显然有过这个提议——并表达了遗憾。信中透露，政治危机给他造成了重大损失："我
398　十分乐意拜访你，带你去爱尔兰，可是我真的既没有体力也没有心情去旅行。也许我应该补充说，在这种关键时期，我不可能离家那么长时间。"都柏林的书商约翰·钱伯斯（John Chambers）是爱尔兰人联合会的创办人之一，考虑到他与罗宾逊的密切关系，罗宾逊在信中提到爱尔兰不是没有用意的。[165]罗宾逊于 1793 年和 1795 年出版了两部赞同法国大革命的作品，作者是苏格兰人约翰·穆尔——《留法日记》（*A Journal during a Residence in France*，编号315）和《法国大革命的起因与发展概观》（*A View of the Causes and Progress of the French Revolution*，编号 333），贝尔以他自己的名义在爱丁堡的报纸上为这两本书打了广告。1795 年 5 月 6 日，罗宾逊把后一本书推销给贝尔，又在 10 天后给他寄送了 50 册书的账单，并补充说："我们希望你会需要穆尔博士的更多的书。"[166]然而，当穆尔为将在第二年出版的一部新的体量巨大的小说《爱德华》（编号 340）协商版权事宜的时候，得到版权的不是罗宾逊或者贝尔，而是过去定期出版穆尔的流行小说的公司——安德鲁·斯特拉恩和卡德尔 & 戴维斯——的领导人，他们准备付给他总额 800 英镑的高额版权费。

＊＊＊

　　如前一章所见，苏格兰启蒙运动在 18 世纪中期经历了"腾飞"，当时它的 5 位创始书商——米勒、斯特拉恩、汉密尔顿、鲍尔弗和金凯德——利用伦敦和爱丁堡作为经营的基地，开始出版和推销苏格兰作者的新作品。在本章我们看到，1768 年米勒去世以后，苏格兰启蒙运动的出版业成长为一项规模更加巨大的事业。作为米勒公司的扩展，斯特拉恩和卡德尔出版社于这一年创立，变成了一个出版帝国，充分利用了伦敦 - 爱丁堡出版轴心的优势，特别是在 1771 年克里奇取代贝尔成为金凯德的初级合伙人之后。大约在同一时期，其他书商开始追随创始人的榜样，出版苏格兰作者的文学和学术新作品，他们经常表现出伦敦与爱丁堡的协作。在表二列出的初版书籍中，一些出版者的名字第一次出现在出版者信息中的日期如下：迪利兄弟和乔治·罗
399　宾逊，1767 年；约瑟夫·约翰逊，1768 年；约翰·默里和查尔斯·艾略特，

1771 年。约翰·贝尔也是在 1771 年开始自己做生意，从那时起，他积极地重印苏格兰启蒙运动的书籍，尽管直到 18 世纪 70 年代末，他才又开始出版新作品。

无论出版者居住在爱丁堡还是伦敦，第二波苏格兰启蒙运动出版者仍然主要由苏格兰人构成。不过里面也包括居住在伦敦的英格兰书商，虽然他们来自外省，也和他们的苏格兰同事一样被英格兰的当权者视为外来者。乔治·罗宾逊出生和成长的地方离苏格兰边界不远，他和约瑟夫·约翰逊及迪利兄弟都是新教徒，他们被苏格兰作者吸引很可能是由于宗教、政治和社会的关联。因此，詹姆斯·伍德罗计划出版威廉·利奇曼的传道书的时候，他首先找到了伦敦的约瑟夫·约翰逊，因为约翰逊和同情利奇曼那帮长老会温和派的新教徒有联系。约翰·穆尔考虑出版他的关于法国大革命的自由倾向的作品时，自然就转向了乔治·罗宾逊。相比之下，里文顿和朗曼地位稳固的伦敦出版社几乎不与苏格兰作者接洽，也很少出版他们的作品。

第二波出版者拓展了苏格兰启蒙运动出版业的基础，主要带来两方面的效果。首先，为了取得最有价值的作者和原稿，书商之间的竞争更加激烈了，付给优秀作者的版税也水涨船高。尽管斯特拉恩和卡德尔很卓越，他们的出价偶尔会被其他人，特别是艾略特和罗宾逊（和贝尔）超过，他们越来越清楚地意识到，为了在行业中保持最高的地位，就不得不违背本意付给作者更多的报酬。1774 年议会上议院对版权问题做出最后的判决，一锤定音确定了有限的版权。尽管斯特拉恩相信这个决议会影响上述趋势，实际上它却没有造成可以预见的影响。那是因为版权的有效时间对版税的影响比较小，版税更多地取决于其他因素，包括出版者之间的竞争、法律和政策的稳定性，最根本的是公众大量消费书籍的意愿。主要出版者不停地哀叹他们的困境，但是他们全都变成了富人，就像我们在第三章中看到的，大多数畅销书作者也富了起来。

其次，为不能取得大量版税的书籍的出版创造了出口。假如有抱负的作者能够把原稿卖给斯特拉恩和卡德尔或者艾略特，就有可能拿到好几百甚至数千英镑的报酬。对于作者而言，这是最令人满意的结果。但是如果没有出版者愿意为他们的原稿支付大量报酬，那么他们还可以去找约翰·默里、迪利兄弟、约瑟夫·约翰逊或者约翰·贝尔。这样虽然拿不到很多钱，但还是可以把作品交给声誉好的书商用适当的规格出版，而且他们的作品总是有机会成为销路良好或者畅销的书，收到决定性的称赞，并有可能产生这种或那种形式的额外的物质报酬。靠着这种方式，开始于18世纪60年代的苏格兰启蒙运动出版的第二波浪潮，刺激作者们以休谟和罗伯逊为榜样，努力写作，对于向苏格兰寻求更多智力养料的国际读者群体，新途径的出现满足了他们的需要。

第六章 威廉·克里奇的成就

米勒－卡德尔与斯特拉恩家族和罗宾逊家族在伦敦的公司支配了伦敦－爱丁堡出版轴心，但是他们在爱丁堡的同行也值得注意。18世纪晚期，爱丁堡最著名的书商是威廉·克里奇（1745—1815），本章考察了他的出版生涯和名声。表二列出的书籍中，有60部以上作品的第一版的出版者信息中带有克里奇的名字。本章将展示他不仅作为爱丁堡的金凯德的门生，还作为伦敦的斯特拉恩和卡德尔的门生的成长经历，以及他如何在对伦敦合伙人的忠诚和服从与出版启蒙书籍的强烈使命感之间取得平衡。在爱丁堡的图书业，阿奇博尔德·康斯特布尔是克里奇的一个年轻竞争对手，他对克里奇的职业生涯进行了冷嘲热讽的描述。从19世纪初以来，他的观点决定着人们对克里奇的名声的看法，本章会将这些观点与我的发现进行对比。

书商生涯

威廉·克里奇的父亲是与他同名的一个苏格兰长老会牧师。他的母亲是英格兰人，名叫玛丽·布利（Mary Buley或Bulley），18世纪20年代她还是个少女的时候，就来到了苏格兰，随后受雇于罗克斯堡郡的克雷林庄园（Crailing House）的第五代克兰斯顿勋爵（the fifth Lord Cranstoun）家。她很可能是在18世纪30年代遇到了老威廉·克里奇，老克里奇当时在克雷林庄园担任乔治·克兰斯顿（George Cranstoun）的家庭教师，而玛丽·布利服侍的是乔治·克兰斯顿的姐妹。克雷林是第三代洛锡安侯爵的所在地，侯爵的姐妹简是克兰斯顿勋爵的妻子，老威廉·克里奇夫妻都受惠于这个贵族家庭。在洛锡安侯爵的帮助下，1739 年老克里奇成为纽巴特尔的牧师，那是爱丁堡东南数英里邻近达尔基斯的一个小教区。老克里奇次年和玛丽结婚，他们 5 年间生了 4 个孩子，其中一个在婴儿期夭折了。未来的书商是克里奇夫妇最小的孩子，出生于 1745 年 5 月初，他的父亲 3 个月之后就去世了，他的两个姐姐又在 1749 年死于天花。1750 年左右，玛丽·克里奇写信给一个英格兰亲戚试图索要一枚她认为外祖母（姓夸密［Quarme］）打算留给她的戒指。信中，她描述了自己与幼子的困境，并指出，万一她死了，就会"抛下一个不幸的孤儿留在陌生的国家里"[1]。但是玛丽·克里奇的运气很好，第三代洛锡安侯爵和他的第一个妻子玛格丽特·尼科尔森（Margaret Nicholson）"像父母一样对待我和我那丧父的孩子，一直如此"。结果，年轻的威廉·克里奇尽管没有父亲，却享有受教育的机会。

克里奇年轻时就读于达尔基斯学院，那是当时苏格兰最负盛名的文法学校。之后，他进入了爱丁堡大学。经典名著和其他标志着精英教育的学习帮他打下了牢固的基础，这种组合给他带来了良好的社会关系，帮他建立了突破社会阶级界限的联系方式并保持终生。同时代的传记作者罗伯特·弗莱明是克里奇的财产的遗嘱执行人。根据他的记述，克里奇和其他人在达尔基斯学院就读时，著名的教师詹姆斯·巴克利（James Barclay）正在那里任教，后来他们"以'巴克利学者'的名义在社交聚会上集合，谈论他们年轻时的事迹"。克里奇积极地参与这样的集会，直到他 1815 年去世，这一年也是巴克利去世之后大约 40 年。还有 20 多人也是如此，他们过上了"相当体面的生活，其中一些人甚至家财万贯，位高权重"，例如政治家拉夫伯勒勋爵亚历山大·韦德伯恩、梅尔维尔子爵（Viscount Melville）亨利·邓达斯（Hery Dundas）。[2] 丈夫死后，玛丽·克里奇在达尔基斯经营一家寄宿公寓，学院中有一些出身高贵的学生——包括基尔莫斯勋爵（Lord Kilmaurs）、未来的第十四代格伦凯恩伯爵——曾经在克里奇家居住过。

根据爱丁堡大学的入学考试记录，克里奇在 1762—1763 年上过休·布莱尔的修辞学和纯文学课程，1763—1764 年听过詹姆斯·拉塞尔的自然哲学课程。一些喜爱卢梭和感伤文学的年轻人私下组成了一个小集团，他也是焦点人物之一，其中至少有 4 个人后来成为爱丁堡的教授：亚历山大·泰特勒（后来的伍德豪斯利勋爵）、艾伦·麦科诺基（后来的米多班克勋爵）、约翰·布鲁斯和詹姆斯·格雷戈里。[3] 克里奇和麦科诺基、布鲁斯，再加上另外 3 个人，创办了著名的学生辩论俱乐部思辨学会（Speculative Society，成立于 1764 年 11 月），克里奇在那里发表演说，包括"社会一般化、文学机构特殊化的益处""灵魂的不灭性""上帝的属性和天意""行为的不稳定性"和"信仰的原则"等主题。[4] 在 18 世纪晚期的爱丁堡，克里奇做好了在上流社会的长老会世界取得成功的准备。进一步增强他的资历的还有他的品格。后来，他成为圣吉尔斯大教堂的高教堂的长老，1786 年与人联合创办了爱丁堡商会，担任教士子女救济团的书记，担任爱丁堡训练公会的总指挥，做过市议会的议员（1779），做过地方法官（1788、1789、1791），还在 1811 年当上了市长，这些都证明，作为一个正直的市民，他有着虔诚的信仰和对公民义务的强烈责任感。

　　苏格兰启蒙运动的许多重要人物都属于专业精英，如果克里奇在爱丁堡完成了他想读的医学课程，可能就加入了这个行列。但是，克里奇走上了不同的道路。离开学校后，他成为书商亚历山大·金凯德及其初级合伙人约翰·贝尔的徒弟。这个机会也应该归功于那个多年来培养了他的贵族家庭，因为金凯德的妻子卡罗琳·克尔是第一代洛锡安侯爵的孙女，也就是侯爵的儿子查尔斯·克尔勋爵（Lord Charles Kerr）的女儿、第三代洛锡安侯爵的堂姐妹。1760 年 10 月，这种联系进一步强化了，金凯德夫人的姐姐琼·珍妮特（Jean Janet）成为第三代洛锡安侯爵的第二任妻子。[5] 1764 年，克里奇过完 19 岁生日之后 1 个月，他的母亲去世，金凯德家收留了他，像对待养子而不是徒弟一样照顾。金凯德夫妇希望克里奇能够成为他们的亲生儿子亚历山大的榜样，小亚历山大的行为从来没能符合他们的期望。8 年后，克里奇带着年轻的亚历山大一起旅行去伦敦时，金凯德夫人写信说，她希望他们两个"像兄弟一样互相敬爱和生活"[6]。

　　然而，此时克里奇面对的未来还是不确定的。一方面，他受到过极其良好的教育，是个人际关系非常好的"能干的小伙子"，拥有知名的赞助者和鼓舞人心的前途。另一方面，他十几岁时成了孤儿，在一个书商家做学徒，他

404

们显然已经有了继承人，又有一个名叫约翰·贝尔的有能力的年轻合伙人。克里奇的个人处境很暧昧，即使他后来获得了成功，这种情况也没有完全解决。尽管他和他所服务的专业精英一样，过上了上流社会的文人生活——由巴肯伯爵选拔，他成为苏格兰文物研究学会的创办人，并在爱丁堡皇家学会成立初期，当选为学会文学部的成员（1784 年 1 月 26 日）——但是他从来没有忘记，作为一个生意人，他是为别人提供服务的。芭芭拉·本尼迪克特认为，克里奇的这种处境并不独特：这是所有有文化的 18 世纪书商面临的共同难题，他既站在书籍的读者和消费者一边，又不属于他们，因为他与印刷文化的关系在很大程度上是通过商业连接起来的。[7] 但是克里奇将这种二元分界推到了极致，有时同时受到书商和文人的指责。

1766 年 7 月，克里奇 21 岁，出发去伦敦"寻求职业上更大的发展"，弗莱明如此叙述。[8] 他造访了荷兰、法国和伦敦，直到 1768 年 1 月才回到苏格兰。他关于这次远行的日记透露了一些信息。[9] 这些日记和詹姆斯·博斯韦尔 1762—1763 年写的更为详细的伦敦日记类似，记录了 18 世纪 60 年代第一次造访伦敦时，一个年轻的苏格兰人表现出的敬畏和疏离的感觉。1766 年 8 月 1 日，他乘坐的船停靠在泰晤士河边一个接近小旅馆的码头，从那时起他就明显感到了疏远：他的一个"说着口音很重的苏格兰话"的伙伴向房东和他的女仆问问题时，"他们瞪着他，好像他是外国人，还一起嘲笑他说话的方式"（第 11 页）。船的下一站靠近福拉斯第德天文台，他在那里遭遇了更恶劣的对待："我们刚从码头登陆，就在啤酒馆受到一些家伙的侮辱，因为我们是苏格兰人。"（第 19 页）和之前的博斯韦尔一样，为了保护自己免受这种歧视，克里奇立刻开始了文化适应过程。"我尽可能避免做出凝视或者任何表示惊讶的动作，"他写道，"免得被当成外地人。"（第 19 页）

在伦敦的第一个星期，一切都让他惊奇。普通平民的"粗鲁无礼"令他震惊。酒吧的匿名性也使他大吃一惊，完全不认识的人抽着烟斗，喝啤酒，谈论政治（第 21—22 页）；还有饮食店冷淡的服务，例如宝街（Beau Lane）的"皇冠与玫瑰"餐馆：

在那里你会看到各种各样的肉，你能想到的都有——烧烤、炖煮、烘焙，等等。挑选好之后，我们告诉侍者给我们上这样一个菜。然后走到楼上，进入一个非常狭长的房间——有50人以上在那里进餐，房间都被分隔成这样一种包厢［克里奇画了一个简图］，我们走进其中一间，拿到一盘肉和一品脱黑啤酒，它们被放在很小的盘子上送进来。（第29页）

咖啡馆的便利给克里奇留下了深刻的印象，"任何单身绅士都可以去那里吃早餐或者晚餐，价格非常公道"（第27—28页）。在一个星期天出售的大量水果、蛋糕和牛奶让他有些"不知所措"（第22页）。那里的女性大胆的举动也让他大为吃惊，她们会随意地挽起任何绅士的手臂，"不但没人指责她们鲁莽——而且认为这很时髦"（第24页）[10]。皇家交易所（Royal Exchange）的国际性更加吸引了他，伏尔泰在《英国书简》（*Letters concerning the English Nation*，1733）中很好地描述过那种景象，每个群体都以自己的步调做着各自的事务。城市的忙碌和喧闹令他恐惧，他评论道："一个人不可能站在这里好好看街上的任何东西——人群如此拥挤，一不小心就会被撞倒。"（第31页）

其他来到伦敦的苏格兰旅行者也有类似的反应。这些提醒我们，在苏格兰与英格兰合并大约60年之后，伦敦和爱丁堡的文化差距仍然很大。[11]不过，克里奇很快就适应了伦敦的新环境。他的日记显示他经常参加罗宾汉俱乐部的流行讨论，去沃克斯豪尔和拉内勒夫的游乐园，还去戏院看加里克的表演。其中一条甚至让人想起博斯韦尔，他用很平常的语气提到前往城市的红灯区："查令十字街——妓院——11点到家。"他已故的母亲有一个亲戚斯特雷奇夫人（Mrs. Strachey）居住在威斯敏斯特的唐宁街，克里奇寄宿在她家，据推测，他省下了博斯韦尔必须支付给女房东的每月3英镑10先令的租金，外加每餐一个先令的饭钱。[12]他还在日记中偶尔提到他母亲的另一个亲戚夸密夫人，她可能也提供了一些帮助。

1766—1767年，克里奇在伦敦做了些什么？在他离开的这段时期，金凯德家经常讨论这个问题。金凯德家一个年轻家庭成员——在信中被称呼为佩姬小姐（Miss Peggy）——试图让年轻的亚历克斯·金凯德（Alex Kincaid）相信，克里奇对公司的生意"很少关心"。这时，家庭教师亚历山大·亚当巧妙地为克里奇做了辩解，他常常向感到烦恼的克里奇通报金凯德家发生的所

406

有事情，在克里奇和保护人亚历山大·金凯德夫妇之间起到了中间人的作用。[13] 1777 年，亚历山大·金凯德去世之后，这个问题再次浮出水面，遗嘱执行人到处搜寻 1760 年以来的账簿，发现有大量付给伦敦的克里奇的款项，他们认定那是没有归还的借款，想要收回那些钱。克里奇为自己辩解，声称他是应金凯德的要求，接到通知去伦敦旅行的，而且在伦敦期间他是自费的，"从抵达伦敦开始直到离开的那天，他完全致力于从事金凯德先生的业务，唯一担心的事情就是怎样为金凯德先生服务"[14]。

克里奇的日记证实，他在伦敦的确用了一部分时间（虽然不是每天）为金凯德&贝尔工作。日记中的记录显示，他"收到金凯德先生的委托信件"，"去城里为金凯德先生工作，直到四点"，"给贝尔先生做生意"，"整个上午都忙着为金凯德先生跑业务"，诸如此类。还有其他资料支持这些记录。1766 年 11 月 13 日，克里奇从伦敦给一个在爱丁堡的朋友写信说："金凯德先生和公司有太多业务需要做，最近短短几个星期，为了回复信件我已经耗费 3 刀以上的纸张。"[15] 1767 年贝尔寄给克里奇的几封信的复本里有更生动的细节。[16] 举例来说，3 月 27 日，贝尔列出了一批克里奇打算用来交换英格兰书籍的苏格兰书籍书目，并谈到了协商重印纳森·贝利（Nathan Bailey）的《通用词源英语辞典》的可能性，尽管其版权属于伦敦的主要书商。6 月 12 日，贝尔告知克里奇，他要购买 12 册威廉·罗伯逊的《苏格兰史》，并让克里奇询问安德鲁·米勒是否愿意联合出版凯姆斯勋爵的《批判原理》的新版本（1769 年出现了新版本）。6 月 22 日，贝尔计划让克里奇去拜访海牙、鹿特丹、阿姆斯特丹和巴黎的书商，照清单购买特定的外国书籍，并安排任何适合在爱丁堡销售的外国作品的交易。"我们欠了你一些钱，可能你正好需要，"贝尔补充说，"不管在伦敦还是任何你正好在的地方，你都可以支取。"

现在已经证实，克里奇受雇于金凯德&贝尔公司，是他们在伦敦和欧洲大陆的代理人，但是这仍然没有解答一个让金凯德的遗嘱执行人感到困惑的问题。金凯德为什么会将这个任务委托给一个缺乏经验的 21 岁小伙子呢？他刚到公司两年，还只是一个学徒。针对遗嘱执行人的指控，克里奇的合法辩护中的一个回答引人注目："［克里奇］离开爱丁堡之前，当时还与贝尔先生在一起的金凯德先生已经计划要减少贝尔在公司的股份，拿一部分给克里奇先生，并送他去伦敦和欧洲大陆，提升他对出版业的认识，好接手生意。"[17]
如果这段回忆是准确的，克里奇去伦敦的时候就知道，他正在接受做金凯德
继承人的训练，安德鲁·米勒也是用这样的方法培养托马斯·卡德尔接手他
在伦敦的书籍销售公司的。然而，约翰·贝尔的存在让事情变得复杂了，给
计划的执行带来了困难，这是米勒和卡德尔没有遇到过的。

　　克里奇要在伦敦学习做图书生意，特别是最后的出版部分，最好的方法
就是与卡德尔和他的出版合伙人、金凯德的老朋友威廉·斯特拉恩结交。他
无疑这样做了，克里奇在日记中提到了这两个人（例如"与卡德尔一起直
到两点左右"，"与斯特拉恩先生一起进餐"）。不过，这些记录并不能充分反
映克里奇在伦敦时与卡德尔，特别是与斯特拉恩的关系到了什么程度。罗伯
特·弗莱明评论过他们的密切关系[18]，后来的通信表明，克里奇那时显然已
经成为斯特拉恩的学徒。正如我们已经看到的，斯特拉恩和卡德尔打算以他
们与苏格兰作者及金凯德和鲍尔弗的爱丁堡公司的联系为中心，将米勒的事
业扩展成一个出版帝国。但斯特拉恩和卡德尔认为，问题在于，约翰·贝尔
不是他们在爱丁堡的同盟者的适当人选。克里奇造访伦敦时，碰巧遇上卡德
尔和贝尔之间的敌对状态逐渐升级。我们在第四章末尾已经讨论过，关于亚
当·弗格森的《文明社会史论》的出版策略，他们的分歧特别严重。克里奇
的书商职业生涯可能在很大程度上要归功于这个巧合。

　　1768 年 1 月克里奇回到爱丁堡时，他的地位再次变得不确定起来。他重
新开始在大学学习，根据入学考试的记录，他第二次参加了布莱尔的修辞学
课程，还听了亚当·弗格森的道德哲学课程。这种训练很有价值，既给克里
奇成为文人书商的未来做准备，使他能够以对等的条件和作者结交，评价他
们的原稿，又让他有机会接触爱丁堡的一些重要的专业学者——这些学者后
来就成为他的作者来源。

　　无论克里奇去伦敦之前金凯德私下对他做过什么承诺，在他回来以后，409
金凯德仍然没有就未来他在公司的地位做出任何公开的表态或行动。不过，
现在克里奇有了一个强大的伦敦同盟者，这位同盟者愿意利用自己的影响力，
促进年轻朋友在爱丁堡的职业发展。我们在第五章中已经看到，1768 年夏天
斯特拉恩造访爱丁堡，后来在一封 9 月 19 日写给克里奇的信中，斯特拉恩说

他"提出了一个大胆的建议"，想说服金凯德用克里奇取代贝尔，"那时金凯德答应我说他会立刻开除贝［尔］"，斯特拉恩这样叙述。他引用 4 天前写给金凯德的另外一封信，表明他是怎样试图"逼迫"他的老朋友的：

> 我用自己能想到的每一个理由催促你和贝尔先生分开，与你这个正派、实干的年轻同伴联手，他天性勤奋、诚实、节制、乐于助人，无疑是可以信赖的，他可以帮你照管你不可能自己去处理的一部分生意［即合作出版苏格兰作者的书］。克里奇先生显然是个合适的人选；当然，我相信你必定会成为比我更有能力的评判者。[19]

10 月 25 日，金凯德在回复中保证他"坚决地决定"履行这个计划。12 月 22 日，斯特拉恩在信中告诉克里奇，"不过看来他仍然没有任何行动"。看到金凯德不愿意"做他真正想要做的事情"，斯特拉恩向他失意的朋友提出了多个可选择的办法，其中之一是他年轻时实行过的，就是离开爱丁堡去伦敦"开辟自己的道路"：

> 我真的不知道应该提出什么样的建议了。能说的话我已经全都对他说过了。总之，我认为到了春天，如果金凯德的决定没有改变，你提出和他一起去［伦敦］；如果他的决定变了，你就自己去伦敦。就算在伦敦做一个鞋匠的徒弟，也好过留在爱丁堡陷入最糟糕的无所事事的状态。如果你觉得能够自己在爱丁堡安身立命，拥有还算不错的成功前途，那么你可以在这里设置通信联系。如果不行，就立刻下决心留在这里，不要回头，开辟你自己的路，就像众多苏格兰人前辈做过的那样。我看不到有别的办法。你在这种不稳定的、赋闲的、无聊的状态中停留得越久，就会变得完全不可原谅，如果在下个春天到来之前你不能全解决这件事，我认为你就没有一点理由去设想你将来能做成什么了。

"毕竟我毫不怀疑，"斯特拉恩补充说，"当你进入社会开创自己的事业（非常遗憾你还没有开始），由于你勤奋、活泼、乐于承担责任，你会使自己出名，朋友的数量每天都会增加。"

　　克里奇听从了斯特拉恩的建议,1769年4月,他跟随金凯德一起去了伦敦。不过情况依旧没有发生变化。第二年,克里奇与他的童年伙伴基尔莫斯勋爵一起踏上遍游欧洲大陆的教育旅行,游历了一些欧洲国家,其中几个地方是他1767年去过的。[20]1771年1月,他回到苏格兰,发现金凯德仍然没有准备行动,感到很气馁。2月1日,克里奇在一封写给"艾利"·麦科诺基的信中描述了他的两难困境:他不愿意离弃金凯德,但是又不能再继续浪费时间了。接着,"来自伦敦的一个聘请"让事情"到了关键时刻",金凯德终于同意,在5月的圣灵降临节与贝尔"彻底分手"。克里奇将"得到他一半的生意,他还承诺我可以在两年内得到全部,所以只要我的身体健康就有希望,我应该耐心等待"。结果,克里奇的前途未定的时期结束了,他的自信心得以增强。"一切尘埃落定,命运将决定我在爱丁堡的位置,"他感叹道,"我完全变了个人;我的精神摆脱了悬念的束缚,现在我可以和朋友们一起享受自己的生活了。"[21]

　　1771年2月27日,《爱丁堡晚报》刊登了克里奇期盼了几年的通告:金凯德与贝尔的合作关系将于圣灵降临节解除,金凯德"会任用另一个合伙人,在老的店铺里经营业务"。没有指明名字的新合伙人当然是克里奇,老的店铺是指金凯德在卢肯布斯经营的店。迫使金凯德最终做出决定的来自伦敦其他出版者的聘请可能是威廉·斯特拉恩精心安排的。7月16日,他写信给克里奇说:"衷心恭喜你与我永远尊敬的老朋友即将开始愉快的合作,我希望并且确实毫不怀疑,你们会互相满意,度过富有成效的每一天……并且团结一致,我期待听到你一切顺利的消息。"(图6.1)斯特拉恩的确有理由高兴。他让自己信任的人进入了一个关键的爱丁堡图书销售公司,从而确保了在金凯德退休以后的很长时期内,他和卡德尔建立的书籍出版帝国仍然拥有稳固的苏格兰关系。两年后,金凯德正式中止了他与克里奇的合作关系,签字将价值1779英镑13先令11便士的库存书籍转让给克里奇,加上利息和与金凯德共享的特定版权,他的借款总额达到2008英镑13先令3便士。[22]克里奇负债累累,但是他在为自己做生意。1773年夏天之前,他在宣传个别出版物时只将自己的名字列在出版者信息中。几个月以后,他在报纸广告中将自己的名字确定为"威廉·克里奇(金凯德先生的继任者)"。在两年半不到的时间内,

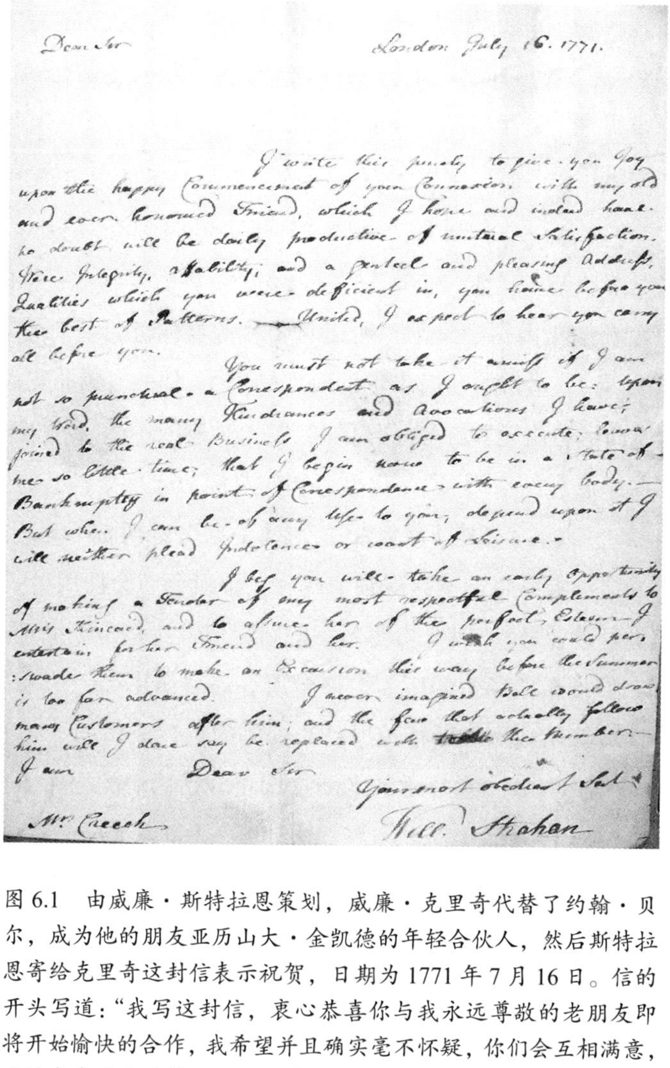

Dear Sir London July 16. 1771.

I write this purely to give you Joy upon the happy Commencement of your Connexion with my old and ever honoured Friend, which I hope and indeed have no doubt will be daily productive of mutual Satisfaction. Were Integrity, Affability, and a genteel and pleasing Address, Qualities which you were deficient in, you have before you the best of Patterns. — United, I expect to hear you carry all before you.

You must not take it amiss if I am not so punctual a Correspondent as I ought to be: upon my Word, the many Hindrances and Avocations I have, joined to the real Business I am obliged to execute, leave me so little time, that I begin now to be in a State of Bankruptcy in point of Correspondence with every body. — But when I can be of any Use to you, depend upon it I will neither plead Indolence or want of Leisure.

I beg you will take an early Opportunity of making a Tender of my most respectful Complements to Miss Kincaid, and to assure her of the perfect Esteem I entertain for her Friend and her. I wish you could persuade them to make an Excursion this way before the Summer is too far advanced. I never imagined Bell would draw many Customers after him; and the few that actually follow him will I dare say be replaced with treble the Number. — I am

Dear Sir

Your most obedient Servt

Will. Strahan

Mr. Creech

图 6.1　由威廉·斯特拉恩策划，威廉·克里奇代替了约翰·贝尔，成为他的朋友亚历山大·金凯德的年轻合伙人，然后斯特拉恩寄给克里奇这封信表示祝贺，日期为 1771 年 7 月 16 日。信的开头写道："我写这封信，衷心恭喜你与我永远尊敬的老朋友即将开始愉快的合作，我希望并且确实毫不怀疑，你们会互相满意，度过富有成效的每一天……并且团结一致，我期待听到你一切顺利的消息。"（威廉·克里奇书信集，阿德布莱尔档案室的布莱尔·奥利芬特）

克里奇从一个对其职业前景不确定的学徒变成了金凯德的合伙人，最终得到了金凯德的唯一继任者的地位，经营位置很好的卢肯布斯店铺。他和金凯德保持着密切的关系，1777 年 1 月，金凯德突然去世，距离克里奇的未婚妻（克尔小姐，可能是金凯德夫人的一个亲戚）去世不到一年。克里奇向詹姆斯·贝蒂吐露，金凯德的死"致使我完全不能处理生意……我无法向你表达这个悲伤的事件使我受到怎样的打击"[23]。

1771 年克里奇取代约翰·贝尔的时候，金凯德卸去了自己作为书商的大部分工作，只是偶尔过问一下出版事务，生意基本上都交给克里奇打理。他们很快明白，贝尔没有构成严重的威胁。"我从不认为贝尔会吸引走很多顾客，"1771 年 7 月 16 日，斯特拉恩写信给克里奇说，"我敢说，会有一群作者取代跟随他的少数作者。"这个判断对于作者无疑也是正确的，主要是因为在贝尔离开公司之后，金凯德和克里奇仍旧保留了与斯特拉恩和卡德尔的至关重要的出版关系。1772 年春天，克里奇和小亚历山大·金凯德一起再次造访伦敦的时候，这种关系得到了巩固。"克里奇先生将在伦敦逗留一段时间，"当时约翰·鲍尔弗写信给一个朋友说，"你会在斯特拉恩先生的印刷者卡德尔先生等人那里听到他的消息。"[24]

克里奇单独或者和金凯德一起与斯特拉恩和卡德尔合作，有时会和卡德尔一个人合作，表二列出的书的第一版有 40 本以上都是他们的出版物，还有许多受欢迎的作品由他们在第一版出版之后获得，例如巴肯的《家用医疗》和彭斯的《苏格兰方言诗集》。连这些令人印象深刻的数字也没有说出全部的情况，因为还有另外一些书，例如亚当·斯密的《国富论》，它们实际上是由克里奇在爱丁堡与斯特拉恩和卡德尔联合出版的，但是出版者信息上没有标上他的名字。[25]只要与苏格兰启蒙运动有关，在 18 世纪晚期的伦敦 - 爱丁堡出版合作关系中，斯特拉恩、卡德尔和克里奇的公司之间的协作就是最重要的。

克里奇与他的伦敦合伙人的关系是复杂的。伦敦是一个比爱丁堡大得多的书籍市场，特别是对于昂贵的 4 开本书来说。克里奇经常做一些较小的投资，因此在联合出版作品时拥有的版权份额较小，典型的情况是克里奇拥有三分之一的版权，他的合作伙伴则拥有三分之二，这也是他处于劣势的原因之一。

413

由于这些原因，克里奇理解并接受这种次要角色。而且，他从没有忘记，斯特拉恩和卡德尔教过他怎样做出版生意，并帮助他成为金凯德的合伙人。他们起到的导师作用要超过金凯德。

　　特别是斯特拉恩，他比克里奇年长许多，在这个孤儿书商的生活中，他的角色就好像是父亲。尽管斯特拉恩写给克里奇的信是友好的，有时还是亲密的，但其中偶尔也有严厉的批评。克里奇在 1776 年 3 月 25 日寄出的一封信一定是太漫不经心了，让斯特拉恩看不惯，于是 4 月 11 日斯特拉恩在回信中大发宏论，说有必要防止"轻浮的行为冒头"，避免"看上去不慎重的举止"。为了证明他的论点，他退回了那封令人不愉快的书信，让克里奇自己考虑他的错误行为。两年后，斯特拉恩威吓说要使用更加严厉的手段。由于克里奇在不恰当的时候动用他的账户，斯特拉恩感到惊讶和恼怒，1778 年 11 月 19 日，他在一封信中宣布，他决定推迟承兑他的朋友的账单，直到问题以令他满意的方式得到解决。还有一次他退回了克里奇的信，并在回复中要求克里奇修改自己的信，好让他读起账目来舒服。接着，斯特拉恩拒绝

414 了克里奇不久前的联合出版的提议——一部没有命名的弗朗西斯·霍姆的医学作品（可能是编号 207 的那本），一部布封的多卷本译著（编号 212）——并将布封的作品当作借口，教训他出版者要是自不量力会让自己处于危险的境地：

　　　　对于做生意的人，特别是对年轻的商人来说，超出自己能力，承接过多的任务是最为有害的，这种做法自然会带来金钱上的压力，让他财政拮据，无法保持业务的信用度和满意度。这种做许多交易的倾向是暗礁，我知道有很多可敬的和在其他方面聪明的人因此翻了船。

在附言中，斯特拉恩仍采用训诫的口吻，明确提醒克里奇谁才是主导者：

　　　　你下次写信的时候，要详细地答复卡德尔先生的信件的几个部分，因为我觉得你似乎没有充分认识到你身上实际存在的问题，也不知道我们为与我们有关的这几本书预付了多少钱。你要明白，你的这个缺点……

从最初就存在，直到现在。

　　在给予克里奇足够的训斥之后，斯特拉恩改变了想法，终于同意兑现他的账目，"这是为了避免对你的信用造成任何损害，不管是在这里还是在家里"。1776 年 4 月 11 日，斯特拉恩在信件的结尾也说明，他的责难的意思是出于父亲般的忠告的精神："对于我的坦率和友好的训诫，我希望你把它当成我对你尊敬的表示，我信任你的良好领悟力，相信你会恰当地利用它。"

　　通常，克里奇会尽力避免在行动上给他的伦敦合伙人留下傲慢自大的印象，在就弗格森的《文明社会史论》与卡德尔不断进行争论时，约翰·贝尔的态度就是那样。1774 年，伦敦和苏格兰的出版者围绕着版权的争斗达到了顶点，克里奇陷入了尴尬的境况：他感到有义务支持斯特拉恩和卡德尔的立场，赞同永久版权，至少在写给斯特拉恩的私人信件中他表示了对斯特拉恩的支持，但是这样做就会显得他背叛了苏格兰出版行业的其他成员——斯特拉恩在英国下议院引用了克里奇的私人书信支持自己的论点，更加强化了克里奇"背叛者"的形象。在版权斗争中，约翰·贝尔是反对伦敦书商的爱丁堡领袖，在他看来，克里奇的行为应当受到谴责。在这个背景下，永久版权的另一个反对者约翰将"擅长跳舞的书商克里奇"称作"无足轻重的人"。在同一封信中，默里评价道，在支持永久版权的过程中，克里奇的行为违背了 415 他自己的经济利益。[26]

　　克里奇的合伙人的某些做法有时也会考验他的忠诚度。许多年以后，（卡德尔&戴维斯公司的）小托马斯·卡德尔为了规范他们之间的协议与他联络时，克里奇气愤地（肯定夸大了许多）回想起老托马斯是怎样不公正地在伦敦管理他们的联合出版的。老卡德尔没有按照克里奇的版权份额将相应数目的图书交给他，由他将这些书批发给其他苏格兰书商，而是"选择自己掌握市场的控制权"。这意味着克里奇不得不和其他苏格兰书商一样，从伦敦预订和购买他自己参与出版的图书，唯一的优惠是他能享受较低的价格。有时他还会被完全忽略：

　　　　有很多书被印出来、卖掉了，我却没有得到通知，其中还有很多书我从未看到过。毫无疑问，图书在伦敦的生产速度比在这里更快，伦敦是巨大的书籍销售市场。我不记得拿到过的份额，只有当我的销售紧缺时才提供给我勉强够用的补给。多年以来，这里的销售量受到限制，你们廉价供货给每一个苏格兰同行，而我的数量微不足道的份额却被指定为认购价格。这种惯例明显是荒谬和不公正的。我没有说这种惯例是故意的，但是属于疏忽和过失。[27]

按照克里奇的说法，在伦敦协作完成的多次出版中，仅有一次他从每一个版本拿到了公平的份额，尽管"当我印刷或者重印任何我们共有的出版资产时，我总是把全部的份额都送到伦敦"。那一次拿到公平份额的出版物就是威廉·巴肯的《家用医疗》，这本书是由斯特拉恩而不是卡德尔负责管理的。

即使在认为自己受到了忽视的时候，克里奇对斯特拉恩和卡德尔的忠诚也从来没有动摇过。但是他对伦敦的导师的服从有一定的限度。在第五章里我们看到，克里奇从来没有主动与他在爱丁堡的竞争对手约翰·鲍尔弗协力合作过，除非斯特拉恩坚持要他那样做。出版者的名字出现在出版者信息中的次序是我们了解真相的另一种途径。尽管如此，当克里奇监督联合出版物的印刷时，他通常还是把斯特拉恩和卡德尔的名字放在自己的名字前面，这个习惯是从他的师傅金凯德那里继承来的。表二的第一版书籍中，有 8 种带有爱丁堡印记的书籍，金凯德都把安德鲁·米勒或者斯特拉恩和卡德尔的名字放在自己名字的前面。其他的爱丁堡书商一般也这样做，有时是谦虚礼貌的行为，有时是因为伦敦的联合出版者资格比较老或者拥有的版权份额比较大。[28] 克里奇与斯特拉恩和卡德尔以外的其他伦敦书商联合出版了表二里的十几本书的第一版，与约翰·默里合作的次数尤其多，而他在出版者信息中一般不会把这些合作者放在自己前面。[29] 实际上，他与斯特拉恩和卡德尔联合出版时也有例外的情况。例如，他在印刷凯姆斯的《人类历史纲要》1774年的第一版（编号 164）、布莱尔的《传道书》1777 年的第一卷的第一版（编号 188）《镜子》1781 年的第一版单行本（编号 217）以及詹姆斯·贝蒂的《苏格兰语研究》1787 年（编号 267，只与卡德尔合作）的扉页时，就把自己的名字放到了前面。

我们可以通过休·布莱尔的《传道书》的出版史做更进一步的考察。出版者信息显示，该书第一卷的第一版于1777年在爱丁堡印刷。然而根据ESTC的记载，在随后的18世纪晚期，不列颠出现的几十个版本的多卷本《传道书》出版者信息都显示为伦敦。但是我们不能依据这个事实就推断它们都是在伦敦印刷的。举例来说，第三卷最初就是在爱丁堡印刷的，出版者信息上的出版地却显示为伦敦。[30] 类似地，1793年10月25日，第四卷准备出版时，布莱尔写信给卡德尔说："克里奇先生坚决主张，这本书应该在这里印刷，我的《传道书》的其他几卷都是如此，其实我自己也倾向于这样做，这样就可以省去在爱丁堡和伦敦之间来回传送这么多纸张的麻烦；在身边印刷总是会便利一些的。"11月3日的回信中，卡德尔"愉快地"同意了这个请求。[31] 417

布莱尔后来写道，由于纸张短缺和"他们正在印刷非常大规模的作品"，印刷耗费的时间超过了预期；其他资料显示，第三卷和第四卷首印数都是6000册，虽然这个数字与这两卷书每一卷的前两个版本的印数之和持平。[32] 在斯特拉恩的档案文件中直到1794年9月才出现第四卷的迹象，当时安德鲁·斯特拉恩印刷了该卷第三版的3000册（SA 48817，第19页）。因此虽然斯特拉恩的档案文件证实，布莱尔的《传道书》的许多版本事实上是在伦敦印刷的，而且印数常常十分巨大（SA 48815、58816、48817和48818），不过也有一些在爱丁堡印刷的书将出版地"伪造为"伦敦。这个证据暗示，克里奇在爱丁堡监管了很多书籍的出版，其数量远远超过仅凭出版者信息可以得出的结论。这也说明，在与作者密切交往、监督出版新作品的第一版的过程中，克里奇有时担当支配的地位，而这一般是由伦敦的书商占据的。

作为出版者，克里奇最大的优点是他擅长吸引苏格兰文人，培养他们成长为作者。詹姆斯·贝蒂就是一个范例。克里奇取代贝尔成为金凯德的合伙人时，贝蒂正不满金凯德没有足够积极地推销《吟游诗人》（编号141），还克扣他应得的收益，伦敦的联合出版者询问第二版的事情时又没有迅速地回应。[33] 克里奇接管贝蒂的事务后，他们的关系发展成了18世纪作者－出版者之间最热情的关系之一。[34] 贝蒂后期作品的第一版全部都是由克里奇参与出版的，有时与迪利兄弟合作（编号141第二册和173），有时与斯特拉恩和卡

418　　德尔合作（编号 229 和 258），或者与卡德尔单独合作（编号 267 和 291）。在出版贝蒂的《随笔集》的 4 开本时，为了保证"让这部书成为这个国家出版过的最优雅和准确的书"[35]，他付出了艰辛的努力，尽管他不是很想从中得到利润。事实上，他坚决要求以全价（1 几尼）认购 100 册，而不是按贝蒂建议的那样以批发价（14 先令）购买。1778 年，贝蒂将他的诗集的版权转让给迪利和克里奇，用以感谢"他们给我的一些恩惠，尤其是他们不辞辛苦地传播我的 4 开本的《随笔集》认购本，却拒绝收取金钱"[36]。3 年后，迪利因为拒绝用 200 英镑购买《道德批判论文集》的版权而触怒了贝蒂，于是贝蒂转向克里奇和他的伦敦合伙人，"因为我确定你不会拒绝这个价格"[37]。贝蒂将克里奇视为盟友，从来没有说过他的坏话。

　　贝蒂的《伦理学原理》（编号 291）第一卷的出版协议说明了克里奇和贝蒂是怎样解决分歧的。克里奇偏向 4 开本，而贝蒂更喜欢学生用的比较便宜的 12 开本。他们最终采用了 8 开本的折中方案。贝蒂为出版时机而烦心的时候，克里奇向他保证，作者大学班级里的学生可以在 1790 年 2 月底或 3 月初拿到 24 册第一卷《伦理学原理》正式出版前的样书。克里奇让贝蒂为版权"开出条件"时引起了一些混乱，虽然在与贝蒂的代理人进行了"许多争论"之后，他给的价格实际上不会超过每卷 100 几尼（105 英镑）。[38] 如我们所见，贝蒂对此类问题极度敏感，但是在这个事例中，他没有因此对出版者抱有不满，这可能是因为他明白，自己坚持反对以 4 开本规格出版这本书，对他能够拿到的版税数额造成了不利的影响。他没有理由怀疑克里奇在 1789 年 4 月 27 日的信中所说的："作为你的出版者我感到自豪，我喜欢你这个人和你的作品。

419　请放心，你不是在和唯利是图的文学小贩子做交易。"克里奇理解感性的诗歌语言，1784 年的《吟游诗人》让他十分感动，他为此写了一首诗寄给贝蒂，这首诗收录在 1791 年出版的杂集里面。[39] 克里奇和贝蒂之间持久的友谊和情感联系远远超越了他们在金钱上的关系。

　　在与克里奇建立起个人关系的几位作者中，贝蒂只是与克里奇超越报酬关系的人之一。虽然因为稿酬问题对克里奇发怒，罗伯特·彭斯还是重视他与克里奇的友谊。[40] 亚历山大·弗雷泽·泰特勒是克里奇的大学朋友，两人关系十分密切，年轻的克里奇离开苏格兰去英格兰和欧洲大陆旅行时，发表过一首 10 页的诗赞美他们的友谊:《书信体诗，致留在遥远的苏格兰的朋友，W. C. 给 A. T.》（"An Epistle to a Friend on Leaving Scotland. W. C.—to A. T."）。不出意料，1780 年泰特勒成为爱丁堡大学的文明史教授之后，请克里奇帮忙出版他的作品（编号 228 和 300）。19 世纪初,他继续与克里奇合作，出版了他最著名的作品《古代和现代通史纲要》（*Elements of General History, Ancient and Modern*，1801）。1802 年升任伍德豪斯利勋爵以后，泰特勒又出版了《可敬的凯姆斯勋爵亨利·霍姆生平和著述回忆录》（*Memoirs of the Life and Writings of the Hon. Henry Home of Kames*，1807）。从达尔基斯学院和爱丁堡大学的学生时代开始，约翰·布鲁斯和克里奇就是老朋友，他也是思辨学会的创办人之一。1780 年,克里奇出版了布鲁斯的《哲学的第一原则》（编号 205），6 年以后又与斯特拉恩和卡德尔联合出版了布鲁斯的《伦理学原理》（编号 259）。

我们已经看到，在亚历山大·金凯德的帮助下，1768 年亚历山大·亚当成为爱丁堡高等学校的校长。18 世纪 60 年代中期，当他们都是金凯德家的成员的时候，他也帮助过克里奇。在克里奇的书信集中，那个时期亚当在绝大多数信件中都亲密地称呼他为"我亲爱的威利"或者"亲爱的威利"，其中有一封日期为 1766 年 9 月 3 日的信证实，克里奇把他的伦敦日记的一部分送给亚当阅读——"你的日记带给我很大的快乐"（WCL）。后来，他们的友谊形成了职业关系的基础：与伦敦的合伙人联合，克里奇参与出版了亚当的所有作品（编号 293、321 和 354），克里奇发表的爱丁堡书信集引用到许多知名苏格兰作者，亚当就是其中之一。

420

威廉·斯梅利翻译布封的多卷本《自然史》（编号 212）的时候，克里奇与他进行了合作。尽管如前文提到过的，斯特拉恩认为克里奇不自量力而惩罚过他,克里奇还是出版了这部极度有抱负的著作。"与凯姆斯勋爵在一起时，"他的传记作者评论说，"克里奇先生总是对他极为关照。"[41]克里奇联合出版了凯姆斯的两部作品的第一版:《人类历史纲要》（编号 164）是与斯特拉恩和卡德尔合作的,《乡绅》（编号 176）是不顾斯特拉恩的反对而出版的。克里奇的另一个作者杜格尔德·斯图尔特将克里奇称为"我的老朋友"。[42]克里奇与亨利·麦肯齐的关系十分友好，他非常赞赏麦肯齐的感伤小说。克里奇的《爱丁堡散落的片段》（*Edinburgh Fugitive Pieces*）里面有一首诗歌，赞美了麦肯齐那种由于美德和高贵的举止而"教人感动落泪"的能力（图 6.2）。[43]

　　吉尔伯特·斯图亚特是个不容易相处的人，但是他也是欣赏克里奇的出版者技能的爱丁堡文人之一。18 世纪 70 年代中期，斯图亚特和伦敦书商约翰·默里与克里奇一起合作，主办了《爱丁堡杂志和评论》。当时默里正在为海斯勋爵的《苏格兰年鉴》（编号 178）寻找联合出版者，斯图亚特极力向默里推荐"我们共同的朋友克里奇，他是这个国家最适合的出版者"。他解释说，克里奇的好处是"熟悉这里所有的一流人物，而且在做生意的其他天然有利条件上，他在爱丁堡书商里的优势是不言自明的"[44]。尽管最后克

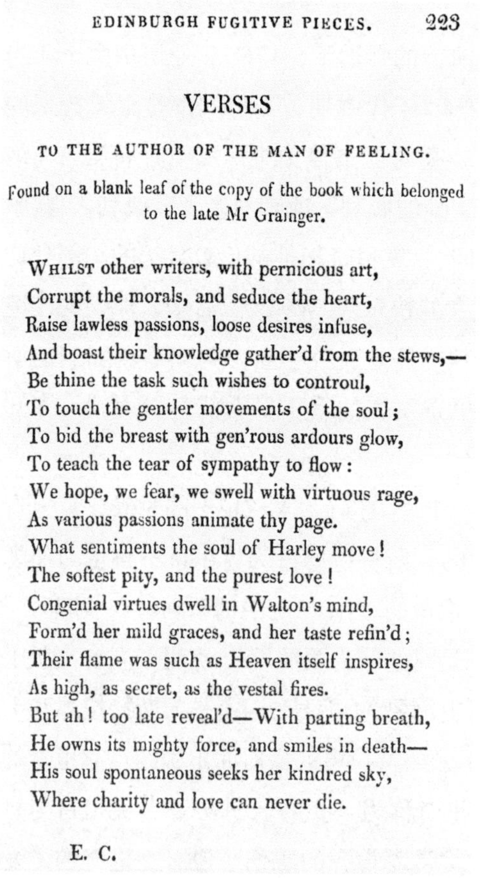

EDINBURGH FUGITIVE PIECES.　223

VERSES

TO THE AUTHOR OF THE MAN OF FEELING.

Found on a blank leaf of the copy of the book which belonged
to the late Mr Grainger.

WHILST other writers, with pernicious art,
Corrupt the morals, and seduce the heart,
Raise lawless passions, loose desires infuse,
And boast their knowledge gather'd from the stews,—
Be thine the task such wishes to controul,
To touch the gentler movements of the soul;
To bid the breast with gen'rous ardours glow,
To teach the tear of sympathy to flow:
We hope, we fear, we swell with virtuous rage,
As various passions animate thy page.
What sentiments the soul of Harley move!
The softest pity, and the purest love!
Congenial virtues dwell in Walton's mind,
Form'd her mild graces, and her taste refin'd;
Their flame was such as Heaven itself inspires,
As high, as secret, as the vestal fires.
But ah! too late reveal'd—With parting breath,
He owns its mighty force, and smiles in death—
His soul spontaneous seeks her kindred sky,
Where charity and love can never die.

E. C.

图 6.2　威廉·克里奇非常崇拜亨利·麦肯齐，出版了他的数部作品。这首诗收录在克里奇的《爱丁堡散落的片段》（1791），称赞了"多情男人"富于感情的道德说教，旨在吸引感情，与诱使读者道德败坏和堕落的作者形成了对比。（1815 年版本的复本，来自作者的个人收藏）

里奇没有同意默里对这次出版提出的条件[45]，但是从克里奇职业生涯的早期开始，斯图亚特就把他看作爱丁堡的首要出版者，这个事实显示他们的关系很好，而且他被认为很有能力。约翰·贝尔和其他几个书商比较年长，但是他们并不像克里奇那样具有广泛的人际关系，既与文人又与一部分精英读者群有广泛联系，用斯图亚特的话来说，克里奇认识的读者群"既有钱又有品位"。共济会的社团和爱丁堡音乐协会是克里奇与这些人来往的两大爱丁堡文化机构。[46]

　　克里奇非常细心地培养他的作者们。他的早餐室位于店铺上方，艾伦·拉姆齐曾经在那个房间管理他著名的流通图书馆。为了纪念每天早上在那里举行的聚会，它被称为"克里奇的招待会"。彭斯在为克里奇写的一首诗歌的一节中赞美了这些招待会，描写了詹姆斯·格雷戈里、亚历山大·弗雷泽·泰特勒、亨利·麦肯齐、杜格尔德·斯图尔特和休·布莱尔的门生威廉·格林菲尔德（William Greenfield），如果克里奇不在，那么很遗憾，他们不得不临时找别的地方聚会：

> 现在
> 可敬的格雷戈里的拉丁面孔，
> 泰特勒和格林菲尔德谦恭优雅；
> 麦肯齐、斯图尔特，强壮得
> 将罗马人比了下去
> 可是威利不在，
> 他们的会面不得不另寻他处。[47]

　　书店本身也是一个知识分子聚会的场所，与克里奇同时代的一个传记作者这样解释说：

> 他的很多文人朋友都和他特别亲近。实际上，在许多年里，他的书店每天都有一段时间是文化人的聚集之处，城里的教士、大学的教授、其他公务人员和著名作者都来到这里；同样地，这些人物早上也时常造

（右侧页边标注：421　422）

访他的住处，与他会面和讨论他们的文学前景。[48]

"我在克里奇的书店后面的房间里坐了一会儿，"詹姆斯·博斯韦尔在1786 年 1 月 12 日的日记中写道，"让我产生一种感觉，爱丁堡是个非常好的地方。"[49] 在亨利·科伯恩（Henry Cockburn）的回忆录中，他回想起童年时进入过高街上的一所文法学校，那里距离克里奇的书店不远，"我总是尽量坐到靠窗口的位置，在那里可以看到被众人谈论的人物，他们正在进出缪斯女神的卧房，或者在大门口消磨时间"[50]。

在克里奇与伦敦的导师的关系中，斯特拉恩和卡德尔选择不要联合出版的那些作品是显示克里奇独立程度的最好证明。斯特拉恩 1778 年 11 月 19 日的信件显示，他不仅拒绝参与出版弗朗西斯·霍姆的作品和布封作品的译本，而且严厉斥责克里奇不应该制订这样野心勃勃的出版计划。克里奇收到那封信之后只是简单地忽视了他的意见。1780 年初，克里奇与约翰·默里联合出版了弗朗西斯·霍姆的《临床实验，历史和分析》（*Clinical Experiments, Histories and Dissections*，编号 207）——该书在爱丁堡印刷，他自己的名字在出版者中排在首位。出版斯梅利翻译的布封的《自然史》的决定过程要复杂得多，因为该书规模庞大，又有大量的雕版插图。但是克里奇坚持出版该书，甚至分发了一份 21 页的简介用来吸引认购者，扉页上显眼地印着克里奇自己的名字，而翻译者和雕刻师的名字根本没有出现。最后，他终于说服斯特拉恩和卡德尔作为联合出版者参加，尽管斯特拉恩最初很担心这本书是否会畅销。

每次克里奇不服从斯特拉恩和卡德尔的意见时，总是有迹象表明，他更加关心利润以外的东西。在出版霍姆的《临床实验，历史和分析》时，克里奇在报纸头版原文刊登了该书的序言。序言中提出，解除病人痛苦的社会机构是"对文明的和慈善态度的最肯定的证明"（*EEC*，1780 年 1 月 3 日）。斯梅利的布封作品译本的简介声称，该书包含的关于自然世界的事实、思考和推论"处处都反映着重大和有趣的想法，它们扩展思维，驱除成见，提升思考的能力，充满对科学探索的热忱"[51]。与斯梅利一样，克里奇将科学视为启蒙的推动力量，积极地出版他觉得有价值的科学作品，或者与伦敦的合伙人合作，或者单独行动。

对雨果·阿诺特的《爱丁堡历史》（*History of Edinburgh*，编号 199）的考虑也体现了克里奇对启蒙出版的贡献。克里奇对该书的主题很有热情，该书有一章讨论了爱丁堡的印刷和期刊出版以及出版社自主权的发展，这让他最感兴趣，还有一个附录详尽地说明了他的师傅亚历山大·金凯德的葬礼过程——金凯德 1777 年在市长任上去世。克里奇曾经与斯特拉恩和卡德尔交涉过一次，希望他们在伦敦联合出版《爱丁堡历史》。但是 1779 年 3 月 18 日，斯特拉恩代表卡德尔和他自己回复说，尽管他很赞赏那部作品，但还是拒绝参与出版，主要是因为他怀疑该书在伦敦是否拥有足够的市场。克里奇和阿诺特还是设法出版了该书，约翰·默里勉强同意与他们合作，以昂贵的 4 开本规格印了 1000 册。印数太多，有很多没有卖出去。1782 年，硬纸板封面的书不得不降低价格，从 1 英镑 5 先令减少到 1 几尼。[52] 但是克里奇没有放弃。1788 年，他说服罗宾逊家族公司担任伦敦的销售代理商，在作者死后推出第二版，实际上是将滞销的第一版重新发行，附加了克里奇自己写的《关于 1763 年和 1783 年的爱丁堡之比较的信件》，还加入了新的插图，替换了一些修订的章节。

亚历山大·门罗二世的《论神经系统的结构与功能》（编号 234）同样证明了克里奇在启蒙书籍上表现出的进取精神（参见图 1.2）。该书印好时，克里奇在报纸上刊登了巨大的广告，宣称该书"毫无疑问是苏格兰出版业生产的最出色的作品"（*EEC*，1783 年 1 月 8 日）。克里奇采用"编者"向"公众"写信的形式，宣称该书"在哲学和科学方面非常有趣"，所以他准备了一份单独的简介，读者可以在他的书店免费获取。该书外观精致庄重，以匹配它作为科学作品的价值："本书精确而简洁的表格代表了它的科学性，并附有完整的解说。图画和雕版插图是在作者的直接监督下完成的。关于出版的模式，该书将用一种新型的巨大印刷机极为出色地印刷，特地使用优质皇家纸张（颜色和质地类似于法国的凹版印刷纸），规格为一卷大型的对开本。"克里奇指定作品发售时间要与订购日期相对应，以便保证"最热忱地推进文学和科学事业"的读者可以按时得到印版印制的"第一批新书"。广告还提到，该书是献给苏格兰声望卓著的检察总长亨利·邓达斯的，将该书的政治声望与其内容和形式放在了同等的位置。当然，这种质量的皇家对开本是昂贵的，尽管克里奇的广告乐观地将价格说成"硬纸板封面的书只要 2 几尼"。即使价格如此之高，它似乎还是无利可图，于是第二版自然不可能再出了。

最后，我们必须注意到，克里奇的所有出版项目中，最雄心勃勃的是《苏格兰统计报告》（编号 301），在 1791—1799 年的一大半时间里，这套丛书推出了二十一卷厚厚的 8 开本。不管怎样估计，它都是一项非同寻常的工程，约翰·辛克莱爵士的综合调查表和 20 份通知被送出之后，需要一个教区一个教区地收集 900 多名牧师提交的回复报告。《苏格兰统计报告》曾经被视作国家情报收集的范例，在 18 世纪以及之后的一段时期内都没有可以与之比拟的作品。辛克莱本人也不断宣传他的作品的庞大规模及其启蒙作用。在 1792 年出版的第二卷前面附加的广告里，他说："该书如此清晰地阐明了人类社会的实际状况，提供了这么多有用的线索，帮助我们寻找最有可能促进人类幸福和社会进步的手段，超越了现存的所有作品。"一个现代的评论家更进一步断言，这部著作堪称苏格兰启蒙运动的范本。[53] 但称赞《苏格兰统计报告》的文章几乎将功劳全都归于编者辛克莱，以及那些提交自己教区报告的牧师，该书在出版历史上展现出的最不同寻常的特征却被人们忽视了。[54] 要知道，作为议会成员，辛克莱可以通过邮局免费寄送邮件，他有足够的财产供养一个工作组，那些工作人员显然做了大部分的编辑和文书工作。[55] 而其他生产费用都由出版者承担，除了销售收入以外，出版者没有别的资金来源。

作为长老会牧师的儿子，克里奇成为新成立的教士子女救济团的书记，并同意出版辛克莱为这个团体所写的系列作品。除了慈善目的之外，他还受到了一种苏格兰爱国进步精神的推动，该书关于爱丁堡的部分收录了他经常印刷的《关于 1763 年和 1783 年的爱丁堡之比较的信件》，克里奇将其扩写并更名为《写给从男爵约翰·辛克莱爵士的信件》（*Letters Addressed to Sir John Sinclair, Bart*）。起初，克里奇也许没有充分意识到他自愿去做的事情规模有多大，但是他坚持了下来。我们大概可以说，如果没有他的奉献和牺牲，《苏格兰统计报告》就不可能完成。我们从克里奇与辛克莱的通信了解到他所做的贡献，辛克莱催迫他结算账目，并确定该书在最后一卷出版 10 年之后为教士子女救济团所带来的收益。辛克莱听说目前为止几乎没有收益时，对出版者的账目产生了怀疑。克里奇在 1807 年 11 月 2 日和 1809 年 10 月 27 日给辛克莱写信为自己辩护。[56]"您没有考虑到，出版还需要大量资金"，他在前一封信里说，"要租一个单独的仓库……存放这样大量的多卷出版物"，并且"为此仍然专门租用着"。两年后，克里奇列举了其他的因素，比如尽管克里奇反对，但由于辛克莱的坚持，他们印得太多了；销量最初很好，但是在第十卷之后，销量变得越来越少，留下"一大堆没有卖出的书，一共超过 12000 册"；"大量独立的教区－观点－地址－通函的印刷和纸张等的费用，还有在出版社的校正和更改，它们成了出版的沉重负担，超过以往任何出版项目"，然而辛克莱"从来没有为规模如此巨大的工程支付过哪怕一个先令的纸张和印刷费用"；"数量多得史无前例的图书［确切地说是 584 套］被当成礼物赠送——减少了书籍的发行量"；邮资和宣传给出版者带来了"巨大的开销和麻烦"。任何熟悉《苏格兰统计报告》的人都知道克里奇说的是什么。举例来说，就像他们在 1792 年所做的，按照"第三和第四卷的广告"，准备一个冗长的样本，把它翻译成法语印刷出来，然后免费送给"每一个在欧洲大陆上有权力、政治影响力或者文学成就的人"，这样做要花费多少钱？即使辛克莱和政府（在邮费方面）分担了这种活动的一些费用，大量（如果不是最大部分的话）负担都落到了克里奇身上。而且，单部卷数如此之多，硬纸板封面书的单价却仅为 6 个先令，即使没有这么多的额外支出，利润率也一定非常低。

　　根据克里奇的说法，如果剩下的书能够售出，那么仍然可能为教士子女救济团挣到一点利润。"如果不是考虑到帮助慈善团体的目的，"他补充说，"我从来不会承揽如此艰巨费力的任务，它完全干扰了我的其他生意，占用了我的办事员和仓库管理人员多年时间……这部作品的资金投入限制了我的其他计划和业务经营。"1794 年 3 月，第十卷出版以后，克里奇反对辛克莱告诉教士子女救济团"该书可能会滞销"，以免"让他们感到失望"。但是辛克莱本人不只是失望而已，他感到愤怒。克里奇认为这种困难是作者经常会遇到的："每个作者都对他作品的成功极其乐观，直到亲身经历到挫折。"最后《苏格兰统计报告》几乎没有给教士子女救济团带来收入，却很可能让克里奇耗

426

427

费了大量金钱。1822 年 3 月，克里奇去世 7 年之后，教士子女救济团发表了一份备忘录，把责任归咎于"出版者的草率和不关心……以及其他他们无法控制的原因"。辛克莱更进一步，指责"出版者一方的显而易见的经营不当"使他丧失了打算提供给那个团体的"可观款项"。[57]

这些愤怒的借口掩盖了真相，问题不是出版者经营不当，而是编者自不量力、期望不切实际，辛克莱想捐赠的利润从来都不可能实现。衡量《苏格兰统计报告》成功的标准不是金钱利润，而是作为启蒙资料来源提供的服务，它记录了 18 世纪晚期苏格兰社会的性质，克里奇似乎比辛克莱更加清楚这一点。此外，由于该书完全在爱丁堡生产，它为苏格兰的印刷业者、从办事员到仓库管理人员在内的图书业的其他劳动者提供的工作机会，远远超过 18 世纪苏格兰的其他出版项目。

克里奇违抗斯特拉恩的意志出版的书有一个共通之处，即它们都是意图促进启蒙运动的作品。凯姆斯在《乡绅》中预示了农业工序的改良；弗朗西斯·霍姆在《临床实验，历史和分析》中宣告了医学机构与文化的联合；布封的《自然史》提出了扩展思维、彻底根除偏见、鼓励探索精神的主张；阿诺特的《爱丁堡历史》决心将爱丁堡的成长载入编年史；门罗在关于神经系统的作品中评价了书商的服务能力和他们"对于文学和科学事业"的热忱；辛克莱的《苏格兰统计报告》以综合的实证的事实调查结果为基础，宣扬了对国家进步承担的义务。所有这些都表明，为了科学知识和启蒙原则，克里奇作为书商愿意冒巨额经济风险出版书籍，不管有没有可能获利，也不顾他的重要伦敦合伙人是否支持。

一个书商的名声

1815 年 1 月 14 日克里奇去世。不久之后，他的《爱丁堡散落的片段》又推出新版本，前面加上了一篇传记式的人物介绍，该文作者罗伯特·弗莱明在文章中颂扬了克里奇。该版本的出版者有"克里奇先生的继承人"约翰·费尔贝恩（John Fairbairn），还有卡德尔&戴维斯、约翰·默里以及众多其他伦敦书商。亨利·雷本爵士在 19 世纪初画过两幅克里奇的画像，该书卷首的克里奇肖像（图 6.3）的底本就是其中一幅，由 W. 利扎斯和 D. 利扎斯（W. & D.
Lizars）雕刻制作而成。[58] 画中人物坐在椅子上，右手食指夹在一本书中间，
指出他在阅读的地方，这是阅读者的姿势，而不是书商：一个文人而不是生意
人。数十年前，约书亚·雷诺兹爵士（NPG 4202）为威廉·斯特拉恩绘的肖
像也是这个姿势，克里奇的画像故意仿效了他的导师的有名姿势，甚至连假
发式样都异常相似。弗莱明的文章强调了克里奇作为出版者的成就，指出"在
40 多年的时间里……克里奇先生参与了苏格兰大多数主要文学作品的生产，
与所有知名作者都有密切交往，在那段时期，他们为我们的国家增添了那么
多光彩"[59]。

　　虽然一些人认为克里奇是个伟大的苏格兰启蒙出版者，但这个观点仍是
有争议的。爱丁堡的出版者阿奇博尔德·康斯特布尔于 1821 年创作过一部自
传性质的回忆录，在他去世之后由他的儿子出版，该书以严厉的笔触描述了
克里奇和他的时代。[60] 尽管克里奇是"一个擅长交际的绅士和最相宜的同伴"，
能够"把故事讲述得异常漂亮"[61]，但他同时也是"心胸狭隘和目光短浅的"，
康斯特布尔指责说，他不愿意利用"与苏格兰文人的关系中的优势，那是受
过的教育和地位使他拥有的"。因此，当约翰·贝尔离开金凯德自立门户的时
候，"金凯德先生在图书业的许多名望和文学联系也随着他一起离开了"。为
了说明克里奇的短处，康斯特布尔列举了休·布莱尔的《传道书》，严厉地批
评克里奇从未在爱丁堡印刷该书，"他应该那样做，那样就能给这里的同行们
带来很多金钱和荣誉"。根据康斯特布尔的看法，克里奇对他的伦敦主人太过
恭顺，证据是他在书籍扉页上"把伦敦书商的名字放在他自己的名字前面"。
康斯特布尔认为在苏格兰出版界，查尔斯·艾略特要比克里奇更加受人尊敬，
艾略特和约翰·贝尔都更加讨人喜欢和有礼貌。他对作为出版者的克里奇下
了轻蔑的结论："他的出版物既不重要，篇幅也不长。"康斯特布尔还将他对克
里奇的看法推而广之，变成对 18 世纪最后 25 年间的整个苏格兰出版业的批
评："很少有原创书籍在爱丁堡出版，爱丁堡与伦敦的交流既不广泛也不重要。"
他在自传的另一部分中评论说，18 世纪后半叶在爱丁堡有一大群"非常有名
望的"文人，而坐拥如此丰富的资源，那时的出版者却错失了"出版大量新
书的机会，当时可以出版的书应该比历史记载的多得多"[62]。

图 6.3　这幅肖像中的威廉·克里奇大约是 60 岁，是 W. & D. 利扎斯根据亨利·雷本爵士的两幅油画原作中的一幅雕版制作而成的，1815 年克里奇死后出版的《爱丁堡散落的片段》使用该图作为卷首肖像版画。（多伦多大学托马斯·费希尔珍本图书馆）

克里奇在世时，康斯特布尔就公开发表了对他的指责。1806 年，康斯特布尔通过印刷者约翰·斯塔克（John Stark）出版了《爱丁堡写照》（*Picture of Edinburgh*）。该书先称赞了"休谟、斯密、罗伯逊和凯姆斯"以及约翰·格雷戈里和威廉·卡伦，称他们"是爱丁堡的卓越人物，将文学引领到如此卓越的高度，几乎无人能与之比肩"。书中为 18 世纪的爱丁堡缺乏像"英格兰的林托特、多兹利、米勒、斯特拉恩和卡德尔"这样的伟大书商感到悲哀，如果没有他们，众多"为不列颠增添荣誉"的伟大作者可能就不会成名。[63] 斯塔克没有指明任何特定的苏格兰书商，接着指控"这个城市以前的书商不会……通过购买版权鼓励天才的成长，因此过去半个世纪中，在苏格兰创作的大部分伟大作品都是在伦敦销售和出版的"。"由于谦虚、缺乏自信或者利益的需要，很多作者避免采用这种迂回的方式出版他们的作品，结果造成了他们个人和国家的损失。"（第 261 页）上述表达虽未明言，但分明指的就是克里奇，下面一段话也很容易让人想到康斯特布尔的名字：

然而，那个障碍现在已经有一部分被幸运地克服了；近来爱丁堡出现了一些书商，他们的名字将会流传后世，被记载为这个国家的科学和学术的最好赞助者。特别是其中一家商号，他们印刷过许多很有价值的原创作品，还发行了4种以上在不列颠最受欢迎和认可的期刊。这个榜样如此高尚，无疑会鼓舞其他具有同等能力和机会的人用这种方式资助天才人物；在它的支持者的鼓励下，这家商号使"不甚清晰的理论发展为精确的科学"，不仅获得了大量报酬，而且为自己赢得了时间也无法磨灭的令人羡慕的光荣和名声。（第 261—262 页）

1819 年《爱丁堡写照》推出新版本时，克里奇已经去世 4 年，现在他可以作为攻击的对象了。在《爱丁堡评论》1802 年创刊以前，斯塔克写道："苏格兰的大多数伟大文学作品都是卖给伦敦的出版者。已故的威廉·克里奇先生、当时最伟大的爱丁堡书商，在那些标注他名字的作品中，仅仅拥有很少的版权份额；而印刷主要是在伦敦进行，这让苏格兰作者觉得麻烦，对爱丁堡出版业也造成了伤害。"然而，1802 年以后，"阿奇博尔德·康斯特布尔先生的商号和公司不仅掌握了所有爱丁堡本地人才的作品，而且将这个岛屿上各个地方的作品都吸引到了这座城市"[64]。1819 年版本的另一个章节详尽描述了爱丁堡的印刷历史，讨论了格拉斯哥的福尔斯兄弟的经典作品印刷事业，紧接其后的一个同样充满赞美之语的段落论述了"沃尔特·司各特爵士成长为作者的过程、《爱丁堡评论》的创办以及那家作为知名出版物源头的出版社的事业。这家出版社不仅为爱丁堡获得了本地天才作品的出版，还将帝国各地的书籍印刷和出版引入这座城市"（第 221 页）。该书 1806 年的版本用统计数据来支持爱丁堡已发展成为出版中心的断言：印刷工厂的数量在 1763 年是 6 家，1790 年是 21 家，1800 年是 30 家，1805 年是 40 家，管理着 120 台以上的印刷机（第 242 页）。1819 年的版本中说，1819 年爱丁堡的印刷工厂的数量是 47 家，管理着将近 150 台的印刷机（第 222 页）；在 1823 年的第三版中，1822 年的印刷工厂的数量是 44 家，管理的印刷机数量与前面相同（第 197 页）。

也是在 1819 年，J. G. 洛克哈特（J. G. Lockhart）对克里奇和 18 世纪晚

431

期的爱丁堡图书业的态度比斯塔克和康斯特布尔更加严厉。在流行的《彼得致亲戚的信件》（*Peter's Letters to His Kinfolk*）中，洛克哈特对比了克里奇时代和康斯特布尔时代，后者在时间长度上具有很大优势。据洛克哈特说，18世纪晚期，爱丁堡的书商"都是小家子气的零售商人，居住在舒服的店铺里，用可以想象得到的最单调乏味的方法赚一点小钱"；他们胆小而迟钝，对伦敦的书商毕恭毕敬（有时仅仅为了"礼貌"而把他们的名字放在扉页上），以致"在爱丁堡简直没有像样的出版行业"[65]。洛克哈特宣称，在18世纪的苏格兰，这种对于出版的目光短浅的态度的具体体现就是威廉·克里奇，"当时爱丁堡的行业巨子"（第158页）。在洛克哈特的笔下，克里奇是一个可怜的自相矛盾的人物，爱财如命，却又由于几个原因而不愿坚持不懈地追求金钱。原因之一是"他受过的训练就是爱丁堡守旧派书商的所有胆小的偏见"。此外，他是一个杰出的地方法官，受过良好教育，完成过遍游欧洲大陆的教育旅行，亲自涉足过文学，要摆出一个伟大人物的架子，显然他"认为仅仅做一个普通的追求金钱的书商会有损他的尊严"（第159—160页）。洛克哈特评价道，"他从来没有意识到，作为苏格兰出版者，要想成功，必须冒超出一般的高风险"，结果他决定满足于在爱丁堡出名，而不去冒险与"首都的大书商们"竞争。"如果他足够精明或者具有他的一些后继者的精神"，洛克哈特补充道，以康斯特布尔作为主要例子，"他一定可以在周围的文人中间发起一场激烈的竞赛"（第159页）——这场竞赛本来可以带给他巨额利润。洛克哈特的故事的高潮是，突然之间，爱丁堡同时涌现了"一批新作者"（爱丁堡的评论家们和沃尔特·司各特爵士）和一种"新型的书商"（以康斯特布尔为首，他"是迄今为止在爱丁堡出现的最伟大的出版者"），他们对伦敦书商进行了回击，使爱丁堡变成一个"文学的巨大市场"（第156页）和不列颠出版业的新中心（第162—167页）。这个重大变革的结果是，"转瞬之间，克里奇先生的权威地位就被取代了"（第163页）。

克里奇的个性和生活方式使他更加容易成为攻击的对象。他有点过于正经刻板，而且非常小气，这是确定无疑的。他是忠诚的加尔文派信徒，这可能让一些人认为他心胸狭窄，而他的自负可能让人不舒服。按照玛丽亚·里德尔（Maria Riddell）的说法，他是"一个让人无法忍受的书呆子和超级无赖"，人们"应该像躲避瘟疫或传染病那样避开他"。[66] 对于别人侵犯他的版权，他以正人君子自居，创立爱丁堡书商协会并尽力控制它，如果有人违反协会的规则，就专横地迫害他们。[67] 克里奇一辈子都是单身，19 世纪初，他在新城区的乔治街拥有了一幢时髦的住宅，同时还在三一学院有一座小屋和庭园，他习惯每天和男仆一起从那里骑马去爱丁堡，有一个评论员将其称为"一个爱丁堡绅士的旧式做派"[68]。一旦来到书店，每天上午和很多下午的时间他都用来款待文人和其他人，把生意业务留给办事员负责照管。[69] 结果，他得了个有时疏忽业务的名声。更糟糕的是，罗伯特·彭斯在他的摘录簿里写道，克里奇"极其自负"，并怀疑他对待作者是否诚实。18 世纪 80 年代与克里奇搭档的印刷者威廉·斯梅利同样严厉地指责克里奇骗取他的钱财，与约翰·辛克莱爵士后来认为克里奇挥霍了《苏格兰统计报告》得到的收益如出一辙。约翰·平克顿告诉巴肯伯爵，"书商们对克里奇的印象普遍不佳"，并问道："阁下您是否可以推荐克里奇之外的其他爱丁堡书商，不像克里奇那样，只为天才和绅士服务。"[70]

　　近来的研究显示，在这些业务中，克里奇并不总是像人们所写的那样扮演着反面角色。如我们所见，《苏格兰统计报告》几乎没有可能取得商业成功，辛克莱似乎只是把他的出版者当成了替罪羊。第三章显示，彭斯的怒气在很大程度上是由于诗人对书籍销售生意的认识不足，以及他对认购形式的误解。此外，我们现在认为，斯梅利在财务上的管理不善是造成克里奇与彭斯和斯梅利之间矛盾的一个重要原因。[71] 克里奇的性格既有优点也有弱点。作为爱丁堡商会的书记，1788 年 2 月苏格兰第一次向议会递交反对奴隶贸易的请愿书时，他是当事人之一（EEC，1788 年 3 月 1 日），他还加入了致力于那项事业的一个爱丁堡社团。巴肯伯爵称赞他是"一个有鉴赏力和心灵、以苏格兰文学职业为中心的人"，彭斯断言"他的交际举止和能力，特别是当他在自己的餐桌边用餐时，在我遇见过的人里面是最有吸引力的"。[72] 彭斯虽然证实过克里奇忽略售书的职责，却也称他为"非常和善的人"[73]。克里奇也并非总是在收益上斤斤计较，在促成约翰·厄斯金牧师（Rev. John Erskine）的传道书推出新版本的时候，克里奇高傲地谈到了传播厄斯金的思想的必要性，称它是"有关人性的最重要的"作品，并公

433

434

开宣布他自己不打算从中赚钱。[74]

康斯特布尔、斯塔克和洛克哈特等人的指责，其核心不在于克里奇不诚实或者缺乏敏锐的商业头脑，也不在于他没有良好的教养或者让人满意的性格，而是他作为出版者的失败。因为他的企业家梦想是有缺陷的，他没能给苏格兰作者提供足够的鼓励，而且他对伦敦的书商太恭顺，使他未能将爱丁堡建设成伟大的出版中心，而后人做到了。亨利·科伯恩 1840 年的文章没有对克里奇进行猛烈的人身攻击，在写到爱丁堡出版时却表达了本质上相同的看法。他在文中写道，康斯特布尔把爱丁堡从 "旧式胆小和勉强的体制" 中挽救出来，使它转变成了一个 "在外地人中很著名的文学市场，令它的市民感到自豪"。[75] 同样的诠释在今天仍然流传着，主张克里奇从事出版的方式 "根本上是狭隘的"，而康斯特布尔是 "真正国际性的"。[76]

现在我们应该明白，这些指责是经不起推敲的。不过，在进一步讨论之前，我们先仔细考虑一下克里奇的 19 世纪控诉者的背景和可靠性将是有帮助的。阿奇博尔德·康斯特布尔于 1774 年出生，14 岁时才来到爱丁堡，成为彼得·希尔（Peter Hill）的学徒，开始了销售书籍的职业生涯，直到 1795年 21 岁时，他才开始自己做生意。[77] 因此，他几乎不可能认识查尔斯·艾略特（他在 1789 年 9 月中风瘫痪，并于次年 1 月去世），也不可能有太多有关基本处于苏格兰启蒙运动出版黄金时代的克里奇或爱丁堡图书业的第一手知识。他所知道的克里奇已经度过了作为出版者的最好时期，主要精力都用在参与城市政治活动上；他所知道的爱丁堡出版行业处于 18 世纪 90 年代末的困难时期，正在黑暗中迷失方向，由于与法国之间持续不断的战争，当时英国的时势十分艰难。有关过去时代的信息，康斯特布尔好像是从约翰·贝尔那里得到的，他的好朋友约翰·布拉德福特是贝尔的外甥和合伙人，这很难说是一个公正的消息来源。小约翰·默里可能也影响了他，而默里是斯塔克的《爱丁堡写照》的第一版的联合出版者，还是查尔斯·艾略特的女婿。假如康斯特布尔、斯塔克和科伯恩对他们前一个时代的出版界都几乎没有第一手的知识，那么 1794 年出生的洛克哈特就更是完全没有了。他的信息显然大多数来自于沃尔特·司各特爵士（正好比康斯特布尔年长 3 岁的前辈），《彼得致亲戚的信件》问世以后，洛克哈特成了司各特的女婿。在写给印刷者詹姆斯·巴兰坦（James Ballantyne）的信中，司各特提出了洛克哈特在《彼得致亲戚的信件》中采用的计划："克里奇有怪癖，他用守旧派的方式管理生意，应该将他与新一代的代表人物康斯特布尔进行对比……不要用攻击性的说法。克里奇做生意的方式吝啬、目光短浅，这可以部分归咎于他的个人习惯，不过主要还是他那个时代的狭隘观念。"[78] 因为自己本身就是作者，洛克哈特是偏向那些付给作者很多报酬的出版者的；最能说明康斯特布尔在他眼里地位崇高的一件事是，康斯特布尔曾经为司各特的一部尚未写出来的诗集《玛米恩》（Marmion）出价 1000 几尼。[79]

康斯特布尔过分而且不切实际地强调他作为出版者的成就，这反映出他严重缺乏安全感。他在职业生涯中很多方面都与克里奇站在对立面，因此打算在自传性记述中为自己正名。克里奇受过优良的教育，与知名书商有广泛的联系，使他能顺利达到事业的顶峰，还有去过伦敦和欧洲大陆的许多经验，这些都是康斯特布尔难以获得的优势；康斯特布尔只进过康比的一个简陋的教区学校，在那里学吹横笛直到 14 岁，然后开始学徒生活，通过销售苏格兰主题的"罕见旧书"，在图书业中靠自己的力量开创事业。他在爱丁堡之外受过的职业训练仅限于 1795 年 1 月在伦敦待过一个月，当时他在那里遇见了小托马斯·卡德尔、托马斯·朗曼和罗宾逊一家。

这两个人在外表上差异巨大。1813 年康斯特布尔不到 40 岁的时候，安德鲁·格迪斯（Andrew Geddes）画了一幅他的肖像（图 6.4），在此前数年，克里奇 60 岁左右的时候雷本为他画过一幅肖像。将这两幅肖像对比，康斯特布尔缺乏克里奇具有的那种高贵的神态、优雅的举止和自信。格迪斯的肖像故意使用了朴素的背景，康斯特布尔的不雅姿势、笨拙的身材和剪裁蹩脚的服装给人平庸的感觉，惯常的文学道具也几乎没有改变这种印象。他们对商业的态度也大相径庭。克里奇谨慎地建立起他的出版事业——很大程度上以与苏格兰作者的忠诚联系以及与伦敦合作者的终身关系为基础，去世时拥有的财产超过 2 万英镑。[80] 康斯特布尔所走的道路非常不同。通过《爱丁堡评论》（创办于 1802 年）和沃尔特·司各特爵士的诗集和小说，他快速地得到了大量的财富，但是他的出版生涯的特点是不稳定、过分扩张、哗众取宠，并且没有能力与伦敦的合伙人维持切实可行的关系。[81] 1826 年 1 月，当出版行业最

图 6.4　将近 40 岁的阿奇博尔德·康斯特布尔，安德鲁·格迪斯于 1813 年绘制。（苏格兰国家美术馆）

大的破产浪潮在不列颠发生时，康斯特布尔的出版帝国也轰然倒塌，第二年，他就与世长辞了。

康斯特布尔、斯塔克、司各特和洛克哈特的早年记述都含有吹嘘的味道，它们与事件随后的发展相矛盾。破产 10 年后，洛克哈特在他写的司各特生平的故事中，进一步使人们记住了康斯特布尔的英雄式职业生涯，同时也透露出是康斯特布尔和他的合伙人造成了他们自己的垮台。然而，在最新的一部康斯特布尔传记中，洛克哈特对康斯特布尔财务上的批评受到了质疑，根据是"康斯特布尔作为出版者，巴兰坦作为印刷者，他们在 25 年间完成两项极为成功的出版项目，这个事实与对［康斯特布尔公司和詹姆斯·巴兰坦公司］在财务上无能的指控相矛盾"，而且这些指控也没有考虑 1825—1826 年冬天发生的严重经济危机。[82] 不过，即使在繁荣时期取得成功，也不能保证一个经营不善的公司能够在危机时继续兴盛。康斯特布尔在金钱支出和结盟上做出过一系列错误的商业决策，他对宏伟事业的幻想可能也影响了他的判断，结果导致他变得脆弱而走向失败。相当具有讽刺意味的是，1825 年在谈到一个集中行销的方案时，斯科特告诉康斯特布尔，他将成为"出版界伟大的拿破仑"[83]。他的破产成了他的滑铁卢。

康斯特布尔作为一个有革新精神的出版者的神话是否恰当也值得商榷。除了《爱丁堡评论》和司各特的诗歌，康斯特布尔从事的出版项目通常是没有风险的，并且他严重依赖 18 世纪末期的作品和作者。1816 年，他告诉一个有志于发表作品的作者，"我们很少会冒险出版处女作"，更喜欢在作者负担"印刷、纸张和广告"的费用之后，只负责书籍的销售。[84] 1814 年问世的《阿奇博尔德·康斯特布尔&爱丁堡公司出版的书籍目录》（*Catalogue of Books Printed for Archibald Constable & Co. Edinburgh*）——司各特的《威弗利》（*Waverley*）也是这一年出版的——包含 185 本书，我们当然可以在其中发现《爱丁堡评论》和司各特的流行诗歌作品（更不用提斯塔克的《爱丁堡写照》），但是目录中主要还是这些熟悉的名字：阿奇博尔德·艾利森、詹姆斯·布鲁斯、乔治·查默斯、詹姆斯·格兰特、亨利·麦肯齐、约翰·普莱费尔、约翰·辛克莱爵士、杜格尔德·斯图尔特（既有他的哲学作品，也有他写的亚当·斯密、威廉·罗伯逊和托马斯·里德的传记）、亚历山大·弗雷泽·泰特勒、罗伯特·华莱士、《苏格兰人杂志》、《不列颠百科全书》、《爱丁堡皇家学会会报》、《苏格兰高地协会的获奖论文和汇报》，以及威廉·福布斯爵士的《詹姆斯·贝蒂生平与作品记述》（*Account of the Life and Writings of James Beattie*）。这几乎不可能是一个洛克哈特所谓的"新型的书商"的领袖应有的样子。

类似地，康斯特布尔和他的支持者们夸大了他在爱丁堡成为出版中心的过程中起到的作用，同时大幅度贬低了克里奇的贡献。在描写 1805 年爱丁堡出版业的美好状况时，斯塔克的第一版《爱丁堡写照》评论道，"爱丁堡的图书生意很大一部分是伦敦和其他地方的书商完成的；相当数量的书是为了出口到爱尔兰和美国而印刷的"（第 242 页）。对于第一个观点，1792 年詹姆斯·安德森指出，正是"在［伦敦］书商的强烈要求下，在爱丁堡和伦敦之外的英格兰城市印刷的书有一半才不得不在伦敦出版"[85]。安德森的陈述不排除存

在夸大成分，但是它表明，早在十几年前，斯塔克或者康斯特布尔还没有自
己开始做生意的时候，斯塔克所说的出版方式就已经被广泛采用了。斯塔克
的陈述也指出了两个海外市场，它们为爱丁堡的出版业提供了新的机会来源：
爱尔兰和美国。爱尔兰在世纪之交与不列颠合并，都柏林曾经引以为傲的书
籍重印业遭遇了毁灭性打击。美国对书籍的需求仍在持续增长。这些新发展
都不是康斯特布尔引起的。再者，前文引用的斯塔克自己的爱丁堡出版公司
的增长统计数据显示，1790—1805 年的增长速度是前所未有的，印刷工厂的
数量翻倍，但是在随后的 17 年间，即康斯特布尔占支配地位的时期，增长的
速度非常一般。

　　康斯特布尔和他的朋友们在为自己建构英雄身份的过程中，也出乎意料
地揭穿了他们的面具。他们从来没有否认，克里奇曾经吸引文人来到他的书
店并参加招待会，但是这些活动不知为何变成了反对他的理由。有些人——
比如科伯恩认为，克里奇的成就要归因于"他的店铺的位置正好赶上了我们
行业发展的潮流"[86]。店铺位于卢肯布斯的东端无疑是个有利条件，克里奇去世
之后那座建筑几乎立刻被拆毁了，因而无法与后来的书商进行任何比较。[87] 但
是克里奇的前辈麦克尤恩和金凯德也管理过这家书店，却从未有人因为店铺
的位置指责过他们拥有不公平的优势。而且还有很多书商在紧邻的地方拥有
店铺，如果这个位置非常重要，为什么他们从来没能与克里奇一样，取得社
会和文化上的重要地位呢？

　　在《彼得致亲戚的信件》中，洛克哈特提出了一种更加用心险恶的解释。
他暗示说，克里奇不愿意作为一个出版者认真地与伦敦的书商竞争，因而将
他的店铺开发成一个文学沙龙来补偿："因此，他并没有想着与伦敦的书商们
竞争，用钱袋子的重量刺激文人的热情。他的野心是利用店铺的吸引力超越
爱丁堡的所有同胞——如果我听说的报道是真实的，他肯定成功地开办了一
个非常讨人喜欢的沙龙。"[88] 洛克哈特严重低估了克里奇参与耗资巨大的大规
模出版项目的程度，不管是独自进行的，还是与伦敦的合伙人联合进行的。
此外，洛克哈特没有看到，除了像康斯特布尔那样支付给司各特巨额报酬之
外，出版者还可以用其他方式刺激作者的"文学热情"。克里奇利用他的招待
会和店铺，一般是培养与作者和潜在作者的关系的一种手段——他更像是一

个出版的促成者，而不仅是一个可以选择的出版者。他活泼的个性魅力吸引了文人——这种性格十分适合文学谈话和讲故事，他的确擅长于此；他受过良好的教育，本身就是一个博览群书的文人，精通科学和医学以及哲学和文学，这些才干也是他的吸引力的一部分。他尽可能充分地利用他的突出位置，从而有能力发展和维持与苏格兰文人的关系，在此基础上取得了个人功绩，出版了很多文人的作品。

　　不管是作为书商还是作为人，克里奇虽然有缺点，但是我们必须承认，他有力地鼓舞了苏格兰作者的文学和学术新作品的产生，在爱丁堡促成了许多这类作品的印刷。他没有盲从伦敦导师的所有意见，许多时候都坚持了自己的主张。康斯特布尔和他的追随者们从来都没有明白，克里奇是从合作的角度看待与伦敦同行的关系的，而不是要征服他们，他的许多出版项目的动机在很大程度上与启蒙事业和公民责任有关。在关键时刻，他也会抵制伦敦的影响，走自己的路。有人批评他缺乏独立的梦想和作为出版者的事业心，也有人指责他没有为爱丁堡的印刷者提供作品，但只是《苏格兰统计报告》的出版就足以使他们的观点站不住脚。为了尽可能多地出版苏格兰启蒙运动的最新佳作，克里奇与实力更强的伦敦合作者斯特拉恩和卡德尔出版社进行了卓有成效的合作。在全盛时期，他是第一流的启蒙出版企业家，我们很难质疑他在 1803 年 9 月 28 日的一封信中的自夸："我相信在这个时代的苏格兰，不管在出版的书籍还是在支付给作者的酬金数额上，我都超过了任何一个同行。"[89]

第三部分

苏格兰启蒙运动书籍在
都柏林和费城的重印

第七章 爱尔兰重印业的兴衰

18 世纪后半叶，都柏林自诩为大英帝国的第二大城市。在出版方面，这个说法相当中肯。摘自 ESTC 的一个估算显示，这段时期在英文印刷物的生产上，都柏林仅次于伦敦。[1] 它唯一的竞争对手是爱丁堡，从 1751 年到 1800 年，这两个城市分别出版了大约 14000 种印刷物，爱丁堡只略胜一筹。18 世纪 80 年代（以 10 年为样本），伦敦生产的出版物有 25000 种以上。同一时期，都柏林和爱丁堡各自生产了大约 2800 种和 2100 种，合起来接近 5000 种；虽然总数远不如伦敦，但是仍然超过了不列颠、爱尔兰的其他地方和美国同期出版的英文书籍的数量。在启蒙运动出版业的研究中，必须慎用这种不完善的统计数据，因为原始数据包括所有出版物，从单页的大幅报纸、短文杂志和印刷的法律公文，到多卷的 4 开本主要作品。不过这些数据表明，爱丁堡和都柏林作为启蒙运动时代的出版中心，具有无可否认的重要性。

然而，两个城市的书业对启蒙运动的服务方式非常不同。我们知道，爱丁堡有些书商出版苏格兰文人的新作品，有的是自己出版，有的是与伦敦的合伙人共同协作。这种活动经常需要与作者直接协商，付给他们版税，在与其他不列颠书商合作生产新书的时候同样如此。爱丁堡也有大量重印活动，包括一些违反法定版权或者（更常见的是）"名义版权"规则的作品，这个规则是老牌的伦敦书商试图维持的行业惯例。因此在 18 世纪，爱丁堡拥有一个全方位的出版制造业，其主动性和进取心展现出许多形式，严肃文学的作者、出版者在那里的关系也复杂多样。

相比之下，都柏林的启蒙运动出版业务比较狭窄，集中于重印不列颠作品，并不考虑《安妮法令》规定的不列颠版权条款。由于这种状况，学者经常忽视 18 世纪的爱尔兰出版业，或者只是简单地斥之为盗版。幸运的是，这个领域恢复了活力，玛丽·波拉德、玛丽·肯尼迪、理查德·卡吉尔·科尔（Richard Cargill Cole）等人最近进行了研究，加上詹姆斯·W. 菲利普斯（James W. Phillips）1952 年的著名博士论文于 1998 年出版，题目是《都柏林的书籍出版和销售，1670—1800 年》（*Printing and Bookselling in Dublin, 1670–1800*）。现在看来很清楚，18 世纪都柏林的出版是一个丰富而复杂的课题，值得我们多加关注。

本章将集中讨论在都柏林的苏格兰启蒙运动书籍贸易，详细叙述并严格评判部分推崇苏格兰启蒙运动的不列颠重要出版者对都柏林重印活动的看法。随后，本章将仔细观察那些主要负责在都柏林重印苏格兰启蒙运动书籍的人，考察其中最有野心赶上，甚至超过伦敦和爱丁堡的对手的努力。最后，本章将考虑都柏林书业在 18 世纪与 19 世纪之交衰退的原因，以及 18 世纪晚期都柏林重印业对于苏格兰启蒙运动的国际传播的重要意义。

445
出版者还是盗版者？

1785 年 3 月 15 日，一个议会委员会受命考虑改革与爱尔兰的贸易，4 位伦敦书商出席作证：托马斯·卡德尔、卡德尔的主要竞争对手乔治·罗宾逊、卡德尔的密友托马斯·朗曼，还有法律出版者爱德华·布鲁克（Edward Brook）。公布的证词报告没有记述特定证人在特定时间说了什么，不过证词中有一个透露细节的短语（"卡德尔先生接着说……"），关于另一个回答的内部证词暗示（第五章开头提到，卡德尔明确了"斯特拉恩和卡德尔出版社"的成就），名字排在最前面的卡德尔是这群书商的主要发言人。

卡德尔等人认为，爱尔兰在书籍出版中的优势有失公平，他们陈述了 4 条主要理由。第一，爱尔兰没有版权法律，那里的书商能够重印不列颠的新作品，以及新版的不列颠旧作品，结果"我们付给作者版税，好处全归他们了"。第二，"每种纸张在那里的价格都比这里便宜得多"，因为爱尔兰对纸张收的税比较低。第三，爱尔兰书商装订书籍的费用比较便宜，因为皮革的税率在那里更低。第四，熟练印刷工的工资"在那里要低得多"。[2]

　　按照卡德尔等人的说法，这些优势造成了两大后果。第一，不列颠对爱尔兰的图书出口减少到微不足道的程度，"除非是他们无法出版的大部头著作"，比如词典和多卷本作品，它们一般以散装的形式被送往爱尔兰。"卡德尔先生补充说"，"新书刚刚在我们这边出版"，爱尔兰书商就重印不列颠书籍，而且"经常是从出版社那里得到的印张"——这句话暗示，他们从无良的不列颠印刷者或其雇员那里偷偷摸摸地拿到书稿的印张。第二，伦敦书商声称，"毫无疑问，爱尔兰暗中向我们国家出口了大量书籍"，包括那些版权受到《安妮法令》保护的作品。虽然他们在证词中没有使用"盗版"一词，不过其中的含义十分清楚。在最后的陈述中，他们承认，不列颠业内最大的不满不是爱尔兰在纸张和皮革税率方面的优势。相反，"最重要的一点是应该保护我们的版权"。

　　关于这个话题，1785 年 3 月 5 日，卡德尔给查尔斯·詹金森（Charles Jenkinson）写过一封措辞强硬的信，后者是负责爱尔兰贸易的重要议员、后来的第一代利物浦伯爵。信里的一些内容与卡德尔 10 天之后在委员会所说的证词相同，卡德尔还坦率地声称，他代表了"大不列颠的书商和印刷商"[3]。这个全面的宣言加强了卡德尔给议员的证词的意义，也增加了一个推测的分量。卡德尔随后在信中推测，如果允许爱尔兰书籍在不列颠自由竞争，会造成灾难性的后果："至少在我们国家，如果不按照《安妮法令》的条款来保护独家专卖，今后将没有书商敢投资文学资产。毫无疑问，正是文学产品得到了巨大的鼓励，才生产出了一批极好的出版物，它们的作者有罗伯逊、休谟、吉本、布莱克斯通、利特尔顿、布莱尔、约翰逊、斯特恩，等等，它们为这个国家增添了荣誉。"当然，10 年之前伦敦书商也提出过类似的主张，就是宣布废除永久版权会对出版行业造成损害。但是据我所知，在讨论永久版权的过程中，没有哪句话像刚才这段话那样有力地赞扬了出版者所起的作用。卡德尔声称，著名作家的伟大著作或者"极好的出版物""毫无疑问"是慷慨大方的版权报酬催生的，从而推进了不列颠书商的文学产品理论。这种理论认为，像他这样的不列颠书商－出版者不仅参与了书籍生产系统，而且具有市场影响力，或者回应作者交给他们的创造性作品。为了伟大文学和学术的第一目标，他们站在整个出版过程背后。而在创造伟大著作的过程中，不列颠出版者的重要性越大，都柏林重印者的重要性就越小。

关于卡德尔在 1785 年 3 月私下和公开表达的意见，评定起来有一个问题：它们服务于一个特定的政治目的，也就是说，打算阻止对爱尔兰书籍完全开放不列颠市场的提案，至少是暗中支持对立计划——把不列颠的版权法律扩展到爱尔兰。还有一种想法不便公开，偶尔会出现在不列颠出版者与作者的书信中。例如，1777 年有一个写医学书的苏格兰作者询问他的作品在爱尔兰的销路，约翰·默里告诉他说："都柏林的书商不顾著作权，随意重印每部新书，因此你的版本在那个国度没有机会销售。"[4] 他们谈到的作品是亚历山大·汉密尔顿的《助产实践原则》（编号 169），碰巧从未在爱尔兰重印过。或许存在这样或那样的情况，阻碍了默里在爱尔兰销售书籍，但是在这个事例中，理由肯定不是他对作者所说的那样。因此我们只好相信，为了安抚焦虑的作者，18 世纪晚期的不列颠出版者有时图方便，会拿对都柏林重印的恐惧当替罪羊。

然而，我们不能就此得出结论，认为伦敦出版者向政府官员和作者夸大了他们对于爱尔兰同行的恐惧。从 18 世纪 70 年代晚期到 80 年代早期，威廉·斯特拉恩给他的爱丁堡合作者威廉·克里奇写信，现存信件表明他们的忧虑真诚而强烈。1778 年 11 月 19 日，斯特拉恩写道："恐怕来自爱尔兰的进口不是我们的力量所能阻止的。"在他看来，爱尔兰重印活动和"开放不列颠的文学产权［即废除永久版权］是无法改变的两大祸害，可能会致使图书销售成为最不能赚钱、最没有保障，当然也是最不体面的行业之一"[5]。第五章中提过，斯特拉恩和卡德尔勉强满足了亚当·弗格森对一部写古罗马历史的新书的要价，1780 年 10 月 17 日，斯特拉恩谈到这件事时，使用的表达方式与默里给汉密尔顿写信时的说法是相似的，他说"每次这里一旦推出新书"，都柏林书商就"立刻""以更小的尺寸和更低的价格"重印。不过与默里不同，斯特拉恩考虑的不是书籍在爱尔兰的销售——他似乎默认那是徒劳的——而是在美国和西印度群岛的销售，他认为近来的立法使爱尔兰的出口在那里合法化，结果导致不列颠出版者"完全丧失了新书的销售市场"[6]。

一年以后，在 1781 年 10 月 4 日的信中，斯特拉恩发出了类似的抱怨，谈到廉价的爱尔兰重印书，他说爱尔兰书商"不仅抢走了整个美国的生意，而且不用受惩罚就把重印书输入到了不列颠的西海岸地区"。在随后的信中（1781 年 10 月 18 日和 11 月 20 日），斯特拉恩欢欣鼓舞，因为克里奇报告了一起诉讼，被告是认可爱尔兰重印受法定版权保护的作品的苏格兰书商。斯特灵地区的威廉·安德森是苏格兰走私书籍规模最大和时间最久的人之一，斯特拉恩单独挑出他的名字，希望"我们可以制止这种非法贸易，它从根基上毁坏了我们的所有权"。然而在更加悲观的时刻，斯特拉恩承认，不列颠的出版者和书商无力阻止爱尔兰非法书籍的进口。

在私下和公开场合，不列颠的重要书商表达的看法就是如此。他们所描述的爱尔兰的苏格兰启蒙运动书籍贸易究竟有多准确呢？表二有一栏是爱尔兰第一版，可以提供一些解答。那一栏显示了数据库中所有 18 世纪后半叶在都柏林重印的作品的第一版，带有出版日期、出版者、开本、卷数和价格的信息，全都可以用来比较爱尔兰版本与不列颠第一版（原版）。尽管一般看来，爱尔兰重印苏格兰启蒙运动作品的比例可能要高于不列颠作品，但都柏林书业没有重印大部分苏格兰启蒙运动作品，当然更不用说全部了。事实上在 18 世纪，表二列出的原版不列颠作品有 38%（360 种里面的 136 种）出现过爱尔兰版本（包括缩写本和再版书）。因此，我们不能从字面意义上去理解默里和斯特拉恩的断言，说爱尔兰当时总是重印不列颠作品。

不过表二里面都柏林重印书的数量相当可观。实际上，有强劲销售潜力的新作品几乎全都至少产生了一个爱尔兰重印版本，有些还数次重印。默里和斯特拉恩的话虽然夸张，他们的看法还是有现实基础的。都柏林书商大规模地重印苏格兰启蒙运动书籍，几乎可以肯定他们复制过所有在商业上成功的作品。

为了避免引起误解，这里有必要强调，18 世纪晚期在都柏林重印的书中，苏格兰启蒙运动书籍只占总数的很小一部分，正如在 18 世纪的不列颠，苏格兰启蒙运动书籍在出版物总数中所占的比例很小。然而在学术和文学书籍范围内，它们占据了重要的位置。都柏林重印者一般是根据苏格兰启蒙作品在不列颠是否成功来决定是否重印。不过爱尔兰实质上存在苏格兰人和苏格兰文化，这可能也是做决定的一个重要因素。在都柏林重印苏格兰启蒙运动书籍的书商中，许多是苏格兰移民，比如罗伯特·梅因（Robert Main）和托马斯·斯图尔特（Thomas Stewart）；或者是苏格兰移民的儿子，比如博尔特·格里尔森；或者是阿尔斯特地区的苏格兰人，比如约翰·马吉（John Magee）和约翰·史密斯；还有很多人的信息不全，他们拥有苏格兰姓氏，比如贝蒂、伯内特、尤因、冈内、海、麦卡利斯特、麦肯齐、蒙克里夫、斯波茨伍德、沃克、沃森、威廉森和威尔逊。我们还不清楚，民族纽带是否促使他们在爱尔兰重印苏格兰启蒙运动作品，不过肯定是有这种可能的。

　　苏格兰文化在北爱尔兰盛行，这是不会错的，那个时代至少有一篇 1774 年的报道说，"北方人比南方人更有阅读习惯"，北方的书店也多得多。[7] 当时一个造访贝尔法斯特的都柏林人记录说，"人们普遍爱好读书"，尽管"平民说着纯粹的苏格兰方言，优秀的人在口音和语风上都与我们有巨大差异"。[8] 贝尔法斯特有学问的人开始建造图书馆时，自然就转向了苏格兰作者。1791 年 11 月 5 日，贝尔法斯特的亚麻厅图书馆的成员指示秘书去购买威廉·罗伯逊的《苏格兰史》和凯姆斯勋爵的《人类历史纲要》，还有"最受赞同的爱尔兰历史书籍"。两个月以后（1792 年 1 月 2 日），他们又添加了一些作品：布封的《自然史》（无疑是指威廉·斯梅利翻译的版本）、罗伯逊的《关于古人对印度的了解的历史探究》和《不列颠百科全书》。1792 年，他们增加了约翰·吉利斯的《古希腊及其殖民征服史》（3 月 3 日）、爱丁堡哲学学会的会报（3 月 10 日），大卫·休谟的《英格兰史》，连同托比亚斯·斯摩莱特的《续英格兰史》（4 月 14 日），博斯韦尔的《约翰逊传》《爱丁堡皇家学会会报》和亚历山大·门罗的《鱼类与人类等动物之结构和生理的比较分析》（*The Structure and Physiology of Fishes*，9 月 22 日）。[9] 其中一些作品只存在不列颠原版，不过大多数已经在都柏林被重印过，图书馆成员大概会找都柏林书商购买一些书籍。图书馆的记录证实，他们就是这么购买詹姆斯·布鲁斯的《尼罗河源头的发现之旅》的 1791 年都柏林版本的，本章随后还有讨论。

　　当然，贝尔法斯特也有自己的出版社，不过他们出版的苏格兰文学主要是通俗作品和宗教作品。除了罗伯特·彭斯的《苏格兰方言诗集》的 3 个版本（1787、1789、1793），还有约翰·霍姆的戏剧《道格拉斯》（1757）和

《阿隆佐》（*Alonzo*，1773）的重印本——都由阿尔斯特长老会教徒詹姆斯·马吉（James Magee）出版——贝尔法斯特和阿尔斯特的其他地区没有重印过表二中的任何作品。[10] 另一方面，都柏林书商通过认购出版苏格兰书籍的重印版本，他们经常吸引来自北方的认购者。1772 年，詹姆斯·威廉姆斯（James Williams）出版了休谟的《英格兰史》（我们随后细论），认购名单中包含了两个贝尔法斯特书商的名字——约翰·海（John Hay）和詹姆斯·马吉，至少还有贝尔法斯特的一位绅士和两名商人。1791 年，约翰·阿彻在爱尔兰重印威廉·朱利叶斯·米克尔翻译的《卢济塔尼亚人之歌》（编号 175），贝尔法斯特的书商休·沃伦（Hugh Warren）订购了 12 册。如此看来，苏格兰启蒙运动书籍在都柏林的重印似乎依赖爱尔兰北部的支持，这种环境可能促使重印者优先考虑苏格兰作者的一些作品。

现在，让我们更仔细地观察都柏林重印者选择的苏格兰启蒙运动作品。除了在都柏林特别流行的题材较轻松的娱乐文学，比如通俗小说和游记，在体裁方面并没有明确的倾向。从总体上看，不管主题是什么，只要是有强大市场潜力的好作品就会被重印。浏览表二记录的都柏林重印书籍，我们可以发现 18 世纪后半叶大部分苏格兰作者的代表作：大卫·休谟的哲学和历史著作，亚当·斯密的《道德情操论》和《国富论》，亚当·弗格森、休·布莱尔、托马斯·里德、凯姆斯勋爵和约翰·米勒的主要作品，威廉·罗伯逊的历史著作，托比亚斯·斯摩莱特和亨利·麦肯齐的小说，詹姆斯·博斯韦尔的《约翰逊传》等作品，《不列颠百科全书》，罗伯特·彭斯的《苏格兰方言诗集》，詹姆斯·麦克弗森的莪相诗篇，约翰·霍姆的悲剧剧本，威廉·卡伦的大多数医学书。18 世纪后半叶，在都柏林重印过 136 部苏格兰启蒙运动作品，其中有 98 部（或 72%）是核心的 50 位经典作者所著，表一和表二里面在他们的名字旁边标了星号，因为斯摩莱特、克里奇和阿尔维斯认为他们特别卓越而把他们挑选出来过。

决定重印哪些不列颠作品时，都柏林书商有几种办法。其中最重要的一种方法是参考主流的伦敦书评期刊《批评评论》和《每月评论》，都柏林版本的报纸广告中偶尔会提到它们。这里举两个实例：在 1777 年的《爱尔兰人日报》（*Hibernian Journal*，2 月 24—26 日）上，威廉·威尔逊给罗伯特·沃

451

森的《菲利普二世史》（编号 186）的都柏林重印版本做广告，其中引用了《批评评论》1777 年 1 月号的赞美；威廉·哈尔黑德（William Hallhead）在《马吉的每周消息》（*Magee's Weekly Packet*）（1777 年 8 月 2 日）上给休·布莱尔的《传道书》第一卷做广告，其中摘录了《每月评论》的短评。除了书评之外，对于在不列颠畅销的书籍，都柏林书商总是消息灵通。在给自己重印的布莱尔的《传道书》（编号 188）做广告时，哈尔黑德评述说："仅仅在 3 个星期之内，这部珍贵作品的两个版本就在伦敦销售一空。"推出约翰·穆尔的《法国、瑞士和德国社会与风貌概览》（编号 201）的新版本时，威尔逊为了吸引读者关注，在 1780 年 7 月 22 日的《都柏林晚报》（*Dublin Evening Post*）上刊登广告，说最近在伦敦出现了该书的 3 种大尺寸版本。当然，这种信息的意图是诱导爱尔兰公众购书，不过也有可能促使哈尔黑德和威尔逊这样的都柏林书商首先着手重印这些书。

　　都柏林书商努力从不列颠尽快获得新书的样本，因为都柏林的行业惯例规定，谁要是第一个宣布有意重印某部作品（另一种说法是，谁要是第一个开始印刷某部作品），那个人就被认为是版权所有者。因此，与不列颠保持频繁而迅速的联络就是关键。1766 年 9 月底，威廉·科利斯（William Colles）通过广告声明，他"定下了与伦敦的定期通信联系"，从而确立了他作为都柏林重要书商的地位。[11] 7 年以后，詹姆斯·威廉姆斯发布广告说，他"每 10 天从伦敦收到一个包裹，里面装有在不列颠出版的全部新书、戏剧和小册子，等等"。[12] 都柏林的卢克·怀特是医学作品（主要是苏格兰作品）的首要出版者，为了在这一领域赶超怀特，1784 年威廉·吉尔伯特（William Gilbert）通知"他从事医学出版的朋友以及全体公众，他已经在爱丁堡和伦敦建立了定期通信联系，他可以从那里不断获得每部有价值的医科方面的新作品"[13]。其他人不时去伦敦，并在伦敦和都柏林结交一些伦敦书商。[14] 正如卡德尔在议会作证时所说，在有些情况中，都柏林书商可能"从出版社"得到散装的不列颠书籍，不过根据现存的证词，我们不可能知道这种情况是否像卡德尔说的那样"经常"发生。

　　我们也无法知道，在多数情况下，那些取得不列颠新书印张的都柏林书商究竟是受益于书商之间光明正大的协议，还是偷偷摸摸地与伦敦或爱丁堡的印刷店的工人进行交易，还是有其他的情况。[15] 沃伦·麦克杜格尔描述过爱丁堡书商查尔斯·艾略特与都柏林书商之间的直接关系 [16]，但是我们仍然不知道，艾略特是否安排过把他的新出版物卖给都柏林，在那里进行有授权的重印。有一个事例可以推测书商之间存在协作，约翰·奥格尔维的《对写作的性质、特点及类型的哲学和批判式的评论》（*Philosophical and Critical Observations on the Nature, Character, and Various Species of Composition*，编号 165）于 1774 年在伦敦首次面世，这个版本属于乔治·罗宾逊，5 年以后，威廉·哈尔黑德在都柏林再版时换了扉页。在这个事例中（一定还有其他例子），都柏林出版该书的起因是不列颠原版在商业上的失败而不是成功。

也有一些证据表明，都柏林书商会付钱给不列颠的出版者，以便重印他们的书——而不仅仅是再版。为了购买斯摩莱特 1753 年的小说《斐迪南伯爵的冒险》（编号 27）的版权，罗伯特·梅因付给威廉·约翰斯顿和威廉·斯特拉恩 15 几尼，同一年他在都柏林重印了密集印刷版本，其销量稍逊于伦敦原版。[17] 另一个事例也涉及斯摩莱特的作品，乔治·福克纳（George Faulkner）声称，1758 年他付给詹姆斯·里文顿高达 40 几尼（42 英镑），购买流行作品《英格兰全史》（编号 49）的印张，结果里文顿厚颜无耻地违约，使他损失了投资。还有一个例子，伦敦书商约翰·默里经常去爱尔兰旅行，维持与都柏林书商的密切关系，其中之一是托马斯·尤因。在约翰·米勒的《论社会阶层的差异》（编号 137）的 4 开本伦敦版出版之前，尤因付给默里 15 几尼买下了该书，直言他的意图就是在都柏林迅速生产重印本。[18] 然后默里告诉米勒该书在爱尔兰有重印本，但是没有透露他自己也参与了合谋，甚至要求米勒阻止该书在格拉斯哥的销售！这类"有授权的"爱尔兰重印行为不是常态，不过我们知道它时有发生。

不管印张装订与否，都柏林书商一旦拿到不列颠的新书，可能都会亲自仔细地检查和阅读，或者为此咨询专家。都柏林的劳伦斯·弗林（Lawrence Flin）重印罗伯特·华莱士的《大不列颠政治现状的特点》（编号 52）时，就带有这样一份评估信作为该书的广告，信件署名"R. C."，日期是 1758 年 3 月 30 日。这封信赞扬该书坚定不移地支持 1688 年光荣革命的原则，接着说"推荐在这里重印"，宣称"如此优秀的作品不可能辜负您的期待"。尽管这个评

453

论者很热情，华莱士的书吸引的关注却微乎其微，再也没有重印过，由此可见，它在爱尔兰的销售并不顺利。

这种结果并不罕见，不过出版者有时会比较幸运。1801 年之前，在 136 种出现爱尔兰重印本的作品里面，将近四成至少在都柏林重印过 3 次。表二的爱尔兰版本一栏中，这些书标了星号，通常都是 18 世纪晚期在都柏林的苏格兰启蒙运动畅销书。[19] 其中最流行的作品是巴肯的《家用医疗》（编号 115），总共有 12 个都柏林版本。其次是斯摩莱特的《罗德里克·蓝登历险记》（编号 12），有 9 个都柏林版本，接下来是两部欧洲游记，各有 8 个版本：帕特里克·布赖登的《西西里和马耳他之旅》（编号 150）和约翰·穆尔的《法国、瑞士和德国社会与风貌概览》（编号 201）。然后是罗伯逊的《查理五世统治史》（编号 119）与斯摩莱特的《佩里格林·皮克尔历险记》（编号 16）和《汉弗莱·克林克历险记》（编号 140），各有 7 个版本。当然，书籍出版的时间越接近 18 世纪末，在指定时期重印 3 次或更多次的机会就越少，可能由于这个原因，表二里标记为畅销书的都柏林版本最初在不列颠出版的时间全部早于 1789 年。

除了极少数例外，这些都柏林畅销书的作者都属于斯摩莱特、克里奇和阿尔维斯列举的 50 位著名苏格兰作者。实际上，只是其中 5 位作者就创作或者编辑了 31 部都柏林畅销作品的一大半：休·布莱尔（2 部）、亨利·麦肯齐（5 部）、约翰·穆尔（3 部）、威廉·罗伯逊（3 部）和托比亚斯·斯摩莱特（5 部）。匿名出版的作品是不利的，除非它们是斯摩莱特或麦肯齐这样的作家所写的小说，即使他们的名字没有出现在书籍扉页上，他们的作品也广为人知。罗伯特·华莱士在伦敦匿名出版了他的《大不列颠政治现状的特点》，前面提到过的爱尔兰评论者只能说："不管作者是谁，他都是人类的朋友。"与之相反，很多苏格兰作者都拥有国际名声，这能够帮助爱尔兰的书商和读者决定要重印、购买和阅读哪些作品。

在这个过程中，爱尔兰新闻界以各种方式起到了作用。都柏林的报纸定期刊登图书销售商的广告，有时插入编者意见，评论他们推广的作者和书。他们偶尔把书和作者与特定人群或一类读者联系起来，从而使其个性化。在 1778 年 10 月 22 日的《都柏林晚报》上，威廉·威尔逊为吉尔伯特·斯图亚特的《欧洲社会概览》（编号 195）做宣传，其中一个段落就试图说明，在美国独立革命和爱国的爱尔兰志愿军运动的时代，斯图亚特的作品对于爱尔兰政治的重要意义。广告开头写道："这位作者有独创性，不仅清晰地描绘了社会的进步，而且针对假想的暴政的侵害，巧妙地为个人权利辩护。"此前一年，亨利·麦肯齐的新小说《朱莉娅·德·奥比妮》（编号 183）推出都柏林重印本时，《爱尔兰人日报》的广告标题表明了它有意吸引的读者群："致女士们：一部新小说。作者受人钦佩，写过《多情男人》《世故的男人》等。"（1777年 6 月 2—4 日）尽管广告没有沿用同时代的众多小说家的标准惯例（如第二章中讨论过的），没有指明麦肯齐的名字，但是其中提到了他以前的感伤小说，所起到的效果是将作者与一组固定的作品联系起来，并提醒女性读者注意到，这部新小说有可能以熟悉而适当的方式感动她们。

　　都柏林的期刊经常刊登苏格兰作者的传记故事。1769 年春天，博斯韦尔造访爱尔兰，推广科西嘉独立运动以及他关于这个主题的作品，都柏林新闻界报道了他的全部行动。[20]《爱尔兰人日报》发表过以下人物的传记片段和逸事：威廉·罗伯逊（1772 年 6 月）、托比亚斯·斯摩莱特（1775 年 6 月）、大卫·休谟（1777 年 4 月和 7 月、1778 年的附录、1779 年 7 月、1788 年 6月）、弗朗西斯·哈奇森（1778 年的附录、1788 年 11 月）、詹姆斯·贝蒂（1782年 2 月）、吉尔伯特·斯图亚特（1786 年 12 月）、詹姆斯·博斯韦尔（1785年 12 月）、罗伯特·彭斯（1796 年）、凯姆斯勋爵（1796 年 2 月）、詹姆斯·麦克弗森（1796 年 4 月）和亚当·斯密（1797 年 3 月和 4 月）。这类文章发布的时机可能是作者刚去世的时候（例如休谟、斯图亚特、彭斯和麦克弗森），也可能是新作品、新版本或传记刚面市的时候，例如博斯韦尔在 1785 年出版的《与塞缪尔·约翰逊共游赫布里底岛的日记》。偶尔也有批评性质的片段，比如 1799 年 6 月的《爱尔兰人日报》上出现了"作为历史学家的休谟与罗伯逊之对比"。《埃克肖杂志》的 1781 年 4 月号上，有一篇文章把"休谟、罗伯逊和吉本"称为杰出历史著作的现代作者，以反对塞缪尔·约翰逊对现代历史作品的负面评论。[21]

　　一系列固定的书评和来自新出版物的摘录，有时还包含编辑的评论，也让苏格兰启蒙运动的重要作者在 18 世纪晚期的爱尔兰变得家喻户晓。《爱尔兰人日报》介绍过《家用医疗》的选粹，还间接肯定了作者"有才干和有独创性的巴肯博士"（1772 年 12 月）。1771 年 7 月，《都柏林水星报》（*Dublin Mercury*）上刊登了斯摩莱特的《汉弗莱·克林克历险记》的第一个都柏林重印本的广告，告诉读者作者"刚刚确立起来的名声"，赞美了他作为小说家的特殊技巧，也称赞了这部作品，特别是"描写苏格兰民族的部分……意在即刻让大多数人感到快乐，又给认真的人非常有用的一笔资料"[22]。《城镇和乡村杂志，或爱尔兰杂集》（*Town and Country Magazine, or, Irish Miscellany*）的 1784 年 7 月号上有一则简短的通知，说威廉·拉塞尔的《近代欧洲历史》第二部分最近由约翰·埃克肖重印，称作者是"文学世界的有名绅士，通过这个出版物，他的地位将会更加稳固"。

有的报纸也发表传记文章和摘录，还有些文章关注苏格兰文学和学术的进步和制度框架。1790 年 7 月，亚当·斯密去世之后，《都柏林编年史》（*Dublin Chronicle*）立刻发表了一则故事，说他小时候曾经被吉卜赛人诱拐过（1790 年 7 月 29 日）。随后，该报纸又发表了"不久前去世的亚当·斯密的逸事"（1790 年 8 月 14 日）和《国富论》的一段摘录（1790 年 8 月 19 日）。下一个月，《都柏林编年史》上刊登了有人情味的"苏格兰诗人彭斯"的一个故事（1790 年 9 月 7 日）。该报纸密切关注了爱丁堡大学新建筑物的建造（1790 年 10 月 5 日和 28 日、1791 年 10 月 8 日）。1791 年 11 月 3 日那期增添了"苏格兰文学新闻"，内容包括苏格兰文人最近在写什么的传闻，附有许多对出版物的简短报道，传闻说它们来自"苏格兰文物研究皇家学会"、爱丁堡皇家学会、詹姆斯·霍顿、威廉·卡伦、蒙博多勋爵、杜格尔德·斯图尔特和詹姆斯·贝蒂。伦敦和爱丁堡的报刊定期报道苏格兰文人最近的写作计划[23]，爱尔兰报纸和杂志的素材大多数是转载的，不过这里要强调的不是这些文章的作者或来源，而是爱尔兰报刊发表这些文章的倾向，它们的目的显然是要将苏格兰作者人性化，从而更受读者的欢迎。

卡德尔作证时说，不列颠原版面世之后，都柏林版本"很快"就出现了。斯特拉恩私下写信也说，都柏林"立刻"开始重印。表二的证据强有力地支持了他们的叙述。都柏林第一版的扉页上的出版年份显示，爱尔兰重印本通常与不列颠原版是同一年；在一个事例中，约翰·霍姆的悲剧《阿尔弗雷德》

（*Alfred*，编号 193）的都柏林版本的出版年份实际上早于伦敦版本，原因估计是这部戏剧（于 1778 年 1 月首次上演）的发表时间是年底，伦敦版本故意填迟了日期，都柏林版本却没有。从出版者信息判断，表二的都柏林重印本中，有四分之三以上在不列颠第一版出现后一年之内就出版了，而且我标明为都柏林畅销书的几乎全部如此，在不列颠原版出现后 4 年之内出版的占 90% 以上。很明显，都柏林书业行动迅速 [24]，这种情况让不列颠的新书出版者愈加焦虑不安。

只有在很少的例子中，直到不列颠原版出版 4 年或更久之后，苏格兰启蒙运动书籍的都柏林重印本才出现，这样的延迟通常都有特别的理由。弗朗西斯·霍姆的《漂白法实验》（*Experiments on Bleaching*，编号 41）的不列颠版本出版 15 年以后，都柏林版本才出现，其出版者托马斯·尤因在出版物目录里做了一番评论，强调说他的版本包含 3 篇增加的文章，它们"在任何英格兰或苏格兰的版本中都从未出现过"[25]。大卫·休谟的《杂文与论文若干》（编号 25）在都柏林一直没有被重印，直到 18 世纪 70 年代末，关于休谟之死的后果发生论战，可能促使詹姆斯·威廉姆斯生产了两卷 8 开本的版本。在伦敦原版出版了 18 年以后，《道德情操论》（编号 59）才第一次在都柏林被重印，原因是亚当·斯密的下一部作品《国富论》（编号 177）很受欢迎。《道德情操论》推出都柏林版本时，出版者在《爱尔兰人日报》上刊登了显眼的广告（1777 年 4 月 21—23 日），向"广受好评的《国富论》作者斯密博士著作的崇拜者"宣传该书。[26]

苏格兰作者一般与他们作品的都柏林重印本没有关系，但是也有一些反面的有趣线索。1754 年秋天，推出《英格兰史》第一卷的时候，休谟对一个苏格兰朋友说："我们也应该制作一个都柏林版本；爱尔兰人本来就错了，如果放任他们错上加错，那是很遗憾的。"（*LDH*，1：210）我们不知道休谟所指的是不是约翰·史密斯于 1754 年出版的都柏林重印本（编号 33），还是他说的"我们"包含爱丁堡的出版者汉密尔顿和鲍尔弗，或者他是想要重新校正和修订都柏林版本，当时他正在准备校订一个法文译本。1785 年 8 月，博斯韦尔从伦敦的出版社拿到《与塞缪尔·约翰逊共游赫布里底岛的日记》的印张，便把它们送给了基拉卢主教托马斯·巴纳德（Thomas Barnard），显然

458

是打算让他在爱尔兰安排出版。但是巴纳德好像误解了朋友的愿望[27]，不过到了 11 月，博斯韦尔让巴纳德从卢克·怀特等人出版的都柏林版本的余下图书中更换了应被删除的一页，从而消除了亚历山大·弗雷泽·泰特勒带来的影响。[28] 除了巴纳德之外，博斯韦尔还很信赖爱尔兰文物收藏者约瑟夫·库珀·沃克（Joseph Cooper Walker），当时他的作用是一些不列颠作者与都柏林书业的中间人。[29] 爱尔兰作者有时能够直接影响都柏林的重印者，甚至到了这样的程度：有一个非常特殊的事例，都柏林三一学院的医学教授戴维·麦克布赖德（David MacBride）的作品出版时，遵照作者的愿望，都柏林重印版本推迟了。[30] 然而我找不到任何可靠的证据，可以证明苏格兰启蒙运动作者直接和决定性地参与他们的作品在爱尔兰的重印活动。

　　斯特拉恩认为，都柏林书商"以更小的尺寸和更低的价格"重印不列颠的书籍。总的来说，他是正确的。表二列出的爱尔兰重印本中，有四分之三以上的规格比不列颠的原版更小（因此也更便宜）。其中绝大多数重印本的规格尺寸缩小了一号（即从 4 开变成 8 开，或从 8 开变成 12 开），而没有影响卷数，因此举例来说，昂贵的不列颠两卷 4 开本变成了比较便宜的爱尔兰两卷 8 开本，或是一卷 8 开本变成了一卷 12 开本。在一些例子中，开本的缩小导致爱尔兰重印本的卷数增多，例如亚当·斯密的《国富论》（编号 177）和休·布莱尔的《修辞与纯文学讲稿》（编号 230），伦敦版本是两卷 4 开本，都柏林版本是三卷 8 开本（《国富论》也出版过两卷 8 开本）。在较少的情况下，爱尔兰重印者会设法压缩原稿的文本，以较小的开本和较少的卷数出版。在更少的情况下，都柏林重印本的规格尺寸要比原版小两号，即使如此，有时卷数仍然相同。于是,詹姆斯·麦克弗森的莪相式叙事诗《芬格尔》和《帖莫拉》（编号 71 和 83）最初在不列颠出版时是 4 开本，用大号字印刷，间距空白也很大，都柏林的书商立即以便宜的 12 开本分别加以重印。1762 年 1 月，《都柏林杂志》（*Dublin Magazine*）刊登了《芬格尔》的短评，评论的开头仅仅介绍了出版的事实，吸引读者注意伦敦版本与都柏林版本之间的巨大价格差距："《芬格尔》的伦敦 4 开本价格 12 先令；在都柏林重印的 12 开本价格 2 先令 8 便士。"（第 49—50 页）

　　为了省钱，即使有时保持与不列颠原版相同的规格，都柏林重印本也会压缩字号或间距，每页里排更多字，从而节省页数。在表二的 6 个例子中，都柏林重印本使用了与不列颠版本相同的规格，但是卷数减少了。罗伯特·亨利的《大不列颠史》（编号 144）的第二版就是如此。1789 年，帕特里克·伯恩和约翰·琼斯重印该书（1794 年增加了一卷，将这套书补充完整了，出版者为伯恩和詹姆斯·穆尔），他们保留了伦敦版本（1788—1795）的 8 开本规格，但是在一页里放上了更多字，增加了一卷的页数，从而使卷数减半，他们还去掉了伦敦版本中的卷首作者肖像。通过这样的方式，在保持文本内容和规格的同时，他们使卷数从十二卷减少到六卷，零售价格减少了三分之一（装订本的单价从 3 英镑 10 先令变为 2 英镑 6 先令）。在其他一些例子中，都柏林重印本的规格和卷数与不列颠原版相同，但是页数更少，从而节省了大量纸张。举例来说，都柏林重印的亚当·斯密的《道德情操论》（编号 59）8 开本的页数是 52 页，比最近出版的伦敦 8 开本少了 11%；约翰·吉利斯的《普鲁士腓特烈二世统治概览》（*A View of the Reign of Frederick II of Prussia*，编号 282）的伦敦 8 开本是 500 页，都柏林重印本减少了 80 多页，即少用了 17% 的纸张。

通过缩小规格或削减页数来降低成本，这个做法与重印速度有着密切的关系。都柏林书商知道，不列颠的新书出版之后，在第一版差不多卖完之前，其出版者的行动一般都很有限。第一版销售完后，不列颠出版者也许才决定是停印还是再版，如果决定再版，一般使用与第一版相同或更小的规格。如果是原先用 4 开本出版的作品有销路，一般选择使用较小的 8 开本重印；而在较晚的不列颠版本中，原先用 8 开本出版的书籍很有可能沿用 8 开本。因此特别是在重印昂贵的不列颠 4 开本时，都柏林书商必须迅速行动，以便利用不列颠版本与爱尔兰版本之间悬殊的价格差距。拥有授权的不列颠 8 开本一旦出版，爱尔兰版本的优势就大大地减少了。如果缺少实质的价格优势，相对于不列颠版本，都柏林版本的销售可能就会受到其他因素的不利影响——这些因素包括对可靠性的认知、真实性、身份与（决定于日期和市场需求的）合法性。1787 年，斯摩莱特的休谟《英格兰史》续作（编号 49）出版五卷的都柏林重印本时，卢克·怀特的定价是 1 英镑 12 先令 6 便士，比"原版"高出 7 先令 6 便士，"原版"是指在作者死后，1785 年由卡德尔和鲍德温在

461

伦敦出版的改过标题的修订本，也是 8 开本，卷数也相同。怀特这回明白了，爱尔兰藏书者通常会购买爱尔兰书籍，但是这种倾向并不适用于这个事例。[31] 只有当都柏林版本号称其质量优于同类版本时，才有可能以相等或略高的价格与伦敦版本竞争。

"都柏林的生产成本无疑更低，"玛丽·波拉德在她 1989 年的重要研究《都柏林的书籍贸易，1550—1800 年》（*Dublin's Trade in Books, 1550-1800*）一书中评论说，"但是如果没有保存在伦敦行会的印刷分类档案文件，我们就不可能了解它们比伦敦的成本低多少，甚至不能知道它们实际上是多少。"[32] 幸运的是，现在都柏林三一学院收藏着都柏林的印刷者丹尼尔·格莱斯伯利（Daniel Graisberry）的分类账，它给我们提供了波拉德希望得到的数据。[33] 现存的格莱斯伯利分类账涉及的时期是 1777—1785 年，其中记录的许多书籍的出版者都是都柏林书商詹姆斯·威廉姆斯和他在某段时期的合伙人理查德·蒙克里夫（Richard Moncrieffe）。威廉姆斯经常重印伦敦的威廉·斯特拉恩印刷的作品，后者的印刷分类账也留存至今。斯特拉恩和格莱斯伯利使用的成本计算方法是一样的，那是 18 世纪的标准方法：就每一个印刷项目而言，单位印张费用由使用的规格和铅字类型决定，然后单位印张费用乘以每本书所需的印张数量，就得出总的印刷费用。[34] 如果算上劳动力价格和其他本地支出（比如铅字），单位费用必须足够高，因此对于伦敦和都柏林的总体印刷费用（除去纸张成本之外），我们可以利用这些数据进行粗略的比较。

462

　　1777 年 9 月，休谟的《杂文与论文若干》（编号 25）推出两卷 8 开本，斯特拉恩印刷了 1000 册，使用的是 12 点活字，并用大字、长字做标题。每本书要用 69.5 个印张，单位价格是 1 英镑 10 先令，印刷费用总共是 104 英镑 5 先令（SA 48815，第 21 页）。1779 年 3 月，格莱斯伯利为詹姆斯·威廉姆斯重印这部作品，同样是两卷 8 开本。每本书使用的纸张数量也几乎相同（71 个印张），也是使用 12 点活字，大字、长字做标题。格莱斯伯利的单位费用比斯特拉恩的少 6 先令（即 1 英镑 4 先令），因此他的基础印刷费用只有 85 英镑 16 先令，而不是 104 英镑 5 先令。格莱斯伯利加上了一些额外的费用，用于调整页边空白，还用大型 12 点活字另外印刷 6 个印张，这造成他的印刷费用总计达到 91 英镑 13 先令。不过他为威廉姆斯印刷的版本比斯特拉恩的印数多 500 册，由于这些情况，单位费用通常增加了几个先令。因此，在厚度、开本和字体方面，格莱斯伯利印刷的重印本十分接近不列颠原版，而他印刷 1500 册的费用却比斯特拉恩印刷 1000 册的费用少 12 几尼。

　　休谟的《杂文与论文若干》提供了一些线索，表明在进行"盲目模仿"的重印时，都柏林书商有经济优势。这样的事例证明，都柏林的劳动力和其他印刷成本比伦敦低，不过成本差异不是很大，还不足以在零售价格上产生巨大差距。事实上，与斯特拉恩和卡德尔的伦敦版本相比，威廉姆斯为《杂文与论文若干》定的价格要更高（前者是 12 先令，后者是 13 先令）。不过当昂贵的不列颠 4 开本在都柏林以 8 开本重印时，印刷成本相差极为悬殊。斯特拉恩和格莱斯伯利的分类账中有一个例子是亚当·弗格森的《论历史的进步和罗马共和国的终结》（编号 232）。原版是三卷 4 开本，在 1783 年 2 月由斯特拉恩印刷，每套需要 202 个印张，印数是 1500 套，单位价格是 1 英镑 7 先令，因此印刷成本总共是 272 英镑 14 先令，由于需要另外加入"特别的校正"，总费用升至 304 英镑 19 先令（SA 48815，第 78 页）。1783 年 3 月，该书在伦敦和爱丁堡出版，硬纸板封面版本的零售价格是 2 英镑 12 先令 6 便士。都柏林人没有浪费时间，格莱斯伯利的分类账显示，1783 年 6 月 7 日，他印刷了 1000 册弗格森作品的第二卷，为此向理查德·蒙克里夫收费，他显然代表了 13 名都柏林书商（他们都是书商行会的成员，本章稍后将更充分地讨论），他们的三卷 8 开本的出版日期也是 1783 年。[35] 每本书有 38 个印张，使用 12 点活字印刷，带页边和页底注释，单位价格只有 1 英镑 2 先令，因此格莱斯伯利这项工程的费用是 42 英镑 7 先令。如果其他两卷的单位印刷成本相同（为了快速生产，可能由其他都柏林印刷者同时进行），那么爱尔兰的出版合伙人印刷 1000 册 8 开本一共花了 128 英镑，而不列颠出版者印刷 1500 册 4 开本花费了 305 英镑，前者仅仅是后者的 42%。纸张成本的差距也很重要，由于都柏林的 8 开本使用较廉价的纸张，比伦敦版本少了将近 40%（也就是说，一套三卷用了不到 120 个印张，而伦敦版本是 202 个印张）。于是都柏林的一套三卷 8 开本的零售价格是 1 英镑 2 先令 9 便士，而伦敦的一套三卷 4 开本的零售价格是 2 英镑 12 先令 6 便士，前者大约比后者少了 60%。

　　表二中列出了不列颠和爱尔兰书籍的零售价格，经过对比证明，当都柏

林的重印者缩编伦敦的 4 开本时，这类价格差异比较常见，即使这一过程需要额外增加卷数。亚当·斯密的《国富论》（编号 177）的伦敦版本是两卷 4 开本，零售价格是 1 英镑 16 先令，硬纸板封面的版本价格是 2 英镑 2 先令。而都柏林版本是三卷 8 开本，零售价格 19 先令 6 便士，只是前者的一半左右。休·布莱尔的《修辞与纯文学讲稿》（编号 230）的原版是两卷 4 开本，硬纸板封面的版本售价是 2 英镑 12 先令 6 便士；都柏林版本是三卷 8 开本，但是售价同样仅为 19 先令 6 便士，比伦敦版本低了 65% 以上。托马斯·里德的《论人的理智能力》（编号 255）是一卷巨大的 4 开本，在不列颠的零售价格是 1 英镑 8 先令，1786 年都柏林重印了两卷 8 开本，售价是 13 先令，还不到前者的一半。亚当·弗格森的《文明社会史论》（编号 99）的都柏林重印版是 8 开本，价格为 5 先令 5 便士，而伦敦的 4 开本的价格是 15 先令，两者相差 60% 以上。

这些都柏林 8 开本一旦问世，不列颠 4 开本在爱尔兰的销路一定会受到影响。在美国的市场上，都柏林的 8 开本也使爱尔兰书商拥有巨大优势，特别是在美国独立战争结束以后。1781 年斯特拉恩对克里奇说，这样的爱尔兰重印本还能出口到不列颠而"不用受惩罚"，事实是否如此？卡德尔和同行在议会作证说，"爱尔兰私下向我们这个国家输入了大量书籍"，事情真的是这样吗？

多年以来，很少有人质疑这样的观点。然而在《都柏林的书籍贸易，1550—1800 年》中，波拉德提出，即使将不列颠官方查封的爱尔兰重印书包括在内，现有的证据也并不支持这一指控。[36] 根据可以得到的资料来看，波拉德是正确的，但是她的质疑反而刺激了别人的研究，结果产生了相当多的证据，可以支持不列颠书商的断言。在前面的章节中我们看到，爱丁堡书商约翰·贝尔愤怒地告诉伦敦的托马斯·卡德尔，约翰·鲍尔弗在销售亚当·弗格森的《文明社会史论》的爱尔兰重印本，他指的是 1767 年博尔特·格里尔森在都柏林出版的 8 开本重印本。我们无法证实贝尔的指控，但它无疑是可能而且合理的，我们知道该书的伦敦 4 开本与都柏林 8 开本的价格差距有多大。在海上和陆路，苏格兰官方都扣留过爱尔兰的重印书，沃伦·麦克杜格尔已经发现了相关的证据。举例来说，1776 年 8 月，苏格兰海关官员拦截了一艘来自都柏林的船，它运载了 14 套散装的三卷 8 开本的《国富论》，还有 21 套散装的吉本的《罗马帝国衰亡史》第一卷的 8 开本。1786 年，官方在格拉斯哥附近的格林诺克扣留了都柏林书商卢克·怀特的书，其中有他人重印的里德《论人的理智能力》的 8 开本。[37]

在上述所有事例中，爱尔兰 8 开本被偷运到苏格兰时，该作品唯一的不列颠版本都是昂贵的 4 开本。不列颠出版者在这种时期极度敏感，当 4 开本是唯一的版本时，他们就担心爱尔兰人走私，有时近乎恐慌。1777 年 5 月，鲍尔弗、斯特拉恩和卡德尔联合出版了罗伯逊的《美洲史》（编号 185）的 4 开本。6 月，他们说服苏格兰海关税务司，给苏格兰西部的 9 个港口下达通知，"上述书籍的盗版可能很快从爱尔兰非法偷运至苏格兰"，请加强警戒。[38] 两个星期之后，罗伯特·沃森通知斯特拉恩，他的《菲利普二世史》（编号 186）的爱尔兰版本"正设法进入苏格兰西部和英格兰"[39]。沃森询问，如果宣传说该书即将推出的第二版做了"校正和补充"，是否有助于"抑制"爱尔兰版本的"销售"。然而不列颠的第二版直到这年年底才出版，由于第一版很受市场欢迎，仍然有利润空间，第二版又是 4 开本。直到 1778 年后半年，不列颠才推出三卷 8 开本，售价 18 先令，这让都柏林的两卷 8 开本重印书拥有巨大的价格优势。据沃森说，它在不列颠的售价只是"12 先令或 14 先令"，伦敦 4 开本的价格至少是它的 3 倍。

在上述全部例子中（除了里德的作品），不列颠出版者一旦生产出他们自己的价格适中的 8 开本，都柏林与伦敦的 8 开本之间的价格差距通常就不再那么大，不值得冒险违法进口了。然而在两种情况下，走私爱尔兰版本的现象仍会发生。首先，本地暂时的市场需求有时会起作用，下面的例子就是如此。1783 年春天，查尔斯·艾略特订购了威廉·卡伦的《药物学讲义》（编号 145）的都柏林版本。在这个事例中，爱尔兰版本比不列颠的版本小而且廉价，不过它主要的吸引力只不过是容易买到，爱丁堡的医科学生需要用它作课程教材，而当时不列颠版本不是绝版就是缺货。[40]其次，多卷的畅销书有时能够创造很高的利润，这也可能引起走私。1784 年 7 月，官方在格林诺克截获了休·布莱克的《传道书》（编号 188）前两卷的 400 多册爱尔兰重印本，大多数都是半精装，出版地被伪造为伦敦（第 165 页）。此前在 18 世纪 80 年代初，官方在珀斯截获了莫里森父子公司的走私书籍，他们偷运了威廉·罗伯逊的苏格兰历史作品《查理五世统治史》和《美洲史》的爱尔兰 8 开本，虽然此时这些作品的有授权的、价格适中的 8 开本在不列颠很容易买到。在法庭上为莫里森父子公司辩护的过程中，詹姆斯·博斯韦尔谈论了"爱尔兰书在这个国家买卖的公开方式"（第 177 页）。

466　　　关于被偷运到不列颠的苏格兰启蒙运动作品的爱尔兰版本，麦克杜格尔还提供了其他证据，其中包括约翰·穆尔的《法国、瑞士和德国社会与风貌概览》和大卫·休谟的《英格兰史》。不管规格如何，这些非法进口的书籍几乎都是畅销书的重印本。既然查封走私的爱尔兰书籍似乎是偶发的，没有什么规律，那么我们或许可以认为，那些事例只代表了都柏林书商重印苏格兰作者作品的非法贸易的冰山一角。斯特拉恩向克里奇承认，对于爱尔兰书籍的非法进口，他们基本上无能为力，虽然走私者有时会被定罪，忧心的不列颠出版者偶尔会支付报酬给尽心尽力的海关官员。斯特拉恩很可能是正确的，英国有太多的船只和港口，也有太多的漏洞和诡计，海关检查员却太少（而且薪水很低，缺乏干劲），发挥不了多少作用。盗版书伪造了伦敦的出版者信息，一旦进入常规的市场流通，就极难辨别。[41] 不过有些书直接用都柏林的出版者信息，好像也在苏格兰以及英格兰的部分地区流通。

　　即使当场抓获了走私者，起诉他们也是困难而耗时费钱的，而且他们只会受到比较轻的处罚。即使揭露一个苏格兰书商进口和销售非法的爱尔兰书籍，他的名誉也不会受到多大影响。关于非法爱尔兰书籍的进口，爱丁堡书商查尔斯·艾略特在 1786 年告诉他的都柏林同伴卢克·怀特："你知道吗，揭发这种事情是一种故意的冒犯。"麦克杜格尔引用了这段话，他还注意到，运给艾略特的一批非法爱尔兰书籍被查封时，他显得比较平静，好像认为那只不过是一个暂时的麻烦，他预料到那是不时发生的事。[42] 苏格兰书籍贸易索引（Scottish Book Trade Index，SBTI）显示，艾略特有一个走私书籍的合作者是威廉·安德森，他担任过 6 届斯特灵市的市长。

467　　　所有这些都证明，都柏林书商把他们重印的苏格兰启蒙书籍出口到不列颠，虽然波拉德声称，爱尔兰重印本走私到不列颠的"规模不是非常大"[43]，她可能是错误的，但也不是完全没有道理。现存的证据不能驳倒波拉德的主要观点：18 世纪后半叶，都柏林的重印产业中，"盗版"活动只占相对较小的比例。这个行业的重点通常放在本土市场，后来也向美国出口书籍。最近有人对法国书籍的大批爱尔兰读者进行了研究，结果间接地支持了前面的观点，因为如果爱尔兰本身能够维持一个相当规模的法国启蒙运动书籍的市场，进口一些原版作品，还有其他在爱尔兰印刷的书籍[44]，那么他们当然也可以维持英文书籍的市场。书商在都柏林的很多报纸上刊登苏格兰启蒙运动书籍的广告，都柏林的报纸和期刊上有苏格兰作者的很多故事，还有他们作品的摘要和评论。这些情况暗示，苏格兰启蒙运动书籍在爱尔兰境内拥有良好的市场。关于爱尔兰与美国的联系，科尔讨论得相当详细（只要是涉及少数的几位作者），他表明这不仅涉及爱尔兰的印书活动，而且牵涉爱尔兰书商的活动。爱尔兰书商蜂拥前往费城等美国城市，尤其是在 1795 年爱尔兰的纸张税上涨，1798 年爱尔兰的政治暴动失败，还有在世纪之交与不列颠合并之后，许多激进的爱尔兰书商的愿望破灭了，而且不列颠的版权法律扩展到爱尔兰（从 1801 年 7 月 2 日起），标志着爱尔兰重印产业的黄金时代的终结。[45]

都柏林书商行会

18 世纪后半叶，有许多书商在都柏林重印苏格兰启蒙运动书籍，可是我们很难了解他们。他们与伦敦和爱丁堡的同胞不同，留下的生意记录很少，私人通信也很罕见，我们难以识别出那些构成都柏林出版业核心的少数公司。表二里有几十个人参与出版都柏林第一版，大概有一半在出版者信息中只出现过一两次。都柏林书业倾向于成群结伙，在重印书籍时组成一大群联合出版者，有时甚至超过 40 人。如此规模的联合出版降低了风险，不过也减小了利润空间，特别是在重印小型廉价书的时候。1760 年，8 名都柏林书商重印了约翰·霍姆的戏剧《围攻阿奎利亚》（编号 63），售价可能就是爱尔兰的剧本的标准价格，每册 6.5 便士，即使那个版本的印量异常大，而且每一册都卖出去了，这些出版者应该也赚不到多少钱。我们不难想象，这些做法在不列颠的精英出版者中间产生了怎样的印象，因此托马斯·卡德尔等人会认为，都柏林书业是廉价、快速、唯利是图和卑鄙的代名词。

468

　　不过话说回来，让我们换个角度看问题。表六显示了 25 家都柏林公司的出版产量，它们各自生产过至少 10 种不同的苏格兰启蒙运动书籍的都柏林重印本。表六还随机选择了 1786 年，显示了它们在那一年的地址（表二用粗体字标出了这些公司的出版者）。以都柏林的标准，它们是相对比较稳定和重要的公司。如表六所示，它们往往聚集在三一学院附近的商业街——格拉夫顿街 2 家、学院绿地 3 家、大乔治街 1 家，最多的是女爵士街，有 10 家；有些也聚集在女爵士街北端、利菲河对面，卡佩尔街及其周围有 4 家，其中大斯特兰德街北端 1 家和修道院街 1 家。[46] 表六里不符合这个地理分布模式的书商只有帕特里克·沃根（Patrick Wogan），他的公司位于河上游的旧桥。剩下的两个人是小詹姆斯·霍伊（James Hoey, Jr.）和威廉·琼斯，他们在 1786 年没有做生意，不过那时简·霍伊仍然在管理她丈夫的书店，书店位于议会街 19 号，靠近女爵士街；1789 年买下卢克·怀特的商店之后，琼斯开始在女爵士街 86 号售书。此外，表六列出的前 10 名书商中，1786 年有 6 人在女爵士街，其他 4 人在学院绿地或者格拉夫顿街。

　　所有这些数据表明，都柏林出版业有地理中心，并且信誉良好。18 世纪后半叶，如果从三一学院出发，沿着学院绿地至女爵士街漫步，沿途都是书店，书籍爱好者一定会很高兴。书籍存货数以千计，其中有从不列颠和欧洲大陆进口的，更多和更常见的是都柏林本地印刷的。装订者、印刷者和后来的雕版师也在这幅图景之中，尽管这里和别处不同，书业的不同职位的劳动分工并不十分明显。前面已经提到过，当地有许多报纸刊登书籍广告，还有杂志报道欧洲文人群体的新闻。现在可以补充说，这些期刊的所有者和编者常常是重要的书商，比如埃克肖父子，从 1741 年到 1794 年，出版了《埃克肖杂志》；还有詹姆斯·波特（James Pott）；特别是托马斯·沃克（Thomas Walker），从 1771 年到 1812 年，他是《爱尔兰人日报》的负责人；还有福克纳叔侄，出版《都柏林期刊》（*Dublin Journal*）长达数十年；从 18 世纪 60 年代晚期到 70 年代，《都柏林水星报》是由小詹姆斯·霍伊经营的；从 18 世纪 80 年代到 90 年代早期，小威廉·斯利特（Jr. William Sleater）和帕特里克·伯恩先后经营过《都柏林编年史》。都柏林书商需要在报纸和杂志上刊登广告和书评，推销他们出版的重印本。[47] 综合的销售目录也越来越多，书籍拍卖行同时为出版者和公众服务，还有许多流通图书馆和文学休闲场所，读者不需要购买就可以在那里看书。[48]

简言之，都柏林是一个繁荣的印刷文化中心，除了伦敦之外，其经营规模令所有讲英语的城市相形见绌。我们一旦从物质上和观念上全面理解了这一点，就更加难以接受都柏林书籍贸易本质上就是盗版这种传统成见，虽然都柏林书商有时把版权受保护的书偷运到不列颠。不过同样的认识也有利于解开都柏林出版文化的巨大悖论，或者说阿喀琉斯之踵：这个城市拥有大量的图书制造者和销售者，而且明显不缺少购买和阅读图书的人，但是它缺乏重要的本土作家，只能依靠不列颠（包括移居到那里的爱尔兰作家），特别是苏格兰，来得到最有声望和受欢迎的启蒙运动作者和文本。

都柏林书业与伦敦相似，却与爱丁堡不同，他们组织了一个同业公会。这个公会非常多元，不过很少起到作用，被称为"圣路加福音公会"；其成员有画家、刀匠和"文具商"——在英国和爱尔兰的书业，这是一个统称，包括多种不同的职业。都柏林书商的个人背景各不相同，从北爱尔兰人到苏格兰人、英格兰人、胡格诺教徒都有，不过在 18 世纪晚期，本地的都柏林人所占的比例似乎很高——无论他们的祖先是哪里人。同业公会的大多数成员是新教徒，天主教徒也可以加入，但只拥有部分的会员权利，1793 年经过公会同意，几个天主教徒成为完全资格的会员（尽管市政府没有承认他们的身份）。天主教徒的书商不知不觉间融入新教徒同行，出版严肃文学和学术著作。有重要意义的是，在苏格兰启蒙运动作品的都柏林重印本中，帕特里克·伯恩的名字出现次数最多，他就是天主教徒，另外至少还有 3 个活跃的都柏林书商也是如此，他们作为代表出现在表六中：小詹姆斯·霍伊、詹姆斯·穆尔和帕特里克·沃根。[49]

我们有时候注意到，都柏林书业很少维持伙伴关系，即使有合作，也总是短暂的。不过都柏林书业有一个非常牢固的传统，个人的公司会存续好几代人。这种连续性一般是通过子承父业的方法实现的，例如彼得和威廉·威尔逊、老约翰和小约翰·埃克肖、老威廉和小威廉·斯利特、老威廉和小威廉·沃森、威廉和亨利·怀特斯顿。在几个事例中，如果没有儿子可以继承，遗孀就试着维持丈夫的生意，虽然有时持续不了很长时间。1790 年 5 月，威廉·科利斯去世后，安妮·科利斯（Anne Colles）试图在女爵士街 17 号经营丈夫的生意，继续出版休·布莱尔的《传道书》的四卷版本（1790），并在数卷的出版者信息中用自己的名字代替丈夫的名字；但是仅仅一年半之后，另一个无关系的书商乔治·福林斯比（George Folingsby）就宣布，科利斯家的公司和书店已经归他所有。

在其他一些事例中，都柏林的公司通过使继承顺序复杂化来维持生存，其中已故书商的遗孀起到了决定性的作用。例如表六所列出的钱伯伦 – 赖斯（Chamberlaine–Rice）公司，这家公司是在 1757 年由书商狄龙·钱伯伦（Dillon Chamberlaine）创办的，表二里有 15 部都柏林重印本的出版者信息中出现过他的名字，出版时间跨度为 1765—1777 年。钱伯伦于 1780 年去世，他的遗孀汉娜继承了位于学院绿地 5 号的店铺，在 1781—1789 年又出版了 2 部表二列出的作品。约翰·赖斯是专门出版音乐作品的书商，他与钱伯伦的女儿玛丽亚（Maria）结婚，与汉娜结成同盟。赖斯曾经在美国和兄弟一起从事出版工作，1790 年他回到都柏林，与汉娜结成短暂的合作关系，其后以钱伯伦 & 赖斯公司的名义又出版了表二中的 2 部作品。最后，汉娜于 1790 年底去世，赖斯接管了钱伯伦家位置优越的店铺，用他自己的名字经营，1791—1800 年又联合出版了 12 部表二列出的书籍——35 年间，这家公司联合出版的苏格兰启蒙运动作品重印本的总数达到了 31 部，这个数字是第二多的。1801 年，不列颠版权法扩展到爱尔兰之后，赖斯回到美国，在巴尔的摩开办书店，直到 1805 年去世。

关于都柏林这种有特色的连续模式，表六中有一家叫利思利 – 哈尔黑德 – 麦肯齐（Leathley–Hallhead–M'Kenzie）的公司也是一个很好的实例。约瑟夫·利思利（Joseph Leathley 或 Leathly）是女爵士街的书商和图书装订者，从 1719 年到 1757 年，他一直是都柏林出版业的重要人物。1757 年他去世之后，公司由他的遗孀安（Ann）继承。在安·利思利管理生意的 18 年里，她参与重印了表二中的 4 部苏格兰启蒙运动作品：斯摩莱特的《法国和意大利游记》（*Travels*）和《汉弗莱·克林克历险记》（编号 96 和 140），麦克弗森的《帖莫拉》（编号 83），福代斯的《给年轻女性的传道书》（编号 93）。1775 年她去世之后，继承人是她的外甥威廉·哈尔黑德，此前哈尔黑德可能给她做过领班。18 世纪 70 年代晚期到 80 年代早期，他积极地参与重印启蒙运动作品，其中有 8 部的作者是苏格兰人，还在 1781 年 5 月重印了吉本的《罗马帝国衰亡史》，那是六卷 8 开本的昂贵版本。7 个月后，哈尔黑德去世，他留下的女爵士街 63 号的商店濒临破产，他的遗孀莎拉（Sarah）设法保住了公司，并参与重印了罗伯特·沃森的《菲利普三世史》（编号 239）的都柏林第一版。1783 年，莎拉·哈尔黑德嫁给了另一个都柏林书商（兼图书装订者）威廉·麦肯齐（William M'Kenzie 或 McKenzie），他曾经是威廉·吉尔伯特的徒弟，据推测，1782 年他重印过亚当·斯密的《国富论》。[50] 麦肯齐一直经营着这家公司，直到 1817 年去世。在 1783—1800 年，他参与出版过 12 部苏格兰启蒙运动作品的都柏林第一版。这样，利思利－哈尔黑德－麦肯齐公司不仅得以幸存，而且兴盛起来，在表六的售书公司里排名第六。

472

表六的第四个出版者是卢克·怀特，这个人很有名，因为他在欧洲大陆和不列颠都有广泛的关系，还积累了巨额财富，其中一大半是通过彩票销售赚到的。[51] 不过在 1789 年退休之前，怀特也积极地重印启蒙运动作品，表二里有 28 部都柏林版本的出版者信息上有他的名字。怀特的企业位于女爵士街 86 号，它虽然没有作为家族公司存活下来，还是实现了某种连续性：威廉·琼斯买下了它的房屋和存货，1789—1800 年，琼斯参与出版了 16 部苏格兰启蒙运动作品的都柏林第一版重印本。在另一种意义上，琼斯不是怀特的学徒，而是詹姆斯·威廉姆斯的徒弟，威廉姆斯在表六中排名第三，他出版过 28 部作品，其中一部是与理查德·蒙克里夫短暂合作的产物。威廉姆斯在斯金纳路度过了 20 多年，直到 1784 年才入驻更加时髦的女爵士街。总的来说，在启蒙运动书籍的都柏林重印者中，他是最积极进取、最有野心和最有胆量的。他非常喜爱苏格兰文人的作品，他的徒弟不仅有琼斯，还有表六中出现的另外两位书商：约翰·贝蒂（John Beatty）和约翰·卡什（John Cash）。1787 年，威廉姆斯突然去世，他的遗孀多萝茜娅（Dorothea）试图继承他的事业，做彩票销售并与他以前的徒弟威廉·琼斯合作，但是威廉姆斯公司和这段合作关系都在 1789 年结束了。

伦敦和爱丁堡的书商之间发展出了合作出版的惯例，都柏林的公司与之类似。就像表六显示的那样，这种惯例不仅代表了共用经济资源的方法，而且是要尽可能减少破坏和扰乱行业的行为。特别是合作出版，这种方式能够维持秩序，防止过度竞争，以免导致冲突和破产。1767 年 5 月，都柏林的书籍价格战是都柏林出版企业开始合作的关键时刻。价格战的开端是都柏林出版界的四个新秀——狄龙·钱伯伦、詹姆斯·波特、詹姆斯·威廉姆斯和罗伯特·贝尔——开始销售不列颠畅销书的廉价版本，比如《汤姆·琼斯》和《威克菲尔德的牧师》（ *The Vicar of Wakefield* ）。不幸的是，更有地位的都柏林书商已经预定要出版那些书，他们认为根据都柏林出版业的惯例，自己才是那些作品的合法所有者，尽管他们从来没有为版权付过一个先令。在陷入上述争论的书中，詹姆斯·福代斯的《给年轻女性的传道书》是唯一的苏格兰启蒙运动作品，1766 年在都柏林以"第四版"的名义被重印过（原版是同一年安德鲁·米勒等人在伦敦出版的），出版者有安·利思利、老詹姆斯和小詹姆斯·霍伊、老约翰·埃克肖、亨利·桑德斯（Henry Saunders）和威廉·沃森。利思利、埃克肖和沃森联合一些有地位的都柏林书商，其中包括乔治·福克纳、W. & W. 史密斯、彼得·威尔逊（Peter Wilson）和托马斯·尤因，在 1767 年 5 月 12—16 日的《都柏林公报》（ *Dublin Gazette* ）上刊登报纸广告，质疑反对派的版本。具有讽刺意味的是，他们所用的措辞正好可以被伦敦书商照搬来指责他们的盗版行为："有人非法翻印了前面提到的书的数个版本，使这些资产的所有者的物质利益受到了相当大的损害，这种不公正的行为将会破坏本国的印刷业务。为了阻止他们，我们决定按照下述非常不利的条件向公众提供这些书。"随后是一个降价清单，他们打算通过抛售与暴发户对手竞争。福代斯的《给年轻女性的传道书》是两卷 12 开本（缝合装订成 1 册），其单价从 3 先令 3 便士减少到 1 先令 4 便士，这个价格低得荒唐，在那个时候，这部作品的两卷 8 开本伦敦版本售价六七先令。

　　为了维持行业秩序，他们试图通过低价抛售压制对手，这时都柏林书业的主要人物大胆迈出了一步，给了自己一个头衔：书商行会（The Company of Booksellers）。他们在《都柏林公报》的广告引用了行会的版权标记，1767 年的新出版物《亚伯之死》（ *The Death of Abel* ）的版权标记也一模一样："由书商行会出版，销售商为 A. 利思利夫人、W. & W. 史密斯、G. 福克纳、P. 威尔逊、J. 埃克肖、H. 布拉德利（H. Bradley）、W. 沃森、S. 沃森和 T. 尤因等先生。"《都柏林公报》的下一期（5 月 16—19 日）上刊登了钱伯伦、波特、威廉姆斯和贝尔的回应，文章开头讽刺地提到了"某些选择给自己挂上'书商行会'头衔的人"。他们暗示实际上并不存在这个团体，那只不过是两群都柏林书商之间的争执，谁都没有资格声称自己拥有法人身份。这次对抗背后隐藏的一个事实是，当时这四个主要的反抗者中，钱伯伦和贝尔不完全是同业公会的成员，仅仅是有部分资格的会员（这也是给予天主教徒和小商贩的边缘身份），波特和威廉姆斯根本不是同业公会的成员。与此相反，当权派人物里有身份显要的同业公会成员，比如埃克肖、福克纳、威廉·史密斯（William Smith）和威尔逊。即使处于这种劣势，反叛者还是应对挑战，追赶上了书商行会当时给三种书籍新开出的价格（价格低到无利可图，包括福代斯的作品），接近了书商行会对第四部作品《汤姆·琼斯》的定价。仿佛这还不够，他们最后在广告中无所顾忌地指责，宣称不是他们，而是书商行会（他们称之为"政治集团"）的一些成员企图"用他们的名字订立合同，进口伦敦印刷的书籍"在爱尔兰低价出售，从而压制爱尔兰印刷业。

　　这是一场反抗者无法获胜的战争。这次事件还有许多问题没弄清楚[52]，但是我们知道，反抗者中有三个人与书商行会和解，成为都柏林行会受人尊敬的成员。反对派的第四个人罗伯特·贝尔的命运就不同了。1767 年 12 月 2 日，贝尔的书籍存货在法官的主持下被拍卖，他突然离开都柏林（留下了他的爱尔兰妻子），去费城开始了一段重要的职业生涯，本书下一章将加以讨论。5 月的价格战过后几个月，贝尔就破产并离开了，过度扩张可能加速了这个过程，但是他与都柏林书业其他同行关系紧张也是一个原因。有人暗示说，贝尔的问题可以追溯到"都柏林书商之间的对抗"，因为贝尔和另一个都柏林的苏格兰书商罗伯特·梅因在销售苏格兰出版的书籍。[53]如第八章所述，贝尔于 1759—1760 年开始了都柏林的职业生涯，不过我们没有理由假定，1767 年 5 月他们惹怒了书商行会之后，贝尔和同事仍然在销售苏格兰制造的书。然而有详细却无法证实的迹象表明，贝尔等反抗者还销售了至少两部居住在别处的苏格兰人生产的作品。贝尔等反对派推出的《威克菲尔德的牧师》无疑是带有出版者信息"都柏林：1767 年印刷"的版本（ESTC

W39851），他们的福代斯的《给年轻女性的传道书》可能是那个简单标记 "M,
DCC, LXVII 印刷" 的版本（ESTC W24605）。传记研究已经确定，这些版
本实际上都是由苏格兰人约翰·梅因（John Mein）和约翰·弗莱明（John
Fleeming）在波士顿印刷的。[54] 我猜测，波士顿的约翰·弗莱明以前就是都
柏林的约翰·弗莱明（John Fleming）。1764 年，他与贝尔联手，再版过詹姆
斯·韦尔爵士（Sir James Ware）讲述爱尔兰历史和古迹的对开本作品，装帧
精美，它们原来是由沃尔特·哈里斯（Walter Harris）在 1739—1746 年出版的。
然后在 1765 年，弗莱明从爱尔兰消失了。[55] 无论我的假设是否正确，现有的
证据增加了这种有趣的可能性，即苏格兰人结成一个大西洋网络，销售在爱
尔兰之外印刷的书籍，而都柏林的书商行会成立的部分目的就是与这种威胁
做斗争。

　　贝尔公然为带有侵略性和竞争性的出版行为辩解，这也是都柏林书业的
领袖憎恨他的原因。苏格兰书商亚历山大·唐纳森写了一个小册子攻击永久
版权和垄断，直接针对伦敦书商，贝尔在都柏林重印了这个小册子，都柏林
出版业的领袖不可能掉以轻心。这个小册子的贝尔版本在前面加了一则 "爱
尔兰广告"，有力地将唐纳森的论点扩展到了都柏林：

　　　　我们之所以在这个城市重印关于文学作品版权的下列思考，原因是
　　都柏林的一些书商声称，他们的资产受到了损害：实质上，这种所谓的
　　损害只不过是其他书商印制任何他们觉得合适的书籍的权利而已——当
　　一个出版者可以节省一半以上的成本时，他当然不会从其他人那里申请
　　批准。基于这种假定的损害，他们违背常识、公正甚至法律和人类的自
　　然权利，组成一个专制者团体，打击甚至毁灭其他不愿意屈服做奴隶的
　　书商。他们篡夺有关书籍出版和销售的权威决定，他们在都柏林这个城
　　市以及整个王国的垄断行为是对所有爱尔兰人民的歧视和侵害。

476　　　这则广告使用了专制者、奴隶、垄断，甚至 "人类的自然权利" 这样
的措辞，表示反叛者的头目就是贝尔。这个版本还有一段同样有力的编辑评
论，其中贝尔断言，对于不列颠的文学资产，都柏林书商没有权利提出所有

权的要求，就像一个面包师不能垄断面包的专卖权，宣称其他面包师做的面包是"盗版的"。[56]贝尔会在美国继续宣讲这种理论，并以此谋生。这可能就是他在都柏林失败的原因。

　　尽管贝尔失败了，书商行会（也称书商联合会）却欣欣向荣。18世纪70年代中期，都柏林书籍开始带有书商行会的版本标记，他们用这种样式出版过将近200部作品，直到18世纪90年代，这个组织渐渐消失。其中至少有15部苏格兰启蒙运动作品，包括帕特里克·布赖登的《西西里和马耳他之旅》（1775、1780），约翰·霍姆的《阿尔弗雷德》（1777）和《道格拉斯》（1787），大卫·休谟的《英格兰史》（八卷8开本，1775），凯姆斯勋爵的《人类历史纲要》（1775，图7.1），亨利·麦肯齐的《朱莉娅·德·奥比妮》（1777）和《突尼斯王子》（1779），托马斯·里德的《按常识原理探究人类心灵》（1779），

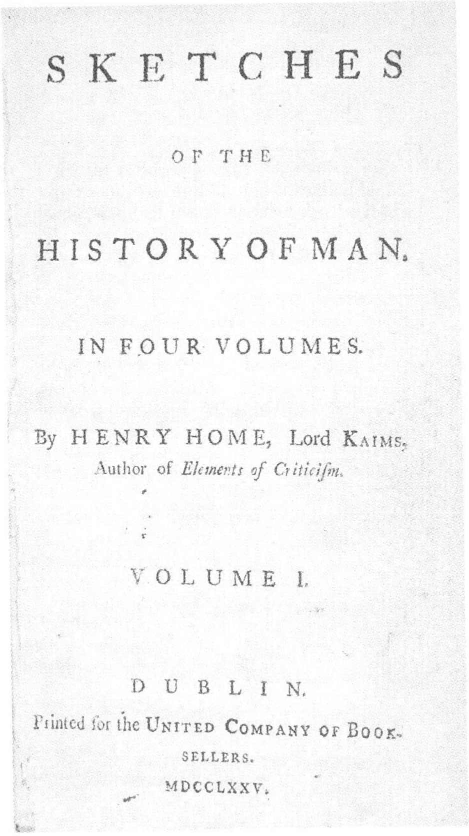

图7.1　18世纪后半叶，书商行会（或联合会）一直控制着都柏林出版业，苏格兰启蒙运动的新书是重印的"优质饲料"。行会的出版者信息常常列出参与的全部出版者，有时多达数十人，不过在其他场合，比如1775年重印凯姆斯的《人类历史纲要》的时候，出版者为行会本身。（森林湖学院图书馆特别收藏品）

托比亚斯·斯摩莱特的 4 部小说（1775），还有斯摩莱特的《汉弗莱·克林克历险记》的另一个版本（1790）。

　　在 20 世纪 50 年代初的文章中，詹姆斯·菲利普斯声称，书商行会的版本标记是"一种伪装"，目的是掩护都柏林出版者的身份，不让愤怒的英国版权所有者知道，或者是为了扉页的"节约和外观"。可以肯定的是，它不是"一个脱离圣路加福音公会的半官方团体"[57]。但是依照最近发现的证据，菲利普斯的论点是经不起仔细推敲的。关于书商行会，我们能够知道的太少了，但它毫无疑问是一个真实的组织，18 世纪 70 年代有一段时间，它聘请了自己的伦敦代理人（先是约翰·默里，其后是罗伯特·鲍德温［Robert Baldwin］，然后是约翰·沃利斯［John Wallis］）和自己的书记员（威廉·科利斯，1767 年他站在贝尔的反对派一边），注册过的都柏林出版物有时带有"加入书商行会"的短语（显然是从伦敦出版同业公会复制的）。他们每年 8 月举办周年纪念宴会，在 1778 年要求其成员购买一套爱尔兰制造的新衣服，以示支持本国产品；在 1791 年指派了一个委员会，与图书装订者行会谈判改变书籍装订价格的事情；还在 1792 年开会，表明他们对高价纸张的态度。[58]

　　1793 年，有一篇关于文学版权的杂志文章提到，"由于名为书商联合会的机构，侵犯版权的情况在都柏林稍稍停息了"——也就是说，爱尔兰的版权是书商之间的协定，而不是成文法律。[59] 看来很明显，书商行会的主要目的是以这种方式保护文学资产——这种做法与不列颠的版权无关。在这个意义上，书商行会更加类似于爱丁堡的书商协会，而不像都柏林和伦敦的同业公会，后者的组织太散漫，无法解决出版者担忧的特定问题。如果说在实现保护版权这个目标方面，都柏林的书商行会比爱丁堡的协会更加成功，那么主要原因是他们认识到了成员之间合作的重要性，针对侵犯文学资产的行为，最好的防御就是依靠协同出版。

　　1793 年的文章继续说，书商行会的效用是有限的，因为它"仅仅是由自愿的个人组成的团体……作用不能扩展到首都之外，成员甚至不包括都柏林的全部印刷者和书商"。18 世纪的职业组织几乎全都受到这个问题的影响：毕竟在都柏林书业中，大约有三分之二甚至不属于圣路加福音公会。[60] 此外，到这篇文章发表为止，18 世纪 90 年代初，带有行会版本说明的出版物十分罕见，由此可以判断，书商行会当时严重衰落了。不过 18 世纪 70 年代到 80 年代是书商行会的鼎盛时期，可以断言，实质上所有著名的都柏林出版者都是它的成员。这是因为印刷者丹尼尔·格莱斯伯利在分类账中记录了书商行会委托的两件工作：1777 年 10 月，印刷威廉·罗伯逊的《美洲史》（编号 185，图 7.2）的 2000 册 8 开本；1781 年 2 月，印刷约翰·穆尔的《意大利社会和风貌概览》（编号 219）第一卷的 12 开本。1777 年，罗伯逊的《美洲史》出过两个 8 开本，哪个是交给格莱斯伯利的版本还不确定，不过这个问题实际上无关紧要，因为两个版本的出版者信息很相似，我们可以得出结论，它们都是为书商行会印刷的。其中一个版本是两卷，出版者信息中包含 43 个名字；另一个版本是三卷，出版者信息中包含 46 个名字（参见图 7.3），还附带一幅做工整脚的卷首插画肖像，与雷诺兹的原作（参见图 2.12）几乎没有相似之处，甚至也不像原来在不列颠制作的版画（参见图 2.13）。至于穆尔的作品，表二里有两个都柏林版本，格莱斯伯利为书商行会印刷的第一卷无疑是前者，其出版者信息包含 22 位书商。这些作品的扉页上都没有"书商行会"的版权标记，即使它是印刷者收费的对象。他们有时会用社团的名字代表一大群出版者（例如编号 156、183 和 193，参见图 7.1），但是这些版本的出版者采取了相反的做法：他们在与印刷者私下交易的时候使用"书商行会"这个缩写的简称，而在书籍的出版者信息中列出全员的名字，还使用显眼的梯形布局。

　　1777 年，罗伯逊的《美洲史》出过两个都柏林 8 开本，两卷本的出版者信息包含 43 个名字，三卷本的出版者信息包含 46 个名字，除了有 3 个名字——塞缪尔·普赖斯（Samuel Price）、彼得·霍伊（Peter Hoey）和威廉·基德（William Kidd）——只出现在三卷本以外，其余的全部相同。约翰·穆尔的《意大利社会和风貌概览》的 1781 年版中出现了 22 个名字，除了在 1778 年才开始从事出版的罗伯特·伯顿（Robert Burton）和帕特里克·伯恩，其他人的名字都出现在了罗伯逊《美洲史》1777 年的两个 8 开本中。于是这三种书籍合起来就提供了 48 个都柏林书商或公司的名单，可以确定在 1777—1781 年期间，他们是书商行会的成员。由于成员没有义务每次都参与行会发起的出版，实际的成员人数一定比这更多。尽管成为会员是自愿的，但是很少有出版者能够置身事外。表六列出了 25 家公司，在书商行会出版的罗伯逊

479

图7.2和7.3　这个条目来自都柏林印刷者丹尼尔·格莱斯伯利的分类账（上图），日期为1777年10月25日。分类账显示了印刷威廉·罗伯逊的《美洲史》的8开本的一部分，需要向书商行会缴纳的费用。条目证实，在《美洲史》1777年的两个都柏林8开本中，名字列在出版者信息中的人都是书商行会的成员。图7.3（下图）显示，其中一个版本的扉页上包含了46个人名，它们呈梯形排列。书商行会还试图复制约翰·霍尔根据雷诺兹的原画制作的罗伯逊的卷首插画肖像（图2.12和2.13），不过徒劳无功。（格莱斯伯利分类账：都柏林三一学院委员会；罗伯逊的作品：牛津大学哈里斯·曼彻斯特学院图书馆）

和穆尔作品的出版者信息里，其中 21 个名字（包括曾经是异议者的钱伯伦、波特和威廉姆斯）至少出现过一次。其余的 4 名书商是约翰·卡什、约翰·琼斯、威廉·琼斯和詹姆斯·穆尔，1781 年他们还没有从事出版业；他们的名字后来在都柏林书籍上出现时，那些出版者信息里也有一群行会书商，这表明他们一有机会就加入了书商行会。

18 世纪 60 年代晚期到 90 年代早期或中期，是爱尔兰重印业的黄金时期，同时也是书商行会的全盛时代，这并非巧合。几十位书商自愿组织成一个联合团体，都柏林的重印者从而实现了一定程度的协调和合作，而伦敦、爱丁堡和费城的出版者无法与他们相比。他们完全是靠自己做到这一点的，没有任何的法律支持和政府介入，甚至也没有正式的行会规章。其效果是引人注目的。1785 年，卡德尔和同行在议会作证时回忆说，不列颠书商出口到爱尔兰的书籍中，能获利的只有"大部头著作"，因为爱尔兰书商无法加以复制。这段评论符合伦敦书商对爱尔兰出版业的傲慢看法，但是这里讨论的苏格兰 $\quad$ 481 启蒙运动重印业的数据显示，卡德尔言过其实了。都柏林书商通过行会共用资源，他们很快发现，自己现在可以掌握最大规模、极其重要和多卷本的著作。认识到这一点使他们受到鼓励，在少数事例中（尤其是卢克·怀特和詹姆斯·威廉姆斯），销售彩票和专利药物产生的巨额利润使他们更加大胆，在 $\quad$ 482 个人的重印活动方面，其中一些人也变得更加积极和雄心勃勃。他们不再满足于只是大量生产廉价副本，他们的注意力开始从简陋的仿制转向形式更高的赶超竞争。

1769 年是关键的年份，在伦敦和爱丁堡，威廉·斯特拉恩、托马斯·卡德尔和约翰·鲍尔弗出版了威廉·罗伯逊的《查理五世统治史》（编号 119）漂亮而昂贵的三卷 4 开本。都柏林书商的反应非同寻常。[61] 两年之内，书商行会和其他人生产了 5 种不同的都柏林版本，规格各种各样，包括 1771 年出现的两个内容高度压缩的两卷 8 开本。这个过程从 1769 年开始，他们用 4 开和 8 开的规格按原样逐页重印不列颠的原版书，这些版本仍然比不列颠的 4 开本便宜，但是以都柏林重印业的标准而言，已经算是昂贵的作品了。同等重要的是，他们维持这种精品策略，继续出版适合绅士的藏书室的书籍。威廉·沃森、托马斯·尤因和塞缪尔·沃森（Samuel Watson）是都柏林

4 开本的出版者，他们在 1769 年 3 月 11—14 日的《自由人日报》(*Freeman's Journal*) 上刊登广告，邀请公众审查他们的一家书店里陈列的产品样本；3 月 21—25 日的《公共地名词典》(*Public Gazetteer*) 宣告，逐页复制的 8 开本即将推出，"用牛皮装订"，几乎可以确定它是由书商行会生产的。与此类似，1777 年，罗伯逊的《美洲史》的两卷 4 开本在伦敦出版，一大群都柏林书商就重印了自己的两卷 4 开本，随后又推出了考究的三卷 8 开本和两卷 8 开本，前面已经讨论过，它们是书商行会协作的产品。斯特拉恩和卡德尔在谈到或写到都柏林的重印业时，认为它是贫民窟的制造业，但是事实明显并非如此。

《查理五世统治史》的都柏林逐页 8 开本的出版者信息中列有 21 个联合出版者，詹姆斯·威廉姆斯是其中之一，也是在 1769 年，他推出了大卫·休谟的《英格兰史》(编号 75) 的第一个完整的爱尔兰版本，为八卷 8 开本。我们将看到，威廉姆斯于 1772 年用同样的规格重印了这部作品，并于 1780 年再版，增补了他重印的《大卫·休谟自传》(1777) 以及休谟的《杂文与论文若干》(1779)。1780 年，威廉姆斯甚至给《大卫·休谟先生作品集》(*The Works of David Hume, Esq.*) 的一个版本印刷了扉页和前辅文 (包含《大卫·休谟自传》)——这是在 18 世纪唯一的尝试，其意图明显是介绍他出版的《英格兰史》和《杂文与论文若干》。我们知道，休谟的《英格兰史》在 1775 年出现过另一个八卷 8 开本，带有书商联合会的版本标记，而在 1788 年，卢克·怀特又生产了一个版本，他在 1787 年出版过五卷本的斯摩莱特的续作，所以把这两部作品组合成规格一样的十三卷《英格兰史》一起推销。[62]

威廉姆斯能够自己冒这么大的险，获得资本的方法之一是组织读者认购。1770 年 11 月初,威廉姆斯和理查德·蒙克里夫在《自由人日报》上发表提议，为詹姆斯·斯图亚特爵士的《政治经济学原理研究》(编号 101) 征求读者认购。它是装订好的三卷 8 开本，认购价格是 16 先令 3 便士，伦敦原版是硬纸板封面的 4 开本，价格为 2 英镑 12 先令 6 便士，是前者的 3 倍以上。通过对"倾向于促进和推动实用技艺发展"的人们发出呼吁，并提到"对这部宝贵作品的伦敦版本的……巨大需求"，他们试图激起潜在认购者的热情，尽管这部作品的伦敦版本实际上卖得不算特别好。[63] 他们的另一种手法是在 11 月初声称，印刷的册数只"略微"多于订购数量,暗示那些想要以认购价格 (或者也许以任何价格）购买的人必须赶快行动。然而在 11 月 8—10 日的《自由人日报》上宣告出版的时候，一般公众都能以认购价格买到该书。

斯图亚特的《政治经济学原理研究》的一些样书中列出了认购名单，一共有 252 个名字，订购了 405 套两卷本。他们大多数是爱尔兰的绅士和商人，不过其他都柏林书商也购买了许多套书，比如托马斯·尤因（50 套）、查尔斯·英厄姆（Charles Ingham, 25 套）、威廉·史密斯（14 套）、塞缪尔·沃森（14 套）、彼得和威廉·威尔逊（12 套）、约翰·米利肯（John Milliken，10 套）、伊丽莎白·林奇（Elizabeth Lynch，6 套）、詹姆斯·波特（6 套）、亨利·桑德斯（6 套）、詹姆斯·瓦兰斯（James Vallance，3 套）、狄龙·钱伯伦（2 套）和威廉·斯利特（2 套）。认购者中有不少是驻美国的不列颠官员以及南卡罗来纳的殖民地移民，包括查尔斯顿的苏格兰书商罗伯特·韦尔斯（Robert Wells），他买了 6 套。这种模式表明，都柏林书业的从业者普遍支持这种雄心勃勃的重印本，而且早在法律允许爱尔兰书商向美国出口出版物之前，他们的生意就扩展到了美国。

1772 年 1 月 18—22 日，威廉姆斯在《芬兰人的伦斯特省期刊》（*Finn's Leinster Journal*）上刊登了新版休谟《英格兰史》的认购广告，承诺在书中列出认购者的名单，"认购者不仅是这部作品的鼓励者，而且是爱尔兰艺术和产品的促进者"。这个版本现存的一些书里出现的名单包括 117 个名字。认购者主要是爱尔兰的绅士和商人，还有书业的 17 名成员以及少数其他人，包括几个美国人。与斯图亚特的作品的认购名单相比，这个名单相对较短，部分原因也许是休谟的八卷作品价格较高，不过当时《英格兰史》的伦敦出版者已经生产了同等价位的八卷 8 开本，而那时《政治经济学原理研究》还只有昂贵的伦敦版 4 开本，这个事实可能是更主要的因素。威廉姆斯出版的《英格兰史》的认购价格是 2 几尼，斯特拉恩和卡德尔装订好的伦敦版的零售价格要贵 6 先令，二者的卷数和规格相同，而且威廉姆斯的书装订和字体更精美。威廉姆斯版本的正常零售价格是 2 英镑 5 先令 6 便士（根据是《公共注册记录：或自由人日报》在 1773 年 3 月 27—30 日的广告），仍然比斯特拉恩和卡德尔版本的零售价格低 2 先令 6 便士。

斯特拉恩和卡德尔是这些作品的原版的出版者或联合出版者，很明显，书商行会的詹姆斯·威廉姆斯及其同行的所有行为意味着直接与他们竞争。但是，威廉姆斯并不满足于只是用低价抛售打压苏格兰启蒙运动的伦敦出版者。他还想在书籍质量方面胜过他们。他在1772年版的休谟《英格兰史》的认购提议中说，该书将会"按照伦敦版4开本逐页印刷，特意使用新型铅字，以及与样本相同的优质纸张"，并且"用牛皮整洁地装订，双重嵌字"；这个版本将伦敦版4开本的勘误在正文中改正，"为了不辜负公众的鼓励，出版者不会吝惜成本：雇了两名校对人员查阅每一页，第一卷前面将附上一幅雕刻精细的作者头像"。因此威廉姆斯版本的特色是"优雅高质"，而且"比任何在大不列颠或爱尔兰出版的8开本大得多，提供给公众的价格却比最廉价的版本还要便宜"。原来"雕刻精细"的休谟头像是由帕特里克·哈尔彭（或哈尔平）制作的，他根据唐纳森的原画雕刻过休谟的第一幅肖像，在1767年被用作再版的8开本《英格兰史》的卷首肖像。按照 *ODNB* 的记录，在18世纪80年代以前，哈尔彭是"都柏林唯一的本地线雕制版师"。威廉姆斯或者是设法从伦敦弄到了原来的雕版，或者是劝说哈尔彭又为他的都柏林版本雕刻了一幅质量相当的肖像。

1778年7月，威廉姆斯在《都柏林晚报》上做广告，开头一句就很有争议："斯金纳路21号的詹姆斯·威廉姆斯斥巨资印刷了以下著作以及其他许多作品，这些版本优于伦敦版本，就像伦敦版本过去优于爱尔兰版本一样。"广告结尾强调了这个观点，鼓励那些"拥有上述作品的不同英文版本或其他版本的女士和先生们"，以"一个公道的定价换掉它们"，并邀请公众去威廉姆斯的书店查看这些版本。优质重印版本的清单包括新版的罗伯逊的《苏格兰史》（威廉姆斯添加了一幅苏格兰玛丽女王和达恩利勋爵的版画，据他说花费了20英镑）、最新版的休谟的《英格兰史》和卡伦的《医学实践的首要原则》（编号187）。清单里还有一部名著是居住在伦敦的爱尔兰作者写的，即奥利弗·戈德史密斯的《地球与动物世界史》（*An History of the Earth, and Animated Nature*），它是带有雕版的八卷8开本，由威廉姆斯在一年前认购出版。[64] 这部作品的一些样书前面加上了两页广告，题目是"戈德史密斯《地球与动物世界史》的爱尔兰版本的印刷者致公众"，威廉姆斯自夸说，他在文本准确性方面赶上了原版（1774年由约翰·诺斯［John Nourse］在伦敦出版），在排版印刷和纸张质量方面超过了原版；据说他出版的其他书籍——包括休谟的《英格兰史》——也"优于伦敦版本"。

戈德史密斯的《地球与动物世界史》的前辅文呈现了威廉姆斯的 3 个目标。首先他试图证明，爱尔兰出版界能够生产优质书籍。该书的题词献给爱尔兰下议院议长埃德蒙·塞克斯顿·佩里（Edmund Sexton Pery），其中他正式提出要努力"消除"对于"爱尔兰出版劣质书籍的指责"。认购名单里面包含众多爱尔兰书商，许多人订购了多套，这表明了爱尔兰出版界多么认同威廉姆斯的看法，以前的反抗者成为他们在这个问题上的代言人。[65] 其次，威廉姆斯真心想要推进爱尔兰的启蒙事业，生产像戈德史密斯的作品那样的学术书籍，供给爱尔兰的广大消费者。广告声明，他的"主要愿望"是将"一部印刷精美的有价值的作品"送到"每个人手中"，如果"我奉上的这场文字飨宴能让同胞们满足"，书商就会非常高兴。最后，威廉姆斯公开承认，是他的个人志向驱使着他的行动，不仅是为了财富，而且是为了荣誉。他写道："我承认自己野心不小，我期望在不久的将来，会看到我的名字与汤森、米勒和福尔斯的名字排列在一起；他们在自己致富的同时，为传播科学做出了贡献，为各自的国家增添了荣誉。"所以说，戈德史密斯作品的广告和题词透露了一个雄心勃勃的都柏林书商的意图，他受到爱国、文化和个人的复合动机的驱使，生产优秀的重印版本。营利的欲望当然也是动机之一，不过它绝不是全部，甚至也许不是主要的动机。

18 世纪晚期的都柏林出版者中，有些人希望赶超英格兰和苏格兰的更有名的同行，詹姆斯·威廉姆斯为他们树立了榜样。还有几个都柏林出版者尝试赶超威廉姆斯的成就，其中最重要的是钱伯斯，他推出的格思里的《地理》引人注目。[66] 钱伯斯从给威廉姆斯印刷书籍开始职业生涯，还认购过威廉姆斯版本的戈德史密斯的《地球与动物世界史》。根据认购提议，他出版的《地理》将在 1788 年 5 月底面市，每周更新一期 4 个印张（32 页），读者可以按每期 1 先令的价格分开购买 32 期，也可以按一个半几尼的认购价格购买整套书（于 1789 年 5 月中旬出版），认购时候的订金是应付钱款的三分之一。[67] 该书经过新成立的爱尔兰皇家科学院的许可而登记注册，吸引了 806 名认购者。钱伯斯在书前所附的广告中声称，他出版该书"不是为了追求利润，而是为了证明，爱尔兰受到鼓励时就有这种精神，不仅会以英格兰级别的自由度从事文学出版，而且会在此基础上尝试改进"[68]。出于这种改进精神，他改了该书的主标题，把"现代地理学的新系统"改成"现代地理学的改进系统"，还在扉页顶部的显眼位置写上了"钱伯斯版本"的字样。[69]

1788 年 12 月 16 日，《都柏林编年史》刊登了钱伯斯推出的 4 开本《地理》的广告，还有一则广告是在宣传小约翰·埃克肖的 8 开本，后者售价 9 先令 6 便士，价格还不到钱伯斯版本的三分之一。埃克肖声称拥有该书在爱尔兰的"版权"，因为 1771 年他的父亲老约翰曾经与博尔特·格里尔森和詹姆斯·威廉姆斯合作，重印过一个廉价的（6 先令）都柏林版；而在 1780 年，小约翰本人与詹姆斯·威廉姆斯联合出版过另一个都柏林版，印数为 2000 册（根据格莱斯伯利的分类账）。有一些迹象表明，埃克肖那个比较便宜的版本曾经大量出口到美国，因为 1794 年马修·凯里在美国出版过格思里的《地理》，那个版本第一卷的序言评论说，爱尔兰版本"经常供应美国市场"。

488 1788 年 12 月 20 日，钱伯斯又在《都柏林编年史》上刊登了一则广告，猛烈抨击竞争对手的"廉价版本……用 8 开的教科书样式印刷，只是拿几个又小又旧的模版（依据的是上个世纪的调查研究）刷新一下就使用，而且作品本身（其他方面也有明显的缺点）没有收录世界上最近的发现"。与之相对，他的版本再现了"伦敦 4 开本的形式，使用优质的纸张和铅字，尺寸适中而标准，模版数量更多，用更加精细的样式雕刻"，而且收录了更新的文本。所以钱伯斯必须避开来自都柏林的"下面"的挑战，与此同时，他自己准备挑战伦敦书业的最佳作品。关于后一个攻势，1789 年 10 月 27—29 日的《都柏林编年史》宣称，"格思里的《地理》的都柏林版本……比任何伦敦版本的质量都好得多"，这肯定让钱伯斯有了成就感。

钱伯斯打算做的主要改进有两点。第一，按照詹姆斯·威廉姆斯的惯例，他试图在书籍生产的各个方面胜过伦敦同行，打破伦敦出版界对于高质量书籍出版的控制。1788 年 12 月 16 日，他在广告中说，他打算给予"英格兰出版垄断新的打击"。本着同样的精神，1796 年 2 月，他为斯摩莱特翻译的四卷 8 开本《堂吉诃德》做广告，说它具有"在爱尔兰尝试和实现过的最优美的排印版式"[70]。第二，钱伯斯追求在文本本身的质量方面超越伦敦同行。

这样做的一个要求是更新每个国家的描述，他大大扩充和更新了对爱尔兰的描述，这是他对文本改进的主要贡献。埃克肖不甘示弱，声称他的 1789 年版本里关于爱尔兰的文章也"几乎完全是新写的"，但是钱伯斯用了相当多的理由，不耐烦地否认了他的主张。[71] 埃克肖增加了一些关于三一学院等主题的新材料，可是他的修订并不如他声称的那么重要，而且他的 1789 年版本里关于爱尔兰的文章只是稍微扩充，从 23 页变成了 28 页。

为了理解钱伯斯的成就的重要性，我们有必要更仔细地考察格思里的《地理》以及爱尔兰在书中的地位。罗伯特·梅休已经指出，自从 1770 年第一次出版，该书就充满了爱国的辉格党－长老会的苏格兰启蒙运动思想的改良特质，包括社会发展的阶段性理论。[72] 读者一翻开书就会遇到这类观点。[73] 可以确定序言是约翰·诺克斯写的，在介绍这本书的时候，开头就引用了那篇序言来说明一种态度，即断言"当今时代，知识和文明正在大不列颠全境飞速进步和全面传播"（第 5 页）——并且只在大不列颠。"推动和促进这种进步，"序言接着说，"是我们现在事业的最主要的目标。"（第 5—6 页）以全面的历史视角研究世界各国，我们能够"在野蛮和高雅的不同阶段，发现一幅自然和醒目的人类行为图景"（第 7 页）。当然，站在这个文明阶梯的最高位置的是大不列颠，其后相隔一段距离的是其他欧洲国家；英格兰是大不列颠的主导力量，从而也是全世界的主宰，所以英格兰在书里的篇幅比整个欧洲大陆的还要多。由于单调、守旧和暴政，亚洲被认为是无趣的。该书认为非洲"深陷于粗鲁和野蛮的状况"，想想就让"每个热爱人类的人觉得不能接受"（第 9 页）。这样，那篇序言为读者准备了一种按照意识形态组织的全球调查，很可能是这个特色让该书脱颖而出，胜过了不太成功的同类书籍。

格思里作品的伦敦版 4 开本中，关于爱尔兰的记述比较短，只有 23 页，关于苏格兰的有 50 页，关于英格兰的有 213 页——而且基本上无懈可击。都柏林"可以被归类为欧洲的第二等城市"，书中称赞它的"优雅和华丽"以及"改善国家的精神"，但是取笑它连一个像样的小旅馆都没有（第 428 页）。该书较为详细地描写了都柏林的大学，还有斯威夫特、斯蒂尔、贝克莱、戈德史密斯等作家，以他们为例证明爱尔兰在文人共和国中的卓越地位（第 425 页）。但是在探讨罗马天主教时，文章的主旨和口吻就非常不同了：

489

490　　　谈到现在的老爱尔兰人后裔，他们被新教徒称为纯种爱尔兰人，通常代表着一类愚昧无知、未开化、笨拙的人种。他们不能容忍辱骂和伤害，他们的感情粗暴而难以平息；不过他们对新事物理解很快，对外地人很有礼貌，而且吃苦耐劳。但是在这些方面，他们与一部分更无知的邻居可能相差无几，然而我们更容易将他们的野蛮行为解释成偶然情况，而不是天性使然。目前，他们绝大多数人是天主教徒，正是由于他们的神父以绝对权力实施统治，才使他们仍然处于极度无知的状态。（第 422 页）

　　该书继续以这种调子描述爱尔兰人的极度贫穷、他们"让人讨厌的"星期日集会、他们的迷信（第 422 页）以及"最荒谬、最狭隘的天主教会"（第 423 页）。在国际和历史的背景下，有一个值得注意的句子记述了"纯种爱尔兰人"——这个短语透露出英国人的强烈轻视[74]——的原始社会水平："普通爱尔兰人的生活方式看起来类似于罗马作者所描写的古代英国人，或者现代居住在美国的印第安人。"（第 422 页）总之，"普通爱尔兰人"跟普通的野蛮人差不多。

　　重新推出伦敦版本时，《地理》的文本通常会经过修改。美国独立战争之后，书中加入了几个新的段落，赞扬了爱国志愿军，以及最近解放爱尔兰贸易限制的法律。这种开明立场并不奇怪，毕竟格思里的《地理》的版权先后卖给了伦敦书商查尔斯·迪利和乔治·罗宾逊，他们是观点开明的新教徒，与都柏林出版界维持着密切联系。该版本对爱尔兰的未来表示怀疑，但是考虑到怎样让爱尔兰跟上英格兰和苏格兰的高水平，怎样促进爱尔兰融入大不列颠王国时，该书仍然彻底保留了英国人的观点。值得注意的是，迪利和罗宾逊的 1788 年版本保留了一些恶名昭彰的段落，其中贬低"纯种爱尔兰人"，认为他们处于社会进化阶梯上的原始位置。

　　早期的都柏林重印本不仅保留了这些不敬的段落，有时候还添油加醋。举例来说，在埃克肖和威廉姆斯重印的 1780 年版本中，紧接着上面引用的那
491　一大段插入了这句话："正是那种无知让他们厌恶英格兰人，甚至厌恶自己拥有不同信仰的同胞；这种情况并非当地特有，也许还缘于那个国家如此常见的野蛮行为，而他们的所有公共集会总是发生不法行为，最后往往以流血收

场。"[75] 尽管埃克肖的 1789 年和 1794 年版本仔细删除了那些最冒犯爱尔兰大众的引文，取而代之的内容还是在表达不列颠－新教徒的优越性，只不过措辞更加微妙而已。提到爱尔兰针对罗马天主教徒的严厉刑法，这些版本评论说："一般而言，人民……没有这种机会，不能如希望的那样培养他们的理性品质，结果就无法期待他们会非常勤劳和文明。"[76] 只要"他们拥有一个与邻居同等的机会，学习基督教的真正教义，受到鼓励并习惯于勤劳工作"，他们就会更加快乐，也会更加拥护政府。幸运的是，"新教教会正在促进城镇和社会的飞速发展"（第 423 页）。所以，埃克肖的修订版本还是把文明本身等同于不列颠新教教会的价值观和宗教信仰，保留了格思里的作品中原来的改良精神。

约翰·钱伯斯与这种传统彻底决裂。他是政治上的激进派，热情地支持爱尔兰自由事业，1791 年成为爱尔兰人联合会的创始成员之一。他是新教徒，在 1780 年 12 月娶了一个天主教徒为妻，同时坚定不移地相信天主教徒的权利。在钱伯斯出版的 4 开本的《地理》中，关于爱尔兰的内容至少占了 127 页，而关于英格兰的是 165 页，关于苏格兰的是 34 页，关于法国的是 28 页。但是重要的并不仅仅是页数。在钱伯斯的版本中，关于爱尔兰的文章详细地记述了爱尔兰近期的历史，以一个有关志愿军的章节告终，那是专门委托在爱丁堡受教育的阿尔斯特内科医生威廉·德雷南（William Drennan）撰写的。[77] 德雷南认为志愿军是争取公民自由和民族解放的巨大力量。本着人文主义者的公民精神，他坚决认为"爱尔兰志愿军将公民和军人的特质"集于一身，摒弃不列颠对于爱尔兰的"阴险和专横的"立法权，从而"促进乃至缔造了民族解放"。[78] 他期待"一个时代的到来，能让每个爱尔兰人都有国家值得自豪，有自由可以享受，而不仅仅是忍耐；每个人都可以按他认为最好的方式去尊崇上帝"（第 497 页）。在政治自由方面，应该完全"给予天主教徒选举权"：根据这种思想的"普遍原则""建立一个自由的开明制度"，"这种抱负理应是自由和改革的盟友"（第 507 页）。

通过这种方式，钱伯斯将《地理》的都柏林重印版本作为重塑爱尔兰民族身份的工具，并将该书通常具备的启蒙价值扩展到了之前一直被否定的一个国家（或者一个国家的一部分）。钱伯斯与约翰·埃克肖就《地理》的重印

492

版本问题互相竞争，而钱伯斯的计划的这种特征暗示了竞争的另一面。两个人都深度参与政治，但是立场正好相反。1782年，埃克肖成为市议员，与警方关系密切。1789年5月，正好在钱伯斯版本的《地理》出版之前一个星期，年仅30多岁的埃克肖当选为都柏林历史上最年轻的市长，并在1800年实现连任。[79] 1789年10月，埃克肖就任市长，同时钱伯斯开始担任圣路加福音公会的管理员，后来于1793年升任会长。公会与市政府之间关系紧张，要点之一就涉及天主教徒的权利，在钱伯斯担任会长期间，公会第一次准许天主教徒成为完全的成员，但是都柏林顽固的反天主教团体不断阻拦。[80] 埃克肖和钱伯斯版本的《地理》中，关于爱尔兰天主教的报告反映了这些基本的政治分歧，以及利用该书影响公众看法的意图。在这场竞争中，钱伯斯的条件极为不利，因为他的4开本印数较少，而且比他的都柏林对手出版的8开本昂贵得多。从钱伯斯的立场来看，更加不利的是，虽然钱伯斯和埃克肖修订了关于爱尔兰的文章，但是都没有在不列颠产生明显的影响；而且在每个伦敦版本中，关于"纯种爱尔兰人"不文明特性的最不敬的段落继续保留着，这种情况至少延续到了1808年的第二十一版（我所查到的最晚的版本）。

493 　　钱伯斯刚推出格思里《地理》的里程碑版本，另一个都柏林书商詹姆斯·穆尔开始了一项更有野心的行动：出版经过改进的新版《不列颠百科全书》（编号139）。1790年6月26日，他在《都柏林编年史》上刊登广告说，那是"爱尔兰有史以来投入最多金钱和精力的工程"。该书是认购出版的，穆尔承诺"这部作品将以出色的样式印刷，适合爱尔兰民族的精神和品位；将使用特级纸张，在出现磨损迹象之前，就会及时更新铅字"。这套书将由十二卷到十五卷4开本组成，硬纸板封面的每卷价格是1几尼，最后一卷会附上"一幅优美的卷首插画、题词和前言，还会附有完整的认购者名单"。全书会使用"将近400个铜版，全部整洁而精确地重新雕刻"。

　　除了卷数之外，穆尔兑现了他的全部承诺，该书的卷数最后增加到了十八卷。1788—1797年，该书在爱丁堡面市时，他重印了第三版，卷数同样是十八卷。他历时8年完成了工作，在第一卷的扉页上自豪地宣称，该书"拥有将近400个铜版的插图"，其中包括宏伟的卷首插画，画面是古典的背景，画中的人们在学习、研究、教授各种艺术和科学。第一卷也包含两页认购者名单，开头是韦斯特摩兰伯爵，他是爱尔兰总督和首席长官。名单上一共有333名认购者，说明该书得到了爱尔兰上层社会的大力支持。其中还有许多都柏林的书商，包括约翰·阿彻（2套）、乔治·福林斯比（16套）、格吕贝尔 & 麦卡利斯特（Grueber & M'Allister, 25套）、约翰·琼斯（12套）、威廉·琼斯（10套）、约翰·米利肯（3套）和彼得·穆尔（16套），此外还有贝尔法斯特的威廉·马吉（William Magee，40套）和休·沃伦（6套），以及来自爱尔兰其他地区的另一位书商。

按照穆尔的设计，都柏林版的《不列颠百科全书》担负着学术启蒙的使命，成了爱国而英勇的事业。1790年6月26日，穆尔在《都柏林编年史》上宣布第一卷的出版，他说："出版者冒昧地推荐这部著作，它是有史以来献给公众或那些荣耀的王国最完整简要的世界信息系统。"第一卷的最终版本包含了有授权的献给国王的题词（日期为1797年），其中将出版者的动机描述为"拓宽职业路线，并在同胞中间传播知识的强烈愿望"。穆尔从来没有提到的是，《不列颠百科全书》第三版中的"世界信息"非常偏向苏格兰。举例来说，有关苏格兰的条目比英格兰的要长2倍以上，关于爱丁堡的文章（差不多出现了1790年爱丁堡大学全体教员的完整名单）只比关于爱尔兰的文章稍微短一点。第三版的编者乔治·格雷戈（George Gleig）是一个苏格兰圣公会主教，他在序言中提到了许多提供新文章的苏格兰作家，比如托马斯·布莱克洛克、大卫·多伊格（David Doig）、安德鲁·邓肯、罗伯特·赫伦和约翰·罗比森（John Robison）。

《不列颠百科全书》第三版促进了苏格兰启蒙运动，而最重要的促进方式是在书中增加已故历史人物的传记。18世纪苏格兰作者得到了不成比例的高度介绍。相关条目包括詹姆斯·弗格森、大卫·福代斯、约翰·格雷戈里、罗伯特·亨利、亨利·霍姆（凯姆斯勋爵）、大卫·休谟、威廉·亨特、弗朗西斯·哈奇森、科林·麦克劳林、威廉·朱利叶斯·米克尔、亚历山大·门罗一世、罗伯特·西姆森、亚当·斯密、托比亚斯·斯摩莱特、马修·斯图尔特、吉尔伯特·斯图亚特、罗伯特·沃森和罗伯特·怀特。第三版的补编于1799—1801年在爱丁堡出版。1801年，穆尔在都柏林用两卷重印了补编，增加了一些作家的生平，其中有托马斯·布莱克洛克、詹姆斯·博斯韦尔、约翰·布朗、詹姆斯·布鲁斯、罗伯特·彭斯、乔治·坎贝尔、威廉·卡伦、大卫·达尔林普尔（海斯勋爵）、詹姆斯·福代斯、亚历山大·杰勒德、约翰·亨特、詹姆斯·麦克弗森、托马斯·里德、詹姆斯·斯图亚特爵士（又叫斯图尔特）、威廉·泰特勒和威廉·威尔基，大多数人于18世纪90年代逝世。这些人物小传往往很长，推广和介绍了18世纪苏格兰在文人共和国的功绩。在讨论中，这些小传也给很多人物授予了名誉地位：布鲁斯被介绍为"著名的埃塞俄比亚旅行家"，休谟被称为"已故的著名哲学家和历史学家"，凯姆斯是"著名的苏格兰律师，创作了许多不同主题的名著"，罗伯逊是"他那个时代的著名历史学家"。

穆尔的自夸，主要是强调他的出版成就对于国家的意义。题词部分表达了他的希望：这部作品"会在某种程度上证明，即使在财富和商业方面，爱尔兰可能不如大不列颠，但是爱尔兰人并不缺乏事业心和敬业精神，他们以往因勇敢和忠诚而闻名，现在只需要稍加鼓励，就同样可以在贸易方面（自然赋予他们的国家以资格）赢得名声"。在项目结束时，第一卷增加了一段简短的"爱尔兰版出版者序言"。穆尔在序言中重申，这部作品是"爱尔兰有史以来最昂贵的作品，花费了将近2万英镑；而在这个国家，即使是最繁荣的时代，印刷技术和书籍贸易也有很多劣势，在异常贫困的时期只会更加严重"，这正是这个国家近来的处境。人们普遍认为"如此宏大的著作在爱尔兰会遭到失败"，穆尔声称他的版本已经证明这种看法是错误的，并进一步宣称，他的版本在"制作方式"和"内容"方面都"优于"原版的《不列颠百科全书》，因为他曾经"多次咨询掌握一手资料的一流人才，并且欣然接受他们的意见，做了许多改正和补充"。于是穆尔的版本代表了另一个重要的实例，证明爱尔兰书业不仅传播苏格兰启蒙运动的学术书籍，而且尝试做出改进。此外，该版本企图将这部作品归功于爱尔兰，就好像最重要的工作是都柏林的修订和重印活动，而不是《不列颠百科全书》第三版在爱丁堡的编辑、写作和插图工作。

还有一种自夸更加民族主义。1791年2月17日，约翰·赖斯在《都柏林编年史》上刊登广告，宣传他出版的詹姆斯·布鲁斯的《尼罗河源头的发现之旅》（编号288），那是六卷8开本，大约有50幅版画。一般而言，版画会给都柏林重印者带来严重的问题，像《不列颠百科全书》和《尼罗河源头的发现之旅》这样的著作，推出爱尔兰版本需要大量的工作，这意味着更加高端的出版制造业开始出现，除了印刷本身，还有书籍装帧方面。赖斯宣称，他生产布鲁斯作品的成本"在 1000 几尼以上"，硬纸板封面版本的价格是 2 英镑 5 先令 6 便士，给人印象深刻。他宣布，"这是一个光荣的证据，说明爱尔兰的印刷和雕版技艺已经达到卓越的程度"。这段时期还有一个有抱负的苏格兰启蒙运动的重印项目，就是前面提过的帕特里克·伯恩和约翰·琼斯重印的罗伯特·亨利的《大不列颠史》。该书于 1789 年出版，由厚厚的五卷 8 开本组成，1794 年在作者死后增加了第六卷，使用了伯恩和詹姆斯·穆尔的联合版本标记。

关于爱尔兰人的出版抱负，最后一个例子涉及的苏格兰启蒙运动作品实际上没有出现在表二的都柏林重印本里面。本书上一章提到，1780—1785 年，威廉·克里奇与斯特拉恩、卡德尔协作，出版了威廉·斯梅利翻译的九卷布封《自然史》。这个项目的成本极高，原因不仅在于文本的长度，而且在于模版的巨大数量——大约有 300 个——它们是由安德鲁·贝尔雕刻的，斯梅利编写原版的《不列颠百科全书》时，贝尔也为该书制作过雕版（而且是联合出版者）。1783 年 11 月 22 日，斯梅利和贝尔写信给斯特拉恩和卡德尔，努力想让版税数额从 800 英镑增加到 1000 英镑，他们评论说："假如不是模版的成本太高，爱尔兰人就会印刷这部书。模版确实保护了文学资产，使这部书在没有对手的条件下销售，因此让它更有价值。"[81] 他们在同一封信中声称，最近有一个都柏林书商（可能是卢克·怀特）表示愿意购买模版的 500 个印模，"但是克里奇先生谢绝与他商谈任何条件"。

1785 年，斯梅利版的布封《自然史》最后一卷问世之后，卢克·怀特立刻开始了认购宣传，声称要在爱尔兰重印该书的 8 开本，使用优质纸张、新型铅字和"由最好的艺术家雕刻的"新模版。[82] 每套价格高达 3 几尼（尽管比爱丁堡－伦敦的原版便宜几先令），认购活动显然进行得不顺利，但是都柏林书商坚持下来了。1790 年秋天，怀特以前的职员阿瑟·格吕贝尔（Arthur Grueber）接手了认购运动，他在《都柏林编年史》（10 月 12 日和 14 日）上发出呼吁，承诺说"模版、纸张和印刷工作都会为国家带来光荣"。次年 6 月，各家报纸上开始刊登认购广告，发起人是格吕贝尔以前的合伙人兰德尔·麦卡利斯特（Randal M'Allister）。在 6 年多的时间里，他们不停花钱大规模地刊登报纸广告，然而斯梅利版的布封《自然史》从未在都柏林重印过。我们不知道究竟出了什么问题，不过 1791 年在伦敦出现了布封《自然史》的一卷 8 开本译本，内容经过严重删节，这或许是那个项目失败的原因。1791 年 10 月，13 名都柏林书商重印了这部单卷本《自然史》，其中就有格吕贝尔、穆尔、赖斯和约翰·琼斯；十有八九是书商行会的出版物。[83] 根据 10 月 22 日琼斯在《都柏林编年史》上刊登的广告，该书装订整齐的版本售价仅为 8 先令 8 便士，硬纸板封面的版本售价仅为 7 先令 7 便士——与计划重印的斯梅利的完整版本的成本相比，这只是一个零头。至少在 1791 年底，麦卡利斯特还在继续宣传《自然史》完整重印本的认购计划，但是都柏林书商再也无法重印这部法国和苏格兰启蒙运动的特别产品。

497

***

爱尔兰版《自然史》未能出版，但是责任不在 18 世纪晚期的都柏林重印产业。如果本书展示的苏格兰启蒙运动作品的资料体现了爱尔兰重印活动的总体情况，那么不列颠的主要出版者针对都柏林重印业的大多数看法，充其量只有一半是真的。尽管爱尔兰缺少版权法律，出版者没有任何义务给作者和编者支付报酬，都柏林书商由此获益；尽管与伦敦同行相比，他们通常有能力印刷和出版比较便宜的版本，但是这并不意味着，他们准备把书籍主要或者大规模地违法出口到不列颠。卡德尔和他的同行声称"爱尔兰暗中向我们国家出口了大量书籍"，只是为了唤起人们对此的恐惧。虽然这类盗版行为是爱尔兰重印产业的一个组成部分，而且可能比波拉德所说的更加普遍，但是这个产业的中心是本地市场和美国市场，后者是在独立战争期间向爱尔兰书商开放的。

就像我们看到的，都柏林书商重印的苏格兰作者作品数量庞大，但是他们不会不加鉴别地重印所有的不列颠书籍（虽然不列颠书商有时这样说）。他们会仔细地挑选，一般会选择各类严肃文学中的最佳作品（在评论和商业的双重意义上）。一般在原版出现之后不久，他们就会立刻重印，伦敦书商表示，
498 爱尔兰书商在出版之前与伦敦印刷者合谋，"经常从出版社那里"得到不列颠

书籍的印张，但是现存的证据并不支持伦敦书商的证词。与他们复制的不列颠原版相比，都柏林书商重印的书籍通常规格更小，价格更低。不过他们也会用与不列颠原版相同的规格印刷书籍，特别是在18世纪的最后30年，他们进行过一些有抱负的尝试（大多数成功了），重印多卷本的昂贵著作，即卡德尔等伦敦书商认为他们不能复制的那类书籍。此外，有几个事例中，他们的目标是在书籍质量方面赶上并超越不列颠原版。在这些例子中，显然存在个人的主动性，但是也离不开都柏林出版业紧密合作和井然有序的大环境。促成这种环境的不是法律，甚至也不是行会组织，而是都柏林出版者以书商行会的名义制定的惯例。

18世纪末到19世纪初，都柏林书业突然崩溃，其原因可以归结为三个主要因素。第一，18世纪90年代动荡不安，给爱尔兰造成巨大的经济和政治损失，书业受到的打击特别沉重。出现在表二的爱尔兰出版者中，破产倒闭越来越普遍，比如乔治·德雷珀（George Draper）、阿瑟·格吕贝尔和兰德尔·麦卡利斯特1793年破产，托马斯·沃克1794年破产，威廉·琼斯1796年破产。许多都柏林出版者受到一个名为"爱尔兰人联合会"的激进组织的吸引，例如帕特里克·伯恩、约翰·钱伯斯、威廉·吉尔伯特、兰德尔·麦卡利斯特和詹姆斯·穆尔。[84] 政治和宗教压迫越来越严重，1798年起义又惨遭失败，现实总是令他们失望。那时伯恩可能拥有都柏林最大的售书公司，但是起义之后他进了监狱，最后于1800年移民费城。1794年，钱伯斯向马修·凯里吐露说，爱尔兰形势严峻，而且"不管我能够继续谈论这个国家多久"，情况可能都会持续下去。[85] 起义之后，他也进了监狱，然后于1805年去了纽约。1797年，吉尔伯特在伦敦西门的新门监狱关了3个月，起因是他的报纸《都柏林晚报》侵犯议会权力；1793年，由于同样的罪名，麦卡利斯特也进了监狱，之后不久就破产了。穆尔和伯恩一样，是政治上激进的天主教徒，他设法挺过了18世纪90年代，但是没有坚持很久；1802年，他拍卖掉了存货，次年就去世了。1787年詹姆斯·威廉姆斯去世，1789年卢克·怀特退休，都柏林出版者纷纷破产、入狱、退休或前往美国，爱尔兰书业变得黯淡无光，而书商行会在18世纪90年代衰退和终止，只是让事情变得更糟。当时美国书商自己生产了更多的重印本，更是雪上加霜。

　　第二，两个立法对都柏林重印产业造成了不利影响：一是 1795 年纸张税率大幅度提高，一是由于 1801 年爱尔兰并入大不列颠，不列颠的版权法扩展到了爱尔兰。这些变化满足了卡德尔等伦敦书商的愿望，他们认为爱尔兰的出版者相对不列颠的同行具有不公正的优势，因此有必要这样做。当然，爱尔兰人不这么看待问题，他们认为版权法是不列颠人强加的，不仅破坏了爱尔兰的重印产业，而且在整体上破坏了爱尔兰的印刷文化。1818 年，同时代的都柏林历史学家在文章中哀叹道，"书籍曾经相对比较便宜，在人们的购买能力范围内，现在却难以获得了，结果大量过去有阅读习惯的人受到限制，无法看到新书了"[86]。在书籍购买市场的另一方面，由于爱尔兰并入大不列颠，很多杰出的新教徒家庭纷纷匆忙离开爱尔兰移居伦敦，削弱了启蒙运动书籍的爱尔兰市场。[87]

　　但是，这些因素真的足够解释都柏林出版产业的崩溃吗？18 世纪 90 年代是都柏林书商的艰难时期，然而摘自 ESTC 的统计数据指出，都柏林出版物的数量在这 10 年仍然以惊人的速度继续增长，在别处同样如此。事实上，在 18 世纪后半叶，最后 10 年都柏林出版物的增长速度是最快的。此外，对一个此前对其一无所知的行业来说，不列颠版权法的引进一定很严厉，但是以其本身的性质，版权法不能解释随后发生的事情。毕竟在阿奇博尔德·康斯特布尔的时代，爱丁堡拥有繁荣的印刷和出版文化（即使我在第六章中说过，它并不像其忠诚的支持者吹捧的那样，达到了神话般的程度），当时也有不列颠版权法，主要书商之间执行的"名义"版权，兴旺的美国重印业，便宜的伦敦重印本，以及其他威胁发展的潜在因素。为什么都柏林没有繁荣发展呢？

　　托马斯·托德·福克纳（Thomas Todd Faulkner）是爱尔兰的卓越书商乔治·福克纳的侄子。1785 年 4 月，就在卡德尔和他的同行就这个问题在议会作证之后的几个星期，他在《都柏林期刊》上发表文章，开始思考改变爱尔兰的商业法律。他说，像托比亚斯·斯摩莱特这样的苏格兰作家去伦敦，那是因为作者在伦敦能拿到的报酬比较高。同理，如果爱尔兰出版者必须以同等条件与伦敦书商竞争，爱尔兰作家也会这样做。基于类似的理由，理查德·科尔构想出一个现代版的"贫困爱尔兰"的论点："爱尔兰国土狭小、贫穷而无知，缺乏足够的爱尔兰作家，因而不能保有许多从事出版的印刷者和书商，也没有根据原稿出版原创作品的资源。"[88]

然而这种解释过于简单，实际的情况要更复杂。我们已经看到，在18世纪晚期，都柏林是一个繁荣的出版文化中心，拥有一些富裕的个人出版者，还有联合重印的传统，可以通过批量生产书籍来制造财富。在居民、书店和出版物的数量方面，都柏林都远远超过爱丁堡，而且通向美国市场的渠道也在增加。但是都柏林从来没有开展过一场广泛的爱尔兰启蒙运动，爱丁堡倒是通过这种方式成为苏格兰启蒙运动作者的中心。在1801年不列颠版权法律扩展到爱尔兰之前很久，就有一些杰出的爱尔兰作者习惯于在伦敦出版作品，例如奥利弗·戈德史密斯、埃德蒙·伯克、休·凯利（Hugh Kelly）、埃德蒙·马隆、阿瑟·墨菲和谢里登父子，等等，而且他们大多数人居住在伦敦。1842年，有一个爱尔兰作家指出："直到过去10年或12年内，爱尔兰作者才考虑在自己的国家出版作品，结果我们的文人效仿了我们的大地主；他们变成了在外地主，逐渐耗尽这个国家的知识财富，恰如其他人用光了这个国家的地租一样。"[89] 除了有些夸张和部分的例外，比如爱尔兰古文物研究的写作——克雷尔·奥哈洛伦（Clare O'Halloran）专门分析过这种传统[90]，这段叙述或许准确地描写了18世纪晚期爱尔兰的情况。但是它的逻辑是有错误的。苏格兰的例子证明，伦敦作为出版中心确实具有无可否认的吸引力，但是那并不一定会引起当地作者大规模迁移，造成当地出版文化空虚贫乏。所以，决定性因素一方面是当地书业与伦敦书业的关系，一方面是当地书业与作者的关系。

这把我们带到了都柏林书业终结的第三个原因。我在前文提过，它是都柏林书业的阿喀琉斯之踵。爱尔兰出版业的根本缺陷不在于从事盗版，而在于过度的寄生性。如果我们回顾18世纪20年代，那时的都柏林书商乔治·福克纳是乔纳森·斯威夫特（Jonathan Swift）的朋友、编辑兼出版者，还与一些杰出的伦敦书商和印刷者互相协作[91]，由此我们可以得到一些启示，知道事情本来可以有多么不同的结局。随后的几十年，都柏林书业在各个方面都发展起来，只有一个方面除外：它没有与著名的爱尔兰作者建立起可以产生成果的出版关系。都柏林出版者既没有与伦敦书商竞争新的文学和学术著作的版权，也没与伦敦出版者合作出版新书，而爱丁堡的一些书商正是这样做的。结果都柏林书业仍旧几乎完全依赖重印，到了 18 世纪末，它就不能承受一系列新的打击，这些打击的顶点是不列颠的版权法扩展到爱尔兰。

502 　　爱尔兰书业在 19 世纪初急速衰退，这好像证实了托马斯·卡德尔等伦敦书商的看法，即爱尔兰出版者做的是快速而卑鄙的生意，没有能力执行大型出版项目，在重印文本的接受和重印书籍的使用方面，他们的做法基本是不正当的。但是从苏格兰启蒙运动出版历史的立场来看，情况就相当不同。18 世纪后半叶，都柏林的重印业起到了关键作用，他们制造的书籍让更广泛的读者群能够接触到苏格兰启蒙运动作品，因为重印本在价格较低的同时，能够保持相当高（有时极高）的出版质量。18 世纪晚期，如果伦敦书商没有感觉到来自对岸爱尔兰的竞争的刺激，他们可能就会把书籍价格定得更高，还会推迟出版主要 4 开本著作的便宜的 8 开本。伦敦书商出版的苏格兰启蒙运动书籍，在爱尔兰市场的销量永远也不可能接近都柏林书商的水平。爱尔兰所发生的事情在其他地方引起了巨大反响，特别是在美国，在传播文学和学术作品（很多是苏格兰人写的）方面，都柏林出身的书商和都柏林印刷的书籍扮演了主要角色。

　　如果从宽泛的大西洋视角考虑苏格兰启蒙运动，就可以清楚地看到爱尔兰重印业的重要性。在启蒙运动作品的传播方面，都柏林是连接大西洋两岸的纽带。不管他们是在生产廉价版本，还是在试图超越他们所复制的不列颠原版，也不管他们为之制造产品的读者最终是在爱尔兰、美国、不列颠还是欧洲大陆，都柏林的重印者首先都是文化的盗用者。不过只要他们盗用的文化来自开明的苏格兰，他们的活动做出的贡献就几乎不亚于斯特拉恩、卡德尔以及其他伦敦和爱丁堡的新书主要出版者，所有人都参与创造和传播了作为一种大西洋文化现象的苏格兰启蒙运动。苏格兰启蒙运动横跨大西洋，而爱尔兰书商是主要代理人之一。

第八章　美国的苏格兰书籍制造，1770—1784年

苏格兰启蒙运动与美国图书业

1976 年的文章《美国的启蒙书籍读者》（"The Enlightened Reader in America"）颇具影响力，作者是大卫·伦德伯格（David Lundberg）和亨利·F.梅，他们通过查找将近 300 家图书馆，记述了 18 世纪晚期美国人的阅读习惯。他们的发现之一是在 1777—1790 年，"苏格兰作品受欢迎的程度急剧增长"，从 1790 年直到他们的研究的下限时间 1813 年，苏格兰作者受欢迎的程度仍在继续增长。[1] 伦德伯格和梅得出结论的基础是 7 个著名苏格兰作者的作品：詹姆斯·贝蒂、休·布莱尔、亚当·弗格森、大卫·休谟、凯姆斯勋爵、托马斯·里德和亚当·斯密。他们用"苏格兰常识"的标题归类这些作者的大部分作品，同时把休谟和弗格森（后者放在这里比较奇怪）的作品放在"怀疑主义和唯物主义"名下。

就像马克·G. 斯潘塞有关休谟的解释那样，伦德伯格和梅严重地低估了他们所分析的作品的一些作者在殖民地时期的影响。[2] 此外，如果要研究苏格兰作品在美国的全面影响，那涉及的作者就更多了，远不止用作样本的 7 个人，范围超出了伦德伯格和梅的狭窄而常常有误的分类，而且时间明显在 1777 年之前。[3] 苏格兰启蒙运动对美国国父们的影响现在已经证据确凿，最近罗杰·埃默森、尼娜·里德 – 马罗尼（Nina Reid-Maroney）等人做过相关研究，安德鲁·胡克在他的经典著作中分析了苏格兰 – 美国文化和文学的相互作用，道格拉斯·斯隆（Douglas Sloan）论述过苏格兰人及苏格兰对于美

国高等教育事业的作用。这些都告诉我们，在美国独立革命前后的很长时间，苏格兰在智力上对美国的影响是深刻而复杂的。[4] 不过说起苏格兰思想文化向美国传播的物质基础，却很少有人研究过。

1771 年 8 月 3 日，托马斯·杰斐逊（Thomas Jefferson）给罗伯特·斯基普威思（Robert Skipwith）写过一封著名的信。杰斐逊在信中为一位绅士的美国藏书室推荐了 148 部作品。关于殖民地时代对苏格兰启蒙运动作品的认知，这封信提供了一项有趣的证据。表二里面在 1769 年之前出版的作品有 120 部，这份清单以某种形式列出了其中的 28 部，还有表中没有出现的两个苏格兰作者大卫·马利特和詹姆斯·汤姆森的作品。[5] 杰斐逊推荐的表二中的书籍包括大卫·休谟和威廉·罗伯逊的历史作品，托比亚斯·斯摩莱特的小说，约翰·霍姆的戏剧，约翰·奥格尔维的诗集和莪相诗歌，休谟、亚当·斯密、托马斯·里德和凯姆斯勋爵的哲学作品，凯姆斯勋爵的法学作品，凯姆斯勋爵和休·布莱尔的文学批评，詹姆斯·斯图亚特爵士的政治经济学，以及弗朗西斯·霍姆的科学著作。有人主张说凯姆斯是书单里的中心人物，不知道是否真实。[6] 杰斐逊向斯基普威思建议说，去找伦敦书商托马斯·沃勒（Thomas Waller）就可以买到书单里的书。这是因为在 1771 年，美国的书商505 没人能够供应杰斐逊书单里的全部书籍，而且对斯基普威思这样的弗吉尼亚种植园主来说，直接从伦敦书商那里进口既省时间又省钱。

到了 18 世纪末，情况有所改变。有少数注重专业领域的美国人继续直接从伦敦书商那里进口书籍[7]，但是，启蒙文学的普通美国读者已经拥有其他的选择。1796 年，伊莱修·哈伯德·史密斯（Elihu Hubbard Smith）给纽约的姐妹阿比盖尔（Abigail）写信，向她推荐了一些适合阅读的现代书籍：

> 一些作品有助于形成可靠的道德和评判观念，最好将你的注意力主要放在那些作品上。在道德方面，可以阅读［杜格尔德·］斯图尔特的《心灵哲学》和［威廉·］戈德温的《政治正义论》——你可以从艾伦先生那里得到它们——还有［亚当·］斯密的《道德情操论》；在批判方面，可以阅读凯姆斯勋爵的《批判原理》和［休·］布莱尔的《修辞与纯文学讲稿》。我之所以提及这些书，是因为我知道你买得到；而且在你所能

获得的书里，它们或许属于最好的一类。[8]

就用途和内容而言，史密斯推荐的书籍与杰斐逊的差别不算很大。两人都表示欣赏我们现在所说的苏格兰启蒙运动的道德和批判思想。他们甚至列举了三个相同的作者——亚当·斯密、凯姆斯勋爵和休·布莱尔，还有两部相同的作品。不过，获得推荐书籍的方法截然不同。阿比盖尔·史密斯（Abigail Smith）只要前往托马斯·艾伦的纽约市书店，就能够立刻买到她要的书；事实上，她的兄弟说，他是同时考虑了购买方便和书籍品质，才选择这些特定作品的。

史密斯相信这些书买得到，可能是因为他了解其中大部分作品最近已在美国重印，或者准备重印。在艾伦等书商的书店中，应该也可以买到这些书的不列颠版本。对于思想史学者而言，某本书是从不列颠或爱尔兰越洋而来的，还是在美国本土重印的，可能无关紧要，只要美国人有机会购买和阅读文本并吸收文本思想就行了。伦德伯格和梅在美国图书馆中查找书籍，却没有说明出处。此外，他们描述的整个领域是"欧洲启蒙运动在美国的传播"，并相信他们的研究对此做出了贡献。[9] 从某个视角上看，这是有道理的，毕竟在这段时期，美国人确实要从欧洲得到他们阅读的大多数书籍。

然而实际情况很复杂，远不是"欧洲传播"和"美国接受"这么简单。美国重印可以说是盗用行为，对于理解美国文化有着重大的意义。凭借重印的过程，刚刚起步的美国书业声称有资格出版巨大的欧洲文库中的某些作品。这些书最初可能是在欧洲创作和出版的，不过也在美国制造。

18 世纪的最后 30 年，有三个主要的因素促进了美国重印业的发展：经济利益、便利性，还有推动物质和知识进步的爱国思想。同时代的一些人断言，在美国重印书籍的成本要比从爱丁堡、都柏林和伦敦进口的成本更高[10]，因为那些地方的劳动力相对廉价和专业化，传播网络更加通畅，纸张、铅字和印刷机得到广泛利用，使书籍价格被压低了。但是，横跨大西洋进口书籍等重物要花很多钱（特别是书商比较喜欢的精装书，因为美国的装订成本高），至于船运费、手续费、税金、保险金等额外的费用，就作为附加费转嫁给了美国消费者。这种环境产生的经济利益，足以让美国书商在重印方面一试身

506

手，这样消费者就可以买到便宜的书，出版者也有利可图。当时跨越大西洋的进口其实速度缓慢而不确定，这是促进重印的第二个因素。如果读者在美国买不到想要的作品或版本，就不得不等待数个月从海外订购，而货物有时会在路上丢失、破损或延误很长时间。第三，商品进口始终让美国人想起他们对欧洲的依赖，不仅是他们阅读的大部分书的内容，而且是作为物质载体的书本身。特别是在 1763 年美国与不列颠的紧张状态加剧之后，本土产品日益与爱国相关联。因此在 18 世纪晚期，美国书商给自己的出版物做广告的时候，经常注重宣传他们生产的版本价格较低、可以直接或快速买到，而且是本国的产品，同样也经常强调他们的工作对于国人的自我提升的重要性。

进口书籍涉及一定的选择与风险，但是重印面临的选择更多，风险也更大。进口商肯定是购入特定消费者所指明的书，或者是适合在任何环境下销售的书，比如《圣经》。他们可以通过大范围订购书籍来降低风险程度，也可以与其他美国书商交换书籍、在拍卖行出售，有时还能把书退回给代销商。如果别无选择，他们在收到大西洋对岸的一批书籍之后，还能把付款期限推迟很长时间——或者根本就不付款。[11] 然而在自己出版的时候，就有必要把赌注押在一个特定版本上，指望足以做到物有所值。这意味着要为纸张、铅字、油墨和其他材料投入资金，支付印刷、广告和偶然事件导致的费用，同时不能提前知道一部作品的销售情况。未成名作者的作品、学术书籍，尤其是大型作品，出版的不确定性是相当高的。在出版这类作品时，为了减少风险和不确定性，组织读者认购是一种流行的办法。[12] 但是因为需要印刷和刊登认购广告，出版者必须为认购活动支出额外的费用，抱有希望的出版者有时发现，为了激起读者的兴趣，印刷认购图书的免费样本是明智之举。此外，直到顾客拿到成品并付款，出版者才能完全营利，然而并非所有的订购者都兑现承诺。潜在市场里的认购计划可能都泛滥了。因此在 18 世纪的美国，出版图书，特别是大型的学术图书，是一种冒险的生意。

关于 18 世纪晚期在美国重印的苏格兰启蒙运动作品，表二最右边的纵栏提供了一些出版信息。将这一栏与邻近的一栏互相对照就可以发现，爱尔兰与美国的重印模式既相似又有差别。最明显的差别或许与重印的规模相关。

表二里有 360 部不列颠的第一版作品，其中共有 80 部（即 22%）于 18 世纪在美国以某种形式重印，相对地，有 136 部（即 38%）于 18 世纪在都柏林重印。这种差距并不奇怪，因为都柏林的重印产业起步较早、规模较大、组织得更好、集中程度更高。不过，在 18 世纪后半叶，尽管有大量的进口书籍，每 5 部苏格兰启蒙运动作品中，至少就有 1 部在美国重印，这个事实意味着美国重印业的繁盛。

到了 18 世纪末，美国书业开始急速增长，重印的速度也加快了。18 世纪最后 20 年的苏格兰作品，比 18 世纪五六十年代的原版书更有可能迅速在美国重印。实际上到了 1789 年，威廉·卡伦的《药物学专论》（编号 281）等作品最初在爱丁堡出版、在都柏林重印之后，在同一年内，就有可能在美国重印（尽管仍然很少见）。18 世纪 80 年代晚期到 90 年代，美国的重印者在继续重印新作品的同时，还尝试重印旧作品。这个时期在美国第一次出版的作品，经常在不列颠（经常也在爱尔兰）已出版了数十年。马修·凯里第一次在美国出版了威廉·邓肯的《逻辑原理》和威廉·格思里的《地理》，那时距离首次出版日期分别是 24 年和 44 年。亚当·斯密的《国富论》在伦敦首次出版之后 13 年，托马斯·多布森推出了第一个美国版本。休谟《英格兰史》的第一个完整版本在伦敦出版之后 30 多年，罗伯特·坎贝尔推出了第一个美国版本。这种模式延续到了 19 世纪初期，此时爱尔兰重印苏格兰启蒙运动作品的事业渐渐衰落。

由于时间滞后，美国重印业得到了一些有利条件。美国书商能够优哉游哉，等着看哪部不列颠作品持续受欢迎，也能够预防都柏林书商犯过的一些错误，避免像他们那样有时仓促地印刷自己的版本，结果却滞销了。18 世纪晚期在美国重印的苏格兰启蒙运动作品中，大约有三分之二已经在都柏林重印过，在我标明的都柏林畅销书中，在美国重印的比例更高。到 18 世纪末，一群爱尔兰书商移民美国，促进了大西洋两岸的交流，这一定影响到了重印书的选择。[13]

我们已经看到，爱尔兰重印者通常使用较小的规格和密集的版式，以便生产出比不列颠原版更加便宜的版本。美国重印者经常沿用这一惯例，有时还更进一步。《国富论》1776 年在伦敦首次出版时，是两卷 4 开本，同一年

509

在都柏林重印时，缩小成三卷 8 开本，后来 1789 年在费城重印时，变成了三卷 12 开本。不过这种情况比较罕见。美国书商为了节约成本，更常见的做法是密集印刷和减少卷数，而不是使用 12 开本的规格。举例来说，亨利·麦肯齐的《朱莉娅·德·奥比妮》（编号 183）于 1777 年在伦敦首次出版时，是两卷 12 开本，同一年在都柏林重印时使用了相同的规格，而在美国首次重印的时候，是一卷 8 开本。约翰·穆尔畅销的几本欧洲大陆游记（编号 201 和 219）最初在不列颠出版时，都是两卷 8 开本，在都柏林缩成了两卷 12 开本，后来在美国变成了一卷 8 开本（由单独出版的卷册归集而成）。密集印刷能让美国出版者节约成本，有时候靠的不是减少卷数或缩小开本，而是减少页数。举例来说，卡伦的《药物学专论》（编号 281）在都柏林和费城几乎同时出版，而且都是两卷 8 开本。相比爱丁堡的两卷 4 开本的昂贵价格，这两个版本都比较便宜，但是费城版本每页的字数明显更多，因此要比都柏林版本少 100 多页。

　　美国与爱尔兰在地理上的差异也很重要。我们知道，美国与欧洲相隔遥远，这给美国书业造成困难的同时，也带来了机遇。除了距离，我们还必须考虑地理上的多样性。爱尔兰重印业高度集中于首都（即都柏林），而美国重印业分散于波士顿、纽约和费城。随着时间推移，重印活动的中心也在转移，费城成为新共和国的文化首都。尽管在 18 世纪四五十年代，在书籍产量和其他单独印刷的项目方面，波士顿明显超过费城，但是在之后的 20 多年里，费城所占的美国印刷品的份额稳定增长，到了 18 世纪 70 年代，费城在出版物总量上第一次超过了波士顿。值得注意的是，表二列出的书中，美国的第一版有四分之三以上是在费城生产的。波士顿和纽约合起来大约占 20%，普罗维登斯、奥尔巴尼、芒特普莱森特（纽约州）和哈特福德分别出过一部作品的第一版。来自 ESTC 的其他证据证实，费城在 18 世纪晚期地位上升，成为国际性印刷和出版中心。18 世纪 50 年代，都柏林的出版物数量几乎是费城的 9 倍（2410 对 275），60 年代都柏林仍然占据优势，出版物数量是费城的 5 倍以上（2400 对 440）。但是在 18 世纪七八十年代，费城大步追赶。到了 18 世纪末，仅仅从 1791 年到 1800 年，费城就出版了 3000 种以上的书，与都柏林（4400 种）和爱丁堡（3230 种）一起，成为紧随伦敦（35910 种）之后的第二梯队的英文书出版城市，这个产量几乎相当于这 10 年里波士顿（1228 种）和纽约（452 种）的出版物总量的两倍。[14]

　　美国与爱尔兰的重印环境也相当不同。除了偶尔发生的争端，都柏林书业是相对有秩序的，书商行会规定了出版者要共同遵守的重印规则后就更有秩序了，有时候一本书的出版者信息上会有几十个名字。与此相对，美国书业更具竞争性和个人主义，更多地依靠读者认购出版，而不是大规模的集体出版。与都柏林、爱丁堡和伦敦的情况相似，在 18 世纪晚期的费城，主要书商也依靠社团机构尽力控制行业，但是他们的尝试相对较晚而且没有成功。[15]所以说，美国的出版合作关系往往是偶发的、短暂的。

　　在上述环境下，哪些人准备在美国重印文学和学术书籍，又得到了怎样的成功？本章和下一章将会重点讨论六位著名的费城书商，在美国启蒙运动重印业的发展过程中，他们是关键人物。这些书商 – 出版者从苏格兰和爱尔兰移民到美国，大致可以分为两代人。本章的第二部分讨论的是第一代的两位书商：罗伯特·贝尔和罗伯特·艾特肯，他们在 18 世纪 30 年代早期出生于苏格兰，从 1770 年到 18 世纪 80 年代中期，他们在美国确立了启蒙运动重印业的惯例。在这个方面贝尔的作用特别重要，他的出版物的主要来源是苏格兰启蒙运动，可以说是他彻底改变了美国出版业。下一章讨论的是第二代的四位书商，他们出生在 18 世纪五六十年代，从 18 世纪 80 年代中期到 90 年代，他们在美国大大地扩展了苏格兰启蒙运动重印业的规模。其中三人是苏格兰人，即托马斯·多布森、威廉·扬和罗伯特·坎贝尔，第四个人马修·凯里是都柏林人。

511

　　为了突出他们的重要性，艾特肯、贝尔、坎贝尔、凯里、多布森和扬的名字在表二中是用黑体字表示的。当然，表二还出现了很多书商，他们在费城等地出版过启蒙运动作品的第一个美国版本。约翰·梅因是爱丁堡移民，1766 年，他在波士顿重印了约翰·奥格尔维的《神迹：一首寓言诗》（*Providence: An Allegorical Poem*，编号 87），那是一册薄薄的 4 开本。第七章提到过，第二年梅因与新的苏格兰合伙人约翰·弗莱明一起，制作了詹姆斯·福代斯的《给年轻女性的传道书》（编号 93），那个版本是两卷 12 开本。但是梅因和弗莱明很快退场[16]，美国重印苏格兰启蒙运动作品的活动随之停止，直到 1770—1771 年罗伯特·贝尔推出了威廉·罗伯逊的《查理五世统治史》。自此，在贝尔所谓的"美国的出版新世界"中，情况就与过去截然不同了。

苏格兰启蒙运动书籍重印业在美国的涌现

罗伯特·贝尔的奥德赛

　　罗伯特·贝尔的职业生涯反映了美国、爱尔兰和不列颠的书籍生产的复杂性质，也可看作费城开始挑战都柏林在苏格兰启蒙运动重印业中的首要地位的缩影。贝尔在格拉斯哥出生、受训，在苏格兰与英格兰边界的特威德河畔贝里克（Berwick-upon-Tweed）做过熟练工人，在都柏林经营过自己的书店，在费城度过了人生中的成熟阶段。他先后做过书籍装订工、书店老板、拍卖商、印刷商和出版者。他从事过多种职业，到过许多地方，因而在 18 世纪晚期大西洋两岸的书业中，他的经历之广是独一无二的。在费城，他亲自引入一种动态的重印和销售方法，特地将这种办法应用于启蒙运动作品。总而言之，考察贝尔的出版生涯，就可以了解到很多东西。

　　对于贝尔的个人背景，我们所知甚少。在 18 世纪晚期到 19 世纪早期的美国书业中，以赛亚·托马斯（Isaiah Thomas）和威廉·麦卡洛克（William M'Culloch）都很活跃，他们断言贝尔是在格拉斯哥出生的。[17] 根据《宾夕法尼亚周刊》（*Pennsylvania Journal*）1784 年 10 月 6 日的讣告，贝尔一个月前去世，享年 53 岁。虽然在苏格兰老教堂记事簿中，好像没有条目恰好符合这些时间和地理的条件，不过最匹配的人是在格拉斯哥受洗礼的罗伯特·贝尔，出生于 1730 年 6 月 28 日，是马尔康姆·贝尔（Malcome Bell）和玛丽昂·凯洛（Marion Kello）的儿子。1784 年 9 月，这个罗伯特·贝尔应该 54 岁。根据托马斯和麦卡洛克的一致说法，贝尔在格拉斯哥做过书籍装订的学徒，然后在特威德河畔贝里克做过几年熟练工人，麦卡洛克进一步补充了细节，给这个故事增加了可信度。据说贝尔在贝里克为塞缪尔·泰勒（Samuel Taylor）工作，泰勒是贝里克书业的知名人物；贝尔还是威廉·伍德豪斯（William

Woodhouse）的工作伙伴，后者后来在费城兼营书籍装订和销售，与贝尔关系密切。大城市的劳动分工高度发达，与其在大城市做书籍装订工，不如在泰勒的小城镇公司工作，那样贝尔应该会接触到书业的更多环节。[18] 根据麦卡洛克的叙述，贝尔做学徒的时候“信仰非常虔诚，经常召集办公室的成年人和少年一起做祷告，结果他的虔信礼拜彻底干扰了工作”[19]。考虑到 18 世纪 40 年代早期格拉斯哥的宗教气氛，当时以坎巴斯兰附近为中心，新教福音派的复兴轰动一时，这个说法还算可信。[20] 到了晚年，贝尔失去了宗教信仰，麦卡洛克说，“他年轻时的宗教信仰够他用一辈子了”[21]。

　　1759 年，贝尔还不到 30 岁，他身在都柏林，与爱尔兰书商劳伦斯·弗林合作出版了一部盖尔语书籍。有人说弗林和贝尔打算把书籍出口到苏格兰，这似乎是真的。[22] 第二年，贝尔在都柏林发行了在格拉斯哥印刷的詹姆斯·汤姆森的《四季歌》，这个事实与刚才的解释一致。在这段早期生涯中，贝尔可能在都柏林做过苏格兰图书代理商。假如这是真的，他也没有做多久。到了 1760 年 10 月，贝尔成为圣路加福音公会的成员，第二个月，他给书籍拍卖做广告，这是他在都柏林已知最早的拍卖。1761 年 2 月 28 日，他与一个名叫安·詹姆斯（Ann James）的女人结婚，所有迹象表明，他开始作为都柏林出版界的一员定居下来。1763 年，他在斯蒂芬街（Stephen）与奥吉尔街（Aungier）的转角处开了一家书店，拥有“数千册”存货，这在《贝尔的经销书籍目录，1763 年到 1764 年》（Bell's Sale Catalogue of Books for 1763 and 1764）中有记录。完整的目录没有保存下来，但是贝尔在他重印的两部苏格兰作者的作品背后附加了目录选粹，它们是詹姆斯·伯格（James Burgh）的《演讲的艺术》（The Art of Speaking，1763）和约翰·贝尔的《圣彼得堡游记》（Travels from St. Petersburg，1764）。1767 年，贝尔出版了詹姆斯·汤姆森的《四季歌》的另一个都柏林版本。不过没有迹象表明这些作品是在苏格兰印刷的，从其余的出版物和现存的书籍目录片段来看，他也并不特别侧重于苏格兰。

　　在职业生涯早期，贝尔处于都柏林出版业的边缘，可能还没法仔细选择自己的出版物。他的存货大多是二手书籍，“每本书上都有标价，售价都是最低的（用现金付款）”[23]，而且他一般没有机会重印精选的不列颠新书。1767 年，贝尔进行了一次巨大的冒险，他把存货中的 5000 多册精装书搬到了卡佩尔街的一个大型"场所"，并花了"相当大的一笔费用"进行翻修。[24] 与此同时，就像在前一章中讨论过的那样，他冒着另一种风险，与几位年轻书商一起挑战都柏林出版业的既定惯例。

他们失败了，贝尔于 1767 年底破产，但是他在都柏林的那几年没有白过。都柏林的经历为他在费城的生活积累了经验。他来到费城的时机再好没有了。本杰明·富兰克林和塞缪尔·凯默在 18 世纪 20 年代抵达费城，在此之前，费城只有一家印刷厂，其经营者是威廉·布雷德福德和安德鲁·布雷德福德。[25] 可是印刷方面的后续发展没有带来很多书籍产品，更不用说启蒙运动的出版物了。例如，富兰克林只印刷了几部重要的大部头作品。[26]

18 世纪 40 年代中期，经威廉·斯特拉恩安排，他的爱丁堡老朋友和伦敦印刷商同行戴维·霍尔成为富兰克林的印刷合伙人。霍尔于 1745 年来到费城，到他 1772 年去世为止，斯特拉恩一直支持他，稳定供应在美国分销和自己书店零售的精装书。[27] 这个安排运作良好，一方面是因为斯特拉恩与霍尔彼此信赖，一方面也是因为斯特拉恩自己身为版权所有者，能够以最有利的条件与伦敦书商进行交易。[28] 虽然富兰克林退休了，按照合同规定，霍尔必须与这个合伙人平分印刷品的利润，不过他可以独享图书销售的利润，因此即使霍尔想要尝试以重印代替进口不列颠书籍，合同的规定也足以打消他的念头。[29] 除了斯特拉恩，霍尔偶尔也与其他不列颠出口商进行交易，包括
515 爱丁堡的汉密尔顿、鲍尔弗和金凯德，有时甚至从都柏林非法进口书籍。[30] 其他几个美国书商进口书籍的数量也相当多，到了 18 世纪 60 年代末，不列颠向美国殖民地出口的书籍比向欧洲出口的还多。[31] 在这个过程中，苏格兰人的大西洋网络发挥了巨大作用，甚至影响到了一些不是苏格兰人的美国书商，比如纽约的詹姆斯·里文顿。[32] 尽管在美国独立战争期间，书籍的进口贸易消失了，但是 1780 年之后，与爱尔兰的进口贸易完全合法化，使得美国从海外进口书籍的机会进一步增加。随着与英国的战争结束，一个国际竞争性的书籍进口的黄金时代开启了。这一点从出版物的目录和广告中可见一斑，例如《休·盖恩的书籍目录，最近从英格兰、爱尔兰和苏格兰进口》(*Hugh Gaine's Catalogue of Books, Lately Imported from England, Ireland, and Scotland*，纽约，1792)，还有《马修·凯里，费城市场街 158 号，从伦敦、都柏林和格

拉斯哥大规模进口的各类书籍》①（费城，1792）。

1768 年前后，戴维·霍尔刊登过一则单面印刷的大幅广告，从中我们可以大致了解到在罗伯特·贝尔抵达费城的时候，苏格兰作品在美国的传播情况。霍尔的清单的标题是《由最近来自英格兰的船舶进口，戴维·霍尔销售，费城市场街新印刷所》②，其中包括大卫·休谟的《英格兰史》和《随笔》（据推测是《杂文与论文若干》），以及詹姆斯·斯图亚特爵士的《政治经济学原理研究》、威廉·罗伯逊的《苏格兰史》、亚当·斯密的《道德情操论》、凯姆斯勋爵的《批判原理》，还有两部罗伯特·华莱士的作品。这个组合很有代表性，如果读者想要的书没有现货，既可以通过霍尔或里文顿等美国书商专门从不列颠订购，也可以直接从不列颠书商那里订购，杰斐逊就是这样建议斯基普威思的。通过上述方式，美国人能够从海外获得最新的文学和学术出版物。不过就像我们看到的那样，进口书籍的过程有着严重的劣势，这给美国的重印业创造了机会。

1767 年底或 1768 年初，罗伯特·贝尔抵达费城，当时他不到 40 岁，充满干劲，准备运用他在都柏林学到的各种技能做出一番事业。他在美国东海岸各处的拍卖会非常热闹，以至于人们为了娱乐而出席；麦卡洛克宣称，那些活动“像游戏一样吸引人”。[33] 贝尔的主持技巧与他的推销术是分不开的。在 1768 年春天举行的早期拍卖会上，他会分发印刷的图书目录，上面有每种书的零售原价。拍卖规则规定，以零售价格的一半为起拍价，至少要有 3 人出价，交易才成立。另外，只要购买价值 6 先令的书，“就可以免费得到一个价值 1 先令的裁纸器和文件夹”[34]。这些拍卖会上的货物全部是新书，据推测，都是贝尔从其他找不到销路的书商那里低价购入的。

在圣保罗教堂近旁的第三街，贝尔开了一家书店，书店吸引了各类文人，成为一个智力中心。1784 年，在贝尔的职业生涯结束之前，约翰·麦克路易斯（John McLewes）写过一首题为《费城》（"The Philadelphiad"）的滑稽诗，

516

---

① 标题原文：*Mathew Carey, No. 158, Market-Street, Philadelphia, Has Imported from London, Dublin, and Glasgow, an Extensive Assortment of Books*。——译者注

② 标题原文：*Imported in the Last Vessels from England, and to be Sold by David Hall, at the New Printing-Office, in Market-street, Philadelphia*。——译者注

提醒人们注意贝尔书店的特质："作者在这里见到了诗人、演员、医生、智者和醉鬼。"彼得·斯蒂芬·杜蓬索（Peter Stephen Du Ponceau）偶尔造访书店，他称贝尔为"精明而明智的人"，还说"他的同行很少有人能与他相比"。[35] 他回忆说贝尔曾经给过他写作建议，这些建议成为这个年轻人创作的指导原则："在写作之前先充分思考，等你的主题酝酿成熟了再拿起笔；只要你有新的或有趣的东西想表达，就写下去，如果你无话可说，就停笔。"

　　不过贝尔其他方面的行为就不那么可敬了。1774 年，贝尔的爱尔兰妻子追随他来到费城，但是她没有久留。两年之后，贝尔的美国情妇生下了一个女儿，名叫玛格丽特·格林（Margaret Green），贝尔似乎与她们一起度过了余生，同住的还有他的儿子，儿子随母亲来到费城，直到父亲去世后才离开。仿佛这种行为不够令人反感，贝尔公开蔑视传统的宗教习惯，在星期天工作（而且强迫他的员工也工作），还在书籍拍卖会上"嘲笑教士"。麦卡洛克说他"不敬神"，不过他不敬的形式经常是"插科打诨"，表现起来更是"肆无忌惮"。[36]

　　他印刷的目录的内容表明，作为书籍进口商，贝尔远比有些评论者所认为的要活跃，他既销售二手书也销售新书。[37] 举例来说，他到费城 5 年以后，发布了《罗伯特·贝尔的一批新书与旧书的销售目录，涉及多种语言的所有人文与科学类书籍，还有大量有趣的小说；每本书均标有最低价格；正在威廉·伍德豪斯的书店出售》①（日期标注为 1773 年 7 月 15 日），目录中包含947 种各种规格的作品，几乎都是从不列颠或爱尔兰进口的。其他一些目录要更加专门化，比如《最近进口的新旧内科、外科与化学作品，正在贝尔的书店销售，位于费城第三街，圣保罗教堂旁》②（1784），其中包含 352 种医学和科学作品。随着他的存货增加，经营范围扩大到拥有一台印刷机，贝尔在圣保罗教堂的另一边获得了一块新地方。他开办了一家流通图书馆，在书中添加藏书票介绍他的图书馆：只要接受其中一个认购计划，"所有多愁善感者，

---

　　① 标题原文：*Robert Bell's Sale Catalogue of a Collection of New and Old Books, in all the Arts and Sciences, and in various Languages, Also, a large Quantity of entertaining Novels; with the lowest Price printed in each Book; Now Selling, at the Book-Store of William Woodhouse*。——译者注

　　② 标题原文：*New and Old, Medical, Surgical, and Chemical Works, Lately Imported, and Now Selling at Bell's Book-Store, under St. Paul's Church in Third-Street, Philadelphia*。——译者注

无论女士还是先生，都可以成为这里的读者”[38]。

　　贝尔与戴维·霍尔相似，也在美国传播启蒙文学和学术作品，应当承认他在这方面的功绩，即使他从来没有出版过一部书。以苏格兰启蒙运动的医学和科学作品为例，刚才引用过的 1784 年专门目录中包含很多作品，作者包括威廉·亚历山大、本杰明·贝尔、威廉·巴肯、威廉·卡伦、安德鲁·邓肯、弗朗西斯·霍姆、詹姆斯·林德、亚历山大·门罗一世、唐纳德·门罗、威廉·斯梅利（妇产科）和罗伯特·怀特，还有爱丁堡哲学学会的《物理和文学观察论集》，以及爱丁堡药典和处方集等诸如此类的很多作品，其中少数作品已经在美国重印。在一则广告中，贝尔使用了他特有的夸张口吻，说他的书店提供了“各种有趣的新作品；在美国的出版新世界，可以取得的每部珍品”[39]。

　　作为出版者，贝尔为美国启蒙运动做出了自己最大的贡献。1768 年，他开始谨慎地推出少量作品，包括塞缪尔的《阿比西尼亚国拉塞拉斯王子传》（*Rasselas*）和奥利弗·戈德史密斯的《旅人》（*The Traveller*）。稀奇的是，这两部作品的出版者信息都是“美国：为每位购买者印刷”，完全没有提及贝尔本人。[40] 1770 年，他推出了劳伦斯·斯特恩（Laurence Sterne）的《多情客游记》（*A Sentimental Journey*）和马蒙泰尔（Marmontel）的《贝利萨留传》（*History of Belisarius*）。这两部作品的各版扉页上，出版地点仍然是美国（有一例是北美），不过出版者署名是“书商和拍卖商 R. 贝尔”。这些早期的费城出版物是便宜的 12 开本，没有迹象表明它们与苏格兰作者有联系。看来贝尔只不过是调整了他在爱尔兰实践过的重印风格，开始重印不昂贵的流行虚构文学作品。

　　1770 年这些状况都改变了，贝尔开始重印威廉·罗伯逊的《查理五世统治史》（编号 119），推出了三卷 8 开本。其后不久，贝尔还重印了威廉·布莱克斯通的《英格兰法律释义》（*Commentaries on the Laws of England*）。以赛亚·托马斯评论道，这两部作品“可以说是费城出版业的进取精神的第一批成果”[41]。更加普遍的说法是，贝尔版本的《查理五世统治史》是第一部在美国完整出版的历史、地理或传记类的主要作品。[42] 从 1770 年 11 月到 1771 年 4 月，该书以认购方式在费城出版（不过出版者信息中的出版地点还是美国）。为了吸引遍布美国殖民地的认购者，贝尔在广告中说，该版本的价格是不列颠版本的五分之一，硬纸板封面的售价为 3 美元，精装本售价为 4

518

519 美元（当然，他没有提到，不列颠版本是豪华的 4 开本，而不是精工制作的 8 开本）。贝尔推行了买六赠一的优惠；在出版之后，为了推销该书，他还重印了《伦敦杂志》（*London Magazine*）上一篇概述罗伯逊生平的颂扬文章。[43]

除了价格，贝尔还拿美国的爱国精神做宣传。他说阅读启蒙作品使思想丰富，断言学术书籍的传播会让美国人变得聪明和善良。这种说法背后的理念是：出版促进国家发展。在 1773 年的一个小册子中，贝尔宣称印刷是"有史以来世人创造出的最高贵、最有益的［技艺］"，并谈到"知识是一个民族的荣誉，在学术兴盛的民族，印刷是让人赢得名声的技艺"。[44] 贝尔在他推出的《查理五世统治史》第三卷（日期标注为 1771 年 4 月 4 日）里"致认购者"的末尾处，用乔治·费希尔（George Fisher）的四行诗总结了自己的看法：

> 我们凡人应当感谢笔和印刷机，
>
> 写作和印刷提升我们的思想，培养我们的能力，
>
> 我们相信的，也许还有我们知道的一切，
>
> 全都依靠这些技艺的伟大保护者。

贝尔关于重印的爱国主义思想还有一个方面，用他的话说，就是"物质"胜于"形式"。他认为出版事业"消耗了造纸业的大量纸张，雇用印刷技工，让大量穷人找到工作"，从而"给公众带来益处"。[45] 从不列颠进口书籍要"越过大西洋"送出去数千英镑，而本土出版使钱在"美国新世界"内部流通（图 8.1）。正是出于这种物质的或经济的爱国主义，在推出罗伯逊的《查理五世统治史》的时候，贝尔才大胆地在原版献给国王的题词之外，单独加了一段"编者"题词，献给宾夕法尼亚的爱国者约翰·迪金森（John Dickinson）以及所有认购美国版本的人，说他们"为促进美国制造业贡献了自己的力量，以实际行动证明了真正的爱国主义，这是促进国家的繁荣的真实感情"。那个时候，520 美国殖民地居民的重要活动是抵制进口，他们希望让威斯敏斯特的英国议会明白，他们决心建设强大而自力更生的美国经济，贝尔的题词利用了这种不断增长的决心。

贝尔信奉出版自由，痛恨任何企图限制出版自由的国家或团体，这涉及

TO THE AMERICAN WORLD.

THE inhabitants of this continent have now an eaſy and advantageous opportunity of effectually eſtabliſhing literary manufactures in the Britiſh colonies, at moderate prices calculated for this meridian, the eſtabliſhment of which will abſolutely and eventually produce mental improvement, and commercial expanſion, with the additional recommendation of poſſitively ſaving thouſands of pounds to and among the inhabitants of the Britiſh empire in America.—Thus—The importation of one thouſand ſets of Blackſtone's Commentaries, manufactured in Europe, at ten pounds per ſet, is ſending very near ten thouſand pounds acroſs the great Atlantic ocean.　Whereas—One thouſand ſets manufactured in America, and ſold at the ſmall price of three pounds per ſet, is an actual ſaving of ſeven thouſand pounds to the purchaſers, and the identical three thouſand pounds which is laid out for our own manufactures is ſtill retained in the country, being diſtributed among manufacturers and traders, whoſe reſidence upon the continent of courſe cauſeth the money to circulate from neighbour to neighbour, and by this circulation in America there is a great probability of its revolving to the very hands from which it originally migrated.—

American Gentlemen or Ladies who, at this juncture, retain any degrees of that antient and noble, but now almoſt extinguiſhed, affection denominated patriotiſm, and are now pleaſed to exemplify it by extending with celerity and alacrity their auſpicious patronage through the cheap mode of repoſing their names and reſidences (no money expected till the delivery of an equivalent) with any Bookſeller or Printer on the continent, as intentional purchaſers of any of the literary works now in contemplation to be reprinted by ſubſcription in America—will render an eſſential ſervice to the community, by encouraging native manufactures——and therefore deſerve to be had in grateful remembrance—by their country—by poſterity—and by their much obliged, humble ſervant, the Publiſher——

ROBERT BELL.

SUBSCRIPTIONS for Hume, Blackſtone, and Ferguſon, are received by ſaid Bell, at the late Union Library, in Third-ſtreet, Philadelphia; and by the Bookſellers and Printers in America.

Printed SPECIMENS, with Conditions annexed, for reprinting the above Books by Subſcription, may be ſeen at all the great Towns in America.

ROBERT BELL, BOOKSELLER,
[At the late UNION LIBRARY, in Philadelphia,]

BEING encouraged by ſeveral Gentlemen of Eminence in the different Provinces, to undertake the Re-publication of the following literary Works in America, doth, by this Conveyance, Give Notice, he hath now ready to be ſeen, at the Bookſellers Shops in the capital Towns on the American Continent, printed PROPOSALS, with Specimens and Conditions annexed, for

RE-PRINTING BY SUBSCRIPION,
[No Money expected except on the Delivery of each Volume]

HUME's ELEGANT HISTORY of ENGLAND, in EIGHT VOLUMES Octavo, at One Dollar each Volume, which is only Eight Dollars for the whole Set, although the Quarto Edition is SOLD at Thirty Dollars.
ALSO,
FERGUSON's celebrated Eſſay on the Hiſtory of CIVIL SOCIETY, in ONE VOLUME, Octavo, at One Dollar, although the Britiſh Edition is SOLD at Four Dollars.

ADVERTISEMENT.

ANY perſon poſſeſſed of the moſt minute doubt, concerning the legality of literary publications in America, may be fully ſatisfied of their rectitude, by looking into the Editor's addreſs to the numerous ſubſcribers to the American edition of Robertſon's Hiſtory of Charles the Fifth, prefixed to the third volume of that work, where the practice of all the people in the kingdom of Ireland, and the ſplendid authority of that magnificent Oracle of Knowledge, the learned judge Blackſtone, concerning the internal legiſlation of colonies, are produced as ſufficient ſupport for Americans to perſevere in re-printing any, or every work of excellence, without the ſmalleſt infraction of the Britiſh embargo upon literature.——And if an exiſtence breathes who wiſheth to enjoy a ſmaller ſhare of liberty than the good people of Ireland,——may not Americans, with great propriety with he would conſign himſelf to a certain ſpot of Earth, deſcribed by ſome Engliſh travellers as,——
" A land! where one may pray with curs'd intent,
" Oh! may they never ſuffer baniſhment.

图 8.1　18 世纪 60 年代末，罗伯特·贝尔从都柏林移民到费城，然后很快成为苏格兰启蒙运动作品的积极重印者。这里复制的两页来自一则"致美国新世界"的广告，它附在 1771 年贝尔重印的威廉·布莱克斯通爵士的《英格兰法律释义》第一卷的前面。贝尔在广告中介绍他的重印哲学，维护在美国重印受版权保护的英国作品的合法权利，并极力宣传，提议人们认购休谟的《英格兰史》和弗格森的《文明社会史论》，但是这两个版本后来都没有出现过。（布朗大学约翰·卡特·布朗图书馆）

他的爱国出版观念的又一个方面。他重印的《查理五世统治史》中，那篇"致认购者"的大部分内容都是在专门谈这个话题，他认为爱尔兰是美国应当效仿的榜样。尽管爱尔兰"这个王国依赖和从属于英格兰"，贝尔写道，"然而就在这个国度，压抑且受到压制的爱尔兰人"重印了"大不列颠出产的每部有价值的作品，却没有给予作者或书商一丁点儿金钱上的回报"。他援引布莱克斯通的例子，主张不列颠的版权法不适用于爱尔兰，同样也不适用于美国。贝尔所讲的要点不在于那几点法律解释，而是强调"压抑"的国家应采取行动，维护他们通过出版和知识来提高自己的天然权利。因此贝尔主张："自由地传播知识是天赋的特权，爱尔兰人民的代表从来不会放弃这项权利，因为他们

522

与之前的俗世居民相比，不仅更加人性化，而且得到上帝更多的眷顾。"谈到美国的情形时，他对"不列颠加诸文学作品的禁运令"的痛恨溢于言表：

> 禁运令阻止美国人将印刷品向不列颠运输，这还不够吗？——这种禁运会断绝那些不愿像英国贵族（他们祖先的血统早就迷失于年代久远的混沌之中）那样沉溺于奢华空虚生活的美国人的精神食粮，让他们的心灵处于可怕的贫瘠状态，使他们遭受奴役。这还谈何自由？

> 编者希望，上述事实足以支持美国人坚持重印事业，不需要大不列颠书商或垄断者的委托或批准，无论什么作品，只要是值得认可的就能出版。

随后贝尔开始不断地打广告宣传他的看法，为美国重印业的合法性辩护。

这些策略都取得了预期效果。贝尔版的《查理五世统治史》第三卷显示，它吸引了 500 多名认购者，这些人来自各行各业，在地理上遍布殖民地东部沿海，总共订购了 1019 套三卷本。[46] 这个版本的收益达到数千美元，一定给它的美国出版者带来了巨大利润。贝尔等美国书商开始考虑，是否有可能重印新出的英国重要作品，让本土版本占领美国殖民地的市场。他又推出了布莱克斯通的《英格兰法律释义》（1771—1772），那是四卷 8 开本，售价 8 美元，该书引起的关注相对较少，但是吸引了一批法律界的热诚认购者。然而，贝尔很快就认识到了他的计划的局限性，即难以通过认购出版将启蒙运动引入美国：他打算用八卷 8 开本的形式重印大卫·休谟的《英格兰史》，用一卷 8 开本的形式重印亚当·弗格森的《文明社会史论》，为此到处做广告宣传（例如图 8.1），却无法吸引到足以保证出版的认购者。[47]

尽管徒劳无功，但是贝尔刺激美国人关注休谟和弗格森的作品的尝试值得进一步探究。为了按计划重印休谟的《英格兰史》，贝尔在 1771 年 4 月发布过认购广告，这次借鉴了他当初成功宣传罗伯逊的《查理五世统治史》时用过的推销技巧。贝尔利用爱国主义文化，努力将他出版的《英格兰史》与"改善和发展我们所生活的国家"联系起来。与以前一样，这个爱国呼吁兼具物质与智力的成分。在经济方面，它的目标是"为一个刚刚诞生的国家增加有益的产品"，或者推进"本土制造"。在智力方面，贝尔在暗示，在美国出版不列颠和欧洲最佳的历史、哲学和文学作品，对美国殖民地的教育事业发展十分重要，对提高美国人的生活水准意义重大（他在别的地方有过更加完整的叙述）。贝尔版《英格兰史》将由"有教益的书卷"构成，用他的说法，将会促进"文学娱乐的进步"；还将"经久不衰地为知识和自由的壮丽殿堂增光添彩"。贝尔认为殖民地应该模仿伦敦，"在那里，精神食粮几乎就像家里吃的面包一样有销路"。总之，可以说他从经济和智力方面做宣传的关键就是"公共精神"，而那些具有这种品质的人，正是认购提议所面向的特定顾客。[48]

认购提议也强调工艺。这个版本的《英格兰史》将使用"颜色和韧性优良"的纸张，肯定会"在印刷所由能工巧匠手工操作，干净整洁，铅字漂亮"。它不仅是一个美国版本，而且是"美观的美国版本"；不仅是美国工艺的范例，而且会证明"本土制造的卓越"；不仅是一部学术作品，而且是"一套有教益的精致书卷"。这个版本一旦完成，将会"用羊皮整洁地装订好"，或者"用牛皮完美地制成"。这样，有公共精神的消费者订购贝尔的版本时，就不需要牺牲书籍质量了。

524

贝尔还强调，他计划出版的休谟《英格兰史》既有价值又容易买到。与《查理五世统治史》的广告类似，他把认购版本的"适中"价格（每卷1美元，全套8美元）与伦敦4开本的高昂价格进行对比，他用美国货币估算，伦敦版本的价格至少是每套30美元。认购提议中说，只有在每卷交货的时候才需要付款，以此鼓励认购，同时试图使读者相信，"分期"出版这个版本是合情合理的，因为在伦敦出版的"一些最优秀的文学作品"常用这种办法。全套作品将在8个月内陆续出版，每个月发行一卷，随着计划的进展可以获利。这种出版模式使"编者"（贝尔再次这样称呼自己）能够"自信地继续制作大型作品"，"方便中间社会阶层的人们有机会以合适的价格买到想要阅读的书籍"。加上每套多2美元的羊皮封面版本，每套多3美元的牛皮封面版本，贝尔向美国的阅读群体介绍了一套大型作品，按照他的筹划，这套书在价格和质量方面都足以与伦敦版本一较高下。

在提议认购布莱克斯通、休谟和弗格森作品的一个广告中，贝尔说"美国大陆的主要城镇"的书店都供应这些作品的"样本"，公众可以免费查阅。

这些样本或者简介至今还保留着，它们提供了另外的实例，让我们得以了解贝尔投身启蒙运动重印业的程度，以及贝尔对自己计划出版的作品的看法。1771 年，贝尔发表了亚当·弗格森的《文明社会史论》的简介，并使用了误导性的标题《目前正在印刷，即将通过认购方式出版》，从这部作品的第三章的第四部分摘录了前 10 个段落，谈论"优雅的商业国家的情况"。弗格森还思考了现代世界的"民用和商业技艺的进步"在一般情况下的正面影响，特别是商业社会的多样性和差异性增加所伴随的好处。其中有一个揭示真相的段落，讨论的是贝尔心中的重要话题：学术逐渐精细化，"即使是与人类的积极追求没有多少关联的事情，也会成为探究的课题，情感和理智活动本身也变成了一门学科"。在这个新世界里，"幻想作品就像博物学科一样被分门别类；每个特定种类的规则都被专门归集起来；图书馆就像仓库，储藏着不同艺术的成品，在文法学者和评论家的帮助下，每个人用自己特有的方式，或者以知识教育头脑，或者让文字打动心灵"。在简介的结尾，贝尔自行添加了一段措辞笨拙的评注，邀请"盼望提高美国民众的理解力，乐意看到这种方法兴盛发展的绅士"踊跃认购。他经常自称"编者"，不过这个评注的署名不是匿名的，而是"出版者罗伯特·贝尔"。

1773 年，贝尔给弗格森的另一部作品做广告，题为《致美国的科学之子》（ *To the Sons of Science in America* ）。"这是一位在世的大受好评的作者，他优雅的写作让人有机会了解这个人的丰富情感，将带来巨大的乐趣，约翰·达尔林普尔爵士（著名的《大不列颠与爱尔兰回忆录》的作者）欣然将他列为'最伟大的现代哲学家之一'。"贝尔的语言表明，他不仅仅是从商人的角度，更是从读者的角度深爱着弗格森作品的内容。他提及达尔林普尔，并将弗格森称为"一位在世的大受好评的作者"，这表示贝尔也很清楚爱丁堡的智力活动非常活跃，在那种互相赞赏的环境里，罗伯逊、休谟、弗格森和达尔林普尔这样的作家正在创作重要的新作品。就像在其他广告和宣传中做过的那样，贝尔将书籍同智力培养和娱乐联系在了一起。他说弗格森的《文明社会史论》会给读者带来"巨大的乐趣"，还邀请潜在的认购者参与"这场情感的盛宴"。这本来是认购一部计划重印的哲学历史作品的过程，在贝尔的描述中就如同享用美餐一样，是一种充满激情和感官体验的经历。除了热情的呼吁之外，贝尔还和往常一样保证高质量的工艺，保证有机会得到特价商品。

　　尽管贝尔做了宣传，但是直到 19 世纪初，才出现《文明社会史论》的美国版本。为什么贝尔重印休谟和弗格森作品的宏伟计划都失败了？贝尔有可能只是在投石问路，他在同一时期发出布莱克斯通、休谟和弗格森的作品的认购提议，但是从没有打算全部出版。在这段时期的一些广告中，他同时提到了这 3 项计划，这个事实或许可以用来支持这种解释。[49] 然而贝尔在推销特别是印刷免费样本上花费的大量金钱和人力，好像又不支持这种解释。在他出版的《查理五世统治史》大获成功以后，也许贝尔只是错误估计了美国市场在 18 世纪 70 年代早期的承受能力。即使"分期"出版（像他在认购提议中写的那样），他的计划也可能超过了殖民地美国的承受限度，尤其是休谟的八卷《英格兰史》。

　　我们还必须考虑一个因素。贝尔想要重印的作品中，休谟和弗格森的作品与罗伯逊和布莱克斯通的不同，它们的 8 开本已经从不列颠进口过。我们已经看到，1768 年的第三版出现之后，弗格森的《文明社会史论》就有了比较便宜的不列颠版 8 开本。1771 年，休谟的《英格兰史》的八卷 8 开本已经在伦敦出版，美国各地都可以买到。[50] 这些不列颠的 8 开本印刷质量良好，包含作者改正和修订的最新内容，标有主要英国出版者的出版者信息。八卷 8 开本的休谟《英格兰史》，在不列颠的零售价格仅为 2 英镑 8 先令，用宾夕法尼亚的钱来计算，还不到 11 美元。伦敦版 8 开本的弗格森《文明社会史论》仅售 6 先令，相当于 1.33 美元；贝尔有时声称，他的 1 美元版（精装本偶尔也标价为 10 宾夕法尼亚先令）的价格是不列颠版本的四分之一，但是那只是与伦敦版 4 开本比较的结果。即使要补上运输和保险的额外费用，读者仍然可以在美国殖民地买到不列颠的 8 开本，只比贝尔计划的定价稍微贵一点。

　　在放弃了休谟和弗格森作品的出版计划之后，贝尔仍尝试在美国重印苏格兰启蒙运动作品。1774 年 11 月，他为威廉·卡伦的《药物学讲义》（编号 145）发布了认购广告；第二年，他又为约翰·格雷戈里的《关于医生的职责和资格的演讲》（1775 年 3 月）和凯姆斯勋爵的《人类历史纲要》（1775 年 5 月）发布了认购广告。[51] 前两部作品的对象主要是费城医学院的医科学生，这所学校当时刚成立，模仿了爱丁堡的医学院。[52] 本杰明·拉什在爱丁堡接受教育，经过他的热情推广，卡伦特别受人崇敬，尽管卡伦的方法存在可疑之处。贝尔在广告里面大肆宣传卡伦的名望，目标读者是那些希望学习"伟大的卡伦教授的药物学讲义中蕴藏的医学精髓，在职业上登峰造极的美国内科医生"[53]。这种尊崇态度的部分原因是，贝尔于 1775 年以认购方式出版了卡伦的《药物学讲义》。[54] 不过此前卡伦的《药物学讲义》在不列颠只有 4 开规格，零售价格是 18 先令，这个事实同等重要。这让贝尔有了经营空间，让他能够推出一卷 8 开的费城版本，厚达 512 页，出版者信息显示为"美国：罗伯特·贝尔为认购者印刷"。[55] 卡伦有拉什帮助在费城造势，相较之下，格雷戈里缺乏这种诚心的追随，而且格雷戈里的作品已经可以买到 8 开的英国版，价格适中，只有 5 先令，因而不具有同样的降价可能。所以，格雷戈里作品的美国版本一直没有出现。

1775 年，贝尔还与以前贝里克的同事威廉·伍德豪斯合作，推出了三卷本的《政治论》（*Political Disquisitions*），其作者是苏格兰出生的伦敦激进派詹姆斯·伯格。第三卷附有认购者名单，其中包括乔治·华盛顿、托马斯·杰斐逊、约翰·迪金森、约翰·汉考克（John Hancock）、詹姆斯·威尔逊（James Wilson）和本杰明·拉什。第二年，拉什安排贝尔出版托马斯·潘恩的《常识》，因为他知道"在美国独立的问题上"，这个"聪明的苏格兰书商和印刷者""与潘恩先生一样高尚"。[56] 然而其后由于《常识》的利润问题，贝尔与潘恩公开结下了仇怨[57]，偶尔发行一些站在论战反方的小册子。其中之一是詹姆斯·麦克弗森的《针对美国人的要求，大不列颠所坚持的权利》（*The Rights of Great Britain Asserted against the Claims of America*，1776），不过贝尔在文后附加了一段措辞有力的话，强调了出版自由的必要性。1777—1778 年，在英国占领费城期间，贝尔仍然留在城里，好像讨好了英国军官，因此也失去了一些美国爱国者的信任。[58]

贝尔和伍德豪斯版的伯格《政治论》推出第一卷时，带有凯姆斯勋爵的《人类历史纲要》的宣传（图 8.2）。《人类历史纲要》最初于 1774 年在爱丁堡匿名出版，是两大卷 4 开本，后来于 1774—1775 年在都柏林重印，分成四卷 12 开本，将作者名字放在了扉页上，重印者詹姆斯·威廉姆斯在 18 世纪 60 年代曾经与贝尔合作过。贝尔与伍德豪斯（后来退出了）和罗伯特·艾特肯打算推出 8 开本，四卷合成两卷，整洁地装订和嵌字，定价为 24 宾夕法尼亚先令，据说还不到伦敦版 4 开本的三分之一。《政治论》第二卷的末尾附有《人类历史纲要》的两页样张，还有扉页的样张，其中出版地点为“美国”，贝尔的名字单独列在出版者信息中。样张的内容（摘自第二册的概述三）显然是精挑细选的：讨论了“专制统治的恶劣影响”，在结尾赞美了共和国，因为这样容易激发爱国精神。为了达到想要的效果，贝尔悄悄地调换了凯姆斯勋爵的文本，把原先分开的两个段落放到了一起。

贝尔以前的认购计划中的书籍或者完整出版，或者根本不会出版，这次不一样，1776 年夏末或秋天，贝尔和艾特肯出版了《人类历史纲要》，那是 530
一个经过严重删节的版本，也没有认购者名单。书名是《人类历史六要》（*Six Sketches*），内容上只包含原作第一册（“个体人类的进步”）的 8 个部分中的

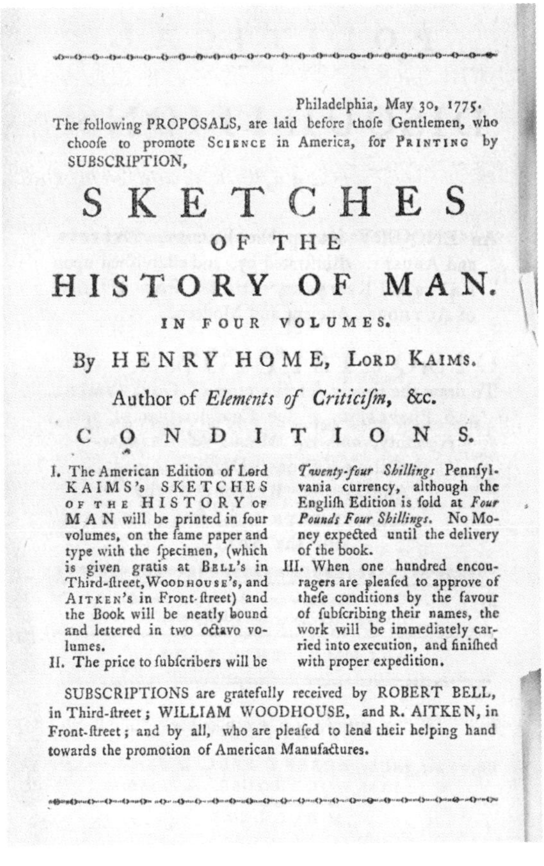

Philadelphia, May 30, 1775.

The following PROPOSALS, are laid before those Gentlemen, who choose to promote SCIENCE in America, for PRINTING by SUBSCRIPTION,

SKETCHES OF THE HISTORY OF MAN.

IN FOUR VOLUMES.

By HENRY HOME, LORD KAIMS.

Author of *Elements of Criticism*, &c.

CONDITIONS.

I. The American Edition of Lord KAIMS's SKETCHES OF THE HISTORY OF MAN will be printed in four volumes, on the same paper and type with the specimen, (which is given gratis at BELL's in Third-street, WOODHOUSE's, and AITKEN's in Front-street) and the Book will be neatly bound and lettered in two octavo volumes.

II. The price to subscribers will be *Twenty-four Shillings* Pennsylvania currency, although the English Edition is sold at *Four Pounds Four Shillings*. No Money expected until the delivery of the book.

III. When one hundred encouragers are pleased to approve of these conditions by the favour of subscribing their names, the work will be immediately carried into execution, and finished with proper expedition.

SUBSCRIPTIONS are gratefully received by ROBERT BELL, in Third-street; WILLIAM WOODHOUSE, and R. AITKEN, in Front-street; and by all, who are pleased to lend their helping hand towards the promotion of American Manufactures.

图 8.2 在费城重印的詹姆斯·伯格的《政治论》第一卷（1775）的前面，是罗伯特·贝尔和威廉·伍德豪斯的认购提议，他们打算重印凯姆斯勋爵的四卷《人类历史纲要》，罗伯特·艾特肯也是当事人之一。1776 年，贝尔和艾特肯只出版了一卷《人类历史纲要》。（布朗大学约翰·卡特·布朗图书馆）

6 个——涉及语言、食物与人口、财产、商业、艺术以及"女性"的发展，外加一个关于动物的附录。凯姆斯作品的其余部分再也没有出版，包括第二册中关于政府的概述，样张里面有关专制统治和爱国主义的内容就是从这里摘录的。《人类历史六要》相当于詹姆斯·威廉姆斯重印的都柏林四卷本的第一卷，同样也在扉页上将以前匿名的作者标成"凯姆斯勋爵亨利·霍姆"。我们无法确切地知道，为什么贝尔和艾特肯的版本在一卷之后就停止了，但是大不列颠与其美国殖民地之间的战争规模不断扩大，这大概迫使费城的合伙人在印刷开始以后终止了原计划，同时为了减少损失，把第一卷当成完整的作品出版。

贝尔的战时出版规划总体收缩，这也间接证实了这种解释。除了极个别的例外，比如 1778 年出版了贝卡里亚的《论犯罪与刑罚》（*An Essay on Crimes and Punishments*）和《M. 德·伏尔泰杂集》（*Miscellanies by M. de Voltaire*，由 3 篇哲学故事组成）的 8 开本，在战争早期，贝尔的启蒙运动出版物只限于小型作品。小型作品的费用通常也较少。1777 年，他出版了詹姆斯·汤姆森的《四季歌》的第一个美国版本，还有约翰·霍姆的悲剧《阿隆佐》，后者使用了他自己设计的题目《阿隆佐与欧米辛达》（*Alonzo and Ormisinda*，编号 154）。1778 年，他又出版了切斯特菲尔德的《礼貌的规范》（*Principles of Politeness*）和拉罗什福科（La Rochefoucauld）的《道德箴言录》，以及乔治·亚历山大·史蒂文斯（George Alexander Stevens）有些低俗的《歌曲、漫画、嗜好酒色，还有多愁善感》（*Songs, Comic, Satyrical, and Sentimental*），据说史蒂文斯在都柏林做过贝尔的合伙人。同一年，贝尔推出了大卫·休谟的自传，标题是《大卫·休谟先生生平，由哲学家兼历史学家本人撰写；附加一个哲学家的游记，包含对非洲和亚洲的各个民族的风貌和艺术的观察》（*The Life of David Hume, Esq; the Philosopher and Historian, Written by Himself. To which Are Added, The Travels of a Philosopher, containing Observations on the Manners and Arts of Various Nations, in Africa and Asia*）。即使增加了皮埃尔·普瓦夫尔（Pierre Le Poivre）在为法国政府工作期间记录的非洲和亚洲游记的英文译本，休谟的简短自传附带亚当·斯密的信件，也不过是一本 62 页的 8 开书。虽然篇幅与八卷的《英格兰史》相差甚远，这仍然是休谟的作品第一次在北美洲单独出版。贝尔觉得有必要在标题中将休谟标示为"哲学家兼历史学家"，可能是因为他不确定北美的公众对休谟的熟悉程度。该书明显滞销531了，1778 年的晚些时候，贝尔再版了休谟－普瓦夫尔、切斯特菲尔德、拉罗什福科的作品，同另外 3 种出版过的小册子装订成一册，取名为《感伤主义者杂集》(*Miscellanies for Sentimentalists*)。其后不久，费城的重印业完全崩溃，不仅是因为文化和政治环境不适合，还因为美国书商得不到新的英国作品用来复制。根据 ESTC 的记录，在 1782 年之前，除了 1779 年伊桑·艾伦（Ethan Allen）有关军队功绩的一个简短小册子之外，贝尔的名字再也没有出现在新的出版者信息中。

战争结束后，贝尔重操旧业，开始重印苏格兰作者的作品，但是没有再借助认购手段。1782 年，他重印了亨利·麦肯齐的《多情男人》（编号 135），那是价格 1 美元的 8 开本。当年晚些时候，他又推出了麦肯齐的《世故的男人》（编号 155）第一卷，价格为 0.5 美元；1783 年初推出了随后的两卷，价格不变。接着，他重印了约翰·穆尔的《法国、瑞士和德国社会与风貌概览》（编号 201），该书最初分三册，随后装订成一卷，价格为 3 美元；他以同样的方式出版了穆尔的续作《意大利社会和风貌概览》（编号 219）。1784 年，他推出了詹姆斯·贝蒂的《吟游诗人》（编号 141）的第一个美国版本，还与三个书商合作，推出了（尽管不是第一次在美国印刷）威廉·巴肯的《家用医疗》（编号 115）。贝尔也重印英国和欧洲作者的文学作品，例如歌德的《少年维特之烦恼》(*The Sorrows and Sympathetic Attachments of Werter*，1784)，还有一些美国作者的作品，不过他的出版规划的中心仍是苏格兰作品。战后，在一些著名费城书商的支持下，当局对书籍拍卖进行了限制，贝尔也花了很多精力与之斗争。1784 年 9 月 23 日，贝尔在去南卡罗来纳的查尔斯顿拍卖书籍的途中，于弗吉尼亚的里士满去世，随后被葬在当地的一个墓地。

虔诚与启蒙：罗伯特·艾特肯的两个世界

罗伯特·贝尔很有革新精神，不过美国出版业的转变不是靠他一人之力

532　实现的。从 18 世纪 70 年代到 80 年代早期，在费城以及殖民地美国各处，出版业逐渐扩张与成熟，学术和文学书籍的美国读者也逐渐成熟壮大起来，他的成就要依靠这两个方面。

　　殖民地时代晚期和独立战争期间，有几个书商开始效仿贝尔，自己从事大型的重印项目，为首的是贝尔的同胞兼同辈罗伯特·艾特肯（1735—1802；图 8.3）。艾特肯出生于爱丁堡附近的达尔基斯，在那里做过书籍装订学徒。最晚到 1759 年，他先后做过书商和书籍装订商，还在佩斯利经营过一家流通图书馆。艾特肯在标有布坎南头像的地方工作过，这个事实表明他不仅信奉苏格兰爱国主义、辉格派政治原则和推崇学问的长老会，而且十分尊敬那家伦敦书店——经营者安德鲁·米勒是佩斯利本地最成功的书商之一。艾特肯属于反市民教派，这是从苏格兰长老会脱离出来的激进派，本书下一章会继续讨论。他还与佩斯利的长老会牧师约翰·威瑟斯庞关系密切，1768 年威瑟斯庞成为新泽西学院（现为普林斯顿大学）校长，于是移民到美国，艾特肯可能受此影响，次年来到了费城。[59] 那时候艾特肯没有移民，只是作为旅居者来到美国，作短期停留，把书籍等商品带到美国销售。[60] 两年后，艾特肯永久移民了，带上了妻子珍妮特·斯科奇（Janet Skeoch）和两个年幼的孩子。他还带了大量的书籍现货，1771 年 6 月，他在前街（Front Street）开了一家书店，从事书籍销售和装订，最后兼营"全部种类的印刷工作"[61]。据威廉·麦卡洛克说，艾特肯拥有"当时费城最大和最有价值的书店"[62]。值得注意的是，他的订舱单上的标识含有一艘远洋轮船的轮廓（图 8.4），这让顾客联想起，他销售和重印的书籍主要是大西洋贸易网供给的。

　　在佩斯利，福音派长老会教徒是主要读者，艾特肯专门为他们服务。从 1759 年到 1769 年，出版者信息中有他名字的 7 部出版物全是这种宗教作品。其中 4 部是短期协作的成果，他的主要合伙人是另一个反市民分离者
534　约翰·布赖斯，格拉斯哥最重要的福音派出版者。其他 3 部作品篇幅很长，是在格拉斯哥专门为艾特肯印刷的，最后一部重印本最长，篇幅达 600 页，是威廉·威尔逊牧师的《为改革辩护——苏格兰长老教会的基本原则》（*A Defence of the Reformation-Principles of the Church of Scotland*），该书为宗教分离做了辩护。艾特肯来到费城之后，仍然忠于他的宗教原则，成为苏格兰

图 8.3 和 8.4　反市民分离者罗伯特·艾特肯（左图，作者和日期不明）在苏格兰的出版物只局限于宗教作品，不过他在费城的职业生涯比较顺利，作为书商和重印者推出了题材广泛的书籍，包括一些苏格兰启蒙运动的文本。艾特肯的标识（右图）上画了一艘海上轮船，提醒人们注意其与大西洋的联系。（艾特肯的肖像：宾夕法尼亚历史协会；商标：美国国会图书馆玛丽安·S.卡森作品集）

反市民教派的长老，经常印刷或出版宗教作品，特别是长老会作者的作品。不过他在美国的经历与威瑟斯庞相似，在宗教信仰与文化、政治问题之间，也必须不断地努力保持平衡。有时宗教与现世配合得很好，比如威瑟斯庞那篇支持美国革命的著名布道《上帝对人的激情的统治》（*The Dominion of Providence over the Passions of Men*），就在 1776 年春季由 "R.艾特肯印刷和销售"。布道讲述了苏格兰长老会的不幸历史，从而强烈支持了美国独立这个现世问题。[63] 然而就如艾特肯的重印生涯所揭示的那样，宗教与俗世的道路往往发生分歧。

艾特肯返回费城几个月以后，第一次尝试在美国重印苏格兰作品。他在《宾夕法尼亚每日讯息》（*Pennsylvania Packet*）创刊号的增刊（1771 年 10 月 28 日）上刊登广告，鼓动读者认购威廉·巴肯的《家用医疗》（编号 115）的第一个美国版本，打算使用与原版相同的规格，即厚厚的一卷 8 开本。艾特肯可能从苏格兰带了《家用医疗》的爱丁堡原版，用作复制的模本。他的广告声称，这部作品"在这个不断成长的新国家尤其有用"，因为这里众多家庭住的地方距离"有资格的医生"很远。这个版本的认购价格是 1 美元，不过在书店的零售价格稍微贵一点（8 宾夕法尼亚先令）。现存的第一版有四种样式，其中三种的出版日期为 1772 年，还有一种没有标明日期，有两种在正文后面附了威廉·卡多根（William Cadogan）的《痛风症专论》（"Dissertation on the Gout"，1771 年在伦敦由詹姆斯·多兹利第一次出版）。

《家用医疗》的第一个美国版本取得了巨大成功。1774 年，艾特肯又推出了第二版，增加了不列颠第二版的许多修订内容，那是斯特拉恩 – 卡德尔辛迪加 1772 年在伦敦出版的。或许是因为不希望把公众弄糊涂，艾特肯还是保留了爱丁堡最初版本较长的副标题——副标题的开头是"或家庭医生"。费

535 城图书馆公司有艾特肯的账簿（保存于费城历史协会），账簿记录了这个版本在殖民地大规模批发销售，购买者中苏格兰人特别多，比如马里兰州安纳波利斯的威廉·艾克曼（William Aikman，1774 年春季订购了 36 册）和纽约的塞缪尔·劳登（Samuel Loudon，1774 年 7 月订购了 100 册）。1772 年，艾特肯重印的另一部重要作品就没有那么受欢迎了：300 页、12 开的《关于实际问题的布道》（*Sermons on Practical Subjects*），作者是长老会的大众派，威瑟斯庞的福音派支持者罗伯特·沃克（Robert Walker）。18 年之后，艾特肯和他的儿子使用新的扉页重新发行了该书的存货。

艾特肯笃信宗教，1777 年印刷了《新约》的第一个美国版本，5 年后又印刷了《圣经》的第一个完整美国版本[64]，由此受人尊重，但是他逐渐意识到佩斯利与费城的出版文化差别。对于苏格兰长老会的作品，美国的潜在读者数量少而且分散，战争结束之后，从英格兰和苏格兰的进口恢复了，结果艾特肯版本的《圣经》让他损失了几千英镑。另一方面，越来越多的美国读者开始购买苏格兰作者的文学和学术新作品的重印本。接下来，艾特肯在美国重印的主要作品是表二的另一部世俗作品，即威廉·拉塞尔翻译和扩写的安托万·莱昂纳尔·托马（Antoine Léonard Thomas）的《论不同时代女人的性格、举止和智慧》（*Essay on the Character, Manners, and Genius of Women in Different Ages*，编号 157）。尽管该书于 1773 年在伦敦出版过两卷 8 开本，艾特肯把它压缩成一卷 12 开本，于 1774 年在费城出版，劳登也在纽约给这个

版本单独做过广告。[65] 在这段时期，艾特肯转向重印苏格兰作者的文学和教育类新作品，形成了与罗伯特·贝尔联手的基础。1775 年，他认购了贝尔版本的詹姆斯·伯格的《政治论》，并推出了自己版本的伯格的《演讲的艺术》（贝尔曾经在都柏林重印过该作品）；第二年，他与贝尔合作出版了凯姆斯的《人类历史六要》。

在此期间，艾特肯于 1774 年 11 月底提议发行新的期刊，也就是 1775 年 1 月开始出现的《宾夕法尼亚杂志，或美国每月博览》（*The Pennsylvania Magazine; or, American Monthly Museum*）。托马斯·潘恩做了部分贡献，担任杂志的作者兼编辑，威瑟斯庞也写了一些文章，据说 3 月初的订购人数达到了 1500 人。[66] 该杂志的一个著名栏目旨在让殖民地美国的读者熟悉"最好和最新"的英国作品。最初两期分别于 1775 年 1 月和 2 月发行，精选的文摘出自凯姆斯勋爵的《人类历史纲要》（编号 164；第 33—34、77—80 页）和帕特里克·布赖登的《西西里和马耳他之旅》（编号 150；第 35—37、80—84 页）。[67] 其中称布赖登的作品"非常有独创性"（第 35 页），还在三处称赞了凯姆斯及其作品（第 33、34、77 页）。凯姆斯作品的第三处文摘最长，内容涉及社会的起源，该杂志在介绍的时候说："我们发现在这部著名作品中，几乎每一页都充满了奇妙的调查研究，以至于我们不知道应该选择哪个部分，才可以最简单地传达作者的构思、设计和才智。在我们看来，本书最突出的特点，就是描绘人类曾经所处的以及现在所拥有的最单纯的状态，以及将人类的自然天性、策略与动物的创造性进行比较。"（第 77 页）这种对苏格兰启蒙运动发展智力的一个要素的赞扬是有重要意义的，特别是考虑到不久之后，艾特肯和贝尔就尝试在费城重印凯姆斯的作品。1775 年 2 月号的文摘后面有"新书目录"，主要是罗伯特·贝尔新近的出版物（第 84 页），包括罗伯逊的《查理五世统治史》（编号 119）和卡伦的《药物学讲义》（编号 145）。威廉·理查森的《莎士比亚的一些奇特戏剧角色的哲学分析和阐释》（编号 166）也在其中，就像该书的英国版本的描述一样，书目的作品描述总是彰显作者在苏格兰的学术地位。

《宾夕法尼亚杂志》1775 年 3 月号延续了前面的模式。题为"最新英国出版物节选片段"的栏目（第 127—132 页），包含从约翰·达尔林普尔爵士

536

的《大不列颠与爱尔兰回忆录》（编号 143）摘录的片段，"新书目录"栏目预告出版的书有：罗伯特·亨利的《大不列颠史》（编号 144）第二卷、蒙博多勋爵的匿名作品《语言的起源与发展》（编号 160）第二卷、威廉·理查森的匿名作品《乡村诗集》（编号 167），都由苏格兰出版者出版过。杂志 5 月号和 6 月号精选的文摘是塞缪尔·约翰逊的《苏格兰西部群岛之旅》（*Journey to the Western Islands of Scotland*）（第 221—222、274—275 页），包括它针对我相与苏格兰人正直品性的最有争议的攻击。编辑批评了这部作品"自高自大"的作风，以及"对苏格兰教会的小心眼的攻击"（第 275 页），说大多数苏格兰人，特别是苏格兰高地人大概会觉得这部作品令人不快（第 222 页）。

537

《宾夕法尼亚杂志》最初特别重视苏格兰文学，但是这种情况没有持续下去。从 1775 年 7 月开始，"新书目录"栏目只是偶尔出现，1775 年 12 月号之后就消失了，杂志的重点日渐转移，放到了有关美国危机的军事作品和小册子上（第 574 页）。1776 年 1 月发行的第二期附有"出版者前言"，声称"为美国的自由而斗争"现在优先于智力活动，"在这个重要的问题解决之前，必须在很大程度上忽略诗人的作品和学术书籍"。杂志的 1776 年 1 月号悄悄从"节选片段"栏目中去掉了"英国"字样，之后推了艾特肯出版的一部新的美国出版物，伯纳德·罗曼斯（Bernard Romans）的《简明东西佛罗里达自然史》（*A Concise Natural History of East and West-Florida*）。杂志的 1776 年 3 月号摘录了沃尔特·安德森的《法兰西史》（编号 121；第 141—143 页），1776 年 6 月号摘录了休谟的《英格兰史，都铎王朝时期》（编号 56；第 274—277 页）的很长一段，内容有关人类理解力和个人自由的成长，该书最初出版于 7 年前；但是《宾夕法尼亚杂志》促进苏格兰启蒙运动的出版文化的行动越来越少，到 7 月号就完全停刊了，成为美国独立战争的牺牲品。1775 年 1 月的第一期转载过托比亚斯·斯摩莱特的墓志铭（第 30 页），1776 年 7 月的最后一期不失时机地转载了斯摩莱特的《独立颂歌》（第 325—328 页），评注说"其中迸发的自由精神就连斯巴达或罗马的公民也不会不喜欢"（第 325 页）。

1777—1778 年，英国军队占领了费城，艾特肯进了监狱。以赛亚·托马斯认为那是因为他支持美国独立，实际上原因是格拉斯哥的罗伯特·邓肯和托马斯·邓肯委托他在美国经销他们的书籍和文具，但艾特肯没有支付销售款。⁶⁸然而在费城上流社会人士的眼里，艾特肯是一个正直的公民，与标新立异的罗伯特·贝尔十分不同。除了是教会长老，艾特肯还担任城市贫民观察员，并与威瑟斯庞一起成为圣安德鲁斯协会的成员，那个组织是由 25 个苏格兰人（包括书商戴维·霍尔）于 1749 年创立的，成员严格限定为苏格兰人及他们的子孙。⁶⁹1775 年，艾特肯曾经应邀印刷费城图书馆公司的一部分目录，在独立战争期间成为大陆会议的官方印刷者，并为美国哲学学会装订和印刷过书籍。在最后那个职位上，他于 1787 年给威瑟斯庞的女婿塞缪尔·斯坦诺普·史密斯（Samuel Stanhope Smith）印刷了一本小书，即《论不同人种的肤色和身材的多样性之起因》（An Essay on the Causes of the Variety of Complexion and Figure in the Human Species），就人类起源问题挑战凯姆斯的《人类历史纲要》；它还是一部与众不同的美国学术作品，先后于 1788 年和 1789 年在爱丁堡和伦敦重印。⁷⁰

随着战争结束，艾特肯试图重新做出版者，但是他的《圣经》造成的经济损失惨重，好像耗费了大量金钱，也消磨了他的创业精力。他倾向于谨慎行事，重印经过检验的可靠作品，比如切斯特菲尔德的《礼貌的规范》和格雷戈里的《一个父亲给女儿们的遗产》（都是在 1781 年）。但是 1784 年冬天，艾特肯最后一次尝试重印大型作品，推出了休·布莱尔的《修辞与纯文学讲稿》的第一个美国版本。这部作品最初是大型的两卷 4 开本，于 1783 年夏天在伦敦出版，出版者是斯特拉恩、卡德尔和克里奇，精装本每套零售价是 2 几尼，因而容易在别的地方用比较便宜的开本重印。1783 年晚些时候，都柏林的 14 个书商抢先行动，遵循已设立的爱尔兰出版业惯例，联合起来制作了三卷 8 开本，而原出版者 1785 年才发行伦敦版的三卷 8 开本。艾特肯采取了不同的方法，他没有缩小开本、增加卷数，而是保留了 4 开的规格，同时将卷数由两卷减少到一卷。为了把 4 开本的 1046 页文本压缩进仅有 454 页的 4 开本里面，必然要使用比伦敦版更小的字和更密的行距。他的版本从内部看着局促，但是可以比较便宜地运送给格拉斯哥的罗伯特·邓肯和约翰·布赖斯，其中有 200 套未装订，还有 24 套是硬纸板封面。⁷¹此外，对于艾特肯这样熟练的书籍装订者来说，外观精美可能也是 4 开本诱惑力的一部分：在费城自由图书馆中，艾特肯版的《修辞与纯文学讲稿》极其漂亮，用镀金的红色摩洛哥羊皮革装订，被认为是美国 18 世纪制作的最美的图书之一。[72]

布莱尔的《修辞与纯文学讲稿》于 1784 年出版，标志着罗伯特·艾特肯出版生涯的顶峰，也是他对美国借用苏格兰启蒙运动一事的最大贡献。1784 年以后，艾特肯继续前行，但是再也没有出版过大型作品。1784 年底，杰克逊和邓恩新开了一家书店，本杰明·拉什称它为"费城有史以来最大的书店"，这令艾特肯的店黯然失色。[73] 第二年，艾特肯接到一个订单，装订戴维·拉姆齐（David Ramsay）的新书《南卡罗来纳州革命史》（The History of the Revolution of South-Carolina），但是执行过程中遇到了困难，他解释说"由于交易上的亏损，我的财政状况很糟糕，我还没有拿到收益，债主就找来了"[74]。拉姆齐雇艾特肯印刷他的下一部作品《美国革命史》（The History of the American Revolution，1789）的时候说，"他是苏格兰人，所以肯定是通晓数国语言的文法学者"，然而结果令拉姆齐失望了，他认为艾特肯不称职，"或者是由于老年健忘，或者是因为其他什么原因"。"艾特肯几乎违背了印刷工作的所有正确准则，"拉姆齐这样告诉阿什贝尔·格林（Ashbel Green），"在我看来，印刷、拼写、油墨、行列的形式都很糟糕。"[75] 投资不慎和呆账让艾特肯晚节不保，1802 年 7 月 15 日去世时，他负债累累，把失败的生意留给女儿简去挽救。[76] 此前很久，美国出版业的领导权已经转移到费城的年轻一代移民手中，这些书商以贝尔和艾特肯的成就为基础，将美国的启蒙运动重印事业提升到了一个更高的水平。

＊＊＊

在 15 年时间里，罗伯特·贝尔和罗伯特·艾特肯彻底改变了美国的出版文化。特别是贝尔，他证明只要推行积极的营销策略，就能在美国大规模开展都柏林式的重印业。他在经济和文化意义上，把美国重印活动塑造成一种爱国行动，将出版者的角色定位成文化英雄，在感情和理智两方面充实顾客的生活。贝尔在青年时期对福音十分热诚，后来他的热情从宗教转向了出版文化，他在美国的使命是尽量让更多人相信启蒙文学和学术的真理。

在贝尔通过出版改进国家的计划中，苏格兰启蒙运动作品处于中心位置。他计划重印和实际重印的作品跨越了众多体裁，包括历史、哲学、医学、游记、小说、戏剧和诗歌。在大多数情况下，它们是不列颠的畅销书，并在爱尔兰重印过，不过贝尔也重印了一些不太畅销的苏格兰作品，只要他觉得有利于销售，就会毫不犹豫地改变标题和文本，或者增加一些适应美国背景的新素材。贝尔坚称，这些书不仅应该在美国得到阅读，而且应该在美国制造，从而改变了重印的性质，詹姆斯·格林称之为"脱离伦敦书业的独立宣言"[77]。这些产品既属于苏格兰启蒙运动，也属于美国启蒙运动。

第九章　费城，1784—1800年

—— "有用知识的更广泛传播"

横跨大西洋：凯里、多布森、扬和坎贝尔

1784年发生了许多事情，罗伯特·贝尔去世，罗伯特·艾特肯版的休·布莱尔的《修辞与纯文学讲稿》问世，杰克逊和邓恩的大型书店开张。同样也是在这一年，马修·凯里（1760—1839）、托马斯·多布森（1750—1823）和威廉·扬（1755—1829）来到了费城。独立战争结束以后，在很多欧洲人看来，美利坚合众国好像是一片拥有无限机会的繁荣之地，尤其是战争期间中断欧洲供应的经济领域，比如图书贸易。在1783年9月16日的一封信中，本杰明·拉什向威廉·卡伦解释说，战争期间几乎没有书从不列颠运到美国，"在每个方面我们都落后于您8年"[1]。在书籍的进口和重印方面，潜在市场第一次如此充满希望。除了经济方面的机会，新国家的宗教信仰自由环境，又有发展教派的可能性，同样吸引着虔信派成员（比如扬，他是苏格兰的反市民分离者），还有受压制的少数派宗教教徒（比如凯里，他是爱尔兰的天主教徒）。在一些事例中，尤其是凯里的事例中，美国相对开放的政治环境也同等重要。所有因素合在一起，促使苏格兰和爱尔兰的出版者大量移民美国，在18世纪晚期，他们主导了美国书业。这种现象在费城尤其明显，费城成为新共和国的文化和政治首都，也是一个代表种族和宗教多样性的中心。凯里、多布森、扬和罗伯特·坎贝尔（1769—1800）移民的理由各不相同，遇到的障碍各不相同，但都找到了克服的办法。到18世纪90年代早期，他们成为业内的领

军人物。

凯里是在走投无路的情况下移居费城的。[2]他在 1760 年出生于都柏林，是一个生意兴旺的面包店店主的儿子。他童年时受过伤，落得终生跛足，也因此养成了"如饥似渴的"阅读习惯，在父母不知道的情况下，从一家流通图书馆订阅图书（第 3 页）。15 岁时，他跟随都柏林书商和印刷者托马斯·麦克唐奈（Thomas McDonnel, 以前姓麦克丹尼尔［McDaniel］）做学徒，那时麦克唐奈的书店坐落在米斯街。凯里晚年写作了自传短文，虽然提到他的师傅时没有好话，但是他所信奉的天主教的行动主义和激进政治，可能都来源于他的师傅。[3]帕特里克·沃根向麦克唐奈委托过印刷工作，两人后来不欢而散，凯里的自传中把沃根描绘成"一个恶棍书商"，但是他可能也影响了凯里（第 3 页）。沃根是一个热诚的天主教徒权利活动家，敢于使用乔治·海（George Hay, 18 世纪苏格兰天主教的一位直言不讳的主教）的肖像作为他位于布里奇大街的书店的标志。[4]

同样重要的是，在凯里跟随麦克唐奈做学徒的时候，沃根开始在爱尔兰重印行业得势，后来他的名字出现在了 13 部苏格兰启蒙运动作品的第一版都柏林重印本里（参见表六）。在这段时期，麦克唐奈的书店可能也给其他都柏林书商印刷过文学和学术文本。至少，凯里曾经从威廉·斯波茨伍德（William Spotswood）那里学习过这类爱尔兰的重印。后者是都柏林的天主教徒、经验丰富的印刷者兼书商，在 18 世纪 70 年代晚期，参与重印过 3 部多卷本的苏格兰作品，内容涉及历史学和政治经济学（编号 172、186 和 203）。斯波茨伍德和凯里同一年移居费城，在美国的最初几年，这两个都柏林人合作密切。[5]这样看来，凯里从都柏林书业吸收的启蒙运动重印行业信息要比他后来透露的更多，也许连他自己都没有完全意识到。

1781 年秋天，凯里写了一个论战小册子，题目是"有必要立即废除针对天主教徒的全部刑事法典"。[6]费城图书馆公司有凯里私人珍藏的印刷好的部分副本，当时有个广告把那份副本和别的宣传材料装订在一起，上面显示出版者为 A. 约翰逊，销售代理商是帕特里克·沃根。[7]凯里亲笔写的另一个广告在自传中略有复述，他号召爱尔兰天主教徒效仿美国人，摆脱"不正义的英国枷锁"（第 4—5 页）。这种说法意味深长，因为这表示凯里在爱尔兰的态度和后来在美国时一样：为天主教徒的权利进行宗教斗争，为爱尔兰脱离英国统治进行政治斗争，两者是密切相关的。

　　凯里的小册子从来没有完整地印刷，也没有实际发行，但是那个"讨厌的广告"引发了一场骚乱（第 5 页）。为了避免被起诉，凯里匆忙逃往法国，在本杰明·富兰克林位于帕西的印刷所和小迪多（Didot）位于巴黎的印刷所工作了几个月。事情平息以后，凯里于 1783 年初回到都柏林，出钱从麦克唐奈那里买断了他剩下的学徒期。他成为《自由人日报》的编辑，然后在他父亲的资助下，与弟弟托马斯合伙创办了一份充满爱国热情的新报纸《志愿者日报》（ Volunteer's Journal ）。从 1783 年冬天到 1784 年春天，该报针对"我们与不列颠的紧张关系"发表长篇议论，暗示爱尔兰下议院议长通敌叛国，即使不被绞死，也应该接受严厉惩罚。[8] 凯里遭到逮捕与审问，在伦敦的新门监狱关了一段时间之后，在指控罪名尚未确定期间依法获得释放。然后他在自己的报纸上发表了一篇愤怒的记述，控诉他刚入狱时遭受的虐待，都柏林的一家杂志随即转载文章，还附带了一幅版画，标题是《马修·凯里先生的回忆报告》，画中凯里拿着《志愿者日报》大胆反抗。[9] 此后不久，凯里乔装成女人，勉强躲过诉讼，乘坐"美国"号远航去了费城，他是 11 月 1 日抵达的。根据他的记述，他选择开往费城而非纽约或巴尔的摩的船，是因为他听说费城的报刊报道了"我经历的压迫"（第 9 页），因而更有机会在那里受到同情和支持。

　　凯里是对的。他身上只有几英镑，很快得到了拉法耶特侯爵（Marquis de Lafayette）的接见。拉法耶特侯爵看过他在爱尔兰受迫害的报道，表现得非常热情，主动给他 400 美元作为礼物，让他可以创办一份报纸。凯里一直记得，这个"最不一般和出乎意料的情况……改变了我的意图，给我的思考指引了新的方向，在某种程度上，照亮了我未来的人生道路"（第 10 页）。[10] 当然，拉法耶特对一个素不相识的人慷慨解囊，肯定是带有政治意图的：侯爵个人致力于美国的自由事业，这份礼物是对这个梦想的投资。

　　凯里行动迅速，尽快将新得到的资金投入使用。事实证明，印刷设备在美国十分短缺，购买起来有困难，1784 年 12 月，他不得不花掉拉法耶特的礼物的三分之一，买下了一台年久失修的旧印刷机。具有讽刺意味的是，这

544

台印刷机以前属于"一个名叫贝尔的苏格兰书商兼印刷者"，"不久前去世了"（第 11 页）。[11]1785 年 1 月底，凯里、斯波茨伍德和克里斯托弗·塔尔博特（Christopher Talbot）一起发行了短命的报纸《宾夕法尼亚晚间先驱报》（*Pennsylvania Evening Herald*）。塔尔博特也是一个爱尔兰的天主教徒书商，于 1784 年移民到费城。第二年，凯里、斯波茨伍德和塔尔博特与另外 3 个合伙人联手，创办了美国早期最重要的期刊之一《哥伦比亚杂志》（*Columbian Magazine*）。第一期杂志刊登了凯里自己的 4 篇文章，其中《美国梦》一文细述了他所幻想的 1850 年的美国，到了那时，教师将拿到可观的薪水，奴隶将不复存在。凯里不久就离开了《哥伦比亚杂志》，1787 年 1 月，他创办了自己的新杂志《美国博物馆》（*American Museum*），新杂志经营到了 1792 年底，影响力持续了 6 年。在这段时间里，凯里结了婚，逐步开始了书籍出版者生涯，最初是在前街，生意兴旺之后，又搬到了市场街。[12]

凯里在自传中强调，他在 18 世纪 90 年代初，"为了救济来自爱尔兰的移民"，参与建立了爱尔兰人社团（第 29 页）。其他爱尔兰书商也有参与进来，社团宗旨是强化爱尔兰人在费城的文化认同，行动方式和服务于苏格兰移民的圣安德鲁斯协会类似。1797 年，费城又成立了一个更有争议的组织，即美国爱尔兰人联合会，可是凯里没有提到他与这个组织的关系。他总是否认与这个革命团体有任何牵连，它的一些主要拥护者谩骂攻击乔治·华盛顿，凯里强调自己反对这种做法，从而淡化了他的激进主义倾向，但是现在人们一致认为，凯里（以及他的兄弟詹姆斯）不仅是爱尔兰人联合会的成员，而且是领导者之一。[13]凯里移居美国 7 年之后，爱尔兰人联合会才在他的故乡建立，但是他的师傅、他的兄弟威廉，还有与他志趣相投的大多数朋友都是早期成员，那么凯里自己同情哪一边，几乎就没有悬念了。就我们的目的来说，与他有关的人里面，最重要的是都柏林的激进书商兼印刷者约翰·钱伯斯，我们在第七章中谈过他，此人雄心勃勃，重印了威廉·格思里的《地理》。凯里后来认定，是钱伯斯印刷了他的天主教徒权利小册子，让他第一次引起了爱尔兰官方的注意。[14]

凯里是仓皇逃往美国的。与他相反，托马斯·多布森是经过仔细计划才移民的。[15]多布森于 1750 年 5 月出生于加拉希尔斯，在爱丁堡的一家书店做职员，书店主人是来自苏格兰边境地区的书商查尔斯·艾略特。多布森在那工作了 7 年，其间结婚并有了一个孩子，他每年的薪水仍然只有 26 英镑。在34 岁那年，他遇到了一个难得的机会，艾略特派他去费城销售书籍。1784 年秋天，多布森坐上"安"号，从格拉斯哥的主要大西洋港口格林诺克出发，随船带着艾略特的价值大约 2000 英镑的书和其他货物。随后，还有书被运往美国。第二年 4 月，艾略特给多布森的妻子安排了"亚历山大"号的舱位，旁边舱位的乘客有牧师蒙特罗斯的查尔斯·尼斯比特（Charles Nisbet，他取道去宾夕法尼亚州的卡莱尔创办迪金森学院，并担任校长），还有多布森的母亲与她的同伴，后者是一个虔诚的爱丁堡书籍装订者，名为塞缪尔·坎贝尔（Samuel Campbell）。统舱的乘客有一个打算到多布森家工作的女仆，还有塞缪尔·坎贝尔 19 岁的儿子小塞缪尔，他装运了适量的书籍，他以前的师傅、爱丁堡书商约翰·贝尔委托他在纽约销售。

由于完全信任多布森，艾略特愚蠢地没有签订正式合同，甚至指示多布森，可以假装那些书是他的个人财产，以免冒犯他们的同胞威廉·杰克逊（就是杰克逊和邓恩书店的主人）和其他与艾略特直接有生意往来的美国客户。根据艾略特的协议，每做成一笔生意，多布森可以从中拿到 25%，其余的钱要寄到爱丁堡交给艾略特。然而多布森利用了艾略特的货物及其保密状态，自己做起了费城的独立书商和出版者。起初是在 1785 年 2 月，他在前街开了一家书店，又在春天搬到了第二街的一个更好的地方；最后在 1788 年 1 月，他拥有了令人印象深刻的新家和新书店，地址还是在第二街，据说在 18 世纪的费城，那是唯一一座精美的石质建筑。[16]艾略特晚年凄凉，1790 年 1 月去世的时候，多布森拖欠的债务已经达到 3691 英镑。最后艾略特的继承人威胁要采取法律行动，才迫使多布森于 1801—1805 年还清债务（总计 6457 英镑）。那个时候，多布森已经成为一位杰出的美国书商和出版者。

威廉·扬去费城的经历迥然不同。1755 年 5 月，扬出生于艾尔郡的基尔马诺克地区，那里离格拉斯哥不远。他父亲是一个只有初等文化的农民，与母亲艾格尼丝·华莱士（Agnes Wallace）生了 4 个孩子。扬 4 岁的时候，母亲死于难产，后来父亲又与艾格尼丝的妹妹伊丽莎白生了 6 个孩子。根据威廉·扬的一个后裔未出版的传记，14 岁以前他读过文法学校，父亲发现他喜

546

547　欢书，就送他去印刷师傅约翰·麦卡洛克（John M'Culloch）手下做学徒。[17]
学徒期结束之后，扬决定从事严格的分离派（被称为反市民教派）的教士职业，
他的家人和麦卡洛克都属于这个教派。但是即使是反市民教派也相当重视现
世教育，规定所有男孩在担任神职之前都要读大学。因此在 1776 年，格拉斯
哥大学的威廉·理查森教授录取了扬，学校离他家只有几英里。[18] 当时扬 21
岁，比大多数同学年长七八岁，能够靠着在出版业工作养活自己，特别是给
罗伯特·艾特肯以前的合作者约翰·布赖斯（约 1717—1786）打工，布赖斯
是格拉斯哥的重要福音派出版者，也是反市民教派的长老。[19]

　　理查森是人文学科的教授，除了跟他学习拉丁文之外，扬应该还学过乔
治·扬（George Young）的希腊文、乔治·贾丁（George Jardine）的逻辑学、
约翰·安德森的自然哲学，其中最重要的是托马斯·里德的道德哲学——
这群杰出的教师，会让 18 世纪晚期任一所大学引以为荣。[20]1779—1780 年
学年，扬是安德森课堂上的模范生，根据他的表现，安德森在一封推荐信
中称他为"一个值得培养的年轻人，一个专心勤奋的学生"[21]。在师傅麦
卡洛克的书店里，扬遇到了一名虔诚的年轻女子，她叫艾格尼丝·麦克罗斯
（Agnes McLaws，1754—1793），是麦卡洛克的外甥女兼小姨。[22] 他俩结婚了，
1780 年，艾格尼丝生下了他们的第一个孩子。根据扬在妻子死后所写的记述，
548　他们的婚姻非常幸福，这对夫妻"从来没有在任何信仰问题上产生过分歧；
我们的精神就好像是两根各自点燃的柴火，密切地并拢在一起，迸发出明亮
的火焰"[23]。随着家庭人数增加，经济压力变大，扬开始在格拉斯哥大学任教，
从而第一次能够在经济上自给自足。[24]扬好像给大学预科的学生讲授过所有
课程，有迹象表明他是个称职的教师。[25]

　　在斯特灵附近的阿洛厄，小威廉·蒙克里夫（Jr. William Moncrieff）牧
师开设了一个反市民教派的神学班，1781 年参加的学生有 13 人，扬是其中
之一。[26] 在完成两三年的培训以后，他离开了神学院，在一家印刷厂从事全
职工作，可能是受雇于布赖斯。他没有背弃或者偏离过信仰，终其一生都是
虔诚的分离派信徒。扬的人生转机来自约翰·麦卡洛克的一封信，后者与扬
的师傅同名同姓，似乎是他的儿子或者侄子，因而也是扬的妻子艾格尼丝的
嫡亲兄弟。麦卡洛克出生于 1754 年，比扬年长一岁，跟随布赖斯做过印刷学徒，

在 1774 年移居到美国，正好赶上独立战争，为美国独立而战斗。[27] 当时他发出邀请，让扬到新建立的美国找他：

> 你为什么不到费城来呢？美国赢得了独立，肯定要站稳脚跟。它需要很多东西，其中就有熟练而聪明的印刷者。我们这里需要你。战争期间没有书从英格兰运送过来，现在非常缺书。你不妨尽量收集书籍，带过来开一家书店。当书店盈利的时候，你就可以扩展业务，从事印刷和出版。你要趁着这个伟大的新国家刚起步就过来，我会尽我所能帮助你。现在，机遇就在等着你。你来的时候请写信告诉我。[28]

收到这封信之后，扬的妻子不愿意离开苏格兰，不过扬说服了她，开始计划移居美国。依靠在格拉斯哥的印刷厂的全职工作，他攒下了坐船的钱，还购买了准备在美国销售的书。

扬一家预订了船票，1784 年 3 月底，"友谊"号从格林诺克出发，途经贝尔法斯特驶往费城。扬告诉过一些亲戚朋友，他打算移民，即使如此，他的突然离开还是惊动了家族。[29] 扬一家不是在统舱，而是在比较豪华的特别二等舱，船票价格是每人 8 几尼，他们的小儿子另收 1 几尼，另外他们携带的书和其他货物有 7 个货柜，每立方英尺要支付 15 便士。他们自己带着食物，包括咸肉干、果蔬干、饼干、做粥的燕麦、产蛋的母鸡，甚至还有一头奶牛。彼得·斯图尔特（Peter Stewart）与他们同行，他是小麦卡洛克推荐的苏格兰印刷者。经过两个多月的艰苦航行，他们在 1784 年 6 月 27 日抵达费城。

早前到美国的苏格兰人建立起了一个有组织的支持网络，这个网络让扬受益良多。抵达新家园两年之后，他加入了费城的圣安德鲁斯协会，1789 年，他和罗伯特·艾特肯（他从 1774 年起就是成员）都载入了那个组织的"荣誉名册"。[30] 与来自苏格兰和北爱尔兰的许多分离派移民一样，扬和家人也加入了反市民教派或联合长老会。现存的他在美国最先收到的信件上，收信人写着神学院学生威廉·扬先生，由费城的牧师马歇尔先生转交[31]，此外至少有一封 1785 年 4 月的信，标明由罗伯特·艾特肯转交。马歇尔牧师魅力非凡、偶尔爱发脾气，他所在的反市民教会位于云杉街，那里通常被人称作苏格兰

549

550

教会或者苏格兰长老会。他也是圣安德鲁斯协会的成员，终生保留着浓厚的法夫郡口音。[32] 扬与艾特肯、麦卡洛克（他后来写了马歇尔的传记）一样[33]，一直与马歇尔保持密切的关系，直到后者于 1802 年去世。马歇尔是本杰明·拉什的至交，拉什在自传里把他描写成"一位知识渊博的神学家、受人尊敬的基督徒、做事有条理的传道者、最有教益和让人愉快的伙伴"[34]。拉什承认在他建立医疗诊所的过程中，马歇尔起了重要作用，"几乎把教会里的每个家庭"都介绍到了诊所（第 80—81 页），因此扬与拉什在文学和职业方面结交的过程中，马歇尔也有可能是中间人。

　　虽然马歇尔、麦卡洛克，乃至所有苏格兰分离派教徒都坚决支持美国革命，但是他们的教会隶属于一个国外的团体——爱丁堡的反市民教派或联合总会（于 1788 年改名为全体联合总会），这种情况在战争期间使他们处于不利境地，最终导致了教会分裂。1782 年，美国大部分的反市民教派牧师和会众经过选择，与分离派的对手教派（市民教派）和美国的改革宗长老会（誓约派）联盟，组成了一个独立的美国宗教新团体，名为联合改革会，以联合改革总会为首。然而马歇尔和另一位牧师拒绝加入联盟。他们仍然忠于苏格兰的反市民总会，继续自称联合长老会。结果，马歇尔及其追随者被主张联盟的长老挡在了自己的教堂之外。1784 年，扬抵达费城的时候，马歇尔和费城剩下的反市民教派会众在学院礼堂做礼拜。会众人数很少而且大都贫穷，有"苏格兰人和很少的爱尔兰人"，其文化传统仍然以教义和神学为中心。[35] 刚来美国一两年，扬就追随艾特肯和麦卡洛克的脚步，成为马歇尔的会众中的一名长老。又过了几年，他负责建造教堂，1790 年让马歇尔及其会众在胡桃街的联合长老会教堂拥有了新的容身之处。

　　扬依照麦卡洛克原来的建议，先集中精力销售从不列颠进口的书籍。除了他自己带来的书籍之外，他还从伦敦的连襟威廉·麦克罗斯（至少在舰队街与约翰·默里做过一次交易）和其他代购人那里购书，随着时间的推移，他逐渐直接从伦敦、都柏林和格拉斯哥的供应商那里购书。[36] 在费城方面，协助他的是同为反市民者的印刷者，有麦卡洛克和艾特肯，还有扬后来的好朋友托马斯·多布森。[37] 同时，通过格林诺克的内兄约翰·麦克罗斯和格拉斯哥的业务代理罗伯特·加洛韦（Robert Galloway），他积极从事跨大西洋商

品贸易，比如靛蓝类染料、焦油、松节油、大麦和干酪。他的生意大体上还
算成功，早在 1784 年 9 月，他和威廉·马歇尔就购置过大量土地。[38] 1785 年
初，神学院的一个老同学写信给他："请回信告诉我，你真的每年挣到 300 英
镑吗？如果真是这样，我们最好全都离开苏格兰算了，我们现在如果每年挣
到 30 英镑，就觉得自己过得不错了。"[39]

　　根据麦卡洛克的计划，扬下一步是要把业务扩展到印刷和出版领域。
1785 年春天，扬花费 17 英镑 8 先令 6 便士，购置了印刷材料和一台印刷机，
印刷机是格拉斯哥的约翰·威尔逊公司制造的，代购者是苏格兰的一个反市
民教派朋友。[40] 约翰·布赖斯添置了铅字，制造商是亚历山大·威尔逊的格
拉斯哥铸字公司，价格为 70 英镑 14 先令 11 便士，比印刷机和配件昂贵得多。
这些物资全部在格林诺克交给约翰·麦克罗斯，于 5 月份装上"亚历山大"
号运往美国。[41] 扬利用人脉，既能低价买到高质量的苏格兰印刷设备，又能
把这批货物的总价（加上运输和保险的费用，一共是 88 英镑 3 先令 5 便士）
记在格林诺克的内兄的账上，再用从美国运回去的商品抵付账款。[42]

　　来到费城的最初几个月，扬购买和销售书籍及其他货物，不过好像没有
自己的店铺。然而在 1785 年 1 月 5 日的《自由人日报》上，扬和艾特肯联名
刊登了一则广告，将他的地址写成第三街的"金色天鹅旁"；那年春天（4 月
14 日和 5 月 2 日），他宣布在栗树街新开一家"书籍和文具商店"，经营各类
主要的古典教育和宗教作品。在 1785 年 8 月 10 日发行的《宾夕法尼亚周刊》
上，扬和多布森联名发布了一则广告，表明这家书店可能位于第三街后的栗
树街 7 号。[43] 从那年暮春开始，扬与多布森展开合作，同时准备与彼得·斯
图尔特和约翰·麦卡洛克形成正式的合作关系。9 月，扬、斯图尔特和麦卡
洛克开始合伙经营，着手重印了科林·麦克劳林的兄弟约翰的《基督十字架
之荣耀》(Glorying in the Cross of Christ)，那是一部 18 世纪苏格兰的经典的
福音派传道书。"我相信你会顺利的，"约翰·布赖斯在 4 月份听说三人的合
伙计划时写道，"因为你结交了两个非常谨慎又聪明的伙伴。在你接触的人里
面，约翰·麦卡洛克是最好的伙伴。"[44] 1786 年，扬在栗树街和第二街的拐角
处新买了房产，他们的合伙公司搬了过去，扬在那里安家落户并继续做生意，
有时单独经营，有时合伙。直到 1801 年，为了集中精力打理特拉华州的洛克

兰的造纸工厂，他把书店卖给了威廉·伍德沃德（William Woodward）。

作为书商、印刷者和出版者，扬和多布森的地位迅速提升，速度之快引人注目。1787 年 3 月，本杰明·拉什告诉他在爱丁堡的老朋友威廉·克里奇："多布森先生，以及一位来自格拉斯哥的扬先生取得了成功，他们今后会赚大钱。恐怕没有人能在这一行里挑战他们。"[45]4 年之后，拉什称多布森的书店是"我们城里最适合文人的休闲场所"[46]。扬的成功给人的印象更加深刻，因为据我所知，没有查尔斯·艾略特或者拉法耶特侯爵那样的恩主给他提供大量现货或者资金，尽管在大西洋两岸，有事业心的苏格兰朋友和亲人组成一个网络，给过他相当多的援助。1790 年夏天，扬的存货价值 1500 标准英镑，他还买下了合伙人的股份，在写给苏格兰内兄的信中，他解释了这么做的原因："我自己的生意要比整个公司的好得多。"[47]他的商店拥有 3 台印刷机和大量库存的铅字[48]，应该有能力在美国从事大规模的定期重印项目。就像 1787 年 3 月拉什对克里奇所说的，当时重印"在我们国家的书籍贸易中，是最有利可图的方式"。

18 世纪晚期，费城出版业的第四个主要人物是罗伯特·坎贝尔。他也是苏格兰人，1769 年 4 月出生于爱丁堡。我们已经谈过他的父亲老塞缪尔·坎贝尔（1736—1813）和他的哥哥小塞缪尔·坎贝尔（1765—1829），1785 年春天，托马斯·多布森的妻子乘船去美国的时候，他们是同行的旅客。同年春天，罗伯特刚满 16 岁，似乎还留在苏格兰，可能是追随他的哥哥，在约翰·贝尔的书店里打工。不过他移民费城的时间应该在 1789 年之前，因为威廉·卡伦的《药物学专论》（编号 281）美国版在这一年出版，他的名字出现在了出版者信息中。两年以后，坎贝尔发行了一大批书籍和文具，供第二街的一家书店销售[49]，那儿距离威廉·扬的书店不远。那批书籍包含一些美国版本（包括 23 种"以罗伯特·坎贝尔的名义印刷的书籍"），但是不列颠版本占绝大多数，还有大量苏格兰版本，书籍品种异常多，内容范围特别广，这表明坎贝尔与他的哥哥塞缪尔和托马斯·多布森一样，有爱丁堡书商给他大量供货。在之后的 10 年间，坎贝尔从威廉·克里奇那里收到了一些书籍。由于货款难收，克里奇向他的美国代理商抱怨说："美国方面的生意麻烦不断，总是延误，这真的让在不列颠经商的人很不愿意接订单。"[50]

554

坎贝尔的崛起好像流星。1795 年 2 月，他还不到 25 岁，就自夸说他书店的商品"在这个城市曾经公开出售的书籍之中，是数量最多、种类最齐全的"[51]。那年晚些时候，他把书店搬到了第二街 40 号，一个更大的地方。[52]坎贝尔的哥哥塞缪尔已经是纽约的重要书商和出版者，他与人合伙做出版，比如同为苏格兰移民书商的托马斯·艾伦，我们在上一章简单地提过他。[53]罗伯特随后安置在了费城，于是坎贝尔兄弟能够进行城际合作，而且合作起来比大部分出版者更加有效。扬、多布森、凯里等人于 1791 年建立了费城印刷者和书商行会，目的是减少竞争、增进费城出版从业者的协作，但是罗伯特·坎贝尔拒绝加入，除了他喜欢低价竞争之外，正如罗莎琳德·雷默所说，坎贝尔兄弟的合作可能也是一个因素。[54]凯里的代理商梅森·洛克·威姆斯（Mason Locke Weems）说，罗伯特·坎贝尔好比伦敦的詹姆斯·拉金顿，是靠"廉价"取胜的。[55]

然而坎贝尔的书商生涯还有一面，它涉及重印启蒙运动作品，那些作品经常是苏格兰人所著，而且并不便宜。就这方面的产量而言，坎贝尔的表现不像是一个与费城出版界的重要人物不和的"异类"，而是他们的一员。18世纪晚期的费城与都柏林的情形类似，苏格兰启蒙运动作品只占所有重印书籍的很少一部分。然而那些作品的印制数量很大，而且囊括了大多数最重要的大型重印版本。从出版发起人的角度来说，作品牵涉最大的风险和费用，但从对美国精神生活的影响来说，远超作品本身所占的比例。

移民书商与苏格兰学术作品

托马斯·多布森与《不列颠百科全书》

1770 年，罗伯特·贝尔把重印苏格兰启蒙运动作品的传统引进到美国，不过在独立战争之后，重印传统没有马上突显出来。在 1787 年以前，本章的4 位主角都没有重印过苏格兰启蒙运动作品，直到多布森推出了詹姆斯·贝蒂的两部作品（编号 92 和 258）。1788 年，威廉·扬的合伙人彼得·斯图尔特联合出版了罗伯特·彭斯诗集的第一个美国版本（编号 260）。同一年，威廉·斯波茨伍德在费城出版了《莎士比亚的一些奇特戏剧角色的哲学分析和阐释》（编号 166），该书的作者威廉·理查森是扬以前在格拉斯哥大学时的拉丁文导师；费城的另一位书商约瑟夫·科鲁夏克（Joseph Crukshank）重印了弗朗西斯·哈奇森的《道德哲学入门》（编号 3）。同样在 1788 年，威廉·卡伦的《医药原理》（*Institutions of Medicine*，编号 146）在波士顿出版。不过纵观 18 世纪晚期的美国出版物，没有迹象表明苏格兰作者的作品在重印业中占据了特殊地位，在美国盗用苏格兰启蒙运动作品方面，坎贝尔、凯里、多布森和扬的成绩也比不上罗伯特·贝尔和罗伯特·艾特肯以前的成就。

到了 1789 年，所有情况急剧变化。3 月的最后一天，托马斯·多布森发布了在美国重印《不列颠百科全书》第三版（编号 139）的计划——该书那时正在爱丁堡出版[56]，从 1790 年 1 月开始，美国版的第一卷开始每周出现一册。多布森应该已经很熟悉《不列颠百科全书》的第二版（1778—1784），因为他在查尔斯·艾略特手下工作的时候，艾略特是该版的联合出版者和销售商。[57] 但是在爱丁堡的书店里给别人做销售员，肯定不同于在费城自己动手重印一部带插图的大型百科全书。此外，第三版全套共有十八卷，爱丁堡版本在 1788—1797 年陆续问世，费城版本在 1790—1798 年陆续出现（图 9.1），总之比第二版的篇幅大得多——把补遗的部分计算在内，是第二版的 2 倍多，《百科全书补遗》（*Supplement*）分为三卷，由多布森在 1800—1803 年重印。仅仅铜版版画的数量就令人震惊，按原计划，多布森估计是"大约 400 幅"，最后却多达 600 幅（包括补遗的部分）。所需的纸张数量也很庞大，估计印刷 2000 册需要 7200 令的纸张（第 108 页）。

这是一次非常有抱负的努力，与此同时，詹姆斯·穆尔也即将在都柏林开始印刷这部作品（参见第七章）。多布森与穆尔一样，这次不是要制造廉价的仿制品；他的计划强调，将使用特级纸张和新的铅字，铅字由费城的贝恩公司专门提供。多布森的认购推销目标是"美利坚合众国所有热爱科学和文学的人们"（第 30 页，多布森语），这种启蒙和爱国的出版，正沿袭了罗伯特·贝尔在独立战争之前带到美国的传统。遗憾的是，这部作品本身从来没有附带完整的认购名单，名单似乎也没有留存下来。1789 年 12 月，多布森开始印刷第一个版本的时候，至少有 246 名认购者，不过最后的人

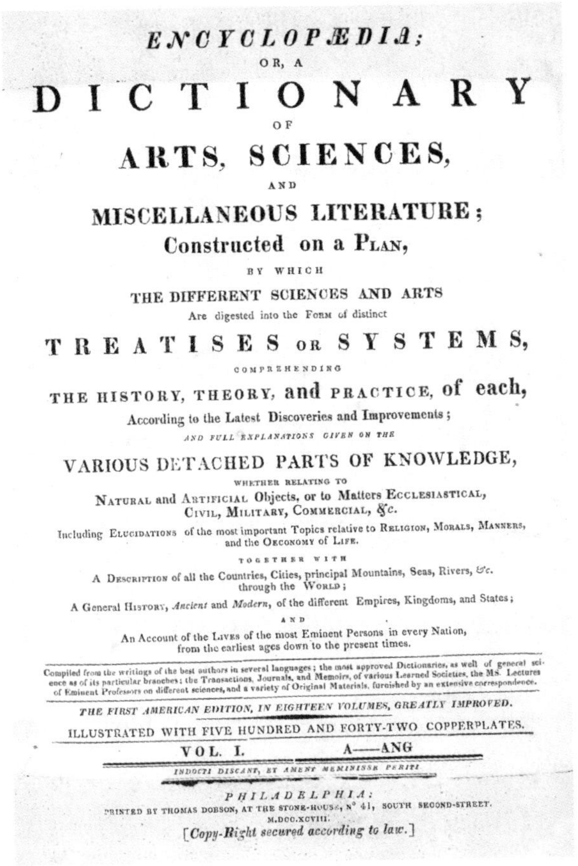

ENCYCLOPÆDIA;
OR, A
DICTIONARY
OF
ARTS, SCIENCES,
AND
MISCELLANEOUS LITERATURE;
Constructed on a PLAN,
BY WHICH
THE DIFFERENT SCIENCES AND ARTS
Are digested into the FORM of distinct
TREATISES OR SYSTEMS,
COMPREHENDING
THE HISTORY, THEORY, and PRACTICE, of each,
According to the Latest Discoveries and Improvements;
AND FULL EXPLANATIONS GIVEN ON THE
VARIOUS DETACHED PARTS OF KNOWLEDGE,
WHETHER RELATING TO
NATURAL and ARTIFICIAL Objects, or to Matters ECCLESIASTICAL,
CIVIL, MILITARY, COMMERCIAL, &c.
Including ELUCIDATIONS of the most important Topics relative to RELIGION, MORALS, MANNERS,
and the OECONOMY of LIFE.
TOGETHER WITH
A DESCRIPTION of all the Countries, Cities, principal Mountains, Seas, Rivers, &c.
through the WORLD;
A General HISTORY, Ancient and Modern, of the different Empires, Kingdoms, and States;
AND
An Account of the Lives of the most Eminent Persons in every Nation,
from the earliest ages down to the present times.
Compiled from the writings of the best authors in several languages; the most approved Dictionaries, as well of general science as of its particular branches; the Transactions, Journals, and Memoirs, of various Learned Societies, the MS. Lectures of Eminent Professors on different sciences, and a variety of Original Materials, furnished by an extensive correspondence.
THE FIRST AMERICAN EDITION, IN EIGHTEEN VOLUMES, GREATLY IMPROVED.
ILLUSTRATED WITH FIVE HUNDRED AND FORTY-TWO COPPERPLATES.
VOL. I.　　A—ANG
INDOCTI DISCANT, ET AMENT MEMINISSE PERITI
PHILADELPHIA:
PRINTED BY THOMAS DOBSON, AT THE STONE-HOUSE, N° 41, SOUTH SECOND-STREET.
M.DCC.XCVIII.
[Copy-Right secured according to law.]

图 9.1　苏格兰移民托马斯·多布森重印了全套十八卷、带有大量插图的《不列颠百科全书》第三版，并按照自己的设计调整内容，改换标题，从而将美国重印业提升到了一个新水平。这里展示的是第一卷的扉页，日期为 1798 年。（布朗大学约翰·卡特·布朗图书馆）

数一定更多。1790 年 4 月 8 日，多布森通告说，由于需求量大，需要将印数加倍——从 1000 册增加到 2000 册，这表示认购者人数最终达到了 1500 人以上，其中有乔治·华盛顿、托马斯·杰斐逊、本杰明·富兰克林等知名人士（第 48 页）。[58] 罗伯特·阿纳（Robert Arner）表明，多布森以众多书商为中心，建立了一个认购和销售的网络，出版者信息中有他们的名字（第 27—44 页）。费城一栏的前 3 个名字是多布森自己、威廉·扬和罗伯特·坎贝尔，而纽约的出版者以塞缪尔·坎贝尔和托马斯·艾伦为首。其他认购代理人分布于马萨诸塞州的波士顿和伍斯特（以赛亚·托马斯），特拉华州的威尔明顿，马里兰州的巴尔的摩和安纳波利斯，弗吉尼亚州的弗雷德里克斯堡、诺福克和里士满，北卡罗来纳州的威尔明顿，南卡罗来纳州的查尔斯顿。顺理成章，有些书商应该会按照标准数量折扣订购多种版本，再高价转售给没有订购的顾客。为了配合认购者的经济状况，并按照滚动循环制得到收益，多布森采用三种形式发行作品：每周一册（有 40 页）、半卷和全卷。该书硬纸板封面的版本每卷 5 宾夕法尼亚美元，定价相当于爱丁堡版本的 1 几尼。但是美国人如果从不列颠进口书籍，就必须支付额外的费用，这样费城版的售价就比爱丁堡版低 15%，多布森也拥有了价格优势（第 32 页）。

　　多布森原来打算不做明显改动，直接重印爱丁堡版本。他大抵是这么做的，但是在美国版推出的时候，重写了某些与地方或者国家利益有关的文章。为了改写，多布森雇用的最重要的作家是杰迪代亚·莫尔斯（Jedidiah Morse），他的畅销作品《美国地理》（*American Geography*，1789）收录于爱丁堡版本。[59] 莫尔斯是一位虔诚的牧师，几乎像信仰救世主那样相信美国是一个自由的国度；他基本没有增加有关美国的地理描绘，但是对历史描述的改动相当多。[60] 在关于费城的部分，多布森的《不列颠百科全书》也利用了本地出版物，包括马修·凯里对于 1793 年的黄热病疫情的记述。然而除了这些独特的美国文章，从总体效果来说，多布森的《不列颠百科全书》在宣传美国的同时也宣传了苏格兰。第七章说过，《不列颠百科全书》第三版有大量篇幅介绍苏格兰，美国版本全文复制了。与此类似，《不列颠百科全书》第三版和《百科全书补遗》第一版出现了苏格兰启蒙运动作者的数十篇传记，多布森也全部收录了[61]，而且没有增加美国人物的新传记。苏格兰作者的这么多篇传记出现在多布森的《不列颠百科全书》中，促进和鼓励了他们作品的重印本这段时期在美国大量出现。

　　至于书籍生产技术方面，多布森打算突显自己是爱国的，只雇用美国工匠，只使用美国的纸张、铅字、雕版和其他材料。大致上说，他也做到了，但是由于 1793 年 9 月的一场火灾，加上其他意外事故，他有时也必须变通。不过我们要记住，所谓美国制造的产品，实际上经常是由外国出生的移民生产的，在这个过程中，苏格兰人再次起到了与其人数不相称的重大作用。举例来说，贝恩铸字公司建立了美国的铸字业，提供了多布森版《不列颠百科全书》前几卷所使用的大部分铅字，而公司领导是两个苏格兰人——约翰·贝恩和他同名同姓的孙子——他们是受威廉·扬的鼓动才在 1787 年来到费城的。[62] 与此类似，在多布森的《不列颠百科全书》和《百科全书补遗》中，阿纳辨认出至少有 18 名"美国"雕刻师参与工作，其中最多产和最重要的是苏格兰出生的人：罗伯特·斯科特（Robert Scot）、塞缪尔·阿勒代斯（Samuel Allardice）、约翰·瓦兰斯（John Vallance）和亚历山大·劳森（Alexander Lawson）（第六章和附录 B）。所以说，多布森的美国版《不列颠百科全书》是一件苏格兰作品，或者是主要由苏格兰人完成的作品，这么说不仅是因为它来源于苏格兰并由一个苏格兰移民重印，而且是因为苏格兰移民控制了当地的发行渠道和工艺技术。

对多布森来说，《不列颠百科全书》不是苏格兰启蒙运动重印业中孤立的插曲。在该书第一卷问世之前，多布森已经制作了三卷本的亚当·斯密的《国富论》。他的版本采用 12 开而不是 8 开印刷，从而能够在 1790 年 1 月 13 日的《宾夕法尼亚水星报》（Pennsylvania Mercury）上刊登广告说，该书"使用特级纸张和上好的铅字印刷，嵌字和装订精美"，但是"售价还不到进口伦敦［8 开］版本的一半"（第 12 页）。然而，我们不该被 12 开的规格误导。在 1784 年推出第三版时，斯密把《国富论》扩写成了一部大书，而且美国版的出现是美国出版业的一个重大发展。1796 年，多布森发现有必要再次重印这部作品，这个事实表明 1789 年版本很畅销。同时也证实了阿纳的推测的可靠性，阿纳猜测，多布森通过重印其他作品赚到资金，将多布森的名字与大型出版物联系起来，并证明学术作品在美国有市场，从而支持推出《不列颠百科全书》的美国版（第 12 页）。1790 年，多布森继续利用苏格兰学术作品，出版了约翰·布朗的《医学原理》（编号 273）、亚历山大·汉密尔顿的《产科学理论和实践概述》（编号 242）、乔治·坎贝尔的《论奇迹》（编号 72），还有本杰明·拉什的《悼念威廉·卡伦博士之颂文》（*An Eulogium in Honour of the Late Dr. William Cullen*）。

然而《不列颠百科全书》仍是多布森的最大成就。在出版完成一年之后，约瑟夫·约翰逊从伦敦来信说：

　　重印苏格兰人的百科全书是一个耗资巨大的工程，迄今为止，无疑你完成了这项任务，也肯定达到了你的目标。我对你的工作表示赞赏，不过确实非常有必要改善和削减经费。你的印刷事业突飞猛进，看上去不久之后，你就不需要从伦敦书商那里进货了，而是直接取得作者的作品，可以用半克朗或者一个几尼进口一本样书！假如我们能以同样简单的条件获得版权，那将是多么令人高兴的生意啊！[63]

关于《不列颠百科全书》本身的成绩，约翰逊对多布森表现出敬意，除此以外，这个段落显示，英国书商逐渐意识到，经过大规模的重印，美国书商正在逐步摆脱伦敦书业。这段话还温和地提醒，美国人享有相当大的优势，是因为他们不必向英国作者支付版税。既然在国际版权的问题上，美国《1790年版权法》没有明文规定，而爱尔兰重印行业又将被纳入英国版权法律的管辖范围，那么美国书商就能够继续扩展重印业务而不受惩罚，他们确实这样做了。

威廉·扬与常识哲学

多布森开始出版《不列颠百科全书》的时候，其他美国书商也在执行各自的大规模的苏格兰出版项目。1789年，塞缪尔·坎贝尔用两小卷的形式重印了《闲人》（编号270），又与纽约的合伙人罗伯特·霍奇（Robert Hodge）和托马斯·艾伦联手，再加上他21岁的弟弟罗伯特·坎贝尔以及费城的约瑟夫·科鲁夏克，一起出版了威廉·卡伦的两卷《药物学专论》（编号281）。第二年，塞缪尔·坎贝尔与纽约的合伙人一起出版了约翰·穆尔的《泽卢科》（编号284），还有休·布莱尔的《传道书》（编号188）的第一卷，后者的出版者信息显示，罗伯特·坎贝尔是费城的销售代理商。1791年，《传道书》前两卷一起面世，联合出版者是马修·凯里（与詹姆斯·H.斯图尔特短暂地合作过）[64]和威廉·斯波茨伍德。同一年，年轻的罗伯特·坎贝尔推出了威廉·斯梅利的《自然史哲学》（编号292）第一卷，那是500页的8开本，也是他第一次独自出版的重要作品。

1792年，威廉·扬参与角逐。过去数年，扬重印了少量英国经典作品，例如弥尔顿的《失乐园》(*Paradise Lost*, 1787, 与约瑟夫·詹姆斯合作)和《复乐园》(*Paradise Regained*, 1790)，还有一些流行的教育作品、参考书和报告。[65] 早在 1790 年，扬就开始在美国传播苏格兰启蒙运动，他从威廉·斯波茨伍德那里买下了《哥伦比亚杂志》。[66] 杂志易主的标志是标题改成了《万国庇护所与哥伦比亚杂志》(*Universal Asylum, and Columbian Magazine*)，还出现了一个可能是编造的声明，说该杂志是由一个"绅士协会"发行的。1790 年 3 月，《万国庇护所与哥伦比亚杂志》（以下简称《万国庇护所》）开始出现，所有迹象表明，从那时起威廉·扬就完全控制了该杂志，包括从印刷到编辑的各个方面。[67]

扬的《万国庇护所》第一期中，首先收录了亚当·斯密的《道德情操论》的三节内容，摘录了休·布莱尔的《莪相诗歌评鉴》（包括将莪相与荷马进行比较的章节），以及一首莪相诗歌的"原创"译文，并承诺下期再刊登一首莪相诗歌的"原创"译文（确实也做到了）。[68]《道德情操论》的那三节内容摘自第四部分第一章，标题是"论效用的表现赋予一切艺术品的美，兼论这种美的广泛影响"，其中有亚当·斯密的著名术语"看不见的手"，这个术语只在全书中出现过一次。但是该杂志悄悄删掉了一句话，这句话称赞了"一位富有独创性、受人欢迎的哲学家，他既有极为深刻的思想，又有非常简洁的表达能力。他具有非凡而又巧妙的天赋，不仅能用最精确而明晰的语言，而且能以最生动的口才来探讨最深奥的课题"[69]。那位哲学家就是斯密的好朋友大卫·休谟，扬删掉这句赞美的话及其下文，显示了他对苏格兰思想的态度。

《万国庇护所》于 1792 年底停止发行。在此之前，它推广了很多苏格兰作者和作品。例如它摘录过詹姆斯·贝蒂的道德哲学和本杰明·贝尔的《外科系统》，还在头版评论过本杰明·拉什的《悼念威廉·卡伦博士之颂文》，附有对卡伦的苏格兰对手约翰·布朗博士的苛评。拉什经常给《万国庇护所》投稿，他肯定有所影响。通过拉什，苏格兰启蒙思想和基督教教义混合在一起，扬显然觉得那种方式很有吸引力。[70]

我们或许可以认为，拉什对《万国庇护所》的突出影响也体现出扬热衷于推进刚刚起步的美国启蒙运动。1790 年 6 月号引入了一个新专栏，标题是"对

563

近期美国出版物的中立评论"，据说这是新大陆首次出现这类栏目（虽然我们在第八章中看到，就在独立战争前夕，罗伯特·艾特肯的《宾夕法尼亚杂志》也在往那个方向摸索）。栏目开篇评论了戴维·拉姆齐的《美国革命史》，该书于 1789 年分两卷出版，"由 R. 艾特肯父子印刷和销售"。实际上，对该新书评论栏的总体介绍比书评本身更加重要，介绍可能是扬亲自撰写的，或者至少是经过扬的授权而写作的。开头赞美了在"制造品和实用技艺"方面，"合众国越来越强大"，"农业、商业和制造业"已经开始有完美表现，接着推测说，如果"通过有用知识的更广泛传播"，"科学"能够达到同样的完善程度，那么就可以期待美国变得更加伟大（第 372 页）。

564

　　谈到有用知识的传播时，扬的意思不仅仅是从欧洲引进知识。与此相反，他是指开启美国本土的启蒙运动。"在与不列颠的艰苦斗争结束数年以后，我们终于开始意识到，我们只是在名义上独立了，"他写道，"我们穿的衣服要进口，我们阅读的书也要进口，很难说我们享受着独立和自由。"如果美国人不满足于只是"没有主见地模仿外国的礼貌、时尚和恶习"，就需要转变印刷业（第 372 页）。扬主张说，在苏格兰启蒙运动的传统中，这种转变已经发生，表现为渐趋复杂而成熟的四个阶段，就是从进口书籍到重印次要作品，再到重印重要作品，最终出版本国作者的新作品的系列过程：

> 　　这不是一两天能办到的。举例来说，在文学方面，尽管我们有许多书商，但是印刷者却很少；也不足以激励我们的作者在国内出版作品——他们被迫从外国寻求鼓励。但情况在逐渐改善；我们的印刷者首先冒险再版教科书，诸如此类的低价出版物需求量最大；接着进一步再版更有名气的作品，近年来，他们在美国重印了一些优秀的英文作品。无论如何，最近我们终于能够出版原创作品。这样我们就有了一个好的起点，我们相信每个美国公民都准备鼓励本国天才的作品。（第 372—373 页）

　　事后来看，扬的梦想是不切实际的。1790 年，美国作者的新作品还很少见，像拉姆齐的著作那样具有启蒙视野和内容的作品就更加稀有了。[71] 在创作和生产的双重意义上，扬希望开启一个学术书的新时代，但是无论希望有多么强烈，他的目标还是无法在那个时代实现。虽然扬是一个雄心勃勃的印刷者和书商，他本人仍旧处于他所说的第三阶段，即重印英国和欧洲大陆的主要作品，尤其是苏格兰启蒙运动作品。就这类作品而言，他重印的第一部是威廉·罗伯逊的《关于古人对印度的了解的历史探究》（编号 299）的 8 开本，该书于 1791 年 6 月初在伦敦面世。《万国庇护所》整版刊登了一则广告，公布了美国版的认购计划，价格只有 10 先令，据说比伦敦版 4 开本在美国的售价便宜 60%。在杂志 1791 年 10 月号上（第 219—225 页），首篇文章是很长的摘要，题目为《罗伯逊对于印度的社会阶层的区别、职业的分化以及政党构成方式的记述》，在 11 月号和 12 月号上还有较短的摘要。1792 年 1 月号宣布该书出版，零售价格定为 11 先令 3 便士，硬纸板封面版本是 1.5 美元（后来涨到了 1.75 美元）。扬的版本是 420 页的大部头，书中没有认购名单。罗伯逊是苏格兰教会"优势派"的著名领导者，分离派认为，"优势派"造成了苏格兰加尔文派的神圣传统的堕落。扬坚定地致力于分离派的事业，信奉其最传统的教义，却将罗伯逊的作品引进到美国，这个事实颇有讽刺意味。

565

从 1792 年到 1793 年，对于苏格兰启蒙运动在美国的传播，扬做出了自己的最大贡献，重印了 3 部主要的苏格兰哲学作品。在《万国庇护所》的 1791 年 4 月号上，第一次有迹象暗示扬对哲学主题有兴趣，头版特别刊载了本杰明·拉什的一篇文章，标题是《关于常识的思考》。"一位忠实读者"的介绍说明，早在 2 月 18 日，这篇文章就在美国哲学学会宣读过，但是因为其形而上学主题，学会的会报没有收录。在《论人的理智能力》中，托马斯·里德对常识做过阐释，拉什的主要论点就是提出异议，主张应该将常识定义为大多数人在一定的时间和环境中的看法，而不是（拉什所认为的里德的意思）最基本的推理能力。不过拉什以里德为出发点，不仅广泛引用里德的说法，而且专门用了整整一个段落说他"极度缺乏自信"，无法反对"出自那位绅士笔下的任何东西，他的著作曾经让我得到那么多快乐和教益，多年以来一直有许多无意义的东西使形而上学晦涩难懂，他为消除那些垃圾做过大量贡献"（第 211—215 页）。

一年以后，1792 年 5 月号的《万国庇护所》宣布，托马斯·里德的《论

566　人的理智能力》和《论人的行动能力》（编号 255 和 275）将在美国推出合订本，用两大卷 8 开本印刷，定价 4 美元，相比之下，都柏林版是 6 美元，伦敦版的单行本是 12 美元。很明显，扬是在模仿都柏林的重印者帕特里克·伯恩和约翰·米利肯，1790 年他们也推出过这两部作品的集成版本，采用的是三卷 8 开本。都柏林版每卷 2 美元，进口书还要额外付费，但是扬实际上没有提价，而是把卷数从三卷减少到两卷，从而使总成本降低了三分之一。

这部作品的巨大规模让人印象深刻。扬的版本由大约 1200 页 8 开纸构成，不同于当时在美国重印的其他大型学术作品，它不是认购出版的。1792 年 12 月号的《万国庇护所》整版刊登了一则广告（图 9.2），宣告该书“刚刚出版”，但是出版者信息上写着 1793 年；因此从扬宣布付印开始，至少用了 6 个月才完成生产。与该书扉页的内容一样，广告突出了作者的身份，称他为“格拉斯哥大学的道德哲学教授”。其中有很长一个段落说明作者和作品，称“这部作品的重要性举世公认”。广告赞美里德，说他在道德哲学领域所起的作用，就相当于牛顿和科普作家詹姆斯·弗格森在自然哲学领域所起的作用：他们使各自的领域摆脱过去的专政和混乱，使哲学实践有可能变得“不仅有用，而且令人愉快，更加安全地指引最重要的研究”。广告还称赞里德常识哲学是反对休谟式怀疑主义的堡垒，而在文学艺术和基督教价值观的教育方面，常识哲学也是新国家的理想基础，这种观念在美国的知识分子和神学家中间越567　来越普遍。[72] 此外，随着法国大革命进入最激进的阶段，法国无神论传播开来，常识哲学的吸引力也可能与之相关。

随后，扬几乎立刻着手重印了另一部苏格兰常识哲学大作，杜格尔德·斯图尔特的《人类心灵哲学原理》（编号 309）。该书的伦敦版 4 开本刚在 1792 年出版，零售价格是 1 英镑 5 先令。1793 年，扬在费城推出了 500 页的 8 开本，价格远低于英国版本。即使如此，由于既没有读者认购的安全网，也失去了流行杂志的优势（从 1792 年 12 月号起，《万国庇护所》已停止发行），不能做广告宣传最新的出版物，这仍然是一次极大的冒险。里德与斯图尔特的作品之间的连续性是毋庸置疑的。我们在第二章看到，里德的《论人的理智能力》开头是一段献给杜格尔德·斯图尔特和詹姆斯·格雷戈里的题词，题词很长而且思想极其开明，扬把题词放到了他的里德作品的集成版前面（图 9.3）。

JUST PUBLISHED,

By WILLIAM YOUNG, Bookseller, No. 52, Second-street,
the Corner of Chesnut-street,

In two large 8vo. vols. neatly bound, price 4 dollars,

E S S A Y S

ON THE

INTELLECTUAL AND ACTIVE

POWERS OF MAN.

By THOMAS REID, D.D. F.R.S. Edinburgh,

PROFESSOR OF MORAL PHILOSOPHY
IN THE UNIVERSITY OF GLASGOW.

IT would be improper for the publisher to mention any thing, re-
specting the literary talents of an author, so generally known and
esteemed. Nor does it appear necessary to request attention, to pe-
ruse a work, whose importance is universally acknowledged. Those
who have read the ancient systems, and these volumes, will readily
perceive, that the knowledge of philosophy, advances from a state of
infancy, towards maturity; nor will it appear too much, when it is said,
that Dr. REID has divested moral science, from that veil under which
for so many ages it has been concealed, by ambiguous words and the
jargon of the schools. Thus he has acted that friendly part to
moral science, which the ingenious Newton and Ferguson did to na-
tural philosophy; their united and skilful efforts, render philoso-
phy, not only an useful, but a pleasant exercise, and a more safe intro-
duction to the most important studies.—It is impracticable to insert
the lengthy reviews of this work, and to give a part, would be un-
friendly to the author and reviewers.

POCKET BIBLE.

Just Published by WILLIAM YOUNG, Bookseller,

THE FIRST AMERICAN EDITION of the BIBLE 18mo. ei-
ther with or without Psalms, bound in one or two vols. to suit
the buyer.

The generous encouragement of the public to former publications,
gave the publisher the greatest satisfaction; at the same time, he be-
lieves the present edition will claim a preference to any imported at the
same rate.—Price per dozen without psalms, 75s; Ditto with psalms, 78s.
Five per cent discount for cash.

T O

MR. DUGALD STEWART,

LATELY

PROFESSOR OF MATHEMATICS

NOW

PROFESSOR OF MORAL PHILOSOPHY,

AND

DR. JAMES GREGORY,

PROFESSOR OF THE THEORY OF PHYSIC,

In the University of Edinburgh.

MY DEAR FRIENDS,

I KNOW not to whom I can address these
Essays with more propriety than to You;
not only on account of a friendship begun in
early life on your part, though in old age on
mine, and in one of you I may say heredita-
ry; nor yet on account of that correspondence
in our literary pursuits and amusements,
which has always given me so great pleasure;
but because, if these Essays have any merit,
you have a considerable share in it, having
not only encouraged me to hope that they
may be useful, but favoured me with your ob-
servations on every part of them, both before
they were sent to the Press and while they
were under it.

I have

图 9.2 和 9.3 1792 年 12 月的《万国庇护所与哥伦比亚杂志》（左图）宣布了威廉·扬将在费城出版托马斯·里德完整版的《论人的理智能力》（1793）的消息。广告特意从《论人的理智能力》中复制出里德给杜格尔德·斯图尔特和詹姆斯·格雷戈里的长篇献词（右图），借此，扬的这版《论人的理智能力》不仅在美国推广了苏格兰常识哲学，还普及了苏格兰思想，让人们知道苏格兰是一片热爱知识的宽容之地。（《万国庇护所与哥伦比亚杂志》：APS 在线；献词：华盛顿与李大学）

斯图尔特的《人类心灵哲学原理》开头是献给里德的题词，在这本书后面，扬放了一则出版物的广告，其中他出版的里德作品处在显要位置。

1793 年，扬印刷和出版的里德和斯图尔特的常识哲学作品总共有 1700 页 8 开纸。这是一个巨大成就，为常识哲学征服美国高等教育打下了基础。我们不知道每部作品的印数究竟是多少，但是好像全都在一两年之内销售出去了。[73] 在有关苏格兰启蒙运动及其影响的流行分析中，阿瑟·赫尔曼使用了"远程控制"这个生动的说法，描述了杜格尔德·斯图尔特的哲学学说成为几代美国人的"标准指南"的机制。[74] 他的意思是，斯图尔特与移民的约翰·威瑟斯庞不同，没有亲自去过美国，但是他的哲学传到了美国。然而事实上，主要是有血有肉的书商在北美传播杜格尔德·斯图尔特以及其他苏格兰人的思想，他们的做法是有选择地进口、重印和推广某部作品。在这种情况下，威廉·扬的作用是将苏格兰常识哲学转换成一种商品，不但可以在美国购买和使用，而且确实可以重制。

568　　　在费城历史上，人们记住 1793 年，不是因为威廉·扬重印了里德和斯图尔特的主要作品，而是因为黄热病的第一次大流行。[75] 这种致命疾病横扫全城，
570　扬的全家都生病了，据说他本人病了两次，"第二次比第一次更严重"。在组织市民共度危机的过程中，马修·凯里和约翰·麦卡洛克发挥了积极作用 [76]，根据凯里后来记述，扬病得很严重，12 月，朋友查尔斯·尼斯比特告诉他，"你恐怕活不长了"[77]。扬康复了，公开把他的好运归功于医生本杰明·拉什给他的清泻药物，但是他的妻子艾格尼丝于 1793 年 9 月 22 日去世，埋葬在胡桃街教堂的院子里，那座教堂是扬在两年前帮助建造的。[78] 丧妻之痛让扬一蹶不振。直至 1795 年 2 月，拉什仍在写信安慰他，说"即使上帝降下打击，让我们意识到自己有多么脆弱，他仍然不会撤回神的恩惠"[79]。虽然我们很难确知妻子过世对他的事业有多大影响，但是对于重印和推广启蒙运动作品，扬再也没有表现出和以前一样的热情。不久他的兴趣转移，开始关注位于特拉华州洛克兰的造纸厂。1802 年，他再次结婚，全家搬到了那里的新居，那座漂亮的房子至今还在。在这段时期的一幅肖像上，他是一个穿着时髦衣服的商人，拿着一份文件而不是一本书（图 9.4）。

　　扬的宗教信仰从来没有动摇过。威廉·伍德沃德接手了他位于栗树街和第二街转角处的书店，出版了托马斯·斯科特注释的《圣经》第一卷的第一个美国版本。1804 年，扬写信对他说，"我希望［栗树街和第二街的书店］会［成为］美国加尔文主义出版物的商业中心，如果这个愿望能够实现，我会无比满足"，因而"我数千次许愿，上天能启示我自我救赎的方式，由此成为上帝幸福的子民"。[80] 扬属于苏格兰长老会的分离派，一方面拥有耗费他大量时间和精力的信仰，一方面又坚守对国家的承诺，与前辈和同行罗伯特·艾

图 9.4 这是 19 世纪初的肖像，画家不明，画中的威廉·扬看上去 50 岁左右，更像是一位富裕的特拉华州实业家，而不是过去的那个积极进取的费城书商和出版者。（宾夕法尼亚历史协会）

特肯相似，他在这两方面似乎没有经历过矛盾冲突；他不仅希望容许，而且积极推广与苏格兰作者相关的古典教育，比如罗伯逊、里德、斯图尔特、斯密和卡伦这样的历史学家、哲学家和医生。 571

马修·凯里与格思里的《地理》

1793 年夏天，费城发生了黄热病疫情，此前不久，威廉·扬联合托马斯·多布森、马修·凯里、威廉·斯波茨伍德，还有费城的两家售书公司，重印了威廉·巴肯的《家用医疗》（编号 115），那是 18 世纪晚期在美国出现的众多版本之一。1772 年，罗伯特·艾特肯推出了第一个美国版本，从那时起，《家用医疗》就一直能保证销量，在大西洋两岸的英语国家，它是家庭医药护理的圣经，在欧洲大陆的许多国家也是如此。不过 8 开本近 800 页的体量意味着相当大的投资，因此联合出版是减轻负担的一种手段。这项事业还有两家公司参与，公司负责人分别是费城出生的贵格会教徒约瑟夫·科鲁夏克，以 572 及亨利·赖斯和帕特里克·赖斯——他们是爱尔兰移民，也是著名的都柏林书商约翰·赖斯的兄弟，我们在第七章讨论过约翰的重印事业。[81] 当费城对黄热病束手无策的时候，斯波茨伍德好像已经移居波士顿，不过这些书商组成了一个松散的出版同盟核心，从 1792 年到 1796 年，他们至少重印了 8 部作品，包括埃德蒙·伯克的《反思法国大革命》，亚历山大·蒲柏的《伊利亚特》译本和几种教科书，还有海伦·玛丽亚·威廉姆斯（Helen Maria Williams）的争议之作《概述法国政治的书信集》(*Letters containing a Sketch of the Politics of France*)。不过这个团体最具抱负的工程，是在 1793 年推出的《家用医疗》。

当时威廉·巴肯已经在伦敦生活了一段时间，但是在美国重印的《家用医疗》的扉页上，作者身份仍然是"威廉·巴肯，医学博士／爱丁堡皇家内科医学院研究员"。我们知道，在伦敦和爱丁堡出版的书中，这种代表作者权威的身份标识十分常见，在都柏林和美国的重印版本中，也几乎从来不会省略或删减。特别是在医学领域，这种标识与以学术闻名的国家和城市的知名机构联系起来，从而建立起作者的威信。对于美国的重印者、读者和消费者而言，它们起到了品牌的功能，提升了苏格兰作品的地位。它们也帮助我们回答了安德鲁·胡克提出的一个重要问题：18 世纪的美国人是否理解，某些书是特殊的苏格兰智力运动的产物，而不仅仅是概念模糊的"英国或者欧洲"作品的一部分。[82] 他们怎么可能没注意到呢？

费城印刷者和书商行会于 1791 年 7 月 4 日成立，十有八九，1793 年版的《家用医疗》，还有其他不具名的联合出版物都是行会出版的。[83] 如果是这样，那么 1796 年马修·凯里在一则单面印刷的大幅广告中提到的"一部有价值的作品"很可能就是《家用医疗》，当时他离开了行会，部分原因是行会的重印作品可供选择的余地太少。[84] 那时凯里非常冒险，由于大量进口商品，加上出版规划过度激进，结果负债累累。[85] 他在自传中解释说："假如我把印刷和出版的规模限制在恰当范围，而不是让利息和手续费耗光了资产，那么我就可以用现金支付纸张和印刷费用，得到相当多的贴现利息，特别是在纸张方面。但是由于我的愚蠢，用一句普通却意味深长的俗话来说，结果就是'一支蜡烛两头烧'。"（第 43 页）随后他谈了最大的败笔，那是两个出版计划，詹姆斯·格林称之为那个时代的"几乎前所未有的出版冒险"[86]：一是威廉·格思里的《地理》的两卷 4 开本（1794—1795；编号 130），附带一套地图集；一是奥利弗·戈德史密斯的《地球与动物世界史》的四卷 8 开本（1795），内有大量插图。

凯里版本的《地理》值得详加讨论。1788 年秋天，约翰·钱伯斯写信给凯里，谈到他在都柏林印刷的格思里作品的 4 开本。凯里在回信中称他为"我亲爱的朋友"，说"得知你要出版格思里的作品，我很欣喜"，"我也很高兴你公正地对待我们备受毁谤的岛国。只要是心怀国家荣誉的爱尔兰人，都会无比认同这个工作"。[87] 第二年，凯里收到了钱伯斯版本的 1 册样书，他表示感谢并评述说："在你的书中，爱尔兰和爱尔兰人的形象栩栩如生、熠熠生辉，一定会让这部作品及其编者受到每个爱国的爱尔兰人的喜爱。"[88] 钱伯斯曾经希望，在都柏林为美国读者重印他的版本。但是凯里另有主意，到了 1792 年夏天，他告诉朋友说，自己有意在费城重印这部作品，并询问钱伯斯能否给他印模。[89]

凯里决定全力以赴。与钱伯斯一样，他重印了该作品昂贵的 4 开版本，标题为《现代地理学的新系统》。他也利用了认购宣传和每周发行一期的方式，以便减轻财政压力。凯里为了把费用分散到更长的周期，还把这一版分成两大卷单独出版，第一卷在 1794 年冬天推出（图 9.5），第二卷在 1795 年春天推出。认购者订购了 1250 册，可是他不满足于这个印数，乐观地多印了 1 倍。[90] 硬纸板封面版本的认购价格是每套 12 美元，如果全部售出，这个版本的总收入就会相当可观，达到 30000 美元。[91] 然而出版费用大大地削减了凯里的利润。这部作品按周发行，由于他误算了完成作品所需的期数，结果从 49 期到 56 期是免费提供给认购者的。钱伯斯显然没有把模版给凯里，仅仅是地图的雕版，凯里就花费了 5000 美元，还要加上付给编者的 1000 美元报酬和几千美元的纸张成本。[92] 他本来在经营一家有 8 名雇员的印刷店，由于印刷店分散精力而且费用太大，在第一卷和第二卷推出期间，凯里卖掉了印刷店，以便专心从事出版。[93] 此外，凯里在 18 世纪 90 年代中期的产量很多，格思里的作品只占了不到一半。[94] 在推出第一卷之后不久，凯里就告诉钱伯斯，他的生意险些破产，但是现在差不多脱险了。为了证明他当前的"经营状况良好"，他列了若干正在印刷的作品，作者大多数是苏格兰的。[95]

我们在前文看到，18 世纪 60 年代晚期，鉴于那时对苏格兰地理的描述"错误极多"，约翰·诺克斯已经整理了格思里的《地理》第一版。约翰·钱

574

575

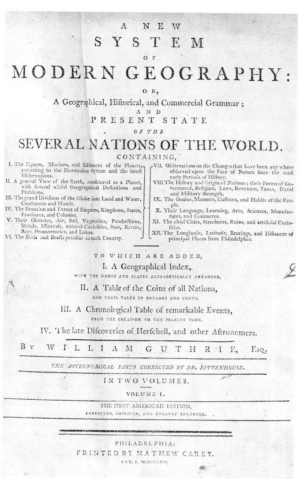

图 9.5　马修·凯里雄心勃勃，采用 4 开本出版格思里的《地理》(1794—1795)，主要是为了改变人们对爱尔兰，特别是对美国的认知。这张图是第一卷的扉页，宣称这个版本经过了"修正、改进和大幅度扩充"。(华盛顿与李大学)

伯斯也受到激发，为了从更好的角度介绍爱尔兰，自己制作了都柏林版的《地理》。凯里受到了同样的鼓舞，主要是希望在第一卷中减少对英国（或者英格兰）的偏袒，在第二卷中提供关于美国的更好的讨论。为了推广自己的修订本，在第一卷的"美国编者序言"里面，凯里无情地批评了原作品。他指责说，托马斯·萨蒙（Thomas Salmon）的地理学著作一度流行，"尽管在许多方面都是一部更加出色的作品"，却因为"伦敦的主要书商"不惜一切代价地联合推销格思里，已经不再受欢迎了（第 3 页）。这不大可能是真的[96]，不过当凯里说到格思里的作品是"经过精确计算，以贬低其他所有人种为代价，来奉承迎合英格兰人最显而易见的偏见"（第 3 页）时，他是比较接近真相的。有关英格兰的文章占据了该书五分之一的篇幅，这个事实激怒了他。为了证明格思里偏袒"英格兰人"，凯里引用并嘲弄了一段关于英格兰的叙述，"一个受过教育、能够阅读的英格兰人"，就是"世界上最有修养的绅士"（第 8 页），虽然这段叙述的本意只是介绍和说明英格兰人对待学术的态度。很明显，凯里在爱尔兰的个人经历让他十分憎恶英格兰的统治，这影响了他的看法。

　　凯里认为，对于美国读者来说，钱伯斯版的《地理》关于爱尔兰的文章太长了，正如在该书的英国版本中，关于爱尔兰的报道太少了。凯里争取采用介于"对手的两种出版物"的"中间路线"（第 4 页），在 4 开本第一卷里专门用了 56 页描述爱尔兰。有关苏格兰的文章同样被扩充了，不过只有 50 页（加上叙述群岛地区的 5 页），仍然比爱尔兰的篇幅略短。有关英格兰的内容为 129 页，删减了三分之一以上；即使如此，他还是在序言里感叹，对英格兰的介绍"依旧不成比例地长"（第 9 页）。为了给法国大革命的最新消息留出位置，有关法国的文章从原来所在的第一卷移动到了第二卷末尾，不过仍然只占了 57 页。然而有关美国的文章从 39 页增加到了 357 页，占了第二卷的一半以上，这主要应该归功于杰迪代亚·莫尔斯撰写的新内容。正是在这里，凯里看到有机会做出他最大的贡献。在印刷第二卷之前，凯里写信给该书的伦敦出版者乔治·罗宾逊，提出一个方案，要额外增加一卷 8 开本，专门介绍美国的情况，还附带美国的全国地图。"我相当有信心，在英格兰可以卖出 2000 套，"他写道，"条件是让有名望的书商承担业务，以便防止哪个同行盗版。"凯里承诺使用优质纸张，定出合理的价格，还有"适当的佣金"，还在信封里装了他的 4 开本的印张和纸张样本。[97] 但是罗宾逊似乎没有兴趣，于是凯里没有印刷过关于美国的 8 开单行本，尽管他单独发行了美国地图，1795 年的作品名为《凯里的美国地图册》（*Carey's American Atlas*），1796 年的作品名为《凯里的美国袖珍地图册》（*Carey's American Pocket Atlas*）。[98]

　　凯里改变了分配给各个"国家"的篇幅份额——在他的版本的标题中，有意使用了"国家"一词，替换了传统的"王国"一词——但是与钱伯斯一样，他想做的远远不止于此。尤其是在有关爱尔兰的文章中，他采用的文本更倾向于批判英国霸权主义，旨在对抗伦敦版的英格兰中心主义基调。在第一卷

576

的序言中，他谈到自己的版本中描述爱尔兰历史的部分增加了 16 页，"这是伦敦编者不愿意、爱尔兰编者不敢写出来的。请享受生活在一个自由国家的宝贵益处吧，在这里可以大声说出事实真相，不用恐惧或犹豫；我们坦率地谈论国家、政治家和国王，即使是在英国新闻界的最好时代，他们的作者也不敢追求这样的权利"（第 4 页）。凯里有关爱尔兰的文章笔调尖锐，带有反英情绪，从中可以看出凯里自己的影子。他还尖锐地批评了大卫·休谟，说他的《英格兰史》扭曲了爱尔兰史（第 365、391—394 页），凯里在后来为爱尔兰史所写的辩护中也持此论调。[99] 文章时常提及"英格兰的专制统治"（第 404 页），不列颠统治之下的"暴政枷锁"（第 410 页），还有爱尔兰天主教徒常常遭受"基督教会的掠夺"而感到"压抑和绝望"（第 409 页）。还说爱尔兰下议院"与英格兰的一样，按照荒唐而堕落的准则组成"（第 407 页），它的选举制度如同"闹剧"一般不值一提（第 411 页）。凯里直接照搬了钱伯斯的都柏林版中用于讨论爱尔兰志愿军的语言，以及给予天主教徒选举权的想法："基于自由的真正原则，建立一套开放自主的体制，对于自由和改革的盟友来说，这是值得一试的办法。"（第 408 页）他称赞爱尔兰人联合会抓住了这个原则，反对"英国与国内的专制统治"（第 411 页）。文章结尾措辞严厉地谴责说，英法战争导致爱尔兰境内"普遍破产"，"没有经过爱尔兰人的同意，就把他们卷入战争，而且是没有利益关系的战争，这种事情以前经常发生，爱尔兰向英格兰臣服带来的是灾难。在长达 500 年的时间里，这种臣服的目的是要造福于岛国居民，让他们和苍穹之下所有国家一样幸福，但也是岛国最可怕的祸害"（第 411 页）。

有关英格兰和苏格兰的文章经过了类似的处理，几乎可以确定是由激进派苏格兰移民詹姆斯·汤姆森·卡伦德撰写的，凯里雇他帮助修订文本。[100] 尽管卡伦德的懒惰和表里不一让凯里绝望[101]，但是私人感情没有妨碍他支持卡伦德的政治见解。《不列颠政治进程》（ *The Political Progress of Britain* ）表达了反英立场，是卡伦德最强硬的声明，1796 年凯里再版了那部作品，放在一卷题为《小册子精选》（ *Select Pamphlets* ）的杂集开头。1792 年，卡伦德的作品在爱丁堡出版过第一部分，由于他的作品，英国官方准备逮捕和起诉他，为了躲避追捕，第二年卡伦德移居到了费城，比凯里晚 9 年。[102] 在凯里的版本里面，完全可以看出他对卡伦德的经历的共鸣。有关英格兰的文章的结尾提到，英国政府对"作者、印刷者、书商、改革团体的会长以及其他人"提起过"数以百计的诉讼"，仅仅因为他们积极响应托马斯·潘恩的《人的权利》和法国大革命，在爱丁堡和伦敦，政府"为了警告人民"而进行的种种压制，凯里称之为"闹剧"（第 347 页）。[103] 有关苏格兰的文章的结论段落带有更加明显的自传色彩：

> 近来苏格兰多次尝试激起人民的革新精神。围绕政治问题，各种报纸和小册子上出现了十分大胆而巧妙的讨论；另一方面，政府针对作者、印刷者和书商发起了无数次诉讼。最近在下议院的一次演说中，谢里登先生评论说，在英国政府里面，苏格兰人民的影响力差不多就相当于西伯利亚矿工在俄国政府中的影响力。这个比较绝对公正；不过当前的不满会带来什么样的结局，只有时间能够确定。（第 218—219 页）

就这样，凯里出版了格思里的《地理》。这个版本改变了约翰·诺克斯那改良的辉格党气质，增添了一些激进和有争议的精神。

在第一卷的序言里，凯里正确地注意到，"从外表看，格思里的作品是在不同的时间、由不同的作家写出来的"（第 10 页）。在提到某些明显大量借用格思里的《地理》却没有署名的作品时，凯里断言："这个版本的改动和增补非常多，比起那些实际上抄袭篡改格思里的文章却以新名字发表的著作，它更有资格称得上是原创作品。"（第 10 页）考虑到凯里为他的版本花费的劳力和金钱，这种自吹自擂也是可以理解的，但是这在两个方面误导了读者。首先，在凯里的版本里面，1792 年伦敦版本的原文有多少未经改动，或者几乎完整无缺？这段叙述掩饰了这个问题。其次，凯里的断言假设存在作者格思里所写的真正的原文。然而据我们所知，这样的原文根本不存在。从 1770 年的第一版开始，出版者就只是利用了格思里的名字，他只是挂名的作者，至少肯定是夸大了他的作用；较晚的版本中所做的改动，其实是诺克斯在这部书出现之前就已经开始的工作，诺克斯以及随后的出版者只不过是继续了这个过程。凯里做出了自己的"改进"，却在扉页上保留了招牌短语"威廉·格思里先生著"，沿用了英国书商凸显作者身份的传统，并对传统进行了美国式的改造。福柯的"作者功能"概念很少得到过如此有力的阐释。

凯里版的格思里的《地理》有很多作用。就我们的目的而言，它的一个重要作用就是将一幅清晰可辨的 18 世纪苏格兰智力成就的图景传遍了美国。在某种程度上，这幅图景一直是格思里作品的特色。伦敦版有关苏格兰的文章记录道，爱丁堡大学"拥有数个学术部门的优秀教授；在医术的每个部分，它的学院都可以与欧洲的任何学校媲美"，文章还单独指出并赞美了苏格兰启蒙运动先驱的一些工作，比如内科医生亚历山大·门罗、威廉·斯梅利和罗伯特·怀特，数学家科林·麦克劳林和罗伯特·西姆森，最重要的是辉格党 – 长老会的道德哲学领袖弗朗西斯·哈奇森，文章说"对于所有愿意了解自己的职责，或者希望履行职责的人"，他的著作都"值得阅读"。[104] 与英格兰不同，苏格兰无疑是一个有学问的国家。[105]

凯里的版本更进一步。有关英格兰的文章引用了亚当·斯密的《国富论》，其中说到苏格兰的大学相对于英格兰的大学的优越性（第 244 页）。在有关苏格兰的文章中，有一页高度赞扬了 18 世纪苏格兰的精神生活（图 9.6）。

582 介绍苏格兰道德家的部分，则称赞了哈奇森以及阿伯丁的詹姆斯·贝蒂，格拉斯哥的托马斯·里德，特别是爱丁堡的杜格尔德·斯图尔特，说他的《人类心灵哲学原理》"是我们阅读过的书里最令人喜爱和有教益的作品之一"（第 192 页）。同一个段落将大卫·休谟和威廉·罗伯逊与"古代或现代最著名的历史学家"进行了比较（第 192 页），并将威廉·卡伦和约翰·布朗的名字加入卓越的苏格兰医者之列。另一句谈到了一门新的学科——政治经济学，在这个领域"苏格兰也可以自夸，拥有一些声名显赫而且名副其实的作家"。亚当·斯密、詹姆斯·安德森和詹姆斯·斯图尔特爵士就是这样的三位作家，据说"政治家和立法者应当不断研究"他们的作品，他们的"功劳值得全社会的衷心感谢，因为他们为了社会的进步煞费苦心"（第 192 页）。文章还宣称，这一系列卓越的苏格兰作者"不胜枚举"（第 192 页）。其中有几个人——包括托比亚斯·斯摩莱特、詹姆斯·弗格森、约翰·普林格尔爵士、凯姆斯勋爵、威廉·亨特、吉尔伯特·斯图亚特和乔治·坎贝尔——的首次亮相是在"有学问和天赋的人物"名单中，从 18 世纪 70 年代初第一次出版以来，那个名

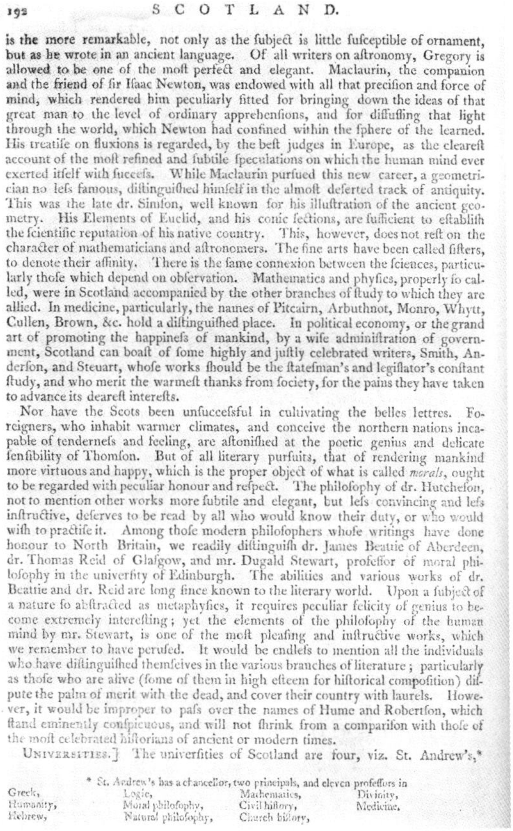

192   SCOTLAND.

is the more remarkable, not only as the fubject is little fufceptible of ornament, but as he wrote in an ancient language. Of all writers on aftronomy, Gregory is allowed to be one of the moft perfect and elegant. Maclaurin, the companion and the friend of fir Ifaac Newton, was endowed with all that precifion and force of mind, which rendered him peculiarly fitted for bringing down the ideas of that great man to the level of ordinary apprehenfions, and for diffufing that light through the world, which Newton had confined within the fphere of the learned. His treatife on fluxions is regarded, by the beft judges in Europe, as the cleareft account of the moft refined and fubtile fpeculations on which the human mind ever exerted itfelf with fuccefs. While Maclaurin purfued this new career, a geometrician no lefs famous, diftinguifhed himfelf in the almoft deferted track of antiquity. This was the late dr. Simfon, well known for his illuftration of the ancient geometry. His Elements of Euclid, and his conic fections, are fufficient to eftablifh the fcientific reputation of his native country. This, however, does not reft on the character of mathematicians and aftronomers. The fine arts have been called fifters, to denote their affinity. There is the fame connexion between the fciences, particularly thofe which depend on obfervation. Mathematics and phyfics, properly fo called, were in Scotland accompanied by the other branches of ftudy to which they are allied. In medicine, particularly, the names of Pitcairn, Arbuthnot, Monro, Whytt, Cullen, Brown, &c. hold a diftinguifhed place. In political economy, or the grand art of promoting the happinefs of mankind, by a wife adminiftration of government, Scotland can boaft of fome highly and juftly celebrated writers, Smith, Anderfon, and Steuart, whofe works fhould be the ftatefman's and legiflator's conftant ftudy, and who merit the warmeft thanks from fociety, for the pains they have taken to advance its deareft interefts.

Nor have the Scots been unfuccefsful in cultivating the belles lettres. Foreigners, who inhabit warmer climates, and conceive the northern nations incapable of tendernefs and feeling, are aftonifhed at the poetic genius and delicate fenfibility of Thomfon. But of all literary purfuits, that of rendering mankind more virtuous and happy, which is the proper object of what is called *morals*, ought to be regarded with peculiar honour and refpect. The philofophy of dr. Hutchefon, not to mention other works more fubtile and elegant, but lefs convincing and lefs inftructive, deferves to be read by all who would know their duty, or who would wifh to practife it. Among thofe modern philofophers whofe writings have done honour to North Britain, we readily diftinguifh dr. James Beattie of Aberdeen, dr. Thomas Reid of Glafgow, and mr. Dugald Stewart, profeffor of moral philofophy in the univerfity of Edinburgh. The abilities and various works of dr. Beattie and dr. Reid are long fince known to the literary world. Upon a fubject of a nature fo abftracted as metaphyfics, it requires peculiar felicity of genius to become extremely interefting; yet the elements of the philofophy of the human mind by mr. Stewart, is one of the moft pleafing and inftructive works, which we remember to have perufed. It would be endlefs to mention all the individuals who have diftinguifhed themfelves in the various branches of literature; particularly as thofe who are alive (fome of them in high efteem for hiftorical compofition) difpute the palm of merit with the dead, and cover their country with laurels. However, it would be improper to pafs over the names of Hume and Robertfon, which ftand eminently confpicuous, and will not fhrink from a comparifon with thofe of the moft celebrated hiftorians of ancient or modern times.

UNIVERSITIES.]   The univerfities of Scotland are four, viz. St. Andrew's,*

* St. Andrew's has a chancellor, two principals, and eleven profeffors in

Greek,   Logic,   Mathematics,   Divinity,
Humanity,   Moral philofophy,   Civil hiftory,   Medicine.
Hebrew,   Natural philofophy, Church hiftory,

图 9.6　该图是凯里在美国出版的格思里的《地理》第一卷（1794）中一篇关于苏格兰的文章。文章的作者可能是苏格兰激进派詹姆斯·汤姆森·卡伦德。图中这一页包含了一段新内容，颂扬了 18 世纪苏格兰作者的成就。（华盛顿与李大学）

单就是格思里的《地理》的固定部分。在该书的其他部分，还有别的人被称为权威，例如詹姆斯·布鲁斯和约翰·辛克莱爵士。总而言之，表一里面的 115 名苏格兰作者中，至少有 25 人被凯里的版本提到并赞许过。通过这种方式，这个版本促进了启蒙的苏格兰文学和学术作品在千万美国读者中的传播。

罗伯特·坎贝尔与《英格兰史》

在 18 世纪晚期的费城，正当马修·凯里生产格思里的大部头作品《地理》的时候，美国的书商四人组中最年轻的成员也在准备出版巨著——大卫·休谟的六卷 8 开本《英格兰史》（编号 75；1795—1796；图 9.7），随后是托比亚斯·斯摩莱特等人所写的六卷续作（编号 49；1796—1798）。我们在前一章中

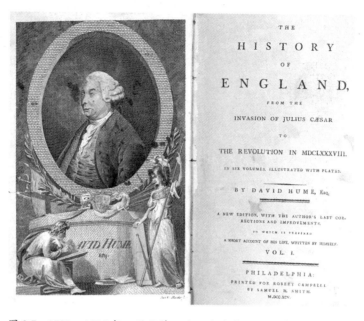

图 9.7　1795—1796 年，罗伯特·坎贝尔完成了罗伯特·贝尔二十几年前没做成的事：通过认购方式在费城出版大卫·休谟的《英格兰史》。图中是该书第一卷的扉页，还有一幅难以辨认的休谟肖像，肖像的作者是苏格兰移民雕刻师罗伯特·斯科特和塞缪尔·阿勒代斯。（华盛顿与李大学）

看到，早在 18 世纪 70 年代初，为了推出休谟作品的美国版本，罗伯特·贝尔已经发布过认购广告，但是好像没能引起足够多人的兴趣，那个版本也从未出现。但是到了 18 世纪 90 年代，大西洋两岸的环境都发生了显著变化。18 世纪末，休谟的作品已经变成斯特拉恩与卡德尔的出版辛迪加的一部庞大畅销书，并且与托比亚斯·斯摩莱特的同样流行的《英格兰史》联系在一起，出版者把后者当成休谟作品的"续作"来推销。对于坎贝尔和美国市场，这些新情况的意义非同小可。

斯特拉恩－卡德尔版的休谟《英格兰史》非常成功，当该作品与斯摩莱特的著作成套销售的时候，更是势不可当。我们在第七章中看到，在都柏林，从 18 世纪 60 年代晚期到 70 年代，詹姆斯·威廉姆斯等书商出版了休谟《英格兰史》的 8 开本；从 1787 年到 1788 年，卢克·怀特重印了全套《英格兰史》，把休谟原作与斯摩莱特续作整合成十三卷的都柏林版本。斯特拉恩和卡德尔担心，爱尔兰重印本会被非法出口到不列颠（时有发生），而且会占领整个美国市场。到了 18 世纪 90 年代初，他们在更靠近家乡的地方遇到了重印的挑战。1792 年，1778 年版的休谟《英格兰史》的版权——与意义重大的类文本前辅文一起——在 14 年之后过期了。至于斯摩莱特的续作，原文的日期是从 18 世纪 50 年代晚期到 60 年代早期，因此它的版权声明失去了效力。尽管卡德尔坚信，英国书业内部存在名义版权的章程，能够阻止其他人重印他认为属于自己的文学资产，但是不管版权的法律状况如何，一些离经叛道的英国书商并不同意他的想法。举例来说，首先在伦敦，约翰·帕森斯（John Parsons）重印了休谟的《英格兰史》（1793）和斯摩莱特的续作（1794），把它们整合成十六卷的"袖珍"版（即小型的 12 开本）。查尔斯·库克（Charles Cooke）更进一步，于 1793 年推出了十三卷的小型 8 开本（广告中也写着"袖珍版"）。这个版本不仅包含休谟的《英格兰史》和斯摩莱特的续作，还包括 T. A. 劳埃德（T. A. Lloyd）写的"续作的后续，从乔治二世时期一直到当代的历史"。这些版本都包含作者和历代英国统治者的肖像，1793 年，"历史馆"的罗伯特·鲍耶（Robert Bowyer）开始以读者认购和定期发行的方式，出版"最华丽的全国性"对开本，其中有乔治·格雷戈里的续作，那些版画最受人关注。[106] 与此同时，在苏格兰，以爱丁堡的乔治·米迪（George Mudie）为首，一群书商短期内连续出版了八卷 8 开本的《英格兰史》（1791），该书由"医学博士 T. 斯摩莱特等著"，时间范围从 1688 年光荣革命到 1783 年，然后配套推出了休谟死后出版的第一版《英格兰史》（1792）的八卷重印本，覆盖先前的时代。[107] 尽管休谟的《英格兰史》不再受到版权法保护，米迪的版本还是激怒了卡德尔，他发表了措辞强硬的声明，决心不惜代价地保卫他的文学资产。[108]

有鉴于此，18 世纪 90 年代中期，美国书商肯定也想要重印休谟－斯摩莱特的《英格兰史》。该书的插图版本在不列颠和爱尔兰市场随处可见，各种规格、尺寸和价格都有，其中一些在美国也可以买到。[109] 坎贝尔参与竞争，显然是想要成为一名出版者。尽管他出版的《英格兰史》的认购广告还没有露面，但在 1796 年 6 月 1 日，斯摩莱特续作的认购广告却宣称"坎贝尔版《英

584

585

格兰史》将使用优质纸张和新的铅字印刷（与休谟《英格兰史》的美国版一样，风格优雅简洁），分成六卷 8 开本，每册都装饰一幅优美的版画，均由最好的美国艺术家制作"[110]。节约成本的一个办法是将 8 开本《英格兰史》的卷数从八卷减少到六卷，另一个办法是将模版的数量限制在 6 块，当时，卡德尔的 8 开本一般有 31 块（包括休谟的卷首肖像）。

另一方面，坎贝尔给他的版本加了插图。这个事实说明，廉价并不是他的主要目标。包括休谟本人的肖像在内（图 9.7），坎贝尔版的休谟《英格兰史》里面有六幅插画，其中五幅是由苏格兰移民罗伯特·斯科特和塞缪尔·阿勒代斯雕刻的，他们也是多布森的《不列颠百科全书》的雕版工作的主要参与者（第六幅是由约瑟夫·H. 西摩［Joseph H. Seymour］制作的）。坎贝尔版本的斯摩莱特续作中，三幅版画是阿勒代斯一个人制作的，一幅是西摩制作的，还有一幅的作者是亚历山大·劳森，他也是多布森重用过的苏格兰移民。尽管他们的工作质量不能与卡德尔版的伦敦雕刻师比较，但是坎贝尔在条件容许的范围内尽力了。毕竟在罗伯特·贝尔的时代，费城还不存在雕刻者团体。

坎贝尔版的休谟《英格兰史》的最后一卷列出了 326 位认购者的姓名，其中有 40 人订购了一册以上，预订的总数达到了 612 套。[111] 认购者里面有 40% 以上来自大费城地区，其中有托马斯·多布森和约翰·麦卡洛克。罗伯特·坎贝尔一向无意将他的出版关系局限于费城出版界，认购名单里面有纽约的托马斯·艾伦、詹姆斯·里文顿和他的兄弟塞缪尔·坎贝尔，还有当时在波士顿的威廉·斯波茨伍德，而合作伙伴以赛亚·托马斯和洛林·安德鲁斯（Loring Andrews）则在新英格兰，这些表明了他所预想的关系网。正如马克·斯潘塞所说，这些认购者没有凑成一个精英集团，而是提供了"正在发展或处在中间的群体"（第 269 页）的可靠信息。根据斯潘塞对认购名单的周密分析，其中至少有 70 位认购者，即总人数的 22%，来自苏格兰和宾夕法尼亚西部的苏格兰 – 爱尔兰飞地、俄亥俄州以及周边地区，这或许是最出人意料的特征。这个发现表明，坎贝尔参与的关系网是推崇革新的文化群体，也有可能是宗教团体。

坎贝尔版的休谟《英格兰史》的认购价格，硬纸板封面的是每卷 1.67 美元，精装本可能接近 2 美元。如果每卷额外增加了印数，那也是合情合理的，那样他就可以保留少量的存货，以较高的零售价出售。在出版以后，他手头确实还有些书，他做过广告，精装本每套 13.50 美元，或者每卷 2.25 美元。坎贝尔雇用了不同的费城印刷者印刷不同的卷数，这是一种普遍的做法，可以压低成本并加快生产速度。第一卷的印刷者是塞缪尔·哈里森·史密斯（Samuel Harrison Smith），他的记录很幸运地留存至今，其中显示印数至少是 2000 册。这一卷的工钱总共是 489.45 美元，其中 282.45 美元是排字费，207 美元是印刷费。[112] 如果我们根据这些数字推算全套作品，考虑到六卷的页数各不相同，并假定坎贝尔的纸张成本没有超过印刷成本（印刷成本可能要高得多），那么坎贝尔支付的纸张和印刷费用至少是 5000 美元。如果把装订和广告费用包括在内，他的全部费用还要高出许多。当然，他坚持下来了，如果认购者全部遵守订购承诺，单从认购者那里他就能收回 5000 美元以上，来自零售书籍的收入就是他的利润。如果这个版本全部售出，坎贝尔一定赚到了一大笔钱，不过让印数远远超过认购数量，这需要一种进取精神。

在推出休谟的《英格兰史》之后，坎贝尔立刻开始了斯摩莱特续作的认购计划。这个事实表明，他那次冒的风险并非没有回报。在 8 开本的英国版中，斯摩莱特的续作一般以五卷（有时六卷）出现，坎贝尔这回再次削减了卷数，压缩成了四卷。但是，他又额外增加了两卷，时间范围是从斯摩莱特的续作结束的 1760—1783 年。与坎贝尔的休谟版本相比，这次每卷的价格也上涨了 13 美分，硬纸板封面版本售价 1.80 美元，精装本售价 2 美元，"提供给没有订购的读者"。在认购名单方面，斯摩莱特续作的认购者比休谟《英格兰史》的稍微多一些（有 410 名认购者，订购了 636 套），不过两份名单十分相似，这表明大多数认购者对他们收到的产品很满意，认为斯摩莱特作品是休谟作品的有价值的延伸。在第一卷中，坎贝尔放了一幅斯摩莱特的卷首肖像，其后是作者生平简介。

关于坎贝尔出版的《英格兰史》续篇，最让人感兴趣的一点是书中不是斯摩莱特撰写的部分。坎贝尔在认购广告中宣称，这个项目是"斯摩莱特所著的休谟《英格兰史》续作，时间从 1688 年的光荣革命直到乔治二世去世，而从乔治二世去世直到美国独立战争这段时期，由爱丁堡的一个绅士团体撰写"。我们知道，在 18 世纪 90 年代早期，有几个英国重印者为他们的版本做广告，那些版本延续了斯摩莱特的记述，从1760年乔治二世去世写到了更近的日期，但是其中只有一个版本与爱丁堡有联系，它是由乔治·米迪及其伙伴推出的1791年版。坎贝尔利用了米迪的版本，以其第七卷、第八卷的文本为基础，编成了自己版本的第五卷、第六卷，并在扉页上称这两卷的作者是"一个绅士团体"。

坎贝尔改编爱丁堡版本的原因不难解释。坎贝尔来自爱丁堡，而且在某种意义上是费城书业的叛徒，正如米迪是爱丁堡书商中的叛徒。[113]更重要的是，在爱丁堡版本的"英格兰"历史中，从1760年到1783年的记述重点集中在美国危机上，独立战争以美国的胜利作为结束。坎贝尔更改了插图，用本杰明·富兰克林的肖像替换了威尔士王子作为卷首插画，肖像由苏格兰裔美国艺术家塞缪尔·阿勒代斯雕刻。但是总体而言，绅士团体的作品不需要多少编辑。尽管仍然是英国的立场，但议会中抵制战争的反对派主导着英国政府。举例来说，1769年，英国政府企图恢复亨利八世统治时期的一条法律，用于指控美国人"背叛"英格兰，这在议会招致"强烈反对"，这个版本里面有几页专门叙述了这件事。其中包括以下段落：

> 政府一直努力把殖民地居民的状态描述为其实是在造反，或者说与造反无异；但是这与真相相去甚远。由于政府部门接二连三地犯错，做出一些鲁莽、轻率和非常不合理的行动，殖民地居民确实被激怒了；但是他们无意挑战母国的权威。如果带着流行的偏见去干涉别人的事务，无论在什么时候都是危险的；政府不但没有给殖民地居民带来任何好处，反而采取一切办法，将他们的怒火推向了极点……殖民地居民现在发现自己受骗了，他们的期望落空了，难怪他们会采取过激行动。现在有人煽动说要惩罚他们，无论他们的罪名可能是什么，这种做法都是最不公平的。[114]

增补材料的第一卷（就是米迪的第七卷、坎贝尔的第五卷）最后写道，1781年10月，康华利将军投降之后，美国人开始"疯狂"地欢庆。第二卷（就是米迪的第八卷、坎贝尔的第六卷）的结尾提及，两年以后，"大不列颠曾经参与过的最危险和最不幸的战争"正式结束，整个美国处于幸福的状态。于是英格兰的历史演化成了大英帝国的历史，而美国的成长及其脱离英国取得独立的过程，被描述为近 2000 年的"英格兰"历史的收尾。[115]

从 1795 年到 1798 年，罗伯特·坎贝尔在费城出版了十二卷《英格兰史》，内容主要由伦敦和爱丁堡的版本里面首次出现的材料构成。坎贝尔的《英格兰史》是一个独特的版本，它采用的规格和卷数不同于所有的英国版本，包含特有的版画及其他类文本内容，比如美国式的认购名单，因而整套作品显得与众不同。它是一项伟大的出版成就，在完成的同一年，多布森出版了《不列颠百科全书》的第十八卷，也是最后一卷。它也是罗伯特·坎贝尔作为出版者的绝笔之作。10 年以来，黄热病一直在费城肆虐。1800 年 8 月 14 日，31 岁的坎贝尔被病魔击倒了。3 个月后，他的故乡收到了他的死讯。[116]

589

＊＊＊

总之，多布森重印了《不列颠百科全书》第三版，扬重印了托马斯·里德和杜格尔德·斯图尔特的 3 种哲学作品，凯里推出了格思里的《地理》的4 开本，坎贝尔把大卫·休谟、托比亚斯·斯摩莱特等人的《英格兰史》整合到一起推出了新版本。这些例子揭示了一种模式，它们都是雄心勃勃的大型出版项目，于 1790—1798 年出现，当时费城正在把自己塑造成为英语世界的重要出版城市。除了扬未借助外界帮助出版的里德和斯图尔特的作品，这些项目都是多卷本的认购出版物，带有本地雕刻的模板，印数达 2000 册或者更多。所有出版物都需要巨额的资金投入，为此至少有一个出版者差点破产（凯里），可能也把其他人逼到了极限。与此同时，这些书商还出版了其他大型作品的美国版本，那些畅销书的作者也是苏格兰人，比如卡伦、罗伯逊、贝蒂、斯密和布莱尔。

1797 年 1 月，《美国年鉴，或合众国历史记事录，1796 年》（*American Annual Register, or, Historical Memoirs of the United States, for the Year 1796*）承认了"苏格兰和爱尔兰书商"对出版业的贡献。尽管有一些著名人士号召限制移民，但是作者（应该是詹姆斯·汤姆森·卡伦德）指出，在费城、纽约和巴尔的摩，"除了三四个例外，整个行业的核心都是外国人"（第 133 页）。"即使移民对美国没有做出过其他任何贡献，他们进口和重印了那么多优秀的

590　作品，这就让他们有资格在国会获得尊重。费城出版业的出色发展，在很大程度上受惠于他们。"文章对比了费城的今昔，"不久之前，为了印刷迪尔沃思的拼写课本，四位书商需要进行磋商"，而现在费城"大约有30家专门从事印刷的事务所"。卡伦德单独指出并赞扬了"一个苏格兰人"，他"用很多有价值的版本"再版了百科全书；还有"一个爱尔兰人"，他重印了格思里的《地理》，"花费数千美元"，进行了大规模的改动和更正（第133—134页）。不过，费城书业转变的最大一份功劳属于另一位移民：

> 苏格兰出生的威廉·扬先生建立了城里第一个正规图书印刷所。这个计划可谓奇异，它就发生在12年前。在那之前，即使不说全部，几乎整个行业的经营状况都与现在的兰开斯特、亚历山德里亚等地一样，以报纸和历书的印刷者为主。从那以后，在印刷书籍方面，扬先生所做的尝试比过去任何人都多出10倍以上。（第133页）

在很大程度上，正是通过这种努力，启蒙运动才在美国扎根，不是仅仅作为欧洲的舶来品，而且是本国的产物（具有讽刺意味的是，其原因正是卡伦德批评的反移民运动）。1795年，《美国每月评论》（*American Monthly Review*）评论了罗伯特·坎贝尔版的休谟《英格兰史》第一卷，宣布它的"印刷技艺"证明，美国公民制造产品的技术有了"飞速的进步"，并证实了"与欧洲工业的竞争取得最大成功"的断言。在政治类出版物和报纸方面，出版者传播印刷好的文字，认为它们能"启蒙公共精神"，激发

> 阅读和自主思考的天性。这种对信息的渴求，导致读者需要已出名的大多数作品，鼓舞了我们的印刷者和书商的创业精神；他们已再版了大量有价值的欧洲著作。通过这些，或许可以猜想到本文的主题。论精确性和思考深度，论简洁和雅致，或者措辞风格，休谟理当获得赞誉。[117]

591　然后匿名的评论者摘录了一个段落，它不是选自休谟《英格兰史》的原文，

而是来自 1778 年第一次出现在伦敦版本中的类文本前辅文：休谟的《我的人生》和亚当·斯密写给斯特拉恩的信件，其中谈到休谟的性格和最后的日子，而且都是全文摘录。威廉·扬版的里德的作品中，有献给杜格尔德·斯图尔特和詹姆斯·格雷戈里的题词；凯里版的格思里的作品中，对苏格兰学术的记述进行了修正；多布森版的《不列颠百科全书》收录了多位苏格兰文人的传记。这样的作品既是文本也是类文本，唤起了一种生动的制度背景和社会背景，在这样的环境中，苏格兰作者著书立说，致力于苏格兰与伦敦之间的创造性智力交流。

　　1795 年的另一部出版物强调了学术书籍制作与美国启蒙运动的重要联系。在 8 年前，威廉·扬和约翰·麦卡洛克出版过麦卡洛克的《美国史导论》（ Introduction to the History of America ）。1795 年，麦卡洛克再版了这本书，使用了新的标题和材料，包括有关美国思想文化发展的一个章节。麦卡洛克假定"要保持自由，知识是必需的"，然后讨论了大学、学术团体、图书馆及其他公共机构，说它们是知识的基础，促进了美国的自由。随后，他呼吁读者注意印刷和出版在这个过程中的作用："由于印刷技艺的发展，学术水平得到了大幅提高，书籍和报纸大量增加。在联邦的每个州和每个比较大的城镇，西至匹兹堡，远至俄亥俄，都建立了印刷厂。它们每天都在出版用不同语言写成的、主题多样的作品，由此科学得以进步，这些书的读者更容易成为公民。"[118] 写下这些话的作者既是印刷者，偶尔也做出版者，因此或许不能完全摆脱自我宣传的嫌疑。不过麦卡洛克的诚意是毫无疑问的。在 18 世纪晚期的美国，移民书商重印英国出版者的产品，他们与英国出版者类似，在追求利润的同时也传播启蒙知识。托马斯·多布森曾经写信告诉别人，"我不会仅仅为了赚钱，就出版一本坏书"，虽然他也不得不把书籍"当作一种商品，即使是一本好书"。[119]

　　在这些人身上，启蒙思想与宗教信仰也很少有冲突。我们对坎贝尔的信仰一无所知，除了他以外，本章讨论的其他书商所属的宗教教派都截然不同。多布森是普救派信徒，他不仅出版了信奉一神论的英国人约瑟夫·普里斯特利等人的作品，而且自己写作并出版过宗教作品。[120]1790 年，凯里出版了美国的第一部天主教《圣经》。扬是相信圣约的加尔文派虔信徒，他也在同一年出版过《圣经》，从 18 世纪 80 年代晚期到 90 年代，他也像麦卡洛克和艾特肯那样，投入大量时间印刷书籍和小册子，为联合长老会的事业代言，而联合长老会的领袖却是他所信仰的教义的死对头，威廉·马歇尔牧师。尽管这些人各有不同，而且由于在同一个城市做生意，其实经常互相竞争，但是他们彼此一般都很友好，还经常密切合作。1791—1796 年，他们参与了费城印刷者和书商行会，就最清楚地证明了这一点，此外其他更加个人化的善意和友好的行为也证实了这一点。1793 年 9 月，多布森的印刷所在火灾中烧毁，凯里拯救了他的生意（还有他的《不列颠百科全书》，当时只完成了一半左右），把他"刚刚进口的打算自己用的"铅字提供给了多布森。[121] 与此类似，18 世纪 90 年代早期，马歇尔在胡桃街重建联合长老会教堂，为了募集资金，威廉·扬动员凯里捐款[122]，后来马歇尔（他的宗教信仰是强烈反天主教的）订购了凯里版的格思里的《地理》，以此回报他的帮助。扬与多布森的家庭"关系非常亲密"，这两位书商的妻子都照顾过对方的儿子。[123]

　　启蒙运动提供了共同点，使不同出版者有可能在美国和解。1772 年，为了出版《威廉·布莱克斯通爵士的〈英格兰法律释义〉的一个有趣附录》，罗伯特·贝尔刊登了广告，呼吁"热爱宗教自由（个人判断的权利），在良心的问题上，热爱普世而不偏不倚的自由的人们"认购。[124] 贝尔对于英国法律的诠释是有高度选择性的，反映了贝尔本人的启蒙理想，同时也是他在费城业内最出色的继任者的理想。18 世纪晚期，费城充满了各种教派的信徒：英国的圣公会和贵格会教徒，德国的路德会教徒，法国和爱尔兰的天主教教徒、胡格诺教徒，旧大陆和新大陆的长老会教徒，等等。贝尔自己的宗教观点也变化极大，从热衷于福音的新教徒到表面上的无信仰都经历过。美国没有国教，因此美国人开始学会在宗教宽容的环境中和平共处，精心守护着贝尔明确表达出来的自由。18 世纪 90 年代，费城发生过激烈的政治敌对行为，也经历过黄热病的流行，但是都未能消除这种基本的启蒙信念。

　　在我已经提及的另一层意义上，启蒙运动也提供了共同点。无论他们的宗教信仰或者政治信念是什么，这个时代的美国人都拥有启蒙运动这个共同信念，相信所有种类的严肃文学和学术都是非常重要的。扬所说的"有用知识的更广泛传播"是他们的共同目标，同时掺杂着爱国的意图。从 18 世纪后半叶起，美国出版者开始盗用主要苏格兰作者的作品，这对于启蒙任务的完成是决定性的。18 世纪 70 年代早期，贝尔与艾特肯把重印业带到费城，多布森、凯里、扬和坎贝尔建立起了重印大型学术书籍的传统，由此将苏格兰启蒙运动作品界定为"有用知识"的载体，几乎涵盖了美国学术的所有领域。

1800 年之后，这种趋势也没有停止。在 19 世纪的最初 20 年里，18 世纪后半叶的许多苏格兰启蒙运动作品都出现了第一个美国版本[125]，同样还有已经在美国出版过的其他作品的新版本。这段时期，在美国的中学和高等学校中，一些苏格兰启蒙运动作品成为指定教材，因此亨利·F. 梅等美国思想史学者倾向于认为，那是苏格兰思想影响力的全盛时代。在他关于这个主题的作品中，梅主要把苏格兰启蒙运动与美国启蒙运动的最后阶段联系到一起，那个"教学"阶段是从 1800 年到 1815 年，当时美国的学术机构被常识哲学"同化了"。[126]

现在我们能够看出，在主旨和时序上，梅的论证都必须修正。至少从 1770 年开始，苏格兰启蒙出版文化的制度化过程就已经蓄势待发，然后在 19 世纪初的美国达到了顶点。苏格兰启蒙出版文化的内容肯定包括常识哲学的作品，但是也涵盖了道德哲学、历史学、文学批评、自然科学、医学、宗教、政治经济学、地理学、游记文学、有道德意义的小说等方面的作品，还有《不列颠百科全书》中涉及的全部题材。有些书商为这个新阶段做出了主要贡献，他们在移居美国以前就与苏格兰作者有个人交往——或者听过他们的课程（扬），或者是在书店里工作（多布森）。更重要的是，他们都从不列颠出版业或者爱尔兰重印业学到了第一手知识，在这一过程中，苏格兰作者的作品起到了突出作用。移民美国的书商拥有旧大陆的丰富经验，充满个人抱负，相信出版的力量能够促进国家发展，他们重新制作了数量可观的苏格兰启蒙运动的文学和学术作品，使之成为美国制造，在这个过程中也让他们的第二家乡费城，变成了一个国际出版业中心。

结　语

书籍好比砖块，启蒙运动的大厦是一块一块垒起来的。因此在重现苏格兰启蒙运动出版历史的过程中，我们也是在研究出版文化的建筑学。18世纪50年代，大卫·休谟自吹自擂地宣称，苏格兰会成为"欧洲文学界最著名的民族"，大多数同时代的人或许认为那不太可能，我们追踪这个线索，发现还不出50年，他的话已经不像是自夸，反而颇为耐人寻味了。在很大程度上，这种结果要归功于苏格兰作者的学术和文学新作品的生产，归功于他们在伦敦和爱丁堡的出版者，还有那些作品随后的重印，特别是在都柏林和费城。

不过，建造的环境不会永久存在。如果本书的论点是正确的，那么就有理由推论，虽然那些出版模式支撑苏格兰启蒙运动度过了黄金时代，但是苏格兰启蒙运动很难长久。那些模式并不是突然失灵的，它们的失灵也不是苏格兰启蒙运动衰退的唯一原因。此外，还有一场范围更广的文化危机，其部分原因是涉及政治的文学腐败，还有部分原因正是启蒙运动出版事业本身的成功。格思里的《地理》1770年版序言的作者说到书本知识的扩张时无比乐观，随后一种危机意识逐渐萌生，保罗·基恩（Paul Keen）认为这种意识源自"一种潜在的破坏性后果，即出版业不断加速发展和自我膨胀，以至于无法自我调整、适应社会"[1]。在这种"文学生产过剩"（第117页）看法产生的同时，苏格兰作者与出版者之间的关系也发生着转变，在许多方面，这种转变象征着出版业的衰落或僵化，而不是出版可能性的增大。苏格兰文人与出版者所设计和建造的建筑究竟发生了什么？为了理解这一点，必须考虑上述新情况。

伦敦－爱丁堡出版轴心的瓦解

我们已经知道，绝大多数苏格兰启蒙运动作品最初的出版者都是伦敦和爱丁堡的少数个人以及公司。苏格兰出版网络的那一代创立者包括安德鲁·米勒、威廉·斯特拉恩、加文·汉密尔顿、约翰·鲍尔弗和亚历山大·金凯德。到18世纪晚期，这个网络最终包含了十几位同行、继任者和竞争对手。他们大多数是苏格兰长老会教徒或者他们在伦敦所生的儿子；其余的几乎都是来自英国外省地区的脱离英国国教的教徒。他们彼此联系广泛，存在血缘（父子、叔侄、兄弟）、婚姻、宗教、学徒、门徒、合伙人等正式或非正式关系。他们是有抱负的企业家和商人，有时互相竞争，但是也会合作。他们的关系不只是互相合作与信任，他们还与苏格兰作者结下友谊，尊重严肃文学和学术，通常怀有苏格兰民族自豪感。伦敦－爱丁堡出版轴心是他们的关系的产物，也是苏格兰启蒙运动出版文化的重要组成部分。

苏格兰启蒙运动的出版者构成了一个较小的网络，位于这个网络顶点的是米勒、斯特拉恩和卡德尔以伦敦为基地的出版帝国。他们成功的关键在于个人关系的复合系统和形成制度的企业管理。他们决定出版什么作品；生产苏格兰作者的新书，随后使用适当的规格重印；订立各种出版协议，将支付给作者的版税数额提高到前所未有的水平；用个人的关注和殷勤培养作者；为了吸引作者、降低成本、减少风险并方便传播，他们彼此之间，或者与几个可以信任的爱丁堡同行一起合作出版；他们暗中操纵，有时直接控制媒体对于书籍的宣传和评论；为了吸引读者注意他们的商品以及他们自身，生产了图书销售目录；树立了苏格兰作品出版的持久传统，将伦敦与爱丁堡、图书销售与印刷联系到一起。通过这些做法，米勒、斯特拉恩和卡德尔使自己成为苏格兰启蒙运动幕后的主要推动者，并在这个过程中获得了财富。

在我们讨论的时代的最后，作为苏格兰作品的出版者，斯特拉恩和卡德尔出版社的遭遇如何呢？就像我们看到的，安德鲁·米勒和威廉·斯特拉恩先后于1768年和1785年去世，前者的继承人是托马斯·卡德尔，后者的继承人是安德鲁·斯特拉恩，这两个人既有能力又很积极，足以承担启蒙运动的出版者角色，因此几乎没有失去市场。但是当安德鲁·斯特拉恩和卡德尔上了年纪的时候，情况改变了。卡德尔在他 50 岁出头的时候退休，几年之后，安德鲁·斯特拉恩似乎失去了出版新书的兴趣。卡德尔只有一个儿子小托马斯，因为他不准备管理一个著名的图书销售和出版公司，卡德尔安排他的经理人托马斯·戴维斯担任新的经营合伙人。在这样的情况下，斯特拉恩和卡德尔的出版合伙关系遇到了困境，无法保持过去的卓越水平。

　　从 18 世纪 90 年代的斯特拉恩印刷分类账可以看出，在苏格兰启蒙运动的出版方面，斯特拉恩和卡德尔逐渐衰落了。老托马斯·卡德尔于 1793 年退休，其后很长一段时间，分类账仍然单独记录他的书籍的印刷，与继任者卡德尔 & 戴维斯的印刷记录分开。表七列出了从 1793 年初到 1798 年底这 6 年间记到老托马斯·卡德尔账目上的所有书籍（如果有记录就注明版次和印数）。表格显示了 18 世纪末，在苏格兰启蒙运动作品的重印业务方面，卡德尔 & 戴维斯和安德鲁·斯特拉恩做到了什么程度。他们的主要作者仍然没有变，除了两位英格兰作者——爱德华·吉本和法律作家理查德·伯恩——之外，还有约翰·格雷戈里、大卫·休谟、亨利·麦肯齐、约翰·穆尔、威廉·罗伯逊、亚当·斯密以及重要的休·布莱尔和威廉·巴肯。另外一大半是表一里的其他苏格兰作者，他们填满了剩余名单：亚历山大·亚当、詹姆斯·贝蒂、亚当·弗格森、詹姆斯·弗格森、约翰·吉利斯、罗伯特·亨利、罗伯特·沃森以及詹姆斯·麦克弗森的裁相。记录里面没有出现新的出版物，除非是分开出版的作品的后几卷，它们在 18 世纪 70 年代就已经开始发行，比如布莱尔的《传道书》第四卷，罗伯特·亨利死后出版的《大不列颠史》第六卷，还有罗伯逊死后出版的《美洲史》第九卷和第十卷。于是，斯特拉恩档案里的这份老托马斯·卡德尔的记录代表了一个凝固在历史中的时代。这份记录主要由印数很大的畅销书组成，包含了题材广泛的学术和文学作品，它们在若干年前首次出版，作者主要是苏格兰人。

　　直到 1796 年，斯特拉恩分类账里才开始出现卡德尔 & 戴维斯的单独账目，而且一开始就与老卡德尔的账目记录截然不同。卡德尔 & 戴维斯出版的新书，并不专是苏格兰作者的，其中包含的苏格兰新作品，作者通常是与斯特拉恩和卡德尔长期合作的人，比如穆尔、吉利斯、斯密、麦肯齐和萨默维尔。新作品畅销的更少，许多是昂贵而滞销的 4 开本，比如亚当·斯密的《哲学论文集》和托马斯·萨默维尔的《安妮女王时代的大不列颠历史》。

公正地说，这也不能归咎于卡德尔 & 戴维斯。因为英法之间战争不断，18 世纪 90 年代并不适合出版昂贵的学术新作品，何况我们也无法确定，假如老托马斯·卡德尔还在做出版生意，是否能做得更好。有一个恰当的佐证，1792 年，就在老卡德尔退休之前，安德鲁·斯特拉恩、托马斯·卡德尔和威廉·克里奇联合出版了亚当·弗格森的《道德与政治科学原理》（编号 303）。在出版前，他们预付了 800 英镑向作者购买版权。安德鲁·斯特拉恩的分类账显示，印刷费用是 142 英镑 10 先令，纸张费用是 254 英镑。该书是两卷 4 开本，印刷了 1000 册，硬纸板封面版本的零售价格是每套 1 英镑 16 先令。如果销量够大，还是有一定利润空间的。由于不需要再付版税，该书如果能够再版，就可以赚到更多钱。但是第二版从没有出现过。到 1821 年为止，该书的销售收入总共仅有 783 英镑 17 先令 3 便士（SA 48814A，第 33 页）。[2]于是出版者亏损了 412 英镑 12 先令 9 便士，这还不算广告费用和其他杂费，而老卡德尔的那一份损失转移到了卡德尔 & 戴维斯身上。

理查德·卢茨分析了斯特拉恩分类账，也得出了相同的结论。根据斯特拉恩档案的记录，从 1787 年到 1796 年的 10 年间，卡德尔公司的印刷财产价值 20584 英镑，共有 19155 英镑（即 93%）是由老卡德尔负责的，而不是由卡德尔 & 戴维斯负责的。从 1797 年到 1806 年的 10 年间，他们生意的总值是 31999 英镑，其中有一半以上要记在老卡德尔的账上（他在 1802 年去世），而不是卡德尔 & 戴维斯的。实际上，晚至 1807—1816 年，在斯特拉恩向卡德尔公司收费的印刷业务里面，老卡德尔的书所占的比例还是达到了 37% 以上。[3]因此，直到进入 19 世纪之后，斯特拉恩和卡德尔出版社仍然在吃老本，依靠着苏格兰启蒙运动最好时代的出版资源。

还有迹象表明这个出版社在变弱，特别是越来越不像一家苏格兰出版辛迪加。安德鲁·斯特拉恩继续发展家族印刷公司，为此与以前的领班威廉·普雷斯顿（William Preston，1740—1818）等人合伙，但是他越来越不关注出版。正如卢茨观察到的，安德鲁的伟大之处在于投资（第 94—95 页）。卡德尔出版目录不再使用安德鲁的名字，仅以卡德尔 & 戴维斯的名义出版。从这段时期的书籍出版者信息中，同样可以看出这种转变。马尔科姆·莱恩曾经为斯特拉恩和卡德尔编辑过罗伯特·亨利的遗作《大不列颠史》第六卷。1798年12月，他与安德鲁·斯特拉恩洽谈一桩交易，内容就是（与卡德尔＆戴维斯一起）出版他续写的威廉·罗伯逊的《苏格兰史》（编号358）。[4] 斯特拉恩拿到了合同，并在1800年6月印刷了1000册（SA 48817，第114页），然而出版者信息显示，卡德尔＆戴维斯是唯一的伦敦出版者。与此类似，亚当·斯密的《国富论》的出版者信息中，联合出版者总是斯特拉恩和卡德尔，但是1802年推出的第十版的扉页上，写明该书是由斯特拉恩为卡德尔＆戴维斯印刷的，此前一年推出的斯密的《道德情操论》第九版也是如此。

　　这个辛迪加的更根本的变化发生在卡德尔那一边。根据阿奇博尔德·康斯特布尔和其他同时代人的看法，到了18世纪90年代中期，卡德尔＆戴维斯的地位下滑，落后于罗宾逊家族公司，沦为伦敦的第二大企业。[5] 除了出版之外，这个判断可能还基于其他一些因素，比如罗宾逊家族对整个行业的控制，不过如果老卡德尔还在掌舵，可能就不会发生这种情况。小托马斯·卡德尔的外孙阿瑟·H. 比万（Arthur H. Beavan）说，1802年老卡德尔去世的时候，这个家族企业"已经陷入比较老朽的状态"[6]。比万的话可能有些夸大，但是到1811年，这个企业确实已经处境艰难，假如不是安德鲁·斯特拉恩用2万英镑的契约施救，那么它在1811—1814年就已经破产了。在这场危机期间，1813年11月，威廉·戴维斯中风失去了行动能力，再也没法工作，7年后便去世了。[7] 根据一个同时代的人记述，戴维斯在购买文学作品时"过于冒险和随意"，致使企业负债累累。直到戴维斯中风以后，小卡德尔才接管企业。他"明智地放弃了"戴维斯的过度扩张方针，"而与爱丁堡的友人联合，以较小的规模继续从事出版"[8]。

　　到这时，公司在爱丁堡的合作者也换人了：戴维斯退休以后，布莱克伍德成为与卡德尔关系最密切的爱丁堡同盟者。然而很久以前，斯特拉恩－卡德尔出版辛迪加的伦敦－爱丁堡轴心就已经开始分裂了。小托马斯·卡德尔出生于1773年，他父亲退休的时候他只有20岁左右。他既缺乏出版经验，也不熟悉苏格兰启蒙运动的作者和书商，关于后面一点，我们不清楚他的合伙人威廉·戴维斯是否大不相同，尽管他比较年长而且更有经验。詹姆斯·福

602

代斯与他们的父辈熟识，在 1796 年给这位苏格兰作者写信时，他们显得有些犹豫，说自己是"年轻的新手，手上有很多债务……目前不是很富裕"[9]。

卡德尔和戴维斯知道，他们需要和爱丁堡建立关系，当然，主要是为了方便推销书籍。他们与威廉·克里奇的出版合作关系长期存在，然而这种关系似乎并不重要。现存的与阿奇博尔德·康斯特布尔的通信表明，康斯特布尔和朋友们是怎样与克里奇抢生意的，以下是来自戴维斯的信件，日期是 1805 年 5 月 31 日，信里没有点名，但说的就是克里奇：

603

> 您与我们在帕特诺斯特街的朋友［也就是朗曼兄弟，自从 18 世纪 90 年代晚期以来，康斯特布尔已经与他们结盟］的通信……令我十分满意，他们既考虑自己也顾及您的自主权，看来您与伦敦和爱丁堡的公司都可以结成合作关系，康斯特布尔公司与卡德尔和戴维斯已经做好一切安排以便进行合作。如果了解到这些情况，我们的许多最有名望的文人朋友将会非常满意。这些朋友受形势所迫在爱丁堡寻找新的出版者，同样也会盼望看到他们的作品在伦敦的旧渠道流通。[10]

卡德尔和戴维斯意识到，康斯特布尔是苏格兰出版界的后起之秀，而克里奇正在走下坡路，因此为了防止那些"最有名望的"苏格兰作者脱离他们的势力范围，他们愿意放弃与克里奇的传统关系。

为了出版莱恩的《苏格兰史》(1800)，卡德尔&戴维斯需要一个爱丁堡的联合出版者，他们没有找克里奇，而是选择了更年轻的合伙人：亚历山大·曼纳斯(Alexander Manners)和罗伯特·米勒(Robert Miller)。几年之后，克里奇准备出版亚历山大·弗雷泽·泰特勒的《可敬的凯姆斯勋爵亨利·霍姆生平和著述回忆录》的时候，虽然罗伯特·米勒"强烈推荐"约翰·默里，但是克里奇仍坚持让卡德尔&戴维斯做唯一的伦敦联合出版者。[11]然而卡德尔&戴维斯仍在培养曼纳斯&米勒做爱丁堡合伙人，克里奇感到愤愤不平，日益不满。1807 年 7 月 3 日，他写信给小托马斯·卡德尔说：

> 关于在伦敦或者爱丁堡印刷或者重印我们共有的资产，在经营管

理的前景方面，近来发生了一个重要情况，对此我必须了解真相并得到明确的解释，否则就不得不采取一些对双方公司都有害的措施。最近你们公司在发布的目录中公开宣称，曼纳斯 & 米勒是你们在苏格兰的代理商；凡是我参与出版的书籍，在苏格兰的供货量都很小，而且售价较低……你们公司的这种计划必将彻底改变我们的关系。你们把新出版物送给曼纳斯 & 米勒，通过他们以认购价格［即批发价格］提供给同行。在长达 36 年的互相往来之后，你们却从书籍广告里去掉了我的名字！

克里奇怒不可遏。"如果你的父亲老斯特拉恩先生知道这种情况，他会怎么想？"他问道。"我给你们公司提供过许多优秀的资产，从来没有拿走任何东西，最后却得到了这样的回报！这种情况真的让我痛心。"[12] 604

克里奇所感觉到的侮辱，在爱丁堡的批评者看来，却是他奉承伦敦的主子的证据。不管怎么说，这都标志着一个时代的终结。多年以来建立在密切的个人交往和忠诚之上的关系瓦解了，取而代之的是买卖关系。与此同时，克里奇自己的出版事业也衰落了，其他活跃于启蒙运动黄金时代的出版者也是如此。在退休或者减少活动之后，那些出版者纷纷去世：查尔斯·艾略特逝于 1790 年，约翰·默里逝于 1793 年，约翰·鲍尔弗逝于 1795 年，乔治·罗宾逊逝于 1801 年，老托马斯·卡德尔逝于 1802 年，贝尔 & 布拉德福特的约翰·贝尔逝于 1806 年，查尔斯·迪利逝于 1807 年（他在 1800 年退休），约瑟夫·约翰逊逝于 1809 年，托马斯·贝克特逝于 1813 年，克里奇逝于 1815 年。这些出版者的相继去世，逐步宣告了两代以上的伦敦和爱丁堡书商的谢幕，他们曾经出版、联合出版并重印各种作品，帮助塑造了苏格兰启蒙运动。安德鲁·斯特拉恩渐渐减少出版活动，卡德尔 & 戴维斯削弱了与克里奇的联系，在出版苏格兰文学和学术的最新作品方面，大幅减少了他们公司长期以来承担的义务，于是伦敦 - 爱丁堡出版轴心不再起到往日的作用，18 世纪 40 年代晚期安德鲁·米勒和亚历山大·金凯德时代以来的风光一去不复返。

1815 年 1 月克里奇去世之后，阿奇博尔德·康斯特布尔与曼纳斯 & 米勒和约翰·费尔贝恩一起，买下了他的股份和版权，然后在爱丁堡业内拍卖。

不过康斯特布尔自己保留了最有价值的苏格兰作品的版权（以及"名义"版权），那些作品是克里奇与斯特拉恩、卡德尔联手出版过的，其中一些热销书和畅销书的作者有亚历山大·亚当、休·布莱尔、罗伯特·彭斯、威廉·巴肯、大卫·休谟、凯姆斯勋爵和亨利·麦肯齐。在 1815 年 9 月 16 日的信中，康斯特布尔如实告诉了卡德尔 & 戴维斯，还宣布他打算"重新管理这些原来归克里奇先生所有的作品，特别是泰特勒的纲要［即《古代和现代通史纲要》，1801 年由克里奇第一次出版］、亚当的《罗马古事记》［编号 293］和地理学［编号 321］"[13]。3 天以后，卡德尔 & 戴维斯回信说，他们"非常高兴看到这些作品的版权份额落入这么好的买主手中"，但是，

> 鉴于在您最早的行动中，我们很遗憾地注意到，您表现出一种剥夺我们对许多作品的管理的欲望，那些作品长期以来一直是由我们管理的。相对于您现在占有的那些份额，我们掌握的份额非常巨大，我们相信您会打消独自出版的念头，并不时向我们提供关于这些共同版权作品的有价值的改进意见。（第 40 页）

9 月 22 日，康斯特布尔在回信中进行了严厉反驳，他说"尽管［克里奇］可能曾经授权你们管理新的版本，但以我们的理解，那个条件当然不是说你们现在还有管理权"（第 42 页）。在 10 月 20 日的信中，康斯特布尔退了一步，说关于"重印我们彼此都有兴趣的任何文学资产"，自己"并不想侵害你们的权利"（第 43 页）。然而损害已经造成了。正如数年之前，他放任他与朗曼的重要关系恶化下去一样，无论是卡德尔 & 戴维斯，还是任何其他主要的伦敦出版企业，康斯特布尔再也不能与之维持关系，这种情况最终促成了他的垮台。[14]

在与伦敦同行的交易中，康斯特布尔喜欢争吵，不过这只是问题的一部分。他的支持者以为，他的独立宣布爱丁堡出版业和苏格兰精神生活迎来了一个光辉的新时代。就像我们在第六章中看到的，1806 年，康斯特布尔出版了约翰·斯塔克的《爱丁堡写照》第一版，书中赞美了休谟、斯密、罗伯逊、凯姆斯、格雷戈里和卡伦等人，说他们开辟了创造"出类拔萃、无与伦比的

文学"的道路。可以说，是马尔科姆·莱恩、杜格尔德·斯图尔特、约翰·普莱费尔和沃尔特·司各特的作品促使斯塔克正式宣布，这场运动可能尚在"初期阶段"：最广泛意义上的苏格兰文学会继续进步，正是缘于康斯特布尔等人所体现出的创业精神。[15]

　　可惜事情没有像那样发展。斯科特行事独特，而普莱费尔、斯图尔特和莱恩只是继续他们在康斯特布尔崛起以前就在从事的工作。苏格兰启蒙运动文人群体逐渐老去，无力重塑自我。[16]尽管在某些领域，比如期刊文学、小说、医学和常识哲学方面，苏格兰仍然是一个重要的思想中心，然而就整体而言，在欧洲和大西洋地区的精神生活中，苏格兰作者再也没有占据领先地位。那个无比伟大的时代，非但不是处于"初期阶段"，反而正在接近终结——斯塔克默认了这一点，从他的作品后来的版本中，去掉了有关那些作者的段落。

　　无论康斯特布尔公司还是卡德尔 & 戴维斯，我们都难以否认，这些企业能够继续维持，在很大程度上依靠的是苏格兰启蒙运动的作品。正是因为这样，他们共同拥有的作品的重印和管理问题才会如此重要。在 19 世纪的最初 20 年，他们合作的主要出版项目中，只要涉及新作品，其作者绝大多数都是来自苏格兰启蒙运动时期的老作者，比如乔治·查默斯的《古苏格兰》（*Caledonia*，1807—1824），约翰·普莱费尔的《自然哲学纲要》（*Outlines of Natural Philosophy*，1812 年及其后的版本），还有杜格尔德·斯图尔特的《人类心灵哲学原理》（编号 309）的第二卷和第三卷，分别于 1814 年和 1827 年出版。尽管康斯特布尔说克里奇的出版物"既不重要，篇幅也不长"[17]，但是他仍然购买了那些书的版权，试图借此参与苏格兰启蒙运动。他一度是成功的，但是克里奇擅长在广泛的领域培养苏格兰作者，而康斯特布尔始终没有学会这种能力，因此他的贡献局限于一个相对较小的范围。在 19 世纪的最初 25 年，在不列颠等地，苏格兰启蒙运动的出版文化仍然很重要，然而它开始呈现的特点是过往时代的一系列经典作品——不停地重印，却很少补充新作品或者实现复兴。威廉·圣克莱尔称之为"老经典"，这种特征越来越显著。[18]

606

苏格兰启蒙运动书籍史的模式

607　　"作者不写书：他们写的是成为书写对象的文本。"[19] 这句话在研究书籍史的学者中间不言自明，不过常常让研究思想史的学者感到惊讶。本书的诸多情节，都是在罗杰·夏蒂埃所说的"文本与对象之间的空间"内发生的——据我的定义，所谓的空间就在作者的领域与出版者的领域之间，作者写下文本，出版者的主要责任就是将那些文本制造成书籍，再将书籍作为商品销售。夏蒂埃补充说，尽管这种空间"经常被人们忽视"，但是"确实正是在这种空间中，意义才得以构建"（第 10 页）。

　　通过研究这种空间，我们已经看到，苏格兰启蒙运动出版文化的协作性非常显著。苏格兰作者与出版者一起工作，把他们的文本转换成题材广泛、反映苏格兰文人的文化生产力的书籍。作者也互相合作，和支持他们的苏格兰出版者，共同支撑了苏格兰作为学术国家的独特地位和声望。伦敦和爱丁堡的出版者结成联盟，以便分散成本、提高地位并拓宽书籍的销路。在出版者互相交易或与作者进行交易时，决定性因素经常是个人的关系和友谊、价值观和思想，以及建立在信任之上的联系。

　　不过这些合作模式都逃不开一个复杂的商业框架，在其中，作者和出版者展开个人竞争和职业竞争，彼此抱有猜疑，为了名声赞誉和金钱利益针锋相对。苏格兰启蒙运动的出版者赢得了财富和影响力，他们的主要作者也有相当多的人名利双收。与此同时，作者互相抱怨出版者的吝啬，不过他们提供给著名作者的版税数额却是前所未有的。虽然那些作者的作品让出版者发家致富了，但是提到作者贪得无厌的要求时，出版者的态度却变得愤慨起来。重大的利害关系招致了高度的焦虑不安。如果说苏格兰人让"启蒙运动的事业"变成了"启蒙运动的大生意"，或许并不算言过其实。

　　出版者之间、出版者与作者之间既互相合作又互相竞争，这种复杂关系的共同作用产生了生机勃勃的出版文化，在出版重要的新作品时，既有能力激励和制造美观的 4 开本，也可以生产不太昂贵的 8 开本，或者相对便宜的 12 开本，包括各种类型的严肃文学和学术作品。智力和诚实与阴谋和贪婪同时共存，慷慨和信任与自私和虚荣并行不悖。关于作者、出版者和书籍，不同的人有着各样的故事，它们具有创造性张力，支撑了苏格兰启蒙运动的思想文化。我写作本书的时候确信，为了阐释苏格兰启蒙运动的书籍史，最好的办法是把这些故事联系起来，把故事的主人公及其生活放到 18 世纪后期的历史条件的背景下考虑。在这个意义上，这里所说的书籍史首先是一种建立在物质基础上的人类史。

这个观点是站得住脚的，即便焦点从苏格兰启蒙运动作品在伦敦和爱丁堡的首次出版，转移到了都柏林和费城的重印——也就是说，从文本与构建文本的原初对象或者授权对象之间的空间，转移到了这些对象与其海外构建的新版本之间的空间。都柏林书商重印了大量的苏格兰启蒙运动作品，尽管关于个人和职业的生活，他们留下的线索相对很少，但是出版者信息，加上报纸广告、序言里的评论以及其他资料来源，已经足以大致描绘出他们那令人印象深刻的大规模协作的努力，他们使苏格兰启蒙运动的书本知识传播到了爱尔兰和更多的地区。苏格兰和爱尔兰移民出版者更加为人熟知，他们重印了许多重要作品，引领了苏格兰启蒙运动在美国，特别是在费城的传播。苏格兰启蒙运动成为大西洋文化的一个支柱，他们的成就证明，苏格兰启蒙运动具有不断变化的扩展性。

本书在开头引用了威廉·格思里《地理》的 1770 年版序言，其中有"知识的全面普及"一说，指的是信息和启蒙价值观前所未有地传遍了英国社会：更多的好书以大众规格和较低的价格传到越来越多的人手中，影响了大部分人。20 年以后，威廉·扬的《万国庇护所》有类似的叙述，它谈到在美国"有用知识的更广泛传播"，这时的传播概念仍然是指通过书籍传播知识，不过有了更广泛的地理学内涵，意味着向国外和落后地区传送严肃文学和学术。它也暗指对于苏格兰启蒙运动作品的反应是积极的或者互动式的，而不是被动消极的。对扬这样开明的移民书商来说，重印这些作品是一种出于爱国的盗用，使他们能够利用苏格兰的文化资本，为美国启蒙运动服务。

启蒙运动的出版革命有两个中心，一方面是生产大量不同规格的重要新作品，一方面是广泛重印这些作品——重印经常在国外以较小的规格进行。如果没有这些发展，苏格兰文人的才智充其量只能在当地发挥作用并且昙花一现，而无法产生广泛而持久的影响。书籍必须在一个商业网络中印刷、出版和销售，比如在 18 世纪的不列颠出现的环境，才能让苏格兰文人共和国的成员在国际范围内获得大量读者。出版并非天生就有这种转化能力，这种能力不是一种无法否认的本质特性或者内在逻辑。不过在苏格兰启蒙运动的创造和发展过程中，出版的确是必不可少的组成部分。

如果没有出版革命，我们所知的苏格兰启蒙运动是难以想象的，反之亦然。在审视当代出版业的变化时，无论是从作者和出版者的立场看，还是他们共同劳动的物质产品看，苏格兰人都位于这场运动的领导者之列。历史学和游记、自然科学和医学、文学评论和哲学、传道书和行为文学、诗歌和小说、传记和政治经济学、地理学与百科全书，在多种题材领域，无论是流行程度、风评赞誉还是版税收入，苏格兰作者在整体上都位居前列。其中大多数有所成就的人不是无所依附的职业作者，而是在当时的社会和文化机构中拥有稳定职位的文化人士。在陶冶精神与发展职业之间，他们没有遇到矛盾，他们信奉启蒙运动的核心价值观，将其看作一场国际运动，同时也打造了集体的民族身份认同，留下了鲜明的苏格兰文化烙印。他们作为作者的成功在很大程度上要归功于他们的才智和主动性，不过他们的成功也离不开几代出版者的合作与贡献，这些出版者在伦敦、爱丁堡、都柏林和费城工作，帮助创造及传播苏格兰作者的作品，他们的动机常常超出了利润的范畴。智力、思想和商业上的进取心罕见地整合在一起，塑造了苏格兰启蒙运动的文学和学术出版。如果说 18 世纪后期的出版文化是"庞大的迷宫"，那么位于迷宫中心的则是一批卓越的苏格兰作者和出版者，他们的成就对启蒙运动与书业产生了深远的影响，这种影响不局限于苏格兰，遍及不列颠各地。

注　释

导　论

1. Porter, *Enlightenment*, quoting 91, 85, 479, 76, 77（"印刷爆发"）, 87 and 94（"印刷繁荣"）, 95（"印刷资本主义"）.

2. Brewer, *Pleasures of the Imagination*, chaps. 3 and 4, quoting 137, 125, 187, 191, xxvii, 190, 196.

3. Melton, *Rise of the Public*, chaps. 3 and 4, quoting 115.

4. Gay, *Enlightenment*, 2:57–83.

5. Woloch, *Eighteenth-Century Europe*, 189–190.

6. Munck, *Enlightenment*, chap. 4, quoting 105; Blanning, *Culture of Power*, pt. 2, "The Rise of the Public Sphere," quoting 140. 另见 Hesse, "Print Culture in the Enlightenment," 369–371。

7. Hesse, "Books in Time," 21.

8. Darnton, *Forbidden Best-Sellers*; Eisenstein, *Grub Street Abroad*; Birn, *Forging Rousseau*; Hesse, "Print Culture in the Enlightenment"; Johns, *Nature of the Book*; Furdell, *Publishing and Medicine*.

9. 参见 McKendrick, Brewer, and Plumb, *Birth of a Consumer Society*。

10. Darnton, *Business of Enlightenment*.

11. Tucoo-Chala, *Charles-Joseph Panckoucke*；Selwyn, *Everyday Life in the German Book Trade*；Zachs, *First John Murray*；Birn, *Forging Rousseau*；以及对纳沙泰尔印刷公司（Société typographique de Neuchâtel）及其出版物的各项研究，尤其是罗伯特·达恩顿的著作。

12. 对目录学的一篇最近介绍，参见 Bishop, "Book History"。

13. Roberts, *Memoirs*, 1:103.

14. St. Clair, *Reading Nation,* chap. 5; Kernan, *Printing Technology*, 76.

15. *AHR* Forum, quoting Johns, "How to Acknowledge a Revolution, " 124.

16. Smith and Marx, *Does Technology Drive History?*

17. 在法国背景下对该观点的考察，参见 Turnovsky, "Enlightenment Literary Market," 387–410。

18. Brewer, *Pleasures of the Imagination*, 158.

19. Foucault, "What Is an Author?" 101–120.

20. Johns, "How to Acknowledge a Revolution," 117.

21. Johns, *Nature of the Book*, 30, 52.

22. Darnton, "What Is the History of Books?" 135.

23. McKitterick, *Print, Manuscript*, 5. 另见 Febvre and Martin, *Coming of the Book*；and Eisenstein, *Printing Press*。

24. 这个趋势始于傅勒（Furet）、波乐密（Bollème）和罗什（Roche）的先驱性作品《18世纪法国的书籍与社会》(*Livre et société dans la France du 18e siècle*) 的出版，相关讨论参见 Darnton, "Social History of Ideas"。

25. Gillespie and Hadfield, *Irish Book in English*；Suarez and Turner, *Cambridge History of the Book in Britain*, vol. 5, 其中强调了英文书籍；Brown and McDougall, *Edinburgh History of the Book in Scotland*, vol. 2；还有 Gross and Kelley, *Extensive Republic*, the sequel to Amory and Hall, *Colonial Book in the Atlantic World*。另见 Fleming, Gallichan, and Lamonde, *History of the Book in Canada*, vol. 1。

26. Price, Introduction, 12.

27. 例如，参见 Solomon, *The Rise of Robert Dodsley*, 263："毋庸置疑，他是那个时代最重要的出版者，那个时代的书籍印刷和销售史被命名为'多兹利时代'。"

28. 例如，参见 Outram, *Enlightenment*, chap. 9: "The End of the Enlightenment: Conspiracy and Revolution?"。

29. Garrard, "Enlightenment and Its Enemies," 671，以及加勒德引用的罗伯特·沃克（Robert Wokler）的文章。

30. Garrard, *Counter-Enlightenments*; McMahon, *Enemies of the Enlightenment*; Mali and Wokler, *Isaiah Berlin's Counter-Enlightenment*.

31. Smith, *Enlightenment,* 35. 尽管人们普遍认为"启蒙运动"这个词直到恩斯特·卡西尔（Ernst Cassirer）的《启蒙哲学》(*The Philosophy of the Enlightenment*) 在 1951 年被翻译成英文出版的时候才开始被广泛使用，但是史密斯 1934 年的这本书不仅使用了《启蒙运动：1687—1776 年》(*The Enlightenment, 1687–1776*) 的标题，还包含了名为"启蒙运动的特征"的章节，作者一开始就谈到"那场巨大的精神革命一直被德国人称作 Aufkläung（启蒙），有时被英语作家称为 Illumination（启发、阐明），现在我们叫它启蒙运动"（第 32 页）。

32. McMahon, "Happiness and *The Heavenly City*," quoting 682; Wright, "Pre-Postmodernism of Carl Becker"; Gay, "Carl Becker's Heavenly City". 还有 Gay 的 *Enlightenment*（例如，1:18），其中断言启蒙运动的"领导人是无神论者"。

33. Horkheimer and Adorno, *Dialectic of Enlightenment,* quoting xvi and 3.

34. Gray, *Enlightenment's Wake*, 178; Rosenau, *Post-Modernism and the Social Sciences*, 128–129; Garrard, "Enlightenment and Its Enemies," 675.

35. 参见戴维·A. 霍林格（David A. Hollinger）对这个观点的批判，"Enlightenment and the Genealogy of Cultural Conflict," quoting 9。

36. 例如，参见 Darnton, "Case for the Enlightenment," 17："与霍克海默和阿多诺一样，格雷一直在思考法国启蒙哲人究竟写了些什么。他对他所说的启蒙事业的描述很模糊，也没有事实依据，并且谴责该事业没有后现代主义哲学所设定的标准。"参见 Gordon, "Post-structuralsim and Post-Modernism," esp. 345 关于"这种针对与启蒙运动无关的事物的福柯式写作风格，以及在这个过程中对启蒙运动的含蓄批判"；Williams, "Enlightenment Critique," esp. 641；and Wilson, "Postmodernism and the Enlightenment," 648–649。

37. Baker and Reill, *What's left of Enlightenment*; Gordon, *Postmodernism and Enlightenment*.

38. Schmidt, *What Is Enlightenment?*; Goodman and Wellman, *Enlightenment*.

39. Muthu, *Enlightenment against Empire*.

40. Bonner, *Reclaiming the Enlightenment*.

41. Pocock, *Barbarism and Religion,* 1:7–10, quoting 9–10; Hunter, *Rival Enlightenments;* Muthu, *Enlightenment against Empire*, 260–266.

42. Outram, *Enlightenment,* 2–4. Cf. Goodman and Wellman, *Enlightenment*, 3.

43. Darnton, "Case for the Enlightenment," 4.

44. Robertson, "Case for Enlightenment"；Robertson, "Scottish Contribution to the Enlightenment." 罗伯逊在比较思想史的典范之作《启蒙运动实例》（*Case for the Enlightenment*）的第一章中全面阐述了他的立场，我在本书进行最终修订的时候拿到了这部作品。

45. Schmidt, "What Enlightenment Was," 659.

46. Garrard, "Enlightenment and Its Enemies," 667, quoting Muthu, "Enlightenment Anti-Imperialism," 999.

47. Goodman, "Difference"；Goodman, *Republic of Letters*; Gordon, *Citizens without Sovereignty*; Jacob, *Living the Enlightenment*; Outram, *Enlightenment*; Roche, *Lesiècle des lumières*; McElroy, *Scotland's Age of Improvement*; Clark, *British Clubs and Societies*.

48. Steintrager, *Cruel Delight*.

49. 参见罗伯逊、谢尔（Sher）和伍德（Wood）的文章（出自 Wood, *Scottish Enlightenment*）。

50. Herman, *How the Scots Invented the Modern World*, 引自英国平装版前言（*Scottish Enlightenment*, 第 vii 页）和美国版序言（第 9—10 页）。

51. Herman, *How the Scots Invented the Modern World*, 361.

52. 关于三 K 党的苏格兰文化根源，参见 Hancock, "Scots in the Slave Trade"；and Hook, *From Goosecreek to Gandercleugh*, chap. 11。

53. Rankin, *Fleshmarket*, 219.

54. Porter, *Enlightenment*, 243.

55. Himmelfarb, *Roads to Modernity*, 13.

56. Porter and Teich, *Enlightenment in National Context*，该领域的重要作品。

57. Sher, "Science and Medicine," 99–156.

58. 例如，参见 Broadie, *Cambridge Companion*；Crawford, *Scottish Invention of English Literature*；Court, *Institutionalizing English Literature*；Miller, *Formation of College English*；McCullough, *John Gregory*；Dean, *James Hutton*；Sakamoto and Tanaka, *Rise of Political Economy*；Hont and Ignatieff, *Wealth and Virtue*；Donovan, *Philosophical Chemistry*；Bryson, *Man and Society*；Berry, *Social Theory of the Scottish Enlightenment*；Howell, *Eighteenth-Century British Logic*。

59. Venturi, "European Enlightenment," 22–23.

60. Porter, *Enlightenment*, 478–479.

61. Golinski, *Science as Public Culture*, 43, 13, 71–76.

62. Gascoigne, *Joseph Banks and the English Enlightenment*; Golinski, *Science as Public Culture*; Uglow, *Lunar Men*; Levere and Turner, with Golinski and Stewart, *Discussing Chemistry and Steam*.

63. Brewer, *Pleasures of the Imagination*; Sloan with Burnett, *Enlightenment*; Anderson et al., *Enlightening the British*; Chambers, *Joseph Banks*.

64. Barber, *Studies in the Booktrade*, chap. 16, 探讨欧洲大陆最重要的英语书籍重印者、巴塞尔的 J. J. 图尼森（J. J. Tourneisen），他的出版物包括 1787—1799 年苏格兰启蒙运动作者的 23 本书。近期对苏格兰启蒙运动书籍的德文、法文译本重印本及其在欧洲大陆的影响的研究，包括：费边（Fabian）的《18 世纪德国的英语书籍》（*The English Book in Eighteenth-Century Germany*），奥兹－扎尔茨贝格尔（Oz-Salzberger）研究亚当·弗格森的著作《译解启蒙运动》（*Translating the Enlightenment*），施密特（Schmidt）关于德国莪相诗歌的著作《"北方的荷马"与"浪漫主义之母"》（*"Homer des Nordens" und "Mutter der Romantik"*），加斯基尔的《莪相的接受》（*Reception of Ossian*），戈登（Gordon）的《没有君主的公民》（*Citizens without Sovereignty*）第四章有关让－巴普蒂斯特·叙阿尔（Jean-Baptiste Suard）在法国的翻译，S. J. 布朗（S. J. Brown）的《威廉·罗伯逊与帝国的扩张》（*William Robertson and the Expansion of Empire*）中约翰·伦威克（John Renwick）和理查德·B. 谢尔撰写的章节，道森（Dawson）和默里（Morère）的《启蒙运动时期的苏格兰与法兰西》（*Scotland and France*）中皮埃尔·卡尔博尼（Pierre Carboni）和戴得利·道森（Deidre Dawson）撰写的章节，马勒布（Malherbe）的《对欧洲的冲击》（"Impact on Europe"）和伦德科布（Rendekop）的《里德在英国、德国、法国和美国的影响》（"Reid's Influence"）。德文译本在科勒密（Klemme）的《苏格兰启蒙运动在德国的接受》（*Reception of the Scottish Enlightenment in Germany*）和上述施密特的著作中重印。

65. Bassnett, *Translation Studies*.

66. Armitage, "Three Concepts of Atlantic History," 11.

67. Chaplin, "Expansion and Exceptionalism," 1439–1440.

68. Devine, *Scotland's Empire*; and Michael Fry, *Scottish Empire* and *"Bold, Independent, Unconquer'd and Free."*

69. Rubin, "What Is the History of the History of Books?" 555–576, esp. 566; Amory and Hall, *Colonial Book.*

70. Deazley 的 *On the Origin of the Right to Copy* 讨论了所有相关版权案例。关于许多小册子文学的讨论，参见 Rose, *Authors and Owners*。

71. 对本章呈现的关于著作权的几个方面更充分的讨论，参见 Sher, "Corporatism and Consensus," 32–93。

72. Deazley, "Myth of Copyright," 106–133; Ross, "Copyright and the Invention of Tradition," 1–27.

73. Belanger, "Publishers and Writers," 21.

74. Pollard, "English Market."

75. 圣克莱尔将这个过程称为"分层向下"或者"价格在需求曲线离散的阶段向下移动"（《浪漫主义时期的阅读民族》，第 32 页）。我比较喜欢使用"缩编"这个更简单的词。

76. St. Clair, "Political Economy of Reading," 8.

77. 参见罗宾·奥尔斯顿（Robin Alston）的综合数据库，"Library History: The British Isles–to 1850," at www.r-alston.co.uk/contents.htm。

78. Quoted in Collins, *Profession of Letters*, 57, 112.

79. Darnton, "What Is the History of Books?" 111. 另见 Adams and Barker, "New Model"，提供了一种面向过程而非面向人的书籍史循环版本：出版、制造、传播、反馈和留存（第 15 页）。

80. 参见戴维·艾伦的以下文章："Scottish Enlightenment and the Readers of Late Georgian Lancaster," 267–281；"Some Methods and Problems in the History of Reading," 91–124；"Eighteenth-Century Private Subscription Libraries," 57–76；"A Reader Writes," 207–233；and "Opposing Enlightenment," 301–321。感谢戴维·艾伦允许我阅读他即将出版的书的草稿，标题暂定为《制造不列颠文化：英语读者和苏格兰启蒙运动》（*Making British Culture: English Readers and the Scottish Enlightenment*）。

81. "这个证据允许我们大体描绘出阅读的总体模式，偶尔描绘特定读者的反应的详细情节，但不是将两者整合在一起。"（Allan, "Some Methods and Problems," 109）雷文的话引自对雷文的介绍，参见 Small, and Tadmor, *Practice and Representation of Reading*, 15。

82. Rosenau, *Post-Modernism and the Social Sciences*, 25–41; Fish, *Is There a Text in This Class?* Cf. Goldstein, "Reader-Response Theory and Criticism"; and Chartier, *Order of Books*, preface and chap. 1.

83. Love, *Culture and Commerce of Texts*; Fox, *Oral and Literate Culture*; Ezell, *Social Authorship*; Justice and Tinker, *Women's Writing*; Hall, *Cultures of Print.*

84. 例如，参见 McKenzie, *Making Meaning*；and Tanselle, *Literature and Artifacts*, 312。

85. Darnton, *Forbidden Best-Sellers*, 184.

86. Blair, *Sermons*, 3:34.

87. [Creech], *Letters to Sir John Sinclair*, 12.

88. Zachs, *Hugh Blair's Letters to His Publishers*.

89. Brewer, *Pleasures of the Imagination*, 140.

第一章

1. McCosh, *Scottish Philosophy*, 95.

2. Wood, *Aberdeen Enlightenment*, 40–49.

3. Sher, "Book," 43–47; and Fieser, Introduction.

4. Boswell, *Ominous Years*, 278.

5. Christensen, *Practicing Enlightenment*, 130–131.

6. Gaskell, *New Introduction to Bibliography*, 80–86.

7. 举例来说，组成休谟的《英格兰史》4 开本第一版的一些单册是用大型（皇家）纸张印刷的，与用英国标准尺寸（demy）纸张印刷的标准图书相比，它们的价格要高出50%。参见 Todd, "David Hume," 189–121。

8. 语义复杂性的讨论，参见 Tanselle, "Concept of Format," 67–116。

9. Box, *Suasive Art*.

10. 主题的讨论以及复制的表格参见 Basker, "Scotticisms," 81–95。

11. 关于休谟改名，参见 Christensen, *Practicing Enlightenment*, 57n14。

12. 贝蒂 1778 年 1 月 5 日致西尔维斯特·道格拉斯，引自 Forbes, *Account*, 2:16–17。

13. 休谟的对手詹姆斯·贝蒂在 1778 年恰好使用了相同的手段，试图界定他的诗的真作，他计划发行"一卷选集，收录所有我愿意承认属于作者的诗……放弃其他所有诗作，宣布它们是幼稚的或错误的"（Beattie, *Day-Book*, 212）。

14. Carnochan, "Trade of Authorship," 138.

15. Sturrock, *Language of Autobiography*, 119–120.

16. Cf. Stewart, "Hume's Intellectual Development," 53–55.

17. 参见汤姆·L. 比彻姆（Tom L. Beauchamp）对休谟《人类理智研究》和《道德原则研究》的导读，出自克拉伦登评注版本的休谟作品，由汤姆·L. 比彻姆、戴维·费特·诺顿（David Fate Norton）和 M. A. 斯图尔特（M. A. Stewart）共同编辑。

18. John Home (Hume's brother) to Strahan, 2 Sept. 1776, in Hume, *Letters of Hume to Strahan*, 346.

19. John Home to Strahan, 25 Feb. and 13 Mar. 1777, ibid., 361–363.

20. Smith to Strahan, 9 Nov. 1776, in Smith, *Correspondence*, 217–221.

21. Strahan to John Home, 3 Mar. 1777, NLS, MS 23158, no. 44.

22. 斯特拉恩也没有遵守遗嘱附录中的另一个指示，没有出版休谟有争议的手稿《自然宗教对话录》（*Dialogues concerning Natural Religion*）。不过，休谟应该预感到了这种反应，因为遗嘱附录规定，如果这部作品"在我死后的两年半之内没有出版"（*LDH*,

2：453），手稿就要归还给他的侄子。负责 1779 年在爱丁堡出版这本书的人显然就是
休谟的侄子。

23. Strahan to John Home, 3 Mar. 1777, NLS, MS 23158, no. 44; Strahan to Smith, 26 Nov. 1776, and Smith to Strahan, 2 Dec. 1776, in Smith, *Correspondence*, 222–224.

24. [Strahan and Cadell], *Books Printed for W. Strahan, and T. Cadell in the Strand*, 8.

25. Foucault, "What Is an Author?" quoting 107, 118–119.

26. Genette, *Paratexts*, xviii.

27. McLaverty, *Pope, Print and Meaning*, 56; Foxon, *Pope*.

28. McLaverty, *Pope, Print and Meaning*, 48; Mack, *Alexander Pope*, 333–334.

29. Mack, *Alexander Pope,* 333; McLaverty, *Pope, Print and Meaning*, 50.

30. Nichol, *Pope's Literary Legacy*; Piper, *Image of the Poet*, chap. 2.

31. Mossner, *Life of David Hume*, 116.

32. McLaverty, "Contract," 206–225; Foxon, *Pope*, 100–101.

33. Home to Elliot, 1 June [1757], NLS, MS 11009, fols. 141–142.

34. Sher, *Church and University*, 74–92.

35. Emerson, "Social Composition," 291–329; "Select Society" in *ODNB*; Phillipson, "Culture and Society," 407–448.

36. McElroy, *Scotland's Age of Improvement*, 48–64.

37. Brown, *Francis Hutcheson in Dublin*.

38. Moore, "Two Systems," 37–59, and *ODNB*.

39. Hutcheson to Thomas Drennan, 15 June 1741, Glasgow University Library, MS Gen. 1018.

40. Leechman, "Preface."

41. Sher, "Professors of Virtue," 94–99.

42. Stewart, "Account," 271, 333–334.

43. Preface to the *Edinburgh Review*, no. 1, i–iv, in Mizuta, *Edinburgh Reviews*. 卷首语的作者有时被认为是亚历山大·韦德伯恩，他是一个年轻的爱丁堡律师，后来在政府中平步青云，当上了御前大臣，获得了拉夫伯勒勋爵（Lord Loughborough）和罗斯林伯爵（Earl Rosslyn）的爵位。然而无论卷首语的作者是谁，我们都可以认为它反映了期刊所有合作者的共同看法。

44. Allan, *Virtue*, 159.

45. Voltaire, "M. De Voltaire to the Authors of the *Literary Gazette*."

46. Rider, *Historical and Critical Account*, 13–14.

47. *Scots Magazine* 26 (1764): 465–468, quoting 466.

48. 火上浇油的是，斯特拉恩把这封信给詹姆斯·贝蒂看了（贝蒂很惊讶），虽然他十分清楚地知道，这样做肯定会使信里的内容在贝蒂的众多英国朋友之间流传开来（Beattie, *London Diary,* 34–35[16 May 1773]）。

49. Roberts, *Memoirs of Hannah More*, 1:241.

50. Smith, "Some Eighteenth-Century Ideas," 107–124.

51. Smollett to Moore, 2 Jan. 1758, in Smollett, *Letters*, 65.

52. Campbell, *Diary*, 76.

53. Brewer, "Misfortunes," 20; Colley, *Britons*, 121.

54. Campbell, *Diary*, 74（强调是坎贝尔所加）.

55. Quoted in Clark, *Samuel Johnson*, 66.

56. Walpole, *Works*, 1:492.

57. 引自凯瑟琳·特纳（Katherine Turner）在 *ODNB* 中写的布赖登传记。次年，布赖登被任命为印花税局的审计员，这个职位每年能拿到 600 英镑。

58. Walpole, *Correspondence*, 29:104–105.

59. Mickle to Boswell, ca. 21 Sept. 1776, Boswell Papers, Yale University, C 2011; J. J. Caudle's biography in *ODNB*.

60. *Edinburgh Magazine and Review* 5 (May 1776): 208.

61. Dwyer, "*Caledonian Mercury*," 152, quoting from the *Caledonian Mercury*.

62. Denina, *Essay*.

63. Smollett, *Humphry Clinker*, 227.

64. [Creech], *Letters to Sir John Sinclair*, 11–12.

65. Zachs, *First John Murray*, 254.

66. Scott, *Francis Hutcheson*, 265; Sher, *Church and University*, 4.

67. Sher, "Scotland Transformed."

68. Stewart, "Dissertation," 551nS.

69. Voltaire, "Men of Letters," in Diderot, *Encyclopedia*, 168.

70. Sher, "Science and Medicine," 99–156.

71. Boswell, *Great Biographer*, 32–33 (13 Jan. 1790). 关于 18 世纪更早期的"奢侈的对开本"的衰退，参见 Foxon, *Pope*, 64。

72. Robertson to Andrew Strahan, 13 Mar. 1791, EUL, La.II.241; Smitten, "Robertson's Letters," 36–54.

73. Blair to William Strahan, 10 Apr. 1778, EUL, Dc.2.76, no. 10.

74. Douglas to Alexander Carlyle, 20 Mar. 1773, EUL, Dc.4.41, no. 21, negotiating for Joseph MacCormick's *State-Papers and Letters, Addressed to William Carstares*(1774).

75. Bennett, *Trade Bookbinding*.

76. Kames to William Creech, 9 Sept. 1776, Fraser-Tytler of Aldourie Papers, NRAS 1073, bundle 24.

77. *Plan and Catalogue of Cooke's Uniform, Cheap, and Elegant Pocket Library* (1794), quoted in Ezell, *Social Authorship*, 137. 1816 年卡德尔和戴维斯发行的《珍本书目录》（*A Catalogue of Valuable Books*）中，彭斯和莪相的《诗集》、亨利·麦肯齐和约翰·穆尔的各种小说、休谟的《英格兰史》以及罗伯逊的《作品集》都将出版微型的 18 开本，读者甚至还可以买到更小的 32 开本的休谟和斯摩莱特的历史作品。

78. Hailes to Sir Adam Fergusson of Kilkerran, 3 June 1774, NLS, MS 25302, fol. 5.

79. Gaskell, *New Introduction to Bibliography*, 161.

80. 1782 年，蒙博多勋爵的《古代形而上学》（编号 204）第一卷只印刷了 300 册，两年后出版的第二卷印数与之相同（SA 48815，第 63 和 79 页）。已知初版印数大于 2000 册的有：约翰·霍姆 1758 年的剧本《阿吉斯》（4500 册）和 1760 年的剧本《围攻阿奎利亚》（4000 册）；大卫·休谟 1759 年出版的《英格兰史》第三卷和第四卷（关于都铎王朝）（2250 册）；威廉·罗伯逊的《查理五世统治史》（4000 册），《美洲史》（3000 册），《关于古人对印度的了解的历史探究》（3000 册），《美洲史》第九册和第十册（750 册 4 开本和 1500 册 8 开本）；约翰·穆尔的《意大利社会和风貌概览》（3000 册）和《爱德华》（3000 册）；威廉·巴肯《家用医疗》（超过 5000 册）和《不列颠百科全书》（后来据说是 3000 册）。这个目录里面的几本书带有 "n/a" 的流行级别标记，因为它们后来与其他作品合并了。

81. 有一本书的印数是 2098 册，归到 2000 册这一类；有一本书的印数是 800 册，归到 750 册这一类；有一本书的印数是 612 册，归到 500 册这一类。詹姆斯·贝蒂的《吟游诗人》根据第一部的印数被算作 500 册，尽管其第二部的第一版印数是 750 册。亚历山大·道的《印度斯坦史》（*History of Hindostan*）根据第一卷的印数被算作 750 册，尽管其第三卷的第一版印数是 1000 册。

82. 略微低的估计参见 Zachs, *First John Murray*, 68；Hernlund, "William Strahan's Ledgers," 104。但是，查德（Chard）的《从书商到出版者》（"Bookseller to Publisher"）认为，约瑟夫·约翰逊出版的书经常印刷 750 册；雷文认为，750 册是出版行业的标准印数，参见 Raven, "Publishing and Bookselling," 32。

83. Strahan to Hume, 25 May 1771, NLS, MS 23157, no. 63.

84. Boswell to Andrew Erskine, 6 Mar. 1793, in Boswell, *Correspondence and Other Papers*, 399.

85. Kafker, "Achievement," 139–152; Yeo, *Encyclopaedic Visions*, chap. 7.

86. Beattie, *London Diary*, 35.

87. Zachs, *First John Murray*, 36.

88. Murray to Gilbert Stuart, 11 Dec. 1775, quoted in Zachs, *First John Murray*, 63.

第二章

1. Brougham, *Lives*, 1:259.

2. Gay, *Enlightenment*, 1:17.

3. Cockburn, *Memorials*, 57.

4. Phillipson, *Scottish Whigs*.

5. Quoted from Benger, *Memoirs of Elizabeth Hamilton* (1818), in Thaddeus, "Elizabeth Hamilton's Domestic Politics," 271. 一些 18 世纪苏格兰女性作者的选集出自 McMillan, *Scotswoman*。

6. 关于这个话题的文学作品实在太多，无法一一列举，不过可以参见特纳的《以笔为生》

（*Living by the Pen*），书中有一个数据库，包含 446 本 18 世纪的散文小说，它们的作者是 174 位不列颠女性，其中苏格兰人非常少；Todd, *Dictionary*；Jones, *Women and Literature*；Prescott, *Women*；Schellenberg, *Professionalization of Women Writers*。

7. Goodman, *Republic of Letters.* 罗伯特·达恩顿统计过几百位 18 世纪中期在巴黎的作者（*Great Cat Massacre*, 154），只有 16 人是女性。Hesse 的 *Other Enlightenment* 讨论了法国大革命对女性作者的解放。

8. Graham, "Women of Letters," in *Scottish Men of Letters,* 311–354; and Graham, *Group of Scottish Women*, 178–198.

9. 1772 年，让·马利歇尔（Jean Marishall）（或者简·马歇尔［Jane Marshall］）在爱丁堡出版了一部喜剧故事《哈利·同性之爱先生》（*Sir Harry Gaylove*），托马斯·布莱克洛克为该书撰写了序言，还有一个很长的认购名单，名单里包括詹姆斯·贝蒂、詹姆斯·博斯韦尔、亚当·弗格森、大卫·休谟、凯姆斯勋爵、亨利·麦肯齐、托马斯·里德、吉尔伯特·斯图亚特、亚历山大·弗雷泽·泰特勒以及其他表一中的名字。4 年后，一本题为《散文与诗歌杂集》的书以"爱德华兹小姐"的名义在爱丁堡出版，认购的人包括贝蒂、休谟、罗伯逊和很多其他的重要苏格兰作者。伊丽莎白·汉密尔顿第一次公开发表的作品，是投稿给《闲人》期刊的一篇散文；她和乔安娜·贝利都受到过杜格尔德·斯图尔特让她们从事写作的鼓励。18 世纪 90 年代，数学家玛丽·萨默维尔（Mary Somerville）十几岁的时候，曾经从她的叔父兼养父、托马斯·萨默维尔牧师那里得到了决定性的鼓励（Neeley, *Mary Somerville*, 65）。

10. Quoted in Marshall, *Virgins and Viragos*, 221. See Moran, "From Rudeness to Refinement."

11. 至少有 26 人在某段时间进入过格拉斯哥大学，至少有 21 人在阿伯丁学院学习过，至少有 9 人在圣安德鲁斯大学学习过，还有 7 人进入过苏格兰大学（或者超过一个），虽然不能够确切认定。

12. 然而，这些人中许多人虽然受过职业训练，却没有长时间（如果有的话）从事这种职业，例如詹姆斯·赫顿和芒戈·帕克之于医学，乔治·查默斯、约翰·平克顿、约翰·辛克莱爵士、詹姆斯·斯图亚特爵士和吉尔伯特·斯图亚特之于法律，托马斯·布莱克洛克、罗伯特·赫伦、约翰·霍姆和威廉·汤姆森之于教士。

13. Anderson, preface to *Institutes of Physics* (1777).

14. 参见罗杰·L. 埃默森（Roger L. Emerson）关于爱丁堡哲学学会的系列文章。有关苏格兰的俱乐部和社团，参见 McElroy, *Scotland's Age of Improvement*。

15. Emerson, "Social Composition of Enlightened Scotland"；Sher, "Commerce"；Emerson and Wood, "Science and Enlightenment"；Ulman, "Minutes of the Aberdeen Philosophical Society."

16. *Scots Magazine* (February 1755)，quoted in McElroy, *Scotland's Age of Improvement*, 50–51.

17. Sher, "Science and Medicine," 131–134.

18. 关于共济会成员和欧洲启蒙运动间的广泛联系，参见 Jacob, *Living the Enlightenment*。虽然在欧洲大陆女性有时也参加共济会，但在苏格兰并非如此。

19. A. Mackenzie, *History*, 237–247，作为对于原稿的校正。

20. 关于彭斯诗歌中的共济会性和苏格兰性，参见 Andrews, *Literary Nationalism,* chap. 3。

21. Dwyer, *Virtuous Discourse.*

22. Playfair quoted in McElroy, *Scotland's Age of Improvement,* 169.

23. Kerr, *Memoirs,* 2:252–254.

24. Mackenzie, *Anecdotes,* 179.

25. Kerr, *Memoirs,* 2:252.

26. Arnot, *History of Edinburgh,* 304.

27. Cadell and Matheson, *Encouragement of Learning*; I. Brown, *Building for Books.*

28. 引自沃伦·麦克杜格尔在 *ODNB* 中写的希巴德传记。

29. Sibbald, *New Catalogue.*

30. Knox, *View,* 3rd ed., 580.

31. Emerson, *Professors*; Wood, *Aberdeen Enlightenment*; Ulman, *Minutes*; Conrad, *Citizenship*; Carter and Pittock, *Aberdeen.*

32. Wood, "Aberdeen and Europe," 119–142.

33. 关于后面更完整的讨论，参见 Sher, "Commerce," 312–359, and Hook and Sher, *Glasgow Enlightenment*。

34. Reid to Andrew Skene, 14 Nov. 1764, in Reid, *Philosophical Works,* 1:40.

35. Fairfull-Smith, *Foulis Press.*

36. Porter, *Enlightenment,* 242, 246.

37. 当最高民事法院不开庭的时候，蒙博多几乎每年春天都到伦敦去。参见 Cloyd, *James Burnett Lord Monboddo,* 93, 105, 134。

38. Pringle to William Strahan, 24 May 1779, NLS, Acc. 7997.

39. *LDH,* 1:436, quoted in Porter, *Enlightenment,* 243. 有关休谟的看法的更完整的讨论，参见 Livingston, "Hume," 133–147。

40. Sanderson, *Robert Adam*; Fraser, *Building of Old College,* chaps. 3 and 4.

41. Boswell, *Correspondence of Boswell and Temple,* 188.

42. Temple, *Diaries,* 42.

43. Gibbon, *Memoirs,* 166.

44. *Annals of The Club.*

45. Mitchison, *Agricultural Sir John,* 62–63, 96–97.

46. Mackenzie, *Anecdotes,* 190, 186.

47. Sher, *Church and University,* 112–113; Kerr, *Memoirs,* 1:325–328.

48. Forbes, *Account,* 1:358–364.

49. Sher, *Church and University,* 214–215.

50. Guerrini, "Scotsman on the Make," 157–176.

51. Hunter, *Two Introductory Lectures* (London, 1784), quoted in Porter, "William Hunter," 13.

52. Brock, "Happiness of Riches," 35–54. 1807 年，亨特的礼物（其中包括 8000 英镑的资金，用于建设一个博物馆以收藏他的材料）催生了现在的格拉斯哥大学的亨特博物馆和美术馆。

53. Porter and Porter, *Patient's Progress*, 126.

54. Fulton, "John Moore," 176–189.

55. Rogers, *Grub Street*; McDowell, *Women of Grub Street*; Bloom, *Samuel Johnson*.

56. 引自致巴肯伯爵的信，出自 Chambers and Thomson, *Biographical Dictionary*, 2:188。

57. Okie, "William Guthrie," 221–238; Forbes, *Hume's Philosophical Politics*, 253–258.

58. Smollett to Alexander Carlyle, 1 Mar. 1754, in Smollett, *Letters*, 33.

59. Quoted in Zachs, *Without Regard for Good Manners*, 91.

60. 参见我在 *ODNB* 中写的关于洛根的条目。

61. "William Thomson," 443; Scott, *Fasti*, 4:282.

62. Chambers and Thomson, *Biographical Dictionary*, 2:458.

63. Zachs, *First John Murray*, 213–214.

64. Russell's letters to Robinson in the Beinecke Library, Yale University, MS Vault Shelves, Cadell & Davies.

65. Chambers and Thomson, *Biographical Dictionary*, 2:315–316.

66. 参见 J. J. 考德尔（J. J. Caudle）在 *ODNB* 中写的关于米克尔的文章。

67. Pinkerton to Messrs. Longman & Co., 5 Apr. 1810, in Pinkerton, *Literary Correspondence*, 2:393.

68. *Scottish Tragic Ballads* (1781). 这部作品在 1783 年重印了第二卷，使用《苏格兰民谣精选》(*Select Scotish Ballads*) 的标题，不过 1784 年 11 月的《绅士杂志》(*Gentleman's Magazine*) 揭露了这个伪造。两年以后，平克顿在他的两卷本《苏格兰古代诗歌》(*Ancient Scotish Poems*) 中承认了这件事，后来认真编写了三卷本作品《苏格兰诗歌，据罕见版本重印》(*Scottish Poems, Reprinted from Scarce Editions*)，并于 1792 年出版。我在表二中省略了所有平克顿编写的所谓古代诗歌，无论它们是假托的还是真实的。

69. 在一封 1810 年 4 月 5 日写给朗曼公司的信中，平克顿提及已经动用遗产来出版他的一些古文物研究作品，并谈到"我已经从经验中学到，文学的工作不能为我管理金钱方面的事务提供最好的条件"(Pinkerton, *Literary Correspondence*, 2:393, 1:viii)。

70. 关于斯梅利作为爱丁堡的出版者、编辑、新闻记者和作者的多种职业经历，参见 Brown: "William Smellie and Natural History," 191–214；"William Smellie and the Culture," 61–88；and "William Smellie and the Printer's Role," 29–43。

71. Sinton, "Robert Heron," 17–33; *ODNB*. 赫伦在未出版的《我的管理日记，开始于 1789 年 8 月 14 日》("Journal of My Conduct, begun Aug. 14, 1789", EUL, La.III.272) 中，悲切地描绘了他在爱丁堡格拉布街的痛苦生活。

72. Baines, "Robert Heron," 168, quoting Heron.

73. Scott to John Murray, 6 Jan. 1814, in Scott, *Letters*, 3:396.

74. 这个题目涉及格思里、赫伦、洛根、拉塞尔、斯图尔特和汤普森的传记，来自 Chambers and Thomson, *Biographical Dictionary*。

75. Quoted from *Critical Review*, in Martz, *Later Career*, 24–25.

76. Heron, "Memoir," in Lindsay, *Burns Encyclopedia*, 173. 赫伦写长文强烈指责彭斯的赞助人，因为他们未能给他"微不足道的退休金，或者任何能提供适量薪水的挂名的清闲差事"（第 175 页），这种指责也可以用同样的方式理解。赫伦对彭斯生平的其他类似解释，参见 Baines, "Robert Heron," 167。

77. Darnton, "High Enlightenment," in Darnton, *Literary Underground*, chap. 1. 批评达恩顿的论点以及为他辩护的几篇文章，出自 Mason, *Darnton Debate*。

78. 除了担任过联合编辑的斯梅利以外，表一里至少还有三个人物给《爱丁堡杂志和评论》投过稿：詹姆斯·贝蒂、托马斯·布莱克洛克和威廉·理查森。虽然斯图亚特因为对亨利和蒙博多的作品做了怀有敌意的评论而声名狼藉，苏格兰文人的大多数书仍得到了正面的评价。

79. Carlyle, *Autobiography*, 199.

80. [Macky], *Journey through England*, 108; Archibald Dalzel to Andrew Dalzel, 1 Apr. 1763, EUL, Dk.7.52.

81. 关于俱乐部，参见 Carlyle, *Autobiography*, 354, 362；Mackenzie, *Account*, 56。Clark, *British Clubs*, 296, 提及 18 世纪 70 年代有一个苏格兰文学俱乐部在不列颠咖啡馆聚会；Phillips, *Mid-Georgian London*, 98, 提到一个名叫"蜜蜂之舞"的苏格兰人俱乐部在那里聚会，不过还不清楚它是不是卡莱尔或麦肯齐说到的俱乐部。关于邮件，参见 Lillywhite, *London Coffee Houses*, 133。博斯韦尔在伦敦从他的朋友坦普尔那里收到的第一封信就是寄到不列颠咖啡馆的，日期为 1760 年 4 月 5 日。

82. 海伦·安德森被称为"拥有罕见天资、能与之愉快交谈的女性"，出自 Mackenzie, *Account*, 56–57；"一个品格优秀的人"，出自 Carlyle, *Autobiography*, 354–355；"一个非常受人尊敬的人"，出自 Cumberland, *Memoirs*, 1:194。她的名声传播远及费城，亚历山大·格雷顿（Alexander Graydon）引用了坎伯兰对她的高度评价，出自 *Memoirs*, 63。

83. *British Coffee-House.*

84. Adam's term, quoted in Sanderson, *Robert Adam*, 48.

85. Adam and Adam, *Works in Architecture*, 46; Phillips, *Mid-Georgian London*, 98.

86. Millburn, *Bibliography*, 81.

87. Blair to Mackenzie, 6 Mar. 1790, in Mackenzie, *Literature and Literati*, 166.

88. Brown, "William Smellie and the Printer's Role," 31.

89. Millburn, *Wheelwright*, 222. 在该作品第一卷的开头，斯梅利在一个"作者名单"里列出了他的资料的很多来源（虽然他错误地以为《道德哲学原理》的作者是邓肯而不是福代斯）。此外，他还借用了以下苏格兰作者的作品：查尔斯·奥尔斯顿、詹姆斯·鲍尔弗、乔治·坎贝尔、威廉·卡伦、亚当·迪克森、弗朗西斯·霍姆、大卫·休谟、凯姆斯勋爵、科林·麦克劳林、亚历山大·门罗、罗伯特·西姆森、詹姆斯·斯图亚特爵士和罗伯特·怀特。盗用苏格兰作者的文章的习惯继续存在，18 世纪 80 年代中期，约翰·默里和《不列颠百科全书》的出版者打官司，因为它的第二版里的一些文章取自默里出版的吉尔伯特·斯图亚特的两本书，讨论出自 Zachs, *First John Murray*, 189–191。

90. Mackintosh, *Miscellaneous Works*, 2:466–475.

91. Blair to Burns, 4 May 1787, NLS, MS 3408, fols. 3–4.

92. 彭斯《苏格兰方言诗集》的爱丁堡版本的认购者名单中，出现 17 位表一中的作者的名字。关于苏格兰文人对麦克弗森写作裻相诗歌所起的推进作用，参见 Sher, *Church and University*, chap. 6。

93. 例如，Blair to Cadell, 20 Feb. 1794, BL, Add. MSS 28098, fols. 18–19。

94. “要是没有坎贝尔博士的许可，我不会出版任何东西。”（Beattie to Creech, 28 Oct. 1789, AUL, 30/1/290 ）

95. Campbell to William Strahan, 8 Jun. 1776, HL, MS Hyde 76, 5.2.90.2.

96. Quoted in Forbes, *Beattie and His Friends*, 46.

97. Blair to Alison, 16 Apr. [1790], Beinecke Library, Yale University, Osborn MSS 1376.

98. Dilly to Pinkerton, 26 Jan. 1797, in Pinkerton, *Correspondence*, 1:437–439.

99. Mizuta, *Adam Smith's Library*, xix.

100. Erskine, *Anonymous and Fugitive Essays*, 264–283; Duffill, “Notes on a Collection of Letters by Mungo Park,” 41.

101. 普莱费尔在爱丁堡皇家学会宣读斯图尔特和赫顿的生平的时间分别是 1786 年 4 月和 1803 年 1 月，并发表在《爱丁堡皇家学会会报》第一卷（1788）和第五卷（1805）中。

102. Mackenzie, *Account*.

103. Mackenzie to Cadell, 30 Apr. 1793, in Mackenzie, *Literature and Literati*, 181–82; Spencer, *Hume and Eighteenth-Century America*, 202–204.

104. Kerr, *Memoirs*, 2:417–422. 斯梅利的名单包括阿诺特、艾利森、布莱尔、贝蒂、布莱克、布莱克洛克、蒙博多、坎贝尔、卡伦、海斯勋爵、亚当·弗格森、赫顿、门罗一世、罗伯逊和威尔基，另外还有表一中没有出现的 6 名作者。

105. Ross, *Lord Kames*, esp. chap. 13; Sher, “Something That Put Me in Mind of My Father,” 64–86.

106. Tytler, *Memoirs of Kames*, v.

107. Sinclair, *Correspondence*, 1:238, 387, 433, 435–436. 辛克莱也称赞了他的前辈导师约翰·洛根，还有约翰·吉利斯、詹姆斯·布鲁斯、巴肯伯爵、海斯勋爵、约翰·平克顿、约翰·霍姆、威廉·卡伦和詹姆斯·格雷戈里。

108. Moore, “Life of Smollett” ; Ferguson, “Minutes” (read to the Royal Society of Edinburgh in Aug. 1801); Heron, “Memoir,” in Lindsay, *Burns Encyclopedia*, 166–182.

109. 参见 Mossner, *Life of David Hume*, chap. 26; Lonsdale, “Thomas Gray,” 57–70。

110. 寄给詹姆斯·格雷戈里的信件，例如 1783 年 4 月 7 日和 6 月 8 日的信显示，里德感到欠了格雷戈里很大的人情，因为格雷戈里阅读和评论了他的作品原稿，帮助他通过出版社这一关，还提供了道义上的支持；显然斯图尔特也对里德有类似的恩惠(Reid, *Correspondence*, 162–163)。

111. 斯图尔特和格雷戈里在爱丁堡的学位头衔是根据他们的姓名记录的，里德在爱丁堡的马修学院和格拉斯哥大学讲课时间接地暗示过。在 1785 年 5 月 2 日的一封致格雷戈里的信中，里德附了一篇后来成为那个题词的"书信体诗文"。他交给斯图尔特和格雷戈里去决定，"是由于你有博士学位，先写你［格雷戈里］的名字，还是因为斯图尔特先生有教授资历，先写他的名字"（Reid, *Correspondence*, 173）。

112. [Thomson], Thomas Newte, *Prospects and Observations*, 2–3, 61–67, 188–189, 200, 366–367.

113. Suderman, *Orthodoxy and Enlightenment*, 28.

114. [Russell], *History of Modern Europe*, 5:514.

115. 例如在《古代形而上学》（1779）第一卷的前言中，关于休谟和"他的朋友们"针对贝蒂的"文体"的毁谤性质的控告，蒙博多显然是为贝蒂辩护，但是他强调他自己对休谟的回答是"绝对冷静客观的"，避免"气量狭小的漫骂，即使有最好的理由，失去理智都是不对的"（第 vi 页）。

116. Gay, *Enlightenment*, 1:6.

117. 在左倾的文人中，有些人的思想意识从未得到过确切的查证，他们是亚历山大·亚当、詹姆斯·安德森、约翰·安德森、罗伯特·彭斯、巴肯伯爵、弗朗西斯·哈奇森、马尔科姆·莱恩、詹姆斯·麦金托什爵士、约翰·米勒、约翰·穆尔、威廉·奥格尔维、约翰·平克顿、约翰·普莱费尔、托马斯·里德、威廉·斯梅利和吉尔伯特·斯图亚特。

118. Mackenzie, *Letters to Elizabeth Rose*, 205n6.

119. Carlyle, *Autobiography*, 534–535.

120. 有关这一点及下文讨论的其他几个问题，参见 Griffin, introduction to *Faces of Anonymity*。

121. 这些数字与雷文给出的 18 世纪晚期不列颠和爱尔兰小说的数字相一致，出自 Raven, "Anonymous Novel," 141–166。

122. Foucault, "What Is an Author?" 109–110. Cf. Chartier, *Order of Books*, 31–32.

123. Cf. Griffin, introduction to *Faces of Anonymity*, esp. 4 and 9–10.

124. Forbes, *Beattie and His Friends*, 57.

125. Reid to Ogilvie, 7 Apr. 1789, in Reid, *Correspondence*, 204.

126. Ross, *Lord Kames*, chaps. 6 and 8.

127. Constable, *Archibald Constable*, 2:203.

128. Griffin, introduction to *Faces of Anonymity*, 6, 15. 就 18 世纪晚期出版文化的整体而言，格里芬的断言可能是正确的，因为某些形式的印刷作品，如小册子和短命出版物，还有某些体裁的作品，如小说，它们主要是匿名的。但是除非苏格兰作者是非典型的，就非虚构类作品而言，占优势的是完全不同的出版方式。

129. "Critical Remarks," 91.

130. 约翰·佩恩（John Payne）［罗伯特·赫伦？］的《世界地理的全新完整体系》是可以与格思里的书匹敌的地理学作品，该书的一个广告指责格思里的《地理》的一些内容抄袭了一部更早的德国的地理学作品——安东·弗里德里希·比兴（Anton Friedrich Büsching）的《新地理学》（*Neue Erdbeschreibung*）。该书由帕特里克·默多克（Patrick Murdoch）翻译成英语，并在 1762 年由安德鲁·米勒在伦敦出版，英文版的题目是《新地理学体系》(*A New System of Geography*)。

131. Mayhew, *Enlightenment Geography*, 40.

132. 詹姆斯·安德森的《农业、自然史、艺术和各种文学中的娱乐》(编号 351)仅次于此，作者的头衔有"法学荣誉博士、FRS 和 FSA．E．"(显然代表苏格兰文物研究学会)，英国、法国、俄国、德国和美国的十个学术团体的全称，还有"拥有数种成就的作者"这句话。

133. Donovan, *Philosophical Chemistry*, 5.

134. Ferguson to Sir John Macpherson, 15 July 1799, in Ferguson, *Correspondence*, 2:456.

135. Strahan to Robertson, 17 May 1791, NLS, MS 3944, fols. 42–43(增加强调)。

136. Porter and Porter, *Patient's Progress*, esp. 23–24 and chap. 6.

137. Blair to Hume, 24 Feb. 1766, NLS, MS 23153, no. 56.

138. 参见 Sher, "Early Editions," 13–26。

139. Smith to Strahan, [winter 1766–1767], in Smith, *Correspondence*, 122.

140. Ross, *Life of Adam Smith*, 151.

141. Chartier, *Order of Books*, 52.

142. Pointon, *Hanging the Head*, 128. Cf. Festa, "Personal Effects"；Rauser, "Hair"；Carter, *Men and the Emergence of Polite Society*, chap. 4.

143. Carlyle, *Autobiography*, 199.

144. Clayton, *English Print*. 随后的讨论局限于书籍卷首肖像，那些作者肖像印刷成的图片从未在书中出现，不过有时会单独销售或者与杂志一起出版。

145. Smart, *Allan Ramsay, Painter*, 204–207.

146. 参见 Gaskell, *New Introduction to Bibliography*, 158–159；Griffiths, *Prints and Printmaking*；Hind, *History of Engraving*；Gascoigne, *How to Identify Prints*；and Clayton, *English Print*, 13–14。有关特定肖像的资料有时来源于 Ormond and Rogers, *Dictionary*, vol. 2。

147. Smart, *Allan Ramsay, Painter*, App. B; Weindorf, *Sir Joshua Reynolds*, 96. 当然，请这些画家绘制半身或者全身肖像画要支付更高的价格。

148. 但是，1767 年，大卫·马丁在根据拉姆齐的肖像制作版画时使用了金属版印刷法。参见 Smart, *Allan Ramsay: Complete Catalogue*, 139。

149. 斯摩莱特实际上曾经是休谟的友好竞争者。他的《续英格兰全史》起初在 1760—1765 年由鲍德温出版，这部写到 1765 年的作品不是休谟的续作，而应该是续写他自己中断于 1748 年的《英格兰全史》(编号 49)。卡德尔和鲍德温将《英格兰全史》的最后一部分 (时间跨度是 1688—1748 年) 与《续英格兰全史》的前四卷 (时间跨度是 1748—1760 年) 合并起来，增加了一些修订和一个新标题，并用斯摩莱特的名字推销这部作品。关于这个故事的一些方面，参见 Knapp, "Publication," 295–308。

150. 这段广告附在斯摩莱特的《英格兰史》第一卷的前面。

151. Smollett, *History of England*, 5:299. 这个章节最初在斯摩莱特的《续英格兰全史》中出现后，立刻被苏格兰的新闻界摘录了 (例如，*EEC*，1761 年 10 月 17 日)。

152. Robertson to Strahan, 7 Aug. 1771 (quoted), and Robertson to Cadell, 6 Sept. 1771,

Bodleian Library, Oxford, MS 25435, fols. 307–308, 312–313.

153. Sher, "*Charles V*," 177.

154. 参见乔治·罗姆尼（George Romney）绘制于 1779—1780 年的戴着粉色假发的极为不同的肖像（NPG 5804）。

155. *EEC*，1781 年 3 月 3 日。类似地，在凯瑟琳·麦考利（Catharine Macaulay）的《英格兰史》首次出现之后四年，该作品的第三卷出版时带有一幅作者卷首肖像。

156. Blair to Strahan, 5 May 1780, in Zachs, *Hugh Blair's Letters to His Publishers.* 随后的讨论中涉及的布莱尔的其他信件，内容也来源于此。

157. Pointon, *Hanging the Head*, 131.

158. 关于 1789 年博斯韦尔在英格兰北部旅行时遇到的丢失假发的危机，参见 Boswell, *Great Biographer*, 11。

159. 在爱丁堡石匠的一个联合会中，彭斯被誉为"卡尔多尼亚（即古苏格兰）的吟游诗人"，内史密斯和伯戈，还有彭斯的赞助人格伦凯恩伯爵和威廉·克里奇，他们都是共济会卡农门基尔维宁第二分会的会员，在彭斯来到爱丁堡时接待了他。制作画像的艺术家都没有向彭斯收费。参见 Burns to [John Ballantine], 14 Jan. 1787, in Burns, *Letters*, 1:82–84, 96；Lindsay, *Burns Encyclopedia*, 26, 137, 269。

160. Burns to [John Ballantine], [24 Feb. 1787], in Burns, *Letters*, 1:96.

161. Skinner, *Burns*, 8.

162. Burns to George Thomson, [May 1795], in Burns, *Letters*, 2:355–356.

163. McGuirk, *Robert Burns.*

164. 汤曾德的肖像出现在 Millburn, *Wheelwright*, 247.

165. Jordanova, *Defining Features*, 120, 160–161. 关于约书亚·雷诺兹爵士和艾伦·拉姆齐所绘的外科医生约翰和威廉·亨特的肖像，该书的观点与本书类似。

166. Marsters, introduction to Park, *Travels*, esp. 18–20, and Park's preface, quoting 45.

167. Brown, *Elements of Medicine*, 1795.

168. Essick, *William Blake's Commercial Book Illustrations*, 66.

169.《已故医学博士约翰·格雷戈里的作品集》（*Works of the Late John Gregory, M.D.*）是在作者死后出版的另一个纪念版本，它的卷首插画是约翰·伯戈雕版制作的点刻雕版画，将作者美化成了一个更年轻的人。

170. Wodrow to Kenrick, 5 Aug. 1789, in *Wodrow–Kenrick Correspondence*, no. 149.

171. 除了前面讨论过的以外，还有下列版本的书中出现了作者的卷首肖像：约翰·霍姆的《道格拉斯》（编号 44）1798 年在爱丁堡出版的版本；威廉·格思里的《苏格兰通史》第十卷（1767—1768，编号 102）；罗伯特·弗格森的《诗集》（编号 158）1799 年出版的 18 开本；蒙博多勋爵的《语言的起源与发展》的第二版第一卷（1774，编号 160）；安德鲁·邓肯的《医疗病例》（编号 190）1778 年出版的第二版；吉尔伯特·斯图亚特的《苏格兰宗教改革史》仅有的一个版本（1780，编号 210）；约翰·辛克莱爵士的《大英帝国公共财政史》的第二版第一卷（1790，编号 256）；约翰·吉利斯的《古希腊及其殖民征服史》（编号 263）的第二版（1787）和第三版（1792—

1793 ）；还有威廉·朱利叶斯·米克尔的遗作《诗集和一部悲剧》（ 1794，编号 329 ）。

172. Wind, *Hume and the Heroic Portrait*, 3.

第三章

1. Hauser, *Social History of Art*, 2:548; Habermas, *Structural Transformation*, 38.

2. Kernan, *Printing Technology*.

3. Quoted in Kent, *Goldsmith*, 8.

4. Porter, *Enlightenment*, 479.

5. *Gentleman's Magazine* 58 (1788): 126.

6. 博斯韦尔 1762 年 10 月 27 日的日记，引自 Boswell, *General Correspondence*, 22n。

7. Strahan to David Hall, [ca. 1767], in Pomfret, "Some Further Letters," 462; Cochrane, *Dr. Johnson's Printer*, 110–111.

8. Somerville, *My Own Life*, 247.

9. Quoted in Curwen, *History of Booksellers*, 70.

10. Benjamin Rush, quoted in Butterfield, "American Interests," 290. 参照理查德·坎伯兰（ Richard Cumberland ）的记述，查尔斯·迪利殷勤地招待文人们，他 "总是为顾客和文学从业者保留一个空位，管理得非常好，让他们能够一起加入最舒适、最好的圈子"，出自 Cumberland, *Memoirs*, 2:113。关于朗曼兄弟，参见 Rees, *Riminiscences*, 52。

11. Chard, "Bookseller to Publisher," 141.

12. Millburn, *Wheelwright*, 93, 250, 253; Andrew Millar to Thomas Cadell, 22 Dec. 1766, Boston Public Library, Ch.H.1.43.

13. 参见下文所引日期的日记，出自 Boswell, *Boswell in Search of a Wife* and *Boswell for the Defence*。

14. *Gentleman's Magazine* 61 (1791): 367.

15. Brady, *Later Years*, 272.

16. "On the History of Authors," 3:13.

17. Chartier, *Order of Books*, 48.

18. Griffin, "Fictions," 181–194.

19. Griffin, *Literary Patronage*, 291. 另见 Korshin, "Types of Eighteenth-Century Literary Patronage," 453–473。

20. 完整记述出自 Emerson 的 *University Patronage*。有许多作者得到学院、法院或其他任命，要归功于阿盖尔公爵，这些人中至少有 18 人出现在表一中，名单出自 Emerson 的 "Catologus Librorum," 38n3。这份名单不包括基督教会的特遣牧师和某些其他职位。另见 Emerson, "Scientific Interests," 21–56 ；Emerson, "Lord Bute," 147–179 ；Andrew, *Patrons of Enlightenment*, chap. 6。

21. Sher, "Favourite of the Favourite," 83–98.

22. Ferguson to Gilbert Elliot, 6 Nov. 1760, in Ferguson, *Correspondence*, 1:42.

23. Mackenzie, *Account*, 1:51; Carlyle, *Autobiography*, 378.

24. Zachs, *First John Murray*, 75.

25. 前一章中简短地记述过，穆尔受雇于汉密尔顿公爵（Duke of Hamilton），因而得到了 300 英镑的终身年金。18 世纪 60 年代，斯密陪同巴克卢公爵（Duke of Buccleuch）的子女进行了遍游欧洲大陆的教育旅行，得到了同样数量的终身年金，这笔钱足以让他辞去格拉斯哥大学的道德教授职位。18 世纪 70 年代，弗格森为了陪同五世查斯特菲尔德伯爵（fifth Earl of Chesterfield）去欧洲，未经批准就离开了他在爱丁堡大学的职位。后来通过克服一些困难，他设法要回了教授职位，并从伯爵家族那里得到了 200 英镑的终身年金。参见 Ross, *Life,* chap. 13, 231, and 253–254；Fagg, "Biographical Introduction," 1:xliv–xlvi。

26. Quoted in Bate, *Samuel Johnson*, 356.

27. Griffin, *Literary Patronage*, 10, 67–69.

28. Strahan to John Robinson, 1 May 1771, with a letter from Strahan to Johnson, HL, MS Hyde 77, 4.300.

29. Sher, *Church and University*, chap. 3.

30. Chartier, "Man of Letters," 151–152.

31. Mackenzie to Cadell, 2 Aug. 1792, NLS, Acc. 9546.

32. Quoted in Moran, "From Rudeness to Refinement," 108. 值得注意的是，4 年后，蒙博多试图将《古代形而上学》和《语言的起源与发展》（编号 160）的版权出售给斯特拉恩和卡德尔。参见他 1783 年 6 月 30 日写给卡德尔的信（HL, MS Hyde 69, item 27）。

33. Monboddo to Cadell, 30 July 1784, NLS, Acc. 11313, no. 3.

34. 引用并讨论于 Sher, "Science and Medicine," 133。

35. Earl of Buchan to Robert Chalmers, 6 Sept. 1791, HL, MS Hyde 76, 2.3.177.5.

36. Mackenzie to Creech, 11 Apr. 1781, in Mackenzie, *Literature and Literati*, 108.

37. Mackenzie to Cadell, 2 Aug. 1792, NLS, Acc. 9546.

38. Brewer, *Pleasures of the Imagination*, 140.

39. Beattie to Douglas, 14 Aug. 1775, in Beattie, *Correspondence*, 2:308–309.

40. Mackenzie, *Letters to Elizabeth Rose*, 41.

41. Ibid., 138; Mackenzie, *Anecdotes*, 181.

42. Sher, "*Charles V,*" 164–195; and Sher, "Boswell," 205–215, esp. n. 20.

43. BL, Egerton MSS 738, fol. 9.

44. Hernlund, "Three Bankruptcies," 86. 1753 年，列文斯顿、罗伯特·多兹利和威廉·斯特拉恩订下契约，为编集《真实有趣的航海纪要》（*A Compendium of Authentic and Entertaining Voyages*）支付给斯摩莱特每个印张一个半几尼的报酬（HL, MS Hyde 10, item 646）。参照 Feather, "John Nourse and His Authors," 206。

45. Hernlund, "Three Bankruptcies," 86; and Brack, "Tobias Smollett," 267–288.

46. Knapp, *Tobias Smollett*, 192. 纳普相信罗伯特·安德森的断言，认为通过《英格兰全史》和一套五卷的《续英格兰全史》（编号 67），斯摩莱特赚到了 2000 英镑，但是考虑到他从《英格兰全史》中得到的报酬数量，2000 英镑的估计可能太低了。

47. Kerr, *Memoirs*, 1:361–363; Kafker, "Achievement," 139–152.

48. Hallett, *Records*, 165n1，引自书商乔治·尼科尔（George Nicol）致约瑟夫·班克斯爵士（Sir Joseph Banks）的信；芒戈·帕克 1800 年 1 月 10 日致艾利森·帕克（Allison Park）的信，出自 Lupton, *Mungo Park*, 123, 110。

49. Sher, "Science and Medicine," 143–146.

50. Millburn, *Wheelwright*, 85–93, 253.

51. 参见 Sher, "Book," 20–40，以及我在 *ODNB* 中写的关于罗伯特·亨利的文章。

52. Henry to Cadell, 1 Oct. 1776, HL, Autograph File C; 11 Jan. 1777, NLS, MS 948, no. 3; and 30 Jan. 1777, EUL, La.II.219, no. 23; *EEC*, 1 Jan. 1774.

53. Henry to R. Harrison, 17 Jan. 1783, 私人所有。伦敦书商詹姆斯·拉金顿认为，他的同胞们对那些试图自己出版作品的作者感到愤怒，他们常常阴谋破坏自费出版（Collins, *Profession of Letters*, 109）。

54. 1786 年 3 月 22 日至 4 月 8 日亨利和卡德尔的信件往来（SA 48901, fols. 27–30），以及 1786 年 11 月 15 日亨利写给卡德尔的两份合同信（NLS, Acc. 11693）。斯特拉恩的分类账显示，1793 年在作者死后出版该书的第六卷时，曾经支付给亨利的遗孀 400 几尼（420 英镑）（SA 48814A, fol. 13）。

55. 类似地，1781 年 4 月 21 日，当第四卷问世时，亨利告诉斯特拉恩说，目前他收到了"一笔还算过得去的报酬，虽然与我的劳动相比仍然是不够的，平均下来，大约是每卷 300 英镑多一点，除此以外每卷我都还有 200 册，还可以从中挣到一些钱"（HL, MS Hyde 10, item 316）。

56. 接下来的细节，参见 Sher, "William Buchan's *Domestic Medicine*," 45–64。

57. 威廉·韦斯特声称他"极度了解"巴肯，每次出修订版时，巴肯得到的报酬不是 50 英镑（巴肯现存的通信中这样暗示），而是 100 英镑。如果我们相信他的断言，那么这个金额总数还要高出许多。参见 [West], "Letters," 71。

58. Brady, *Later Years*, 271–272, 296. 1785 年秋天，《与塞缪尔·约翰逊共游赫布里底岛的日记》第一版的 1500 册几乎立刻就销售一空，一年之内又推出了两个版本。但是销量突然下降了，就没有再推出过新的版本。

59. Boswell to Bennet Langton, 9 Apr. 1790, and Boswell to Sir William Forbes, 2 July 1790, in Boswell, *Correspondence and Other Papers*, 244, 256; Boswell to Robert Boswell, 28 Sept. 1790, quoted in Boswell, *Great Biographer*, 110.

60. Quoted in Boswell, *Correspondence and Other Papers*, 264.

61. Boswell Papers, Yale University, A 59, item 1.

62. Boswell, *Correspondence and Other Papers*, 295.

63. Boswell, *Great Biographer*, 126.

64. Boswell to Malone, 25 Feb. 1791, in Boswell, *Correspondence and Other Papers*, 298.

65. Boswell, *Great Biographer*, 126.

66. Malone to Boswell, 5 Mar. 1791, and Boswell to Malone, 9 Mar. 1791, in Boswell,

Correspondence and Other Papers, 301–302.

67. Boswell, *Great Biographer*, 136.

68. Boswell to Forbes, 27 Sept. 1791, in Boswell, *Correspondence and Other Papers*, 345.

69. Boswell, *Great Biographer*, 200–201.

70. Brady, *Later Years*, 577.

71. Boswell Papers, Yale University, A 59, items 4 and 5.

72. 我们不知道布莱克洛克从这个版本中得到的总额是多少，不过在 1756 年 3 月 13 日写给罗伯特·多兹利的一封信中，作者提到一笔 232 英镑的最后款项，感谢多兹利和斯彭斯让他能够处于"独立自主的环境"（HL, MS Hyde 10, item 52）。

73. "On the History of Authors," 3:53.

74. Lockwood, "Subscription-Hunters," 132.

75. Harlan, "William Strahan," 155–156.

76. Brown, *Monumental Reputation*, 46.

77. Beattie, *London Diary*, 33; Robinson, introduction to Beattie, *Essays*, xxii–xxvi.

78. Beattie to Edward Dilly, 5 Apr. 1776, HL, MS Hyde 77, 4.314.2.

79. Forbes, *Beattie and His Friends*, 95–96.

80. *London Chronicle*, 4–6 Feb. 1777. 两个月之后（1777 年 4 月 3—5 日）又重复刊登了这则广告，并加了一条注释说，"印刷的数量略多于认购的数量"，硬纸板封面价格为 1 几尼。

81. Quoted in Forbes, *Beattie and His Friends*, 129.

82. William Mason to Beattie, 19 Dec. 1773, AUL, MS 30/2/166.

83. Turner, *Living by the Pen*, 111.

84. Burney to Mrs. Waddington, 19 June 1795, in Burney, *Journals and Letters*, 3:124–125. 《卡米拉》包含了一个"明星荟萃的认购者名单"，有 1060 个名字，很多人订购了多册（Thaddeus, *Frances Burney*, 132–133）。认购者每人为预售出版支付了 1 几尼，在扣除成本之前共计产生 1000 英镑以上收入，扣除成本后产生了数百英镑的收益。出版几个月后，伯尼对她的朋友沃丁顿夫人说，"保护"版权"是我们采用认购出版的动机"，不过她后来还是以 1000 英镑的价格卖掉了版权，以便摆脱经营作品的相关问题（Burney, *Journals and Letters*, 3:227；另见 Salih, "Camilla in the Marketplace," 122–126）。

85. 除了前面讨论过的 5 种作品以外，它们还包括大卫·洛赫的对国家进步有指导意义的爱国作品《论苏格兰的贸易、商业、制造业和渔业》（编号 196）以及威廉·朱利叶斯·米克尔的遗作《诗集和一部悲剧》（*Poems, and a Tragedy*，编号 329）。

86. Kerr, *Memoirs*, 2:263.

87. 布莱克韦尔的作品是由汉密尔顿、鲍尔弗&尼尔为作者印刷的，第一卷于 1753 年 4 月出版，书中没有认购者的名单。4 个月后，有 5 个伦敦的书商（其中包括安德鲁·米勒和罗伯特·多兹利）与作者订立契约，支付 500 英镑购买第一卷和第二卷的版权，不过作者要提供插图。协议中约定，出版者会在第二卷出版时收到订购费。第二卷于 1756 年 3 月问世（带有 1755 年的出版者信息），既没有认购者的名单，也没有任何迹象表明伦敦书商已经拥有版权（McDougall, "Catalogue of Hamilton, Balfour and Neill Publications," 198; HL, MS Hyde 10, item 53）。

88. Beattie, *Day-Book*, 160；Beattie to James Dun, 14 Aug. 1770, 引自我关于贝休恩的条目，出自 *ODNB*。

89. Wiles, "Relish for Reading," 98–100. 举例来说，在以单行本形式出版之前，拉塞尔的《美国史》从 1778 年 1 月 3 日开始以 4 开本版式分期发行了 60 次。

90. Hernlund, "Three Bankruptcies," 87.

91. 除去标注了出处的，随后的讨论内容基于 Burns, *Letters*, under date。

92. 该提议的照片副本，出自 Ross, *Story of the Kilmarnock Burns*, 16。

93. Ibid., 64.

94. 彭斯通过基尔马诺克版赚到的钱实质上超过 20 英镑，这个猜测的根据是威尔逊的账单：纸张和印刷费是 35 英镑 17 先令，书的单价最低是每本 3 先令，600 册能卖 90 英镑，从收支之间的差异计算，利润大致是 54 英镑。参见 Ross, *Story of the Kilmarnock Burns*, 60；Lindsay, *Burns Encyclopedia*, 378。

95. 布莱克洛克的信转载于 Snyder, *Life of Robert Burns*, 153–154。

96. 写给穆尔的信制造了一种假象，让人觉得布莱克洛克的信促使彭斯立刻下决心在爱丁堡出版诗集的第二版，从而简化了这个故事。

97. 这篇评论与其他文章一起重印过，出自 Ross, *Story of the Kilmarnock Burns*, quoting 26。

98. 有关这个联系，参见 Mathison, "Gude Black Prent," 70–87。

99. 尽管书商以较高的零售价出售认购出版的额外副本并不罕见，但是迈克尔·F. 苏亚雷斯发现，有证据显示，英格兰出版的诗歌作品有相反的出版模式。要解释这种贸易实践中的根本差别需要进一步研究。参见 Suarez, "Production," 217–251, esp. 220, 224。

100. Chambers, *Life and Works*, 2:92; *Records of the Worshipful Company of Stationers*, reel 7.

101. Parks, "Justice," 453–464; Brown, "William Creech," 75–80.

102. Donaldson, "Burns's Final Settlement," 38–41.

103. 麦基（Mackey, *Biography*, 297）主张克里奇的数字很可能是正确的；林赛（Lindsay, *Burns Encyclopedia*, 123）似乎表达了同样的看法，他估计，包括出售版权的金额在内，彭斯从第一个爱丁堡版本中净赚了 855 英镑。

104. Korshin, "Types of Eighteenth-Century Literary Patronage," 464; Griffin, *Literary Patronage*, 267.

105. 参照 Korshin, "Types of Eighteenth-Century Literary Patronage," 463：“认购的方法触动了 18 世纪几乎所有富有雄心的作品的作家。” Melton, "Rise of the Public," 128：“启蒙时期最成功的作家多通过认购的模式出版他们的作品”。 我的发现更多的和洛克伍德（Lockwood）的《认购捕手》（"Subscription-Hunters", 121–122）中的观点相一致。这篇文章认为，在 18 世纪的英国，通过认购出版的两三千种书，不过是总的出版种类的一小部分：可能占全年所有新书的 5%。

106. 完整记述参见 Sher, "New Light," 3–29。

107. Teichgraeber, "Less Abused," 337–366; Teichgraeber, "Adam Smith," 85–104; Rashid, *Myth*, 135–181.

108. Adam to Cadell, 3 July 1791, Beinecke Library, Yale University, Osborn MSS, no. 55.

109. Contract for Roman Antiquities, University of Reading Library, Longman Archive, MS 1393, 26/8; SA 48814A, fol. 29，记载了 1794 年 7 月安德鲁·斯特拉恩支付给作者版税的三分之一（即 200 英镑）。

110. McKean, *Questions*.

111. 对第六版的看法的记述出现于 *Archives of the House of Longman*, reel 37, H6, fol. 67。

112. Beattie to Creech, 7 May 1787, WCL; and Beattie to Creech, 24 May 1787, in Beattie, *Correspondence*, 4:19–20.

113. Suderman, *Orthodoxy and Enlightenment*, 48.

114. Campbell to Douglas, 11 Mar., 22 July, and 22 Sept. 1790, BL, Egerton MSS 2186, fols. 5–6, 10–11, 12–15.

115. [Creech], *Letters to Sir John Sinclair*, 12.

116. Zachs, *First John Murray*, 191–195, 275.

117. Elliot to Cullen, 3 Apr. 1789, cited in McDougall, "Charles Elliot's Medical Publications," 222.

118. Robinson to Bruce, 25 Feb. 1789, NLS, Acc. 4490. 这些信的原件出自 the James Bruce Archive, Yale Center for British Art。

119. 沃伦·麦克杜格尔在 *ODNB* 中写的关于希巴德的文章。

120. Thomas Cadell, Jr., to Bruce, 24 Mar. 1794, NLS, Acc. 4490.

121. Peter Elmsley to Bruce, 2 Nov. 1789, NLS, Acc. 4490，表明布鲁斯可能通过与罗宾逊的协议净赚了 3500 英镑。对布鲁斯在制作该书过程中遇到的一些困难的讨论，出自麦克杜格尔在 *ODNB* 中写的关于希巴德的文章。

122. *Records of the Worshipful Company of Stationers*, reels 6–9.

123. 例如《家用医疗》的第二版于 1772 年 11 月 7 日注册给威廉·斯特拉恩（占三分之一份额）、卡德尔（占三分之一份额）、鲍尔弗（占六分之一份额）和金凯德（占六分之一）;《罗马古事记》的第二版于 1792 年 5 月 24 日注册给安德鲁·斯特拉恩、托马斯·卡德尔和威廉·克里奇。

124. Moore to William Strahan, 1 Feb. 1780, HL, MS Hyde 10, item 483.

125. Moore to Andrew Strahan and Thomas Cadell, 10 July 1789, ibid., no. 484. 注意这段文章的第二个句子，穆尔认为对作者而言，自费出版这种模式既可能带来更多利润，也可能引起更多麻烦。

126. Strahan to Cadell, 19 Sept. 1776, HL, MS Hyde 77, 7.116.

127. 博斯韦尔对这个小插曲的记述夸大了约翰逊的作用，约翰逊阅读的是已经印好的书籍而非手稿，也没有像博斯韦尔声称的那样促成过该书的出版。

128. Boswell, *Laird of Auchinleck*, 31. 在《约翰逊传》（*BLJ*, 3:98）中，博斯韦尔准确地回忆，

他是这份合同的"签署证人"之一，合同保存在大英图书馆（SA 48901，第 20 页），不过他显然混淆了布莱尔实际收到的数额与迪利的出价。1790 年 1 月 6 日，在一封写给卡德尔的信（HSP, Dreer, English Clergy, vol. 1）中，布莱尔回忆称自己从第二卷中只得到了 400 英镑。

129. Blair to Robert Blair, 14 Apr. 1790, NLS, MS 588, no. 1374.

130. Schmitz, *Hugh Blair*, 83; SA 48814A, fol. 34; Blair to Thomas Cadell, Jr., 14 Apr. 1795, in Zachs, *Hugh Blair's Letters to His Publishers*.

131. 参见我对布莱尔的记述，出自 *ODNB*；and Amory, "Hugh Blair," 159–164。

132. Blair to Cadell, 20 Feb. 1794, BL, Add. MSS 28098, fols. 18–19.

133. 在接下来的讨论中，伍德罗的信引自 *Wodrow–Kenrick Correspondence*。

134. Oliver, *History*, 2:265.

135. Sinclair, *Statistical Account*, 6:610.

136. Beattie to James Williamson, 13 Apr. 1771, in Beattie, *Correspondence*, 2:136.

137. *Edinburgh Magazine and Review* 3 (Dec. 1774): 43.

138. Quoted in Sher, "Boswell," 205–206.

139. Somerville, *My Own Life*, 287, 205.

140. Cadell & Davies to Somerville, 12 Oct. 1798, EUL, Dc.4.102.

141. 参见 Somerville to Cadell & Davies, 3 Feb. and 18 Feb. 1799；and Cadell & Davies to Somerville, 13 Feb. 1799，都保存在 Duke University Library, Thomas Cadell Papers。

142. Strahan to Creech, 23 July 1776, WCL. 当时吉本作品的第一卷正推出第三版，是硬纸板封面的 4 开本书，每本单价 1 几尼，发行量超过 2500 册。

143. "我不知道情况怎么会这样，他的朋友们逼迫得太紧，我们无法回避，只得同意了。"（Strahan to Creech, 14 May 1782, WCL）有关作者的朋友施加压力的证据，参见 Blair to [Strahan], 17 Dec. 1781, NLS, MS 2257, fols. 9–10；and Alexander Carlyle to John Douglas, 14 Mar. 1781。信中请求道格拉斯为了弗格森的利益帮忙与书商进行谈判，并且指出，亚当·斯密、约瑟夫·布莱克和詹姆斯·埃德加（James Edgar）都已经阅读过弗格森的原稿并表示赞成（BL, Egerton MSS 2185, fols. 103–104）。

144. 构成这份合同的基础的备忘录日期记载为 1782 年 2 月 28 日，收录于 Ferguson, *Correspondence*, 2:576。

145. John Douglas to Alexander Carlyle, 2 Nov. 1783, EUL, Dc.4.41, no. 24; Carlyle, *Autobiography*, 298.

146. Fagg, "Biographical Introduction," lxvi–lxvii.

147. Ross, *Lord Kames*, 337, 347.

148. O'Leary, *Sir James Mackintosh*, 25–26.

149. John Macpherson to Thomas Becket, [early Dec. 1766], BL, Add. MSS 40166, fols. 104–106. 这封信的地址页上匆匆记录了贝克特 1766 年 12 月 13 日的回复的副本。

150. Forbes, *Account*, 1:147.

151. Beattie to Creech, 13 Apr. 1773, WCL; and Robinson, introduction to Beattie, *Essay on*

Truth.

152. Forbes, *Account*, 1:268; Forbes, *Beattie and His Friends*, 97n1.

153. Gerard to Strahan, 20 Dec. 1774, HL, MS Hyde 76, 5.2.92.3. 杰勒德在 1774 年 7 月 21 日的一封信（HSP, Gratz, case 11, box 7）里表示愿意将这部作品给斯特拉恩。

154. Quoted in Bate, *Samuel Johnson*, 526–527.

155. Strahan to Hume, 9 Apr. 1774, in Hume, *Letters of Hume to Strahan*, 285.

156. "Critical Remarks," 91.

157. Burdy, *Life of Skelton*, 18.

158. 作者去世后出版的两部作品也被包括进来：威廉·利奇曼的《传道书》（编号 283）和亚当·斯密的《哲学论文集》（编号 336）。

159. Raven, "Book Trades," quoting 16; Raven, "Publishing and Bookselling," 34–35; and Feather, *Publishing, Piracy, and Politics*, 94.

160. Gibbon, *Memoirs*, 99. 在回忆录的其他地方，吉本还说自己是罗伯逊的"信徒"（第 158 页）。罗伯逊、休谟和其他苏格兰启蒙思想家起到了重要作用，他们营造出主要的历史编纂环境，吉本就是从中崭露头角的。相关研究出自 Pocock, *Barbarism and Religion*, vol. 2, pts. 2 and 3, and vol. 3, chap. 16。

161. 1776—1788 年，《罗马帝国衰亡史》出版了六卷 4 开本，据我估算，卡德尔和斯特拉恩为此一共支付给吉本 9077 英镑。这个数额超过了罗伯逊的报酬，他的 4 部主要作品即八卷 4 开本一共得到了 8578 英镑（包括他晚年修订最初的 3 部作品得到的 200 几尼的礼物，1788 年 4 月 17 日的一封卡德尔和安德鲁·斯特拉恩致罗伯逊的信指出了这件事，NLS, MS 3943, 第 237 页）。1776 年，斯特拉恩和卡德尔出版了亚当·斯密的伟大作品《国富论》，吉本的作品与之相似，最初也是有条件的出版物，不过在第一卷取得巨大成功之后，出版者追溯购买了版权，并且在出版之前预购了第二卷到第六卷的版权。参见 Barker, *Form and Meaning*, 248–259；另见第一卷的前两个版本开出的 750 英镑 16 先令的收据（HL, Autograph File）。

162. 对 18 世纪英格兰作者获得的书籍版税，尤其是在文学领域之外的作品的版税数额，由于缺乏新的综合性研究，我们仍然要依赖科林斯的两部先驱研究作品：《约翰逊时代的作者身份》（*Authorship in the Days of Johnson*）和《文学生涯》（*Profession of Letters*）。这两部作品已经严重过时，而且主要是缺少事实证明的研究。

163. Robertson to John Jardine, 20 Apr. 1758, in Brougham, *Lives*, 1:278–279 (misdated by Brougham).

164. Sher, *"Charles V,"* 166.

165. Quoted in Lough, *Writer and Public*, 200.

第四章

1. Suarez, "Business of Literature," 131.

2. 一般情况下，书籍中显示的主要地点是印刷地。印刷地与出版地通常是同一地点，但并非总是如此，本章以后会有讨论。

3. Carnie, "Scholar-Printers," 298–308, esp. 305.

4. Sher, "Corporatism and Consensus," 34.

5. Sher, "Commerce," 312–359, esp. 325–334; Sher and Hook, "Introduction." 另见 Brown, "Robert and Andrew Foulis," 135–142。

6. 进一步的细节，参见 Gaskell, *Bibliography of the Foulis Press*。

7. M'Lean, "Robert Urie," 88–108; R. A. Gillespie's entries on Urie and Bryce in *ODNB*.

8. 这个策略被查尔斯·艾略特效仿，解释参见 McDougall, "Charles Elliot and the London Booksellers," 81–96。

9. Mumby, *Publishing and Bookselling*, 140–141; Feather, *History,* chap. 6.

10. Feather, *Provincial Book Trade.*

11. [Creech], *Letters to Sir John Sinclair*, 10–11.

12. 由于有时很难知道什么时候出版者信息中的"由……印刷"（printed by）与汉密尔顿 & 鲍尔弗公司同时出现时是按字面意义来理解，因此我只将出版者信息明确标示出鲍尔弗专有的印刷公司（编号 115 和 151）的书籍算到他们出版的书籍总量中去。

13. Charles Dilly to John Bell, 28 Oct. 1785, NLS, Acc. 10662, folder 10; Sher, "New Light," 26n2; advertisements in *EEC*.

14. Hart, *Minor Lives*, 270; Hall, "Andrew Millar," 184–190.

15. 完整记述，参见 Sher, with Amory, "From Scotland to the Strand," 51–70；另见休·艾默里写的米勒传记，出自 *ODNB*。

16. 参见我对罗伯特·米勒的记述，出自 *ODNB*。

17. Davies, "Robert Millar," 143–156; Foster, "Scottish Contributor," 138–145; De Jong, *As the Waters*, 113–114.

18. Millar, *History of the Propagation of Christianity*, 2:227–228, 207.

19. Millar, *History of the Church.*

20. 1731 年，安德鲁·米勒出版了他父亲的《传扬基督教及推翻异教的历史》第三版。在书中，他用了整整一页广告（标题是"仅以安德鲁·米勒之名出版发行"）来宣传罗伯特·米勒的另一部主要作品《旧约全书下的教会史》（*The History of the Church under the Old Testament*, 1730），尽管安德鲁的名字并没有出现在该书的扉页上。米勒为他父母建造的纪念碑上的碑铭引自 Crawfurd and Semple, *History*, 304。

21. 安德鲁·米勒的遗嘱订立于 1768 年 2 月 20 日（Oliver, *History*, 2:265）。在遗嘱中，他留给兄弟亨利 200 英镑；在他的遗孀去世前，每年给亨利的儿子亚历克斯 50 英镑；给他的姐妹安娜和伊丽莎白每人 200 英镑，另外给了伊丽莎白的丈夫詹姆斯·汉密尔顿 300 英镑；其他遗产赠给了一些苏格兰的远亲。在《新苏格兰统计报告》关于尼尔斯顿历史的部分里，亨利·米勒牧师，"一位具有伟大精神和进取心的人"，利用从他的兄弟、"伦敦斯特兰德街的一位知名书商"（7:335）那里继承的"一大笔财富"，与同伴一起规划和建立了一座重要的新工厂，制造亚麻织带，从而创下功绩，引领这个教区走向工业化。安德鲁·米勒在遗嘱中说，他的遗产带来的收益将留给他的妻子，"除非她改嫁"（他们的三个孩子都在婴儿期或儿童期夭折了）。这样看来，在 1770 年 5 月简·米勒嫁给莫尼马斯克的阿奇博尔德·格兰特爵士（Sir Archibald Grant）时，亨利·米勒应该继承了他兄弟的"一大笔财富"。

22. Andrew Millar to Sir Hans Sloane, n.d., BL, Sloane MSS 4059.

23. Wodrow to Mather, 29 July 1724, in Wodrow, *Correspondence*, 3:154.

24. Maxted, *British Book Trades*, no. 1015.

25. Sefton, "Early Development of Moderatism."

26. 对着凯瑟琳街的这座建筑物的画像出自 Phillips, *Mid-Georgian London*, 170。人们认为米勒的新店铺以前的主人是雅各布·汤森（Jacob Tonson），这种说法是假的，因为菲利普斯发现从 1714 年开始，该地一直被一个布商和一个袜子商人占有。

27. Scott, *James Thomson*, 245–247.

28. Sambrook, "A Just Balance," 137–153.

29. 《春天》和《索芬妮斯芭的悲剧》的合同日期记录为 1729 年到 1730 年 1 月 16 日，连同其他的合同和通信收录于 Thomson, *Letters and Documents*, 69–70。对米勒与汤普森以及其他主要文人的关系的概述，参见 Hall, "Andrew Millar," 184–190。关于汤普森出版经历的细节，参见 Sambrook, *James Thomson*, and the introduction to Sambrook's edition of *The Seasons*。

30. Thomson, *Letters and Documents*, 197–198.

31. Thomson, *Works*, 1:xx.

32. Smollett, *Continuation*, 4:129n.

33. 对纪念碑的爱国意义的不同解释，参见 Connell, "Death and the Author," 573–576。

34. Dobson, "Fielding and Andrew Millar," 184.

35. Kenrick to James Wodrow, 16 Aug. 1808, Wodrow–Kenrick Correspondence, no. 265. 肯里克的母亲和米勒的母亲是堂姐妹，肯里克的学生时代是在佩斯利的米勒父母的家中度过的（Kenrick, *Chronicles of a Nonconformist Family*, 33–34 ）。

36. 参见 Millar's will, in Oliver, *History*, 2:265。

37. Hart, *Minor Lives*, 271–272.

38. Kenrick to James Wodrow, 8 May 1780, *Wodrow–Kenrick Correspondence*, no. 68.

39. Andrew Millar to Sir James Steuart, 15 Apr. 1766, University of Reading Library, MS 1393/26/2 (a).

40. Burdy, *Life of Skelton*, 92.

41. 尼科尔斯挑选了罗斯，也令人感兴趣地提出了威廉·斯特拉恩的名字（Hart, *Minor Lives*, 272 ）。米勒的书信中有很多例子，比如在 1767 年 2 月 5 日写给卡德尔的一封信中，他提到普林格尔对于一份正在考虑出版的手稿的意见（BL, Stowe MSS 755, fol. 79 ）。

42. BL, Add. MSS 6858, fols. 31–32.

43. Millar to Robertson, 27 Jan. 1759, NLS, MS 3942, fols. 11–12.

44. 参见 Scott, *James Thomson*, chap. 8。里面有对汤普森－米勒在伦敦的苏格兰人圈子的精彩讨论。

45. Carlyle, *Autobiography*, 456. "米勒优先对待苏格兰文学人物"的记录参见 Abbattista, "Business of Paternoster Row," 5–50, esp. 30–31。

46. Kenrick to Wodrow, 16 Aug. 1808, *Wodrow–Kenrick Correspondence*, no. 265.

47. Dr. William Robertson, the physician, in *The Bee* (1791), quoted in Scott, *James Thomson*, 247.

48. Carlyle, *Autobiography*, 456.

49. Kenrick to James Wodrow, 16 Aug. 1808, *Wodrow–Kenrick Correspondence*, no. 265.

50. Boswell, *Laird of Auchinleck*, 99. 这则轶事在《约翰逊传》里出现时内容不同，其中米勒只是"一个书商"，斯特拉恩是"他最亲密的朋友"（*BLJ*, 3:389）。

51. Belanger, "Directory," 10.

52. Dobson, "Fielding and Andrew Millar," 186.

53. Blackburne, *Memoirs of Thomas Hollis*, 1:232, 365–367.

54. Mossner, *Life of David Hume*, 328–331.

55. Lonsdale, "Thomas Gray," 63.

56. Strahan to Hume, 27 July 1768, NLS, MS 23157, no. 59.

57. SA 48800, fol. 141; *LDH*, 2:360; Van Holthoon, "Hume," 133–152.

58. Authenticus, "Anecdotes of Mr. Andrew Millar," 128.

59. Maza, *Private Lives*, 38.

60. Sher, with Amory, "From Scotland to the Strand," 64–65.

61. A[nderson], "Second Anecdote," 131–133, quoting 131.

62. [West], "Letters to My Son," 310.

63. 参照 Anderson's *Observations on the Means of Exciting a Spirit of National Industry* (no. 179) 前言。

64. Rush to Madison, 27 Feb. 1790, in Rush, *Letters*, 1:538–539.

65. Darnton, "Two Paths," 282.

66. 斯特拉恩进过文法学校的叙述来自匿名讣告，发表于 *The Lounger* on 20 August 1785，转载于 Hart, *Minor Lives*, 279。Cochrane, *Dr. Johnson's Printer*, 2，确认这所学校就是爱丁堡高等学校。

67. Ramsay, *Scotland and Scotsmen*, 1:229–230, 247–249, quoting 249.

68. McDougall, "Gavin Hamilton, John Balfour and Patrick Neill," 3, 10.

69. Boswell, *Ominous Years*, 100.

70. Hart, *Minor Lives*, 279.

71. Quoted in Cochrane, *Dr. Johnson's Printer*, 2, 60.

72. Strahan to Hall, 11 Sept. 1756, American Philosophical Society.

73. [Fleming], "Account," xvi–xvii, note.

74. Maslen, "William Strahan," 250–251.

75. Harlan, "William Strahan," 144.

76. Maslen and Lancaster, *Bowyer Ledgers*, 325.

77. Samuel Kenrick to James Wodrow, 8 May 1780, *Wodrow–Kenrick Correspondence*, no. 68. 肯里克将斯特拉恩 1870 年的地位与 "20 年前" 他在伦敦亲眼看见的情景进行了对比。

78. Strahan to David Hall, 1 Nov. 1753, quoted in Cochrane, *Dr. Johnson's Printer*, 102. 对他的私人住宅以及他去世时房子大小的描述，参见 SA 48901, fols. 282–283。

79. Harlan, "William Strahan's American Book Trade," 235–244; Cochrane, *Dr. Johnson's Printer*, chap. 6.

80. Hernlund, "William Strahan," table 1, p. 42 显示在 1770 年，他个人经营的企业里有 12 台印刷机发生故障，有 9 台印刷机在做皇家印刷局的工作，有 4 台印刷机专门用于法定印刷局的专利品——总数多达 25 台，还没有算入另外 4 台样张印刷机，它们被分散用于 3 个业务分支。

81. 引用了 1758 年 6 月理查森的一封信，信的内容是关于 "虚伪和背信弃义的苏格兰人"（Sale, *Samuel Richardson*, 84）。据说是指斯特拉恩，他一边讨理查森的欢心，一边试图暗中破坏他的生意。另见 Eaves and Kimpel, *Samuel Richardson*, 504。

82. Cochrane, *Dr. Johnson's Printer*, 154–155.

83. Sher, "Corporatism and Consensus," 32–93.

84. Namier's account in Namier and Brooke, *House of Commons*, 3:489–491; Cochrane, *Dr. Johnson's Printer*, chaps. 12 and 13.

85. 在随后的段落里，斯特拉恩 1749 年夏天到初秋之间写给理查森的信引自理查森的《通信集》。斯特拉恩的父亲在 1742 年之前的某个时候去世，在最初的信中他告诉理查森："我对您就像对父亲一样敬爱。"（17 Aug.; 1:138）参照 Eaves and Kimpel, *Samuel Richardson*, 160–161。

86. Strahan to Hall, 27 July 1751, in Pomfret, "Some Further Letters," 461.

87. Strahan to Hall, 11 Sept. 1756, quoted in Cochrane, *Dr. Johnson's Printer*, 88, 但日期不对。霍尔后来在美国去世，再也没有回到英国。

88. American Philosophical Society, B/St 83, cited under date.

89. E.g., Strahan to Hume, 14 May 1769, NLS, MS 23157, no. 60.

90. ESTC 列出了一部乔治·威沙特的传道书，斯特拉恩 1746 年为米勒印刷；还有两部威廉·威沙特的作品（其中一卷是传道书）由斯特拉恩印刷，并由米勒在伦敦销售，由汉密尔顿 & 鲍尔弗在爱丁堡销售。乔治·威沙特 1746 年出版的另一部传道书是由斯特拉恩印刷的，但是没有任何书商参与的迹象。

91. Public Record Office, Probate 11, no. 1132. 斯特拉恩的旅行日志记录了在爱丁堡与威沙特的频繁会面。1782 年 11 月，休·布莱尔写信给伦敦的斯特拉恩说："你的老朋友乔治·威沙特已经 81 岁或 82 岁了，身体出奇地健康，还能出去讲道。"出自 Zachs, *Hugh Blair's Letters to His Publishers*。

92. Strahan to Richardson, 2 Sept. 1749, Richardson, *Correspondence*, 1:144. Cf. Strahan Journals, American Philosophical Society, 6 Aug. 1751.

93. Strahan Journals, American Philosophical Society, 24 Aug. 1759, 28 Aug. 1768, 18 and 27 Aug. 1773, and 13 Aug. 1777.

94. Strahan to Wallace, 7 Mar. 1768, EUL, II.96/1, fol. 13.

95. 尤其参见 George Wallace to Strahan, 25 Sept. 1772, HL, MS Hyde 10, item 730, and 6 June 1780, MS Hyde 76, 2.1.53.2。

96. Strahan to Hume, 30 Oct. 1775, NLS, MS 23157, no. 66.

97. Hart, *Minor Lives*, 279.

98. Logan to Alexander Carlyle, 2 Apr. 1781, EUL, La.II.419/3.

99. Somerville, *My Own Life*, 142–143.

100. Cochrane, *Dr. Johnson's Printer*, 143–144, 149, 152.

101. Mackenzie, *Letters to Elizabeth Rose*, 138.

102. Strahan to Cadell, 25 July 1777, quoted in Cochrane, *Dr. Johnson's Printer*, 139.

103. Strahan to Hall, 23 Mar. 1764, American Philosophical Society.

104. Strahan to Hume, 13 Jan. 1770, NLS, MS 23157, no. 6.

105. Strahan to Hume, 27 Feb. 1772, in Hume, *Letters of Hume to Strahan*, 244. 休谟对英格兰的批评观点，参见 Livingston, "Hume," 133–147。

106. Mann, *Scottish Book Trade*, 227, 234, and 220, graph 10. 17 世纪晚期，另见 Emerson, "Scottish Cultural Change," 121–144。

107. 现代的评价，参见 Duncan, *Thomas Ruddiman*。

108. Smellie to Strahan, [1781], in Kerr, *Memoirs*, 1:330.

109. McDougall, "Gavin Hamilton, John Balfour and Patrick Neill." 实用的总结参见 McDougall, "Gavin Hamilton," 1–19, and in McDougall's separate entries on Hamilton, Balfour, and Neill in *ODNB*。

110. McDougall, "Hamilton, Balfour, and Neill's *Edinburgh Chronicle*," 24–28.

111. "我的合伙人［鲍尔弗］这些年来很少或者没有印刷什么东西，他似乎不会再成为大胆冒险的出版者了。"（Smellie to Strahan, [1781], in Kerr, *Memoirs*, 1:331）

112. 鲍尔弗－斯梅利合伙关系的日期来源于 Kerr, *Memoirs*, 1:319, 2:170–171。该资料还显示，他们与威廉·奥尔德的三方合伙关系的时期是 1766—1771 年（1:319, 325）。

113. 斯梅利向斯特拉恩抱怨说，除了鲍尔弗和克里奇之外，爱丁堡的每个著名书商都是印刷者（同上，1:331–332）。

114. McDougall, "Catalogue," 187–232.

115. McDougall, "Scottish Books," 35–38.

116. [Hamilton], *Short Memoir of Gavin Hamilton*, 7–8.

117. Hamilton to Strahan, 29 Jan. 1754, in Hume, *Letters of Hume to Strahan*, 3. 汉密尔顿一共参与了三卷的出版，休谟从中共得到 1200 英镑。

118. 汉密尔顿在 1754 年的最后 3 个月里从伦敦寄回家的 20 多封信出自 the Thomson of Banchory Papers, THO1, in New College Library, Edinburgh。

119. 在 3 月 22 日另一封可能也是写给斯特拉恩的信中，休谟说："伦敦的书商妒忌爱丁堡的出版社，他们很乐意看到我们在任何事业上失败，并落井下石。"出自 Klemme, "Ein unver unveroff entlichter Brief von David Hume an William Strahan," 661。

120. Mossner and Ransom, "Hume and the 'Conspiracy of the Booksellers,'" 162–182. 在同时代的人普拉特（Pratt）的《大卫·休谟生平拾遗》中，他指控米勒没有销售而是出借了休谟作品的副本，以便从汉密尔顿＆鲍尔弗那里接收《英格兰史》的"少许"利益。

121. McDougall, "Copyright Litigation," 27–28.

122. 例如，参见 1762 年 8 月 16 日汉密尔顿写给斯特拉恩的信，信中称他们公司倒闭的那段时期，鲍尔弗无礼地对待他（NLS, Acc. 10832）。

123. Hamilton to his son John, 9 Dec. 1754, and to his son Robert, 9 Jan. 1755, New College Library, Edinburgh, Thomson of Banchory Papers, THO1, fols. 22–23, 26–27; Balfour to Richard Gough, 23 Dec. 1774, NLS, Adv. MSS 29.5.7(1), fol. 180.

124. Nobbs, "Political Ideas," 575–586.

125. Robertson to Andrew Strahan, 13 Mar. 1790, EUL, La.II.241.

126. 参见我关于金凯德的条目，出自 ODNB。

127. Mackenzie, Anecdotes, 180–181.

128. Gilhooley, Directory of Edinburgh，金凯德的位置离牛门街不远，可能就是他的"宽敞而便利的房子"的位置。

129. London Chronicle, 25–28 Jan. 1777; EEC, 22 Jan. 1777.

130. Grant, Cassell's Old and New Edinburgh, 155. 格兰特记载的日期可能是错的，不过其余部分似乎是正确无误的，18 世纪 40 年代早期，金凯德的店铺地址通常记为"卢肯布斯的东边"。

131. 金凯德的特许状转载于 Lee, Memorial, App. 32。关于他的《圣经》出版，参见 Darlow and Moule, Historical Catalogue。

132. London Chronicle, 18–20 Aug. 1774.

133. 参见 J. J. 考德尔和理查德·B. 谢尔在 ODNB 中写的关于唐纳森的条目。

134. Plomer et al., Dictionaries, 299.

135. McDougall, "Copyright Litigation," 8–9.

136. Walters, "Booksellers in 1759 and 1774," 287–311; Deazley, On the Origin of the Right to Copy; Feather, Publishing, Piracy and Politics; Rose, Authors and Owners; Saunders, Authorship and Copyright, 21–59.

137. Sher, "Commerce," 314.

138. Boswell, London Journal, 257.

139. Somerville, My Own Life, 162–165.

140. St. Clair, Reading Nation, 107; Feather, History, 77–83.

141. 关于传记的细节，参见我关于贝尔的条目，出自 ODNB。

142. 关于争论的问题，参见 Sher, "Moderates, Managers," 179–209。

143. Beattie to Robert Arbuthnot, 8 Aug. 1769, in Beattie, Correspondence, 2:89.

144. BL, Stowe MSS 755, fol. 79.

145. 关于卡德尔对米勒公司的管理的讨论参见第五章。关于金凯德减少参与图书生意，1771 年 8 月 21 日查尔斯·迪利寄给贝蒂一封信（AUL, MS 30/2/58），信中这句话在它写下的数年之前可能就是正确无误的："爱丁堡的金凯德先生是一位可敬的高尚的绅士，他已经卸任，不再活跃于商界，把书店的印刷和贩卖书籍的事务留给他的合伙人贝尔先生管理。"

146. John Bell Letterbooks, Bodleian Library, Oxford, MS Eng. Letters, C20–21. 随后几页的讨论中插入的引文参考了这些信件。

147. 有证据显示，贝尔从最初开始就试图降低《文明社会史论》第一版的价格，米勒在 1767 年 2 月 5 日的一封信（BL, Stowe MSS 755, fol. 79）中告诉卡德尔说，他"必须写信给金凯德，弗格森的书的［零售］价格一定要是 15［先令］"，因为计入广告和运输费用之后，出版者的实际成本会上升到 8 先令或更多。

148. 有一封写给卡德尔的信没有标明日期，时间似乎是 1767 年晚春或者初夏，最早在那个时候，贝尔就提及弗格森刚收到卡德尔的一封信，"渴望能把他的书与已经改正过的内容一起寄送给你［卡德尔］"（C20, fols. 46–47）。

149. 该书于 1771 年再版，使用了新的书名页，金凯德的下一个合伙人克里奇取代了贝尔的名字（Zachs, *Without Regard to Good Manners*, 216）。

150. 由于两本书起初都是由米勒＆卡德尔与金凯德＆贝尔（或唐纳森）共同出版的，卡德尔出于道义上的责任，打算在其后版本的出版者信息里也加上他们的名字（他的确是这样做的），另外也找他们商议过新版本的计划（显然他没有实行）。关于休谟《杂文与论文若干》在 1768 年出版的 4 开本，作者在两年以后偶然提及此事的时候，贝尔好像已经得知了这件事（7 Aug. 1770, C21, fols. 43–44）。

151. 参见 *A Catalogue of Books for the Year M, DCC, XCIV*, the Bell & Bradfute catalogue published in December 1793。

152. *Catalogue of Books and Copyrights*, 19.

153. John Murray to Gilbert Stuart, 4 Oct. 1777, quoted in Zachs, *Without Regard to Good Manners*, 96. 后来默里与贝尔因为财务问题发生争论，在 1778 年 9 月 5 日写信给斯图亚特说，"这位先生坚持要按与这里的行业规矩截然相反的方式行事"（John Murray Archive, NLS）。

154. Constable, *Archibald Constable*, 1:536.

第五章

1. Lambert, *Sessional Papers*, 52:359.

2. Harlan, "William Strahan," 168, 估计卡德尔在 1771—1785 年为斯特拉恩的印刷产品花费了大约 15000 英镑。

3. Strahan to Hume, 14 May 1769, NLS, MS 23157, no. 60.

4. Strahan to Smith, 10 June 1776, in Smith, *Correspondence*, 199.

5. 本章中威廉和安德鲁·斯特拉恩写给威廉·克里奇的所有信件均引自 WCL。

6. Strahan to Cadell, 19 Sept. 1776, HL, MS Hyde 77, 7.116.1.

7. McKenzie, *Stationers' Company Apprentices*, 235 (no. 5461).

8. "Cadell (Thomas)," 8:13. 除非另外有标注，关于卡德尔的传记性资料都源自该资料，凯瑟琳·迪尔（Catherine Dille）在 *ODNB* 中的传记，约翰·尼科尔斯（John Nichols）在 *Gentleman's Magazine* 71 (Dec. 1802): 1173–1222 上的讣告，转载于 Hart, *Minor Lives*, 265–270。

9. [West], "Letters to My Son," 251；英国图书贸易索引。

10. 例如，Cadell to Hugh Blair, 3 Nov. 1793, NLS, MS 948, no. 9。

11. Walpole to William Mason, 15 May 1773, in Walpole, *Correspondence*, 28 (1955): 86.

12. 威廉·卡德尔在布里斯托尔给米勒寄出一封信，日期记为 1765 年 4 月 25 日，信中的部分内容表示卡德尔的父母对这件事感到很高兴，并希望"我们的儿子将来的行为不会给你这个赞助人丢脸"（Beinecke Library, Yale University, Osborn MSS 33, box 1, folder 16）。

13. 例如，参见 Millar to Andrew Mitchell, 28 Aug. 1766, BL, Add. MSS 6858, fols. 33–34；Millar to Cadell, from Bath, 22 Dec. 1766, Boston Public Library, Ch.H.1.43；and Millar to Cadell, 7 Feb. 1767, BL, Stowe MSS 755, fol. 79。

14. Blackburne, *Memoirs of Thomas Hollis*, 366. 1768 年，罗伯逊的《查理五世统治史》的合同里起初出现了米勒的名字。参见 Sher, "*Charles V*," 167。

15. Strahan to Hume, 9 Apr. 1774, in Hume, *Letters of Hume to Strahan*, 283: "*Characteristics of Great Britain* Mr. Millar and I bought for £30." Cf. Harlan, "William Strahan," 69, 106.

16. Brack, "William Strahan," 185–186.

17. Contract in University of Reading Library, MS 1393/26/2(d); Stationers' Hall register, 16 Apr. 1767.

18. *Catalogue of the Copies and Shares, of the late Mr Andrew Millar.* Harlan, "William Strahan," 105 指出，斯特拉恩独自花费 379 英镑 1 先令 10 便士购买了 42 部作品的股份。

19. Harlan, "William Strahan," 106.

20. Lutes, "Andrew Strahan," 19, 88.

21. Strahan to Cadell, 15 June 1771, in "Correspondence between William Strahan and David Hall," 12:117.

22. Maslen, "William Strahan," 250–251; Maslen, "Slaves or Freemen?" 145–155; Maslen and Lancaster, *Bowyer Ledgers*, xxxviii.

23. Strahan to Hall, 24 Aug. 1770, in "Correspondence between William Strahan and David Hall," 11:352.

24. 例如，鲍尔弗在 1777 年 5 月 21 日和 1778 年 3 月 10 日写给詹姆斯·罗斯的信中明显支持针对美国人"反叛者"的战争，出自 the Gordon Castle Muniments, National Archives of Scotland, GD44/43/173。斯特拉恩对这个问题的看法，参见 Cochrane, *Dr. Johnson's Printer*, chap. 13。

25. Balfour to Strahan, 10 July 1780, Pierpont Morgan Library, Misc. English.

26. Moran, "From Rudeness to Refinement," 122–126; and chap. 3 in this volume.

27. Sher, "New Light," 26n2.

28. Quoted in McDougall, "Charles Elliot and the London Booksellers," 94.

29. [Creech], *Letters to Sir John Sinclair*, 11–12.

30. In Burton, *Letters of Eminent Persons*, 99.

31. 关于该书有吸引力的理由，参见 Turner, *British Travel Writers*, 115–121。

32. Monboddo to Cadell, 22 Sept. 1780, HL, MS Hyde 69, item 26.

33. Creech to Cadell & Davies, 12 Nov. 1800 (copy), ECL, William Creech Letterbook, Green Box 120, 33–36.

34. Hawkesworth, *Account of the Voyages for Making Discoveries in the Southern Hemisphere*; Cochrane, *Dr. Johnson's Printer*, 140.

35. Strahan to Hume, 9 Apr. 1774, in Hume, *Letters of Hume to Strahan*, 283.

36. 表二中罗伯特·华莱士的三部作品在 18 世纪都没有推出过第二版。

37. 该文本的批判性版本附于 Smith, "Literary Career"。

38. Dilly to Bell, 27 Jan. 1781, NLS, Dep. 317, box 1.

39. Zachs, *First John Murray*, 296.

40. Hume to Strahan, 2 Apr. 1774, in *LDH*, 2:290; Strahan to Hume, 9 Apr. 1774, in Hume, *Letters of Hume to Strahan*, 284.

41. Dilly to Pinkerton, 11 Jan. 1796, in Pinkerton, *Literary Correspondence*, 1:395–396.

42. 参见 Sher, "William Buchan's *Domestic Medicine*," 45–64。

43. Watson to Strahan, 8 Apr. 1777, SA 48901, fol. 8.

44. John Fletcher Campbell's diary for 10 Apr. 1782, NLS, MS 17753, fol. 209.

45. 他们仅印刷 750 册 4 开本就花费了大约 120 英镑，作者得到的版税是 250 几尼（SA 48801, fol. 40）。

46. Sher and Murdoch, "Patronage and Party," 212–213; Alexander Carlyle to John Douglas, 11 Mar. 1773, BL, Egerton MSS 2185, fols. 90–91.

47. Strahan to Cadell, 19 Sept. 1776, HL, MS Hyde 77, 7.116.1.

48. Strahan to Robertson, 6 Dec. 1776, NLS, MS 3942, fols. 299–300.

49. Blair to Strahan, 10 Sept. 1782, HL, MS Hyde 77, 5.404.2.

50. Pollard, "English Market," 27–29（波拉德使用"实际上存在的版权"）; Sher, "Corporatism and Consensus," 32–93. 对单部作品的分析产生的不同观点，参见 Amory, "De Facto Copyright?"。

51. 为保护他们的生意而组建一个书商协会的计划（约 1774 年），出自 Hodgson and Blagden, *Notebook*, 219–221。

52. Cadell to John Bell or John Bradfute, 23 Mar. 1792, NLS, Dep. 317, box 2, folder 1 (emphasis added).

53. Mumby, *Publishing and Bookselling*, 204–205.

54. Lutes, "Andrew Strahan," 147; Lackington, *Confessions* and *Memoirs*.

55. *A Catalogue of Copies, and Books in Quires, which will be sold to a Select Number of Booksellers of London and Westminster at the London Coffee-House Ludgate Hill on Thursday, December 19, 1805,* in SA 48901, fols. 284–287. 弗诺＆胡德购买的书籍清单，

另见 BL, Add. MSS 38730, fol. 35。

56. Sher, "Corporatism and Consensus."

57. Creech to Cadell, 15 Aug. 1785, HL, MS Hyde 69, item 12.

58. 1773 年 1 月 1 日斯特拉恩写信给克里奇时说道："关于提议的英格兰诗人的版本的主题，我和鲍尔弗先生发生过很多次争论。"

59. Quoted in Zachs, *First John Murray*, 59.

60. McDougall, "Smugglers," 151–183.

61. Balfour to Strahan, 10 July 1780, Pierpont Morgan Library, Misc. English.

62. Creech to Cadell, 9 Nov. 1784, ibid.

63. 参见 1776 年 5 月 20 日斯特拉恩写给克里奇的信，引自 Sher, "Corporatism and Consensus," 42。

64. [Topham], *Letters from Edinburgh*, 179.

65. Stockdale, *'Tis Treason*, 374.

66. 参见 Raven, "Book Trades," 28–29。在 1793 年 3 月 23 日写给汉娜·莫尔的信中，沃波尔提到，直到 18 世纪 90 年代初，卡德尔的书店一年的总收入有 15000 英镑（ *Correspondence* 31 [1961]: 386–387）。

67. Benedict, "Service to the Public," 123–125; Fraser-Tytler of Aldourie Papers, NRAS 1073, bundle 24.

68. Darnton, "Sounding the Literary Market," 491.

69. Strahan to Hume, 1 Mar. 1771, NLS, MS 23157, no. 62.

70. Cadell to ?, 6 Apr. 1769, Pierpont Morgan Library, folio extra-illustrated edition of Boswell's *Life of Johnson*, 3:10.

71. Cadell to Gibbon, 9 May 1787, BL, Add. MSS 34886, fols. 151–152.

72. Strahan to Cadell, 7 Sept. 1776, HL, MS Hyde 69, item 42.

73. Richardson to Strahan, 1 Oct. 1782, HL, MS Hyde 10, item 582.

74. Tierney, "Advertisements," 159，其中给出了在 18 世纪的伦敦报纸上刊登 2 英寸广告的价位：在 1759 年之前是 2 先令（1 先令给报纸，1 先令是税金）；从 1759 年起是 3 先令（1 先令给报纸，2 先令是税金），因为税金加倍了；从 1780 年起是 3.5 先令（1 先令给报纸，2.5 先令是税金），因为税金又增加了。

75. 纸张和印刷成本总计 155 英镑 15 先令 6 便士，广告费用是 15 英镑 10 先令（ Plant, *English Book Trade*, 235–236 ）。

76. Zachs, *First John Murray*, 86.

77. 参见第三章对《约翰逊传》的出版的讨论。

78. 在某些时候，另一份刊登书籍广告的伦敦报纸——《公共广告人》也给斯特拉恩带来了收益。

79. Chard, "Bookseller to Publisher," 146.

80. Solomon, *Rise of Robert Dodsley*, 178–181.

81. Fulton, "Eighteenth-Century Best Seller," 428–433.

82. Tierney, "Advertisements," 153–164.

83. Knapp, "Smollett's Works as Printed by William Strahan," 282–291; Harlan, "William Strahan," 62–70. 关于斯摩莱特和《批评评论》，参见 Basker, *Tobias Smollett*；关于汉密尔顿，参见 Barbara Laing Fitzpatrick's biography in *ODNB*。

84. 1759 年 4 月，罗伯逊在《批评评论》上发表了对凯姆斯勋爵的《论历史法律》(*Historical Law-Tracts*) 的评论文章。这源于罗伯逊在 1759 年 3 月 15 日给斯摩莱特写了一封信，请求"你许可你的苏格兰朋友"为苏格兰新书写评论。那封信、评论以及我对这件事情的讨论，来自 Robertson, *Works*, 12:xxv–xxviii, 95–114。

85. Harlan, "William Strahan," 86, 292.

86. 参见 Strahan's letters to Griffiths, Bodleian Library, Oxford, MS. Add. c.89, fols. 341–346；and Smollett to Strahan, 20 July 1759, in Smollett, *Letters*, 80–81。Donoghue, "Colonizing Readers," 54–74 认为，这些期刊之间的紧张状态暗示着信息量大的《每周评论》和更加有鉴别力的《批评评论》之间的思想差异。

87. Zachs, *Without Regard to Good Manners*, chap. 3; and Zachs, *First John Murray*, chap. 11.

88. Murray to Stuart, 11 Mar. 1779, quoted in Zachs, *First John Murray*, 167.

89. 斯特拉恩的话支持了这种解释，出自 Roper, *Reviewing before the Edinburgh*, 31，尽管罗珀在讨论《每月评论》的时候没有提及斯特拉恩。

90. Fulton, "Eighteenth-Century Best Seller," 431–432.

91. Cadell to Hardwicke, 10 Dec. 1784, BL, Add. MSS 35621, fols. 119–120. 提到的那部作品从未出版过。

92. Nangle, *Monthly Review*, 37. 在 1786 年 12 月 5 日写给吉本的信（BL, Add. MSS 34886, fols. 149–150）中，卡德尔指出，最近亡故的罗斯提名他做遗嘱执行人。

93. 本段引用的书信参见 Zachs, *Hugh Blair's Letters to His Publishers*。

94. 《斯特兰德街的凯瑟琳路对面，T. 卡德尔出版和销售的书籍》(*Books Printed for and Sold by T. Cadell, opposite Catherine-Street in the Strand*) 是我发现的最早的版本，日期可能从 1767 年开始，只包含 12 个条目（包括两部表二里的作品：詹姆斯·福代斯的《给年轻女性的传道书》和詹姆斯·弗格森的《几门人文学科的相关表格和短文》）。1768 年卡德尔还开始以《最受推荐的英文书籍精选目录》(*A Select Catalogue of the Most Approved English Books*) 为标题印刷图书目录。

95. Genette, *Paratexts*.

96. 举例来说，罗伯逊的《查理五世统治史》（编号 119）的第二版 8 开本出版时，1772 年 4 月的《伦敦杂志》上同时刊登了对威廉·罗伯逊表示尊敬的吹捧文章，这似乎就是斯特拉恩和卡德尔安插的。

97. 来自 J. 诺特霍克（J. Noorthouck）的诗文，quoted in Timperley, *Encyclopaedia*, 2:756.

98. Strahan to Hall, 15 July 1761, quoted in Cochrane, *Dr. Johnson's Printer*, 99。

99. Owen Ruff head to William Strahan, 21 July 1768, HL, MS Hyde 77, 8.196.2.

100. McKenzie, *Stationers' Company Apprentices*, 341.

101. Strahan to Hall, 7 Oct. 1769, in Pomfret, "Some Further Letters," 474.

102. Strahan to Hall, 11 Sept. 1756, quoted in Cochrane, *Dr. Johnson's Printer*, 95.

103. Millar's will in Oliver, *History*, 2:265.

104. Strahan to Hall, 11 Sept. 1756, quoted in Cochrane, *Dr. Johnson's Printer*, 95, 139.

105. Lutes, "Andrew Strahan," 241.

106. Creech to Beattie, 6 Oct. 1786, AUL, MS 30/2/523.

107. Blair to Andrew Strahan, 26 Dec. 1796, Pierpont Morgan Library, extraillustrated folio edition of Boswell's *Life of Johnson*, 3:86.

108. ［1798 年］9 月 13 日，布莱尔给安德鲁·斯特拉恩写信的时候用第三人称说，"他期望这天在克里奇先生家吃晚饭的时候能够有幸与斯特拉恩先生见面"（Zachs, *Hugh Blair's Letters to His Publishers*）。

109. 引用的安德鲁·斯特拉恩的生平，参见 Thorne, *House of Commons*, 5:301–302, quoting 302。

110. Lutes, "Andrew Strahan," 21. 本段及下段圆括号内引用的页数都参考了这部有用的作品。

111. Nichols and Wray, *History*, 391.

112. Obituary in the *Gentleman's Magazine* for 1831, quoted in Thorne, *House of Commons*, 5:302.

113. [West], "Letters to My Son" 252.

114. Butterfield, "American Interests," 283–332; J. J. Caudle's biographies of the Dilly brothers in *ODNB*.

115. Pottle, *Earlier Years*, 541n.

116. Tyson, *Joseph Johnson*; Andrews, *Unitarian Radicalism.*

117. 这则讣告转载于 Hart, *Minor Lives*, 282–284，quoting 283。

118. Johnson to Mr. Fauche, June 1796 (copy), Joseph Johnson Letterbook, 1795–1810, New York Public Library, Carl H. Pforzheimer Collection.

119. 除非另外注明，关于默里生平的细节均出自扎克斯的《老约翰与十八世纪晚期伦敦的书籍贸易》（*First John Murray*），该书最完整地介绍了一个 18 世纪的不列颠书商的生意人形象。

120. Smiles, *Publisher and His Friends*, 1:21, 27.

121. Murray to Gilbert Stuart, 21 Mar. 1774. 本章引用的默里的书信都来自他的书信集的副本，出自 the John Murray Archive, NLS。

122. Murray to Creech, 8 Apr. 1774.

123. Murray to Bell, 5 Apr. 1774.

124. Zachs, *First John Murray*, 70, 112. 另见默里 1774 年 3 月 22 日和 4 月 22 日写给托马斯·尤因的信。

125. Murray to Kincaid & Creech, 1 July 1771.

126. Zachs, *First John Murray*, 29.

127. 关于《苏格兰年鉴》的出版，参见 1775 年秋天默里与吉尔伯特·斯图亚特的通信。

128. Murray to John Moore (who was handling Millar's negotiations), 7 Sept. 1770.

129. Zachs, *First John Murray*, 179–180, 191–195.

130. Zachs, *Without Regard to Good Manners*, esp. chaps. 4 and 5.

131. 参见默里写给斯图亚特的信。1778 年 5 月 30 日的信暗示，约翰·吉利斯写的评论文章最初是有利于斯图亚特的《欧洲社会概览》的，后来被《每月评论》的编辑拉尔夫·格里菲思篡改了；1779 年 3 月 11 日的信用斯特拉恩 – 卡德尔的"利益"鼓动斯图亚特；1779 年 4 月 23 日的信提到卡德尔拒绝销售斯图亚特的《苏格兰的公法和宪法史概览》(*Observations concerning Public Law*)。

132. Zachs, *First John Murray*, 78.

133. Ibid., 242.

134. 尤其参见 McDougall, "Charles Elliot's Medical Publications," 215–254; and McDougall, "Charles Elliot and the London Booksellers," 81–96。

135. Constable's memoir, in Constable, *Archibald Constable*, 533.

136. Smiles, *Publisher and His Friends*, 1:18.

137. McDougall, "Charles Elliot and the London Booksellers," 86.

138. Ibid., quoting 95.

139. McDougall, "Charles Elliot's Book Adventure," 197–212; McDougall, "Charles Elliot and the London Booksellers," esp. 82–83, 95; Isaac, "Charles Elliot and the English Provincial Book Trade," 97–116; and Isaac, "Charles Elliot and Spilsbury's Antiscorbutic Drops," 157–174.

140. McDougall, "Charles Elliot's Book Adventure"，以及目前这一卷的第九章。

141. 这些书中有一本斯图亚特的《苏格兰宗教改革史》(编号 210) 出版的时候，默里在贝尔不知情的情况下把他的名字放到了扉页上，"为了回报您的恩惠"（Murray to Bell, 1780, NLS, Dep. 317, box 1, folder 1)。在另一个例子中，在出版约翰·吉利斯编的《吕西亚斯和伊索克拉底的演说稿》(编号 192) 时，默里把贝尔的名字放在了扉页上，于是在出版斯图亚特的《欧洲社会概览》(编号 195) 的时候，贝尔把默里的名字放到扉页上作为回报。参见 Zachs, *Without Regard for Good Manners*, 205n4。

142. 其中一些有方便的装订本，参见 NLS, NG.1615.d.15 (1–5)。

143. [West], "Letters to My Son," 132.

144. 关于罗宾逊的生平资料，参见 G. E. Bentley 在 *ODNB* 中的描述，正如已经提到的，增补了韦斯特的和其他同代人的资料。

145. Raven, "Location, Size, and Succession," 100–101; and Raven, "Memorializing a London Bookscape," quoting 199.

146. Robinson to Bell, 4 Oct. 1785, NLS, Acc. 10662, folder 10.

147. NLS, Dep. 196, fols. 17–18.

148. Reid, *Correspondence*, 167.

149. 这段逸事以及罗斯的评论参见 Fieser, *Scottish Common Sense Philosophy*, 3:1–39。

150. Robinson to Bell, 21 Aug. 1784, NLS, Acc. 10662, folder 9 (1784). 贝尔写给罗宾逊的信

现在似乎佚失了，不过在罗宾逊的答复中被提到过。

151. Reid, *Correspondence*, 170–171.

152. Reid to Bell, 26 Sept. 1784, in Reid, *Correspondence*, 171. 罗斯 9 月 9 日的信已经佚失，不过里德的这封信给出了其中的内容。

153. 罗宾逊似乎告诉过罗斯，他愿意"与贝尔先生均摊股份"（Reid to Bell, 26 Sept. 1784, in Reid, *Correspondence*, 171），不过从上面复制的罗宾逊在 9 月 6 日写给贝尔的信来看，罗宾逊实际上取得的份额是三分之二。

154. 在里德方面，1784 年 12 月 31 日《论人的理智能力》出版的 7 个月前，里德写信告诉詹姆斯·格雷戈里，贝尔会得到《论人的行动能力》的"第一个报价"。

155. Robinson to Bell, 10 May 1788, NLS, Dep. 317, box 1, folder 2.

156. Robinson to Bell, 14 May 1789, ibid., box 2, folder 1.

157. Robinson to Bell, 16 Jan. 1790, NLS, Acc. 10662, folder 11. 根据贝尔＆布拉德福特 1789 年 12 月 31 日的分类账，罗宾逊为艾利森的书支付的印刷费用的三分之二有 80 英镑 10 先令 10 便士（NLS, Dep. 193, ledger 1, fol. 146; and Bell & Bradfute Ledgers, City Chambers, Edinburgh, SL 138/1）。2 月 1 日，贝尔＆布拉德福特在《爱丁堡晚报》上刊登了类似的广告，宣告艾利森的 4 开本书的价格是 16 先令，并提示读者可以得到里德的《论人的理智能力》和《论人的行动能力》。

158. Sir William Forbes to James Beattie, 3 June 1789, NLS, Acc. 4796, box 98.

159. 在一部分例子中，贝尔＆布拉德福特是隐名的联合出版者。举例来说，约翰·穆尔的《留法日记》（编号 315）的出版者信息里只有罗宾逊的名字，但是在爱丁堡报界的广告上，它是由贝尔＆布拉德福特"出版"的（*EEC*，1793 年 5 月 23 日）。

160. Thomas Robertson to Bell & Bradfute, 26 Feb. [1793], EUL, La.II.419, no. 21.

161. Bentley, "Copyright Documents," 67–110，包含协议细节，也包含戈德温关于罗宾逊自 18 世纪 80 年代初持续赞助的证词。参阅 Philp, *Godwin's Political Justice*, 74–75。

162. [West], "Letters to My Son," 133.

163. NLS, Dep. 317, box 2, folder 1.

164. 如前所述。文中提到的这部作品是小约翰·米勒的《保险业法律基础》（*Elements of the Law relating to Insurances*），1787 年贝尔和罗宾逊联合出版过该书。参照 1797 年 11 月 21 日罗宾逊写给贝尔的信，由于"战事频仍"，他拒绝了约翰·鲍尔弗的一个提议（box 3, folder 1796–1799）。

165. Pollard, *Dictionary*, 100，引用一个爱尔兰情报人员 1797 年的报告，内容关于钱伯斯造访伦敦，据称是为了"私下的政治事务。在伦敦期间他经常去书商罗宾逊家"。

166. NLS, Dep. 317, folder 1795.

第六章

1. Mary Creech to Dr. Cousin, [1750], ECL, Y2325C91[G44823]. 玛丽在信中还提到了她的姐妹朱迪丝（Judith），她在苏格兰"仍然处于被奴役的状况"。

2. [Fleming], "Account," xii, note. 弗莱明记录了克里奇和邓达斯终身的政治关联。关于巴克利，参见 Hutchison, "Eighteenth-Century Insight," 233–241。

3. 参见克里奇、格雷戈里和泰特勒写给麦科诺基的信，出自 the Meadowbank Papers, EUL, Mic. M 1070，特别是克里奇 1772 年 1 月 10 日和［1772 年 3 月］的信件。1773 年 1 月 27 日，克里奇告诉詹姆斯·贝蒂，他是"卢梭的狂热崇拜者"（AUL, MS 30/2/100）。然而，后来他的想法改变了，在 1786 年的一篇报纸文章（转载于他的《爱丁堡散落的片段》，第 151 页）中，他将卢梭描述为"自相矛盾、反复无常、有独创性、口才很好、软弱而危险的作者"。

4. *History of the Speculative Society*, 70.

5. Paul, *Scots Peerage*, 5:480.

6. "Replies for Mr Creech to the Answers for Mr Kincaid's Trustees," 52, ECL, William Creech Papers.

7. Benedict, "Service to the Public," 119–146.

8. [Fleming], "Account," xv.

9. Journal of William Creech 1766–1767, NLS, MS 56. 下文讨论的引文出自装订好的打印稿，藏于 Edinburgh Room of the ECL, YZ325C91 [B3085]。

10. 参照 Creech to Maconochie, 9 Sept. 1766, Meadowbank Papers, EUL。

11. 参照 Boswell, *London Journal* ; and Adam Ferguson's letter, 11 Sept. 1745, in Ferguson, *Correspondence*, 1:3. 弗格森 1745 年造访伦敦时，年龄与 1766 年时的克里奇大致相同。他惊讶地写道："每个人都在阅读公开报纸，带着可以想象的全部热情谈论对相关事件的看法……我们都可以去饮食店或者啤酒馆或者任何店，点菜单上的任何食物，加入任何你想加入的群体，和别人随便交谈，不管你是否认识他们，即使你可能再也不会见到那个人。"

12. Boswell, *London Journal*, 50.

13. Adam's letters to Creech, 7 (quoted) and 20 Feb. and 4 Apr. 1767, WCL.

14. "Replies for Mr Creech," 21, 29. 这段辩护还陈述道："克里奇先生在伦敦每天为金凯德先生筹措金钱，办理各种业务，尽管 1767 年 5 月以后——大约在他出发去了欧洲大陆两个月之前，他没有为这些进展拿过一个先令。"（第 17 页）

15. Creech to Maconochie, Meadowbank Papers, EUL.

16. John Bell Letterbooks, Bodleian Library, Oxford, MS Eng. Letters c. 20, fols. 31–32, 41, and 44–46.

17. "Replies for Mr Creech," 20–21.

18. [Fleming], "Account," xxxii.

19. Strahan to Creech, 19 Sept. 1768, WCL. 本章随后提到的所有斯特拉恩写给克里奇的信都引自这个来源。

20. "Fragmentary Notes of a Tour Made by William Creech 1 Aug. 1770 to Holland, Belgium, France, Switzerland, and Germany," ECL, Y2325C91 [G44823].

21. Creech to Maconochie, 1 Feb. 1771, Meadowbank Papers, EUL.

22. National Archives of Scotland, Register of Deeds, vol. 311 Dur, fols. 1592–1598. 证书上的日期是 1773 年 7 月 17 日，但是在之前的 5 月就开始生效。

23. Creech to Beattie, 22 Jan. 1777, AUL, MS 30/2/282.

24. Balfour to George Paton, 18 Apr. 1772, NLS, Adv. MSS 29.5.7(1), fols. 47– 48; Alexander Fraser Tytler's letter of 8 May 1772, WCL, addressed "to the care of Mr Cadell Bookseller London."

25. Sher, "New Light," 26n2.

26. Murray to Gilbert Stuart, 21 Mar. 1774 (copy), John Murray Archive, NLS.

27. Creech to Cadell, Jr., 3 July 1807 (copy), ECL, William Creech Letterbook, Green Box 120, fols. 118–120.

28. Examples include nos. 66, 91, 179, 222, 249, and 287.

29. 约翰·默里和克里奇 1774 年在爱丁堡联合出版了一部作品（编号 166），克里奇的名字出现在前面，约翰·默里对此表示不快，因为默里是"生意上的资深前辈"（Murray to William Smellie [copy], 9 Apr. 1774, John Murray Archive, NLS）；在一些出版地为伦敦的副本中，默里的名字排在首位。1777 年 1 月，克里奇在爱丁堡而不是伦敦出版了贝蒂的《随笔集》（编号 173），在为认购者准备的 4 开本书的出版者信息中，只有他一个人的名字，结果此举触怒了爱德华·迪利（Creech to Beattie, 16 Jan. 1777, AUL, MS 30/2/281）。

30. Hugh Blair to Robert Blair, 14 Apr. 1790, NLS, MS 588, no. 1374.

31. NLS, MS 948, nos. 8 and 9. 布莱尔明确提到的只有第一版，即使如此，他还是有夸大之嫌，因为扎克斯的《休·布莱尔与其出版者的通信》（*Hugh Blair's Letters to His Publishers*）证实，《传道书》第二卷第一版是由斯特拉恩在伦敦印刷的。

32. Zachs, *Hugh Blair's Letters to His Publishers*, items 1790.S.3.1 and 1794.S.4.1. See also Blair to Cadell, 20 Feb. 1794, BL, Add. MSS 28098, fols. 18–19; Creech to Cadell, 18 Apr. 1794, NLS, Acc. 8205; Blair to Cadell, 26 Apr. 1794, Pierpont Morgan Library, Misc. English.

33. Beattie to Sir William Forbes, 6 May 1771, NLS, Acc. 4796, box 94; Beattie to Robert Arbuthnot, 18 May 1771, in Beattie, *Correspondence*, 2:140–142.

34. 参见贝蒂写给克里奇的 51 封信，时间跨度从 1771 年 5 月到 1793 年 4 月，WCL；此外还有贝蒂致克里奇和克里奇致贝蒂的一些信件，从 1772 年 12 月到 1794 年 4 月，AUL。

35. Creech to Beattie, 7 June 1776, AUL, MS 30/2/255.

36. Beattie, *Day-Book*, 212–213.

37. Beattie to Creech, 28 June 1781, HL, MS Hyde 77, 7.150.

38. Creech to Beattie, 27 Apr. 1789, AUL, MS 30/2/596; Sir William Forbes to Beattie, 3 June 1789, NLS, Acc. 4796, box 98. 参见 Robinson 对贝蒂的介绍，*Elements of Moral Science*, 1:xxxi。

39. "Stanzas Addressed to Dr Beattie, Author of The Minstrel," in Creech, *Edinburgh Fugitive*

Pieces, 221–222.

40. Carrick, *William Creech*.

41. [Fleming], "Account," xvii. 另见 Benedict, "Service to the Public," 122–125。

42. Stewart to Archibald Constable, 28 Dec. 1809, NLS, MS 675, fols. 79–80.

43. Creech, *Edinburgh Fugitive Pieces*, 223.

44. Stuart to Murray, Nov. [1775], John Murray Archive, NLS.

45. Stuart to Murray, 3 Dec. 1775, ibid.

46. Macleod, "Freemasonry and Music," 123–152.

47. Quoted in Thompson, *Scottish Man of Feeling*, 228.

48. [Fleming], "Account," xx. 根据罗伯特·钱伯斯（Robert Chambers）的《爱丁堡传统》（*Traditions of Edinburgh*）记载，早餐室里的招待会每天都持续到中午，在克里奇下楼到书店去之后不久，"同一群人继续在那里待到 4 点"（引自 Brown, "William Creech," 76）。

49. Boswell, *English Experiment*, 27.

50. Cockburn, *Memorials*, 170.

51. [Smellie], *In the Press, and to be Published by William Creech*, 7–8. 这份简介的日期为 1779 年 6 月 23 日。

52. Arnot to Creech, 6 May 1782, WCL; Zachs, *First John Murray*, 68, 71.

53. Withrington, "What Was Distinctive?" 9–19.

54. 但是，参见 Grant, "Note on Publicity," 1:xlvii–lxxiii。

55. Mitchison, *Agricultural Sir John*, 122. 只有第二卷是由辛克莱自己编辑的。

56. 这两封信的副本，加上 1809 年 10 月 20 日辛克莱的一封愤怒的信，来自 Sinclair of 20 October 1809, are in Creech's Letterbook, ECL。两封来自克里奇的信发表于 Grant, "Note on Publicity," lxii–lxvi，随后的引文由此摘录。

57. Quoted in Grant, "Note on Publicity," lxvii–lxx.

58. 另一幅肖像参见 the Scottish National Portrait Gallery，复制于 Dwyer and Sher, *Sociability and Society in Eighteenth-Century Scotland*。

59. Creech, *Edinburgh Fugitive Pieces*, xvii.

60. Constable, "Edinburgh Booksellers of the Period," in Constable, *Archibald Constable*, 1:533–540.

61. "他是我所知道的最厉害的小说家。"（参考 Black, *Memoirs*, 24）

62. "Autobiographic Fragment" in Constable, *Archibald Constable*, 1:32–33.

63. Stark, *Picture of Edinburgh* (1806), 259–260.

64. Stark, *Picture of Edinburgh* (1819), 233. 可能是因为这个项目的自利性质太明显，这部流行作品 1819 年出版后，康斯特布尔断绝了与它的关系。

65. Lockhart, *Peter's Letters*, 2:157–158.

66. Riddell to James Currie, 6 Dec. 1797, *Burns Chronicle* (1921): 43.

67. Sher, "Corporatism and Consensus," 32–93.

68. Anderson, *History of Edinburgh*, 325; Minute Book of the Trustees of William Creech, 17, ECL, William Creech Papers.

69. 一个前雇员的记述, 出自 Chambers, *Life and Works*, 2:266, 可能更加准确地描述了克里奇的书商职业生涯的晚期而不是全盛时期的情况。

70. Pinkerton to Buchan, 2 Feb. 1788, in Pinkerton, *Literary Correspondence*, 1: 177.

71. Brown, "William Creech," 75–80.

72. Buchan to Creech, 4 Sept. 1791, quoted in Mathison, "Gude Black Prent," 73.

73. Chambers, *Life and Works*, 2:266.

74. Creech to Erskine, 24 Jan. 1801, NLS, MS 682, fols. 44–46.

75. Cockburn, *Memorials*, 168–169.

76. Brown, "William Creech," 75.

77. 关于康斯特布尔生平的资料摘自其自传, 包括第一章, 参见 Constable, *Archibald Constable*, 5–33; 大卫·休伊特 (David Hewitt) 在 *ODNB* 中写的关于康斯特布尔的条目。

78. Scott to Ballantyne, 9 Apr. 1819, in Scott, *Letters*, 6:89.

79. Lockhart, *Memoirs*, 1:463.

80. "Inventory of the Personal Estate belonging to the deceased William Creech Esq. at his death 14 Jan'y 1815," ECL, William Creech Papers, item 1, no. 62.

81. Millgate, "Archibald Constable," 110–123.

82. 大卫·休伊特在 *ODNB* 中写的关于康斯特布尔的条目。

83. 同上, 引自洛克哈特写的斯科特传记。

84. Constable to James Graham, 1 July 1816, NLS, MS 789, p. 605.

85. Anderson to John Pinkerton, 12 Feb. 1792, in Pinkerton, *Literary Correspondence*, 1:295.

86. Cockburn, *Memorials*, 169.

87. 1797 年, 克里奇以 670 英镑的价格把他的店铺卖给了市政府, 同时保留了终身承租的权利 (Town Council Minutes, Edinburgh City Chambers, 8 Mar. 1797, 127:100)。

88. Lockhart, *Peter's Letters*, 160.

89. Creech to Gilbert Hutchison, 28 Sept. 1803, quoted in Brown, "William Creech," 75.

第七章

1. 参考的表格参见 Sher, "Corporatism and Consensus," 34, 根据 2006 年 1 月 ESTC 检索更新。自 1997 年编制该表以来, 关于不列颠和爱尔兰城镇的统计结果没有明显变化, 但是在 ESTC 中, 北美城镇出版数量开始向下调整了。

2. Lambert, *Sessional Papers*, 52:358–359.

3. Cadell to Jenkinson, 5 Mar. 1785, BL Add. MSS 38218, fols. 296–297.

4. Murray to Alexander Hamilton, 25 Oct. 1777, quoted in Zachs, *First John Murray*, 113.

5. 本章引用的斯特拉恩写给克里奇的信件全部来自 WCL。

6. 关于这个立法，参见 Pollard, *Dublin's Trade in Books*, 135–139。

7. Quoted in Adams, *Printed Word*, 26.

8. Quoted in McClelland, "Amyas Griffith," 13.

9. Anderson, *History of the Belfast Library*.

10. Anderson, *Catalogue of Early Belfast Printed Books*. 一份 18 世纪阿尔斯特地区出版物的清单作为附录出现于 Adams, *Printed Word*, 175–181。 此外，1766 年贝尔法斯特的书商在都柏林印刷了斯摩莱特的《法国和意大利游记》和福代斯的《给年轻女性的传道书》。

11. Quoted in Phillips, *Printing and Bookselling*, 115.

12. *Freeman's Journal*, 11–16 Nov. 1773.

13. *Dublin Evening Post*, 3 June 1784.

14. 科利斯在广告中提到他刚从伦敦回来。[West], "Letters to My Son," 85, 133，其中提到卢克·怀特、约翰·阿彻、帕特里克·伯恩、约翰·埃克肖、约翰·琼斯、威廉·琼斯、约翰·赖斯、詹姆斯·穆尔等爱尔兰书商，他们在都柏林和罗宾逊在伦敦的府邸，与乔治·罗宾逊热情地交往，此外约翰·钱伯斯也造访过罗宾逊。

15. 关于一个著名案例的复杂性的说明，参见 Sale, "Sir Charles Grandison," 80–86。

16. McDougall, "Smugglers," 166–172. 另见 Tierney, "Dublin–London Publishing Relations," 133–139。

17. 关于这段插曲以及随后的故事，参见 Phillips, *Printing and Bookselling*, 113–115 ; Pollard, *Dictionary*, 394 ; and Pollard, *Dublin's Trade in Books*, 97–100。

18. Zachs, *First John Murray*, chap. 7, esp. 112. 后来在安德鲁·邓肯的几卷《医学和哲学评论》（1773、1775—1776、1776—1777）的出版者信息中，默里添加了尤因，不过那些不是都柏林重印本。

19. 有些都柏林版本看着新，实际上是以前的版本，只是再版时换了新的扉页，为了这个目的统计重印数量时，我们必须小心地排除这类情况。这种事例包括 1790 年 J. 琼斯出版的约翰·米勒的《对英国政府的历史概观》（编号 271）、1796 年吉尔伯特出版的本杰明·贝尔的《论淋病和梅毒》（编号 312）。还有两个例子，即麦克弗森的《芬格尔》（1763 年的两个都柏林版本的页码相同）和卡伦的《药物学讲义》（1781 年的两个版本的页码相同），我无法确定它们是否是这个类型的再版书。

20. Cole, *Irish Booksellers*, 94–99.

21. Ibid., 141.

22. Quoted in Cole, Ibid., 78. 这个都柏林版本可能是书商行会的出版物。

23. 例如，参见 "Scottish Literary News" in the *Edinburgh Advertiser*, 23–26 Nov. 1773 ; and the *London Chronicle*, 30 Nov–2 Dec. 1790。

24. Phillips, *Printing and Bookselling*, 274–275.

25. [Ewing], *Select Catalogue of Books*, 31.

26. Sher, "Early Editions of Adam Smith's Books," 25–26.

27. "你拿到全部书稿之前，不要将它交给任何印刷者或出版者"（Boswell to Barnard,

24 Aug. 1785）；在 10 月 15 日的回信中，巴纳德好像完全没有看到博斯韦尔的叮嘱（*Correspondence with Certain Members of The Club*, 211, 216）。

28. Boswell to Barnard, 8 Nov. 1785, ibid., 221; Joseph Cooper Walker to Boswell, 31 Dec. 1785, ibid., 221n2; and Boswell Papers, Yale University, C 3055.

29. 1785 年 7 月 26 日，沃克建议博斯韦尔 "与都柏林书商订立协议"，以防止他们拿走爱尔兰版本的全部利润；8 月 20 日，他又提出了这个建议。不过 11 月 13 日他写信给博斯韦尔，报告都柏林版本已经在 11 月 12 日出版，从那种就事论事的表达方式判断，博斯韦尔并没有听从他的建议（Boswell, *Correspondence and Other Papers*, 93–95, 100）。12 月 20 日，博斯韦尔告诉沃克，如果 "爱尔兰书商有机会重印我的书，假如你能够提议用第二版制作重印本，我会很感谢，因为第二版更加完善"（引自 Cole, *Irish Booksellers*, 101–102）。但是这个建议没有起作用，因为第二版从未在都柏林出版。同样参见 Charlotte Smith to Thomas Cadell, 28 Sept. 1790，载于 Taylor, "The Evils I was born to bear," 312–318 ："（约瑟夫·库珀·）沃克先生说，只要赶在这里（即伦敦）出版之前，把新书副本送到都柏林，那里的书商就会给我一笔钱，他希望我采取这种方式。"

30. 1772 年，伦敦的斯特拉恩和卡德尔与爱丁堡的金凯德、克里奇和鲍尔弗合作，以 4 开规格出版了麦克布赖德的《医学理论与实践的系统介绍》，某些都柏林书商立刻宣布他们有意重印该作品。但是麦克布赖德请他们不要这样做，他们同意 "遵从他的意见"。1777 年，威廉·沃森得到了作者的许可，终于在都柏林出版了 "经过扩充和校正"（并且改了标题）的 8 开本，参见该版本前面所附的 "来自出版者的广告"。关于埃德蒙·伯克对他的一部作品的伦敦和都柏林版本的授权，参见 Cole, *Irish Booksellers*, 183。

31. Cole, *Irish Booksellers*, 131–132.

32. Pollard, *Dublin's Trade in Books*, 110.

33. Kinane and Benson, "Graisberry Ledgers," 139–150.

34. Hernlund, "William Strahan's Ledgers," 89–111.

35. 其他的出版者是普赖斯、怀特斯顿、科利斯、詹金（Jenkin）、沃克、埃克肖、贝蒂、怀特、伯顿、伯恩、卡什和小斯利特。

36. Pollard, *Dublin's Trade in Books*, 74–87.

37. McDougall, "Smugglers," 161 (Smith and Gibbon), 170 (Reid). 参见 Feather, "Country Trade in Books," 170，其中指出普雷斯顿是英格兰 "最受欢迎的输入爱尔兰书籍的港口"。

38. Quoted in McDougall, "Smugglers," 157; Pollard, *Dublin's Trade in Books*, 77.

39. Watson to Strahan, 3 July 1777, HL, MS Hyde 77, 6.91.

40. McDougall, "Smugglers," 168.

41. 伦敦书商威廉·约翰斯顿是斯摩莱特的《汉弗莱·克林克历险记》（1771）的原出版者，1774 年 3 月他在议会作证时说，该作品的盗版本上带有他的名字，"让人无法辨别原版和复制本"（*EEC*, 1774 年 3 月 23 日）。这个特别的盗版本是在爱丁堡印刷的，约翰斯顿成功地检举了背后的盗版者（参见 McDougall, "Smugglers," 173），但是其他畅销书的复制版本无法被察觉，有时可能在爱尔兰生产，然后被偷运到不列颠。

42. McDougall, "Smugglers," 170–171.

43. Pollard, *Dublin's Trade in Books*, 87.

44. Kennedy, *French Books*; Kennedy, "Readership in French," 3–20; Kennedy and Sheridan, "Trade in French Books," 173–196.

45. Cole, *Irish Booksellers*, esp. chaps. 3 and 8.

46. 除非另有说明，本节所讨论的都柏林书商的地址和其他传记细节都摘自 Pollard, *Dictionary*。

47. Cole, *Irish Booksellers*, 9–10, 197–198.

48. Phillips, *Printing and Bookselling*, esp. chap. 3.

49. 关于都柏林的天主教徒书商，参见 Wall, *Sign of Doctor Hay's Head*, chaps. 1 (on Wogan) and 3 (on the Hoeys)。关于伯恩在都柏林和美国的职业生涯，参见 Cole, *Irish Booksellers*, 182–190。

50. 1782 年 10 月 15 日，麦肯齐在《都柏林晚报》上为该书刊登广告（转引自 Pollard, *Dictionary*, 386），但是我没有找到麦肯齐版的副本。

51. Gough, "Book Imports," 35–48.

52. 特别让人困惑的事实是，书商行会出版的一些版本中，詹姆斯·威廉姆斯也是联合出版者，比如《威克菲尔德的牧师》的 1766 年和 1767 年版本。

53. Phillips, *Printing and Bookselling*, 124–125.

54. Alden, "John Mein, Publisher."《给年轻女性的传道书》的同一个版本中也出现了梅因和弗莱明的出版者信息："波士顿：梅因和弗莱明印刷"，销售地区是美国（参见表二，编号 93）。

55. Pollard, *Dictionary*, 215–216.

56. [Donaldson], *Some Thoughts*, 1, 16.

57. Phillips, *Printing and Bookselling*, 32–35.

58. Pollard, *Dictionary*, 114; Pollard, *Dublin's Trade in Books*, 168–169; Zachs, "John Murray and the Dublin Book Trade," 26–33.

59. Quoted in Pollard, *Dublin's Trade in Books*, 169.

60. Pollard, *Dictionary*, ix.

61. Sher, "*Charles V*," 179–180.

62. Cole, *Irish Booksellers*, 132. Phillips, *Printing and Bookselling*, 101–102，其中记录在 1776 年 6 月，桑德斯、钱伯伦和波特做了一个限时销售的广告，宣传说休谟《英格兰史》的八卷 8 开本售价仅为 14 先令 1 便士，不过我不清楚他们是在销售谁的版本。

63. Sher, "New Light," 22–23.

64. Cole, *Irish Booksellers*, 133.

65. 威廉·哈尔黑德订购了 20 套，劳伦斯·弗林二世、凯莱布·詹金（Caleb Jenkin）、伊丽莎白·林奇、理查德·蒙克里夫、威廉·威尔逊、托马斯·沃克和威廉·怀特斯顿每人订购了 12 套，威廉·科利斯、乔治·伯内特、阿瑟·格吕贝尔、约翰·钱

伯斯、彼得·霍伊、威廉·斯波茨伍德、威廉·斯利特一世、威廉·沃森、彼得·
威尔逊、卢克·怀特和帕特里克·沃根每人购买的数量在 1 套至 12 套之间。

66.　Pollard, "John Chambers," 4–5; and Pollard, *Dublin's Trade in Books*, 207–208.

67.　认购提议既单独发表（Chambers, *Proposals*），也刊登在 1788 年 5 月 22 日的《都柏
林编年史》上。零售价格为 1 英镑 14 先令 1.5 便士，比认购价格略高几先令（《都柏
林编年史》，1789 年 10 月 27—29 日）。

68.　Guthrie, *Improved System of Modern Geography*, v.

69.　《现代地理的新系统》是 1780 年首次面市的伦敦版 4 开本的标题，带有查尔斯·迪
利和乔治·罗宾逊的出版者信息，他们的公司在 18 世纪 70 年代末从约翰·诺克斯
手里购买了版权。8 开本的标题是《地理、历史与商业新语法：当今世界几个王国的
现状》，被用作 4 开本的副标题（没有 "新" 这个字），不过钱伯斯把 "当今世界几
个王国" 这个短语改成了 "已知世界的所有帝国、王国、邦国与共和国"。1788 年，
迪利和罗宾逊出版了伦敦 4 开本的第四版和 8 开本的第十一版。

70.　Quoted in Cole, *Irish Booksellers*, 79.

71.　*Dublin Chronicle*, 16 and 20 Dec. 1788; and Guthrie, *New Geographical, Historical, and
Commercial Grammar*, 10th ed. (Dublin, 1789), advertisement.

72.　参见 Mayhew, *Enlightenment Geography*, 168–180 ; and Mayhew, "William Guthrie's
Geographical Grammar," 19–34。

73.　后续讨论中的引文全部摘自格思里的《地理、历史与商业新语法》的 8 开本第十一
版（伦敦，1788）。

74.　Leerssen, *Mere Irish*.

75.　Guthrie, *New Geographical, Historical, and Commercial Grammar* (Dublin, 1780), 354.

76.　Guthrie, *New Geographical, Historical, and Commercial Grammar* (Dublin, 1794), 422.

77.　关于德雷南以及他与钱伯斯的关系，参见 Agnew, *Drennan–McTier Letters*, esp.
1:331–332（"格思里《地理》的一个出色版本"），385（"那个可敬的人"），483（"我
的朋友钱伯斯"）。关于德雷南与苏格兰人的关系，参见 McBride, "William Drennan,"
49–61。

78.　Guthrie, *Improved System of Modern Geography* (Dublin, 1789), 497–498.

79.　Pollard, *Dictionary*, 192–193. 1790 年，他以政府官员身份竞选议员，但是失败了。

80.　Pollard, "John Chambers," 9–10.

81.　Smellie and Bell to Strahan and Cadell, 22 Nov. 1783, EUL, La.II.584.

82.　认购提议带有条件，日期为 1785 年 9 月。我使用的这个条目的副本附在怀特的书籍
目录中，那份目录载于都柏林大学馆藏的 Woodfall, *Impartial Sketch* 的书后。

83.　*Buffon's Natural History, Abridged* (Dublin, 1791). 名字列在出版者信息中的书商有：沃
根、伯恩、格吕贝尔、麦肯齐、J. 穆尔、J. 琼斯、哈尔彭、W. 琼斯、R. 怀特、赖斯、
德雷珀、P. 穆尔和 A. 波特。

84.　McDowell, "Personnel," 12–53.

85.　Chambers to Carey, 26 Mar. 1794, HSP, Lea and Febiger Papers.

86.   Warburton, Whitlaw, and Walsh, *History*, 2:1158.

87.   Kennedy, "Domestic and International Trade," 101–102.

88.   Cole, *Irish Booksellers*, 195–196.

89.   William Carleton, quoted in Benson, "Printers and Booksellers," 47.

90.   奥哈洛伦（O'Halloran）的《黄金时代》（*Golden Ages*）显示，爱尔兰古文物研究者的论著常常与启蒙运动的著作有交集——特别是苏格兰启蒙运动的著作。然而他们的写作范围太狭窄，集中于古代和中世纪的爱尔兰，很难引起国外读者的兴趣。即使在爱尔兰境内，也有一些作者如查尔斯·奥康诺（Charles O'Conor）和爱德华·里德维奇（Edward Ledwich），在乡下感觉很孤独，直到爱尔兰皇家科学院于 1785 年成立以前，他们一直缺乏都柏林的机构的支持（第 4 页）。他们的主要作品大多数是在都柏林而不是在伦敦出版的，有少数最初带有伦敦的出版者信息的作品有时是以作者的名义出版的（例如西尔维斯特·奥哈洛伦［Sylvester O'Halloran］的《爱尔兰通史》），或者是都柏林原版换了扉页之后再版的（例如 1772 年默里出版的奥哈洛伦的《爱尔兰历史与古迹研究导论》，它与托马斯·尤因的都柏林版在同一年出现）。理查德·蒙克里夫付给托马斯·利兰德（Thomas Leland）300 英镑，买下了《亨利二世入侵以来的爱尔兰历史》的版权（1773 年以三卷 4 开本的形式分别在都柏林和伦敦出版），有人标榜说，利兰德是第一个把文学作品的版权卖给都柏林出版者的爱尔兰作者。但是这笔交易让出版者赔了钱（Pollard, *Dictionary*, 413），这种实验也没有掀起一股潮流。

91.   Ward, *Prince of Dublin Printers*; Pollard, *Dictionary*, 198–206.

第八章

1.   Lundberg and May, "Enlightened Reader," 262–271, quoting 269.

2.   Spencer, *Hume and Eighteenth-Century America*, 12–16.

3.   Sher, "Introduction: Scottish-American Cultural Studies," 1–27, esp. 10–11.

4.   Emerson, "Scottish Literati and America," 183–220; Reid-Maroney, *Philadelphia's Enlightenment*; Hook, *Scotland and America*; Sloan, *Scottish Enlightenment and the American College Ideal.* 关于苏格兰人与美国国父们，参见 Spencer, *Hume and Eighteenth-Century America*, chaps. 4–8；Fleischacker, "Adam Smith's Reception," 869–896, and "Impact on America," 316–337. 关于以前被忽略的凯姆斯勋爵的影响，参见 Jayne, *Jefferson's Declaration of Independence*, esp. chap. 4. 关于更早的研究，可以参考斯潘塞作品中全面的脚注和书目，还有我在上一条注释的文章中列举的书目。

5.   Jefferson, *Papers*, 1:76; Wilson, "Thomas Jefferson's Library," 56–72. "某种形式" 这个说法的意思是，杰斐逊列出的作品中有 3 种——莪相的诗歌加上布莱尔的论文，休谟的《杂文与论文若干》，约翰·霍姆的戏剧（即《约翰·霍姆戏剧作品集》，1760）——所包含的作品也单独出现在了表二中。

6.   Wilson, "Thomas Jefferson's Library," 66–68; Berman, *Thomas Jefferson*, 22–31.

7. 例如参见 Ewan, "One Professor's Chief Joy," 312。

8. Smith, *Diary*, 141 (19 Mar. 1796).

9. Lundberg and May, "Enlightened Reader," 264.

10. 晚至 1810 年 10 月 30 日，费城《晚星报》(*Evening Star*) 上出现过关于这种影响的叙述，同样引自 Green, "From Printer to Publisher," 42n2。

11. 有些情况中就没有付款，具体描述参见 Nolan, *Printer Strahan's Book Account*。本章和第九章稍后会讨论其他事例。

12. Farren, "Subscription."

13. Cole, *Irish Booksellers*, esp. chaps. 3, 8, and 9.

14. 参见第七章注释 1。

15. Remer, *Printers and Men of Capital*, 55–65; Sher, "Corporatism and Consensus," 32–93.

16. Thomas, *History of Printing*, 149–152; Alden, "John Mein: Scourge," 571–599, and "John Mein, Publisher," 199–214; Franklin, *Boston Printers*, 365–369. 根据托马斯的说法（第 150 页），梅因和弗莱明有时在波士顿出版书籍时使用假的伦敦出版者信息，但是我无法辨别出任何这类苏格兰启蒙运动作品。

17. Thomas, *History of Printing*, 394–396; McCulloch, "William McCulloch's Additions," 176.

18. 有人提议禁止在费城进行拍卖，为了表示反对，贝尔印刷和散播过一份文件，日期为 1774 年 1 月 17 日。这份文件提到了"罗伯特·泰勒的公司坐落在苏格兰与英格兰交界处的特威德河畔的贝里克镇，他每年通过拍卖方式销售数千册书"（贝尔，《备忘录》）。既然罗伯特·泰勒是塞缪尔·泰勒的亲戚，那么贝尔在贝里克做熟练工人的时候，就有可能也从泰勒那里学过拍卖技能。

19. McCulloch, "William McCulloch's Additions," 97.

20. Fawcett, *Cambuslang Revival*.

21. McCulloch, "William McCulloch's Additions," 97.

22. 关于贝尔的条目，参见 Pollard, *Dictionary*, 29，本书从中摘录了其他人的生平细节。

23. 《贝尔的经销书籍目录，1763 年到 1764 年》，引自贝尔的广告，在他出版的约翰·贝尔的《圣彼得堡游记》第二卷背后。

24. *Catalogue of Books, which Will Begin to Be Sold by Auction*. 这个破产目录可以提供信息，已知的唯一副本收藏在爱尔兰国家图书馆，可惜副本不完整。

25. 关于费城出版业发展的概述，参见 Green, "English Books," 248–298。

26. Green, "Benjamin Franklin," 98–114; Miller, *Benjamin Franklin's Philadelphia Printing*.

27. Harlan, "David Hall's Bookshop," 2–23; Cochrane, *Dr. Johnson's Printer*, chap. 6.

28. Strahan to Hall, 11 July 1758, in Cochrane, *Dr. Johnson's Printer*, 83; Botein, "Anglo-American Book Trade," 70.

29. Green, "English Books," 278.

30. McDougall, "Scottish Books for America," 21–46; David Hall Letterbook, Salem County Historical Society, Salem, New Jersey.

31. Raven, "Export of Books," 21–49, citing 21; Raven, "Importation of Books," 183–198;

Barber, *Studies in the Booktrade*, 223–264.

32. Raven, "Commodification and Value," 78; Raven, *London Booksellers and American Customers*, 103.

33. McCulloch, "William McCulloch's Additions," 232.

34. Bell, *Catalogue of Books, to be Sold by Auction* [Mar. 1768]; and Bell, *Catalogue of Books, to be Sold by Auction* [early May? 1768].

35. Du Ponceau, "Autobiography," 461.

36. McCulloch, "William McCulloch's Additions," 176, 219, 228, 232. 在费城的图书行业，星期天工作的惯例并不罕见，这令虔诚的苏格兰人感到恐怖。参见 Remer, "Scottish Printer," 3–25。

37. 已知的贝尔的目录，大部分列在 Winans, *Descriptive Checklist*。

38. Green, "English Books"，在第 290 页复制了那个藏书票，在第 288 页讨论了贝尔对"多愁善感者"这个短语的特有用法。同样参见 Knott, "Culture of Sensibility," 32–56。

39. 广告附在贝尔出版的约翰·穆尔的《意大利社会和风貌概览》（编号 219）的第一卷第 117 页。贝尔在其他场合也使用过"美国出版世界"这种说法，比如 1782 年 10 月 30 日和 1783 年 3 月 19 日的《宾夕法尼亚报》上的广告。

40. Metzdorf, "First American 'Rasselas,'" 374–376.

41. Thomas, *History of Printing*, 395.

42. Wolf, *Book Culture*, 79.

43. *Character of the Celebrated Dr. Robertson*.

44. [Bell], *Observations*.

45. Ibid..

46. 关于这些认购者的更完整记述，参见 Sher, "*Charles V*," 184–192。

47. 1771 年，另一位费城书商詹姆斯·汉弗莱斯（James Humphreys）也试图引起美国公众的兴趣，他以两卷 8 开本重印威廉·罗伯逊的《苏格兰史》，价格与《查理五世统治史》一样，每卷 1 美元，但是这个认购计划也搁浅了。参见 Wolf, *Book Culture*, 113。

48. Bell, *Proposals, Addressed to Those Who Possess a Public Spirit*.

49. 例如，*Pennsylvania Chronicle*, 22–29 Apr. 1771 and 23 Oct.–4 Nov. 1771；and *Boston-Gazette, and Country Journal*, 2 Sept. 1771。

50. Spencer, *Hume and Eighteenth-Century America*, 25–27.

51. Farren, "Subscription," 125–136, esp. 133n87.

52. Brunton, "Transfer of Medical Education," 242–274, esp. 249.

53. 广告引自 Reid-Maroney, *Philadelphia's Enlightenment*, 106。

54. 卡伦的《医学实践的首要原则》（编号 187）前两卷在费城出版的时候，对卡伦的赞赏表现得更加明显。前两卷附有认购名单，名单上有 79 个人的名字，其中 39 个人是当地的医科学生；还附有编者本杰明·拉什的评注，他断言卡伦"在医学界引发了一场革命"。虽然《医学实践的首要原则》是由费城的斯坦纳（Steiner）和西斯特（Cist）

出版的，但是作为"印刷者和销售商"的罗伯特·贝尔认购了12册。

55. 贝尔声称，另一个卖点是有所改进，因为1772年的伦敦版末尾的卡伦的"校订"，"仔细地插到了这个美国版全书相应的位置，遍布这个美国版本的各处"（第 viii 页）。

56. Rush to James Cheetham, 17 July 1809, in Rush, *Letters*, 2:1008. 拉什在《自传》中讲述这段插曲的时候，把贝尔称为"具有非凡特性的苏格兰书商，然而是轻率而无畏的辉格党，一位公开支持独立的朋友"（第 114 页）。

57. Gimbel, *Thomas Paine*.

58. McCulloch, "William McCulloch's Additions," 176; Mishoff, "Business in Philadelphia," 171.

59. Spawn and Spawn, "Aitken Shop," 431.

60. 关于苏格兰人的旅居，参见 Karras, *Sojourners in the Sun*。

61. [Aitken], *R. Aitken, Printer, Book-Binder, and Bookseller*.

62. McCulloch, "William McCulloch's Additions," 105. 后来，他把书店搬到了市场街。

63. Sher, "Witherspoon's *Dominion of Providence*," 46–64.

64. Gutjahr, *American Bible*, 20–23; Gaines, "Continental Congress," 274–281.

65. [Aitken], *This Day Is Published, at Samuel Loudon's Book Store*.

66. Richardson, *History of Early American Magazines*, 174–196.

67. 文中顺便引用了《宾夕法尼亚杂志》第一卷（1775）和第二卷（1776）中的段落。

68. McCulloch, "William McCulloch's Additions," 96.

69. [Beath], *Historical Catalogue of the St. Andrew's Society*; Spawn and Spawn, *Aitken Shop*, 432.

70. Noll, *Princeton and the Republic*, 115–124; Wood, introduction to Smith, *Essay on the Causes of the Variety of Complexion and Figure*, v–xxi.

71. 艾特肯的账簿，费城图书馆公司（保存于费城历史协会），1784年5月12日。艾特肯的版本至少是在两个月以前印刷的，因为根据账簿记录，3月11日有一个顾客购买了一册。

72. Spawn, "Extra-Gilt Bindings of Robert Aitken," 415–417.

73. Rush to William Creech, 22 Dec. 1784, WCL.

74. Aitken to Ramsay, 26 Dec. 1785, in Brunhouse, *David Ramsay*, 95.

75. Ramsay to Ashbel Green, 4 Oct. 1791, ibid., 130. 拉姆齐与艾特肯也为运输、报酬和定价的问题争吵过，该书硬纸板封面版本的价格是3美元，艾特肯认为定价高得离谱。参见 Aitken to John Eliot, 3 May 1790, ibid., 126n1；布朗豪斯的公正评价，出处同上，第223页。

76. Hudak, *Early American Women Printers and Publishers*, 547–575.

77. Green, "English Books," 287.

第九章

1. Rush, *Letters*, 1:310.

2. 除非另有注解，否则有关凯里生平的资料都摘自他的《自传》。本文附带引用了《自传》的部分文字，括号中的数字代表页码。

3. 关于麦克唐奈的激进政治倾向，直到他成为政府的密探，参见 Pollard, *Dictionary*, 383。还有别的事情，比如从 1788 年起，麦克唐奈开始印刷反对派报纸《爱尔兰人日报》，参见 Curtin, *United Irishmen*, 212。

4. Wall, *Sign of Doctor Hay's Head.*

5. 关于斯波茨伍德，参见 Pollard, *Dictionary*, 545–546 ; and Cole, *Irish Booksellers*, 51, 177–182。

6. 凯里在自传中写错了这件事的日期，他在 1830 年出版的《杂集》(*Miscellaneous Essays*) 中，给这个小册子做了广告，日期为 1779 年 12 月 9 日（第 452 页）。然而波拉德根据同时代的报纸的记述，证实了正确的日期，参见 Pollard, *Dictionary*, 86。

7. A. 约翰逊的地址显示为 "高街 67 号（圣米迦勒教堂对面附近）"，但是波拉德的《辞典》(*Dictionary*) 里没有出现这位书商。

8. Quoted in Wilson, *United Irishmen, United States*, 18.

9. *Town and Country Magazine, or Irish Miscellany*, June and July 1784. 格林的《马修·凯里：出版者和爱国者》的封面复制了该版画。

10. 除了其他事情之外，凯里在推出格思里的《地理》的时候，还在第二卷末尾加上了给拉法耶特的颂词。

11. Silver, "Costs," 85–122.

12. 凯里从事出版的时间顺序，参见 Clarkin, *Mathew Carey*。关于凯里的写作经历，参见 Axelrod, "Mathew Carey," 89–96。

13. Wilson, *United Irishmen, United States*, 11, 43–44, citing Carter, "Political Activities of Mathew Carey."

14. Carey, *Miscellaneous Essays*, 452n.

15. 除非另行注明，否则随后的记述均摘自 McDougall, "Charles Elliot's Book Adventure," 197–212。

16. Arner, "Thomas Dobson's American Edition," 206–207.

17. Bassler, "Story of William Young." 巴斯勒鉴别了扬的来孙女（五世孙）的文字记录，取得了一些我未能找到的同时代的资料。

18. Addison, *Matriculation Albums*, 115.

19. 数年以后，扬收到了约翰·纽沃尔（John Newall）的一封信，信中回忆说，他自己 "给约翰·布赖斯当学徒的时候，你正在书店工作"（Newall to Young, 14 July 1793, WYP, box 2, no. 56）。

20. 参见 Sher, "Commerce," 312–359, esp. 345–346 ; and Hook and Sher, *Glasgow Enlightenment*。

21. Letter of John Anderson, 28 June 1780, WYP, box 1, no. 11. 关于安德森，参见 Muir, *John Anderson* ; and Wood, "Jolly Jack Phosphorous," 111–132。

22. Bassler, "Story of William Young," 3. 艾格尼丝·麦克罗斯的母亲名叫伊丽莎白·麦卡洛克，她是艾格尼丝的父亲约翰·麦克罗斯的第二任妻子，也是约翰·麦卡洛克的妹妹。此外，约翰和伊丽莎白的弟弟迈克尔娶了艾格尼丝同父异母的姐姐，也就是约翰·麦克罗斯与第一任妻子所生的女儿。在苏格兰西部，反市民教派组织严密，这种近亲之间的婚姻并不罕见。

23. Young, "Yellow Fever in Philadelphia," 622. 扬继续写道："我们之间没有秘密，我们的精神和财产都是共有的，任何一方都可以自由存取。"

24. 1784 年 5 月 22 日，扬的父亲约翰写信给他："你第一次去格拉斯哥的时候……你的祖父拒绝帮助你，而我体谅你，在我力所能及的范围内支持你，连续好几年给你送钱和衣服，直到你开始教课，能够独立谋生。"（WYP, box 1, no. 32）

25. 多年以后，一个名叫约翰·伊迪（John Eadie）的格拉斯哥教师回忆说，他曾经跟随扬学习了五年半，"直到您与家人一起去了美国，接着我就进入了大学"。伊迪还写道："您指导过我英文写作和拉丁文，凭借它们我才在学院里有得体的表现，我现在仍然依靠我受过的教育生活。"约翰·伊迪致威廉·扬，1828 年 9 月 25 日，HSP。威廉·扬担任教师的时间似乎不到五年半，伊迪可能是把扬和他的兄弟约翰混淆了。威廉在神学院学习的时候，约翰接管了学校。

26. 关于反市民教派神学学生和教授的全部资料，摘自 "List of Students of Theology" in Mackenvie, *Annals and Statistics*, 654–664。

27. McCulloch, "William McCulloch's Additions," 104. 威廉·麦卡洛克是约翰的儿子。

28. Quoted in Bassler, "Story of William Young," 4. 巴斯勒没有注明这封信的日期，我也未能确认。

29. John Young to William Young, 22 May 1784, WYP, box 1, no. 32; John McLaws to William and Agnes Young, 24 June 1784, WYP, box 1, no. 27.

30. [Beath], *Historical Catalogue of the St. Andrew's Society*, 1:101–102, 372–373. 扬晚年（1823—1828）担任了这个协会的副会长。

31. 例如威廉的兄弟约翰 1784 年 5 月 29 日的来信，还有来自弗雷德里克·麦克法伦（Frederic McFarlan）1784 年 8 月的来信，WYP, box 1, nos. 33, 35。

32. Scouller, *Manual of the United Presbyterian Church*, 487.

33. [M'Culloch], *Memoirs of the Late Rev. William Marshall*. 根据威廉·扬收藏的麦卡洛克的美国史的页边笔记，这个小册子的作者是麦卡洛克，来源是扬的外孙女艾格尼丝·扬·麦卡利斯特（Agnes Young McAllister）的报道，WYP, box 8, folder 11。

34. Rush, *Autobiography*, 312.

35. Letter of John McAllister, Jr. (William Young's son-in-law), 28 Feb. 1853, in Sprague, *Annals of the American Pulpit*, vol. 9, "Associate Presbytery," 15. 美国的联合总会与联合改革会于 1858 年重新合并成美国联合长老会，它们在种族与宗教信仰之间的联系集中体现为拥护苏格兰的圣约传统，参见 Fisk, *Scottish High Church Tradition*。

36. 例如，William McLaws to Young, 5 July 1786 and 5 Jan. 1787, WYP, box 2, nos. 5 and 9；还有 1790—1791 年，扬与都柏林的威廉·吉尔伯特等人的通信，来自 HSP 和扬的书信集，WYP, box 8, folder 32。

37. John McAllister, Jr., to Charles A. Poulson, 24 Oct. 1855, HSP, Dreer Autograph Collection, 部

分引自 Arner, *Dobson's Encyclopaedia*, 22n6。在这封信里阿纳没有引述的部分，麦卡利斯特说到，关于多布森从苏格兰带过来的书，"他把其中一些交给扬先生代为销售"。

38. Daniel Mcfarland to Young and Marshall, 20 Sept. 1784, WYP, box 1, no. 36.

39. Alexander Balfour to Young, 7 Jan. and 14 Feb. 1785, WYP, box 1, no. 41. 鲍尔弗以为扬是靠做教师赚钱的，并不知道他离开苏格兰之后没有重操旧业。在同一封信中，鲍尔弗写道："当你享受自由（最珍贵的祝福）的时候，我们受着苛捐杂税的折磨，很多税目十分荒唐。你的生活无忧无虑，享受舒适生活的成本也比我们这里低。议会每开一次会，我们的税额就会翻番。"接着，他列出了税目清单，包括马匹（当时征收范围扩大到了教士）、蜡烛、窗户、婚礼、葬礼和生育。

40. Patrick Main to Young, 3 Apr. 1785, WYP, box 1, no. 47. 帕特里克·梅因和他的妻子莫莉（Molly）是扬的密友，同属于格拉斯哥的反市民教派，在这封信的第一部分，他们提醒扬，不要因为刚在美国获得成功就"忽视宗教信仰"。

41. Bryce to Young, 18 Apr. 1785, WYP, box 1, no. 53. 1785 年 5 月 21 日，约翰·麦克罗斯来信通知扬说，铸字机和印刷机已经投保并装船运送。

42. John McLaws to William and Agnes Young, 22 Apr. and 19 Sept. 1785, WYP, box 1, nos. 55 and 60. 在 1785 年 4 月 3 日的信件中（WYP, box 1, no. 47），帕特里克·梅因向扬保证说，"我把这些（印刷机和设备附件）卖给国内零售商时有 4 个月的贷款，卖给你的价格也是相同的"——也就是说，是批发价格。

43. 扬的文集里保存了一些这样的广告，WYP, box 1, no. 66, and box 8, no. 11。

44. Bryce to Young, 18 Apr. 1785, WYP, box 1, no. 53.

45. Rush to Creech, 30 Mar. 1787, WCL.

46. Rush to Jeremy Belknap, 6 June 1791, in Rush, *Letters*, 1:583; see also 1:573.

47. Young to John McLaws, 29 Aug. 1791, in Young's letterbook, 1790–1791, WYP, box 8, folder 32, no. 14.

48. "Inventory of Printing Materials" [1792?], WYP, box 8, folder 21. 扬继续从格拉斯哥的威尔逊铸造厂订购铅字，参见 1791 年 11 月 22 日他写给亚历山大·威尔逊的信，载于 Young's letterbook, 1790–1791, WYP, box 8, folder 32, no. 28。

49. [Campbell], *Robert Campbell's Sale Catalogue of Books*.

50. Creech to W. H. Tod, 28 Dec. 1798 (copy), ECL, William Creech Letterbook, Green Box 120. 该收藏中的其他信件显示，坎贝尔最后付清了 166 英镑的债务，但是为了从老塞缪尔·坎贝尔那里收回一笔数额较少的欠款，克里奇遇到了更多的困难，老塞缪尔那时在新泽西州的伊丽莎白镇从事农业。

51. *Philadelphia Gazetteer and Universal Daily Advertiser*, 12 Feb. 1795.

52. 参见 1796 年 1 月 1 日的坎贝尔目录，引自 Winans, *Descriptive Checklist*, 140。

53. 1785 年 12 月 29 日，戴维·拉姆齐给本杰明·拉什写了一封信，信中说艾伦是"苏格兰人"，载于 Brunhouse, *David Ramsay*, 95。

54. Remer, *Printers and Men of Capital*, 57–59. 1793 年，扬是这个组织的会长，多布森是财务主管，凯里是执行委员会的成员。关于这个组织失败的原因，凯里在 1796 年的单面印刷的大字报上有说明，其标题是《经过深思熟虑，先生决定退出书商行会》，转载于 Clarkin, *Mathew Carey*, 43。

55. Quoted in Remer, *Printers and Men of Capital*, 173n58.

56. 关于多布森的计划的讨论，参见 Arner, *Dobson's Encyclopaedia*, 30–31。 在本节中，文中夹注都指该书。另见 Arner, "Thomas Dobson's American Edition," 208–209。

57. McDougall, "Charles Elliot's Book Adventure," 198.

58. 参见 Arner, "Thomas Dobson's American Edition," 213, 216–219。根据阿纳介绍的资料，我估计至少有 1500 名认购者。不过阿纳也说明，有些认购者没有付款，给多布森造成了严重后果。

59. Ibid., 224–249.

60. Short, *Representing the Republic*, 104.

61. 在《多布森的百科全书》（*Dobson's Encyclopaedia*）的第 168 页，以及《托马斯·多布森的美国版〈不列颠百科全书〉》（"Thomas Dobson's American Edition"）（第 245—246 页）中，阿纳推测了多布森删除休·布莱尔和蒙博多勋爵詹姆斯·伯内特的传记的原因。但是在 1803 年在爱丁堡出版的《百科全书补遗》第二版中，布莱尔和蒙博多的传记才第一次出现，而多布森用来复制的文本是两年前在爱丁堡出版的《百科全书补遗》第一版。

62. Silver, *Typefounding in America*, 1–10, citing William McCulloch.

63. Johnson to Dobson, 17 July 1799 (copy), Joseph Johnson Letterbook, 1795–1810, New York Public Library, Pforzheimer Collection.

64. Carey to John Chambers, 9 Sept. 1791, HSP, Lea and Febiger Papers.

65. 例如 Thomas Rudiman, *The Rudiments of the Latin Tongue* (1786)；Hannah More, *Essays on Various Subjects, Principally Designed for Young Ladies* (1786)；and Thomas Sheridan, *A Complete Dictionary of the English Language* (1789)。

66. 在买下《哥伦比亚杂志》之前，扬也许就在印刷了。因为 1788 年 10 月 9 日，斯波茨伍德告诉杰里米·贝尔纳普，"扬是一个有经验的印刷者，为我工作过相当长的时间"（Belknap, *Belknap Papers*, 420）。不过如果斯波茨伍德指的不是另一个同名的印刷者，那么他的话就歪曲了二人关系的性质；至少有一个现代的评论者根据这封信，错误地断言扬做过斯波茨伍德的学徒（Cole, *Irish Booksellers*, 182）。

67. Free, *Columbian Magazine*, 25.

68. 1790 年，《裁相诗篇》的第一个美国版本在费城出现（出版者信息上写的是托马斯·朗［Thomas Lang］）（编号 64），这可能重新引发了人们对裁相的兴趣。

69. Smith, *Theory of Moral Sentiments*, 179.

70. Reid-Maroney, *Philadelphia's Enlightenment*. 该书深入讨论了拉什的圈子，讨论的核心观念是有关科学和医学的"救赎启蒙"。

71. 关于拉姆齐的启蒙运动历史学家身份，参见 O'Brien, *Narratives of Enlightenment*, chap. 7。

72. 参见 Meyer, *Instructed Conscience*；Ahlstrom, "Scottish Philosophy and American Theology," 257–272。其他作品，引自 Sher, "Introduction: Scottish-American Cultural Studies," 1–27。

73. 两本书都没有出现在《费城印刷者和书商行会的不同成员出版的书籍目录》(*A Catalogue of Books, Published by the Different Members of the Philadelphia Company of Printers and Booksellers*) 中。

74. Herman, *How the Scots Invented the Modern World*, 330.

75. Powell, *Bring Out Your Dead.*

76. Mathew Carey, *Short Account of the Malignant Fever which Prevailed in Philadelphia in the Year 1793*, in Carey, *Miscellaneous Essays*, 75. 10 年以后，另一种传染病袭击费城，扬自己组织了对穷人的私人支援。参见 Harrison, *Philadelphia Merchant*, 146–147。

77. Nisbet to Young, 12 Dec. 1793, HSP.

78. *Federal Gazette*, 23 Oct. 1793, cited in Rush, *Letters*, 2:724n2. 在《1793 年费城的黄热病》(Yellow Fever in Philadelphia in 1793) 一文中，扬深情地讲述了艾格尼丝·扬的去世经过。据说，拉什给她放血，帮她在临终前解脱了，但是在 1793 年 9 月 22 日写给妻子的信中，拉什将她的死归咎于"咳嗽和鸦片酊"(Rush, *Letters*, 2:675)。

79. Rush to Young, HSP, Rush Papers, 20 Rush, fol. 133.

80. Young to William Woodward, 29 Sept. 1804, WYP, box 3, no. 70.

81. 1795 年 2 月 25 日，伦敦书商乔治·罗宾逊告诉爱丁堡的出版合作者贝尔和布拉德福特，他的公司给费城的赖斯兄弟船运了大批书籍，"他们承诺，他们在都柏林的兄弟约翰会给我们大量报酬，但是我们到现在都没有收到钱。我们开始觉得，如果书还留在我们的仓库里就好了"(NLS, Dep. 317, box 3, folder 1795)。

82. Hook, *Scotland and America*, 116–117.

83. *Constitution, Proceedings, etc. of the Philadelphia Company of Printers & Booksellers*. 尽管这份会议记录只提到了行会的两部出版物，但是随后被广泛引用的凯里的广告证明，出版物的数量不止两部。

84. 参见 Carey, *Sir, Having, on Mature Deliberation, Resolved to Withdraw from the Company of Booksellers*。即使是行会重印的那部"有价值的作品"，凯里也抱怨说印数太少，没有什么利润。

85. Green, "From Printer to Publisher," 26–44. 基纳宁 (Kinane) 的《美国市场的"文学食粮"》("'Literary Food' for the American Market", 315–332) 透露了这段时期凯里进口书籍的范围，说明仅仅从 1793 年到 1795 年，凯里就从伯恩那里进口了价值 2000 多英镑的书。

86. Green, "From Printer to Publisher," 27.

87. Carey to Chambers, 15 Nov. 1788 (copy), HSP, Lea and Febiger Papers.

88. Carey to Chambers, 9 Nov. 1789 (copy), ibid..

89. Chambers to Carey, 12 Apr. and 1 Sept. 1792, ibid..

90. 有 1200 个机构及个人认购，其中有乔治·华盛顿、埃德蒙·伦道夫、詹姆斯·威尔逊、理查德·斯托克顿、本杰明·拉什和威廉·马歇尔牧师。托马斯·多布森订购了 12 册，凯里的老朋友威廉·斯波茨伍德（当时在波士顿）订购了 7 册。

91. Carey to John Barclay, 28 Oct. 1795 (copy), HSP, Lea and Febiger Papers.

92. Guthrie, *New System of Modern Geography* (Philadelphia, 1794–1795), vol. 2, preface. 随后的随文夹注引自凯里版本的第一卷。

93. Green, "From Printer to Publisher," 30.

94. Carey to John Barclay, 28 Oct. 1795 (copy), HSP, Lea and Febiger Papers.

95. Carey to Chambers, 19 June 1794 (copy), ibid.. 除了格思里的作品，凯里的清单还包括表二里出现过的两部美国重印本：詹姆斯·贝蒂的《伦理学原理》（编号 291）和托比亚斯·斯摩莱特的《罗德里克·蓝登历险记》（编号 12），它们都是两卷 12 开本；此外还有约翰·穆尔的《留法日记》（编号 315）的法文译本，是两卷 8 开本。

96. 1770 年，诺克斯推出格思里的《地理》，当时萨蒙的《地理和历史新语法》（*New Geographical and Historical Grammar*）的第十一版刚刚面世，是由 7 个伦敦书商联合出版的。主要伦敦书商为了既得利益，对抗诺克斯的竞争并维护萨蒙作品的权威性，这种可能性更大。

97. Carey to Robinson, 15 May [1794] (copy), HSP, Lea and Febiger Papers.

98. Short, *Representing the Republic*, 100–102.

99. Carey, *Vindicaiae Hibernicae.*

100. 两部分的文章都在最新的伦敦版（1792）里加入了新材料。有一处脚注指明，关于苏格兰的文章的最后六页（第 213—219 页）是由"美国编者"创作的（注释 213）。其语调突然变得激进，带有民族主义情绪，谈到奴役苏格兰的"外国枷锁带来的侮辱"。詹姆斯·麦克弗森和詹姆斯·安德森被引作权威，这两位作者深受卡伦德喜爱，载于 Durey, *"With the Hammer of Truth,"* 30。关于英格兰的文章引用了卡伦德的另一个主要资料来源约翰·辛克莱爵士，文中处处比较英格兰与苏格兰，而且经常诋毁前者。

101. 在（1794 年）4 月 25 日的一封信中，凯里告诉卡伦德，"（你已经）给我添了非常多的麻烦，比以前的任何人都要多"。在 5 月 28 日的信件中，他更完整地诉说了他的不满，提到"苏格兰人的事务"令他觉得不快（HSP, Lea and Febiger Papers）。

102. 关于卡伦德在苏格兰和美国的生平与政治著作，参见 Durey, *"With the Hammer of Truth"*。

103. 在文章的别处，我们看到"尤其在关系到政府利益的所有诉讼案件中，为了彻底根除出版自由，消除陪审团审判的好处，王权目前在大踏步急进"（第 264 页）。

104. Guthrie, *New System of Modern Geography* (London, 1792), 165, 167.

105. 格思里作品的伦敦版本和都柏林版本中，关于英格兰的文章包含了这个句子，或者是这样表述的："即使是第一流的英格兰人，也常常没有给予有学问和天赋的人物适当的尊重；如果他们不熟悉作者，就会把最好的文学作品扔到一边，这种现象也并不少见。"（出处同上，第 201 页）然而几页之后，文章又颂扬了英格兰学术和学者，开头那句是这样的："我们或许可以认为，英格兰是知识和艺术之神的宝座的代名词。"（第 209 页）对于这种模棱两可的叙述，凯里的版本没有做出任何调整。

106. Roman, "Pictures for Private Purses."

107. 除了米迪，参与重印斯摩莱特作品的还有爱丁堡的亚历山大·格思里、约翰和詹姆斯·费尔贝恩。此外，休谟作品的出版者信息中有约翰·埃尔德、詹姆斯·亨特、托马斯·布朗、约翰·格思里、亚历山大·劳瑞和詹姆斯·赛明顿、詹姆斯·沃森公司，以及爱丁堡的科尼利厄斯·艾略特、利斯的威廉·科尔、斯特灵的威廉·安德森。

108. Cadell to Bell or Bradfute, 23 March 1792, NLS, Dep. 317, box 2, folder 1, 有关讨论参见 Sher, "Corporatism and Consensus," 38–42。

109. 例如，参见 [Allen], *Thomas Allen's Sale Catalogue of Books* (1792), 19，其中宣传了休谟《英格兰史》的标准八卷 8 开本，紧随其后的是斯摩莱特的 "休谟《英格兰史》的续作"，是五卷 8 开本。这些可能是卡德尔的版本，它们控制了市场。

110. 《美国每月评论》1795 年第三期在第 29—43 页评论了休谟《英格兰史》的第一卷，末尾提到了认购，证实了重印斯摩莱特的续作属于坎贝尔的原计划。

111. Spencer, *Hume and Eighteenth-Century America*, 259–269 and App. B. 随后的叙述基于斯潘塞的分析。

112. Kropf, "Accounts of Samuel Harrison Smith," 20–21.

113. 关于米迪，参见 Sher, "Corporatism and Consensus"。

114. Smollett and others, *History of England, from the Revolution to the End of the American War*, 7:165.

115. 与此相应，1798 年坎贝尔单独出版了斯摩莱特等的《英格兰史》第五卷和第六卷，他的这个版本印得不多，标题是《不列颠帝国历史》，作者是一个绅士团体。

116. *Scots Magazine* 62 (Nov. 1800): 779.

117. Quoted in Spencer, *Hume and Eighteenth-Century America*, 208–209. 完整的评论转载于 Spencer, *Hume's Reception in Early America*。

118. M'Culloch, *Concise History of the United States*, 189, 195. 在 1797 年 3 月 1 日推出的下一个版本的前言里，麦卡洛克自夸说，1795 年版 "得到很多人的赞许，被全国神学院采用"，而且一年之内全部售完。这表明这个版本的《简明美国史》十分受欢迎。

119. Dobson to Charles Thomson, 10 Aug. [1814], quoted in Arner, *Dobson's Encyclopaedia*, 207.

120. Arner, *Dobson's Encyclopaedia*, 14–18.

121. 多布森的广告载于 *The Gazette of the United States*, 18 Sept. 1793, 转载于 Arner, *Dobson's Encyclopaedia*, 58。

122. "Memoir of W. Young by his Grandson W. Y. John McAllister, Sept. 1885," 119, HSP（缩微胶片副本在美国古文物学会手中）.

123. John McAllister, Jr., to Charles A. Poulson, 24 Oct. 1855，quoted in Arner, *Dobson's Encyclopaedia*, 22n6.

124. R. Bell, *To the Encouragers of Literature*.

125. 其中包括约翰·洛根，《传道书》（波士顿，1804）；亚当·弗格森，《论历史的进步和罗马共和国的终结》（费城，1805）；詹姆斯·弗格森，《天文学入门》（即《年轻先生和女士的天文学》，费城，1805）；詹姆斯·弗格森，《依据艾萨克·牛顿爵士的原理解释的天文学》（费城，1806）；詹姆斯·弗格森，《关于机械学、流体静力学、空气动力学、光学和天文学的选题讲座》（费城，1806）；约翰·普莱费尔，《几何原理》（费城，

1806）；罗伯特·西姆森版的《欧几里得几何原本》（费城，1806）；亚历山大·亚当，《罗马古事记》（费城，1807）；詹姆斯·博斯韦尔，《约翰逊传》（波士顿，1807）；乔治·坎贝尔，《教会史讲义》（费城，1807）；亚当·弗格森，《文明社会史论》（波士顿，1809）；詹姆斯·贝蒂，《论真理的本质与永恒性》（费城，1809）；詹姆斯·普林格尔爵士，《军中疾病观察》（费城，1810）；威廉·罗伯逊，《苏格兰史》（费城，1811）；阿奇博尔德·艾利森，《论趣味的本质和原理》（波士顿，1812）；约翰·吉利斯，《古希腊及其殖民征服史》（纽约，1814）；乔治·福代斯，《关于发热的五篇专论》（波士顿，1815）；乔治·坎贝尔，《修辞哲学》（波士顿和费城，1818）；凯姆斯勋爵，《思维的艺术导论》（纽约，1818）；罗伯特·沃森，《菲利普二世史》和《菲利普三世史》（纽约，1818）。或许还应该加上威廉·斯梅利的《自然史哲学》（新罕布什尔州，多佛，1808），该书第一卷于 1791 年在费城出版。其中一些作品在美国再版过许多次，有时是删节版，比如亚当·弗格森、艾利森、坎贝尔、詹姆斯·弗格森、普莱费尔、罗伯逊、西姆森和斯梅利的作品。

126. May, *Enlightenment in America*, in particular pt. 4, "The Didactic Enlightenment, 1800–1815," esp. 358. 梅一度意识到了 18 世纪 90 年代苏格兰启蒙运动作品在美国的重印和制度化（第 346 页），但是他的考察只限于常识哲学，而且不符合他在书的其他地方确立的时间框架。

结　语

1. Keen, *Crisis of Literature*, 107.
2. 该书出版 23 年以后，克里奇去世，那时卡德尔 & 戴维斯还有 307 册存货，克里奇还有 136 册（Constable, *Archibald Constable*, 1:41; *Catalogue of Books and Copyrights*, 19）。
3. Lutes, "Andrew Strahan," 92.
4. Laing to Strahan, 19 and 24 Dec. 1798, EUL, La.II.81–83.
5. Besterman, *Publishing Firm of Cadell & Davies*, xiii.
6. Ibid., x, quoting Beavan.
7. Lutes, "Andrew Strahan," 85–86, 93.
8. 友人是威廉·韦斯特，引自 Besterman, *Publishing Firm of Cadell & Davies*, xi。
9. NLS MS 2618, fol. 67.
10. Besterman, *Publishing Firm of Cadell & Davies*, 31.
11. Archibald Constable to John Murray, 28 Nov. 1806, in Constable, *Archibald Constable*, 1:355–356.
12. Creech Letterbook, ECL, Green Box 120.
13. Besterman, *Publishing Firm of Cadell & Davies*, 1:39–41.
14. Millgate, "Archibald Constable," 110–123.
15. Stark, *Picture of Edinburgh*, 259–260.

16. Sher, *Church and University*, 298–323.
17. Constable, *Archibald Constable*, 1:535.
18. St. Clair, *Reading Nation*, chap. 7.
19. Chartier, *Order of Books*, 9–10, citing Roger E. Stoddard.

附　录

表一 苏格兰启蒙运动作者，1746—1800 年

序号	姓名／生卒年／表二的编号	职业概述
1	亚历山大·亚当＊（1741—1809）293、321、354	爱丁堡高中校长
2	罗伯特·亚当（1728—1792）85、197	英格兰和苏格兰建筑师；OC、RSE、RSL、SAS
3	威廉·亚历山大（1742?—1783）103、133、198	爱丁堡外科医生，后为内科医生；从 1768 年起在伦敦工作；PSE、RSE
4	阿奇博尔德·艾利森（1757—1839）287	爱丁堡圣公会牧师；RSE、RSL
5	查尔斯·奥尔斯顿＊（1683—1760）30、122	爱丁堡内科医生，EU 医学科植物学教授；PSE
6	詹姆斯·安德森（1739—1808）172、179、249、351	阿伯丁郡经济和农业的改良者；从 1783 年起在爱丁堡工作；《蜜蜂》杂志编辑；HSS、PSE、RSE、SAS
7	约翰·安德森（1726—1796）257	GU 自然哲学教授；GLS、PSE?、RSE、RSL、SS
8	沃尔特·安德森（1723—1800）35、121、294	贝里克郡彻恩赛德的 CS 牧师
9	雨果·阿诺特（原名波洛克）（1749—1786）199	爱丁堡律师
10	乔安娜·贝利（1762—1851）349	剧作家、诗人，先后住在拉纳克郡和伦敦
11	马修·贝利（1761—1823）311、（326）、352	伦敦的内科医生、解剖学教师；RSE、RSL
12	皮里格的詹姆斯·鲍尔弗（1705—1795）23、104、222	乡绅和律师，先后担任 EU 道德哲学与公共法教授
13	詹姆斯·贝蒂＊（1735—1803）60、92、123、141、173、229、258、267、291	MC 道德哲学与逻辑学教授；APS、RSE
14	本杰明·贝尔（1749—1806）189、240、312、322	爱丁堡内科医生；PSE、RSE

（续表一）

序号	姓名/生卒年/表二的编号	职业概述
15	约翰·贝休恩（1725—1774）124、125	罗斯金、罗斯和克罗马迪的CS牧师；RSL
16	约瑟夫·布莱克 *（1728—1799）180（336）	内科医生；先后担任GU和EU的化学与药学教授；GLS、OC、PSE、RSE
17	托马斯·布莱克洛克 *（1721—1791）31	CS盲人牧师，诗人；给爱丁堡的学生做家庭教师
18	托马斯·布莱克韦尔（1701—1757）4、29	MC希腊语教授、院长
19	休·布莱尔 *（1718—1800）80、188、230、(290)	爱丁堡CS牧师，EU修辞学与法学教授；OC、RSE、SS
20	詹姆斯·博斯韦尔（1740—1795）105、250、295	爱丁堡律师；从1786年起在伦敦做律师；SS
21	约翰·布朗（1735—1788）268、273	爱丁堡和伦敦（短住）的内科医生、医学教师、讲师；SAS
22	詹姆斯·布鲁斯（1730—1794）288	非洲探险家；RSL
23	约翰·布鲁斯（1745—1826）205、259、313	EU逻辑学教授，后为议会议员；RSE、RSL
24	帕特里克·布赖登 *（1736—1818）150	旅游助教、邮局审计员；PSE、RSE、RSL、SAS
25	威廉·巴肯（1729—1805）115、337	约克郡和爱丁堡的内科医生，从1788年起在伦敦
26	蒙博多勋爵詹姆斯·伯内特 *（1714—1799）160、204	爱丁堡律师，法官；SAS、SS
27	罗伯特·彭斯（1759—1796）260	艾尔郡农民，后来当了收税官
28	乔治·坎贝尔 *（1719—1796）72、174、280、355	阿伯丁CS牧师；MC校长和神学教授；APS、RSE
29	乔治·查默斯（1742—1825）223、241、323	在苏格兰受训，在巴尔的摩工作的亲英派律师；1775年起在伦敦做文人和公务员；RSL

（续表二）

序号	姓名/生卒年/表二的编号	职业概述
30	威廉·卡伦 *（1710—1790）145、146、(180)、187、281、356	内科医生；先后担任 GU 和 EU 的化学与药学教授；GLS、OC、PSE、RSE、RSL、SS
31	大卫·达尔林普尔爵士（海斯勋爵）*（1726—1792）151、178、231	爱丁堡律师，法官；SAS、SS
32	约翰·达尔林普尔爵士 *（1726—1810）43、143	爱丁堡律师，首席法官；GLS、PSE、RSE、SAS、SS
33	亚当·迪克森（1721—1776）79、274	CS 牧师，先后供职于贝里克郡的邓斯和东洛西恩郡的威丁汉姆
34	亚历山大·道（1735/36—1779）114、116、161	东印度公司中校
35	威廉·达夫（1732—1815）98、126、152、261	CS 牧师，先后供职于阿伯丁郡的格伦巴克特、彼得库特和佛汶然
36	詹姆斯·邓巴（1742—1798）206	KC 理事；APS、RSE
37	安德鲁·邓肯 *（1744—1828）127、147、159、190	外科医生；EU 药学教授；PSE、RSE、SAS
38	威廉·邓肯（1717—1760）5、24	伦敦杂文作家；后为 MC 自然哲学教授
39	第十一代巴肯伯爵大卫·斯图亚特·厄斯金（1742—1829）191、302	爱丁堡古董商，从 1787 年起任贝里克郡的德赖堡；GLS、PSE、RSL、SAS
40	亚当·弗格森 *（1723—1816）99、117、232、303	CS 随军牧师；相继担任 EU 的自然、道德、哲学教授；GLS、HSS、OC、PSE、RSE、SS
41	詹姆斯·弗格森（1710—1776）39、61、100、106、128、(130)、153、168	班夫郡工人，肖像画家，自然哲学作家和讲师，主要居住在伦敦；RSL
42	罗伯特·弗格森（1750—1774）158	爱丁堡书记员，诗人

（续表三）

序号	姓名/生卒年/表二的编号	职业概述
43	大卫·福代斯（1711—1751）6、7、18	MC 道德哲学教授
44	乔治·福代斯（1736—1802）113、134、296、324、331、348	伦敦的内科医生，科学与医学讲师；PSE?, RSL
45	詹姆斯·福代斯（1720—1796）(18)、93、181、251、262	CS 牧师，先后供职于克拉克曼南郡的布里金、安格斯和阿洛厄；1760 年以后是伦敦不赞成英国国教会教义的牧师
46	亚历山大·杰勒德*（1728—1795）53、94、162、211	阿伯丁 CS 牧师；先后担任 MC 道德哲学、神学教授，KC 神学教授；APS, RSE
47	约翰·吉利斯*（1747—1836）192、263、282、343	旅行助教，后在伦敦做独立作家；RSE, RSL
48	詹姆斯·格兰特（1743—1835）252	爱丁堡律师；HSS
49	詹姆斯·格雷戈里*（1753—1821）304	内科医生，EU 医学教授；PSE, RSE
50	约翰·格雷戈里*（1724—1773）90、129、148、163	内科医生，先后为 KC 和 EU 的医学教授；APS, PSE, RSL
51	威廉·格思里（1708—1770）32、54、81、89、102、130	政治和文学作家，1730 年前来到伦敦
52	亚历山大·汉密尔顿（1739—1802）169、213、242、305	EU 产科学教授；RSE
53	伊丽莎白·汉密尔顿（1756?—1816）338、357	小说家，教育哲学家，住在苏格兰和英格兰
54	罗伯特·亨利*（1718—1790）144	卡莱尔特威德河畔贝里兑的牧师，后为爱丁堡 CS 牧师；RSE, SAS
55	罗伯特·赫伦（1764—1807）297（301）、314、330、339	独立作家和记者，因为负债进过监狱
56	弗朗西斯·霍姆*（1719—1813）13、40、41、55、207	军医，后为爱丁堡医生和 EU 医学教授；PSE, RSE, SS

（续表四）

序号	姓名/生卒年/表二的编号	职业概述
57	凯姆斯勋爵亨利·霍姆*（1696—1782）2、14、50、62、68、73、164、176、182、214	爱丁堡律师、法官；PSE、SS
58	约翰·霍姆*（1722—1808）44、51、63、118、154、193	东洛西恩郡CS牧师，比特勋爵的秘书，剧作家；RSE、SS
59	大卫·休谟*（原名霍姆）（1711—1776）8、9、15、19、25、33、45、46、56、74、75、200	爱丁堡哲学家，历史学家；GLS、PSE、SS
60	约翰·亨特*（1728—1793）（76）、142、264、265、325	伦敦外科医生，医学讲师；RSL
61	威廉·亨特（1718—1783）76、243、326	伦敦外科医生，解剖学讲师；RSL
62	弗朗西斯·哈奇森（1694—1746）3、36	都柏林学院导师，后为GU道德哲学教授
63	詹姆斯·赫顿（1726—1797）306、327、328、332、（336）	农业改良者、地理学家，从1768年起住在爱丁堡；OC、PSE、RSE
64	约翰·诺克斯（1720—1790）130、244、269	伦敦书商，旅行家，苏格兰经济改良者；HSS
65	马尔科姆·莱恩（1762—1818）（144）、358	爱丁堡律师
66	威廉·利奇曼（1706—1785）（36）、283	贝斯的CS牧师，GU的神学教授，随后担任院长；GLS
67	詹姆斯·林德（1716—1794）26、47、82、107	海军军医，后为爱丁堡军医生；从1758年起在海斯勒海军医院做医生，专长是热带病治疗；PSE、RSE、RSL
68	大卫·洛克（卒于1780）196	商人，造船厂工程师，供职于苏格兰羊毛纺业和渔业的检察长
69	约翰·洛根（1748—1788）215、216、233、290	CS牧师，先后担任爱丁堡附近的圣里斯；1785年之后，伦敦作家；RSE、SAS
70	威廉·洛西恩（1740—1783）208	爱丁堡修士门教堂的CS牧师；RSE

（续表五）

588 启蒙与书籍：苏格兰启蒙运动中的出版业

序号	姓名/生卒年/表二的编号	职业概述
71	亨利·麦肯齐*（1745—1831）135、155、156、183、217、270、353	爱丁堡作家、法务官；HSS、OC、RSE
72	詹姆斯·麦金托什爵士（1765—1832）298	医生，后为伦敦律师；RSE、RSL
73	科林·麦克劳林（1698—1746）10、11	先后担任MC和EU的数学教授；PSE
74	詹姆斯·麦克弗森*（1736—1796）64、71、83、136、170	家庭教师，后为伦敦政治监督官
75	约翰·麦克弗森（1710—1765）108	CS牧师，供职于斯凯岛的斯莱特
76	威廉·朱利叶斯·米克尔*（1734/35—1788）131、175、329	爱丁堡酿酒厂主，后为牛津大学出版社校对员
77	约翰·米勒*（1735—1801）137、271	格拉斯哥律师，GU法律教授；GLS
78	亚历山大·门罗一世*（1697—1767）（34）、218	爱丁堡医生，EU医学教授；PSE、RSL、SS
79	亚历山大·门罗二世*（1733—1817）（34）、（218）、234、253、344	爱丁堡医生，EU医学教授；HSS、PSE、RSE
80	唐纳德·门罗（1727—1802）37、86、132、209、（218）、278	伦敦医生；PSE、RSE、RSL
81	詹姆斯·穆尔（1712—1779）57	GU希腊语教授；GLS
82	约翰·穆尔*（1729—1802）201、219、266、284、315、333、340、359	格拉斯哥医生，旅行助教，后为伦敦作家；RSE
83	约翰·奥格尔维*（1732—1813）77、87、95、165、184、235、316	阿伯丁郡米德马的CS牧师；RSE
84	威廉·奥格尔维（1736—1819）220	KC人文系教授；APS、GLS、RSE、SAS

序号	姓名/生卒年/表二的编号	职业概述
85	罗伯特·奥姆*（1728—1801）84、224	东印度公司职员，历史学家，1785年以前在印度，之后在伦敦
86	詹姆斯·奥斯瓦德*（1703—1793）97	CS牧师，先后供职于凯内斯郡的邓尼特、珀斯郡的梅恩文
87	芒戈·帕克（1771—1806）350	船医，皮布尔斯的医生，非洲探险家
88	约翰·平克顿（1758—1826）221、245、254、272、285、345	爱丁堡作家，法务官，后在伦敦和爱丁堡发表作品
89	约翰·普莱费尔（1748—1819）279、334	CS牧师，供职于安格斯郡的里弗本维
90	约翰·普林格尔爵士（1707—1782）20、236	爱丁堡医生，EU道德哲学教授，后为首席军医和伦敦医生；PSE、RSL
91	托马斯·里德*（1710—1796）88、255、275	CS牧师，KC理事，后为GU道德哲学教授；APS、GLS、RSE
92	威廉·理查森*（1743—1814）166、167、246、247、289	家庭教师，后为GU人文系教授；GLS、RSE
93	托马斯·罗伯逊（卒于1799）248、317	CS牧师，供职于爱丁堡附近的达尔梅尼；RSE
94	威廉·罗伯逊*（1721—1793）58、119、185、299、341	爱丁堡CS牧师，EU院长；OC、PSE、RSE、SAS、SS
95	威廉·拉塞尔（1741—1793）138、149、157、194、203、318	爱丁堡印刷者，后在伦敦随斯特拉恩做校对员；1770年起，伦敦杂文作家；1787年起，住在邓弗里斯郡
96	罗伯特·西姆森（1687—1768）42、171	GU数学教授，专门研究几何学；GLS
97	约翰·辛克莱爵士*（1754—1835）225、256、301、319、335	农业改良者，国会议员，消费局局长；HSS、RSE、RSL
98	医学博士威廉·斯梅利（1697—1763）22	拉纳克的医生，后为伦敦的产科医生和教师

（续表七）

序号	姓名/生卒年/表二的编号	职业概述
99	威廉·斯梅利*（1740—1795）（115）、139、212、292、360	爱丁堡印刷者、编辑、记者；PSE、RSE、SAS
100	亚当·斯密*（1723—1790）59、177、336	GU道德哲学教授，后为家庭教师和海关专员；GLS、OC、PSE、RSE、RSL、SS
101	托比亚斯·斯摩莱特*（1721—1771）12、16、27、49、67、78、96、112、120、140	海军军医，格拉斯哥，伦敦和巴思的医生，后为伦敦小说家和作家
102	托马斯·萨默维尔（1741—1830）308、346	CS牧师，供职于罗克斯堡郡的明托和杰德堡；RSE
103	詹姆斯·斯图亚特爵士（从1773年改名为詹姆斯·斯图亚特·德纳姆）（1712—1780）101	爱丁堡律师，1745以后流亡的詹姆斯二世党人，1763年回到故乡
104	杜格尔德·斯图尔特*（1753—1828）309、320	EU道德哲学教授；GLS、OC、PSE、RSE、RSL
105	马修·斯图尔特*（1717—1785）1、69	罗斯尼斯的CS牧师，后为EU数学教授；PSE、RSE、RSL
106	吉尔伯特·斯图亚特*（1742—1786）109、195、202、210、226	爱丁堡作家，法务官，后为作家，记者，1783年以后住在伦敦；SAS
107	威廉·汤姆森（1746—1817）227、237、239、276、277、286、342、347	CS牧师；1778年起，伦敦杂文作家
108	伍德豪斯利勋爵亚历山大·弗雷泽·泰特勒*（原名亚历山大·泰特勒）（1747—1813）228、300	爱丁堡律师，EU世界史教授，后为法官；HSS、PSE、RSE、SAS
109	威廉·泰特勒*（1711—1792）65	爱丁堡作家，法务官；RSE、SS
110	约翰·沃克（1731—1803）310	莫法特，克林顿的CS牧师，EU的博物学钦定讲座教授；GLS、HSS、PSE、RSE、SS

（续表八）

序号	姓名/生卒年（表一的编号）	职业概述
111	乔治·华莱士（1727—1805）66、238	爱丁堡律师，民意代表；RSE
112	罗伯特·华莱士*（1697—1771）28、52、70	莫法特、爱丁堡的CS牧师；PSE、SS
113	罗伯特·沃森*（1730?—1781）186、239	CS牧师，SAU逻辑学教授和学院院长
114	罗伯特·怀特*（1714—1766）17、21、38、91、110	爱丁堡医生，EU医学教授；PSE、RSL、SS
115	威廉·威尔基*（1721—1772）48、111	农场主，中洛西恩郡拉索的CS牧师，后为SAU的自然哲学教授；PSE?、SS

资料来源：标有星号的50个名字，在下列同时代的作品中，至少有一部认定为其著名的苏格兰作者：斯摩莱特的《汉弗莱·克林克历险记》（来自马修·布兰布尔给刘易斯博士的信，8月8日）；克里奇·辛克莱爵士的《文学史纲要》，第153—184页。其余人名系本书作者根据斯摩莱特、克里奇和阿尔维斯说明的出版活动添加。

说　明：每位作者生卒年之后的数字代表其在表二的编号。

机　构：CS＝苏格兰长老会；EU＝爱丁堡大学；GU＝格拉斯哥大学；KC＝阿伯丁的国王学院；MC＝阿伯丁的马修学院；SAU＝圣安德鲁大学。社团（职业概述的最后一项）：APS＝阿伯丁哲学学会；GLS＝格拉斯哥文学学会；HSS＝苏格兰高地协会；OC＝牡蛎俱乐部；PSE＝爱丁堡哲学学会；RSE＝爱丁堡皇家学会；RSL＝伦敦皇家学会；SAS＝苏格兰文物学会；SS＝精英协会。

表二　苏格兰启蒙运动书籍在不列颠、爱尔兰和美国的第一版，1746—1800 年

编号	出版日期	作者	不列颠第一版：书名/（规格/卷数）/价格/主题/流行等级	不列颠第一版的出版地和出版者	爱尔兰（都柏林）第一版：出版年代/出版者/（规格/卷数/价格（部分已知）	美国第一版：出版年代/出版地（费城，除非另有说明）/出版者/（规格/卷数）
1	1746	马修·斯图尔特*	《高等数学常用一般定理若干》（Some General Theorems of Considerable Use in the Higher Parts of Mathematics）(8°) 3s. sewed SCI ps	E：由 Sands 销售/J. & P. Knapton		
2	1747	‡凯姆斯勋爵亨利·霍姆‡*	《几个不列颠考古问题的论文汇编》（Essays upon Several Subjects concerning British Antiquities）(8°) 3s. HIST gs	E：Kincaid		
3	1747	弗朗西斯·哈奇森	《道德哲学入门，兼论三部书中的道德规范和自然法则原理》*（Short Introduction to Moral Philosophy; in Three Books; Containing the Elements of Ethics and the Law of Nature）(8°)（译自 1745 年拉丁语第二版）PHIL gs	Glasgow：由 R. Foulis 印刷和销售	1787: McKenzie (12°)	1788: Crukshank (12°)
4	1748	‡托马斯·布莱克韦尔‡	《关于神话学的书信》（Letters concerning Mythology）(8°) 6s. LIT ps	L：印刷者，销售商和出版者未署名		
5	1748	威廉·邓肯	《逻辑原理》（The Elements of Logic）(12°)[还发表在多兹利的《导师》（The Preceptor）中，1748 年 (8° 2v)]	L：R. Dodsley	*1749: G. Faulkner（载于《导师》，12° 2v）	1792: Carey (12°)

编号	出版日期	作者	不列颠第一版：书名 /（规格 / 卷数）/ 价格 / 主题 / 流行等级	不列颠第一版的出版地和出版者	爱尔兰（都柏林）第一版：出版年代 / 出版者 /（规格 / 卷数）/ 价格（部分已知）	美国第一版：出版地（费城，除非另有说明）/ 出版年代 / 出版者 / 出版者 /（规格 / 卷数）
6	[1745—]1748	[大卫·福代斯]	《关于教育的对话》（Dialogues concerning Education）(8° 2v) 12s. EDU gs	L：印刷者，销售商和出版者未署名；第一卷（1945），第二卷（1948）		
7	1748	{大卫·福代斯}	《道德哲学原理》（The Elements of Moral Philosophy）[最初匿名发表在多兹利的《导师》中，1748年（8° 2v），后来在1745年以12开本单独出版] PHIL bs	L：R. Dodsley（1754年由 R. & J. Dodsley 单独出版，12°，3s.）	*1749：G. Faulkner（载于《导师》，12° 2v）	
8	1748	{大卫·休谟}*	《人类理智哲学论集》（Philosophical Essays concerning Human Understanding）(12°) 3s. PHIL n/a	L：Millar	见下文编号25	
9	1748	大卫·休谟*	《道德与政治三论》（Three Essays, Moral and Political）(8°) 1s. sewed PHIL n/a	L：Millar/Kincaid	见下文编号25	
10	1748	科林·麦克劳林	《艾萨克·牛顿爵士的哲学发现》*（An Account of Sir Isaac Newton's Philosophical Discoveries）(4°) SCI ms	L：作者子女；由 Millar, Nourse 销售 / Hamilton & Balfour, Kincaid/ 格拉斯哥 Barry/ 都柏林的 J. Smith		

启蒙与书籍：苏格兰启蒙运动中的出版业

（续表二）

编号	出版日期	作者	不列颠第一版：书名/（规格/卷数）/价格：主题/流行等等级	不列颠第一版的出版地和出版者	爱尔兰（都柏林）第一版：出版年代/出版者/（规格/卷数）/价格（部分已知）	美国第一版：出版地（费城，除非另有说明）/出版者/（规格/卷数）
11	1748	科林·麦克劳林	《代数论著》(*A Treatise of Algebra*)(8°) 6s. SCI gs	L：Millar, Nourse		
12	1748	[托比亚斯·斯摩莱特]*	《罗德里克·蓝登历险记》(*The Adventures of Roderick Random*)(12° 2v) FICT bs	L：Osborn	*1749: R. James (12° 2v)	1794: Carey (12° 2v)
13	1751	弗朗西斯·霍姆*	《论"顿斯-斯帕"矿水的成分和性质》(*An Essay on the Contents and Virtues of Dunse-Spaw*)(8°) 3s.6d. MED ps	E：Kincaid & Donaldson		
14	1751	‡凯姆斯勋爵亨利·霍姆†	《论道德原则和自然宗教》(*Essays on the Principles of Morality and Natural Religion*)(8°) 5s. PHIL ms	E：Kincaid & Donaldson		
15	1751	大卫·休谟*	《道德原则研究》(*An Enquiry concerning Morals*)(12°) 3s. PHIL n/a	L：Millar	见下文编号 25	
16	1751	[托比亚斯·斯摩莱特]*	《佩里格林·皮克尔历险记》(*The Adventures of Peregrine Pickle*)(12° 4v) 12s. FICT bs	L：作者；由 D. Wilson 销售	*1751: Main (12° 3v)	
17	1751	罗伯特·怀特*	《论动物的本能和无意识行动》(*An Essay on the Vital and Other Involuntary Motions of Animals*)(8°) 5s. SCI ms	E：Hamilton, Balfour, & Neill		

（续表三）

编号	出版日期	作者	不列颠第一版：书名 /（规格 / 卷数）/ 价格 / 主题 / 流行等级	不列颠第一版的出版地和出版者	爱尔兰（都柏林）第一版：出版年代 / 出版者 /（规格 / 卷数）/ 价格（部分已知）	美国第一版：出版年代（出版地（费城，除非另有说明）/ 出版者 /（规格 / 卷数）
18	1752	大卫·福代斯（詹姆斯·福代斯编）	《希罗多德：关于讲演艺术的谈话》（*Theodorus: A Dialogue concerning the Art of Preaching*）（12°）3s. REL gs	L：**R. Dodsley**	1752: G. & A. Ewing (12°)	
19	1752	大卫·休谟*	《政治论》（*Political Discourses*）（8°）3s. PHIL n/a	E：**Kincaid & Donaldson**	见下文编号 25	
20	1752	约翰·普林格尔爵士	《军中疾病观察》（*Observations on the Diseases of the Army, in Camp and Garrison*）（8°）6s. MED ss	L：**Millar**, D. Wilson, T. Payne I		
21	1752	罗伯特·怀特*	《论石灰水的性质》（*An Essay on the Virtues of Lime-Water*）（12°）2s.–2s.6d. MED ms	E：**Hamilton, Balfour, & Neill**	1762: R. Watts, S. Watson (12°) 2s.8½d.	
22	1752—1764	威廉·斯梅利（M.D.）	《论助产理论及其实践》（*A Treatise on the Theory and Practice of Midwifery*）（8° 3v）18s.（版画另收£2.5s.）MED bs	第一卷——L：D. Wilson；第二、第三卷——L：Wilson & Durham [Strahan]		
23	1753	[詹姆斯·鲍尔弗]	《试析道德的本质与约束力》（*A Delineation of the Nature and Obligation of Morality*）（12°）2s.6d. PHIL ms	E：**Hamilton, Balfour, & Neill**		
24	1753	尤利乌斯·恺撒（威廉·邓肯编译）	《恺撒自述》（*The Commentaries of Caesar*）英译本前面附有《论罗马的战争艺术》（2°）MIL ms	L：J. & R. Tonson, Draper, and **R. Dodsley**		

（续表四）

编号	出版日期	作者	不列颠第一版：书名（规格/卷数）/价格/主题/流行等级	不列颠第一版的出版地和出版者	爱尔兰（都柏林）第一版出版年代/出版者/卷数（规格/价格，部分已知）	美国第一版：出版地/出版年代（费城，除非另有说明）/出版者/（规格/卷数）
25	1753	大卫·休谟*	《杂文与论文若干》（*Essays and Treatises on Several Subjects*）(12° 4v) 12s. PHIL bs	第一卷——L：**Millar/Kincaid & Donaldson**；第二、三卷——L：**Millar**；第四卷——E：**Kincaid & Donaldson**（还有 L：**Millar/Kincaid & Donaldson, 1754**）	1779: J. Williams (8° 2v) 13s.	
26	1753	詹姆斯·林德	《坏血病专论》（*A Treatise of the Scurvy*）（分成 3 部分，包括对坏血病性质、原因和疗法的研究）(8°) 6s. MED ms	E：**Millar**（还有 E：**Kincaid & Donaldson**）		
27	1753	[托比亚斯·斯摩莱特]*	《斐迪南伯爵的冒险》（*The Adventures of Ferdinand Count Fathom*）(12° 2v)6s.FICT bs	L：Johnston [Strahan]	1753: Main (12° 2v) 5s.5d.	
28	1753	‖罗伯特·华莱士‡	《论古今人口数量》（*A Dissertation on the Numbers of Mankind in Antient and Modern Times*）(8°) 4s.6d. POL ms	E：**Hamilton & Balfour**		
29	1753—1763	托马斯·布莱克韦尔	《奥古斯都宫廷回忆录》（*Memoirs of the Court of Augustus*）£3.3s.；大型平装本售£3.15s.（3 卷本*由约翰·米尔斯根据布莱克韦尔的文稿完成）HIST ms	第一、二卷（1753—1755）——E：[作者]；由 **Hamilton, Balfour, & Neill** [Hitch, Longman, **Millar**, R. Dodsley, Rivington] 印刷；第三卷（1763）——L：**Millar**		

（续表五）

附　录　597

编号	出版日期	作者	不列颠第一版：书名／（规格／卷数）／价格／主题／流行等级	不列颠第一版的出版地和出版者	爱尔兰（都柏林）第一版：出版年代／出版者／（规格／卷数）／价格（部分已知）	美国第一版：出版地（费城，除非另有说明）／出版者／（规格／卷数）
30	1754	查尔斯·奥尔斯顿*	《植物学论》(A Dissertation on Botany)(8°)1s.–1s.6d.(1753年拉丁语原著的译本)SCI ps	L：Dod		
31	1754	托马斯·布莱克韦尔*	《应景诗集》(Poems on Several Occasions)(8°)3s. brds. POET gs	E：[作者]；由 **Hamilton, Balfour, & Neill** 印刷		
32	1754	[威廉·格思里]	《朋友们：一段将爱塑造成激情和美德的感伤历史》(The Friends: A Sentimental History, describing Love as a Virtue, as well as a Passion)(12° 2v) 6s. FICT ps	L：Waller		
33	1754	大卫·休谟*	《大不列颠史》(The History of Great Britain)(第一卷，包含詹姆斯一世和查理一世的统治时期)(4°)14s. brds.；大型平装本售£1.1s. HIST n/a	E：**Hamilton, Balfour, & Neill**	1755: J. Smith (8° 2v)	见下文编号 75
34	1754—1771	爱丁堡某协会（爱丁堡哲学学会）[亚历山大·门罗一世和二世*等编]	《物理和文学观察论集》(Essays and Observations, Physical and Literary)(爱丁堡某学会读物)(8° 3v) 每卷 6s.–7s.6d. SCI n/a	第一卷(1754)，第二卷(1756) —— E：**Hamilton & Balfour**（为爱丁堡哲学学会印刷）；第三卷(1771)——E：**Balfour**		

（续表六）

编号	出版日期	作者	不列颠第一版：书名/（规格/卷数）/价格/主题/流行等级	不列颠第一版的出版地和出版者	爱尔兰（都柏林）第一版：出版年代/出版者/（规格/卷数）/价格（部分已知）	美国第一版：出版年代/出版地（费城，除非另有说明）/出版者/（规格/卷数）
35	1755	[沃尔特·安德森]	《吕底亚国王克罗伊斯传》（The History of Croesus King of Lydia）（12°）2s.6d. HIST ps	E：由 **Hamilton, Balfour, & Neill** 印刷 [且由其出版]		
36	1755	弗朗西斯·哈奇森（序言是威廉·利奇曼写的一篇传记）	《道德哲学体系》*（A System of Moral Philosophy, in Three Books）（分 3 册）（4° 2v）£1.1s.–£1.5s. PHIL ps	Glasgow：由 R. & A. Foulis 印刷和销售/由 **Millar, Longman** 销售		
37	1755	唐纳德·门罗	《论水肿及其不同种类》（An Essay on the Dropsy, and Its Different Species）（24°）4s. MED ms	L：Wilson & Durham		
38	1755	罗伯特·怀特*	《生理学诸论》（Physiological Essays）（12°）2s.6d.–3s. MED ms	E：**Hamilton, Balfour, & Neill**		
39	1756	詹姆斯·弗格森	《依据艾萨克·牛顿爵士的原理解释的天文学》（Astronomy Explained upon Sir Isaac Newton's Principles）（适合非数学专业读者的通俗版）（4°）15s. sewed（认购价格）SCI bs	E：作者		
40	1756	弗朗西斯·霍姆*	《农业和植物原理》（The Principles of Agriculture and Vegetation）（8°）3s. AGR gs	E：**Kincaid & Donaldson** [1757 年版也在 **Hamilton & Balfour** 的名下发行，不过版权归属于伦敦的 Wilson & Durham]	1759：G. & A. Ewing（8°）2s.2d.	

（续表七）

编号	出版日期	作者	不列颠第一版：书名/（规格/卷数）/价格/主题/流行等级	不列颠第一版的出版地和出版者	爱尔兰（都柏林）第一版：出版年代/出版者/（规格/卷数）/价格（部分已知）	美国第一版：出版地（费城，除非另有说明）/出版者/（规格/卷数）
41	1756	弗朗西斯·霍姆*	《漂白法实验》(Experiments on Bleaching)(8°) 4s. SCI ps	E：Kincaid & Donaldson	1771: T. Ewing (12°)[扩充]3s.3d.	
42	1756	欧几里得/罗伯特·西姆森*	《欧几里得几何原本》(The Elements of Euclid)(即最初6部，连同第11, 12部)(4°)12s.6d. sewed SCI bs	Glasgow：由 R. & A. Foulis 印刷		
43	1757	约翰·达尔林普尔[爵士]*	《大不列颠封建所有制通史概论》(An Essay towards a General History of Feudal Property in Great Britain)(8°) 5s. HIST gs	L：Millar	1759: Cotter (8°) 4s.10½d.	
44	1757	[约翰·霍姆]†	《道格拉斯》(Douglas)(8°)（悲剧） 1s.6d. DRAM bs	E：Hamilton & Balfour, Gray & Peter (also L：Millar)	'1757: G. Faulkner, J. Hoey I, P. Wilson, Exshaw I, A. James, M. Williamson, Sleater I (12°) [6½d.]（说明：有两位编者，一位是"休谟先生修订"，另一位是"霍姆先生修订"，后者带有补充材料）	
45	1757	大卫·休谟*	《论文四篇》(Four Dissertations)(12°) 3s. PHIL n/a	L：Millar	见上文编号 25	
46	1757	大卫·休谟*	《英格兰史》(The History of Great Britain)(第二卷，涉及英格兰时期，查理二世和詹姆斯二世统治时期)(4°) 13s.~14s.；大型平装本售£2.2s. brds. HIST n/a	L：Millar	1757: J. Smith (8° 2v)	见下文编号 75

（续表八）

编号	出版日期	作者	不列颠第一版：书名/（规格/卷数）/价格/主题/流行等级	不列颠第一版的出版地和出版者	爱尔兰（都柏林）第一版：出版年代/出版者/（规格/卷数）/价格（部分已知）	美国第一版：出版年代/出版地（费城，除非另有说明）/出版者/（规格/卷数）
47	1757	詹姆斯·林德	《论维护皇家海军海员健康的最佳方法》（An Essay, on the Most Effectual Means, of Preserving the Health of Seamen, in the Royal Navy）(12°) MED ms	L：Millar/Kincaid & Donaldson		
48	1757	‡威廉·威尔基‡*	《厄皮戈诺伊德：9本书中的诗歌》（The Epigoniad: A Poem in Nine Books）(8°) 4s. POET ms	E：Hamilton, Balfour, & Neill		
49	1757—1758	托比亚斯·斯摩莱特*	《英格兰全史，从恺撒的后裔到1748年亚琛和约》（A Complete History of England, Deduced, from the Descent of Julius Caesar, to the Treaty of Aix la Chapelle, 1748）(4° 4v) £3.3s. HIST bs	L：Rivington & Fletcher	1787：L. White (8° 5v)（《英格兰全史》的后半部分，结合了1760—1761年的《英格兰全史续作》的第一至第四卷[下文编号67]；重印本在卡德尔和鲍德温1785年的伦敦后修订版，书名为《英格兰全史：从光荣革命到乔治二世之死》）	1796—1798：R. Campbell (8° 6v)（改编自上一条目提到的1785年伦敦版的斯摩莱特《英格兰史》，前面有1791年爱丁堡重印利Mudie编]，书名为《英格兰史：从光荣革命到美国独立战争结束，以及1783年凡尔赛和约》；第一至四卷为斯摩莱特所编，第五、六卷为"一个绅士团体"所编）
50	1758	[凯姆斯勋爵亨利·霍姆]*	《论历史法律》（Historical Law-Tracts）(8° 2v) 9s. LAW gs	E：Millar/Kincaid & Bell		

（续表九）

编号	出版日期	作者	不列颠第一版：书名/（规格/卷数）/价格/主题/流行等级	不列颠第一版的出版地和出版者	爱尔兰（都柏林）第一版：出版年代/出版者/（规格/卷数）/价格（部分已知）	美国第一版：出版年代/出版地（费城，除非出版地/另有说明）/出版者/（规格/卷数）
51	1758	{约翰·霍姆}†	《阿吉斯：一部悲剧》（*Agis: A Tragedy*）(8°) 1s.6d. DRAM ms	L：Millar	1758: G. & A. Ewing, J. Hoey I, **P. Wilson, Exshaw I**, A. James, W. Williamson, R. Watts, Flin I, **Sleater I**, B. Gunne, J. Rudd, **W. Watson**, R. Smith (12°) [6/xd.]	
52	1758	[罗伯特·华莱士]*	《大不列颠政治现状的特点》（*Characteristics of the Present Political State of Great Britain*）(8°) 3s.-4s. POL ms	L：Millar [Strahan]	1758: Flin I (12°)	
53	1759	亚历山大·杰勒德*	《论趣味》（*An Essay on Taste*）(8°) 3s.-4s. ARTS ms	L：**Millar/Kincaid & Bell**		
54	1759	[威廉·格思里]	《母亲：或快乐的悲伤》（*The Mother: or, The Happy Distress*）(小说)(12° 2v) 5s.6d.-6s. FICT ps	L：作者：由 Baldwin 印刷和销售		
55	1759	弗朗西斯·霍姆*	《医学事实和实验》（*Medical Facts and Experiments*）(8°) 4s.-5s. MED ps	L：**Millar/Kincaid & Bell**		
56	1759	大卫·休谟*	《英格兰史，都铎王朝时期》（*The History of England, under the House of Tudor*）(4° 2v) £1.1s. brds. HIST n/a	L：**Millar**	1759: Cotter (8° 3v)	见下文编号 75

（续表十）

编号	出版日期	作者	不列颠第一版：书名/（规格/卷数）/价格/主题/流行等级	不列颠第一版的出版地和出版者	爱尔兰（都柏林）第一版：出版年代/出版者/（规格/卷数）/价格（部分已知）	美国第一版：出版年代（费城，除非另有说明）/出版者/（规格/卷数）
57	1759	｛詹姆斯·穆尔｝	《散文集：格拉斯哥大学文学社每周同集会时朗读》（*Essays; Read to a Literary Society; at their Weekly Meetings, within the College of Glasgow*）(8°) ARTS ps	Glasgow：由 R. & A. Foulis 印刷		
58	1759	威廉·罗伯逊*	《苏格兰史》（*The History of Scotland*）(4° 2v) £1.1s. brds.− £1.10s. HIST bs	L：**Millar**	*1759: G. & A. Ewing (8° 2v) 10s.10d.	
59	1759	亚当·斯密*	《道德情操论》（*The Theory of Moral Sentiments*）(8°) 6s. PHIL bs	L：**Millar/Kincaid & Bell**	1777: **Beatty**, Jackson, "第六版" (8°) 5s.5d.	
60	1760	詹姆斯·贝蒂*	《原创诗歌和翻译》（*Original Poems and Translations*）(8°) 3s.6d. POET ps	L：由 **Millar** 销售		
61	1760	詹姆斯·弗格森	《关于机械学、流体静力学、光学和天文学的选题讲座》（*Lectures on Select Subjects in Mechanics, Hydrostatics, Pneumatics, and Optics*）(8°) 7s.6d. SCI bs	L：**Millar**		
62	1760	｛凯姆斯勋爵亨利·霍姆｝*	《公平原则》（*The Principles of Equity*）(2°) 17s. LAW gs	E：**Millar/Kincaid & Bell**		
63	1760	｛约翰·霍姆｝*	《围攻阿奎利亚：一部悲剧》（*The Siege of Aquileia: A Tragedy*）(8°) 1s.6d. DRAM ps	L：**Millar**	1760: 1. G. & A. Ewing (12°); and 2. W. Smith I, A. James, M. Williamson, R. Watts, Bradley, **Potts**, W. Smith II, S. Smith (12°) [6½d]	

（续表十一）

编号	出版日期	作者	不列颠第一版：书名 /（规格 / 卷数）/ 价格 / 主题 / 流行等级	不列颠第一版的出版地和出版者	爱尔兰（都柏林）第一版：出版年代 / 出版者 /（规格 / 卷数 / 部分已知）价格（部分已知）	美国第一版：出版年代 / 出版地（费城，除非另有说明）/ 出版者 /（规格 / 卷数）
64	1760	[詹姆斯·麦克弗森]*［表面上为译者］	《古代诗歌片段》（Fragments of Ancient Poetry）（收集自苏格兰高地，翻译自盖尔语和克尔特语）(8°) 1s. POET ms	E：Hamilton & Balfour	1760: Cotter (12°)	1790: Lang (8°)《芬戈尔之子莪相诗集》（The Poems of Ossian, the Son of Fingal）(8° 2v, 1773 年，第一版以这个书名在伦敦出版）（其中包括《古代诗歌片段》《芬戈尔》《帖莫拉》，还有休·布莱尔的《莪相诗歌评鉴》
65	1760	[威廉·泰特勒]*	《对默里伯爵和莫顿提出的反对苏格兰玛丽女王的历史和批判性考证》（An Historical and Critical Enquiry into the Evidence produced by the Earls of Murray and Morton, against Mary Queen of Scots) (8°)（后来经过改编，更名为《关于反对苏格兰玛丽女王的历史和批判性考证》[An Inquiry, Historical and Critical, into the Evidence against Mary Queen of Scots]）HIST gs	E：由 Gordon 印刷和销售 / 由 Owen, Longman, Scott, Davie, & Law, Johnstone, Becket, D. Wilson 销售		
66	1760	乔治·华莱士	《苏格兰法律的原则体系》（A System of the Principles of the Law of Scotland) "第一卷"（后续没有出版）(2°) £ 1.5s. brds. LAW ps	E：Millar, Wilson & Durham/Hamilton & Balfour		

（续表十二）

编号	出版日期	作者	不列颠第一版：书名/（规格/卷数）/价格/主题/流行等级	不列颠第一版的出版地和出版者	爱尔兰（都柏林）第一版：出版年代/出版者/（规格/卷数）/价格（部分已知）	美国第一版：出版年代/出版地（费城，除非另有说明）/出版者/（规格/卷数）
67	1760—1765	托比亚斯·斯摩莱特*	《续英格兰全史》（*Continuation of the Complete History of England*）(8° 5v) 1.1s.– £1.10s. HIST bs	L：Baldwin	1787：**L. White** (8° 5v) £1.12s.6d.（见上文编号49）	1796–1798：**R. Campbell** (8° 6v)（见上文编号49）
68	1761	[凯姆斯勋爵亨利·霍姆]*	《思维的艺术导论》（*Introduction to the Art of Thinking*）(12°) 2s.6d.–3s. EDU gs	E：**Kincaid & Bell**		
69	1761	马修·斯图尔特*	《物理和数学手册》（*Tracts, Physical and Mathematical*）(8°) 7s.6d. SCI ps [1763年的附录："由重力理论得出的地球到太阳的距离"]	E：**Millar**, Nourse/Sands, **Kincaid & Bell**		
70	1761	[罗伯特·华莱士]*	《人类、自然和上帝的各种前景》（*Various Prospects of Mankind, Nature, and Providence*）(8°) 5s. POL ps	L：**Millar**		
71	1762	詹姆斯·麦克弗森*[表面上为译者]	《芬格尔》（*Fingal*）（古老的史诗）(4°) 10s. 6d.–12s.6d. POET bs	L：Becket & de Hondt	*1762：Fitzsimons (12°) 2s.8½d.	见上文编号64
72	1762	乔治·坎贝尔*	《论奇迹》（*A Dissertation on Miracles*）(8°) 4s. REL gs	E：**Kincaid & Bell** / 由**Millar, R. & J. Dodsley**, Johnston, Baldwin, J. Richardson 销售		1790：**Dobson** (12°)

（续表十三）

编号	出版日期	作者	不列颠第一版：书名/（规格/卷数）/价格/主题/流行等级	不列颠第一版的出版地和出版者	爱尔兰（都柏林）第一版：出版年代/出版者/（规格/卷数）/价格（部分已知）	美国第一版：出版地（费城，除非另行说明）/出版年代/出版者/（规格/卷数）
73	1762	[凯姆斯勋爵亨利·霍姆]*	《批判原理》(Elements of Criticism)(8° 3v) 15s. LIT ss	E：Millar/Kincaid & Bell	1762: Cotter (12° 2v) 6s.6d.	1796: Boston—J. White, Thomas & Andrews, Spotswood, D. West, Blake, Larkin, J. West (12° 2v)
74	1762	大卫·休谟*	《英格兰史，从尤利乌斯·恺撒入侵到亨利七世继位》(The History of England, from the Invasion of Julius Caesar to the Accession of Henry VII)(4° 2v) £1.10s. brds. HIST n/a	L：Millar	1762: G. & A. Ewing (8° 4v) £2.12s.	见下文编号75
75	1762	大卫·休谟*	《英格兰史，从尤利乌斯·恺撒入侵到1688年光荣革命》(The History of England, from the Invasion of Julius Caesar to the Revolution of 1688)(4° 6v) £4.10s. HIST bs	L：Millar	*1769: Williams (8° 8v)	1795-1796: R. Campbell (8° 6v)
76	1762	威廉·亨特约翰·亨特的两篇文章	《医学评论》(Medical Commentaries)第一部（后续不再出版）(4°) 6s. sewed MED ms	L：由Millar销售		
77	1762	约翰·奥格尔维*	《几个主题的诗歌》(Poems on Several Subjects)(4°) POET ms	L：Keith	1769: S. Watson (8° 2v)	
78	1762	[托比亚斯·斯摩莱特]*	《兰斯洛特·格里弗斯爵士历险记》(The Adventures of Sir Launcelot Greaves)(12° 2v) 5s. sewed FICT bs	L：Coote	*1762: J. Hoey II (12°) 2s.8½d.	

编号	出版日期	作者	不列颠第一版：书名/（规格/卷数）/价格/主题/流行等级	不列颠第一版的出版地和出版者	爱尔兰（都柏林）第一版：出版年代/出版者/卷数/（规格/价格（部分已知）	美国第一版：出版地/出版年代/出版地（费城，除非另有说明）/出版者/（规格/卷数）
79	1762—1769	亚当·迪克森	《论农业》（A Treatise of Agriculture）(8° 2v) 第二版, 13s. AGR gs	第一卷（1762）——E: 作者和 A. Donaldson/Millar, R. & J. Dodsley; J. Richardson 销售；第二卷（1769）—— E: Kincaid & Bell	1766（只有第一卷）: Cotter (8°) 4s.4d.	
80	1763	休·布莱尔[*]	《莪相诗歌评鉴》（A Critical Dissertation on the Poems of Ossian）(4°) 2s.6d. LIT bs	L: Becket & de Hondt	1765: P. Wilson, "第三版" (12°) 1s.1d.	1790: Lang (8°) 见上文编号 64
81	1763	威廉·格思里	《自大执政以来的英国贵族全史》（Complete History of the English Peerage; from the Best Authorities）(4° 2v) sewed 每卷 £ 1.10s. HIST ps	L: Newbery, Crowder & Co. and Coote, Gretton, Davies, Johnston, Kearsly, Osborne		
82	1763	詹姆斯·林德	《关于发热和传染的两篇论文》（Two Papers on Fevers and Infection）曾经提交给爱丁堡的哲学和医学协会(8°) MED ps	L: D. Wilson		
83	1763	詹姆斯·麦克弗森*[表面上为译者]	《帖莫拉》（Temora）（古老的史诗）(4°) 10s.6d. POET bs	L: Becket & de Hondt	1763: Leathly, P. Wilson (12°) 3s.3d.	见上文编号 64

（续表十五）

编号	出版日期	作者	不列颠第一版：书名/（规格/卷数）/价格/主题/流行等级	不列颠第一版的出版地和出版者	爱尔兰（都柏林）第一版：出版年代/出版者/（规格/卷数）/价格（部分已知）	美国第一版：出版年代/出版地（费城，除非另有说明）/出版者/（规格/卷数）
84	1763—1778	[罗伯特·奥姆]*	《自1745年起，英国在印度斯坦的军事活动史》(A History of the British Nation in Indostan from the Year 1745 (4° 2v) 第一卷：£1.1s. MIL ms	L：Nourse		
85	1764	罗伯特·亚当	《戴克里先皇帝在达尔提亚斯普利特的宫殿废墟》(Ruins of the Palace of the Emperor Diocletian at Spalatro in Dalmatia)(2°) £3— £3.3s.（认购价格）— £4.4s. ARTS ps	[L]：作者 [由 **Strahan** 印刷]		
86	1764	唐纳德·门罗	《德国的英军战地医院中最常见的疾病概述，从1761年1月到1763年3月英军回国》(An Account of the Diseases which Were Most Frequent in the British Military Hospitals in Germany, from January 1761 to the Return of the Troops to England in March 1763)(8°) 5s. MED ps	L：**Millar**, D. Wilson, Durham; and T. Payne I		
87	1764	约翰·奥格尔维*	《神迹：一首寓言诗》(Providence: An Allegorical Poem) (4°) 8s. sewed POET ps	L：Burnet		1766: Boston—Mein (8°)
88	1764	托马斯·里德*	《按常识原理探究人类心灵》(An Inquiry into the Human Mind, on the Principles of Common Sense)(8°) 5s.–7s. PHIL ss	E：**Millar/Kincaid & Bell**	1764: A. Ewing (12°) 3s.3d.	

（续表十六）

编号	出版日期	作者	不列颠第一版：书名/（规格/卷数）/价格/主题/流行等级	不列颠第一版的出版地和出版者	爱尔兰（都柏林）第一版：出版年代/出版者/（规格/卷数）/价格（部分已知）	美国第一版：出版年代（费城，除非另有说明）/出版者/（规格/卷数）
89	1764—1767	威廉·格思里等人	《世界通史，从创世记到现在》（A General History of the World, from the Creation to the Present Time）(8° 12v) £ 3.12s. HIST ps	L：Newbery, Baldwin, Crowder, Coote, Withy, Wilkie, J. Wilson & J. Fell, Nicoll, Collins, Raikes；第 1—8 卷和第 9 卷 (1764)，第 10 卷 (1765)，第 11 卷 (1766)，第 12 卷 (1767)		
90	1765	[约翰·格雷戈里]*	《结合动物世界对人的状态和机能的比较观察》（A Comparative View of the State and Faculties of Man. With those of the Animal World）(8°) 3s.—4s. MISC bs	L：J. Dodsley	1768：Sleater I, D. Chamberlaine, Potts, Williams, W. Colles (12°) 2s.8½d.	
91	1765	罗伯特·怀特*	《俗称神经忧郁症或歇斯底里症的疾病的性质、原因及疗法》（Observations on the Nature, Causes, and Cure of Those Disorders which Have Been Commonly Called Nervous Hypochondriac, or Hysteric）(8°) 6s. MED gs	E：Becket & du [原文如此] Hondt/Balfour		

编号	出版日期	作者	不列颠第一版：书名/（规格/卷数）/价格/主题/流行等级	不列颠第一版的出版地和出版者	爱尔兰（都柏林）第一版：出版年代/出版者/（规格/卷数）/价格（部分已知）	美国第一版：出版年代/出版地（费城，除非另有说明）/出版者/（规格/卷数）
92	1766	詹姆斯·贝蒂*	《几个主题的诗歌》(Poems on Several Subjects) (8°) 3s. POET ps	L : Johnston		1787: **Dobson** (8°)（这实际上是贝蒂《应景诗集》的重印本，该书最早于1776年在爱丁堡出版，同时收录了《几个主题的诗歌》的主和《吟游诗人》的主要颂诗、挽歌和韵文）
93	1766	{詹姆斯·福代斯}	《给年轻女性的传道书》(**Sermons to Young Women**) (8° 2v) 6s.–7s. REL bs	L : **Millar & Cadell, J. Dodsley, J. Payne**	'1766, "第四版"：1. Sheppard (12° 2v); and 2. Leathly, J. Hoey I, **Exshaw I, Saunders, W. Watson, J. Hoey II** (12° 2v) 4s.4d.	1767: Boston—Mein & Fleeming (12° 2v)
94	1766	亚历山大·杰勒德*	《论基督教真谛》(Dissertations on Subjects relating to the Genius and Evidence of Christianity) (8°) 6s. REL ps	E : **Millar/Kincaid & Bell**		
95	1766	约翰·奥格尔维*	《几个主题的讲道》(Sermons on Several Subjects) (8°) 3s. REL ps	E : **Balfour**		
96	1766	托比亚斯·斯摩莱特*	《法国和意大利游记》(Travels through France and Italy) (8° 2v) 10s. TRAV ms	L : Baldwin	'1766: J. Hoey I, **Leathly, P. Wilson, Exshaw I, E. Watts, D. Chamberlain[e], Murphy, Sleater I, Saunders, J. Hoey II, Potts, S. Watson, Williams** (12° 2v) 5s.5d.	

（续表十八）

编号	出版日期	作者	不列颠第一版：书名/（规格/卷数）/价格/主题/流行等级	不列颠第一版的出版地和出版者	爱尔兰（都柏林）第一版：出版年代/出版者/（规格/卷数）/价格（部分已知）	美国第一版：出版年代/出版地（费城，除非另有说明）/出版者/（规格/卷数）
97	1766—1772	｛詹姆斯·奥斯瓦德｝*	《为丁宗教的利益诉诸常识》（An Appeal to Common Sense in Behalf of Religion）（8° 2v）10s. PHIL ps	第一卷——E：Kincaid & Bell；第二卷——E：Kincaid & Creech/Cadell		
98	1767	｛威廉·达夫｝	《论天赋，及其在哲学，美术，特别是诗歌中的不同表现》（An Essay on Original Genius; and Its Various Modes of Exertion in Philosophy and the Fine Arts, Particularly in Poetry）（8°）5s. LIT ms	L：E. & C. Dilly		
99	1767	亚当·弗格森*	《文明社会史论》（An Essay on the History of Civil Society）（4°）14s.—15s.; 8° ed., 1768, 6s. HIST gs	E：Millar & Cadell/ Kincaid & Bell	1767: B. Grierson（8°）5s.5d.	
100	1767	詹姆斯·弗格森	《几门人文学和相关表格和短文》（Tables and Tracts, relative to several Arts and Sciences）（8°）5s. SCI ms	L：Millar & Cadell		
101	1767	詹姆斯·斯图亚特爵士	《政治经济学原理研究：论自由国家的内政学》（An Inquiry into the Principles of Political Oeconomy: Being an Essay on the Science of Domestic Policy in Free Nations）（4° 2v）£ 2.2s. brds.（后来涨到 £ 2.10s. bound）ECON ps	L：Millar & Cadell [Strahan]	1770: Williams & Moncrieffe（8° 3v）16s.3d.	

（续表十九）

编号	出版日期	作者	不列颠第一版：书名 / (规格 / 卷数) / 价格 / 主题 / 流行等级	不列颠第一版的出版地和出版者	爱尔兰(都柏林)第一版：出版年代 / 出版者 / (规格 / 卷数) / 价格 (部分已知)	美国第一版：出版年代 / 出版地（费城，除非另有说明）/ 出版者 / (规格 / 卷数)
102	1767—1768	威廉·格思里	《苏格兰通史》(A General History of Scotland)(8° 10v) £3 HIST ps	L：作者；由 Robinson & Roberts 销售		
103	1768	威廉·亚历山大	《实验散文》(Experimental Essays)(8°) 5s. MED ms	L：E. & C. Dilly		
104	1768	詹姆斯·鲍尔弗	《哲学杂文》(Philosophical Essays)(8°) PHIL ps	E：Balfour		
105	1768	詹姆斯·博斯韦尔	《科西嘉岛游记，以及帕斯卡尔·保利回忆录》(An Account of Corsica, the Journal of a Tour to that Island; and Memoirs of Pascal Paoli)(8°) 6s. POL gs	Glasgow：E. & C. Dilly	*1768：Exshaw I, Saunders, Sleater I, D. Chamberlaine, Potts, Williams，"第三版"(12°) 2s.8/2d.	
106	1768	詹姆斯·弗格森	《年轻先生和女士的天文学》(Young Gentleman and Lady's Astronomy)(8°) 5s.（后来更名为《天文学入门》[An Easy Introduction to Astronomy]，在爱尔兰未更名）SCI gs	L：Millar & Cadell	*1768：B. Grierson (8°) 5s.5d.	
107	1768	詹姆斯·林德	《论欧洲人在炎热气候下易患的疾病》(An Essay on Diseases Incidental to Europeans in Hot Climates)(8°) 6s. MED gs	L：Becket & de Hondt		

（续表二十）

编号	出版日期	作者	不列颠第一版：书名 /（规格 / 卷数）/ 价格 / 主题 / 流行等级	不列颠第一版的出版地和出版者	爱尔兰（都柏林）第一版：出版年代 / 出版者（规格 / 卷数）/ 价格（部分已知）	美国第一版：出版地 / 出版年代（费城，除非另行说明）/ 出版者 / 出版者（规格 / 卷数）
108	1768	约翰·麦克弗森	《论古代苏格兰人，他们的后代皮克特人,不列颠和爱尔兰的苏格兰人的起源、文物,语言,政体,习体,习俗和宗教》(Critical Dissertations on the Origins, Antiquities, Language, Government, Manners, and Religion of the Ancient Caledonians, Their Posterity the Picts, and the British and Irish Scots) (4°) 10s.6d. brds. HIST ps	L: Becket & de Hondt/Balfour	1768: B. Grierson (8°) 3s.3d.	
109	1768	吉尔伯特·斯图亚特†	《英国古代宪法的历史研究》(An Historical Dissertation concerning the Antiquity of the English Constitution) (8°) 5s. brds. HIST ms	E: Kincaid & Bell/ Sandby, J. Dodsley, E. Dilly, Cadell		
110	1768	罗伯特·怀特*	《脑水肿研究》(Observations on the Dropsy in the Brain) (附有作者迄今尚未发表的其他论文) (8°) MED ps	E: Balfour		
111	1768	威廉·威尔基*	《寓言》(Fables) (8°) 4s. FICT ps	L: E. & C. Dilly/ Kincaid & Bell		
112	1768— 1769	托比亚斯·斯摩莱特*	《各国现状》(The Present State of All Nations) (8° 8v) £2.8s. POL ps	L: Baldwin, Johnston, Crowder, Robinson & Roberts		
113	1768— 1770	乔治·福代斯	《医学实践基础》(Elements of the Practice of Physic) (8° 2v) MED gs	第一卷—L: Johnson & Payne; 第二卷—L: Johnson		

（续表二十一）

编号	出版日期	作者	不列颠第一版：书名/（规格/卷数）/价格/主题/流行等级	不列颠第一版的出版地和出版者	爱尔兰（都柏林/第一版：出版年代/出版者/（规格/卷数）/价格（部分已知）	美国第一版：出版地/出版年代（费城，除非另有说明）/出版者/（规格/卷数）
114	1768—1772	亚历山大·道[及·穆罕默德·菲里什达]	《印度斯坦史》（The History of Hindostan）(4° 3v)（第一、二卷基本上翻译了菲里什达的史书）HIST ms	L：**Becket & de Hondt**	1792: **L. White** (8° 3v)	
115	1769	威廉·巴肯	《家用医疗》（Domestic Medicine）又名《家庭医生：普及必要的医学知识，让人们了解预防和治疗疾病简单实用的方法。主要让人们注意养生法和简单药物》(The Family Physician: Being an Attempt to Render the Medical Art More Generally Useful, by Shewing People What Is in Their Own Power Both with Respect to the Prevention and Cure of Diseases. Chiefly Calculated to Recommend a Proper Attention to Regimen and Simple Medicines)(8°) 5s. sewed MED bs [1772年，伦敦出版了第二版，副标题从此改为"论通过养生法和简单药物预防和治疗疾病"]	E：[作者]；由 **Balfour, Auld, & Smellie** 印刷	*1773: **Saunders, Sleater I, Potts, D. Chamberlaine, Moncrieffe** (8°) 7s.7d. in 1786	1772: **Aitken** (8°)
116	1769	亚历山大·道	《辛吉斯》（Zingis）（悲剧）(8°) DRAM ms	L：**Becket & de Hondt**	1769: **W. & W. Smith, G. Faulkner, B. Grierson, Powell, Saunders, Sleater I, D. Chamberlaine, Potts, Williams, W. Colles, Moncrieffe, J. Porter** (12°)	

(续表二十二)

编号	出版日期	作者	不列颠第一版：书名/（规格/卷数）/价格/主题/流行等级	不列颠第一版的出版地和出版者	爱尔兰（都柏林）第一版：出版年代/出版者/（规格/卷数）/价格（部分已知）	美国第一版：出版年代/出版地（费城，除非另有说明）/出版者/（规格/卷数）
117	1769	亚当·弗格森*	《道德哲学原理》(Institutes of Moral Philosophy) (12°) 2s.6d. brds.–3s. PHIL ms	E：Kincaid & Bell		
118	1769	[约翰·霍姆]	《致命发现》(The Fatal Discovery)（悲剧）(8°) 1s.6d. DRAM ms	L：Becket & de Hondt	[1769]: W. & W. Smith, G. Faulkner, **P. & W. Wilson, Saunders, Potts, Sleater I, D. Chamberlaine, J. Hoey II, Williams, J.** [i.e., C.] Ingham, J. Porter (12°) [6½d.]	
119	1769	威廉·罗伯逊*	《查理五世统治史》(The History of the Reign of the Emperor Charles V) (4° 3v) £2.12s.6d. brds. or（从1772年起）£3.3s. bound, 有版画 HIST bs	L：Strahan and Cadell/Balfour	*1769: **W. Watson, T. Ewing; and S. Watson** (4° 3v) £1.5s. brds.	*1770–1771: America [i.e., Philadelphia]—[**Bell**] (8° 3v)
120	1769	[托比亚斯·斯摩莱特]*	《一个原子的经历和奇遇》(The History and Adventures of an Atom) (12° 2v) 6s. FICT gs	L：Robinson & Roberts	1769: **P. & W. Wilson, Exshaw I,** Powell, Saunders, Bradley, **Sleater I,** B. Grierson, **D. Chamberlaine, Potts, J. Hoey II, Williams, C.** Ingham (12° 2v) 2s.8½d.	

（续表二十三）

编号	出版日期	作者	不列颠第一版：书名/（规格/卷数）/价格/主题/流行等级	不列颠第一版的出版地和出版者	爱尔兰（都柏林）第一版：出版年代/出版者/（规格/卷数）/价格（部分已知）	美国第一版：出版地/出版地（费城，除非另有说明）/出版者/（规格/卷数）
121	1769—1782	沃尔特·安德森	《法兰西史》(The History of France)(4° 5v) 每卷£1.1s. HIST ps	第一、二卷（1969）——L：C a d e l l [Strahan]；[第三卷]（1775）——[L]：作者；由 C. Dilly, Robson, Becket & de Hondt, Wilson & Nichol [Nicol] 销售 / Balfour, 和爱丁堡书商；第四、五卷（1782）——L：作者；由 Robson, Becket & Nichol 销售 /J. & E. Balfour, Creech		
122	1770	查尔斯·奥尔斯顿*	《药物学讲义》*(Lectures on the Materia Medica)(4° 2v) MED ps	L：E. & C. Dilly/ Kincaid & Bell		
123	1770	詹姆斯·贝蒂*	《论真理的本质与永恒性，驳诡辩论和怀疑主义》(An Essay on the Nature and Immutability of Truth; In Opposition to Sophistry and Scepticism)(8°) 6s. PHIL bs	E：Kincaid & Bell/ 由 E. & C. Dilly 销售	1773：T. Ewing, "第三版"(12°) 3s.3d.	
124	1770	[约翰·贝休恩]	《人类机能和激情浅析》(A Short View of the Human Faculties and Passions)(12°)（名为第二版，但是尚未找到第一版的副本）PHIL ps	E：A.Neill；由 Kincaid & Bell 销售 / E. & C. Dilly		

（续表二十四）

编号	出版日期	作者	不列颠第一版：书名/（规格/卷数）/价格/主题/流行等级	不列颠第一版的出版地和出版者	爱尔兰（都柏林）第一版：出版年代/出版者/（规格/卷数）/价格（部分已知）	美国第一版：出版年代/出版地（费城，除非另有说明）/出版者/（规格/卷数）
125	1770	[约翰·贝休恩]	《人类生命和幸福散论》（Essays and Dissertations on Various Subjects, Relating to Human Life and Happiness）（12° 2v）PHIL ps	E：Kincaid & Bell/ E. & C. Dilly [出版者信息不一致，有些标注为 1771 年]		
126	1770	威廉·达夫*	《诗歌创作天赋评鉴》（Critical Observations on the Writings of the Most Celebrated Original Geniuses in Poetry）（8°）LIT ps	L：Becket & de Hondt		
127	1770	安德鲁·邓肯*	《治疗学原理》（Elements of Therapeutics）（8° 2v）5s.–6s. MED ms	E：Drummond		
128	1770	詹姆斯·弗格森	《电力学入门》（An Introduction to Electricity）（8°）4s. SCI ms	L：Strahan and Cadell		
129	1770	[约翰·格雷戈里]*	《论医生的职责和工作，以及询问病人的方法》（Observations on the Duties and Offices of a Physician; and on the Method of Prosecuting Enquiries in Philosophy）（8°）3s. sewed（1772 年第二版以格雷戈里的名义出版，更名为《关于医生的职责和资格的演讲》[Lectures on the Duties and Qualifications of a Physician]；5s.）MED ms	L：Strahan and Cadell		

（续表二十五）

编号	出版日期	作者	不列颠第一版：书名/（规格/卷数）/价格/主题/流行等级	不列颠第一版的出版地和出版者	爱尔兰（都柏林）第一版：出版年代/出版者/（规格/卷数）/价格（部分已知）	美国第一版：出版年代/出版地（费城，除非另有说明）/出版（卷数）
130	1770	〈威廉·格里思约翰〉（即约翰·诺克斯?）（从第二版开始，绝大部分由詹姆斯·弗格森执笔）	《地理、历史与商业新语法 & 当今世界几个王国的现状》(*A New Geographical, Historical, and Commercial Grammar and Present State of the Several Kingdoms of the World*) (8°) 6s. MISC bs	L: Knox	*1771: 1. "第二版": **Exshaw I**, B. Grierson, **Williams** (8°); and 2. "第二版": Saunders and **Potts** (8°) 6s.	1794–1795: **Carey** (4° 2v)，更名为《现代地理的新系统：又名地理、历史与商业新语法：当今世界几个国家的现状》(*New System of Modern Geography; or, A Geographical, Historical, and Commercial Grammar; and Present State of the Several Nations of the World*)
131	1770	[威廉·朱利叶斯·米克尔]*	《暗藏的伏尔泰》又名《自然神论对话》(*Voltaire in the Shades*) (8°) 2s.6d. sewed PHIL ps	L: 剑桥的 Pearch, T. & J. Merril / 牛津的 Prince		
132	1770	唐纳德·门罗	《论矿泉水》(*A Treatise on Mineral Waters*) (8° 2v) 12s. MED ps	L: 由 Wilson & Nicol, Durham 销售		
133	1771	威廉·亚历山大	《对腐烂病公认病因的实验性研究》(*An Experimental Enquiry concerning the Causes which Have Generally Been Said to Produce Purid Diseases*) (8°) 4s.6d. MED ps	L: **Becket & de Hondt, Cadell**		

（续表二十六）

编号	出版日期	作者	不列颠第一版：书名（规格/卷数）/价格/主题/流行等级	不列颠第一版的出版地和出版者	爱尔兰（都柏林）第一版：出版年代/出版者（规格/卷数）价格（部分已知）	美国第一版：出版地（费城，除非另有说明）/出版者（规格/卷数）
134	1771	乔治·福代斯	《农学和植物学原理》（Elements of Agriculture and Vegetation）(8°) AGR gs	L：Johnson		
135	1771	[亨利·麦肯齐]*	《多情男人》（The Man of Feeling）(12°) 3s. FICT bs	L：Cadell [Strahan]	*1771: Sleater I, D. Chamberlaine, J. Hoey II, Williams, Potts, and Moncrieffe (12°) 4s.4d. or 2s.8½d. [有一个出版者信息里增加了 Walker]	1782: Bell (8°，删节)（美国的第一个全本）；1791: Taylor (12°)
136	1771	詹姆斯·麦克弗森*	《大不列颠和爱尔兰历史导论》（An Introduction to the History of Great Britain and Ireland）(4°) 18s. HIST ms	L：Becket & de Hondt	1771: Williams (12°，删节) 3s.3d.	
137	1771	约翰·米勒*	《论社会阶层的差异》（Observations concerning the Distinction of Ranks in Society）(4°) 9s. brds. HIST ms	L：Murray [/ Kincaid & Creech]	1771: T. Ewing (8°) 5s.5d.	
138	1771	[威廉·拉塞尔]*	《感伤故事集》（Sentimental Tales）(12° 2v) FICT ps	L：由 Wilkie 销售		
139	1771	一个苏格兰绅士团体[威廉·斯梅利*编]	《不列颠百科全书》（The Encyclopaedia Britannica）(1768—1771，该书分100期出版)（4° 3v）每卷 £1.1s.（另外根据纸张，每套 £2.10s. 和 £3.7s.）MISC bs	E：Bell & Macfarquhar	1790—1798：J. Moore（4° 18v＋两卷《补遗》，1801）（爱丁堡第三版的重印本）每卷 £1.1s.	1790—1798：(所用书名为 Encyclopaedia) Dobson（4° 18v＋三卷《补遗》，1800—1803）（爱丁堡第三版的重印本，有第三版的重修订）

（续表二十七）

编号	出版日期	作者	不列颠第一版：书名／（规格／卷数）／价格／主题／流行等级	不列颠第一版的出版地和出版者	爱尔兰（都柏林）第一版：出版年代／出版者／（出版／卷数）／（规格／卷数）／价格（部分已知）	美国第一版：出版年代／出版地（费城，除非另有说明）／出版者／（规格／卷数）
140	1771	[托比亚斯·斯摩莱特]*	《汉弗莱·克林克历险记》(*The Expedition of Humphry Clinker*)(12° 3v) 9s. FICT bs	L：Johnston／索尔兹伯里的 Collins	*1771: **Leathley, Exshaw I, Saunders, Sleater I, D. Chamberlaine, Potts, J. Hoey II**, Mitchell, **Williams, W. Colles**, Walker, Husband, **Moncrieffe, W. Wilson, D. Hay** (12° 2v) 5s.5d.	
141	1771—1774	[詹姆斯·贝蒂]*	《吟游诗人，或诗歌天才的历程》(*The Minstrel; or, The Progress of Genius A Poem*)(4°) 每卷 1s.6d. POET bs	第一册 (1771) ——L：**E. & C. Dilly**／Kincaid & Bell；第二册 (1774) ——L：**E. & C. Dilly**/Creech	1771（第一册）：C. Ingham (8°) 6½d.; 1775（第一、二册）：Williams (8°)	1784: **Bell** (8°)
142	1771—1778	约翰·亨特*	《人类牙齿的自然史》(*The Natural History of Human Teeth*)(4°) £1.1s. (第一部分售价16s.) MED ps	L：**Johnson**		
143	1771—1788	约翰·达尔林普尔爵士*	《大不列颠与爱尔兰回忆录》(*Memoirs of Great Britain and Ireland*)(4° 3v) 第一、二卷：£2.6s.；第三卷：£1.2s. brds. HIST ms	第一卷 (1771) ——E：**Strahan and Cadell**/Kincaid & Bell, Balfour；第二卷 (1773) ——Creech 替代了 Bell；第三卷 (1788) ——E：**Bell, Creech**/A. Strahan and Cadell	1771（第一卷）：B. Grierson (8°); 1788（第二卷）：G. Grierson (8°)	

（续表二十八）

编号	出版日期	作者	不列颠第一版：书名／（规格／卷数）／价格／主题／流行等级	不列颠第一版的出版地和出版者	爱尔兰（都柏林）第一版：出版年代／出版者（规格／卷数）／价格（部分已知）	美国第一版：出版年代／出版地（费城，除非另有说明）／出版者／（规格／卷数）
144	1771—1793	罗伯特·亨利*（第六卷有两册是马尔科姆·莱恩所著）	《大不列颠史，从尤利乌斯·恺撒率领罗马人第一次入侵开始》(The History of Great Britain, from the First Invasion of It by the Romans under Julius Caesar)(4° 6v) brds. 每卷为£1.1s.，但是第六卷为£1.5s. *HIST gs	第一卷(1771)——L：作者／由 Cadell 销售；第二、三卷(1774, 1777)——E：同上；第四卷(1781)——E：同上＋Longman；第五卷(1785)——E：同上；第六卷(1793)——L："爱丁堡的所有书商"；第六卷(1793)——L：A. Strahan and Cadell	1789-1794: **Byrne, J. Jones** (8° 6v) 截至 1791 年，前五卷售价£1.17.11	
145	1772	威廉·卡伦*	《药物学讲义》(Lectures on the Materia Medica)(4°)18s. MED ms	L：Lowndes	*1773: T. Ewing (8°) 6s.6d.	1775: **Bell** (4°)
146	1772	{威廉·卡伦}*	《医药原理》(Institutions of Medicine)（仅出版了第一部）(12°) 3s.—5s. MED ms	E：出版者未署名		1788: Boston—Norman (4°)
147	1772	安德鲁·邓肯*	《论水银在性病治疗上的使用》(Observations on the Operation and Use of Mercury in the Venereal Disease)(8°) 3s. MED ps	E：**Kincaid & Creech/ Cadell; Murray**		
148	1772	约翰·格雷戈里*	《医学实践原理》(Elements of the Practice of Physic)(8°) 3s. MED ms	E：**Balfour**		

（续表二十九）

编号	出版日期	作者	不列颠第一版：书名/（规格/卷数）/价格/主题/流行等级	不列颠第一版的出版地和出版者	爱尔兰（都柏林）第一版：出版年代/出版者/卷数/（规格/卷数）/价格（部分已知）	美国第一版：出版年代/出版地（费城，除非另有说明）/出版者/（规格/卷数）
149	1772	威廉·拉塞尔	《常见诗句中的道德和情感寓言》(Fables Moral and Sentimental. In Familiar Verse) (8°) POET ps	L : Flexney, Richardson, & Urquhart		
150	1773	帕特里克·布赖登*	《两西里和马耳他之旅，写给威廉·贝克福德的信件集》(A Tour through Sicily and Malta. In a Series of Letters to William Beckford) (8° 2v) 12s. TRAV bs	L : Strahan and Cadell	*1773: Potts, Moncrieffe (8°) 5s.5d.	1792: Boston—Boyle, [D. West], and Larkin, Jr. (12° 2v)
151	1773	海斯勋爵大卫·达尔林普尔*	《苏格兰史评论》(Remarks on the History of Scotland) (8°) HIST ps	E : [作者？]；由 Balfour & Smellie 印刷		
152	1773	[威廉·达夫]	《亚拉拉特山隐士雷迪记事》(The History of Rhedi, the Hermit of Mount Ararat) (12°) 3s. FICT ps	L : Cadell	1781: Jackson (12°) 2s.2d.	
153	1773	詹姆斯·弗格森	《力学习题精选》(Select Mechanical Exercises) (8°) 5s. SCI ms	L : Strahan and Cadell		
154	1773	[约翰·霍姆]*	《阿隆佐》(Alonzo)（悲剧）(8°) 1s.6d. DRAM ms	L : Becket	1773: W. Wilson (12°) [6½d.]	1777: Bell (8°)（更名为《阿隆佐与欧米辛达》）

（续表三十）

编号	出版日期	作者	不列颠第一版：书名/（规格/卷数）/价格/主题/流行等级	不列颠第一版的出版地和出版者	爱尔兰（都柏林）第一版：出版年代/出版者/（规格/卷数）/价格（部分已知）	美国第一版：出版地（费城，除非另有说明）/出版者/（规格/卷数）
155	1773	[亨利·麦肯齐]*	《世故的男人》（The Man of the World）(12° 2v) 6s. FICT gs	L：Strahan and Cadell	*1773: Sleater I, Potts, Williams, D. Chamberlaine, Husband, Walker, Moncrieffe, Jenkin(12° 2v)	1782—1783: Bell (8° 3v)
156	1773	[亨利·麦肯齐]*	《突尼斯王子》（The Prince of Tunis）（悲剧）DRAM ms	E：Kincaid & Creech	1779: 书商行会 (12°)	
157	1773	M.[安东尼·奥纳尔·]托马斯（经威廉·拉塞尔翻译并扩充）	《论不同时代女人的性格、举止和智慧》（Essay on the Character, Manners, and Genius of Women in Different Ages）(8° 2v) HIST ps	L：G. Robinson		1774: Aitken (12°)
158	1773—1779	罗伯特·弗格森	《诗集》（Poems）（1779年更名为《不同主题的诗歌》*）(12°) 2s.6d.–3s. POET bs	E：由W.&T.Ruddiman印刷		见下文编号260
159	1773—1786	爱丁堡某协会[安德鲁·邓肯]*	《医学和哲学评论》（Medical and Philosophical Commentaries）(8° 10v) MED gs	第 一 卷——L：Murray/Kincaid & Creech, Drummond/都柏林的T. Ewing（后来几卷的出版者有变化）		1793—1797: Dobson (8° 11v)（有些"由爱丁堡医师协会撰写"，不过大部分由安德鲁·邓肯鲁集出版）

（续表三十一）

编号	出版日期	作者	不列颠第一版：书名（规格/卷数）/价格/主题/流行等级	不列颠第一版的出版地和出版者	爱尔兰（都柏林）第一版：出版年代/出版者/（规格/卷数）/价格（部分已知）	美国第一版：出版地（费城，除非另有说明）/出版者（规格/卷数）
160	1773—1792	[蒙博多勋爵詹姆斯·伯内特]*	《语言的起源与发展》(Of the Origin and Progress of Language)(8° 6v) brds. 每卷5s.~7s.6d. LANG ps	第一卷(1773)——E：Kincaid & Creech/Cadell；第二、三卷(1774, 1776)——E：Balfour/Cadell；第四、五卷(1787, 1789)——E：Bell/Cadell；第六卷(1792)——E：Bell & Bradfute/Cadell		
161	1774	{亚历山大·道}	《赛瑟纳》(Sethona)(悲剧)(8°) DRAM ms	L：Becket & de Hondt	1774: Exshaw I, Sleater I, Potts, D. Chamberlaine, Williams, W. Wilson, J. Hoey II, Husband, W. Colles, Walker, Jenkin, Moncrieffe, M. Hay (12°)	1774: Sparhawk (12°)
162	1774	亚历山大·杰勒德*	《论天才》(An Essay on Genius)(8°) 6s. LIT ps	L：Strahan and Cadell/Creech		
163	1774	约翰·格雷戈里*	《一个父亲给女儿们的遗产》*(A Father's Legacy to His Daughters)(8° 和12°) 2s. sewed MISC bs	L：Strahan and Cadell/Creech	*1774: 1. T. Ewing, Jenkin (8°); and 2. J. Colles, "第六版"(12°) 1s.1d.	1775: Dunlap (8°)；还有1775: Aikman (8°)；还有1775: New York—Loudon (8°)

（续表三十二）

编号	出版日期	作者	不列颠第一版：书名/（规格/卷数）/价格/主题/流行等级	不列颠第一版的出版地和出版者	爱尔兰（都柏林）第一版：出版年代/出版者/（规格/卷数）/价格（部分已知）	美国第一版：出版年代/出版地（费城，除非另有说明）/出版者/（规格/卷数）
164	1774	［凯姆斯勋爵亨利·霍姆］*	《人类历史纲要》（Sketches of the History of Man）(4° 2v) £2.2s. HIST ms	E：Creech/Strahan and Cadell	*1774–1775：Williams (12° 4v) 10s.10d.	1776：Bell 和 Aitken (8°，删节并更名为《人类历史六要》)
165	1774	约翰·奥格尔维*	《对写作的性质、特点及类型的哲学和批判式的评论》（A Philosophical and Critical Observations on the Nature, Character, and Various Species of Composition）(8° 2v) 12s. LIT ps	L：G. Robinson	1779：W. Hallhead (8° 2v) 10s.10d.（伦敦版有一个撤销了的扉页）	
166	1774	‡威廉·理查森‡*	《莎士比亚的一些奇特戏剧角色的哲学分析和阐释》（A Philosophical Analysis and Illustration of Some of Shakespeare's Remarkable Characters）(8°) 3s. LIT gs	E：Creech/Murray（还有 L：Murray/Creech）		1788：Spotswood (12°)
167	1774	‡威廉·理查森‡*	《乡村诗集》（Poems, Chiefly Rural）(8°) 3s. POET gs	Glasgow：由 R. & A. Foulis 印刷		
168	1775	詹姆斯·弗格森	《透视绘画法》（The Art of Drawing in Perspective）(8°) 4s.—4s. 6d. ARTS gs	L：Strahan and Cadell	1778：Williams (8°) 4s.4d.	
169	1775	亚历山大·汉密尔顿	《助产实践原则》（Elements of the Practice of Midwifery）(8°) MED ps	L：Murray		

（续表三十三）

编号	出版日期	作者	不列颠第一版：书名／（规格／卷数）／价格／主题／流行等级	不列颠第一版的出版地和出版者	爱尔兰（都柏林）第一版：出版年代／出版者／卷数／（规格／卷数）／价格（部分已知）	美国第一版：出版年代／出版地（费城，除非另有说明）／出版者／（规格／卷数）
170	1775	詹姆斯·麦克弗森*	《大不列颠史，从王政复辟到汉诺威王朝开始》（The History of Great Britain, from the Restoration, to the Accession of the House of Hannover）(4° 2v) £2.5s. HIST ms	L：Strahan and Cadell	1775：Exshaw I, D. Chamberlain, Potts, Sleater I, Williams, W. Wilson, Walker, Moncrieffe, Jenkin, Mills (8° 2v)	
171	1775	罗伯特·西姆森	《圆锥曲线原理》（Elements of the Conic Sections）(8°) 4s. 6d.（由 1735 年拉丁语原本翻译）SCI ms	E：Elliot／由 Cadell, Murray 销售		
172	1775—1796	詹姆斯·安德森†	《农业和乡村事务随笔》（Essays Relating to Agriculture and Rural Affairs）(8° 3v) brds. 每卷 6s.—8s. AGR gs	第一卷（1775）——E：Cadell/Creech；第一卷（1777）——E：Creech/Cadell；第三卷（1796）——E：Bell & Bradfute/"the Robinsons"	1779（只有前两卷）：W. Hallhead, Lynch, Flin II, Jenkin, Williams, L. White, Spotswood (8° 2v); 10s.10d.	
173	1776	詹姆斯·贝蒂*	《随笔集》（Essays）（有 4° 和 8° 两个版本，后一版更名为《论真理》）4° 版：£1.1s. brds.；8° 版：7s. MISC gs	E：Creech/E. & C. Dilly（有些 4° 版本里面只有 Creech 的名字）	1778：Jenkin (8° 2v) 13s.	
174	1776	乔治·坎贝尔*	《修辞哲学》（The Philosophy of Rhetoric）(8° 2v) 10s. 6d. brds. LIT ms	L：Strahan and Cadell/Creech		

（续表三十四）

编号	出版日期	作者	不列颠第一版：书名（规格/卷数）/价格/主题/流行等级	不列颠第一版的出版地和出版者	爱尔兰（都柏林）第一版：出版年代/出版者（规格/卷数）/价格（部分已知）	美国第一版：出版年代（费城，除非另有说明）/出版者（规格/卷数）
175	1776	路易斯·德·卡蒙斯（由威廉·米克尔利叶斯翻译并补写）	《卢济塔尼亚人之歌，或印度的发现》(The Lusiad; or, the Discovery of India)（史诗）(4°) £1.1s. brds. POET gs	Oxford：在伦敦由 **Cadell**, **[E. & C.] Dilly**, Bew, Flexney, Evans, Richardson & Urquhart, Goodsman 销售	1791: Archer (8° 2v) 13s. brds.	
176	1776	{凯姆斯勋爵亨利·霍姆}*	《乡绅：尝试按照理性原则改进农业》(The Gentleman Farmer: Being an Attempt to Improve Agriculture, by Subjecting It to the Test of Rational Principles) (8°) 6s. AGR gs	E：**Creech**/Cadell	1779: **Williams** (8°) 5s.5d.	
177	1776	亚当·斯密*	《国富论》(An Inquiry into the Nature and Causes of the Wealth of Nations) (4° 2v) 15s.— £2.2s. ECON bs	L：**Strahan and Cadell** [/Creech]	*1776: **W. Whitestone, D. Chamberlaine, W. Watson, Potts, S. Watson, J. Hoey II, Williams, W. Colles, W. Wilson**, Armitage, Walker, **Moncrieffe, Jenkin, Gilbert,** R. Cross, Mills, **W. Hallhead,** T. Faulkner, Hillary, J. Colles (8° 3v) 19s.6d.	1789: **Dobson** (12° 3v)（还有 1796）
178	1776—1779	海斯勋爵大卫·达尔林普尔*	《苏格兰年鉴》(4° 2v) £1.7s.6d. HIST ms	L：**Murray**		

（续表三十五）

编号	出版日期	作者	不列颠第一版：书名/(规格/卷数)/价格/主题/流行等级	不列颠第一版的出版地和出版者	爱尔兰(都柏林)第一版：出版年代/出版者/卷数/(规格/卷数)/价格(部分已知)	美国第一版(出版地(费城，除非另有说明)/出版者/(规格/卷数)
179	1777	詹姆斯·安德森	《论激发国家工业精神的方法，主要指促进苏格兰的农业、商业、制造业和渔业》(Observations on the Means of Exciting a Spirit of National Industry; Chiefly Intended to Promote the Agriculture, Commerce, Manufactures, and Fisheries, of Scotland) (4°) £1.1s. ECON ps	E: Cadell/Elliot	1779: Price, **W. & H. Whitestone, Williams, W. Colles, W. Wilson,** Jenkin, Walker, Flin II, L. **White, Exshaw II, Beatty,** James Parker (8° 2v) 10s.10d.	
180	1777	约瑟夫·布莱克(有威廉·卡伦*的一篇论文)	《关于白镁氧、生石灰等碱性物质的实验》(Experiments upon Magnesia Alba, Quick-Lime, and Other Alcaline Substances) (8°) 2s.6d. SCI ms	E: **Creech/Murray;** Wallis & Stonehouse		
181	1777	詹姆斯·福代斯	《对青年的讲话》(Addresses to Young Men) (8° 2v) 8s. MISC ms	L: **Cadell**	1777: **Exshaw II** (12° 2v) 6s.6d.	1782: Boston—Green (12°)
182	1777	{凯姆斯勋爵亨利·霍姆}*	《苏格兰成文法和习惯法解释》(Elucidations respecting the Common and Statute Law of Scotland) (8°) LAW ms	E: **Creech**/ 由 Cadell 销售		
183	1777	[亨利·麦肯齐]*	《朱莉娅·德·奥比妮》(Julia de Roubigné) (12° 2v) 6s. FICT gs	L: **Strahan and Cadell/Creech** (L: **Strahan and Cadell** 也单独出版过)	*1777: 书商行会 (12° 2v) 2s.8½d.	1782: Cist (8° 2v)

（续表三十六）

编号	出版日期	作者	不列颠第一版：书名／（规格／卷数）／价格／主题／流行等级	不列颠第一版的出版地和出版者	爱尔兰（都柏林）第一版：出版年代／出版者／（规格／卷数）／价格／（部分已知）	美国第一版：出版年代／出版地（费城，除非另有说明）／出版者／（规格／卷数）
184	1777	约翰·奥格尔维*	《罗娜》（*Rona*）（诗歌）（4°）12s.6d. brds. POET ps	L：Murray		
185	1777	威廉·罗伯逊*	《美洲史》（*The History of America*）（4° 2v）£2.2s.18s. HIST bs	L：Strahan and Cadell/Balfour	*1777: Price, **W. Whitestone, W. Watson, R.** Cross, Corcoran, **Sleater I, D. Chamberlaine, Potts, J. Hoey II, Williams,** Lynch, M. Hay, S. Watson, T. Stewart, **W. Colles, W. Wilson, Moncrieffe,** Armitage, **W. Hallhead, Walker, Exshaw II,** Flin II, **Burnet,** T. Faulkner, **Jenkin, Beatty, Gilbert,** Vallance, **Wogan,** E. Cross, Mills, **Grueber,** R. Stewart, **L. White,** M' Kenly, Magee (4° 2v) （另外在1777年：8° 3v版由46人出版，16s.3d.；8° 2v版由43人出版，13s.）	1798: New York—S. Campbell (8° 2v)

（续表三十七）

编号	出版日期	作者	不列颠第一版：书名/（规格/卷数）/价格/主题/流行等级	不列颠第一版的出版地和出版者	爱尔兰（都柏林）第一版：出版年代/出版者/（规格/卷数）/价格（部分已知）	美国第一版：出版年代/出版地（费城，除非另有说明）/出版者/（规格/卷数）
186	1777	罗伯特·沃森*	《西班牙国王菲利普二世统治史》(*The History of the Reign of Philip the Second King of Spain*) (4° 2v) £2.2s. HIST gs	L：Strahan and Cadell/Balfour, Creech	1777: Price, W. Watson, W. Whitestone, Sleater I, D. Chamberlaine, R. Cross, J. Hoey II, Williams, W. Colles, Potts, W. Wilson, Moncrieffe, Armitage, Flin II, Jackson, Walker, [J.] Porter, Gilbert, Jenkin, P. Hoey, Burnett, E. Cross, W. Hallhead, Spotswood, Exshaw II, L. White, J. Colles, Higly, Hillary, Beatty (8° 2v) 13s.	
187	1777—1784	威廉·卡伦*	《医学实践的首要原则》(*First Lines of the Practice of Physic*) (8° 4v) £1.8 MED bs	E：Murray/Creech（后续几卷 Elliot/Cadell）	1777-1784：第一卷，Armitage (8°)；第二至四卷，Williams (8°) £1.8s.	1781-1785: Steiner & Cist (8° 3v)

（续表三十八）

编号	出版日期	作者	不列颠第一版：书名/（规格/卷数）/价格/主题/流行等级	不列颠第一版的出版地和出版者	爱尔兰（都柏林）第一版：出版年代/出版者（规格/卷数）/价格（部分已知）	美国第一版：出版地（费城，除非另有说明）/出版者/（规格/卷数）
188	1777 [—1801]	休·布莱尔*	《传道书》(Sermons)（8° 5v）每卷 6s.；全套（包括第五卷*）£1.11s. REL bs	第一卷（1777）——E：Creech/Strahan and Cadell；第二卷（1780）——L：Strahan and Cadell/Creech；第三卷（1790）和第四卷（1794）——L[i.e., E]：A. Strahan and Cadell/Creech；（第五卷死后出版于1801年——L：A. Strahan and Cadell/Creech）	*1777—1794（第一至四卷；8°）：第一卷（1777）：W. Hallhead；四卷一套（1790）：W. Colles（第一、四卷）和 A. Colles（第一至三卷），每卷 6s.6d.[四卷 £1.6s.]	1790（第一卷）：New York—Hodge, Allen, & S. Campbell，由 R. Campbell 销售，P（8°）；1791（第一、二卷）：Spotswood, and Carey, Stewart & Co.（12°）；1795（第三卷）：Boston—Spotswood（12°）；1794（第四卷）：R. Campbell（12°）
189	1778	本杰明·贝尔	《论溃疡治疗理论》(A Treatise on the Theory and Management of Ulcers)（8°）7s. MED gs	E：Elliot/由 Cadell 销售		1791: Boston—Thomas & Andrews（8°）（还有1797）
190	1778	安德鲁·邓肯*	《医疗病例：选自爱丁堡公共诊所档案》(Medical Cases, Selected from the Records of the Public Dispensary at Edinburgh)（8°）5s. MED gs	E：Elliot/Murray		
191	1778	巴肯伯爵大卫·斯图亚特[·厄斯金]，沃尔特·明托	《论默奇顿的约翰·纳皮尔的生平、写作和发明》(An Account of the Life, Writings, and Inventions of John Napier, of Merchiston)（4°）BIOG ps	Perth：R. Morison & Son；由 Murray 销售/Creech		

（续表三十九）

编号	出版日期	作者	不列颠第一版：书名／（规格／卷数）／价格／主题／流行等级	不列颠第一版的出版地和出版者	爱尔兰（都柏林）第一版：出版年代／出版者／卷数）（规格／价格（部分已知）	美国第一版：出版年代／出版地（费城，除非另行说明）／出版者／（规格／卷数）
192	1778	吕西亚斯和伊索克拉底（约翰·吉利斯编译）	《吕西亚斯和伊索克拉底的演说稿》（The Orations of Lysias and Isocrates）（译自希腊语，还有对他们生活的叙述，以及《论希腊人的历史、举止和性格》（4°）18s. brds.; £ 1.1s. HIST ps	L：Murray/Bell		
193	1778	[约翰·霍姆]*	《阿尔弗雷德》（Alfred）（悲剧）(8°)1s.6d. DRAM ms	L：Becket	1777 [1778?]：书商行会(12°) 6½d.	
194	1778	威廉·拉塞尔	《美国史，从哥伦布发现美洲到美国内战的结束》（The History of America, from Its Discovery by Columbus to the Conclusion of the Late War）(4° 2v) HIST ps	L：Fielding & Walker		
195	1778	吉尔伯特·斯图亚特*	《欧洲社会概览》（A View of Society in Europe）(4°) 18s. brds. HIST ms	E：Bell/Murray	1778: W. Whitestone, W. Colles, J. Hoey II, W. Wilson, Williams, Walker, Jenkin, Flin II, Burnet, L. White, Beatty, Exshaw II (8°) 5s.5d.	
196	1778—1779	大卫·洛赫	《论苏格兰的贸易、商业、制造业和渔业》（Essays on the Trade, Commerce, Manufactures, and Fisheries of Scotland）(12° 3v) ECON ps	E：作者		

（续表四十）

编号	出版日期	作者	不列颠第一版：书名/（规格/卷数）/价格/主题/流行等级	不列颠第一版的出版地和出版者	爱尔兰（都柏林）第一版：出版年代/出版者/（规格/卷数）/价格/（部分已知）	美国第一版：出版地/出版年代，除非另有说明/出版者/（规格/卷数）
197	1778—1779 [第三卷, 1882]	罗伯特·亚当和詹姆斯·亚当	《罗伯特·亚当和詹姆斯·亚当的建筑作品》（*The Works in Architecture of Robert and James Adam*）(2° 2v)（最初分五部分发行，1773—1778年）£10.15s. unbnd. ARTS ps	L：作者；由 Elmsly 和"城乡的其他书商"销售		
198	1779	威廉·亚历山大	《妇女史，从古至今》（*The History of Women, from the Earliest Antiquity, to the Present Time*）(4° 2v) £1.10s. brds. HIST gs	L：**Strahan and Cadell**	1779: Price, R. Cross, **Potts, Flin II, W. Wilson, Walker, Jenkin, Exshaw II, Beatty, L. White** (8° 2v) 13s.	1796: Dobelbower (8° 2v)（先在1795年分成几部分发行）
199	1779	雨果·阿诺特	《爱丁堡历史》（*The History of Edinburgh*）(4°) £1.5s. brds. HIST ms	E：**Creech/Murray**		
200	1779	大卫·休谟*	《自然宗教对话录》*（*Dialogues concerning Natural Religion*）(8°) 4s. sewed HIL ms	[E?]：印刷者，销售者和出版者均未署名		
201	1779	{约翰·穆尔}†	《法国、瑞士和德国社会与风貌概览》（*A View of Society and Manners in France, Switzerland, and Germany*）(8° 2v) 12s. TRAV bs	L：**Strahan and Cadell**	*1780: 1. **Byrne** (12° 2v); and 2. **W. Wilson** (12° 2v) 6s.6d.	1783: **Bell** (8°)（最先分成三部分发行）
202	1779	吉尔伯特·斯图亚特*	《苏格兰的公法和宪法史概览》（*Observations concerning Public Law, and the Constitutional History of Scotland*）(8°) 6s. LAW ms	E：**Creech/Murray**		

编号	出版日期	作者	不列颠第一版：书名（规格／卷数）／价格／主题／流行等级	不列颠第一版的出版地和出版者	爱尔兰（都柏林）第一版：出版年代／出版者（卷数）／价格／规格（部分已知）	美国第一版：出版年代／出版地／出版者／另有说明／（规格／卷数）
203	1779—1784	｛威廉·拉塞尔｝	《近代欧洲历史》（*The History of Modern Europe*）(8° 4v) HIST gs	L：第一部分［第一、二部分］(1779)，第二部分［第三、四卷］(1784)：**G. Robinson**, Robson, Walter, Sewell	1779（第一部分）：R. Price, **W. Whitestone**, R. Cross, Lynch, **Walker**, **Jenkin**, E. Cross, Higly, Moncrieffe, Spotswood, **W. Hallhead, Exshaw II, Beatty, L. White, Byrne** (8° 2v); 1784（第二部分：**Exshaw II** (8° 2v)	1800[-1801]: Birch & Small (8° 5v)
204	1779—1799	［蒙博多勋爵 詹姆斯·伯内特］*	《古代形而上学》（*Antient Metaphysics*）(4° 6v) 每卷 15s.－ £ 1.1s. PHIL ps	第一卷（1779）——E：**Cadell/Balfour**；第二、三卷（1782，1784）——L：同上；第四卷（1795）——E：**Bell & Bradfute/Cadell**；第五、六卷（1797，1799）——E：**Bell & Bradfute/Cadell & Davies**		
205	1780	约翰·布鲁斯	《哲学的第一原则》（*First Principles of Philosophy*）(12°) 6s. PHIL ms	E：**Creech**／由 **Cadell** 销售		

（续表四十二）

编号	出版日期	作者	不列颠第一版：书名（规格/卷数）/价格/主题/流行等级	不列颠第一版的出版地和出版者	爱尔兰（都柏林第一版：出版年代/出版者/出版者（卷数）/价格（部分已知）	美国第一版：出版年代（费城，除非另有说明）/出版者/（规格/卷数）
206	1780	詹姆斯·邓巴	《野蛮与文明时代的人类历史随笔》(Essays on the History of Mankind in Rude and Cultivated Ages)(8°) 6s. HIST ms	L：Strahan and Cadell/Balfour	1782: W. Colles, Gilbert (12°) 3s.3d.	
207	1780	弗朗西斯·霍姆*	《临床实验、历史和分析》(Clinical Experiments, Histories and Dissections)(8°) 7s. MED ms	E：Creech/Murray		
208	1780	威廉·洛西恩	《荷兰共和国史》(The History of the United Provinces of the Netherlands)(4°) 16s. HIST ps	L：J. Dodsley, Longman/Dickson	1780: W. & H. Whitestone, Walker, Jenkin, E. Cross, L. White, Beatty (8°) 6s.6d.	
209	1780	唐纳德·门罗	《论维护士兵健康以及管理军队医院的方法》(8° 4v) 10s. MED ps（这是第一版，不过标着第二版）	L：Murray, G. Robinson		
210	1780	吉尔伯特·斯图亚特*	《苏格兰宗教改革史》(The History of the Establishment of the Reformation in Scotland)(4°) 10s.6d. HIST ps	L：Murray/Bell		
211	1780—1782	亚历山大·杰勒德*	《传道书》(8° 2v) 12s. REL ms	L：C. Dilly		

（续表四十三）

编号	出版日期	作者	不列颠第一版：书名（规格/卷数）/价格/主题/流行等级	不列颠第一版的出版地和出版者	爱尔兰（都柏林）第一版：出版年代/出版者（卷数）/规格/价格（部分已知）	美国第一版：出版地（费城，除非另有说明）/出版者/（规格/卷数）
212	1780—1785	布封（威廉·斯梅利*编译）	《自然史》（Natural History, General and Particular）(8° 9v) £4.1s. SCI ms	E：Creech；第九卷增加 Strahan 和 Cadell（还有 L: Strahan and Cadell/Creech）		
213	1781	亚历山大·汉密尔顿	《论助产学，女性分娩管理，以及婴儿照顾方法》（A Treatise of Midwifery; Comprehending the Management of Female Complaints, and the Treatment of Children in Early Infancy）(8°) 6s. brds. MED ms	L：Murray/Dickson, Creech(还有 E: Dickson, Creech, Elliot)		
214	1781	‡凯姆斯勋爵亨利·霍姆｝*	《教育漫谈，主要涉及内心修养》（Loose Hints upon Education, Chiefly concerning the Culture of the Heart）(8°) 5S. EDU ms	E：Bell/Murray	1782：Price, W. & H. Whitestone, Walker, Beatty, Burton, Byrne (12°) 2s.8½d.	
215	1781	约翰·洛根（John Logan）	《历史哲学原理》（Elements of the Philosophy of History）(仅出版了第一部分)(12°) 2s. HIST ps	E：Creech, Elliot		
216	1781	约翰·洛根	《诗集》(8°) 2s. 6d. sewed POET gs	L：Cadell		
217	1781	[亨利·麦肯齐*等人]	《镜子》（The Mirror）(最初作为期刊发表)(12° 3v) 9s. MISC bs	E：Creech/Strahan and Cadell	*1782：Walker, Beatty, Burton, Byrne, Webb, Cash (12° 2v) 6s.6d.	1792: Boston—Guild or Blake (12° 2v)

（续表四十四）

编号	出版日期	作者	不列颠第一版：书名（规格/卷数）/价格/主题/流行等级	不列颠第一版的出版地和出版者	爱尔兰（都柏林）第一版：出版年代/出版者（规格/卷数）/价格（部分已知）	美国第一版：出版年代/出版地（费城，除非另有说明）/出版者（规格/卷数）
218	1781	亚历山大·门罗二世*（亚历山大·门罗二世*编；唐纳德·门罗作传）	《亚历山大·门罗作品集》（*The Works of Alexander Monro*）(4°) £1.8s. MED ps	E：**Elliot**/G. Robinson（还有 **Elliot** 单独出版）		
219	1781	约翰·穆尔*	《意大利社会和风貌概览》（*A View of Society and Manners in Italy*）(8° 2v) 14s. TRAV ss	L：**Strahan and Cadell**	1781: 1. Price, **W. Watson, W. & H. Whitestone, H. Chamberlaine, Williams, W. Colles, W. Wilson, Moncrieffe, Walker,** Flin II, **Jenkin, Burnet, W. Hallhead, Exshaw** II, **Gilbert,** Vallance, R. Cross, E. Cross, Burton, **L. White,** John Parker, **Byrne** (12° 3v); and 2. **W. Wilson** (12° 3v) 9s.9d.	1783: **Bell** (8°)（最先分三部分发行）
220	1781	[威廉·奥格尔维]	《论土地产权》（*An Essay on the Right of Property in Land*）(8°) ECON ps	L：Walter		
221	1781	约翰·平克顿	《韵律》（*Rimes*）(8°) 3s.6d. brds. POET ms	L：C. Dilly		
222	1782	詹姆斯·鲍尔弗	《哲学论文集》（*Philosophical Dissertations*）(8°) 2s.6d. sewed PHIL ps	E：Cadell/J. & E. Balfour		

（续表四十五）

编号	出版日期	作者	不列颠第一版：书名／（规格／卷数）／价格／主题／流行等级	不列颠第一版的出版地和出版者	爱尔兰（都柏林）第一版：出版年代／出版者／出版者／（规格／卷数）／价格（部分已知）	美国第一版：出版年代／出版地（费城，除非另有说明）／出版者／（规格／卷数）
223	1782	乔治·查默斯	《现在和最近的四个英国君主统治时期的相对国力，以及光荣革命以来英国每次战争中的贸易损失评述》(An Estimate of the Comparative Strength of Britain during the Present and Four Preceding Reigns, and of the Losses of Her Trade from Every War since the Revolution)(4°) 5s. HIST ps	L : **C. Dilly**, Bowen		
224	1782	[罗伯特·奥姆]*	《莫卧儿帝国历史集萃》(Historical Fragments of the Mogul Empire)(8°) 5s. HIST ps	L : Nourse		
225	1782	约翰·辛克莱[爵士]*	《论苏格兰方言》(Observations on the Scottish Dialect)(8°) 5s. LANG ps	L : **Strahan and Cadell/Creech**		
226	1782	吉尔伯特·斯图亚特*	《苏格兰史，从宗教改革到玛丽女王时期》(4° 2v) £1.5s. HIST ms	L : Murray/Bell（还有 L : Murray 单独出版）	1782: **Gilbert, Walker, Beatty**, Burton, **Exshaw II**, Byrne, **Cash** (8° 2v) 13s.	
227	1782	[威廉·汤姆森，编著者或署名作者]（署名为为“威廉·麦金托什”）	《欧洲、亚洲和非洲游记，论自然和生产的特质、习惯、方式、规律和生产》(Travels in Europe, Asia, and Africa; Describing Characters, Customs, Manners, Laws, and Productions of Nature and Art)(8° 2v) TRAV ps	L : **Murray**		

（续表四十六）

编号	出版日期	作者	不列颠第一版：书名 /（规格 / 卷数）/ 价格 / 主题 / 流行等级	不列颠第一版的出版地和出版者	爱尔兰（都柏林）第一版：出版年代 / 出版者 /（规格 / 卷数）/ 价格（部分已知）	美国第一版：出版年代（费城，除非另有说明）/ 出版者 /（规格 / 卷数）
228	1782	亚历山大·[弗雷泽·]泰来勒，后来的伍德豪斯利勋爵*	《爱丁堡大学古代和现代世界史讲义和大纲》(Plan and Outlines of a Course of Lectures on Universal History, Ancient and Modern, Delivered in the University of Edinburgh) (8°) 6s. HIST ps	E : Creech, 由 Cadell, Longman 销售		
229	1783	詹姆斯·贝蒂*	《道德批判论文集》(Dissertations, Moral and Critical) (4°) £1.1s. MISC ps	L : Strahan and Cadell/Creech	1783: Exshaw II, Walker, Beatty, L. White, Byrne, Cash, M'Kenzie (8° 2v) 13s.	
230	1783	休·布莱尔*	《修辞与纯文学讲稿》(Lectures on Rhetoric and Belles Lettres) (4° 2v) £2.2s. LIT bs	L : Strahan and Cadell/Creech	*1783: W. Whitestone, W. Colles, Burnet, Moncrieffe, Gilbert, Walker, Exshaw II, L. White, Beatty, Burton, Byrne, John Parker, Cash, M'Kenzie (8° 3v) 19s.6d.	1784: Aitken (4°)
231	1783	[海斯勋爵大卫·达尔林普尔]*	《基督教教堂古迹研究》(Disquisitions concerning the Antiquities of the Christian Church) (8°) REL ps	Glasgow : 由 A. Foulis II 印刷		
232	1783	亚当·弗格森*	《论历史的进步和罗马共和国的终结》(The History of the Progress and Termination of the Roman Republic) (4° 3v) £3.3s. HIST ms	L : Strahan and Cadell/Creech	1783: Price, W. Whitestone, W. Colles, Moncrieffe, Jenkin, Walker, Exshaw II, Beatty, L. White, Burton, Byrne, Cash, Sleater II (8° 3v) £ 1.2s.9d.	

（续表四十七）

编号	出版日期	作者	不列颠第一版：书名/（规格/卷数）/价格/主题/流行等级	不列颠第一版的出版地和出版者	爱尔兰（都柏林）第一版：出版年代/出版者/出版者/卷数）/价格（规格/卷数）/价格（部分已知）	美国第一版：出版年代/出版地（费城，除非另有说明）/出版者/（规格/卷数）
233	1783	[约翰·洛根]	《鲁拉米德》（Runnamede）（悲剧）（8°）1s.6d. DRAM ps	L：Cadell/Creech		
234	1783	亚历山大·门罗二世*	《论神经系统的结构与功能》（Observations on the Structure and Functions of the Nervous System）（2°）£2.2s. brds. MED ps	E：Creech/Johnson（第二版扉页上有 Cadell, Elmsley, Murray, and Longman，没有 Johnson）		
235	1783	约翰·奥格尔维*	《当代的不忠实和不可知论的起因研究》（An Inquiry into the Causes of the Infidelity and Scepticism of the Times）（8° 2v）6s. PHIL ps	L：Richardson & Urquhart/Gordon, Creech, Dickson		
236	1783	约翰·普林格尔爵士*	《约翰·普林格尔男爵士担任皇家学会主席时的 6 篇讲话》（Six Discourses, Delivered by Sir John Pringle, Bart. When President of the Royal Society）（8°）6s. SCI ps	L：Strahan and Cadell		
237	1783	[威廉·汤姆森]	《月亮上的人》（The Man in the Moon）或《人类的月球之旅》（Travels into the Lunar Regions, by the Man of the People）（8° 2v）5s.—6 s. FICT ps	L：Murray		

（续表四十八）

编号	出版日期	作者	不列颠第一版：书名 /（规格 / 卷数）/ 价格 / 主题 / 流行等级	不列颠第一版的出版地和出版者	爱尔兰（都柏林）第一版：出版年代 / 出版者 /（规格 / 卷数）/ 价格（部分已知）	美国第一版：出版年代 / 出版地（费城，除非另有说明）/ 出版者 /（规格 / 卷数）
238	1783	乔治·华莱士	《论封建贵族的起源，以及苏格兰古代贵族的世袭》（Thoughts on the Origin of Feudal Tenures, and the Descent of Ancient Peerages, in Scotland）（4°）12s. brds. HIST ps	E：Strahan and Cadell		
239	1783	罗伯特·沃森 *（6册中有2册为威廉·汤姆森所著）	《西班牙国王菲利普三世统治史》*（The History of the Reign of Philip the Third, King of Spain）（4°）HIST ms	L：G. Robinson, Robson, Sewell	1783: Price, W. Whitestone, W. Watson, Moncrieffe, W. Colles, Jenkin, Walker, Exshaw II, Beatty, Burnet, W. Wilson, R. Cross, Mills, [J.] Porter, Burton, L. White, Byrne, Higly, N. Cross, Cash, Doyle, Sleater II, Lynch, S. Hallhead (8°) 6s.6d.	
240	1783—1788	本杰明·贝尔	《外科系统》（A System of Surgery）（8° 6v）£2.2s. MED ss	E：Elliot/G. Robinson		1791: Dobson (8°，删节）（未删节 1791: Boston—Thomas，第一至四卷，8°）
241	1784	乔治·查默斯	《对公法和商业政策的一些有趣问题的看法》（Opinions on Interesting Subjects of Public Law and Commercial Policy）（8°）ECON ms	L：Debrett		

（续表四十九）

编号	出版日期	作者	不列颠第一版：书名／(规格／卷数)／价格／主题／流行等级	不列颠第一版的出版地和出版者	爱尔兰(都柏林)第一版：出版年代／出版者／(规格／卷数)／价格(部分已知)	美国第一版：出版地(费城，除非另有说明)／出版者／(规格／卷数)／出版年代，除非...
242	1784	亚历山大·密尔顿	《产科学理论和实践概述》(Outlines of the Theory and Practice of Midwifery) (8°) 6s. MED gs	E：Elliot/G. Robinson		1790: **Dobson** (12°)
243	1784	威廉·亨特	《两篇解剖学入门讲义，威廉·亨特博士最后一堂解剖学讲座》*(Two Introductory Lectures, Delivered by Dr. William Hunter, to His Last Course of Anatomical Lectures)(4°) MED ps	[L]：Johnson		
244	1784	约翰·诺克斯	《不列颠帝国概览，特别是改善苏格兰状、扩大渔业和救济人民的若干建议》(A View of the British Empire, more especially Scotland, with Some Proposals for the Improvement of that Country; the Extension of Its Fisheries, and the Relief of the People)(4°)3s. sewed，1775年"大大扩充的"第三版(8° 2v)涨到了10—12s. ECON gs	L：Walter, Sewell/Gordon		
245	1784	{约翰·平克顿}	《论勋章》(An Essay on Medals)(8°) 4s. sewed MISC ms	L：J. Dodsley		
246	1784	{威廉·理查森}*	《俄罗斯帝国逸闻》(Anecdotes of the Russian Empire)(8°) 6s. TRAV ps	L：Strahan and Cadell		

（续表五十）

编号	出版日期	作者	不列颠第一版：书名（规格/卷数）/价格/主题/流行等级	不列颠第一版的出版地和出版者	爱尔兰（都柏林）第一版：出版年代（规格/卷数）/出版者（卷数）/价格（部分已知）	美国第一版：出版年代/出版地（费城，除非另有说明）/出版者/（规格/卷数）
247	1784	威廉·理查森*	《论莎士比亚在〈理查三世〉〈李尔王〉〈雅典的泰门〉中塑造的戏剧人物》（*Essays on Shakespeare's Dramatic Characters of Richard the Third, King Lear, and Timon of Athens*）（8°）2s. 6d. brds.—3s. LIT gs	L：Murray		
248	1784	托马斯·罗伯逊	《美术研究》（*An Inquiry into the Fine Arts*）（"第一卷"，不过后续未出版）（4°）18s. brds. ARTS ps	L：Strahan and Cadell [/Creech]		
249	1785	詹姆斯·安德森	《赫布里底群岛和苏格兰西部沿海的现状描述》（*An Account of the Present State of the Hebrides and Western Coasts of Scotland*）（8°）8s. ECON ps	E：G. G. J. Robinson/ Elliot	1786：**L. White, Byrne, M'Kenzie, Marchbank, J. Jones, J. Moore** (8°)	
250	1785	詹姆斯·博斯韦尔	《与法学博士塞缪尔·约翰逊共游赫布里底岛的日记》（*The Journal of a Tour to the Hebrides, with Samuel Johnson, LL.D.*）（8°）7s. TRAV gs	L：C. Dilly[/Creech] [作者]	1785：**L. White, Byrne, Cash,** (8°) 6s.6d.	
251	1785	詹姆斯·福代斯	《与神对话》（*Addresses to the Deity*）（8°）2s. 6d. sewed–3s. REL ms	L：Cadell	1785：**L. White, Byrne, Cash** (12°) 2s.8½d.	

（续表五十一）

编号	出版日期	作者	不列颠第一版：书名（规格/卷数）/价格/主题/流行等级	不列颠第一版的出版地和出版者	爱尔兰（都柏林）第一版：出版年代/出版者（规格/卷数）/价格（部分已知）	美国第一版：出版年代，除非另有说明）/出版者/（规格/卷数）
252	1785	詹姆斯·格兰特	《论社会、语言、财产、政府、司法权、合同、婚姻的起源》(Essays on the Origin of Society, Language, Property, Government, Jurisdiction, Contracts, and Marriage)(4°) 6s.—7s.6d. brds. HIST ps	L：G. G. J. & J. Robinson/Elliot		
253	1785	亚历山大·门罗二世*	《鱼类与人类等动物之结构和生理的比较分析》(The Structure and Physiology of Fishes Explained, and Compared with Those of Man, and Other Animals)(2°) £2.2s. brds. SCI ps	E：Elliot/G. G. J. & J. Robinson（还有E：Elliot 单独出版）		
254	1785	〈罗伯特·赫伦〉(即约翰·平克顿)	《文学通信》(Letters of Literature)(8°) 6s. brds. LIT ps	L：G. G. J. & J. Robinson		
255	1785	托马斯·里德*	《论人的理智能力》(Essays on the Intellectual Powers of Man)(4°) £1.8s. PHIL ms	E：Bell/G. G. J. & Robinson	1786：L. White (8° 2v) 13s.	1793：Young (8° 2v)（《论人的理智和行动能力》；见序号275）
256	1785—1790[第三卷，1804]	约翰·辛克莱[爵士]*	《大英帝国公共财政史》(The History of the Public Revenue of the British Empire)(4° 2v) £1.18s. ECON ms	L：Cadell	1785：Byrne (8°) 6s.6d.	

644　启蒙与书籍：苏格兰启蒙运动中的出版业

（续表五十二）

编号	出版日期	作者	不列颠第一版：书名/（规格/卷数）/价格/主题/流行等级	不列颠第一版的出版地和出版者	爱尔兰（都柏林）第一版：出版年代/出版者/（规格/卷数/价格（部分已知）	美国第一版：出版年代/出版地/另有说明/（规格/卷数）/出版者
257	1786	约翰·安德森	《物理学要义》(Institutes of Physics)(8°) "第四版"（第一、三卷出版于1777年）SCI ps	Glasgow：[作者？]；由 Chapman & Duncan 印刷		
258	1786	詹姆斯·贝蒂*	《基督教信仰的证据》(Evidences of the Christian Religion)(8° 2v) 5s. sewed REL gs	E：A. Strahan and Cadell/Creech	1786: Moncrieffe, W. Colles, [W.] Wilson, L. White, Byrne, Cash, W. Porter, McKenzie, J. Moore, J. Jones (12°) 3s.3d.	1787: Dobson (8°)
259	1786	约翰·布鲁斯	《伦理学原理》(Elements of the Science of Ethics)(8°) 6s. PHIL ps	L：A. Strahan and Cadell/Creech		
260	1786	罗伯特·彭斯	《苏格兰方言诗集》(Poems, Chiefly in the Scottish Dialect)(8°) 3s. sewed（订购价格）；POET bs	Kilmarnock：[作者]；由 J. Wilson 印刷	1787: Gilbert (12°) 3s.3d.	1788: Stewart & Hyde (8°) 还有1788: New York—由 J. & A. M'Lean 印刷, 8°；增加了选自罗伯特·弗格森的作品的苏格兰诗歌说
261	1786	威廉·达夫	《多种场合的传道书》(Sermons on Several Occasions)(12° 2v) REL ps	Aberdeen：作者		
262	1786	詹姆斯·福代斯	《诗集》(Poems)(8°) 3s.6d. POET ps	L：Cadell		

（续表五十三）

编号	出版日期	作者	不列颠第一版：书名/（规格/卷数）/价格/主题/流行等级	不列颠第一版的出版地和出版者	爱尔兰(都柏林)第一版：出版年代/出版者/（规格/卷数）/价格（部分已知）	美国第一版：出版年代/出版地（费城，除非另有说明）/出版者/（规格/卷数）
263	1786	约翰·吉利斯*	《古希腊及其殖民征服史》（The History of Ancient Greece, Its Colonies, and Conquests）(4° 2v) £2.10s. HIST gs	L：A. Strahan and Cadell	1786: Burnet, W. Colles, Moncrieffe, Exshaw II, L. White, Byrne, Cash, Marchbank, M'Kenzie, J. Moore, J. Jones (8° 3v) £ 1.2s.9d.	
264	1786	约翰·亨特*	《论性病》（A Treatise on the Venereal Disease）(4°) £1.1s. brds. MED ms	L：作者；在莱斯特广场城堡街13号出售		1787: Cist（8°，删节）（未删节 1791: Hall, 8°）
265	1786	约翰·亨特*	《论动物经济的某些部分》（Observations on Certain Parts of the Animal Oeconomy）(4°) 16s. brds. SCI ms	L：作者；在莱斯特广场城堡街13号出售		
266	1786	约翰·穆尔*	《医学概论》（Medical Sketches）(8°) 7s. MED ps	L：A. Strahan and Cadell		1794: Providence, RI—Carter & Wilkinson (8°)
267	1787	詹姆斯·贝蒂*	《按字序排列的苏格兰语研究——旨在纠正写作和讲话中的错误》（Scoticisms, Arranged in Alphabetical Order, Designed to Correct Improprieties of Speech and Writing）(8°) LANG ps	E：Creech/Cadell（在阿伯丁印刷）		

（续表五十四）

编号	出版日期	作者	不列颠第一版：书名/（规格/卷数）/价格/主题/流行等级	不列颠第一版的出版地和出版者	爱尔兰(都柏林)第一版：出版年代/出版者/（规格/卷数）/价格（部分已知）	美国第一版：出版年代/出版地（费城，除非另有说明）/出版者/（规格/卷数）
268	1787	[约翰·布朗]	《论旧医学体制的原则，以及新医学体制概要》（Observations on the Principles of the Old System of Physic, Exhibiting a Compend of the New Doctrine）(8°) MED ps	E：作者；由the Apollo Press 印刷		
269	1787	约翰·诺克斯	《1786年苏格兰高地和赫布里底群岛游记》（A Tour through the Highlands of Scotland, and the Hebridean Isles, in 1786）(8°) 7s. brds.—8s. TRAV ps	L：Walter, Faulder, W. Richardson/Gordon and Elliot/格拉斯哥的Dunlop & Wilson		
270	1787?	[亨利·麦肯齐*等人]	《闲人》（The Lounger）（1785年和1786年在爱丁堡发布的期刊）(2°) 10s.6d. MISCgs	E：Creech（从第二版开始，增加了Strahan and Cadell）	1787: W. Colles, Burnet, Moncrieffe, Gilbert, Exshaw II, Burton, L. White, Byrne, H. White stone, W. Porter, Heery, M'Kenzie, J. Moore, Dornin (12° 3v) 9s.9d.	1789: New York—S. Campbell (17cm. 2v) "第六版"（即1788年伦敦/爱丁堡第四版的重印本）
271	1787	约翰·米勒*	《对英国政府的历史概观，从撒克逊人在英国的定居到斯图亚特王朝继位》（An Historical View of the English Government, from the Settlement of the Saxons in Britain to the Accession of the House of Stewart）(4°) £1.1s. HIST ms	L：A. Strahan and Cadell, Murray	1789: Grueber & M'Allister (8°) 7s.7d.	

（续表五十五）

编号	出版日期	作者	不列颠第一版：书名 / (规格 / 卷数) / 价格 / 主题 / 流行等级	不列颠第一版的出版地和出版者	爱尔兰（都柏林）第一版：出版年代 / 出版者 / (规格 / 卷数) / 价格（部分已知）	美国第一版：出版年代 / 出版地（费城，除非另有说明）/ 出版者 / (规格 / 卷数)
272	1787	约翰·平克顿	《论斯基泰人和哥特人的起源和发展》A Dissertation on the Origin and Progress of the Scythians or Goths）(8°) 3s.6d. brds. HISTps	L：Nicol		
273	1788	约翰·布朗	《医学原理》（The Elements of Medicine）(8° 2v)（译自1784年的拉丁语原版）MED ms	L：Johnson		1790: **Dobson** (8°)
274	1788	亚当·迪克森	《古代农牧业》* (The Husbandry of the Ancients) (8° 2V) 12s. brds.（订购价格）—14s. AGR ps	E：Dickson, Creech/ **G. Robinson, Cadell**		
275	1788	托马斯·里德*	《论人的行动能力》Essays on the Active Powers of Man）(4°) £1.1s. PHIL ms	E：**Bell/G. G. J. & J. Robinson**	1790: **Byrne**, Milliken (8°) 6s.6d.	
276	1788	[威廉·汤姆森]	《近代亚洲战争回忆录》(Memoirs of the Late War in Asia) (8° 2v) MIL ms	L：作者；由 **Murray** 销售		
277	1788	[威廉·汤姆森]	《1785年英格兰和苏格兰游记》(A Tour in England and Scotland, in 1785) (8°) TRAV ms	L：**G. G. J. & J. Robinson**		
278	1788—1790	唐纳德·门罗	《论医药化学和药物学》(A Treatise on Medical and Pharmaceutical Chymistry, and the Materia Medica) (8° 4V) £1.7s. MED ps	第一至三卷(1788)——L：**Cadell**；第四卷(1790)——L：**Cadell** 作为《附录》或《补遗》		1793: **Young**（见上文编号225）

（续表五十六）

编号	出版日期	作者	不列颠第一版：书名/（规格/卷数）/价格/主题/流行等级	不列颠第一版的出版地和出版者	爱尔兰（都柏林）第一版：出版年代/出版者/（规格/卷数）/价格（部分已知）	美国第一版：出版年代/出版地（费城，除非另有说明）/出版者/（规格/卷数）
279	1788 [至今]	爱丁堡皇家学会（约翰·普莱费尔等编）	《爱丁堡皇家学会会报》(*Transactions of the Royal Society of Edinburgh*) (4°) brds. 每卷 £1.5s. SCI n/a	第一卷 (1788) L：**Cadell**；第二卷 (1790)—E：**Cadell/ Dickson**；第三卷 (1794)—E：**Cadell/ Dickson, E. Balfour**；第四卷 (1798)—E：**Cadell & Davies/ Dickson, E. Balfour**		
280	1789	乔治·坎贝尔*	《四福音书》(*The Four Gospels*)（由希腊文翻译，附有批评性的注释、解释和简要评述）(4° 2v) £2.2 brds.—£2.10s. REL ps	L：**A. Strahan and Cadell**		1796: **Dobson** (4°)
281	1789	威廉·卡伦*	《药物学专论》(*A Treatise of the Materia Medica*) (8° 4v) £2.2s. brds. MED ps	E：**Elliot/Elliot & Kay**	1789: **L. White** (8° 2v) 15s.2d.	1789: Crukshank, **R. Campbell**; New York— Hodge, S. Campbell, & Allen (8° 2v)
282	1789	约翰·吉利斯*	《普鲁士腓特烈二世统治概览》(*A View of the Reign of Frederick II of Prussia*) (8°) 7s. HIST ps	L：**A. Strahan and Cadell**	1789: **H. Chamberlaine, Byrne, J. Moore, J. Jones, Grueber & McAllister, W. Jones** (8°) 6s.6d.	

（续表五十七）

编号	出版日期	作者	不列颠第一版：书名/（规格/卷数）/价格/主题/流行等级	不列颠第一版的出版地和出版者	爱尔兰（都柏林）第一版：出版年代/出版者/（规格/卷数）/价格（部分已知）	美国第一版：出版年代/出版地（费城，除非另有说明）/出版者/（规格/卷数）
283	1789	威廉·利奇曼	《威廉·利奇曼的传道书》*（Sermons, by William Leechman）（前面附有詹姆斯·伍德罗对作者生平及其讲演的介绍）(8° 2v) 12s.-14s. REL ps	L：A. Strahan and Cadell/E. Balfour, Creech		
284	1789	[约翰·穆尔]*	《泽卢科》（Zeluco）（对人类本性的不同看法，取自国内外的生活和风俗）(8° 2v)14s. FICT gs	L：A. Strahan and Cadell	*1789: 1. Grueber & M'Allister (12° 2v); and 2. L. White, Byrne, Grueber, W. Jones (8° 2v) 6s.6d.	1790: New York—Hodge, Allen, & S. Campbell (12° 2v)
285	1789	约翰·平克顿	《关于马尔科姆三世，或1056年以前苏格兰历史的研究》（An Enquiry into the History of Scotland Preceding the Reign of Malcom III. or the Year 1056）(8° 2v) 12s.-14s. HIST ms	L：Nicol/Bell		
286	1789	[威廉·汤姆森]	《猛犸》（Mammuth），或《普遍的人类本性：与锅匠深入非洲内陆地区的旅行》（Human Nature Displayed on a Grand Scale: in a Tour with the Tinkers, into the Inland Parts of Africa）(12° 2v) 6s. FICT ps	L：Murray（还有 L：G. & T. Wilkie）		
287	1790	阿奇博尔德·艾利森	《论趣味的本质和原理》（Essays on the Nature and Principles of Taste）(4°) 16s. brds. ARTS gs	E：G. G. J. & G. Robinson/Bell & Bradfute	1790: Byrne, J. Moore, Grueber & M'Allister, W. Jones, R. White (8°) 5s.5d.	

（续表五十八）

编号	出版日期	作者	不列颠第一版：书名（规格／卷数）／价格／主题／流行等级	不列颠第一版的出版地和出版者	爱尔兰（都柏林）第一版：出版年代／出版者（部分已知）（规格／卷数）／价格	美国第一版：出版地（费城，除非另有说明）／出版者／另有说明）（规格／卷数）
288	1790	詹姆斯·布鲁斯	《尼罗河源头的发现之旅，1768、1769、1770、1771、1772和1773年》（*Travels to Discover the Source of the Nile, in the Years 1768, 1769, 1770, 1771, 1772, and 1773*）(4° 5v) £5.5s. TRAV bs	E：G. G. J. & J. Robinson [／由Creech销售]	1790–1791: **Wogan, L. White, Byrne, W. Porter, Sleater I, J. Jones, J. Moore, Dornin, Lewis, W. Jones,** Draper, Milliken, R. White (8° 6v) £ 2.5s.6d.	1790: New York—Berry & Rogers (12°)；重印丁塞缪尔·肖（Samuel Shaw）的一卷伦敦删节本：*An Interesting Narrative of the Travels of James Bruce, Esq., into Abyssinia, to Discover the Source of the Nile*
289	1790	[威廉·理查森]	《印第安人》（*The Indians*）（悲剧）(8°) DRAM ps	L：C. Dilly	1791: **Wogan, Byrne, J. Jones, McKenzie,** Corbet, **Grueber, W. Jones, Rice** (12°) [6½d.]	
290	1790—1791	约翰·洛根（休·布莱尔*编）	《传道书》*（*Sermons*）(8° 2v) 12s. brds. REL gs	E：**Bell & Bradfute** / G.G.J.&J.Robinson		
291	1790—1793	詹姆斯·贝蒂*	《伦理学原理》（*Elements of Moral Science*）(8° 2v) 15s. PHIL ms	E：**Cadell** / Creech	1790，只有第一卷：**Chamberlaine & Rice, Wogan, Byrne, M'Kenzie, J. Moore, Gru[e]ber & M'Allister, W. Jones, R.** White, Milliken (8°) 6s.6d.	1792–1794：**Carey** (12° 2v)

（续表五十九）

编号	出版日期	作者	不列颠第一版：书名/（规格/卷数）/价格/主题/流行等级	不列颠第一版的出版地和出版者	爱尔兰（都柏林）第一版：出版年代/出版者/（规格/卷数）/价格（部分已知）	美国第一版：出版地（费城，除非另有说明）/出版者/（规格/卷数）
292	1790—1799	威廉·斯梅利*	《自然史哲学》（*The Philosophy of Natural History*）（4° 2v）；第一卷 £1.1s. brds.—£1.4s.；第二卷 £1.1s. brds. SCI ps	第一卷——E：Charles Elliot 的继承人 /Elliot & Kay, Cadell, G. G. J. & J. Robinsons［原文如此］；第二卷——E：Bell & Bradfute, Dickson, Creech, E. Balfour, Hill, Lawrie, Manners & Miller, Jack, A. Smellie/G. G. & J. Robinson, Cadell & Davies, Kay	1790，只有第一卷：Chamberlaine & Rice, W. Wilson, Wogan, L. White, Byrne, McKenzie, J. Moore, Grueber & McAllister, W. Jones, R. White, Milliken (8°) 13s.	1791：R. Campbell (8°)（只有第一卷，美国第一版两卷一套：Dover, NH, 1808）
293	1791	亚历山大·亚当*	《罗马古事记，或论古罗马人的风俗习惯》（*Roman Antiquities; or, An Account of the Manners and Customs of the Romans*）（12°）5s. HIST bs	E：A. Strahan and Cadell/Creech		
294	1791	沃尔特·安德森	《论古希腊哲学及其起源和进展，以及爱奥尼亚、意大利、雅典学派中最知名的学者》（*The Philosophy of Ancient Greece Investigated, in Its Origin and Progress, to the Areas of its Greatest Celebrity; in the Ionian, Italic, and Athenian Schools*）（4°）£1.8s. PHIL ps	E：［作者？］；由 Smellie 印刷 / 由 C. Dilly, G. G. J. & J. Robinson, Johnson, Murray, T. Payne II, Nicol, Debrett, Clarke 销售		

（续表六十）

编号	出版日期	作者	不列颠第一版：书名/（规格/卷数）/价格/主题/流行等级	不列颠第一版的出版地和出版者	爱尔兰（都柏林）第一版：出版年代/出版地/（规格/卷数）/出版者/（部分已知）价格	美国第一版：出版年代/出版地（费城，除非另有说明）/出版者/（规格/卷数）
295	1791	詹姆斯·博斯韦尔	《约翰逊传》（*The Life of Samuel Johnson, LL.D.*）（4°）£1.8s. PHIL ps	L：C. Dilly［作者］	1792: R. Cross, **W. Wilson, Byrne, Grueber, J. Moore, J. Jones, M'Kenzie, W. Jones, M'Allister, R. White, Rice,** Draper (8° 3v) £1.2s.9d.	
296	1791	大卫·福代斯	《论食物消化》（*A Treatise on the Digestion of Food*）（8°）3s. 6d. brds. MED ms	L：Johnson		
297	1791	［罗伯特·赫伦］	《苏格兰概述，或对苏格兰各郡的概述》（*Scotland Delineated, or a Geographical Description of Every Shire in Scotland*）（8°）6s. TRAV ms	E：J. Neill；由 **Bell & Bradfute,** Creech 销售/**G. G. J. & J.** Robinson		
298	1791	詹姆斯·麦金托什［爵士］	《为高卢人辩护：驳埃德蒙·伯克阁下对法国大革命及其支持者的指责》（*Vindiciae Gallicae: Defence of the French Revolution and its English Admirers against the Accusations of the Right Hon. Edmund Burke*）（8°）5s. sewed POL gs	L：G. G. J. & J. Robinson	1791: R. Cross, **Burnet, Wogan, Byrne, J. Moore, Grueber, W. Jones, R. White, Rice, M'Allister** (8°)	1792: **Young** (8°)
299	1791	威廉·罗伯逊*	《关于古人对印度的了解的历史探究》（*An Historical Disquisition concerning the Knowledge which the Ancients Had of India*）（4°）18s. HIST bs	L：**A. Strahan and** Cadell/E. Balfour	1791: **Burnet, L. White, Wogan, Byrne, Grueber, W. Porter, J. Moore, J. Jones,** Dornin, **W. Jones,** R. White, **Rice,** M'Allister, A. Porter, P. Moore (8°) 7s.7d.	1792: **Young** (8°)

（续表六十一）

编号	出版日期	作者	不列颠第一版：书名/（规格/卷数）/价格/主题/流行等级	不列颠第一版的出版地和出版者	爱尔兰（都柏林）第一版：出版年代/出版者/（规格/卷数）/价格（部分已知）	美国第一版：出版地（费城，除非另有说明）/出版年代/除非另有说明）/出版者/（规格/卷数）
300	1791	[亚历山大·弗雷泽·泰特勒，后来的伍德豪斯利勋爵]*	《论翻译的原则》（*Essay on the Principles of Translation*）(8°) 4s. brds.—5s. brds. LIT ms	L：**Cadell/Creech**		
301	1791—1799	约翰·辛克莱爵士（由罗伯特·赫伦统筹）	《苏格兰统计报告》（*The Statistical Account of Scotland*）(8° 21v) brds. 每卷 6s.—9s. MISC ms	E：由 **Creech** 印刷和销售（也由 J. Donaldson, Guthrie 销售 / **Cadell**, Stockdale, Debrett, Sewel / 格拉斯哥哥的 Dunlop & Wilson / 阿伯丁的 Angus & Son）		
302	1792	巴肯伯爵 D. S. [大卫·斯图亚特·厄斯金]	《论索尔顿的弗莱彻与诗人汤姆森的生平和作品：传记、批评、政论》（*Essays on the Lives and Writings of Fletcher of Saltoun and the Poet Thomson: Biographical, Critical, and Political*)(8°) BIOG PS	L：Debrett		
303	1792	亚当·弗格森*	《道德与政治科学原理：回顾爱丁堡大学的授课》（*Principles of Moral and Political Science: Being Chiefly a Retrospect of Lectures Delivered in the College of Edinburgh*）(4° 2v) £2.2s. PHIL ps	E：**A. Strahan and Cadell/Creech**		
304	1792	詹姆斯·格雷戈里*	《哲学和文学随笔》（*Philosophical and Literary Essays*）(8° 2v) 12s. brds. PHIL ps	E：由 **Cadell** 销售 / **Creech**		

（续表六十二）

编号	出版日期	作者	不列颠第一版：书名/（规格/卷数）/价格/主题/流行等级	不列颠第一版的出版地和出版者	爱尔兰（都柏林）第一版：出版年代/出版者/（规格/卷数）/价格（部分已知）	美国第一版：出版年代/出版地（费城，除非另有说明）/出版者/（规格/卷数）
305	1792	亚历山大·汉密尔顿	《论妇女病和婴儿管理》（A Treatise on the Management of Female Complaints, and of Children in Early Infancy）(8°) 6s. brds. MED ms	E：Hill/Murray		1792: New York–S. Campbell (12°)
306	1792	詹姆斯·赫顿	《论自然哲学的不同课题》（Dissertations on Different Subjects in Natural Philosophy）(4°) £1.5s. SCI ps	E：A. Strahan and Cadell		
307	1792 [至今]	苏格兰文物学会	《苏格兰文物学会会刊》（Transactions of the Society of the Antiquaries of Scotland）（第一卷）(4°) £1.1s. brds. HIST n/a	E：Creech/Cadell		
308	1792	托马斯·萨默维尔	《从复辟时期到威廉国王去世的政治事务和党派活动史》（The History of Political Transactions and of Parties, from the Restoration to the Death of King William）(4°) £1.5s. brds. HIST ps	L：A. Strahan and Cadell	1793: Byrne, W. Jones, Rice (8°)	
309	1792	杜格尔德·斯图尔特*	《人类心灵哲学原理》（Elements of the Philosophy of the Human Mind）(4°) £1.5s. PHIL gS	E：A. Strahan and Cadell/Creech（第二卷, 1814; 第三卷, 1827）		1793: Young (8°)
310	1792	约翰·沃克	《自然历史概要》（Institutes of Natural History）(8°) 2s.6d. SCI ps	E：由 Stewart, Ruthven, & Co. 印刷		

（续表六十三）

编号	出版日期	作者	不列颠第一版：书名/（规格/卷数）/ 价格/主题/流行等级	不列颠第一版的出版地和出版者	爱尔兰（都柏林）第一版：出版年代/出版者/（规格/卷数）/ 价格（部分已知）	美国第一版：出版年代/出版地（费城，除非另行说明）/出版者/（规格/卷数）
311	1793	马修·贝利	《人体最重要部分的病理学解剖》(*The Morbid Anatomy of Some of the Most Important Parts of the Human Body*) (8°) MED gs	L：**Johnson**（还有 L：**Johnson, and Nicol**）		1795: Albany, NY—Spencer (8°)
312	1793	本杰明·贝尔	《论淋病和梅毒》(*A Treatise on Gonorrhoea Virulenta and Lues Venerea*) (8° 2v) 14s. MED ms	E：Watson, Mudie/**Murray**	1793: **W. Jones** (8° 2v)	1795: **R. Campbell** (8° 2v)
313	1793	[约翰·布鲁斯]	《对英属印度管理规划以及东印度贸易规则的历史观察》(*Historical View of Plans, for the Government of British India, and Regulation of Trade to the East Indies*) (4°) £1.1s. ECON ps	L：Sewell, Debrett（有的版本没有标注出版地和出版者）		
314	1793	罗伯特·赫伦	《苏格兰西部郡县的旅行观察》(*Observations Made in a Journey through the Western Counties of Scotland*) (8° 2v) 12s. brds. TRAV ms	Perth：R. Morison & Son/**Bell & Bradfute**/Vermor & Hood		
315	1793	约翰·穆尔*	《留法日记，从1792年8月初到12月中旬》(8° 2v); 第一卷，7s. brds—8s. brds.; 第二卷，9s.6d. brds. POL ms	L：**G. G. J. & J. Robinson** [/**Bell & Bradfute**]	1793: 1. **J. Moore** (12° 2v); and 2. Byrne, Dugdale, **W. Jones, J. Jones**, Colbert, **Rice** (12° 2v) 2s.8½d.	1 7 9 3 – 1 7 9 4：Baltimore—H. & P. Rice, and J. Rice & Co. (12° 2v)

（续表六十四）

编号	出版日期	作者	不列颠第一版：书名／（规格／卷数）／价格／主题／流行等级	不列颠第一版的出版地和出版者	爱尔兰（都柏林）第一版：出版年代／出版者／（规格／卷数）／价格（部分已知）	美国第一版：出版年代／出版地（费城，除非另有说明）／出版者／（规格／卷数）
316	1793	约翰·奥格尔维	《柏拉图的神学，与东方和古希腊哲学家的原则比较》(The Theology of Plato, compared with the Principles of Oriental and Grecian Philosophers) (8°) 4s. 6d.—5s. PHIL ps	L：Deighton		
317	1793	托马斯·罗伯逊	《苏格兰玛丽女王的历史》(The History of Mary Queen of Scots) (4°) 15s.—18s. HIST ms	E：**Bell & Bradfute**/ **G. G. J. & J. Robinson**		
318	1793	威廉·拉塞尔	《古代欧洲历史——以亚洲和非洲革命为参照》(The History of Ancient Europe, with a View of the Revolutions in Asia and Africa) (8° 2v) 12s. brds. HIST ps	L：**G. G. G. J. & J. Robinson**		
319	1793	约翰·辛克莱爵士‡	《统计报告样本：从朴素田园时期到奢华精致时期的政治社会发展》(Specimens of Statistical Reports; Exhibiting the Progress of Political Society; from the Pastoral State, to that of Luxury and Refinement) (8°) ECON ps	L：**Cadell**, Debrett, Sewell		
320	1793	杜格尔德·斯图尔特‡	《道德哲学纲要》(Outlines of Moral Philosophy) (8°) 5s.—6s. PHIL gs	E：**Creech/Cadell**		

（续表六十五）

编号	出版日期	作者	不列颠第一版：书名/（规格/卷数）/价格/主题/流行等级	不列颠第一版的出版地和出版者	爱尔兰（都柏林）第一版：出版年代/出版者/（规格/卷数）/价格（部分已知）	美国第一版：出版年代/出版地（费城，除非另有说明）/出版者/（规格/卷数）
321	1794	亚历山大·亚当*	《古代和现代地理历史概要》（A Summary of Geography and History, Both Ancient and Modern）（8°）9s. HIST gs	E：A. Strahan and Cadell/Bell & Bradfute, Creech; 还有 E：Cadell & A. Strahan		
322	1794	木杰明·贝尔	《论阴囊积水、睾丸肿胀、睾丸癌和其他睾丸疾病》（A Treatise on the Hydrocele, or Sarcocele, of Cancer, and Other Diseases of the Testes）（8°）4 s. brds. MED ps	E：Bell & Bradfute/G. G. J. & J. Robinson, Murray		
323	1794	乔治·查默斯	《托马斯·拉迪曼的一生》（The Life of Thomas Ruddiman）（8°）7s. brds. BIOG ps	L：Stockdale/Laing		
324	1794	乔治·福代斯	《论单纯性热病》（A Dissertation on Simple Fever）（8°）MED ms	L：Johnston（即 Johnson）		
325	1794	约翰·亨特*	《论血液》*（A Treatise on the Blood）（4°）£1.16s. MED ms	L：Nicol	1796: Bradford (8° 2v)	
326	1794	威廉·亨特（马修·贝利编）	《人类妊娠子宫及其内容的解剖报告》（An Anatomical Description of the Human Gravid Uterus, and Its Contents）（4°）（打算结合亨特1774年版 Anatomia uteri humani gravidi tabulis illustrata 的最大开本［1°］插图）MED ps	L：Nicol		

（续表六十六）

编号	出版日期	作者	不列颠第一版：书名/（规格/卷数）/价格/主题/流行等级	不列颠第一版的出版地和出版者	爱尔兰（都柏林）第一版：出版年代/出版者/（规格/卷数）/价格（部分已知）	美国第一版：出版年代/出版地（费城，除非另有说明）/出版者/（规格/卷数）
327	1794	詹姆斯·赫顿	《知识原则和理智发展研究，从感觉到科学和哲学》（An Investigation of the Principles of Knowledge, and of the Progress of Reason, from Sense to Science and Philosophy）(4° 3v) £3.15s. brds. PHIL ps	E：A. Strahan and Cadell		
328	1794	詹姆斯·赫顿	《论光、热、火的哲学》（Dissertation upon the Philosophy of Light, Heat, and Fire）(8°) 6s. brds. SCI ps	E：Cadell & Davies		
329	1794	威廉·朱利叶斯·米克尔*	《诗集和一部悲剧》* (Poems, and a Tragedy) (4°) 15s. POET gs	L：Egerton；W. Richardson/牛津的 Fletcher & Hanwell（有的版本没有 Hanwell）		
330	1794—1799	罗伯特·赫伦	《新苏格兰通史》（A New General History of Scotland）(8° 5v) £2.2s.（宣传说有 6 卷）HIST ps	Perth：R. Morison & Son/Vernor & Hood		
331	1795	乔治·福代斯	《再论热病》（A Second Dissertation on Fever）(8°) MED ms	L：Johnson		
332	1795	詹姆斯·赫顿	《地球理论》（有证明和铜图）(8° 2v) 14s. brds. SCI ps	E：Cadell & Davies/Creech		

（续表六十七）

编号	出版日期	作者	不列颠第一版：书名（规格/卷数）/价格/主题/流行等级	不列颠第一版的出版地和出版者	爱尔兰（都柏林）第一版：出版年代/出版者（规格/卷数）/价格（部分已知）	美国第一版：出版年代/出版地（费城，除非另有说明）/出版者（规格/卷数）
333	1795	约翰·穆尔*	《法国大革命的起因与发展概观》(A View of the Causes and Progress of the French Revolution) (8° 2v) 16s. POL ms	L：G. G. J. & J. Robinson	1795: **J. Jones**, Halpin, Butler, P. Moore, **Byrne, Wogan, W. Jones, Rice, J. Moore** (12° 2v)	
334	1795	欧儿里得/约翰·普莱费尔	[欧儿里得]《几何原本》(附有普莱费尔的《平面和球面三角学原理》)(8°) 6s. brds. SCI gs	E：**Bell & Bradfute/ G. G. & J. Robinson**		
335	1795	约翰·辛克莱爵士*	《苏格兰北部郡县和群岛的农业概览，及其改进方法考察》(General View of the Agriculture of the Northern Counties and Islands of Scotland; . . . with Observations on the Means of Their Improvement) (4°) AGR ps	L：由Macrae印刷		
336	1795	亚当·斯密*（约瑟夫·布莱克和詹姆斯·赫顿编）	《哲学论文集》* (Essays on Philosophical Subjects) (4°) 15s. brds. PHIL ps	L：**Cadell & Davies/ Creech**	1795: **Wogan, Byrne, J. Moore**, Colbert, **Rice, W. Jones**, [W.] Porter, Folingsby (8°)	
337	1796	威廉·巴肯	《论性病防治》(Observations concerning the Prevention and Cure of the Venereal Disease) (8°) 3s.6d. sewed MED ms	L：作者；由Chapman 销售/Mudie & Sons（有时候出版者只有Chapman和Mudie）	1796: **Wogan**, Milliken, **Sleater II, Rice**, P. Moore (8°)	

（续表六十八）

编号	出版日期	作者	不列颠第一版：书名/（规格/卷数）/价格/主题/流行等级	不列颠第一版的出版地和出版者	爱尔兰（都柏林）第一版：出版年代/出版者/（规格/卷数）/价格（部分已知）	美国第一版：出版年代/出版地（费城，除非另有说明）/出版者/（规格/卷数）
338	1796	伊丽莎白·汉密尔顿	《一位印度王公的信件译本》(Translation of the Letters of a Hindoo Rajah)（前面附有《印度历史、宗教和习俗初论》）(8° 2v) 12s. FICT gs	L：G. G. & J. Robinson	1797: Colbert (12° 2v)	
339	1796	罗伯特·赫伦	《世界史的哲学观》(A Philosophical View of Universal History) (8°) HIST ps	E：R. Morison & Son		
340	1796	[约翰·穆尔]*	《爱德华》(Edward，副书名是"对人性的各种观察，主要根据英格兰的生活习俗") (8° 2v) 18s. FICT ms	L：A. Strahan, and Cadell & Davies	1797: Wogan, Byrne, J. Moore, Rice, W. Watson & Son, Dugdale, P. Moore, Milliken, Colbert, W. Porter, Fitzpatrick, Kelly, Folingsby (12° 2v)	
341	1796	威廉·罗伯逊*	《美洲史》(The History of America)（第九、十册，包括截至1688年的弗吉尼亚史和截至1652年的新英格兰史）(4° 8°) HIST n/a	L：A. Strahan, and Cadell & Davies		1799: Humphreys (8°)
342	1796	[威廉·汤姆森]	《斯堪的纳维亚半岛来信，北欧国家过去和现在的状态》(Letters from Scandinavia, on the Past and Present State of the Northern Nations of Europe) (8° 2v) POL ps	L：G. G. & J. Robinson		

（续表六十九）

编号	出版日期	作者	不列颠第一版：书名 /（规格 / 卷数）/ 价格 / 主题 / 流行等级	不列颠第一版的出版地和出版者	爱尔兰（都柏林）第一版：出版年代 / 出版者 /（规格 / 卷数）/ 价格（部分已知）	美国第一版：出版地 / 出版年代（费城，除非另有说明）/ 出版者 /（规格 / 卷数）
343	1797	约翰·吉利斯*	《亚里士多德的伦理学和政治学》（Aristotle's Ethics and Politics, Comprising His Practical Philosophy）（译自希腊文，附有说明和注释，还有亚里士多德的生平评述及其推理著作的新解）（4° 2v）£2.2s. brds. PHIL ms	L：A. Strahan, Cadell & Davies		
344	1797	亚历山大·门罗二世*	《脑眼耳三论》（Three Treatises. On the Brain, the Eye and the Ear）（4°）£2.5s. brds. MED ps	E：Bell & Bradfute/ G. G. & J. Robinson; Johnson		
345	1797	约翰·平克顿	《斯图亚特王朝至玛丽女王时代的苏格兰史》（The History of Scotland from the Accession of the House of Stuart to That of Mary）（4° 2v）£2.10s. HIST ps	L：C. Dilly		
346	1798	托马斯·萨默维尔	《安妮女王时代的大不列颠历史》（The History of Great Britain during the Reign of Queen Anne）（4°）£1.5s. brds. HIST ps	L：A. Strahan, Cadell & Davies		
347	1798	威廉·汤姆森	《自然与艺术作品之美的基本原理探究》（An Enquiry into the Elementary Principles of Beauty, in the Works of Nature and Art）（4°）ARTS ps	L：Johnson		
348	1798—1799	乔治·福代斯	《三论热病》（A Third Dissertation on Fever）第一部分（第二部分于1799年出版）（8°）MED ms	L：Johnson		

（续表七十）

编号	出版日期	作者	不列颠第一版：书名（规格/卷数）/价格/主题/流行等级	不列颠第一版的出版地和出版者	爱尔兰（都柏林）第一版：出版年代/出版者/卷数/（规格/价格）（部分已知）	美国第一版：出版年代（费城，除非另有说明）/出版者/（规格/卷数）
349	1798 [—1812]	[乔安娜·贝利]	《描绘强烈激情的系列戏剧，每种激情都是一部悲剧和喜剧的主题》(A Series of Plays: In Which It Is Attempted to Delineate the Stronger Passions of the Mind. Each Passion Being the Subject of a Tragedy and a Comedy) (8° 3v) DRAM gs	L：Cadell & Davies；第二卷（1802），第三卷（1812）		
350	1799	芒戈·帕克	《非洲内陆之旅：于1795、1796和1797年在非洲协会的指导和资助下执行》(Travels in the Interior Districts of Africa: Performed under the Direction and Patronage of the African Association, in the Years 1795, 1796, and 1797) (4°) £1.11s.6d. TRAV bs	L：作者；由 G. & W. Nicol 销售		1800: Humphreys (8°)
351	1799 [—1802]	詹姆斯·安德森编	《农业、自然史、艺术和各种文学中的娱乐》(Recreations in Agriculture, Natural-History, Arts, and Miscellaneous Literature) (8° 6v) AGR ps	L：由 Wallis, R. H. Evans 销售		
352	1799 [—1803]	马修·贝利	《关于人体最重要部分的病理学解剖的一系列带有注释的版画》(A Series of Engravings, Accompanied with Explanations, which Are Intended to Illustrate the Morbid Anatomy of Some of the Most Important Parts of the Human Body) (4°) MED ms	L：Johnson, Nicol & Nicol		

（续表七十一）

编号	出版日期	作者	不列颠第一版：书名/（规格/卷数）/价格/主题/流行等级	不列颠第一版的出版地和出版者	爱尔兰（都柏林）第一版：出版年代/出版者/（规格/卷数）/价格（部分已知）	美国第一版：出版地（费城，除非另有说明）/出版者/（规格/卷数）
353	1799 [—1824]	亨利·麦肯齐*	《苏格兰高地协会的获奖论文和汇报》（*Prize Essays and Transactions of the Highland Society of Scotland*）（8°）ECON n/a	第一卷（1799）——E：**Cadell & Davies**/**Creech**（还有五卷出版于 19 世纪）		
354	1800	亚历山大·亚当*	《古典传记》（*Classical Biography*）（8°）8s. BIOG gs	E：**Creech/Cadell & Davies**		
355	1800	乔治·坎贝尔*	《教会史讲义》（*Lectures on Ecclesiastical History*）（8° 2v）REL ms	L：**Johnson**/阿伯丁的 Brown		
356	1800	威廉·卡伦*	《疾病分类，或按纲目属种的疾病分类系统》（*Nosology: or, A Systematic Arrangement of Diseases, by Classes, Orders, Genera, and Species*）（8°）（译自 1769 年的拉丁语原版）MED gs	E：**C r e e c h**/由 **Robinsons**, Kay, Cox 销售		1792: Hartford, CT——Thomas（8°，节选自卡伦的《疾病分类方法总览》[*Synopsis Nosologiae Methodicae*] 1785 年第四版的英译本，原书第一版于 1769 年在爱丁堡出版，删节本名 *Synopsis and Nosology*）；1793 年未删节版：Hall；*A Synopsis of Methodical Nosology*（8°）

（续表七十二）

编号	出版日期	作者	不列颠第一版：书名/（规格/卷数）/价格/主题/流行等级	不列颠第一版的出版地和出版者	爱尔兰（都柏林）第一版：出版年代/出版者/（规格/卷数）/价格（部分已知）	美国第一版：出版年代（费城，除非另有说明）/出版者/（规格/卷数）
357	1800	｛伊丽莎白·汉密尔顿｝	《现代哲学家回忆录》（Memoirs of Modern Philosophers）(8° 3v) 18s. FICT gs	Bath : **G. G. & J. Robinson**	1800: **Wogan, Burnett, Gilbert & Hodges**, Brown, **Rice**, [W.] Porter, Dornin, Folingsby, Fitzpatrick (12° 2v)	
358	1800	马尔科姆·莱恩	《苏格兰史——从詹姆斯六世继位后的王权统一到安妮女王时期的王国统一》（The History of Scotland, from the Union of the Crowns on the Accession of James VI . . . to the Union of the Kingdoms in the Reign of Queen Anne）(8° 2v) 18s. HIST ms	L : **Cadell & Davies**/ Manners & Miller		
359	1800	[约翰·穆尔]*	《莫多特：各国生活、特征和习俗概述》（Mordaunt. Sketches of Life, Character, and Manners in Various Countries）(8° 3v) FICT ps	L : **G. G. & J. Robinson**	1800: **W. Watson & Son, Burnet, Wogan, Byrne**, Colbert, W. Porter, **M'Kenzie**, Dugdale, **W. Jones, Rice**, Fitzpatrick, Kelly, Folingsby, Stockdale, Mercier & Co., P. Moore, J. Parry (12° 3v)	

（续表七十三）

编号	出版日期	作者	不列颠第一版：书名/（规格/卷数）/价格/主题/流行等级	不列颠第一版的出版地和出版者	爱尔兰（都柏林）第一版：出版年代/出版者/（规格/卷数）/价格（部分已知）	美国第一版：出版年代/出版地（费城，除非另有说明）/出版者/（规格/卷数）
360	1800	威廉·斯梅利*	《约翰·格雷戈里、凯姆斯勋爵、大卫·休谟和亚当·斯密的特色文学生活》*（Literary and Characteristical Lives of John Gregory, Lord Kames, David Hume, and Adam Smith）(8°) 8s. BIOG ps	E：由 A. Smellie, **Bell & Bradfute,** Dickson, **Creech, E. Balfour,** Hill, Simpson, Laing, Lawrie, Manners & Miller, J. Ogle, Guthrie, Constable, Jack, Gray 印刷和销售 **G. G. & J. Robinson, Cadell & Davies,** Kay, R. Ogle		

说　明

资料来源：书目信息来自网上搜索的从 1997 年至 2006 年 1 月的 ESTC，以及经过检查的图书副本、影印本，18 世纪微缩胶片系列图书中的微缩副本。书籍价格的数据来自书商广告、期刊中的书评，A New and Correct Catalogue of All the English Books which Have Been Printed from the Year 1700, to the Present Time, with Their Prices (London, 1767)，[William Bem], The London Catalogue of Books (London, 1791)，以及其他来源。

出版日期一栏
书目信息来自网上搜索的屏页中标明的出版年份。实际出版年份有可能不同于标明年份，因为在 11 月或 12 月出版的书，通常是用第二年的出版信息，而日期指的是第一版第一年的出版信息，也有可能用前一年的出版信息。方括号[ ]表示该书有一部分是在 1746—1800 年这个时间段以外出版的。

作者一栏
名字后面带有星号（*）的作者，斯摩莱特、克里奇和阿尔维斯提到过，并列在了表一中。作者的名字带方括号（[ ]），表示作者的名字是匿名出版的（真正匿名）；但是可以在书中找到（部分匿名），署名的序言或献词，署名的字可能出现在扉页上出现（部分匿名），另一本含有作者名字的名字带有大括号（{ ）。

字的书籍的参考文献，以及文本本号，以及文本本号，或者表示作者的名字没有出现在这该书第一版，而是出现在第二版或第三版（暂时匿名）；作者的名字带有尖括号（〈〉），表示作者使用了笔名。名字带有医学博士（M. D.）的是伦敦从事产科学写作的威廉·斯梅利，而不是爱丁堡的印刷者威廉·斯梅利。

不列颠第一版本一栏

星号（*）表示作者死后出版的作品。开本记录如下：2°＝对开本；4°＝4开本；8°＝8开本；12°＝12开本。开本的缩略形式之后紧跟的是卷数，由数字和字母 v 表示，而且包括第一版在 18 世纪后续出版的附加卷数。除非特别说明，否则价格（如果知道的话）一般指精装本价格。如果书籍主要是以活页（quires）、线装（sewed）或纸版（brds.）形式出售，就会记录下相关信息。价格差异，地区不同，实际价格变化，或者其他原因（也许是印刷错误）用一字线隔开（例如 4s.—5s.）。

每种书籍都归入一个学科。学科类别共有二十个，参见扎克斯的《老约翰·默里与 18 世纪晚期伦敦的书籍贸易》第 254 页，具体如下：AGR＝农业，ARTS＝艺术，BIOG＝传记，DRAM＝戏剧，EDUC＝教育，ECON＝经济学，FICT＝小说，HIST＝历史，LANG＝语言，LAW＝法律，LIT＝文学批评（包括修辞），MED＝医学，MIL＝军事，MISC＝杂项，PHIL＝哲学，POET＝诗歌，POL＝政治，REL＝宗教，SCI＝科学（包括数学），TRAV＝旅游和地理。

每种书籍被评定了一个流行级别。评级标准是不列颠在 1810 年出版（或者 1820 年再版的 1790 年以后出版的书籍）的版本数量（包括删节本、文选收录的作品，以及盗版版本）。具体记录见表四：bs＝畅销（10 以上版本）；ss＝畅销（7—9 个版本）；gs＝销量良好（4—6 个版本）；ms＝销量一般（2—3 个版本）；ps＝滞销（只有 1 个版本）；n/a＝不适用（这类书籍一般收录在本表其他书籍之中，或者一般不重印，如诉讼程序或交易记录）。评级有时候根据多卷本巨著所涉及的页数等特殊情况做了调整。黑体字表示不列颠的畅销书。

不列颠出版者一栏

主要的印刷/出版城市（如第一版书籍的出版说明所示）以首字母缩略形式出现：L＝伦敦，E＝爱丁堡。带方括号（［］）的城市在印刷/出版说明中表示出版地。主要印刷/出版城市或者"由……出版"（printed for）之后是出版者，如果是出版者，出版说明和表格中会在任何名字前标明"由……销售"（sold by）。黑体字表示表五中的主要出版者，出版说明会标明作出版或销售的不同城市，除非另有说明，否则斜线前为伦敦，斜线后为爱丁堡。符号（&）表示出版合伙人关系。斜线（/）用来区分从事协作出版或销售的不同城市。如果出版说明会标明该书为"作者"（author）印刷。如果出版者或销售者的名字带有方括号（［］），表示信息来源不是出版者信息，而是来自其他渠道，例如当时的书评，或当时的书讯，通信，例如指老约翰、鲍尔弗、卡德尔、老托马斯·卡德尔、威廉·斯特拉恩。斯特拉恩分别指老约翰、鲍尔弗、卡德尔、老托马斯·卡德尔、威廉·斯特拉恩的印刷书。表中只提供出版者和销售者的姓氏，只有为了明确起见，才会加上名字的首字母。只有在作者以外的出版者信息不充分的时候，才会收录涉及出版者信息和表格中的名字前的首字母。

爱尔兰第一版一栏

星号（*）表示都柏林的畅销书。黑体字表示表六中列出的苏格兰启蒙运动书籍的主要出版者和出版公司。

美国第一版一栏

除非特别说明，否则所有的版本都来自费城。第八章和第九章的 6 位主要的费城出版者的名字用黑字表示。数字编号以上方括号加上方括号的书籍，数字编号对应第二所列出的书籍，表示该书的出版信息不是来自出版的，或者该书经过重印成为其他书籍的一部分。黑体字表示主要出版者。

英格兰

剑　桥

伦　敦

Merril, T. & J.: Thomas Merrill and John Merrill（编号 131）

Baldwin: Robert Baldwin（编号 54、67、72、89、96、112）
Becket: Thomas Becket or Beckett（编号 65、154、193）（另见 Becket & de Hondt）
Becket & de Hondt: Thomas Becket or Beckett and Peter Abraham de Hondt（编号 71、80、83、91、107、108、114、116、118、121、126、133、136、161）（另见 Becket）
Becket & Nichol: not traced（编号 121）
Bew: John Bew（编号 175）
Bowen: Joseph Bowen（编号 223）
Burnet: George Burnet or Burnett（编号 87）
Cadell: Thomas Cadell, Sr.:（编号 97、109、121、133、135、144、147、152、160、171、172、175、176、179、181、182、187、189、204、205、216、222、228、233、[234]、251、256、262、267、274、278、279、291、292、300、301、304、307、319、320）（另见 Millar & Cadell ; Strahan & Cadell ; Strahan, A., & Cadell）
Cadell & Davies: Thomas Cadell, Jr., and William Davies（编号 204、279、292、328、332、336、349、353、354、358、360）（另见 Strahan, A., and Cadell & Davies）
Chapman: Thomas Chapman（编号 337）
Clarke: William Clarke（编号 294）
Collins: Benjamin Collins（编号 89）
Coote: John Coote（编号 78、81、89）
Cox: Thomas Cox（编号 356）
Crowder: Stanley Crowder/Crowder and Co.（编号 81、89、112）
Davie & Law: not traced（编号 65）
Davies: Thomas Davies（编号 81）
Debrett: John Debrett（编号 241、294、301、302、313、319）
Deighton: John Deighton（编号 316）
Dilly, C.: Charles Dilly（编号 121、211、221、223、250、289、294、295、345）（另见 Dilly, E. & C.）
Dilly, E.: Edward Dilly（编号 109）（另见 Dilly, E. & C.）

苏格兰

阿伯丁

Angus & Son: ?（编号 301）
Brown: Alexander Brown（编号 355）

爱丁堡

Apollo Press（印刷者）: John Martin ?（编号 268）
Balfour: John Balfour（编号 34、91、95、104、108、110、119、121、143、148、160、185、186、204、206）（另见 Balfour, J. & E.；Hamilton & Balfour；Hamilton, Balfour, & Neill；Balfour, E.；Balfour, Auld & Smellie）
Balfour, J. & E.: James Balfour and Elphinston (or Elphingstone) Balfour（编号 121、222）
Balfour, E.: Elphinston (or Elphingstone) Balfour（编号 279、283、292、299、360）（另见 Balfour, J. & E.）
Balfour, Auld, & Smellie（印刷者）: John Balfour, William Auld, and William Smellie（编号 115）
Balfour & Smellie（印刷者）: John Balfour and William Smellie（编号 151）
Bell: John Bell（编号 143、160、192、195、210、214、226、255、275、285）（另见 Kincaid & Bell；Bell & Bradfute）
Bell & Bradfute: John Bell and John Bradfute（编号 160、172、204、287、290、292、297、314、[315]、317、321、322、334、344、360）（另见 Bell）
Bell & Macfarquhar: Andrew Bell and Colin Macfarquhar（编号 139）
Constable: Archibald Constable（编号 360）
Creech: William Creech（编号 121、141、143、162、163、164、166、172、173、174、176、[177]、180、182、183、186、187、188、191、199、202、205、207、212、213、215、217、225、228、229、230、232、233、234、235、[248]、[250]、258、259、267、270、274、283、[288]、291、292、293、297、300、301、303、304、307、309、320、321、332、336、353、354、356、360）（另见 Kincaid & Creech）
Dickson: James Dickson（编号 208、213、235、274、279、292、360）
Donaldson, A.:: Alexander Donaldson（编号 79）（另见 Kincaid & Donaldson）
Donaldson, J.: James Donaldson（编号 301）
Drummond: William Drummond（编号 127、159）
Elliot: Charles Elliot（编号 171、179、187、189、190、213、215、218、240、242、249、252、253、269、281）（另见伦敦: Elliot & Kay）
Gordon: William Gordon（编号 65、235、244）
Gordon & Elliot: not traced（编号 269）
Gray: George Gray（编号 360）
Gray & Peter: William Gray and Walter Peter（编号 44）
Guthrie: Alexander Guthrie（编号 301、360）
Hamilton, Balfour, [& Neill]: Gavin Hamilton, John Balfour, [and Patrick Neill]（编号 10、17、21、23、28、[29]、31、33、34、35、38、40、44、

基尔马诺克

Wilson (printer): John Wilson（编号 260）

R. Morison & Son: Robert Morison and James Morison（编号 191、314、330、339）

珀　斯

爱尔兰

都柏林

Archer: John Archer（编号 175）
Armitage: Thomas Armitage（编号 177、185、186、187）
Beatty: John Beatty（编号 59、179、185、186、195、198、203、208、214、217、226、229、230、232、239）
Bradley: Hulton Bradley（编号 63、120）
Brown: Charles Brown（编号 357）
Burnet: George Burnet（编号 185、186、195、219、230、239、263、270、298、299、357、359）
Burnett: 参见 Burnet
Burton: Robert Burton（编号 214、217、219、226、230、232、239、270）
Butler: Richard Martin Butler（编号 333）
Byrne: Patrick Byrne（编号 144、201、203、214、217、219、226、229、230、232、239、249、250、251、256、258、263、270、275、282、284、287、288、289、291、292、295、298、299、308、315、333、336、340、359）
Cash: John Cash（编号 217、226、229、230、232、239、250、251、258、263）
Chamberlain: 参见 **Chamberlaine**
Chamberlaine, D.: Dillon Chamberlaine（编号 282）（另见 Chamberlaine & Rice）
Chamberlaine, H.: Hannah Chamberlaine（编号 291、292）（另见 Chamberlaine, H.；Rice）
Chamberlaine & Rice: Hannah Chamberlaine and John Rice（编号 90、96、105、115、116、118、120、135、140、155、161、170、177、185、186、219）
Colbert: Harriet Colbert（编号 315、336、338、340、359）
Colles, A.: Ann Colles（编号 188）
Colles, J.: John Colles（编号 163、177、186）
Colles, W.: William Colles（编号 90、116、140、161、177、179、185、186、188、195、206、219、230、232、239、258、263、270）
Company of Booksellers（编号 156、183、193）

Bradford: Thomas Bradford（编号 325）

Campbell: Robert Campbell（编号 49、67、75、188、281、292、312）

Carey: Mathew Carey（编号 5、12、130、291）（另见 Carey, Stewart & Co.）

Carey, Stewart & Co.: **Mathew Carey** and Peter Stewart（编号 188）（另见 Carey）

Cist: Charles Cist（编号 183、264）（另见 Steiner & Cist）

Crukshank: Joseph Crukshank（编号 3、281）

Dobelbower: J. H. Dobelbower（编号 198）

Dobson: Thomas Dobson（编号 72、92、139、159、177、240、242、258、273、280）

Dunlap: John Dunlap（编号 163）

Hall: Parry Hall（编号 264、356）

Humphreys: James Humphreys（编号 341、350）

Lang: Thomas Lang（编号 64、[71]、80、[83]）

Rice, H. & P.: Henry Rice and Patrick Rice（编号 315）

Sparhawk: John Sparhawk（编号 161）

Spotswood: William Spotswood（编号 166、188）（另见波士顿：Spotswood；都柏林：Spotswood）

Steiner & Cist: ? Steiner and Charles Cist（编号 187）（另见 Cist）

Stewart & Hyde: Peter Stewart and George Hyde（编号 158、260）

Story: Enoch Story（编号 44）

Taylor: H.? Taylor（编号 135）

Young: William Young（编号 255、275、298、299、309）

罗得岛州普罗维登斯

Carter & Wilkinson: ? Carter and ? Wilkinson（编号 266）

资料来源：ESTC 和本书所引用作品的出版者信息；Maxted, *London Book Trades*；Maxted, *London Book Trades*；British Book Trade Index；Scottish Book Trade Index；Plomer, H. R., et al., *Dictionaries*；Pollard, *Dictionary*。

表三　不列颠第一版苏格兰启蒙运动书籍的分类和开本

类型	数量	2°	4°	8°	12°
历史	68	0	44	21	3
医学	61	1	12	43	5
哲学	39	0	10	19	10
科学（包括数学）	29	1	7	21	0
小说	21	0	0	7	14
诗歌	20	0	8	11	1
宗教	15	0	1	12	2
旅行/地理	13	0	2	11	0
经济	13	0	7	5	1
文学批评/修辞	13	0	2	11	0
戏剧	12	0	0	12	0
杂文	11	1	3	6	1
政治	9	0	0	9	0
农业	8	0	1	7	0
艺术	8	2	3	3	0
传记	6	0	2	4	0
法律	5	2	0	3	0

（续表）

类型	数量	2°	4°	8°	12°
教育	3	0	0	2	1
军事	3	1	1	1	0
语言	3	0	0	3	0
总计	360	8	103	211	38
百分比（%）		2.2	28.6	58.6	10.6

说明：2°＝对开本，4°＝4开本，8°＝8开本，12°＝12开本。编号163、173、341在问世之初就有两种规格，本表依据较大的规格计数。有一本书以24°出版，本表按照12°计数。

表四　不列颠版本的苏格兰启蒙运动书籍的流行级别

类别	书籍数量	所占百分比（%）
畅销（10 个以上版本）	46	13
热销（7—9 个版本）	5	1
销量良好（4—6 个版本）	62	17
销量一般（2—3 个版本）	100	28
滞销（只有 1 个版本）	133	37
不适用	14	4
总计	360	100

说明：版本数量的计算依据是，1810 年销售的表二中出版于 1746—1790 年的书籍，以及 1820 年销售的出版于 18 世纪 90 年代的书籍。版本包括删节本、文选收录的作品、盗版的不列颠版本，但是不包括"影子"（ghost）版本和不在大不列颠出版的版本。在少数特例中，例如斯摩莱特的《英格兰全史》和《不列颠百科全书》，流行级别根据巨大的印数等特殊情况做了调整。

表五 苏格兰启蒙运动新书籍的主要出版者

	出版（Printed For）	销售（Sold By）
伦敦		
Robert & James Dodsley, 1748—1784		
Robert Dodsley, 1748—1752	4	0
Robert & James Dodsley, 1756—1762	0	2
James Dodsley, 1765—1784	5	0
Andrew Millar & the Cadells, 1748—		
Andrew Millar, 1748—1766	39	4
Andrew Millar & Thomas Cadell, Sr., 1766—1768	5	0
Thomas Cadell, Sr., 1768—1794		
Thomas Cadell, 1768—1793	30	9
[William] Strahan and Cadell, 1769—1784	32	0
[Andrew] Strahan and Cadell, 1786—1794	20	0
Thomas Cadell, Jr., & William Davies, 1794—		
Cadell & Davies, 1794—1800	10	1
A. Strahan and Cadell & Davies, 1796—1798	4	0
Thomas Becket & Peter de Hondt, 1760—1778		0

（续表一）

	出版（Printed For）	销售（Sold By）
Becket & de Hondt, 1762—1774	13	1
Thomas Becket, 1760, 1773, 1778	3	0
Edward & Charles Dilly, 1767—1800		
Edward & Charles Dilly, 1767—1776	8	3
Edward Dilly, 1768	1	0
Charles Dilly, 1780—1797	7	2
George Robinson & partners, 1767—		
Robinson & Roberts, 1767—1776	2	1
George Robinson, 1773—1787	9	0
G. G. J. & J. Robinson/the Robinsons, 1785—1794	18	1
G. G. & J. Robinson, 1793, 1795—1800	8	2
Joseph Johnson, 1768—1800	15	1
William Strahan & Andrew Strahan, 1769—1798		
William Strahan and [Thomas] Cadell, 1769—1784	32	0
Andrew Strahan, 1786—1798		
Andrew Strahan and [Thomas] Cadell, 1786—1794	20	0
Andrew Strahan and Cadell & Davies, 1796—1798	4	0

（续表二）

	出版（Printed For）	销售（Sold By）
John Murray, 1771—1794	29	4
爱丁堡		
Alexander Kincaid, his partners, and his successor		
William Creech, 1747—		
Alexander Kincaid, 1747—1748	2	1
Kincaid with Alexander Donaldson, 1751—1757	8	0
Kincaid with John Bell, 1758—1771	22	1
Kincaid with William Creech, 1772—1773	5	0
William Creech, 1774—1800	52	6
Gavin Hamilton, John Balfour, and successors, 1748—		
Hamilton & Balfour [& Neill], 1748—1760	14	1
John Balfour, 1765—1780	13	0
John & Elphinston Balfour, 1782	1	1
Elphinston Balfour, 1789—1800	4	1
Charles Elliot, 1775—1789	15	0
John Bell/John Bell & John Bradfutte, 1758—		

（续表三）

	出版（Printed For）	销售（Sold By）
John Bell with Alexander Kincaid, 1758—1771	22	1
John Bell, 1778—1789	10	0
Bell & Bradfute, 1790—1800	12	2

出版者生卒年和出生地
Robert Dodsley (1704—1764), Near Nottingham
Gavin Hamilton (1704—1767), Near Edinburgh
Andrew Millar (1705—1768), Port Glasgow
Alexander Kincaid (1710—1777), Falkirk
John Balfour (1715—1795), South Leith
William Strahan (1715—1785), Edinburgh
Thomas Becket（约 1722—约 1813）, 不详
James Dodsley (1724—1797), Near Nottingham
Alexander Donaldson (1727—1794), Edinburgh
Edward Dilly (1732—1779), Bedfordshire
John Bell (1735—1806), Berwickshire
George Robinson (1736—1801), Near Carlisle
John Murray (1737—1793), Edinburgh
Joseph Johnson (1738—1809), Near Liverpool
Charles Dilly (1739—1807), Bedfordshire
Thomas Cadell, Sr. (1742—1802), Bristol
William Creech (1745—1815), Near Edinburgh
Charles Elliot (1748—1790), Selkirk
Andrew Strahan (1750—1831), London
Elphinston Balfour（生于 1754）, Edinburgh
John Bradfute（生于 1763）, Lanarkshire
Thomas Cadell, Jr. (1773—1836), London
Peter de Hondt（生卒年不详）, The Netherlands
William Davies（卒于 1819）, 不详

说明：表中数字没有考虑其他方面的出版信息，仅仅是表二所列的出版说明的数量（其中有出版者个人或合伙人的署名）。在 Hamilton & Balfour 或者 Hamilton, Balfour & Neill 的书籍中，有几处出版者信息中的"印刷"（Printed By）之所以按照"出版"（Printed For）计算，是因为这些公司在措辞的使用上不一致。

表六　都柏林第一版苏格兰启蒙运动书籍的主要出版者

	出版商或公司	表二所列的出版说明的数量
1	Patrick Byrne（格拉夫顿街 108 号）	35
2	Chamberlaine–Rice（学院绿地 5 号）	31
3	James Williams（女爵士街 20 号）	28
4	Luke White（女爵士街 86 号）	28
5	John Exshaw (Sr. and Jr.)（格拉夫顿街 98 号）	26
6	Leathley–Hallhead–M'Kenzie（女爵士街 63 号）	25
7	Peter and William Wilson（女爵士街 6 号）	23
8	Thomas Walker（女爵士街 79 号）	21
9	Richard Moncrieffe（卡佩尔街 16 号）	20
10	William Sleater Jr. and Sr.（斯特兰德街北端）	20
11	James Potts（女爵士街 74 号）	19
12	William and Anne Colles（女爵士街新建筑 17 号）	18
13	Caleb Jenkin（学院绿地 58 号）	17
14	James Moore（学院绿地 45 号）	17
15	William Jones	16
16	John Beatty（卡佩尔街 12 号）	15

（续表）

	出版商或公司	表二所列的出版说明的数量
17	Patrick Wogan（旧桥 23 号）	13
18	William and Henry Whitestone（女爵士街 91 号）	13
19	George Burnet（修道院街 197 号）	12
20	James Hoey, Jr.	12
21	John Jones（学院绿地 39 号）	11
22	Arthur Grueber（女爵士街 15 号）(也叫 Grueber & M'Allister)	11
23	John Cash（卡佩尔街 14 号）	10
24	William Gilbert（大乔治街 26 号）(也叫 Gilbert & Hodges)	10
25	William Watson I and II（卡佩尔街）	10

说明：括号内为这些公司 1786 年的地址。表中没有威廉·琼斯的地址，也没有小詹姆斯·霍伊的地址，因为 1786 年他还没有经商，因为他在那年去世了。表二中有 3 本书（编号为 156、182 和 192）的出版者说明显示出版者为都柏林"书商协会"，尽管上述的许多出版者应该都是协会成员，但是本表没有计算在内。

表七 斯特拉恩档案中老托马斯·卡德尔的出版记录，1793—1798 年

时间	作者和书名	数量
	1793 年	
1 月	Gillies, *History of Ancient Greece*, 3rd ed.	1000
3 月	[C. F. Lindenau], *Extracts from Colonel Tempelhoff e's History of the Seven Years War*	500
	Tahsin al-Din, *The Loves of Camarúpa and Cámelatà*	500
4 月	Blair, *Lectures on Rhetoric*, 5th ed.	1500
5 月	Henry, *History of Great Britain*, vol. 6 (4°)	750
	Richard Burn, *Justice of the Peace*, 17th ed.	5000
	Adam, *Roman Antiquities*	2000
6 月	Edward Morris, *False Colours, a Comedy*	2500
	Moore, *View of Society in France*, 8th ed.	1000
7 月	Gregory, *Father's Legacy*, 13th ed.	1500
10 月	Ferguson, *Essay on Civil Society*, 6th ed.	1000
	Smith, *Wealth of Nations*, 7th ed.	2500
12 月	Hume, *History of England*	2000
	Twining's Letter [Richard Twining, *Substance of a Speech Delivered at East India House?*]	2390?

（续表一）

时间	作者和书名	数量
	1794 年	
1 月	Mackenzie, *Mirror*, 9th ed.	1000
	Mackenzie, *Lounger*, 6th ed.	1000
	Mackenzie, *Man of Feeling*, 11th ed.	1500
4 月	Watson, *History of Philip II*, 6th ed.	1000
	Lewis Chambaud, *A Grammar of the French Tongue*, 11th ed.	8000
5 月	Ferguson, *Astronomy Explained*, 9th ed.	2000
8 月	Buchan, *Domestic Medicine*, 14th ed.	6000
	Samuel Johnson, *The Rambler*, 13th ed.	1000
9 月	Blair, *Sermons*, vol. 1, 19th ed.	2000
	Blair, *Sermons*, vol. 2, 16th ed.	2000
	Blair, *Sermons*, vol. 3, 8th ed.	2250
	Blair, *Sermons*, vol. 4, 3rd ed.	3000
10 月	Robertson, *India*, 2nd ed.	1500

（续表二）

时间	作者和书名	数量
	1795 年	
3 月	Nathanial Wraxall, *The History of France*, vols. 1–3	1000
	Samuel Hearne, *A Journey from Prince of Wales's Fort in Hudson's Bay*	750
	Blair, *Sermons*, vol. 4, 4th ed.	3000
4 月	Beattie, *Evidences of Christianity*, 4th ed.	1000
	Smith, *Essays on Philosophical Subjects*	1000
	Blackstone, *Commentaries on the Laws of England*, 12th ed.	5000
	Henry, *History of Great Britain*, vols. 11 and 12 (8°)	1000
5 月	Charlotte Smith, *Elegiac Sonnets*, 7th ed.	1000
	Moore, *View of Society in Italy*, 6th ed.	1000
6 月	Mackenzie, *Man of the World*, 5th ed.	1000
8 月	Blair, *Sermons*, vol. 3, 9th ed.	2500
	Mackenzie, *Julia de Roubigné*, 5th ed.	1000
12 月	*An Appendix to … Burn's Justice of the Peace*	1500

（续表三）

时间	作者和书名	数量
	1796 年	
1 月	Ossian's Works [Poems of Ossian]	1250
	Blair, Lectures on Rhetoric, 6th ed.	1500
3 月	Robertson, History of America, 7th ed.	1500
	Edward Gibbon, Miscellaneous Works	2500
6 月	Blair, Sermons, vol. 4, 5th ed.	2500
	Robertson, History of Charles V	2000
9 月	Smith, Wealth of Nations, 8th ed.	2500
10 月	Blair, Sermons, vol. 1, 20th ed.	2000
	Blair, Sermons, vol. 2, 17th ed.	2000
12 月	Edward Gibbon, Decline and Fall of the Roman Empire, vols. 7–12 (8°)	2000
	1797 年	
1 月	Smith, Theory of Moral Sentiments, 8th ed.	1000
	Lewis Chambaud, Chambaud's Dictionary . . . Carefully Abridged, pt. 2	8000
	John Lempriere, Bibliotheca Classica, 3rd ed.	5000
	Gregory, Father's Legacy	1500
2 月	Buchan, Domestic Medicine, 15th ed.	6000
3 月	Richard Burn, Justice of the Peace, 18th ed.	3500

（续表四）

时间	作者和书名	数量
5 月	Edward Gibbon, *Decline and Fall of the Roman Empire*, vols. 1–6 (8°)	1500
6 月	Moore, *Zeluco*, 4th ed.	1000
	Richard Burn, *Ecclesiastical Law*, 6th ed.	2000
8 月	Robertson, *History of America*, bks. 9 and 10 (8°)	1500
	Robertson, *History of America*, bks. 9 and 10 (4°)	750
	Robertson, *History of Scotland* (18°)	2000
11 月	Robertson, *History of Scotland*, "common"	1000
	1798 年	
2 月	Hume, *History of England*	2000
	Blair, *Sermons*, vol. 1, 21st ed.	2000
	Blair, *Sermons*, vol. 2, 18th ed.	2000
5 月	Blair, *Sermons*, vol. 3, 10th ed.	2250
	Blair, *Sermons*, vol. 4, 6th ed.	2500
7 月	Buchan, *Domestic Medicine*, 16th ed.	6000
8 月	Robertson, *History of Charles V* (18°)	2000

资料来源：BL, Add. MSS 48817, fols. 18–20, 62, 79。

参考文献

原始文献

手 稿

Aitken, Robert. Ledgers. Historical Society of Pennsylvania, Philadelphia.

Autograph File. Houghton Library, Harvard University.

Bassler, Margaret A. "The Story of William Young." Typescript. Historical Society of Delaware, Wilmington, DE.

Beattie, James. Papers. MS 30. Aberdeen University Library.

Bell & Bradfute Ledgers. Edinburgh City Chambers.

Bell & Bradfute Papers. Acc. 10662 and Deps. 117, 193, and 317. National Library of Scotland.

Bell, John. Letterbooks. Bodleian Library, University of Oxford.

Boswell, James. Yale editions of the private papers of James Boswell. Yale University. Citations in this volume follow the referencing system in Pottle, Abbott, and Pottle, *Catalogue of the Papers of James Boswell at Yale University*.

Bruce, James. Papers. Microfilm copies, from the James Bruce Archive at the Yale Center for British Art. National Library of Scotland.

Buchan Papers. Baillie MSS 32225. Mitchell Library, Glasgow.

Cadell and Davies Correspondence. New York Public Library.

Cadell and Davies Correspondence and Documents. Beinecke Library, Yale University.

Cadell, Thomas. Papers in the Longman Archive (MS 1393) and other Cadell Papers (MS 2770). University of Reading Library, Reading, UK. See also *Archives of the House of Longman* under Published Work.

———. Papers. William R. Perkins Library, Duke University.

Carson, Marian S. Collection. Library of Congress.

Chamberlain Autograph Collection. Boston Public Library, Boston.

Constable, Archibald. Papers. National Library of Scotland.

Creech, William. Letterbooks in the Blair Oliphant of Ardblair Muniments. Consulted on microfilm, RH4 26/1–3. National Archives of Scotland.

———. Papers. Edinburgh Central Library.

Dreer Autograph Collection. Historical Society of Pennsylvania, Philadelphia.

Edinburgh Town Council Minutes. Edinburgh City Chambers.

Edinburgh University matriculation records. Edinburgh University Library.

Egerton Manuscripts. British Library, London.

Ferguson, James. Papers. New York Public Library.

Fettercairn Manuscripts. Acc. 4796. National Library of Scotland.

Foulis Papers. Baillie MSS 37886. Mitchell Library, Glasgow.

Fraser-Tytler of Aldourie Papers. NRAS 1073, from Aldourie Castle. Highland Council Archive, Inverness Library, Inverness.

Gordon Castle Muniments. National Archives of Scotland.

Graisberry, Daniel. Ledgers. Trinity College, Dublin.

Gratz Collection. Historical Society of Pennsylvania, Philadelphia.

Hall, David. Letterbook. Microfilm copies. Salem County Historical Society, Salem, NJ.

———. Papers. B/H 142.1–3. American Philosophical Society, Philadelphia.

Hyde, Donald and Mary. Collection. Houghton Library, Harvard University.

Johnson, Joseph. Letterbook, 1795–1810. Carl H. Pforzheimer Collection. New York Public Library.

Laing Manuscripts. Edinburgh University Library.

Lea and Febiger Papers. Historical Society of Pennsylvania, Philadelphia.

Literary and Historical Manuscripts. Pierpont Morgan Library, New York City.

Maconochie, Allan [Lord Meadowbank]. Meadowbank Papers. Microfilm copies. Edinburgh University Library.

McAllister Family Papers. Historical Society of Pennsylvania, Philadelphia.

"Memoir of W. Young by his Grandson W. Y. John McAllister." Microfilm copy; original in the Historical Society of Pennsylvania. American Antiquarian Society, Worcester, MA.

Minto Papers. National Library of Scotland.

Miscellaneous manuscripts from the Beinecke Library, Yale University; Bodleian Library, University of Oxford; British Library (Add. MSS); Edinburgh Central Library; Edinburgh University Library; Glasgow University Library; Historical Society of Pennsylvania, Library Company of Philadelphia (on loan); Houghton Library, Harvard University; National Archives of Scotland; National Institute of Medicine, Bethesda, MD; National Library of Scotland; Royal College of Physicians of Edinburgh.

"Miscellaneous Material relating to William Buchan." Royal College of Physicians of Edinburgh.

Murray, David. Papers. Glasgow University Library.

Murray, John. Archive (现存于 National Library of Scotland). John Murray, Ltd., London.

Osborn Collection. Beinecke Library, Yale University.

Parish records of births and baptisms. Microfilm. Scottish Genealogy Society, Edinburgh.

Register of Printed Books. Stationers' Hall, London. See also *Records of the Worshipful Company of Stationers, 1554–1920*, under Published Work.

Robertson-Macdonald Papers. National Library of Scotland.

Royal Society of Edinburgh Manuscripts (including the David Hume Papers). National Library of Scotland.

Sloane Manuscripts. British Library, London.

Smellie, William. Papers. (从苏格兰文物研究学会图书馆移出之前查阅过。) National Museum of Scotland, Edinburgh.

Stowe Manuscripts. British Library, London.

Strahan Archive. Add. MSS 48800–48918. British Library, London. See also *The Strahan Archive from the British Library* under Published Work.

Strahan, William. Journals. B/St 83. American Philosophical Society, Philadelphia.

Thomson of Banchory Papers. New College Library, Edinburgh.

Wodrow–Kenrick Correspondence. MS 24157. Dr. Williams's Library, London. See also *Wodrow–Kenrick Correspondence* under Published Work.

Young, William. Business Papers. Historical Society of Pennsylvania, Philadelphia.

———. Collection. Historical Society of Delaware, Wilmington, DE.

———. Papers. William L. Clements Library, University of Michigan.

Young-McAllister Papers. Historical Society of Pennsylvania, Philadelphia.

出版物

这部分不包括表二所示的不列颠、爱尔兰和美国的初版。

Adam, Robert, and James Adam. *The Works in Architecture of Robert and James Adam*. Ed. Robert Oresko. London and New York, 1975.

Agnew, Jean, ed. *The Drennan-McTier Letters, 1776–1793*. 3 vols. Dublin, 1998.

[Aitken, Robert]. *R. Aitken, Printer, Book-Binder, and Bookseller, Opposite the CoffeeHouse, Front-Street, Philadelphia, 1779 Performs All Kinds of Printing-Work*. [Philadelphia,1779].

———. *This Day Is Published, at Samuel Loudon's Book Store, Near the CoffeeHouse, New-York, a New Book, Printed and Sold by R. Aitken, Bookseller, Opposite the London Coffee-House, Front-Street, Philadelphia, on a New Type and Fine Paper, Essay on the Character, Manners and Genius of Women, in Different Ages*. [New York, 1774].

[Allen, Thomas]. *Thomas Allen's Sale Catalogue of Books, Consisting of a Very Extensive Collection of Valuable Books in Every Branch of Science and Polite Literature, Ancient and Modern, which Will Be Disposed of, Wholesale and Retail, on Reasonable Terms, at His Book and Stationary Store, No. 12, Queen-Street, New York*. New York, 1792.

Alves, Robert. *Sketches of a History of Literature: Containing Lives and Characters of the Most*

Eminent Writers in Different Languages, Ancient and Modern, and Critical Remarks on Their Works. Edinburgh, 1794.

A[nderson], J[ames]. "Second Anecdote of Mr. Andrew Millar." *The Bee, or Literary Weekly Intelligencer* 3 (1 June 1791): 131–133. See also Authenticus.

Anderson, John. *A History of Edinburgh.* Edinburgh and London, 1856.

Anderson, John. *Institutes of Physics. Volume First.* Glasgow, 1777.

Archives of the House of Longman, 1794–1914. Microfilm. 73 reels. Cambridge, 1978. Originals at the University of Reading Library.

Arnot, Hugo. *The History of Edinburgh.* 2nd ed. Edinburgh, 1788.

Authenticus. "Anecdotes of Mr. Andrew Millar." *The Bee, or Literary Weekly Intelligencer* 3 (1 June 1791): 127–130. See also A[nderson], J[ames].

Bailey, N[athan]. *The New Etymological English Dictionary.* 5th ed. London, 1760.

Beattie, James. *The Correspondence of James Beattie.* 4 vols. Ed. Roger J. Robinson. Bristol, 2004.

———. *James Beattie's Day-Book, 1773–1798.* Ed. Ralph S. Walker. Aberdeen, 1948.

———. *James Beattie's London Diary, 1773.* Ed. Ralph S. Walker. Aberdeen, 1946.

Beccaria, Cesare. *An Essay on Crimes and Punishments.* Philadelphia, 1778.

Belknap, Jeremy. *Belknap Papers. Collections of the Massachusetts Historical Society,* 6th ser., 4 (1891).

Bell, John. *Travels from St. Petersburg in Russia, to Diverse Parts of Asia.* 2 vols. Dublin, 1764. With an advertisement for *Bell's Sale Catalogue of Books for 1763 and 1764.*

[Bell, John, and John Bradfute]. *A Catalogue of Books for the Year M,DCC,XCIV.* [Edinburgh, 1794].

Bell, Robert. *Catalogue of Books, to be Sold by Auction, by Robert Bell, Bookseller and Auctioneer* (for auction running 25 Mar.–8 Apr. 1768). [Philadelphia, 1768]. (Photocopy in the Library Company of Philadelphia)

———. *A Catalogue of Books, to be Sold by Auction by Robert Bell, Bookseller and Auctioneer*(for auction running 4–7 May 1768) [Philadelphia, 1768]. (Photocopy in the Library Company of Philadelphia)

[———], ed. *An Interesting Appendix to Sir William Blackstone's Commentaries on the Laws of England.* America [Philadelphia], 1773.

———. *Memorandum.* Philadelphia, 1774.

———. *Miscellanies for Sentimentalists.* Philadelphia, 1778.

———. *New and Old, Medical, Surgical, and Chemical Works, Lately Imported, and Now Selling at Bell's Book-Store, near St. Paul's Church in Third-Street, Philadelphia; with the Lowest Price Printed to Each Book.* [Philadelphia, 1784].

———. *Now in the Printing-Press, and Speedily Will Be Published by Subscription, in One Volume Octavo, Price One Dollar, Sewed in Blue Boards, although the English Edition Is*

Sold at Four Dollars. An Essay on the History of Civil Society. By Adam Ferguson, LL. D., Professor of Moral Philosophy, in the University of Edinburgh. America [Philadelphia, 1771].

[————]. *Observations relative to the Manufactures of Paper and Printed Books in the Province of Pennsylvania.* [Philadelphia, 1773].

————. *Proposals, Addressed to Those Who Possess a Public Spirit. The Real Friends to the Progress of Literary Entertainment . . . Are Requested to Observe, that a Handsome American Edition of Hume's Celebrated History of England, Is Now in Contemplation to Be Published Periodically, by Subscription.* [Philadelphia, 1771].

————. *Robert Bell's Sale Catalogue of a Collection of New and Old Books, in All the Arts and Sciences, and in Various Languages, Also, a Large Quantity of Entertaining Novels; with the Lowest Price Printed in Each Book; Now Selling, at the Book-Store of William Woodhouse, Bookseller, Stationer, and Bookbinder, in Front-Street, near ChestnutStreet, Philadelphia.* Philadelphia, 1773.

————. *To the Encouragers of Literature. The Third Volume of Blackstone's Commentaries Is Now Published.* [Philadelphia, 1772].

————. *To the Sons of Science in America, Robert Bell, Bookseller of Philadelphia, Notifieth, that in the Fall of This Present Year 1773, He Will Publish by Subscription, Ferguson's Essay on the History of Civil Society.* [Philadelphia, 1773].

[Bent, William]. *The London Catalogue of Books.* London, 1791.

Black, Adam. *Memoirs of Adam Black.* Ed. Alexander Nicolson. Edinburgh, 1885.

Blackburne, Francis. *Memoirs of Thomas Hollis.* 2 vols. London, 1780.

Blacklock, Thomas. *Poems by Mr. Thomas Blacklock. To which Is Prefixed, An Account of the Life, Character, and Writings, of the Author, by the Rev. Mr. Spence.* London, 1756.

————. *Poems by the Late Reverend Dr. Thomas Blacklock.* Edinburgh, 1793.

————. *Poems on Several Occasions.* Glasgow, 1746.

Blackstone, William, Sir. *Commentaries on the Laws of England.* 4 vols. America [Philadelphia], 1771–1772.

Blair, Hugh. *Sermons.* 5 vols. London, 1818.

Boswell, James. *Boswell: The English Experiment, 1785–1789.* Ed. Irma S. Lustig and Frederick A. Pottle. New York, 1986.

————. *Boswell: The Great Biographer, 1789–1795.* Ed. Marlies K. Dansiger and Frank Brady. New York, 1989.

————. *Boswell: Laird of Auchinleck, 1778–1782.* Ed. Joseph W. Reed and Frederick A. Pottle. New York, 1977; reprint, Edinburgh, 1993.

————. *Boswell: The Ominous Years, 1774–1776.* Ed. Charles Ryskamp and Frederick A. Pottle. New York, 1963.

————. *Boswell for the Defence, 1769–1774.* Ed. William K. Wimsatt, Jr., and Frederick A.

Pottle. New York, 1959.

———. *Boswell in Search of a Wife, 1766–1769*. Ed. Frank Brady and Frederick A. Pottle. New York, 1956.

———. *Boswell's Life of Johnson*. 6 vols. (including the *Journal of a Tour to the Hebrides with Samuel Johnson* in vol. 5). Ed. George Birkbeck Hill; revised by L. F. Powell. Oxford, 1934–64.

———. *Boswell's London Journal, 1762–1763*. Ed. Frederick A. Pottle. New York, 1950.

———. *The Correspondence and Other Papers of James Boswell relating to the Making of the "Life of Johnson."* Ed. Marshall Waingrow. 2nd ed. Edinburgh and New Haven, CT, 2001.

———. *The Correspondence of James Boswell and William Johnson Temple, 1756–1795*. Vol. 1. Ed. Thomas Crawford. Edinburgh, 1997.

———. *The Correspondence of James Boswell with Certain Members of The Club*. Ed. Charles N. Fifer. New York, 1976.

———. *The General Correspondence of James Boswell, 1766–1769*. Ed. Richard C. Cole, with Peter S. Baker, Rachel McClellan, and James J. Caudle. Vol. 1, *1766–1767*. Edinburgh and New Haven, CT, 1993.

The British Coffee-House. 1764.

Brougham, Henry, Lord. *Lives of Men of Letters and Science Who Flourished in the Time of George III*. 2 vols. London, 1845.

Brown, John. *The Elements of Medicine of John Brown, M.D. Translated from the Latin, with Comments and Illustrations, by the Author. A New Edition, Revised and Corrected, with a Biographical Preface by Thomas Beddoes, M.D. and a Head of the Author*. 2 vols. London, 1795.

Brunhouse, David L., ed. *David Ramsay, 1749–1815: Selections from His Writings. Transactions of the American Philosophical Society*, n. s., vol. 55, pt. 4 (1965).

Buchan, William. *Domestic Medicine: or, A Treatise on the Prevention and Cure of Diseases by Regimen and Simple Medicines*. 13th ed. Philadelphia, 1793.

Buffon, Georges Louis Leclerc. *Buffon's Natural History, Abridged*. London, 1791; Dublin, 1791.

Burdy, Samuel. *The Life of the Rev. Philip Skelton*. Dublin, 1792.

Burgh, James. *The Art of Speaking*. Philadelphia, 1775.

———. *Political Disquisitions; or, An Enquiry into Public Errors, Defects, and Abuses*. 3 vols. London, 1774–1775; reprint, Philadelphia, 1775.

Burke, Edmund. *Reflections on the Revolution in France, and on the Proceedings in Certain Societies in London, Relative to the Event*. Philadelphia, 1792.

[Burney, Frances]. *Camilla: or, a Picture of Youth*. 5 vols. London, 1796.

———. *The Journals and Letters of Fanny Burney (Madame D'Arblay)*. 12 vols. Ed. Joyce Hemlow, with Patricia Boutilier and Althea Douglas. Oxford, 1972–1984.

Burns, Robert. *The Letters of Robert Burns*. 2 vols. Ed. J. De Lancey Ferguson; revised by G.

Ross Roy. Oxford, 1985.

Burton, J. E. [i.e., H.], ed. *Letters of Eminent Persons Addressed to David Hume.* Edinburgh and London, 1849.

Busching, Anton Friedrich. *A New System of Geography.* Trans. Patrick Murdoch. London, 1762.

"Cadell (Thomas)." In *The New Biographical Dictionary,* 8:13–15. London, 1812–1817.

[Cadell, Thomas], *Books Printed for and Sold by T. Cadell, opposite Catherine-Street in the Strand.* [London, 1767?].

[———]. *A Select Catalogue of the Most Approved English Books.* London, 1768–.

[Cadell, Thomas, Jr., and William Davies]. *A Catalogue of Valuable Books, All the Latest and Best Editions, and Many of Them in Various Sizes, Printed (the Greater Part Exclusively) for T. Cadell and W. Davies.* London, 1816.

Cadogan, William. *A Dissertation on the Gout, and All Chronic Diseases, Jointly Considered, as Proceeding from the Same Causes; What Those Causes Are; and a Rational and Natural Method of Cure Proposed.* London, 1771.

[Callender, James Thomson]. *American Annual Register, or, Historical Memoirs of the United States, for the Year 1796.* Philadelphia, 1797.

———. *The Political Progress of Britain; or an Impartial Account of the Principal Abuses in the Government of This Country.* London, 1792; reprint, Philadelphia, 1795; reissued in Carey, *Select Pamphlets,* 1796.

[Campbell, Robert]. *Robert Campbell's Sale Catalogue of Books. To Be Sold on the Most Reasonable Terms, at No. 54, South Second-Street, Second Door, below the Corner of Chestnut-Street, on the West Side, Philadelphia.* [Philadelphia, 1791?].

Campbell, Thomas. *Dr. Campbell's Diary of a Visit to England in 1775.* Ed. James L. Clifford. Cambridge, 1947.

Carey, Mathew. *Autobiography.* New York, 1942.

———. *Mathew Carey, No. 158, Market-Street, Philadelphia, Has Imported from London, Dublin, and Glasgow, an Extensive Assortment of Books.* [Philadelphia, 1792].

———. *Miscellaneous Essays.* Vol.1. Philadelphia, 1830; reprint, New York, n.d.

———, ed. *Select Pamphlets.* Philadelphia, 1796.

———. *Sir, Having, on Mature Deliberation, Resolved to Withdraw from the Company of Booksellers.* [Philadelphia, 1796]. Reproduced in Clarkin, *Mathew Carey,* 43.

———. *Vindicaiae Hibernicae: Or, Ireland Vindicated.* Philadelphia, 1819.

Carlyle, Alexander. *The Autobiography of Dr. Alexander Carlyle of Inveresk, 1722–1805.* Ed. J. H. Burton. New ed., 1910; reprint, Bristol, 1990.

A Catalogue of Books and Copyrights, including the Entire Stock of the Late William Creech, Esq. Which will be Offered, or Sold by Auction to A Company of Booksellers, at the Exchange Coffee-House, Edinburgh, on Monday, 17th July 1815. Edinburgh, 1815.

A Catalogue of Books, Published by the Different Members of the Philadelphia Company of

Printers and Booksellers, and Now for Sale, at Wm. Spotswood's Book-store. Philadelphia, 1794.

A Catalogue of Books, which Will Begin to Be Sold by Auction, by the Sheriff 's of the City of Dublin; Being the Bound Stock in Trade of Mr. Robt. Bell, Bookseller, at His Great Theatre in Caple-Street, on Wednesday the 2d of December 1767; Consisting of above Five Thousand Books in All Languages and Faculties; Also, the Interest of the Lease of that Large and Valuable Concern, which Mr. Bell, at a Very Considerable Expence, Has Fitted Up, and Subject to a Small Ground Rent. [Dublin, 1767].

A Catalogue of the Copies and Shares, of the late Mr Andrew Millar; which will be sold by Auction, to a Select Number of Booksellers of London and Westminster, at the Queen's-Arms Tavern, in St. Paul's Church-Yard, on Tuesday the 13th of June, 1769. [London,1769]. Annotated copy, Murray Archive.

Chambers, John. *Proposals for Printing by Subscription, by John Chambers, No. 5 Abbey-Street, (A New Edition, Considerably Enlarged and Improved,) A System of Modern Geography. . . By William Guthrie, Esq.* London, n.d.; reprint, Dublin, n.d.

Chambers, Robert, and Thomas Thomson, eds. *A Biographical Dictionary of Eminent Scotsmen.* 2 vols. 1834; reprint, London, 1870.

Character of the Celebrated Dr Robertson, Author of the History of Scotland, and of the Emperor Charles the Fifth. Philadelphia, 1772. Also published in the *Pennsylvania Packet* for 10 Aug. 1772.

Chesterfield, Philip Dormer Stanhope, Earl of. *Principles of Politeness, and of Knowing the World.* Philadelphia, 1778. Also contained in Bell, *Miscellanies for Sentimentalists.*

———. *Principles of Politeness, and of Knowing the World.* Philadelphia, 1781.

Cockburn, Henry. *Memorials of His Time.* 1856; reprint, Edinburgh, 1988.

Collyer, Mary. *The Death of Abel. In Five Books. Attempted from the German of Mr. Gessner.* 8th ed. Dublin, 1767.

[Constable, Archibald]. *Catalogue of Books Printed for Archibald Constable & Co. Edinburgh.* Edinburgh, 1814.

Constable, Thomas. *Archibald Constable and His Literary Correspondents.* 3 vols. Edinburgh, 1873.

The Constitution, Proceedings, etc. of the Philadelphia Company of Printers & Booksellers. [Philadelphia], 1793 [i.e., 1794].

"Correspondence between William Strahan and David Hall, 1763–1777." *Pennsylvania Magazine of History and Biography* 10 (1886): 86–99, 217–232, 322–333, 461–473; 11 (1887): 98–111, 223–234, 346–357, 482–490; and 12 (1888): 116–122, 240–251.

Crawfurd, George, and William Semple. *The History of the Shire of Renfrew.* Paisley, 1782.

Creech, William. *Edinburgh Fugitive Pieces.* Edinburgh, 1815. Originally published anonymously in 1791.

[———]. *Letters, Addressed to Sir John Sinclair, Bart. Respecting the Mode of Living, Arts, Commerce, Literature, Manners, etc. of Edinburgh, in 1763, and since that Period.* Edinburgh, 1793.

[———]. *Letters containing a Comparative View of Edinburgh in the Years 1763 and 1783.* Edinburgh, 1783.

"Critical Remarks on Some of the Most Eminent Historians of England." *The Bee, or Literary Weekly Intelligencer* 3 (25 May 1791): 89–96.

Cumberland, Richard. *The Memoirs of Richard Cumberland.* 2 vols. 1807; reprint, New York, 2002.

Deanina [Denina], Carlo. *Extract from an Essay on the Progress of Learning among the Scots, Annexed to An Essay on the State of Learning in Italy.* N.p., 1763.

Denina, Carlo. *An Essay on the Revolutions of Literature.* Trans. John Murdoch. London, [1771].

Diderot, Denis. *The Encyclopedia: Selections.* Ed. and trans. Stephen J. Gendzier. New York, 1967.

[Donaldson, Alexander]. *Some Thoughts on the State of Literary Property Humbly Submitted to the Consideration of the Public.* London: printed for Alexander Donaldson. Dublin: reprinted for Robert Bell, [1767].

Du Ponceau, Peter Stephen. "The Autobiography of Peter Stephen Du Ponceau." Ed. James L. Whitehead. *Pennsylvania Magazine of History and Biography* 63 (1939): 432–461.

Encyclopaedia Britannica; or, a Dictionary of Arts, Sciences, etc. 2nd ed. Edinburgh, 1778–1782.

Encyclopaedia Britannica; or, a Dictionary of Arts, Sciences, and Miscellaneous Literature. 3rd ed. 18 vols. Edinburgh, 1788–1797.

[*Encyclopaedia Britannica.*] *Supplement to the Third Edition of the Encyclopaedia Britannica.* 2 vols. Edinburgh, 1799–1801. Also 2nd ed. 2 vols. Edinburgh, 1803.

Erskine, David Stewart, eleventh Earl of Buchan. *The Anonymous and Fugitive Essays of the Earl of Buchan.* Edinburgh, 1812.

[Ewing, Thomas]. *Select Catalogue of Books. Printed for, and Sold by Thomas Ewing Bookseller in Capel-Street, Dublin.* [Dublin, 1774].

Ferguson, Adam. *The Correspondence of Adam Ferguson.* 2 vols. Ed. Vincenzo Merolle. London, 1995.

———. "Minutes of the Life and Character of Joseph Black, M.D." *Transactions of the Royal Society of Edinburgh* 5 (1805): 101–117.

Fielding, Henry. *The History of the Adventures of Joseph Andrews, and of His Friend Mr. Abraham Adams.* 3rd ed. 2 vols. London, 1743.

———. *Miscellanies.* 3 vols. London, 1743.

Fieser, James, ed. *Scottish Common Sense Philosophy: Sources and Origins.* 3 vols. Bristol, 2000.

[Fleming, Robert]. "An Account of the Life of the Late Mr William Creech." In Creech, *Edinburgh Fugitive Pieces*, xi–xli.

Forbes, Sir William. *An Account of the Life and Writings of James Beattie, LL. D.* 2 vols. 1806; reprint, Bristol, 1997.

Franklin, Benjamin. *The Papers of Benjamin Franklin.* 37 vols. Ed. Leonard W. Labaree etal. New Haven, CT, 1959–.

[Gaine, Hugh]. *Hugh Gaine's Catalogue of Books, Lately Imported from England, Ireland, and Scotland, and to Be Sold at His Book-Store and Printing-Office, at the Bible in Hanover-Square.* New York, 1792.

Gibbon, Edward. *Memoirs of My Life.* Ed. Georges A. Bonnard. London, 1966.

Goethe, Johann Wolfgang von. *The Sorrows and Sympathetic Attachments of Werter.* Philadelphia, 1784.

Goldsmith, Oliver. *An History of the Earth, and Animated Nature.* 8 vols. Dublin, 1776–1777.

———. *An History of the Earth, and Animated Nature.* 4 vols. Philadelphia, 1795.

———. *The Traveller; or, A Prospect of Society, a Poem.* America [Philadelphia], 1768.

———. *The Vicar of Wakefield: A Tale.* 2 vols. Dublin, 1767.

———. *The Vicar of Wakefield: A Tale.* 4th ed. 2 vols. Dublin [i.e., Boston], 1767.

Graydon, Alexander. *Memoirs of His Own Time.* Ed. John Stockton Littell. Philadelphia, 1846.

Guthrie, William. *An Improved System of Modern Geography; or, A Geographical, Historical, and Commercial Grammar; Containing the Ancient and Present State of All the Empires, Kingdoms, States, and Republics in the Known World. . . . Originally Compiled by William Guthrie, Esq. A New Edition, Considerably Enlarged and Corrected, Inscribed, by Permission, to the Royal Irish Academy.* Dublin, 1789. 扉页顶端注明"钱伯斯版"。

———. *A New Geographical, Historical, and Commercial Grammar.* Dublin, 1780, 1789 (10th ed.), 1794.

———. *A New Geographical, Historical, and Commercial Grammar; and Present State of the Several Kingdoms of the World.* 11th ed. London, 1788.

———. *A New System of Modern Geography: or, A Geographical Historical, and Commercial Grammar; and Present State of the Several Kingdoms of the World.* London, 1792.

———. *A New System of Modern Geography: or, A Geographical, Historical, and Commercial Grammar, and Present State of the Several Nations of the World.* 2 vols. Philadelphia, 1794–1795.

[Hall, David]. *Imported in the Last Vessels from England, and to Be Sold by David Hall, at the New Printing-Office, in Market-street, Philadelphia, the Following Books.* [Philadelphia, ca. 1768].

Hallett, Robin, ed. *Records of the African Association.* Edinburgh and London, 1964.

[Hamilton, Elizabeth]. *Short Memoir of Gavin Hamilton, Publisher and Bookseller in Edinburgh, in the Eighteenth Century.* Aberdeen, 1840.

Hawkesworth, John. *An Account of the Voyages undertaken by Order of His Present Majesty for Making Discoveries in the Southern Hemisphere.* London, 1773.

Heron, Robert. "Memoir of the Life of the Late Robert Burns." *Monthly Magazine and British Review,* 1796. Reprinted in Lindsay, *Burns Encyclopedia*, 166–182.

————. *Observations Made in a Journey through the Western Counties of Scotland.* 2 vols. Perth, 1793.

History of the Speculative Society of Edinburgh. Edinburgh, 1845.

Home, Henry, Lord Kames. *Elements of Criticism.* 4th ed. 2 vols. Edinburgh, 1769.

Homer. *The Iliad of Homer. Translated from the Greek by Alexander Pope, Esq.* Philadelphia, 1795.

Hume, David. *Essays and Treatises on Several Subjects.* London, 1758.

————. *Essays and Treatises on Several Subjects.* 2 vols. London, 1768.

————. *Essays and Treatises on Several Subjects.* 2 vols. London, 1777.

————. *The History of England, from the Invasion of Julius Caesar to the Revolution in 1688.* 8 vols. Dublin, 1772.

————. *Letters of David Hume to William Strahan.* Ed. G. Birkbeck Hill. Oxford, 1888.

————. *The Letters of David Hume.* 2 vols. Ed. J. Y. T. Greig. Oxford, 1932.

————. *The Life of David Hume, Esq. Written by Himself.* London, 1777.

————. *A Treatise of Human Nature.* 3 vols. London, 1739–1740.

Hume, David, and others. *The Life of David Hume, Esq; the Philosopher and Historian, Written by Himself. To which Are Added, The Travels of a Philosopher, containing Observations on the Manners and Arts of Various Nations, in Africa and Asia. From the French of M. Le Poivre, Late Envoy to the King of Cochin-China, and Now Intendant of the Isles of Bourbon and Mauritius.* Philadelphia, 1778. Also contained in Bell, *Miscellanies for Sentimentalists.*

Jefferson, Thomas. *The Papers of Thomas Jefferson.* Ed. Julian P. Boyd et al. Princeton, 1950–.

Johnson, Samuel. *The History of Rasselas, Prince of Abissina: An Asiatic Tale.* America [Philadelphia], 1768.

Kenrick, Norah. *Chronicles of a Nonconformist Family.* Birmingham, 1932.

Kerr, Robert. *Memoirs of the Life, Writings, and Correspondence of William Smellie.* 2 vols. 1811; reprint, Bristol, 1996.

Knox, John. *A View of the British Empire, More Especially Scotland; with Some Proposals for the Improvement of that Country, the Extension of Its Fisheries, and the Relief of the People.* 2 vols. 3rd ed., London, 1785; 4th ed., London, 1789.

Lackington, James. *The Confessions of J. Lackington, Late Bookseller, at the Temple of the Muses, in a Series of Letters to a Friend.* London, 1804.

————. *Memoirs of the Forty-Five First Years of the Life of James Lackington.* 8th ed. London, 1794.

La Rochefoucauld, François, duc de. *Maxims and Moral Reflections.* Philadelphia, 1778. Also contained in Bell, *Miscellanies for Sentimentalists.*

Lambert, Sheila, ed. *House of Commons Sessional Papers of the Eighteenth Century.*

706 启蒙与书籍：苏格兰启蒙运动中的出版业

Wilmington, DE, 1975.

Lee, John. *Memorial for the Bible Societies in Scotland.* Edinburgh, 1824.

Leechman, William. "The Preface, Giving Some Account of the Life, Writings, and Character of the Author." In Francis Hutcheson, *A System of Moral Philosophy,* 1: i–xlviii. Glasgow, 1755.

Leland, Thomas. *The History of Ireland from the Invasion of Henry II.* 3 vols. Dublin, 1773; London, 1773.

Lockhart, J. G. *Memoirs of Sir Walter Scott.* 5 vols. London, 1900.

———. *Peter's Letters to His Kinfolk.* 2 vols. 3rd ed. Edinburgh, 1819.

MacBride, David. *A Methodical Introduction to the Theory and Practice of Physic.* London, 1772.

———. *A Methodical Introduction to the Theory and Practice of the Art of Medicine.* 2 vols. Dublin, 1777.

MacCormick, Joseph. *State-Papers and Letters, Addressed to William Carstares.* London, 1774.

Mackenvie, William. *Annals and Statistics of the United Presbyterian Church.* Edinburgh, 1873.

Mackenzie, Henry. *Account of the Life and Writings of John Home.* 1822; reprint, Bristol, 1997.

———. *The Anecdotes and Egotisms of Henry Mackenzie, 1745–1831.* Ed. Harold William Thompson. 1927; reprint, Bristol, 1996.

———. *Letters to Elizabeth Rose of Kilravock: On Literature, Events and People, 1768–1815.* Ed. Horst W. Drescher. Edinburgh and London, 1967.

———. *Literature and Literati: The Literary Correspondence and Notebooks of Henry Mackenzie. Volume 1/Letters, 1766–1827.* Ed. Horst W. Drescher. Frankfurt, 1989.

Mackintosh, Sir James. *The Miscellaneous Works of Sir James Mackintosh.* 3 vols. London, 1854.

[Macky, John]. *A Journey through England.* London, 1714.

Macpherson, James. *The Rights of Great Britain Asserted against the Claims of America: Being an Answer to the Declaration of the General Congress.* Philadelphia, 1776.

Marmontel, Jean Francois. *The History of Belisarius, the Heroick and Humane Roman General.* America [Philadelphia], 1770.

M'Culloch, John. *A Concise History of the United States, from the Discovery of America till 1795.* 2nd ed. Philadelphia, 1795.

———. *Introduction to the History of America.* Philadelphia, 1787.

———. *Memoirs of the Late Rev. William Marshall.* Philadelphia, 1806.

McCulloch, William. "William McCulloch's Additions to Thomas's *History of Printing.*" Ed. C. S. B[righam]. *Proceedings of the American Antiquarian Society* 31 (1921):89–247.

McKean, H. S. *Questions upon Adam's Roman Antiquities: For the Use of Students in Harvard College.* Cambridge, MA, 1834.

[McLewes, Jon]. *The Philadelphiad.* 2 vols. Philadelphia, 1784.

Millar, Robert. *The History of the Church under the Old Testament, from the Creation of the World.* Edinburgh, 1730.

———. *The History of the Propagation of Christianity, and the Overthrow of Paganism.* 2 vols. 3rd ed. London, 1731.

Mizuta, Hiroshi, ed. *The Edinburgh Reviews and the Scottish Intellectual Climate: Materials for the Study of the Scottish Enlightenment.* Nagoya, 1975.

Moore, John. "The Life of T. Smollett, M.D." In *The Works of Tobias Smollett, M.D.,* 1: xcvii–cxcvi. London, 1797.

More, Hannah. *Essays on Various Subjects, Principally Designed for Young Ladies.* Philadelphia, 1786.

A New and Correct Catalogue of All the English Books which Have Been Printed from the Year 1700, to the Present Time, with Their Prices. London, 1767.

New Statistical Account of Scotland. 15 vols. Edinburgh and London, 1845.

Nichols, John. *Illustrations of the Literary History of the Eighteenth Century, Consisting of Authentic Memoirs and Original Letters of Eminent Persons; and Intended as a Sequel to the Literary Anecdotes.* 8 vols. 1817–58; reprint, New York, 1966.

———. *Literary Anecdotes of the Eighteenth Century.* 9 vols. London, 1812–1816.

O'Halloran, Sylvester. *A General History of Ireland, from the Earliest Accounts to the Close of the Twelfth Century.* 2 vols. London, 1778.

———. *An Introduction to the Study of the History and Antiquities of Ireland.* Dublin, 1772; reissued in London, 1772.

"On the History of Authors by Profession." *The Bee, or Literary Weekly Intelligencer* 1 (12 Jan. 1791): 62–65; 3 (11 May 1791): 13–15; 3 (18 May 1791): 52–54; 3 (25 May 1791): 87–89.

Paine, Thomas. *Common Sense; Addressed to the Inhabitants of America.* Philadelphia, 1776.

Park, Mungo. *Travels in the Interior Districts of Africa.* Ed. Kate Ferguson Marsters. Durham, NC, and London, 2000.

Payne, John [Robert Heron?]. *A New and Complete System of Universal Geography.* Montrose, 1796.

Pinkerton, John. *The Literary Correspondence of John Pinkerton, Esq.* 2 vols. Ed. Dawson Turner. London, 1830.

Playfair, John. "Account of Matthew Stewart, D.D." *Transactions of the Royal Society of Edinburgh* 1, pt. 1 (1788): 57–76.

———. "Biographical Account of the Late Dr. James Hutton F. R. S. Edin." *Transactions of the Royal Society of Edinburgh* 5 (1805): 39–99.

Pomfret, J. E. "Some Further Letters of William Strahan, Printer." *Pennsylvania Magazine of History and Biography* 60 (1936): 455–489.

Pope, Alexander, trans. *The Iliad of Homer.* 6 vols. London, 1715–1720.

———, trans. *The Odyssey of Homer.* 5 vols. London, 1725–1726.

————. *The Works of Mr. Alexander Pope*. London, 1717.

Pratt, S. J. *Supplement to the Life of David Hume, Esq*. London, 1777.

Ramsay, Allan. *The Tea-Table Miscellany: or, A Collection of Choice Songs, Scots and English*. 10th ed. 4 vols. London, 1740.

Ramsay, David. *The History of the American Revolution*. 2 vols. Philadelphia, 1789.

————. *The History of the Revolution of South-Carolina, from a British Province to an Independent State*. 2 vols. Trenton, NJ, 1785.

Ramsay, John. *Scotland and Scotsmen in the Eighteenth Century*. 2 vols. Ed. Alexander Allardyce. Edinburgh and London, 1888; reprint, Bristol, 1996.

Records of the Worshipful Company of Stationers, 1554–1920. Reels 6–9. Ed. Robin Myers. Microfilm. 115 reels. London, 1985. Originals at Stationers' Hall, London.

Rees, Thomas. *Reminiscences of Literary London from 1779 to 1853*. New York, 1896.

Reid, Thomas. *The Correspondence of Thomas Reid*. Ed. Paul B. Wood. Edinburgh, 2002.

————. *Philosophical Works*. 2 vols. Ed. Sir William Hamilton. 1895; reprint, Hildesheim, 1967.

Richardson, Samuel. *The Correspondence of Samuel Richardson*. 6 vols. Ed. Anna Laetitia Barbauld. London, 1804.

Rider, William. *An Historical and Critical Account of the Living Authors of Great Britain*. London, 1762.

Roberts, William. *Memoirs of the Life and Correspondence of Mrs. Hannah More*. 2 vols. New York, 1835.

Robertson, William. *The Works of William Robertson*. 12 vols. Ed. Richard B. Sher and Jeff rey Smitten. Bristol, 1996.

Romans, Bernard. *A Concise Natural History of East and West Florida*. New York, 1776. Originally published in 1775.

Rudiman, Thomas. *The Rudiments of the Latin Tongue; or, A Plain and Easy Introduction to Latin Grammar*. Philadelphia, 1786.

Rush, Benjamin. *The Autobiography of Benjamin Rush*. Ed. George W. Corner. Princeton, 1948.

————. *An Eulogium in Honour of the Late Dr. William Cullen, Professor of the Practice of Physic in the University of Edinburgh; Delivered before the College of Physicians of Philadelphia, on the 9th of July, Agreeably to Their Vote of the 4th of May, 1790*. Philadelphia, 1790.

————. *The Letters of Benjamin Rush*. 2 vols. Ed. L. H. Butterfield. Philadelphia, 1951.

[Russell, William]. *The History of Modern Europe*. 5 vols. London, 1786.

Salmon, Thomas. *A New Geographical and Historical Grammar: Wherein the Geographical Part Is Truly Modern; and the Present State of the Several Kingdoms of the World Is So Interspersed as to Render the Study of Geography Both Entertaining and Instructive*. 11th ed. London, 1769.

Scott, Thomas. *The Holy Bible, containing the Old and New Testaments, with Original Notes,*

Practical Observations, and Copious Marginal References. 5 vols. Philadelphia, 1804–1809.

Scott, Sir Walter. *The Letters of Sir Walter Scott.* 12 vols. Ed. H. J. C. Grierson. London, 1932–1937.

Sheridan, Thomas. *A General Dictionary of the English Language.* 3rd ed. Philadelphia, 1789.

Sibbald, J[ames]. *A New Catalogue of the Edinburgh Circulating Library: containing Twenty Thousand Volumes, English, French, and Italian . . . Including All the Books that Have Been Lately Published in Every Branch of Literature; Likewise Music and Prints.* Edinburgh, 1786.

Sinclair, Sir John. *The Correspondence of the Right Honourable Sir John Sinclair, Bart. With Reminiscences of the Most Distinguished Characters Who Have Appeared in Great Britain, and in Foreign Countries, during the Last Fifty Years.* 2 vols. London, 1831.

[Smellie, William]. *In the Press, and to be Published by William Creech, in Eight Volumes, 8vo, the Count de Buffon's Natural History; Translated into English, from the Paris Edition in Sixteen Volumes, Quarto, Illustrated with above Two Hundred and Forty Beautiful Copperplates, and Embellished with an Elegant Portrait of the Author.* Edinburgh, 1779.

Smiles, Samuel, ed. *A Publisher and His Friends: Memoir and Correspondence of the Late John Murray, with an Account of the Origin and Progress of the House, 1768–1843.* 2 vols. London, 1891.

Smith, Adam. *The Correspondence of Adam Smith.* Ed. Ernest Campbell Mossner and Ian Simpson Ross. 2nd ed. Oxford, 1987.

———. *The Theory of Moral Sentiments.* Ed. D. D. Raphael and A. L. Macfie. 1976; reprint, Indianapolis, IN, 1982.

Smith, Elihu Hubbard. *The Diary of Elihu Hubbard Smith (1771–1798).* Ed. James E. Croinin. Philadelphia, 1973.

Smith, John. *Galic Antiquities.* Edinburgh, 1780.

Smith, Samuel Stanhope. *An Essay on the Causes of the Variety of Complexion and Figure in the Human Species. To Which Are Added Strictures on Lord Kaims's Discourse, on the Original Diversity of Mankind.* Philadelphia, 1787.

[Smollett, Tobias], ed. *A Compendium of Authentic and Entertaining Voyages, Digested in a Chronological Series.* 7 vols. London, 1756.

———. *Continuation of the Complete History of England.* 4 vols. London, 1762–1765.

———. *The Expedition of Humphry Clinker.* Ed. O. M. Brack, Jr., and Thomas R. Preston. Athens, GA, and London, 1990.

———. *The History of England, from the Revolution to the Death of George the Second (Designed as a Continuation of Mr. Hume's History).* 5 vols. London, 1785.

———. *The Letters of Tobias Smollett.* Ed. Lewis M. Knapp. Oxford, 1970.

Smollett, Tobias, and others. *The History of England, from the Revolution to the End of the*

American War, and Peace of Versailles in 1783. 8 vols. Edinburgh, 1791. Otherwise known as the Mudie edition; see also Society of Gentlemen.

[Society of Gentlemen]. *The History of the British Empire, from the Year 1765, to the End of 1783. Containing an Impartial History of the Origin, Progress, and Termination of the American Revolution. By a Society of Gentlemen.* 2 vols. Philadelphia, 1798.（也以罗伯特·坎贝尔版斯摩莱特等人的《英格兰史》的第五卷和第六卷、米迪版的斯摩莱特《英格兰史》的第七卷和第八卷出版过。）

Somerville, Thomas. *My Own Life and Times, 1741–1814.* 1861; reprint, Bristol, 1996.

Sprague, William B. *Annals of the American Pulpit.* 9 vols. New York, 1869.

Stark, J. *Picture of Edinburgh: containing a Description of the City and Its Environs.* Edinburgh, 1819.

———. *Picture of Edinburgh; containing A History and Description of the City, with a Particular Account of Every Remarkable Object in, or Establishment Connected with, the Scottish Metropolis.* Edinburgh, 1806.

Sterne, Laurence. *A Sentimental Journey, through France and Italy.* North-America [Philadelphia], 1770.

Stevens, George Alexander. *Songs, Comic, Satyrical, and Sentimental.* Philadelphia, 1778.

Stewart, Dugald. "Account of the Life and Writings of Adam Smith, LL. D." (1794). Ed. I. S. Ross. In Adam Smith, *Essays on Philosophical Subjects*, ed. D. D. Raphael and A. S. Skinner, 269–351. Oxford, 1980.

———. "Dissertation: Exhibiting the Progress of Metaphysical, Ethical, and Political Philosophy, since the Revival of Letters in Europe." In *Collected Works of Dugald Stewart*, vol. 1. Edinburgh, 1854.

The Strahan Archive from the British Library. Microfilm. 23 reels. Woodbridge, CT, and Reading, UK, 1990. Originals at the British Library, London, Add. MSS 48800–48918.

[Strahan, William, and Thomas Cadell], *Books Printed for W. Strahan, and T. Cadell in the Strand.* [London, 1781]. 18 世纪 70 年代末和 80 年代初出版了很多版本。

Temple, William Johnston. *Diaries of William Johnston Temple, 1780–1796.* Ed. Lewis Bettany. Oxford, 1929.

Thomas, Isaiah. *The History of Printing in America.* Ed. Marcus A. McCorison. 2nd ed. New York, 1970.

[Thompson, William]. Thomas Newte, *Prospects and Observations; on a Tour in England and Scotland: Natural, Oeconomical, and Literary.* London, 1791.

Thomson, James. *James Thomson (1700–1748): Letters and Documents.* Ed. Alan Dugald McKillup. Lawrence, KA, 1958.

———. *The Seasons.* Philadelphia, 1777.

———. *The Works of James Thomson. With His Last Corrections and Improvements. To which Is Prefixed, An Account of His Life and Writings* [by Patrick Murdoch]. 2 vols. London, 1762.

Timperley, C. H. *Encyclopaedia of Literary and Typographical Anecdote.* 2 vols. 1839; reprint, New York and London, 1977.

[Topham, Edward]. *Letters from Edinburgh; Written in the Years 1774 and 1775.* 1776; reprint, Edinburgh, 1971.

Turnbull, George. *The Principles of Moral and Christian Philosophy.* 2 vols. London, 1740.

————. *A Treatise on Ancient Painting, containing Observations on the Rise, Progress, and Decline of that Art amongst the Greeks and Romans.* London, 1740.

Tytler, Alexander Fraser, Lord Woodhouselee. *Elements of General History, Ancient and Modern.* 2 vols. Edinburgh, 1801.

————. *Memoirs of the Life and Writings of the Honourable Henry Home of Kames.* 2 vols. Edinburgh, 1807.

An Universal History, from the Earliest Account of Time. 21 vols. London, 1747–1754.

Voltaire. *Letters concerning the English Nation.* Ed. Nicholas Cronk. Oxford, 1999.

————. "M. De Voltaire to the Authors of the *Literary Gazette:* On the Elements of Criticism." *Edinburgh Advertiser,* 10–14 Dec. 1773.

————. *Miscellanies by M. de Voltaire.* Philadelphia, 1778.

Walpole, Horace. *The Works of Horatio Walpole, Earl of Oxford.* 5 vols. London, 1798.

————. *The Yale Edition of Horace Walpole's Correspondence.* 48 vols. Ed. W. S. Lewis. New Haven, CT, 1937–1983.

Warburton, J., J. Whitlaw, and Robert Walsh. *History of the City of Dublin.* 2 vols. London, 1818.

[West, William]. *Fifty Years' Recollections of an Old Bookseller.* Cork, 1835.

————. "Letters to My Son at Rome." *Aldine Magazine of Biography, Bibliography, Criticism, and the Arts* 1 (1838): 1–4, 18–20, 33–37, 50–52, 66–71; (1839): 82–87, 99–117, 132–135, 156–157, 200–210, 248–254, 308–311.

"William Thomson." In *Public Characters of 1802–1803.* London, 1803.

Williams, Helen Maria. *Letters containing a Sketch of the Politics of France.* Philadelphia, 1796.

Willison, John. *A Treatise concerning the Sanctifying the Lord's Day.* 2nd ed. Edinburgh, 1722.

Wilson, William. *A Defence of the Reformation-Principles of the Church of Scotland. With a Continuation of the Same.* 1739; reprint, Glasgow, 1769.

Witherspoon, John. *The Dominion of Providence over the Passions of Men. A Sermon Preached at Princeton, on the 17th of May, 1776. Being the General Fast Appointed by the Congress through the United Colonies.* Philadelphia, 1776.

————. *Ecclesiastical Characteristics: or, the Arcana of Church Policy. Being an Humble Attempt to Open Up the Mystery of Moderation.* Glasgow, 1753.

Wodrow, Robert. *The Correspondence of the Rev. Robert Wodrow.* 3 vols. Ed. Thomas M'Crie. Edinburgh, 1843.

Wodrow–Kenrick Correspondence, c. 1750–1810. Microfilm. 1 reel. East Ardsley, Wakefield, UK, 1982. Originals in Dr. Williams's Library, London, MS 24157.

Woodfall, William. *An Impartial Sketch of the Debate in the House of Commons of Ireland, on a Motion Made on Friday, August 12, 1785, by the Rt. Hon. Thomas Orde.* Dublin, [1785].

Young, I. Gilbert. *Fragmentary Records of the Youngs, Comprising, in Addition to Much General Information Respecting Them, a Particular and Extended Account of the Posterity of Ninian Young.* Philadelphia, 1869.

Young, William S. "Yellow Fever in Philadelphia in 1793, and a Death-Bed Scene." *Evangelical Repository, and United Presbyterian Review* (April 1866): 615–625.

Zachs, William, ed. *Hugh Blair's Letters to His Publishers, 1777–1800.* Edinburgh, forthcoming.

二手资料

Abbattista, Guido. "The Business of Paternoster Row: Towards a Publishing History of the *Universal History* (1736–1765)." *Publishing History* 17 (1985): 5–50.

Adams, J. R. R. *The Printed Word and the Common Man: Popular Culture in Ulster, 1700–1900.* Belfast, 1987.

Adams, Thomas R., and Nicholas Barker. "A New Model for the Study of the Book." In Barker, *Potencie of Life*, 5–43.

Addison, W. Innes. *The Matriculation Albums of the University of Glasgow from 1728 to 1858.* Glasgow, 1913.

Ahlstrom, Sydney E. "The Scottish Philosophy and American Theology." *Church History* 24 (1955): 257–272.

"*AHR* Forum: How Revolutionary Was the Print Revolution?" *American Historical Review* 107 (2002): 84–128. See also Elizabeth L. Eisenstein as well as Adrian Johns.

Alden, John. "John Mein: Scourge of Patriots." *Transactions of the Colonial Society of Massachusetts* 34 (1945): 571–599.

———. "John Mein, Publisher." *Papers of the Bibliographical Society of America* 36 (1942): 199–214.

Aldridge, A. Owen, ed. *The Ibero-American Enlightenment.* Urbana, IL, 1971.

Allan, David. "Eighteenth-Century Private Subscription Libraries and Provincial Urban Culture: The Amicable Society of Lancaster, 1769–c.1820." *Library History* 19 (2001): 57–76.

———. *Making British Culture: English Readers and the Scottish Enlightenment.* Forthcoming.

———. "Opposing Enlightenment: Revd Charles Peters' Reading of the Natural History of Religion." *Eighteenth-Century Studies* 38 (2005): 301–321.

———. "A Reader Writes: Negotiating *The Wealth of Nations* in an Eighteenth-Century English Commonplace Book." *Philological Quarterly* (2004): 207–233.

———. "The Scottish Enlightenment and the Readers of Late Georgian Lancaster: 'Light in the North.'" *Northern History* 36 (2000): 267–281.

———. "Some Methods and Problems in the History of Reading: Georgian England and the

Scottish Enlightenment." *Journal of the Historical Society* 3 (2003): 91–124.

———. *Virtue, Leaning and the Scottish Enlightenment: Ideas of Scholarship in Early Modern History.* Edinburgh, 1993.

Alston, Robin. "Library History: The British Isles–to 1850." www.r-alston.co.uk/contents.htm.

Amory, Hugh. "'*De Facto* Copyright?' Fielding's *Works* in Partnership, 1769–1821." *Eighteenth-Century Studies* 17 (1984): 449–476.

———. "Hugh Blair." In *Sale Catalogues of Libraries of Eminent Persons*, ed. A. N. L. Munby, vol. 7, *Poets and Men of Letters,* 159–164. London, 1971–1975.

Amory, Hugh, and David D. Hall, eds. *The Colonial Book in the Atlantic World.* Cambridge, 2000.

Anderson, John, ed. *Catalogue of Early Belfast Printed Books, 1694 to 1830.* Belfast, 1890.

———. *History of the Belfast Library and Society for Promoting Knowledge, Commonly Known as The Linen Hall Library.* Belfast, 1888.

Anderson, R. G. W., M. L. Caygill, A. G. MacGregor, and L. Syson, eds. *Enlightening the British: Knowledge, Discovery, and the Museum in the Eighteenth Century.* London, 2003.

Andrew, Edward G. *Patrons of Enlightenment.* Toronto, 2006.

Andrews, Corey. *Literary Nationalism in Eighteenth-Century Scottish Club Poetry.* Lewiston, NY, 2004.

Andrews, Stuart. *Unitarian Radicalism: Political Rhetoric, 1770–1814.* Basingstoke, UK, 2003.

Annals of The Club 1764–1915. London, 1914.

Armbruster, Carol, ed. *Publishing and Readership in Revolutionary France and America.* Westport, CT, and London, 1993.

Armitage, David. "Three Concepts of Atlantic History." In *The British Atlantic World, 1500–1800*, ed. David Armitage and Michael J. Braddick, 11–27. Basingstoke, UK, 2002.

Arner, Robert D. *Dobson's Encyclopaedia: The Publisher, Text, and Publication of America's First Britannica, 1789–1803.* Philadelphia, 1991.

———. "Thomas Dobson's American Edition of the *Encyclopaedia Britannica*." In *Notable Encyclopedias of the Late Eighteenth Century: Eleven Successors of the "Encyclopédie,"* ed. Frank A. Kafker, 201–254. Oxford, 1994.

Austen-Leigh, Richard A. *The Story of a Printing House.* 2nd ed. London, 1912.

Axelrod, Alan. "Mathew Carey." In *American Writers of the Early Republic*, ed. Emory Elliott, 89–96. Detroit, 1985.

Baines, Paul. "Robert Heron." In *Eighteenth-Century British Literary Biographers*, ed. Steven Serafin, 161–169. Detroit, 1994.

Baker, Keith Michael, and Peter Hanns Reill, eds. *What's Left of Enlightenment: A Postmodern Question.* Stanford, 2001.

Barber, Giles. *Studies in the Booktrade of the European Enlightenment.* London, 1994.

Barker, Nicolas. *Form and Meaning in the History of the Book: Selected Essays.* London, 2003.

————, ed. *A Potencie of Life: Books in Society.* London, 1993.

Basker, James G. "Scotticisms and the Problem of Cultural Identity in Eighteenth-Century Britain." In Dwyer and Sher, *Sociability and Society in Eighteenth-Century Scotland*, 81–95.

————. *Tobias Smollett: Critic and Journalist.* Newark, DE, 1988.

Bassnett, Susan. *Translation Studies.* 3rd ed. London, 2002.

Bate, W. Jackson. *Samuel Johnson.* New York and London, 1975.

[Beath, Robert B.], ed. *An Historical Catalogue of the St. Andrew's Society of Philadelphia.* 2 vols. Philadelphia, 1907–1913.

Beauchamp, Tom L. Introduction to *An Enquiry concerning Human Understanding: A Critical Edition* by David Hume, xi–civ. Oxford, 2000.

————. Introduction to *An Enquiry concerning the Principles of Morals: A Critical Edition* by David Hume, xi–lxxx. Oxford, 1998.

Becker, Carl. *The Heavenly City of the Eighteenth-Century Philosophers.* New Haven, CT, 2003. Originally published in 1931.

Belanger, Terry. "Booksellers' Sales of Copyright: Aspects of the London Book Trade 1718–1768." Ph.D. diss., Columbia University, 1970.

————. "Booksellers' Trade Sales, 1718–1768." *Library*, 5th ser., 30 (1975): 281–302.

————. "A Directory of the London Book Trade, 1766." *Publishing History* 1 (1977): 5–48.

————. "From Bookseller to Publisher: Changes in the London Book Trade, 1750–1850." In *Bookselling and Book Buying: Aspects of the Nineteenth-Century British and North American Book Trade*, ed. Richard G. Landon, 7–16. Chicago, 1978.

————. "Publishers and Writers in Eighteenth-Century England." In Rivers, *Books and Their Readers*, 5–26.

Benedict, Barbara. *Making the Modern Reader: Cultural Mediation in Early Modern Literary Anthologies.* Princeton, 1996.

————. "Readers, Writers, Reviewers, and the Professionalization of Literature." In *The Cambridge Companion to English Literature, 1740–1830*, ed. Thomas Keymer and Jon Mee, 3–23. Cambridge, 2004.

————. "'Service to the Public': William Creech and Sentiment for Sale." In Dwyer and Sher, *Sociability and Society in Eighteenth-Century Scotland*, 119–146.

Bennett, Stuart. *Trade Bookbinding in the British Isles, 1660–1800.* New Castle, DE, and London, 2004.

Benson, Charles. "Printers and Booksellers in Dublin 1800–1850." In Myers and Harris, *Spreading the Word*, 47–59.

Bentley, G. E., Jr. "Copyright Documents in the George Robinson Archive: William Godwin and Others 1713–1820." *Studies in Bibliography* 35 (1982): 67–110.

Berman, Eleanor Davidson. *Thomas Jefferson among the Arts.* New York, 1947.

Berry, Christopher J. *Social Theory of the Scottish Enlightenment.* Edinburgh, 1997.

Besterman, Theodore, ed. *The Publishing Firm of Cadell & Davies: Select Correspondence and Accounts 1793–1836.* Oxford, 1938.

Birn, Raymond. *Forging Rousseau: Print, Commerce and Cultural Manipulation in the Late Enlightenment.* Oxford, 2001.

Bishop, Edward L. "Book History." In Groden, Kreiswirth, and Szeman, *Johns Hopkins Guide,* 131–136.

Blagden, Cyprian. *The Stationers' Company: A History, 1403–1959.* Cambridge, MA, 1960.

Blanning, T. C. W. *The Culture of Power and the Power of Culture: Old Regime Europe, 1660–1789.* Oxford, 2002.

Bloom, Edward. *Samuel Johnson in Grub Street.* Providence, RI, 1957.

Bonnell, Thomas F. "Bookselling and Canon-Making: The Trade Rivalry over the English Poets, 1776–1783." In *Studies in Eighteenth-Century Culture,* ed. Leslie Ellen Brown and Patricia Craddock, 19:53–69. East Lansing, MI, 1989.

———. "John Bell's *Poets of Great Britain:* The 'Little Trifling Edition' Revisited." *Modern Philology* 85 (1987): 128–152.

Bonner, Stephen Eric. *Reclaiming the Enlightenment: Toward a Politics of Radical Engagement.* New York, 2004.

Botein, Stephen. "The Anglo-American Book Trade before 1776: Personnel and Strategies." In *Printing and Society in Early America,* ed. William L. Joyce, David D. Hall, Richard D. Brown, and John B. Hench, 48–82. Worcester, MA, 1983.

Box, M. A. *The Suasive Art of David Hume.* Princeton, 1990.

Brack, O. M., Jr. "Tobias Smollett Puffs His Histories." In Brack, *Writers, Books, and Trade,* 267–288.

———. "William Strahan: *Scottish* Printer and Publisher." *Arizona Quarterly* 31 (1975): 179–190.

———, ed. *Writers, Books, and Trade: An Eighteenth-Century Miscellany for William B. Todd.* New York, 1994.

Bracken, James K., and Joel Silver, eds. *The British Literary Book Trade, 1700–1820.* Detroit, 1995.

Brady, Frank. *James Boswell: The Later Years 1769–1795.* New York, 1984.

Brewer, John. "The Misfortunes of Lord Bute: A Case-Study in Eighteenth-Century Political Argument and Public Opinion." *Historical Journal* 16 (1973): 3–43.

———. *The Pleasures of the Imagination: English Culture in the Eighteenth Century.* New York, 1997.

British Book Trade Index (BBTI). www.bbti.bham.ac.uk.

Broadie, Alexander, ed. *The Cambridge Companion to the Scottish Enlightenment.* Cambridge, 2003.

Brock, C. Helen. "The Happiness of Riches." In Bynum and Porter, *William Hunter*, 35–54.

Brown, Iain Gordon. *Building for Books: The Architectural Evolution of the Advocates' Library, 1689–1925.* Aberdeen, 1989.

———. *Monumental Reputation: Robert Adam and the Emperor's Palace.* Edinburgh, 1992.

Brown, Michael. *Francis Hutcheson in Dublin, 1719–1730.* Dublin, 2002.

Brown, Stephen W. "Robert and Andrew Foulis." In Bracken and Silver, *British Literary Book Trade,* 135–142.

———. "William Creech, Kincaid and Creech, Creech and Smellie." In Bracken and Silver, *British Literary Book Trade*, 75–80.

———. "William Smellie and Natural History: Dissent and Dissemination." In Withers and Wood, *Science and Medicine*, 191–214.

———. "William Smellie and the Culture of the Edinburgh Book Trade, 1752–1795." In Wood, *Culture of the Book*, 61–88.

———. "William Smellie and the Printer's Role in the Eighteenth-Century Edinburgh Book Trade." In Isaac and McKay, *Human Face of the Book Trade*, 29–43.

Brown, Stephen W., and Warren McDougall, eds. *The Edinburgh History of the Book in Scotland,* vol. 2: *1707–1800.* Edinburgh, forthcoming.

Brown, Stewart J., ed. *William Robertson and the Expansion of Empire.* Cambridge, 1997.

Brunton, Deborah C. "The Transfer of Medical Education: Teaching at the Edinburgh and Philadelphia Medical Schools." In Sher and Smitten, *Scotland and America*, 242–274.

Bryson, Gladys. *Man and Society: The Scottish Inquiry of the Eighteenth Century.* 1945; reprint, New York, 1968.

Buchan, James. *Capital of the Mind: How Edinburgh Changed the World.* London, 2003. Published in North America as *Crowded with Genius: The Scottish Enlightenment; Edinburgh's Moment of the Mind.* New York, 2003.

Butterfield, L. H. "The American Interests of the Firm of E. and C. Dilly, with Their Letters to Benjamin Rush, 1770–1795." *Papers of the Bibliographical Society of America* 45 (1951): 283–332.

Bynum, W. F., and Roy Porter, eds. *William Hunter and the Eighteenth-Century Medical World.* Cambridge, 1985.

Cadell, Patrick, and Ann Matheson, eds. *For the Encouragement of Learning: Scotland's National Library, 1689–1989.* Edinburgh, 1989.

Carnie, R. H. "Scholar-Printers of the Scottish Enlightenment, 1740–1800." In Carter and Pittock, *Aberdeen and the Enlightenment*, 298–308.

Carnochan, W. B. "The 'Trade of Authorship' in Eighteenth-Century Britain." In Barker, *Potencie of Life*, 127–143.

Carrick, J. C. *William Creech: Robert Burns' Best Friend.* Dalkeith, 1903.

Carter II, Edward C. "The Political Activities of Mathew Carey, Nationalist, 1760–1814." Ph.D.

diss., Bryn Mawr College, 1962.

Carter, Jennifer J., and John H. Pittock, eds. *Aberdeen and the Enlightenment.* Aberdeen, 1987.

Carter, Philip. *Men and the Emergence of Polite Society: Britain, 1660–1800.* Harlow, UK, 2001.

Cassirer, Ernst. *The Philosophy of the Enlightenment.* Trans. Fritz C. A. Koelln and James P. Pettegrove. Princeton, 1951. Originally published in German in 1932.

Chambers, Neil A. *Joseph Banks and the British Museum: The World of Collecting, 1770–1830.* London, 2006.

Chambers, Robert, ed. *The Life and Works of Robert Burns.* 4 vols. Revised by William Wallace. Edinburgh and London, 1896.

Chaplin, Joyce E. "Expansion and Exceptionalism in Early American History." *Journal of American History* 89 (2003): 1431–1455.

Chard, Leslie F. "Bookseller to Publisher: Joseph Johnson and the English Book Trade, 1760–1810." *Library*, 5th ser., 32 (1977): 138–154.

Chartier, Roger. "The Man of Letters." In *Enlightenment Portraits*, ed. Michel Vovelle, 142–189. Trans. Lydia G. Cochrane. Chicago, 1997.

———. *The Order of Books: Readers, Authors, and Libraries in Europe between the Fourteenth and Eighteenth Centuries.* Trans. Lydia G. Cochrane. Stanford, 1994.

Christensen, Jerome. *Practicing Enlightenment: Hume and the Formation of a Literary Career.* Madison, WI, 1987.

Clark, J. C. D. *Samuel Johnson: Literature, Religion and English Cultural Politics from the Restoration to Romanticism.* Cambridge, 1994.

Clark, Peter. *British Clubs and Societies, 1580–1800: The Origins of an Associational World.* Oxford, 2000.

Clarkin, William. *Mathew Carey: A Bibliography of His Publications, 1785–1824.* New York and London, 1984.

Clayton, Timothy. *The English Print, 1688–1802.* New Haven, CT, and London, 1997.

Cloyd, E. L. *James Burnett Lord Monboddo.* Oxford, 1972.

Cochrane, J. A. *Dr. Johnson's Printer: The Life of William Strahan.* Cambridge, MA, 1964.

Cole, Richard Cargill. *Irish Booksellers and English Writers, 1740–1800.* London, 1986.

Colley, Linda. *Britons: Forging the Nation, 1707–1837.* New Haven, CT, and London, 1992.

Collins, A. S. *Authorship in the Days of Johnson: Being a Study of the Relation between Author, Patron, Publisher and Public, 1726–1780.* New York, 1929.

———. *The Profession of Letters: A Study of the Relation of Author to Patron, Publisher and Public, 1780–1832.* 1928; reprint, Clifton, NJ, 1973.

Connell, Philip. "Death and the Author: Westminster Abbey and the Meaning of the Literary Monument." *Eighteenth-Century Studies* 38 (2005): 557–585.

Conrad, Stephen A. *Citizenship and Common Sense: The Problem of Authority in the Social Background and Social Philosophy of the Wise Club of Aberdeen.* New York, 1987.

Court, Franklin E. *Institutionalizing English Literature: The Culture and Politics of Literary Study, 1750–1900.* Stanford, 1992.

Crawford, J. "Reading and Book Use in 18th-Century Scotland." *Bibliotheck* 19 (1994): 23–43.

Crawford, Robert, ed. *The Scottish Invention of English Literature.* Cambridge, 1998.

Curtin, Nancy J. *The United Irishmen: Popular Politics in Ulster and Dublin, 1791–1798.* Oxford, 1994.

Curwin, Henry. *A History of Booksellers, the Old and the New.* London, [1873].

Dane, Joseph A. *The Myth of Print Culture: Essays on Evidence, Textuality, and Bibliographical Method.* Toronto, Buffalo, and London, 2003.

Darlow, T. H., and H. F. Moule, eds. *Historical Catalogue of Printed Editions of the English Bible, 1525–1961.* Revised by A. S. Herbert. London, 1968.

Darnton, Robert. *The Business of Enlightenment: A Publishing History of the Encyclopédie, 1775–1800.* Cambridge, MA, and London, 1979.

———. "The Case for the Enlightenment: George Washington's False Teeth." InR. Darnton, *George Washington's False Teeth: An Unconventional Guide to the Eighteenth Century.* New York, 2003.

———. *The Forbidden Best-Sellers of Pre-Revolutionary France.* New York and London, 1996.

———. *The Great Cat Massacre and Other Episodes in French Cultural History.* New York, 1984.

———. *The Kiss of Lamourette: Reflections in Cultural History.* New York, 1990.

———. *The Literary Underground of the Old Regime.* Cambridge, MA, 1982.

———. "The Science of Piracy: A Crucial Ingredient in Eighteenth-Century Publishing." *Studies on Voltaire and the Eighteenth Century* (*SVEC*) 2003 (12): 3–29.

———. "The Social History of Ideas." In Darnton, *Kiss of Lamourette,* 219–252. Originally published in 1971.

———. "Sounding the Literary Market in Prerevolutionary France." *Eighteenth-Century Studies* 17 (1984): 477–492.

———. "Two Paths through the Social History of Ideas." In Mason, *Darnton Debate,* 251–294.

———. "What Is the History of Books?" In Darnton, *Kiss of Lamourette,* 107–135. New York, 1990.

Darnton, Robert, and Michel Schlup, eds. *Le rayonnement d'une maison d'édition dans l'Europe des Lumières: La Société typographique de Neuchatel, 1769–1789.* Neuchatel, 2005.

Davies, Ronald E. "Robert Millar: An Eighteenth-Century Scottish Latourette." *Evangelical Quarterly* 62 (1990): 143–156.

Davison, Peter, ed. *The Book Encompassed: Studies in Twentieth-Century Bibliography.* Cambridge, 1992.

Dawson, Deidre, and Pierre Morere, eds. *Scotland and France in the Enlightenment.* Lewisburg, PA, and London, 2004.

Dean, Dennis R. *James Hutton and the History of Geology.* Ithaca, NY, and London, 1992.

Deazley, Ronan. "The Myth of Copyright at Common Law." *Cambridge Law Journal* 62 (2003): 106–133.

———. *On the Origin of the Right to Copy: Charting the Movement of Copyright Law in Eighteenth-Century Britain (1695–1775).* Oxford, 2004.

De Jong, J. A. *As the Waters Cover the Sea: Millennial Expectations in the Rise of Anglo-American Missions, 1640–1810.* Kampen, 1970.

Devine, T. M. *Scotland's Empire and the Shaping of the Americas, 1600–1815.* Washington, DC, 2003. Published outside North America as *Scotland's Empire, 1600–1815.* London, 2003.

Dobson, Austin. "Fielding and Andrew Millar." *Library*, 3rd ser., 7 (1916): 177–190.

Donaldson, A. M. "Burns's Final Settlement with Creech: A Revealing Document." *Burns Chronicle* (1952): 38–41.

Donoghue, Frank. "Colonizing Readers: Review Criticism and the Formation of a Reading Public." In *The Consumption of Culture, 1600–1800: Image, Object, Text,* ed. Ann Bermingham and John Brewer, 54–74. London and New York, 1995.

———. *The Fame Machine: Book Reviewing and Eighteenth-Century Literary Careers.* Stanford, 1996.

Donovan, A. L. *Philosophical Chemistry in the Scottish Enlightenment: The Doctrines and Discoveries of William Cullen and Joseph Black.* Edinburgh, 1975.

Duffill, Mark. "Notes on a Collection of Letters Written by Mungo Park between 1790 and 1794, with Some Remarks concerning His Later Published Observations on the African Slave Trade." *Hawick Archaeological Society Transactions* (2001): 35–55.

Duncan, Douglas. *Thomas Ruddiman: A Study in Scottish Scholarship of the Early Eighteenth Century.* Edinburgh, 1965.

Durey, Michael. *Transatlantic Radicals and the American Republic.* Lawrence, KS, 1997.

———. *"With the Hammer of Truth": James Thomson Callender and America's Early National Heroes.* Charlottesville, VA, and London, 1990.

Dwyer, John. "The *Caledonian Mercury* and Scottish National Culture, 1763–1801." In *Politics and the Press in Hanoverian Britain,* ed. Karl Schweizer and Jeremy Black. *Journal of History and Politics* 7 (1989): 147–169.

———. *Virtuous Discourse: Sensibility and Community in Late Eighteenth-Century Scotland.* Edinburgh, 1987.

Dwyer, John, and Richard B. Sher, eds. *Sociability and Society in Eighteenth-Century Scotland.* Edinburgh, 1993. Also published as a special issue of *Eighteenth-Century Life* 15 (1991).

Eaves, T. C. Duncan, and Ben D. Kimpel. *Samuel Richardson: A Biography.* Oxford, 1971.

Egerer, J. W. *A Bibliography of Robert Burns.* Edinburgh, 1964.

Eisenstein, Elizabeth L. *Grub Street Abroad: Aspects of the French Cosmopolitan Press from the Age of Louis XIV to the French Revolution.* Oxford, 1992.

————. *Print Culture and Enlightenment Thought*. Chapel Hill, NC, 1986.

————. *The Printing Press as an Agent of Change*. 2 vols. Cambridge, 1979.

————. "An Unacknowledged Revolution Revisited." *American Historical Review* 107 (2002): 87–105.

Emerson, Roger L. "*Catologus Librorum A.C.D.A.*: The Library of Archibald Campbell, Third Duke of Argyll (1682–1761)." In Wood, *Culture of the Book*, 12–39.

————. "Lord Bute and the Scottish Universities, 1760–1792." In Schweizer, *Lord Bute*, 147–179.

————. "The Philosophical Society of Edinburgh, 1737–1747." *British Journal for the History of Science* 12 (1979): 154–191.

————. "The Philosophical Society of Edinburgh, 1748–1768." *British Journal for the History of Science* 14 (1981): 133–176.

————. "The Philosophical Society of Edinburgh, 1768–1783." *British Journal for the History of Science* 18 (1985): 255–303.

————. *Professors, Patronage and Politics: The Aberdeen Universities in the Eighteenth Century*. Aberdeen, 1992.

————. "The Scientific Interests of Archibald Campbell, 1st Earl of Ilay and 3rd Duke of Argyll (1682–1761)." *Annals of Science* 59 (2002): 21–56.

————. "Scottish Cultural Change, 1660–1710, and the Union of 1707." In *A Union for Empire: Political Thought and the Union of 1707*, ed. John Robertson, 121–144. Cambridge, 1995.

————. "The Scottish Enlightenment and the End of the Philosophical Society of Edinburgh." *British Journal for the History of Science* 21 (1988): 33–66.

————. "The Scottish Literati and America, 1680–1800." In Landsman, *Nation and Province*, 183–200.

————. "The Social Composition of Enlightened Scotland: The Select Society of Edinburgh, 1754–1764." *Studies on Voltaire and the Eighteenth Century* 114 (1973): 291–329.

————. *University Patronage and the Scottish Enlightenment*. Edinburgh, forthcoming.

Emerson, Roger L., and Paul Wood. "Science and Enlightenment in Glasgow, 1690–1802." In Withers and Wood, *Science and Medicine*, 79–142.

English Short-Title Catalogue (ESTC). Restricted on-line access through Research Libraries Group.

Essick, Robert N. *William Blake's Commercial Book Illustrations: A Catalogue and Study of the Plates Engraved by Blake after Designs by Other Artists*. Oxford, 1991.

Ewan, Joseph. "One Professor's Chief Joy: A Catalog of Books Belonging to Benjamin Smith Barton." In *Science and Society in Early America: Essays in Honor of Whitfield J. Bell, Jr.*, ed. Randolph Shipley Klein, 311–344. Philadelphia, 1986.

Ezell, Margaret J. M. *Social Authorship and the Advent of Print*. Baltimore and London, 1999.

Fabian, Bernhard. *The English Book in Eighteenth-Century Germany*. London, 1992.

————. "English Books and Their Eighteenth-Century German Readers." In Korshin, *Widening Circle*, 117–196.

Fagg, Jane B. "Biographical Introduction." In *The Correspondence of Adam Ferguson*, ed. Vincenzo Merolle, 1:xix–cxxxvi. London, 1995.

Fairfull-Smith, George. *The Foulis Press and the Foulis Academy: Glasgow's Eighteenth-Century School of Art and Design.* Glasgow, 2001.

Farren, Donald. "Subscription: A Study of the Eighteenth-Century American Book Trade." D. L. S. thesis, Columbia University, 1982.

Fawcett, Arthur. *The Cambuslang Revival: The Scottish Evangelical Revival of the Eighteenth Century.* London, 1971.

Feather, John. *Book Prospectuses before 1801 in the Gough Collection.* Oxford, 1980.

————. *Book Prospectuses before 1801 in the John Johnson Collection.* Oxford, 1976.

————. "The Commerce of Letters: The Study of the Eighteenth-Century Book Trade." *Eighteenth-Century Studies* 17 (1984): 404–424.

————. "The Country Trade in Books." In Myers and Harris, *Spreading the Word*, 165–183.

————. *A History of British Publishing.* London and New York, 1988.

————. "John Nourse and His Authors." *Studies in Bibliography* 34 (1981): 205–226.

————. "The Power of Print: Word and Image in Eighteenth-Century England." In *Culture and Society in Britain, 1660–1800*, ed. Jeremy Black, 51–68.

————. *The Provincial Book Trade in Eighteenth-Century England.* Cambridge, 1985.

————. *Publishing, Piracy and Politics: An Historical Study of Copyright in Britain.* London and New York, 1994.

Febvre, Lucien, and Henri-Jean Martin. *The Coming of the Book: The Impact of Printing, 1450–1800.* Trans. David Gerard. 1958; London and New York, 1990.

Festa, Lynn. "Personal Effects: Wigs and Possessive Individualism in the Long Eighteenth Century." *Eighteenth-Century Life* 29 (2005): 47–90.

Fieser, James. Introduction to *Essays and Treatises on Several Subjects,* by David Hume, 1: v–xviii. 2 vols. Facsimile of 1777 edition. Bristol, 2002.

Fish, Stanley. *Is There a Text in This Class? The Authority of Interpretive Communities.* Cambridge, MA, 1980.

Fisk, William Lyons. *The Scottish High Church Tradition in America: An Essay in Scotch-Irish Ethnoreligious History.* Washington, DC, 1995.

Fitzpatrick, Martin, Peter Jones, Crista Knellwolf, and Iain McCalman, eds. *The Enlightenment World.* London and New York, 2004.

Fleischacker, Samuel. "Adam Smith's Reception among the American Founders, 1776–1790." *William and Mary Quarterly*, 3rd ser., 59 (2002): 869–896.

————. "The Impact on America: Scottish Philosophy and the American Founding." In Broadie, *Cambridge Companion*, 316–337.

Fleming, Patricia Lockhart, Gilles Gallichan, and Yvan Lamonde, eds. *History of the Book in Canada,* vol. 1: *Beginnings to 1840.* Toronto, 2004.

Forbes, Duncan. *Hume's Philosophical Politics.* Cambridge, 1975.

Forbes, Margaret. *Beattie and His Friends.* 1904; reprint, Bristol, 1990.

Foster, John. "A Scottish Contributor to the Missionary Awakening: Robert Millar of Paisley." *International Review of Missions* 37 (1948): 138–145.

Foucault, Michel. "What Is an Author?" In *The Foucault Reader*, ed. Paul Rabinow, 101–120. London, 1986.

Fox, Adam. *Oral and Literate Culture in England, 1500–1700.* Oxford, 2000.

Foxon, David. *Pope and the Early Eighteenth-Century Book Trade.* Oxford, 1991.

Franklin, Benjamin, V, ed. *Boston Printers, Publishers, and Booksellers, 1640–1800.* Boston, 1980.

Fraser, Andrew G. *The Building of Old College: Adam, Playfair and the University of Edinburgh.* Edinburgh, 1989.

Free, William J. *The Columbian Magazine and American Literary Nationalism.* The Hague, 1968.

Fry, Michael. *"Bold, Independent, Unconquer'd and Free": How the Scots Made America Safe for Liberty, Democracy and Capitalism.* Ayr, 2003. Published in North America as *How the Scots Made America.* New York, 2005.

———. *The Scottish Empire.* Edinburgh, 2001.

Fulton, Henry L. "An Eighteenth-Century Best Seller." *Papers of the Bibliographical Society of America* 66 (1972): 428–433.

———. "John Moore, the Medical Profession and the Glasgow Enlightenment." In Hook and Sher, *Glasgow Enlightenment*, 176–189.

Furdell, Elizabeth Lane. *Publishing and Medicine in Early Modern England.* Rochester and Woodbridge, Suff olk, 2002.

Furet, François, Genevieve Bolleme, and Daniel Roche, eds. *Livre et société dans la France du XVIII siècle.* 2 vols. Paris and The Hague, 1965–1970.

Gaines, William H., Jr. "The Continental Congress Considers the Publication of a Bible, 1777." *Studies in Bibliography* 3 (1950): 274–281.

Gargett, Graham, and Geraldine Sheridan, eds. *Ireland and the French Enlightenment, 1700–1800.* Basingstoke, UK, and New York, 1999.

Garrard, Graeme. *Counter-Enlightenments: From the Eighteenth Century to the Present.* Abingdon, UK, and New York, 2006.

———. "The Enlightenment and Its Enemies." *American Behavioral Scientist* 49 (2006): 664–680.

Gascoigne, Bamber. *How to Identify Prints.* New York, 1986.

Gascoigne, John. *Joseph Banks and the English Enlightenment: Useful Knowledge and Polite*

Culture. Cambridge, 1994.

Gaskell, Philip. *A Bibliography of the Foulis Press.* 2nd ed. Winchester, UK, 1986.

―――. *A New Introduction to Bibliography.* 1972; reprint, Winchester, UK, and New Castle, DE, 1995.

Gaskill, Howard, ed. *The Reception of Ossian in Europe.* Bristol, 2004.

Gay, Peter. "Carl Becker's Heavenly City." In Gay, *Party of Humanity*, 188–210.

―――. *The Enlightenment: An Interpretation.* 2 vols. New York, 1966–1969.

―――. *The Party of Humanity: Essays in the French Enlightenment.* New York, 1959.

―――. "The Social History of Ideas: Ernst Cassirer and After." In *The Critical Spirit: Essays in Honor of Herbert Marcuse*, ed. Kurth H. Wolff and Barrington Moore, Jr., 106–120. Boston, 1967.

Genette, Gerard. *Paratexts: Thresholds of Interpretation.* Trans. Jane E. Lewin. Cambridge, 1997.

Gilhooly, J., comp. *A Directory of Edinburgh in 1752.* Edinburgh, 1988.

Gillespie, Raymond, and Andrew Hadfield, eds. *The Oxford History of the Irish Book,* vol. 3: *The Irish Book in English, 1550–1800.* Oxford, 2006.

Gimbel, Richard. *Thomas Paine: A Bibliographical Check List of Common Sense with an Account of Its Publication.* New Haven, CT, 1956; reprint, Port Washington, NY, and London, 1973.

Goldstein, Philip. "Reader-Response Theory and Criticism." In Groden, Kreiswirth, and Szeman, *Johns Hopkins Guide*, 793–797.

Golinski, Jan. *Science as Public Culture: Chemistry and Enlightenment in Britain, 1760–1820.* Cambridge, 1992.

Goodman, Dena. *The Republic of Letters: A Cultural History of the French Enlightenment.* Ithaca, NY, and London, 1994.

―――. "Difference: An Enlightenment Concept." In Baker and Reill, *What's Left of Enlightenment*, 129–147.

Goodman, Dena, and Kathleen Wellman, eds. *The Enlightenment.* Boston, 2004.

Gordon, Daniel. *Citizens without Sovereignty: Equality and Sociability in French Thought, 1670–1789.* Princeton, 1994.

―――. "On the Supposed Obsolescence of the French Enlightenment." In Gordon, *Postmodernism and the Enlightenment*, 201–221.

―――. "Post-Structuralism and Post-Modernism." In Kors, *Encyclopedia of the Enlightenment*, 3:341–346.

―――, ed. *Postmodernism and the Enlightenment: New Perspectives in Eighteenth-Century French Intellectual History.* New York and London, 2001.

Gough, Hugh. "Book Imports from Continental Europe in Late Eighteenth-Century Ireland: Luke White and the Societe Typographique de Neuchatel." *Long Room* 38 (1993): 35–48.

Graham, Henry Grey. *A Group of Scottish Women*. New York, 1908.

———. *Scottish Men of Letters in the Eighteenth Century*. London, 1908.

Grant, Ian R. "Note on Publicity for, Distribution and Management of, the *Statistical Account of Scotland*." In *The Statistical Account of Scotland, 1791–1799*, ed. Sir John Sinclair, 1:xlvii–lxxiii. Reprint. East Ardsley, UK, 1983.

Grant, James. *Cassell's Old and New Edinburgh*. 3 vols. London, n.d.

Gray, John. *Enlightenment's Wake: Politics and Culture at the Close of the Modern Age*. London, 1995.

Green, James N. "Benjamin Franklin as Publisher and Bookseller." In *Reappraising Benjamin Franklin: A Bicentennial Perspective*, ed. J. A. Leo Lemay, 98–114. Newark, DE, 1993.

———. "English Books and Printing in the Age of Franklin." In Amory and Hall, *Colonial Book*, 248–298.

———. "From Printer to Publisher: Mathew Carey and the Origins of Nineteenth-Century Book Publishing." In *Getting the Books Out: Papers of the Chicago Conference on the Book in 19th-Century America*, ed. Michael Hackenberg, 26–44. Washington, DC, 1987.

———. *Mathew Carey: Publisher and Patriot*. Philadelphia, 1985.

———. "The Rise of Book Publishing in the United States, 1785–1840." In Gross and Kelley, *Extensive Republic*.

Griffin, Dustin. "Fictions of Eighteenth-Century Authorship." *Essays in Criticism* 43 (1993): 181–194.

———. *Literary Patronage in England, 1650–1800*. Cambridge, 1996.

Griffin, Robert J., ed. *The Faces of Anonymity: Anonymous and Pseudonymous Publication from the Sixteenth to the Twentieth Century*. London, 2003.

Griffiths, Antony. *Prints and Printmaking: An Introduction to the History and Techniques*. London, 1980.

Groden, Michael, Martin Kreiswirth, and Imre Szeman, eds. *The Johns Hopkins Guide to Literary Theory and Criticism*. 2nd ed. Baltimore and London, 2005.

Gross, Robert A., and Mary C. Kelley, eds. *An Extensive Republic: Books, Culture and Society in the New Nation, 1790–1840. A History of the Book in America*. Vol. 2.

Chapel Hill, NC, forthcoming.

Guerrini, Anita. "'A Scotsman on the Make': The Career of Alexander Stuart." In Wood, *Scottish Enlightenment*, 157–176.

Gutjahr, Paul C. *An American Bible: A History of the Good Book in the United States, 1777–1880*. Stanford, 1999.

Haakonssen, Knud. *Natural Law and Moral Philosophy: From Grotius to the Scottish Enlightenment*. Cambridge, 1996.

Habermas, Jürgen. *The Structural Transformation of the Public Sphere*. Trans. Thomas Burger. Cambridge, MA, 1991.

Hall, Carol. "Andrew Millar." In Bracken and Silver, *British Literary Book Trade*, 184–190.

Hall, David D. *Cultures of Print: Essays in the History of the Book.* Amherst, MA, 1996.

Hancock, David. "Scots in the Slave Trade." In Landsman, *Nation and Province*, 60–93.

Harlan, Robert D. "David Hall's Bookshop and Its British Sources of Supply." In *Books in America's Past: Essays Honoring Rudolph H. Gjelsness*, ed. David Kaser, 2–23. Charlottesville, VA, 1966.

————. "Some Additional Figures of Distribution of Eighteenth-Century English Books." *Papers of the Bibliographical Society of America* 59 (1965): 160–170.

————. "William Strahan: Eighteenth Century London Printer and Publisher." Ph.D. diss., University of Michigan, 1960.

————. "William Strahan's American Book Trade, 1744–1776." *Library Quarterly* 31 (1961): 235–244.

Harrison, Eliza Cope, ed. *Philadelphia Merchant: The Diary of Thomas P. Cope, 1800–1851.* South Bend, IN, 1978.

Hart, Edward L., ed. *Minor Lives: A Collection of Biographies by John Nichols.* Cambridge, MA, 1971.

Hauser, Arnold. *The Social History of Art.* 4 vols. New York, 1951.

Herman, Arthur. *How the Scots Invented the Modern World: The True Story of How Western Europe's Poorest Nation Created Our World and Everything in It.* New York, 2001. Published outside North America as *The Scottish Enlightenment: The Scots' Invention of the Modern World.* London, 2001.

Hernlund, Patricia. "Three Bankruptcies in the London Book Trade, 1746–1761: Rivington, Knapton, and Osborn." In Brack, *Writers, Books, and Trade*, 77–122.

————. "William Strahan, Printer: His Career and Business Procedures." Ph.D. diss., University of Chicago, 1965.

————. "William Strahan's Ledgers: Standard Charges for Printing, 1738–1785." *Studies in Bibliography* 20 (1967): 89–111.

Hesse, Carla. "Books in Time." In *The Future of the Book*, ed. Geoffrey Nunberg, 21–33. Berkeley, CA, 1996.

————. *The Other Enlightenment: How French Women Became Modern.* Princeton, 2001.

————. "Print Culture in the Enlightenment." In Fitzpatrick et al., *Enlightenment World*, 366–380.

Himmelfarb, Gertrude. *The Roads to Modernity: The British, French, and American Enlightenments.* New York, 2004.

Hind, Arthur M. *A History of Engraving and Etching.* 3rd ed. New York, 1963.

Hodgson, Norma, and Cyprian Blagden. *The Notebook of Thomas Bennet and Henry Clements (1686–1719) with Some Aspects of Book Trade Practice.* Oxford, 1956.

Hollinger, David A. "The Enlightenment and the Genealogy of Cultural Conflict in the United

States." In Baker and Reill, *What's Left of Enlightenment*, 7–18.

Hont, Istvan, and Michael Ignatieff , eds. *Wealth and Virtue: The Shaping of Political Economy in the Scottish Enlightenment.* Cambridge, 1983.

Hook, Andrew. *From Goosecreek to Gandercleugh: Studies in Scottish-American Literary and Cultural Relations.* East Linton, UK, 1999.

———. *Scotland and America: A Study of Cultural Relations, 1750–1835.* Glasgow, 1975.

Hook, Andrew, and Richard B. Sher, eds. *The Glasgow Enlightenment.* East Linton, UK, 1995.

Horkheimer, Max, and Theodor W. Adorno. *Dialectic of Enlightenment.* Trans. John Cumming. New York, 1988.

Howell, Wilbur Samuel. *Eighteenth-Century British Logic and Rhetoric.* Princeton, 1971.

Hudak, Leona M. *Early American Women Printers and Publishers, 1639–1820.* Metuchen, NJ, and London, 1978.

Hunter, Ian. *Rival Enlightenments: Civil and Metaphysical Philosophy in Early Modern Germany.* Cambridge, 2001.

Hutchison, Henry. "An Eighteenth-Century Insight into Religious and Moral Education." *British Journal of Educational Studies* 24 (1976): 233–241.

Hyland, Paul, with Olga Gomez and Francesca Greensides, eds. *The Enlightenment: A Sourcebook and Reader.* London and New York, 2003.

Isaac, Peter. "Charles Elliot and Spilsbury's Antiscorbutic Drops." In *The Reach of Print*, ed. Peter Isaac and Barry McKay, 157–174. Winchester, UK, and New Castle, DE, 1998.

———. "Charles Elliot and the English Provincial Book Trade." In Isaac and McKay, *Human Face of the Book Trade*, 97–116.

Isaac, Peter, and Barry McKay, eds. *The Human Face of the Book Trade: Print Culture and Its Creators.* Winchester, UK, and New Castle, DE, 1999.

Jacob, Margaret C. *Living the Enlightenment: Freemasonry and Politics in Eighteenth-Century Europe.* Oxford, 1991.

Jacobs, Edward H. *Accidental Migrations: An Archaeology of Gothic Discourse.* Lewisburg, PA, and London, 2000.

Jayne, Allen. *Jefferson's Declaration of Independence: Origins, Philosophy, and Theology.* Lexington, KY, 1998.

Johns, Adrian. "How to Acknowledge a Revolution." *American Historical Review* 107 (2002): 106–128.

———. *The Nature of the Book: Print and Knowledge in the Making.* Chicago, 1998.

Jones, Vivien, ed. *Women and Literature in Britain, 1700–1800.* Cambridge, 2000.

Jordanova, Ludmilla. *Defining Features: Scientific and Medical Portraits, 1660–2000.* London, 2000.

Justice, George L., and Nathan Tinker, eds. *Women's Writing and the Circulation of Ideas: Manuscript Publication in England, 1550–1800.* Cambridge, 2002.

Kafker, Frank A. "The Achievement of Andrew Bell and Colin Macfarquhar as the First Publishers of the *Encyclopaedia Britannica*." *British Journal for Eighteenth-Century Studies* 18 (1995): 139–152.

Karras, Alan L. *Sojourners in the Sun: Scottish Migrants in Jamaica and the Chesapeake, 1740–1800*. Ithaca, NY, and London, 1992.

Keen, Paul. *The Crisis of Literature in the 1790s: Print Culture and the Public Sphere*. Cambridge, 1999.

Kennedy, Maire. "The Domestic and International Trade of an Eighteenth-Century Dublin Bookseller: John Archer (1782–1810)." *Dublin Historical Record* 49 (1996): 94–105.

———. *French Books in Eighteenth-Century Ireland*. Oxford, 2001.

———. "Readership in French: The Irish Experience." In Gargett and Sheridan, *Ireland and the French Enlightenment*, 3–20.

Kennedy, Maire, and Geraldine Sheridan. "The Trade in French Books in Eighteenth-Century Ireland." In Gargett and Sheridan, *Ireland and the French Enlightenment*, 173–196.

Kent, Elizabeth E. *Goldsmith and His Booksellers*. Ithaca, NY, 1933.

Kernan, Alvin. *Printing Technology, Letters and Samuel Johnson*. Princeton, 1987.

Kinane, Vincent. "'Literary Food' for the American Market: Patrick Byrne's Exports to Mathew Carey." *Proceedings of the American Antiquarian Society* 104 (1994): 315–332.

Kinane, Vincent, and Charles Benson. "Some Late 18th- and Early 19th-Century Dublin Printers' Account Books: The Graisberry Ledgers." In *Six Centuries of the Provincial Book Trade in Britain*, ed. Peter Isaac, 139–150. Winchester, UK, 1990.

Klemme, Heiner, "'And Time Does Justice to All the World': Ein unveroffentlichter Brief von David Hume an William Strahan." *Journal of the History of Philosophy* 29 (1991): 657–664.

———, ed. *Reception of the Scottish Enlightenment in Germany: Six Significant Translations, 1755–1782*. 7 vols. Bristol, 2000.

Knapp, Lewis M., ed. *The Letters of Tobias Smollett*. Oxford, 1970.

———. "The Publication of Smollett's *Complete History . . .* and *Continuation*." *Library* 16 (1935): 295–308.

———. "Smollett's Works as Printed by William Strahan, with an Unpublished Letter of Smollett to Strahan." *Library* 13 (1932): 282–291.

———. *Tobias Smollett: Doctor of Men and Manners*. 1949; reprint, New York, 1963.

Knott, Sarah. "The Culture of Sensibility in the Era of the American Revolution." D.Phil. thesis, Oxford University, 1999.

Kors, Alan Charles, ed. *Encyclopedia of the Enlightenment*. 4 vols. Oxford, 2003.

Korshin, Paul J. "Types of Eighteenth-Century Literary Patronage." *Eighteenth-Century Studies* 7 (1974): 453–473.

———, ed. *The Widening Circle: Essays on the Circulation of Literature in Eighteenth-Century*

Europe. Philadelphia, 1976.

Kropf, C. R. "The Accounts of Samuel Harrison Smith, Philadelphia Printer." *Papers of the Bibliographical Society of America* 74 (1980): 13–25.

Landsman, Ned C., ed. *Nation and Province in the First British Empire: Scotland and the Americas, 1600–1800.* Lewisburg, PA, and London, 2001.

Leerssen, Joep. *Mere Irish and Fíor-Ghael: Studies in the Idea of Irish Nationality, Its Development and Literary Expression prior to the Nineteenth Century.* 2nd ed. Cork, 1996.

Levere, T. H., and G. L'E. Turner, with Jan Golinski and Larry Stewart. *Discussing Chemistry and Steam: The Minutes of a Coffee House Philosophical Society, 1780–1787.* Oxford, 2002.

Lillywhite, Bryan. *London Coffee Houses.* London, 1963.

Lindsay, Maurice. *The Burns Encyclopedia.* 3rd ed. London, 1995.

Livingston, Donald W. "Hume, English Barbarism and American Independence." In Sher and Smitten, *Scotland and America,* 133–147.

Lockwood, Thomas. "Subscription-Hunters and Their Prey." *Studies in the Literary Imagination* 34 (2001): 121–135.

Lonsdale, Roger. "Thomas Gray, David Hume and John Home's *Douglas.*" In *Reconstructing the Book: Literary Texts in Transmission,* ed. Maureen Bell, Shirley Chew, Simon Eliot, Lynette Hunter, and James L. W. West III, 57–70. Aldershot, UK, 2001.

Lough, John. *Writer and Public in France: From the Middle Ages to the Present Day.* Oxford, 1978.

Love, Harold. *The Culture and Commerce of Texts: Scribal Publication in Seventeenth-Century England.* Oxford, 1993.

Loveland, Jeff . "Georges-Louis Leclerc de Buffon's *Histoire naturelle* in English, 1775–1815." *Archives of Natural History* 31 (2004): 214–235.

Lundberg, David, and Henry F. May. "The Enlightened Reader in America." *American Quarterly* 28 (1976): 262–271.

Lupton, Kenneth. *Mungo Park the African Traveler.* Oxford, 1979.

Lutes, Richard. "Andrew Strahan and the London Sharebook System, 1785–1825: A Study of the Strahan Printing and Publishing Records." Ph.D. diss., Wayne State University, 1979.

Mack, Maynard. *Alexander Pope: A Life.* London and New York, 1985.

Mackay, John. *A Biography of Robert Burns.* Edinburgh, 1992.

Mackenzie, Allan. *History of the Lodge Canongate Kilwinning No. 2 Compiled from the Records, 1677–1888.* Edinburgh, 1888.

Macleod, Jennifer. "Freemasonry and Music in Eighteenth-Century Edinburgh." In *Freemasonry on Both Sides of the Atlantic: Essays concerning the Craft in the British Isles, Europe, the United States, and Mexico,* ed. R. William Weisberger, Wallace McLeod, and S. Brent Morris, 123–152. New York, 2002.

Malherbe, Michel. "The Impact on Europe." In Broadie, *Cambridge Companion*, 298–315.

Mali, Joseph, and Robert Wokler, eds. *Isaiah Berlin's Counter-Enlightenment.* Philadelphia, 2003.

Mann, Alastair. *The Scottish Book Trade, 1500–1720: Print Commerce and Print Control in Early Modern Scotland.* East Linton, UK, 2000.

Manning, Susan. *Fragments of Union: Making Connections in Scottish and American Writing.* Basingstoke, UK, 2002.

Marshall, Rosalind K. *Virgins and Viragos: A History of Women in Scotland from 1080 to 1980.* Chicago, 1983.

Martz, Louis L. *The Later Career of Tobias Smollett.* New Haven, CT, 1942.

Maslen, K. I. D. "Slaves or Freemen? The Case of William Bowyer, Father and Son, Printers of London, 1699–1777." In Brack, *Writers, Books, and Trade*, 145–155.

———. "William Strahan at the Bowyer Press, 1736–8." *Library*, 5th ser., 25 (1970): 250–251.

Maslen, Keith, and John Lancaster, eds. *The Bowyer Ledgers: The Printing Accounts of William Bowyer, Father and Son.* London and New York, 1991.

Mason, Haydn T., ed. *The Darnton Debate: Books and Revolution in the Eighteenth Century.* Oxford, 1998.

Mathison, H. "'Gude Black Prent': How the Edinburgh Book Trade Dealt with Burns's Poems." *Biblitheck* 20 (1995): 70–87.

Maxted, Ian. *The British Book Trades, 1710–1777: An Index of Masters and Apprentices.* Exeter, 1983.

———. *The London Book Trades, 1775–1800: A Preliminary Checklist of Members.* Old Woking, Surrey, 1977.

May, Henry F. *The Enlightenment in America.* Oxford, 1976.

Mayhew, Robert J. *Enlightenment Geography: The Political Languages of British Geography, 1650–1850.* Basingstoke, UK, and New York, 2000.

———. "William Guthrie's *Geographical Grammar*, the Scottish Enlightenment and the Politics of British Geography." *Scottish Geographical Journal* 115 (1999): 19–34.

Maza, Sarah. *Private Lives and Public Affairs: The Causes Célèbres of Prerevolutionary France.* Berkeley, CA, 1993.

McBride, Ian. "William Drennan and the Dissenting Tradition." In *The United Irishmen: Republicanism, Radicalism and Rebellion*, ed. David Dickson, Daire Keogh, and Kevin Whelan, 49–61. Dublin, 1993.

McClelland, Aiken. "Amyas Griffith." *Irish Booklore* 2 (1972): 6–21.

McCosh, James. *The Scottish Philosophy, Biographical, Expository, Critical, from Hutcheson to Hamilton.* New York, 1875.

McCullough, Lawrence B. *John Gregory and the Invention of Professional Medical Ethics and the Profession of Medicine.* Dordrecht, 1998.

McCusker, John J. *How Much Is That in Real Money? A Historical Commodity Price Index for Use as Defl ator of Money Values in the Economy of the United States.* 2nd ed. Worcester, MA, 2001.

———. *Money and Exchange in Europe and America, 1660–1775: A Handbook.* 2nd ed. Chapel Hill, NC, 1992.

McDougall, Warren. "A Catalogue of Hamilton, Balfour and Neill Publications, 1750–1762." In Myers and Harris, *Spreading the Word*, 187–232.

———. "Charles Elliot and the London Booksellers in the Early Years." In Isaac and McKay, *Human Face of the Book Trade*, 81–96.

———. "Charles Elliot's Book Adventure in Philadelphia, and the Trouble with Thomas Dobson." In *Light on the Book Trade: Essays in Honour of Peter Isaac*, ed. Barry McKay, John Hinks, and Maureen Bell, 197–212. London and New Castle, DE, 2004.

———. "Charles Elliot's Medical Publications and the International Book Trade." In Withers and Wood, *Science and Medicine*, 215–254.

———. "Copyright Litigation in the Court of Session, 1738–1749, and the Rise of the Scottish Book Trade." *Edinburgh Bibliographical Society Transactions* 5, pt. 5: 2–31.

———. "Gavin Hamilton, Bookseller in Edinburgh." *British Journal for Eighteenth-Century Studies* 1 (1978): 1–19.

———. "Gavin Hamilton, John Balfour and Patrick Neill: A Study of Publishing in Edinburgh in the Eighteenth Century." Ph.D. diss., University of Edinburgh, 1974.

———. "Hamilton, Balfour, and Neill's *Edinburgh Chronicle.*" *Scottish Book Collector* 2 (June–July 1991): 24–28.

———. "Scottish Books for America in the Mid 18th Century." In Myers and Harris, *Spreading the Word*, 21–46.

———. "Smugglers, Reprinters, and Hot Pursuers: The Irish-Scottish Book Trade, and Copyright Prosecutions in the Late Eighteenth Century." In *The Stationers' Company and the Book Trade, 1550–1990*, ed. Robin Myers and Michael Harris, 151–183. Winchester, UK, and New Castle, DE, 1997.

McDowell, Paula. *The Women of Grub Street: Press, Politics, and Gender in the London Marketplace, 1678–1730.* Oxford, 1998.

McDowell, R. B. "The Personnel of the Dublin Society of United Irishmen, 1791–1794." *Irish Historical Studies* 2 (1941): 12–53.

McElroy, David D. *Scotland's Age of Improvement: A Survey of Eighteenth-Century Literary Clubs and Societies.* [Pullman, WA], 1969.

McGuirk, Carol. *Robert Burns and the Sentimental Era.* Athens, GA, 1985.

McKendrick, Neil, John Brewer, and J. H. Plumb. *The Birth of a Consumer Society: The Commercialization of Eighteenth-Century England.* Bloomington, IN, 1982.

McKenzie, D. F. *Making Meaning: "Printers of the Mind" and Other Essays.* Ed. Peter D.

McDonald and Michael F. Suarez. Amherst, MA, 2002.

——. *Stationers' Company Apprentices, 1701–1800.* Oxford, 1978.

McKitterick, David. *Print, Manuscript and the Search for Order, 1450–1830.* Cambridge, 2003.

McLaverty, James. "The Contract for Pope's Translation of Homer's *Iliad:* An Introduction and Transcription." *Library*, 6th ser., 15 (1993): 206–225.

——. *Pope, Print and Meaning.* Oxford, 2001.

McMahon, Darrin M. *Enemies of the Enlightenment: The French Counter-Enlightenment and the Making of Modernity.* Oxford, 2001.

——. "Happiness and *The Heavenly City of the Eighteenth-Century Philosophers:* Carl Becker Revisited." *American Behavioral Scientist* 49 (2006): 681–686.

McMillan, Dorothy, ed. *The Scotswoman at Home and Abroad: Non-Fiction Writing, 1700–1900.* Glasgow, 1999.

Melton, James Van Horn. *The Rise of the Public in Enlightenment Europe.* Cambridge, 2001.

Metzdorf, Robert F. "The First American 'Rasselas' and Its Imprint." *Papers of the Bibliographical Society of America* 47 (1953): 374–376.

Meyer, Donald H. *The Instructed Conscience: The Shaping of the American National Ethic.* Philadelphia, 1972.

Millburn, John R. *A Bibliography of James Ferguson, F. R. S. (1710–1776).* Aylesbury, UK, 1983.

——. *Wheelwright of the Heavens: The Life and Work of James Ferguson, FRS.* London, 1988.

Miller, C. William. *Benjamin Franklin's Philadelphia Printing, 1728–1766: A Descriptive Bibliography.* Philadelphia, 1974.

Miller, Thomas P. *The Formation of College English: Rhetoric and Belles Lettres in the British Cultural Provinces.* Pittsburgh, 1997.

Millgate, Jane. "Archibald Constable and the Problem of London: 'Quite the connection we have been looking for.'" *Library*, 6th ser., 18 (1996): 110–123.

Mishoff, Willard O. "Business in Philadelphia during the British Occupation, 1777–1778." *Pennsylvania Magazine of History and Biography* 61 (1937): 165–181.

Mitchison, Rosalind. *Agricultural Sir John: The Life of Sir John Sinclair of Ulbster, 1754–1835.* London, 1962.

Mizuta, Hiroshi, ed. *Adam Smith's Library: A Catalogue.* Oxford, 2000.

M'Lean, Hugh A. "Robert Urie, Printer in Glasgow." *Proceedings of the Glasgow Bibliographical Society* (1913–1914): 88–108.

Moonie, Martin. "Print Culture and the Scottish Enlightenment, 1748–1786." D. Phil. thesis, Somerville College, Oxford University, 1999.

Moore, James. "The Two Systems of Francis Hutcheson: On the Origins of the Scottish Enlightenment." In Stewart, *Philosophy of the Scottish Enlightenment*, 37–59.

Moran, Mary Catherine. "From Rudeness to Refinement: Gender, Genre and Scottish

Enlightenment Discourse." Ph.D. diss., Johns Hopkins University, 1999.

Mossner, Ernest Campbell. *The Life of David Hume.* 2nd ed. Oxford, 1980.

Mossner, Ernest C., and Harry Ransom. "Hume and the 'Conspiracy of the Booksellers': The Publication and Early Fortunes of the *History of England.*" *Studies in English* 29 (1950): 162–182.

Muir, James. *John Anderson: Pioneer of Technical Education and the College He Founded.* Glasgow, 1950.

Mumby, Frank Arthur. *Publishing and Bookselling: A History from the Earliest Times to the Present Day.* 4th ed. London, 1956.

Munck, Thomas. *The Enlightenment: A Comparative Social History, 1721–1794.* London, 2000.

Muthu, Sankar. *Enlightenment against Empire.* Princeton, 2003.

———. "Enlightenment Anti-Imperialism." *Social Research* 66 (1999): 959–1007.

Myers, Robin, and Michael Harris, eds. *Spreading the Word: The Distribution Networks of Print, 1550–1850.* Winchester, UK, and New Castle, DE, 1998.

Namier, Sir Lewis, and John Brooke, eds. *The House of Commons, 1754–1790.* 3 vols. London, 1964.

Nangle, Benjamin Christie. *The Monthly Review First Series, 1749–1789: Indexes of Contributors and Articles.* Oxford, 1934.

Neeley, Kathryn A. *Mary Somerville: Science, Illumination, and the Female Mind.* Cambridge, 2001.

Nichol, Donald W. *Pope's Literary Legacy: The Book-Trade Correspondence of William Warburton and John Knapton with Other Letters and Documents, 1744–1780.* Oxford, 1992.

Nichols, R. H., and F. A. Wray. *The History of the Foundling Hospital.* London, 1935.

Nobbs, Douglas. "The Political Ideas of William Cleghorn, Hume's Academic Rival." *Journal of the History of Ideas* 26 (1965): 575–586.

Nolan, J. Bennett. *Printer Strahan's Book Account: A Colonial Controversy.* Reading, PA, 1939.

Noll, Mark A. *Princeton and the Republic, 1768–1822: The Search for Christian Enlightenment in the Era of Samuel Stanhope Smith.* Princeton, 1989.

O'Brien, Karen. *Narratives of Enlightenment: Cosmopolitan History from Voltaire to Gibbon.* Cambridge, 1997.

O Ciosain, Niall. *Print and Popular Culture in Ireland, 1750–1850.* Basingstoke, UK, and New York, 1997.

O'Halloran, Clare. *Golden Ages and Barbarous Nations: Antiquarian Debate and Cultural Politics in Ireland, c. 1750–1800.* Cork, 2004.

Okie, Laird. "William Guthrie, Enlightenment Historian." *Historian* 51 (1989): 221–238.

O'Leary, Patrick. *Sir James Mackintosh: The Whig Cicero.* Aberdeen, 1989.

Oliver, Vere Langford. *The History of the Island of Antigua.* 3 vols. London, 1896.

Ormond, Richard, and Malcolm Rogers, eds. *Dictionary of British Portraiture.* Vol. 2, *Later Georgians and Early Victorians.* Comp. Elaine Kilmurray. London, 1979.

Outram, Dorinda. *The Enlightenment.* 2nd ed. Cambridge, 2005.

Oz-Salzberger, Fania. *Translating the Enlightenment: Scottish Civic Discourse in Eighteenth-Century Germany.* Oxford, 1995.

Parks, Stephen. "Justice to William Creech." *Papers of the Bibliographical Society of America* 60 (1966): 453–464.

Paul, Sir James Balfour. *The Scots Peerage, Founded on Wood's Edition of Sir Robert Douglas's Peerage of Scotland.* 9 vols. Edinburgh, 1904–1914.

Phillips, Hugh. *Mid-Georgian London: A Topographical and Social Survey of Central and Western London about 1750.* London, 1964.

Phillips, James W. *Printing and Bookselling in Dublin, 1670–1800: A Bibliographical Enquiry.* Dublin, 1998.

Phillipson, N. T. "Culture and Society in the 18th Century Province: The Case of Edinburgh and the Scottish Enlightenment." In *The University in Society,* vol. 2: *Europe, Scotland, and the United States from the 16th to the 20th Century*, ed. Lawrence Stone, 407–448. Princeton, 1974.

———. *The Scottish Whigs and the Reform of the Court of Session, 1785–1830.* Edinburgh, 1990.

Philp, Mark. *Godwin's Political Justice.* London, 1986.

Piper, David. *The Image of the Poet: British Poets and Their Portraits.* Oxford, 1982.

Plant, Marjorie. *The English Book Trade: An Economic History of the Making and Sale of Books.* 3rd ed. London, 1974.

Plomer, H. R., et al. *Dictionaries of the Printers and Booksellers Who Were at Work in England, Scotland and Ireland, 1557–1775.* London, 1977.

Pocock, J. G. A. *Barbarism and Religion.* 3 vols. Cambridge, 1999–2003.

Pointon, Marcia. *Hanging the Head: Portraiture and Social Formation in Eighteenth-Century England.* New Haven, CT, and London, 1993.

Pollard, Graham. "The English Market for Printed Books: *The Sandars Lectures, 1959.*" *Publishing History* 4 (1978): 7–48.

Pollard, M. *A Dictionary of Members of the Dublin Book Trade, 1550–1800.* London, 2000.

———. *Dublin's Trade in Books, 1550–1800.* Oxford, 1989.

———. "John Chambers, Printer and United Irishman." *Irish Book* 3 (1964): 1–22.

Pooley, Julian. "The Papers of the Nichols Family and Business: New Discoveries and the Work of the Nichols Archive Project." *Library*, 7th ser., 2 (2001): 10–52.

Popkin, Jeremy D. "Publishing." In Kors, *Encyclopedia of the Enlightenment*, 372–378.

Porter, Dorothy, and Roy Porter. *Patient's Progress: Doctors and Doctoring in Eighteenth-Century England.* Stanford, 1989.

Porter, Roy. *Enlightenment: Britain and the Creation of the Modern World.* London, 2000. Published in North America as *The Creation of the Modern World: The Untold Story of the British Enlightenment.* New York, 2000.

———. "William Hunter: A Surgeon and a Gentleman." In Bynum and Porter, *William Hunter,* 7–34.

Porter, Roy, and Mikulaš Teich, eds. *The Enlightenment in National Context.* Cambridge, 1981.

Pottle, Frederick A. *James Boswell: The Earlier Years, 1740–1769.* New York, 1966.

Pottle, Marion S., Claude Colleer Abbott, and Frederick A. Pottle. *Catalogue of the Papers of James Boswell at Yale University.* 3 vols. Edinburgh and New Haven, CT, 1993.

Powell, J. H. *Bring Out Your Dead: The Great Plague of Yellow Fever in Philadelphia in 1793.* Philadelphia, 1993.

Prescott, Sarah. *Women, Authorship and Literary Culture, 1690–1740.* Basingstoke, UK, and New York, 2003.

Price, Leah. "Introduction: Reading Matter." *PMLA* 121 (2006): 9–16.

Rankin, Ian. *Fleshmarket Alley.* New York, 2005. Originally published in the United Kingdom in 2004 as *Fleshmarket Close.*

Rashid, Salim. *The Myth of Adam Smith.* Cheltenham, UK, and Northampton, MA, 1998.

Rauser, Amelia. "Hair, Authenticity, and the Self-Made Macaroni." *Eighteenth-Century Studies* 38 (2004): 101–117.

Raven, James. "The Anonymous Novel in Britain and Ireland, 1750–1830." In Griffin, *Faces of Anonymity,* 141–166.

———. "The Book Trades." In Rivers, *Books and Their Readers: New Essays,* 1–34.

———. "Commodification and Value: Interactions in Book Traffic to North America, c. 1750–1820." In *Access Boundaries: The Book in Culture and Commerce,* ed. Bill Bell, Philip Bennett, and Jonquil Bevan, 73–90. Winchester, UK, and New Castle, DE, 2000.

———. "The Export of Books to Colonial North America." *Publishing History* 42 (1997): 21–49.

———. "From Promotion to Proscription: Arrangements for Reading and Eighteenth-Century Libraries." In Raven, Small, and Tadmor, *Practice and Representation of Reading in England,* 175–201.

———. "The Importation of Books in the Eighteenth Century." In Amory and Hall, *Colonial Book,* 183–198.

———. "Introduction: The Practice and Representation of Reading in England." In Raven, Small, and Tadmor, *Practice and Representation of Reading in England,* 1–21.

———. "Location, Size, and Succession: The Bookshops of Paternoster Row before 1800." In *The London Book Trade: Topographies of Print in the Metropolis from the Sixteenth Century,* ed. Robin Myers, Michael Harris, and Giles Mandelbrote, 89–113. New Castle, DE, and London, 2003.

————. *London Booksellers and American Customers: Transatlantic Literary Community and the Charleston Library Society, 1748–1811.* Columbia, SC, 2002.

————. "Memorializing a London Bookscape: The Mapping and Reading of Paternoster Row and St. Paul's Churchyard, 1695–1814." In *Order and Connexion: Studies in Bibliography and Book History*, ed. R. C. Alston, 177–200. Woodbridge, Suffolk, and Rochester, NY, 1997.

————. "New Reading Histories, Print Culture and the Identification of Change: The Case of Eighteenth-Century England." *Social History* 23 (1998): 268–287.

————. "Publishing and Bookselling, 1660–1780." In *The Cambridge History of English Literature, 1660–1780*, ed. John Richetti, 13–36. Cambridge, 2005.

Raven, James, Helen Small, and Naomi Tadmor, eds. *The Practice and Representation of Reading in England.* Cambridge, 1996.

Reid-Maroney, Nina. *Philadelphia's Enlightenment, 1740–1800: Kingdom of Christ, Empire of Reason.* Westport, CT, and London, 2001.

Remer, Rosalind. *Printers and Men of Capital: Philadelphia Book Publishers in the New Republic.* Philadelphia, 1996.

————. "A Scottish Printer in Late Eighteenth-Century Philadelphia: Robert Simpson's Journey from Apprentice to Entrepreneur." *Pennsylvania Magazine of History and Biography* 121 (1997): 3–25.

Rendekop, Benjamin W. "Reid's Influence in Britain, Germany, France, and America." In *The Cambridge Companion to Thomas Reid*, ed. Terence Cuneo and Rene Woudenberg, 313–339. Cambridge, 2004.

Renwick, John. "The Reception of William Robertson's Historical Writings in Eighteenth-Century France." In S. J. Brown, *William Robertson*, 145–163.

Richardson, Lynn N. *A History of Early American Magazines, 1741–1789.* New York, 1931.

Rivers, Isabel, ed. *Books and Their Readers in Eighteenth-Century England.* London and New York, 1982.

————, ed. *Books and Their Readers in Eighteenth-Century England: New Essays.* London and New York, 2001.

Roberts, William. *Memoirs of the Life and Correspondence of Mrs. Hannah More.* 2 vols. New York, 1835.

Robertson, John. *The Case for the Enlightenment: Scotland and Naples, 1680–1760.* Cambridge, 2005.

————. "The Case for the Enlightenment: A Comparative Approach." In Mali and Wokler, *Isaiah Berlin's Counter-Enlightenment*, 73–90.

————. "The Scottish Contribution to the Enlightenment." In Wood, *Scottish Enlightenment*, 37–62.

Robinson, Roger J. Introduction to *Elements of Moral Science,* by James Beattie, 1: v–xxxvi. 2

vols. Reprint. London, 1996.

———. Introduction to *An Essay on the Nature and Immutability of Truth,* by James Beattie, v–xli. Reprint. London, 1996.

———. Introduction to *Essays: On Poetry and Music,* by James Beattie, v–xxviii. Reprint. London, 1996.

Roche, Daniel. *Le siècle des lumières en province: Academies et académiciens provinciaux, 1680–1789.* 2 vols. Paris and The Hague, 1978.

Rogers, Pat. *Grub Street: Studies in a Subculture.* London, 1972.

Roman, Cynthia Ellen. "Pictures for Private Purses: Robert Bowyer's Historic Gallery and Illustrated Edition of David Hume's *History of England.*" Ph.D. diss., Brown University, 1997.

Roper, Derek. *Reviewing before the Edinburgh, 1788–1802.* Newark, DE, 1978.

Rose, Mark. *Authors and Owners: The Invention of Copyright.* Cambridge, MA, and London, 1993.

Rosenau, Pauline Marie. *Post-Modernism and the Social Sciences: Insights, Inroads, and Intrusions.* Princeton, 1992.

Ross, Ian Simpson. *The Life of Adam Smith.* Oxford, 1995.

———. *Lord Kames and the Scotland of His Day.* Oxford, 1972.

Ross, John D. *The Story of the Kilmarnock Burns.* Stirling, 1933; reprint, New York, 1973.

Ross, Trevor. "Copyright and the Invention of Tradition." *Eighteenth-Century Studies* 26 (1992): 1–27.

Rubin, Joan Shelley. "What Is the History of the History of Books?" *Journal of American History* 90 (2003): 555–576.

Sakamoto, Tatsuya, and Hideo Tanaka, eds. *The Rise of Political Economy in the Scottish Enlightenment.* London, 2003.

Sale, William M., Jr. *Samuel Richardson: Master Printer.* Ithaca, NY, 1950.

———. "Sir Charles Grandison and the Dublin Pirates." *Yale University Library Gazette* 7 (1933): 80–86.

Salih, Sara. "*Camilla* in the Marketplace: Moral Marketing and Feminist Editing in 1796 and 1802." In *Authorship, Commerce and the Public: Scenes of Writing, 1750–1850,* ed. E. J. Clery, Caroline Franklin, and Peter Garside, 120–135. Basingstoke, UK, 2002.

Sambrook, James. Introduction to *The Seasons,* by James Thomson, ed. James Sambrook. Oxford, 1981.

———. *James Thomson, 1700–1748: A Life.* Oxford, 1991.

———. "'A Just Balance between Patronage and the Press': The Case of James Thomson." *Studies in the Literary Imagination* 34 (2001): 137–153.

Sanderson, Margaret H. B. *Robert Adam and Scotland: Portrait of an Architect.* Edinburgh, 1992.

Saunders, David. *Authorship and Copyright.* London, 1994.

Schellenberg, Betty A. *The Professionalization of Women Writers in Eighteenth-Century Britain.* Cambridge, 2005.

Schmidt, James. "What Enlightenment Was, What It Still Might Be, and Why Kant May Have Been Right after All." *American Behavioral Scientist* 49 (2006): 647–663.

———, ed. *What Is Enlightenment? Eighteenth-Century Answers and Twentieth-Century Questions.* Berkeley, CA, 1996.

Schmidt, Wolf Gerhard, ed. *"Homer des Nordens" und "Mutter der Romantik": James Macpherson's Ossian und seine Rezeption in der deutschsprachigen Literatur.* 4 vols. Vol. 4 co-edited by Howard Gaskill. Berlin and New York, 2003–2004.

Schmitz, Robert Morrell. *Hugh Blair.* New York, 1948.

Schweizer, Karl W., ed. *Lord Bute: Essays in Re-interpretation.* Leicester, 1988.

Scott, Hew, ed. *Fasti Ecclesiae Scoticanae: The Succession of Ministers in the Church of Scotland.* New ed. 7 vols. Edinburgh, 1915–1928.

Scott, William Robert. *Francis Hutcheson: His Life, Teaching, and Position in the History of Philosophy.* 1900; reprint, New York, 1966.

Scott, Mary Jane W. *James Thomson, Anglo-Scot.* Athens, GA, and London, 1988.

Scottish Book Trade Index (SBTI). www.nls.uk/catalogues/resources/sbti/index.html.

Scouller, James Brown. *A Manual of the United Presbyterian Church of North America, 1751–1887.* Pittsburgh, 1887.

Sefton, Henry R. "The Early Development of Moderatism in the Church of Scotland." Ph.D. diss., Glasgow University, 1962.

Selwyn, Pamela E. *Everyday Life in the German Book Trade: Friedrich Nicolai as Bookseller and Publisher in the Age of Enlightenment.* University Park, PA, 2000.

Sher, Richard B. "The Book in the Scottish Enlightenment." In Wood, *Culture of the Book*, 40–60.

———. "Boswell on Robertson and the Moderates: New Evidence." *Age of Johnson* 11 (2000): 205–215.

———. "*Charles V* and the Book Trade: An Episode in Enlightenment Print Culture." In S. J. Brown, *William Robertson*, 164–195.

———. *Church and University in the Scottish Enlightenment: The Moderate Literati of Edinburgh.* Princeton and Edinburgh, 1985.

———. "Commerce, Religion and the Enlightenment in Eighteenth-Century Glasgow." In *Glasgow,* vol. 1: *Beginnings to 1830*, ed. T. M. Devine and Gordon Jackson, 312–359. Manchester and New York, 1995.

———. "Corporatism and Consensus in the Late Eighteenth-Century Book Trade: The Edinburgh Booksellers Society in Comparative Perspective." *Book History* 1 (1998): 32–93.

———. "Early Editions of Adam Smith's Books in Britain and Ireland, 1759–1804." In *A Critical Bibliography of Adam Smith*, ed. Keith Tribe, 13–26. London, 2002.

———. "'The Favourite of the Favourite': John Home, Bute and the Politics of Patriotic Poetry." In Schweizer, *Lord Bute*, 83–98.

———. "Introduction: Scottish-American Cultural Studies, Past and Present." In Sher and Smitten, *Scotland and America*, 1–27.

———. "Moderates, Managers and Popular Politics in Mid-Eighteenth-Century Edinburgh: The Drysdale 'Bustle' of the 1760s." In *New Perspectives on the Politics and Culture of Early Modern Scotland*, ed. John Dwyer, Roger Mason, and Alexander Murdoch, 179–209. Edinburgh, 1982.

———. "New Light on the Publication and Reception of the *Wealth of Nations*." *Adam Smith Review* 1 (2004): 3–29.

———. "Professors of Virtue: The Social History of the Edinburgh Moral Philosophy Chair in the Eighteenth Century." In Stewart, *Philosophy of the Scottish Enlightenment*, 87–126.

———. "Science and Medicine in the Scottish Enlightenment: The Lessons of Book History." In Wood, *Scottish Enlightenment*, 99–156.

———. "Scotland Transformed: The Eighteenth Century." In *Scotland: A History*, ed. Jenny Wormald, 177–208. Oxford, 2005.

———. "'Something That Put Me in Mind of My Father': Boswell and Lord Kames." In *Boswell: Citizen of the World, Man of Letters*, ed. Irma Lustig, 64–86. Lexington, KY, 1995.

———. "William Buchan's *Domestic Medicine*: Laying Book History Open." In Isaac and McKay, *Human Face of the Book Trade*, 45–64.

———. "Witherspoon's *Dominion of Providence* and the Scottish Jeremiad Tradition." In Sher and Smitten, *Scotland and America*, 46–64.

Sher, Richard B., with Hugh Amory. "From Scotland to the Strand: The Genesis of Andrew Millar's Bookselling Career." In *The Moving Market: Continuity and Change in the Book Trade*, ed. Peter Isaac and Barry McKay, 51–70. New Castle, DE, 2001.

Sher, Richard B., and Andrew Hook. "Introduction: Glasgow and the Enlightenment." In Hook and Sher, *Glasgow Enlightenment*, 1–17.

Sher, Richard B., and Alexander Murdoch. "Patronage and Party in the Church of Scotland, 1750–1800." In *Church, Politics and Society: Scotland, 1408–1929*, ed. Norman Macdougall, 197–220. Edinburgh, 1983.

Sher, Richard B., and Jeff rey R. Smitten, eds. *Scotland and America in the Age of the Enlightenment.* Princeton and Edinburgh, 1990.

Sherman, Brad, and Alain Strowel, eds. *Of Authors and Origins: Essays on Copyright Law.* Oxford, 1994.

Short, John Rennie. *Representing the Republic: Mapping the United States, 1600–1900.* London, 2001.

Silver, Rollo G. "The Costs of Mathew Carey's Printing Equipment." *Studies in Bibliography* 19 (1966): 103–122.

————. *Typefounding in America, 1787–1825.* Charlottesville, VA, 1965.

Sinton, James. "Robert Heron and His Writings." *Publications of the Edinburgh Bibliographical Society* 15 (1935): 17–33.

Sitwell, O. F. G. *Four Centuries of Special Geography: An Annotated Guide to Books That Purport to Describe All the Countries in the World Published in English before 1888.* Vancouver, 1993.

Skinner, Basil. *Burns: Authentic Likenesses.* 2nd ed. Alloway, 1990.

Sloan, Douglas. *The Scottish Enlightenment and the American College Ideal.* New York, 1971.

Sloan, Kim, with Andrew Burnett, eds. *Enlightenment: Discovering the World in the Eighteenth Century.* London and Washington, DC, 2003.

Smart, Alastair. *Allan Ramsay: A Complete Catalogue of His Paintings.* Ed. John Ingamells. New Haven, CT, and London, 1999.

————. *Allan Ramsay: Painter, Essayist and Man of the Enlightenment.* New Haven, CT, and London, 1992.

Smith, Janet Adam. "Some Eighteenth-Century Ideas of Scotland." In *Scotland in the Age of Improvement: Essays in Scottish History in the Eighteenth Century,* ed. N. T. Phillipson and Rosalind Mitchison, 107–124. Edinburgh, 1970.

Smith, Merrit Roe, and Leo Marx, eds. *Does Technology Drive History? The Dilemma of Technological Determinism.* Cambridge, MA, and London, 1994.

Smith, Norah. "The Literary Career and Achievement of Robert Wallace." Ph.D. diss., University of Edinburgh, 1973.

Smith, Preserved. *The Enlightenment, 1687–1776.* New York, 1962. Originally published in 1934 as volume 2 of Smith, *A History of Modern Culture.*

Smitten, Jeffrey. "Robertson's Letters and the Life of Writing." In S. J. Brown, *William Robertson,* 36–54.

Snyder, Franklin Bliss. *The Life of Robert Burns.* New York, 1932.

Solomon, Harry M. *The Rise of Robert Dodsley: Creating the New Age of Print.* Carbondale and Edwardsville, IL, 1996.

Spawn, Willman. "Extra-Gilt Bindings of Robert Aitken, 1787–1788." *Proceedings of the American Antiquarian Society* 93 (1983): 415–417.

Spawn, Willman, and Carol Spawn. "The Aitken Shop: Identification of an Eighteenth-Century Bindery and Its Tools." *Papers of the Bibliographical Society of America* 57 (1963): 422–437.

Spencer, Mark G. *Hume and Eighteenth-Century America.* Rochester, NY, 2005.

————, ed. *Hume's Reception in Early America.* 2 vols. Bristol, 2002.

St. Clair, William. "The Political Economy of Reading." John Coffin Memorial Lecture in the History of the Book. University of London, 2005. www.sas.ac.uk/ies/Publications/johncoffin/stclair.pdf (as updated on 5 Sept. 2005).

————. *The Reading Nation in the Romantic Period.* Cambridge, 2004.

Steintrager, James A. *Cruel Delight: Enlightenment Culture and the Inhuman.* Bloomington, IN, 2004.

Stewart, M. A. "Hume's Intellectual Development, 1711–1752." In *Impressions of Hume*, ed. M. Frasca-Spada and P. J. E. Kail, 11–58. Oxford, 2005.

————, ed. *Studies in the Philosophy of the Scottish Enlightenment.* Oxford, 1990.

Stockdale, Eric. *'Tis Treason, My Good Man! Four Revolutionary Presidents and a Piccadilly Bookshop.* New Castle, DE, and London, 2005.

Sturrock, John. *The Language of Autobiography: Studies in the First Person Singular.* Cambridge, 1993.

Suarez, Michael F. "The Business of Literature: The Book Trade in England from Milton to Blake." In *A Companion to Literature from Milton to Blake*, ed. David Womersley, 131–147. Oxford, 2000.

————. "The Production and Consumption of the Eighteenth-Century Poetic Miscellany." In Rivers, *Books and Their Readers: New Essays*, 217–251.

Suarez, Michael F., and Michael Turner, eds. *The Cambridge History of the Book in Britain,* vol. 5: *1695–1830.* Cambridge, forthcoming.

Suderman, Jeff rey M. *Orthodoxy and Enlightenment: George Campbell in the Eighteenth Century.* Montreal and Kingston, 2001.

Sullivan, Alvin, ed. *British Literary Magazines: The Augustan Age and the Age of Johnson, 1698–1788.* Westport, CT, and London, 1983.

Tanselle, G. Thomas. "The Concept of Format." *Studies in Bibliography* 53 (2000): 67–116.

————. *Literature and Artifacts.* Charlottesville, VA, 1998.

Taylor, Richard C. "'The Evils I was born to bear' : Two Letters from Charlotte Smith to Thomas Cadell." *Modern Philology* 91 (1994): 312–318.

Teichgraeber III, Richard F. "Adam Smith and Tradition: The *Wealth of Nations* before Malthus." In *Economy, Polity, and Society: British Intellectual History, 1750–1950*, ed. Stefan Collini, Richard Whatmore, and Brian Young, 85–104. Cambridge, 2000.

————. "'Less Abused Than I Had Reason to Expect' : The Reception of *The Wealth of Nations* in Britain, 1776–1790." *Historical Journal* 30 (1987): 337–366.

Thaddeus, Janice Farrar. "Elizabeth Hamilton's Domestic Politics." In *Studies in Eighteenth-Century Culture*, ed. Carla H. Hay and Syndy M. Conger, 23:265–284. East Lansing, MI, 1994.

————. *Frances Burney: A Literary Life.* Basingstoke, UK, and New York, 2000.

Thompson, Harold William. *A Scottish Man of Feeling: Some Account of Henry Mac kenzie, Esq. of Edinburgh and of the Golden Age of Burns and Scott.* London and New York, 1931.

Thomson, H. F. "The Scottish Enlightenment and Political Economy." In *Pre-Classical Economic Thought: From the Greeks to the Scottish Enlightenment*, ed. S. T. Lowry, 221–255. Boston,

1987.

Thorne, R. G. *The House of Commons, 1790–1820.* 5 vols. London, 1986.

Tierney, James E. "Advertisements for Books in London Newspapers, 1760–1785."
In *Studies in Eighteenth-Century Culture*, ed. Timothy Erwin and Ourida Mostefai, 30:153–164.
Baltimore and London, 2001.

———, ed. *The Correspondence of Robert Dodsley, 1733–1764.* Cambridge, 1988.

———. "Dublin–London Publishing Relations in the 18th Century: The Case of George
Faulkner." In *The Book Trade and Its Customers, 1450–1900: Historical Essays for Robin
Myers*, ed. Arnold Hunt, Giles Mandelbrote, and Alison Shell, 133–139. Winchester, UK,
and New Castle, DE, 1997.

Todd, Janet, ed. *Dictionary of British and American Women Writers, 1660–1800.* Totowa, NJ,
1987.

Todd, William B. "David Hume: A Preliminary Bibliography." In *Hume and the Enlightenment:
Essays Presented to Ernest Campbell Mossner*, ed. William B. Todd, 189–205. 1974;
reprint, Bristol, 1990.

Tompson, Richard S. "Scottish Judges and the Birth of British Copyright." *Juridical Review*
(1992): 18–42.

Tucoo-Chala, Suzanne. *Charles-Joseph Panckoucke et la librairie francaise, 1736–1798.* Pau
and Paris, 1977.

———. "Panckoucke, Charles Joseph." In Kors, *Encyclopedia of the Enlightenment*, 3:234–236.

Turner, Cheryl. *Living by the Pen: Women Writers in the Eighteenth Century.* London, 1992.

Turner, Katherine. *British Travel Writers in Europe, 1750–1800: Authorship, Gender, and
National Identity.* Aldershot, UK, 2001.

Turnovsky, Geoff rey. "The Enlightenment Literary Market: Rousseau, Authorship, and the Book
Trade." *Eighteenth-Century Studies* 36 (2003): 387–410.

Tyson, Gerald P. *Joseph Johnson: A Liberal Publisher.* Iowa City, IA, 1979.

Uglow, Jenny. *The Lunar Men: The Friends Who Made the Future.* London, 2002.

Ulman, H. Lewis, ed. *The Minutes of the Aberdeen Philosophical Society, 1758–1775.* Aberdeen,
1990.

Van Holthoon, Frederic L. "Hume and the 1763 Edition of His *History of England:* His Frame of
Mind as a Revisionist." *Hume Studies* 23 (1997): 133–152.

Venturi, Franco. "The European Enlightenment." In *Italy and the Enlightenment: Studies in a
Cosmopolitan Century*, by F. Venturi, ed. Stuart Woolf, trans. Susan Corsi, 1–32. New York,
1972. Originally published in Italian in 1960.

Wall, Thomas. *The Sign of Doctor Hay's Head: Being Some Account of the Hazards and Fortunes
of Catholic Printers and Publishers in Dublin from the Later Penal Times to the Present
Day.* Dublin, 1958.

Walsh, Marcus. "The Superfoetation of Literature: Attitudes to the Printed Book in the Eighteenth

Century." *British Journal for Eighteenth-Century Studies* 15 (1992): 151–161.

Walters, Gwyn. "The Booksellers in 1759 and 1774: The Battle for Literary Property." *Library* 29 (1974): 287–311.

Ward, Robert E., ed. *Prince of Dublin Printers: The Letters of George Faulkner.* Lexington, KY, 1972.

Warner, Michael. *The Letters of the Republic: Publication and the Public Sphere in Eighteenth-Century America.* Cambridge, MA, and London, 1990.

Weindorf, Richard. *Sir Joshua Reynolds: The Painter in Society.* Cambridge, MA, 1996.

Wiles, Roy McKeen. "The Relish for Reading in Provincial England Two Centuries Ago." In Korshin, *Widening Circle*, 85–115.

Williams, Howard. "An Enlightenment Critique of the *Dialectic of Enlightenment.*" In Fitzpatrick et al., *Enlightenment World*, 635–647.

Wilson, David A. *United Irishmen, United States: Immigrant Radicals in the Early Republic.* Ithaca, NY, and London, 1998.

Wilson, Douglas L. "Thomas Jefferson's Library and the Skipwith List." *Harvard Library Bulletin* 3 (1992–1993): 56–72.

Wilson, Susan. "Postmodernism and the Enlightenment." In Fitzpatrick et al., *Enlightenment World*, 648–659.

Winans, Robert B. *A Descriptive Checklist of Book Catalogues Separately Printed in America, 1693–1800.* Worcester, MA, 1981.

Wind, Edgar. *Hume and the Heroic Portrait: Studies in Eighteenth-Century Imagery.* Ed. Jaynie Anderson. Oxford, 1986.

Withers, Charles W. J. *Geography, Science and National Identity: Scotland since 1520.* Cambridge, 2001.

Withers, Charles W. J., and Paul Wood, eds. *Science and Medicine in the Scottish Enlightenment.* East Linton, UK, 2002.

Withrington, Donald J. "What Was Distinctive about the Scottish Enlightenment?" In Carter and Pittock, *Aberdeen and the Enlightenment*, 9–19.

Wolf II, Edwin. *The Book Culture of a Colonial American City: Philadelphia Books, Bookmen, and Booksellers.* Oxford, 1988.

Woloch, Isser. *Eighteenth-Century Europe: Tradition and Progress, 1715–1789.* New York, 1982.

Wood, Paul B. "Aberdeen and Europe in the Enlightenment." In *The Universities of Aberdeen and Europe: The First Three Centuries*, ed. Paul Dukes, 119–142. Aberdeen, 1995.

———. *The Aberdeen Enlightenment: The Arts Curriculum in the Eighteenth Century.* Aberdeen, 1993.

———, ed. *The Culture of the Book in the Scottish Enlightenment.* Toronto, 2000.

———. Introduction to *An Essay on the Causes of Complexion and Figure in the Human Species,* by Samuel Stanhope Smith, v–xxv. Edinburgh, 1788; reprint, Bristol, 1995.

————. "Jolly Jack Phosphorous in the Venice of the North; or, Who Was John Anderson?" In Hook and Sher, *Glasgow Enlightenment*, 111–132.

————, ed. *The Scottish Enlightenment: Essays in Reinterpretation.* Rochester, NY, and Woodbridge, Suffolk, 2000.

Woodmansee, Martha. "The Genius and the Copyright: Economic and Legal Conditions of the Emergence of the 'Author.'" *Eighteenth-Century Studies* 17 (1984): 425–448.

Woodmansee, Martha, and Peter Jaszi, eds. *The Construction of Authorship: Textual Appropriation in Law and Literature.* Durham, NC, and London, 1994.

Wright, Johnson Kent. "The Pre-Postmodernism of Carl Becker." In Gordon, *Postmodernism and the Enlightenment*, 161–177.

Yeo, Richard. *Encyclopaedic Visions: Scientific Dictionaries and Enlightenment Culture.* Cambridge, 2001.

Zachs, William. *The First John Murray and the Late Eighteenth-Century London Book Trade.* Oxford, 1998.

————. "Gilbert Stuart." *Book Collector* 37 (1988): 522–546.

————. "John Murray and the Dublin Book Trade, 1770–1793; with Special Reference to the 'Mysterious' Society of Dublin Booksellers." *Long Room* 40 (1995): 26–33.

————. *Without Regard to Good Manners: A Biography of Gilbert Stuart, 1743–1786.* Edinburgh, 1992.

xi

索 引

（本索引页码为英文原书页码，即本书边码；
斜体字页码指原书图片与表格的页码）

图书在版编目（CIP）数据

启蒙与书籍：苏格兰启蒙运动中的出版业 /（美）理查
德·B. 谢尔著；启蒙编译所译. — 北京：商务印书馆, 2022
ISBN 978 - 7 - 100 - 19967 - 4

Ⅰ.①启… Ⅱ.①理… ②启… Ⅲ.①出版工作—文化史—
研究—苏格兰 Ⅳ.①G239.561.9

中国版本图书馆 CIP 数据核字（2021）第124219号

启 蒙 与 书 籍
苏格兰启蒙运动中的出版业
〔美〕理查德·B.谢尔 著
启蒙编译所 译

商 务 印 书 馆 出 版
（北京王府井大街36号 邮政编码100710）
商 务 印 书 馆 发 行
山东韵杰文化科技有限公司印刷
ISBN 978 - 7 - 100 - 19967 - 4

2022年3月第1版　　开本 710×1000　1/16
2022年3月第1次印刷　　印张 54½

定价：198.00元

读者联谊表

（电子文档备索）

姓名：　　年龄：　　　性别：　　宗教：　　党派：

学历：　　专业：　　　职业：　　　所在地：

邮箱＿＿＿＿＿＿＿＿＿＿手机＿＿＿＿＿＿＿QQ＿＿＿＿＿

所购书名：＿＿＿＿＿＿＿＿＿在哪家店购买：＿＿＿＿＿＿

本书内容：满意　一般　不满意　　　本书美观：满意　一般　不满意

价格：贵　不贵　阅读体验：较好　一般　不好

有哪些差错：

有哪些需要改进之处：

建议我们出版哪类书籍：

平时购书途径：实体店　网店　其他（请具体写明）

每年大约购书金额：　　　　藏书量：　　每月阅读多少小时：

您对纸质书与电子书的区别及前景的认识：

是否愿意从事编校或翻译工作：　　　愿意专职还是兼职：

是否愿意与启蒙编译所交流：　　　是否愿意撰写书评：

如愿意合作，请将详细自我介绍发邮箱，一周无回复请不要再等待。

读者联谊表填写后电邮给我们，可六五折购书，快递费自理。

本表不作其他用途，涉及隐私处可简可略。

电子邮箱：qmbys@qq.com　　联系人：齐蒙

启蒙编译所简介

　　启蒙编译所是一家从事人文学术书籍的翻译、编校与策划的专业出版服务机构，前身是由著名学术编辑、资深出版人创办的彼岸学术出版工作室。拥有一支功底扎实、作风严谨、训练有素的翻译与编校队伍，出品了许多高水准的学术文化读物，打造了启蒙文库、企业家文库等品牌，受到读者好评。启蒙编译所与北京、上海、台北及欧美一流出版社和版权机构建立了长期、深度的合作关系。经过全体同仁艰辛的努力，启蒙编译所取得了长足的进步，得到了社会各界的肯定，荣获凤凰网、新京报、经济观察报等媒体授予的十大好书、致敬译者、年度出版人等荣誉，初步确立了人文学术出版的品牌形象。

　　启蒙编译所期待各界读者的批评指导意见；期待诸位以各种方式在翻译、编校等方面支持我们的工作；期待有志于学术翻译与编辑工作的年轻人加入我们的事业。

　　联系邮箱：qmbys@qq.com

　　豆瓣小站：https://site.douban.com/246051/